D1722893

VOKIEČIŲ–LIETUVIŲ
LIETUVIŲ–VOKIEČIŲ
KALBŲ ŽODYNAS

Juozas Algirdas Križinauskas

DEUTSCH–LITAUISCHES LITAUISCH–DEUTSCHES WÖRTERBUCH

Auf der Grundlage der neuen Rechtschreibregeln

VILNIUS * 2000

Juozas Algirdas Križinauskas

VOKIEČIŲ–LIETUVIŲ LIETUVIŲ–VOKIEČIŲ KALBŲ ŽODYNAS

Pagal naujas rašybos taisykles

Ofs Lita

TEV

VILNIUS * 2000

UDK 801.3=30=882
Kr303

Redaktorė: Diana Gustienė

Pirmasis leidimas
Leidykla TEV, 1995 m.

Antrasis pataisytas ir papildytas leidimas
Leidykla TEV, 1997 m.

Trečiasis pataisytas ir papildytas leidimas
Leidykla TEV, 1999 m.

ISBN 9986-546-94-X

PRATARMĖ

Šis vokiečių–lietuvių / lietuvių–vokiečių kalbų žodynas skiriamas vidurinių ir aukštesniųjų mokyklų moksleiviams bei aukštųjų mokyklų studentams. Jis taip pat tiks besimokantiems vokiečių kalbos įvairiuose kursuose ar savarankiškai.

Žodynas pateikia vokiečių ir lietuvių kalbose dažniausiai vartojamus žodžius, taip pat įvairių mokslo ir technikos terminų, neretai pasitaikančių mokslo populiariojoje literatūroje ir periodinėje spaudoje. Dedami iliustraciniai pavyzdžiai padės geriau suprasti sunkesnių žodžių reikšmes, jų vartoseną.

Už kompetentingus patarimus autorius nuoširdžiai dėkoja Vilniaus pedagoginio universiteto dėstytojams dr. B. Giloy, K. P. Meyeriui ir U. Paikert.

Autorius

Žodyno sandara

Abiejose žodyno dalyse žodžiai, taip pat ir valstybių pavadinimai dedami abėcėlės tvarka. Kiti geografiniai vardai pateikiami atitinkamos žodyno dalies gale. Ten taip pat dedamos dažniau vartojamos vokiškos ir lietuviškos santrumpos.

Vokiečių–lietuvių kalbų žodyne ß abėcėlėje prilygsta ss; ä, ö, ü prilygsta a, o, u; lietuvių–vokiečių žodyne ą prilygsta a; ę ir ė prilygsta e; į ir y – i; ų ir ū – u.

Žodžiai, turintys bendrą pradžią, jungiami į lizdus. Lizdo pirmojo žodžio pradžia, bendra visiems lizdo antraštiniams žodžiams, atskiriama dviem stačiais brūkšneliais ||, kituose žodžiuose ji pakeičiama tilde ~, prie kurios prijungiama naujo žodžio pabaiga, pvz.:

Kúnst‖liebhaber *m* -s, - mėno mėgėjas; **~maler** *m* -s, - tapýtojas; ...

ambas‖adà Bótschaft *f* -, -en; **~ādorius** Bótschafter *m* -s, -

Tildė atstoja taip pat visą žodį, kai antraštiniame žodyje brūkšnelių nėra, pvz.:

Lángeweile *f* - nuobodulỹs; ~ *háben* nuobodžiáuti

duobẽ Grúbe *f* -, -n; **kẽlio** ~ Schlágloch *n* -(e)s, ˵er

kláupti, **~s** níederknie͏̦en *vi (s)*

Homonimai ir homografai pateikiami atskirais straipsniais ir pažymimi skaitmeniniais rodikliais, pvz.:

Blei[1] *n* -(e)s švìnas

Blei[2] *m* -(e)s, -e kařšis *(žuvis)*

áušti[1] kalt wérden

aũšti[2] tágen *vimp*, dämmern *vimp*

Jeigu antraštinis žodis vartojamas tik žodžių junginiuose ar posakiuose, po jo dedamas dvitaškis ir pateikiamas atitinkamas žodžių junginys ar posakis, pvz.:

Nu: *im Nu* bèregint, bemãtant

gū̃žčioti: ~ *pečiaĩs* mit den Áchseln [Schúltern] zúcken

Pasviru brūkšniu / atskiriama dvejopa žodžio rašyba bei galimos skirtingos žodžio formos, pvz.:

áufwändig / **áufwendig** brangùs, daũg kainúojantis

Balkón *m* -s, -s / -e balkónas

Žodžio dalys arba atskiri žodžiai, pateikiami lenktiniuose skliausteliuose ( ), yra fakultatyvūs, t.y. gali būti išleidžiami, pvz.:

Fach *n* -(e)s, ̈er (*skaityk:* Fachs ir Fáches)

Junginį sudarančių atskirų žodžių sinonimai pateikiami laužtiniuose skliausteliuose [ ], pvz.:

Besúch *m* -(e)s, -e **1** apsilañkymas, vizìtas; *auf* [*zu*] ~ *géhen* ei̇̃ti į̃ svečiùs; ...

Galimi atskirų žodžių pakeitimai žodžių junginyje ir jų verstiniai ekvivalentai pateikiami lenktiniuose skliausteliuose, pvz.:

schréiben* *vt* rašýti; *etw. groβ (klein)* ~ rašýti ką didelėmi̇̃s (mažomi̇̀s) rai̇̃dėmis

darýti máchen *vt*, tun* *vt*; ~ *kám blõga (gẽra)* j-m Böses (Gútes) tun

Veiksmažodžių valdymo skirtumai nurodomi skliausteliuose kursyvu, pvz.:

spótten *vi (über A)* týčiotis, juõktis (*iš ko*)

bijóti *(ko)* Angst háben (*vor D*), sich fürchten (*vor D*)

Jeigu vokiško galininkinio veiksmažodžio lietuviškojo atitikmens valdymas kitas, tai prie atitikmens nurodomas jo valdymas, pvz.:

bedróhen *vt* grasi̇̀nti, grė̃sti (*kam*)

Vokiškų daiktavardžių giminė nurodoma pažymomis *m* (vyriškoji), *f* (moteriškoji), *n* (niekatroji). Po to nurodoma vienaskaitos kilmininko galūnė ir daugiskaitos forma, pvz.:

Staat *m* -(e)s, -en (*skaityk:* Staats ir Stáates, Stáaten) valstýbė; valstijà

banãnas Banáne *f* -, -n

Jeigu daiktavardis daugiskaitoje gauna umliautą, vietoj skiemens su umliautu rašomas brūkšnelis, o virš jo umliautas, pvz.:

Land *n* -(e)s, ̈er (*skaityk:* Länder) ...

ãtvej‖is Fall *m* -(e)s, ̈e

Sudaiktavardėję participai bei būdvardžiai linksniuojami kaip atitinkamos linksniuotės participai ir būdvardžiai, todėl jie duodami su pažyma *sub*, nurodant giminę, pvz.:

Ángestellte *sub m, f* tarnáutojas, -a

sẽnis, -ė Álte *sub m, f*

Sudaiktavardėjusių žodžių linksniavimo lentelė pateikiama žemiau.

Stiprieji ir netaisyklingieji vokiški veiksmažodžiai žymimi žvaigždute, o jų formų lentelė duodama žodyno gale. Lentelėje pateikti tik veiksmažodžiai be priešdėlių, nes priešdėlis paprastai nekeičia pagrindinių formų kamieno, pvz.:

spréchen* (sprach, gespróchen) kalbéti

verspréchen* (versprách, verspróchen) (pa)žadéti

Jeigu veiksmažodis kuria nors savo forma nukrypsta nuo taisyklės arba jo forma neaiški, ji pateikiama skliausteliuose pilnai, pvz.:

lángweilen (lángweilte, gelángweilt) ...

atkùrti wi̇́ederhérstellen (stéllte wi̇́eder her, wiederhérgestellt)

Negalininkinis veiksmažodis gali būti asmenuojamas su pagalbiniu veiksmažodžiu **haben** arba **sein**. Jeigu veiksmažodis asmenuojamas su **sein** arba su **sein** ir **haben**, po jo nurodomas pagalbinis veiksmažodis, pvz.:

stéigen* *vi (s)* (už)li̇̀pti, (už)kópti; ...

rúdern *vi (s, h)* irklúoti, i̇́rtis

pabùsti erwáchen *vi (s)*, áufwachen *vi (s)*

Jei negalininkinis veiksmažodis asmenuojamas tik su **haben**, po jo rašoma tik *vi*, pvz.:

schláfen* *vi* miegóti; ...

pasiskam̃binti telefoni̇́eren *vi*

7

Jeigu vokiško būdvardžio ir prieveiksmio reikšmės skiriasi, prieveiksmis pateikiamas atskirai, pvz.:

gléichzeitig I *a* vien(a)laĩki(ška)s **II** *adv* tuo pačiù metù, kartù

**Sudaiktavardėjusių vyriškosios ir moteriškosios giminės
dalyvių ir būdvardžių linksniavimas**

Vienaskaita

N	der alte Bekannte	der Deutsche	die alte Bekannte	die Deutsche
G	des alten Bekannten	des Deutschen	der alten Bekannten	der Deutschen
D	dem alten Bekannten	dem Deutschen	der alten Bekannten	der Deutschen
A	den alten Bekannten	den Deutschen	die alte Bekannte	die Deutsche

Daugiskaita

N	die alten Bekannten	die Deutschen
G	der alten Bekannten	der Deutschen
D	den alten Bekannten	den Deutschen
A	die alten Bekannten	die Deutschen

Taip pat kaip su žymimuoju artikeliu linksniuojami sudaiktavardėję dalyviai ir būdvardžiai po įvardžių **dieser, jener, derselbe, derjenige, welcher, solcher.**

Vienaskaita

N	ein alter Bekannter	ein Deutscher	eine alte Bekannte	eine Deutsche
G	eines alten Bekannten	eines Deutschen	einer alten Bekannten	einer Deutschen
D	einem alten Bekannten	einem Deutschen	einer alten Bekannten	einer Deutschen
A	einen alten Bekannten	einen Deutschen	eine alte Bekannte	eine Deutsche

Daugiskaita

N	alte Bekannte	Deutsche
G	alter Bekannter	Deutscher
D	alten Bekannten	Deutschen
A	alte Bekannte	Deutsche

Po nežymimojo įvardžio **kein** ir po savybinių įvardžių **mein, dein, sein, ihr, unser, euer, ihr** sudaiktavardėję dalyviai ir būdvardžiai vienaskaitoje linksniuojami kaip su nežymimuoju artikeliu, o daugiskaitoje kaip po žymimojo artikelio.

**Sudaiktavardėjusių niekatrosios giminės
dalyvių ir būdvardžių linksniavimas**

N	das Gute	das Deutsche (*vokiečių kalba*)
G	des Guten	des Deutschen
D	dem Guten	dem Deutschen
A	das Gute	das Deutsche

Po nežymimųjų įvardžių **alles, etwas, viel, wenig** ir po klausiamojo įvardžio **was** sudaik-tavardėję dalyviai ir būdvardžiai vartojami taip: **alles Gute, etwas Gutes, viel Gutes, wenig Gutes, was Neues?**

Kirčiavimas ir transkripcija

Žodyne tiek lietuviški, tiek vokiški žodžiai sukirčiuoti. Vokiškų žodžių kirčiuoti skiemenys, išskyrus vienskiemenius, žymimi dešininiu kirčio ženklu ('). Žodžių, kurių kirčiuotame skiemenyje yra balsis su umliautu, kirtis nežymimas.

Kai žodžiai kirčiuojami dvejopai, pateikiamas tik dažniau vartojamas variantas.

Kai gali kilti neaiškumų, kaip taisyklingai tarti kai kuriuos raidžių junginius, tarp raidžių dedamas status taškinis brūkšnelis, pvz.:

Pramie ƒ -, -n (-e tariamas)

Symphoníe ƒ -, -ní:en (Symphoníe -e netariamas, Symphoní:en -e tariamas)

Kai gali kilti abejonių dėl žodžio skaidymo, tarp žodžio dalių taip pat rašomas status taškinis brūkšnelis, pvz.:

über:erfüllen ...

Jeigu tartis nukrypsta nuo bendrųjų taisyklių ar gali kilti abejonių, atitinkamas žodis arba žodžio dalis transkribuojami, pvz.:

Chef‖architekt [ˈʃɛf-] *m* -en, -en vyriáusiasis architèktas; **~ingenieur** *m* -s, -e vyriáu-siasis inžiniērius

Jeigu transkribuojamas visas žodis arba kirčiuotas skiemuo, kirtis antraštiniame žodyje nežymimas.

Žodyne vartojami transkripcijos ženklai (paprastesni ženklai neaiškinami):

Ženklas ir garso apibūdinimas		Pavyzdys ir transkripcija	Panašiai kaip žodyje
[aː]	ilgas atviras balsis	Chicago [ʃiˈkaːgoː]	rãtas
[eː]	ilgas uždaras	Essai [ɛˈseː]	kė̃dė̃
[e]	trumpas uždaras	Genie [ʒeˈniː]	kėdė̃
[ɛː]	ilgas atviras	Palais [paˈlɛː]	tė̃mo
[ɛ]	trumpas atviras	Chef [ʃɛf]	mèsti
[ə]	redukuotas	Branche [ˈbraŋʃə]	dvíese
[iː]	ilgas uždaras	Jalousie [ʒaluˈziː]	týras
[oː]	ilgas uždaras	Chicago [ʃiˈkaːgoː]	lóva
[ɔ]	trumpas atviras	Job [dʒɔb]	bòmba
[øː]	ilgas uždaras (o umliautas)	Jongleur [ʒɔŋˈgløːr]	blióvė
[ø]	trumpas atviras (o umliautas)	Feuilleton [føjɔˈtɔŋ]	Liònginas
[uː]	ilgas uždaras balsis	Boom [buːm]	kū̃rė
[y]	trumpas atviras (u umliautas)	Nuance [nyˈaŋsə]	niuánsas
[ŋ]	nosinis priebalsis	Chance [ˈʃaŋsə]	bañgos
[ʃ]		Champignon [ˈʃampinjoːn]	šìtas
[ʒ]		Genie [ʒeˈniː]	žemỹn
[dʒ]		Budget [byˈdʒeː]	džérška
[x]		Yacht [jaxt]	jachtà

9

Vokiški ir lotyniški sutrumpinimai

a — *Adjektiv* būdvardis

A — *Akkusativ* galininkas

adv — *Adverb* prieveiksmis

cj — *Konjunktion* jungtukas

D — *Dativ* naudininkas

etw. — kas nors, ką nors (kalbant apie daiktą)

f — *Femininum* moteriškoji giminė

G — *Genitiv* kilmininkas

(h) — asmenuojamas su pagalbiniu veiksmažodžiu *haben*

(h, s) — asmenuojamas su pagalbiniais veiksmažodžiais *haben* ir *sein*

imp — *Imperativ* liepiamoji nuosaka

impf — *Imperfekt* imperfektas

inf — *Infinitiv* bendratis

j-m — *jemandem* kam nors (kalbant apie asmenį)

j-n — *jemanden* ką nors (kalbant apie asmenį)

j-s — *jemandes* kieno nors (kalbant apie asmenį)

m — *Maskulinum* vyriškoji giminė

n — *Neutrum* niekatroji giminė

num — *Numerale* skaitvardis

part II — *Partizip II* participas II

pl — *Plural* daugiskaita; vartojamas tik daugiskaita

pron — *Pronomen* įvardis

prp — *Präposition* prielinksnis

prtc — *Partikel* dalelytė

(s) — asmenuojamas su pagalbiniu veiksmažodžiu *sein*

sg — *Singular* vienaskaita; vartojamas tik vienaskaita

vi — *intransitives Verb* negalininkinis veiksmažodis

vimp — *impersonales Verb* beasmenis veiksmažodis

vt — *transitives Verb* galininkinis veiksmažodis

Lietuviški sutrumpinimai

anat. — anatomija

atsk. — atskiriamasis priešdėlis

bot. — botanika

chem. — chemija

el. — elektra

fiz. — fizika

fot. — fotografija

gram. — gramatika

istor. — istorija

kl. — kalnas, kalnai

kar. — karyba

kul. — kulinarija

lingv. — lingvistika

mat. — matematika

med. — medicina

mst. — miestas

muz. — muzika

neatsk. — neatskiriamasis priešdėlis

prk. — perkeltine prasme

pvz. — pavyzdžiui

rad. — radiotechnika

s. — sala

sport. — sportas

šachm. — šachmatai

teatr. — teatras

tech. — technika

teis. — teisė

t. p. — taip pat

zool. — zoologija

žemd. — žemdirbystė

žr. — žiūrėk

VOKIEČIŲ–LIETUVIŲ KALBŲ ŽODYNAS

Vokiškoji abėcėlė

(ir lietuviškas raidžių pavadinimų tarimas)

Aa	[ã]	**Jj**	[jòt]	**Ss**	[ès]
Bb	[bẽ]	**Kk**	[kã]	**Tt**	[tẽ]
Cc	[cẽ]	**Ll**	[eĩ]	**Uu**	[ù]
Dd	[dẽ]	**Mm**	[eɱ̃]	**Vv**	[fáu]
Ee	[ẽ]	**Nn**	[eñ]	**Ww**	[vẽ]
Ff	[èf]	**Oo**	[õ]	**Xx**	[ìks]
Gg	[gẽ]	**Pp**	[pẽ]	**Yy**	[ìpsilon]
Hh	[hã]	**Qq**	[kù]	**Zz**	[cèt]
Ii	[ì]	**Rr**	[eɽ̃]		

A

Aal *m* -(e)s, -e ungurỹs

Aar *m* -(e)s, -e erẽlis, āras

ab 1 *prp* nuõ, ìš; *ab héute* nuõ šiõs dienõs; *ab 1. Júli* (*ab érsten Júli*) nuõ líepos pirmõsios; *ab Berlín* nuõ [ìš] Berlýno 2: *ab und zu* kaĩtkartėmis, rėtkarčiais

ábändern *vt* (pa)keĩsti, pérdirbti

ábarbeiten *vt* atidìrbti (*skolą*)

Ábart *f* -, -en atm ainà

Ábbau *m* -(e)s, -e 1 gavýba, eksploatāvimas 2 nugriovìmas; demontāvimas 3 sumāžinimas (*pvz., kainų, atlyginimo*)

ábbauen *vt* 1 išgáuti, iškàsti 2 nugriáuti; demontúoti 3 sumāžinti (*pvz., kainas, atlyginimą*)

ábbeißen* *vt* nukąsti, atkąsti

ábbekommen* *vt* gáuti (*savo dalį*)

ábberufen* *vt* atšaūkti; atléisti (*iš pareigų*)

ábbestellen *vt* atšaūkti (*posėdį*)

ábbezahlen *vt* (iš)mokéti dalimìs

ábbiegen* *vi* (*s*) pasùkti, iškrỹpti

Ábbild *n* -(e)s, -er atvaizdāvimas; ātvaizdas, portrètas

ábbilden *vt* atvaizdúoti

Ábbildung *f* -, -en atvaizdāvimas; piešinỹs; iliustrācija

ábbinden* *vt* atrìšti; nusijúosti; nusirìšti

ábblättern *vi* lùptis, trupinéti

ábblenden *vt* prigesìnti; aptémdyti

ábblühen *vi* (*s, h*) péržydėti, nužydéti

ábbrauchen *vt* nudėvéti, nunešióti

ábbrechen* I *vt* 1 atláužti; nuláužti 2 nutráukti (*pvz., santykius*) II *vi* (*s*) (nu)lū́žti, atlū́žti

ábbringen* *vt* atkalbéti; atitráukti; *j-n von éinem Théma* ~ nukreĩpti ką nuõ tèmos

Ábbruch *m* -(e)s, -e 1 nugriovìmas; (su)griuvìmas 2 *sg* (*staigus*) nutraukìmas (*pvz., santykių*)

ábbrühen *vt* nuplikýti, nutvìlkyti

ABC [a:be:'tse:] *n* -, - abėcėlė; pagrindaĩ, prādmenys

ABC-||Buch *n* -(e)s, -er elementõrius; ~schüler *m* -s, - pirmõkas, pirmaklāsis

ábdämmen *vt* užtveñkti

ábdämpfen *vt* 1 (pri)slopìnti (*pvz., garsą*) 2 (iš)troškìnti (*pvz., daržoves, mėsą*)

ábdecken *vt* nudeñgti

ábdichten *vt* sandārinti; užkiñšti

ábdrehen *vt* 1 atsùkti 2 užsùkti, išjùngti (*pvz., vandenį, dujas*)

Ábdruck *m* -(e)s, -e / -e 1 (iš)leidìmas, (iš)spáusdinimas 2 ātspaudas

ábdrucken *vt* (iš)léisti, (iš)spáusdinti

ábdrücken *vt* 1 nuspáusti, numìnti 2 atstùmti, nustùmti

ábduschen, sich nusipraūsti põ dušù

ábebben *vi* (*s*) (nu)slū́gti; (nu)rìmti, praeĩti

Ábend *m* -s, -e vākaras; *des* ~*s, am* ~ vakarè; *héute* (*géstern, mórgen*) ~ šiañdien (vākar, rytój) vakarè; *éines* ~*s* víeną vākarą; *gégen* ~ pāvakare; *gúten* ~*!* lābas vākaras!

Ábend||blatt *n* -(e)s, -er vakarìnis laĩkraštis; ~brot *n* -(e)s, -e, ~essen *n* -s, - vakariēnė; ~kleid *n* -(e)s, -er vakarìnė suknėlė

ábendlich vakarìnis

ábends vakaraĩs, vakarè

Ábend||schule *f* -, -n vakarìnė mokyklà; ~stunde *f* -, -n vākaro mētas [laĩkas]; *zu später* ~*stunde* vėlaĩ vakarè; ~zug *m* -(e)s, -e vakarìnis traukinỹs

Ábenteuer *n* -s, - núotykis; avantiūrà

ábenteuerlich pìlnas núotykių, nuotykìngas

Ábenteuerroman *m* -(e)s, -e núotykių romānas

áber 1 *cj* õ, bèt, tačiaū; *er ist schon alt, áber noch rüstig* jìs jaū sēnas, bèt dár tvìrtas 2: ~ *sícher!* be ābejo!

Áberglaube *m* -ns príetaras

ábergläubisch prietarìngas

áberkennen* *atsk. / neatsk.* (*part II* áberkannt) *vt* (*j-m*) nepripažìnti (*kam ko*)

ábermals añtrąkart, pakartótinai

ábernten *vt* nuim̃ti, suvalýti (*derlių*)

Áberwitz *m* -es, -e beprotýbė, kvailýbė

áberwitzig beprõtiškas, kvaĩlas

ábfahren* I *vi* (*s*) išvažiúoti, išvỹkti; iš-
plaũkti (*apie laivą*) II *vt* išvèžti; išgabénti
Ábfahrt *f* -, -en išvažiãvimas, išvykìmas
Ábfahrt(s)zeit *f* -, -en išvykìmo laĩkas
Ábfall *m* -(e)s, ⸗e 1 šlaĩtas, pašlaĩtė 2 ãtma-
tos, ãtliekos
Ábfall‖eimer *m* -s, - šiùkšlių kibìras; ~ei-
sen *n* -s, - geležiẽs láužas
ábfallen* *vi* (*s*) 1 žeméti, eĩti žemỹn 2 (nu)-
krìsti, (nu)byréti 3 (*von D*) atsimèsti (*nuo
ko*), išstóti (*iš kur*) 4 (ati)tèkti
ábfällig nepalankùs, neĩgiamas; *über j-n,
etw.* (*A*) ~ *úrteilen* neĩgiamai atsiliẽpti
(*apie ką*)
ábfangen* *vt* pagáuti, nutýkoti; sučiùpti
ábfärben *vi* (nu)blùkti
ábfassen *vt* paruõšti, parašýti
ábfegen *vt* nušlúoti; iššlúoti
ábfertigen *vt* 1 išléisti, išsiũsti (*pvz., trauki-
nį*) 2 aptarnáuti (*klientus*)
ábfeuern *vt, vi* (iš)šáuti, šáudyti
ábfinden* I *vt* paténkinti (*reikalavimus*); at-
lýginti (*pvz., nuostolius*) II sich ~ (*mit D*)
susitáikyti (*su kuo*)
ábfliegen* *vi* (*s*) išskrìsti
Ábflug *m* -(e)s, ⸗e išskridìmas
Ábflug(s)zeit *f* -, -en (*lėktuvo*) išskridìmo laĩ-
kas
Ábfluss *m* -es, ⸗e 1 nutekėjimas; núotėkis
2 núotakas, nutekamàsis vařzdis
ábfluten *vi* (*s*) atslū́gti, nuslū́gti
ábfragen *vt* klausinéti; *den Schüler die Vo-
kábeln* ~ klausinéti mókinį žõdžių
ábfrieren* *vi* (*s*) nušálti
Ábfuhr *f* -, -en 1 išvežìmas; išgabénimas
2 ãtkirtis; *eine* ~ *ertéilen* dúoti ãtkirtį
ábführen *vt* išvèsti, nuvèsti; iššivèsti
ábfüllen *vt* (su)pìlstyti, išpìlstyti (*į butelius*)
Ábgabe *f* -, -n 1 *sg* pristãtymas, atidavìmas
2 *pl* mókestis, riñkliava
Ábgabepreis *m* -es, -e pardavìmo káina
Ábgang *m* -(e)s, ⸗e 1 išėjìmas, išvykìmas
(*traukinio*) 2 pasitraukìmas (*iš tarnýbos*)
3 (*mokinių*) laidà
Ábgänger *m* -s, - abiturieñtas

Ábgangs‖prüfung *f* -, -en abitū́ros egzā́mi-
nas; ~zeugnis *n* -ses, -se brandõs atestãtas
Ábgas *n* -es, -e ìšmetamosios dùjos
ábgearbeitet nusidìrbęs, nusikamãvęs
ábgeben* *vt* 1 atidúoti, pérduoti; grą́žìnti;
éinen Schuss ~ paléisti šū́vį 2 paskélbti,
pasakýti; *éine Erklärung* ~ padarýti pa-
reiškìmą
ábgebraucht nudėvétas, susidėvéjęs
ábgegriffen nudėvétas, nunešiótas
ábgehärtet užsigrū́dinęs; užgrū́dintas
ábgehen* I *vi* (*s*) 1 išeĩti, išvỹkti; *von der
Schúle* ~ baĩgti mokýklą; mèsti mokýklą
2 atplýšti, atšókti; lùptis 3 nukrỹpti; *vom
Wége* ~ iškrỹpti ìš kẽlio 4 (*von D*) atsi-
sakýti, išsižadéti (*ko*) II *vt* apeĩti, apváikš-
čioti (*tiriant*)
ábgekürzt sutrum̃pintas
ábgelebt atgyvénęs, pasénęs
ábgemacht išsprę́stas, ùžbaigtas; ~!
sù(sì)tarta!
ábgenutzt nunešiótas, nudėvétas
Ábgeordnete *sub m, f* deputãtas, -ė
ábgepackt fasúotas (*apie prekes*)
Ábgesandte *sub m, f* delegãtas, -ė
ábgeschieden atsiskýręs
ábgeschlossen 1 atskìrtas, izoliúotas (*apie
patalpą*) 2 atsiskýręs, užsidãręs 3 baĩgtas,
ùžbaigtas
ábgesehen: ~ *von dir* išskýrus tavè; ~
davon, dass ... nepáisant tõ, kàd ...
ábgesondert ãtskiras (*pvz., kambarys*); ~
lében gyvénti atsiskýrus [užsidãrius]
ábgespannt pavařgęs, nusikamãvęs
ábgestanden nusisteĩbęs, išsikvẽpęs (*pvz.,
alus*)
ábgestumpf atšìpęs, atbùkęs
ábgetan pàbaigtas, ùžbaigtas
ábgetreten susidėvéjęs; numìndžiotas
ábgewöhnen *vt* (*j-m*) atprãtinti (*ką nuo ko*);
sich (*D*) *das Ráuchen* ~ atprãsti nuõ rū́-
kymo
ábgezehrt išsékęs, sunỹkęs
Ábglanz *m* -es atspindỹs; atsispindéjimas
ábgleiten* *vi* (*s*) nuslýsti, nusprū́sti
Ábgott *m* -(e)s, ⸗er stãbas, dieváitis

ábgrämen, sich (um A) síelotis, sielvartáuti (dėl ko)
ábgrenzen vt atribóti, atskìrti (ką); nustatýti ribàs (ko)
Ábgrund m -(e)s, ⁓e bedùgnė, prarajà
ábgründig neišmatúojamas, begalìnis
Ábguss m -es, ⁓e liejinỹs, išlietà dalìs; atlajà
ábhacken vt atkiȓsti, nukiȓsti
ábhalten* vt nepraléisti (ko), sulaikýti (ką)
ábhandeln vt (j-m) nu(si)deréti (ką iš ko)
abhánden: ⁓ kómmen (j-m) diñgti, prapùlti (kam)
Ábhandlung f -, -en veĩkalas; (mokslinis) stráipsnis
Ábhang m -(e)s, ⁓e šlaĩtas, núokalnė
ábhängen*¹ vi (von D) priklausýti, pareĩti (nuo ko)
ábhängen² vt atkabìnti (pvz., vagoną); nukabìnti
ábhängig priklaũsomas; von j-m, etw. (D) ⁓ sein būti nuõ kõ priklaũsomam
Ábhängigkeit f - priklausomýbė, priklausomùmas
ábhärten I vt (už)grū́dinti II sich ⁓ grū́dintis, užsigrū́dinti
ábhauen* vt atkiȓsti, nukiȓsti
ábheben* I vt nuvóžti, nukélti II sich ⁓ (von D) išsiskìrti (kieno fone)
ábheilen vi (s) (už)gýti
ábhetzen, sich pavaȓgti, nusiplū̃kti
ábholen vt pasiiȓmti, atsinèšti; užeĩti (ko pasiimti); j-n vom Báhnhof ⁓ sutìkti ką stotyjè
ábhorchen vt (slapta) klausýtis (ko)
ábhören vt 1 klausinéti; den [dem] Schüler die Vokábeln ⁓ klausinéti mókinį žõdžių 2 klausýti(s) (ko)
Abitúr n -s, -e abitūrà, egzãminas brandõs atestãtui gáuti; das ⁓ máchen [áblegen] (iš)laikýti egzãminus brandõs atestãtui gáuti
Abituriént m -en, -en abiturieñtas
ábkämmen vt apieškóti, išnaršýti
ábkapseln, sich (von D) užsidarýti, atsiskìrti (nuo ko)
ábkaufen vt (j-m) (nu)piȓkti (ką iš ko)

ábkehren I vt nugrę̃žti, nusùkti II sich ⁓ (von D) nusigrę̃žti (nuo ko)
ábklären, sich (iš)aiškéti, paaiškéti
ábklingen* vi (s) nuskambéti, nuaidéti; mažéti, silpnéti
ábklopfen vt (iš)pùrtyti, (iš)daužýti; (nu)kratýti; den Kránken ⁓ (iš)stuksénti [perkutúoti] ligónį
ábknöpfen vt atsègti, atsegióti
ábkochen vt 1 išvìrti (pvz., bulves, kiaušinius) 2 (iš)vìrinti, pasterizúoti; ábgekochte Milch pasterizúotas píenas
ábkommandieren vt (nu)komandirúoti, pasiū̃sti
ábkommen* vi (s) (von D) išklýsti, iškrỹpti (iš kelio); nukrỹpti (nuo temos); von éiner Ánsicht ⁓ pakeĩsti núomonę
Ábkommen n -s, - susitarìmas, sutartìs; sándoris
Ábkömmling m -s, -e palikuonìs, aĩnis
ábkriegen vt gáuti (savo dalį); Prügel ⁓ gáuti į̃ káilį
ábkühlen I vt atáušinti, atvė́sinti II sich ⁓ atvė́sti
Ábkunft f -, ⁓e kilìmas, kilmė̃
ábkürzen vt (su)truȓpinti
ábküssen vt išbučiúoti, nubučiúoti
ábladen* vt iškráuti; séinen Ärger ⁓ išlíeti pýktį
Áblage f -, -n sándėlis, sáugojimo vietà
Áblass m -es, ⁓e 1 nuleidìmas (vandens) 2 núolaida
áblassen* I vt nuléisti, išléisti (pvz., vandenį, garą) II vi (von D) atstóti, atsitráukti (nuo ko)
Áblasshahn m -(e)s, ⁓e čiáupas
Áblauf m -(e)s, ⁓e 1 sg nutekėjimas 2 eigà (įvykių) 3 gãlas, pabaigà; nach ⁓ der Frist pasibaĩgus teȓminui
áblaufen* I vi (s) 1 (nu)tekéti, nubégti; išbégti; ⁓ lássen nuléisti (vandenį) 2 baĩgtis, pasibaĩgti II vt (s, h) apibėgióti (ko beiẽškant)
áblauschen vt (D) nu(si)klausýti, išgiȓsti (ką iš ko)
ábleben vi ámžinu miegù užmìgti, (nu)miȓti

Ábleben *n* -s mirtìs

áblegen *vt* 1 nusiìmti, nusiviĩkti; *bítte, légen Sie ab!* prāšom nusiviĩkti páltą 2: *éinen Eid* ~ dúoti príesaiką; *éine Prüfung* ~ (iš)laikýti egzãminą

áblehnen *vt* atmèsti (*ką*), atsisakýti (*ko*)

áblehnend neĩgiamas

Áblehnung *f* -, -en atmetìmas; atsisãkymas, nepriėmìmas

ábleisten *vt* atlìkti (*pvz.*, *tarnybą, pareigą*)

ábleiten *vt* nukreĩpti; *das Wásser* ~ nuléisti [nutēkinti] vándenį

Ábleiter *m* -s, - žaibólaidis, perkū́nsargis

áblenken I *vt* nukreĩpti, pasùkti II **sich** ~ prasiblaškýti

áblesen* *vt* skaitýti; *die Wórte von den [an den]* *Líppen* ~ supràsti žodžiùs ìš lū́pų

ábleugnen *vt* neĩgti (*kaltę*), išsigìnti (*žodžių*)

ábliefern *vt* tiẽkti, (pri)statýti

Áblieferungsfrist *f* -, -en pristãtymo termìnas

áblocken *vt* (*j-m*) išvilióti (*ką iš ko*)

áblösen I *vt* 1 atskìrti, atlùpti 2 pakeĩsti (*pvz.*, *sargybą*) II **sich** ~ atsilùpti, atšókti

ábmachen *vt* 1 nuìmti, pašãlinti 2 susitar̃ti (*dėl ko*); *den Preis* ~ susitar̃ti dėl káinos; *ábgemacht!* sùtarta!

Ábmachung *f* -, -en súokalbis, sándėris, susitarìmas

ábmagern *vi* (*s*) sulýsti, sublógti

Ábmarsch *m* -es, -ᵉe išžygiãvimas

ábmarschieren *vi* (*s*) išžygiúoti

ábmelden I *vt* išregistrúoti II **sich** ~ išsiregistrúoti

Ábmeldung *f* -, -en iš(si)registrãvimas

ábmildern *vt* sušveĩninti, sumãžinti

ábmontieren *vt* išardýti, išmontúoti

ábmühen, **sich** plū́ktis, suñkiai dìrbti

ábnagen *vt* apgráužti, nugráužti

Ábnahme *f* -, -n 1 *sg* nuėmìmas 2 priėmìmas (*pvz.*, *naujo pastato*) 3 sumažėjimas

ábnehmen* I *vt* 1 nuìmti; *den Hörer* ~ pakélti telefòno ragēlį 2 priìmti, périmti; *éine Prüfung* ~ (iš)egzaminúoti II *vi* 1 mažė́ti, trumpė́ti, silpnė́ti 2 (su)blógti

Ábneigung *f* -, -en nepalankùmas, antipātija

ábnötigen *vt* (*j-m*) išgáuti (*ką iš ko*)

ábnutzen, ábnützen I *vt* nunešióti, nudėvė́ti II **sich** ~ nusinešióti, nusidėvė́ti

Abonnement [abɔnə'maŋ] *n* -s, -s prenumerātà; abonemeñtas

Abonnént *m* -en, -en prenumerātorius; aboneñtas

abonníeren *vt*, *vi* (*auf A*) už(si)sakýti, už(si)prenumerúoti

Abórt *m* -(e)s, -e ìšvietė

ábpacken *vt* supakúoti; (iš)fasúoti

ábpassen *vt* láukti (*ko*)

ábplagen, **sich** (*mit D*) plū́ktis, kamúotis (*su kuo*)

ábprallen *vi* (*s*) atšókti, atsimùšti

Ábputz *m* -es tinkãvimas; tìnkas

ábputzen *vt* 1 nuvalýti 2 (iš)tinkúoti

ábraten* *vi* (*j-m von D*) patar̃ti nedarýti (*kam ko*), atkalbė́ti (*ką nuo ko*)

ábräumen *vt* nuìmti, nukráustyti

ábrechnen I *vt* atskaitýti, išskaitýti II *vi* atsiskaitýti, dúoti apýskaitą

Ábrede *f* -, -n 1 susitarìmas 2: *etw. in* ~ *stéllen* ką (nu)neĩgti [nugiñčyti]

ábreden *vt* 1 (*j-m*) patar̃ti nedarýti (*kam ko*) 2 susitar̃ti (*dėl ko*)

Ábreise *f* -, -n išvažiãvimas, iškeliãvimas

ábreisen *vi* (*s*) išvažiúoti, iškeliáuti

ábreißen* I *vt* 1 nuplė́šti, nutráukti 2 nugriáuti (*namą*) II *vi* (*s*) nutrū́kti; liáutis

ábrichten *vt* mókyti, dresúoti

ábriegeln *vt* 1 užsklę́sti, užšáuti 2 atskìrti, izoliúoti

Ábriss *m* -es, -e 1 plānas, kòntūras 2 apžvalgà; apýbraiža 3 nugriovìmas

ábrollen I *vt* išvynióti (*pvz.*, *siūlus*) II *vi* (*s*) výkti, rùtuliotis

ábrücken *vi* (*s*) (*von D*) pasitráukti, atsistùmti (*nuo ko*)

Ábruf *m* -(e)s, -e atšaukìmas

ábrufen* *vt* atšaũkti (*pvz.*, *ambasadorių*)

ábrüsten *vi* nusiginklúoti

Ábsage *f* -, -n atsisãkymas; nesutikìmas

ábsagen *vt* atšaũkti (*pvz.*, *posėdį, konferenciją*)

ábsägen *vt* nupjáuti, atpjáuti (*pjūklu*)

Ábsatz *m* -es, =e **1** pastráipa **2** kuĺnas (*batų*) **3** *sg* (*prekių*) realizãvimas, pardavìmas **4** *sg* núosėdos

ábschaffen *vt* panaikìnti, pašãlinti

ábschälen I *vt* nulùpti (*pvz.*, *vaisius*, *žievę*) **II sich** ~ lùptis, nusilùpti

ábschätzen *vt* įvértinti, įkáinoti

Ábschaum *m* -(e)s **1** (*viralo*) pùtos; núoviros **2** (*visuomenės*) ãtmatos, pãdugnės

ábscheiden * **I** *vt* išskìrti (*ką*), léisti nusėsti (*kam*) **II** *vi* (*s*) (nu)mir̃ti

ábscheren *vt* nukir̃pti; apkarpýti

Ábscheu *m* -(e)s / *f* - pasišlykštéjimas, pasibjaurėjimas

ábscheulich bjaurùs, šlykštùs

ábschicken *vt* išsiųsti, pasiųsti

ábschieben * *vt* atstùmti, nustùmti

Ábschied *m* -(e)s, -e atsisvéikinimas, išsiskyrìmas; *von j-m* ~ *néhmen* atsisvéikinti sù kuõ

Ábschieds‖essen *n* -s atsisvéikinimo váišės; ~**feier** *f* -, -n išleistùvės

ábschießen * *vt* nušáuti, pašáuti (*pvz.*, *lėktuvą*)

ábschirmen I *vt* atitvérti; apsáugoti **II sich** ~ (*gegen A*) apsisáugoti (*nuo ko*)

Ábschlag *m* -(e)s, = dalìnė įmoka

ábschlagen * **I** *vt* **1** atkir̃sti, nukir̃sti **2** iškir̃sti (*mišką*); *j-m éine Bítte* ~ atmèsti kienõ prãšymą **II sich** ~ nusikratýti, nusipùrtyti

ábschlägig: *éine* ~*e Ántwort* neĩgiamas atsãkymas

ábschleppen *vt* nuvil̃kti, nutem̃pti

ábschließen * **I** *vt* **1** užrakìnti **2** uždarýti, atskìrti **3** pabaĩgti, užbaĩgti **4** sudarýti, pasirašýti (*pvz.*, *sutartį*) **II** *vi* (*mit D*) baĩgtis (*kuo*) **III sich** ~ užsidarýti, atsiskìrti (*nuo visuomenės*)

ábschließend I *a* baigiamàsis, galutìnis **II** *adv* pabaigojè, baĩgiant

Ábschluss *m* -es, =e **1** uždãrymas **2** *sg* (už)-baigìmas **3** sudãrymas, pasirãšymas (*pvz.*, *sutarties*)

Ábschluss‖feier *f* -, -n iškilmìngas uždãrymas; ~**prüfung** *f* -, -en baigiamàsis egzãminas

ábschmecken *vt* (pa)ragáuti, degustúoti

ábschnallen I *vt* atsègti, nusègti **II sich** ~ atsisègti

ábschneiden * **I** *vt* nupjáuti, atpjáuti; atkir̃pti **II** *vi*: *gut* ~ (*bei D*) pasižyméti (*kur*)

Ábschnitt *m* -(e)s, -e **1** skỹrius, skìrsnis **2** tar̃psnis, periòdas **3** rajònas, rúožas

ábschnüren *vt* pérrišti, užver̃žti

ábschöpfen *vt* nusémti, nugriēbti (*pvz.*, *putas*)

ábschrauben *vt* atsùkti

ábschrecken *vt* atbaidýti, atgrasìnti

ábschreiben * *vt* pérrašyti, nurašýti; *etw. ins Réine* ~ pérrašyti ką̃ į̃ švárraštį

Ábschrift *f* -, -en núorašas, kòpija

ábschürfen *vt* nubrózdinti, nudrēksti

Ábschuss *m* -es, =e šũvis, iššovìmas

ábschüssig statùs, skardùs, nuolaidùs

ábschütteln *vt* **1** (nu)krēsti, nukratýti **2** nusimèsti (*ką*), nusikratýti (*ko*, *kuo*)

ábschütten *vt* nupìlti, atpìlti

ábschwellen * *vi* (*s*) (at)slū̃gti

ábschwenken *vi* (*s*) pasùkti į̃ šãlį

ábsehbar apžvel̃giamas, numãtomas; *in* ~*er Zeit* netolimojè ateityjè

ábsehen * **I** *vt* **1** numatýti, iš añksto nuspéti **2** (*j-m*) nužiūréti, périmti (*ką nuo ko*) **II** *vi* (*von D*) atsisakýti (*nuo ko*), nekreĩpti dė̃mesio (*į ką*)

ábseifen *vt* (iš)muĩlinti, (iš)praũsti sù muilù

ábseitig nuošalùs, atokùs

ábseits nuošaliaĩ; į̃ šãlį; ~ *stéhen* stovéti núošalyje

ábsenden * *vt* išsiųsti, pasiųsti

Ábsender *m* -s, - siuntéjas; siuntéjo ãdresas

ábsetzen *vt* **1** nusiim̃ti (*pvz.*, *kepurę*, *akinius*) **2** išsodìnti, išlaipìnti **3** pardúoti **4** atstatýti, atléisti (*iš pareigų*)

Ábsicht *f* -, -en ketìnimas; sumãnymas; kėslas; *in wélcher* ~? kókiu tikslù? *mit* ~ tyčia; *óhne* ~ netýčia

ábsichtlich I *a* sąmonìngas, tyčìnis **II** *adv* tyčia, tyčiomis

ábsinken * *vi* (*s*) **1** (nu)grim̃zti **2** (nu)slū̃gti; (nu)krìsti

absolút absoliùtinis, absoliutùs

absolvíeren *vt* (pa)baĩgti (*mokyklą*)
ábsondern I *vt* atskìrti, izoliúoti **II sich** ~
(*von D*) atsiskìrti (*nuo ko*)
ábspalten* I *vt* atskélti; atskìrti **II sich** ~
atskìlti, atsiskìrti
ábsperren I *vt* 1 užrakìnti, uždarýti 2 atitvér-
ti, užtvérti; atskìrti **II sich** ~ užsidarýti,
atsiskìrti
ábspielen I *vt* gróti, skam̃binti (*iš natų*)
II sich ~ (į)vỹkti, rùtuliotis; *wo* **spíelte**
sich das ab? kur taĩ (į)vỹko?
Ábsprache *f* -, -n susitarìmas
ábsprechen* *vt* 1 (*j-m*) (nu)neĩgti, nugiñčyti
(*kam ką*) 2 susitaŕti (*dėl ko*)
ábspringen* *vi* (*s*) 1 (nu)šókti 2 ištrū̃kti; lùp-
tis
Ábsprung *m* -(e)s, ᵘe (nu)šokìmas, šúolis
ábspülen *vt* nupláuti, išskaláuti
Ábspülwasser *n* -s pãmazgos
ábstammen *vi* (*s*) kìlti, bū́ti kìlusiam
Ábstammung *f* -, -en kilmė̃, kilìmas
Ábstand *m* -(e)s, ᵘe atstùmas, núotolis, dis-
táncija
ábstatten: *j-m éinen Besúch* ~ ką̃ aplan-
kýti
ábstauben *vt* išdùlkinti
ábstauen *vt* užtveñkti
ábstecken *vt* nužyméti (*kuoleliais*), nubrė́žti
ábsteigen* *vi* (*s*) nulìpti; išlìpti
ábstellen *vt* 1 padéti [atidéti] į̃ šãlį 2 sustab-
dýti, išjùngti (*pvz.*, *variklį*)
Ábstellraum *m* -(e)s, ᵘe sandėliùkas, kama-
rėlė̃
ábsterben* *vi* (*s*) 1 miŕti, nỹkti 2 užmiŕti,
nutiŕpti
ábstimmen I *vi* balsúoti **II** *vt* sudérinti (*mu-
zikos instrumentą*)
Ábstimmung *f* -, -en 1 balsãvimas 2 (su)dė-
rinimas
Abstinénz *f* - susilaĩkymas (*nuo alkoholinių
gėrimų*), abstineñcija
ábstoßen* *vt* nustùmti, atstùmti
ábstoßend àtstumiantis, atgrasùs
ábstreichen* *vt* nubraũkti, nuvalýti
ábstreifen *vt* nusimáuti (*kojines, pirštines*);
nusivìlkti (*drabužį*)

ábstreiten* *vt* (už)giñčyti, nuneĩgti
ábstumpfen I *vt* (at)šìpinti, (at)bùkinti **II** *vi*
(*s*) (at)bùkti; darýtis nejautriám
Ábsturz *m* -es, ᵘe (nu)kritìmas; (nu)griuvì-
mas
ábstürzen *vi* (*s*) (nu)krìsti; (nu)griū́ti
ábsuchen *vt* apieškóti, apžiūréti (*ieškant ko*)
ábtasten *vt* apčiupinéti
ábtauen *vi* (*s*) nutiŕpti
Ábteil *n* -(e)s, -e kupė̃
Ábteilung *f* -, -en 1 skỹrius (*įstaigoje, par-
duotuvėje*) 2 (*knygos*) skỹrius
ábtragen* I *vt* 1 nuardýti, nugriáuti 2 nune-
šióti, nudėvéti **II sich** ~ nusinešióti, nusi-
dėvéti
ábtransportieren *vt* išvèžti, išgabénti
ábtreten* I *vt* 1 numìnti, numìndyti 2 (*j-m,
an j-n*) pérleisti, atidúoti (*kam ką*) **II** *vi*
(*s*) (iš)eĩti; pasitráukti ìš tarnýbos, atsista-
týdinti
Ábtritt *m* -(e)s, -e ìšvietė
ábtrocknen I *vt* 1 iššlúostyti, nušlúostyti
2 išdžiovìnti **II** *vi* (*s*) išdžiū́ti
ábtun* *vt* 1 nusivìlkti, nusimèsti (*drabužį*)
2 mèsti (*ką*), atsisakýti (*ko*)
áburteilen *vt* nuteĩsti; (pa)smeŕkti
ábverlangen *vt* (*j-m*) (pa)reikaláuti (*ko iš ko*)
ábwägen* *vt* apsvarstýti, apgalvóti
ábwandeln *vt* (pa)keĩsti, varijúoti
ábwarten *vt* (pa)láukti, palūkéti (*ko*)
ábwärts žemỹn
ábwaschen* *vt* nupláuti; *sich (D) die Hände*
~ mazgótis rankàs
ábwechseln I *vt* (pa)keĩsti; įvaĩrinti
II *vi* / **sich** ~ (*mit D*) keĩstis, kaĩtaliotis
(*su kuo*)
Ábweg *m* -(e)s, -e šùnkelis, klýstkelis
Ábwehr *f* - gynýba, gynìmas
ábwehren *vt* 1 atrem̃ti, atmùšti (*ataką*) 2 nu-
kreĩpti (*ką*), užkìrsti kẽlią (*kam*)
ábweichen* *vi* (*s*) (*von D*) nukrỹpti (*nuo ko*)
ábweisen* *vt* 1 atmèsti (*ką*), nepaténkinti
(*ko*) 2 išvarýti (*ką*), nepriìm̃ti (*ko*)
ábwenden* I *vt* nugrę̃žti, nukreĩpti (*pvz.*,
akis, veidą) 2 užkìrsti kẽlią (*kam*) **II sich**
~ (*von D*) nusigrę̃žti (*nuo ko*)

ábwerfen* vt numèsti; nusimèsti

ábwesend 1 nēsantis, nēsamas; ~ **sein** nebū́ti **2** išsibláškęs

Ábwesenheit f - nebuvìmas, nedalyvāvimas

ábwickeln vt nuvynióti, išvynióti

ábwiegen* vt (pa)sveĩti; atsveĩti

ábwischen vt nušlúostyti, nuvalýti

ábzahlen vt (ap)mokéti, išmokéti (dalimìs)

Ábzeichen n -s, - žénklas, ženklēlis

ábziehen* I vt 1 nusimáuti, nusiaũti (pvz., pirštinès, batus) 2 atskaitýti, išskaitýti 3 išvèsti (kariuomenę) II vi (s) nueĩti; išžygiúoti

ábzielen vi (auf A) bū́ti nukreiptám (į ką), síekti (ko)

Ábzug m -(e)s, ·e 1 pasitraukìmas; nuėjìmas; (kariuomenės) išvedìmas 2 atskaitymas; núolaida 3 pl mókesčiai

ábzweigen vi / sich ~ šakótis, atsišakóti

Áchse f -, -n ašìs

Áchsel [ak-] f -, -n petỹs; die ~n [mit den ~n] zúcken gū́žtelėti [gū́žčioti] pečiaĩs

acht aštuonì, aštúonetas, aštuonerì; ~ und zwei ist [macht] zehn aštuonì iř dù – dẽšimt; ich kómme in ~ Tágen àš ateĩsiu põ saváitės

Acht f -: etw. áußer ~ lássen kõ nepastebéti, nekreĩpti į̃ ką̃ dẽmesio; nimm dich in ~! sáugokis! auf j-n, etw. (A) ~ gében prižiūréti ką̃, kreĩpti dẽmesį į̃ ką̃

áchtbar garbìngas, geřbiamas

áchte aštuñtas

áchten I vt geřbti, vértinti II vi (auf A) kreĩpti dẽmesį (į ką), páisyti (ko)

achthúndert aštuonì šimtaĩ

Áchtung f - 1 dẽmesỹs; ~! dẽmesio! atsargiaĩ! 2 gerbìmas, pagarbà; vor etw. (D), j-m ~ háben ką̃ geřbti

áchtungsvoll pagarbùs, geřbiamas

áchtzehn aštuoniólika

áchtzig aštúoniasdešimt

áchzen vi áičioti, vaitóti

Ácker m -s, ·· dirvà, laũkas, arìmas

Ácker‖bau m -(e)s žemdirbỹstė; ~bau tréiben veřstis žẽmės ū́kiu; ~boden m -s, ·· dirvà, ariamà žẽmė

addíeren vt mat. sudéti, pridéti

Addition f -, -en mat. sudētìs

Ádel m -s bajõrai, bajorijà

Áder f -, -n kraujāgyslė; artèrija; gýsla

Ádjektiv n -s, -e bū́dvardis

Ádler m -s, - erēlis

ádlig bajõriškas, kilmìngas

adoptíeren vt įsū́nyti; įdùkrinti

Adressát m -en, -en adresātas

Adrésse f -, -n ādresas

Advérb n -s, -i:en príeveiksmis

Áffe m -n, -n beždžiõnė

Afghánistan n -s Afganistānas

Afrikáner m -s, - afrikiētis

afrikánisch Āfrikos; afrikiēčių; afrikiētiškas

Agént m -en, -en ãgentas

Aggressión f -, -en agrèsija

aggressív agresyvùs

Agrárland n -(e)s, ·er agrārinė [žẽmės ū́kio] šalìs

Agronóm m -en, -en agronòmas

Ägýpten n -s Egìptas

ägýptisch Egìpto; egiptiēčių; egiptiētiškas

Áhle f -, -n ýla

Ahn m -(e)s / -en, -en, **Áhne** m -n, -n prótėvis

ähneln vi (D) panašéti, bū́ti panašiám (į ką)

áhnen vt nujaũsti, numanýti

ähnlich panašùs; j-m ~ sein bū́ti panašiám į̃ ką̃

Áhnung f -, -en nujautìmas, núojauta

Áhorn m -(e)s, -e klẽvas

Ähre f -, -n várpa; ~n ánsetzen pláukėti, plaũkti (apie javus)

Akademíe f -, -mi:en akadèmija

Akázi:e f -, -n akãcija

Akkórd¹ m -(e)s, -e akòrdas, sąskambis

Akkórd²: im ~ árbeiten dìrbti pagal̃ akòrdinį apmokéjimą

Akkórdarbeit f -, -en akòrdinis dárbas

Akkórdeon n -s, -s akordeònas

Ákkusativ m -s, -e gram. akuzatỹvas

Akt m -(e)s, -e 1 veĩksmas, póelgis 2 teatr. veĩksmas

Ákte f -, -n 1 dokumeñtas, oficialùs rãštas 2 pl bylà, dokumeñtai

Ákten‖mappe *f* -, -n āplankalas (*dokumentams*); ~**tasche** *f* -, -n pòrtfelis

Ákti⁚e *f* -, -n *ekon.* ãkcija

Ákti⁚engesellschaft *f* -, -en ãkcinė bendróvė

Aktión *f* -, -en ãkcija, veĩksmas

Áktiv *n* -s *gram.* aktỹvas, veikiamóji rū̃šis

akút opùs, svarbùs; *éine* ~*e Fráge* opùs kláusimas

Akzént *m* -(e)s, -e akceñtas, kiȓtis

akzeptíeren *vt* aprobúoti, patvìrtinti

Alárm *m* -(e)s, -e aliármas, pavõjaus signãlas

Albáni⁚cn *n* -з Albānija

álbern paĩkas, naivùs, kvaĩšas

Álbum *n* -s, -ben / -s albùmas

Algéri⁚en *n* -s Alžỹras

Álkohol *m* -s, -e alkohòlis; *únter* ~ *stéhen* bū́ti įkaũšusiam

álkoholfrei nealkohòlinis

all vìsas; ~*es Gúte!* vìso gẽro! sėkmė̃s! *in* ~*er Frühe* labaĩ ankstì; *in* ~*er Rúhe* vìsiškai ramiaĩ *vor* ~*em* visų̃ pirmà

álle visì

Allée *f* -, Allé⁚en aléja

alléin I *a* víenas, vienà, vienì; *j-n* ~ *lássen* palìkti ką̃ víeną **II** *adv* tìk, víen tik **III** *cj* bèt, tačiaũ; ~ *stéhend* víenišas, vienguñgis; netekéjusi

Alléingänger *m* -s, - atsiskýrėlis, vienìšius

állemal visuomèt, kaskaȓt; *ein für* ~ kaȓtą visám laĩkui, galutinaĩ

áller‖best visų̃ geriáusias; ~**erst** pàts pirmàsis; *zu* ~*erst* visų̃ pirmà, pirmiáusia

állerhand visóks, įvairùs

állerlei visóks, visokeriópas

állerletzt paskučiáusias, paskiáusias

állesamt visì draugè

állgemein I *a* beñdras; visúotinis; *das* ~*e Wáhlrecht* visúotinė rinkìmų téisė **II** *adv:* ~ *belíebt* visų̃ mégstamas; ~ *bekánnt* visíems žìnomas; ~ *gültig* beñdras, visuȓ galiójantis; ~ *verständlich* visíems suprañtamas; *im Állgemeinen* apskritaĩ, iš vìso

Allgeméin‖befinden *n* -s bendrà sveikãtos bū́klė; ~**besitz** *m* -es, -e visuomenìnė nuosavýbė

Alliánz *f* -, -en sąjunga, aljánsas

alljährlich I *a* kasmẽtinis **II** *adv* kasmẽt

állseitig visapùsiškas

Álltag *m* -(e)s, -e kasdienýbė; buitìs

áll‖täglich kasdienìnis; kasdiẽniškas; ~**tags** šiókią [dárbo] diẽną

Álltags‖kleid *n* -(e)s, -er kasdienìnė suknẽlė; ~**sorgen** *pl* kasdieniniai rū̃pesčiai

állzeit bet kuriuõ laikù, bet kadà

állzu *adv* peȓ; ~ *séhr* pernelýg, per daũg; ~ *wéit* per tolì

Alm *f* -, -en álpinė [aukštìkalnių] ganyklà

Álmosen *n* -s, - ìšmalda

Álpdruck *m* -(e)s, ⁚e slogùtis, košmãras

Alphabét *n* -(e)s, -e abėcė̃lė

alphabétisch abėcė̃linis

als *cj* 1 kaĩ, kadà; ~ *er jung war, réiste er viel* kaĩ jìs bùvo jáunas, daũg keliáudavo 2 kaĩp; *ich ráte dir* ~ *méinem Freund* àš pàtariu táu kaĩp draũgui 3 negù, kaĩp; *er ist größer* ~ *ich* jìs didèsnis negù àš

als‖báld tuojaũ, netrùkus; ~**dánn** paskuĩ, põ tõ

álso 1 *cj* tàd, vadìnasi **2** *adv* šìtaip, taĩgi

alt sẽnas, pagyvẽnęs; *éine* ~*e Júngfer* sénmergė; *sie ist 15 Jáhre* ~ jái penkiólika mẽtų; *wie* ~ *ist sie?* kíek jái mẽtų?

Altár *m* -(e)s, ⁚e altõrius

Áltbau *m* -(e)s, -ten sẽnas nãmas

ált‖bekannt seniaĩ žìnomas; ~**bewährt** seniaĩ išmėgìntas

Álte *sub m, f* sẽnis, -ė

Álteisen *n* -s metãlo láužas

Álter *n* -s **1** ámžius; *er ist in méinem* ~ jìs màno ámžiaus **2** senãtvė

áltern *vi* (*h, s*) (pa)sénti, nusénti

álters: *von* ~ *her* nuo sẽno

Álters‖genosse *m* -n, -n vien(a)am̃žis, ámžininkas; ~**heim** *n* -(e)s, -e senẽlių namaĩ; ~**rente** *f* -, -n senãtvės peñsija

Áltertum *n* -s, ⁚er **1** *sg* senóvė **2** seníenos

áltertümlich senóviškas; senóviškas

althérgebracht, althérkömmlich sēnas, se-
nóvinis
áltklug protìngas nè pagaĩ ámžių; nekuklùs
Ált‖material n -s, -li:en antrìnė žãliava, utì-
lis; ∼papier n -s makulatūrà
ältlich pagyvēnęs, senývas
áltmodisch senamãdis
Áltwarenhändler m -s, - prekiáutojas sén-
daikčiais
Altwéibersommer m -s, - bóbų vãsara
am 1 = an dem; žr. an 2: ∼ schnéllsten
greičiáusiai
Amateur [-ˈtø:r] m -s, -e mėgéjas
Ambulánz f -, -en ambulatòrija
Ámeise f -, -n skruzdėlė̃, skruzdė̃
Ámeisenhaufen m -s, - skruzdėlýnas
Amérika n -s Amèrika
Amerikáner m -s, - amerikiẽtis
amerikánisch Amèrikos; amerikiēčių; ame-
rikiētiškas
Ámme f -, -n žindỹvė
Ámokläufer m -s, - beprõtis, pamìšėlis
amorálisch amoralùs
Ámpel f -, -n 1 kābančioji lémpa 2 šviesofò-
ras
amputíeren vt med. amputúoti
Ámsel f -, -n juodàsis strãzdas
Amt n -(e)s, ꞉er 1 tarnýba, vietà; ein ∼ án-
treten pradéti eĩti pãreigas; ein ∼ bekléi-
den [ínnehaben] užiñti pãreigas 2 įstaiga,
žinýba
ámtlich oficialùs, tarnýbinis
Ámts‖antritt m -(e)s, -e įstojìmas į̃ tarnýbą;
∼person f -, -en oficialùs asmuõ, parei-
gū̃nas; ∼zeit f -, -en tarnýbos laĩkas
amüsánt smagùs, liñksmas
amüsíeren I vt lìnksminti II sich ∼ lìnks-
mintis
an I prp 1 (D) (žymi vietą) priẽ, šalià, tiẽs,
añt, ùž; an der Tür stéhen stovéti priẽ dù-
rų; am Úfer sítzen sėdéti añt krañto 2 (A)
(žymi kryptį) priẽ, šalià, añt, ùž; an die
Wand hängen kabìnti añt síenos; 3 (D)
(žymi laiką) am Táge diẽną, dienõs metù;
am Ánfang pradžiojè II adv: von héute an
nuõ šiañdien; von Ánfang an nuõ pradžiõs

análog analòginis, analògiškas
Analogíe f -, -gí:en analògija
Analphabét m -en, -en analfabètas
ánbahnen vt parúošti, užmègzti
Ánbau m -(e)s, -ten 1 sg augìnimas 2 príe-
statas
ánbauen vt augìnti, veĩsti
Ánbau‖fläche f -, -n pasėlių plótas; ∼möbel
pl surenkamíeji baĩdai
Ánbeginn m -s pradžià; von ∼ (an) nuõ pra-
džiõs
ánbehalten* vt nenusiviĩkti (drabužio); ne-
nusimáuti (pirštinių)
ánbelangen: was mich ánbelangt kaĩ dė̃l
manę̃s
ánberaumen vt paskìrti (pvz., posėdį, susiti-
kimą)
Ánbetracht: in ∼ (G) atsižveĩgiant (į ką)
ánbetreffen*: was mich ánbetrifft kaĩ dė̃l
manę̃s
ánbieten* vt (pa)siū́lyti
ánbinden* vt pririšti
Ánblick m -(e)s, -e 1 žvìĩgsnis 2 vaĩzdas,
reginỹs
ánblicken vt žvìlgtelėti, pažiūréti (į ką)
ánbrechen* I vt įláužti; praplėšti II vi (s)
prasidéti, ateĩti; der Mórgen bricht an
brékšta, šviñta
ánbringen* vt pritaisýti, pritvìrtinti
Ánbruch m -(e)s, ꞉e 1 įlūžìmas, įlū̃žis 2 sg
pradžià, ar̃tinimasis; beim ∼ des Táges
aũštant, apýaušriu
Ándacht f -, -en 1 sg nuolankùmas; pamal-
dùmas 2 pãmaldos; (trumpa) maldà
ándächtig pagarbùs; pamaldùs
ándauernd ìlgas, ilgaĩ truñkantis
Ándenken n -s, - 1 sg atminìmas; zum ∼ an
j-n, etw. (A) kienõ atminìmui, kám atmiñti
2 dovanà atminìmui, suvenýras
ándere 1 kìtas, kitóks; ∼r Méinung sein
bū́ti kitõs núomonės; mit ∼n Wórten ki-
taĩp tãriant 2 kìtas; am ∼n Tag kìtą diẽną;
únter ∼m tarp kìtko, bejè
ándererseits ìš antrõs pùsės
ändern I vt (pa)keĩsti, pérdirbti II sich ∼
keĩstis, pasikeĩsti

ánders I *a* kitóks; *er ist ganz* ~ *gewórden* jìs vìsiškai pasìkeitė **II** *adv* kitaĩp, kitóniškai; ~ *dénkend* kitaĩp galvójantis

ánderseits *žr.* **ándererseits**

ánders‖sprachig kitakal̃bis, kitõs kalbõs; ~**wie** (kaip nórs) kitaĩp; ~**wohin** kur nórs kituř

ánderthalb pusañtro

Änderung *f* -, -en pakeitìmas; (pa)kitìmas

ándeuten *vt* (pa)darýti užúominą (*į ką*), dúoti supràsti (*ką*)

Ándrang *m* -(e)s antplūdis, spūstìs

ándrehen *vt* **1** prisùkti, užsùkti **2** įjùngti (*pvz.*, *šviesą, radiją*); atsùkti (*čiaupą*)

ándrohen *vt* (*j-m*) grasìnti (*kam kuo*)

áneignen: *sich* (*D*) *etw.* ~ **1** ką pasisãvinti **2** ką įvaldýti [įsisãvinti]

aneinánder víenas kitám; víenas priẽ kìto; *dicht* ~ víenas prie pàt kìto; ~ *geráten* susigiñčyti, susivaĩdyti

Anekdóte *f* -, -n anekdòtas

ánerkannt pripažìntas

ánerkennen* *atsk.* / *neatsk.* (*part II* ánerkannt, *inf* ánzuerkennen) *vt* pripažìnti; (į)vértinti

ánerkennend prìtariamas, gìriamas

Ánerkennung *f* -, -en pripažìnimas; įvértinimas; ~ *finden* bū̃ti įvértinamam

ánfahren* **I** *vt* **1** atvèžti, atgabénti **2** aprė̃kti, užsipùlti **II** *vi* (*s*) **1** pradéti važiúoti, pajudéti ìš viẽtos **2** privažiúoti, atvažiúoti

Ánfall *m* -(e)s, ⁼e **1** príepuolis **2** (už)puolìmas

ánfallen* *vt* **1** užpùlti **2** apim̃ti, pagáuti

Ánfang *m* -(e)s, ⁼e **1** pradžià; ~ *Jánuar* saũsio pradžiojè; *am* ~ pradžiojè; *von* ~ *an* iš pradžiũ **2** *pl* užúomazga, ìštakos

ánfangen* **I** *vt* pradéti; *was sóllen wir mit ihm* ~? ką sù juõ darýti? **II** *vi* prasidéti

Ánfänger *m* -s, - pradedantỹsis, naujõkas

ánfänglich I *a* pradìnis **II** *adv* iš pradžiũ, pradžiojè

ánfangs iš pradžiũ, pradžiojè

ánfassen *vt* **1** nutvérti, pagriẽbti **2** griẽbtis, im̃tis (*ko*)

ánfertigen *vt* (pa)gamìnti, (pa)ruõšti

ánfeuern *vt* **1** (už)kùrti (*krosnį*) **2** (pa)rãginti, (pa)skãtinti

ánflehen *vt* (*um A*) maldáuti (*ko*)

ánfliegen* **I** *vi* (*s*) atskrìsti **II** *vt* artéti (*prie aerodromo*); léistis (*kur*)

ánfordern *vt* pareikaláuti (*ko*), pa(si)kviẽsti (*ką*)

Ánfrage *f* -, -n paklausìmas, pasiteirãvimas

ánfragen *vi* (*bei D*) pakláusti (*ką*), pasiteiráuti (*ko*)

ánfreunden, *sich* (*mit D*) susidraugáuti (*su kuo*)

Ánfuhr *f* -, -en atvežìmas

ánführen *vt* **1** vadováuti (*kam*) **2** pateĩkti (*pvz.*, *faktą, pavyzdį*)

Ánführer *m* -s, - vadõvas, iniciãtorius

Ánführungs‖striche *pl*, ~**zeichen** *pl* kabùtės

Ángabe *f* -, -n nurõdymas; *pl* dúomenys

ángeben* *vt* **1** nuródyti (*ką*), painformúoti (*apie ką*) **2** įskų́sti, įdúoti

Ángeber *m* -s, - įskundéjas, įdavìkas

ángeblich I *a* tãriamas **II** *adv* nevà, esą̃; *er ist* ~ *krank* sãko, kàd jìs sergą̃s

ángeboren įgimtas

Ángebot *n* -(e)s, -e pasiū́lymas; pasiūlà; *ein réichhaltiges* ~ *an Obst* dìdelė vaĩsių pasiūlà

ángebracht tiñkamas, prìderamas

ángeheitert įkaũšęs, įgéręs

ángehen* **I** *vi* (*s*) **1** prasidéti **2** užsidègti (*apie šviesą, ugnį*) **II** *vt* **1** (*um A*) prašýti (*ką ko*) **2** liẽsti; *das geht dich nichts an* taĩ vìsiškai ne tàvo reĩkalas

ángehend prãdedantis, jáunas

ángehören *vi* (*D*) priklausýti (*kam*)

Ángehörige *sub m*, *f* gimináitis, -ė; *pl* gìminės

Ángeklagte *sub m*, *f* káltinamasis, -oji; teisiamàsis, -óji

Ángel¹ *f* -, -n meškerė̃

Ángel² *f* -, -n vỹris (*pvz.*, *durų, lango*)

Ángelegenheit *f* -, -en reĩkalas, dalỹkas

ángelernt apmókytas; kvalifikúotas

ángeln *vt*, *vi* meškerióti

ángemessen tiñkamas, dẽramas

ángenehm malonùs, jaukùs; ~*e Réise!* laimìngos keliõnės!

Ánger *m* -s, - pievėlė; ganyklà

ángeschlagen įskìlęs, įtrúkęs

ángesehen geŕbiamas; (į)žymùs

Ángesicht *n* -(e)s, -er / -e véidas; *j-n von* ~ *kénnen* pažìnti kã̃ ìš véido

ángesichts *prp* (*G*) **1** pamãčius, išvýdus (*ką*) **2** atsižvel̃giant (*į ką*)

Ángestellte *sub m, f* tarnáutojas, -a

ángestrengt įtemptas

ángewöhnen *vt* (*j-m*) įprãtinti, priprãtinti (*ką prie ko*); *sich* (*D*) *etw.* ~ įpràsti į̃ kã̃, pripràsti priẽ kõ

Ángewohnheit *f* -, -en į́protis, pripratìmas

Ángler *m* -s, - meškeriótojas

ángliedern *vt* (*D*) prijùngti (*ką prie ko*)

ángreifen* *vt* **1** (pa)griẽbti, (pa)čiùpti **2** griẽbtis, im̃tis (*ko*) **3** (už)pùlti, atakúoti

Ángreifer *m* -s, - užpuolìkas, agrèsorius

ángrenzen *vi* (*an A*) ribótis (*su kuo*)

Ángriff *m* -(e)s, -e **1** (už)puolìmas; užsipuolìmas, užsipuldinéjimas **2:** *etw. in* ~ *néhmen* kõ im̃tis [griẽbtis]

Angst *f* -, ⁔e (*vor D*) báimė (*ko*); ~ *bekómmen* išsigą̃sti; ~ *hában* (*vor D*) bijóti (*ko*); *mir ist* [*wird*] ~ (*und Bánge*) mán dãrosi baisù

Ángsthase *m* -n, -n bailỹs

ängstigen I *vt* baugìnti, gą̃sdinti **II sich** ~ (*vor D*) bijóti (*ko*); *sich um j-n* ~ nerimáuti (*dėl ko*)

ängstlich baimìngas, baigštùs

ángstvoll baimìngas, nerimastìngas

ánhaben* *vt* dėvéti, vilkéti

Ánhalt *m* -(e)s, -e atramà, atramõs tãškas; pãgrindas

ánhalten* **I** *vt* **1** sustabdýti; sulaikýti; *den Átem* ~ sulaikýti kvãpą **2** (*zu D*) rãginti, skãtinti (*ką daryti*) **II** *vi* **1** sustóti **2** laikýtis, nusitę̃sti; *der Régen hält an* lietùs nepraei̇̃na **III sich** ~ (*an D*) laikýtis (*ko, už ko*)

ánhaltend ilgai̇̃ truñkantis, (*ilgai*) užsitę̃sęs

Ánhaltspunkt *m* -(e)s, -e atramõs tãškas; pãgrindas

anhánd *prp* (*G*) rēmiantis (*kuo*)

Ánhang *m* -(e)s, ⁔e priẽdas

ánhängen I *vt* prikabìnti, pakabìnti **II sich** ~ (*an A*) užsikabìnti, nusitvérti (*už ko*)

Ánhänger *m* -s, - **1** (*sunkvežimio*) príekaba **2** šaliniñkas, pasekéjas

ánhänglich prieraišùs, ìštikimas

ánhäufen I *vt* (su)kaũpti **II sich** ~ kaũptis, susikaũpti

anhéim: ~ *fállen vi* (*s*) (ati)tèkti (*pvz., apie turtą*)

ánheizen *vt* pradéti kūrénti, pakùrti

ánhimmeln *vt* diẽvinti, áukštinti

Ánhöhe *f* -, -n aukštumà, kalvà

ánhören *vt* klausýtis (*ko*), išklausýti (*ką*); *ich hábe* (*mir*) *das Konzért ángehört* àš klausiaũsi koncèrto

ánkaufen *vt* (su)pir̃kti, užpir̃kti

Ánker *m* -s, - iñkaras; *den* ~ *líchten* pakélti iñkarą; *vor* ~ *géhen* nuléisti [išmèsti] iñkarą

ánkern *vi* nuléisti [išmèsti] iñkarą

ánketten *vt* priri̇̀šti priẽ grandìnės

Ánklage *f* -, -n (ap)káltinimas; skuñdas

ánklagen *vt* (*G ir wegen G*) (ap)káltinti (*ką kuo*)

Ánkläger *m* -s, - káltintojas

Ánklang *m* -(e)s, ⁔e **1** sąskambis **2** ãtgarsis; ~ *fínden* [*hában*] susiláukti ãtgarsio [pritarìmo]

ánkleben I *vt* priklijúoti **II** *vi* (*s*) (pri)li̇̀pti, bū́ti prilìpusiam

ánkleiden I *vt* apvil̃kti, apreñgti **II sich** ~ reñgtis, apsireñgti

Ánkleideraum *m* -(e)s, ⁔e rūbìnė

ánklopfen *vi* pasibélsti (*į duris*)

ánknipsen *vt* įjùngti, uždègti

ánknüpfen *vt* **1** priri̇̀šti **2** (*mit j-m*) pradéti, užmègzti (*ką su kuo*)

ánkommen* *vi* (*s*) **1** atvỹkti; ateĩti; atvažiúoti; *in Berlín* ~ atvỹkti į̃ Berlýną **2** (*auf A*) priklausýti (*nuo ko*); *es kommt auf dich an* tai̇̃ priklaũso nuõ tavę̃s **II** *vt* apim̃ti (*apie jausmus*)

Ánkömmling *m* -s, -e atei̇̃vis, atėjū́nas

ankündigen 22

ánkündigen *vt* (pa)skélbti, pranèšti *(apie ką)*
Ánkunft *f* -, ⁼e atvykìmas; atvažiãvimas
ánlächeln *vt* šypsótis *(kam)*
Ánlage *f* -, -n 1 *sg* įrengìmas; įranga; įren-
giny̌s 2 párkas, skvèras 3 *(zu D)* pólinkis,
įgimtì gabùmai *(kam)*
Ánlande‖platz *m* -es, ⁼e, ~stelle *f* -, -n príe-
plauka
ánlangen I *vi* (s) atvy̌kti; prieĩti II *vt: was
mich ánlangt*, (so) ... kaĩ dėl manę̃s ...
Ánlass *m* -es, ⁼e dingstìs, priežastìs; *aus* ~
únseres Jubiläums mū́sų jubiliėjaus pró-
ga; *etw. zum* ~ *néhmen* pasinaudóti kuõ
(kaip pretekstu)
ánlässlich *(G)* ry̌šium sù, próga
Ánlauf *m* -(e)s, ⁼e įsibėgėjimas; ~ *néhmen*
įsibėgéti
ánlaufen* *vi* (s) 1 atbégti 2 pradéti veĩkti;
den Mótor ~ *lássen* užvèsti motòrą 3 (pa)-
keĩsti spaĺvą; apsinèšti; *rot* ~ paraudonúo-
ti *(pvz., nuo šalčio)* 4 įsibėgéti
ánlegen I *vt* 1 (pri)statýti; pridéti 2 viĺktis,
ap(si)viĺkti 3 įkùrti, įveĩsti; *éine Stráße* ~
nutiēsti pléntą (gãtvę) 4 įdéti, investúoti
II *vi* prisišvartúoti *(apie laivą)*
Ánlegeplatz *m* -es, ⁼e príeplauka
ánlehnen I *vt* atrem̃ti II *sich* ~ *(an A)* atsi-
rem̃ti *(į ką)*
Ánleihe *f* -, -n paskolà
ánleiten *vt* vadováuti, nuródyti *(kam)*
Ánleitung *f* -, -en nuródymai, instrùkcija; ~
zum Gebráuch naudójimosi instrùkcija
ánliefern *vt* tiēkti, pristatýti
ánliegen* *vi* priglùsti *(apie drabužį)*
ánliegend 1 grė̃timas, kaimýninis 2 àptemp-
tas *(apie drabužį)*
ánlocken *vt* vilióti, mãsinti
ánmachen *vt* 1 pritaisýti, pritviŕtinti 2 už-
dègti *(pvz., šviesą)*; įjùngti *(pvz., radiją)*
ánmarschieren *vi* (s) atžygiúoti, (pri)artéti
ánmaßen *vt: sich (D) etw.* ~ ką̃ sãvintis,
léisti sáu
ánmaßend pasipūtę̃s, išdidùs; įžūlùs
ánmelden I *vt* paskélbti, pranèšti II *sich* ~
registrúotis, užsirašýti

Ánmelderaum *m* -(e)s, ⁼e registratūrà; pri-
imamàsis
ánmerken *vt* 1 pažyméti, užrašýti 2 *(D)* pa-
stebéti, matýti *(iš ko)*
Ánmerkung *f* -, -en pastabà; išnaša
ánmessen* *vt* primatúoti *(drabužį)*
Ánmut *f* - žavùmas, žavesy̌s
ánmutig žavùs
ánnageln *vt* prikálti vinimìs
ánnähen *vt* prisiū́ti; užsiū́ti
ánnähern I *vt* priartìnti II *sich* ~ *(D)* aŕtintis,
priartéti *(prie ko)*
ánnähernd apýtikriai, maždaũg
Ánnahme *f* -, -n 1 priėmìmas 2 spėliójimas,
mãnymas
ánnehmbar priim̃tinas
Ánnalen *pl* mētraštis, anãlai
ánnehmen* I *vt* priim̃ti, įgáuti; *ein Gesétz
(éinen Vórschlag)* ~ priim̃ti įstãtymą (pa-
siū́lymą); *Vernúnft* ~ susiprãsti, ateĩti į̃
prõtą II *sich* ~ *(G)* rū́pintis *(kuo)*
annektíeren *vt* aneksúoti, príevarta prijùngti
Annexión *f* -, -en anèksija, prijungìmas príe-
varta
Annonce [a'nɔŋsə] *f* -, -n skelbìmas, anònsas
annulíeren *vt* panaikìnti, anuliúoti
anoným anonìminis
Ánorak *m* -s, -s spòrtinė striùkė sù gobtuvù
ánordnen *vt* 1 išdėstyti, suskìrstyti 2 įsakýti,
paliēpti
ánpacken *vt* (pa)griēbti, (pa)čiùpti
ánpassen I *vt (D)* primatúoti *(kam ką)*, pritái-
kyti *(ką prie ko)* II *sich* ~ *(D)* prisitáikyti
(prie ko)
ánpflanzen *vt* (pa)sodìnti *(ką)*, prisodìnti
(ko)
ánpochen *vi (bei j-m)* pasibélsti *(pas ką)*
Ánprall *m* -(e)s, -e smūgis, susidūrìmas, at-
sitrenkìmas
ánprallen *vi* (s) *(an A, gegen j-n)* treñktis,
atsitreñkti *(į ką)*
ánprangern *vt* prikálti priē gėdos stuĺpo,
(pa)smeŕkti
ánpreisen* *vt* gìrti, reklamúoti
ánprobieren *vt* pri(si)matúoti
ánrechnen *vt* priskaičiúoti; įskaitýti
Ánrede *f* -, -n kreipìmasis; užkálbinimas

ánreden vt kreĩptis (į ką), užkálbinti (ką)
ánregen vt 1 (su)žãdinti, (su)kélti 2 (zu D)
(pa)skãtinti (ką daryti)
ánregend 1 įdomùs, patrauklùs 2 (su)žãdi-
nantis, stimuliúojantis
Ánregung f -, -en 1 stìmulas, impùlsas
2 (su)žãdinimas
ánreisen vi (s) atvažiúoti, atvỹkti
Ánreiz m -es, -e paskãtinimas, paskatà
ánreizen vt 1 (su)žãdinti, stimuliúoti 2 (zu
D) skãtinti, kùrstyti (ką daryti)
ánrichten vt padarýti, pridarýti (pvz., bėdos)
ánrücken I vt pristùmti, pritráukti II vi (s)
ateĩti, artéti
Ánruf m -(e)s, -e 1 šaũksmas, šũktelėjimas
2 telefòno skambùtis
ánrufen* vt 1 šũktelėti, pašaũkti 2 (pa)skam̃-
binti (telefonu) (kam)
ánrühren vt 1 (pa)liẽsti (ką) 2 sumaišýti
ans = an das
ánsagen vt 1 paskélbti, pranèšti; j-m den
Kampf ~ paskélbti kám kõvą 2 (pa)skélbti
progrãmą, skaitýti tèkstą (per radiją, tele-
viziją)
Ánsager m -s, - 1 dìktorius 2 konferansjė̃
ánsammeln I vt (su)kaũpti, (su)riñkti II sich
~ riñktis, bùrtis, susiriñkti
ánsässig (nuolatos) gyvēnantis; viẽtinis
Ánsatz m -es, ̈-e 1 príeduras, ùžmovas 2 pa-
linkìmas; pirmíeji póžymiai 3 stártas, įsi-
bėgéjimas
Ánsatzpunkt m -(e)s, -e atsparõs tãškas
ánschaffen vt įsigýti, nusipir̃kti
ánschauen vt žiūréti (į ką); sich (D) etw., j-n
~ ką pasižiūréti
ánschaulich vaizdùs, vaizdìngas
Ánschauung f -, -en 1 pažiūrà, póžiūris 2 sg
(pa)vaizdùmas
Ánschauungsmittel n -s, - vaizdìnė príemo-
nė
Ánschein m -(e)s ìšorė, ìšvaizda; regimýbė;
den ~ erwécken sukùrti regimýbę; dem ~
nach atródo, matýt(i), greičiáusiai
ánscheinend matýt(i), atródo, rēgis

Ánschlag m -(e)s, ̈-e 1 atsimušìmas, atsitren-
kìmas 2 skelbìmas, afišà 3 (auf A) pasikė-
sìnimas (į ką)
ánschlagen* I vt 1 prikálti 2 sudúoti, užgáuti
II vi (s) atsitreñkti, atsimùšti
ánschließen* I vt prirakìnti, pritvìrtinti
II sich ~ 1 (an A) ribótis (su kuo), bū́ti
šalià (ko) 2 (D) prisijùngti (prie ko)
ánschließend I a paskiaũ eĩnantis [vỹkstan-
tis] II adv tuoj pàt põ
Ánschluss m -es, ̈-e 1 prijungìmas; kéinen
~ bekómmen neprisiskam̃binti (telefonu)
2 kontãktas, pažintìs 3: im ~ an (A) rỹ-
šium sù ... rēmiantis ... im ~ an die Sìt-
zung tuoj pàt põ pósėdžio
ánschmiegen, sich (an A) prisiglaũsti (prie
ko)
ánschnallen vt prisègti, priri̇̀šti
ánschrauben vt prisùkti
ánschreiben* vt užrašýti (lentoje)
ánschreien* vt rēkti (ant ko), aprēkti (ką)
Ánschrift f -, -en ãdresas
ánschuldigen vt (G) (ap)káltinti (ką kuo)
ánschwellen* vi (s) 1 brìnkti; (pa)tìnti 2 tvìn-
ti, kìlti, didéti
ánsehen* vt 1 (pa)žiūréti (į ką); j-n scharf
(prüfend) ~ žiūréti į̃ ką įdėmiaĩ (tiriamaĩ);
sich (D) etw., j-n ~ ką pasižiūréti 2 (für A,
als A) laikýti (ką kuo), traktúoti (ką kaip)
Ánsehen n -s 1 ìšvaizda; j-n von [vom] ~
kénnen pažìnti ką ìš mãtymo 2 pagarbà;
autoritètas; gróßes ~ genießen turéti dì-
delį autoritètą
ánsehnlich 1 stotìngas, išvaizdùs 2 stambùs,
dìdelis
ánsetzen I vt 1 pristatýti, pridéti; das Glas ~
pridéti priẽ lū́pų stikliùką 2 prisiū́ti, pri-
tvìrtinti 3 paskìrti, nustatýti (pvz., kainą,
bausmę) 4: Knóspen ~ (iš)léisti pum̃pu-
rus, (iš)sprógti II vi (zu D) pradéti ruõštis
(ką daryti)
Ánsicht f -, -en 1 pažiūrà, núomonė 2 vaìz-
das, panoramà
Ánsichtskarte f -, -n atvirùkas
ánsiedeln I vt apgyvéndinti II sich ~ apsi-
gyvénti, įsikùrti

Ánsiedler *m* -s, - naujakurỹs; kolonìstas
Ánsinnen *n* -s, - (įžūlùs) reikalāvimas
ansónsten 1 tarp kìta ko, bejè kitaĩp, príešingu ātveju
ánspannen *vt* **1** įtem̃pti, ištem̃pti **2** (pa)kinkýti
ánspielen *vi* (*auf* A) (pa)darýti užúominą (į ką)
Ánspielung *f* -, -en užúomina, aliùzija
Ánsporn *m* -(e)s paskatà, ākstinas
ánspornen *vt* (pa)skātinti, (pa)rāginti; *zur Éile* ~ (pa)skùbinti
Ánsprache *f* -, -n (*sveikinimo*) kalbà, kreipìmasis
ánsprechen* *vt* **1** užkálbinti (ką), kreĩptis (į ką) **2** patìkti, padarýti gērą įspūdį (*kam*)
ánsprechend patrauklùs, malonùs
ánspringen* **I** *vi* (*s*) pradéti veĩkti (*pvz.*, *apie variklį*) **II** *vt* pùlti (ką), šókti (*ant ko*)
Ánspruch *m* -(e)s, ⁓e preteñzija, reikalāvimas; *auf etw.* (A) ~ *erhében* réikšti preteñziją į ką; *viel Zeit in* ~ *néhmen* pareikaláuti [užim̃ti] daũg laĩko
ánspruchs‖los nereiklùs, nepretenzìngas; ~voll reiklùs, pretenzìngas
Ánstalt *f* -, -en **1** įstaiga **2** (*psichiatrinė*) ligóninė
ánstacheln *vt* kùrstyti, skātinti
Ánstand *m* -(e)s padorùmas, gēras tònas
ánständig padorùs, prìderamas
ánstarren *vt* įbèsti akìs, įsistebeĩlyti (į ką)
anstátt I *prp* (*G*) viẽtoj (*ko*) **II** *cj* užúot; ~ *zu schláfen, hören sie Rádio* užúot miegóję, jiẽ klaũsosi rādijo
ánstauen I *vt* užtveñkti **II sich** ~ tveñktis, riñktis
ánstaunen *vt* stebétis (*kuo*), žiūréti nusistebéjus (į ką)
ánstecken I *vt* **1** prisègti **2** padègti, uždègti **3** užkrẽsti, apkrẽsti **II sich** ~ užsikrẽsti, apsikrẽsti
ánsteckend 1 ùžkrečiantis, infèkcinis **2** ùžkrečiantis, patráukiantis
ánstehen* *vi* **1** (*nach* D) stovéti eilėjè (*ko*) **2** (pri)tìkti, (pri)deréti

ánsteigen* *vi* (*s*) **1** kìlti, eĩti aukštỹn **2** (pa)didéti, (iš)áugti
ánstellen I *vt* **1** pristatýti, prišlíeti **2** priim̃ti į̃ dárbą **3** įjùngti, paléisti (*pvz.*, *radiją*, *variklį*) **4** atlìkti (*pvz.*, *stebėjimus*, *bandymus*) **II sich** ~ (*nach* D) **1** (atsi)stóti į̃ eĩlę (*ko*) **2** eĩgtis, détis
Ánstellung *f* -, -en priėmìmas į̃ dárbą; vietà, tarnýba
Ánstieg *m* -(e)s, -e **1** (į)lipìmas **2** įkalnė, atkálnė **3** didéjimas, augìmas
ánstiften *vt* **1** sukélti, sukùrstyti (*pvz.*, *karą*) **2** (*zu* D) pastūméti (ką į̃ ką)
Ánstifter *m* -s, - kùrstytojas
ánstimmen *vt* uždainúoti; užgróti; *éinen ánderen Ton* ~ pakeĩsti tòną
Ánstoß *m* -es, ⁓e póstūmis, paskatà, ākstinas; *den* ~ *zu etw.* (*D*) *gében* paskātinti ką darýti
ánstoßen* **I** *vt* (pa)stùmti; *die Gläser* ~ susidaũžti taurēlėmis **II** *vi* **1** (*s*, *h*) (*an* D) užkliūti (*už ko*) **2** (*h*) (*an* A) ribótis (*su kuo*), būti gretà (*ko*)
ánstoßend grētimas, kaimýninis
ánstößig peĩktinas, smer̃ktinas
ánstreben *vt* síekti (*ko*)
ánstreichen* *vt* **1** (nu)dažýti **2** pabraũkti, pažyméti
ánstrengen I *vt* **1** įtem̃pti; *álle Kräfte* ~ įteim̃pti visàs jėgàs **2** várginti **II sich** ~ steñgtis, pasisteñgti
ánstrengend várginantis, sunkùs
Ánstrengung *f* -, -en pastangà, stengìmasis; pāstangos
Ánstrich *m* -(e)s, -e **1** nudāžymas; spalvà **2** ìšvaizda; ātspalvis
Ánsturm *m* -(e)s, ⁓e puolìmas, atakà
ánsuchen *vi* (*bei j-m um* A) prašýti (ką ko)
ántasten *vt* (pa)liẽsti (ką)
Ánteil *m* -(e)s, -e **1** dalìs, pājus **2** dalyvāvimas; ~ *an etw.* (*D*) *néhmen* kur̃ dalyváuti
Ánteilnahme *f* - **1** dalyvāvimas **2** užúojauta
Anténne *f* -, -n antenà
antík antikìnis
Antíke *f* - ántika, antikìnis pasáulis
Antilópe *f* -, -n antilòpė

Antiquitität f -, -en seníena, sẽnas muziẽjinis dáiktas

Ántlitz n -es, -e véidas

Ántrag m -(e)s, ᵕe pasiū́lymas; reikalãvimas; prãšymas; *éinen* ~ *stéllen* pateĩkti pasiū́lymą; padúoti prãšymą

Ántragsteller m -s, - prašýtojas; reikaláutojas

ántreffen* vt užtìkti, rãsti; sutìkti

ántreiben* vt 1 varýti, giñti 2 rãginti, veĩsti

ántreten* I vt pradéti; *ein Amt [den Dienst]* ~ pradéti eĩti pãreigas II vi (s) sustóti, iš- sirikiúoti

Ántrieb m -(e)s, -e paskatà, ãkstinas

Ántritt m -(e)s, -e 1 pradžià; *bei* ~ *der Réise* išvỹkstant į̃ keliõnę 2 pradė́jimas (*eiti pareigas*)

ántun* vt 1 apsivil̃kti 2 padarýti, sukélti; *j-m Únrecht* ~ pasiel̃gti sù kuõ neteisìngai

Ántwort f -, -en atsãkymas; *kéine* ~ *wíssen* nežinóti, kaĩp atsakýti

ántworten vi (*auf* A) atsakýti (į̃ ką); *áblehnend* (*bejáhend*) ~ atsakýti neĩgiamai (teĩgiamai)

ánvertrauen atsk. / neatsk. vt (j-m) patikéti (*kam ką*)

Ánwachs m -es príeaugis, padidéjimas

ánwachsen* vi (s) 1 priáugti 2 áugti, didéti

Ánwalt m -(e)s, ᵕe / -e advokãtas

ánwärmen vt pašìldyti, sušìldyti

Ánwärter m -s, - kandidãtas, pretendeñtas

ánweisen* vt 1 mókyti, instruktúoti 2 pavèsti, dúoti nuródymą (*kam*) 3 paskìrti (*pvz.*, *vietą*)

Ánweisung f -, -en 1 instrùkcija, pamókymas 2 nuródymas, pavedìmas

ánwenden* vt (pri)táikyti; (pa)vartóti

ánwesend ẽsantis, dalyváujantis; ~ *sein* bū́ti, dalyváuti

Ánwesenheit f - buvìmas, dalyvãvimas

ánwidern vt (su)kélti pasibjaurėjimą (*kam*)

Ánwuchs m -es, ᵕe príeaugis, priaugìmas

Ánzahl f - (*tam tikras*) skaĩčius, kiẽkis; *éine* ~ *Schüler [von Schülern]* grùpė [kẽletas] mokìnių

ánzahlen vt įmokéti (*ką perkant išsimokétinai*)

Ánzeichen n -s, - póžymis, žymė̃, simptòmas

Ánzeige f -, -n 1 skelbìmas; pranešìmas 2 skuñdas; *gégen j-n* ~ *erstátten [máchen]* ką̃ įskų́sti

ánzeigen vt 1 (pa)ródyti, nuródyti 2 (pa)- skélbti (*pvz.*, *laikraštyje*) 3 pranèšti; įskų́sti

ánzetteln vt (su)kélti, (su)kùrstyti

ánziehen* I vt 1 ap(si)vil̃kti; ap(si)aūti 2 pa- tráukti, (su)žavéti II vi 1 (s) artéti, ar̃tintis 2 (h) trùktelėti, pajùdinti ìš viẽtos

ánziehend patrauklùs, žavùs

Ánzug m -(e)s, ᵕe (*vyriškas*) kostiùmas

ánzüglich dygùs, kandùs

ánzweifeln vt (su)abejóti (*kuo*)

Ápfel m -s, ᵘ obuolỹs

Ápfel∥baum m -(e)s, ᵕe obelìs; ~kuchen m -s, - obuolių̃ pyrãgas

Apfelsíne f -, -n apelsìnas

Apóstel m -s, - apãštalas

Apothéke f -, -n váistinė

Apparát m -(e)s, -e aparãtas, príetaisas; *wer ist am* ~? sù kuõ kalbù (*telefonu*)?

Appéll m -s, -e 1 kreipìmasis, atsišaukìmas 2 patìkrinimas

appellíeren vi (*an* A) apeliúoti, kreĩptis (į̃ ką)

Appetít m -(e)s, -e apetìtas; *gúten* ~! gẽro apetìto!

appetítanregend žãdinantis apetìtą

applaudíeren vi plóti (*delnais*)

Appláus m -es, -e plojìmai, aplodismeñtai

Aprikóse f -, -n abrikòsas

Apríl m - / -s, -e balañdis (*ménuo*)

Aquaréll n -(e)s, -e akvarélė

Aquárium n -s, -riːen akvāriumas

Ära f -, Ären erà

arábisch arãbų; arãbiškas

Árbeit f -, -en dárbas) triū̃sas; *géistige* (*körperliche*) ~ prõtinis (fìzinis) dárbas; *an die* ~ *géhen* stóti į̃ dárbą; *sich an die* ~ *máchen* im̃tis dárbo; *zur [auf die]* ~ *géhen* eĩti į̃ dárbą

árbeiten I vi dìrbti; triū̃sti; veĩkti II vt (pa)- darýti, (pa)gamìnti

Árbeiter m -s, - darbiniñkas; ~**in** f -, -nen darbiniñkė

Árbeit||geber *m* -s, - darbdavỹs; **~nehmer** *m* -s, - darbėmỹs
árbeitsam darbštùs
Árbeitsamt *n* -(e)s, ⸚er dárbo bir̀ža
árbeits||fähig darbìngas; **~frei** laĩsvas nuõ dárbo, išeigìnis (*apie dieną*)
Árbeits||kraft *f* -, ⸚e dárbo jėgà, darbúotojas; **~leistung** *f* -, -en dárbo našùmas
árbeitslos bedar̃bis
Árbeitslose *sub m, f* bedar̃bis, -ė
Árbeitslosigkeit *f* - nedárbas
Árbeits||schutz *m* -es dárbo apsaugà; **~tag** *m* -(e)s, -e **1** dárbo dienà **2** šiokiãdienis
árbeitsunfähig nedarbìngas
Árbeits||woche *f* -, -n dárbo savàitė; **~zimmer** *n* -s, - dárbo kambarỹs
Architékt *m* -en, -en architèktas
Archív *n* -s, -e archỹvas
arg pìktas, blõgas; **~*es Wétter*** blõgas óras
Argentíni:en *n* -s Argentinà
Argentíni:er *m* -s, - argentiniẽtis
argentínisch Argentìnos; argentiniẽčių; argentìniškas
Ärger *m* -s, - **1** ãpmaudas, pỹktis **2** nemalonùmas; ***j-m ~ beréiten*** padarýti kám nemalonùmų
ärgerlich pìktas, susiérzinęs, apmaudùs
ärgern I *vt* pỹkinti, érzinti **II sich** ~ (*über A*) pỹkti, apmaudáuti (*dėl ko*)
árglistig klastìngas, vylìngas
árglos geraširdis, patiklùs
Árgwohn *m* -(e)s įtarìmas, nepasitikéjimas
árgwöhnen *neatsk. vt, vi* įtar̃ti, įtarinéti
árgwöhnisch įtarùs, nepatiklùs
arm 1 (*an D*) neturtìngas (*ko*); var̃ganas; ~ ***wérden*** nuskur̃sti; ***j-n ~ máchen*** ką̃ nuskur̃dinti **2** vargìngas, nelaimìngas
Arm *m* -(e)s, -e **1** rankà (*nuo peties*); ***j-n in die ~e néhmen*** ką̃ apkabìnti **2** atšakà (*pvz., kelio, upės*); **~ *voll*** glėbỹs
Ármband *n* -(e)s, ⸚er apýrankė, dir̃žėlis (*laikrodžiui*)
Ármbanduhr *f* -, -en rañkinis laĩkrodis
Armée *f* -, -mé:en ármija, kariúomenė
Ärmel *m* -s, - rankóvė
Arméni:en *n* -s Arménija
Arméni:er *m* -s, - arménas
arménisch Arménijos; arménų; arméniškas
ärmlich skurdùs, prãstas, meñkas; **~*e Kléidung*** menkì drabùžiai
ármselig meñkas, skurdùs, var̃ganas; ***éine ~e Wóhnung*** skurdùs bùtas
Ármut *f* - skur̃das, var̃gas
Aróma *n* -s, *pl* -men / -s / -ta aromãtas, kvepéjimas, kvapùmas
aromátisch aromatìngas, kvapùs
Arrést *m* -(e)s, -e ãreštas, suėmìmas
arrogánt išdidùs, pasipū̃tęs
Arrogánz *f* - išdidùmas, pasipūtìmas
Art *f* -, -en **1** rūšis; padermė̃; ***die ~ (von) Ménschen schätze ich nicht*** tokių̃ žmonių̃ àš nevértinu **2** *sg* bū̃das, manierà; **~ *und Wéise*** bū̃das; ***auf díese ~ (und Wéise)*** šìtaip, tókiu būdù; ***auf jéde ~ (und Wéise)*** visokeriópai, visaĩp; ***auf wélche ~?*** kaĩp? kokiù būdù? ***von gúter ~ sein*** bū́ti gẽro bū̃do
ártig (pa)klusnùs; mandagùs, geraĩ išáuklėtas
Artíkel *m* -s, - **1** prẽkė **2** stráipsnis (*laikraštyje*) **3** *gram.* artìkelis
Artilleríe *f* -, -rí:en artilèrija
Arznéi *f* -, -en váistas
Arznéikraut *n* -(e)s, ⸚er vaistãžolė
Arzt *m* -es, ⸚e gýdytojas; ***ein pràktischer ~*** gýdytojas prãktikas
ärztlich medicìninis, medicìnos
Ásche *f* -, -n pelenaĩ
Áschenbecher *m* -s, - pelenìnė
asiátisch Ãzijos; azijiẽtiškas
Aspékt *m* -(e)s, -e aspèktas, póžiūris
Asphált *m* -(e)s, -e asfáltas
Ast *m* -es, ⸚e šakà
Áster *f* -, -n ãstras (*gėlė*)
Asýl *n* -s, -e príeglauda; príeglobstis
Atelier [-ˈlje:] *n* -s, -s ateljė̃, stùdija; dirbtùvė
Átem *m* -s kvėpãvimas, kvãpas; atsikvėpìmas; ***den ~ hólen*** atsidùsti, kvéptelėti
átemlos uždùsęs
Átem||not *f* -, ⸚e dusulỹs, dùsinimas; **~pause** *f* -, -n atódūsis, atsikvėpìmas

Athlét m -en, -en atlètas

Átlas m - / -ses, Atlánten / -se ãtlasas (*geografijos*)

átmen vi, vt kvėpúoti, alsúoti; *réine Luft* ~ kvėpúoti grýnu óru

Atmosphäre f -, -n atmosferà; núotaika, aplinkà

Atóm n -s, -e atòmas

Atóm‖bombe f -, -n atòminė bòmba; ~**kraftwerk** n -(e)s, -e atòminė elektrìnė; ~**waffe** f -, -n, atòminis giñklas

Attácke f -, -n puolìmas, atakà

Attentát n -(e)s, -e pasikėsìnimas, atentãtas; *ein* ~ *auf j-n begéhen* [*verüben*] įvýkdyti pasikėsìnimą priēš ką̃

Attést n -(e)s, -e (*gydytojo*) pažymėjimas

attraktív patrauklùs

Attribút n -(e)s, -e gram. pažyminȳs

ätzen vt ėsdinti, dēginti (*chemikalais*)

auch taip pàt, iȓgi; *wie dem* ~ *sei* ... kàd iȓ kaȋp bū́tų ...

Auditórium n -s, -ri꞉en auditòrija; klausýtojai

auf I prp 1 (*D*) (*žymi vietą*) añt; *auf dem Báhnhof* stotyjè 2 (*A*) (*žymi kryptį*) añt, į̃; ~ *den Berg stéigen* lìpti [kópti] į̃ kálną 3 (*A*) (*žymi laiką*): ~ *ein paar Táge* verréisen išvȳkti kelióms dienóms 4: ~ *séine Bítte* jõ prãšymu; ~ *ihr Wohl!* į̃ jū́sų sveikãtą! *etw.* ~ *Deutsch ságen* pasakýti ką̃ vókiškai II adv: ~ *und ab* teñ iȓ atgaȋ; *von klein* ~ iš mažeñs; ~ *sein* budéti, nemiegóti; bū́ti atidarýtam

áufatmen vt atsikvépti, atsidùsti

Áufbau m -(e)s 1 statýba; atstãtymas 2 sándara, struktūrà

Áufbauarbeit f -, -en kuriamàsis [atstãtomasis] dárbas

áufbauen I vt 1 (pa)statýti; atstatýti 2 (*auf A*) (pa)grį̃sti, (pa)reȓti (*kuo*) II vi (*D*) reȓtis (*kuo*)

áufbäumen, sich (*gegen A*) prı́ešintis (*kam*)

áufbekommen* vt gáuti ùžduotį; *was hast du für mórgen* ~*?* ką̃ táu ùždavė rytójui?

áufbewahren vt (iš)laikýti, išsáugoti

Áufbewahrungsraum m -(e)s, ꞉e sáugojimo kãmera, bagažìnė

áufbieten* vt įteȓpti (*jėgas*); panaudóti (*priemones*)

áufbinden* vt 1 atrìšti 2 parìšti (*pvz.*, *prijuostę*, *plaukus*)

áufbleiben* vi (s) budéti, nemiegóti

áufblicken vi žvìlgtelėti aukštȳn

áufblühen vi (s) pražydéti; suklestéti

áufbrauchen vt suvartóti, sunaudóti

áufbrausen vi (s, h) 1 sušniõkšti, nuvilnýti 2 (į)šìrsti, supȳkti, užsipliḗksti

áufbrechen* I vt išláužti (*pvz.*, *duris*); atplḗšti (*pvz.*, *laišką*) II vi (s) 1 išsiskleȋsti (*apie pumpurus*) 2 išvȳkti, iškeliáuti

áufbringen* vt 1 gáuti, surãsti; *Mut* ~ turéti drąsõs 2 supȳkinti, suérzinti

Áufbruch m -(e)s, ꞉e išvykìmas, iššȳgiāvimas

áufbrühen vt užplikýti, užvìrti

áufbürden vt (*j-m*) užkráuti (*kam ką*)

áufdecken vt 1 uždeñgti (*kuo*) 2 nudeñgti, atideñgti 3 atskleȋsti, išáiškinti

áufdrängen vt (į)brùkti, (į)siū́lyti

áufdrehen vt atsùkti (*pvz.*, *čiaupą*) 2 prisùkti (*pvz.*, *laikrodį*)

áufdringen* vt (į)brùkti, (į)siū́lyti

áufdringlich įkyrùs, grasùs

áufdrücken vt (pa)spáusti, užspáusti

aufeinánder vı́enas añt kìto; vı́enas põ kìto; ~ *folgen* eȋti [sèkti] vı́enas põ kìto

Áufenthalt m -(e)s, -e 1 buvìmas, lañkymasis, viešnãgė; *bei méinem* ~ *in Berlín* mán lañkantis Berlýne 2 sustojìmas

Áufenthaltsort m -(e)s, -e gyvẽnamoji vietà

áufessen* vt suválgyti

áuffahren* vi (s) 1 pašókti 2 supȳkti, užsipliḗksti 3 (*auf A*) užvažiúoti (*ant ko*)

áuffallen* vi (s) krìsti į̃ ãkį, patráukti dḗmesį

áuffallend kriñtantis į̃ ãkį, neįprastas

áuffangen* vt sugáuti, pagáuti, sučiùpti

áuffassen vt 1 suprãsti, suvókti 2 traktúoti, áiškinti

Áuffassung f -, -en supratìmas, suvokìmas; núomonė

áuffinden* vt (su)rãsti, suieškóti

áufflammen vi (s) užsidègti, įsiliepsnóti

áuffliegen* *vi* (*s*) pakìlti (į̃ *orą̃*); išlė̃kti į̃ órą, sprógti

áuffordern *vt* (pa)kviẽsti, (pa)rãginti

áuffressen* *vt* suésti, surýti

áufführen I *vt* **1** (pa)statýti, (su)vaidìnti (*scenoje*) **2** (pa)statýti (*pvz.*, *namą̃*, *paminklą̃*) **II sich** ~ eĩgtis, pasieĩgti

Áufführung *f* -, -en **1** pastãtymas, spektãklis **2** (pa)stãtymas (*pastato*)

áuffüllen *vt* pripìldyti; užpìldyti; papìldyti

Áufgabe *f* -, -n **1** uždavinỹs; užduotìs **2** priėmìmo (išdavìmo) vietà (*pvz.*, *siuntinių̃*)

Áufgang *m* -(e)s, ꞏe **1** (pa)kilìmas; láiptai **2** *sg* patekė́jimas

áufgeben* *vt* **1** uždúoti; *j-m ein Rätsel* ~ užmìñti kám mį̃slę **2** išsių̃sti, paléisti (*laĩšką̃*, *siuntinį̃*) **3** atsisakýti; pasidúoti; *álle Hóffnung* ~ praràsti bet kókią vìltį

áufgebracht įsiùtęs, įtū̃žęs

áufgehen* *vi* (*s*) **1** (pa)tekéti **2** (su)dýgti; kìlti (*pvz.*, *apie tešlą̃*) **3** atsidarýti, atsivérti

áufgelegt: *zu etw.* (*D*) ~ *sein* bū́ti liñkusiam į̃ ką̃; *gut* (*übel*) ~ *sein* bū́ti geraĩ (blogaĩ) nusiteĩkusiam

áufgeregt sujáudintas; susijáudinęs

áufgeschlossen draugùs, draugìngas; kalbùs

áufgeweckt sumanùs, guvùs

áufgießen* *vt* pripìlti, įpìlti; *Tee* (*Káffee*) ~ užplikýti arbãtą (kãvą)

aufgrúnd / **auf Grund** (*G*) rēmiantis (*kuo*)

Áufguss *m* -es, ꞏe añtpilas, ùžpilas

áufhalten* **I** *vt* **1** sulaikýti; užlaikýti **2** laikýti ãtdarą **II sich** ~ bū́ti, užtrùkti; apsistóti

áufhängen *vt* pakabìnti; pakárti

áufheben* *vt* **1** pakélti (*nuo žemė̃s*) **2** baĩgti; atšaũkti, panaikìnti

áufheitern I *vt* praliñksminti **II sich** ~ (pra)linksméti; giedréti, išsigiẽdryti

áufhellen I *vt* **1** apšviẽsti; (nu)skaĩdrinti **2** (iš)áiškinti, nušviẽsti **II sich** ~ pralinksméti; giedréti, išsigiẽdryti

áufheulen *vi* sustáugti, sukaũkti

áufholen *vt* pavýti, pasivýti

áufhorchen *vi* įsiklausýti, suklùsti

áufhören *vi* nustóti, liáutis

áufkeimen *vi* (*s*) (su)dýgti, (su)žélti

áufklappen *vt* atveřsti, atskleĩsti (*pvz.*, *knygą̃*); atvõžti, atidarýti

áufklären I *vt* **1** išáiškinti, paáiškinti **2** (*über A*) (iš)áiškinti (*kam ką̃*) **II sich** ~ **1** giẽdrytis, išsigiẽdryti **2** aiškéti, paaiškéti

Áufklärung *f* -, -en išáiškinimas, paáiškinimas; informãcija

áufkleben *vt* priklijúoti, prilipdýti

áufklingen* *vi* (*s*, *h*) suskambéti

áufknöpfen *vt* atsègti

áufkommen* *vi* (*s*) **1** pakìlti, pasikélti **2** užeĩti, kìlti **3** (*gegen A*) lýgintis (*su kuo*), prilýgti (*kam*)

áufkrempeln *vt* pa(si)raitóti (*rankoves*)

áuflachen *vi* susijuõkti, nusijuõkti

áufladen* *vt* (pri)kráuti, pakráuti; *sich* (*D*) *víele Sórgen* ~ užsikráuti daũg rū̃pesčių

Áuflage *f* -, -n **1** leidìmas (*pvz.*, *knygos*) **2** tirãžas

áuflassen* *vt* **1** palìkti ãtdarą paléisti (*pvz.*, *balioną̃*, *raketą̃*)

áuflauern *vi* (*D*) týkoti (*ko*)

Áuflauf *m* -(e)s, ꞏe **1** susibū́rimas, sámbūris **2** suflė̃, ãpkepas

áufleben *vi* (*s*) atgýti; pagyvéti

áuflegen *vt* **1** uždéti; *den Hörer* ~ padéti (*telefono*) ragẽlį **2** uždéti (*pvz.*, *mokesčius*); užkráuti (*pvz.*, *naštą̃*) **3** (iš)léisti (*pvz.*, *knygą̃*)

áuflehnen I *vt* atrem̃ti, prišlíeti **II sich** ~ (*gegen A*) sukìlti (*prieš ką̃*), príešintis (*kam*)

áuflesen* *vt* suriñkti (*nuo žemė̃s*)

áufleuchten *vi* (*h*, *s*) blýkstelėti, švýstelėti

áuflösen I *vt* **1** atrìšti, atmẽgzti **2** ištirpìnti **3** paléisti (*organizaciją̃*) **II sich** ~ ištiřpti; išsisklaidýti

áufmachen *vt* **1** atidarýti, atvérti; įsteĩgti **2** apifòrminti, apipavìdalinti

Áufmarsch *m* -es, ꞏe (*masinis*) pasiródymas, demonstrãcija; parãdas

áufmerksam 1 atidùs, akýlas, įdėmùs; pastabùs; *j-n auf etw.* (*A*), *j-n* ~ *máchen* atkreĩpti kienõ dė̃mesį į̃ ką̃ **2** paslaugùs, malonùs

Áufmerksamkeit *f* -, -en **1** *sg* atidùmas, dė-mesy̆s; *j-s* ~ **errégen** [*wécken*] patráukti kienõ dėmesį **2** dovanėlė
áufmuntern *vt* (pa)kélti núotaiką (*kam*); padrą́sinti; paskãtinti
Áufnahme *f* -, -n **1** priėmìmas, sutikìmas **2** priimamàsis, priėmìmo skỹrius (*pvz.*, *ligoninėje*) **3** núotrauka, fotogrãfija; įrãšymas; (*magnetofono*) įrãšas
Áufnahmeprüfung *f* -, -en stojamàsis egzãminas
áufnehmen* *vt* **1** pakélti **2** sutìkti, priim̃ti; *etw.* **ins Protokóll** ~ įtráukti ką̃ į̃ protokòlą **3** surašýti, užrašýti **4** pradėti (*iš naujo*), atnaũjinti; *mit j-m Kontákt* ~ sueĩti sù kuõ į̃ kontãktą
áufopfern **I** *vt* (pa)aukóti **II** **sich** ~ (*für A*) aukótis, pasišvę̃sti (*kam*)
áufpassen *vt* **1** bū́ti atidžiám, atidžiaĩ klausýti; *pass auf!* dė̃mesio! atsargiaĩ! **2** (*auf A*) (pa)žiūrėti, (pa)sáugoti (*ką*)
áufplatzen *vi* (*s*) pratrū́kti, praplýšti
áufraffen **I** *vt* pagriẽbti, pačiùpti **II** **sich** ~ pašókti; suteĩkti jėgàs
áufragen *vi* (iš)kìlti, bū́ti iškìlusiam
áufräumen *vt* aptvarkýti, apruõšti
áufrecht **1** tiesùs, stãčias **2** tiesùs, teisìngas
áufrecht:erhalten* *vt* išlaikýti, iššáugoti
áufregen **I** *vt* (su)jáudinti, (su)nèrvinti **II sich** ~ (*über A*) jáudintis, nèrvintis (*dėl ko*)
áufregend jáudinantis
áufreiben* *vt* **1** nutrìnti, nubrūžúoti
áufreißen* **I** *vt* atplė́šti, praplė́šti **II** *vi* (*s*) (pér)plýšti, (pér)trū́kti
áufrichten **I** *vt* **1** pakélti (*pargriuvusį*) pastatýti (*pvz.*, *paminklą*) **II sich** ~ pasikélti, atsitiẽsti
áufrichtig tiesùs, ãtviras, nuoširdùs
Áufriss *m* -es, -e **1** brėžinỹs, eskìzas **2** apžvalgà, brúožai
áufrollen *vt* **1** išvynióti **2** nuvynióti
Áufruf *m* -(e)s, -e **1** iškvietìmas, iššaukìmas (*pavardėmis*) **2** kreipìmasis, atsišaukìmas
áufrufen* *vt* **1** (pa)šaũkti, (iš)šaũkti (*pavardėmis*) **2** šaũkti, rãginti

Áufruhr *m* -(e)s, -e maĩštas, bruzdėjimas **2** susijáudinimas
áufrühren *vt* **1** išmaišýti **2** kùrstyti, drum̃sti **3** sugraudìnti
Áufrührer *m* -s, - maĩštininkas
áufrüsten **I** *vt* apginklúoti **II** *vi* ginklúotis, apsiginklúoti
aufs = auf das
áufsagen *vt* sakýti atmintinaĩ
áufsässig užsispýręs, nepaklusnùs
Áufsatz *m* -(e)s, -e rašinỹs; stráipsnis
áufschauen *vi* pažiūrėti į̃ viřšų, pakélti akìs
áufscheuchen *vt* pabaidýti
áufschieben* *vt* atidėti, atidėlióti
áufschießen* *vi* (*s*) **1** šáuti [kìlti] aukštỹn **2** greĩtai dýgti [áugti]
Áufschlag *m* -(e)s, -e **1** kritìmas, atsitrenkìmas **2** ãtraitas; rankógalis **3** káinos pakėlìmas, añtkainis
áufschlagen* **I** *vt* **1** pérdaužti, pramùšti **2** atveřsti, atidarýti **3** pastatýti (*pvz.*, *palapinę*) **II** *vi* **1** atsitreñkti, atsimùšti **2** (pa)kìlti, pašókti (*apie kainas*)
áufschließen* *vt* **1** atidarýti, atvérti **2** atskleĩsti, paáiškinti
Áufschluss *m* -es, -e paáiškinimas, išáiškinimas **2** *sg* atidãrymas
áufschlussreich reikšmìngas, pamókomas
áufschmelzen* **I** *vi* (*s*) ištiřpti **II** *vt* išlýdyti, ištirpýti
áufschneiden* *vt* pérpjauti, prapjáuti; supjáustyti (*pvz.*, *dešrą*)
Áufschnitt *m* -(e)s, -e **1** įpjova **2** griežinỹs, riekėlė; šáltas ùžkandis (*asorti iš mėsos gaminių*)
áufschrauben *vt* **1** atsùkti **2** užsùkti, prisùkti
áufschrecken **I** *vt* išgąsdinti, pabaidýti **II** *vi* (*s*) išsigą̃sti, iššigañdus pašókti
Áufschrei *m* -(e)s, -e riktelėjimas, šū́ksmas
áufschreiben* *vt* užrašýti
áufschreien* *vi* riktelėti, sušùkti
Áufschrift *f* -, -en **1** ùžrašas, añtraštė **2** ãdresas
Áufschub *m* -(e)s, -e atidėjìmas; *óhne* ~ neatidėliójant, nedel̃siant
áufschütten *vt* **1** supìlti **2** užpìlti
áufschwellen* *vi* (*s*) (pa)tìnti, ištìnti

Áufschwung m -(e)s, ˸e pakiliмas, ùžmojis, pólėkis

áufsehen* vi pažiūréti į viřšų, pakélti akìs

Áufsehen n -s, - sensācija; ~ errégen sukélti sensāciją; ~ errégend sensacìngas

áufsetzen I vt 1 už(si)déti; éine érnste Míene ~ padarýti riм̃tą mìną 2 parúošti, surašýti II vi (s) nutūpti, léistis

áufseufzen vi atsidùsti

Áufsicht f - kontròlė, príežiūra

áufsitzen* vi (s) užsésti (pvz., ant arklio)

áufspalten* I vt suskáldyti II sich ~ suskìlti, susiskáldyti

áufsparen vt sutaupýti, atidéti

áufspeichern I vt supìlti [sudéti] į sándėlius; sukaūpti II sich ~ kaūptis, susikaūpti

áufsperren vt (plačiai) atidarýti, atvérti

áufspringen* vi (s) 1 pašókti, strýkteléti 2 (už)šókti 3 (su)trūkinéti

Áufstand m -(e)s, ˸e sukilìmas

Áufständische sub m, f sukìlėlis, -ė

áufstecken vt 1 prisègti, prismeĩgti 2 užмáuti, uždéti

áufstehen* vi 1 (s) kéltis, atsikélti 2 (s) (gegen A) sukìlti (prieš ką) 3 (h) būti atidarýtam

áufsteigen* vi (s) 1 (už)lìpti, (už)sésti 2 (pa)kìlti

áufstellen I vt 1 pastatýti, sustatýti 2 sudarýti, suformúoti 3 (iš)kélti, (pa)siūlyti (pvz., kandidatą) II sich ~ sustóti, išširikiúoti

Áufstieg m -(e)s, -e 1 kopìmas [lipìmas] aukštỹn 2 (pa)kilìmas; (su)klestéjimas; karjerà

áufstoßen* I vt atstùmti, atidarýti stùmiant; sich (D) den Kopf ~ prasiskélti gálvą II vi 1 (s) atsitreñkti; susidùrti 2 (h, s) atsirūgti, ráugėti

áufstreichen* vt užtèpti, aptèpti

áufstützen I vt pareм̃ti, atreм̃ti II sich ~ pasireм̃ti, atsireм̃ti

áufsuchen vt 1 paieškóti, suieškóti 2 aplankýti

Áuftakt m -(e)s, -e pradžià, (iškilmių) atidārymas

áuftauchen vi (s) 1 išplaũkti į pavi̇̃ršių, išnérti 2 išdýgti, staigà pasiródyti

áuftauen I vi (s) (iš)ti̇̃rpti, atsiléisti II vt (iš)tirpìnti, (ati)tirpdýti

áufteilen vt padalýti, paskìrstyti

áuftischen vt padúoti į stãlą

Áuftrag m -(e)s, ˸e užduotìs, pavedìmas; im ~ (G, von D) (kieno) pavedimù

áuftragen* vt 1 padúoti į stãlą 2 pavèsti

Áuftraggeber m -s, - užsakõvas

áuftreiben* vt 1 (iš)kélti, (iš)pūsti 2 suràsti, gáuti (pvz., knygą, pinigų)

áuftreten* vi (s) 1 vaidìnti (scenoje), išeĩti į scèną 2 pasìsakýtl, kalbéti 3 (iš)kìltı, pasitáikyti

Áuftrieb m -(e)s, -e stìmulas, paskatà, impùlsas

Áuftritt m -(e)s, -e 1 pasiródymas (scenoje) 2 teatr. scenà

áuftun* I vt atidarýti, atvérti II sich ~ atsidarýti, atsivérti

áufwachen vi (s) pabùsti

áufwachsen* vi (s) užáugti, išáugti

Áufwand m -(e)s 1 panaudójimas; sunaudójimas 2 išlaidos, kaštaĩ

áufwändig / áufwendig brangùs, daũg kainúojantis

áufwärmen I vt pakaĩtinti, pašìldyti II sich ~ pasišìldyti, susišìldyti

Áufwartefrau f -, -en ateĩnanti namų darbiniñkė; valýtoja

áufwarten vi 1 (j-m) patarnáuti (kam) 2 (mit D) pavaišìnti (kuo)

áufwärts aukštỹn, į viřšų; ~ géhen geréti

Áufwaschbecken n -s, - kriáuklė (virtuvės)

áufwaschen* vt (su)mazgóti, (su)pláuti

áufwecken vt pažādinti, pabùdinti

áufweichen I vt sumìnkštinti, išmirkýti II vi (s) suminkštéti, išmi̇̃rkti

áufweisen* vt 1 paródyti, nuródyti 2 turéti; gróße Mängel ~ turéti daũg trūkumų

áufwiegeln vt sukùrstyti

áufwischen vt pašlúostyti, nušlúostyti

áufzählen vt 1 (su)skaičiúoti 2 (su)minéti, išvařdyti

áufzehren vt suválgyti; išsėkinti

áufzeichnen vt 1 nupiẽšti, nubrėžti 2 užrašýti

áufzeigen vt paródyti, (pa)demonstrúoti; atskleĩsti

áufziehen* I vt 1 (pa)kélti; (iš)tráukti į viršų 2 prisùkti (laikrodį) 3 (už)augìnti, išaugìnti (pvz., gyvulius) II vi (s) artéti, užeĩti (pvz., apie perkūniją)

Áufzug m -(e)s, ⁰e 1 (iškilmingos) eitýnės, procèsija 2 kéltuvas, lìftas 3 teatr. veĩksmas, ãktas

áufzwingen* vt (j-m) primèsti, užkráuti (kam ką)

Áugapfel m -s, ⁼ akiẽs obuolỹs

Áuge n -s, -n akìs; gróße ~n máchen akìs išpū̃sti, labaĩ nustèbti; in die ~n spríngen [fállen] į akìs krìsti; etw. im ~ behálten neišléisti kõ ìš akių̃; únter vier ~n añt [príe] keturių̃ akių̃

Áugenarzt m -(e)s, ⁰e akių̃ ligų̃ gýdytojas

Áugenblick m -(e)s, -e akìmirka; valandėlė, momeñtas im ~ akiẽs mirksniù; šiuõ momentù, dabaR

áugenblicklich I a dabartìnis, šiuolaikìnis II adv šiuõ momentù, dabaR

Áugenbraue f -, -n añtakis

áugenfällig akivaizdùs, áiškus

Áugen‖licht n -(e)s regėjimas; ~lid n -(e)s, -er (akies) vókas; ~merk n -(e)s dėmesỹs; sein ~merk auf etw. (A), j-n ríchten atkreĩpti dėmesį į ką; ~schein m -(e)s regimýbė, iliùzija

áugenscheinlich I a akivaizdùs, áiškus II adv matýt, turbū́t, veikiáusiai

Áugen‖wimper f -, -n blakstíena; ~zeuge m -n, -n mãčiusysis, liùdytojas

Augúst m - / -(e)s, -e rugpjū́tis (mėnuo)

Áula f -, -len áula, ãktų sãlė

aus I prp 1 (D) ìš; ~ dem Haus géhen išeĩti ìš namų̃; er ist ~ Drésden jìs ìš Drèzdeno 2 ìš, dėl; ~ Angst ìš báimės; ~ díesem Grúnde dėl šiõs priežastiẽs; ein Kleid ~ Séide šìlko suknẽlė II adv baĩgta; Licht ~! išjùngti šviẽsą! ~ sein baĩgtis, pasibaĩgti

áusarbeiten vt paruõšti, pareñgti

áusarten vi išsigìmti

áusatmen vt iškvėpti

áusbauen vt 1 padìdinti, plėsti 2 pérstatyti; atstatýti

áusbessern vt (pa)taisýti, (su)remontúoti

áusbeuten vt išnaudóti, eksploatúoti

áusbilden vt 1 reñgti (specialistus); mókyti 2 ugdýti, lãvinti

áusbitten* vt prašýti; sich (D) von j-m etw. ~ prašýti kõ ìš kõ

áusblasen* vt 1 užpū́sti (pvz., žvakę) 2 išpū́sti

áusbleiben* vi (s) neateĩti, neatvỹkti; die Ántwort blieb aus atsãkymo negáuta

áusbleichen* vi (s) (iš)blùkti

Áusblick m -(e)s, -e vaĩzdas, reginỹs

áusborgen vt (j-m) paskõlinti (kam ką); sich (D) von j-m etw. ~ pasiskõlinti ką ìš kõ

áusbraten* vt (iš)kèpti

áusbrechen* I vt išláužti II vi (s) 1 ištrū́kti, pabégti 2 staigà kìlti, prasidéti; in ein Gelächter ~ pratrū́kti juokaĩs

áusbreiten I vt paklóti, patiẽsti II sich ~ 1 plė̃stis, plìsti 2 plytéti, tįsoti

áusbrennen* I vt išdẽginti II vi (s) sudègti, baĩgti dègti

Áusbruch m -(e)s, ⁰e 1 pabėgìmas (pvz., iš kalėjimo) 2 prótrūkis, staigùs prasiveržìmas

áusdampfen vt išgãrinti

Áusdauer f - ištvermė, ištvermìngumas

áusdehnen I vt ištem̃pti, (iš)plėsti II sich ~ 1 plė̃stis, išsiplésti 2 plytéti, driẽktis, nusidriẽkti

áusdenken* vt sugalvóti, sumanýti

áusdorren vi (s) išdžiū́ti

áusdörren vt išdžiovìnti

áusdrehen vt išjùngti (pvz., šviesą, dujas)

Áusdruck m -(e)s, ⁰e 1 išreiškìmas; etw. zum ~ bríngen ką išréikšti; zum ~ kómmen pasiréikšti 2 (veido) ìšraiška 3 pasisãkymas, pósakis

áusdrücken I vt 1 išspáusti 2 išréikšti; etw. in [mit] Wórten ~ išréikšti ką žõdžiais II sich ~ pasisakýti

áusdrücklich áiškus; įsakmùs

ausdrucks‖los neišraiškìngas, neraiškùs; ~voll išraiškìngas, (iš)raiškùs

áusdunsten, áusdünsten vi, vt išgarúoti; iš-
gãrinti; sklei̇̃sti
auseinánder atskirai̇̃, skýrium; ~flíegen iš-
lekióti, išlakstýti; (iš)i̇̀rti; ~jágen išvaiký-
ti; ~ láufen iš(si)bėgióti, iš(si)lakstýti; ~
légen išdėlióti, išdéstyti; išáiškinti; ~sét-
zen pasodi̇̀nti atskirai̇̃; (iš)déstyti, (iš)áiš-
kinti; sich mit j-m ~ sétzen áiškintis [dis-
kutúoti] sù kuõ
Auseinándersetzung f -, -en 1 išdéstymas,
(iš)áiškinimas 2 giñčas, diskùsija; susidū-
ri̇̀mas
áuserlesen puikùs, rinkti̇̀nis
áusfahren* I vi (s) išvažiúoti, išvỹkti II vt
išvèžti, išvežióti
Áusfahrt f -, -en išvažiãvimas; išplauki̇̀mas;
vaři̇̃tai
Áusfall m -(e)s, ⁚e 1 iškriti̇̀mas, nuslinki̇̀mas
(plaukų) 2 išsišoki̇̀mas, príešiškas pasisā-
kymas
áusfallen* vi (s) 1 iškri̇̀sti, išbyréti; (nu)-
sliñkti (apie plaukus) 2 nei̞̇vỹkti 3 pavỹk-
ti, praei̇̃ti; wie ist die Érnte áusgefallen?
kóks deři̇̃lius?
áusfertigen vt išrašýti, pareñgti (dokumentą)
áusfindig: ~ máchen suieškóti, suràsti
áusfliegen* vi (s) išlēkti, išskri̇̀sti
Áusflucht f -, ⁚e išsisukinéjimas, atsikalbi-
néjimas
Áusflug m -(e)s, ⁚e ekskùrsija, i̇̀svyka
áusforschen vt 1 išklausinéti, iškvõsti 2 iš-
ti̇̀rti, ištyrinéti
áusfragen vt (nach D) iškláusti, iškvõsti (ką
apie ką)
áusfrieren* vi (s) 1 iššálti 2 sušálti, susti̇̀ngti
i̇̀š šaĩčio
Áusfuhr f - išveži̇̀mas, ekspòrtas
áusführen vt 1 (iš)vèsti (pvz., pasivaikščioti,
į teatrą) 2 išvèžti, eksportúoti 3 i̇̀výkdyti
Áusfuhrland n -(e)s, ⁚er eksportúojanti šali̇̀s
Áusführung f -, -en 1 sg i̇̀výkdymas 2 pl
sámprotavimai, išvedžiójimai
áusfüllen vt pripi̇̀ldyti, užpi̇̀ldyti
Áusgabe f -, -n 1 sg išdavi̇̀mas (pvz., prekių)
2 i̇̀šlaidos 3 (iš)leidi̇̀mas; leidinỹs

Áusgangs‖punkt m -(e)s, -e išeitiẽs [atra-
mõs] tãškas; ~sperre f -, -n (už)draudi̇̀-
mas išei̇̃ti i̇̀š namų
áusgeben* I vt 1 išdúoti 2 (iš)léisti (pinigus)
3 (für A) skélbti [sakýti] ēsant (kuo) II sich
~ (für A) apsimèsti, pasiskélbti (kuo)
áusgeglichen santūrùs
Áusgehanzug m -(e)s, ⁚e išeigi̇̀nis [šventa-
diẽnis] kostiùmas
áusgehen* vi (s) 1 pramogáuti, išei̇̃ti (iš na-
mų; į kiną, kavinę) 2 (von D) reṁtis, va-
dováutis (kuo) 3 bai̇̃gtis, pasibai̇̃gti 4 (už)-
gèsti (apie šviesą, ugni̞̇)
Áusgehtag m -(e)s, -e póilsio [laisvà] dienà
áusgelassen išdýkęs
áusgemergelt išvárgintas, išsēkintas
áusgenommen išskýrus
áusgeprägt ryškùs, raiškùs
áusgerechnet kaip ti̇̀k, bū́tent
áusgeschlossen negãlimas, nei̞̇mãnomas
áusgesprochen I a áiškus, akivaizdùs II adv
nepaprastai̇̃
áusgestorben išmi̇̀ręs
áusgesucht rinkti̇̀nis, prašmatnùs
áusgetreten prami̇̀ntas; numi̇̀ntas, numi̇̀n-
džiotas
áusgezeichnet puikùs, šaunùs
áusgiebig gausùs, apstùs
Áusgleich m -(e)s, -e išlýginimas; (su)balan-
sãvimas; kompensãcija
áusgleichen* vt išlýginti; (su)balansúoti;
kompensúoti
áusgleiten* vi (s) paslýsti
áusgraben* vt atkàsti, iškàsti
Áusgrabung f -, -en (archeologiniai) kasiné-
jimai
Áusguss m -es, ⁚e (vandentiekio) kriáuklė
áushalten* vt pakélti, iškęsti, iškentéti
áushandeln vt išsideréti
áushändigen vt (j-m) i̞̇tei̇̃kti, i̇̀dúoti (kam ką)
áushängen vt iškabi̇̀nti (pvz., skelbimą)
Áushängeschild n -(e)s, -er iškaba; skrai̇̃stė,
príedanga
áushauchen vt iškvẽpti; (pa)sklei̇̃sti
áusheben* vt iškàsti
áusheilen I vt išgýdyti II vi (s) išgýti, užgýti
III sich ~ išsigýdyti

áushelfen* vi pagélbėti, padéti bėdojè

Áushilfe f -, -n 1 sg (laikina) pagálba, paramà 2 (laikina) namū̃ šeiminiñkė

áushorchen vt klausinéti, iškvósti

áushungern I vt marìnti badù II vi išálkti, išbadéti

áuskaufen vt išpir̃kti (prekes)

áuskennen*, sich orientúotis

Áusklang m -(e)s, ᵘe 1 (garso) nuskambėjimas, baigiamàsis akòrdas 2 gãlas, pabaigà

áuskleiden I vt nu(si)vil̃kti, nu(si)reñgti II sich ~ nusivil̃kti, nusireñgti

áusklingen* vi 1 (h, s) nuaidéti (apie garsą) 2 (s) bai̇̃gtis, pasibai̇̃gti

áusklopfen vt išdaū̃žti, išdùlkinti

áusknipsen vt išjùngti, užgesìnti

áuskommen* vi (s) 1 (mit D) išsiver̃sti (kuo, su kuo) 2 (mit j-m) sugyvénti, sutìkti (su kuo)

Áuskommen n -s 1 ùždarbis, pragyvénimo lėšos 2 sugyvénimas, sántaika

áuskühlen vi (s) atšálti, atvėsti

Áuskunft f -, ᵘe informãcija, žìnios; informãcijos biùras

áuskurieren I vt išgýdyti II sich ~ išsigýdyti

áuslachen I vt išjuõkti II sich ~ prisijuõkti

áusladen* vt iškráuti

Áuslage f -, -n 1 išdėstytos prẽkės (vitrinoje); vitrìna 2 pl ìšlaidos

Áusland n -(e)s ùžsienis, ùžsienio šalìs; ins ~ géhen [réisen] vỹkti į̃ ùžsienį

Áusländer m -s, - užsieniẽtis; ~in f -, -nen užsieniẽtė

áusländisch užsienìnis, ùžsienio

Áuslands‖hilfe f -, -n ùžsienio pagálba; ~reise f -, -n keliõnė į̃ ùžsienį

áuslangen vi pakàkti, užtèkti

áuslassen* vt 1 išléisti (pvz., vandenį) 2 praléisti (pvz., žodį)

áuslasten vt apkráuti (darbu)

áuslaufen* 1 vi (s) ištekéti, išsilíeti 2 išplaū̃kti (apie laivą) 3 bai̇̃gtis, pasibai̇̃gti

áusleeren I vt ištùštinti, išgérti lìgi dùgno II sich ~ nusileñgvinti, išsitùštinti

áuslegen vt 1 išdėlióti (pvz., prekes) 2 (mit D) išklóti (kuo) 3 áiškinti, interpretúoti

Áusleihe f -, -n 1 sg núomojimas 2 knỹgų išdavìmas (bibliotekoje)

áusleihen* vt paskõlinti; núomoti

Áusleihstation f -, -en núomojimo pùnktas

áuslesen* vt 1 pérskaityti 2 atriñkti, išriñkti

áusliefern vt 1 išdúoti, įtei̇̃kti 2 pérduoti, atidúoti (kieno žinion)

áuslöschen I vt 1 (už)gesìnti 2 ištrìnti, nutrìnti (kas parašyta) II vi (s) (už)gèsti

áuslösen vt sukélti (pvz., pasipiktinimą, diskusijas)

áuslüften I vt (iš)vėdìnti II vi (h, s) vėdìntis, išsivėdìnti

áusmachen vt 1 išjùngti (šviesą, dujas) 2 susitar̃ti (dėl ko) 3 sudarýti (apie sumą)

áusmalen vt 1 (nu)dažýti 2 pavaizdúoti, atvaizdúoti

Áusmaß m -es, -e mãstas, apimtìs; mãtmenys

áusmerzen vt išnaikìnti; išgyvéndinti

Áusnahme f -, -n išimtìs; mit ~ (G, von D) išskýrus (ką)

Áusnahme‖fall m -(e)s, ᵘe nepàprastas [išimtìnis] ãtvejis; ~ zustand m -(e)s, ᵘe nepaprastóji padėtìs

áusnahmslos bè išimtiẽs

áusnahmsweise išimtinai̇̃, kai̇̃p išimtìs

áusnehmen* I vt 1 išim̃ti; (iš)darinéti, (iš)mėsinéti 2 išskìrti II sich ~ skìrtis, išsiskìrti

áusrotten vt išnaikìnti

áusrücken vi (s) pabėgti, pasprùkti

áusrufen* vt 1 šaũkti, šūkčioti 2 (pa)skélbti

Áusrufezeichen n -s, - šauktùkas

áusruhen vi / sich ~ ilsétis, pailséti

áusrüsten I vt aprūpinti; (ap)ginklúoti II sich ~ (mit D) ginklúotis, apsiginklúoti (kuo)

áusrutschen vi (s) išsprū́sti; paslýsti

Áussaat f -, -en 1 sėjà 2 sėkla

áussäen vt (pa)séti

Áussage f -, -n 1 pasisãkymas; paródymas (liudytojo) 2 raiškùmas, eksprèsija

áussagen I vt pasakýti, paréikšti II sich ~ liùdyti

Áussagesatz m -es, ᵘe gram. pãsakojamasis sakinỹs

áussaugen* vt (iš)čiulpti, (iš)siurbti
áusschalten vt 1 išjùngti, atjùngti 2 pašálinti, nušálinti
áusschauen vi (nach D) žvalgýtis, dairýtis (ko)
áusscheiden* I vt išskìrti; išbraūkti II vi (s) išeīti, išstóti
áusschelten* vt išbárti
áusschicken vt išsiųsti, pasiųsti
áusschlafen* vi / sich ~ išsimiegóti
Áusschlag m -(e)s, ⸚e 1 (kūno) išbėrimas 2: den ~ gében turéti lēmiamą réikšmę
áusschlagen* I vt 1 išmùšti, išdaūžti 2 apkálti, išmùšti 3 atmèsti (ką), nepriimti (ko) II vi (h, s) išsprógti
áusschlaggebend lēmiamas, spreñdžiamas
áusschließen* I vt pašálinti II sich ~ šálintis, nedalyváuti
áusnutzen, áusnützen vt 1 panaudóti (ką), pasinaudóti (kuo) 2 išnaudóti, eksploatúoti
áuspacken vt 1 išpakúoti, išimti 2 išklóti, (iš)pãsakoti
áusplaudern vt išplepéti
áusplündern vt apiplėšti, apgróbti
áuspressen vt (iš)spáusti (pvz., citriną, sultis)
áusprobieren vt išbandýti
áusputzen vt išpuõšti, papuõšti
áusquetschen vt išspáusti, išsuñkti
áusradieren vt ištrìnti (trintuku); nušlúoti nuõ žēmės paviřšiaus
áusrauben vt apiplėšti, išplėšti
áusräumen vt 1 atitùštinti, ištùštinti 2 pašálinti (pvz., sunkumus)
áusrechnen vt apskaičiúoti, suskaičiúoti
Áusrede f -, -n atsikalbinéjimas, išsisukinéjimas
áusreden I vt (j-m) atkalbéti (ką nuo ko) II sich ~ atsikalbéti, išsisukinéti
áusreichen vi užtèkti, pakàkti
áusreichend pakañkamas
áusreifen vi (s) prinókti, išnókti
Áusreise f -, -n išvažiãvimas, išvykìmas
áusreisen vi (s) išvažiúoti, išvýkti (į užsíenį)

áusreißen* I vt ištráukti, išráuti, išplėšti II vi (s) pasprùkti, pabégti
Áusreißer m -s, - bėglỹs, pabėgėlis
áusrenken vt iš(si)narìnti
áusrichten I vt 1 išlýginti 2 (auf A, nach D) orientúoti, (nu)kreīpti (į ką) 3 įvýkdyti (pavedimą); pérduoti (sveikinimą) 4 sureñgti, surúošti II sich ~ (nach D) lygiúotis (į ką)
áusschließlich I a išimtìnis, išskirtìnis II adv išimtinaĩ, tìk(taĩ)
Áusschluss m -es, ⸚e pašālinimas; únter [mit] ~ der Öffentlichkeit ùž uždarų dùrų
áusschmücken vt papuõšti
áusschnaufen vi / sich ~ atsikvépti, atsidùsti
áusschneiden* vt išpjáuti, iškiřpti
Áusschnitt m -(e)s, -e 1 iškarpa; ìstrauka, epizòdas 2 iškiřptė, dekoltė̃
áusschnüffeln vt išuostinéti
áusschöpfen vt išsémti
áusschreiben* vt 1 išrašýti, nurašýti 2 paskélbti (pvz., konkursą)
Áusschuss m -es, ⸚e 1 komitètas; komìsija 2 niēkalas, brõkas
áusschütteln vt iškrésti, iškratýti, išpùrtyti
áusschütten vt išlíeti (skystį); išpìlti (pvz., javus)
áusschweifend 1 pérdėtas, péržengiantis visàs ribàs 2 ištviřkęs, pasiléidęs
áussehen* vi 1 atródyti 2 (nach D) žvalgýtis, dairýtis (ko)
Áussehen n -s ìšvaizda, ìšorė
áußen ìšorėje, ìš laũko; nach ~ (hin) laukañ, į̃ laũko pùsę; von ~ (her) ìš laũko, iš laũko pùsės
Áußenantenne f -, -n laũko antenà
áussenden vt pérduoti, transliúoti
Áußen‖dienst m -(e)s, -e (diplomatinė) tarnýba užsíenyje; ~handel m -s užsíenio prekýba; ~minister m -s, - užsíenio reikalų minìstras; ~ministerium n -s, -ri:en užsíenio reikalų ministèrija; ~politik f-, -en užsíenio polìtika
áußer I prp 1 (D) ìšorėje, ùž, bè; ~ der Réihe bedíent wérden būti aptarnáujamam

bè eilẽs 2 išskýrus, bè; ~ *ihm war níemand zu Háuse* bè jõ, niẽko daugiaũ nebùvo namuosè **II** *cj:* ~ *dass* … ~ *wenn*…

išskýrus … jéi t̀k nè …

äußer išorìnis

áußerdem be tõ

Äußere *sub* n ìšvaizda, ìšorė; *dem* ~*n nach zu úrteilen* spréndžiant ìš ìšorės

áußerhalb *prp* (*G*) anàpus, ùž

äußerlich **I** *a* išviršìnis, išorìnis; paviršutìniškas **II** *adv* ìš ìšorės

äußern **I** *vt* (iš)réikšti; paréikšti **II** *sich* ~ 1 pasiréikšti 2 (*über A*) pasisakýti, atsiliẽpti (*apie ką*)

áußerordentlich nepàprastas

äußerst I *a* kraštutìnis; *im* ~*en Fall* blogiáusiu ãtveju **II** *adv* labaĩ, be gãlo

Äußerung *f* -, -en pasisãkymas, atsiliepìmas

áussetzen *vt* 1 išlaipìnti 2 pamèsti, palìkti likìmo vãliai 3 paskìrti (*pvz.*, *premiją*, *pensiją*) 4: *der Gefáhr* ~ (pa)statýti ĩ pavõjų; *er hat ímmer étwas an mir áuszusetzen* jìs tùri mán visuomèt ką̃ prikìšti

Áussicht *f* -, -en 1 vaĩzdas, reginỹs 2 viltìs, perspektyvà

áussichts‖**los** bevìltiškas, bè perspektỹvos; ~**reich** perspektyvùs, teĩkiantis vilčiũ

áussöhnen **I** *vt* sutáikinti **II** *sich* ~ (*mit D*) susitáikyti (*su kuo*)

áussondern *vt* atriñkti, (iš)rūšiúoti

áusspannen **I** *vt* 1 iškinkýti 2 ištem̃pti (*pvz.*, *tinklą*) **II** *vi* ilsétis, pailséti

áusspionieren *vt* iššnipinéti

áusspotten *vt* išjuõkti

Áussprache *f* -, -n 1 tartìs, tarìmas 2 pókalbis

áussprechen* **I** *vt* 1 (iš)tar̃ti 2 (iš)réikšti; *j-m séinen Dank* ~ (pa)réikšti kám pãdėką **II** *sich* ~ pasisakýti

Áusspruch *m* -(e)s, ᵂe pasãkymas, pósakis, senteñcija

áusspülen *vt* išpláuti, išskaláuti

Áusstand *m* -(e)s, ᵂe streĩkas; *in* (*den*) *Áusstand tréten* paskélbti streĩką

áusstatten *vt* 1 (*mit D*) aprūpinti (*kuo*) 2 apstatýti (*butą*); apipavìdalinti (*pvz.*, *knygą*, *spektaklį*)

áusstechen* *vt* išdùrti, išbadýti

áusstehen* **I** *vi* nebū́ti, bū́ti láukiamam; *séine Ántwort steht ímmer noch aus* jõ atsãkymo vis dár nėrà **II** *vt* (iš)kę̃sti, ištvérti

áussteigen* *vi* (*s*) išlìpti

áusstellen *vt* 1 išstatýti, eksponúoti; dalyváuti parodojè 2 išdúoti, išrašýti

Áussteller *m* -s, - eksponeñtas, parodõs dalỹvis

Áusstellung *f* -, -en parodà

áussterben* *vi* (*s*) išmir̃ti; išnỹkti

Áusstieg *m* -(e)s, -e išlipìmas; išlipìmo vietà

áusstoßen* *vt* 1 išstùmti, išmèsti 2 pašãlinti, išmèsti

áusstrahlen *vt* 1 (iš)spinduliúoti, skleĩsti 2 transliúoti, pérduoti

áusstrecken **I** *vt* (iš)tiẽsti **II** *sich* ~ išsitiẽsti, atsigul̃ti (*pogulio*)

áusstreichen* *vt* išbraũkti

áusströmen **I** *vt* skleĩsti, léisti **II** *vi* (*s*) (iš)tekéti, (iš)bégti

áussuchen *vt* 1 išriñkti, pariñkti 2 apieškóti, išieškóti

Áustausch *m* -es mainaĩ, keitìmas; pasikeitìmas

áustauschen **I** *vt* 1 (pa)keĩsti 2 keĩstis, pasikeĩsti **II** *sich* ~ (*über A*) pasikeĩsti núomonėmis (*apie ką*)

áustilgen *vt* (iš)naikìnti, ištrìnti

áustoben *vi* / *sich* ~ išsisiaũsti, išsišė́lti; aprìmti

Áustrag *m* -(e)s, ᵂe 1 išsprendìmas; 2 surengìmas (*pvz.*, *rungtynių*)

áustragen* *vt* 1 išnešióti (*pvz.*, *laiškus*) 2 (iš)sprę́sti (*pvz.*, *konfliktą*, *nesutarimus*) 3 surengti (*pvz.*, *varžybas*)

Austráli‖**en** *n* -s Austrãlija

Austráli‖**er** *m* -s, - austrãlas

austrálisch Austrãlijos; austrãlų; austrãliškas

áustreiben* *vt* išvarýti, išgiñti

áustreten* **I** *vi* (*s*) **1** ištvìnti, išeĩti ìš krantų̃; (iš)trýkšti **2** išstóti (*iš organizacijos*) **II** *vt* numìnti, numìndžioti; pramìnti
áustrinken* *vt* išgérti
Áustritt *m* -(e)s, -e **1** išėjìmas **2** išstojìmas (*iš organizacijos*)
áustrocknen **I** *vt* išdžiovìnti **II** *vi* (*s*) išdžiū́ti, išsèkti
áusüben *vt* (į)výkdyti, atlìkti (*ką*); užsiimin‌éti, ver̃stis (*kuo*); ***éinen Éinfluss auf j-n*** ~ (pa)darýti kám į́taką
áusverkaufen *vt* išpardúoti, išpardavinéti
Áuswahl *f* - **1** parinkìmas; pasirinkìmas; ***nach*** ~ pasirinktinaĩ **2** rinktìnė
áuswählen *vt* pariñkti, išriñkti
Áuswanderer *m* -s, - išeĩvis, emigrántas
áuswandern *vi* (*s*) iškeliáuti, emigrúoti
áuswärtig **1** neviẽtinis **2** užsienìnis, ùžsienio
áuswärts nè namiẽ, kitur̃, svetur̃
áuswaschen* *vt* išskal̃bti, išpláuti
áuswechseln *vt* (pa)keĩsti
Áusweg *m* -(e)s, -e išeitìs
áusweichen* *vi* (*s*) **1** tráuktis, užléisti kẽlią **2** (*D*) véngti, išsileñkti (*ko*)
áusweichend išsisukinéjamas, netiesùs
Áusweis *m* -es, -e asmeñs liùdijimas, pažyméjimas
áusweisen* **I** *vt* **1** ištrem̃ti, išsių̃sti **2** (*dokumentaliai*) įródyti **II** **sich** ~ patvìrtinti dokumeñtais sàvo asmenýbę
áusweiten **I** *vt* praplãtinti, praplė̃sti; (pa)dìdinti **II** **sich** ~ (pra)platéti, plė̃stis
áuswendig atmintinaĩ, ìš atmintiẽs
áuswerten *vt* įvértinti; panaudóti
áuswirken **I** *vt* išrū́pinti, išgáuti **II** **sich** ~ atsiliẽpti, turéti į́takos
Áuswirkung *f* -, -en póveikis, į́taka; padarinỹs
áuswischen *vt* iššlúostyti, nubraũkti
Áuswuchs *m* -es, ⸚e **1** ataugà, auglỹs **2** blogýbė, išsigimìmas
Áuswurf *m* -(e)s, ⸚e **1** išmetìmas, išsiveržìmas **2** ãtmatos, pãdugnės
áuswurzeln *vt* (iš)ráuti sù šaknimìs
áuszahlen **I** *vt* išmokéti **II** **sich** ~ apsimokéti
áuszählen *vt* (su)skaičiúoti, apskaičiúoti
áuszeichnen **I** *vt* apdovanóti **II** **sich** ~ (*mit D*) pasižyméti, išsiskìrti (*kuo*)
Áuszeichnung *f* -, -en apdovanójimas
áusziehen* **I** *vt* **1** ištráukti **2** nu(si)vil̃kti; nu(si)máuti; nusiaũti **II** *vi* (*s*) išsikélti, išsikráustyti **III** **sich** ~ nusireñgti, išsireñgti
Áuszug *m* -(e)s, ⸚e **1** išsikėlìmas, išsikráustymas **2** ìštrauka, citatà
Áuto *n* -s, -s automobìlis
Áutobahn *f* -, -en autostradà, greĩtkelis
Autobiographíe *f* -, -phí:en autobiogrãfija
Áutofahrer *m* -s, - automobìlio vairúotojas
Autográmm *n* -s, -e autogrãfas
Automát *m* -en, -en automãtas
Áutor *m* -s, -tóren áutorius
Áutoreparatur *f* -, -en automobìlių remòntas
Autorität *f* -, -en autoritètas, prestìžas
Áuto||unfall *m* -(e)s, ⸚e automobìlio avãrija; ~**verkehr** *m* -s automobìlių eĩsmas
Axt *f* -, ⸚e kir̃vis
Azót *n* -s, **Azóte** [a'zo:t] *m*, *n* - azòtas
azúrblau, azúrfarben žýdras

B

Baby ['be:bi] *n* -s, -s kū̃dikis
Bach *m* -(e)s, ⸚e upẽlis, upókšnis
Bácke *f* -, -n skrúostas; žándas
bácken* *vt*, *vi* kèpti
Bácken||bart *m* -(e)s, ⸚e žándenos, bakenbárdai; ~**zahn** *m* -(e)s, ⸚e krū̃minis dantìs
Bäcker *m* -s, - kepéjas
Bäckeréi *f* -, -en kepyklà
Báck||fisch *m* -es, -e **1** keptà žuvìs **2** paauglė̃; ~**ofen** *m* -s, ⸚ **1** dúonkepė krósnis **2** órkaitė; ~**röhre** *f* -, -n órkaitė; ~**ware** *f* -, -n kepinỹs
Bad *n* -(e)s, ⸚er **1** máudymasis; vonià; ***ein*** ~ ***néhmen*** máudytis voniojè **2** vonià, voniõs kambarỹs **3** kuròrtas
Báde||anstalt *f* -, -en pirtìs; ~**gast** *m* -es, ⸚e kuròrtininkas

báden I *vt* máudyti II *vi* / sich ~ máudytis
Báde||ort *m* -e(s), -e kuròrtas; ~wanne *f* -,
  -n vonià (*indas*); ~zimmer *n* -s, - voniõs
  kambarỹs
Bagatélle *f* -, -n meñkniekis, smùlkmena
bagatellisíeren *vt* (su)meñkinti
Bágger *m* -s, - ekskavãtorius, žémkasė
Bahn *f* -, -en 1 kẽlias, trasà 2 geležìnke-
  lis; traukinỹs 3 (*gyvenimo*) kẽlias; *auf die*
  schíefe [ábschüssige] ~ *geráten* išklýsti ìš
  (*teisingo*) kẽlio 4 orbità; trajektòrija
Báhnarbeiter *m* -s, - geležìnkelio darbiniñ-
  kas
Báhnbrecher *m* -s, - pioniẽrius, novãtorius
báhnen *vt* (pra)skìnti (kẽlią)
Báhn||gleis *n* -es, -e geležìnkelio bėgiai;
  ~hof *m* -(e)s, ˵e geležìnkelio stotìs;
  ~steig *m* -(e)s, -e perònas
Báhre *f* -, -n neštùvai
bald I *adv* greĩt(ai), netrùkus; ~ *daráuf [da-*
  nách] netrùkus põ tõ; *möglichst* ~ kaĩp
  gãlima greičiaũ II *cj*: bald ... bald taĩ ...
  taĩ, čià ... čià
báldig skubùs, greĩtas
Balg *m* -(e)s, ˵e káilis, ìšnara; ìškamša
  2 dùmplės
Bálken *m* -s, - sijà, rą̃stas
Balkón *m* -s, -s / -e balkònas
Ball[1] *m* -(e)s, ˵e sviedinỹs, kamuolỹs; (*mit*
  dem) ~ *spíelen* žaĩsti sù kãmuoliu
Ball[2] *m* -(e)s, ˵e bãlius, pókylis
Ballád e *f* -, -n balãdė
Ballást *m* -(e)s, -e balãstas
bállen I *vt* (su)gniáužti II sich ~ tveñktis,
  susiteĩkti
Ballétt *n* -(e)s, -e balètas
Ballétttänzer *m* -s, - balèto šokėjas; ~in *f*
  -, -nen balerinà
Bállkleid *n* -(e)s, -er bãlinė suknėlė
Ballón *m* -s, -s / -e baliònas
Bálsam *m* -s, -sáme balzãmas
báltisch 1 Pãbaltijo 2 báltų, báltiškas
Banáne *f* -, -n banãnas
Banáuse *m* -n, -n neišmãnėlis, profãnas

Band[1] *n* -(e)s, ˵er 1 júosta, kãspinas; *auf* ~
  áufnehmen įrašýti į̃ magnetofòno júostą
  2 tvárstis, bìntas
Band[2] *n* -(e)s, -e ryšiaĩ, saĩtai; grandìnės,
  pánčiai
Band[3] *m* -(e)s, ˵e tòmas
Bánde *f* -, -n bandà, gaujà
bändigen *vt* (nu)ramìnti; (su)trámdyti
báng(e) baugùs, baikštùs; *ihm ist (es) angst*
  und bánge jìs bìjo, jám baisù
bángen *vi* 1 (*um A*) báimintis, nerimáuti (*dėl*
  ko) 2 (*vor D*) bijóti (*ko*)
Bank[1] *f* -, ˵e 1 súolas 2 seklumà
Bank[2] *f* -, -en bánkas
Bankétt *n* -(e)s, -e bankètas
Bánknote *f* -, -n banknòtas
bankrótt subankrutãvęs
Bankrótt *m* -(e)s, -e bankròtas; ~ *géhen*
  [*sein*] (su)bankrutúoti
Bann *m* -(e)s, -e 1 žavesỹs, patrauklùmas
  2 ištrėmìmas; atskyrìmas nuõ bažnýčios
bánnen *vt* 1 išvarýti, pašãlinti 2 pakerėti, už-
  bùrti; prikáustyti 3 (iš)treñti; paskélbti ùž
  įstãtymo ribų̃
Bánner *n* -s, - vėliava
bar 1 plìkas, núogas 2: ~es *Geld* gryníeji
  (pinigaĩ)
Bar *f* -, -s bãras
Bär *m* -en, -en lokỹs, meškà
Barácke *f* -, -n barãkas
barbárisch bárbariškas, laukìnis, žiaurùs
Barbíer *m* -s, -e barzdaskutỹs, kirpėjas
Bárdame *f* -, -n bufètininkė, bármenė
Bärenhunger *m* -s žvériškas apetìtas
Barétt *n* -(e)s, -e berètė
bár||fuß *adv* basõm(ìs); ~füßig *a* bãsas
Bárgeld *n* -(e)s gryníeji (pinigaĩ)
bárhäuptig vienplaũkis
bármherzig gailestìngas
Barriere [-ri'e:rə] *f* -, -n barjèras, kliūtìs
Barrikáde *f* -, -n barikadà
barsch šiurkštùs, atžarùs
Barsch *m* -es, -e ešerỹs
Bárschaft *f* - gryníeji (pinigaĩ)

Bart *m* -(e)s, ⸗e barzdà; ūsai
basíeren *vi* (*auf D*) reṁtis (*kuo*)
Básis *f* -, -sen bãzė, pãgrindas
Báskenmütze *f* -, -n berėtė
Básketball *m* -(e)s krepšìnis
Bass *m* -es, ⸗e bõsas (*dainininkas*)
básteln *vt*, *vi* meistráuti, dirbinéti
Bast *m* -es, -e lùnkas, karnà
Bástkorb *m* -(e)s, ⸗e pintìnė, krẽžis
Bataillon [-tal'joːn] *n* -s, -e bataliònas
Bau *m* 1 -(e)s statýba; gamýba (*pvz.*, lai-
vǫ, lėktuvǫ) 2 -(e)s, -ten statýba (*vieta*) 3
-(e)s, -ten trobesỹs, pãstatas 4 -(e)s struk-
tūrà, sándara
Bauch *m* -(e)s, ⸗e piĺvas
báuchig, bäuchig pilvótas
bäuchlings añt piĺvo
Báuchschmerz *m* -es, -en piĺvo [viduriǫ]
skaũsmas
Báudenkmal *n* -(e)s, ⸗er architektū̃ros pa-
miñklas
báuen I *vt* 1 statýti; tiẽsti (*pvz.*, *gatves*); ga-
mìnti (*pvz.*, *laivus*, *lėktuvus*) 2 augìnti, séti
(*pvz.*, *javus*) II *vi* (*auf A*) pasitikéti (*kuo*)
Báuer[1] *m* -n / -s, -n 1 ū̃kininkas; valstiẽtis
2 -n, -n *šachm.* péstininkas
Báuer[2] *n*, *m* -s, - narvẽlis (*paukščiams*)
Bäuerin *f* -, -nen ū̃kininkė; valstiẽtė
Báuern‖**hof** *m* -(e)s, ⸗e ū̃kininko kiẽmas [so-
dýba]; ∼**stube** *f* -, -n ū̃kininko trobà [pir-
kià]
báufällig sẽnas, griáutinas (*apie namą*)
Báu‖**gerüst** *n* -es, -e pastõliai; ∼**leiter** *m*
-s, - statýbos darbǫ výkdytojas; ∼**leute** *pl*
statýbos darbiniñkai, statýbininkai
Baum *m* -(e)s, ⸗e mẽdis
Báu‖**material** *n* -s, -liˌen statýbinė mẽdžia-
ga; ∼**meister** *m* -s, - architèktas; statýbi-
ninkas
báumeln *vi* maskatúoti, tabalúoti
bäumen *vi* / **sich** ∼ piestù stóti; spȳriuotis,
príešintis
Báum‖**kuchen** *m* -s, - *kul.* šakõtis; ∼**mar-
der** *m* -s, - kiáunė; ∼**wolle** *f* - mẽdvilnė
Báuplatz *m* -es, ⸗e statýbos aikštẽlė
Báuwerk *n* -(e)s, -e statinỹs, pãstatas

Báyer *m* -n, -n bavãras
báyerisch Bavãrijos; bavãrǫ; bavãriškas
beábsichtigen *vt* ketìnti, žadéti (*ką daryti*)
beáchten *vt* kreĩpti dẽmesį, reagúoti (*į ką*),
pastebéti (*ką*)
beáchtenswert ver̃tas dẽmesio, svarbùs
beáchtlich didókas, žymùs
Beámte *sub m* tarnáutojas; valdiniñkas
beängstigen *vt* baugìnti (*ką*), kélti nẽrimą
(*kam*)
beánspruchen *vt* reikaláuti (*ko*), pretendúoti
(*į ką*); **ich bin zur Zeit stark beánsprucht**
šiuõ metù àš esù labaĩ užsiẽmęs
beánstanden *vt* réikšti nepasiténkinimą
(*kuo*), peĩkti (*ką*)
beántragen *vt* (pa)siū̃lyti (*ką*); prašýti (*ko*);
reikaláuti (*ko*)
beántworten *vt* atsakýti (*į ką*)
beárbeiten *vt* 1 įdìrbti, apdìrbti (*pvz.*, že-
mę, medį) 2 (iš)tìrti, (iš)nagrinéti; pérdirbti
(*pvz.*, rankraštį, knygą)
beáufsichtigen *vt* prižiūréti, sáugoti
beáuftragen *vt* pavèsti (*kam*), įgalióti (*ką*)
beäugen *vt* (tiriamai) žiūréti (*į ką*); apžiūréti
(*ką*)
bebáuen *vt* 1 užstatýti (*pvz.*, teritoriją)
2 (ap)dìrbti, įdìrbti (*žemę*)
bében *vi* drebéti, virpéti
Bében *n* -s žẽmės drebéjimas
bebíldern *vt* iliustrúoti; **reich bebíldert** gaũ-
siai iliustrúotas
Bécher *m* -s, - taurė̃
Bécken *n* -s, - 1 (*didelis*) dubuõ 2 baseĩnas
bedácht I *a*: **auf etw.** (*A*) ∼ **sein** síekti kõ
II *adv* apgalvótai, apdairiaĩ
bedächtig apgalvótas, apdairùs
bedánken, sich (*bei j-m für A*) (pa)dėkóti
(*kam už ką*)
Bedárf *m* -(e)s (*an D*) póreikis, reikmė̃ (*ko*);
nach ∼ reĩkalui ẽsant
Bedárfs‖**artikel** *m* -s, - būtinàsis dáiktas;
∼**güter** *pl* plataũs vartójimo reĩkmenys
bedáuerlich apgailétinas
bedáuern *vt* gailétis (*ko*)
Bedáuern *n* -s 1 apgailestãvimas 2 gaĩlestis,
užúojauta

bedáuerns‖wert, ~würdig apgailétinas, liūdnas

bedénken* I vt 1 apmąstýti, apgalvóti (mit D) apdovanóti (ką kuo) II sich ~ ap(si)galvóti; sich éines ánderen ~ apsigalvóti, pérsigalvoti

Bedénken n -s, - 1 apmąstymas, apgalvójimas 2 abejójimas, svyrãvimas

bedénklich 1 abejótinas, pavojìngas 2 susimąstęs, susirūpinęs

bedéuten vt réikšti, turéti réikšmę

bedéutend I a 1 žymùs, garsùs 2 dìdelis, svarbùs II adv smaŕkiai, gerókai

bedéutsam svarbùs, reikšmìngas

Bedéutung f -, -en reikšmě, prasmě; von grόβer ~ sein turéti dìdelę réikšmę

bedéutungs‖los bereĩkšmis, nesvarbùs; ~voll reikšmìngas, svarbùs

bedíenen I vt patarnáuti (kam); aptarnáuti (ką) II sich ~ 1 vaišìntis, pasivaišìnti 2 (G) naudótis, pasinaudóti (kuo)

Bedíenung f -, -en 1 sg patarnãvimas; aptarnãvimas 2 aptarnáujantis personãlas; pardavéjai

bedíngen* vt sąlygoti (ką); priklausýti (nuo ko)

bedìngt sąlygìnis, lygtìnis

Bedíngung f -, -en sąlyga; j-m éine ~ stéllen kélti kám sąlygą; mit [únter] der ~ sù sąlyga

bedíngungslos besąlygìnis

bedrängen vt spáusti, éngti (ką); nedúoti ramýbės (kam)

Bedrängnis f -, -se 1 sunkì padėtìs, vaŕgas 2 liūdesỹs, prislėgtùmas

bedróhen vt grasìnti, grėsti (kam)

bedróhlich grėsmìngas, pavojìngas

Bedróhung f -, -en grasìnimas; grėsmě

bedrücken vt 1 éngti, spáusti 2 (nu)liūdinti

bedürfen* vi (G) reikéti (ko)

Bedürfnis n -ses, -se reikmě, póreikis

bedürftig neturtìngas, betuŕtis

Beefsteak ['bi:fste:k] n -s, -s bifštèksas, žlėgtaĩnis

beéilen, sich (pa)skubéti, pasiskùbinti

beéindrucken vt (pa)darýti (didelį) įspūdį (kam)

beéinflussen vt (pa)darýti įtaką (kam), (pa)veĩkti (ką)

beéinträchtigen vt (pa)keñkti, (pa)darýti žãlą (kam)

beénden vt (pa)baĩgti, užbaĩgti

beéngen vt (su)varžýti, (ap)ribóti

beérdigen vt (pa)láidoti

Béere f -, -n úoga

Béerensaft m -(e)s úogų sùltys

Beet n -(e)s, -e lýsvė, ežià

befähigt gabùs, talentìngas

befáhren* vt važiúoti (kur); er hat víele Länder ~ jìs apkeliãvo daũg kraštų

befállen* vt apiñti, apnìkti

befángen sumìšęs; drovùs

befássen, sich (mit D) užsiiminéti, užsiiñti (kuo)

Beféhl m -(e)s, -e įsãkymas, paliepìmas; auf j-s ~ kienõ įsãkymu, kám paliẽpus

beféhlen* vt įsakýti, (pa)liẽpti (kam); was ~ Sie? ką įsakýsite? kõ pageidáujate?

Beféhlston m -(e)s, ᵘe įsakmùs [gríežtas] tònas

beféstigen vt 1 pritvìrtinti 2 (su)tvìrtinti, (su)stìprinti

beféuchten vt (su)drėkìnti, (pa)vìlgyti

befínden* I vt laikýti II sich ~ 1 būti 2 jaũstis

Befínden n -s 1 núožiūra, núomonė 2 savìjauta

beflécken vt sutèpti, suteŕšti

befléiβigen, sich (G) sténgtis, pasisténgti (ką darýti), síekti (ko)

beflíssen uolùs, rūpestìngas

beflügeln vt (zu D) įkvėpti, uždègti (ką kam)

befólgen vt laikýtis (ko); výkdyti (ką)

befördern vt 1 gabénti, pérvežti 2 pakélti, paáukštinti

befrágen vt apkláusti (ką), pasiteiráuti (ko)

befréien I vt išláisvinti, išvadúoti II sich ~ išsivadúoti, išsiláisvinti

Befréier m -s, - išvadúotojas

befrémden vt (nemaloniai) (pa)veĩkti, (nu)stēbinti

befréunden, sich (*mit D*) susidraugáuti, susibičiuliáuti (*su kuo*)

befréundet draũgiškas, bičiùliškas

befríedigen I *vt* paténkinti **II sich** ~ (*mit D*) ténkintis, pasiténkinti (*kuo*)

befríedigend paténkinamas

Befríedigung *f* - paténkinimas; pasiténkinimas

befrúchten *vt* apvaisìnti; padarýti vaisìngą

Befúgnis *f* -, -se téisė, įgaliójimas

befühlen *vt* lytéti, (ap)čiupinéti

Befúnd *m* -(e)s, -e (*tyrinėjimo*) dúomenys; (*specialisto*) ìšvada

befürchten *vt* bijóti, nuogąstáuti (*kad kas neįvyktų*)

Befürchtung *f* -, -en būgštavimas, nuogąstãvimas

befürworten *vt* pritar̃ti (*kam*)

begábt gabùs, talentìngas

Begábung *f* -, -en gabùmas, talentingùmas; tãlentas

begében*, sich 1 (iš)keliáuti, (iš)vỹkti **2** atsitìkti, įvỹkti

Begébenheit *f* -, -en įvykis, atsitikìmas

begégnen *vi* (*s*) (*j-m*) sutìkti (*ką*)

Begégnung *f* -, -en susitikìmas

begéhen* *vt* **1** váikščioti, apváikščioti (*ieškant, tikrinant*) **2** švȩ̃sti, minéti **3** padarýti, įvýkdyti

begéhren *vt* noréti, trókšti (*ko*)

Begéhren *n* -s nóras, troškìmas

begéhrenswert nórimas, trókštamas

begéistern I *vt* įkvȩ̃pti, sužavéti **II sich** ~ (*für A*) žavétis, susižavéti (*kuo*)

Begéisterung *f* -, -en įkvėpìmas, susižavéjimas; entuziãzmas

Begíerde *f* -, -n troškìmas, nóras

begíerig I *a* (*nach D, auf A*) geĩdžiantis, trókštantis (*ko*) **II** *adv* smaĩlsiai; gõdžiai

begíeßen* *vt* (pa)láistyti, (pa)líeti; apipìlti

Begínn *m* -(e)s pradžià; *am* [*zu*] ~ *des Jáhres* mė́tų pradžiojè; *von* ~ *an* nuo pàt pradžiõs

begínnen* I *vt* pradéti (*ką, ką daryti*), im̃tis (*ko*); *mit éiner Árbeit* ~ pradéti kokį nórs dárbą **II** *vi* prasidéti

begláubigen *vt* patvìrtinti, paliùdyti

begléichen* *vt* sutvarkýti, sureguliúoti; *die Schuld* ~ apmokéti skõlą

begléiten *vt* **1** (pa)lydéti **2** akompanúoti, pritar̃ti (*kam*)

Begléiter *m* -s, - **1** palydõvas **2** akompaniãtorius

Begléitung *f* -, -en **1** (pa)lydéjimas **2** svità, palydà **3** akompanimeñtas

beglücken *vt* (pa)darýti laimìngą, (nu)džiùginti

beglückt laimìngas, palaimìngas

beglückwünschen *vt* (*zu D*) (pa)svéikinti (*ką kokia proga*)

begnádigen *vt* dovanóti baũsmȩ (*kam*), amnestúoti (*ką*)

begnügen, sich (*mit D*) pasiténkinti, apsiribóti (*kuo*)

begráben* *vt* (pa)láidoti

Begräbnis *n* -ses, -se láidojimas; láidotuvės

begréifen* *vt* supràsti, suvókti

begréiflich suprañtamas

begrénzen *vt* (ap)ribóti

begrénzt ribótas, siaũras

Begríff *m* -(e)s, -e **1** sąvoka **2** supratìmas, núomonė; *für méine* ~*e ist es únmöglich* màno supratimù taĩ neįmãnoma **3**: *im* ~ *sein* (*etw. zu tun*) ruõštis, ketìnti (*ką daryti*)

begründen *vt* **1** įkùrti, (į)steĩgti **2** (*auf A*) (pa)grį̃sti (*kuo*)

Begründer *m* -s, - įkūréjas, (į)steigéjas

begrüßen I *vt* (pa)svéikinti **II sich** ~ svéikintis, pasisvéikinti

begrüßenswert svéikintinas

begünstigen *vt* (pa)skátinti; protegúoti

begütigen *vt* (nu)ramìnti (*ką*), suminkštinti šìrdį (*kam*)

beháart plaukúotas, apáugȩs plaukaĩs

Behágen *n* -s malonùs jaũsmas, pasiténkinimas

beháglich jaukùs, patogùs, malonùs

behálten* *vt* pasilìkti, išlaikýti, išsáugoti; *Recht* ~ lìkti teisiám

behänd(e) vikrùs, greĩtas, mitrùs

behándeln vt 1 eĩgtis, pasieĩgti (su kuo); j-n als Feind ~ laikýti ką sàvo príešu 2 gýdyti 3 (ap)svarstýti, nagrinéti

Behándlung f -, -en 1 elgìmasis, eĩgsena 2 gýdymas 3 (ap)svar̃stymas, nagrinéjimas

behängen vt nukabinéti, apkabinéti

behárren vi (auf D, bei D) laikýtis, neatsisakýti (ko)

behárrlich atkaklùs, užsispýręs

beháupten vt teĩgti, tvìrtinti

Beháuptung f -, -en 1 teigìmas, tvìrtinimas 2 gynìmas, išlaĩkymas

behében* vt pašálinti; nugaléti

behélfen*, sich (mit D) iššiver̃sti, apsieĩti (su kuo)

behérbergen vt priglaũsti (ką), dúoti pastógę (kam)

behérrschen I vt valdýti; suvaldýti; (su)tvárdyti; er behérrscht Französisch jìs móka prancūziškai II sich ~ valdýtis, tvárdytis

behérzt drąsùs, ryžtìngas

behílflich: j-m bei der Árbeit ~ sein padéti kám darbè

behíndern vt (bei D) (su)kliudýti, (su)trukdýti (kam ką)

Behörde f -, -n valdžiõs òrganas; valdžià, vyresnýbė

behüten vt (vor D) (ap)sáugoti (ką nuo ko)

behútsam atsargùs, apdairùs, rūpestìngas

bei prp (D) 1 priẽ; pàs, tiẽs; die Schlacht ~ Móskau mūšis priẽ Maskvõs; ~ den Éltern wóhnen gyvénti pàs tėvùs 2: ~ Ábgang des Zúges išvýkstant tráukiniui; ~ Tisch válgant; es bleibt álles beim álten vìskas pasiliẽka po senóvei; ~ wéitem nicht tolì gražù nè

béibehalten* vt išsáugoti, išlaikýti

béibringen* vt 1 (j-m) (iš)mókyti (ką ko) 2 pateĩkti (pvz., pavyzdį) 3 padarýti; sudúoti (pvz., smūgį)

béide abù, abì, abùdu, abìdvi

béiderseitig abipùsis, abipùsiškas

beieinánder víenas šalià kìto, draugè

Béifall m -(e)s plojìmai, aplodismeñtai; j-m ~ klátschen plóti kám (katučių)

béifügen vt (D) pridéti (ką prie ko)

beige [bɛ:ʃ] smėlio spalvõs, smėlinis

béigeben* vt (D) pridéti (ką prie ko)

Béigeschmack m -(e)s príeskonis (antrinis skonis)

béigesellen, sich (D) prisidéti, prisijùngti (prie ko)

Béihilfe f -, -n pašalpà, subsìdija

Beil n -(e)s, -e kir̃vis

Béilage f -, -n 1 priẽdas (pvz., laikraščio, žurnalo) 2 garnýras

béiläufig I a atsitiktìnis II adv tarp kìtko, prabėgõm(ìs)

béilegen vt 1 (D) pridéti (ką prie ko) 2 sutvarkýti, sureguliúoti

beiléibe: ~ nicht! jókiu būdù! niekù gývu!

Béileid n -(e)s užúojauta

béiliegen* vi (D) būti pridėtám (prie ko)

béiliegend a prìdedamas, pridétas

beim = bei dem

béimischen vt (D) įmaišýti (ko į ką)

Bein n -(e)s, -e kója; j-n auf die ~e bríngen pastatýti ką añt kójų (ką išgydyti; padéti kam prasigyventi); auf die ~e kómmen añt kójų atsistóti; pasveĩkti

Béinbruch m -(e)s, ʺe kójos lūžìmas; Hals- und Beinbruch! gẽro vėjo! sėkmės!

Béiname m -ns, -n pravardė

béiordnen vt (D) priskìrti, prikomandirúoti (kam ką)

béipflichten vi (D) pritar̃ti (kam)

Béirat m -(e)s, ʺe tarýba

beisámmen draugè, kartù

Beisámmensein n -s subuvìmas, póbūvis

Béisein n -s buvìmas; im ~ (G) dalyváujant (kam)

beiséite į šãlį; nuošalyjè, nuošaliaĩ

béisetzen vt (pa)láidoti

Béisetzung f -, -en láidotuvès

Béispiel n -(e)s, -e pavyzdỹs; ein ~ ánführen pateĩkti pãvyzdį; zum ~ pãvyzdžiui

béispielhaft pavyzdìngas

béispiellos netùrintis pãvyzdžio, negirdétas

béispielsweise pãvyzdžiui

béispringen* vi (s) (D) paskubéti į pagálbą, padéti (kam)

béißen* I vt kásti, kándžioti **II** vi gráužti, ésti; kìbti (*apie žuvis*) **III sich** ~ kándžiotis
béißend gailùs; kandùs
Béistand m -(e)s, ͏e pagálba, paramà; **j-m** ~ **léisten** (su)teĩkti kám pagálbą
béistehen* vi (*D*) padéti, pagélbėti (*kam*)
béisteuern vt (*zu D*) prisidéti (*kuo prie ko*)
béistimmen vi (*D*) pritar̃ti (*kam*)
Béitrag m -(e)s, ͏e **1** (*nario*) mókestis **2** įnašas, iñdėlis; **éinen** ~ **zu etw.** (*D*) **léisten** prisidéti priē kõ **3** stráipsnis
béitragen* vi, vt (*zu D*) prisidéti (*prie ko*)
béitreten* vi (*D*) (į)stóti (į organizãciją)
Béitritt m -(e)s įstojìmas
Béiwagen m -s, - (*motociklo*) príekaba
béiwohnen vi (*D*) dalyváuti (*kur*)
beizéiten laikù, iš añksto
béizend gailùs, aštrùs, aitrùs
bejáhen vt teĩgiamai atsakýti (į ką), patvìrtinti (ką)
bejáhrt pagyvēnęs, senývas
bekämpfen vt kovóti (*su kuo*); nugaléti (ką)
bekánnt pažįstamas, žìnomas; garsùs, (į)žymùs; **mit j-m, etw.** (*D*) ~ **wérden** susipažìnti sù kuõ; **j-n mit j-m, etw.** (*D*) ~ **máchen** ką supažindinti sù kuõ; **etw.** ~ **máchen**, ~ **gében** (pa)skélbti, pranèšti ką
Bekánnte sub m, f pažįstamas, -a
bekánntlich kaĩp (yrà) žìnoma
Bekánntmachung f -, -en skelbìmas
Bekánntschaft f -, -en pažintìs; **mit j-m, etw.** (*D*) ~ **máchen** susipažìnti sù kuõ
bekénnen* I vt pri(si)pažìnti **II sich** ~ (*zu D*) prisipažìnti (ką įvykdžius); **sich schúldig** ~ prisipažìnti kaltù
beklágen I vt gailéti(s) (*ko*); **Ménschenleben sind nicht zu** ~ žmonių aukų nèrà **II sich** ~ (*über A*) skųstis, gúostis (*kuo*)
bekléiden vt (*mit D*) apvil̃kti, apreñgti (ką kuo)
Bekléidung f -, -en drabùžiai, rūbai
beklómmen slogùs, prislégtas
bekómmen* vt gáuti; **sie bekám ein Kind** jì pagim̃dė vaĩką; **Lust** ~ (*etw. zu tun*) panústi, užsigeĩsti (ką daryti); **j-n zu Gesícht**

~ ką pamatýti; **etw. geschénkt** ~ gáuti dovanų; **wohl bekómm's!** į sveikãtą!
bekräftigen vt patvìrtinti
**bekréuzigen, sich ∙ pérsižegnoti
bekümmern I vt liūdinti, jáudinti **II sich** ~ **1** (*über A*) liūdéti, síelotis (*dėl ko*) **2** (*um A*) rūpintis, pasirūpinti (*kuo*)
bekúnden vt paréikšti, išréikšti
beláden* vt **1** pakráuti **2** užkráuti, apsuñkinti
Belág m -(e)s, ͏e dangà, klojinỹs
belágern vt apsùpti, apgul̃ti
Beláng m -(e)s, -e **1** svarbà, reikšmē; **von** ~ **sein** būti svarbiám **2** pl interèsai
belánglos nesvarbùs, mažareĩkšmis
belásten vt **1** pakráuti, prikráuti **2** apdéti, apkráuti; užkráuti
belästigen vt įkyréti, įgrìsti (*kam*), apsuñkinti (*ką*)
beláubt sulapójęs, lapótas
beláufen* I vi (*s*) apsitráukti, apsinèšti **II sich** ~ (*auf A*) sudarýti (*kokią sumą*)
beláuschen vt slaptà klausýtis (*ko*)
belében I vt (at)gaivìnti; pagývinti **II sich** ~ atgýti, pagyvéti
belébt gývas; judrùs
belégen vt **1** (pa)deñgti, išklóti **2** užim̃ti; **den érsten Platz** ~ užim̃ti pìrmą viẽtą
Belégschaft f -, -en kolektývas (įmonėje), personãlas
belégt apsinẽšęs (*pvz., apie liežuvį*); ~**e Brötchen** sumuštìniai
beléhren vt (pa)mókyti
beléibt apkūnùs, pìlnas
beléidigen vt užgáuti, įžeĩsti
beléidigend užgaulùs, užgáunantis
beléidigt užgáutas, įžeistas; **sich** ~ **fühlen** jaũstis užgautám [įžeistám]
Beléidigung f -, -en užgavìmas, įžeidìmas
belésen apsiskaĩtęs
beléuchten vt **1** apšviẽsti **2** nušviẽsti, išáiškinti (*klausimą, problemą*)
Bélgien n -s Bel̃gija
Bélgier m -s, - bel̃gas
bélgisch Bel̃gijos; bel̃gų; bel̃giškas
belieben vt, vi pageidáuti, noréti; **was belíebt?** kõ pageidáujate? **kómmen Sie,**

wann es Íhnen belíebt ateĩkite, kadà pageidáujate

Belíeben n -s nóras, pageidãvimas

belíebt mégstamas, populiarùs; mýlimas

béllen vi lóti, amséti

belóhnen vt apdovanóti (ką), atlýginti (kam)

Belóhnung f -, -en apdovanójimas; atlýginimas; ãtpildas

Belorússe m -n, -n baltarùsis

belorússisch Baltarùsijos; baltarùsių; baltarùsiškas

Belorússland n -s Baltarùsija

belústigen I vt (pa)lĩnksminti II sich ～ lĩnksmintis

bemächtigen, sich (G) užgróbti, pasisãvinti (ką)

bemálen I vt (nu)dažýti, nuspaĩvinti II sich ～ dažýtis; grimúotis

bemänteln vt dangstýti, maskúoti

bemérkbar pàstebimas, juñtamas

bemérken vt pastebéti, pamatýti

Bemérkung f -, -en pastabà

bemítleiden vt gailéti(s) (ko), užjaũsti (ką)

bemíttelt pasìturintis

bemühen I vt várginti, (su)trukdýti II sich ～ sténgtis

Bemühung f -, -en pãstangos, stengìmasis

benáchbart kaimýninis; grẽtimas

benáchrichtigen vt pranèšti, dúoti žìnią (kam)

benáchteiligen vt (nu)skriaũsti (dalìjant)

benéhmen* I vt (D) atim̃ti (kam ką) II sich ～ eĩgtis

Benéhmen n -s elgesỹs, eĩgsena

benéiden vt (um A) pavydéti (kam ko)

benéidenswert pavydétinas

benénnen* vt pavadìnti (ką), dúoti var̃dą (kam)

Benénnung f -, -en pavadìnimas

benétzen vt suvìlgyti, sudrėkìnti

benómmen apsvaĩgęs, apdùjęs

benútzen, benützen vt (pa)naudóti (ką), naudótis, pasinaudóti (kuo)

Benzín n -s, -e benzìnas

beóbachten vt 1 (pa)stebéti 2 výkdyti (ką), laikýtis (ko)

Beóbachter m -s, - stebétojas

Beóbachtung f -, -en 1 stebéjimas 2 laĩkymasis (pvz., taisyklių)

bepácken vt apkráuti, užkráuti

bepflánzen vt apsodìnti, užsodìnti

bequém patogùs, jaukùs; máchen Sie es sich ～! įsitaisýkite, kaĩp jùms patogiaũ

Bequémlichkeit f -, -en patogùmas, jaukùmas

beráten* I vt patar̃ti (kam), konsultúoti (ką) II vi (über A) tar̃tis, pasitar̃ti (dėl ko) III sich ～ (mit j-m über A) tar̃tis, pasitar̃ti (su kuo dėl ko)

Beráter m -s, - pataréjas, konsultántas

berátschlagen vi (über A) tar̃tis (dėl ko), svarstýti (ką)

Berátung f -, -en 1 pasitarìmas; (ap)svar̃stymas 2 konsultãcija (įstaiga)

beráuben vt 1 apiplėšti 2 (G) atim̃ti (ką), netèkti (ko)

beráuschen vt apsvaigìnti

beréchnen vt apskaičiúoti; įvértinti

Beréchnung f -, -en 1 apskaičiãvimas 2 išskaičiãvimas; etw. nur aus ～ tun darýti ką víen tik dėl išskaičiãvimo

beréchtigen vt (zu D) dúoti téisę (ką darýti)

Beréchtigung f - téisė, įgaliójimas

beréden I vt 1 (ap)svarstýti, aptar̃ti 2 apkalbéti, apšmeĩžti II sich ～ tar̃tis, pasitar̃ti

berédt 1 iškalbìngas, iškalbùs 2 reikšmìngas, daũg pasãkantis; áiškus

Beréich m, n -(e)s, -e (veikimo) sritìs, sferà

beréichern I vt pratur̃tinti II sich ～ (an D) praturtéti, pasipelnýti (iš ko)

beréift apšarmójęs, apšerkšnìjęs

beréisen vt apkeliáuti (ką), keliáuti (po ką)

beréit pàruoštas, pàrengtas; pasiruõšęs; sich zu etw. (D) ～ erklären paréikšti sutikìmą [nórą] (ką darýti)

beréiten I vt 1 (pa)ruõšti, (pa)gamìnti 2 (su)teĩkti; (su)kélti; j-m Fréude ～ suteĩkti kám džiaũgsmo II sich ～ ruõštis, reñgtis

beréit‖halten* vt paruõšti, laikýti pàruoštą; ～machen I vt paruõšti, pareñgti II sich ～machen ruõštis, pasiruõšti

Beréitschaft f - pasiruošìmas; parengtìs
beréitwillig I a pasiruõšęs, paslaugùs **II** adv
mielaĩ, nóriai
beréuen vt apgailestáuti (dėl ko), gailétis (ką
padarius)
Berg m -(e)s, -e kálnas; ∼e von Árbeit kalnaĩ
dárbo
bergáb nuõ kálno, ĩ pakaĩnę
Bérgarbeiter m -s, - kalnakasỹs
bergáuf ĩ kálną, priẽš kálną; es geht mit ihm
∼ jõ reikalaĩ geréja
Bérgbau m -(e)s kalnakasýba, kalnų prãmo-
nė
bérgen* vt 1 (iš)gélbėti, išgabénti (iš nelai-
mingo atsitikimo vietos) 2 (pa)slė̃pti
bérgig kalnúotas
Bérg‖land n -(e)s, ⁙er kalnúotas krãštas;
∼mann m -(e)s, -leute kalnakasỹs, šãchti-
ninkas; ∼steiger m -s, - alpinìstas; ∼tour
f -, -en ekskùrsija ĩ kálnus
Bérgung f -, -en 1 (iš)gélbėjimas, išgabēni-
mas 2 (pa)slėpìmas
Bérgungsarbeiten pl gélbėjimo darbaĩ
Berícht m -(e)s, -e pranešìmas, atãskaita; rã-
portas
beríchten vt, vi pranèšti, referúoti; (pa)pãsa-
koti
Beríchterstatter m -s, - 1 korespondeñtas
2 pranešėjas, refereñtas
beríchtigen vt ištaisýti, pataisýti
beríechen* vt apúostyti
Bérnstein m -(e)s giñtaras
bérsten* vi (s) plýšti, trū́kti, sprógti
berüchtigt liūdnaĩ pagarsėjęs
berücksichtigen vt atsižvel̃gti, kreĩpti dė̃me-
sį (į ką)
Berúf m -(e)s, -e 1 profèsija, specialýbė; éi-
nen ∼ ergréifen pasiriñkti profèsiją 2 pa-
šaukìmas
berúfen* **I** vt iškviẽsti, pakviẽsti **II sich** ∼
(auf A) rem̃tis (kuo)
berúflich profèsinis; tarnýbinis
Berúfs‖ausbildung f - profèsinis parengìmas
[mókymas]; ∼kleid n -(e)s, -er darbìnis
drabùžis, specdrabùžiai; ∼schule f -, -n
profèsinė mokyklà

Berúfstätige sub m, f dìrbantysis, -čioji
berúhen vi (auf D) rem̃tis, bū́ti pagrį̃stám
(kuo)
berúhigen I vt (nu)ramìnti, (pa)gúosti **II sich**
∼ nusiramìnti
berúhigend ramìnantis, pagúodžiantis
berühmt garsùs, (į)žymùs; durch etw. (A)
∼ sein garséti [bū́ti garsiám] kuõ; ∼ wér-
den pagarséti, tàpti garsiám
Berühmtheit f -, -en 1 sg garsùmas; išgar-
sėjimas 2 garsenýbė, įžymýbė
berühren I vt 1 (pa)liẽsti, (pa)lytéti; paminé-
ti 2 (su)jáudinti (ką), padarýti į̃spūdį (kam)
II sich ∼ liẽstis, liẽsti víenas kìtą
Berührung f -, -en 1 (pa)lietìmas, (pa)lyté-
jimas; 2 są́lytis, kontãktas
besäen vt apséti, užséti
beságen vt réikšti, liùdyti
besänftigen vt (nu)ramìnti
Besátzung f -, -en 1 į̃gula, kománda, ekipã-
žas 2 sg okupãcija
Besátzungs‖macht f -, ⁙e okupãcinė valdžià;
∼truppen pl okupãcinė kariúomenė
beschädigen I vt (su)gadìnti, (su)žalóti
II sich ∼ susižeĩsti, susižalóti
bescháffen vt gáuti, parū́pinti
Bescháffenheit f - savýbė, ypatýbė
beschäftigen I vt 1 dúoti dárbą (kam) 2 (su)-
dõminti **II sich** ∼ (mit D) užsiim̃ti (kuo);
nagrinéti (ką)
beschäftigt ùžimtas, užsiė́męs
Beschäftigung f -, -en 1 veiklà, dárbas 2 už-
siėmìmas
beschämen vt (su)gédinti (ką), padarýti gédą
(kam)
beschämend gédìngas
beschátten vt 1 mèsti šešė́lį (ant ko);
(už)gõžti (ką) 2 sèkti, pérsekioti
bescháuen vt apžiūréti
Beschéid m -(e)s, -e 1 atsãkymas; pranešì-
mas; j-m ∼ gében pranèšti (kam), infor-
múoti (ką); j-m ∼ ságen pasakýti [pra-
nèšti] kám; in díeser Stadt weiß ich ∼ šį̃
miẽstą àš pažį̃stu 2 sprendìmas, nutarìmas
beschéiden kuklùs; nuosaikùs; ∼ tun kùk-
lintis

Beschéidenheit f - kuklùmas; nuosaikùmas
beschéinigen vt patvìrtinti, paliùdyti (raštu)
Beschéinigung f -, -en liùdijimas, pažyméjimas
beschénken vt (mit D) apdovanóti (kuo)
beschíeßen* vt apšáudyti
beschímpfen vt (iš)bárti, (iš)kõneveikti
Beschlág m -(e)s, ᵘe konfiskãvimas, ãreštas
beschlágen* I vt apkáustyti, apkálti; aptráukti, apmùšti II sich ~ apsitráukti; aprasóti
Beschlágnahme f -, -n konfiskãvimas
beschlágnahmen vt konfiskúoti
beschléunigen vt (pa)greĩtinti, (pa)skùbinti
beschlíeßen* vt 1 nutaŕti, nusprésti; priiḿti (pvz., įstatymą) 2 užbaĩgti
Beschlúss m -es, ᵘe nutarìmas, sprendìmas; éinen ~ fássen priiḿti nutarìmą
beschmíeren vt 1 (už)tèpti, patèpti 2 supuŕvinti, ištèpti
beschmútzen vt supuŕvinti, sutèpti
beschnéiden* vt apipjáustyti, apgenéti
beschönigen vt pagrãžinti
beschränken I vt (ap)ribóti II sich ~ (aufA) apsiribóti, pasiténkinti (kuo)
beschränkt ribótas; siaũras
beschréiben* vt 1 aprašýti, (pa)vaizdúoti 2 prirašýti
beschréiten* vt (į)žeñgti, eĩti (kur)
beschúldigen vt (G) (ap)káltinti (kuo)
Beschúss m -es, ᵘe apšáudymas
beschützen vt (vor D, gegen A) (ap)gìnti, (ap)sáugoti (nuo ko)
Beschwérde f -, -n 1 sunkùmas, vařgas 2 ligà, negalãvimas 3 skuñdas; éine ~ gégen etw. (A), j-n erhében [éinreichen] padúoti priẽš kã skuñdą
beschwéren I vt prispáusti, prislégti; apsuñkinti II sich ~ (bei j-m über A) skústis, pasiskústi (kam kuo)
beschwérlich sunkùs, várginantis
beschwíchtigen vt nuramìnti
beschwípst įkaũšęs, įgéręs
beschwören* vt 1 prisíekti, patvìrtinti príesaika 2 primygtinaĩ prašýti, maldáuti
beséelen vt įkvėpti

beséhen* vt apžiūréti
beséitigen vt (pa)šãlinti, panaikìnti
Bésen m -s, - šlúota
beséssen apséstas, pagáutas
besétzen vt 1 užiḿti; das Theáter war voll besétzt į teãtrą visì bìlietai bùvo parduotì 2 užiḿti, okupúoti
Besétzung f -, -en 1 (vaidmenų) paskìrstymas; atlikéjai 2 užgrobìmas, okupãcija
besíchtigen vt apžiūréti, apžiūrinéti
besíedeln vt apgyvéndinti; kolonizúoti; dünn (dicht) besíedelt retaĩ (tánkiai) apgyvéndintas
besíegen vt nugaléti, įveĩkti
Besíeger m -s, - nugalétojas, laimétojas
besíngen* vt apdainúoti
besínnen*, sich 1 (pér)sigalvóti, apsigalvóti 2 (auf A) atsimiñti (ką)
Besínnung f - sąmonè, núovoka; zur ~ kómmen į prõtą ateĩti, susiprotéti
besínnungslos neapgalvótas, nesąmonìngas
Besítz m -es, -e valdymas, turéjimas (nuosavybéje); etw. in ~ néhmen paiḿti ką sàvo nuosavýbén 2 tuŕtas, nuosavýbé 3 dvãras
besítzen vt turéti (savo nuosavybéje)
Besítzer m -s, - saviniñkas
besóhlen vt prikálti pùspadžius
besónder ypatìngas; nepàprastas; specialùs; im Besónderen atskiraĩ, specialiaĩ
Besónderheit f -, -en ypatingùmas, ypatýbé
besónders ypatìngai, ýpač
besónnen protìngas, apdairùs
besórgen vt 1 rúpintis (kuo), prižiūréti (ką); Éinkäufe ~ eĩti pirkinių [apsipiŕkti] 2 gáuti, parūpinti
Besórgnis f -, -se susirūpinimas, nèrimas
besórgt susirūpinęs, sunerìmęs; um j-n, etw. (A) ~ sein nerimáuti [jáudintis] dèl kõ
bespítzeln vt sèkti, stebéti (slapta)
bespréchen* I vt aptaŕti, (ap)svarstýti II sich ~ (über A) taŕtis, pasitaŕti (apie ką, dèl ko)
bespréngen vt (pa)láistyti; apipuŕkšti
bespritzen vt apipuŕkšti, apšlakstýti
bespülen vt skaláuti, pláuti

bésser I *a* gerèsnis; *das Wétter wird* ∼ óras taĩsosi **II** *adv* geriaũ; *es geht ihm* ∼ jìs taĩsosi; jõ reikalaĩ geréja

béssern I *vt* (pa)gẽrinti; (pa)taisýti **II sich** ∼ geréti, taisýtis

Bésserung *f* -, -en **1** (pa)gẽrinimas; pageréjimas **2** (pa)sveikìmas

best I *a* (visų̃) geriáusias; *beim* ∼*en Wíllen* ẽsant geriáusiems nórams; *im* ∼*en Fálle* geriáusiu ãtveju; *der érste Béste* pìrmas pasitáikęs **II** *adv*: *etw. zum Bésten gében* paváišinti kuõ; palìnksminti kuõ (*pvz., padainuojant, pašokant*)

Bestánd *m* -(e)s, ∸e **1** pastovùmas, tvirtùmas **2** tùrimas kiẽkis, ãtsargos; *der* ∼ *an Vieh* galvìjų skaĩčius

bestánden: ∼ *sein* bū́ti apáugusiam (*medžiais*)

beständig I *a* nuolatìnis, pastovùs; atsparùs **II** *adv* nuõlat

Bestándsaufnahme *f* -, -n inventorizãcija

Bestándteil *m* -(e)s, -e sudė́tinė dalìs

bestätigen *vt* patvìrtinti

bestátten *vt* (pa)láidoti

bestáuben I *vt* apdùlkinti **II** *vi* (*s*) apdulkéti

Béste *sub* **1** *m, f* (visų̃) geriáusias, -sia **2** *n* taĩ, kàs (visų̃) geriáusia; *sein* ∼*s tun* [*gében*] (pa)darýti vìsa, kàs gãlima

bestéchen* *vt* **1** papiřkti **2** patráukti (*ką̃*), (pa)darýti įspūdį (*kam*)

Bestéchung *f* -, -en papirkìmas; kỹšis

Bestéck *n* -(e)s, -e **1** stãlo įrankiai, válgomasis komplèktas **2** įrankių̃ [instrumeñtų] komplèktas

bestéhen* *I vt* išlaikýti; įveĩkti; *die Prüfung* ∼ išlaikýti egzãminą **II** *vi* **1** (*auf D*) primygtinaĩ reikaláuti, atkakliaĩ laikýtis (*ko*) **2** bū́ti, gyvúoti, egzistúoti; ∼ *bléiben* išlìkti, tebegalióti

Bestéhen *n* -s gyvãvimas, egzistãvimas

bestéigen* *vt* (į)lìpti, (į)kópti (*į ką̃*)

bestéllen *vt* **1** apstatýti **2** už(si)sakýti **3** pakviẽsti, pašaũkti **4** pristatýti; pérduoti; *j-m Grüße* ∼ pérduoti kám linkéjimus [svéikinimus] **5** (ap)dìrbti (*žẽmę*)

béstenfalls geriáusiu ãtveju

béstens geriáusiai; *ich dánke* ∼ širdìngai dėkóju

bestiálisch žvériškas, gývuliškas

bestímmen *vt* **1** nustatýti, paskìrti; *gesétzlich* ∼ įtéisinti **2** (*iš anksto*) paskìrti, numatýti **3** apibū́dinti, nusakýti (*pvz., są̃voką, augalą̃*)

bestímmt I *a* apìbrėžtas, žìnomas; ryžtìngas **II** *adv* tikraĩ

Bestímmung *f* -, -en **1** nuródymas, pótvarkis **2** paskyrìmas, paskirtìs **3** pašaukìmas; lemtìs **4** nustãtymas, apibū́dinimas

Béstleistung *f* -, -en rekòrdas, geriáusias rezultãtas

bestráfen *vt* (*für A, wegen G*) nubaũsti (*už ką̃*)

bestrében, sich steñgtis, déti pãstangas

Bestrében *n* -s pãstangos, siekìmas

Bestrébung *f* -, -en siekìmas, siẽkis

bestréichen* *vt* **1** (*mit D*) užtèpti (*ko*), aptèpti (*kuo*) **2** (*mit D*) nudažýti (*kuo*)

bestréiten* *vt* **1** užgiñčyti, (pa)neĩgti **2** padeñgti, apmokéti (*išlaidas*)

bestrícken *vt* sužavéti, pakeréti

bestürzen *vt* priblõkšti, apstul̃binti

Besúch *m* -(e)s, -e **1** apsilañkymas, vizìtas; *auf* [*zu*] ∼ *géhen* eĩti į̃ svečiùs; *auf* [*zu*] ∼ *sein* svečiúotis **2** svẽčias, viešnià; svečiaĩ

besúchen *vt* (ap)lankýti

Besúcher *m* -s **1** lankýtojas, svẽčias **2** žiūrõvas

besúdeln *vt* sutèpti, supur̃vinti

betágt pagyvènęs, senývo ámžiaus

betätigen I *vt* paléisti (*į darbą̃*) **II sich** ∼ darbúotis

betäuben *vt* **1** apkuřtinti **2** priblõkšti, pritreñkti

Betäubung *f* -, -n narkòzė

Béte *f* -, -n válgomasis burõkas

betéiligen, sich (*an D*) dalyváuti (*kame*)

béten *vi* mel̃stis, poteriáuti

betéuern *vt* (*primygtinai*) užtìkrinti

betíteln *vt* pavadìnti; dúoti añtraštę

Betón *m* -s, -e betònas

betónen *vt* **1** kirčiúoti **2** pabrė́žti, akcentúoti

Betónung f -, -en **1** kiȓtis **2** pabrėžìmas, akcentãvimas

Betrácht: *etw. áußer ~ lássen* neatsižvel̃gti į̃ ką; *etw. in ~ zíehen* atsižvel̃gti į̃ ką

betráchten *vt* **1** (ap)žiūrė́ti, stebė́ti **2** nagrinė́ti, svarstýti **3** (*als A*) laikýti (*kuo*)

beträchtlich žymùs, gerókas

Betrág m -(e)s, ᵛe (*pinigų̃*) sumà

betrágen* *vt* sudarýti (*kokią̃ sumą̃*)

betrágen*, **sich** el̃gtis

Betrágen n -s elgesỹs

betráuen *vt* (*mit D*) pavèsti, patikė́ti (*kam ką̃*)

betréff: *in ~* (*G*) dėl (*ko*)

betréffen* *vt* **1** liẽsti (*ką̃*), turė́ti rýšį (*su kuo*) **2** ištìkti, paliẽsti

betréiben* *vt* **1** užsiiminė́ti, veȓstis **2** výkdyti (*pvz., politiką̃*)

betréten*[1] *vt* įeĩti, įžeñgti (*kur*); *bítte den Rásen nicht ~!* prãšom nemìndžioti vejõs!

betréten[2] sumìšęs, sutrìkęs

betréuen *vt* rū́pintis (*kuo*), prižiūrė́ti (*ką̃*)

Betréuer m -s, - **1** palydõvas (*pvz., delegacijos*) **2** vadõvas, kurãtorius

Betríeb m -(e)s, -e įmonė̃ **2** dárbas; eksploatãcija; *den ~ áufnehmen* pradė́ti gamýbą; *áußer ~ sein* nedìrbti, neveĩkti; *in ~ sein* dìrbti, veĩkti; *in ~ sétzen* [*néhmen*] paléisti į̃ dárbą **3** *sg* judė́jimas, sujudìmas

Betríebsleitung f -, -en įmonė̃s vadovýbė

betrínken*, **sich** pasigérti

betróffen sumìšęs, apstul̃bęs

betrüben *vt* nuliū̃dinti

Betrübnis f -, -se liūdesỹs, šìrdgėla

betrübt liū̃dnas, nusimìnęs

Betrúg m -(e)s apgavýstė, apgáulė

betrügen* *vt* **1** apgáuti **2** (*um A*) atiȓti apgáule, nusùkti (*ką̃*)

Betrüger m -s, - apgavìkas, sùkčius

betrúnken gìrtas; *~ máchen* nugìrdyti

Bett n -(e)s, -en **1** lóva; pãtalynė; patalaĩ; *das ~ hüten* gulė́ti lóvoje (*sergant*); *zu ~ géhen* eĩti gul̃ti **2** (*upės*) vagà

Béttdecke f -, -n **1** añtklodė **2** lovãtiesė

bétteln *vi* **1** elgetáuti **2** (*um A*) prašýti, maldáuti (*ko*)

bétten I *vt* (pa)guldýti **II sich** ~ pasiklóti

béttlägerig gùlintis (*apie ligonį̃*)

Béttler m -s, - el̃geta

Bétt‖wäsche f - lóvos skalbiniaĩ; *~zeug* n -(e)s pãtalynė, paklõdai

béugen I *vt* **1** (pa)leñkti, suleñkti **2** paláužti **II sich** ~ **1** leñktis, pasileñkti **2** (*D, vor D*) nusiléisti (*kam*)

Béule f -, -n gùzas, guȓbas

beúnruhigen I *vt* kélti nèrimą [susirū́pinimą] (*kam*) **II sich** ~ (*um A*) nerimáuti, bū́ti susirū́pinusiam (*dėl ko*)

beúnruhigend kẽliantis nèrimą, nerimastìngas

beúrlauben *vt* léisti atóstogų

beúrteilen *vt* svarstýti, sprę́sti, (į)vértinti

Béute f - grõbis, laimìkis

Béutel m -s, - krepšỹs; maišẽlis; piniginė̃

bevölkern *vt* apgyvéndinti; *schwach* (*dicht, stark*) *bevölkert* retaĩ (tirštaĩ) apgyvéndintas

Bevölkerung f -, -en gyvéntojai

Bevölkerungs‖dichte f - gyvéntojų tankùmas; *~zahl* f - gyvéntojų skaĩčius

bevóllmächtigen *vt* (*zu D*) įgalióti (*ką̃ darýti*)

bevór cj priẽš, kõl

bevórmunden *vt* globóti, protegúoti

bevórstehen* *vi* turė́ti įvýkti, artė́ti; *dir steht étwas Únangenehmes bevór* tavę̃s láukia nemalonùmai

bevórstehend artė́jantis, bū́simas

bevórzugen *vt* dúoti [teĩkti] pirmenýbę (*kam*)

bewáchen *vt* sáugoti, sérgėti

bewáchsen (*mit D*) apáugęs, apžė́lęs (*kuo*)

bewáffnen I *vt* (*mit D*) (ap)ginklúoti (*kuo*) **II sich** ~ ginklúotis

bewáffnet ginklúotas

bewáhren I *vt* (iš)sáugoti, išlaikýti **II sich** ~ išlìkti, išsilaikýti

bewähren, sich pasiródyti tinkamám, patéisinti vìltis

bewährt išbandýtas, pàtikimas

bewältigen *vt* nugalė́ti, įveĩkti (*ką̃*)

bewándert patýręs, įgùdęs
bewässern vt drėkìnti (pvz., laukus)
bewégen[1] **I** vt **1** (pa)jùdinti, (pa)krùtinti **2** (su)jáudinti (ką), nedúoti ramýbės (kam) **II sich** ~ (pa)judėti, pasijùdinti
bewegen[*2] vt (zu D) paskãtinti, parãginti (ką daryti)
bewéglich 1 judamàsis; kilnójamas **2** gývas, judrùs
bewégt sujáudintas; audrìngas
Bewégung f -, -en **1** judėjimas; **sich in** ~ **sétzen** pajudėti **2** judesỹs, mõstas **3** judėjimas, bruzdėjimas
bewégungslos nèjudantis
bewéinen vt apveřkti, apraudóti
Bewéis m -es, -e įródymas, argumeñtas
bewéisen[*] vt **1** įródyti, įrodinéti **2** paródyti, atskleĩsti
Bewéisführung f -, -en įrodinéjimas
bewérben[*], **sich** (um A) síekti (ko), steñgtis gáuti (ką)
Bewérber m -s, - kandidãtas, pretendeñtas
bewérfen[*] vt apmétyti
bewérten vt įkáinoti, įvértinti
bewílligen vt paskìrti, suteĩkti
bewírken vt sukélti (ką), bũti priežastimì (ko)
bewírten vt (pa)vaišìnti
bewírtschaften vt **1** tvarkýti, vèsti ūkį **2** apdìrbti (žemę)
bewóhnbar gyvēnamas
bewóhnen vt gyvénti (kur)
Bewóhner m -s, - gyvéntojas
bewóhnt gyvēnamas, apgyvéndintas
bewölken, sich debesúoti(s), niáuktis
bewúndern vt gèrétis, grožétis (kuo)
bewúndernswert, bewúnderungswert nuostabùs, stebétinas
bewússt sąmonìngas; **sich** (D) **éiner Sáche** (G) ~ **sein** supràsti ką; **j-m etw.** ~ **máchen** įsąmoninti kám ką
bewússtlos bè sąmonės, apalpęs
Bewússtsein n -s sąmonė; sąmoningùmas; **j-n zu**(m) ~ **bríngen** ką atgaivìnti
bezáhlen vt (ap)mokéti (ką), sumokéti (už ką)

bezähmen vt (su)trámdyti, suvaldýti
bezáubernd žavùs, žavìngas
bezéichnen vt **1** (pa)žyméti, (su)žénklinti **2** apibūdinti, charakterizúoti
Bezéichnung f -, -en (pa)žyméjimas, (su)žénklinimas
bezéugen vt (pa)liùdyti, patvìrtinti
bezíchtigen vt (G) (ap)káltinti (ką kuo)
bezíehen[*] **I** vt **1** aptráukti, apmùšti **2** įsikélti, pérsikelti; **éine néue Wóhnung** ~ įsikélti į naūją bùtą **3** gáuti, piřkti **II sich** ~ **1** apsitráukti **2** (auf A) turéti rýšį (su kuo)
Bezíehung f -, -en **1** pl sántykiai; ryšiai; ~en áufnehmen [ánknüpfen] užmègzti sántykius; ~en unterhálten palaikýti sántykius **2** sántykis, ryšỹs; **in víelen** ~en daūgeliu ātžvilgių
bezíehungsweise atitiñkamai; arbà
Bezírk m -(e)s, -e rajònas; apýgarda
Bezúg m -(e)s, ⸚e **1** ùžvalkalas **2** gavìmas, pirkìmas **3** pl pājamos **4** sántykis
bezüglich prp (G) rýšium (su)
bezwécken vt síekti (ko)
bezwéifeln vt abejóti (kuo)
bezwíngen[*] **I** vt nugaléti; sutrámdyti **II sich** ~ valdýtis, tvárdytis
Bíbel f -, -n bìblija
Bíberratte f -, -n nùtrija
Bibliothék f -, -en bibliotekà
Bibliothekár m -s, -e bibliotèkininkas; ~in f -, -nen bibliotèkininkė
bíeder dõras, sąžinìngas; atvirašiřdis
bíegen[*] **I** vt (pa)leñkti, lankstýti **II** vi (s) (pa)sùkti; **zur Séite** ~ pasùkti į šóną **III sich** ~ liñkti
bíegsam lankstùs
Bíegung f -, -en vìngis, pósūkis
Bíene f -, -n bìtė
Bíenen‖stock m -(e)s, ⸚e avilỹs; ~zucht f - bitininkỹstė; ~züchter m -s, - bìtininkas
Bíer n -(e)s, -e alùs
Bíer‖brauerei f -, -en alaūs daryklà; ~stube f -, -n alìnė, alùdė
Bíest n -(e)s, -er gyvulỹs, galvìjas

bíeten* I *vt* 1 siū́lyti; dúoti 2 paródyti **II sich** ~ atsivérti; *es bot sich éine günstige Gelégenheit* pasitáikė gerà próga

Bikíni *m* -s, -s bikìnis (*moteriškas maudymosi kostiumas*)

Bilánz *f* -, -en balánsas; *die* ~ *zíehen* susimúoti [suvèsti] rezultatùs

bilaterál dvipùsis, dvišãlis

Bild *n* -(e)s, -er 1 pavéikslas, portrètas; fotogrãfija 2 vaīzdas, reginỹs 3 vaīzdas, vaizdìngas pósakis; *sich* (*D*) *ein kláres* ~ *von etw.* (*D*) *máchen* susidарýti apiẽ ką̃ áiškų vaīzdą̃; *über etw.* (*A*) *im* ~*e sein* bū́ti susipažìnusiam sù kuõ

Bíldband *m* -(e)s, ⁓e albùmas (*leidinys*)

bílden I *vt* 1 sudарýti, (su)formúoti 2 ugdýti, lãvinti **II sich** ~ šviẽstis, lãvintis

bíldend lãvinantis, formúojantis; *die* ~*e Kunst* vaizdúojamasis mẽnas

Bílder∥galerie *f* -, -ri̇̀:en pavéikslų galèrija; ~**sammlung** *f* -, -en pavéikslų kolèkcija

bíldhaft vaizdùs, vaizdìngas

Bíldhauer *m* -s, - skùlptorius

bíldlich vaizdìngas (*pvz.*, *posakis*)

Bíldschirm *m* -(e)s, -e (*televizoriaus*) ekrãnas

Bíldung *f* -, -en 1 sudárymas, sukū́rimas 2 *sg* švietimas, lãvinimas, mókslas

Bíldungsanstalt *f* -, -en mókymo įstaiga

Bíld∥wand *f* -, ⁓e (*kino*) ekrãnas; ~**werfer** *m* -s, - epidiaskòpas

Billard [ˈbiljart] *n* -s, -e [-də] biliárdas

Billet [bilˈjɛt] *n* -(e)s, -e / -s bìlietas

bíllig 1 pigùs, nebrangùs 2 primityvùs, nerim̃tas

bílligen *vt* pritar̃ti (*kam*), sutìkti (*su kuo*)

Bínde *f* -, -n tvárstis, bìntas; raĩstis

bínden* I *vt* 1 (su)rìšti, (su)jùngti 2 pririšti 3 užrìšti, aprìšti **II sich** ~ užsirìšti, apsirìšti

Bínder *m* -s, - kaklãraištis

Bíndestrich *m* -(e)s, -e brūkšnỹs, brūkšnẽlis

Bíndfaden *m* -s, ⁓ virvẽlė, špagãtas

Bíndung *f* -, -en sujungìmas; susijungìmas; ryšỹs; pririšìmas

bínnen *prp* (*D*, *G*) peĩ, laikótarpiu

Bínnen∥gewässer *pl* vidaũs vándenys; ~**markt** *m* -(e)s, ⁓e vidaũs rinkà

Biographíe *f* -, -phí:en biogrãfija

Biológe *m* -n, -n biològas

Biologíe *f* - biològija

Bírke *f* -, -n bér̃žas

Bírken∥pilz *m* -es, -e baravỹkas, lėpšė̃; ~**wald** *m* -(e)s, ⁓er beržýnas

Bírkhahn *m* -(e)s, ⁓e tētervinas

Bírnbaum *m* -(e)s, ⁓e kriáušė

Bírne *f* -, -n 1 kriáušė (*medis ir vaisius*) 2 elèktros lempùtė

bis I *prp* 1 ikì, lìgi; ~ *Móntag* ikì pirmãdienio; ~ *zu wélcher Zeit?* ikì kuriõ laĩko? 2: *álle* ~ *auf éinen* visì, išskýrus víeną **II** *cj* kõl, ikì

Bísamratte *f* -, -n ondatrà

Bischóf *m* -s, ⁓e výskupas

bishér lig(i) šiõl

bishérig ligšiolìnis, bùvęs

Biskuit [-ˈkvi:t] *m*, *n* -(e)s, -e / -s biskvìtas

bisláng lig(i) šiõl

Bisón *m* -s, -s bizònas

Biss *m* -es, -e įkandìmas

bísschen: *ein* ~ trùputis, trùputį

Bissen *m* -s, - ką̃snis

bíssig 1 pìktas (*šuo*) 2 pìktas, kandùs

biswéilen kar̃tais, kar̃tkartėmis

bítte prãšom; ~ *schön* [*sehr*] prãšom

Bítte *f* -, -n prãšymas

bítten* *vt* 1 (*um A*) (pa)prašýti (*ką ko*); *ums Wort* ~ (pa)prašýti žõdžio 2 (pa)kviẽsti; *j-n zu Gast* ~ pa(si)kviẽsti ką̃ į̃ svečiùs

bítter 1 kartùs 2 nemalonùs, graudùs; **bítter∥arm** labaĩ neturtìngas; ~**kalt** labaĩ šáltas, speigúotas

Bítterkeit *f* -, -en 1 kar̃tis, kartùmas 2 kartėlis, ãpmaudas

bítterlich I *a* kartókas, apýkartis **II** *adv* graũdžiai, gaĩliai

Bíttsteller *m* -s, - prašýtojas

bizárr keĩstas, įmantrùs

blähen I *vt* (iš)pū́sti **II sich** ~ pū́stis, didžiúotis

Blamáge [-ʒə] *f* -, -n gė́da, sarmatà

blamíeren I *vt* (pa)darýti gédą (*kam*) **II sich**
~ padarýti sáu gédą, apsijúokti
blank 1 blìzgantis, žvìlgantis **2** plìkas; ~*e*
Wáffe šáltas giñklas
Bláse *f* -, -n pūslė̃
Blásebalg *m* -(e)s, ᵉe dùmplės
blásen* *vt*, *vi* **1** pū̃sti **2** trimitúoti, dū̃dą pū̃sti
Blásinstrument *n* -(e)s, -e pučiamàsis inst-
rumeñtas
blass 1 išbãlęs, išblýškęs **2** blankùs, blyškùs
Blatt *n* -(e)s, ᵉer **1** lãpas (*augalo, popieriaus*)
2 laĩkraštis; žurnãlas
blättern *vi* **1** (*h*) veřsti, vartýti **2** (*s*) lùptis,
nuoilùpti
blau mélynas, žýdras; ~*er Fleck* mélyna
dėmė̃, mėlỹnė; *er ist* ~ jìs gìrtas
Blau *n* -s mélyna spalvà; mėlynùmas, žyd-
rùmas
blauäugig mėlynãkis
Bláue *sub* *n* mėlynùmas, mėlỹnė, žydrùmas;
éine Fahrt ins ~ keliõnė bè užsìbrėžto
tìkslo
Blech *n* -(e)s, -e skardà
Bléch‖büchse *f* -, -n, ~*dose* *f* -, -n skardìnė
(*dėžutė*)
Blei¹ *n* -(e)s švìnas
Blei² *m* -(e)s, -e kařšis (*žuvis*)
bléiben* *vi* (*s*) lìkti, pasilìkti; *bestéhen* ~
išlìkti; *wo bleibt er?* kuřgi jìs? *am Lében*
~ išlìkti gyvám; ~ *lássen* palìkti (*ką*), ne-
liẽsti (*ko*)
bléibend ilgalaĩkis, ìlgas; stiprùs
bleich išblýškęs, išbãlęs; ~ *wérden* išblýkš-
ti, išbálti
bléichen I *vt* báltinti **II** (blich, geblíchen) *vi*
(*s*) (nu)blùkti, išblùkti
Bléistift *m* -(e)s, -e pieštùkas
blénden *vt* (ap)ãkinti; užbùrti
bléndend 1 ãkinantis **2** ãkį vė̃riantis, puikùs
Blick *m* -(e)s, -e **1** žvìlgsnis; *auf den érsten*
~ ìš pìrmo žvìlgsnio **2** reginỹs, vaĩzdas
blícken *vi* (*auf A, nach D*) žvel̃gti (*į ką*); *sich*
~ *lássen* pasiródyti, ateĩti
Blíck‖feld *n* -(e)s, -er akìratis, horizòntas;
~*punkt* *m* -(e)s, -e dė̃mesio ceñtras; *im*
~*punkt stéhen* bū́ti dė̃mesio centrè

blind 1 ãklas; ~ *wérden* apàkti **2** ãklas, ne-
apgalvótas
Blínddarm *m* -(e)s, ᵉe aklóji žarnà
Blínde *sub* *m*, *f* neregỹs, -ė̃
Blíndheit *f* - aklùmas
blíndlings aklaĩ, kaĩp pasisèks
blínken *vi* mirgéti, blizgéti, žibéti
blínkern *vi* mirguliúoti; mìrkčioti
blínzeln *vi* mìrkčioti, mirkséti, mìrktelėti
Blitz *m* -es, -e žaĩbas
Blítzableiter *m* -s, - žaibólaidis
blítzartig žaĩbiškas, momentalùs
blítzblank gražiaĩ nùšveistas, blìzgantis
blítzen I *vi* žibéti, blizgéti; *die Wóhnung*
blitzt vor Sáuberkeit bùtas blizgéte blìzga
II *vimp*: *es blitzt* žaibúoja
blítzschnell I *a* žaĩbiškas **II** *adv* žaĩbiškai,
žaĩbo greitumù
Blítztelegramm *n* -s, -e žaĩbo telegramà
Block¹ *m* -(e)s, ᵉe rąst(a)galỹs, trìnka
Block² *m* -(e)s, -e **1** blòkas, namų̃ grùpė
2 (*partijų*) blòkas **3** bloknòtas
Blockáde *f* -, -n blokadà
blockíeren *vt* (už)blokúoti
blöd(e) paĩkas, kvaĩlas
Blödsinn *m* -(e)s nesą́monė, absùrdas
blödsinnig kvaĩlas, absùrdiškas
blöken *vi* mýkti, bliáuti
blond šviesiaplaũkis
Blónde *sub* *m*, *f* blondìnas, -ė
Blondíne *f* -, -n blondìnė
bloß I *a* **1** núogas, plìkas **2** (tìk) víenas; *im*
~*en Hemd* vienmarškìnis **II** *adv* tìk, tiktaĩ
blöß‖legen *vt* atideñgti; atskleĩsti, de-
maskúoti; ~*stellen* **I** *vt* demaskúoti;
(su)kompromitúoti **II** *sich* ~*stellen* susi-
kompromitúoti
blühen *vi* **1** žydéti **2** klestéti
blühend 1 žýdintis **2** klẽstintis; *im*
blühendsten Álter gražiáusiame ámžiuje
Blúme *f* -, -n gėlė̃
Blúmen‖beet *n* -(e)s, -e klòmba, gėlýnas;
~*kohl* *m* -(e)s žiedìniai kopū̃stai, kalafiò-
rai; ~*zucht* *f* - gėlininkỹstė
blúmig gėlétas

Blúse f -, -n palaidìnė; (*moteriška*) palaidi-
nùkė
Blut n -(e)s kraũjas; ∼ *spénden* dúoti kraũją
(*apie donorą*); *im* ∼ *erstícken* paskandìnti
kraujyjè
blútarm mažakraũjis
Blútdruck m -(e)s kraujóspūdis
Blüte f -, -n žíedas; ∼*n tréiben* žydéti **2** žy-
déjimas; klestéjimas; *in* ∼ *stéhen* [*sein*]
žydéti; klestéti
Blútegel m -s, - dėlė̃
blúten vi kraujúoti
blútgierig kraũgeriškas
blútig kraujúotas, krùvinas
blútjung jaunùtis, jaunutė̃lis
Blút‖**kreislauf** m -(e)s, ᵘe kraujótaka; ∼**pro-
be** f -, -n kraũjo anãlizė
blútrot tam̃siai raudónas
Blút‖**sauger** m -s, - kraugerỹs, engéjas;
∼**spender** m -s, - dònoras; ∼**sturz** m -es
kraujóplūdis; ∼**vergießen** n -s kraũjo pra-
liejìmas
Bock m -(e)s, ᵘe **1** ožỹs; ãvinas; stìřninas
2 ožỹs, užsispýrėlis
bóckig užsispýręs, ãtžagarias
Bóckwurst f -, ᵘe sardėlė̃
Bóden m -s, ᵘ **1** žẽmė; pãgrindas; *zu* ∼*fállen*
(par)griúti añt žẽmės; *j-n zu* ∼ *schlágen*
partreñkti ką̃ añt žẽmės; *Grund und* ∼ žẽ-
mė, (*žemės*) naūdmenos **2** dùgnas (*jūros,
valties*) **3** pastógė, aūkštas
Bóden‖**bearbeitung** f -, -en žẽmės (į)dir-
bìmas; ∼**besitz** m -es, -e žẽmės valdà;
∼**satz** m -es, ᵘe **1** núosėdos, drum̃zlės
2 tirštìmai; ∼**schätze** pl naudìngosios ìš-
kasenos, žẽmės tuřtai
Bógen m -s, - / ᵘ **1** lañkas **2** kẽlio vìngis,
lañkstas **3** árka **4** strỹkas, griežìklis **5** (*po-
pieriaus*) lãpas
Bógenschießen n -s šáudymas ìš lañko
Bóhle f -, -n stórlentė, storà lentà
Bóhne f -, -n pupà; pupėlė̃
Bóhnenkaffee m -s pupėlių̃ kavà
bóhnern vt (iš)vaškúoti (*grindis*)
bóhren I vt (iš)grę̃žti **2** įsmeĩgti, įbèsti **II** vi
grę̃žti

Bóhrer m -s, - **1** grą̃žtas **2** gręžė́jas
Bóllwerk n -s, -e bastiònas; tvirtóvė
Bólzen m -s, - vařžtas, sráigtas
Bombardement [-deˈmãː] n -s, -s bombar-
dãvimas
Bómbe f -, -n bòmba
bómben vi bombardúoti
Bómben‖**angriff** m -(e)s, -e (*aviacijos*) añt-
puolis, bombardãvimas; ∼**einschlag** m
-(e)s, ᵘe bòmbos sprogìmas
Bómber m -s, - bombónešis
Bonbon [bɔŋˈbɔŋ] m, n -s, -s saldaĩnis, ledi-
nùkas
Boot n -(e)s, -e laivẽlis, váltis; ∼ *fáhren*
ìrstytis laiveliù
Bóotsfahrt f -, -en ìrstymasis laiveliù
Bord m -(e)s, -e (*laivo, lėktuvo*) bòrtas; *an*
∼ *des Schíffes* laivè; *an* ∼ *géhen* sėstis į̃
laĩvą
Bordüre f -, -n apkraštỹs, bordiū̃ras
bórgen vt **1** (*bei j-m, von j-m*) skõlintis, pa-
siskõlinti (*iš ko*) **2** (*j-m*) (pa)skõlinti (*kam*)
Born m -(e)s, -e šaltìnis, versmė̃
borníert ribóto prõto, bùkas
Börse f -, -n **1** piniginė̃ **2** bìrža
Bórste f -, -n šerỹs, šeriaĩ
Bórte f -, -n apkraštỹs, bordiū̃ras
bösartig pìktas, piktavãliškas; piktýbinis
(*navikas*)
Böschung f -, -en šlaĩtas, atšlaĩtė, pakriaũšė
böse 1 pìktas; ∼ *wérden* supỹkti; *j-m* [*auf
j-n*] ∼ *sein* pỹkti añt kõ **2** blõgas, nelėm-
tas; *ein* ∼*es Énde néhmen* blogaĩ baĩgtis
Böse *sub* n blõgis, blogýbė
Bösewicht m -(e)s, -er / -e nevidónas, pikta-
darỹs
bóshaft 1 pìktas, piktavãliškas **2** pašaipùs,
kandùs
Bósheit f - **1** *sg* pỹktis, piktùmas
Botánik f - botãnika
Botániker m -s, - botãnikas
Bóte m -n, n **1** pasiuntinỹs, kùrjeris **2** šauk-
lỹs, prãnašas
Bótschaft f -, -en **1** žìnià, pranešìmas **2** am-
basadà
Bótschafter m -s, - ambasãdorius

Bóttich m -(e)s, -e kùbilas

Bouillon [bul'jɔŋ] f -, -s sultinỹs, buljònas

Boulétte [bu:-] f -, -n kotlètas; maltìnis

Boulevard [bulə'va:r] m -s, -s bulvãras

Bourgeoisie [burʒoa'zi:] f -, -sí:en buržuãzija

Box f -, -en 1 kabinà; bòksas 2 garãžas

Bóxen n -s bòksas

Bóxer m -s, - bòksininkas

Boykótt [bɔy-] m -(e)s, -s / -e boikòtas

boykottíeren [bɔy-] vt boikotúoti

Bráche f -, -n pū́dymas; pūdymãvimas

Bráchland n -(e)s pū́dymas; dirvónas

bráchliegen* vi pūdymúoti; dirvonúoti

Bránche [-ʃə] f -, -n (prekybos, pramonės) šakà

Brand m -(e)s, ꞌe gaĩsras; in ~ stécken· [sétzen] padègti, uždègti

Brándbombe f -, -n padegamóji bòmba

bránden vi mùšti(s), daužýtis (apie bangas)

brándfest nèdegamas, ùgniai atsparùs

brándmarken (brándmarkte, gebrándmarkt) vt pasmeȓkti

Bránd‖schaden m -s, ꞉ gaĩsro núostoliai; ~stifter m -s, - padegéjas; kùrstytojas

Brándung f -, -en (bangų̃) mūšà

Bránd‖versicherung f -, -en draudìmas nuõ gaĩsro; ~wunde f -, -n žaizdà nuõ nudegìmo

Bránntwein m -(e)s, -e degtìnė

Brasiliáner m -s, - brazìlas

brasiliánisch Brazìlijos; brazìlų̃; brazìliškas

Brasíli:en n -s Brazìlija

bräteln vt (pa)kēpinti, (pa)spìrginti

bráten* I vt kèpti, kēpinti II vi / sich ~ kèpti

Bráten m -s, - kepsnỹs

Brát‖fisch m -es, -e keptà žuvìs; ~kartoffeln pl kèptos bùlvės; ~ofen m -s, ꞉ órkaitė; ~pfanne f -, -n keptùvė

Bräu n -s, -e / -s 1 alùs 2 alaũs daryklà 3 alùdė

Brauch m -, ꞉e paprotỹs

bráuchbar tiñkamas; naudìngas

bráuchen vt 1 reikéti (ko); er braucht nicht zu kómmen jám nereĩkia ateĩti 2 (pa)vartóti, (pa)naudóti

Bráue f -, -n añtakis

Braueréi f -, -en alaũs daryklà

braun rùdas; rùsvas; ~ wérden rùsti; į̃dègti (nuo saulės); ~ gebránnt nudė̃gęs, į̃dėgęs

braunäugig rudaãkis

bräunen vt (pa)skrùdinti

Bráunkohle f -, -n rùsvosios añglys

Bráuse f -, -n 1 dùšas 2 limonãdas

bráusen I vi 1 šė̃lti, šniõkšti (pvz., apie vė́ją, jū́rą) 2 (s) (nu)dùmti, (nu)rū̃kti II sich ~ praũstis põ dušù

Braut f -, ꞉e sužadė́tinė; núotaka, jaunóji

Bräutigam m -s, -e sužadė́tinis, jaunìkis

Bráut‖kleid n -(e)s, -er vestùvinė suknėlė; ~leute pl jaunavedžiaĩ, jauníeji

brav 1 kilnùs, dõras 2 drą̃sùs, narsùs; šaunùs

brávo brãvo, puikù

Brécheisen n -s, - laužtùvas, dálba

bréchen* I vt 1 (nu)láužti; (su)láužyti; sich (D) den Arm ~ nusiláužti rañką; sich (D) den Hals [das Geníck] ~ nusisùkti sprándą; sein Wort ~ suláužyti dúotą žõdį 2 paláužti, įveĩkti II vi 1 (s) (nu)lū̃žti 2 (s) prasiskveȓbti, prasibráuti 3 (h) mèsti, nutráukti (santykius) 4 (h) vémti

Brei m -es, -e kõšė, tỹrė, piurė̃

breit platùs; drei Méter ~ trijų̃ mètrų plõčio; die ~e Öffentlichkeit plãtūs visúomenės slúoksniai; das ist weit und ~ bekánnt plačiaĩ [visuȓ] žìnoma

Bréite f -, -n plõtis, platùmas

bréitschult(e)rig plačiapètis, petìngas

Bréitwandfilm m -(e)s, -e plačiaekrãnis fìlmas

Brémse¹ f -, -n stabdỹs

Brémse² f -, -n sparvà, biȓbalas

brémsen I vt stabdýti; sulétinti **II** vi stabdýti; paspáusti stãbdį

brénnbar degùs; dė̃gamas

brénnen* I vt dèginti (pvz., žvakę, malkas); dègti (plytas, kalkes) II vi 1 dègti, liepsnóti; dèginti; die Sónne brennt sáulė kēpina; es brennt! gaĩsras! dèga! 2 prk. dègti 3 (auf A) nekañtriai láukti (ko)

brénnend 1 dēgantis 2 dēginantis; *éine* ~*e*
Fráge aktualùs [opùs] kláusimas
Brenneréi *f* -, -en 1 spìrito varyklà 2 plỹtinė
Brénn‖**holz** *n* -es, ꞏer málkos; ~**punkt** *m* -
(e)s, -e ceñtras (*pvz.*, *dėmesio*, *įvykio*); *im*
~*punkt des Interésses stéhen* būti dēme-
sio centrè; ~**stoff** *m* -(e)s, -e degalaĩ
Brénnnessel *f* -, -n dilgėlė̃
brénzlich 1 prisvìlęs, pridḗgęs 2 įtartìnas,
pavojìngas
Brésche *f* -, -n spragà, ìšlauža
Brett *n* -(e)s, -er 1 lentà; šachmãtų (šãš-
kių) lentà; *das Schwárze* ~ skelbìmų lentà
2 lentýna (*pvz.*, *knygoms*)
Brétt‖**spiel** *n* -(e)s, -e žaidìmas šachmãtais
(šãškėmis); ~**stein** *m* -(e)s, -e šachmãtų
figūrà; šãškė
Brézel *f* -, -n cukrúotas riestaĩnis
Brief *m* -(e)s, -e láiškas; rãštas; *ein éinge-
schriebener* ~ registrúotas láiškas
Brief‖**kasten** *m* -s, ꞏ pãšto dėžùtė; ~**marke**
f -, -n pãšto žénklas
Briefmarkensammler *m* -s, - filatelìstas
Brief‖**papier** *n* -s, -e laiškìnis põpierius;
~**partner** *m* -s, - susirašinėtojas (*laiš-
kais*); ~**tasche** *f* -, -n piniginė; ~**träger**
m -s, - laiškanešỹs; ~**umschlag** *m* -(e)s,
ꞏe vókas (*laiškams*); ~**wechsel** *m* -s, - su-
sirašinėjimas; *im* ~*wechsel mit j-m stéhen*
sù kuõ susirašinéti
Brigáde *f* -, -n brigadà
Brigadier [-ˈdje:] *m* -s, -s brigãdininkas
Brikétt *n* -(e)s, -s / -e brikètas
Brillant [brilˈjant] *m* -en, -en briliántas
Brílle *f* -, -n akiniaĩ
Brillenglas *n* -es, ꞏer akinių̃ stìklas
bríngen* *vt* 1 atnèšti; *Grüße* ~ pérduoti
svéikinimus 2 atgabénti, atvèsti; nugabén-
ti; *j-n vor Gerícht* ~ iškélti kám bỹlą teis-
mè 3 dúoti, (su)teĩkti 4: *etw. an sich* ~
ką̃ pasiglemžti; *j-n auf den Gedánken* ~
dúoti kám miñtį; *ein Kind zur Welt* ~ pa-
gimdýti vaĩką; *j-n zum Schwéigen* ~ ką̃
nutìldyti
Bríse *f* -, -n brìzas, (*palankus*) jū́ros vėjas
bröckelig trupùs, gurùs

bröckeln I *vt* trùpinti, gùrinti **II** *vi* (*s*) trupéti,
guréti
Brócken *m* -s, - 1 trupinỹs, gurinỹs 2 núo-
trupos
bródeln *vi* kunkuliúoti, vìrti
Brómbeere *f* -, -n gérvuogė
Brónze [-sə] *f* -, -n brònza
brónzen [-sən] bronzìnis, bronzìnės spalvõs
Brósame *f* -, -n trupinỹs, gurinỹs
Brósche *f* -, -n sãgė
Broschüre *f* -, -n brošiūrà
Brot *n* -(e)s, -e dúona; *belégtes* ~ sumuš-
tìnis, sviestaĩnis; *bei tróckenem* ~ *sítzen*
válgyti saũsą dúoną, blogaĩ maitìntis
Brötchen *n* -s, - bandēlė
Brót‖**laib** *m* -(e)s, -e dúonos kẽpalas;
~**mehl** *n* -(e)s, -e dúonmilčiai; ~**schei-
be** *f* -, -n dúonos riekė̃
Bruch *m* -(e)s, ꞏe 1 lū́žimas, lū́žis; *zu* [*in die*]
Brüche géhen sudùžti, subyréti; sužlùgti
2 sántykių [ryšių̃] nutraukìmas 3 dùženos;
núotrupos
brüchig 1 lužùs, dužùs, dū́žtamas 2 įtrū́kęs,
įlū́žęs
Brúch‖**stück** *n* -(e)s, -e núolauža, atlaužà;
~**teil** *m* -(e)s, -e dalìs, dalēlė
Brücke *f* -, -n tìltas
Brückenbau *m* -(e)s tiltų̃ statýba
Brúder *m* -s, ꞏ brólis; *ein léiblicher* ~ tìkras
brólis
brüderlich bróliškas
Brüderschaft *f* - brolỹstė, broliãvimasis
Brühe *f* -, -n sultinỹs, buljònas
brühen I *vt* nuplikýti, užplikýti **II** *sich* ~
nusiplikýti
brüllen *vi* 1 mỹkti, baũbti, riaumóti 2 rḗkti,
šaũkti
brúmmen *vi* 1 uŕgzti (*apie lokį*); baũbti (*apie
galvijus*); ziŕzti 2 niurnéti, murméti
Brúmmer *m* -s, - bambḗklis, niùrzga
brünétt brunètas, tamsiaplaũkis
Brúnnen *m* -s, - 1 šulinỹs 2 fontãnas
Brunst *f* -, ꞏe rujà, lākstymosi laĩkas
brünsten *vi* rujóti, lakstýtis
brüsk šiurkštùs, atžarùs
Brust *f* -, ꞏe 1 krūtìnė 2 krūtys

Brúst‖beschwerden *pl* dusulỹs; ∼bild *n* -(e)s, -er portrètas lìgi juosmeñs

brüsten, sich (*mit* D) didžiúotis, puikáuti (*kuo*)

Brut *f* -, -en 1 pérėjimas; inkubãcija 2 ìšpera, ìšperos

brutál brutalùs, žiaurùs

Brutalität *f* - brutalùmas, žiaurùmas

brüten *vi* 1 peréti 2 kẽpinti, svìlinti (*apie saulę*)

Brúthenne *f* -, -n perẽkšlė

Brúttoeinkommen *n* -s, - beñdrosios [brùto] pãjamos

Búbe *m* -n, -n berniùkas, vaikẽzas

Buch *n* -(e)s, ⁓er knygà; hínter [über] séinen Büchern sítzen sėdéti priẽ knỹgų

Búche *f* -, -n bùkas (*medis*)

búchen *vt* 1 įrašýti į (*apskaitos*) knỹgą 2 (*iš anksto*) užsakýti; éinen Platz für éine Flúgreise ∼ užsakýti viẽtą keliõnei lėktuvù

Bücher‖ausgabe *f* -, -n knỹgų išdavìmas (*bibliotekoje*); ∼regal *n* -s, -e knỹgų lentýna; ∼schrank *m* -(e)s, ⁓e knỹgų spìnta

Búch‖esche *f* -, -n skrõblas; ∼fink *m* -en, -en kikìlis; ∼halter *m* -s, - buhálteris; ∼haltung *f* -, -en buhaltèrija; ∼handlung *f* -, -en knygýnas

Büchse¹ *f* -, -n skardìnė, skardìnė dėžùtė

Büchse² *f* -, -n medžiõklinis šáutuvas

Büchsenmilch *f* - kondensúotas píenas (*skardìnėse*)

Búchstabe *m* -ns / -n, -n raĩdė

buchstabíeren *vt* skiemenúoti, skaitýti paraidžiuĩ

búchstäblich I *a* pažõdinis, raĩdiškas II *adv* pažodžiuĩ; tiesióg

Bucht *f* -, -en įlanka, užùtekis

Búchumschlag *m* -(e)s, ⁓e knỹgos viršẽlis

Búchweizen *m* -s grìkis, grìkiai

Búckel *m* -s, - kuprà; nùgara

bücken, sich leñktis, pasileñkti

búcklig kuprótas, pakumpęs

Búcklige *sub m, f* kuprỹs, -ẽ

búddeln *vt* kàsti (*bulves*)

Búde *f* -, -n būdà, namẽlis 2 lūšnà; kambariũkštis

Budget [by'dʒe:] *n* -s, -s biudžètas

Büfétt *n* -(e)s, -s / -e bufètas

Büfétt‖dame *f* -, -n, ∼fräulein *n* -s, - bufètininkė

Büffel *m* -s, - bùivolas

Bügel *m* -s, - pãkabas (*drabužiams*)

Bügeleisen *n* -s, - laidỹnė, lygintùvas

Bühne *f* -, -n scenà; pakylà; teãtras; *ein Stück auf die ∼ brìngen* pastatýti pjèsę

Bühnen‖bild *n* -(e)s, -er dekorãcija; ∼maler *m* -s, - teãtro daĩlininkas; ∼werk *n* -(e)s, -e veĩkalas teãtrui (*pvz., pjesė, opera*)

Bukétt *n* -(e)s, -e púokštė

Bulétte *f* -, -n kotlètas; maltìnis

Bulgáre *m* -n, -n bulgãras

Bulgári̇en *n* -s Bulgãrija

bulgárisch Bulgãrijos; bulgãrų; bulgãriškas

Bulldógge *f* -, -n buldògas (*šunų veislė*)

Búlle *m* -n, -n bùlius, jáutis

Búmmel *m* -s, - pasiváikščiojimas, bãstymasis

búmmeln *vi* 1 paváikščioti, pavaikštinéti 2 dykinéti, tinginiáuti

Bund¹ *m* -(e)s, ⁓e sájunga; lýga

Bund² *n* -(e)s, -e ryšulỹs; pakètas

Bündel *n* -s, - ryšulỹs, ryšulẽlis

Búndes‖bahn *f* -, -en federãcinis geležìnkelis (*VFR, Šveicarija*); ∼bürger *m* -s, - VFR piliẽtis; ∼gericht *n* -(e)s, -e federãcinis teĩsmas (*VFR, Šveicarija*); ∼rat *m* -(e)s bùndesratas (*parlamento aukštieji rūmai; VFR, Austrija*); ∼staat *m* -(e)s, -en federãcinė valstýbė; ∼tag *m* -(e)s bùndestagas (*VFR parlamento žemieji rūmai*); ∼wehr *f* - bùndesveras (*VFR ginkluotosios pajėgos*)

bündig trum̃pas, gláustas; *kurz und* ∼ trumpaĩ drūtaĩ

Bündnis *n* -ses, -se sájunga; *ein* ∼ *mit j-m éingehen* [schlíeßen] sudarýti sù kuõ sájungą

Búngalow [-lo:] *m* -s, -s vasárnamis, vilà

bunt márgas, spalvótas; ∼*e Blúmen* rýškios [margaspalvės] gėlės; ∼ *geblümt* gėlėtas (*apie drabužį*)

búntfarbig márgas, margaspalvis

Búntstift *m* -(e)s, -e spalvótas pieštùkas

Bürde *f* -, -n naštà, sunkùmas

Burg *f* -, -en pilìs, tvirtóvė

bürgen *vi* (*für A*) laidúoti, garantúoti (*už ką*)

Bürger *m* -s, - 1 piliẽtis 2 biùrgeris, miestiẽtis

Bürgerkrieg *m* -(e)s, -e piliẽtinis kãras

bürgerlich 1 piliẽtinis 2 buržuãzinis

Bürgermeister *m* -s, - bùrmistras

Bürgersteig *m* -(e)s, -e šalìgatvis

Bürgertum *n* -(e)s buržuãzija

Bürgschaft *f* -, -en laĩdas, laidãvimas, garántija

Büró *n* -s, -s biùras, kontorà, rãštinė

Búró‖artikel *m* -s, - kanceliãrinės prēkės; ∼**bedarf** *m* -(e)s kanceliãriniai reĩkmenys

Bürokratíe *f* -, -tí:en 1 biurokratìzmas 2 biurokrãtija

Búrsche *m* -n, -n vaikìnas, jaunuõlis; *álter* ∼! draugùži!

burschikós liñksmas; nesivařžantis; valiūkiškas

Bürste *f* -, -n šepetỹs

bürsten *vt* valýti šēpečiu

Busch *m* -es, ⁝e krũmas, krūmýnas

Büschel *n* -s, - kúokštas, plúoštas (*pvz.*, *plaukų*)

búschig 1 tánkus (*apie plaukus*) 2 krūmúotas, krūmìngas

Búsen *m* -s, - 1 krūtìnė 2 įlanka

Búsenfreund *m* -(e)s, -e ařtimas draũgas

Bús‖fahrer *m* -s, - autobùso vairúotojas; ∼**haltestelle** *f* -, -n autobùsų stotėlė

Búße *f* -, -n 1 atgailà; ∼ *tun* darýti ãtgailą, atgailáuti 2 bausmė; pabaudà

büßen I *vt* 1 išpiřkti (*kaltę*) 2 bũti nubaustám, gáuti ãtpildą (*už ką*) **II** *vi* 1 atgailáuti, gailétis 2 (*für A*) užmokéti, gáuti ãtpildą (*už ką*)

Büste *f* -, -n 1 biùstas 2 (*moters*) krūtìnė

Büstenhalter *m* -s, - liemenėlė

Büttel *m* -s, - 1 polìcininkas; seklỹs 2 bùdelis

Bútter *f* - svíestas; ∼ *auf das Brot schmíeren* [*stréichen*] (už)tèpti svíestą añt dúonos

Bútter‖blume *f* -, -n kiaũlpienė; ∼**brot** *n* -(e)s, -e / ⁝e sviestaĩnis; ∼**dose** *f* -, -n svíestinė; ∼**gebäck** *n* -(e)s, -e svíestinis pyragáitis; ∼**milch** *f* - pãsukos; ∼**pilz** *m* -es, -e kazlėkas

C

Cafe [-ˈfe:] *n* -s, -s kavìnė

Camping [ˈkɛm-] *n* -s, -s keñpingas

Chamäleon [k-] *n* -s, -s chameleònas

Champagner [ʃamˈpanjər] *m* -s, - šampãnas

Champignon [ˈʃampinjəŋ] *m* -s, -s šampinjònas, pievãgrybis

Champion [ˈtʃɛmpiɔn] *m* -s, -s čempiònas

Chance [ˈʃaŋsə] *f* -, -n šánsas

Chaos [ˈka:ɔs] *n* - chaòsas

chaotisch [kaˈo:-] chaòtiškas

Charákter [k-] *m* -s, -tére 1 charãkteris, būdas 2 póbūdis, ypatýbė

Charáktereigenschaft [k-] *f* -, -en charãkterio savýbė

charákterfest [k-] tvìrto charãkterio

charakterisíeren [k-] *vt* apibũdinti, charakterizúoti

Charakterístik [k-] *f* -, -en charakterìstika

charakterístisch [k-] charakterìngas, būdìngas

charákterschwach [k-] silpnavãlis

charmánt [ʃarmáŋ] žavùs, žavìngas

Chauffeur [ʃɔˈfø:r] *m* -s, -e šòferis, vairúotojas

Chaussée [ʃɔ-] *f* -, -sé:en pléntas

Chef [ʃɛf] *m* -s, -s šèfas, vadõvas; viřšininkas

Chef‖architekt [ˈʃɛf-] *m* -en, -en vyriáusiasis architèktas; ∼**ingenieur** *m* -s, -e vyriáusiasis inžiniẽrius

Chemíe *f* - chèmija

Chemikáli:en *pl* chemikãlai
Chémiker *m* -s, - chèmikas
chémisch chèmijos, chèminis
Chille ['tʃi:le] *n* -s Čìlė
Chína *n* -s Kìnija
Chinése *m* -n, -n kìnas
chinésisch Kìnijos; kìnų; kìniškas
Chirúrg *m* -en, -en chirùrgas
Chirurgíe *f* -, -gí:en chirùrgija
Chlor [k-] *n* -s chlòras
Chólera [k-] *f* - chòlera
Chor [ko:r] *m* -(e)s, :e chòras; *im* ~ *rúfen* šaūkti kartù, skandúoti
Choríst [k-] *m* -en, -en chorìstas
Chór‖leiter [k-] *m* -s, - chòro vadõvas [dirigeñtas]; ~**probe** *f* -, -n chòro repetìcija

Christ [k-] *m* -en, -en krikščiónis
Chrístbaum [k-] *m* -(e)s, :e Kalẽdų eglùtė
chrístlich [k-] krikščióniškas, krikščiónių
Chrom [k-] *n* -s chròmas
Chrónik [k-] *f* -, -en krònika, mẽtraštis
cléver [k-] protìngas, gudrùs
Clique ['kli:kə] *f* -, -n klikà
Clown [klaun] *m* -s, -s klòunas
Cocktail ['kɔkte:l] *m* -s, -s kokteĩlis
Computer [-'pju:-] *m* -s, - kompiùteris
Conferencier [kɔnferaŋ'sje:] *m* -s, -s konferansjẽ, pranešėjas
Container [-'te:nər] *m* -s, - kontéineris
Couplet [ku'ple:] *n* -s, -s kuplètas
Cousin [ku'zɛŋ] *m* -s, -s pùsbrolis
Creme [krɛ:m] / **Krem** *f* -, -s krèmas

D

da I *adv* tẽn, tenaĩ; štaĩ; *díeses Haus* ~ štaĩ šìs nãmas II *cj* 1 kadángi 2 kaĩ; ~ *sein* bū́ti, dalyváuti; *er ist nicht* ~ jõ nėrà
dabéi 1 šalià, gretà, priẽ 2 kartù, tuo pačiù 3 dėl tõ; ìš tõ; ~ *kommt nichts heráus* ìš tõ niẽko neišeĩs; *es bleibt* ~*!* nùtarta! baĩgta! ~ *sein* bū́ti, dalyváuti; *er ist* ~, *séinen Kóffer zu pácken* jìs reñgiasi kráuti sàvo lagamìną
dabéibleiben* *vi* (*s*) lìkti, pasilìkti
Dach *n* -(e)s,:er stógas; viršùs; pastógė; *únterDach und Fach bríngen* priglaūsti; (*javus*) suvèžti
Dách‖boden *m* -s, :: pastógė, palépė, aūkštas; ~**pfanne** *f* -, -n čérpė; ~**rinne** *f* -, -n stógvamzdis
Dachs *m* -es, -e barsùkas
Dáchshund *m* -(e)s, -e tãksas (*šunų veislė*)
dadúrch dėl tõ, todėl; *was willst du* ~ *erréichen?* kã tù nóri tuõ pasíekti?
dafür 1 už taĩ 2: ~ *weiß ich ein gútes Míttel* nuõ tõ àš žinaū gẽrą váistą
dagégen I *pron* priẽš taĩ; *ich hábe nichts* ~ àš niẽko priẽš, àš neprieštaráuju II *cj* õ, tačiaū
dagégenstellen I *vt* pristatýti, pareñti II *sich* ~ príešintis, nepasidúoti

dahéim namiẽ, namuosè; téviškėje; *von* ~ ìš namū́
dahér I *adv* ìš teñ II *cj* todėl
dahérreden *vi* tauškéti, plepéti
dahín teñ, tenaĩ; *bis* ~ ikì teñ, ikì tõs viẽtos; ikì tõ laĩko
dahín‖eilen *vi* (*s*) 1 lėkti, dùmti 2 bėgti (*apie laiką*); ~**geben*** *vt* atidúoti, paaukóti
dahingégen *cj* tačiaū, vìsgi
dahín‖leben *vi* nerūpestìngai gyvénti; ~**reden** *vi* taū́kšti, póstringauti
dahínter (teñ) ùžpakalyje, už šìto; ~ *kómmen* sužinóti, išsiáiškinti; ~ *stécken* slypéti
Dáhli:e *f* -, -n jurgìnas
dámalig tuometìnis
dámals anuõmet, tadà
Dáme *f* -, -n damà, ponià; *méine* ~*n und Hérren!* põnios iř põnai!
Dámen‖bekleidung *f* -, -en móteriški drabùžiai; ~**schuh** *m* -(e)s, -e móteriški batēliai
Dámespiel *n* -(e)s, -e šãškės (*žaidimas*)
Dámhirsch *m* -es, -e daniēlius
damít I *adv* (sù) tuõ, juõ, šìtuo II *cj* kàd, tám kàd
dämlich kvaĩlas, apýkvailis

Damm m -(e)s, ᷉e 1 užtvanka, pylimas 2 sánkasa 3 gindinỹs

dämmen vt 1 (už)tveñkti 2 numalšìnti (pvz., pyktį)

dämmerig apýtamsis, blausùs; es wird ~ jaū témsta; jaū šviñta [brékšta]

Dämmerlicht n -(e)s príeblanda, príetema, apýaušris

dämmern vimp 1 témti 2 aūšti, švìsti

Dämmerung f -, -en 1 apýaušris, príešaušris 2 príeblanda, sùtemos

Dampf m -(e)s, ᷉e 1 gāras, garaĩ 2 dū́mai

dámpfen vi garúoti

dämpfen vt 1 troškìnti, šùtinti 2 (pri)slopìnti, (su)mãžinti

Dámpf‖fahrt f -, -en keliõnė gárlaiviu; ~schiff n -(e)s, -e gárlaivis

danách 1 paskuĩ, põ tõ; 2 pagaĩ taĩ, atitiñkamai

Däne m -n, -n dānas, Dānijos gyvéntojas

danében šalià, gretà

danébengreifen* vi 1 nepagriēbti, griēbti prõ šãlį 2 nepatáikyti, apsirìkti

Dänemark n -s Dānija

dänisch Dānijos; dānų; dāniškas

dank prp (D, G) dėkà; ~ séinem Fleiß sàvo kruopštumù

Dank m -(e)s padėkà; bésten [schönen, víelen] ~! labaĩ dėkui!

dánkbar dėkìngas

Dánkbrief m -(e)s, -e padėkõs láiškas

dánken vi (j-m für A) (pa)dėkóti (kam už ką)

Dánkeswort n -(e)s, -e padėkõs žõdis

dann 1 põ tõ, paskuĩ, vėliaũ 2 tuomèt, tadà; ~ und wann kaῖtais, kaῖtkartėmis

darán 1 priē tõ, priē jõ, ùž jõ; añt jõ 2: denke ~! pagalvók apiē taĩ! wer ist ~? kienõ eilė́?

darán‖gehen* vi (s) im̃tis dárbo; ~setzen: álle Kräfte ~setzen dė́ti visàs jė́gàs

daráuf 1 añt tõ, añt jõ; jamè; ~ légen uždė́ti 2 põ tõ, paskuĩ; ein Jahr ~ põ mė́tų; ~ fólgend kìtas, sėkantis

daráus ìš tõ; ìš čià; ~ folgt ... ìš čià išeῖna [išplaūkia] ...

dárben vi skuřsti, vařgti

dárbieten* I vt 1 (pa)siū́lyti, (pa)dúoti 2 atlìkti (pvz., šokį, dainą) II sich ~ pasitáikyti (pvz., apie galimybę)

dárbringen* vt įteῖkti, padúoti

darín čià, teñ, tenaĩ (viduje)

dárlegen vt išdė́styti, (pa)áiškinti

Dárleh(e)n n -s, - paskolà

Darm m -(e)s, ᷉e žarnà

dárreichen vt įteῖkti, padúoti

dárren vt džiovìnti (krosnyje)

dárstellen vt 1 (pa)vaizdúoti 2 (su)vaidìnti (vaidmenį) 3 išdė́styti, aprašýti

Dársteller m -s, - (vaidmens) atlikėjas, āktorius

Dárstellung f -, -en 1 (pa)vaizdāvimas 2 (vaidmens) atlikìmas, vaidýba 3 išdė́stymas, aprāšymas

darüber 1 añt tõ, añt jõ, vìrš tõ, vìrš jõ 2 apiē taĩ, dėl tõ; ~ hináus be tõ; ~ stéhen bū́ti [stovéti] aukščiaũ

darúm I adv 1 apiē [apliñk] jį̃ 2 tuõ, apiē taĩ, dėl tõ II cj todė́l

darúnter 1 põ tuõ, põ juõ 2 taῖp jų̃ 3 dėl tõ; tuõ; ~ schréiben (pa)rašýti põ (kuo)

Dásein n -s 1 bū́tìs, gyvēnimas 2 bū́vis, egzistenčija

dass cj kàd; kad nèt; er árbeitete, ~ es éine Lust war zúzusehen jìs dìrbo, kad nèt malonù bùvo žiūréti

dástehen* vi stovéti, bū́ti; állein ~ bū́ti vienišãm, neturéti giminių̃

datíeren I vt datúoti, žyméti dãtą II vi / sich ~: das Werk datíert aus dem 17. Jahrhúndert taĩ XVII ámžiaus veῖkalas

Dátiv m -s, -e gram. naudiniñkas

Dátscha f -, -s / -schen vasárnamis, vilà

Dáttel f -, -n datùlė (vaisius)

Dátum n -s, -ten datà

Dáuer f - trukmė́, trukìmas; éine lánge ~ ìlgas laῖko tárpas; auf die ~ ilgám laῖkui, ilgám, ilgaĩ

Dáuer‖ausstellung f -, -en nuolatìnė parodà; ~ausweis m -es, -e nuolatìnis pažymė́jimas

dáuerhaft tvìrtas, patvarùs; ilgalaῖkis

Dáuerkarte *f* -, -n abonemeñtas; nuolatìnis bìlietas

dáuern *vi* trùkti, tęstis

dáuernd I *a* nuolatìnis, pastovùs; ilgalaĩkis **II** *adv* nuõlat, nuolatõs

Dáuer‖posten *m* -s, - nuolatìnės pāreigos, nuolatìnė tarnýba; ~**regen** *m* -s, - ilgaĩ truñkantis [ilgalaĩkis] lietùs; ~**ware** *f* -, -n negeñdanti prēkė; ~**welle** *f* -, -n pusmetìnis plaukų sušukāvimas

Dáumen *m* -s, - nykštỹs; *j-m [für j-n] den* ~ *hálten [drücken]* linkéti kám sėkmēs

Däumling *m* -s, -e nykštùkas *(pasakosę)*

Dáune *f* -, -n pūkēlis; *pl* pūkaĩ

Dáunen‖bett *n* -(e)s, -en patalaĩ; ~**kissen** *n* -s, - pūkų pagálvė

davón 1 nuõ čià; nuõ tõ; nuõ teñ; *Hände weg* ~*!* šaliñ rankàs! **2** ìš tõ, ìš jų **3** apiẽ taĩ

davón‖eilen *vi (s)* išskubéti, skubiaĩ pasišálinti; ~**kommen*** *vi (s)* pasprùkti; išsigélbėti; *mit dem Lében* ~*kommen* sveĩką káilį išnèšti; ~**machen, sich** (pa)sprùkti, pabégti; ~**tragen*** *vt* **1** nunèšti **2** pasíekti, iškovóti; *éinen Sieg* ~*tragen (über A)* iškovóti pérgalę *(prieš ką)*

davór 1 priẽš [príešais] tą, priẽš [príešais] jį̃ **2** tõ, nuõ tõ; *hüte dich* ~*!* sáugokis tõ!

dazú 1 tám; *ich hábe kéine Lust* ~ àš tám neturiù nóro **2** be tõ, kartù **3**: *was sagst du* ~*?* ką̃ tù į̃ taĩ pasakýsi?

dazúkommen* *vi (s)* prisidéti, prisijùngti

dazúschreiben* *vt* prirašýti, papìldomai parašýti

dazwíschen taȓp jų, taȓp tų

dazwíschen‖fahren* *vi (s)* įsikìšti kuȓ; padarýti tvaȓką; ~**kommen*** *vi (s)* **1** sukliudýti **2** kìstis, įsikìšti; ~**reden** *vi* įsikìšti į̃ kaĩbą

Debátte *f* -, -n debãtai; diskùsijos

Debüt [-by:] *n* -s, -s debiùtas

Deck *n* -(e)s, -s dẽnis, añtlubis

Décke *f* -, -n **1** añtklodė **2** stáltiesė **3** dangà *(pvz., sniego, ledo)* **4** *(knygos)* viršēlis, ãpdaras **5** lùbos

Déckel *m* -s, - **1** dañgtis **2** *(knygos)* viršēlis, ãptaisas

décken *vt* **1** (už)deñgti, padeñgti **2** padeñgti, apmokéti, atlýginti **3** deñgti, gìnti, užstóti

Décken‖beleuchtung *f* -, -en lubìnis apšvietìmas; ~**lampe** *f* -, -n lùbų lémpa

Déckname *m* -ns, -n slapývardis, pseudonìmas

defékt sugēdęs, sugadìntas

Defékt *m* -(e)s, -e trūkumas, defèktas **2** (su)gedìmas

defensív gynýbinis

definíeren *vt* apibréžti, nusakýti

Defizít *n* -s, -e deficìtas, trūkumas

Dégen *m* -s, - špagà

déhnbar tąsùs, elastìngas

déhnen I *vt* (iš)tęsti; ištempti **II sich** ~ **1** plēstis, išsitempti **2** išsitiēsti **3** nusidriēkti, nusitęsti

Deich *m* -(e)s, -e pýlimas, dámba, ùžtvanka

dein *m, n (déine f, pl)* tàvo; sàvo; *éiner* ~*er [von* ~*en] Kollégen* víenas ìš tàvo kolègų

déinerseits ìš tàvo pùsės

déinet‖halben, ~**wegen** dėl tavęs

Dekáde *f* -, -n dekadà, dešimtãdienis

Dekán *m* -s, -e dekãnas

deklamíeren *vt* (pa)deklamúoti

deklaríeren *vt* deklarúoti, paskélbti, paréikšti

Deklinatión *f* -, -en linksniuõtė; linksniãvimas

dekliníeren *vt* linksniúoti

Dekoratión *f* -, -en **1** papuoši̇̀mas; dekorãcija **2** òrdinas, pasižyméjimo žénklas

Dekoratiónspflanze *f* -, -n dekoratývinis áugalas

Dekrét *n* -(e)s, -e dekrètas, pótvarkis

Delegatión *f* -, -en delegãcija

delegíeren *vt* delegúoti, siųsti delegatù

Delegíerte *sub m, f* delegãtas, -ė

Delfín / Delphín *m* -s, -e delfìnas

delikát 1 delikatùs, jautrùs **2** keblùs, painùs

Delikatésse *f* -, -n delikatèsas, skanēstas

Delikatéssengeschäft *n* -(e)s, -e delikatèsų parduotùvė

Delíkt *n* -(e)s, -e delìktas, nusižengìmas

Délta *n* - / -s, *pl* -s / -ten (*upės*) dèlta
Demagóge *m* -n, -n demagògas
Demagógie *f* -, -gí:en demagògija
demagógisch demagòginis, demagògiškas
dementgégen príešingai, atvirkščiaĩ
démentsprechend atitiñkamas
démgemäß atitiñkamai, atsižvel̃giant į̃ taĩ
démnach atitiñkamai; tuõ [tókiu] būdù
démnächst netrùkus, artimiáusiu metù
Demokrát *m* -en, -en demokrãtas
Demokratíe *f* -, -tí:en demokrãtija
demokrátisch demokrãtinis, demokrãtiškas
demolíeren *vt* (su)griáuti, (su)gadìnti, (su)daužýti
Demonstránt *m* -en, -en demonstrántas, demonstrãcijos dalỹvis
Demonstratión *f* -, -en demonstrãcija
demonstratív demonstratyvùs
demontíeren *vt* demontúoti, išardýti
Démut *f* - nusižẽminimas; romùmas, nuolankùmas
démütig nusižẽmings; romùs, nuolankùs
démütigen I *vt* (nu)žẽminti, pažẽminti II **sich** ~ žẽmintis, nusižẽminti
démzufolge todẽl, dėl tõ
dénkbar įsivaizdúojamas, įmãnomas, gãlimas
dénken* *vt*, *vi* 1 galvóti, mąstýti, manýti 2 (*an A*) galvóti (*apie ką*), prisimiñti (*ką*); **darán ist gar nicht zu** ~ apiẽ taĩ nèrà kõ iȓ galvóti 3 įsivaizdúoti
Dénken *n* -s mąstymas, galvójimas
Dénker *m* -s, - mąstýtojas
dénkfähig mąslùs, liñkęs galvóti
Dénkmal *n* -(e)s, ᵘer / -e pamiñklas; **ein** ~ **báuen** [*erríchten*] pastatýti pamiñklą
Dénkmal(s)∥pflege *f* - istòrinių pamiñklų príežiūra [apsaugà]; ~**schutz** *m* -(e)s istòrinių pamiñklų apsaugà
dénkwürdig reikšmìngas, svarbùs, atmiñtinas
denn I *cj* 1 nès, kadángi 2 nebeñt, jéi tik II *prtc* gì, vìsgi; **wie** ~? kaĩpgi?
dennóch *cj* vìs dėl̃to, nepáisant [nežiū̃rint] tõ
denunzíeren *vt* įskų́sti, įdúoti
Depésche *f* -, -n telegramà

Deportatión *f* -, -en ištrėmìmas, nutrėmìmas
deportíeren *vt* ištreñ̃ti, nutreñ̃ti
Depot [-ˈpo:] *n* -s, -s 1 dèpas; sándėlis 2 tramvãjų [autobùsų] párkas
deprimíeren *vt* (pri)slégti, (*ką*), (su)kélti deprèsiją (*kam*)
Deputíerte *sub m*, *f* deputãtas, -ė
der *m* (*die f*, *das n*, *die pl*) I žymimasis artikelis II *pron* kurìs (kurì, kuriẽ, kuriõs)
dérart taĩp; tíek
dérartig tóks, šìtoks
derb 1 stiprùs, drūtas 2 rupùs, prãstas 3 grubùs, šiurkštùs
deréinst 1 ìlgainiui, kadà nórs 2 kadáise, kitadõs
dergléichen tóks, panašùs; **und** ~ **mehr** iȓ panašiaĩ
dérjenige *m* (*díejenige f*, *dásjenige n*, *díejenigen pl*) tàs (tà, tiẽ, tõs)
dersélbe *m* (*diesélbe f*, *dassélbe n*, *diesélben pl*) tas pàts (ta patì, tie pãtys, tos pãčios)
derzéit 1 dabař̃, nūnaĩ 2 tuomèt, anuõmet
Deserteur [-ˈtø:r] *m* -s, -e dezertỹras
déshalb *cj* todẽl, dėl tõ
desinfizíeren *vt* dezinfekúoti
Desodoránt *n* -s, -e / -s dezodorãtorius, dezodorántas
desperát nusimìnęs, beviĺtiškas
Despót *m* -en, -en dèspotas
despótisch despòtiškas
déssen úngeachtet nepáisant tõ
Dessert [-ˈsert] *n* -s, -s desèrtas
désto tuõ; ~ **bésser** tuõ geriaũ
déswegen *cj* todẽl, dėl tõ
Detail [-ˈtai] *n* -s, -s detãlė, smùlkmena
Detektív *m* -s, -e detektỹvas, seklỹs
Detonatión *f* -, -en detonãcija, sprogìmas
déuten I *vt* áiškinti, interpretúoti II *vi* (*auf A*) 1 ródyti (*į̃ ką*) 2 lémti, pranašáuti (*kad kas įvyks*)
déutlich áiškus, suprañtamas; ryškùs
deutsch I *a* vókiečių; Vokietìjos; vókiškas; **die** ~**e Spráche** vókiečių kalbà II *adv* vókiškai

Deutsch *n* - / -s vókiečių kalbà; *ein gútes* [*gepflégtes*] ~ gerà [taisyklìnga] vókiečių kalbà; *wie heißt das auf* ~? kaĩp pasakýti taĩ vókiškai?

Déutsche[1] *sub n* vókiečių kalbà

Déutsche[2] *sub m, f* vókietis, -ė; *er ist* ~*r* jìs vókietis; *sie ist* ~ jì vókietė

Déutschland *n* -s Vokietijà

déutschsprachig kaĩbantis (rāšantis) vókiškai; ~*e Länder* šãlys, kuriosè kaĩbama vókiškai

déutschsprachlich vókiečių kalbõs

Déutschstunde *f* -, -n vókiečių kalbõs pamokà

Déutung *f* -, -en áiškinimas, interpretãvimas

Dezémber *m* - / -s, - grúodis, grúodžio mėnuo

dezént padorùs, kuklùs

Dia *n* -s, -s diapozitỹvas, skaidrė̃

diagonál įžambùs, įstrižas

Dialékt *m* -(e)s, -e dialèktas, tarmė̃; *im* ~ *spréchen* kalbė́ti taȓmiškai

Dialóg *m* -(e)s, -e dialõgas

Diamánt *m* -en, -en deĩmantas

Diät *f* - dietà; diètinis maĩstas; *éine* ~ (*éin*)*halten* laikýtis diètos

dicht I *a* tánkus, tiȓštas; glaudùs; sandarùs; ~*es Haar* tánkūs plaukaĩ II *adv* artì; ~ *am Wége* prie pàt kēlio; ~ *besíedelt*, ~ *bevölkert* tirštaĩ gyvẽnamas [apgyvéntas]

dichtáuf įkandin, iš paskõs

Díchte *f* - tankùmas, tirštùmas

Díchter *m* -s, - poètas; ~*in f* -, -nen poètė

díchterisch poètinis, poètiškas

Díchtung *f* -, -en 1 poètinė kūrýba, poèzija 2 poèzijos kūrinỹs; eilėraštis; poemà

dick 1 stóras, drū́tas; *drei Méter* ~ trijų̃ mètrų storùmo; ~ *wérden* storė́ti, pilnéti 2 tánkus, tiȓštas; ~*e Milch* rū́gusis píenas

Dícke *sub m, f* storùlis, -ė, drùčkis, -ė

Díckicht *n* -(e)s, -e tankumýnas, tankýnė

Díckkopf *m* -(e)s, ⸗e užsispýrėlis, kietasprándis

díckköpfig užsispýręs, atkaklùs; kietasprándis

Dieb *m* -(e)s, -e vagìs

Díebesbande *f* -, -n vagių̃ gaujà

díebisch graibštùs, liñkęs vaginéti

Díebstahl *m* -(e)s, ⸗e vagỹstė; *éinen* ~ *begéhen* [*verüben*] įvykdýti vagỹstę

Díele *f* -, -n 1 griñdys 2 priemenė̃, támbūras

díenen *vi* 1 tarnáuti; *als Sekretär* ~ bū́ti sekretõrium, sekretoriáuti 2 patarnáuti, padéti; *womít kann ich Íhnen* ~? kuõ galiù bū́ti jùms naudìngas?

Díener *m* -s, - 1 taȓnas, liokājus 2 nusilenkìmas; ~*in f* - , -nen tarnáitė

Díenerschaft *f* - tarnaĩ

Dienst *m* -es, -e 1 tarnýba; *éinen* ~ *ántreten* pradéti eĩti pāreigas 2 paslaugà, patarnãvimas; *j-m éinen* ~ *erwéisen* padarýti kám pãslaugą 3 budéjimas, dežurãvimas

Díenstag *m* -(e)s, -e antrãdienis

díenstags antrãdieniais

Dienst‖alter *n* -s dárbo stãžas; ~*anzug m* -(e)s, ⸗e darbìnė unifòrma

díenstbeflissen uolùs, stropùs; paslaugùs

dienst‖bereit paslaugùs, pagalbùs; ~*eifrig* pareigìngas, stropùs

díenstfrei laĩsvas nuõ dárbo; *er hat héute* ~ jám šiañdien laisvà dienà

díensthabend bùdintis, dežurúojantis

Díensthabende *sub m, f* budétojas, -a

Díenstleistung *f* -, -en 1 paslaugà, patarnãvimas 2 *pl* buitìnis aptarnãvimas

díenstlich tarnýbinis, oficialùs; ~ *réisen* keliáuti [vỹkti] tarnýbos reikalaĩs

Dienst‖mädchen *n* -s, - kambarìnė, namų̃ darbiniñkė; ~*reise f* -, -n komandiruõtė; *éine* ~*reise máchen* vỹkti į̃ komandiruõtę; ~*schluss m* -es dárbo pabaigà; ~*stelle f* -, -n instáncija; įstaiga; žinýba; ~*stunden pl* dárbo vãlandos

díenstwillig paslaugùs, pagalbùs

Díenstzeit *f* -, -en 1 tarnýbos laĩkas 2 dárbo laĩkas

díesbezüglich dėl tõ, rỹšium sù tuõ

díeser *m* (*díese f, díese* / *dies n, díese pl*) šìs, šìtas; *in díesen Tágen*, *díeser Táge* šiomìs dienomìs

díesig apsiniáukęs, ūkanótas

díesjährig šiųmetìnis, šiemetìnis

díesmal šiuõ kartù, šiuõkart
díesseits *prp* (G) šiàpus
diffamíeren *vt* (ap)šmeĩžti
Differénz *f* -, -en 1 skìrtumas 2 núomonių
  skìrtumas, nesutarìmas
Diktát *n* -(e)s, -e 1 diktántas; diktãvimas
  2 diktãtas; įsãkymas
diktíeren *vt* 1 diktúoti 2 įsakinéti
Dill *m* -(e)s, -e, Díllkraut *n* -(e)s *bot.*
  krãpas
Ding *n* -(e)s, -e 1 dáiktas 2 dalỹkas, reĩka-
  las; *die ~e beim [mit dem] réchten Námen*
  nénnen vadìnti dáiktus tikraĩsiais vardaĩs;
  vor állen ~en visų pirmà; *únverrichteter*
  ~e niẽko nepẽšus, bè niẽko
diníeren *vi* pietáuti; vakarieniáuti
Diplóm *n* -(e)s, -e diplòmas
Diplomát *m* -en, -en diplomãtas
Diplomatíe *f* -, -tí:en diplomãtija
Diplómingenieur *m* -s, -e diplomúotas inži-
  niẽrius
dirékt I *a* tiesióginis II *adv* tiesióg
Diréktor *m* -s, -tóren dirèktorius
Diréktsendung *f* -, -en tiesióginė laidà *(ra-*
  dijo, televizijos)
Dirigént *m* -en, -en dirigeñtas
dirigíeren *vt* dirigúoti (*kam*); vadováuti
  (*kam*)
Dírne *f* -, -n prostitùtė, meĩgšė
Diskothék *f* -, -en diskotekà
diskrét tãktiškas, santūrùs
Dískus *m* -, -se / -ken *sport.* dìskas
Diskussión *f* -, -en diskùsija; *zur ~ stéhen*
  bū́ti svaĩstomam
diskutíeren *vt, vi* (*über A*) svarstýti (*ką*), dis-
  kutúoti (*apie ką*)
Distánz *f* -, -en atstùmas, núotolis, distáncija
distanzíeren, sich (*von D*) atsiribóti (*nuo ko*)
Disziplín *f* -, -en 1 *sg* drausmė̃, disciplinà
  2 disciplinà, mókslo šakà
diszipliníert drausmìngas, disciplinúotas
Díva *f* -, -ven (*kino, teatro*) žvaigždė̃, garse-
  nýbė
doch I *cj* bèt, vìs dėl̃to; tačiaũ II *prtc* gì, jùk
Dógge *f* -, -n dògas (*šunų veislė*)
Dogmátiker *m* -s, - dogmãtikas
dogmátisch dogmãtinis, dogmãtiškas

Dóhle *f* -, -n kúosa
Dóktor *m* -s, -tóren dãktaras
Dokumént *n* -(e)s, -e dokumeñtas
Dokumentárfilm *m* -(e)s, -e dokumeñtinis
  fìlmas
Dolch *m* -(e)s, -e dùrklas
Dólmetscher *m* -s, - vertė́jas (*žodžiu*)
Dom *m* -(e)s, -e kãtedra, kãtedros bažnýčia
Dónner *m* -s, - griaustìnis, perkū́nas
dónnern *vimp, vi* griáusti, griáudėti
dónnernd griausmìngas
Dónnerschlag *m* -(e)s, ²e perkū́no treñksmas
Dónnerstag *m* -(e)s, -e ketvirtãdienis
Dóppel‖bett *n* -(e)s, -en dviviẽtė lóva;
  ~gänger *m* -s, - gyvãvaizdis, antriniñkas
dóppeln *vt* (su)dvìgubinti, (su)dvėjinti
Dóppelpunkt *m* -(e)s, -e dvìtaškis
Dóppelsinn *m* -(e)s dviprasmýbė
dóppelt dvìgubas, dvìlinkas; *er ist ~ so groß*
  jìs dvìgubai didèsnis
Dóppel‖tür *f* -, -en dvìgubos dùrys; ~zim-
  mer *n* -s, - dviejų̃ lóvų kambarỹs
Dorf *n* -(e)s, ²er káimas, sõdžius; *auf dem*
  ~ wóhnen gyvénti káime
Dórf‖bewohner *m* -s, - káimo gyvéntojas;
  ~leute *pl* káimo žmónės
Dórfler *m* -s, - kaimiẽtis, sodiẽtis
Dorn *m* -(e)s, -en / ²er dyglỹs, spyglỹs, ãks-
  tinas
Dórnenweg *m* -(e)s, -e erškėčiúotas [sunkùs]
  kẽlias
dórnig dygliúotas, erškėčiúotas
Dórnrose *f* -, -n erškėtrožė̃, laukìnė rõžė
dórren *vi* (*s*) džiū́ti, výsti
dórren *vt* džiovìnti
Dorsch *m* -es, -e ménkė (*žuvis*)
dort teñ(aĩ); *~ drüben* teñ, tojè pùsėje
dorthér ìš teñ
dorthín teñ, teñ link
dórtig tenýkštis
Dóse *f* -, -n dėžùtė, skardìnė
dösen *vi* snáusti, snū́duriuoti
Dósen‖milch *f* - kondensúotas píenas (*skar-*
  dinėse); ~öffner *m* -s, - konsèrvų atida-
  rytùvas

Dósis *f* -, -sen dòzė; *in kléinen Dósen* mažomìs dòzėmis

Dótter *m*, *n* -s, - trynỹs

Dozént *m* -en, -en docèñtas

Dráche *m* -n, -n drakònas, slìbinas

Dráchen *m* -s, - áitvaras, lakdỹnė

Dragee [-'ʒe:] *n* -s, -s dražė̃ (*saldainiai, vaistų tabletės*)

Draht *m* -(e)s, ⁻e vielà; laĩdas

Dráhtseil *n* -(e)s, -e tròsas, vielìnis lýnas

Dráhtseilbahn *f* -, -n funikuliėrius

drall drū́tas, tvìrtas; apvalùs, apskritùtis

Dráma *n* -s, -men dramà

Dramatiker *m* -s, - dramatùrgas

dramátisch 1 drãminis, drãmos 2 dramãtiškas

Dramatúrg *m* -en, -en teãtro literatūrinės daliės vedėjas

Drámendichter *m* -s, - dramatùrgas

Dränáge [-ʒə] *f* -, -n drenãžas

Drang *m* -(e)s veržìmasis, siekìmas

drängeln *vt, vi* skùbinti, brùzdinti

drängen I *vt, vi* skùbinti, spìrti; spáusti II **sich** ~ spáustis, veȓžtis, grū́stis

drangsalíeren *vt* várginti, kamúoti

dränieren *vt* drenúoti

drástisch drãstiškas; grubùs

Dráufgänger *m* -s, - drąsuōlis; nutrū̃ktgaĩvis, padáuža

dráufgehen *vi* (*s*) 1 bū́ti suvartótam [sunaudótam] 2 žū́ti, gãlą gáuti

dráußen 1 laukè, orè 2 ùž miẽsto; ùžsienyje, svetuȓ

dréchseln tėkinti tėkinimo stãklėmis (*medį*)

Dréchsler *m* -s, - (*medžio*) tėkintojas

Dreck *m* -(e)s 1 puȓvas; mė̃šlas 2 šlaȓñštas; meñkniekis

dréckig 1 puȓvinas, nešvarùs 2 vulgarùs, šiurkštùs

Dreh *m* -(e)s, -s / -e sukìmasis 2 machinãcija, triùkas

Dréhbank *f* -, ⁻e *žr.* **Dréhmaschine**

Dréhbuchautor *m* -s, -tóren kìno scenãrijaus áutorius, scenarìstas

dréhen I *vt* 1 sùkti (*aplinkui*) 2 (su)sùkti, gamìnti 3 pasùkti, pakreĩpti; *j-m den Rücken*

~ nusigrę̃žti nuõ kõ II **sich** ~ sùktis; pasisùkti

Dréher *m* -s, - (*metalo*) tėkintojas

Dréh‖maschine *f* -, -n tėkinimo stãklės; ~**sessel** *m* -s, - sukamàsis krė́slas

drei trỹs, trėjetas, trejì; *zu* ~*en géhen* eĩti trisė; ~ *viertel* trỹs ketvirtãdaliai

Drei *f* -, -en (*skaičius, numeris*) trỹs; trėjetas

Dréieck *n* -(e)s, -e trìkampis

dréierlei trejópas, trijų̃ rū́šių

dréifach trìgubas

dréigeschossig triaūkštis

dréihundert trỹs šimtaĩ

dréißig trìsdešimt

Dréißig *f* -, -en (*skaičius*) trìsdešimt; *sie ist Mítte* ~ jì įpusėjusi ketviȓtą dėšimtį

Dréißiger *m* -s, - trisdešimtmė̃tis

dreist drąsùs; įžūlùs

dréistöckig keturaūkštis

dréizehn trýlika

dréschen* *vt* kùlti

Dréschmaschine *f* -, -n kuliamóji mašinà

Dress *m* -es, -e spòrtinė aprangà [unifòrma]

drìllen *vt* 1 grę̃žti 2 muštrúoti

drìngen* *vi* (*s*) prasiveȓžti, skveȓbtis, prasiskveȓbti

drìngend 1 skubùs, neatidėliójamas 2 primýgtinas, atkaklùs

drìnnen vidujè, patalpojè

drìtte trẽčias

Drìttel *n* -s, - trẽčdalis, trečià dalìs

drìttgrößt trẽčias pagaĩ didùmą

dróben teñ viršujè

Drogeríe *f* -, -rí:en váistinė (*prekiaujanti t. p. kosmetika, chemikalais ir pan.*)

dróhen *vi* grasìnti, grūmóti; grėsti

dróhnen *vi* dundėti, griáusti

Dróhung *f* -, -en grasìnimas, grūmójimas

dróllig juokìngas, kòmiškas

Dróssel *f* -, -n strãzdas

drósseln 1 smáugti; slopìnti 2 (ap)ribóti, (su)mãžinti

drüben anàpus, anojè pùsėje

Druck[1] *m* -(e)s, -e / ⁻e 1 spaudìmas, paspaudìmas 2 *sg* spaudìmas, príevarta; ~ *aufj-n áusüben* darýti kám spaudìmą

Druck² *m* -(e)s, -e **1** spáusdinimas; spaudà **2** šrìftas, spaūdmenys **3** leidinỹs, spausdinỹs
Drückeberger *m* -s, - tinginių pántis; bailỹs
drúcken *vt* (iš)spáusdinti
drücken **I** *vt*, *vi* **1** (pa)spáusti, slégti; *j-n an die Wand* ~ priremti ką priẽ síenos **2** slégti, kankìnti **II sich** ~ **1** glámžytis, lámdytis **2** glaũstis, prisiglaũsti **3** (*vor D*) išsisukinéti (*nuo ko*), véngti (*ko*)
drückend slēgiantis, kankìnantis
Druckeréi *f* -, -en spaustùvė
Drúckfehler *m* -s, - spaudõs klaidà
drúckfertig pàruoštas spáusdinti
Drúckknopf *m* -(e)s, ֒e mygtùkas
Drúck‖sache *f* -, -n spausdinỹs (*užrašas ant banderolės*); ~**schrift** *f* -, -en **1** spaustùvinis šrìftas **2** spaudinỹs, spáusdintas leidinỹs
dúcken, sich pasileñkti; pritūpti; susigūžti
Dúckmäuser *m* -s, - tylēnis; veidmainỹs, klastūnas
Duéll *n* -s, -e dvìkova
Duft *m* -(e)s, ֒e malonùs kvãpas, aromātas
dúften *vi* kvepéti; *es dúftet nach Blúmen* kvēpia gėlėmìs
dúftig kvapùs, kvēpiantis
dúlden *vt* pakęsti, tolerúoti
dúldsam pakantùs, tolerantìngas
dumm kvaĩlas, paĩkas; ~*e Stréiche máchen* išdarinéti kvailystès; ~*es Zeug* niẽkai, nesąmonė
Dúmme *sub m*, *f* kvailỹs, -ė̃
Dúmmheit *f* -, -en kvailùmas; kvailỹstė
Dúmmkopf *m* -(e)s, ֒e kvailỹs, pùsgalvis
dumpf **1** duslùs **2** troškùs, tvankùs
Düne *f* -, -n kopà
Dung *m* -(e)s natūrālios [orgãninės] trąšos
Düngemittel *n* -s trąšà
düngen *vt* (pa)tręšti
Dünger *m* -s, - trąšà; mė̃šlas
dúnkel **1** tamsùs **2** duslùs (*apie garsą*) **3** neáiškus, miglótas; įtaŕtinas
Dúnkel *n* -s tamsà, tamsumà, patámsis; *im* ~*n* patámsyje
Dünkel *m* -s išdidùmas, pasipūtìmas

dúnkel‖äugig tamsiaãkis; ~**blau** tam̃siai mélynas; ~**haarig** tamsiaplaūkis
Dúnkelheit *f* -, -en tamsà, tamsýbė; *vor Éinbruch der* ~ priẽš sutēmstant
dúnkeln *vi* tamséti; dunksóti; *es dúnkelt* tēmsta
dünn **1** plónas, láibas, liaūnas **2** smùlkus; siĺpnas; *éine* ~*e Stímme* siĺpnas baĺsas **3** rētas, netánkus **4** skýstas
Dunst *m* -(e)s, ֒e **1** gāras; blandà, ū́kana **2** tvaĩkas, smãrvė
dúnsten *vi* garúoti
dünsten *vt* troškìnti, šùtinti
dúnstig pìlnas garų̃; ūkanótas
durch **I** *prp* **1** prõ; peř; ~ *das Land réisen* keliáuti põ krãštą **2** peř; dėkà; *etw.* ~ *Fleiß erréichen* pasíekti ką uolumù **II** *adv* ištisaĩ, perdėm; *der Zug ist schon* ~ traukinỹs jaũ pravažiãvo; *die gánze Nacht* ~ peř vìsą nãktį; ~ *und* ~ kiauraĩ, perdė̃m
dúrcharbeiten **I** *vt* išnagrinéti, išgvildénti, išstudijúoti **II sich** ~ skveŕbtis, braūtis; prasibráuti
dúrchaus **1** visái, vìsiškai **2** būtinaĩ
dúrchblättern *vt* pérversti; péržvelgti, péržiūrėti
dúrchblicken *vi* žiūréti (*pro ką*) **II** *vt* pérmanyti, supràsti
durchbóhren *vt* **1** pérgręžti, kiauraĩ išgrę̃žti **2** pérverti, péreiti kiauraĩ
dúrchbrechen*¹ **I** *vt* pramùšti, praláužti (*pvz., angą*) **II** *vi* (*s*) **1** prasiveŕžti, prasiskveŕbti **2** káltis, prasikálti
durchbréchen*² *vt* praláužti, pramùšti (*pvz., frontą*)
dúrchbrennen* **I** *vt* pradēginti, išdēginti; pérdeginti **II** *vi* (*s*) sudègti
dúrchbringen* *vt* **1** išgýdyti, išgélbėti **2** prastùmti, prakìšti
Dúrchbruch *m* -(e)s, ֒e pralaužìmas; prasilaužìmas; pérsilaužimas
durchdénken* *vt* apgalvóti, apsvarstýti; pérgalvoti
**dúrchdringen*¹ *vi* (*s*) prasiskveŕbti, prasisuñkti

durchdríngen*² *vt* prasiskveřbti, péreiti (*pro ką*); *ein Schrei durchdráng die Stílle* šaũksmas pérskrodė tỹlą

dúrchdringend 1 skvarbùs **2** šaižùs, spiēgiantis

durcheinánder sumišaĩ, bè jokiõs tvarkõs; ∼ *bríngen* sujaũkti, suveřsti; sumaišýti; ∼ *réden* kalbéti sumišaĩ [vienám peř kìtą]

Durcheinánder *n* -s netvarkà, maišatìs, sąmyšis

dúrchfahren*¹ *vi* (*s*) pravažiúoti; važiúoti (*be sustojimo*)

durchfáhren*² *vt* **1** išvažinéti, apvažinéti **2** pagáuti, apiřti (*pvz., apie baimę*)

Dúrchfahrt *f* -, -en **1** įvažiãvimas **2** tařpvartė, tarpùvartė

dúrchfallen* *vi* (*s*) neturéti pasisekìmo (*pvz., apie aktorių*); susikiřsti (*per egzaminą*)

dúrchfliegen*¹ *vi* (*s*) pérlèkti, pérskristi

durchflíegen*² *vt* **1** nuskrìsti **2** péržvelgti (*pvz., laikraštį*)

dúrchfließen*¹ *vi* (*s*) pratekéti; prasisuñkti

durchflíeßen*² *vt* tekéti (*per ką*)

dúrchführen *vt* **1** įvýkdyti, įgyvéndinti **2** suruõšti, sureñgti

durchfúrchen *vt* išraižýti, išvagóti

Dúrchgang *m* -(e)s, ⁺e **1** *sg* pérėjimas **2** pérėjimas, tùnelis; (*vagono*) korìdorius

dúrchgängig I *a* visúotinis, ištisìnis **II** *adv* ištisaĩ, perdėm

Dúrchgangs‖verkehr *m* -s tranzìtinis susisiekìmas; ∼**zug** *m* -(e)s, ⁺ greitàsis traukinỹs

dúrchgehen* *vi* (*s*) praeĩti, péreiti

dúrchgehend I *a* tiesióginis, tranzìtinis **II** *adv* ištisaĩ, perdėm; *das Geschäft ist* ∼ *geöffnet* parduotùvė dìrba bè pietų pértraukos

dúrchhalten* *vi*, *vt* ištvérti, iškęsti

dúrchkämmen *vt* **1** iššukúoti **2** apieškóti (*pvz., mišką*)

dúrchkämpfen, sich prasimùšti, prasiskìnti kẽlią

dúrchkommen* *vi* (*s*) **1** praeĩti, pravažiúoti **2** prasimùšti, prasibráuti **3** išsiveřsti

dúrchkreuzen¹ *vt* pérbraukti skersaĩ iř išilgaĩ

durchkréuzen² *vt* **1** pláukioti (*kur*), išpláukioti (*ką*); skraidýti (*kur*) **2** sužlugdýti (*pvz., ketinimus, planus*)

dúrchlassen* *vt* praléisti

dúrchlässig laidùs, praléidžiantis vándenį

dúrchlaufen*¹ *vi* (*s*) **1** pérbėgti **2** pratekéti, prasisuñkti

durchláufen*² *vt* **1** nubégti; apibėgióti **2** (pa)baĩgti

dúrchlesen* *vt* pérskaityti

dúrchlüften *vt* (iš)vėdìnti, pravėdìnti

dúrchmachen *vt* **1** baĩgti (*mokyklą*) **2** pérgyventi, iškentéti; *eine schwére Kránkheit* ∼ pérsirgti sunkià ligà

Dúrchmesser *m* -s, - skersmuõ, diãmetras

dúrchnässt pérmirkęs, péršlapęs

dúrchnehmen* *vt* eĩti, nagrinéti (*pvz., medžiagą, temą*)

durchquéren *vt* skersaĩ péreiti [pérvažiuoti]

durchrechnen *vt* pérskaičiuoti, apskaičiúoti

Dúrchreise *f* -, -n pérvažiavimas; *auf der* ∼ važiúodamas, pakeliuĩ

durchreißen* **I** *vt* pérplėšti, pértraukti **II** *vi* (*s*) pértrūkti, nutrūkti

durchríeseln *vt* pratekéti (*pvz., apie upelį*)

Dúrchsage *f* -, -n pranešimas (*per radiją, telefonu*)

dúrchsagen *vt* pérduoti, pranèšti (*per radiją, telefonu*)

dúrchsausen *vi* (*s*) praũžti, pralèkti

dúrchschauen¹ *vi* žiūréti (*pro ką*)

durchscháuen² *vt* pérmatyti, įžvélgti, suvókti

durchschíeßen* *vt* **1** péršauti **2** dìngtelėti, smìlktelėti (*apie mintį*)

dúrchschimmern *vi* šviēstis, prasišviēsti

Dúrchschlag *m* -(e)s, ⁺e (*mašinraščio*) kòpija, núorašas

dúrchschlagen* **I** *vt* **1** pérmušti **2** pértrinti (*per sietelį*) **II** *vi* (*s*) prasimùšti, pérsisunkti **III** *sich* ∼ **1** prasimùšti, prasiskveřbti, prasiveřžti **2** šiaĩp taĩp veřstis, išsiveřsti

dúrchschlagend lēmiamas (*pvz., apie pasisekimą, poveikį*)

dúrchschlüpfen *vi* (*s*) prasmùkti, pralĩsti

65

Dúrchschnitt *m* -(e)s, -e 1 perpjovìmas; pér-
pjova 2 pjūvis 3 vidùřkis; vidutìniškùmas
dúrchschnittlich vidutìnis, vidutìniškas
Dúrchschnitts‖einkommen *n* -s, - vidutìnės
pãjamos; ~mensch *m* -en, -en eilìnis [vi-
dutìnis] žmogùs
dúrchsehen* I *vt* péržiūrėti; patìkrinti (*skai-
tant*) II *vi* žiūrėti, žveĩgti (*pro ką*)
dúrchsetzen I *vt* prakìšti, prastùmti (*pvz.*,
pasiūlymą) II sich ~ prasimùšti, išsiko-
vóti pripažinìmą
dúrchsichtig pérmatomas, skaidrùs; áiškus
dúrchsickern *vi* (*s*) prasisuñkti
dúrchstechen* *vt* pradùrti kiauraĩ
dúrchstöbern *vt* išgriõzti, išnaršýti
dúrchstoßen*¹ *vi* (*s*) prasiveřžti
durchstóßen*² *vt* pramùšti; pérverti, pérdur-
ti
dúrchstreichen*¹ *vt* pérbraukti, išbraũkti
durchstréichen*² *vt* iškláidžioti, išvažinéti
durchstréifen *vt* išvaikštinéti; apvažinéti, ap-
keliáuti
durchsúchen *vt* apieškóti, iškratýti
Durchsúchung *f* -, -en kratà, apieškójimas
durchtríeben sùktas, gudrùs, landùs
durchwáchen *vt* prabudéti, prabúti nemiē-
gant
durchwándern *vt* išváikščioti, apkeliáuti
dúrchweg ištisaĩ, perdém; visuř
dúrchwühlen *vt* išveřsti, išgriózti (*beieškant*)
dúrchziehen*¹ I *vt* pravérti, įvérti (*pvz.*, *siū-
lą*) II *vi* (*s*) praeĩti, pražygiúoti; praskrìsti

durchzíehen*² *vt* 1 tráukti (*per ką*) 2 išrai-
žýti, išvagóti
Dúrchzug *m* -(e)s, ꞉e 1 praėjìmas, prava-
žiãvimas; praskridìmas 2 skeřsvėjis, traũk-
smas
dürfen* (*modalinis veiksmažodis*) 1 galé-
ti, turéti téisę; **man darf** gãlima, léidžiama
2 žymi spėliojimą, prielaidą: *das dúrfte*
klar sein taĩ turbút áišku
dürftig meñkas, prãstas, skurdùs
dürr 1 saũsas, išdžiúvęs 2 líesas
Dürre *f* -, -n sausùmas; sausrà
Durst *m* -es troškulỹs; *ich hábe* ~ àš nóriu
gérti
dúrsten, dürsten *vi* 1 jaũsti tróškulį, búti iš-
tróškusiam 2 (*nach D*) trókšti (*ko*)
dúrstig troškulìngas, ištróškęs; ~ *sein* no-
réti gérti
Dúsche *f* -, -n dùšas
dúschen *vi* / sich ~ praũstis põ dušù
dúseln 1 snūduriuoti 2 svajóti
düster 1 tamsùs; neáiškus 2 niūrùs, nykùs
gūdùs
Düsterheit *f* -, Düsterkeit *f* - 1 tamsà, tam-
sùmas 2 niūrùmas, nykùmas
Dútzend *n* -s, -e / - tùzinas; ~*e von Mén-*
schen dẽšimtys žmonių
dúzen *vt* tùjinti, sakýti „tù"
D-Zug (*Dúrchgangszug*) *m* -(e)s, ꞉e greità-
sis traukinỹs

E

Ébbe *f* -, -n (*jūros*) atóslūgis
ébben *vi* (at)slū̃gti, nuslū̃gti
ében I *a* lýgus, plýnas II *adv* ką tìk, tìk ką
III *prtc* kaip tìk, bútent
ébenbürtig lýgus, lygiaveřtis
ébenda ten pàt, toje pačiojè viẽtoje
Ébene *f* -, -n 1 lygumà 2 plokštumà, plot-
mė̃; *auf der* ~ *der Áußenminister* užsienio
reikalų minìstrų lygiù
ébenfalls taip pàt, taipõgi
ébenso taip pàt; toks pàt; ~ *viel* tiek pàt,

lýgiai tíek; ~ *weit* tiek pàt tolì
Éber *m* -s, - kuilỹs, tēkis
Éberesche *f* -, -n šermùkšnis (*medis*)
Ébereschbeere *f* -, -n šermùkšnis (*uoga*)
ébnen *vt* (iš)lýginti, niveliúoti
Écho *n* -s, -s aĩdas; ãtgarsis; *ein lébhaftes* ~
fínden susiláukti plataũs ãtgarsio
Échse *f* -, -n dríežas
echt tìkras; grýnas; nesuklastótas
Écke *f* -, -n kañpas, kertė̃; *um die* ~ *bíegen*
pasùkti už kañpo

éckig kampúotas

Éckzahn *m* -(e)s, ⁚e ìltinis dantìs

édel 1 kilnùs, taurùs; *édle Metálle* tauríeji [brangíeji] metãlai; 2 kilmìngas

Édelmut *m* -(e)s kilnùmas, taurùmas

édelmütig kilnùs, taurùs

Éfeu *m* -s *bot.* gebẽnė

Effékt *m* -(e)s, -e efèktas, į̃spūdis

effektív efektyvùs, veiksmìngas

egál vienódas, lýgus; *mir ist es (ganz)* ~ mán vis tíek

Égel *m* -s, - dėlė̃

Égge *f* -, -n akė̃čios

éggen *vt* akėti

éhe *cj* priẽš, kõl, ikì

Éhe *f* -, -n sántuoka, santuokìnis gyvẽnimas; *éine* ~ *schlíeßen* [*éingehen*] susituõkti

Éhe‖frau *f* -, -en žmonà, patì; ~*leute* *pl* sutuoktìniai, výras iř̃ žmonà

éhelich santuokìnis; teisėtas

éhemalig (*anksčiau*) bùvęs, senàsis

éhemals kadáise, kitadõs

éher 1 anksčiaũ; *je* ~, *désto bésser* kuõ anksčiaũ, tuõ geriaũ 2 geriaũ, verčiaũ

éhrbar geř̃biamas, garbìngas

Éhre *f* -, -n garbė̃, pagarbà; *j-m die létzte* ~ *erwéisen* palydéti ką̃ į̃ paskutìnę keliõnę; *bei méiner* ~*!* garbė̃s žõdis! dievàž!

éhren *vt* (pa)geř̃bti; (pa)minéti

Éhrenamt *n* -(e)s, ⁚er garbė̃s [visuomenìnės] pãreigos

éhrenamtlich I *a* visuomenìnis, garbė̃s II *adv* visuomenìniais pagrindaĩs

éhrenhaft garbìngas, dõras

Éhren‖mal *n* -(e)s, ⁚er / -e pamiñklas (*pagerbti žuvusiems*); ~*preis* *m* -es, -e garbė̃s prìzas (*premija*); ~*sache* *f* - garbė̃s reĩkalas; ~*titel* *m* -s, - garbė̃s vař̃das

éhrenvoll garbìngas

Éhren‖wache *f* -, -n garbė̃s sargýba; ~*wache hálten* stovéti garbė̃s sargýboje; ~*wort* *n* -(e)s, -e garbė̃s žõdis; (*auf mein*) ~*wort!* garbė̃s žõdis!

éhrerbietig pagarbùs

Éhrfurcht *f* - dìdelė pagarbà

éhrfürchtig, éhrfurchtsvoll I *a* labaĩ pagarbùs II *adv* sù dìdele pãgarba

Éhr‖gefühl *n* -(e)s garbė̃s jaũsmas; savìgarba; ~*geiz* *m* -es garbė̃s troškìmas; ambìcija

éhrgeizig trókštantis garbė̃s; ambicìngas

éhrlich sąžinìngas, dõras

éhrlos nesąžinìngas, nedõras

éhrwürdig garbìngas, garbùs

Ei *n* -(e)s, -er kiaušìnis

Éiche *f* -, -n ą́žuolas

Éichel *f* -, -n gìlė

éichen ąžuolìnis, ą́žuolo

Éichhörnchen *n* -s, - voveráitė

Eid *m* -(e)s, -e príesaika; *éinen* ~ *léisten* [*áblegen*] prisíekti

Éidechse *f* -, -n dríežas

Éidotter *m, n* -s, - (*kiaušìnio*) trynỹs

Éierkuchen *m* -s, - omlètas

Éifer *m* -s uolùmas, stropùmas; į̃karštis; *in* ~ *geráten* įsikarščiúoti

Éifersucht *f* - pavỹdas, pavydulỹs

éifersüchtig pavydùs, pavydulìngas

éifrig uolùs, stropùs

Éigelb *n* -(e)s, -e / - (*kiaušìnio*) trynỹs

éigen 1 sàvo, sãvas, núosavas; *auf* ~*e Réchnung* [*Kósten*] sàvo lėšomìs; *sich* (*D*) *etw. zu Éigen máchen* ką̃ pasisãvinti; ką̃ įsisãvinti [išmókti] 2 būdìngas, charakterìngas; sãvitas

Éigenart *f* -, -en savotiškùmas, ypatùmas; savitùmas

éigenartig savótiškas, ypatìngas; sãvitas

éigenhändig savarañkiškas, savarañkis

Éigenliebe *f* - savìmeilė, egoìzmas

éigenmächtig savavãliškas

Éigenname *m* -ns, -n tikrìnis daiktãvardis

Éigennutz *m* -es savanaudiškùmas

éigennützig savanaũdiškas

éigens specialiaĩ

Éigenschaft *f* -, -en savýbė, ypatýbė

Éigensinn *m* -(e)s užsispyrìmas, áikštis

éigensinnig užsispýręs, aikštìngas

éigenständig savarañkiškas

Éigensucht *f* - savìmeilė, savanaudiškùmas

éigensüchtig savanaũdiškas

éigentlich I *a* tìkras; pirmìnis II *adv* tiẽsą sãkant, iš tìkro [tikrũjų]

Éigentum *n* -s, ⁼er nuosavýbė

Éigentümer *m* -s, - saviniñkas; ∼in *f* -, -nen saviniñkė

éigentümlich 1 keĩstas; savótiškas 2 sãvitas; būdìngas

éigenwillig sãvitas; savótiškas

éignen, sich (*zu* D, *für* A) tìkti (*kam*)

Éil‖bote *m* -n, -n kùrjeris, pasiuntinỹs; ∼brief *m* -(e)s, -e skubùs láiškas

Éile *f* - skubùmas, skubėjimas; **in áller** ∼ kuõ skubiáusiai, paskubomìs; **ich hábe** ∼ àš skubù

éilen *vi* (*s*) skubéti, skùbintis; **damít eilt es nicht** taĩ neskubù

éilends paskubomìs, skubiaĩ

éilig skubùs; **ich hábe es** ∼ àš skubù

éiligst kuõ skubiáusiai, labaĩ skubiaĩ

Éil‖post *f* - skubùs pãštas; ∼zug *m* -(e)s, ⁼e greitàsis traukinỹs

Éimer *m* -s, - kìbiras

ein *m*, *n* (*éine f*) I *nežymimasis artikelis* II *pron* kažkàs, kas nórs; **das freut** ∼en taĩ džiùgina [malonù] III *num* víenas, vienà; ∼ *für állemal* kartą visám laĩkui, galutinaĩ

Éinakter *m* -s, - vienaveĩksmė pjèsė

einánder víenas kìtą, víenas kitám

éinarbeiten, sich įsijùngti į̃ dárbą

éinäschern *vt* 1 kremúoti 2 paveřsti pelenaĩs, sudẽginti

éinatmen I *vt* įkvė̃pti (*ko*) II *vi* kvėpúoti

éinäugig vienaãkis

Éinbahnstraße *f* -, -n vienõs kryptiẽs gãtvė

Éinband *m* -(e)s, ⁼e (*knygos*) viršẽlis, ãptaisas

éinbändig vientòmis

éinbauen *vt* įreñgti, įmontúoti

éinbegriffen įskaitýtinai, imtinaĩ

éinbeißen* *vi* įką́sti

éinberufen* *vt* sušaũkti (*pvz., susirinkimą, konferenciją*)

éinbeziehen* *vt* įtráukti, įjùngti

éinbiegen* I *vt* įleñkti, užleñkti II *vi* (*s*) pasùkti (*važiuojant*)

éinbilden: sich (*D*) *etw.* ∼ ką̃ įsivaizdúoti; **er bíldet sich viel ein** jìs labaĩ gerõs núomonės apiẽ savè

Éinbildung *f* -, -en 1 įsivaizdãvimas; vaizduõtė, iliùzija 2 pasipūtìmas, išdidùmas

Éinbildungskraft *f* - vaizduõtė

Éinblick *m* -(e)s, -e (*in A*) žvil̃gsnis (*į̃ ką*); susipažinìmas (*su kuo*)

éinbrechen* I *vt* išláužti, išdaũžti II *vi* 1 (*h*, *s*) įsiveřžti, įsiláužti 2 (*s*) įlū́žti (*pvz., ant ledo*)

Éinbrecher *m* -s, - įsilaužėjas, vagìs

éinbringen* *vt* 1 (su)valýti, (nu)im̃ti (*derlių*) 2 pateĩkti (*pvz., pasiūlymą, rezoliuciją*) 3 dúoti pel̃no

Éinbruch *m* -(e)s, ⁼e 1 įsiveržìmas, įsilaužìmas 2 (su)griuvìmas 3: *bei* [*mit*] ∼ *der Nacht* artėjant nãkčiai

éinbürgern I *vt* suteĩkti pilietýbės téises (*kam*) II **sich** ∼ 1 gáuti pilietýbės téises 2 įsigaléti, įsišaknýti

Éinbuße *f* -, -n praradìmas, núostolis

éinbüßen *vt*, *vi* (*an* D) netèkti (*ko*), prarãsti (*ką*)

éindämmen *vt* 1 užtveñkti 2 apribóti, sumãžinti

éindeutig áiškus, nedviprãsmiškas

éindringen* *vi* (*s*) 1 (*in A*) prasiskveřbti, įsiveřžti (*kur*) 2 (*in A*) gìlintis, įsigìlinti (*į̃ ką*) 3 (*auf A*) (už)pùlti (*ką*)

éindringlich primýgtinas; įsakmùs

Éindringling *m* -s, -e grobìkas, įsibróvėlis

Éindruck *m* -(e)s, ⁼e įspū́dis

éindrucksvoll įspūdìngas

éineinhalb pusañtro, víenas sù pusè

éinengen *vt* (su)siaũrinti; (su)varžýti

éinerlei 1 vienódas, toks pàt 2 vis tíek

éinerseits víena veřtus

éinfach I *a* pàprastas; nesudėtìngas II *adv* paprastaĩ; tiesióg

éinfahren* I *vt* suvèžti (*pvz., javus*) II *vi* (*s*) įvažiúoti; įplaũkti

Éinfahrt *f* -, -en 1 įvažiãvimas 2 vaŕtai

Éinfall *m* -(e)s, ⁼e 1 (su)griuvìmas 2 (*priešo*) įsiveržìmas 3 mintìs, idėja, sumãnymas

éinfallen* vi (s) 1 (su)griúti 2 įsiveřžti, įsibráuti (apie priešą) 3 dìngteléti, tóptelèti; sich (D) etw. ~ lássen ką nórs sugalvóti
Éinfalt f - naivùmas, patiklùmas
éinfältig naivùs, patiklùs
Einfamílienhaus n -es, ꞊er ãtskiras nãmas, nãmas víenai šeĩmai
éinfarbig vienaspãlvis
éinfassen vt apvedžióti, apkraštúoti; sùpti
éinfinden*, sich atvỹkti, pasiródyti
éinfließen* vi (s) įtekéti, įsilíeti
éinflößen vt 1 įpìlti, įvařvinti 2 sukélti, įkvẽpti
Éinfluss m -es, ꞊e įtaka, póveikis
éinflussreich įtakìngas, įtakùs
éinflüstern vt pašnibždéti, pakuždéti
éinförmig vienódas, monotòniškas
éinfrieden, éinfriedigen vt aptvérti
éinfrieren* I vi (s) užšálti, įšálti II vt įšáldyti; užšáldyti
éinfügen I vt įstatýti, įteřpti II sich ~ įsijùngti, apsipràsti
Éinfuhr f -, -en įvežìmas, impòrtas
éinführen vt 1 įvèsti 2 įvèžti, importúoti
Éinfuhrware f -, -n importúota prẽkė
Éingabe f -, -n pareiškìmas, prãšymas
Éingang m -(e)s, ꞊e 1 įėjìmas 2 gavìmas (pvz., korespondencijos) 3 pl įplaukos, pãjamos
éingangs pradžiojè, iš pradžių
éingeben* vt 1 dúoti (pvz., ligoniui vaistus) 2 padúoti, įteĩkti (pvz., skundą)
éingebildet įsivaizdúojamas; pasipūtęs
éingeboren 1 viẽtinis, čiãgimis 2 įgimtas, paveldétas
Éingeborene sub m, f čiãbuvis, -ė
éingefallen įdùbęs, įkrìtęs
éingefroren užšãlęs
éingehen* I vi (s) 1 ateĩti, bū́ti gautám 2 įeĩti 3 žū́ti; nustóti eĩti 4 (auf A) sustóti (ties kuo), panagrinéti (ką) II vt sudarýti; éine Éhe ~ susituõkti
éingehend išsamùs, nuodugnùs
Éingemachte sub n konservúoti vaĩsiai
éingerechnet imtinaĩ, įskaitýtinai
éingeschossig vien(a)aūkštis

éingeschrieben registrúotas, àpdraustas (laiškas)
Éingeständnis n -ses, -se pripažinìmas; prisipažinìmas
éingestehen* vt pripažìnti; prisipažìnti
éingestellt nusiteĩkęs, nusistãtęs
Éingeweide n -s, - viduriaĩ, žárnos
éingewurzelt įsišaknìjęs, įsisenéjęs
éingießen* vt įpìlti, pripìlti
éingliedern I vt prijùngti, įjùngti II sich ~ įsijùngti
éingraben* I vt įkàsti, užkàsti II sich ~ įsiréžti
éingravieren vt išgravirúoti
éingreifen* vi įsikìšti, griēbtis (ryžtìngų) príemonių
Éingriff m -(e)s, -e 1 įsikišìmas 2 med. interveñcija; operãcija
éinhalten* vt laikýtis (ko)
éinhändigen vt (j-m) įteĩkti, įdúoti (kam)
éinhängen I vt (pa)kabìnti, užkabìnti II sich ~ (bei D) paiřnti ùž parañkės (ką)
éinhauen* I vt 1 iškálti, iškapóti 2 išmùšti, išdaũžti II vi (auf A) kiřsti, mùšti (ką)
éinheimisch viẽtinis, čionýkštis
éinheiraten vi nutekéti, nueĩti į̃ žéntus
Éinheit f -, -en vienýbė, vieningùmas
éinheitlich vieningas, darnùs
éinhér‖gehen* vi (s) vái̇kščioti, vaikštinéti; ~schreiten* vi (s) vaikštinéti, žingsniúoti
éinholen vt 1 pavýti, pasivýti 2 nupiřkti (maisto produktų) 3 gáuti, parū́pinti
éinhüllen vt įvynióti, suvynióti
éinhundert šìmtas
éinig vieningas; (sich) mit j-m ~ wérden susitařti sù kuõ
éinige 1 kéletas, kelì 2 šiek tíek, nedaũg
éinigemal kéletą kařtų [sỹkių]
éinigen I vt suviẽnyti, sujùngti II sich ~ susitařti; susitáikyti
éinigermaßen šiek tíek, trùputį
Éinigkeit f - vienýbė
éinjagen vt įvarýti, sukélti (pvz., apie baimę)
éinjährig vien(a)métis, vienerių mėtų
éinkassieren vt įkasúoti; (su)riñkti (pinigus)

Éinkauf *m* -(e)s, ⁔e pirkìmas; pirkinỹs;
Éinkäufe máchen [*besórgen*] piȓkti(s)
éinkaufen *vt* (nu)piȓkti
Éinkaufstasche *f* -, -n pirkinių krepšėlis
éinkehren *vi* (*s*) (*bei j-m*) užsùkti (*pas ką*)
éinkerkern *vt* įkãlinti
éinklagen *vt* padúoti skuñdą, paréikšti íeškinį (*dėl ko*)
Éinklang *m* -(e)s, ⁔e harmònija, darnà; *etw.
in* ~ *brìngen* (*mit D*) ką sudērinti (*su kuo*)
éinklemmen *vt* suspáusti, sugnýbti, privérti
Éinkommen *n* -s, - pãjamos, įplaukos
éinkreisen *vt* apsùpti
éinkriechen* *vi* (*s*) įlĩsti, įšliaũžti
Éinkünfte *pl* pãjamos, įplaukos
éinladen* *vt* (pa)kviẽsti; *j-n zum Káffee* ~
pakviẽsti ką išgérti kavõs
Éinladung *f* -, -en (pa)kvietìmas; *auf* ~
kvietimù, pakviẽtus
Éinlage *f* -, -n 1 priẽdas 2 pãmušalas 3 ùždaras, ùžkulas 4 iñdėlis, ínašas
Éinlass *m* -es, ⁔e 1 įleidìmas; *j-m* ~
gewähren léisti kám įeĩti 2 įėjìmas, dùrys,
vartēliai
éinlassen* I *vt* įléisti II *sich* ~ 1 (*mit D*)
susidéti, prasidéti (*su kuo*) 2 (*auf A, in A*)
léistis (*į ką*), dalyváuti (*kame*)
éinlaufen* *vi* (*s*) 1 įplaũkti į̃ úostą; atvỹkti
į̃ stõtį (*apie traukinį*) 2 ateĩti (*pvz., apie
laiškus*) 3 susitráukti (*apie medžiagą*)
éinleben, sich 1 susigyvénti, įpràsti 2 (*in A*)
įsigyvénti, įsijaũsti (*į ką*)
éinlegen *vt* 1 įdéti 2 padúoti, įteĩkti 3 marinúoti, konservúoti
éinleiten *vt* pradéti
éinleitend I *a* įžangìnis II *adv* pradžiojè,
įžangìniame žõdyje
Éinleitung *f* -, -en įvadas, įžanga
éinlenken I *vt* nuvairúoti II *vi* 1 (*s*) (pa)sùkti
2 (*h*) nusiléisti (*besiginčijant*)
éinleuchten *vi* būti [tàpti] aiškiám
éinleuchtend áiškus, suprañtamas
éinliefern *vt* pristatýti
éinlösen *vt* 1 išpiȓkti (*pvz., vekselį*) 2 ištesėti,
išlaikýti
éinmachen *vt* marinúoti; konservúoti

éinmal 1 víeną kaȓtą; *auf* ~ staigà, netikétai; *iš kaȓto* 2 kada nórs (*ateityje*) 3 kaȓtą,
kadáise 4: *nicht* ~ net nè, nètgi
Einmaléins *n* -, - daugýbos lentėlė
éinmalig 1 vienkartìnis 2 nepakartójamas,
vieniñtelis
éinmarschieren *vi* (*s*) įžygiúoti (*pvz., apie
sportininkus, kariuomenę*)
éinmengen I *vt* įmaišýti, primaišýti (*ko*) II
sich ~ kìštis, įsikìšti
éinmünden *vi* (*s*) (*in A*) įtekéti (*į ką*)
éinmütig vienìngas
Éinnahme *f* -, -n pãjamos, įplaukos
éinnehmen* *vt* 1 užim̃ti 2 paim̃ti, gáuti (*apie
pinigus*) 3 vartóti, gérti (*vaistus*); *séine
Máhlzeiten* ~ válgyti 4 patráukti, nuteĩkti
éinnicken *vi* (*s*) užsnū́sti
éinordnen *vt* išdėstyti, (su)klasifikúoti, sugrupúoti
éinpacken *vt* (su)pakúoti, (su)déti, (su)kráuti
(*daiktus*)
éinpflanzen *vt* (pa)sodìnti (*augalus*)
éinplanen *vt* užplanúoti, numatýti planè
éinprägen I *vt* įkálti (*į galvą*) II *sich* ~
įstrìgti, įsismeĩkti
éinräumen *vt* 1 sustatýti, sudéti 2 suteĩkti
(*pvz., teisę*) 3 pripažìnti
éinrechnen *vt* įskaitýti
éinreden I *vt* įkalbéti, įteĩgti II *vi* (*auf A*)
(*atkakliai*) įkalbinéti, įtikinéti (*ką*)
éinreiben* *vt* įtrìnti
éinreichen *vt* įteĩkti, padúoti (*pvz., pareiškimą, skundą*)
Éinreise *f* -, -n įvažiãvimas (*į šalį*)
éinreisen *vi* (*s*) įvažiúoti (*į šalį*)
Éinreisevisum *n* -s, -sa / -sen įvažiãvimo vizà
éinreißen* I *vt* 1 įpléšti, prapléšti; įdrėksti
2 nugriáuti, nuardýti; II *vi* (*s*) įplýšti, praplýšti
éinrichten I *vt* 1 įreñgti, apstatýti; 2 įsteĩgti,
atidarýti II *sich* ~ įsitaisýti, įsireñgti
Éinrichtung *f* -, -en 1 įrengìmas, apstãtymas 2 įrenginỹs 3 *sg* įsteigìmas, atidãrymas 4 įstaiga, institùtas
éinrücken *vt* įdéti, išspáusdinti

éinrühren *vt* sumaišýti, užmaišýti; įmaišýti, įplàkti

eins víenas, vienà; **halb** ~ pùsė pirmõs

Eins *f* -, -en (*skaičius, numeris*) víenas, víenetas

éinsalzen *vt* (su)sū́dyti, įsū́dyti

éinsam víenišas, atsiskýręs

Éinsamkeit *f* - vienãtvė, vienumà

éinsammeln *vt* (su)riñkti

Éinsatz *m* -es, ⁻e įsiuvas drabùžyje 2 panaudójimas; **mit** ~ **áller Kräfte** ìš visų̃ jėgų̃

éinsatzbereit pasirúošęs padė́ti, paslaugùs

éinsaugen* *vt* sugérti, susiuř̃bti

éinschalten *vt* įjùngti (*pvz.*, *radiją, šviesą*)

éinschätzen *vt* įvértinti, įkáinoti

éinschenken *vt* įpìlti (*apie gėrimą*)

éinschicken *vt* atsių̃sti, nusių̃sti

éinschlafen* *vi* (*s*) 1 užmìgti 2 nutiř̃pti

éinschläfern *vt* užmigdýti

Éinschlag *m* -(e)s, ⁻e 1 patáikymas (*pvz.*, *bombos*); (*žaibo*) treñksmas 2 kryptìs, pròfilis 3 (*medžių*) kirtìmas

éinschlagen* I *vt* 1 įkálti, įvarýti 2 išmùšti, išdaūžyti 3 suvynióti, įvynióti II *vi* 1 (į)treñkti, patáikyti, sprógti 2 (*auf A*) mùšti, plíekti (*ką*)

éinschleichen*, **sich** įsė́linti, įsliñkti

éinschließen* I *vt* 1 užrakìnti; uždarýti 2 įskaitýti, įskaičiúoti II **sich** ~ užsidarýti (*kambaryje*)

éinschließlich įskaitýtinai, imtinaĩ

éinschlummern *vi* (*s*) 1 užsnū́sti 2 užmìgti ámžinu miegù

éinschmeicheln, sich (*bei D*) įsigė́rinti, įsiteĩkti (*kam*)

éinschmeichelnd meilikáujamas, įteiklùs

éinschmelzen* *vt* išlýdyti, sulýdyti

éinschmieren *vt* (pa)tèpti, ištèpti

éinschneiden* *vt* 1 įpjáuti, įrė́žti 2 pripjáustyti, įpjáustyti

Éinschnitt *m* -(e)s, -e įpjova, įranta

éinschränken I *vt* apribóti; sumãžinti II **sich** ~ susispáusti, sumãžinti sàvo ìšlaidas

Éinschreibebrief *m* -(e)s, -e registrúotas láiškas

éinschreiben* *vt* įrašýti, įtráukti (*į sąrašą*)

éinschreiten* *vi* (*s*) (*gegen A*) griēbtis príemonių (*prieš ką*); įsikìšti (*į ką*)

éinschüchtern *vt* (į)baugìnti

éinsehen* *vt* 1 įžiūrė́ti; pastebė́ti 2 supràsti, suvókti

éinseifen *vt* (iš)muĩlinti

éinseitig 1 vien(a)pùsis, vienašõnis 2 vien(a)pùsiškas, vienašãliškas

éinsenden* *vt* atsių̃sti; nusių̃sti

éinsetzen I *vt* 1 įdė́ti, įstatýti 2 (pa)skìrti; *j-n* **als Léiter** ~ paskìrti ką̃ vedė́ju 3 panaudóti; **álle Kraft** ~ įtem̃pti visàs jėgàs II *vi* prasidė́ti III **sich** ~ 1 sténgtis, dė́ti visàs jėgàs 2 (*für A*) gìnti, užstóti (*ką*)

Éinsicht *f* -, -en 1 (*in A*) susipažìnimas (*su kuo*) 2 supratìmas, sąmoningùmas; **zur** ~ **kómmen** susiprotė́ti, ateĩti į̃ prõtą

éinsichtig protìngas, išmintìngas

éinsickern *vi* (*s*) suñktis, įsisuñkti

Éinsiedler *m* -s, - atsiskýrėlis

éinsinken* *vi* (*s*) 1 (į)grim̃zti, (į)klim̃pti 2 (su)griū́ti

éinspannen *vt* 1 pakinkýti 2 įkinkýti, įtráukti (*į darbą*)

éinsparen *vt* sutaupýti

éinsperren *vt* įkãlinti

éinspringen* *vi* (*s*) (*für A*) pavadúoti, pakeĩsti (*ką*)

éinspritzen *vt* išviř̃kšti (*ką, ko*), (pa)darýti injèkciją (*ko*)

Éinspruch *m* -(e)s, -e prieštarãvimas; protèstas

einst 1 kadáise, kìtą kar̃tą 2 kada nórs

éinstecken *vt* 1 įkìšti, įdė́ti 2 pasiglem̃žti, pasisãvinti

éinstehen* *vi* (*s*) (*für A*) garantúoti, atsakýti (*už ką*)

éinsteigen* *vi* (*s*) įlìpti, įsė́sti

éinstellen I *vt* 1 pastatýti; sudė́ti 2 nustatýti, (nu)reguliúoti 3 įdárbinti, priim̃ti į̃ dárbą 4 nutráukti (*pvz., darbą*) II **sich** ~ 1 atvýkti, prisistatýti, pasiródyti 2 stóti, prasidė́ti (*pvz., apie orą, vargus*) 3 (*auf A*) nusiteĩkti, panorė́ti (*ką daryti*)

Éinstieg *m* -(e)s, -e 1 įlipìmas 2 įėjìmas, įėjìmo vietà

éinstimmig vienabal̃siškas; vienìngas

éinstmalig bùvęs, ankstèsnis

éinstmals 1 kadáise, kitadõs 2 kada nórs

éinstöckig dviaūkštis

éinstudieren *vt* nagrinéti; mókytis, išmókti

Éinsturz *m* -es, ᵕe griūtìs; įgriuvìmas

éinstürzen *vi* (*s*) įgriū́ti, sugriū́ti

éinstweilen laikinaĩ, tuõ tárpu

éinstweilig laĩkinas

éintauchen I *vt* įmer̃kti, panardìnti II *vi* (*s*) pasinérti, panìrti

Éintausch *m* -(e)s išmaĩnymas, iškeitìmas

éintauschen *vt* (*gegen A, für A*) išmainýti, iškeĩsti (*į ką*)

éinteilen *vt* (*in A*) padalýti (*į ką*), (su)skìrstyti (*kuo*)

Éintracht *f* - sántarvė, sutarìmas, sántaika

éinträchtig vienìngas, darnùs

éintragen* I *vt* 1 įrašýti, įtráukti 2 dúoti, teĩkti (*pvz., naudą, pelną*) II **sich** ~ registrúotis, įsiregistrúoti

éinträglich pelnìngas, pajamìngas

éintreffen* *vi* (*s*) (*in D*) atvỹkti, ateĩti (*kur*)

éintreten* *vi* (*s*) 1 įeĩti, įžeñgti 2 įstóti (*pvz., į organizaciją*) 3 stóti, prasidéti, užeĩti

Éintritt *m* -(e)s, -e 1 įėjìmas 2 įstojìmas (*pvz., į organizaciją*) 3 prasidėjìmas, užėjìmas

éintrocknen *vi* (*s*) išdžiū́ti, sudžiū́ti

éintunken *vt* (pa)dažýti, (pa)vìlgyti

éinüben *vt* mókytis (*ko*), išmókti (*ką*)

éinverleiben *vt* (*D*) prijùngti (*ką prie ko*)

Éinvernehmen *n* -s abipùsis supratìmas, sántarvė

éinverstanden: **mit etw.** (*D*), **j-m** ~ **sein** sutìkti sù kuõ; ~*!* sutinkù!

Éinverständnis *n* -ses, -se sutarìmas; susitarìmas; sutikìmas

Éinwand *m* -(e)s, ᵕe prieštarãvimas, príeštara

Éinwanderer *m* -s, - imigrántas

éinwandern *vi* (*s*) imigrúoti

éinwandfrei nepriekaištìngas

éinwechseln *vt* (*in A*) iškeĩsti, pakeĩsti (*ką į ką*)

éinwecken *vt* konservúoti

éinweichen *vt* (iš)mirkýti

éinweihen *vt* 1 (*iškilmingai*) atidarýti 2 (*in A*) supažìndinti (*ką su kuo*)

éinweisen* *vt* 1 (*in A*) (pa)siū́sti, dúoti siuntìmą (*kur*) 2 dúoti nuródymus (*kam*), instruktúoti (*ką*)

éinwenden* *vt* prieštaráuti (*kam*), nesutìkti (*su kuo*)

éinwerfen* *vt* 1 įmèsti 2 išmùšti, išdaū́žti (*stiklą*) 3 įter̃pti (*pvz., žodį, pastabą*)

éinwickeln *vt* suvynióti, įvynióti

éinwilligen *vi* (*in A*) sutìkti (*su kuo*), pritar̃ti (*kam*)

éinwirken *vi* (*auf A*) veĩkti (*ką*), darýti įtaką (*kam*)

Éinwohner *m* -s, - gyvéntojas; ~**in** *f* -, -nen gyvéntoja

éinwurzeln *vi* (*s*) / **sich** ~ įsišaknýti; įsitvìrtinti, įsigaléti

Éinzahl *f* - *gram.* vienãskaita

éinzahlen *vt* įmokéti

éinzäunen *vt* aptvérti tvorà

Éinzel‖haft *f* - kãlinimas vienùtėje; ~**handel** *m* -s mažmenìnė prekýba; ~**haus** *n* -es, ᵕer átskiras nãmas, kotèdžas

Éinzelheit *f* -, -en smùlkmena, detãlė

éinzeln I *a* paviẽnis, átskiras II *adv* paviẽniui, atskiraĩ; *im Éinzelnen* skỹrium, atskiraĩ ìmant; *bis ins Éinzelne* lìgi smùlkmenų

Éinzel‖preis *m* -es, -e víeneto káina, mažmenìnė káina; ~**teil** *n*, *m* -(e)s, -e atskirà dalìs, detãlė

éinziehen* I *vt* 1 įvérti, įstatýti 2 įtráukti II *vi* (*s*) 1 įžeñgti, įžygiúoti 2 įsikráustyti (*į butą*)

éinzig I *a* vieniñtelis II *adv* tiktaĩ, išimtinaĩ

éinzigartig vieniñtelis tóks, ypatìngas, nepakartójamas

Éinzug *m* -(e)s, ᵕe 1 įžygiãvimas; įžengìmas 2 įsikráustymas (*į butą*) 3 pradžià (*pvz., žiemos*)

Éinzugsfeier *f* -, -n įkurtùvės

Eis *n* -es 1 lẽdas 2 (*valgomieji*) ledaĩ

Éis‖bahn *f* -, -en čiuožyklà; ~**bein** *n* -(e)s, -e virtà sū́dyta kárka; ~**berg** *m* -(e)s, -e lẽdkalnis, áisbergas; ~**brecher** *m* -s, - lẽdlaužis (*laivas*); ~**diele** *f* -, -n ledų́ kavìnė, ledaĩnė

Éisen n -s 1 geležis 2 grandinės, geležìniai pánčiai

Éisenbahn f -, -en geležìnkelis

Éisenbahn‖fahrkarte f -, -n tráukinio bìlietas; ∼schaffner m -s, - tráukinio kondùktorius; ∼unglück n -(e)s, -e tráukinio katastrofà; ∼verkehr m -s traukinių eismas; ∼wagen m -s, - tráukinio vagònas

Éisen‖beton m -s gélžbetonis; ∼erz n -es, -e geležiės rūdà

éisern geležìnis

Éisgang m -(e)s ledónešis

éisglatt slidùs

Eisglätte f - lijùndra, ãpšalas

éisig ledìnis, šáltas; éine ∼e Kälte spéigas

Éis‖kälte f - spéigas; ∼kunstlauf m -(e)s dailùsis čiuožìmas; ∼scholle f -, -n lẽdo lytìs; ∼zapfen m -s, - lẽdo varvẽklis

éitel 1 tuščiagarbis; pasipūtęs 2 tùščias, berždżias

Éitelkeit f -, -en 1 tuščiagarbiškùmas; pasipūtìmas 2 bergždùmas, tuštýbė

Éiter m -s pūliai

éiterig pūliúojantis, pūlìngas

éitern vi pūliúoti

Éiweiß n -es, -e / - (kiaušinio) báltymas

Ékel m -s bjaurėjimasis, pasibjaurėjimas

ékelhaft bjaurùs, šlykštùs

ékeln, sich / vimp (vor D) bjaurétis, šlykštétis (kuo)

Elan [e'la:n] m -s pakilìmas, įkvėpìmas

Elch m -(e)s, -e bríedis

Elefánt m -en, -en dramblỹs

Elefántenrüssel m -s, - (dramblio) straublỹs

elegánt elegántiškas, puošnùs; grakštùs, dailùs

Elegánz f - elegantiškùmas, puošnùmas; grakštùmas, dailùmas

elektrifizíeren vt elektrifikúoti

Eléktriker m -s, - elèktrikas, elektrotèchnikas

eléktrisch elektrìnis, elèktros; ∼ betréiben varýti ką elektrà

Eléktrische sub f tramvãjus

Elektrizität f - elektrà

Elektrizitätswerk n -(e)s, -e elektrìnė

Elemént n -(e)s, -e stìchija, gaĩvalas 2 fiz., chem. elemeñtas

elementár 1 stìchinis, gaivalìnis 2 pagrindìnis 3 elementarùs

Elementár‖bildung f - pradìnis mókslas; ∼gewalt f -, -en stìchinė jėgà; ∼schule f -, -n pradìnė mokyklà

élend I a meñkas, skurdùs, vargìngas II adv blogaĩ, prastaĩ

Élend n -(e)s bėdà, rūpestis; vařgas, skuřdas; im ∼ lében gyvénti vargè [skurdè]

elf vienúolika

Élfenbein n -(e)s, -e drarñblio káulas

eliminíeren vt (iš)eliminúoti, pašálinti

Elíte f -, -n elìtas, žíedas

Éll(en)bogen m -s, - alkūnė

Élster f -, -n šárka

élterlich tėvų; das ∼e Haus tėvų namaĩ

Éltern pl tėvaĩ

Élternhaus n -es, ¨er tėvų namaĩ

Emaille [e'maljə] f -, -n emãlė

Emblém n -(e)s, -e emblemà

Emigránt m -en, -en emigrántas, išeĩvis

Emigratión f -, -en emigrãcija

emigríeren vi (s) emigrúoti

Empfáng m -(e)s, ¨e 1 priėmìmas; gavìmas 2 priėmìmas, sutikìmas (pvz., svečių, delegacijos); éinen ∼ gében suruõšti priėmìmą

empfángen* vt 1 gáuti; priiñťti 2 priiñťti, sutìkti

Empfänger m -s, - 1 gavėjas, adresãtas 2 rãdijo imtùvas

empfänglich imlùs, pagaulùs; jautrùs

empféhlen* vt rekomendúoti, patařti, (pa)siūlyti

empféhlenswert rekomendúotinas

Empféhlung f -, -en rekomendãcija; patarìmas

empfìnden* vt (pa)jùsti, (pa)jaũsti

empfìndlich 1 jautrùs 2 juñtamas, apčiúopiamas, nemãžas

Empfìndlichkeit f - jautrùmas

empfìndsam jautrùs, jausmìngas

Empfìndung f -, -en jutìmas, jaũsmas, pójūtis

empór aukštyñ, į viřšų

empören I *vt* pìktinti (*ką*), kélti pasipìktinimą (*kam*) **II sich** ~ (*über A*) pìktintis, pasipìktinti (*kuo*)

empór‖fliegen* *vi* (*s*) pakìlti į́ órą; ~**kommen*** *vi* (*s*) kìlti aukšty̆n, darýti karjèrą; ~**ragen** *vi* (*s*) (*über A*) bū́ti iškìlusiam (*virš ko*); ~**steigen*** *vi* (*s*) kópti [lìpti] aukšty̆n; darýti karjèrą

Empörung *f* -, -en pìktinimasis, pasipìktinimas

empórwachsen* *vi* (*s*) 1 paáugti, paūgéti 2 kìlti, prasidéti

émsig stropùs, uolùs, rūpestìngas

Énde *n* -s, -n gãlas, pabaigà; ~ *Mai* gegužė̃s pabaigojè; **zu** ~ *sein* baĩgtis

énden *vi* baĩgtis, pasibaĩgti

Éndergebnis *n* -ses, -se galutìnis rezultãtas

éndgültig galutìnis

Éndhaltestelle *f* -, -n galutìnė [paskutìnė] stotélė

éndlich pagaliaū, galiáusiai

éndlos I *a* begalìnis, nesibaĩgiantis **II** *adv* be gãlo

Éndspiel *n* -(e)s, -e 1 finãlas, finãlinės rungty̆nės 2 *šachm.* eñdšpilis

Éndung *f* -, -en *gram.* galū́nė

Energie *f* -, -gíːen enèrgija

enérgisch energìngas, veiklùs

eng 1 siaũras, añkštas; ~ *máchen* (su)siaūrinti 2 aĩtimas, glaudùs; ~ *anliegend* labaĩ priglùdęs [àptemptas]; ~ *befreundet* artimaĩ susidraugãvęs

Énge *f* -, -n siaurùmas, ankštùmas, ankštumà; *j-n in die* ~ *tréiben* ką̃ prispáusti [prispìrti]

Éngel *m* -s, -ángelas

Éngland *n* -s Ánglija

Éngländer *m* -s, - ánglas

énglisch Ánglijos; ánglų; ángliškas

Éngpass *m* -es, ⁓e 1 tarpėklis 2 sunkì padėtìs, krìzė

Énkel *m* -s, - anū́kas, vaikáitis; ~**in** *f* -, -nen anū́kė

Énkel‖kind *n* -(e)s, -er anū́kas; ~**sohn** *m* -(e)s, ⁓e anū́kas; ~**tochter** *f* -, ⁓ anū́kė

Ensemble [aŋˈsaːmbəl] *n* -s, -s ansámblis

entárten *vi* (*s*) išsigìmti, degenerúoti

entbéhren I *vt* pasigèsti (*ko*); apsieĩti, išsiveřsti (*be ko*) **II** *vi* (*G*) stokóti, stìgti (*ko*)

entbéhrlich nebū́tinas, nereikalìngas

Entbéhrung *f* -, -en trū́kumas, stokà

entbíeten* *vt* pérduoti (*sveikinimus*)

entbínden* *vt* 1 (*von D, G*) atléisti, atpalaidúoti (*ką nuo ko*) 2 (pa)gimdýti

Entbíndung *f* -, -en 1 atleidìmas, atpalaidāvimas 2 giřdymas

Entbíndungsheim *n* -(e)s, -e giřdymo namaĩ

entblößen *vt* apnúoginti

entbrénnen* *vi* (*s*) įsiliepsnóti, kìlti

entdécken *vt* 1 atràsti 2 pastebéti, ràsti (*pvz.*, *klaidą, talentą*)

Entdécker *m* -s, - atradéjas

Entdéckung *f* -, -en atradìmas

Énte *f* -, -n ántis

entéhren *vt* išniẽkinti (*ką*), suteřšti gaŕbę (*kieno*)

Énterich *m* -s, -e añtinas, gaĩgalas

entfáchen *vt* 1 užkùrti, uždègti; sukélti (*pvz.*, *gaisrą*) 2 (su)kùrstyti, sukélti

entfállen* *vi* (*s*) 1 (*D*) iškrìsti (*kam*) 2 (*D*) išeĩti ìš atmintiẽs 3 (*auf A*) tèkti (*kam*)

entfálten I *vt* 1 išskleĩsti 2 (iš)výstyti, paródyti **II sich** ~ 1 išsiskleĩsti, prasiskleĩsti 2 výstytis; atsiskleĩsti

entfärben, sich (nu)blùkti, nusišérti

entférnen I *vt* pašãlinti; išiřti **II sich** ~ išeĩti, (nu)tólti

entférnt tólimas, nutólęs, atokùs

Entférnung *f* -, -en atstùmas, núotolis

entfésseln *vt* sukélti, (su)kùrstyti

entflámmen I *vt* uždègti, įkvépti (*ką*), sukélti entuziãzmą (*kam*) **II** *vi* (*s*) įsiliepsnóti, kìlti

entflíehen* *vi* (*s*) pabégti, pasprùkti

entführen *vt* pagróbti (*pvz.*, *vaiką*)

entgégen I *prp* 1 príešingai (*kam*) 2 priẽš, príešais **II** *adv* príešingai

entgégengesetzt príešingas

engégen‖halten* *vt* 1 atkìšti, padúoti 2 priẽštaráuti; ~**kommen*** *vi* (*s*) (*j-m*) 1 eĩti príešais (*kam*) 2 pritaŕti (*kam*)

entgégenkommend paslaugùs, draũgiškas

entgégen‖nehmen* vt priim̃ti, gáuti (*laišką*, *užsakymą*); ~**sehen*** vi žiūréti į príekį, láukti; ~**setzen, sich** priešintis; ~**treten*** vi (*s*) 1 eĩti príešais 2 príešintis
entgégnen vi atréžti, atkir̃sti
entgéhen* vi (*s*) (*D*) 1 išvéngti (*ko*); **sich** (*D*) *etw*. **nicht** ~ **lássen** nepraléisti (*pvz.*, *progos*) 2 praléisti, nepastebéti
entgéistert pritrenktas, priblokštas
Entgélt *n* -(e)s, -e atlýginimas, ãtlygis
entgélten* vt atmokéti, atlýginti (*už ką*)
Entgéltung *f* -, -en ãtpildas, bausmė̃
entgléisen vi (*s*) nušókti [nuvir̃sti] nuõ bė̃gių
entgléiten* vi (*s*) (*D*) išslýsti, išsprū́sti (*iš ko*)
enthálten* I vt turéti (*savyje*) II **sich** ~ (*G*) susilaikýti, susituréti (*nuo ko*)
entháltsam nuosaikùs, saikìngas
enthében* vt (*G*) atléisti, atstatýti (*ką iš ko*)
enthüllen vt 1 atideñgti (*paminklą*) 2 atskleĩsti, demaskúoti
entkléiden I vt nureñgti, išreñgti II **sich** ~ nusireñgti, išsireñgti
entkómmen* vi (*s*) (*D*) pabégti, pasprùkti (*nuo ko*); išvéngti (*ko*)
entkräften vt 1 išsékinti, išvárginti 2 paneĩgti, atmèsti
entláng I *prp* (*žymi: A – kryptį, D – vietą*) išilgaĩ, paleĩ; **sie gíngen das Úfer** ~ jiẽ ė̃jo pãupiu; **der Stráße** ~ paleĩ gãtvę II *adv* išilgaĩ, pagaĩ; **am Úfer** ~ pãupiu
entlássen* vt 1 paléisti, išléisti 2 atléisti (*iš darbo*)
entlásten vt sumãžinti krū́vį [dárbą] (*kam*)
entláufen* vi (*s*) pabégti, pasprùkti
entlédigen I vt (*D*) atpalaidúoti, atléisti (*ką nuo ko*) II **sich** ~ (*G*) atsikratýti (*ko, nuo ko*)
entlégen tólimas, atkampùs, nuošalùs
entléhnen vt (*D, aus D*) skõlintis, pasiskõlinti (*ką iš ko*)
Entléhnung *f* -, -en *lingv.* skolinỹs
entlócken vt (*D*) išgáuti, išvilióti (*ką iš ko*)
entlóhnen vt atlýginti, užmokéti (*kam*)
entlüften vt (iš)vė́dinti, ventiliúoti
entmútigen vt atim̃ti drą̃są (*kam*)

entnéhmen* vt (*D, aus D*) (pa)im̃ti, išim̃ti (*ką iš kur*)
entpúppen, sich 1 išsirìsti (*iš lė́liukės*) 2 pasiródyti
enträtseln vt įmiñti, įspéti, atspéti
entréißen* vt (*D*) atim̃ti, išplė́šti (*ką iš ko*)
entríchten vt (su)mokéti (*pvz.*, *mokesčius*)
entrínnen* vi (*D*) 1 ištekéti (*iš kur*) 2 išvéngti (*ko*); pabégti (*nuo ko*)
entrüsten I vt (pa)pìktinti (*ką*), kélti pasipìktinimą (*kam*) II **sich** ~ (*über A*) pìktintis, pasipìktinti (*kuo*)
entrüstet pasipìktinęs
entságen vi (*D*) atsisakýti, atsižadéti (*ko*)
entschädigen vt (*für A*) atlýginti, atmokéti (*kam už ką*), kompensúoti (*kam ką*)
Entschädigung *f* -, -en (núostolių) atlýginimas, kompensãcija
entschéiden* I vt, vi (nu)sprę̃sti, (nu)lémti II **sich** ~ 1 išsisprę̃sti 2 (*für A*) rýžtis, pasirýžti (*kam*)
entschéidend spréndžiamas, lẽmiamas
Entschéidung *f* -, -en nutarìmas, sprendìmas; núosprendis
entschíeden 1 ryžtìngas, energìngas 2 áiškus, akivaizdùs
entschlíeßen*, sich (*zu D*) rýžtis, pasirýžti (*ką daryti*); nusprę́sti (*ką*)
entschlóssen ryžtìngas, energìngas
Entschlóssenheit *f* - rýžtas, ryžtingùmas
entschlüpfen vi (*s*) išsprùkti, ištrū́kti, išsprū́sti
entschúldigen I vt dovanóti, atléisti; patéisinti; ~ **Sie die Verspätung!** atléiskite užpavėlãvimą II **sich** ~ (*bei j-m wegen D*) atsiprašýti (*ką dėl ko*)
Entschúldigung *f* -, -en dovanójimas, atleidìmas
entsénden* vt pasių̃sti (*pvz.*, *delegaciją, ekspediciją*)
entsétzen I vt 1 (*G*) pašálinti, atléisti (*iš pareigų*) 2 išgą̃sdinti (*ką*), sukélti siaũbą (*kam*) II **sich** ~ (*vor D, über A*) baisétis, pasibaiséti (*ko, kuo*)
Entsétzen *n* -s siaũbas, pasibaiséjimas; *vor* ~ ìš siaũbo
entsétzlich baisùs, šiurpùs, pasibaisétinas

entsínnen*, sich (G) atsimiñti, prisimiñti (ką)

entspánnen I vt atpalaidúoti, atléisti II sich ~ atsikvẽpti, atsipūsti

entspréchen* vi (D) atitìkti (ką)

entspréchend I a atitiñkamas, prìderamas II prp (D) pagal (ką), sutiñkamai (su kuo)

Entspréchung f -, -en atitikìmas; atitikmuõ

entspríngen* vi (D) 1 ištekéti (iš kur) 2 kìlti, atsiràsti (iš kur)

entstéhen* vi (s) kìlti, prasidéti

Entstéhung f - atsiradìmas; susidãrymas

entstéllen vt subjáuroti, sudarkýti; iškreĩpti, iškraipýti

enttäuschen vt apvìlti, nuvìlti

enttäuscht nusivýlęs

entwáchsen* vi (s) (D) 1 išáugti, išeĩti (iš ko) 2 išáugti, išdýgti (iš kur)

entwáffnen vt nuginklúoti

entwässern vt (nu)saūsinti

entwéder: ~ ... óder arbà ... arbà

entwéichen* vi (s) 1 pabégti, pasprùkti 2 veřžtis, viřsti (pvz., apie garus)

entwénden vt (j-m) pagróbti, pavõgti (ką iš ko)

entwérten vt nuvértinti, devalvúoti

entwíckeln I vt 1 (iš)výstyti, (iš)plètóti 2 (iš)ugdýti 3 (iš)rýškinti (filmo negatyvą) II sich ~ výstytis, išsivýstyti

Entwícklung f -, -en (iš)výstymas; výstymasis

entwíschen vi (s) pabégti, pasprùkti

entwöhnen I vt (G, von D) atprãtinti (ką nuo ko) II sich ~ (G, von D) atpràsti (nuo ko)

Entwúrf m -(e)s, ·e mētmenys, eskìzas; plãnas, projèktas

entwúrzeln vt išráuti sù šaknimìs

entzíehen* I vt (j-m) 1 atimti (ką iš ko) 2 nebedúoti, nebeteĩkti (kam ko) II sich ~ (D) (iš)véngti (ko), išsisukinéti (nuo ko)

entzíffern vt išskaitýti; iššifrúoti

entzücken vt sužavéti, pakeréti

entzückend žavùs, žavìngas

entzünden I vt 1 uždègti, padègti 2 kùrstyti (pvz., aistras) II sich ~ užsidègti; kìlti, įsiliepsnóti

Entzündung f -, -en 1 uždegìmas; užsidegìmas 2 med. uždegìmas

entzwéibrechen* I vt pérlaužti pusiáu II vi (s) pérlūžti, sulūžti; sudùžti

entzwéien vt supýkdyti, sukìršinti

Enzyklopedie f -, -dí:en enciklopèdija

Epidemie f -, -mí:en epidèmija

Episóde f -, -n epizòdas

episódisch epizòdinis, epizòdiškas

Epóche f -, -n epochà

er jìs; ~ selbst jìs pàts

eráchten vt (für A, als A) laikýti (ką kuo)

Eráchten: méines ~s, méinem ~ ñach màno núomone

erbármen, sich (G, über A) gailétis, pasigailéti (ko)

erbärmlich 1 pasigailétinas 2 meñkas, prãstas; niekìngas

erbármungslos negailestìngas

erbáuen vt (pa)statýti

Erbáuer m -s, - 1 statýtojas, architèktas 2 įkūréjas

Erbe¹ n -s palikìmas, pãveldas

Erbe² m, -n, -n paveldétojas

erbében vi (s) sudrebéti, suvirpéti

érben vt (von D) paveldéti (ką iš ko)

erbétteln vt (iš)prašýti, išmaldáuti

Érbin f -, -nen paveldétoja

erbítten* vt (iš)prašýti (ko)

erbíttert įnirtìngas; nuožmùs

erblássen vi (s) išbálti, pabálti, išblýkšti

érblich pavéldimas

erblícken vt pamatýti, įžvelĝti

erblínden vi (s) apàkti

erblühen vi (s) pražydéti, sužydéti

erbóst įpýkęs, supýkęs, įniřšęs

erbréchen* vi / sich ~ vémti, susivémti

Érbschaft f -, -en palikìmas, veldinỹs

Érbse f -, -n žìrnis

erdácht išgalvótas, pramanýtas

Érd‖ball m -(e)s Žẽmės rutulỹs; ~beben n -s, - žẽmės drebéjimas

Érdbeere f -, -n bràškė; žẽmuogė

Érde f -, -n žẽmė; pasáulis

erdénken* vt išgalvóti, sugalvóti

erdénklich įmānomas, gãlimas

Érd‖gas *n* -es, -e gamtìnės dùjos; ~kugel *f*
- Žémės rutulỹs; ~öl *n* -(e)s naftà
erdréisen, sich (*zu D*) (iš)drį́sti (*ką daryti*)
erdrósseln *vt* pasmáugti; nuslopìnti
erdrücken *vt* mirtinaĩ suspáusti; prislégti,
    kankìnti
erdrückend slégiantis, várginantis
Érd‖stoß *m* -es, ᵘe požemìnis smūgis; ~teil
    m -(e)s, -e pasáulio dalìs
erdúlden *vt* pakę̃sti, pakélti, iškentéti
eréifern, sich (*über A*) karščiúotis, jáudintis
    (*dėl ko*)
eréignen, sich įvỹkti, atsitìkti
Eréignis *n* -ses, -se įvykis, atsitikìmas
eréignisreich nuotykìngas, turtìngas įvykių
erfáhren*¹ *vt* 1 sužinóti 2 patìrti, pajùsti
erfáhren² patýręs, pritýręs
Erfáhrung *f* -, -en patyrìmas, patirtìs
erfáhrungsgemäß ìš patyrìmo, rémiantis pa-
    tyrimù
erfássen *vt* 1 pagriẽbti, pačiùpti 2 apim̃ti; pa-
    gáuti
erfínden* *vt* išràsti; išgalvóti
Erfínder *m* -s, - išradéjas
erfínderisch išradìngas, išmonìngas
Erfíndung *f* -, -en išradìmas; iš(si)galvóji-
    mas, prasimãnymas
Erfólg *m* -(e)s, -e sėkmė̃, pasisekìmas; pa-
    siekìmas, laiméjimas
erfólgen *vi* (*s*) įvỹkti, atsitìkti; *es erfólgte
    kéine Ántwort* atsãkymas nebùvo gáutas
erfólglos nesėkmìngas, beȓgždžias
erfólgreich sėkmìngas, vaisìngas
erfórderlich reikalìngas, bū́tinas
erfórdern *vt* reikaláuti, reikéti (*ko*)
erfórschen *vt* ištìrti, ištyrinéti
Erfórscher *m* -s, - tyrinétojas
Erfórschung *f* -, -en tyrìmas, tyrinéjimas
erfréuen I *vt* (pra)džiùginti, nudžiùginti II
    sich ~ 1 (*an D*) mégautis, gėrétis, grožétis
    (*kuo*) 2 (*G*) turéti; *sich gróßer Beliebtheit
    ~* bū́ti labaĩ populiariám
erfréulich džiugùs, džiùginantis
erfríeren* *vi* (*s*) sušálti, sustìrti; iššálti; nu-
    šálti

erfríschen I *vt* (at)gaivìnti, (su)stìprinti II
    sich ~ atsigaivìnti
Erfríschungsraum *m* -(e)s, ᵘe bufètas
erfüllen I *vt* 1 pripìldyti 2 įvýkdyti (*pvz.,
    planą, sutartį*); išpìldyti, paténkinti II sich
    ~ išsipìldyti
Erfüllung *f* -, -en įvýkdymas, išpìldymas; *in
    ~ géhen* išsipìldyti
ergänzen *vt* papìldyti (*ką*), pridùrti (*prie ko*)
ergében*¹ I *vt* dúoti (*rezultatą*) II sich ~
    1 išplaũkti, paaiškéti 2 pasidúoti, kapitu-
    liúoti 3 (*D*) atsidúoti, pasišvę̃sti (*kam*)
ergében² atsidãvęs, ìštikimas
Ergébnis *n* -ses, -se rezultãtas; ìšdava; pada-
    rinỹs
ergébnislos nesėkmìngas, beȓgždžias
ergíebig gausùs, apstùs
ergíeßen* I *vt* išlíeti, išpìlti II sich ~ įtekéti;
    išsilíeti; pasipìlti
erglänzen *vi* (*s, h*) sužibéti, sublizgéti
ergötzen I *vt* lìnksminti, džiùginti II sich ~
    (*an D*) gėrétis, žavétis (*kuo*)
ergráuen *vi* (*s*) (pra)žìlti
ergréifen* *vt* 1 pagriẽbti, pačiùpti, nutvér-
    ti; apim̃ti; *das Wort ~* im̃ti žõdį (*kalbéti
    susirinkime*) 2 (su)jáudinti
ergréifend jáudinantis, graudùs
ergríffen sujáudintas, sugraudìntas
ergründen *vt* ištìrti (*ką*), įsigìlinti (*į ką*)
erhában 1 pakilùs, iškilùs 2 didìngas, iškil-
    mìngas
erhálten* I *vt* 1 gáuti 2 išlaikýti, iššáugoti
    3 išlaikýti, aprū́pinti II sich ~ išsilaikýti,
    (iš)lìkti; pragyvénti
erhältlich gãlimas gáuti [piȓkti]
Erháltung *f* - išlaĩkymas, iššáugojimas; iš-
    laĩkymas, aprū́pinimas
erhängen I *vt* pakárti II sich ~ pasikárti
erhében* *vt* 1 pakélti; iškélti, paáukštin-
    ti 2 ištìrti; (su)riñkti (*duomenis, žinias*)
    3 paréikšti II sich ~ 1 (pa)kìlti, pasikél-
    ti 2 stūksóti, dunksóti 3 (su)kìlti, pakìlti
    4 kìlti, prasidéti; *hier erhébt sich die Frá-
    ge* čià kỹla kláusimas
erhéblich žymùs, dìdelis

Erhébung *f* -, -en 1 pakilumà, aukštumà, kalvà 2 pakėlìmas, paáukštinimas 3 sukìlìmas, maĩstas

erhéitern I *vt* pralìnksminti, palìnksminti II sich ~ 1 pralinksméti, įsilìnksminti 2 pragiedréti, išsigiēdrinti

erhéllen I *vt* 1 apšviēsti, nušviēsti 2 nušviēsti, išáiškinti II sich ~ 1 nušvìsti, pragiedréti 2 (iš)aiškéti

erhítzen I *vt* įkaĩtinti; įáudrinti, sujáudinti II sich ~ įkaĩsti; įsiáudrinti, jáudintis

erhóffen *vt* láukti, tikétis (*ko*)

erhöhen I *vt* pakélti, paáukštinti; (pa)dìdinti II sich ~ (pa)kìlti, (pa)didéti

erhólen, sich 1 ilsétis, pailséti, poilsiáuti 2 (*von D*) atsigáuti, atsipéikėti (*nuo ko*)

Erhólung *f* -, -en póilsis, poilsiāvimas

Erhólungs‖aufenthalt *m* -(e)s, -e poilsiāvimas kuròrte; ~heim *n* -(e)s, -e póilsio namaĩ

erínnern I *vt* (*an A*) primiñti (*kam ką*) II sich ~ (*an A*) prisimiñti, atsimiñti (*ką*)

Erínnerung *f* -, -en 1 prisiminìmas, atminìmas 2 *pl* atsiminìmai, memuãrai

Erínnerungsmedaille *f* -, -n atminìmo medãlis

erkálten *vi* (*s*) atšálti, atvésti

erkälten I *vt* atšáldyti, atvėsìnti II sich ~ péršalti, pérsišaldyti

Erkältung *f* -, -en péršalimas, pérsišaldymas

erkämpfen *vt* iškovóti

erkénnbar atpažį́stamas, pàstebimas

erkénnen* *vt* (*an D*) 1 pažìnti, atpažìnti; *j-n an der Stímme* ~ atpažìnti (*ką iš ko*) 2 supràsti, suvókti

Erkénntnis *f* -, -se supratìmas, suvokìmas 2 *pl* (*sukauptas*) patyrìmas; (*mokslinės*) ìšvados

erklären *vt* 1 (iš)áiškinti, paáiškinti; *den Krieg* ~ paskélbti kãrą 2 (*für A*) pripažìnti (*ką kuo*)

erklärlich suprañtamas, áiškus

Erklärung *f* -, -en 1 (iš)áiškinimas, paáiškinimas 2 pareiškìmas; paskelbìmas (*karo*)

erklímmen* *vt* užlìpti (*ant ko*), įkópti (*į ką*)

erklíngen* *vi* (*s*) suskambéti

erkránken *vi* (*s*) (*an D*) susiřgti (*kuo*)

erkúnden *vt* ištìrti, nustatýti; išžvalgýti

erkúndigen, sich (*nach D*) (pa)kláusti (*ką*), pasiteiráuti (*ko, apie ką*)

erláhmen *vi* (*s*) apšlùbti, apráišti

erlángen *vt* pasíekti, įgýti

Erláss *m* -es, -e 1 išleidìmas, paskelbìmas; į́sakas 2 atleidìmas, dovanójimas

erlássen* *vt* 1 išléisti, paskélbti 2 atléisti, dovanóti

erláuben *vt* léisti, dúoti sutikìmą

Erláubnis *f* -, -se leidìmas

erláutern *vt* (pa)áiškinti

Érle *f* -, -n aĩksnis

erlében *vt* 1 patìrti, pérgyventi, iškentéti 2 suláukti, susiláukti

Erlébnis *n* -ses, -se pérgyvenimas, išgyvēnimas; į́vykis

erlébnisreich gausùs į́spūdžių

erlédigen *vt* atlìkti, įvýkdyti; sutvarkýti; *erlédigt!* baĩgta!

erlégen *vt* nušáuti (*laukinį̃ žvėrį̃*)

erléichtern *vt* (pa)leñgvinti

Erléichterung *f* -, -en paleñgvinimas; palengvéjimas 2 *pl* lengvãtos

erléiden* *vt* patìrti, pajùsti, pérgyventi

erlérnen *vt* išmókti

erléuchten *vt* apšviēsti, nušviēsti

erlíegen* *vi* (*s*) (*D*) tàpti aukà (*kieno*), miřti (*nuo ko*); *dem Gégner* ~ būti nugalétam príešo

erlógen pramanýtas, išgalvótas

Erlös *m* -es, -e pãjamos, į́plaukos

erlöschen* *vi* (*s*) (už)gèsti

erlösen *vt* išvadúoti, išgélbėti

ermächtigen *vt* įgalióti

ermáhnen *vt* (*zu D*) (pa)rãginti, (pa)skãtinti (*ką darýti*)

ermäßigen *vt* sumãžinti, nuléisti

Ermäßigung *f* -, -en sumãžinimas; núolaida

ermátten I *vt* (nu)várginti, (nu)alsìnti II *vi* (*s*) (nu)vařgti, (nu)ìlsti

Erméssen *n* -s núožiūra, núomonė; *nach méinem* ~ màno núomone

ermìtteln *vt* (su)ràsti; išáiškinti

ermöglichen vt įgãlinti (ką), suteĩkti galimýbę (kam)
ermórden vt nužudýti
ermüden I vt (nu)várginti, išvárginti II vi (s) nuvar̃gti, privar̃gti
ermúntern vt žvãlinti, (pa)darýti žvãlų
ermútigen vt padrą́sinti, paskãtinti
ernähren I vt maitìnti; išmaitìnti, išlaikýti II sich ~ (von D) maitìntis (kuo)
Ernährer m -s, - maitìntojas
ernénnen* vt (zu D) paskìrti (kuo)
ernéuern I vt atnaũjinti; rekonstrúoti II sich ~ atgýti, atsinaũjinti
ernéut I a atnaũjintas II adv vėl, iš naũjo
erníedrigen I vt pažẽminti, (su)niẽkinti II sich ~ žẽmintis, nusižẽminti
erníedrigend žẽminantis
ernst rim̃tas; séine Árbeit ~ néhmen rimtaĩ žiūrė́ti į̃ sàvo dárbą
Ernst m -es rimtùmas; es war im ~ geméint taĩ bùvo pasakýta rimtaĩ
Érnte f -, -n 1 der̃lius; die ~ an Getréide javų̃ der̃lius 2 der̃liaus nuėmìmas, pjūtìs
érnten vt (nu)rim̃ti, (su)valýti (derlių̃)
Érntezeit f - der̃liaus nuėmìmo laĩkas, pjūtìs
ernüchtern vt išblaĩvinti, prablaĩvinti
Eróberer m -s, - užkariáutojas, grobìkas
eróbern vt užkariáuti, užgróbti
eröffnen I vt atidarýti; pradéti II sich ~ atsiskleĩsti (pvz., apie perspektyvas)
Eröffnung f -, -en atidãrymas; pradžià
erörtern vt (ap)svarstýti, (iš)nagrinéti
erpréssen vt 1 išver̃žti, príevarta išgáuti 2 šantažúoti; prievartáuti
Erprésser m -s, - šantažìstas; prievartáutojas
erpróben vt (iš)bandýti, (iš)mėgìnti
erquícken I vt (at)gaivìnti II sich ~ gaivìntis, atsigaivìnti
erráten* vt atspéti, įspéti
errégen I vt 1 (su)jáudinti; (su)dìrginti 2 sukélti (pvz., įtarimą, abejones) II sich ~ (über A) jáudintis (dėl ko)
errégt sujáudintas; susijáudinęs
erréichen vt pasíekti; den Zug ~ suspéti į̃ tráukinį
errétten vt išgélbėti

erríchten vt 1 (pa)statýti 2 įsteĩgti, įkùrti
erríngen* vt iškovóti, pasíekti
erröten vi (s) paraũsti, išraũsti
Errúngenschaft f -, -en pasiekìmas, laiméjimas
Ersátz m -es pãkaitalas
Ersátzrad n -(e)s, ̈er atsargìnis rãtas
erschállen* vi (s) suskambéti
erschéinen* vi (s) 1 pasiródyti; atvỹkti 2 išeĩti, bū́ti išleidžiamám 3 ródytis, atródyti
Erschéinung f -, -en 1 reiškinỹs; pl póžymiai 2 ìšorė, ìšvaizda
Erschéinungsjahr n -(e)s, -e (iš)leidìmo mẽtai
erschíeßen* I vt sušáudyti; nušáuti II sich ~ nusišáuti
erschlágen* vt užmùšti
erschlíeßen* vt 1 atràsti; įsisãvinti 2 atskleĩsti
erschöpfen I vt iššémti, pabaĩgti II sich ~ nusiplū́kti, nusikamúoti
erschöpft nusiplū́kęs, nusikamãvęs
erschrécken I vt išgąsdinti II (erschrák, erschrócken) vi (vor D, über A) išsigą̃sti (ko)
erschüttern vt sukrė́sti, sudrėbinti
erschütternd sùkrečiantis, kraupùs
erschwéren vt (ap)suñkinti
erschwínglich prieĩnamas (apie kainą)
ersétzen vt 1 pavaduóti, pakeĩsti 2 atlýginti, padeñgti
ersíchtlich áiškus, akivaizdùs
erspáren vt sutaupýti
Erspárnis f -, -se (su)taũpymas; pl sántaupos
erst 1 pirmà, anksčiaũ 2 tìk, tiktaĩ
erstárken vi (s) (su)stipréti
erstárren vi (s) (su)stìngti, sušálti
erstátten vt apmokéti, atlýginti; Berícht ~ pranèšti, darýti pranešìmą
Érstaufführung f -, -en premjerà
erstáunen I vt (nu)stẽbinti II vi (s) (über A) stebétis, nusistebéti (kuo)
Erstáunen n -s nustebìmas, nusistebéjimas, núostaba; j-n in ~ sétzen ką nustẽbinti
erstáunlich I a nuostabùs, įstabùs II adv nepaprastaĩ, stebétinai
erstáunt nustẽbęs

érste pìrmas; *zum* ~*n Mal* pìrmąkart, pìrmą
kar̃tą
erstéchen* *vt* nudùrti
erstéhen* **I** *vt* įsigýti, nusipir̃kti **II** *vi* (*s*)
(iš)kìlti; atgýti
érstens pìrma
erstérben* *vi* (*s*) (ap)tìlti, (ap)rìmti
Érstgeborene *sub m*, *f* pirmãgimis, -ė
erstícken **I** *vt* (už)dùsinti; (nu)slopìnti **II** *vi*
(*s*) (už)dùsti, užtrókšti
érstklassig pirmaklãsis, pirmarū̃šis
Érstling *m* -s, -e pirmãgimis
érstmal pradžiojè, iš pradžių̃
érstrangig pirmaeĩlis, svarbiáusias
erstrécken, sich **1** plytéti, tę̃stis, nusitę̃sti
2 tę̃stis, trùkti
ersúchen *vt* (*um A*) prašýti (*ko*)
ertáppen *vt* pagáuti, sučiùpti
ertéilen *vt* dúoti, suteĩkti
ertönen *vi* (*s*) suskambéti
Ertrág *m* -(e)s, ·̃e **1** der̃lius, derlingùmas
2 pãjamos, peĨnas
ertrágen* *vt* (iš)kę̃sti, pakélti
erträglich pakeñčiamas, pusétinas
ertränken **I** *vt* prigìrdyti, paskandìnti **II sich**
~ nusiskandìnti
ertrínken* *vi* (*s*) prigérti, nuskę̃sti
erübrigen **I** *vt* (su)taupýti **II sich** ~ bū́ti ne-
reikalìngam
erwáchen *vi* (*s*) pabùsti, nubùsti
erwáchsen suáugęs
Erwáchsene *sub m*, *f* suáugęs žmogùs
erwägen* *vt* apgalvóti, (ap)svarstýti
erwähnen *vt* (pa)minéti (*ką*)
erwärmen **I** *vt* (su)šìldyti, pašìldyti **II sich**
~ (su)šìlti, įšìlti
erwárten *vt* láukti (*ko*); tikétis (*ko*)
Erwártung *f* -, -en laukìmas, lū̃kestis
erwártungsvoll **I** *a* kùpinas vilčių̃ **II** *adv* sù
viltimì, nekañtriai
erwécken *vt* **1** (pa)bùdinti, (pa)žãdinti **2** su-
žãdinti, sukélti
erwéhren, sich (*G*) gìntis, atsigìnti (*nuo ko*),
atsispìrti (*kam*)
erwéichen **I** *vt* sumìnkštinti **II** *vi* (*s*) su-
minkštéti

erwéisen* **I** *vt* įródyti; *j-m éinen Gefállen* ~
padarýti kám pãslaugą **II sich** ~ paaiškéti,
pasiródyti
erwéitern **I** *vt* (pra)plãtinti, (pra)plė̃sti **II sich**
~ plė̃stis, išsiplė̃sti
Erwérb *m* -(e)s, -e **1** ùždarbis, atlýginimas
2 pirkìmas, įsigijìmas
erwérben* *vt* **1** užgyvénti, uždìrbti; pelnýti
2 įsigýti, (nu)pir̃kti
Erwérblose *sub m*, *f* bedar̃bis, -ė
erwídern *vt* atsakýti
erwíschen *vt* pagáuti, sučiùpti
erwünscht pageidáujamas, nórimas
Erz *n* -es, -e **1** rūdà **2** *sg* brònza
erzählen *vt* (pa)pãsakoti
Erzählung *f* -, -en **1** pãsakojimas **2** apsãky-
mas; apýsaka
Érzbischof *m* -s, ·̃e arkivýskupas
erzéugen *vt* pagamìnti, išléisti
Erzéuger *m* -s, - gamìntojas
Erzéugnis *n* -ses, -se gaminỹs
Erzéugung *f* -, -en **1** gaminìmas; gamýba
2 prodùkcija
erzíehen* *vt* (iš)áuklėti, (iš)ugdýti
Erzíeher *m* -s, - áuklėtojas; ~*in f* -, -nen
áuklėtoja
erzíeherisch áuklėjamasis, áuklėjimo
Erzíehung *f* - áuklėjimas, ùgdymas; išsiáuk-
lėjimas
erzíelen *vt* pasiékti
erzíttern *vi* (*s*) sudrebéti
erzürnen **I** *vt* supýkdyti, įpýkdyti **II sich**
~ / *vi* (*s*) supýkti, įpýkti
erzwíngen* *vt* príevarta išgáuti
es *pron* **1** jìs, jì **2** taĩ, tàt; ~ *genügt* pakañka;
es ist zuvíel per daũg **3**: ~ *régnet* lỹja; ~
wird Ábend vakaréja
Ésche *f* -, -n úosis
Ésel *m* -s, - ãsilas
eskalíeren *vt* eskalúoti, palaipsniuĩ dìdinti
Eskórte *f* -, -n eskòrtas, palydà
Éspe *f* -, -n ėpušė̃, drebulė̃
Essai / Essay [ɛˈse:] *m* -, -s, -s esė̃, apýbrai-
ža
éssen* *vt* (su)válgyti; paválgyti; *zu Ábend* ~
vakarieniáuti; *zu Míttag* ~ pietáuti

Éssen *n* -s válgymas; vaĺgis, maĩstas; **beim** ~ (be)válgant
Essénz *f* -, -en eseñcija
Éssig *m* -s, -e ãctas
Éssiggurke *f* -, -n marinúotas aguřkas
Éss‖löffel *m* -s, - válgomasis šáukštas; ~**tisch** *m* -es, -e válgomasis stãlas; ~**zimmer** *n* -s, - válgomasis (*kambarys*)
Este ['e:stə] *m* -n, -n èstas
Éstin *f* -, -nen èstė
Éstland *n* -s Èstija
Éstländer *m* -s, - žr. Éste; ~**in** *f* -, -nen žr. Éstin
éstnisch Èstijos; èstų; èstiškas
Estráde *f* -, -n 1 estradà, pakylà 2 estradà (*žanras*)
etablíeren *vt* įsteĩgti, įkùrti
Etáge [-ʒə] *f* -, -n aũkštas
Etáppe *f* -, -n etãpas
Etat [e'ta:] *m* -s, -s 1 (*valstybinis*) biudžètas 2 etãtas, personãlas
Éthik *f* - ètika, morãlė
Éthos *n* - dorùmas, dorà, morãlė
Etikétt *n* -(e)s, -e / -s etikètė
Etikétte *f* -, -n 1 etikètas 2 etikètė
étliche kėletas, kelì, kai kuriė
étwa I *adv* maždaũg, apiė **II** *prtc* (*klausiant*) ař, ařgi, benè; nejaũ
étwas 1 kažkàs, kas nórs 2 kíek, šiek tíek, trùputį
éuerseits ìš jū́sų pùsės
Éule *f* -, -n peléda
Európa *n* -s Európa
Európäer *m* -s, - europiẽtis
europäisch Európos; europinis; europiẽtiškas
Éuter *n* -s, - tešmuõ

evakuíeren *vt* evakúoti
eventuéll I *a* eventualùs, gãlimas **II** *adv* galbū́t, gãlimas dáiktas
éwig ámžinas
Éwigkeit *f* -, -en amžinýbė, amžinùmas
exákt tikslùs
Exámen *n* -s, - / -mina egzãminas
Exemplár *n* -s, -e egzempliõrius
Exíl *n* -s, -e ištrėmìmas, priverstìnė emigrãcija
Existénz *f* -, -en 1 egzisteñcija, gyvãvimas 2 pragyvẽnimas
existíeren *vi* egzistúoti, gyvúoti
Exkúrs *m* -es, -e ekskùrsas, nukrypìmas
Exkursión *f* -, -en ekskùrsija
exmatrikulíeren *vt* išbraũkti ìš studeñtų sąrašų̃
Expeditión *f* -, -en ekspedìcija
Experimént *n* -(e)s, -e eksperimeñtas, bañdymas
Expérte *m* -n, -n ekspèrtas
explodíeren *vi* (*s*) sprógti, susprógti
Explosión *f* -, -en sprogìmas
Exponát *n* -(e)s, -e eksponãtas
Expórt *m* -(e)s, -e ekspòrtas
Exporteur [-'tø:r] *m* -s, -e eksportúotojas
exportíeren *vt* eksportúoti, išvèžti
Expréss *m* -es, -e eksprèsas (*traukinys*)
expressív ekspresyvùs, išraiškùs
éxtra specialiaĩ, atskiraĩ
Éxtrablatt *n* -(e)s, ᵘer special̀ laĩkraščio laidà
extrém kraštutìnis, nepàprastas
Extrém *n* -s, -e kraštutinùmas
Extremíst *m* -en, -en ekstremìstas
Exzellénz *f* -, -en eksceleñcija, prakilnýbė
Exzéss *m* -es, -e ekscèsas

F

Fábel *f* -, -n 1 pasakéčia 2 fãbula, siužètas
fábelhaft pãsakiškas, nepàprastas
Fabrík *f* -, -en fãbrikas; gamyklà
Fabrikánt *m* -en, -en fabrikántas
Fabrikát *n* -(e)s, -e fabrikãtas, fãbriko gaminỹs

Fach *n* -(e)s, ᵘer 1 stálčius 2 specialýbė; (*mokslo*) sritìs; (*dėstomasis*) dalýkas
Fácharbeiter *m* -s, - kvalifikúotas darbiniñkas
Fächer *m* -s, - vėduõklė

Fách‖gebiet *n* -(e)s, -e specialýbė, mókslo sritìs; **~lehrer** *m* -s, - (*atskiro*) dalýko mókytojas; **~mann** *m* -(e)s, ᵕer / -leute specialìstas; **~richtung** *f* -, -en specialýbė; **~schule** *f* -, -n specialì vidurìnė mokyklà; tèchnikumas; **~werk** *n* -(e)s, -e fãchverkas, fachverkìnė konstrùkcija

Fáckel *f* -, -n fãkelas, dėglas

Fáckelzug *m* -(e)s, ᵕe eitỹnės sù fãkelais [deglaĩs]

fad(e) 1 neskanùs, bè skõnio 2 neįdomùs, nuobodùs; lẽkštas

Fáden *m* -s, ᵕ siū́las; gijà

Fádennudel *f* -, -n vermišėliai

fähig gabùs

Fähigkeit *f* -, -en (su)gebėjimas, gabùmas

fahl blyškùs, išblýškęs, blankùs

Fáhne *f* -, -n vėliava; *die ~ híssen* iškélti vėliavą; *die ~ éinholen* [*éinziehen*] nuléisti vėliavą

Fáhnen‖flucht *f* - dezertyrãvimas, pabėgimas ìš kariúomenės; **~flüchtige** *sub m* dezertỹras

fáhrbar 1 kilnójamas(is), gãlimas pérvežti 2 tiñkamas važiúoti

Fáhrdamm *m* -(e)s, ᵕe važiúojamoji dalìs (*kelio, tilto*)

Fähre *f* -, -n kéltas, kéltuvas

fáhren* I *vi* (*s*) 1 važiúoti, vỹkti; *mit dem Áuto ~* važiúoti automobiliù 2 važinéti; *Áuto ~* važinéti automobiliù, vairúoti automobìlį; *aus der Haut ~* praràsti savìtvardą, nebesusivaldýti II *vt* vèžti, vežióti; *~ lássen* išléisti, paléisti (*iš rankų*); atsisakýti (*ko*)

Fáhrer *m* -s, - vairúotojas, šòferis

Fáhrerlaubnis *f* -, -se vairúotojo téisės

Fáhr‖gast *m* -es, ᵕe keleĩvis; **~geld** *n* -(e)s mókestis ùž važiãvimą; **~karte** *f* -, -n bìlietas (*traukinio, autobuso*)

fáhrlässig aplaidùs, apsiléidęs

Fáhr‖plan *m* -(e)s, ᵕe keliãraštis, eĩsmo tvarkãraštis; **~preis** *m* -es, -e (*važiavimo*) bìlieto káina; **~rad** *n* -(e)s, ᵕer dvìratis; **~schein** *m* -(e)s, -e 1 bìlietas (*autobuso, tramvajaus*) 2 (*važiavimo*) talònas;

~schule *f* -, -n automobìlių vairãvimo mokyklà, vairúotojų kùrsai; **~stuhl** *m* -(e)s, ᵕe kéltas, lìftas

Fahrt *f* -, -en važiãvimas, keliõnė; *éine ~ ins Gebírge* išvyka į̃ kálnus

Fährte *f* -, -n pėdsakas; pėdos

Fáhrtkosten *pl* keliõnės išlaidos

Fáhrzeug *n* -(e)s, -e transpòrto [susisiekìmo] príemonė

fair [fɛːr] dõras; tãktiškas, korèktiškas

Fakt *m*, *n* -(e)s, -en fãktas

fáktisch fãktinis, fãktiškas

Fáktor *m* -s, -tóren veiksnỹs, fãktorius

Fakultät *f* -, -en fakultètas; *die jurístische* (*medizínische*) *~* téisės (medicìnos) fakultètas

falb geĩsvas, geĩzganas

Fálke *m* -n, -n sãkalas

Fall[1] *m* -(e)s kritìmas; žlugìmas; *j-n zu ~ bríngen* ką̃ pargriáuti, ką̃ sužlugdýti [suardýti]

Fall[2] *m* -(e)s, -e 1 ãtvejis, atsitikìmas; *auf jéden ~*, *auf álle Fälle* bet kuriuõ ãtveju, kád iř kàs bū́tų; *für álle Fälle* dėl vìso pìkto, dėl vìsa ko; *auf kéinen ~* jókiu būdù, niékaip; *im bésten ~* geriáusiu ãtveju 2 *teis.* bylà 3 *gram.* liñksnis

Fálle *f* -, -n spãstai, pìnklės, žabángos; *j-m éine ~ stéllen* (pa)spėsti kám žabángas [pinklès]

fállen* *vi* (*s*) 1 krìsti, pùlti; *ins Áuge ~* krìsti į̃ akìs; *j-m in die Hände ~* patèkti [pakliū́ti] kám į̃ rankàs; *ins Wort ~* įsikìšti [įsiteřpti] į̃ kalbą̃ krìsti, smùkti, mažėti 3 (ati)tèkti; *das Érbe fiel an die Kínder* palikìmas tėko vaikáms; *etw. ~ lássen* atsisakýti kõ, paléisti ką̃ (*iš rankų*)

fällen *vt* 1 kiřsti (*medžius*) 2: *éine Entschéidung ~* priìmti nutarìmą

fällig mokétinas

Fállobst *n* -es krituõlis

falls *cj* jéigu

Fállschirm *m* -(e)s, -e parašiùtas

Fállschirmspringer *m* -s, - parašiùtininkas

falsch 1 netìkras, dirbtìnis 2 klaidìngas, neteisìngas

fälschen vt padìrbti, (su)klastóti, falsifikúoti

Fälscher m -s, - klastótojas, falsifikātorius

Fálte f -, -n klõstė; raukšlė̃; **die Stirn in ~n zíehen** suraũkti kãktą

fálten vt suleñkti, sulankstýti

Fálter m -s, - drugỹs, petelìškė

familiär 1 šeimýninis 2 familiarùs, intymùs

Famíli⁞e f -, -n šeimà; **éine ~ gründen** sukùrti šeĩmą

Famíli⁞en‖angehörige sub m, f šeimõs narỹs; **~leben** n -s šeimýninis gyvēnimas; **~mitglied** n -(e)s, -er šeimõs narỹs; **~name** m -ns, -n pavardė̃; **~stand** m -(e)s šeimýninė padėtìs

Fan [fɛn] m -s, -s (sporto) sirgālius

Fanátiker m -s, - fanātikas

fanátisch fanātiškas

Fang m -(e)s 1 gáudymas; medžiójimas 2 grõbis, laimìkis

fángen* vt gáudyti, sugáuti; sučiùpti

Fantasíe f -, -sí⁞en žr. **Phantasíe**

fantasíeren vi žr. **phantasíeren**

fantástisch žr. **phantástisch**

Fárbband n -(e)s, ˷er rãšomosios mašinė̃lės juostė̃lė

Fárbe f -, -n 1 spalvà 2 dažaĩ

färben vt (nu)dažýti

fárbenreich daugiaspal̃vis, margaspal̃vis

Fárb‖fernsehen n -s spalvótoji televìzija; **~film** m -(e)s, -e spalvótas filmas

fárbig spalvótas

fárblos 1 išblýškęs, išbãlęs 2 bespal̃vis

Fárb‖fotografíe / **photographíe** f -, -fi⁞en / -phi⁞en spalvótoji fotogrāfija; **~stift** m -(e)s, -e spalvótas pieštùkas

Fárce [-sə] f -, -n fársas

Farm f -, -en fèrma; ū́kis

Fármer m -s, - fèrmeris

Farn m -(e)s, -e, **Fárnkraut** n -(e)s, ˷er papártis

Färse f -, -n telyčià

Fasán m -(e)s, -en / -e fazānas

Fásching m -s, -e / -s Ùžgavėnės; karnavãlas

Faschíst m -en, -en fašìstas

faschístisch fašìstinis

Fáser f -, -n plúoštas, plaušaĩ

Fass n -es, ˷er / - statìnė

Fassáde f -, -n fasādas

fássbar konkretùs; suprañtamas

Fássbier n -(e)s, -e alùs ìš statìnės

fássen I vt 1 (su)griēbti, (su)čiùpti 2 til̃pti, pareĩti 3 suprãsti, suvókti 4 apim̃ti, pagáuti; **Entsétzen fásste ihn** jį̃ àpėmė siaũbas 5: **éinen Entschlúss ~** pasirýžti; **sich** (D) **ein Herz ~** įsidrą̨sinti, pasirýžti II **sich ~** nusiramìnti, tvárdytis, susitvárdyti; **sich kurz ~** kalbė́ti trumpaĩ

fásslich suprañtamas, suvókiamas

Fassón f -, -s fasõnas, mòdelis

Fássung f -, -en 1 āpsodas, rėmēliai 2 variántas, redākcija 3 savìtvarda, susivaldymas; **j-n aus der ~ bríngen** išvèsti ką̃ ìš kantrýbės

fássungslos sumìšęs, sutrìkęs

fast bevéik; võs, konè

fásten vi pasninkáuti, gavė́ti

fasziníerend žavùs, žavìngas

fatál lemtìngas, fatalùs

fáuchen vi pū̃kšti, šnýpšti (pvz., apie katę)

faul 1 supùvęs, sušvìñkęs; **~ wérden** (su)gèsti, (su)švìñkti 2: **~e Áusreden** tuštì išsisukinė́jimai 3 tingùs, vangùs

Fáulbaum m -(e)s, ˷e ievà

Fäule f -, puvìmas; puvėsiai

fáulen vt pū́ti, gèsti, švìnkti

Fáulenzen vi tinginiáuti, dykinéti

Fáulenzer m -s, - tinginỹs, dykaduoniáutojas

Fáulheit f - tinginỹstė, tingùmas

Fáulnis f - puvìmas, puvėsis

Fáulpelz m -es, -e tinginių̃ pántis

Faust f -, ˷e kùmštis; **auf éigene ~ hándeln** veĩkti sàvo rìzika

fáustdick sulìg kùmščiu (didumo, storumo); **er hat es ~ hínter den Óhren** jìs gė́ras paũkštis (suktas žmogus)

Fáust‖handschuh m -(e)s, -e kùmštinė pirštìnė; **~regel** f -, -n pagrindìnė [trumpà] taisỹklė

Favorít m -en, -en favorìtas, numylétinis

Fáxe f -, -n máivymasis, vaĩpymasis; kvailýstė

Fázit *n* -s, -e / -s ìšdava, rezultātas

Fébruar *m* - / -s, -e vasāris

féchten* *vi* 1 fechtúotis 2 káutis, kovóti

Féchter *m* -s, - fechtúotojas

Féder *f* -, -n 1 (*paukščio*) plùnksna 2 patalaĩ 3 (*rašomoji*) plùnksna 4 spyruõklė

Féder‖ball *m* -(e)s, ‷e bãdmintonas; ~bett *n* -(e)s, -en patalaĩ; ~halter *m* -s, - plunksnãkotis; ~kasten *m* -s, - / ‷ plùnksninė, penālas

féderleicht lengvùtis, leñgvas kaĩp pūkas

Fédermesser *n* -s, - lenktìnis peĩlis

Féderung *f* -, -en lìngės; spyruõklės

Fee *f* -, Fé en féja; laūmė

Fégefeuer *n* -s skaistyklà

fégen I *vt* (iš)šlúoti II *vi* (*s*) dùmti, lĕkti

Féhde *f* -, -n kivìrčas, giñčas; vaidaĩ, nesántaika

féhlen *vi* 1 (*an D*) trūkti, stìgti (*ko*); *es féhlte das Nötigste* trūko būtiniáusių dalỹkų; *was fehlt Íhnen?* kàs jùms yrà? kuõ skùndžiatės? 2 nebūti; *wer fehlt?* kõ nėrà?

Féhler *m* -s, - klaidà, apsirikìmas; ýda, trūkumas

féhlerfrei bè klaidū, neklaidìngas

féhlerhaft klaidìngas, neteisìngas

Féhlgeburt *f* -, -en pérsileidimas, priešlaikìnis gim̃dymas

féhl‖gehen* *vi* (*s*) išklýsti ìš kēlio; apsirìkti; ~greifen* *vi* im̃tis neteisìngų príemonių, suklýsti

Féhlschlag *m* -(e)s, ‷e nesėkmĕ, nepasisekìmas

féhlschlagen* *vi* (*s*) žlùgti, neišsipìldyti (*pvz., apie viltis, planus*)

Féhl‖schluss *m* -es, ‷e neteisìnga [klaidìnga] ìšvada; ~tritt *m* -(e)s, -e 1 neteisìngas žìñgsnis 2 prasižengìmas; núopuolis

Féier *f* -, -n ìškilmės, šveñtė

Féierabend *m* -s, -e dárbo dienõs pabaigà; ~ máchen baĩgti dárbo díeną

féierlich iškilmìngas, šveñtiškas

Féierlichkeit *f* -, -en 1 *sg* iškilmingùmas 2 ìškilmės

féiern *vt* švę̃sti; pagerbti, pažymėti

Féiertag *m* -(e)s, -e šveñtė, šventãdienis

féiertäglich šventadiēnis, šventadiēniškas

féige bailùs; baikštùs

Féige *f* -, -n *bot.* figà

Féigheit *f* - bailùmas; baigštùmas

Féigling *m* -s, -e bailỹs

féilbieten* *vt* siū́lyti, išstatýti pardavìmui

Féile *f* -, -n dìldė, brūžìklis

féilen *vt* dìldyti, šlifúoti; tóbulinti

féilschen *vi* (*um A*) derétis, lýgautis (*dėl ko*)

fein 1 plónas; smùlkus 2 puikùs, subtilùs; aukštõs kokýbės; *ein ~er Kerl* šaunùs vaikìnas 3 kilnùs, kilmìngas

Féin‖bäcker *m* -s, - kondìteris; ~bäckerei *f* -, -en cukraĩnė; ~brot *n* -(e)s, -e smulkiŲ rugìnių mìltų dúona

Feind *m* -(e)s, -e príešas, príešininkas; *j-m ~ sein* būti kám príešiškam

féindlich príešiškas; príešo, príešų

Féindschaft *f* -, -en nesántaika, nesántarvė

féindselig príešiškas, nepalankùs

féinfühlend, féinfühlig jautrùs, švelnùs, delikatùs

Féinkost *f* - delikatėsai, skanėstas

Féinkostgeschäft *n* -(e)s, -e delikatèsų parduotùvė

Féinschmecker *m* -s, - smalìžius, smagùris

feist riebùs, drūtas, stóras

Feld *n* -(e)s, -er 1 laūkas; dirvà, arìmas 2 *sg* kautỹnių [mūšio] laūkas; *ins ~ rücken* [*ziéhen*] tráukti į̃ kãrą 3 (*veiklos*) sritìs, dirvà

Féld‖arbeit *f* -, -n laūko darbaĩ; ~blume *f* -, -n laūko gėlĕ; ~marschall *m* -(e)s, ‷e feldmáršalas; ~messer *m* -s, - mãtininkas; ~post *f* -, -en *kar.* laūko pãštas

Féldscher *m* -s, - felčeris

Féld‖weg *m* -(e)s, -e laūko kēlias; sùnkelis; ~zug *m* -(e)s, ‷e kãro žỹgis

Félge *f* -, -n rãtlankis

Fell *n* -(e)s, -e káilis; óda

Fels *m* -en, -en, Félsen *m* -s, - uolà

félsig uolótas, uolétas

Fénster *n* -s, - lángas; *das ~ geht auf die Stráße* lángas žiūrì į̃ gãtvę; *zum ~ hináussehen* žiūréti prõ lángą

Fénster‖brett n -(e)s, -er palángė; ~laden
m -s, - / ∺ langìnė; ~scheibe f -, -n lángo
stìklas

Féri∶en pl atóstogos; in den ~ atóstogų metù

Féri∶en‖aufenthalt m -(e)s, -e atostogãvi-
mas, atóstogų praleidìmas; ~gast m -es,
∺e atostogáutojas; ~heim n -(e)s, -e póil-
sio namaĩ; ~platz m -es, ∺e vietà póilsio
namuosè; ~reise f -, -n atóstogų keliõ-
nė, keliõnė atóstogų metù; ~zeit f -, -en
atóstogų mẽtas, atóstogos

Férkel n -s, - paršas, paršēlis

fern I a tólimas, atokùs II adv tolì, tolumojè;
j-n, etw. von j-m, etw. (D) ~ halten apsáu-
goti ką̃ nuõ kõ, nepriléisti kõ priẽ kõ; sich
von j-m, etw. (D) ~ hálten šãlintis, véng-
ti kõ; j-m ~ líegen bũti kám nebūdìngam
[svetimám]; ~ stéhen (D) bũti [stovéti]
nuošalyjè (nuo ko)

Férnamt n -(e)s, ∺er užmiestìnė, telefòno
centrìnė

férnbleiben* vi (s) (D) nedalyváuti, neatvỹk-
ti (kur)

Férne f -, -n tolýbė, tolùmas, tolumà

férner I a tolèsnis, tolimèsnis II adv 1 be tõ,
dár 2 ateityjè

Férn‖gespräch n -(e)s, -e tarpmiestìnis te-
lefòninis pasikalbéjimas; ~glas n -es, ∺er
žiūrõnas, binòklis

Férnheizung f -, -en centrìnis šìldymas

Férnlastzug m -(e)s, ∺e tolimų̃ pérvežimų au-
totraukinỹs

Férnmelde‖amt n -(e)s, ∺er telefòno (teleg-
rãfo) ryšių̃ įstaiga; ~dienst m -es, -e ryšių̃
tarnýba (telefonas, telegrafas, radijas)

Férnost m -es Tolimíeji Rytaĩ

Férn‖rohr n -(e)s, -e teleskòpas; ~ruf m
-(e)s, -e telefòno nùmeris; ~schnellzug
m -(e)s, ∺e tólimojo susisiekìmo greitàsis
traukinỹs

Férnsehapparat m -(e)s, -e televìzorius

férnsehen* vi žiūréti televìzorių

Férnsehen n -s televìzija

Férnseher m -s, - televìzorius

Férnseh‖film m -(e)s, -e televìzijos fìlmas;
~gerät n -(e)s, -e televìzorius; ~sendung

f -, -en televìzijos laidà; ~spiel n -(e)s, -e
televìzijos spektãklis; ~übertragung f -,
-en televìzijos pérdavimas [transliãcija]

Férnsicht f - perspektyvà, vaĩzdas iš tõlo

férnsprechen* vi skam̃binti, kalbéti telefonù

Férnsprecher m -s, - telefònas

Férnstudent m -en, -en studeñtas neakìvaiz-
dininkas

Férnverkehrsstraße f -, -n magistrãlė, ma-
gistrãlinis pléntas

Férnzug m -(e)s, ∺e tõlimojo susisiekìmo
traukinỹs

Férse f -, -n kuĩnas; j-m auf den ~n fólgen
lìpti kám añt kulnų̃, įdùrmu výtis ką̃

fértig pasiruõšęs; gãtavas; pàruoštas; mit der
Árbeit ~ sein pabaĩgti sàvo dárbą; mit j-m,
etw. (D) ~ wérden susidoróti sù kuõ; j-n,
etw. ~ brĩngen susidoróti sù kuõ, pabaĩg-
ti ką̃; ~ máchen užbaĩgti, paruõšti; sich
~ máchen ruõštis, pasiruõšti; ~ stéllen
(pa)baĩgti, užbaĩgti

Fértigbauteile pl sùrenkamosios statýbinės
konstrùkcijos

fértigen vt (pa)gamìnti, (pa)ruõšti

Fértigkeit f -, -en įgūdis, įgudìmas

Féssel f -, -n 1 grandìnės, gelèžiniai pánčiai
2 pánčiai; saĩtai

fésseln vt 1 sukáustyti, surakìnti (grandinė-
mis) 2 prikáustyti, prirakìnti 3 sudóminti,
patráukti

fésselnd įdomùs, patráukiantis

fest I a 1 kíetas; tvìrtas, stiprùs; éine ~e
Ánstellung etãtinė tarnýba; 2 tvìrtas, nepa-
jùdinamas; II adv tvirtaĩ, nepajùdinamai;
~ überzéugt sein bũti tvirtaĩ įsitìkinusiam

Fest n -es, -e šveñtė

Fést‖abend m -s, -e iškilmìngas vãkaras;
~akt m -(e)s, -e iškilmìngas pósėdis [su-
sirinkìmas]

féstangestellt etãtinis

Féstessen n -s, - bankètas, iškilmìngi piẽtūs

fésthalten* I vt 1 sulaikýti, suim̃ti 2 (už)fik-
súoti, užrašýti II vi (an D) laikýtis (ko) III
sich ~ (an D) tvirtaĩ laikýtis (už ko)

féstigen I vt stìprinti, tvìrtinti II sich ~ (su)
stipréti, (su)tvirtéti

Festivál n -s, -s festivālis

féstklammern, sich (an D) tvirtaĩ įsikìbti (į ką)

Féstland n -es, ⁀er žemýnas, kontineñtas, sausumà

féstlegen vt nustatýti (pvz., dienotvarkę, planą)

féstlich šveñtinis, šveñtiškas

fést‖liegen* vi bū́ti nustatýtam [sutartám]; ∼**machen** vt 1 (an D) priri̇̀šti, pritvìrtinti (prie ko) 2 sutar̃ti; nusprę́sti

Féstmahl n -(e)s, ⁀er / -e bankètas; pókylis

Féstnahme f -, -n ãreštas, suėmìmas

féstnehmen* vt (su)areštúoti, suim̃ti

Féstrede f -, -n iškilmìnga kalbà

féstsetzen nustatýti, paskìrti (pvz., terminą, laiką)

Fést‖sitzung f -, -en iškilmìngas pósėdis; ∼**spiel** n -(e)s, -e 1 šveñtinis [jubiliėjinis] spektãklis 2 pl festivālis

fést‖stehen* vi bū́ti nustatýtam; ∼**stellen** vt 1 nustatýti, išáiškinti 2 konstatúoti

Féststellung f -, -en nustãtymas, išáiškinimas 2 konstatãvimas

Fésttag m -(e)s, -e šventãdienis, šventà dienà

fésttäglich šventadiēnis, šventãdieniškas

Féstung f -, -en tvirtóvė

Féstveranstaltung f -, -en šveñtinis renginỹs

Féstzug m -(e)s, ⁀e eitỹnės, procèsija

fett riebùs; trąšùs; ∼ **wérden** riebéti, tùkti

Fett n -(e)s, -e riebalaĩ, taukaĩ

féttig 1 riebalúotas, taukúotas 2 riebùs

Fétzen m -s, - 1 skùduras, skar̃malas 2 pl núotrupos

feucht drėgnas; ∼ **wérden** (su)drėkti

Féuchtigkeit f - drėgmė̃, drėgnùmas

féuchtkalt pagelùs, drėgnas ir̃ šáltas

feudál feodālinis

Feudálherr m -n, -en feodãlas

Féuer n -s, - 1 ugnìs; gaĩsras; ∼ (án)máchen [ánzünden] užkùrti ùgnį; ∼! gaĩsras! 2 ugnìs, (ap)šáudymas; mū̃šis

Féuerbestattung f -, -en kremãcija

féuer‖fest atsparùs ùgniai, nèdegamas; ∼**gefährlich** greĩtai [lengvaĩ] užsìdegantis

Féuerlöscher m -s, - gesintùvas

féuern vi 1 kūrénti 2 šáudyti

féuerrot rýškiai raudónas

Féuersbrunst f -, ⁀e gaĩsras

Féuerschaden m -s, ⁀ gaĩsro núostoliai

féuersicher nèdegamas

Féuer‖stätte f -, -n ugniãvietė; ∼**stein** m -(e)s, -e ti̇̀tnagas; ∼**waffe** f -, -n šaunamàsis giñklas; ∼**wehr** f -, -en ugniagesių̃ kománda

Féuer‖werk n -(e)s, -e fejervèrkas; ∼**zeug** n -(e)s, -e žiebtuvẽlis

Feuilleton [føjɔ'tɔŋ] n -s, -s feljetònas

féurig 1 ugnìngas, liepsnójantis 2 kár̃štas, liepsnìngas

Fíbel f -, -n elementõrius

Fíchte f -, -n ẽglė

Fíeber n -s, - kar̃štis, karščiãvimas; kar̃štligė; im ∼ **spréchen** [phantasíeren] kliedéti

fíeberfrei bè temperatū̃ros

fíeberhaft karščiúojantis; kar̃štligiškas

Fíebermesser m -s, - termomètras

fíebern vi 1 karščiúoti 2 nekantráuti; vor Úngeduld ∼ dègti nekantrumù

Figúr f -, -en figūrà

fiktív fiktyvùs, fiktỹvinis, netìkras

Filet [-'le:] n -s, -s filẽ, nugarìnė (mėsa)

Filiále f -, -n filiãlas

Film m -(e)s, -e fìlmas; kìnas; héute läuft ein néuer ∼ šiañdien ródomas naũjas fìlmas

fílmen vt filmúoti

Fílm‖festspiele pl kìno festivālis; ∼**kunst** f - kìno mėnas, kinematogrãfija; ∼**regisseur** m -s, -e fìlmo [kìno] režisiẽrius; ∼**schauspieler** m -s, - kìno ãktorius; ∼**studio** n -s, -s kìno stùdija

Fílter m -s, - fìltras

fíltern vt filtrúoti

Filz m -es, -e veltinỹs; fètras

Fílzhut m -(e)s, ⁀e fètrinė [veltìnė] skrybėlė̃

Finále n -s, - / -s finãlas

finanziéll finánsinis, piniginis

Finanzier [-'tsje:] m -s, -s finánsininkas

finanzíeren vt finansúoti

Fíndelkind n -es, -er pamestinùkas

fínden* I vt 1 (su)ràsti; Ánerkennung ∼ bū́ti pripažìntám; den Tod ∼ žū́ti 2 manýti,

Finder 86

būti núomonės; *wie* ~ *Sie díeses Buch?*
kokià júsų núomonė apiē šią knŷgą? **II**
sich ~ atsiràsti
Fínder *m* -s, - radėjas
fíndig išradìngas, išmonìngas
Fíndling *m* -s, -e pamestinùkas, rastinùkas
Fínger *m* -s, - pir̃štas (*rankos*); *kéinen* ~
rühren nē pir̃što [pir̃štų] nepajùdinti; *sich*
(*D*) *die* ~ *verbrénnen* pirštùs nudègti, ap-
sigáuti; *sich* (*D*) *etw.* *aus dem* ~ *sáugen*
ką ìš pir̃što išláužti (*išgalvoti*)
Fínger‖hut *m* -(e)s, ⁼e pirščiùkas, añtpirštis;
~**spitze** *f* -, -n pir̃što gãlas
Finish [-niʃ] *n* -s, -s fìnišas, baigmē
Fink *m* -en, -en kikìlis
Fínne *m* -n, -n súomis
fínnisch Súomijos; súomių; súomiškas
Fínnländer *m* -s, - súomis, Súomijos gyvén-
tojas
finster 1 tamsùs; *es wird* ~ témsta **2** niūrùs,
rū́škanas **3** tamsùs, įtar̃tinas
Fínsterkeit *f* - **1** tamsumà, tamsùmas **2** niū-
rùmas
Fínsternis *f* -, -se **1** tamsà, patámsis **2** užte-
mìmas
Fínte *f* -, -n gudrýbė, gudrãvimas; išsisuki-
nėjimas
Fírma *f* -, -men fìrma
Firmamént *n* -(e)s dangaũs skliaũtas
Fírnis *m* -ses, -se pòkostas; lãkas
Fisch *m* -es, -e žuvìs
físchen *vt* žvejóti, žuváuti
Físcher *m* -s, - žvejŷs, žvejótojas
Fischeréi *f* -, -en žvejýba, žuvininkŷstė
Físchfang *m* -(e)s, ⁼e žvejýba, žūklē
Fisch‖gericht *n* -(e)s, -e žuviēs pãtiekalas;
~**gräte** *f* -, -n žuviēs ãšaka; ~**otter** *m*
-s, - ū́dra; ~**schuppen** *pl* žuviēs žvynaĩ;
~**zucht** *f* - žuvìvaisa, žuvininkŷstė
fix tvìrtas, nustatýtas; *ich bin* ~ *und fértig*
àš pasiruõšęs
fixíeren užfiksúoti, pažyméti
flach 1 plókščias; *auf der* ~*en Hand* añt
délno **2** lēkštas, negilùs; *Schúhe mit* ~*en*
Absätzen bãtai žemaĩs kulnaĩs
Fläche *f* -, -n lygumà, plokštumà; paviršius

Fláchland *n* -es, ⁼er lygumà, žemumà
Flachs *m* -es lìnas; linaĩ
fláckern *vi* blýkčioti, žybséti
Flágge *f* -, -n vēliava
flággen *vt* pakélti [iškabìnti] vēliavą
Flak *f* -, - / -s zenìtinė patránka
Flakón *m*, *n* -s, -s flakònas
Flámme *f* -, -n liepsnà; ugnìs; *in* ~*n geráten*
užsidègti, pradéti dègti
flámmend kár̃štas, aistrìngas
Flanéll *m* -s, -e flanėlė
Flánke *f* -, -n **1** šónas, pùsė (*pvz.*, *pastato*)
2 *kar.* spar̃nas, flángas
Fläsche *f* -, -n bùtelis
Fláschen‖bier *n* -(e)s, -e alùs bùteliuose;
~**öffner** *m* -s, - kamščiãtraukis
flátterhaft vėjavaikiškas, lengvabū̃diškas
flá ttern *vi* **1** (*s*) skraidýti, skrajóti **2** (*h*, *s*)
plazdénti, plasnóti; plevėsúoti, plaikstýtis
flau 1 sil̃pnas; glebùs **2** beskõnis; blausùs
(*apie spalvą*)
Flaum *m* -(e)s pūkaĩ, pūkēliai
fláumig pūkúotas, pūkaĩs apáugęs
Fléchte *f* -, -n **1** kasà (*plaukų*) **2** *med.* dēder-
vinė
fléchten* *vt* (nu)pìnti
Flécht‖korb *m* -(e)s, ⁼e pintìnė, pìntas krep-
šŷs; ~**matte** *f* -, -n demblŷs, pìntas pãtie-
salas
Fleck *m* -(e)s, -e **1** dėmē; *bláuer* ~ mėlŷ-
nė **2** vietà; *die Árbeit kommt nicht vom* ~
dárbas nėjuda ìš vietos
Flécken *m* -s, - **1** dėmē **2** gyvénvietė
fléckig dėmétas; taškúotas, šlakúotas
Flédermaus *f* -, ⁼e šikšnósparnis
Flégel *m* -s, - **1** sprãgilas **2** stačiõkas
flégelhaft stačiõkiškas
fléhentlich I *a* maldáujamas **II** *adv* maldáu-
jamai, maldáujančiai
Fleisch *n* -es **1** mėsà **2** mėsà, minkštìmas
(*pvz.*, *vaisių*)
Fléischbrühe *f* - sultinŷs, buljònas
Fléischer *m* -s, - mėsininkas
Fleischeréi *f* -, -en mėsinė, mėsõs parduotù-
vė
Fléischermeister *m* -s, - mēsininkas

Fléischgericht *n* -(e)s, -e mėsiškas valgis, mėsõs pātiekalas

fléischig mėsìngas

Fléisch‖klops *m* -es, -e, ~**klößchen** *n* -s, - maltìnis; ~**kost** *f* - mėsiškas maĩstas, mėsiški valgiai; ~**waren** *pl* mėsõs gaminiaĩ; ~**wolf** *m* -(e)s, ⸗e mėsmalė, mašinėlė mėsai málti

Fleiß *m* -es stropùmas, kruopštùmas, darbštùmas

fléißig stropùs, kruopštùs, darbštùs

flénnen *vi* verkšlénti

flícken *vt* taisýti, lópyti

Flícken *m* -s lõpas

Flíeder *m* -s alyvà (*krūmas*)

flíederfarben alỹvų spalvõs, alỹvinis

Flíege *f* -, -n mùsė

flíegen* *vi* (*s*) skrìsti, lėkti, skraidýti; *in die Luft* ~ išlėkti į órą, sprógti

Flíeger *m* -s, - lakūnas, pilòtas

Flíegerabwehr *f* - priešlėktùvinė gynýba

flíehen* **I** *vi* (*s*) (pa)bėgti, (pa)sprùkti **II** *vt* véngti, šãlintis (*ko*)

Flíese *f* -, -n apdailõs plytėlė

Flíeßband *n* -(e)s, ⸗er konvėjeris

flíeßen* *vi* (*s*) tekėti, bėgti; sruvénti; *es ist viel Blut geflóssen* bùvo pralíeta daũg kraũjo

flíeßend tėkantis, bėgantis; ~ *deutsch spréchen* laisvaĩ kalbėti vókiškai

flímmern *vi*, *vimp* mirgėti, mirguliúoti, raibuliúoti

flink greĩtas, vikrùs, žvitrùs

Flínte *f* -, -n (*medžioklinis*) šáutuvas

Flirt *m* -s, -s flìrtas, koketãvimas

flírten *vi* flirtúoti, koketúoti

Flítterwochen *pl* medaũs mėnuo

Flócke *f* -, -n **1** snaĩgė, snieguõlė **2** *pl* drìbsniai (*pvz.*, *kukurūzų*, *avižų*)

Floh *m* -(e)s, ⸗e blusà

Flor *m* -s sužydėjimas; (su)klestėjimas

Florétt *n* -(e)s, -e rapyrà

Flóskel *f* -, -n, tuščià frãzė, banalýbė

Floß *n* -es, ⸗e síelis

Flósse *f* -, -n pėlekas, plaukmuõ

Flößer *m* -s, - síelininkas

Flöte *f* -, -n fleità

flott **1** greĩtas; žvalùs, guvùs; žvitrùs **2** šaunùs, puikùs

Flótte *f* -, -n laivýnas

Flottille [-'tiljə] *f* -, -n flotìlė

Fluch *m* -(e)s, ⸗e keĩksmas, keikìmas

flúchen *vi* **1** kéiktis, plūstis **2** (*auf A*, *über A*) kéikti, plūsti (*ką*)

Flucht *f* -, -en (pa)bėgìmas; *die* ~ *ergréifen* léistis bėgti, sprùkti

flüchten *vi* (*s*) / *sich* ~ (pa)bėgti, gélbėtis (pa)bėgant

flüchtig **I** *a* **1** pabėgęs; ~ *wérden* (pa)bėgti **2** truñpas, skubùs **3** skubótas, paviršutìniškas **II** *adv* trumpaĩ, prabėgõm(ìs), paviršutìniškai

Flüchtling *m* -s, -e bėglỹs, pabėgėlis

Flúchtversuch *m* -(e)s, -e mėgìnimas pabėgti

Flúchwort *n* -(e)s, ⸗er keiksmãžodis

Flug *m* -(e)s, ⸗e skridìmas, skrỹdis; pólėkis; *die Zeit verging* (*wie*) *im* ~*e* laĩkas lėktė prãlėkė

Flúgblatt *n* -(e)s, ⸗er lapėlis, proklamãcija

Flügel[1] *m* -s, - **1** spar̃nas (*paukščio*, *vabzdžio*) **2** flìgelis, príestatas **3** sãvara (*durų*, *langų*) **4** spar̃nas (*malūno*, *lėktuvo*)

Flügel[2] *m* -s, - fortepijõnas, rojãlis

Flúg‖geschwindigkeit *f* -, -en skridìmo greĩtis; ~**hafen** *m* -s, ⸗ aeroúostas; ~**karte** *f* -, -n aviabìlietas; ~**platz** *m* -es, ⸗e aerodròmas; ~**post** *f* - óro pãštas

flugs bėregint, bemãtant

Flúg‖verkehr *m* -s óro susisiekìmas; ~**wesen** *n* -s aviãcija; ~**zeug** *n* -(e)s, -e lėktùvas

Flúgzeugträger *m* -s, - lėktùvnešis

Flúnder *f* -, -n plėkšnė

Flur[1] *m* -(e)s, -e priemenė, príeangis

Flur[2] *f* -, -en laũkas, laukaĩ; píeva

Fluss *m* -es, ⸗e **1** ùpė **2** tėkmė, bėgìmas

flussáb, flussábwärts pasroviuĩ, upė žemỹn

flussáuf, flussáufwärts upė priẽš srõvę, upė aukštỹn

Flússbett *n* -(e)s, -en ùpės vagà

flüssig **1** skýstas **2** sklandùs, darnùs

Flüssigkeit f -, -en skỹstis, skystìmas

Flússpferd n -(e)s, -e begemòtas, hipopotãmas

flüstern vi, vt (pa)kuždéti, (pa)šnibždéti; šlamèti

Flüsterton: im ~ spréchen kalbéti pakuždõm(ìs)

Flut f -, -en 1 (jūros) pótvynis; póplūdis, patvinìmas 2 sraũtas; éine ~ von Protésten protèstų bangà

Föderatión f -, -en federãcija

föderatív federãcinis

Fóhlen n -s, - kumeliùkas

Föhn m -(e)s, -e fènas

Föhre f -, -n pušìs

Fólge f -, -n 1 pasekmė̃, ìšdava, rezultãtas 2 sekà, tąsà, nuoseklùmas; in der ~ ateityjè

fólgen vi (D) sèkti (ką), klausýti (ko); paklùsti (kam)

fólgend kìtas, ateĩnantis; am ~en Díenstag kìtą [ateĩnantį] antrãdienį; auf ~e Wéise šiuõ būdù

fólgendermaßen, fólgenderweise taĩp, šìtaip

fólgerichtig nuoseklùs, lògiškas

fólgern vt darýti ìšvadą

Fólgezeit f -, -en vėlèsnis laĩkas; in der ~ paskiaũ, vėliaũ

fólglich taĩgi

fólgsam (pa)klusnùs

Fóli:e f -, -n fòlija

Folklóre f - tautósaka, folklòras

Fólter f -, -n kankìnimas; kančià, kankỹnė

Fólterer m -s, - bùdelis; kankìntojas

fóltern vt kankìnti, kamúoti

Fontäne f -, -n fontãnas

forcieren [-'si:-] vt forsúoti, spartìnti

Förderer m -s, - rėmėjas, globėjas

fórdern vt (pa)reikaláuti; j-n vor Gerícht ~ šaũkti ką į̃ teìsmą

fördern vt skãtinti, výstyti

Fórst‖wesen n -s miškininkỹstė; ~wirtschaft f - miškų ūkis

fort 1 šaliñ, laũk 2 toliaũ, pirmỹn; und so ~ iř taĩp toliaũ

Fort [fɔːr] n -s, -s fòrtas, tvirtóvė

fortáb, fortán nuõ dabař, ateityjè

fórtbilden I vt kélti kvalifikãciją (kieno) II sich ~ kélti sàvo kvalifikãciją, tóbulintis

Fórtbildung f - kvalifikãcijos kėlìmas, tóbulinimasis

fórt‖bleiben* vi (s) nebeateĩti, nebū́ti; ~fahren* vi 1 (s) išvažiúoti, išvỹkti 2 (h) tę̃sti; ~fallen* vi (s) atkrìsti, pasidarýti nereikalìngam; ~führen vt 1 nuvèsti, išvèsti 2 tę̃sti (pvz., pokalbį)

fórtgeschritten pažangùs, progresyvùs

fórt‖kommen* vi (s) 1 išeĩti, nueĩti; išvažiúoti; mach, dass du ~kommst! nėšdinkis ìš čià! 2 žeñgti į̃ príekį, darýti pãžangą; ~lassen* vt 1 išléisti, paléisti 2 praléisti (pvz., žodį)

fórtlaufend nenutrū́kstamas, nuolatìnis

fórtpflanzen, sich dáugintis, veĩstis

fórtschreitend progresúojantis, didėjantis

Fórtschritt m -(e)s, -e pãžangà, progrèsas

fórtschrittlich pažangùs, progresyvùs

fórtsetzen vt tę̃sti

Fórtsetzung f -, -en tęsinỹs, tąsà

fórtwährend I a nuolatìnis, nepaliáujamas, nesibaĩgiantis II adv nuolatõs, tolỹdžio

Fórum n -s, -ren fòrumas

Fóto n -s, -s žr. Phóto

Fóto‖apparat m -(e)s, -e; ~atelier n -s, -s žr. Phóto‖apparat; ~atelier

Fotográf m -en, -en žr. Photográph

Fotografíe f -, -fi:en žr. Photographíe

fotografíeren vt žr. photographíeren

Fóxtrott m -(e)s, -e / -e fokstròtas (šokis)

Foyer [foa'je:] n -s, -s fojė̃

Fracht f -, -en krovinỹs, krovà

Frácht‖brief m -(e)s, -e važtãraštis; ~schiff n -(e)s, -e krovinìnis laĩvas

Frack m -(e)s, ᵛe / -s frãkas

Fráge f -, -n kláusimas; an j-n éine ~ stéllen dúoti kám kláusimą; etw. in ~ stéllen (su)abejóti dėl kõ; das kommt gar nicht in ~ apiẽ taĩ negãli bū́ti jokiõs kalbõs

Frágebogen m -s, - / ᵛ anketà

frágen vt (nach D) (pa)kláusti, teiráutis, pasiteiráuti (ką ko)

frágend kláusiamas (*pvz.*, *apie žvilgsnį*)
Fráge‖satz *m* -es, ⁼e klausiamàsis sakinỹs;
∼wort *n* -(e)s, ⁼er klausiamàsis žõdis;
∼zeichen *n* -s, - klaustùkas
fráglich abejótinas, netìkras
Fragmént *n* -(e)s, -e fragmeñtas, ìštrauka
frágwürdig abejótinas, įtartinas
Fraktión *f* -, -en frãkcija
Fránkreich *n* -s Prancūzijà
Franzóse *m* -n, -n prancūzas
französisch Prancūzijos; prancūzų, prancū-
ziškas
Frátze *f* -, -n snùkis, terlė̃
Frau *f* -, -en móteris; žmonà, patì; ∼ *Schúl-
ze* ponià Šùlcė
Fráuenarzt *m* -es, ⁼e ginekològas
fráuenhaft móteriškas
Fráuenstation *f* -, -en móterų skỹrius (*ligo-
ninėje*)
Fräulein *n* -s, - / -s panèlė
frech akìplėšiškas, įžūlùs
Fréchling *m* -s, -e akìplėša, įžū́lėlis
frei 1 laĩsvas, nepriklaũsomas; *sich von etw.*
(*D*) ∼ *máchen* nuõ kõ išsivadúoti [išsi-
láisvinti]; ∼ *von Schúlden* nèturintis sko-
lų̃ **2** laĩsvas, neùžimtas; *mórgen ist* ∼ rytój
laisvà [póilsio] dienà **3** nemókamas
Fréi‖bad *n* -(e)s, ⁼er maudyklà atviramè orè;
∼denker *m* -s, - laisvamãnis, bediẽvis
fréien *vi* (*um A*) pìrštis (*kam*)
Fréier *m* -s, - jaunìkis
Fréi‖fahrt *f* -, -en nemókamas važiãvimas;
∼gabe *f* - išleidìmas, paleidìmas; atláisvi-
nimas
fréigeben* *vt* **1** išléisti, paléisti **2** léisti nau-
dótis **3** atláisvinti, ištùštinti
fréigebig dosnùs, nešykštùs
Fréiheit *f* -, -en láisvė; *j-n in* ∼ *sétzen* išléisti
ką̃ į̃ láisvę
Fréiheitskampf *m* -(e)s, ⁼e išsivadãvimo ko-
và
fréiheitsliebend láisvę mýlintis
Fréiheitsstrafe *f* -, -n láisvės atėmìmas
fréilassen* *vt* išléisti, paléisti į̃ láisvę
Fréilassung *f* - išleidìmas, paleidìmas į̃ láis-
vę

fréilegen *vt* atkàsti, nukàsti
fréilich 1 tačiaũ, vìs dėlto **2** žìnoma, saváime
suprañtama
Fréilichtbühne *f* -, -n atvirà scenà, scenà põ
ãtviru dangumì
fréimachen, sich išsiláisvinti
Fréimut *m* -(e)s atvirùmas, nuoširdùmas
fréimütig ãtviras, nuoširdùs
fréisprechen* *vt* ištéisinti
Fréisprechung *f* -, -en, **Fréispruch** *m* -(e)s,
⁼e ištéisinimas
Fréitag *m* -(e)s, -e penktãdienis
fréiwillig savanõriškas
Fréiwillige *sub m*, *f* savanõris, -ė
Fréizeitgestaltung *f* - laisvãlaikio organizã-
vimas
fréizügig laĩsvas, nevaržomas; dosnùs
fremd svẽtimas, nežìnomas; ùžsienio; ∼*e
Sráchen* ùžsienio kaĨbos
frémdartig neįprastas, keĨstas, savótiškas
Frémde¹ *sub m*, *f* **1** svetimšãlis, -ė, svetim-
taũtis, -ė **2** prašalaĩtis, -ė
Frémde² *f* - svetimà šalìs [žẽmė]; *in die* ∼
zíehen (iš)vỹkti svetur̃ [į̃ svẽtimą šãlį]
Frémdenführer *m* -s, - gìdas, turìstų vadõ-
vas
frémdgehen* *vi* (*s*) svetimoteriáuti
Frémdherrschaft *f* -, -en svetimšãlių vieš-
patãvimas
frémdländisch užsieniẽtiškas, užsieninis
frémd‖sprachig parašýtas ùžsienio kalbà
Frémd‖wort *n* -(e)s, ⁼er svetìmžodis; tarp-
tautìnis žõdis; **∼wörterbuch** *n* -(e)s, ⁼er
tarptautìnių žõdžių žodýnas
frequént dãžnas
Frequénz *f* -, -en dãžnis; dažnùmas
Fréske *f* -, -n, **Frésko** *n* -s, -ken freskà
fréssen* *vt* **1** (su)ésti **2** rýti, sprógti
Fréssgier *f* - ėdrùmas, rajùmas
fréssgierig ėdrùs, rajùs
Fréude *f* -, -n džiaũgsmas, malonùmas; ∼
an j-m, etw. (*D*) *háben* kuõ džiaũgtis
Fréuden‖botschaft *f* -, -en džiugì žinià;
∼ruf *m* -(e)s, -e džiaũgsmo šūksmas;
∼träne *f* -, -n džiaũgsmo ãšara
fréudig džiugùs, džiaugsmìngas

fréud‖los neliñksmas, liũdnas; ~**voll** džiugùs, liñksmas

fréuen I *vt* džiùginti, lìnksminti II **sich** ~ 1 (*über A*) džiaũgtis (*kuo – kas jau įvyko*); (*auf A*) džiaũgtis (*kuo – kas įvyks*) 2 (*an D*) gėrétis (*kuo*)

Freund *m* -(e)s, -e draũgas, bičiùlis; ~**in** *f* -, -nen 1 draũgė, bičiùlė 2 mylimóji; meilùžė

fréundlich 1 malonùs, míelas; ~ *gégen j-n sein* bū́ti malóniai nusiteĩkusiam kienõ ãtžvilgiu 2 gẽras; palankùs; *ein* ~*es Zímmer* šviesùs [jaukùs] kambarỹs

Fréundlichkeit *f* -, -en malonùmas, mielùmas

Fréundschaft *f* -, -en draugỹstė, bičiulỹstė; *mit j-m* ~ *schlíeßen* sù kuõ susidraugáuti

fréundschaftlich draũgiškas, bičiùliškas

Fréundschafts‖besuch *m* -(e)s, -e draũgiškas vizìtas; ~**spiel** *n* -(e)s, -e draũgiškos rungtỹnės

Frével [-f-] *m* -s, - nusikaltìmas, piktadarỹstė

frévelhaft [-f-] pìktadariškas, nusikaĩstamas

Fríede *m* -ns, -n, **Fríeden** *m* -s, - 1 taikà; ~ *schlíeßen* sudarýti taĩką 2 sántaika; ramýbė; *um des* ~*s wíllen* dẽl šventõs ramýbės

Fríedens‖kampf *m* -(e)s, -e kovà ùž taĩką; ~**politik** *f* - taikìnga [taikõs] polìtika; ~**zeit** *f* -, -en taikõs mẽtas

fríedfertig taikìngas, taikùs

fríedlich 1 taikìngas, taikùs 2 ramùs, tylùs

fríedliebend taikìngas, taĩką mỹlintis

fríeren* *vi* (*h*) 1 šálti, žvar̃bti; *es friert mich* mán šálta 2 (*s*) užšálti

Frikadélle *f* -, -n mėsõs kukùlis, frikadèlis

frisch 1 šviẽžias; švarùs, naũjas 2 žvalùs, guvùs, gývas; *er ist* ~ *und múnter* jìs jaũčiasi geraĩ 3 gaivùs, vėsùs

Frische *f* - 1 žvalùmas, gyvùmas 2 vėsumà, gaivùmas

Friseur [-ˈzø:r] *m* -s, -e kirpéjas

Friseuse [-ˈzø:zə] *f* -, -n kirpéja

frisíeren *vt* (su)šukúoti (*ką*), (pa)darýti šukúoseną (*kam*)

Frisíersalon *m* -s, -s kirpyklà

Frist *f* -, -en laĩkas, ter̃minas; *in kürzester* ~ labaĩ greĩtai, per̃ labaĩ trum̃pą laĩką

frísten: *ein élendes Lében* ~ skur̃sti, vargìngai gyvénti

Frisúr *f* -, -en šukúosena

frivól lengvabū̃diškas; nešvankùs

froh liñksmas, smagùs, geraĩ nusiteĩkęs; *über etw.* (*A*) ~ *sein* džiaũgtis kuõ

fröhlich liñksmas, smagùs

frohlócken *neatsk. vi* džiū̃gauti

Fróhsinn *m* -(e)s linksmà núotaika, linksmùmas

fromm 1 pamaldùs, dievobáimingas 2 ramùs, tylùs

Front *f* -, -en fròntas; *an der* ~ *sein* bū́ti frònte 2 fasãdas

frontál I *a* frontãlinis, príekinis II *adv* ìš príekio [príešakio]

Frosch *m* -(e)s, ꞏe varlẽ

Frost *m* -es, ꞏe šaĩtis; šalnà; *vor* ~ *zíttern* drebéti iš šaĩčio

Fróstbeule *f* -, -n núožvarba, nušãlusi vietà

frösteln *vi*, *vimp* žvar̃bti, trùputį šálti; *mich fröstelt* mán trùputį šálta

fróstig šáltas, speigúotas

Fróst‖salbe *f* -, -n tēpalas nuõ nušalìmo; ~**schaden** *m* -s, ꞏ šaĩčių padarýti núostoliai; ~**wetter** *n* -s šalti oraĩ

Frottíerhandtuch *n* -(e)s frotìnis rañkšluostis

Frucht *f* -, ꞏe vaĩsius; *Früchte trágen* [*bríngen*] deréti, vèsti [dúoti] vaisiùs 2 vaĩsius, rezultãtas

frúchtbar derlìngas, vaisìngas; vislùs

frúchteis *n* -es vaĩsiniai ledaĩ

frúchtlos nevaisìngas, bevaĩsis

Frúchtsaft *m* -(e)s, ꞏe vaĩsių sùltys

früh I *a* ankstývas, ankstùs; *im* ~*en Álter* jaunỹstės mẽtais; *von* ~ *auf* nuõ mažumẽs II *adv* ankstì; *von* ~ *bis spät* (*ábends*) nuõ ankstývo rýto lìgi vėlývo vãkaro

Frühaufsteher *m* -s, - ankstiniñkas, ankstì kéltis įprãtęs žmogùs

Frühbeet *n* -(e)s, -e inspèktas, šiĩtlysvė

Frühe *f* - ankstùmas; *in áller* ~ rýtą

früher I *a* ankstèsnis, bùvęs II *adv* anksčiaũ, seniaũ

frühestens ne anksčiaũ kaĩp

Früh‖geburt *f* -, -en priešlaikìnis gim̃dymas; ∼**jahr** *n* -(e)s, -e pavãsaris; ∼**kartoffel** *f* -, -n ankstyvóji bùlvė

Frühling *m* -s, -e pavãsaris

Frühlings‖luft *f* -, ᵘe pavãsario óras; ∼**tag** *m* -(e)s, -e pavãsario dienà

frühmorgens ankstì rýtą

Früh‖schicht *f* -, -en rytìnė pamainà; ∼**stück** *n* -(e)s, -e pùsryčiai

frühstücken *vi* pusryčiáuti

frühzeitig I *a* ankstývas, priešlaikìnis **II** *adv* ankstì, iš añksto

Fuchs *m* -es, ᵘe lãpė; lãpinas

Fúchsbau *m* -(e)s, -e lãpės ùrvas

Füchsin *f* -, -nen lãpė (*patelė*)

fúchteln *vi* mostagúoti, mosikúoti

Fúder *n* -s, - (*šieno*, *šiaudų*) vežìmas

fügen I *vt* (su)jùngti, (su)rìšti **II sich** ∼ 1 atsitìkti, įvýkti 2 (*D*) nusileñkti, paklùsti (*kam*)

fügsam (pa)klusnùs, nuolaidùs

fühlbar jaũčiamas, juñtamas, žymùs

fühlen I *vt* 1 (pa)jùsti, (pa)jaũsti 2 (pa)čiupinéti; *den Puls* ∼ tìkrinti pùlsą **II sich** ∼ jaũstis; *ich fühle mich krank* àš nesveikúoju

Fühler *m* -s, - čiuptùvas, čiuptùkas

Fühlung *f* - sąlytis, kontãktas

Fúhre *f* -, -n (*pakrautas*) vežìmas; *éine* ∼ *Heu* vežìmas šiẽno

führen I *vt* 1 vèsti; privèsti 2 vèsti, vairúoti (*ką*), vadováuti (*kam*); *den Háushalt* ∼ tvarkýti namų ū̃kį, šeimininkáuti 3 prekiáuti (*kuo*) 4: *éinen Bewéis* ∼ įródyti, pateĩkti įródymą; *ein Gespräch mit j-m* ∼ kalbétis [šnekučiúotis] sù kuõ **II** *vi* 1 (pri)vèsti 2 pirmáuti

führend vadováujantis

Führer *m* -s, - 1 vãdas, vadõvas 2 vairúotojas, šòferis 3 vadõvas, palydõvas (*pvz.,* *turistų*) 4 vadõvas (*knyga*)

Fúhrmann *m* -(e)s, ᵘer / -leute vežėjas, vežìkas

Führung *f* -, -en 1 vadovãvimas, vaĺdymas 2 vadovýbė 3 ekskùrsija sù vadovù 4 elgesỹs, elgìmasis

Fúhrwerk *n* -(e)s, -e vežìmas

Fülle *f* -, -n 1 *sg* gausùmas, gausýbė; *in* ∼ gaũsiai, pertektinaĩ 2 fáršas, įdaras

füllen I *vt* 1 (pri)pìldyti 2 įdarýti, farširúoti **II sich** ∼ prisipìldyti

Füllen *n* -s, - kumeliùkas

Füllfeder *f* -, -n, **Füllfederhalter** *m* -s, - párkeris, automãtinis plunksnãkotis

Füllung *f* -, -en 1 (pri)pìldymas, užpìldymas 2 fáršas, įdaras 3 (*dantų*) plòmba

Fund *m* -(e)s, -e radinỹs

Fundamént *n* -(e)s, -e pãmatas, pãgrindas

fundamentál fundamentalùs

Fúndbüro *n* -s, -s radinių̃ biùras

fundíeren *vt* 1 pagrį̃sti, pamatúoti 2 įkùrti, įsteĩgti

fundíert pàgrįstas, tvìrtas

fünf penkì, peñketas, penkerì

Fünf *f* -, -en (*skaičius*, *numeris*) penkì

fünfgeschossig penkiaaūkštis

fünfhundert penkì šimtaĩ

fünfstöckig šešiaaūkštis

fünfte peñktas

fünfzehn penkiólika

fünfzig peñkiasdešimt

Funk *m* -(e)s rãdijas; rãdijo transliãcija

Fúnk‖amateur *m* -s, -e rãdijo mėgéjas; ∼**anlage** *f* -, -n rãdijo įrenginỹs, rãdijo stotìs

Fúnke *m* -ns, -n žr. **Fúnken**

fúnkeln *vi* žibéti, spindéti, blizgéti

funkelnágelneu naujutėlis

fúnken *vt* transliúoti peř rãdiją

Fúnken *m* -s, - 1 kibirkštìs 2 trùputis, lašėlis

Fúnker *m* -s, - radìstas

Fúnk‖sender *m* -s, - rãdijo siųstùvas; ∼**station** *f* -, -en rãdijo stotìs

Funktión *f* -, -en 1 fùnkcija; funkcionãvimas 2 pãreigos

Funktionär *m* -s, -e veikėjas (*pvz.,* *partijos,* *profsąjungos*)

für *prp* 1 *džn.* verčiamas naudininku; *ein* *Buch* ∼ *Kínder* knygà vaikáms; ∼ *ein* *Jahr* vieneríems mẽtams 2 *už,* *etw.* ∼ *fünf* *Mark káufen* piřkti ką̃ ùž penkiàs márkes 3 ùž, viẽtoj, pakeĩčiant; *er árbeitet* ∼ *zwei* jìs dìrba ùž dù; ~s *érste* prãdžiai, pirmiáusiai 4: *ein Míttel* ~ *Kópfschmerzen* váistai nuõ galvõs skaudėjimo; *Schritt* ~ *Schritt* žìñgsnis põ žìñgsnio

Fürbitte *f* -, -n prãšymas, užtarìmas

Fúrche *f* -, -n 1 vagà 2 raukšlė

fúrchen *vt* 1 vagóti, raižýti 2 (su)raũkti

Furcht *f* - báimė, núogąstis; *vor j-m, etw.* (*D*) ~ *hában* kõ bijóti

fúrchtbar baisùs, baisìngas

fürchten I *vt, vi* bijóti, báimintis (*ko*), nuogąstáuti (*dėl ko*) II **sich** ~ (*vor D*) bijóti, báimintis (*ko*)

fürchterlich baisùs, baisìngas

fúrchtlos bebaĩmis

fúrchtsam baugùs, baikštùs

füreinánder víenas kitám; víenas ùž kìtą

fürs = **für das**; ~ *érste* prãdžiai, pirmiáusiai

Fürsorge *f* - 1 globà; rūpinimasis, rūpestis 2 sociãlinis aprūpinimas

fürsorglich rūpestìngas, apdairùs

Fürsprache *f* -, -n prãšymas (*už kitus*), tarpininkãvimas

Fürsprecher *m* -s, - prašýtojas (*už kitus*), tarpininkáutojas

Fürst *m* -en, -en kunigáikštis

Fürstentum *n* -s, ꞏer kunigaikštýstė

fürstlich kunigáikščio

Furt *f* -, -en brastà

Furúnkel *m* -s, - furùnkulas, šùnvotė

fürwáhr iš tiesų, iš tikrųjų, tikraĩ

Fuß *m* -es, ꞏe 1 kója; pėdà; (*fésten*) ~ *fássen* įsitvìrtinti, įsigalėti; *auf éigenen Füßen stéhen* gyvénti savarañkiškai; *zu* ~ *géhen* eĩti pėsčiomìs 2 papėdė

Fúßball *m* -(e)s fùtbolas

Fúßball‖spiel *n* -(e)s, -e fùtbolo rungtýnės; ~spieler *m* -s, - fùtbolininkas

Fúßboden *m* -s, ꞏ grìñdys

Fúßbreit *m* -, - pėdà, žìñgsnis

fúßen *vi* (*auf D*) remtis (*kuo*)

Fúßgänger *m* -s, - pėstýsis, pėsčiàsis

Fúßgänger‖schutzweg *m* -(e)s, -e, ~übergang *m* -(e)s, -e pėsčiųjų pėrėja

Fúßknöchel *m* -s, - kulkšnìs, kulnėlis

Fúß‖marsch *m* -es, ꞏe pėsčiųjų žýgis, žýgis pėsčiomìs; ~matte *f* -, -n kójų valìklis; ~note *f* -, -n ìšnaša; ~pfad *m* -(e)s, -e takėlis; ~stapfe *f* -, -n kójos pėdsakas; *in j-s* ~*stapfen tréten* eĩti [sèkti] kienõ pėdomìs; ~steig *m* -(e)s, -e 1 takėlis 2 šalìgatvis; ~weg *m* -(e)s, -e kėlias pėstíesiems; šalìgatvis

Fútter[1] *n* -s pãšaras, ėdalas

Fútter[2] *n* -s, - pãmušalas

Futterál *n* -s, -e makštìs, įmova, futliãras

Fúttergetreide *n* -s pašarìniai javaĩ

füttern *vt* šérti; penéti; maitìnti

Fútterrübe *f* -, -n pašarìnis ruñkelis

Futúr *n* -s, -e, **Futúrum** *n* -s, -ra būsimàsis laĩkas

G

Gábe *f* -, -n 1 dovanà, aukà 2 dovanà, tãlentas, įgimtas gabùmas

Gábel *f* -, -n 1 šakùtės (*valgiui pasmeigti*) 2 šãkės

Gábelfrühstück *n* -(e)s, -e príešpiečiai

gábeln *vt* pasmeĩgti šakùtėmis

gáckeln, gáckern *vt* kudãkinti

gáffen *vi* spoksóti, žiopsóti

gähnen *vi* 1 žióvauti 2 žiojéti, būti prasivėrusiam

Galanteríe *f* -, -ríꞏen galantiškùmas, mandagùmas

Galanteríewaren *pl* galantèrija

Galeríe *f* -, -ríꞏen galèrija

Gálle *f* -, -n tulžìs

Gállert *n* -(e)s, -e drebùčiai; šaltíena

gállig tulžìngas, pìktas

Galópp *m* -s, -e / -s šúoliai, šuoliãvimas

galoppíeren *vi* (*s, h*) šuoliúoti, šúoliais jóti

Galósche *f* -, -n kaliõšas

gang: *es ist* ~ *und gäbe* taĩp įprasta, taĩp paprastaĩ būna

Gang *m* -(e)s, ꞏe 1 *sg* eĩsena 2 *tech.* bėgis, pavarà 3 *sg* eigà, výksmas; *die Árbeit*

ist in vóllem ~*e* dárbas výksta visù tempù
4 pãtiekalas **5** koridorius
gängeln *vt* globóti, vedžióti ùž rankėlė̃s
gängig paplìtęs, plačiaĩ vartójamas; *éine* ~*e*
Wáre paklausĩ prēkė̃
Gangrän *n* -s, -e / *f* -, -en gangrenà
Gangster [ˈgeŋ-] *m* -s, - gángsteris
Gangway [ˈgeŋwe:] *f* -, -s trãpas (*laivo, lėk-
tuvo*)
Gans *f* -, ⁻e žąsìs
Gänse‖**blümchen** *n* -s, - daugiamētė saulùtė;
~**braten** *m* -s, - keptà žąsíena; ~**fleisch**
n -es žąsíena; ~**füßchen** *pl* kabùtės
Gänserich *m* -s, -e žąsinas
ganz I *a* **1** vìsas, ìštisas; *ein* ~*es Jahr* ìštisus
metùs **2** sveĩkas, nesugadìntas, nesudùžęs
II *adv* visái, vìsiškai; ~ *und gar* vìsiškai
Gánze *sub* *n* visumà
gänzlich vìsiškas
gar I *a* gãtavas, išvìręs, iškẽpęs; ~ *kóchen*
išvìrti **II** *adv* visái, vìsiškai
Garáge [-ʒə] *f* -, -n garãžas
Garánt *m* -en, -en garántas, laidúotojas
Garantíe *f* -, -tí:en garántija
garantíeren *vt, vi* garantúoti
Gárbe *f* -, -n pėdas; (*šiaudų̃*) kūlỹs
Gárde *f* -, -n gvárdija
Garderóbe *f* -, -n **1** rūbinė **2** garderòbas, (*vir-
šutiniai*) drabùžiai
Garderóbe(n)‖**frau** *f* -, -en rūbininkė;
~**marke** *f* -, -n rūbinės nùmeris
Gardíne *f* -, -n užúolaida
gären* *vi* (*h, s*) rū́gti, fermentúotis
Garn *n* -(e)s, -e siū́las; verpalaĩ
Garnisón *f* -, -en garnizònas, į̃gula
Garnitúr *f* -, -en komplèktas (*pvz., baldų̃*)
gárstig bjaurùs, šlykštùs
Gárten *m* -s, ⁻ sõdas; dar̃žas
Gártenbau *m* -(e)s sodininkỹstė; daržinin-
kỹstė
Gárten‖**haus** *n* -es, ⁻er sõdo namẽlis; pavė-
sìnė; ~**laube** *f* -, -n pavėsìnė
Gärtner *m* -s, - sõdininkas; daržininkas
Gärtneréi *f* -, -en sodininkỹstė; daržininkỹs-
tė
Gärtnerin *f* -, -nen sõdininkė; daržininkė

Gas *n* -es, -e dùjos
Gás‖**hahn** *m* -(e)s, ⁻e dùjų čiáupas; ~**herd**
m -(e)s, -e dùjinė virỹklė; ~**leitung** *f* -,
-en dujótiekis
Gásse *f* -, -n gatvẽlė, gatvìkė
Gast *m* -es, ⁻e svẽčias, viešnià; *bei j-m zu* ~
sein pàs ką̃ svečiúotis
Gást‖**arbeiter** *m* -s, - svetimšãlis darbiniñ-
kas; ~**dirigent** *m* -en, -en dirigeñtas, at-
vỹkęs gastròlių
Gästebuch *n* -(e)s, ⁻er lankýtojų atsiliepìmų
knygà
gástfreundlich svetìngas, vaišìngas
Gástfreundschaft *f* - svetingùmas, vaišingù-
mas
Gást‖**geber** *m* -s, - (*svečius priimantis*) na-
mų̃ šeimininkas; ~**hof** *m* -(e)s, ⁻e (*nedi-
delis*) viẽšbutis; ~**hörer** *m* -s, - laisvàsis
klausýtojas
gastíeren *vi* gastroliúoti, bū́ti gastròlėse
Gást‖**mahl** *n* -(e)s, ⁻er / -e kviestìniai piẽtūs,
kviestìnė vakariẽnė; pókylis; ~**professor**
m -s, -en profèsorius, pàkviestas ìš kìto
miẽsto (ìš užsíenio)
Gástrolle *f* -, -n gastròlės
Gást‖**spiel** *n* -(e)s, -e gastròlės; *ein* ~*spiel
gében* gastroliúoti; ~**stätte** *f* -, -n restorã-
nas; valgyklà; ~**wirt** *m* -(e)s, -e restoráno
savininkas; ~**wirtschaft** *f* -, -en (*nedide-
lis*) viẽšbutis; ~**zimmer** *n* -s, - svetaĩnė
Gátte *m* -en, -en výras, sutuoktìnis
Gáttin *f* -, -nen žmonà, sutuoktìnė
Gáttung *f* -, -en **1** tìpas; šeimà; rū́šis **2** žánras
Gáttungsname *m* -ns, -n bendrìnis daiktã-
vardis
Gaukeléi *f* -, -en **1** fòkusų ródymas **2** apgau-
dinėjimas
Gáukler *m* -s, - **1** fòkusininkas **2** apgavìkas,
sùkčius
Gaul *m* -(e)s, ⁻e arklỹs, kuĩnas
Gáumen *m* -s, - gomurỹs
Gáuner *m* -s, - sùkčius, apgavìkas
Gauneréi *f* -, -en sukčiãvimas; apgavỹstė
Gáze *f* -, -n márlė
Geäst *n* -(e)s šãkos, šakẽlės
Gebäck *n* -(e)s sausaĩniai; kepiniaĩ

Gebärde *f* -, -n mõstas, gèstas; minà
gebärden, sich eĩgtis, laikýtis
Gebáren *n* -s elgesỹs, eĩgsena
gebären* *vt* (pa)gimdýti
Gebäude *n* -s, - pãstatas, trobesỹs
Gebéll *n* -s lojìmas, ámčiojimas
gében* I *vt* 1 dúoti; padúoti; įteĩkti; *j-m*
Stúnden ~ dúoti kám pãmokas, mókyti
(ką); *Únterricht in Deutsch* ~ mókyti vó-
kiečių kalbõs 2 suruõšti, sureñgti; *ein És-*
sen ~ suruõšti kviestiniùs pietùs; *was wird*
héute im Theáter gegében? kàs šiañdien
eĩna teatrè? 3 (su)dúoti; *j-m éinen Tritt*
~ spìrti kám 4: *j-m Ánlass* ~ dúoti kám
diñgstį [prógą]; *etw. zum Bésten* ~ ką pa-
pãsakoti (padainúoti, pašókti) II *vimp*: *es*
gibt (A) yrà, bũna; *was gibt's Néues?* kàs
naũjo? *was gibt es héute zu Míttag?* kàs
šiañdien pietùms?
Gebét *n* -(e)s, -e maldà
Gebíet *n* -(e)s, -e sritìs, rajònas; teritòrija
gebíeten* I *vt* įsakýti, liẽpti; *j-m Éinhalt* ~
ką sustabdýti II *vi* (*über* A) valdýti (ką);
turéti (ką)
gebíeterisch valdìngas, įsakmùs
Gebílde *n* -s, - 1 darinỹs; kūrinỹs 2 struktūrà,
sándara
gebíldet išsilāvinęs, apsišviẽtęs
Gebírge *n* -s, - kalnýnas, kalnaĩ
gebírgig kalnúotas
geblümt gėlétas (*apie audinį*)
gebóren gìmęs, gìmusi; ~*e Schúlze* jõs mer-
gáutinė pavardė̃ Šùlcė
gebórgen saugùs, apsáugotas
Gebót *n* -(e)s, -e 1 prìncipas 2 įsãkymas,
reikalāvimas
Gebráuch *m* -(e)s, ̈e 1 *sg* vartójimas, naudó-
jimas; *in* ~ *kómmen* bũti pradėtám vartóti
2 *pl* papročiaĩ
gebráuchen *vt* (pa)vartóti, (pa)naudóti
gebráuchlich vartójamas, naudójamas;
įprastas
Gebráuchs‖anweisung *f* -, -en vartójimo bũ-
das; vartójimo instrùkcija; ~gegenstand
m -(e)s, ̈e vartójimo reikmuõ [dáiktas]
gebráucht vartótas, naudótas

Gebréchen *n* -s negalāvimas, trũkumas, ýda
gebréchlich ligùistas, palíegęs
gebróchen: ~*es Deutsch spréchen* kalbéti
darkýta vókiečių kalbà
Gebrüder *pl* bróliai
Gebühr *f* -, -en 1 mókestis, riñkliava 2: *nach*
~ prideramaĩ, tiñkamai; *über* ~ pernelýg,
per daũg
gebühren *vi* / *sich* ~ (pri)tìkti, (pri)deréti
gebührend prideramas, tiñkamas
Gebúrt *f* -, -en 1 gìmdymas 2 gimìmas; ki-
lìmas
Gebúrtenzahl *f* - gimstamùmas, gimìmų
skaĩčius
Gebúrts‖datum *n* -s, -ten gimìmo datà;
~jahr *n* -(e)s, -e gimìmo mētai; ~ort *m*
-(e)s, -e gimìmo vietà; ~tag *m* -(e)s, -e gi-
mìmo dienà, gimtādienis; ~urkunde *f* -,
-n gimìmo pažyméjimas
Gebüsch *n* -es, -e krũmai, krūmýnas
gedácht: *für etw.* (A), *j-n* ~ *sein* bũti kám
skirtám
Gedächtnis *n* -ses, -se 1 atmintìs; *etw. im* ~
behálten [*bewáhren*] išlaikýti ką atmintyjè
2 atminìmas; *zum* ~ atminìmui
gedämpft 1 troškìntas (*apie mėsą, daržoves*)
2 prislopìntas
Gedánke *m* -ns, -n mintìs, idéja; *j-n auf den*
~ *bríngen* dúoti kám miñtį; *sich* (*D*) *über*
etw. (A), *j-n* ~*n máchen* apiẽ ką galvóti,
bũti dėl kõ susirū̃pinusiam
gedánken‖leer neturinìngas, tùščias; ~los
neapgalvótas; išsibláškęs
Gedánken‖punkte *pl* daũgtaškis; ~strich
m -(e)s, -e brūkšnỹs
gedánkenvoll susimãstęs, susirū̃pinęs
Gedärm *n* -(e)s, -e žárnos
Gedéck *n* -(e)s, -e 1 válgomasis komplèktas
2 komplèksiniai piẽtūs
gedéihen* *vi* (*s*) vešéti, tar̃pti
gedénken* *vi* (*G*) atsimiñti (ką); (pa)minéti
(ką); *j-s in Éhren* ~ sù pāgarba ką minéti,
ger̃bti kienõ atminìmą; *was* ~ *Sie zu tun*
ką ketìnate [mānote] darýti
Gedénken *n* -s atminìmas; *zum* ~ *an etw.*
(A), *j-n* kõ [kienõ] atminìmui, kám atmiñti

Gedénk‖feier *f* -, -n atminìmo pagerbìmas, mėtinių (pa)minėjimas; **∼rede** *f* -, -n kalbà skirtà (kienõ) atminìmui; **∼tafel** *f* -, -n memoriālinė lentà; **∼tag** *m* -(e)s, -e mėtinės, jubiliėjus

Gedícht *n* -(e)s, -e eiléraštis; poemà

gedíegen 1 solidùs, pàtikimas, tvìrtas 2 grýnas (*pvz.*, *auksas*)

gedörrt džiovìntas

Gedränge *n* -s spūstìs, grūstìs

gedrängt glaūstas, truñpas

gedrückt prìslėgtas

gedrúngen krėsnas

Gedúld *f* - kantrýbė, kantrùmas; **mit j-m** ∼ **háben** būti atlaidžiám kienõ ãtžvilgiu

gedúlden, sich turéti kantrýbės, lùktelėti

gedúldig kantrùs, pakantrùs

gedúnsen patìnęs, išpūřtęs

geéignet tiñkamas

Gefáhr *f* -, -en pavõjus, grėsmė̃; **auf die** ∼ **hin** rizikúojant; **áußer** ∼ **sein** būti saugiám

gefährden *vt* grėsti, kélti grésmę [pavõjų] (*kam*)

gefáhrlich pavojìngas, grėsmìngas

gefáhrlos saugùs

Gefáhrt *n* -(e)s, -e vežìmas

Gefährte *m* -n, -n bendražỹgis

gefáhrvoll pavojìngas

gefállen* *vi*, *vimp* patìkti; **sich** (*D*) *etw.* ∼ **lássen** ką̃ pakę̃sti, táikstytis sù kuõ

Gefállen[1] *m* -s, - paslaugà, malónė

Gefállen[2] *n* -s malonùmas, pasiténkinimas; **an j-m** ∼ **fínden** jaũsti kám simpātiją

Gefállene *sub* *m*, *f* 1 belaĩsvis, -ė 2 kalinỹs, -ė̃

gefällig 1 paslaugùs 2 malonùs, patrauklùs; **was ist** ∼*?* kõ pageidáujate? ką̃ malonésite užsisakýti?

gefälligst prãšom, malonékite

gefángen: ∼ **hálten*** *vt* laikýti neláisvėje; laikýti sùimtą; ∼ **néhmen*** *vt* paiñti į̃ neláisvę; suiñti, areštúoti

Gefángene *sub* *m*, *f* 1 belaĩsvis, -ė 2 kalinỹs, -ė̃

Gefängnis *n* -ses, -se kalėjimas

Gefäß *n* -es, -e iñdas

gefásst ramùs, susivaĩdantis

Gefécht *n* -(e)s, -e kautỹnės, mū̃šis

Gefíeder -s plùnksnos

Gefílde *n* -s, - laũkas, laukaĩ

Geflécht *n* -(e)s, -e pynė̃; raizginỹs

geflíssentlich I *a* týčinis II *adv* týčia, týčiomis

Geflügel *n* -s namìniai paūkščiai

Geflügel‖farm *f* -, -en paukštýnas; **∼zucht** *f* - paukštininkỹstė

Geflüster *n* -s šnabždesỹs, kuždesỹs

Gefólge *n* -s, - palydà, svità; eskòrtas

gefräßig rajùs, ėdrùs

gefríeren* I *vimp* šálti II *vi* (*s*) užšálti, į̃šálti

Gefüge *n* -s, - struktūrà, sándara

gefügig nuolaidùs, (pa)klusnùs

Gefühl *n* -(e)s, -e jaũsmas, pajutìmas

gefühllos bejaũsmis, nejautrùs

gefühlsmäßig emocìngas, emòcinis

Gefühlsmensch *m* -en, -en jausmìngas [emocìngas] žmogùs

gefühlvoll jausmìngas, kùpinas jaũsmo; išraiškìngas

gefürchtet sùkeliantis báimę, baisùs

gegében dúotas, ė̃samas

gegébenenfalls reĩkalui ė̃sant, atsižvelˉgiant į̃ aplinkýbes

gégen *prp* (*A*) 1 priẽš, priéšais; sù; ∼ **den Strom schwímmen** plaũkti priẽš srõvę 2 į̃, liñk; ∼ **Nórden** į̃ šiáurę, šiáurės kryptimì 3 apiẽ; ∼ **síeben Uhr** apiẽ septiñtą vālandą; ∼ **Ábend** į̃ pãvakarį, vakaróp 4: **ein Mittel** ∼ **Hústen** váistai nuõ kósulio

Gégen‖angriff *m* -(e)s, -e kontratakà, kontrpuolìmas; **∼besuch** *m* -(e)s, -e atsākomasis vizìtas

gegeneinánder víenas priẽš kìtą, abipùsiškai

Gégen‖maßnahme *f* -, -n kontrapríemonė; **∼satz** *m* -es, -e priešýbė, priešingýbė, kontrãstas; **im** ∼**satz zu j-m**, *etw.* (*D*) príešingai kám

gégensätzlich príešingas

Gégenseite *f* -, -n priešingoji šalìs [pùsė]

gégenseitig savìtarpiškas, abipùsis, abipùsiškas

Gegenstand 96

Gégenstand *m* -(e)s, ̶e 1 dáiktas 2 objèktas, temà
Gégen‖stimme *f* -, -n baĺsas priĕš (*balsuojant*); ~stoß *m* -es, ̶e kontrakà, kontrsmūgis; ~teil *n* -(e)s, -e priešingýbė, priešpriešýbė; *im* ~*teil* atvirkščiaĩ, priešingai
gegenüber *prp* (*D*) 1 príešais, priĕš 2 lýginant, palýginti (*su kuo*)
gegenüberliegen* *vi* būti príešais
gegenüberstellen I *vt* (pa)statýti priešpriešiais; sugrẽtinti II sich ~ (*D*) stóti, atsistóti (*prieš ką*)
Gegenüberstellung *f* -, -en príešpriešinimas, sugrẽtinimas 2 *teis.* akìstata
Gégenwart *f* - 1 dabartìs, nūdiena 2 buvìmas; *in* ~ *des Diréktors* ẽsant dirèktoriui, dirèktoriaus akìvaizdoje
gégenwärtig I dabartìnis, šiuolaikìnis II *adv* dabaȓ, šiuõ metù
Gégenwarts‖film *m* -(e)s, -e šiuolaikìnis [nūdiēnis] fìlmas; ~sprache *f* -, -n dabartìnė kalbà
Gégen‖wehr *f* - savìgyna, príešinimasis; ~wind *m* -(e)s, -e príešinis vėjas; ~zug *m* -(e)s, ̶e priešpriešìnis traukinỹs
Gégner *m* -s, - priešininkas; príešas
gégnerisch príešiškas; príešo; varžõvo
Gehált¹ *m* -(e)s, -e 1 turinỹs (*pvz.*, *literatūrinio veikalo*) 2 kiēkis
Gehált² *n* -(e)s, ̶er atlýginimas, algà
geháltlos neturinìngas, tùščias
Gehálts‖abzug *m* -(e)s, ̶e išskaĩtymas ìš algõs [atlýginimo]; ~erhöhung *f* -, -en algõs [atlýginimo] padìdinimas; ~kürzung *f* -, -en algõs [atlýginimo] sumãžinimas
geháltvoll turinìngas
gehässig príešiškas, pìktas, kandùs
Gehäuse *n* -s, - 1 kòrpusas; futliãras; dèžẽ 2 *bot.* sėklãlizdis
Gehége *n* -s, - 1 ãptvaras 2 draustìnis, rezervãtas
gehéim I *a* slãptas II *adv: im Gehéimen* slaptà, slapčiõm(ìs); *vor j-m etw.* ~ hálten slẽpti, laikýti paslaptyjè (*nuõ kõ*); ~ tun (pa)slaptìngai eĺgtis, slapukáuti

Gehéimabkommen *n* -s, - slãptas susitarìmas
Gehéimnis *n* -ses, -se paslaptìs
gehéimnisvoll paslaptìngas, mįslìngas
Gehéiß *n* -es įsãkymas, paliepìmas
géhen* I *vi* (*s*) 1 eĩti; váikščioti; *séines Wéges* ~ eĩti sàvo keliù; *ins* [*zu*] *Bett* ~ eĩti guĺti 2 (iš)važiúoti, (iš)vỹkti; *aufs Land* ~ važiúoti į̃ ùžmiestį; *auf Réisen* ~ léistis į̃ keliõnę 3 eĩti, veĩkti 4 détis; *was geht hier vor sich?* kàs čià dẽdasi? 5: *das geht über méine Kräfte* taĩ viȓš màno jėgų̃; *an die Árbeit* ~ im̃tis dárbo II *vimp* 1: *es geht schon gégen Mittag* greĩtai jaũ vidùrdienis; *wie geht es Íhnen?* kaĩp jùms sẽkasi? 2: *es geht um* (*A*) ... kaĺbama apiẽ ... *sich* ~ *lássen* laisvaĩ eĺgtis, pasiléisti; nesusivaldýti
Gehéul *n* -(e)s staugìmas, kaukìmas, verkìmas
Gehílfe *m* -n, -n padėjėjas
Gehírn *n* -(e)s, -e (*galvos*) smẽgenys
Gehírn‖entzündung *f* -, -en galvõs smegenų̃ uždegìmas; ~erschütterung *f* -, -en smegenų̃ sukrėtìmas
Gehöft *n* -(e)s, -e sodýba, ūkis
Gehör *n* -(e)s, -e klausà; *j-m* ~ schénken ką̃ išklausýti; *j-n um* ~ *bítten* prašýti ką̃ išklausýti, prašýti ką̃ dẽmesio
gehórchen *vi* (*D*) klausýti (*ko*), paklùsti (*kam*)
gehören I *vi* 1 (*D*) priklausýti (*kam*) 2 (*zu D*) priklausýti (*prie ko*) II sich ~: *wie es sich gehört* priderama̧ĩ, tiñkamai
gehörig I *a* 1 priklaũsantis 2 tiñkamas; reĩkiamas II *adv* (pri)deramaĩ, kaĩp reĩkiant
gehörlos kurčias
gehórsam (pa)klusnùs
Gehórsam *m* -s (pa)klusnùmas
Géhrock *m* -es, ̶e sùrdutas, durtinỹs
Géhweg *m* -(e)s, -e pėsčiųjų tãkas; šalìgatvis
Géier *m* -s, - maĩtvanagis
Géifer *m* -s 1 séilės, pùtos 2 įtūžis, pýktis
géifern *vi* 1 taškýtis séilėmis 2 kalbéti apsiputójus, niȓšti

Géige f -, -n smuĩkas

géigen vi, vt smuikúoti, grĩežti smuikù

Géigen‖bogen m -s, - / ‿ strỹkas, griežiklis; **∼spieler** m -s, - smuĩkininkas

Géiger m -s, - smuĩkininkas

geil gašlùs, geidulìngas

Géisel f -, -n / m -s, - įkaitas (žmogus)

Géißel f -, -n 1 rìmbas, botãgas 2 rýkštė, neláimė

géißeln vt plíekti, plàkti; kritikúoti

Geist m -es, -er 1 dvasià 2 prõtas; sąmojingùmas; nenúorama 3 šmėkla, vaiduõklis

géisterhaft vaiduõkliškas, šmėkliškas

géistesabwesend I a išsiblãškęs II adv abejìngai, abejìngu žvilgsniù

Géistes‖arbeit f - prõtinis dárbas; **∼gegenwart** f - nuovokùmas

géisteskrank psìchiškai nesveĩkas

Géisteskrankheit f -, -n psìchinė ligà

géistesschwach debilùs, silpnaprõtiškas

Géisteswissenschaften pl humanitãriniai mókslai

géistig dvãsinis; prõtinis; **∼e Getränke** alkohòliniai gėrimai, svaigalaĩ

géistlich dvãsinis; bažnýtinis

Géistliche sub m dvasìškis

géist‖los neprotìngas; nesąmojìngas; **∼reich** sumanìngas; sąmojìngas; **∼voll** sąmojìngas; protìngas

Geiz m -es šykštùmas, godùmas

géizen vi (mit D) (pa)šykštėti, (pa)gailéti (ko)

Géizhals m -es, ‿e šykštuõlis, gõbšas

géizig šykštùs, gobšùs

Gejámmer n -s dejònė, dejãvimas

gekränkt užgáutas, įžeistas; sich ∼ fühlen jaũstis užgautám [įžeistám]

gekräuselt garbanótas, garbiniúotas

Gekrítzel n -s keverzõnė, neįskaĩtoma rašýsena

Gelächter n -s, - juõkas, kvatójimas

Geláge n -s, - pókylis, puotà

gelähmt paralyžiúotas

Gelände n -s 1 vietóvė 2 teritòrija; žẽmės sklỹpas

Geländer n -s, - turėklai

gelángen vi (s) 1 patèkti 2 (zu D) pasíekti, iškovóti (ką)

gelássen ramùs, šaltakraũjiškas

geläufig I a žìnomas, įprastas, vartójamas; er ántwortete in ∼em Deutsch jìs atsãkė sklandžià vókiečių kalbà II adv laisvaĩ; éine frémde Spráche ∼ spréchen kalbéti laisvaĩ ùžsienio kalbà

geláunt: gut (schlecht) ∼ sein bũti geraĩ (blogaĩ) nusiteĩkusiam

gelb geltónas; ∼ wérden (pa)geĩsti, (pa)geltonúoti

gélbbraun gelsvaĩ [geltónai] rùdas

Gélbsucht f - geĩtligė, geltà

Geld n -(e)s, -er pinigaĩ; das ∼ zum Fénster hináuswerfen švaistýti pìnigus; bei ∼e sein bũti priẽ pìnigo [pinigìngam]

Géld‖abwertung f -, -en devalvãcija; **∼beutel** m -s, - pinigìnė

géldgierig godùs pinigų̃

Géld‖schrank m -(e)s, ‿e seĩfas; **∼strafe** f -, -n pinigìnė baudà; **∼stück** n -(e)s, -e monetà; **∼tasche** f -, -n pinigìnė; **∼wechsel** m -s, - pinigų̃ keitìmas

Gelee [ʒe-] n -s, -s drebùčiai, želė̃

gelégen tiñkamas, patogùs

Gelégenheit f -, -en próga; galimýbė; die ∼ (aus)nützen pasinaudóti próga; bei díeser ∼ šià próga

Gelégenheitsarbeit f -, -en atsitiktìnis dárbas

gelégentlich I a próginis, atsitiktìnis II adv pasitáikius prógai; kaĩtais

geléhrt mókytas, išsilãvinęs

Geléhrte sub m, f mókslininkas, -ė

Geléise n -s, - (geležinkelio) bėgių kēlias

Geléit n -(e)s, -e 1 (pa)lydėjimas; palydėtùvės; j-m das létzte ∼ gében (pa)lydéti ką į paskutìnę keliõnę palydà, apsaugà, konvòjus

geléiten vt (pa)lydéti

Geléitwort n -(e)s, -e (knygos) pratarmẽ, palydìmàsis žõdis

Gelénk n -(e)s, -e sąnarỹs

gelérnt kvalifikúotas, apmókytas

gelénkig lankstùs

Gelíchter n -s gaujà, pãdugnės

Geliebte sub m, f mylimàsis, -óji; meilùžis,
-ė

gelínd(e) leñgvas, švelnùs; nedìdelis

gelíngen* vi (s) pasisèkti, pavỹkti

Gelíngen n -s sėkmė̃, pasisekìmas

géllen vi šaĩžiai skambéti, speñgti

géllend šaižùs, spiẽgiantis

gelóben vt iškilmìngai pažadéti

Gelöbnis n -ses, -se iškilmìngas pãžadas

gélten* vi 1 galióti 2 (als N, für A) būti laĩ-
komam (kuo); er gilt als [für] klug jìs laĩ-
komas protingù 3 (D) būti skirtám [táiko-
mam] (kam)

géltend veĩkiantis, galiójantis; séine Réchte
∼ máchen (pa)réikšti sàvo téises, pasinau-
dóti sàvo téisėmis

Géltung f -, -en reikšmė̃; pripažinìmas; ver-
tė̃; ∼ háben galióti; būti svarbiám; etw.
zur ∼ bríngen ką̃ pabréžti [ýpač išškìrti]

Gelübde n -s, - į̃žadas, iškilmìngas pãžadas

gemächlich lėtas, ramùs; patogùs

Gemáhl m -(e)s, -e sutuoktìnis, výras; ∼in
f -, -nen sutuoktìnė, žmonà

Gemälde n -s, - pavéikslas

Gemäldegalerie f -, -ri:en pavéikslų galèrija

gemäß I a atitiñkamas, atitiñkantis II prp
(D) pagaĩ, sutiñkamai, rėmiantis

gemäßigt saikìngas, nuosaikùs

geméin 1 beñdras, visúotinis 2 niẽkšiškas,
nedõras 3 vulgarùs, nešvankùs; éine ∼e
Lüge begédiškas mẽlas

Geméinde f -, -n 1 bendrúomenė (kaimas)
2 parãpija

Geméin‖eigentum n -(e)s visuomenìnė nuo-
savýbė; ∼gut n -(e)s, ᵘer beñdras lõbis
[turtas]; kultūrinės vertýbės

Geméinheit f -, -en niekšiškùmas, niekšýbė

geméinnützig visúomeniškai naudìngas

geméinsam I a beñdras, kolektỹvinis II adv
išvíen, bendraĩ, kartù

Geméinsamkeit f -, -en bendrùmas; vienýbė

Geméinschaft f - 1 bendrijà, bendrỹstė;
draugijà 2 sándrauga, sąjunga

geméinschaftlich I a beñdras, visúotinis, ko-
lektỹvinis II adv bendraĩ, draugè, kartù

geméssen 1 lė̃tas, neskubùs 2 rìmtas, orùs,
santūrùs

Gemétzel n -s, - skerdỹnės, žudỹnės

Gemísch n -es, -e mišinỹs; kratinỹs

Gemüse n -s daržóvės

Gemüse‖bau m -(e)s daržininkỹstė; ∼gar-
ten m -s, ᵘ daržas; ∼suppe f -, -n daržóvių
sriubà

gemústert raštúotas

Gemüt n -(e)s, -er 1 sg būdas; síela 2 pl
prõtai; žmónės

gemütlich 1 jaukùs, patogùs 2 lė̃tas, ramùs

Gemüts‖ruhe f - dvãsios ramýbė; savìtvar-
da; ∼zustand m (c)ɘ dvãsinė núotaika

gemütvoll širdìngas, nuoširdùs

genáu tikslùs; punktualùs; ∼ auf die Minúte
ánkommen atvỹkti minùtės tikslumù; aufs
Genaueste vìsiškai tiksliaĩ, tiksliáusiai

Genáuigkeit f - tikslùmas; punktualùmas

genáuso lýgiai toks pàt, lýgiai tiek pàt

Gendárm [ʒan-] m -en, -en žandãras

genéhmigen vt pritar̃ti (kam), paténkinti (ką̃)

Genéhmigung f -, -en pritarìmas; leidìmas,
sánkcija

genéigt 1 liñkęs; palankùs 2 paliñkęs, nuo-
žulnùs

Generál m -s, -e / ᵘe generõlas

Generál‖staatsanwalt m -(e)s, -e / ᵘe gene-
rãlinis prokuròras; ∼stab m -(e)s, ᵘe ge-
nerãlinis štãbas; ∼streik m -(e)s, -s / -e
visúotinis streĩkas

Generatión f -, -en kartà

generéll I a beñdras, universalùs II adv ap-
skritaĩ, iš vìso

genésen* vi (s) (pa)sveĩkti, taisýtis

geniál genialùs, talentìngas

Geníck n -(e)s, -e sprándas

Genie [ʒɘ-] n -s, -s 1 genialùmas, talentìn-
gùmas 2 gènijus

geníeren, sich [ʒɘ-] drovétis, varžýtis

geníeßbar válgomas; gēriamas

geníeßen* vt 1 válgyti, gérti 2 gėrétis, mė́-
gautis (kuo)

Génitiv m -s, -e gram. kilminin̂kas

Génius m -, -ni:us gènijus

Genósse m -n, -n draũgas

Genóssenschaft f -, -en kooperatỹvas; artèlė

genötigt: ~ *sein, sich* ~ *séhen* būti priver-
stám
Genre [ˈʒaːŋrə] *n* -s, -s žánras
genúg ganà, pakañkamai
Genüge: *zur* ~ pakañkamai
genügen *vi* užtèkti, pakàkti
genügend pakañkamas; paténkinamas
genügsam saikìngas, nuosaikùs; santūrùs
Genúgtuung *f* -, -en pasiténkinimas
Génus *n* -, -nera *gram.* giminė; rūšis
Genúss *m* -es, ᵕe **1** *sg* válgymas; gėrìmas;
vartójimas **2** malonùmas, pómėgis
Genússmittel *pl* stimuliúojantys nèrvų sistè-
mą prodùktai *(prieskoniai, kava, tabakas,
alkoholiniai gėrimai)*
Geografíe / **Geographíe** *f* - geogrãfija
Geológe *m* -n, -n geològas
Geologíe *f* - geològija
Geometríe *f* - geomètrija
Geórg:ien *n* -s Grùzija
Geórgi:er *m* -s, - gruzìnas
geórgisch Grùzijos; gruzìnų; gruzìniškas
Gepäck *n* -(e)s, -e bagãžas, krovinỹs
Gepäck‖aufbewahrung *f* -, -en bagãžo sáu-
gojimas; ~**träger** *m* -s, - nešìkas
Gépard *m* -s, -e *zool.* gepárdas
gepflégt rūpestìngai prižiūrimas, išpúoselė-
tas
Gepflógenheit *f* -, -en įprotis, papratìmas
Gepláuder *n* -s šnekučiãvimasis; plepėjimas
Gepräge *n* -s, - pėdsakas, žymė, añtspaudas;
das ~ *gében* palìkti gìlų pėdsaką, smar̃kiai
paveĩkti
geráde I *a* tiesùs; nuoširdùs, ãtviras **II** *adv*
1 tiẽsiai; nuoširdžiaĩ **2** kaip tìk, bū́tent
gerádeaus tiẽsiai, tiesióg
gerádeso (lýgiai) taip pàt
geráde‖wegs tiẽsiai; tiesmukaĩ, atviraĩ; ~**zu**
1 tiẽsiai, atviraĩ **2** tiesióg, tikraĩ
Gerät *n* -(e)s, -e príetaisas, aparãtas
geráten* *vi* (*s*) **1** patèkti, pakliū́ti; *in Brand*
~ užsidègti, pradéti dègti; *in Streit* ~ su-
sigiñčyti, susibárti **2** pasisèkti, pavỹkti; *er
ist nach séinem Váter* ~ jìs atsìgimė į̃ tévą
Gerätetúrnen *n* -s spòrtinė gimnãstika
Gerátewohl: *aufs* ~ aklaĩ, kaĩp pakliùvo

geräumig erdvùs, talpùs
Geräusch *n* -es, -e ūžesỹs; šlamesỹs, šnare-
sỹs
geräusch‖los tylùs, bè triùkšmo; ~**voll**
triukšmìngas, garsùs
Gérber *m* -s, - ódininkas, kailiadirbỹs
gerécht teisìngas, teisétas, pàgrįstas
Geréchtigkeit *f* - **1** teisingùmas; pagrįstùmas
2 teisingùmas, justìcija
Geréde *n* -s plėpalas, taũškalas; pãskalos,
gandaĩ
geréizt suir̃žęs, irzlùs
Gerícht[1] *n* -(e)s, -e pãtiekalas, val̃gis
Gerícht[2] *n* -(e)s, -e teĩsmas; *j-n beim* ~
verklágen padúoti ką̃ į̃ teĩsmą
geríchtlich I *a* teĩsmo, teismìnis **II** *adv* per̃
teĩsmą
Geríchtsbarkeit *f* - teisingùmas, jurisdìkcija
Geríchts‖hof *m* -(e)s, ᵕe tribunòlas; ~**ver-
fahren** *n* -s, - teĩsmo procèsas; ~**ver-
handlung** *f* -, -en bylõs nagrinėjimas
geríeben gudrùs, sùktas
geríng meñkas, nežymùs, mãžas; *nicht im
Geríngsten* nė truputėlio; ~ *schätzen*
(su)meñkinti *(ką)* nevértinti *(ko)*
geríngfügig meñkas, mãžas
geríngschätzig niẽkinamas
gerínnen* *vi* (*s*) (su)krešéti
Gerínnsel *n* -s, - núotakas, nutekamàsis
griovỹs *(kraujo)* krešulỹs
geríssen gudrùs, sùktas
gern(e) nóriai, mielaĩ, sù malonumù
Gérste *f* - miẽžis; miẽžiai
Gérstengraupe *f* -, -n miežìnės kruõpos
Gérte *f* -, -n vytìnė, rýkštė
Gerúch *m* -(e)s, ᵕe **1** kvãpas **2** uoslė
Gerúcht *n* -(e)s, -e gañdas, paskalà
gerúhen *vi* malonéti, teĩktis
gerúhsam ramùs, neskubótas
Gerümpel *n* -s séndaikčiai, šlam̃štas
Gerüst *n* -(e)s, -e **1** pastõliai **2** griáučiai,
(bendras) plãnas
gesámmelt: 1: ~*e Wérke* rinktìniai rãštai
2 susikáupęs
gesámt vìsas, ìštisas

Gesámtausgabe f -, -n **1** pìlnas rãštų rinkinỹs **2** pl beñdros ìšlaidos

gesámtdeutsch visõs Vokietìjos, visų vókiečių

Gesámt‖einkommen n -s, - vìsos [beñdros] pãjamos; ~**fläche** f -, -n beñdras plótas

Gesámtheit f - visumà

Gesámt‖produktion f - bendrój́i gamýba; ~**summe** f -, -n bendrà sumà

Gesándte sub m, f pasiuntinỹs, -ě

Gesándschaft f -, -en diplomãtinė atstovýbė, mìsija

Gesáng m -(e)s, ⁺e dainãvimas, giedójimas

Gesäß n -es, -e ùžpakalis, sėdýnė

Geschäft n -(e)s, -e **1** reĩkalas; dárbas **2** bìznis; sándėris **3** fìrma, įmonė **4** parduotùvė

geschäftig darbštùs, veiklùs

geschäftlich I a dalýkinis, tarnýbinis **II** adv sù reikalaĩs

Geschäfts‖führer m -s, - valdýtojas; komèrcijos dirèktorius; ~**mann** m -(e)s, -leute komersántas, bizniẽrius

geschéhen* vi (s) įvỹkti, atsitìkti; etw. ~ lássen léisti, netrukdýti

Geschéhen n -s įvykiai

Geschéhnis n -ses, -se įvykis, atsitikìmas

geschéit protìngas, išmintìngas

Geschénk n -(e)s, -e dovanà

Geschíchte f -, -n **1** istòrija **2** įvykis, atsitikìmas

geschíchtlich istòrinis, istòrijos

Geschíchtsbuch n -(e)s, ⁺er istòrijos vadovėlis

Geschíck¹ n -(e)s, -e likìmas, lemtìs

Geschíck² n -(e)s vikrùmas, sugebéjimas, meistrìškumas

geschíckt sumanùs, vikrùs, apsukrùs

geschíeden išsiskýręs

Geschírr¹ n -(e)s, -e iñdai

Geschírr² n -(e)s, -e **1** pakiñktai; plėškė̃ **2** kinkinỹs

Geschírrschrank m -(e)s, ⁺ indaujà, bufètas

Geschlécht n -(e)s, -er **1** giminė̃; kartà; šeimà **2** biol. lytìs **3** gram. giminė̃

Geschléchts‖organ n -s, -e lytiẽs òrganas; ~**reife** f - lytìnis subrendìmas; ~**verkehr** m -s lytìniai sántykiai

geschlóssen I a uždarýtas; ùždaras **II** adv sutelktinaĩ, vienìngai

Geschlóssenheit f - susitelkìmas, vienýbė

Geschmáck m -(e)s, ⁺e / ⁺er skōnis; an etw. (D) ~ fínden ką̃ pamégti, įpràsti į̃ ką̃

geschmácklos neskonìngas

geschmáckvoll I a skonìngas **II** adv skonìngai

geschméidig lankstùs, elastìngas

Geschöpf n -(e)s, -e būtýbė, pãdaras; tvarinỹs

Geschóss / Geschóß¹ n -es, -e sviedinỹs; šovinỹs

Geschóss / Geschóß² n -es, -e aūkštas

Geschréi n -(e)s rìksmas, šaūksmas

Geschütz n -es, -e pabū̃klas, patránka

Geschwáder n -s, - eskadrà

Geschwätz n -es plepalaĩ

geschwätzig plepùs, tauškùs

geschwéige: ~ (denn), dass ... nèkalbant jaū apiẽ taĩ, kàd ...

geschwind greĩtas, skubùs

Geschwíndigkeit f -, -en greĩtis, greitùmas

Geschwíster pl bróliai iř sėserys

geschwóllen patìnęs, ìštìnęs

Geschwórene sub m, f prisiekusysis, -oji

Geschwúlst f -, ⁺e navìkas, auglỹs

geschwúngen išriestas, ìšlenktas

Geschwür n -s, -e votìs, pūlinỹs

Gesélle m -n, -n **1** pameistrỹs **2** vaikìnas **3** draūgas; bendrakeleĩvis

geséllen, sich (zu D) prisijùngti (prie ko)

geséllig 1 draūgiškas, malonùs **2** įdomùs, liñksmas

Geséllschaft f -, -en **1** visúomenė **2** draugijà **3** bendróvė, kompãnija (prekybos, pramonės) **4** draugijà, kompãnija; j-m ~ léisten sudarýti kám kompãniją **5** póbūvis, vãkaras; éine ~ gében sureñgti póbūvį

Geséllschafter m -s, - pašnekõvas; kompaniònas

geséllschaftlich visuomenìnis, visúomenės

Geséllschafts‖ordnung f -, -en visuomenìnė sántvarka; ~**wissenschaft** f -, -en visúomenės mókslas

Gesétz *n* -es, -e **1** įstãtymas **2** désnis
Gesétzentwurf *m* -(e)s, ̈e įstãtymo projèktas
gesétzgebend įstãtymų leidžiamàsis
Gesétzgebung *f* - įstãtymų leidýba
gesétzlich įstãtyminis, įstãtymiškas; teisétas
gesétzmäßig I *a* **1** désningas **2** teisétas **II** *adv* dėsningai
gesétzt I riñtas, orùs, solidùs **II**: ～ *dass* ... ～ *den Fall, dass* ... sakýkime [tar̃kime], kàd ...
gesétzwidrig neteisétas, neįstãtymiškas
Gesícht *n* -(e)s, -er **1** véidas; ～*er schnéiden* vaipýtis, šaipýtis; *j-m etw.* **ins** ～ *ságen* (pa)sakýti kám ką į akìs **2** *sg* regéjimas, regà; *etw., j-n zu* ～ *bekómmen* ką išvýsti [pamatýti]
Gesíchts‖ausdruck *m* -(e)s, ̈e véido išraiška; ～**kreis** *m* -es, -e akìratis, horizòntas; ～**punkt** *m* -(e)s, -e póžiūris; ～**züge** *pl* véido brúožai
Gesíms *n* -es, -e karnìzas
Gesíndel *n* -s válkatos, pãdugnės
gesínnt (*D, gegen j-n*) nusiteĩkęs (*kieno atžvilgiu*)
Gesínnung *f* -, -en pãžiūros, įsitìkinimai
Gesínnungsgenosse *m* -n, -n bendramiñtis
gesóndert ãtskiras
Gespánn *n* -(e)s, -e kinkinỹs (*pvz., arklių, šunų*)
gespánnt įtemptas, sùtelktas; *auf etw.* (*A*) ～ *sein* kõ nekañtriai láukti
Gespénst *n* -es, -er vaiduõklis, šmékla
gespénsterhaft šmékliškas, vaiduõkliškas
Gespínst *n* -es, -e verpalaĩ
Gespött *n* -(e)s, -e pajuokà, pašaipà
Gespräch *n* -(e)s, -e pókalbis, pasikalbéjimas; *ein telefónisches* ～ *führen* kalbétis telefonù
gesprächig kalbùs, šnekùs
Gesprächs‖buch *n* -(e)s, ̈er pasikalbéjimų knygēlė; ～**partner** *m* -s, - pašnekõvas
gespréizt ìšskėstas, išsiskėtęs; išsižer̃gęs
gesprénkelt taškúotas (*apie audinį*)
Gestált *f* -, -en **1** figūrà, stótas; *sie ist klein von* ～ jì mãžo ū̃gio **2** personãžas, veikéjas **3** fòrma, pavìdalas

gestálten I *vt* apipavìdalinti, apifòrminti (*ką*), suteĩkti fòrmą (*kam*) **II sich** ～ susiklóstyti, susidéti
Gestáltung *f* -, -en **1** apipavìdalinimas, apifòrminimas **2** fòrma, ìšraiška
Geständnis *n* -ses, -se prisipažìnimas
Gestánk *m* -(e)s smárvė, dvõkas
gestátten *vt* léisti
Géste *f* -, -n gèstas, mõstas; póelgis
gestéhen* *vt* prisipažìnti
Gestéin *n* -(e)s, -e uolíena
Gestéll *n* -(e)s, -e **1** stõvas **2** *tech.* važiuõklė **3** stelãžas
géstern vãkar
gestikulíeren *vi* gestikuliúoti, mostagúoti
Gestírn *n* -(e)s, -e žvaigždýnas
Gestöber *n* -s pūgà
Gestótter *n* -s mikčiójimas
gestríchen (iš)dažýtas; *frisch* ～*!* dažýta!
géstrig vakarýkštis
Gestüt *n* -(e)s, -e žirgýnas
Gesúch *n* -(e)s, -e pareiškìmas, prãšymas
gesúnd sveĩkas, stiprùs, tvìrtas; ～ *wérden* (pa)sveĩkti; *j-n* ～ *schréiben* (už)baĩgti kienõ nedarbingùmo lapēlį
gesúnden *vi* (*s*) (pa)sveĩkti, taisýtis
Gesúndheit *f* - sveikatà; ～ *hában* bū́ti tvir̃tõs sveikãtos; ～*!* į sveikãtą! (*čiaudint*)
gesúndheitlich medicìninis; sveikãtos; *wie geht es Íhnen* ～*?* kaĩp jū́sų sveikatà?
Gesúndheits‖schutz *m* -es sveikãtos apsaugà; ～**wesen** *n* -s sveikãtos apsaugà; ～**zustand** *m* -(e)s, ̈e sveikãtos bū̃klė
Gesúndung *f* - (pa)sveikìmas
Getränk *n* -s, -e gērimas
getráuen, sich (iš)drį́sti
Getréide *n* -s, - javaĩ, grūdìnės kultū̃ros
Getréide‖anbau *m* -(e)s javų̃ augìnimas; ～**ernte** *f* -, -n **1** grūdìnių kultū̃rų nuémìmas **2** grūdìnių kultū̃rų der̃lius
getrénnt ãtskiras
getréu 1 ištìkimas, atsidãvęs **2** tikslùs
getróst ramùs
Getúschel *n* -s kuždesỹs, šnabždesỹs
geübt įgùdęs, patýręs
Gewächs *n* -es, -e áugalas

gewáchsen: *éiner Sáche* (D), *j-m* ~ *sein* kám prilýgti (*pagal jėgas, sugebėjimus*)

Gewächshaus *n* -es, ⁀er šiltnamis

gewágt rizikìngas, drąsùs

gewählt 1 rinktìnis (*apie raštus*) **2** rafinúotas, subtilùs (*apie skonį*)

gewáhr: *j-s, éiner Sáche* (G) ~ *wérden* ką̃ pastebéti

Gewähr *f* - laĩdas, garántija

gewähren *vt* (su)teĩkti, dúoti; paténkinti

gewährleisten *vt* laidúoti, garantúoti

Gewährleistung *f* -, -en laidãvimas, garántija

Gewált *f* -, -en **1** valdžià; *j-n, etw.* in *séine* ~ *bekómmen* ką̃ paim̃ti į̃ sàvo valdžią **2** *sg* jėgà, príevarta, smùrtas; *mit áller* ~ iš visų̃ jėgų̃

gewáltig 1 galìngas, stiprùs **2** milžiniškas, didžiùlis

gewáltsam prievartìnis, smùrtinis

Gewánd *n* -(e)s, ⁀e drabùžis, rūbas

gewándt vikrùs, mitrùs

gewärtig: ~ *sein* (G) láukti (*ko*), bū́ti pasirúošusiam (*kam*)

Gewässer *n* -s vándenys; vandeñs telkinỹs

Gewébe *n* -s, - audinỹs, áudeklas

gewéckt sumanùs, nuovokùs

Gewéhr *n* -(e)s, -e šáutuvas

Gewérbe *n* -s, - veȓslas, ãmatas

Gewérbeschule *f* -, -n amatų̃ mokyklà

Gewérkschaft *f* -, -en profsąjunga

gewérkschaftlich profsąjunginis; profsąjungos

gewésen bùvęs

Gewícht *n* -(e)s, -e **1** svõris **2** reikšmė̃, svarbà

Gewícht‖heben *n* -s sunkùmų kilnójimas; ~héber *m* -s, - sunkùmų kilnótojas

gewíchtig 1 svarùs, sunkùs **2** *prk.* svarùs, reikšmìngas

Gewíchts‖abnahme *f* -, -n svõrio sumažėjimas; ~angabe *f* -, -n svõrio nuródymas

Gewínde *n* -s, - pynė̃, girliánda

Gewínn *m* -s, -e **1** pelnas, naudà **2** laiméjimas, išlošimas

gewínnen* I *vt* **1** laiméti, išlõšti; nugaléti; **2** : **0** (*zwei zu null*) ~ laiméti rezultatù **2** : **0**; *den Éindruck* ~, *dass* ... susidarýti į̃spūdį, kàd ... *j-n für sich* ~ paleñkti ką̃ į̃ sàvo pùsę **2** kàsti (*pvz., rūdą, anglį*) II *vi* laiméti

Gewínner *m* -s, - laimétojas, išlošėjas

Gewírr *n* -(e)s, -e chaòsas; maišaliẽnė, sumaištìs

gewiss I *a* **1** tìkras, neabejótinas; *éiner Sáche* (G) ~ *sein* bū́ti dėl kõ tikrám **2** tam tìkras, kažkóks II *adv* tikraĩ, žìnoma, be ãbejo

Gewíssen *n* -s, - są́žinė; *der Stimme des* ~*s fólgen* klausýti są́žinės balso

gewíssenhaft są́žinìngas

gewíssenlos nesą́žinìngas, nedõras

Gewíssens‖bisse *pl* są́žinės graužìmas; ~freiheit *f* -, -en są́žinės láisvė

gewíssermaßen taĩp sākant, tam tikrà prasmè

Gewíssheit *f* -, -en į̃sitìkinimas, tikrùmas

Gewítter *n* -s, - audrà, perkū́nija

gewítzt patýręs, gudrùs

gewöhnen I *vt* (*an A*) (pri)prãtinti (*ką prie ko*) II *sich* ~ (*an A*) priprãsti, įprãsti (*prie ko*)

Gewóhnheit *f* -, -en į̃protis, papratìmas

gewöhnlich I *a* į̃prastas, įprastìnis II *adv* paprastaĩ

gewóhnt į̃prastas, įprastìnis; *in* ~*er Wéise* kaĩp į̃prasta

Gewölbe *n* -s, - **1** skliaũtas **2** rūsỹs

gewölbt skliautúotas, ìšgaubtas

Gewölk *n* -(e)s dēbesys

Gewürz *n* -es, -e príeskonis

Gewürz‖gurke *f* -, -n marinúotas aguȓkas; ~kraut *n* -(e)s, ⁀er prieskonìnis áugalas

gewürzt sù príeskoniais

gezéichnet 1 (pa)žymétas, pažénklintas **2** pasirãšė (*kai nurodoma pavardė*)

geziemen *vi* / *sich* ~ (pri)deréti, (pri)tìkti

geziert nenatūralùs, dirbtìnis

Gezwítscher *n* -s čiulbėjimas, čiulbesỹs

gezwúngen suvaržýtas, nenatūralùs

Gicht *f* - *med.* podagrà

Gíebel *m* -s, - frontònas

Gier *f* - godùmas, gobšùmas; geĩsmas

gíerig godùs, gobšùs; ~ **nach etw.** (*D*) [*auf etw.* (*A*)] **sein** kõ trókšti [geĩsti]

gíeßen* *vt* pìlti; (pa)láistyti

Gießeréi *f* -, -en liejyklà

Gíeßkanne *f* -, -n laistytùvas

Gift *n* -(e)s, -e nuodaĩ

Gíftgas *n* -es, -e nuodìngosios dùjos

gíftig nuodìngas

Gift‖pilz *m* -es, -e nuodìngas grỹbas; ~**stoff** *m* -(e)s, -e nuodìnga mẽdžiaga

Gigánt *m* -en, -en gigántas, milžinas

gigántisch gigántiškas, milžiniškas

Gin [dʒin] *m* -s, -s džìnas

Gípfel *m* -s, - viršū̃nė

Gípfelkonferenz *f* -, -en aukščiáusio lỹgio konfereñcija

Gips *m* -es, -e gìpsas

Giráffe *f* -, -n žirafà

Girlánde *f* -, -n girliánda

gírren *vi* burkúoti, brukúoti

Gitárre *f* -, -n gitarà

Gítter *n* -s, - grõtos, grotẽlės

Glacehandschuh [-ˈseː-] *m* -(e)s, -e láikos [báltodės] pirštinės

Gladióle *f* -, -n kardẽlis, gladiòlė

Glanz *m* -es blizgesỹs, blizgėjimas, žvilgesỹs

glänzen *vi* blizgéti, žvilgéti, spindéti

glänzend 1 blìzgantis, žvìlgantis, spìndintis **2** puikùs, nuostabùs

glánz‖los nèblizgantis, blausùs; ~**voll** puikùs, nuostabùs

Glas *n* -es, ᵜer **1** *sg* stìklas **2** stiklìnė; stikliùkas; stiklaĩnis

gläsern stiklìnis

Glás‖malerei *f* -, -en vitrãžas; tapýba añt stìklo; ~**schrank** *m* -(e)s, ᵜe stiklìnė spìnta; ~**tür** *f* -, -en stiklìnės dùrys

glatt I *a* **1** lýgus **2** slidùs, sklandùs **II** *adv* **1** sklañdžiai, bè sutrikìmų **2** tiẽsiai, stačiaĩ

Glätte *f* - **1** lygùmas, glotnùmas **2** slidùmas

Glátteis *n* -es lijùndra, ãpšalas

glätten *vt* (iš)lýginti

Glátze *f* -, -n plìkė

Glátzkopf *m* -(e)s, ᵜe plikagalvis, plìkis

Gláube *m* -ns, -n, **Gláuben** *m* -s, - **1** (*an A*) tikéjimas, pasitikéjimas (*kuo*); *j-m* ~*n schénken* kuõ pasitikéti **2** tikéjimas, tikýba

gláuben I *vt* **1** manýti, galvóti **2** tikéti; *j-n* ~ *máchen* ką̃ įtìkinti **II** *vi* (*j-m, an A*) tikéti (*kuo, į ką*); *an j-s Áufrichtigkeit gláuben* tikéti kienõ nuoširdumù

gláubhaft tikétinas, įtìkinamas

gläubig 1 patiklùs, lengvaĩ pasìtikintis **2** religìngas, pamaldùs

Gläubige *sub m, f* tikintỹsis, -čióji

Gläubiger *m* -s, - kredìtorius

gláublich: *es* [*das*] *ist kaum* ~ vargù ar̃ gãlima tuõ patikéti

gláubwürdig įtìkinamas, tikétinas

gleich I *a* tas pàts, toks pàt; lýgus; *zu* ~*er Zeit* tuo pačiù metù **II** *adv* **1** vienódai, lýgiai; ~ *alt* tokio pàt ámžiaus; ~ *bléibend* nesìkeičiantis, pastovùs; ~ *gesínnt* tų pačių [vienódų] pažiūrų̃ **2** tuõj, greĩt

gléichalt(e)rig bendraamžis, vienmẽtis

gléichartig vienarū̃šis; vienódas

gléichberechtigt lygiateĩsis

Gléichberechtigung *f* - lygiateisiškùmas

gléichen* *vi* (*D*) panèšéti, bū́ti panašiám (*į ką*)

gléichermaßen lýgiai, vienódai

gléichfalls taip pàt

gléich‖farbig vienaspalvis; ~**förmig** vienódas, monotòniškas

Gléichgesinnte *sub m, f* vienmiñtis, -ė, bendramiñtis, -ė

Gléichgewicht *n* -(e)s pusiáusvyra; *j-n aus dem* ~ *brìngen* ką̃ išmùšti [išvèsti] ìš pusiáusvyros

gleichgültig abejìngas; *es ist mir* ~, *ob ...* mán vis tíek, ar̃ ...

Gleichgültigkeit *f* - abejingùmas

Gléichheit *f* -, -en lygýbė

Gléichheitszeichen *n* -s, - lygýbės ženklas

gléich‖kommen* *vi* (*s*) (*D*) prilýgti (*kam*); ~**machen** *vt* sulýginti, padarýti lýgų

Gléichmaß *n* -es proporcija, simètrija

gléichmäßig proporcìngas, simètriškas; tolygùs

Gléichmut *m* -(e)s abejingùmas

gléichmütig abejìngas

gléichnamig vien(a)vañdis, to patiẽs pavadìnimo

gléichsam lýg, tañtum, tañsi

Gléichschritt *m* -(e)s žengìmas į̃ kóją; ~ *hálten* žeñgti kója kójon

gléich‖**setzen** *vt* prilýginti, sutapãtinti; ~**stellen** *vt* (*D*) prilýginti (*kam ką*), statýti gretà (*ką ko*)

gléich‖**wie** lýg, tañtum; ~**wohl** vìs dėlto, tačiaũ

gléichzeitig I *a* vien(a)laĩkis, vien(a)laĩkiškas **II** *adv* tuo pačiù metù, kartù

Gleis *n* -es, -e bė̃gių kẽlias

gléiten* *vi* (*s*) slýsti, sprústi

Gléiter *m* -s, - sklandytùvas

Gléit‖**flug** *m* -(e)s, ⁻e sklañdymas; ~**flugzeug** *n* -(e)s, -e sklandytùvas

Glétscher *m* -s, - ledýnas, glèčeris

Glied *n* -(e)s, -er **1** narỹs; galū̃nė (*kūno*) **2** kartà **3** gretà; eilė̃; *in Reih und* ~ *stéhen* stovéti rikiúotėje

glíedern *vt* (su)skirstýti

Glíederreißen *n* -s sąnarių̃ gėlìmas

Glíederung *f* -, -en **1** (su)skìrstymas **2** plãnas (*pvz., rašinio, pranešimo*)

glímmen* *vi* rusénti, smiĺkti

glímmern *vi* žibséti, blikséti

glímpflich atlaidùs, švelnùs

glítschig slidùs, glitùs

glítzerig blìzgantis, žìbantis

glítzern *vi* blizgéti, žibéti

globál globãlinis, pasáulinis

Glóbus *m* - / -ses, *pl* -ben / -se gaublỹs

Glócke *f* -, -n vañpas, skam̃balas; varpēlis, skambùtis

Glócken‖**blume** *f* -, -n *bot.* katilē̃lis, ~**schlag** *m* -(e)s, ⁻e vañpo dū̃žis; ~**turm** *m* -(e)s, ⁻e vañpinė

Glóri⁞**e** *f* -, -n garbė̃, šlovė̃

Glóri⁞**enschein** *m* -(e)s, -e aureòlė

glorifizíeren *vt* gárbinti, šlóvinti

glótzen *vi* spoksóti, žiūréti išpū̃tus akìs

Glück *n* -(e)s láimė, paláima; sėkmė̃; *auf gut* ~ pasikliáujant láime; õ gál; *zum* ~ láimei

Glúcke *f* -, -n perē̃kšlė, perē̃klė

glücken *vi* (*s*), *vimp* sèktis, pasisèkti

glücklich laimìngas; sėkmìngas

glücklicherweise láimei

glückselig palaimìngas, labaĩ laimìngas

glúcksen *vi* kliukséti

Glücks‖**fall** *m* -(e)s, ⁻e laimìngas atsitikìmas; ~**sache** *f* -, -n láimės dalỹkas, sėkmė̃; ~**spiel** *n* -(e)s, -e azártinis lošìmas

glückstrahlend spiñdintis láime

Glückwunsch *m* -es, ⁻e svéikinimas, linkéjimas

Glückwunschtelegramm *n* -s, -e svéikinimo telegramà

Glühbirne *f* -, -n elèktros lempùtė

glühen *vi* bū́ti įkaĩtusiam, žėrúoti

glühend 1 įkaĩtęs, kárštas **2** kárštas, aistrìngas

Glüh‖**wein** *m* -(e)s glìntveinas; ~**würmchen** *n* -s, - jõnvabalis, žibùkas

Glut *f* -, -en **1** žarijà; kaitrà, kañštis **2** aistrà, aistringùmas

Glyzerín *n* -s glicerìnas

Gnáde *f* -, -n malónė; gailestingùmas

Gnádengesuch *n* -(e)s, -e malónės prãšymas

gnádenlos negailestìngas

gnädig malonìngas, míelas, malonùs

Gnom *m* -en, -en gnòmas, kaũkas

Gobelin ['lı:n] *m* -s, -s gobelėnas

Gold *n* -(e)s áuksas; *in* ~ *bezáhlen* mokéti áuksu

Góldamsel *f* -, -n volungė̃

gólden auksìnis, áukso; *die* ~*e Mítte* áukso vidurỹs

Góld‖**gehalt** *m* -(e)s áukso prabà; ~**grube** *f* -, -n áukso kasyklà; ~**krone** *f* -, -n **1** áukso karūnà **2** áukso karūnė̃lė (*ant danties*); ~**medaille** *f* -, -n áukso medãlis; ~**münze** *f* -, -n auksìnė monetà; ~**schmied** *m* -(e)s, -e auksakalỹs; juvelỹras

Golf *m* -(e)s, -e jū́ros įlanka

gönnen *vt* linkéti, nepavydéti (*ko*)

Gönner *m* -s, - globéjas, rėméjas

gönnerhaft globéjiškas; geranõriškas

Gorílla *m* -s, -s gorilà

Gósse f -, -n núotakas, nutekamàsis vañzdis

Gótik f - gòtika, gòtiškasis stìlius

gótisch gòtiškas, gòtinis

Gott m -es, ᵘer Diẽvas; ∼ **sei Dank!** ãčiū Diẽvui! **um** ∼**es Wíllen!** dė̃l Diẽvo méilės!

Góttesdienst m -es, -e pāmaldos

góttesfürchtig dievobáimingas

Góttin f -, -nen deĩvė, dieváitė

göttlich 1 diẽviškas, Diẽvo 2 diẽviškas, puikùs

góttlos bediẽviškas

Götze m -n, -n stābas, dieváitis

Gouvernánte [guver-] f -, -n guvernántė

Gouverneur [guver'nø:r] m -s, -e gubernãtorius

Grab n -(e)s, ᵘer kāpas

grében* I vt kàsti II vi (nach D) ieškóti (ko – žemėje) III sich ∼ įsirė́žti, įstrìgti

Gráben m -s, ᵘ 1 griovỹs 2 ãpkasas, tranšė́ja

Grábes‖ruhe f - kapų̃ ramýbė; ∼**stille** f - mirtinà tylà

Gráb‖hügel m -s, - pìlkapis; kãpas; ∼**mal** n -(e)s, ᵘer / -e añtkapis; ∼**rede** f -, -n kalbà priẽ kãpo; ∼**stein** m -(e)s, -e añtkapio akmuõ

Grad m -(e)s, -e / - láipsnis; **bis zu einem gewissen** ∼e tam tikrù mastù; **in hóhem** ∼e labaĩ; žỹmiai

Grádmesser m -s, - kritèrijus, rodìklis

Graf m -en, -en grā̃fas

Gráfik / **Gráphik** f -, -en grā̃fika

Gráfiker / **Gráphiker** m -s, - grā̃fikas

Gräfin f -, -nen grafíenė

gráfisch / **gráphisch** 1 grā̃fikos 2 grā̃finis, grā̃fiškas

Grafít / **Graphít** m -(e)s, -e grafìtas

gram: **j-m** ∼ **sein** añt kõ pỹkti

Gram m -(e)s liūdesỹs, síelvartas, šìrdgėla

grämen, sich (über A) liūdė́ti, síelotis (dėl ko)

grämlich niūrùs, suniùręs

Gramm n -s, -e / - grãmas

Grammátik f -, -en gramãtika

grammátisch gramãtinis, gramãtikos

Grammofón / **Grammophón** n -s, -e gramofònas; patefònas

Granáte f -, -n granatà

grandiós grandiòzinis, mìlžiniškas

Granít m -(e)s, -e granìtas

graníten granìtinis, granìto

Grapefruit ['gre:pfru:t] f -, -s greĩpfrutas

Gras n -es, ᵘer žolė̃

grásen vi ganýtis

Gráshüpfer m -s, - žiógas

Grás‖mäher m -s, -, ∼**mähmaschine** f -, -n šienãpjovė, šiẽno pjaunamóji mašinà

grassíeren vi siaũsti (pvz., apie epidemìją)

grässlich baisùs, baisìngas

Gräte f -, -n ãšaka (žuvies)

grátis nemókamai, dykaĩ

Gratulánt m -en, -en svéikintojas

Gratulatión f -, -en svéikinimas

gratulíeren vi (j-m zu D) (pa)svéikinti (ką̃ kokia nors proga)

grau 1 pìlkas; **der** ∼**e Álltag** pilkà kasdienýbė 2 žìlas; ∼ **wérden** (pra)žìlti; ∼ **melíert** žìlstelėjęs

Gräuel m -s, - baisýbė, baisenýbė; piktadarýbė

Gräueltat f -en piktadarýbė, žvėriškùmas

gráuen vimp / sich ∼ (vor D) baisė́tis, bijótis (ko)

gráuen vi brė́kšti, aũšti; témti

Gráuen n -s siaũbas, klaĩkas

gráuenerregend, gráuenvoll siaubìngas, klaikùs, baisùs

gräulich bjaurùs, šlykštùs; baisùs

Gráupen pl miẽžių kruõpos

gráusam žiaurùs, nuožmùs

Gráusamkeit f -, -en žiaurùmas, nuožmùmas; žiaurenýbė

gráusen I vimp: **mich graust** (es) mán baisù II **sich** ∼ (vor D) bijóti (ko)

Graveur [-'vø:r] m -s, -e grãveris

gravíeren vt gravirúoti

Grázi͜e f - grakštùmas, grãcija

graziös grakštùs, gracìngas

gréifen* vt, vi 1 (pa)čiùpti, (pa)griẽbti, (nu)tvérti; **éinen Dieb** ∼ pačiùpti vãgį; **sich** (D) **an den Kopf** ∼ stvértis ùž galvõs 2 griẽbtis, im̃tis

Greis *m* -es, -e karšiñčius, sēnis
grell 1 ākinantis, ryškùs **2** skardùs, šaižùs
Grénze *f* -, -n síena; ribà; *álles hat séine* ~*n*
vìskam yrà rìbos
grénzen *vi* (*an A*) ribótis (*su kuo*)
grénzenlos I *a* berìbis, begalìnis **II** *adv* labaĩ,
be gãlo
Grénz‖gebiet *n* -(e)s, -e pasíenis, pasíenio
sritìs; ~**kontrolle** *f* -, -n pasíenio kontrò-
lė; ~**posten** *m* -s, - pasíenio sargýbinis
Gríebe *f* -, -n spìrgas, spirgùtis
Gríeche *m* -n, -n graĩkas
Gríechenland *n* -s Graĩkija
gríechisch Graĩkijos; graĩkų; graĩkiškas
Gríesgram *m* -(e)s, -e niùrna, niùrzga, bam-
bēklis
gríesgrämig niūrùs, niurzgùs
Grieß *m* -es, -e mãnai, mãnų kruõpos
Gríeßbrei *m* -(e)s, -e mãnų kõšė
Griff *m* -(e)s, -e **1** (pa)griebìmas, nutvėrìmas
2 būdas, veĩksmas; *ein fálscher* ~ netei-
sìngas veĩksmas **3** rañkena; (*peilio*) kótas
Grill *m* -s, -s grìlis (*kepamoji krosnelė*)
Grílle *f* -, -n **1** svirplỹs **2** ùžgaida, į̃noris
gríllenhaft užgaidùs, į̃norìngas
Grimásse *f* -, -n grimasà; ~*n schnéiden*
[*máchen*] darýti grimasàs, vaipýtis
grimm į̃tū̃žęs, į̃niřšęs
Grimm *m* -(e)s į̃tūžis, į̃niřšis
grímmig nuožmùs, į̃nirtìngas
Grind *m* -(e)s, -e šãšas
grínsen *vi* šaipýtis, vaipýtis
Gríppe *f* -, -n grìpas
grob 1 šiurkštùs, nelýgus, grubùs; *ein* ~*er*
Féhler dìdelė [šiurkštì] klaidà **2** rupùs,
stambùs **3** šiurkštùs, storžiẽviškas
Gróbheit *f* -, -en grubùmas, šiurkštùmas,
storžieviškùmas
Gróbian *m* -(e)s, -e storžiẽvis, stačiõkas
gröblich grubùs, šiurkštùs
grölen *vi* rékauti, šū́kauti
Groll *m* -(e)s pỹktis, neapýkanta
gróllen *vi* **1** (*j-m, mit j-m*) pỹkti (*ant ko*)
2 dundéti, griáudėti
Gróschen *m* -s, - grãšis, skatìkas

groß I *a* **1** dìdelis, stambùs; *Groß und Klein*
dide`lì iř mažì; ~ *gewáchsen* augalótas,
augùs **2** dìdis, garsùs **3** svarbùs, reikšmìn-
gas **II** *adv*: *etw*. ~ *schréiben* rašýti ką̃ di-
delėmìs raĩdėmis; skìrti kám dìdelę réikš-
mę; *im Gróßen und Gánzen* iš vìso, ap-
skritaĩ
gróßartig puikùs, nuostabùs
Gróßbritani:en *n* -s Didžiói Britānija
Gróßbuchstabe *m* -ns / -n, -n didžiói raĩdė
Größe *f* -, -n **1** dỹdis, didùmas; ū̃gis **2** didin-
gùmas, didýbė **3** garsenýbė, įžymýbė
Gróß‖eltern *pl* senēliai; ~**enkel** *m* -s, - pró-
anūkis; ~**enkelin** *f* -, -nen próanūkė
gróßenteils daugiáusia, dažniáusiai
Großfürst *m* -en, -en *istor.* didỹsis kuni-
gáikštis
Gróß‖grundbesitzer *m* -s, - stambùs žem-
valdỹs, dvariniñkas; ~**handel** *m* -s didme-
nìnė prekýba; ~**industrie** *f* -, -ri:en stam-
biói prãmonė
Gróß‖macht *f* -, :e didžiói valstýbė;
~**maul** *n* -(e)s, :er pagyrū̃nas
gróßmäulich pagyrū̃niškas
Gróß‖meister *m* -s, - *šachm.* dìdmeistris;
~**mut** *f* - kilnùmas, taurùmas
gróßmütig kilniadvāsiškas, didžiadvāsiškas
Gróßmutter *f* -, : senēlė, bobùtė
Gróßreinemachen *n* -s nuodugnùs vãlymas
[tvařkymas]
gróßschreiben* *vt* rašýti žõdį didžiája raidè
Gróß‖schreibung *f* -, -en rãšymas didžiája
raidè; ~**stadt** *f* -, :e dìdmiestis
größtenteils daugiáusia, dažniáusiai
gróßtuerisch pagyrū̃niškas, pagyrùs
gróßtun* *vi* / *sich* ~ (*mit D*) gìrtis (*kuo*)
Gróßvater *m* -s, :er senēlis
gróßziehen* *vt* (už)augìnti
gróßzügig 1 dosnùs, kilniašiřdiškas **2** dìde-
lis, grandiòzinis
grotésk keĩstas, įmantrùs
Grübchen *n* -s, - duobùtė
Grúbe *f* -, -n **1** duobė̃; kãpas **2** kasyklà; šach-
tà
Grübeléi *f* -, -en galvójimas, mą̃stymas
grübeln *vi* (*über A*) galvóti, mąstýti (*apie ką*)

Grúbenarbeiter m -s, - kalnakasỹs, šãchtininkas

Gruft f -, ᵘe kãpas, láidojimo rūsỹs

Grúmmet n -s atólas

grün žãlias; ~ wérden sužaliúoti; pažaliúoti; ~es Obst šviẽžios daržóvės

Grün n -s 1 žalià spalvà 2 žalumà, žalùmas

Grünanlage f -, -n skvẽras; želdýnas

grünblau žaliaĩ meĩsvas

Grund m -(e)s, ᵘe 1 sg dirvà, gruñtas, žẽmė; ~ und Bóden žẽmė 2 dùgnas; den Bécher bis auf den ~ léeren išgérti taũrę ikì dùgno 3 pãmatas, pãgrindas; im ~ (genómmen) ìš esmẽs (paẽmus); etw. von ~ auf [aus] ändern ką̃ ìš pagrindų̃ pakeĩsti 4 pãgrindas, priežastìs; auf ~ (G) rēmiantis (kuo); zu ~e géhen prapùlti, pražúti

Grúnd‖besitz m -es žẽmės nuosavýbė, žemévalda; ~besitzer m -s, - žemvaldỹs, žẽmės savininkas

gründen I vt įkùrti, (į)steĩgti II sich ~ (auf A) rem̃tis (kuo)

Gründer m -s, - įkūréjas, (į)steigéjas

Grúnd‖fehler m -s, - pagrindìnė klaidà; ~gedanke m -ns, -n pagrindìnė mintìs; ~gesetz n -es, -e 1 pagrindìnis désnis 2 pagrindìnis įstátymas; konstitùcija; ~lage f -, -n pãgrindas, bãzė

grúndlegend pagrindìnis, esmìnis

gründlich nuodugnùs, išsamùs

grúndlos 1 bedùgnis, labaĩ gilùs 2 nepàgrįstas, nepamatúotas

Grúnd‖regel f -, -n pagrindìnė taisỹklė; ~riss m -es, -e 1 plãnas 2 pagrindaĩ, apžvalgà, apýbraiža; ~satz m -es, ᵘe prìncipas

grúndsätzlich I a principìnis II adv ìš prìncipo, ìš esmẽs

Grúnd‖schule f -, -n pradžiõs mokyklà; ~stein m -(e)s, -e kertìnis akmuõ; ~stück n -(e)s, -e žẽmės sklýpas; ~stufe f -, -n (mokyklos) pradìnė pakopà

Gründung f -, -en įkūrìmas, įsteigìmas

grúndverschieden vìsiškai skirtìngas

Grúnd‖wasser n -s, - gruñtinis vanduõ; ~wissen n -s mókslo [žinių̃] pagrindaĩ

Grüne sub n žalùmas, žalumà; ins ~ fáhren važiúoti ùž miẽsto

grünen vi žaliúoti

Grün‖futter n -s žaliàsis pãšaras

grünlich žaĩsvas

Grünschnabel m -s, - píenburnis, geltonsnãpis

grúnzen vi kriukséti

Grúppe f -, -n grùpė

Grúppen‖aufnahme f -, -n grùpinė [grùpės] núotrauka; ~führer m -s, - grùpės vadõvas

grúppenweise grùpėmis

gruppíeren I vt (su)grupúoti II sich ~ (um A) grupúotis (apie ką̃)

grúselig šiurpùs, baisùs

Gruß m -es, ᵘe (pa)svéikinimas; pasisvéikinimas; j-m [an j-n] éinen ~ áusrichten [bestéllen] pérduoti kám svéikinimus

grüßen vt (pa)svéikinti

Grúßtelegramm n -(e)s, -e svéikinimo telegramà

Grütze f -, -n grūstìnė, kruštiẽnė

gúcken vi (pa)žiūréti, žvìlgteléti

Guerillakrieg [geˈril(j)a-] m -(e)s, -e partizãninis kãras

Gúlasch m, n -(e)s, -e guliãšas

gültig galiójantis

Gültigkeit f - galiójimas; ~ háben galióti

Gúmmi m -s, -s 1 gumà 2 trintùkas

Gúmmi‖handschuh m -(e)s, -e gumìnės pir̃štinės; ~schuh m -(e)s, -e kaliõšas

Gunst f - palankùmas, malónė; zu j-s ~en kieno nórs náudai

günstig palankùs, tiñkamas

Günstling m -s, -e numylétinis, favorìtas

Gúrgel f -, -n gerklė̃; ryklė̃; j-n an [bei] der ~ fássen [pácken] griẽbti ką̃ ùž gerklẽs

gúrgeln vt skaláuti gérklę, gargaliúoti

Gúrke f -, -n agur̃kas

gúrren vi burkúoti (apie karvelį̃)

Gürtel m -s, - 1 dìržas 2 júosta, zonà

gürten I vt (ap)júosti, sujúosti II sich ~ apsijúosti, susijúosti

Gússeisen n -s ketùs

gússeisern ketìnis, ketaũs

gut I a gẽras; ~en Ábend (Mórgen)! lãbas vãkaras (rýtas)! ~e Nacht! labãnakt(is)! ~en Tag! labà dienà! ~e Fahrt [Réise]! laimìngos keliõnės! ~er Dínge sein bū́ti gerõs núotaikos; auf ~ Glück kaĩp pavỹks [pasisèks] II adv geraĩ; so ~ wie nichts bevéik niẽko; ~ geláunt geraĩ nusiteĩkęs; ~ gesínnt palankùs, simpatizúojantis; ~ situíert pasìturintis; ~ tun bū́ti naudìngam, geraĩ paveĩkti; im Guten gerúoju Gut n -(e)s, ᵘer 1 gėrýbė, tuŕtas; Hab und ~ vìsas tuŕtas, visà mantà 2 dvãras 3 prẽkė; krovinỹs Gútachten n -s, - núomonė, atsiliepìmas; receñzija Gútachter m -s, - ekspèrtas; recenzeñtas gútartig gẽras, gerabū́dis Gútdünken n -s núožiūra, núomonė Gúte sub n taĩ, kàs gẽra; gẽris; álles ~! vìso gẽro! Güte f - 1 gerùmas, gẽris; in ~ gerúoju, gražiúoju 2 (gera) kokýbė

Güter‖abfertigung f -, -en krovinių̃ išsiuntìmas; ~bahnhof m -(e)s, ᵘe prẽkių stotìs; ~wagen m -s, - prẽkinis vagònas; ~zug m -(e)s, ᵘe prẽkinis traukinỹs gútgläubig patiklùs, lengvaĩ pasìtikintis gútheißen* vt pritaŕti (kam), sankcionúoti (ką) gútherzig gerašiŕdis gütig gẽras, malonùs gütlich I a draũgiškas, bičiùliškas II adv gerúoju, gražiúoju gútmachen vt atitaisýti (klaidą); atlýginti (nuostolius) gútmütig gerašiŕdis, gerašiŕdiškas gútnachbarlich kaimýniškas, gerõs kaimynỹstės Gútsbesitzer m -s, - dvariniñkas gútwillig I a geranõriškas, geranõris II adv sãvo nóru, gerà valià Gymnásium n -s, -siᵢen gimnãzija Gymnástik f - gimnãstika Gynäkológe m -n, -n ginekològas

H

Haar n -(e)s, -e pláukas, plaukaĩ; um [auf] ein ~ peŕ pláuką, võs võs; nicht um ein ~ nẽ peŕ pláuką, nẽ trùpučio; sich (D) in die ~e geráten į̃ pláukus kìbti, susikiviřčyti Háar‖ausfall m -(e)s plaukų̃ slinkìmas; ~büschel n -s, - plaukų̃ kúokštas háardünn plonytė̃lis, plonytėláitis Háar‖farbe f -, -n plaukų̃ spalvà; ~färbemittel n -s, - plaukų̃ dažaĩ háargenau labaĩ tikslùs Háar‖klammer f -, -n plaukų̃ segtùkas; ~locke f -, -n plaukų̃ gárbana; ~pflege f - plaukų̃ príežiūra Háarpflegemittel n -s, - príemonė plaukų̃ príežiūrai Háarspalterei f -, -en kazuìstika, smulkmenìškùmas Háarspray [-spre:] m, n -s, -s plaukų̃ lãkas háarsträubend pasibaisė́tinas, baisùs Háar‖tracht f -, -en šukúosena; ~wickel m -s, - plaukų̃ suktùkas, bigudì

Hab: ~ und Gut vìsas tuŕtas, mantà Hábe f - tuŕtas; bewégliche [fáhrende] ~ kilnójamasis tuŕtas; líegende ~ nekilnójamasis tuŕtas hában* vt turéti; éine Kránkheit ~ siŕgti kokia nórs ligà; Deutsch ~ turéti vókiečių kalbõs pãmoką; j-n zum Bésten ~ ką pašiẽpti [érzinti]; was hábe ich davón? kàs mán ìš tõ; er hat gut réden bepigù [gẽra] jám kalbéti; ich hábe noch zu árbeiten àš turiù dár dìrbti Hábenichts m - / -es, -e vargdiẽnis, varguõlis Hábgier f - godùmas, gobšùmas hábgierig godùs, gobšùs Hábicht m -(e)s, -e vãnagas Hábsucht f - godùmas, gobšùmas hábsüchtig godùs, gobšùs Hácke f -, -n kauptùkas hácken vt 1 (su)kapóti; (su)skáldyti 2 (ap)kaũpti, purénti

Háckfleisch *n* -es maltà mėsà, fáršas
Háder *m* -s kivir̃čas, vaidai͂
hádern *vi* kivir̃čytis, vaĩdytis
Háfen *m* -s, ꞈ úostas; *éinen* ~ *ánlaufen* įplaūkti į͂ úostą; *im* ~ *líegen* stovéti úoste
Háfenstadt *f* -, ꞈe uostãmiestis
Háfer *m* -s ãvižos
Haff *n* -(e)s, -e / -s mãrios
Haft *f* - suėmi͂mas, ãreštas
háftbar *(für A)* atsaki͂ngas *(už ką)*
háften[1] *vi (für A)* atsakýti *(už ką)*
háften[2] *vi (an D)* bū́ti prili͂pusiam [priki͂busiam] *(prie ko)*; ~ *bléiben* bū́ti priki͂busiam [įstri͂gusiam]
Häftling *m* -s, -e kalinỹs, suimtàsis
Háftung *f* -, -en atsakomýbė; garántija
Hágel *m* -s krušà, ledai͂
hágeln: *es hágelt* krii͂ta krušà
Hágelschlag *m* -(e)s, ꞈe krušà, ledai͂
háger líesas, sulýsęs
Häher *m* -s, - kékštas
Hahn[1] *m* -(e)s, ꞈe gaidỹs
Hahn[2] *m* -(e)s, ꞈe **1** čiáupas **2** *(šaunamojo ginklo)* gaidùkas
Háhnenschrei *m* -es, -e gai͂džio giedójimas
Hai *m* -(e)s, -e, **Háifisch** *m* -es, -e ryklỹs
Häkchen *n* -s, - kabliùkas, vąšė̃lis
Häkeléi *f* -, -en nėrinỹs vąšeliù
häkeln *vt* nérti vąšeliù
Häkelnadel *f* -, -n nėri͂mo vąšė̃lis
Háken *m* -s, - **1** kablỹs, vãgis **2** kãbė, kabliùkas *(pvz., drabužio)*
Hákenkreuz *n* -es, -e svãstika
halb I *a* pùsė; pùsinis; *es ist* ~ *eins* pùsė pirmõs; *álle* ~*en Stúnden, álle* ~*e Stúnde* kas pùsvalandis; *auf* ~*em Wége úmkehren* grį͂žti i͂š [nuõ] pusiáukelės **II** *adv* pusiáu, per̃ pùsę; ~ *im Ernst* pusiáu juokai͂s; ~ *leer* pùstuštis, apýtuštis; ~ *nackt* pùsnuogis; ~ *óffen* pusiáu prãviras; ~ *tot* pùsgyvis, léisgyvis; ~ *voll* pùspilnis, pusiáu pi͂lnas
Hálb‖fabrikat *n* -(e)s, -e pùsfabrikatis; ~**finale** *n* -s, - / -s pùsfinalis
halbíeren *vt* (pa)dalýti per̃ pùsę [pusiáu]

Hálb‖insel *f* -, -n pùsiasalis; ~**jahr** *n* -(e)s, -e pùsmetis
hálbjährig pusmeti͂nis, pùsės mẽtų
Hálbkreis *m* -es, -e pùsratis
Hálbmond *m* -(e)s pùsmėnulis
hálbrund pùsapvalis
Hálbschuh *m* -(e)s, -e pùsbatis
hálb‖stündig pùsės valandõs, pùsvalandžio; ~**tags** pùsę dienõs, pùsdienį; ~**wegs** **1** pusiáukelėje **2** tam tikrù mastù, iš daliẽs
Hálbwolle *f* - pusiáu vi͂lna
Hálbwüchsige *sub m, f* paauglỹs, -ė̃
Hälfte *f* -, -n pùsė; *zur* ~ pùsę; li͂gi pùsės
Hálle *f* -, -n hãlė; laukiamàsis
hállen *vi* skambéti, skardéti
Hállenbad *n* -(e)s, ꞈer ùždaras plaūkymo baseĩnas
hállend skambùs, skardùs
halló alió
Halm *m* -(e)s, -e sti͂ebas; *auf dem* ~ *stéhen* bū́ti dár nenuimtám *(apie derliǫ)*
Hals *m* -es, ꞈe **1** kãklas; *sich (D) den* ~ *bréchen* nusisùkti sprándą **2** gerklė̃, ryklė̃; *der* ~ *tut mir weh* mán skaūda gérklę; ~ *und Béinbruch!* gẽro vėjo! sėkmė̃s!
hálsbrecherisch riziki͂ngas, nutrūktgai͂viškas
Háls‖kette *f* -, -n karõliai, vėrinỹs; ~**schmerzen** *pl* gerklė̃s skaudéjimas; ~**schmuck** *m* - (e)s vėrinỹs, koljė̃
hálsstarrig užsispýręs, atkaklùs
Háls‖tuch *n* -(e)s, ꞈer šãlikas; ~**weh** *n* -(e)s gerklė̃s skaūsmas
halt stók!
Halt *m* -(e)s, -e **1** atramà, paramà **2** sustoji͂mas; ~ *máchen* sustóti, stàbteléti
háltbar stiprùs, patvarùs
hálten* **I** *vt* **1** (pa)laikýti; *j-n an [bei] der Hand* ~ laikýti ką̃ už rañkos **2** laikýtis; *Diät* ~ laikýtis diėtos; *sein Wort* ~ (iš)teséti žõdį **3** *(für A)* laikýti *(kuo)*; *ich hálte das für falsch* àš manaū, kàd tai͂ klaidi͂nga **4** *(von D)* bū́ti núomonės *(apie ką)*; *viel (wénig) von j-m, etw. (D)* ~ bū́ti apiė kã̃ gerõs (blogõs) núomonės **5**: *Hóchzeit* ~

kélti vestuvès; *éine Réde* ~ (pa)sakýti kaĺbą **II** *vi* **1** sustóti **2** laikýti, bū́ti atspariám **III** *sich* ~ laikýtis; *das Wétter hält sich* óras nesikeĩčia; *sich ans Gesétz* ~ laikýtis į̃statymo
háltlos netvìrtas, nepastovùs; nepàgrįstas
Háltung *f* -, -en **1** laikýsena, eĩgsena **2** pozìcija, pažiūrà **3** *sg* savìtvarda, susitvárdymas
Halúnke *m* -n, -n niẽkšas, nenáudėlis
hämisch pìktdžiugiškas, klastìngas
Hámmel *m* -s, ᵘ ãvinas
Hámmelfleisch *n* -es aviena
Hámmer *m* -s, ᵘ kū́jis; plaktùkas
hämmern I *vt* kálti kū́ju [plaktukù] **II** *vi* kálti; stuksḗti
Hámmerwerfer *m* -s, - kū́jo metìkas
Hand *f* -, ᵘe rankà; plãštaka; *die fláche* ~ délnas; *línker* ~ į̃ kaĩrę, kairẽn; kairė́jè; ~ *ánlegen* rañką pridéti, pagélbėti; *an* ~ *des Léhrbuchs* sù vadovėliù, rẽmiantis vadovėliù; *bei der* ~ *sein* bū́ti põ rankà [čia pàt]; *von* ~ *zu* ~ *géhen* eĩti ìš rañkų į̃ rankàs; *das hat* ~ *und Fuß* taĩ pàgrįsta [realù]; ~ *voll* sáuja
Hánd‖arbeit *f* -, -en **1** rañkų dárbas **2** rañkdarbis; ~**ball** *m* -(e)s *sport.* rañkinis
hándbreit peĩ plãštaką (*pločio*)
Hánd‖bremse *f* -, -n rañkinis stabdỹs; ~**buch** *n* -(e)s, ᵘer vadovėlis; žinýnas
Hándel *m* -s **1** prekýba **2** (*prekybinis*) sándėris
hándeln I 1 veĩkti **2** (*mit D*) prekiáuti (*kuo*); *um den Preis* ~ derétis dė̃l káinos **3** (*von D*) traktúoti, áiškinti (*kokią nors temą*); *das Buch hándelt von ...* knýgoje rãšoma apiẽ ... **II** *sich* ~: *es hándelt sich um* (*A*) ... kaĺbama apiẽ ...
Hándels‖abkommen *n* -s, - prekýbos sutartìs; ~**beziehungen** *pl* prekýbiniai sántykiai; ~**schiff** *n* -(e)s, -e prekýbos laĩvas; ~**verbindungen** *pl* prekýbiniai ryšiaĩ
Hándfesseln *pl* añtrankiai, (*rankų*) grandìnės
hándfest 1 tvìrtas, stiprùs; akivaizdùs **2** įtìkinamas, konkretùs

Hánd‖fläche *f* -, -n délnas; ~**geld** *n* -(e)s rañkpinigiai; ~**gepäck** *n* -(e)s rañkinis bagãžas
hándgeschrieben rankà parašýtas
Hándgranate *f* -, -n rañkinė granatà
hándgreiflich 1 prievartìngas; ~ *wérden* paléisti į̃ dárbą kumščiùs **2** áiškus, akivaizdùs
Hándgriff *m* -(e)s, -e **1** rañkų judesỹs; bū́das, metòdas **2** rañkena
hándhaben *neatsk.* *vt* mokéti vartóti, valdýti (*ką*), naudótis (*kuo*)
Hándhabung *f* - vartójimas; vaĺdymas
Hándlanger *m* -s, - **1** parankìnis, padėjė́jas **2** pakaĺikas, bendrìnińkas
Händler *m* -s, - prekýbininkas, prekiáutojas
hándlich patogùs, parankùs
Hándlung *f* -, -en **1** veĩksmas, póelgis **2** veĩksmas (*pvz., romano*) **3** parduotùvė
Hánd‖pflege *f* - manikiū́ras, rañkų príežiūra; ~**schellen** *pl* añtrankiai; ~**schrift** *f* -, -en rašýsena, braĩžas
hándschriftlich rankà parašýtas, rankraštìnis
Hánd‖schuh *m* -(e)s, -e pirštinė; ~**tasche** *f* -, -n rankinùkas; ~**tuch** *n* -(e)s, ᵘer rañkšluostis
Hánd‖werk *n* -(e)s, -e ãmatas; ~**werker** *m* -s, - amatinińkas
Hanf *m* -(e)s kanãpė
Hang *m* -(e)s, ᵘe **1** šlaĩtas, atšlaĩtė, pakaĺnė **2** pólinkis, pótraukis
Hänge‖lampe *f* -, -n kabamóji lémpa; ~**matte** *f* -, -n hamãkas
hängen I (hing, gehángen) *vi* **1** kabóti, kýboti; *sie hing an séinen Líppen* jì klausėsi jõ kiekvíeno žõdžio **2** (*an D*) bū́ti prisirišusiam (*prie ko*) **II** (hängte, gehängt) *vt* (pa)kabìnti; pakárti **III** *sich* ~ (pri)kìbti, (pri)lìpti; ~ *bléiben* užtrùkti, užsibū́ti; *an etw.* (*D*), *j-m* ~ *bléiben* užsikabìnti ùž kõ, prikìbti priẽ kõ
hänseln *vt* érzinti, pajuõkti
hantíeren *vi* (*mit D, an D*) darbúotis (*su kuo*), krapštinéti (*ką*)
hápern *vimp* **1** trū́kti, stìgti **2** nesisèkti
háppen *vi* (*nach D*) griẽbti, čiùpti (*ką nors burna, dantimis*)

Háppen m -s, - kąsnis

Hárfe f -, -n árfa

Hárke f -, -n grėblỹs

hármlos nepavojìngas, nepìktas; nekenksmìngas

Harmonie f -, -nī:en harmònija, darnà

harmoníeren vi (mit D) dėrintis (su kuo)

Harmónika f -, -n armònika

harmónisch harmonìngas, darnùs

Harn m -(e)s šlapìmas

hárnen vi šlãpintis

Hárnisch m -(e)s šarvaĩ

Harpúne f -, -n harpū̃nas, žebérklas

hárren vi (G) (nekantriai) láukti (ko)

harsch 1 ledìnis, šiaurùs 2 šiurkštùs, nemandagùs

hart 1 kíetas; ~ **gekócht** kietaĩ (iš)vìrtas; ~ **gesótten** kietaĩ (iš)vìrtas; užkietėjęs, nepataĩsomas 2 stiprùs, smarkùs; **ein** ~**er Frost** dìdelis šáltis; ~**e Wórte** áštrūs žõdžiai 3 sunkùs, suñkiai pàkeliamas 4 gríežtas, rūstùs; **ein** ~**es Herz hában** bū̃ti kietõs širdiė̃s; **ein** ~**er Kampf** nuožmì kovà; **es ging** ~ **auf** ~ vỹko žūtbūtìnė kovà

Härte f - 1 kietùmas, kietýbė 2 griežtùmas, smarkùmas 3 stiprùmas; sunkùmas

härten vt grū̃dinti

hártherzig kietašir̃dis

hárthörig neprigir̃dintis, príekurtis

hártnäckig užsispýręs, atkaklùs

Harz n -es, -e dervà, sakaĩ

Hasárd n -s azártas

háschen I vt gáudyti, griẽbti II vi (nach D) vaikýtis, griẽbti (ką)

Häs:chen n -s, - kiškė̃lis, zuikùtis

Háse m -n, -n kìškis, zuĩkis

Hásel f -, -n lazdýnas

Hásel‖nuss f -, -e ríešutas; ~**strauch** m -(e)s, -e lazdýnas

Hass m -es neapýkanta

hássen vt nekę̃sti, neapkę̃sti (ko)

hásserfüllt pìlnas neapýkantos, pagiežùs

hässlich bjaurùs, šlykštùs

Hast f - skubà, skubėjimas; **in größter** ~ nepaprastaĩ skùbant

hásten vi skubėti, skùbintis

hätscheln vi mylúoti, glamonėti

Háube f -, -n 1 kepuráitė, gaubtùvas 2 plaukų̃ džiovintùvas

Hauch m -(e)s, -e 1 kvėpãvimas, alsãvimas 2 dveĩksmas, dvelkìmas

háuchdünn labaĩ plónas, plonytė̃lis; nežymùs

háuen* vt, vi 1 mùšti; treñkti; kir̃sti 2 kapóti (malkas), kir̃sti (medžius) 3 (iš)kálti, (iš)kapóti II **sich** ~ pèštis, mùštis

häufen I vt (su)kráuti, (su)dėti į̃ krūvą II **sich** ~ kaũptis, gausėti

Háufen m -s, - krūvà, šū̃snis; daugýbė; **éinen** ~ **Árbeit hában** turėti daũg dárbo

háufenweise krūvomìs

häufig dãžnas

Haupt n -(e)s, ᵂer 1 galvà; **entblößten** ~**es** plikà gálva; **das** ~ **sénken** [sínken lássen] nuléisti gálvą, nusimiñti; **aufs** ~ **schlágen** sutriùškinti 2 galvà, vadõvas

háuptamtlich etãtinis

Háupt‖augenmerk n -(e)s svarbiáusias dėmesỹs; ~**bahnhof** m -(e)s, ᵂe centrìnė geležìnkelio stotìs; ~**fach** n -(e)s, ᵂer pagrindìnis dėstomasis dalỹkas, pagrindìnė disciplinà; ~**frage** f -, -n pagrindìnis kláusimas

Háuptling m -s, -e (genties) vãdas; vadéiva

Háupt‖mann m -(e)s, -leute kapitõnas; ~**postamt** n -(e)s, ᵂer centrìnis pãštas; ~**sache** f -, -n svarbiáusias [pagrindìnis] dalỹkas

háuptsächlich I a svarbiáusias, pagrindìnis II adv visų̃ pirmà, pirmiáusia

Háupt‖satz m -es, ᵂe gram. pagrindìnis sakinỹs; ~**stadt** f -, ᵂe sóstinė; ~**straße** f -, -n centrìnė gãtvė

Haus n -es, ᵂer 1 nãmas, trobesỹs; namaĩ; **aus dem** ~ **géhen** išeĩti iš namų̃; **nach** ~**e** namõ, į̃ namùs; **zu** ~**e** namiẽ; **wo ist sie zu** ~**e?** iš kuř jì kìlusi? 2 teãtras 3 viẽšbutis; ~ **hálten / háushalten** šeimininkáuti, tvarkýti namų̃ ū̃kį; **mit etw.** (D) ~ **hálten** taupýti, tausóti ką̃

Háusbesitzer m -s, - nãmo savininñkas

Háus‖flur *m* -(e)s, -e príeangis, priemenė; **∼frau** *f* -, -en (*namų*) šeimininkė

háusgemacht namìnis, namuosè padarýtas

Háusgerät *n* -(e)s, -e rakañdai, namų reĩkmenys

Háushalt *m* -(e)s, -e 1 namų ūkis; *den ∼ besórgen* apeĩti namų ruõšą; *den ∼ führen* tvarkýti namų ūkį, šeimininkáuti 2 biudžètas

Háusherr *m* -n, -en šeimõs galvà, (*namų*) šeiminiñkas

häuslich namų; šeimýninis

Háus‖mädchen *n* -s, - tarnáitė, namų darbiniñkė; **∼rat** *m* -(e)s namų apývokos reĩkmenys, rakañdai; **∼schuh** *m* -(e)s, -e šlepėtė, šliùrė; **∼tier** *n* -(e)s, -e namìnis gyvulỹs; **∼wirt** *m* -(e)s, -e namų savininkas; namų šeimininkas; **∼wirtin** *f* -, -nen namų savininkė; namų šeimininkė; **∼wirtschaft** *f* -, -en namų ūkis

Haut *f* -, ⸗e 1 óda; káilis; *bis auf die ∼ durchnässt sein* kiauraĩ pérmirkti [péršlapti] 2 žievė (*pvz.*, *persiko*, *mandarino*); (*grybo*) plėvėlė

Háut‖arzt *m* -es, ⸗e ódos ligų gydytojas; **∼ausschlag** *m* -(e)s, ⸗e (*odos*) išbėrimas

Havaríe *f* -, -rí⸗en avãrija

Hebámme *f* -, -n akùšerė, pribuvėja

Hébel *m* -s, - sveŕtas

hében* I *vt* (pa)kélti; (pa)dìdinti; *den Mut ∼* padrąsinti II *sich ∼* kìlti; didéti

Hebräer *m* -s, - hebrãjus

Hecht *m* -(e)s, -e lydekà

Heck *n* -(e)s, -e / -s laivãgalis

Hécke *f* -, -n gyvãtvorė

Heer *n* -(e)s, -e kariúomenė, ármija

Héfe *f* -, -n mìelės

Heft¹ *n* -(e)s, -e 1 sąsiuvinis 2 (*žurnalo*) nùmeris; brošiūrà

Heft² *n* -(e)s, -e kriaũnos, rañkena

Héftel *n* -s, - kãbė, sąsaga

héften *vt* 1 pritvìrtinti, prisègti 2 susiūti, (su)brošiūrúoti

Héfter *m* -s, - áplankas, áplankalas

héftig 1 stiprùs, smarkùs; aštrùs 2 ūmùs, staigùs

Héft‖klammer *f* -, -n (*kanceliarinė*) sąvaržėlė; **∼pflaster** *n* -s, - pléistras

Hegemonie *f* -, -ní⸗en hegemònija, viešpatãvimas

hégen *vt* 1 sáugoti, prižiūréti; slaugýti 2 púoselėti; *éinen Wunsch ∼* noréti

Hehl *n*, *m*: *kein(en) ∼ aus etw.* (*D*) *máchen* neslėpti kõ

héhlen *vt* slėpti (*vogtus daiktus*, *nusikaltėlį*)

Héhler *m* -s, - slėpėjas

Héide *f* -, -n 1 týrlaukis, dỹkvietė 2 pušýnas; šilỹnė

Héide *m* -n, -n pagónis; stabmeldỹs

Héidekraut *n* -(e)s vìržis, šilójas

Héidelbeere *f* -, -n mėlỹnė (*uoga*)

Héide‖rose *f* -, -n, **∼röslein** *n* -s, - laukìnė rõžė

héidnisch pagóniškas; stãbmeldiškas

héikel keblùs, opùs, delikatùs

heil sveĩkas; apgìjęs; *mit ∼er Haut davónkommen* sveĩką káilį išnèšti

Heil *n* -s 1 sėkmė, láimė 2 išgãnymas

Héiland *m* -(e)s bažn. išganýtojas

Héil‖anstalt *f* -, -en gýdymo įstaiga; sanatòrija; **∼bad** *n* -(e)s, -bäder 1 balneològinis kuròrtas 2 *pl* gýdomieji vándenys 3 gýdomoji vonià

héilbar pagýdomas, išgýdomas

héilen I *vt* (iš)gýdyti, pagýdyti II *vi* (*s*) (iš)gýti, užgýti, pagýti

Héil‖gehilfe *m* -n, -n sanitãras; felčeris; **∼ gymnastik** *f* - gýdomoji gimnãstika

héilig šveñtas; dõras; *der Héilige Ábend* Kūčių vãkaras

Héiligabend *m* -(e)s, -e Kūčių vãkaras

Héilige *sub* *m*, *f* šventàsis, -óji

Héil‖kraft *f* -, ⸗e gýdomoji galià; **∼kraut** *n* -(e)s, ⸗er vaistãžolė; **∼mittel** *n* -s, - váistas, gýdymo príemonė; **∼quelle** *f* -, -n minerãlinis [gýdomasis] šaltìnis

héilsam 1 gýdomasis, gýdymo 2 naudìngas, vertìngas

heim namõ; į̃ tėvỹnę

Heim *n* -(e)s, -e 1 namaĩ, namų židinỹs 2 príeglauda (*vaikų*, *senelių*) 3 póilsio namaĩ 4 bendrãbutis

Héimat *f* -, -en téviškė, gimtìnė; tėvỹnė
Héimat‖kunde *f* - kraštótyra; krãšto pažinìmas; ~**land** *n* -(e)s, =er tėvỹnė, gimtàsis krãštas
héimatlich gimtàsis, gimtìnės, téviškės
Héimatliebe *f* - tėvỹnės méilė, méilė tėvỹnei
héimatlos netùrintis tėvỹnės [gimtìnės] žmogùs
Héimat‖museum *n* -s, -se:en kraštótyros muziẽjus; ~**stadt** *f* -, =e gimtàsis miẽstas
héimbringen* *vt* parvèsti [palydéti] į̃ namùs
Héimfahrt *f* -, -en važiãvimas namõ
héimgehen* *vi* (*s*) 1 eĩti [grį̃žti] namõ 2 (nu)miřti
héimisch 1 tėvỹninis, sàvo krãšto 2 viẽtinis, čionýkštis; *sich ~ fühlen* jaũstis kaĩp namiẽ
Héimkehr *f* - (su)grį̃žimas namõ
héimkehren *vi* (*s*) (par)vỹkti namõ
héimlich I *a* slãptas **II** *adv* slaptaĩ, slaptà, slapčiomìs
héimlos benãmis, netùrintis namų̃
Héimreise *f* -, -n keliõnė namõ
héimreisen *vi* (*s*) vỹkti [grį̃žti] namõ
Héim‖schule *f* -, -n internãtinė mokyklà; ~**stätte** *f* -, -n 1 bũstas, príeglobstis 2 gimtìnė, gimtóji vietà
héimsuchen *vt* ištìkti, užgriúti, užklùpti
Héimtücke *f* -, -n klastà, klastingùmas
héimtückisch klastìngas, apgauliñgas
Héim‖weg *m* -(e)s, -e kẽlias namõ; *auf dem* ~**weg** grį̃žtant [grį̃ždamas] namõ; ~**weh** *n* -(e)s namų̃ [tėvỹnės] ilgesỹs; ~**werker** *m* -s, - namùdininkas
héimzahlen *vt* atsiteĩsti, atsilýginti
Héirat *f* -, -en vedýbos, tekéjimas
héiraten *vt*, *vi* vèsti (*imti už žmoną*), (iš)tekéti (*už ko*)
Héiratsantrag *m* -(e)s, =e pasipiršimas
héiser kimùs, užkìmęs
heiß 1 kárštas, įkaĩtęs; *glühend ~* įkaĩtintas **2** kárštas, aistrìngas; *~ ersëhnt* labaĩ trókštamas; *~ gelíebt* karštaĩ mýlimas
héißblütig kárštas, aistrìngas
héißen* **I** *vt* 1 vadìnti; *j-n séinen Freund ~* vadìnti ką̃ sàvo draugù; *j-n willkómmen ~*

ką̃ (pa)svéikinti **2** įsakýti, (pa)liẽpti; **II** *vi* 1 vadìntis; *wie heißt du?* kuõ tù vardù? 2 réikšti; *wie heißt das auf Deutsch?* kaĩp bùs [pasakýti] taĩ vókiškai? **III** *vimp*: *es heißt ... kalbama ... rãšoma ... wie heißt es im Text?* kaĩp parašýta tekstè?
héißlaufen* *vi* (*s*) pérkaisti, per daũg įkaĩsti
héiter 1 liñksmas, smagùs **2** giẽdras, šviesùs
Héiterkeit *f* - linksmùmas, smagùmas, linksmà núotaika
héizbar kūrénamas, apšìldomas
héizen I *vt* (ap)kūrénti, (ap)šìldyti **II** *vi* kūrénti; kaĩsti
Héizung *f* -, -en (ap)šìldymas, (ap)kūrénimas
Héktar *n*, *m* -(e)s, -e / - hektãras
Héktik *f* - kařštligė, kařštligiškas skubéjimas
Held *m* -en, -en dìdvyris; heròjus
héldenhaft dìdvyriškas, heròjiškas
Héldenmut *m* -(e)s didvyriškùmas, herojiškùmas
héldenmütig dìdvyriškas, heròjiškas
Héldentat *f* -, -en žýgdarbis
Héldentum *n* -s didvyriškùmas
hélfen* *vi* padéti, pagélbėti; *j-m bei der Árbeit ~* padéti kám darbè; *j-m in den Mántel ~* padéti kám apsireñgti páltą
Hélfer *m* -s, - padėjéjas, pagálbininkas
Hélfershelfer *m* -s, - beñdrininkas, dalỹvis
hell šviesùs, skaistùs; ryškùs; *éinen ~en Kopf háben* bū́ti šviesaũs prõto; *éine ~e Stímme* skambùs baĩsas
héll‖blau šviẽsiai mélynas; ~**blond** šviesiaplaũkis
Hélle *f* - šviesà, šviesùmas
Helm *m* -(e)s, -e šálmas
Hemd *n* -(e)s, -en marškiniaĩ
hémd(s)ärmelig vienmarškìnis, bè švařko
Hémdsärmel *m* -s, - marškinių̃ rankóvė; *in ~n* vienmarškìnis, bè švařko
hémmen *vt* stabdýti, trukdýti; *j-n bei der Árbeit ~* trukdýti kám dìrbti
Hémmnis *n* -ses, -se kliū́tis, kliuvinỹs
Hémmung *f* -, -en 1 (su)trùkdymas; sutrikìmas 2 kliū́tis, kliuvinỹs
hémmungslos nesulaĩkomas, nesuvaldomas
Hengst *m* -es, -e eřžilas, kumelỹs

Hénkel *m* -s, - (*indo*) ąsà; rañkena (*pvz.*, *pintinės*, *rankinuko*)

Hénker *m* -s, - bùdelis; tirõnas

Hénne *f* -, -n vištà; dedėklė

her 1 čià, čionaĩ (*kalbančiojo kryptimi*); **komm** ∼*!* eĩk čià! 2 ìš, nuõ; *von álters* ∼ nuo sėno, nuõ senų̃ laikų̃; *es ist zwei Jáhre* ∼, *dass* ... praėjo dvejì mẽtai, kaĩ ... *hínter j-m* ∼ *sein* ką̃ pérsekioti

heráb žemỹn (*kalbančiojo link*)

heráb‖fallen* *vi* (*s*) (nu)krìsti; ∼**hängen*** *vi* nukárti, nukàbti

herábhängend nukãręs, nukãbęs

heráb‖kommen* *vi* (*s*) 1 (nu)lìpti, léistis 2 (*morališkai*) nusmùkti; ∼**lassen*** *vt* nuléisti, sumãžinti (*kainą*)

heráblassend (*išdidžiai*) malonìngas; atlaidùs

heráb‖setzen *vt* 1 nukélti, nuim̃ti 2 (su)mãžinti (*pvz.*, *kainą*, *greitį*) 3 (pa)žẽminti, (su)meñkinti; ∼**steigen*** *vi* (*s*) léistis, nusiléisti; ∼**würdigen** *vt* (nu)žẽminti, (su)meñkinti

herán arčiaũ, šeñ

herán‖bilden *vt* ruõšti, mókyti, ugdýti; ∼**führen** *vt* (*an A*) 1 privèsti, atvèsti (*prie ko*) 2 supažìndinti (*ką̃ su kuo*); ∼**gehen*** *vi* (*s*) (*an A*) 1 prieĩti, priartéti (*prie ko*) 2 im̃tis, griẽbtis (*ko*); ∼**kommen*** *vi* (*s*) (*an A*) prieĩti, priartéti; ∼**machen, sich** (*an A*) im̃tis, griẽbtis (*ko*); ∼**nahen** *vi* (*s*) (pri)artéti; ∼**treten*** *vi* (*s*) (*an A*) prieĩti (*prie ko*); ∼**wachsen*** *vi* (*s*) (pa)áugti, subrę́sti; ∼**wagen, sich** (*an A*) drį̃sti

heráuf aukštỹn, į̃ viršų̃

heráuf‖beschwören* *vt* sukélti; ∼**kommen*** *vi* (*s*) 1 užlìpti aukštỹn 2 patekéti; aĩtintis, užeĩti (*pvz.*, *apie audrą*); ∼**ziehen*** I *vt* užtráukti į̃ viršų̃ II *vi* (*s*) artéti, aĩtintis

heráus laukañ, į̃ laũko pùsę; ∼*!* laũk! išeĩk(it)! ∼ *damít!* ∼ *mit der Spráche!* sakýk(it)! pãsakok(it)!

heráus‖bekommen* *vt* 1 (*sunkiai*) ištráukti; pašãlinti (*dėmę*) 2 išgáuti, sužinóti (*pvz.*,

paslaptį) 3 gáuti grą̃žą; ∼**bilden, sich** susidarýti, susiformúoti; ∼**bringen*** *vt* 1 išnèšti 2 išléisti, išspáusdinti 3 išgáuti, sužinóti; *er bráchte kein Wort heráus* jìs neištarė nė̃ žõdžio; ∼**finden*** *vt* (su)ràsti, suieškóti; ∼**fordern** *vt* (iš)šaũkti, (iš)provokúoti

heráusfordernd provokúojantis, priekabùs

Heráusforderung *f* -, -en ìššūkis; iškvietìmas

heráusführen *vt* išvèsti

Heráusgabe *f* -, -n 1 išdavìmas; grąžìnimas 2 (iš)leidìmas (*pvz.*, *knygos*)

heráusgeben* *vt* 1 (iš)léisti, išspáusdinti 2 (ati)dúoti, grąžìnti

Heráusgeber *m* -s, - leidėjas; atsakìngas léidinio redãktorius

heráus‖greifen* *vt* išriñkti, pariñkti; ∼**hören** *vt* nugirˊsti; ∼**kommen*** *vi* (*s*) 1 išeĩti; *aus éiner schwíerigen Láge* ∼**kommen** išeĩti ìš sunkiõs padėtiẽs 2 išeĩti (*iš spaudos*); pasiródyti 3 pavỹkti, pasisèkti; ∼**nehmen*** *vt* išim̃ti, paim̃ti; ∼**ragen** *vi* bū́ti iškìlusiam; pranókti

heráusragend (į)žymùs, reikšmìngas

heráus‖reden, sich atsikalbinéti, išsisukinéti; ∼**sagen** *vt* išsakýti, išpãsakoti; ∼**schlagen*** I *vt* išmùšti, iškálti II *vi* veržˊtis, prasiveržˊti; ∼**stellen** I *vt* 1 išstatýti 2 pabréžˊti, pažyméti II **sich** ∼**stellen** pasiródyti, paaiškéti; ∼**streichen*** *vt* 1 išbraũkti 2 iškélti, išáukštinti; ∼**treten*** *vi* (*s*) 1 išeĩti 2 išsiveržˊti, ištrýkšti 3 bū́ti atsikìšusiam, kýšoti; ∼**wachsen*** *vi* (*s*) išáugti, áugant išsikìšti; ∼**wagen, sich** (iš)drį̃sti išeĩti

herb aitrùs, gaižùs 2 gríeztas, aštrùs

herbéi šeñ(aĩ), šeñ link

herbéi‖führen *vt* 1 atvèsti 2 bū́ti priežastimì (*ko*), sukélti (*ką̃*) 3 pasíekti, įgyvéndinti; ∼**rufen*** *vt* pašaũkti, pri(si)šaũkti; ∼**schaffen*** *vt* atgabénti, pristatýti

hérbekommen* *vt* gáuti, įsigýti

Hérberge *f* -, -n užvažiúojamasis kiẽmas; turìstinė bãzė; pastógė

hérbestellen *vt* pakviẽsti ateĩti, iškviẽsti

Herbst *m* -es, -e ruduõ; *im* ∼ rùdenį

hérbstlich rùdeniškas, rudenìnis

Herd *m* -(e)s, -e **1** plytà, virỹklė **2** namaĩ, namų židinỹs **3** židinỹs, ceñtras

Hérde *f* -, -n (*gyvulių*) bandà, kaĩmenė

heréin į̃ vìdų, viduñ; ~*!* prãšom! į̃eĩk(it)*!*

heréin‖bitten* *vt* prašýti į̇eĩti; ~**brechen*** *vi* (*s*) **1** į̇sibráuti, į̇siveřžti **2** užeĩti, stóti **3** ištìkti, užklùpti; *ein Únglück brach über ihn heréin* j̇į̃ ištìko neláimė; ~**fallen*** *vi* (*s*) **1** į̇pùlti, į̇krìsti **2** į̇kliúti, atsidùrti kebliojè padėtyjè; ~**führen** *vt* į̇vèsti; ~**kommen*** *vi* (*s*) į̇eĩti; ~**legen** *vt* **1** į̇déti **2** apgáuti, apmáuti

hérfahren* **I** *vt* atvèžti **II** *vi* (*s*) atvažiúoti; važiúoti

Hérfahrt *f* -, -en važiãvimas (*čionai*)

hérfallen* *vi* (*s*) (*über A*) (už)pùlti (*ką*); pristóti (*prie ko*)

Hérgang *m* -(e)s eigà, vỹksmas (*į̇vykių*)

hérgeben* *vt* **1** (pa)dúoti **2** atidúoti, paaukóti

hérgebracht į̇prastìnis, tradìcinis

hérgehen* *vi* (*s*) eĩti; *hínter j-m* ~ eĩti [sèkti] kám iš paskõs

Héring *m* -s, -e siĺkė

hérkommen* *vi* (*s*) ateĩti, atvỹkti

hérkömmlich **I** *a* į̇prastìnis, tradìcinis **II** *adv* kaĩp į̇prasta, pagaĺ sẽną pãprotį̇

Hérkunft *f* - kilmė̃, kilìmas, atsiradìmas

hérmachen, sich (*über A*) **1** im̃tis, grìebtis (*ko*) **2** užpùlti (*ką*)

Hermelín *n*, *m* -s, -e šermuonė̃lis

hérnehmen* *vt* gáuti, paim̃ti; *wo néhmen wir das Geld her?* iš kuř gáusime pinigų̃?

herníeder žemỹn

heróisch dìdvyriškas, heròiškas

Herr *m* -n, -en **1** põnas; ~ *Müller* põnas Miùleris **2** šeiminiñkas **3** Viẽšpats, Diẽvas

Hérren‖anzug *m* -(e)s, ⁚e výriškas kostiùmas; ~**bekleidung** *f* -, -en výriški drabùžiai; ~**konfektion** *f* -, -en výriški (*gatavi*) drabùžiai

hérrenlos benãmis, bè šeiminiñko

Hérren‖oberhemd *n* -es, -en výriški viršutìniai baltiniaĩ; ~**salon** *m* -s, -s výrų salònas (*kirpykla*); ~**schuh** *m* -(e)s, -e výriškas bãtas

hérrichten *vt* paruõšti, pareñgti

Hérrin *f* -, -nen **1** ponià **2** šeiminiñkė

hérrisch valdìngas, į̇sakmùs

hérrlich puikùs, dailùs

Hérrlichkeit *f* -, -en puikùmas, gražùmas; grožýbė; skanumýnas

Hérrschaft *f* -, -en **1** *sg* viešpatãvimas; valdžià; *j-n únter séine* ~ *bríngen* pajùngti ką̃ sàvo valdžiõn **2** *pl* põnai; žmónės

hérrschen *vt* **1** valdýti, viešpatáuti; *über ein Land* ~ valdýti krãštą [šãlį̇] **2** viešpatáuti, výrauti (*pvz., apie tylą, tvarką*)

hérrschend **1** viešpatáujantis, vaĺdantis **2** výraujantis, paplìtęs

Hérrscher *m* -s, - valdõvas, viẽšpats

hér‖rufen* *vt* pa(si)šaũkti; ~**rühren** *vi* (*von D*) kìlti, atsiràsti (*iš ko*); ~**sagen** *vt* (pa)sakýti (*atmintinai*); ~**stammen** *vi* kìlti, bū́ti gìmusiam; atsiràsti; ~**stellen** *vt* **1** (pa)gamìnti, išléisti **2** užmègzti (*pvz., santykius*)

Hérsteller *m* -s, - gamìntojas

Hérstellung *f* -, -en **1** (pa)gamìnimas, gamýba **2** užmezgìmas (*pvz., santykių*)

Hérstellungskosten *pl* gamýbos ìšlaidos [kaštaĩ]

herüber šeñ(aĩ), čià

herüberkommen* *vi* (*s*) (*zu D*) péreiti (*pas ką*); užeĩti (*pas ką*)

herúm 1 apliñk(ui); *um Berlín* ~ apliñk Berlýną; *sein Úrlaub ist beréits* ~ jõ atóstogos jaũ baĩgėsi **2** maždaũg, apiẽ

herúm‖blättern *vi* (*in D*) pérversti, pérskleisti (*ką*); ~**drehen** **I** *vt* (pa)sùkti, apsùkti **II** *sich* ~**drehen** sùktis, apsisùkti; ~**drücken, sich** **1** slampinéti, slánkioti **2** (*um A*) išsisukinéti (*nuo ko*), véngti (*ko*); ~**fahren** *vi* (*s*) **1** (*um A*) apvažiúoti (*ką*), važiúoti (*aplink ką*) **2** (*staigiai*) pasisùkti; ~**fragen** *vi* klausinéti; ~**führen** *vt* vedžióti; ~**gehen*** *vi* (*s*) **1** (*um A*) apeĩti (*aplink ką*) **2** váikščioti, vaikštinéti; *etw.* ~*gehen lássen* léisti ką̃ peř rankàs **3** praeĩti (*apie laiką*); ~**kommen*** *vi* (*s*) **1** (*um A*) apeĩti, apvažiúoti (*ką*) **2** (pa)sklìsti (*apie gandus*); ~**laufen*** *vi* (*s*) (*um A*) apibégti (*aplink ką*); ~**liegen***

vi guléti apliñk, métytis; ~**schlagen***, **sich**
1 mùštis 2 plūktis, va͂rgti; ~**stehen*** *vi*
1 (*um A*) stovéti (*aplink ką*) 2 stoviniúo-
ti, lūkuriuoti; ~**treiben***, **sich** válkiotis,
bastýtis; ~**wirtschaften** *vi* triū̃sti, šeimi-
ninkáuti
Herúmtreiber *m* -s, - bastūnas, válkata
herúnter žemy͂n
herúnter‖bringen* *vt* 1 nunèšti žemy͂n;
palydéti žemy͂n 2 nusmukdýti; iššékinti;
~**geben*** *vt* padúoti [nukélti] žemy͂n
herúntergekommen 1 nusigyvénęs, nusmù-
kęs 2 iššékęs, sulýsęs
herúnter‖hauen*: *j-m éine* (*Ohrfeige*)
~*hauen* skélti kám añtausį; ~**holen** *vt*
nukélti, nuim̃ti; ~**kommen*** *vi* (*s*) 1 ei͂ti
[léistis] žemy͂n 2 iššèkti, netèkti jégū̃ 3 nu-
smùkti (*materialiai, moraliai*); ~**reißen***
vt nutráukti, nupléšti; ~**sehen*** *vi* žiūréti
žemy͂n; *an j-m* ~*sehen* nužvel͂gti ką̃ nuõ
galvõs lìgi kójų; ~**setzen** *vt* 1 sumãžinti;
Wáren im Preis ~*setzen* sumãžinti prē-
kių káinas 2 nužéminti, paniékinti; ~**wirt-
schaften** *vt* nugyvénti, nusmukdýti
hervór ī̃ laūko pùsę, ī̃ príekį
hervór‖brechen* *vi* (*s*) iššive͂ržti, staigà pa-
siródyti; ~**bringen*** *vt* 1 paim̃ti, ištráukti
2 išta͂rti, praleménti; ~**gehen*** *vi* (*s*) 1 kìl-
ti, atsiràsti 2 išplaūkti, paaiškéti; ~**he-
ben*** *vt* pabréžti, akcentúoti; ~**holen** *vt* iš-
im̃ti, ištráukti; ~**locken** *vt* išvilióti; ~**ra-
gen** *vi* bū̃ti iškìlusiam [išsikìšusiam]; pasi-
žyméti
hervórragend (į)žymùs, pagarséjęs, garsùs
hervór‖rufen* *vt* 1 sukélti (*pvz., juoką, pro-
testą*) 2 pašaūkti, iškviẽsti; ~**treten*** *vi*
(*s*) 1 išei͂ti (*į priekį*); išsikìšti 2 išryškéti;
pasižyméti
Herz *n* -ens, -en šird̀ìs; sielà, jaūsmas; *ein*
hártes ~ *háben* akmeñs šìrdį turéti; *kein*
~ *háben* bū̃ti kietašìrdžiam; *sich* (*D*) *ein*
~ *fássen* įsidrą́sinti, pasirýžti; *j-m etw.*
ans ~ *légen* ką̃ primygtinai͂ prašýti kõ; *von*
(*gánzem*) ~*en* ìš visõs širdiẽs
Hérzanfall *m* -(e)s, ꞏe širdiẽs príepuolis
Hérzeleid *n* -(e)s síelvartas; šìrdgéla

Hérzensfreund *m* -(e)s, -e ar͂timas žmogùs
hérzensgut labai͂ gẽras [nuoširdùs]
Hérzens‖güte *f* - gerùmas, nuoširdùmas;
~**lust** *f* - malonùmas, džiaūgsmas
hérzergreifend griẽbiantis ùž širdiẽs, jáudi-
nantis
hérzhaft 1 drą̃sùs, ryžtìngas 2 stiprùs, dìdelis
hérzig míelas, malonùs, meilùs
hérzkrank ser͂gantis širdiẽs ligà
hérzlich I *a* širdìngas, nuoširdùs **II** *adv* 1 šir-
dìngai, nuoširdžiai͂ 2 labai͂, nepaprastai͂; ~
wénig labai͂ mažai͂
Hérzlichkeit *f* - širdingùmas, nuoširdùmas
hérzlos bešìr͂dis, negailestìngas
Hérzog *m* -(e)s, -e / ꞏe hèrcogas
Hérz‖schlag *m* -(e)s, ꞏe 1 širdiẽs plakìmas
2 širdiẽs smūgis; ~**schwäche** *f* - širdiẽs
silpnùmas
Hérzweh *n* -(e)s širdiẽs skaūsmas; šìrdgéla
hérzzerreißend šìrdį vériantis
Hétze *f* -, -n 1 pjùdymas; kùrstymas 2 skubà,
skubéjimas
hétzen *vt* 1 pjudýti 2 kùrstyti, kìršinti 3 lékti,
skubéti
Hétzer *m* -s, - kùrstytojas, kìr͂šintojas
Hétzrede *f* -, -n kùrstomoji kalbà
Heu *n* -(e)s šiẽnas
Heucheléi *f* -, -en veidmainỹstė, veidmainiã-
vimas
héucheln *vi, vt* veidmainiáuti, apsimèsti
Héuchler *m* -s, - veidmainỹs, veidmainiáu-
tojas
héuchlerisch veidmaĩniškas
Héuernte *f* - šienapjū̃tė
héulen *vi* 1 stáugti, kaūkti 2 žlium̃bti
héurig šiemetìnis, šiemẽtis
Héu‖schober *m* -s, - šiẽno kùpeta; ~**schre-
cke** *f* -, -n 1 ské͂rỹs 2 žiógas, ožiùkas
héute šiañdien, šiandiẽną; ~ *früh* šį̃ryt; ~
über acht Táge (lýgiai) põ saváitės; *seit*
~, *von* ~ *an* nuõ šiõs dienõs
héutig šiandienìnis; dabartìnis
héutzutage šiañdien, dabar͂, šiuõ metù
Héxe *f* -, -n rãgana, bùrtininkė, žynė̃
héxen *vi* bùrti, ragánáuti

Hieb *m* -(e)s, -e kiřtis, smū̃gis; *j-m éinen* ~ *versétzen* sudúoti kám smū̃gį
hier čià, čiõn(aĩ); ~ *und da* šeñ beĩ teñ, kuř ne kuř; ~ *bléiben* lìkti [pasilìkti] čià
Hi¦erarchíe *f* -, -chí¦en hierárchija
hier‖áuf 1 sutiñkamai sù tuõ, dėl tõ 2 paskuĩ, tadà; ~**áus** ìš čià, ìš tõ; ~**áus folgt, dass** ... ìš tõ išplaūkia, kàd ... ~**béi** čia pàt, kartù (*su tuo*)
hier‖dúrch 1 peř čià, šiuõ keliù 2 dėl tõ, tókiu būdù; ~**für** 1 tám, tám tìkslui 2 ùž taĩ; ~**hér** šeñ, čià; ~**mít** šiuõ, šìtuo; ~**nách** 1 põ tõ 2 todėl, sutiñkamai sù tuõ; ~**únter** čià apačiojè, põ šìtuo; ~**vón** 1 nuõ tõ [šìto] 2 apiẽ taĩ; ~**zú** 1 tám, dėl tõ 2 apiẽ taĩ
híerzulande / **hier zu Lánde** čià, pàs mùs, mū̃sų kraštè
híesig viẽtinis, čionýkštis
Hílfe *f* -, -n pagálba, paramà; *j-m* ~ *léisten* [*erwéisen*] (su)teĩkti kám pagálbą; *j-m zu* ~ *kómmen* ateĩti kám į̃ pagálbą
hílflos bejė̃gis, bejė̃giškas
hílfreich liñkęs padéti, paslaugùs
hílfs‖bedürftig reikalìngas pagálbos; ~**bereit** pasiruõšęs padéti, paslaugùs
Hílfsbereitschaft *f* - pasiruošìmas padéti, paslaugùmas
Hílfs‖dienst *m* -es, -e pagálbinė tarnýba; patarnãvimas; ~**mittel** *n* -s, - pagálbinė priemonė; ~**schule** *f* -, -n pagálbinė mokyklà; ~**verb** *n* -s, -en, ~**zeitwort** *n* -(e)s, ⸗er pagálbinis veiksmãžodis
Hímbeere *f* -, -n aviẽtė
Hímmel *m* -s, - dangùs; padángė; *únter dem fréien* ~ põ ãtviru dangumì; *um (des)* ~*s wíllen!* dėl Diẽvo méilės! susimìldamas!
hímmelblau žýdras, dañgiškas
Hímmelfahrt *f* - žengìmas į̃ dañgų; Šeštìnės
Hímmelsgewölbe *n* -s, - dangaũs skliaũtas
hímmlisch dañgiškas, dangaũs; puikùs
hin 1 teñ(aĩ) (*žymi kryptį nuo kalbančiojo*); *geh* ~*!* eĩk teñ! ~ *und her* šeñ iř teñ, ìš víeno gãlo į̃ kìtą 2: ~ *und wíeder* kařtkartėmis; *auf déine Bítte* ~ atsakýdamas

į̃ tàvo prãšymą; *álles ist* ~ vìskas diñgo [žùvo]
hináb žemỹn; *den Fluss* ~ pasroviuĩ
hináb‖führen *vt* (nu)vèsti žemỹn; ~**steigen** * *vi* (*s*) (nu)lìpti [nusiléisti] žemỹn
hínarbeiten *vi* (*auf A*) síekti (*ko*), ruõštis (*kam*)
hináuf aukštỹn, į̃ viřšų; *den Fluss* ~ upè aukštỹn, priẽš srõvę
hináuf‖arbeiten, sich 1 sù vargù užlìpti į̃ viřšų 2 prasimùšti sãvo jėgomìs; ~**fahren** * *vi* (*s*) (už)važiúoti į̃ viřšų; ~**gehen** * *vi* (*s*) eĩti [užlìpti] aukštỹn; ~**steigen** * *vi* (*s*) (už)lìpti aukštỹn
hináus 1 laukañ, į̃ laũką; ~*!* laũk! išeĩk! 2: *auf Jáhre* ~ *plánen* planúoti daũgeliui mẽtų; *darüber* ~ be tõ; *über etw.* (*A*) ~ *sein* išáugti ką̃; *über die 60* ~ *sein* bū́ti daugiaũ kaĩp 60 mẽtų
hináus‖begleiten *vt* išlydéti (*pvz., svečią*); ~**fahren** * I *vt* išvèžti II *vi* (*s*) išvažiúoti (*pvz., už miesto, į gamtą*); ~**gehen** * *vi* (*s*) 1 išeĩti; *das Fénster geht auf den Hof* ~ lángas išeĩna į̃ kiẽmą 2 (*über A*) viřšyti, praleñkti (*ką*); ~**laufen** * *vi* (*s*) 1 išbégti 2 (*auf A*) glūdéti, slypéti (*kame*); *die Sáche läuft daráuf hináus, dass* ... reĩkalas tàs, kàd ... ~**schießen** * *vi* išlékti, išdùmti (*pvz., pro langą*) II *sich* ~**stürzen** (iš)šókti (*pvz., pro langą*); ~**werfen** * *vt* išmèsti; *das Geld zum Fénster* ~**werfen** švaistýti [eikvóti] pìnigus; ~**wollen** * *vi* 1 noréti išeĩti 2 síekti; *wo* [*woráuf*] *will er hináus?* kõ jìs síekia? kuř jìs táiko? ~**zögern** *vt* užtę̃sti, uždelsti; atidéti
Hínblick: *im* [*in*] ~ *auf etw.* (*A*) dėl kõ, atsižveĩgiant į̃ ką̃
hínbringen * *vt* 1 nunèšti, nugabénti 2 praléisti (*laiką*)
hínderlich trùkdantis, kliùdantis; *j-m* ~ *sein* kám kliudýti [trukdýti]
híndern *vt* trukdýti, kliudýti
Híndernis *n* -ses, -se kliū́tis, kliuvinỹs
Híndernislauf *m* -(e)s, ⸗e *sport.* bėgìmas su kliū́timis

híndeuten vi (aufA) 1 (pa)ródyti (į ką) 2 pranašáuti, žadéti (ką)

hindúrch peř, perdém, kiauraĩ; die Nacht ~ kiáurą nãktį

hindúrch‖arbeiten, sich skveřbtis, prasiskveřbti (pvz., pro miníą); ~sehen* vi pérmatyti, įžiūréti

híneilen vi (s) (nu)skubéti teñ

hinéin 1 ĩ, ĩ vìdų; ins Zímmer ~ ĩ kambarį 2 ikì, ligi pàt; bis in die Gégenwart ~ lìgi mūsų dienų

hinéin‖denken*, sich įsijaũsti, įsigìlinti; ~drängen, sich prasibráuti, prasiskveřbti; ~fallen* vi (s) 1 įkrìsti, įpùlti 2 įkliúti, atsidùrti kebliojè padėtyjè; ~führen vt 1 įvèsti; įvèžti 2 vèsti (kur); ~gehen* vi (s) 1 įeĩti; įžeñgti 2 tiĺpti, pareĩti; ~geraten* vi (s) patèkti, pakliúti; ~greifen* vi čiùpti [griẽbti] ĩ vìdų; ~lassen* vt įléisti; ~leben: in den Tag ~leben gyvénti šià dienà; ~mischen I vt įmaišýti, primaišýti II sich ~mischen kìštis, įsikìšti; ~stürzen I vi (s) įpùlti, įgriúti II vt įstùmti; ~wagen, sich (iš)drįsti įeĩti

hínfahren* I vt nuvèžti II vi (s) nuvažiúoti (ten)

Hínfahrt f -, -en važiãvimas, keliõnė (ten)

hínfallen* vi (s) parkrìsti, pargriúti

hínfällig iškařšęs, susēnęs; ~ wérden (nu)kařšti, (su)sénti

hinfórt nuõ dabař, nuo šiõl

hínführen I vt nuvèsti II vi vèsti

Híngabe f - 1 užsidegìmas, įkarštis 2 atsidavìmas, pasišventìmas

híngeben* I vt 1 padúoti 2 atidúoti, paaukóti II sich ~ atsidúoti, pasišvęsti

híngebungsvoll pasiaukójamas, atsidãvęs

hingégen príešingai, atvirkščiaĩ

híngehen* vi (s) 1 (nu)eĩti (ten) 2 prasliñkti, praeĩti (apie laiką)

híngerissen sužavétas, susižavėjęs

hín‖halten* vt padúoti; atkìšti, ištiẽsti; ~hören vi klausýti, klausýtis

hínken vi (s, h) šlubúoti

hín‖kni⦂en, sich klaũptis, atsiklaũpti; ~kommen* vi (s) 1 ateĩti 2 pasidéti, diñgti

hínlänglich pakañkamas

hín‖legen I vt padéti, paguldýti II sich ~legen guĺti, atsiguĺti; ~nehmen* vt 1 priimti 2 pakęsti, táikstytis; ~reichen I vt padúoti, atkìšti II vi pakàkti, užtèkti

hínreichend pakañkamas

Hínreise f -, -n keliõnė, važiãvimas (ten)

hínreißen* vt patráukti, sužavéti

hínreißend žavùs, patrauklùs

hínrichten vt įvýkdyti mirtiẽs baũsmę (kam)

Hinrichtung f -, -en mirtiẽs bausmė; mirtiẽs bausmės įvýkdymas

hín‖schicken vt nusiųsti, pasiųsti (ten); ~schleppen I vt (nu)tempti, (nu)viĺkti II sich ~schleppen 1 viĺktis, kėblinti 2 užsitęsti; ~setzen I vt (pa)sodìnti; padéti II sich ~setzen (atsi)sésti

Hínsicht f -, -en ãtžvilgis, póžiūris; in ~ auf (A) dėl kõ, atsižveĺgiant ĩ ką

hínsichtlich prp (G) dėl, kaĺbant apiē

hín‖siechen vi gèsti, nýkti, siĺpti; ~stellen I vt 1 (pa)statýti (ten) 2 paródyti, charakterizúoti II sich ~stellen détis, nudúoti; ~strecken I vt 1 ištiẽsti, padúoti 2 nukáuti, užmùšti II sich ~strecken 1 išsitiẽsti, atsiguĺti 2 tęstis, nusitęsti

hínten užpakalyjè; nach ~ atgaĺ

hintenán galè, ùžpakalyjè

híntenherum apliñk, apliñkiniu keliù; slapčià

hínter¹ prp 1 (D) (žymi vietą) ùž; ~ dem Haus líegen būti [guléti] ùž nãmo 2 (A) (žymi krypti) ùž; sich ~ j-n sétzen atsisésti ùž kõ 3: ~ j-m zurückstehen atsilìkti nuõ kõ; ~ j-m her sein ką pérsekioti

hínter² užpakalìnis, paskutìnis

Hínter‖achse f -, -n užpakalìnė ašìs; ~bein n -(e)s, -e užpakalìnė kója

hinter‖dréin 1 įkandin, iš paskõs 2 põ tõ, paskuĩ; ~einánder víenas põ kìto, víenas pãskui kìtą

Hínter‖gebäude n -s, - flìgelis, šalìnamis; ~gedanke m -ns, -n paslėptà [užkulisìnė] mintìs

hintergéhen* *vt* 1 apgáuti, apmáuti 2 apeĩti (*pvz., įstatymą*)

Híntergrund *m* -(e)s, ᵁe 1 fònas; añtras plãnas 2 *pl* ùžkulisiai, užkulisìnė veiklà

Hínterhalt *m* -(e)s, -e pasalà; pìnklės

hínterhältig klastìngas, pasalūnìškas

Hínterhaus *n* -es, ᵁer nãmas kiemè

hinterhér 1 iš paskõs, įkandin 2 paskuĩ, põ tõ

Hínter‖hof *m* -(e)s, ᵁe užpakalìnis kiẽmas, galùkiemis; ∼**kopf** *m* -(e)s, ᵁe pakáušis; ∼**land** *n* -(e)s ùžnugaris

hinterlássen* *vt* palìkti (*mirštant ar išvykstant*)

Hinterlássenschaft *f* -, -en palikìmas

hinterlégen *vt* atidúoti sáugoti [apsaugõn]

Hínterlist *f* -, -en klastà, apgáulė

hínterlistig klastìngas, vylìngas

hínterrücks ìš ùžpakalio, netikétai; klastìngai

Híntersitz *m* -es, -e užpakalìnė sėdỹnė

hintertréiben* *vt* (su)trukdýti, (su)kliudýti, (su)žlugdýti

híntun* *vt* (pa)déti

hinüber ĩ anã [kìtą] pùsę

hinüber‖fahren* I *vt* pérvežti, pérkelti II *vi* (*s*) pérvažiuoti, pérsikelti; ∼**reichen** *vt* padúoti, pérduoti; ∼**tragen*** *vt* pérnešti

hinúnter žemỹn

hinúnter‖gehen* *vi* (*s*) nueĩti žemỹn; ∼**schlucken** *vt* (nu)rýti; ∼**stürzen** I *vt* (nu)mèsti žemỹn II *vi* (*s*) nupùlti [nukrìsti] žemỹn

hinwég 1 šaliñ, ĩ šãlį 2 peĩ, viȓš

hinwég‖gehen* *vi* (*s*) (*über A*) nereagúoti, nekreĩpti dė̃mesio (*į ką*); ∼**helfen*** *vi* (*über A*) padéti įveĩkti (*ką*); ∼**sehen*** *vi* (*über A*) 1 žiūréti (*per ką*) 2 nekreĩpti dė̃mesio, žiūréti prõ pirštùs (*į ką*); ∼**setzen, sich** (*über A*) nekreĩpti dė̃mesio, nereagúoti (*į ką*)

Hínweis *m* -es, -e nuródymas, núoroda; pastabà

hínweisen* *vi* (*auf A*) nuródyti (*ką*), atkreĩpti dė̃mesį (*į ką*)

Hínweisschild *n* -(e)s, -er nuródomasis žénklas

hín‖werfen* I *vt* 1 (pa)mèsti 2 pasakýti tarp kìtko; skubiaĩ parašýti II *sich* ∼**werfen*****pùlti añt žẽmės; ∼**ziehen*** I *vt* tráukti, vilióti II *vi* (*s*) tráukti; sliñkti III *sich* ∼**ziehen***užsitę̃sti, nusitę̃sti

hinzú be tõ, priẽ tõ

hinzú‖fügen *vt* pridùrti, pridéti; ∼**kommen*** *vi* (*s*) 1 prieĩti 2 prisidéti; *es kommt noch hinzú, dass ...* reĩkia dár pridùrti, kàd ... ∼**rechnen** *vt* priskaičiúoti, priskaitýti; ∼**tun*** *vt* pridéti

Hippodróm *m, n* -s, -e hipodròmas

Hirn *n* -(e)s, -e smẽgenys

Hírsch *m* -es -élnias

Hírsch‖fänger *m* -s, - medžiõklinis peĩlis; ∼**kalb** *n* -(e)s, ᵁer elniùkas; ∼**kuh** *f* -, ᵁe élnė

Hírse *f* - sóra, sóros

Hirt *m* -en, -en piemuõ, keȓdžius

Hírtenjunge *m* -n, -n piemenėlis

híssen *vt* iškélti (*véliavą, bures*)

Históriker *m* -s, - istòrikas

histórisch istòrinis, istòrijos

Hítze *f* - 1 kaȓštis, kaitrà 2 įkarštis, užsidegìmas

hítzbeständig atsparùs kaȓščiui

hítzig kárštas, staigùs

Hítzkopf *m* -(e)s, ᵁe karštuõlis, karštagaĩvis

Hóbby *n* -s, -s hòbis, pamėgtàsis dalỹkas

Hóbel *m* -s, - õblius, drožtùvas

hóbeln *vt* obliúoti

hoch I *a* 1 áukštas; dìdelis; *zwei Méter* ∼ dviejų mètrų aūkščio; *in hohem Máße* gerókai, smaȓkiai; *wie* ∼ *ist der Preis?* kíek kaínuoja? 2 áukštas, žymùs, garbìngas 3: *im hóhen Álter* senývo ámžiaus II *adv* 1 aukštaĩ; *drei Tréppen* ∼ *wóhnen* gyvénti ketvirtamè aukštè 2 labaĩ, didžiaĩ; *etw.* ∼ *und héilig verspréchen* ką tvirtaĩ prižadéti; ∼ *áchten*, ∼ *schätzen* labaĩ geȓbti [vértinti]; ∼ *begabt* labaĩ gabùs; ∼ *entwíckelt* labaĩ išvýstytas [išsivýstęs]; ∼ *geáchtet* labaĩ [didžiaĩ] geȓbiamas; ∼ *gelégen* aukštaĩ ẽsantis [išsidéstęs]; ∼ *gestéllt* áukštas, (į)žymùs; ∼ *gewáchsen* áukštas, augalótas

Hóchachtung f - dìdelė pagarbà

hóchachtungsvoll sù dìdele pãgarba (*laiško pabaigoje*)

Hóchantenne f -, -n laũko antenà

hóchbetagt labaĩ sénas, pérkaršęs

Hóch‖betrieb m -(e)s, -e dìdelis pagyvéjimas [sujudìmas]; ~**burg** f -, -en tvirtóvė, citadėlė

hóchdeutsch *lingv.* vókiečių aukštaĩčių

Hóchdruck m -(e)s áukštas slėgis

Hóchebene f -, -n plokštìkalnis

hócherfreut labaĩ nudžiùgęs [nudžiùgintas]

hóchfahren* *vi* (*s*) pašókti ìš viẽtos; supỹkti, karščiúotis

Hóch‖flut f -, -en pótvynis; ~**freguenz** f - *el.* áukštas dãžnis

hóchgebildet labaĩ išsilãvinęs

Hóchgebirge n -s, - áukštas kalnãgūbris; aukštì kalnaĩ

hóchgehen* *vi* (*s*) 1 (pa)kìlti 2 (su)pỹkti, karščiúotis

hóchgeschossen ištįsęs

hóchhalten* *vt* 1 aukštaĩ laikýti 2 brangìnti, vértinti

Hóchhaus n -es, ᵘer daugiaaū́kštis nãmas

hóch‖herzig kilniaširdis, kilniadvãsiškas; ~**interessant** labaĩ įdomùs

hóch‖kommen* *vi* (*s*) 1 (pa)kìlti, užlìpti 2 apiṁti (*pvz., apie baimę, džiaugsmą*) 3 iškìlti, išgarséti; ~**krempeln** *vt* atraitýti, paraitóti

Hóchmut m -(e)s išdidùmas, pasipūtìmas

hóchmütig išdidùs, pasipūtęs

hóchnäsig išdidùs, išpuìkęs

hóchrot skaĩsčiai raudónas

Hóch‖ruf m -(e)s, -e svéikinimo šū́ksnis, šaũksmas „valiõ“; ~**saison** f - sezòno įkarštis

Hóchschule f -, -n aukštóji mokyklà

Hóchschulwesen n -s aukštóji mokyklà, aukštàsis mókslas

Hóchsee f -, -n atvirà jū́ra

Hóch‖sommer m -s, - vidùrvasaris; ~**spannung** f -, -en *el.* aukštà įtampa; ~**sprung** m -(e)s, ᵘe šúolis į aū́kštį

höchst I *a* aukščiáusias; didžiáusias; **auf** ~**er Ébene** aukščiáusio lỹgio (*pvz., vadovų susitikimas*); **es ist** ~**e Zeit** jaũ pàts mẽtas; **II** *adv* labaĩ, nepaprastaĩ

Hóchstapler m -s, - aferìstas, apgavìkas

Höchstbetrag m -(e)s, ᵘe didžiáusia sumà

hóchsteigen* *vi* (*s*) (už)lìpti; (pa)tekéti

höchstens daugiáusia, ne daugiaũ kaĩp

Höchst‖geschwindigkeit f -, -en didžiáusias greĩtis; ~**leistung** f -, -en didžiáusias laiméjimas; ~**preis** m -es, -e aukščiáusia káina; ~**temperatur** f -, -en maksimalì temperatūrà

höchstwahrschéinlich tikriáusiai, greičiáusiai

Hóchtour [-tu:r] f -, -en žỹgis [ekskùrsija]

į kálnus; **die Árbeit läuft auf** ~**en** dárbas vỹksta labaĩ spařčiai

hóchtrabend išpūstas, pompãstiškas

hóchtreiben* *vt* (pa)dìdinti; (pa)kélti (*pvz., kainas*)

Hóch‖verrat m -(e)s tėvỹnės išdavìmas; ~**verräter** m -s, - tėvỹnės išdavìkas; ~**wasser** n -s, - áukštas [pakìlęs] vanduõ

Hóchzeit f -, -en vestùvės

Hócke f -, -n gubà

hócken I *vi* tupéti; tūnóti **II sich** ~ atsitū́pti; atsisésti

Hócker m -s, - taburėtė

Höcker m -s, - kuprà

Hockey [ˈhɔki] n -s *sport.* laũko riedulỹs

Hof m -(e)s, ᵘe 1 kiẽmas; **im** [**auf dem**] ~ kiemè 2 sodýba; ū́kis 3 rū́mai, dvãras; **am** [**bei**] ~**e** dvarè, rū́muose 4: **éinem Mädchen den** ~ **máchen** sùktis apiẽ mergìną, méilintis mergìnai

hóffen *vi* (*auf* A) tikétis, vìltis (*ko*)

hóffentlich reĩkia tikétis, tikriáusiai

Hóffnung f -, -en viltìs; ~ **auf Genésung** viltìs pasveĩkti; **in der** ~, **dass** ... vìldamasis, kàd ... (*in*) **gúter** ~ **sein** bū́ti nėščiai

hóffnungslos bevìltiškas

Hóffnungsschimmer m -s, - viltiẽs kibirkštėlė

hóffnungsvoll viltìngas, teĩkiantis viltiẽs

Höhe f -, -n **1** aūkštis, aukštùmas; *in die* ~ *fáhren* pašókti (*iš vietos*) **2** dỹdis; *die* ~ *der Áuflage* tirãžo dỹdis **3** viršūnė; *auf der* ~ *séines Rúhmes stéhen* būti sàvo šlovės viršūnėje **4** aukštumà, kalvà

Hóheit f -, -en **1** didingùmas, didýbė; didenýbė **2** *sg* aukščiáusioji valdžià, viešpatāvimas

Höhen‖kurort m -(e)s, -e kalnų̃ kurórtas; ~**luft** f - kalnų̃ óras

Höhepunkt m -(e)s, -e kulminãcinis tãškas, viršūnė

höher I *a* aukštèsnis; aukštàsis; ~*e Ánforderungen* didesnì reikalāvimai **II** *adv* aukščiaū; *éinen Stock* ~ víenu aukštù aukščiaū

hohl 1 tùščias, tuščiavidùris; *ein* ~*er Zahn* kiáuras dantìs **2** įdùbęs, įkrìtęs (*pvz.*, *apie paakius*) **3** duslùs, kimùs

Höhle f -, -n **1** olà, grotà **2** ùrvas, guõlis **3** (*akių*) įduba

Hóhlheit f -, -en tuštýbė, banalùmas

Hohn m -(e)s pašaipà, pajuokà

höhnen vt pajuõkti, pašiẽpti

höhnisch pašaipùs, kandùs

hold meilùs, míelas; žavùs

hóldselig žavùs, žavìngas

hólen vt atnèšti; pakviẽsti; atvèsti; gáuti; *den Arzt* ~ pakviẽsti gýdytoją; *ein Kind aus der Schúle* ~ parvèsti vaĩką iš mokỹklos

Hólland n -s Olándija

Holländer m -s, - olándas

holländisch Olándijos; olándų; olándiškas

Hölle f -, -n prãgaras

höllisch prãgariškas, baisùs

hólperig I *a* duobétas, nelýgus **II** *adv* suñkiai, užsìkertant

hólpern vi (*s, h*) klùpti, klupinéti; dardéti, bildéti

Holúnder m -s, - šeivāmedis

Holz n -es, -er mẽdis, medíena; málkos

Hólz‖bau m **1** -(e)s stãtymas iš mẽdžio **2** -(e)s, -ten medìnis pāstatas; ~**brücke** f -, -n medìnis tìltas

hölzern medìnis, mẽdžio

Hólz‖fäller m -s, - medkirtỹs, mẽdžių kirtėjas; ~**haus** n -es, ᵘer medìnis nāmas; ~**scheit** n -(e)s, -e / -er pliauskà; ~**schlag** m -(e)s, ᵘe **1** miško kirtìmas (*veiksmas*) **2** kirtãvietė; kirtìmas; ~**schnitt** m -(e)s, -e mẽdžio raižinỹs; ~**schuh** m -(e)s, -e klùmpė; ~**verarbeitung** f - mẽdžio apdirbìmas; ~**weg** m: *auf dem* ~*weg sein* klýsti, apsirìkti; ~**wurm** m -(e)s, ᵘer kinìvarpa, trandìs

Hónig m -s medùs

Hónig‖kuchen m -s, - meduõlis; ~**monat** m -(e)s, -e medaũs ménuo

Hónigwabe f -, -n korỹs

Honorár n -s, -e honorãras

Hópfen m -s apyniaĩ

hóppeln vi strikséti, strýkčioti

hópsen vi šokinéti, strikséti

Hörapparat m -(e)s, -e klausõs aparãtas

hörbar gir̃dimas

hórchen vi (*slapta*) klausýtis; klausýti

Hórde f -, -n òrda; būrỹs, gaujà

hören vt **1** girdéti; *ich hábe sie síngen* ~ àš girdéjau ją dainúojant **2** klausýti; *ein Konzért* ~ klausýti koncèrto; *auf die Éltern* ~ klausýti tėvų̃

Hörensagen: *vom* ~ iš núogirdų

Hörer m -s, - **1** klausýtojas **2** (*telefono*) ragèlis; ~**in** f -, -nen klausýtoja

Hörerschaft f - klausýtojai, auditòrija

Horizónt m -(e)s, -e horizòntas, akìratis

horizontál gulstìnis, horizontalùs

Horn n -(e)s, ᵘer rãgas; *den Stier bei den* [*an den*] *Hörnern fássen* [*pácken*] im̃ti jáutį už ragų̃, ryžtìngai im̃tis kõ

Hornísse f -, -n šìršė, šìršinas

Hórnvieh n -(e)s raguõčiai

Hör‖rohr n -(e)s, -e *med.* stetoskòpas, auskultãcijos vamzdẽlis; ~**saal** m -(e)s, ᵘe auditòrija; ~**spiel** n -(e)s, -e rãdijo pjèsė [vaidìnimas]

Hort m -(e)s, -e príeglobstis, príeglauda **2** paĩlgintos dienõs grùpė (*mokykloje*) **3** tvirtóvė; židinỹs

Horténsi:e f -, -n *bot.* horteñzija

Hös:chen n -s, - kelnáitės

Hose

122

Hóse *f* -, -n kélnės
Hospitál *n* -s, -e / ᵘer ligóninė
hospitíeren *vi* lankýti pāmokas (pāskaitas) *(susipažįstant, tikrinant)*
Hotél *n* -s, -s viešbutis
Hotélgast *m* -es, ᵘe viešbučio gyvéntojas
hüben: ∼ *und drüben* šeñ iř teñ, šiàpus iř anàpus
hübsch gražùs, dailùs, žavùs
Húbschrauber *m* -s, - malū̃nsparnis, sraigtāsparnis
Huf *m* -(e)s, -e kanópa
Húfeisen *n* -s, - pasagà
Hüfte *f* -, -n klùbas
Hügel *m* -s, - kalvà, kalnẽlis
Hügelgrab *n* -(e)s, ᵘer pìlkapis
hügelig kalvótas
Huhn *n* -(e)s, ᵘer vištà
Hühner‖auge *n* -s, -n *(kojos)* núospauda; ∼**ei** *n* -(e)s, -er vìštos kiaušìnis; ∼**falke** *m* -n, -n vìštvanagis; ∼**stall** *m* -(e)s, ᵘe vištìdė
húldigen *vi (D)* labaĩ geŕbti, gárbinti *(ką)*
Hülle *f* -, -n āpdangalas, ùždangalas; futliāras; *etw. in* ∼ *und Fülle háben* turéti kõ peř akìs
hüllen I *vt* apgaũbti, apdeñgti, susùpti **II sich** ∼ apsigaũbti, apsisiaũsti
Hülse *f* -, -n **1** tūtėlė, gìlzė **2** ánkštis, lùkštas, kiáutas
humán humãniškas, žmõniškas
Humanität *f* - humaniškùmas, žmoniškùmas
Húmmel *f* -, -n kamãnė
Humór *m* -s, -e hùmoras
humórvoll tùrintis hùmoro, sąmojìngas
húmpeln *vi* šlúbčioti, šlubúoti
Húmus *m* -s hùmusas, pùvenos
Hund *m* -(e)s, -e šuõ; *da liegt der* ∼ *begráben* štaĩ kuř šuõ pàkastas
Húnde‖gebell *n* -(e)s šuñs lojìmas; ∼**leben** *n* -s šùniškas gyvēnimas
húndemüde pavařgę̄s kaĩp šuõ, nusiplū̃kęs
húndert šìm̃tas
Húndert *n* -s, - / -e šìm̃tas; *ein hálbes* ∼ pùsšimtis; ∼*e und áber* ∼*e* šimtų̃ šimtaĩ; *zu* ∼*en* šimtaĩs

húndertjährig šimtamẽtis
Húndertjahrfeier *f* -, -n šìm̃to mẽtų sukaktìs [jubiliējus]
húndertmal šìm̃tą kaŕtų
húndertprozentig šimtaprocentìnis
hunderttáusend šìm̃tas tū́kstančių
Húnde‖wetter *n* -s šùniškas óras; ∼**zucht** *f* - šunų̃ augìnimas
Hündin *f* -, -nen kalẽ
Hüne *m* -n, -n mìlžinas; karžygỹs
Hünengrab *n* -(e)s, ᵘer milžìnkapis
Húnger *m* -s **1** aĩkis, bãdas; ∼ *bekómmen* išálkti; *vor [an]* ᵘ⸱ *stérben* miřti badù **2** troš̃kìmas, dìdelis nóras
húngern *vi* **1** badáuti; *mich húngert* àš álkanas **2** *(nach D)* trókšti *(ko)*
Húngersnot *f* -, ᵘe bãdas
Húnger‖streik *m* -(e)s, -s / -e bãdo streĩkas; ∼**tod** *m* -(e)s mirtìs ìš bãdo
húngrig išálkęs, álkanas
Húpe *f* -, -n *(automobilio)* signãlas
húpen *vi* signalizúoti, dúoti signãlą
hüpfen *vi (s, h)* šokinéti, striksėti
Hürde *f* -, -n **1** gaŕdas, žaŕdis **2** *sport.* barjèras
Húre *f* -, -n paleistùvė, kėkšė
húrtig mitrùs, vikrùs
húschen *vi (s)* šmékštelėti
hústeln *vi* kósčioti, sukósėti
hústen *vi* kósėti; *Blut* ∼ atsikósėti kraujù
Hústen *m* -s kosulỹs, kósėjimas
Hústen‖anfall *m* -(e)s, ᵘe kósėjimo príepuolis; ∼**mittel** *n* -s, - váistai nuõ kósulio
Hut[1] *m* -(e)s, ᵘe skrybėlė̃; *den* ∼ *áufsetzen* užsidéti skrýbėlę
Hut[2] *f* - apsaugà, gynìmas; *auf der* ∼ *sein* sáugotis, bū́ti budriám
hüten I *vt* sáugoti, prižiūréti **II sich** ∼ *(vor D)* sáugotis *(ko)*
Hüter *m* -s, - sáugotojas; prižiūrétojas
Hütte[1] *f* -, -n trobėlė, pirkià, lūšnà
Hütte[2] *f* -, -n metalùrgijos gamyklà
Hütten‖industrie *f* -, -riːen metalùrgijos prāmonė; ∼**werk** *n* -(e)s, -e metalùrgijos gamyklà

123   impfen

hútzelig raukšlétas, susiraukšléjęs
Hyäne *f* -, -n hienà
Hyazínthe *f* -, -n *bot.* jacìntas, hiacìntas
Hygiéne *f* - higienà
hygiénisch higièniškas; higiènos

Hypnóse *f* -, -n hipnòzė
Hypothése *f* -, -n hipotèzė
Hysteríe *f* -, -rí:en istèrija
Hystériker *m* -s, - istèrikas
hystérisch istèriškas

I

ich àš
Íchsucht *f* - egoìzmas, savìmeilė
ideál idealùs, tóbulas
Ideál *n* -s, -e ideãlas
idealisíeren *vt* idealizúoti
Idée *f* -, Idé:en idéja, mintìs; sumãnymas; *j-n* **auf éine** ~ **bríngen** dúoti kám miñtį
idé:enarm neišradìngas, nesumanùs
identifizíeren *vt* nustatýti tapatýbę, identifikúoti
idéntisch tapatùs, ideñtiškas
Identität *f* - tapatùmas, identìškùmas
Ideológe *m* -n, -n ideològas
Ideologíe *f* -, -gi:en ideològija
ideológisch ideològinis; idéjinis
Idiót *m* -en, -en idiòtas, kvailỹs
idiótisch idiòtiškas, kvaĩlas
Idól *n* -s, -e stãbas, dieváitis
Idýll *n* -s, -e idìlė, idìlija
Ígel *m* -s, - ežỹs
Ignoránz *f* - ignoráncija, tamsùmas, tamsuolìškùmas
ignoríeren *vt* ignorúoti (*ką*), nepáisyti (*ko*)
ihm *D*; *žr.* **er, es**
ihn *A*; *žr.* **er**
íhnen *D*; *žr.* **sie**
Íhnen *D*; *žr.* **Sie**
ihr 1 jũs; ~ *wart nicht zu Háuse* jũs nebùvot namuosè 2 *D*; *žr.* **sie** 3 jõs; jũ; sàvo; *das ist* ~ *Buch* taĩ jõs knygà; *die Kínder áchten* ~*e Éltern* vaikaĩ geřbia sàvo tėvùs
Ihr 1 jūs (*mandagumo forma*) 2 jũsų; sàvo
íhrer *G*; *žr.* **sie**
Íhrer *G*; *žr.* **Sie**
íhrerseits ìš jõs pùsės; ìš jũ pùsės; ìš sàvo pùsės
íhresgleichen 1 jái lýgus, toks pàt kaĩp jì 2 jíems lýgus, tóks kaĩp jiẽ

íhretwegen 1 dėl jõs 2 dėl jũ
íllegal nelegalùs, pogrindìnis
Illegalität *f* - pógrindis, pogrindìnė veiklà
illuminíeren *vt* iliuminúoti, šveñtiškai apšviẽsti
Illusión *f* -, -en iliùzija, regimýbė
Illustratión *f* -, -en iliustrãcija
illustratív iliustrãcinis
illustríeren *vt* iliustrúoti; (pa)áiškinti
Illustríerte *sub f* iliustrúotas žurnãlas
Íltis *m* -ses, -se šėškas
im = in dem; *žr.* **in**
Ímbiss *m* -es, -e ùžkandis
Ímbissstube *f* -, -n užkandìnė
imitíeren *vt* imitúoti, (pa)mégdžioti
Ímker *m* -s, - bìtininkas
Imkeréi *f* -, -en 1 *sg* bitininkỹstė 2 bitýnas
ímmer 1 visadà; visuomèt; *für* [*auf*] ~ amžinaĩ, visíems laikáms 2 vìs; ~ *mehr* vìs daugiaũ; ~ *wíeder* vėl iř vėl, kas kařtas; *wo er auch* ~ *sei* kàd iř kuř jìs bū́tų
ímmerfort nuõlat, nuolatõs
ímmerhin vìs dėlto,̣ vìsgi
ímmerzu nuõlat, be paliovõs
Immigránt *m* -en, -en imigrántas, ateĩvis
immigríeren *vi* (*s*) imigrúoti
immobíl nejudrùs, nèjudamas
Immobíli:en *pl* nekilnójamasis tuřtas
immún atsparùs; *gégen etw.* (*A*) ~ *sein* turéti kám imunitètą
Immunität *f* - 1 *med.* imunitètas, atsparùmas ligóms 2 *teis.* imunitètas; neliečiamýbė
Ímperativ *m* -s, -e 1 imperatývas, liepìmas 2 liepiamóji núosaka
Imperátor *m* -s, -tóren imperãtorius
Ímperfekt *n* -(e)s, -e imperfèktas, bū́tàsis laĩkas
ímpfen *vt* skiẽpyti; dìegti

importíeren *vt* importúoti, įvèžti

Impúls *m* -es, -e ãkstinas, paskatà, impùlsas

impulsív impulsyvùs, kárštas, ūmùs

imstánde: ~ / *im Stánde sein* galéti, pajėgti

in *prp* **1** (*D*) (*žymi vietą*): *im Bett líegen* guléti lóvoje; *in Berlín* Berlýne **2** (*A*) (*žymi kryptį*) į̃; *in den Schrank hängen* (pa)kabìnti į̃ spìntą **3** (*D*): *im Jáhre 1990* 1990 mẽtais; *in der Nacht* nãktį, nakčià; *in zwei Mónaten zurückkehren* (su)grį̃žti põ dviejų̃ ménesių; *éine gúte Nóte in Deutsch* gẽras pažymỹs ìš vókiečių kalbõs

ínbegriffen įskaĩtant

Ínbrunst *f* - į̃karštis, užsidegìmas

ínbrünstig kárštas, aistrìngas

indém **I** *cj*: *ich wéckte ihn*, ~ *ich klíngelte* àš pažãdinau jį̃ skam̃bindamas **II** *adv* tuõ tárpu

Índer *m* -s, - ìndas, Ìndijos gyvéntojas

indés, indéssen tuõ tárpu

Índex *m* -es / -, *pl* -e / -dizes iñdeksas, sąrašas, rodỹklė

Indiáner *m* -s, - indénas

Índi:en *n* -s Ìndija

indifferént abejìngas, indifereñtiškas

Índikativ *m* -s, -e tiesióginė núosaka

índirekt netiesióginis

índisch Ìndijos; ìndų; ìndiškas

individualisíeren *vt* individualizúoti

individuéll individualùs

Indonési:en *n* -s Indonèzija

Industríe *f* -, -rí:en prãmonė, indùstrija

Industríe‖anlage *f* -, -n prãmonės įrenginỹs; ~**betrieb** *m* -(e)s, -e prãmonės įmonė; ~**land** *n* -(e)s, ⸗er pramonìngas krãštas

industriéll pramonìnis, indùstrinis

Industriélle *sub m* prãmonininkas

Industríe‖staat *m* -(e)s, -en indùstrinė valstýbė; ~**waren** *pl* prãmonės prẽkės; ~**zweig** *m* -(e)s, -e prãmonės šakà

ineinánder víenas į̃ kìtą

infám niẽkšiškas, nedõras

Infanteríe *f* -, -rí:en péstininkai

Infárkt *m* -(e)s, -e infárktas

Infektión *f* -, -en infèkcija, užkrėtìmas

infektiös infèkcinis, užkrečiamàsis

Ínfinitiv *m* -s, -e bendratìs

infizíeren *vt* užkrėsti, apkrėsti

Inflatión *f* -, -en infliãcija

infólge *prp* (*G*, *von D*) dėl

infólgedessen dėl tõ, todėl

Informatión *f* -, -en informãcija

informíeren **I** *vt* informúoti, pranèšti **II** *sich* ~ teiráutis, pasiteiráuti

Ingenieur [inʒen'jøːr] *m* -s, -e inžiniẽrius

Íngrimm *m* -(e)s (*paslėptas*) pỹktis, įniršis

Íngwer *m* -s *bot.* im̃bieras

Ínhaber *m* -s, - savininkas, šeimininkas

inhaftíeren *vt* suim̃ti, (su)areštúoti

Ínhalt *m* -(e)s, -e **1** turinỹs **2** talpà, tū̃ris

ínhaltsreich turinìngas

Initiále *f* -, -n iniciãlas

Initiatíve *f* -, -n iniciatyvà

Initiátor *m* -s, -tóren iniciãtorius

Injektión *f* -, -en injèkcija, įšvirkštìmas

ínkonsequent nenuoseklùs

Ínkonsequenz *f* -, -en nenuoseklùmas

In-Kráft-Treten *n* -s įsigaliójimas

Ínland *n* -(e)s sãvas krãštas, savà šalìs

Ínlett *n* -(e)s, -e / -s im̃pilas, į̃pilas

inmítten *prp* (*G*) vidurỹ(jè), vidùj, tar̃p

ínne‖haben* *vt* užim̃ti, turéti (*pvz.*, *tarnybą*, *pareigas*); ~**halten*** *vi* nustóti, liáutis

ínnen vidujè; *nach* ~ į̃ vìdų; *von* ~ ìš vidaũs

Ínnen‖ausstattung *f* -, -en vidaũs įrengìmas; interjèras; ~**handel** *m* -s vidaũs prekýba; ~**minister** *m* -s, - vidaũs reikalų̃ minìstras; ~**ministerium** *n* -s, -ri:en vidaũs reikalų̃ ministèrija; ~**stadt** *f* -, ⸗e miẽsto ceñtras

ínner vidìnis, vidaũs; ~**e Kránkheiten** vidaũs lìgos

Ínnere *sub n* vidùs, vidìnė dalìs

ínnerhalb *prp* **1** (*G*, *von D*) vidùj(è), vidurỹ(jè); **2** (*G*, *D*) per̃; ~ *éines Jáhres* per̃ víenerius metùs

ínnerlich **I** *a* vidìnis, vidaũs **II** *adv* vidùj(è); širdyjè

ínnewohnen *vi* (*D*) bū́ti būdìngam (*kam*)

ínnig **1** nuoširdùs, širdìngas **2** ar̃timas, glaudùs

ínoffizi:ell neoficialùs

ins = in das; *žr.* **in**
Ínsasse *m* -n, -n 1 (*vietinis*) gyvéntojas 2 keleĩvis (*pvz., traukinyje, léktuve*) 3 kalinỹs
insbesóndere ýpač, labiáusiai
Ínschrift *f* -, -en įrašas, ùžrašas
Insékt *n* -(e)s, -en vabzdỹs
Ínsel *f* -, -n salà
Inserát *n* -(e)s, -e skelbìmas (*laikraštyje, žurnale*)
inseríeren *vt* paskélbti, įdéti skelbìmą (*laikraštyje, žurnale*)
ínsgeheim slaptà, slapčiomìs
ínsgesamt iš vìso
insófern I *adv* šiuõ póžiūriu [ãtžvilgiu] **II** *cj* kíek; jéi(gu)
insóweit *žr.* **insófern**
Inspektión *f* -, -en inspèkcija; (pa)tìkrinimas
Inspéktor *m* -s, -tóren inspèktorius
Inspirátor *m* -s, -tóren inspirãtorius, kùrstytojas
Inspiratión *f* -, -en įkvėpìmas; pakùrstymas, inspirãcija
inspiríeren įkvẽpti, pakùrstyti, inspirúoti
inspizíeren *vt* (pa)tìkrinti, inspektúoti
Installatión *f* -, -en instaliãcija
installíeren *vt* įvèsti, prijùngti, įmontúoti (*pvz., elektrą, dujas*)
instánd: ～ / **in Stand hálten** laikýti tvarkìngą, prižiūréti; ～ / **in Stand sétzen** (su)taisýti, (su)remontúoti
ínständig primýgtinas, atkaklùs
Instánz *f* -, -en instáncija
Instínkt *m* -(e)s, -e instìnktas
instinktív instinktyvùs
Institút *n* -(e)s, -e institùtas
Instrukteur [-'tø:r] *m* -s, -e instrùktorius
Instruktión *f* -, -en instrùkcija
Instrumént *n* -(e)s, -e instrumeñtas, įrankis
inszeníeren *vt* inscenizúoti
Inszenierung *f* -, -en inscenizãcija, inscenizãvimas
intákt nesugẽdęs, nesugadìntas
integríeren *vt* integrúoti, sujùngti
Intellékt *m* -(e)s intelèktas, prõtas
intellektuéll intelektualùs, prõtinis
Intellektuélle *sub m, f* inteligeñtas, -ė

intelligént protìngas; mokslùs; gabùs; inteligeñtiškas
Intelligénz *f* - 1 intelèktas, prõtiniai sugebéjimai 2 inteligentijà
Intensität *f* - intensyvùmas
intensív intensyvùs; stiprùs
intensivíeren *vt* intensỹvinti
interessánt įdomùs
Interésse *n* -s, -n 1 *sg* susidoméjimas, interèsas, įdomùmas; *j-s* ～ *errégen* [*erwécken*] sužãdinti kienõ susidoméjimą 2 *pl* interèsai, reikalaĩ
Interessént *m* -en, -en suinteresúotas [besidõmintis] žmogùs; pirkéjas
interessíeren I *vt* (*für A*) sudõminti, suinteresúoti (*kuo*); **II sich** ～ (*für A*) dométis, susidométi (*kuo*)
interessíert susidomėjęs, suinteresúotas
Interessíertheit *f* - suinteresuotùmas
intérn vidìnis, vidaũs
Internát *n* -(e)s, -e internãtas
internationál I *a* tarptautìnis, internacionãlinis **II** *adv* tarptautiniù mastù
Interníst *m* -en, -en vidaũs ligų gýdytojas, terapèutas
interpretíeren *vt* interpretúoti, áiškinti
Interváll *n* -s, -e intervãlas
Intervént *m* -en, -en interveñtas
Interview [-'vju:] *n* -s, -s interviù
interviewen [-'vju:ən] *vt* im̃ti interviù (*iš ko*)
intím intymùs, ar̃timas, draũgiškas
íntolerant nepakantùs, netolerántiškas
Íntoleranz *f* - nepakantùmas, netoleráncija
Intrigánt *m* -en, -en intrigántas
Intríge *f* -, -n intrigà, pìnklės, klastà
intuitív intuityvùs
Invalíde *m* -n, -n invalìdas, luošỹs
Invasión *f* -, -en įsiveržìmas, invãzija
Inventár *n* -s, -e inventõrius
Inventúr *f* -, -en inventorizãcija
investíeren *vt* investúoti
ínwendig I *a* vidìnis **II** *adv* vidùj(è), ìš vidaũs
inwieférn, inwiewéit I *cj* kíek **II** *adv* kíek, kaip daũg

inzwíschen tuõ tárpu; dabař
Irák *m* -s / - Irãkas
Irán *m* -s / - Irãnas
írden molìnis
írdisch žėmìškas; žėmės
Íre *m* -n, -n aĩris, Aĩrijos gyvéntojas
írgend: ~ *etwas* kažkàs, kas nórs
írgend‖ein koks nórs, kažìn kóks; ~wann
kada nórs, kažkadà; ~was kažkàs, kas
nórs; ~wer kas nórs, kažkàs; ~wo ka-
žìn kuř, kur nórs; ~wohin kur nórs, kur
liñk
írisch Aĩrijos; aĩrių; aĩriškas
Íıland *n* -s Aĩıija
Ironíe *f* -, -ní:en irònija, pašaipà
irónisch iròniškas, pašaipùs
ironisíeren *vt* ironizúoti, pašiẽpti
írre 1 klýstantis; suglùmęs 2 pamìšęs, pa-
kvaĩšęs
Írre¹ *sub m, f* pamìšėlis, -ė
Írre² *f*: *j-n in die* ~ *führen* ką suklaidìnti,
išvèsti ką ìš kẽlio
írreal nerealùs, neįvýkdomas
írreführen *vt* (su)klaidìnti
írreführend klaidìnantis
írremachen *vt* suglùminti, supáinioti
írren I *vi* 1 (*s*) kláidžioti, klajóti 2 (*h*) (su)-
klýsti, apsirìkti II *sich* ~ (su)klýsti, apsi-
rìkti
Írren‖anstalt *f* -, -en psichiãtrinė ligóninė;
~haus *n* -es, ⸗er beprõčių namaĩ; psichi-
ãtrinė ligóninė

írrereden *vi* kliedéti, klejóti
írrig klaidìngas, neteisìngas
irritíeren *vt* 1 (su)érzinti, (su)nèrvinti 2 su-
glùminti, sutrikdýti
Írrlicht *n* -(e)s, -er klýstžvakė, klajójanti ug-
nẽlė
Írrsinn *m* -(e)s beprotýbė, kvailỹstė
írrsinnig beprõtiškas, pamìšęs
Írrtum *m* -s, ⸗er klaidà, (su)klydìmas; *im* ~
sein klýsti
írrtümlich I *a* klaidìngas, neteisìngas II *adv*
klaidìngai, peř klaĩdą
irrtümlicherweise peř klaĩdą, netýčia
Írr‖weg *m* -(e)s, -e klýstkelis, šùnkelis;
~wisch *m* -es, -e 1 klýstžvakė, klajójanti
ugnẽlė 2 nenúorama
Ísland *n* -s Islándija
isolíeren I *vt* izoliúoti, atskìrti II *sich* ~
(*von D*) atsiskìrti (*nuo ko*)
Isolíerstoff *m* -(e)s, -e izoliãtorius, izoliãcinė
mẽdžiaga
Ísrael *n* -s Izraèlis
Israéli *m* - / -s, -s izraeliẽtis; Izraèlio gyvén-
tojas
israélisch Izraèlio; izraeliẽčių; izraeliẽtiškas
Israelít *m* -en, -en izraelìtas, žýdas
Itáli:en *n* -s Itãlija
Italiéner *m* -s, - itãlas
italiénisch Itãlijos; itãlų; itãliškas

J

ja 1 taĩp; *na* ~! tebūniẽ taĩp! 2 jùk, gì; *es
régnet* ~ jùk lỹja 3 nètgi
Jacht *f* -, -en jachtà
Jácke *f* -, -n švařkas; palaidìnė, striùkė
Jackétt [ʒa-] *n* -(e)s, -e / -s švařkas
Jagd *f* -, -en 1 medžióklė; *auf die* ~ *géhen*
eĩti medžióti 2 vaĩkymasis; pérsekiojimas
Jágd‖beute *f* - medžióklės laimìkis; ~flie-
ger *m* -s, - 1 naikintùvo lakūnas 2 nai-
kintùvas; ~hund *m* -(e)s, -e medžióklinis
šuõ

jágen I *vt* 1 medžióti 2 gáudyti, pérsekioti;
vaikýti 3 (iš)varýti, išvýti II *vi* 1 (*auf A,
nach D*) medžióti (*ką*) 2 (*s, h*) (*nach D*)
vaikýtis (*ko*)
Jäger *m* -s, - 1 medžiótojas 2 naikintùvas
Jáguar *m* -s, -e jaguãras
jäh 1 staigùs, ūmùs, smarkùs 2 statùs, skar-
dìngas
jählings staigà, ūmaĩ, netikétai
Jahr *n* -(e)s -e mẽtai; *díeses* ~ šiẽmet, šiaĩs
mẽtais; *fünf* ~e *lang* (ìštisus) peñkerius
metùs; *im* ~e *1980* 1980 mẽtais; *seit* ~en

jaũ daũg mẽtų; *von ~ zu ~* mẽtų mẽtais;
er wird zwánzig ~e alt jám eĩna dvidešim-
tíeji mẽtai
jahráus: ~ *jahréin* mẽtai põ mẽtų, nuõlat
Jáhrbuch *n* -(e)s, ⁻er mẽtraštis; almanãchas
jáhrelang I *a* daugiamẽtis, truñkantis daũg
mẽtų **II** *adv* daũg mẽtų, ĭlgus metùs
Jáhres‖abschluss *m* -es, ⁻e mẽtų pabaigà;
~**bericht** *m* -(e)s, -e mẽtinė apýskaita
[atãskaita]; ~**feier** *f* -, -n mẽtinių minéji-
mas; jubiliẽjus; ~**tag** *m* -(e)s, -e mẽtinės,
sukaktìs; ~**wechsel** *m* -s, -, ~**wende** *f* -,
-n mẽtų sándūra; ~**zeit** *f* -, -en mẽtų laĩkas
Jahrfünft *n* -(e)s, -e peñkmetis
Jáhrgang *m* -(e)s, ⁻e **1** gimĭmo mẽtai; *er ist*
~ *1955* jìs gìmęs 1955 mẽtais; **2** (iš)leidĭ-
mo mẽtai (*žurnalo, laikraščio*) **3** (*mokinių*)
laidà
Jahrhúndert *n* -(e)s, -e šim̃tmetis, ámžius
jahrhúnderte‖alt šimtmetìnis, šim̃to mẽtų;
~**lang** šimtmetìnis, truñkantis šim̃tą mẽtų
Jahrhúndert‖feier *f* -, -n šim̃to mẽtų jubi-
liẽjus, šim̃tosios mẽtinės; ~**wende** *f* -, -n
naũjo šim̃tmečio pradžià
jährlich I *a* kasmẽtis, kasmẽtinis **II** *adv* kas-
mẽt
Jáhrmarkt *m* -(e)s, ⁻e mùgė, mẽtturgis
Jahrzéhnt *n* -(e)s, -e dešim̃tmetis
Jähzorn *m* -(e)s (*staigus*) pýktis, tũžmastis
jähzornig purškùs, ūmùs
Jalousie [ʒaluˈziː] *f* -, -síːen žãliuzės
Jámmer *m* -s **1** dejõnė, áimana **2** var̃gas, bė-
dà
jämmerlich I *a* **1** meñkas, skurdùs, vargìn-
gas; pasigailétinas **2** graudùs, graudulìngas
jámmern *vi* bėdóti, aimanúoti, skų́stis; *sie
jámmerte über ihr Schícksal* jì skùndėsi
sàvo likimù
jámmerschade labaĩ gaĩla
Jánuar *m* - / -s, -e saũsis, saũsio ménuo
Jápan *n* -s Japònija
Japáner *m* -s, - japònas
japánisch Japònijos; japònų; japòniškas
Jargon [ʒarˈɡɔŋ] *m* -s, -s žargònas
Jasmín *m* -s, -e jazmìnas
jäten *vt* ravéti

Jáuche *f* -, -n srùtos
jáuchzen *vi* džiū́gauti, krýkštauti
jáulen *vi* stáugti, kaũkti
jawóhl taĩp, žĭnoma
Jazz [dʒes] *m* - džiãzas
je I *adv* **1** kada nórs; *seit* [*von*] ~ nuo [iš]
sẽno **2** põ; ~ *fünf Mann* põ penkìs výrus
II *cj* **1:** *je ... désto* juõ ... juõ, kuõ ... tuõ
2: ~ *nach ...* pagaĩ ... sutiñkamai **3:** ~
nachdém priklaũsomai nuõ, atsižvel̃giant į̃
Jeans [dʒiːnz] *pl* džĭnsai
jédenfalls šiaĩp ar̃ taĩp; būtinaĩ
jéder *m* (*jéde f, jédes n*) kiekvíenas, ku-
rìs; *jéde fünf Minúten* kas peñkios minù-
tės; *in jédem Fall* šiaĩp ar̃ taĩp, kiekvíenu
ãtveju; *zu jéder Zeit* bet kuriuõ laikù
jéderzeit bet kuriuõ laikù, visuomèt
jédesmal kiekvíeną kar̃tą, kaskar̃t
jedóch *cj* tačiaũ, vìsgi
jéher: *von* ~ nuo [iš] sẽno, nuõ seniaĩ
jémals kada nórs
jémand kas nórs, kažkàs
jéner *m* (*jéne f, jénes n, jéne pl*) tàs, anàs
jénseits *prp* (*G*) anàpus, anojè pùsėje
jétzig dabartìnis
jetzt dabar̃, šiuõ metù
jéweilig atitiñkamas, ẽsamas
jéweils kiekvíeną kar̃tą; kada nórs; atitiñka-
mai
Job [dʒɔb] *m* -s, -s (*laikinas*) dárbas
Joch *n* -(e)s, -e / - jùngas; príespauda, naštà;
das ~ *ábschütteln* nusikratýti jùngą
Jockei [ˈdʒɔki] *m* -s, -s *sport.* žokė́jus
Jod *n* -(e)s jòdas
Jóghurt / Jógurt *m, n* -s jogùrtas
Johánnisbeere *f* -, -n serbeñtas
Johánnis‖käfer *m* -s, - jõnvabalis, žibùkas;
~**kraut** *n* -(e)s, ⁻er jonãžolė
jóhlen *vi* šū́kauti, klýkauti
Jongleur [ʒɔŋˈɡløːr] *m* -s, -e žongliẽrius
jonglíeren [ʒɔŋ-] *vi* žonglirúoti
Jóppe *f* -, -n striùkė, trumpĭkė
Journál [ʒur-] *n* -s, -e žurnãlas
Journalíst [ʒur-] *m* -en, -en žurnalìstas
Journalístik [ʒur-] *f* - žurnalìstika
joviál liñksmas, smagùs

Júbel *m* -s džiũgavimas, džiugesỹs
júbeln *vi* džiũgauti
Jubilár *m* -s, -e jubiliãtas, sukaktùvininkas
Jubiläum *n* -s, -läen jubiliẽjus, sukaktìs
júcken I *vi* niežéti, niežtéti, peršéti II *sich*
~ kasýtis
Júckreiz *m* -es, -e niežulỹs, niežéjimas
Júde *m* -n, -n žỹdas
Jüdin *f* -, -nen žỹdė
jüdisch žỹdų, žỹdiškas
Júdo *n* - / -s dziudò
Júgend *f* - 1 jaunỹstė, jaunãtvė; *in früher*
[zárter] ~ ankstyvojè jaunỹstėje 2 jaunì-
mas, jaunúomenė
Júgend‖alter *n* -s jaunãtvė, jáunas ámžius;
~**buch** *n* -(e)s, ᵘer knygà jaunìmui; ~**er-**
ziehung *f* - jaunìmo áuklėjimas; ~**freund**
m -(e)s, -e jaunỹstės draũgas; ~**herberge**
f -, -n jaunìmo turìstinė bãzė
júgendlich jáunas; jaunãtviškas
Júgendliche *sub m, f* jaunuõlis, -ė; *pl* jaunì-
mas, jaunúomenė
Júgend‖literatur *f* - literatūrà jaunìmui;
~**schriftsteller** *m* -s, - rašýtojas, rãšantis
jaunìmui
Júli *m* - / -s, -s líepa, líepos ménuo
Jumper ['dʒampər] *m* -s, - džeˆperis, megz-
tìnis
jung 1 jáunas; ~ *an Jáhren* jáunas, jáuno
ámžiaus; *in* ~*en Jáhren* jaunỹstėje; *von*

~ *auf* iš jáuno, ìš jaunỹstės; *Jung und Alt*
senì iˉr jaunì 2 naũjas; šviẽžias
Júnge *m* -n, -n berniùkas, vaikìnas, jaunuõlis
Júnge *sub n* (*gyvulio*) jaunìklis
júngenhaft jaunuõliškas, vaˆkiškas
Jünger *m* -s, - mokinỹs; pasekéjas
Júngfer *f* -, -n merginà, mergáitė; *éine álte*
~ sénmergė
Júngfrau *f* -, -en skaistì mergēlė [merginà]
júngfräulich 1 meˉrgiškas; skaistùs 2 drovùs,
drovìngas
Júnggeselle *m* -n, -n vienguñgis; *ein álter* ~
sénbernis
Jüngling *m* -s, -e jaunuõlis, jaunikáitis
jünglingshaft jaunuõliškas, jaunãtviškas
jüngst I *a* 1 jauniáusias 2 netólimas, pasku-
tinỹsis II *adv* seneniaˉ, pastarúoju metù
Júng‖verheiratete *sub m, f* jaunavedỹs; jau-
nāmartė; ~**vieh** *n* -(e)s jaunìkliai (*apie*
galvijus)
Júni *m* - / -s, -s biržēlis, biržēlio ménuo
Juríst *m* -en, -en téisininkas, jurìstas
jurístisch téisinis, teˉismo; jurìdinis
Jury [ʒy'ri:] *f* -, -s žiurì
just kaip tìk
Justíz *f* - justìcija, teisingùmas
Juwél *m, n* -s, -en brángakmenis
Juwelíer *m* -s, -e juvelỹras
Juwelíer‖geschäft *n* -(e)s, -e juvelỹrinė par-
duotùvė; ~**waren** *pl* juvelỹriniai dirbiniaˉ

K

Kabarétt *n* -(e)s, -s / -e kabarètas
Kábel *n* -s, - 1 kãbelis 2 lýnas, tròsas
Kábeljau *m* -s, -e / -s ménkė
Kabíne *f* -, -n 1 kabinà, būdēlė 2 kajùtė
Kabinétt *n* -s, -e kabinètas
Káchel *f* -, -n kõklis
Kadáver *m* -s, - dvėsena, dvėseliena
Káder *m* -s, - 1 kãdrai 2 kãdrinis darbúotojas
Käfer *m* -s, - vãbalas
Káffee *m* -s kavà
Káffee‖bohne *f* -, -n kavãmedžio pupēlė;
~**haus** *n* -es, ᵘer kavìnė; ~**kanne** *f* -, -n

kavinùkas; ~**mühle** *f* -, -n mašinēlė kãvai
málti
Käfig *m* -(e)s, -e naˉrvas
kahl plìkas, plýnas, núogas; ~ *wérden* plìkti
Káhlkopf *m* -(e)s, ᵘe plikà galvà; plikagaˉlvis,
plìkis
káhlköpfig plìkas, bè plaukų
Kahn *m* -(e)s, ᵘe bárža; váltis, laivēlis
Kai *m* -s, -s krantìnė
Káiser *m* -s, - káizeris; imperãtorius
Káiserreich *n* -(e)s, -e impèrija
Kajüte *f* -, -n kajùtė
Kakáo *m* -s, -s kakavà

Kakté͟e *f* -, -n, **Káktus** *m* -, -téͅen kāktusas
Kalb *n* -(e)s, ͧer veřšis, veršėlis
kálben *vi* veršiúotis, apsiveršiúoti
Kálbfleisch *n* -es veršiena
Kalénder *m* -s, - kalendõrius
Kalíber *n* -s, - kalìbras
Kalk *m* -(e)s, -e kálkės
Kálk‖**mörtel** *m* -s, - kálkių skiedinỹs; ~**stein** *m* -(e)s kálkakmenis
Kalkül *m, n* -s, -e išskaičiãvimas, sumetìmas
kalkulíeren *vt* kalkuliúoti, apskaičiúoti; apsvarstýti
Kaloríe *f* -, -ríͅen kalòrija
Kaloríͅ**engehalt** *m* -(e)s kaloringùmas
kalt šáltas; ~**e** *Küche* šaltì patiekalaĩ; ~**e** *Plátte* šaltì ùžkandžiai; ~ *stellen* pastatýti šaltaĩ, atšáldyti; ~ *bléiben* lìkti šaltám [abejìngam]
káltblütig šaltakraũjis, šaltakraũjiškas
Kälte *f* - 1 šaĺtis; *éine strénge* [*stárke*] ~ dìdelis šaĺtis, spéigas 2 šaltùmas, abejingùmas
kälteempfindlich jautrùs šaĺčiui
káltherzig kietašir̃dis, bešir̃dis
Kált‖**schale** *f* -, -n šaltà vaĩsių sriubà; ~**welle** *f* -, -n šaltàsis plaukų sušukãvimas
Kamél *n* -(e)s, -e kupranugãris
Kámera *f* -, -s 1 kìno kāmera 2 fotoaparãtas
Kamerád *m* -en, -en draũgas, bičiùlis
Kamerádschaft *f* -, -en draugỹstė, bičiulỹstė
kamerádschaftlich draũgiškas, bičiùliškas
Kámeramann *m* -(e)s, ͧer / -leute kìno operãtorius
Kamílle *f* -, -n ramùnė
Kamín *m* -s, -e židinỹs
Kamm *m* -(e)s, ͧe 1 šùkos 2 skiauterė̃
kämmen I *vt* (su)šukúoti **II** *sich* ~ šukúotis, susišukúoti
Kámmer *f* -, -n kamarà; kambarėlis
Kámmer‖**konzert** *n* -(e)s, -e kamerìnis koncèrtas; ~**sänger** *m* -s, - kamerìnis daininiñkas; ~**ton** *m* -(e)s, ͧe *muz.* kamertònas
Kampagne [-'panjə] *f* -, -n kampánija, vājus
Kampf *m* -(e)s, ͧe kovà; kautỹnės; *ein* ~ *auf Lében und Tod* žūtbūtìnė kovà; *der* ~ *ums Dásein* kovà ùž būvį

kämpfen *vi* kovóti; kariáuti; *für die Fréiheit* ~ kovóti dėl láisvės
Kámpfer *m* -s kam̃paras
Kämpfer *m* -s, - kovótojas; karỹs
kämpferisch kovìnis; kovìngas; karìngas
Kámpf‖**gefährte** *m* -n, -n kovõs draũgas, bendražỹgis; ~**handlungen** *pl* kãro veiksmaĩ
Kámpf‖**mittel** *n* -s, - kovõs príemonė; ~**platz** *m* -es, ͧe kovõs arenà
kampíeren *vi* stovykláuti
Kánada *n* -s Kanadà
Kanádiͅ**er** *m* -s, - kanadiẽtis
kanádisch Kanãdos; kanadiẽčių; kanãdiškas
Kanál *m* -s, ͧe kanãlas
Kanalisatión *f* -, -en kanalizãcija
Kánapee *n* -s, -s kanapà, kušètė
Kanáriͅ**envogel** *m* -s, ͧ kanarėlė
Kandáre *f* -, -n žą̃slai, žabõkliai
Kandeláber *m* -s, - kandeliãbras, sietýnas
Kandidát *m* -en, -en kandidãtas
Kandidátenliste *f* -, -n kandidãtų są́rašas
Kandidatúr *f* -, -en kandidatūrà
kandidíeren *vi* bolotirúotis, bū́ti kandidatù
Känguru *n* -s, -s kengūrà
Kanínchen *n* -s, - triùšis
Kaníster *m* -s, - kanìstras
Kánne *f* -, -n ąsõtis, puodỹnė; kavinùkas
Kanóne *f* -, -n patránka
Kánte *f* -, -n krãštas, briaunà
kánten *vt* (ap)veřsti [pastatýti] añt šóno
kántig kampúotas, briaunótas
Kánu *n* -s, -s kanojà (*laivelis*)
Kanzléi *f* -, -en rãštinė, kanceliãrija
Kánzler *m* -s, - káncleris
Kap *n* -s, -s iškyšulỹs, rãgas
Kapazität *f* -, -en 1 (*gamybinis*) pajėgùmas 2 talpùmas, talpà 3 stambùs specialìstas
Kapélle *f* -, -n 1 koplyčià 2 kapelà, pučiamų́jų instrumentų̃ orkèstras
kapitál kapitãlinis, stambùs
Kapitál *n* -s, -e / -liͅen kapitãlas; tuřtas, vertýbė
Kapitálanlage *f* -, -n kapitãlo įdėjìmas
Kapitalíst *m* -en, -en kapitalìstas
kapitalístisch kapitalìstinis

Kapitän *m* -s, -e kapitõnas
Kapítel *n* -s, - (*knygos*) skỹrius
Kapituliatión *f* -, -en kapituliãcija
kapitulíeren *vi* kapitulíuoti
Káppe *f* -, -n 1 kepuráitė 2 dañgtis, gaubtùvas
kapriziõs kaprizìngas, aikštìngas
Kápsel *f* -, -n 1 futliãras, dẽklas 2 kãpsulė (*pvz.*, *vaistams įdaryti*)
kapútt 1 sugẽdęs, sugadìntas, sudùžęs 2 nusiplū́kęs, išsẽkęs
kapútt‖gehen* *vi* (*s*) (su)gèsti, sudùžti; (sù)žlùgti; ~**machen** *vt* sudaužýti, suláužyti, sugadìnti
Karáffe *f* -, -n grafìnas, rópinė
Karamélle *f* -, -n karamėlė (*saldainis*)
Karáusche *f* -, -n karõsas
Karawáne *f* -, -n karavãnas
kardinál kardinalùs, svarbiáusias
Kardinál *m* -s, ᵘe kardinõlas
Karfréitag *m* -(e)s, -e Didỹsis penktãdienis
karg meñkas, skurdùs, prãstas
kárgen *vi* (*mit D*) (pa)šykštéti (*ko*)
kärglich meñkas, skurdùs, vargìngas
karíert langúotas (*apie audinį*)
Karikatúr *f* -, -en karikatūrà
Karikaturíst *m* -en, -en karikatūrìstas
Karnevál *m* -s, -e / -s karnavãlas
Karosseríe *f* -, -rí:en automobìlio kẽbulas
Kárpfen *m* -s, - kárpis
Kárre *f* -, -n, **Kárren** *m* -s, - rañkinis vežimėlis, víenratis
Karri:ére [kari¹e:-] *f* -, -n karjerà
Karri:erist *m* -en, -en karjerìstas
Kárte *f* -, -n 1 kortẽlė 2 atvirùkas 3 bìlietas (*pvz.*, *kelionės*, *teatro*) 4 žemėlapis 5 kortà; ~**n spíelen** lõšti kõrtomis
Kartéi *f* -, -en kartotekà
Kartéikarte *f* -, -n kartotèkos kortẽlė
Kartóffel *f* -, -n bùlvė
Kartóffel‖brei *m* -(e)s, -e bulvìnė kõšė; ~**ernte** *f* -, -n 1 bùlviakasis 2 bùlvių derlius; ~**käfer** *m* -s, - Kolorãdo vãbalas
Karton [-¹tɔŋ] *m* -s, -s 1 kartònas 2 kartòninė dėžùtė
Kartothék *f* -, -en kartotekà

Karusséll *n* -s, -s / -e karusèlė
Käse *m* -s, - sū́ris
Käsebrot *n* -(e)s, -e sumuštìnis sù sū́riu
Kasérne *f* -, -n kareivìnės
Kaskáde *f* -, -n kaskadà
Kásse *f* -, -n kasà; *das Geld bei der* ~ *éinzahlen* mokéti pìnigus į̃ kãsą
Kássen‖bestand *m* -(e)s, ᵘe kasojè esamì pinigaĩ; ~**zettel** *m* -s, - (*kasos*) čèkis, kvìtas
Kasserólle *f* -, -n púodas
Kassétte *f* -, -n 1 dėžùtė (*pvz.*, *pinigams*) 2 *fot.* kasètė
kassíeren *vt* priim̃ti, riñkti (*mokestį*)
Kassierer *m* -s, - kãsininkas, ìždininkas; ~**in** *f* -, -nen kãsininkė
Kastáni:e *f* -, -n kaštõnas
Kásten *m* -s, - / ᵘ dėžẽ, skrynià
Kásus *m* -, - *gram.* liñksnis
Katafálk *m* -s, -e katafálkas
Katalóg *m* -(e)s, -e katalògas
Katastróphe *f* -, -n katastrofà
Kategoríe *f* -, -rí:en kategòrija
kategórisch kategòriškas, grìežtas
Káter *m* -s, - kātinas
Kathedrále *f* -, -n kãtedra
Katholík *m* -en, -en katalìkas
kathólisch katalìkų, katalìkiškas
Kattún *m* -s, -e kartūnas
kátzbuckeln *neatsk.* *vi* (*vor D*) keliaklupsčiáuti (*prieš ką*)
Kátze *f* -, -n katẽ
Kátzenjammer *m* -s pãgirios; *er hat éinen* ~ jìs pagiriója
káuen *vt, vi* kramtýti; krim̃sti
káuern I *vi* tupéti, sėdéti pritū́pus II *sich* ~ pritū́pti, atsitū́pti
Kauf *m* -(e)s, ᵘe 1 pirkìmas 2 pirkinỹs
káufen *vt* (nu)piR̃kti
Käufer *m* -s, - pirkéjas; ~**in** *f* -, -nen pirkéja
Káuf‖halle *f* -, -n dìdelė parduotùvė; ~**haus** *n* -es, ᵘer universãlinė parduotùvė; ~**laden** *m* -s, - / ᵘ parduotùvė
käuflich 1 pardúodamas 2 parsidúodantis; peR̃kamas, parsidãvėliškas
Káufmann *m* -(e)s, -leute pirklỹs, prekýbininkas

káufmännisch komèrcinis, prekýbos

Káupreis m -es, -e pirkìmo (pardavìmo) káina

Káugummi m -s kram̃tomoji gumà

kaum 1 võs, võs ne võs, vargù **2** võs tik, lig tiktaĩ

Káutschuk m -s, -e kaučiùkas

Kavalíer m -s, -e kavaliẽrius

Kavalleríe f -, -ríːen kavalèrija, raĩteliai

Káviar m -s, -e ìkrai

keck 1 įžūlùs, nepagarbùs, akìplėšiškas **2** drąsùs

Kéfir m -s kefỹras

Kégel m -s, - kéglis

kégeln vi žaĩsti kégliais

Kéhle f -, -n gerklė̃; **aus vóller ~ rúfen** šaũkti ìš visõs gerklė̃s

Kéhrbesen m -s, - šlúota

Kéhre f -, -n (kelio) pasisukìmas, pósūkis, vìngis

kéhren[1] **I** vt, vi nusùkti, pasùkti, apsisùkti; **j-m den Rücken ~** atsùkti kám nùgarą; nusigrę̃žti nuõ kõ; **in sich gekéhrt** užsidãręs **II sich ~** pasisùkti

kéhren[2] vt (nu)šlúoti

Kéhricht m, n -(e)s są́šlavos, šiùkšlės

Kéhr‖reim m -(e)s, -e príedainis, refrènas; **~seite** f -, -n išvirkštìnė pùsė

kéhrtmachen vt apsigrę̃žti, apsisùkti

Kéiler m -s, - šérnas

Keim m -(e)s, -e dáigas, diẽgas; užúomazga

kéimen vi (su)dýgti

kein m, n (kéine f, pl) nė̃ víenas, jóks; niẽkas; nė̃; **auf ~en Fall** jókiu būdù

kéinerlei jóks; **auf ~ Wéise** jókiu būdù, niẽkaip

kéines‖falls jókiu būdù, niekù gývu, niẽkaip; **~wegs** anaiptõl, visái nè

kéinmal nė̃ kar̃to

Keks m, n -es, - / -e pyragáitis

Kelch m -(e)s, -e **1** taurė̃ **2** bot. taurẽlė

Kéller m -s, - rūsỹs

Kéllergeschoss n -es, -e pùsrūsis

Kéllner m -s, - kélneris, padavėjas; **~in** f -, -nen padavėja, oficiántė

kénnen[*] vt žinóti, pažìnti; **kein Maß ~** neturéti saĩko; **j-n ~ lérnen** susipažìnti sù kuõ

Kénner m -s, - žinõvas, mokõvas

kénntlich atpažį́stamas, pàstebimas

Kénntnis f -, -se **1** žinià, žinójimas; **j-n von** etw. (D) **in ~ sétzen** ką̃ supažìndinti sù kuõ **2** pl žìnios

Kénn‖wort n -(e)s, ᵘer slaptãžodis, paròlis; **~zeichen** n -s, - pózymis, žymė̃; (automobilio) nùmeris

kénnzeichnen neatsk. vt **1** (pa)žénklinti, (pa)žyméti **2** apibūdìnti, charakterizúoti

kénnzeichnend būdìngas, charakterìngas

Kénnzeichnung f -, -en apibūdìnimas, charakterizãvimas

kéntern vi (s) apvir̃sti, apsiver̃sti

Kerámik f -, -en kerãmika

kerámisch kerãminis, kerãmikos

Kérker m -s, - kaléjimas

Kerl m -(e)s, -e / -s vaikìnas, výras; bérnas

Kern m -(e)s, -e kaulẽlis, kauliùkas, branduolỹs

Kérn‖energie f - branduolìnė enèrgija; **~frage** f -, -n pagrindìnis kláusimas

kérngesund labaĩ sveĩkas, tvirtõs sveikãtos

kérnig 1 sù kaulẽliais **2** stiprùs, tvìrtas

Kérn‖punkt m -(e)s, -e pagrindìnis [svarbiáusias] pùnktas; **~waffe** f -, -n branduolìnis [atòminis] giñklas

Kérze f -, -n žvãkė

Késsel f -, -n **1** grandìnė **2** grandìnės, metalìniai pánčiai; **j-n in ~n légen** ką̃ sukáustyti grandìnėmis **3** karõliai, vėrinỹs **4** vìrtinė, vorà (pvz., žmonių̃, mašìnų)

kétten vt prirìšti, prirakìnti; prikáustyti

Kétzer m -s, - erètikas, atskalū́nas

kéuchen vi šniõkšti, šnõpšti, suñkiai alsúoti

Kéule f -, -n vė̃zdas, lazdà, kúoka

keusch skaistùs, nekaĩtas

kíchern vi kikénti, krizénti

kídnappen [-nɛpən] vt pagróbti (žmones, džn. vaikus)

Kíebitz m -es, -e **1** pémpė **2** sirgãlius

Kíefer[1] m -s, - žandìkaulis

Kíefer[2] f -, -n pušìs

Kíefern‖wald m -(e)s, ∺er pušýnas; ∼zapfen m -s, - pušiẽs konkórėžis
Kies m -es, -e žvìřgždas, žvỹras
Kíes‖grube f -, -n žvỹrduobė, žvỹro karjèras; ∼weg m -(e)s, -e žvỹrkelis
Kílo n -s, - / -s, Kilográmm n -s, - kilográmas
Kilométer m -s, - kilomètras
Kind n -(e)s, -er vaĩkas; kū̃dikis; sie hat ein ∼ bekómmen jái gìmė kū̃dikis; von ∼ auf [an] nuõ vaikỹstės
Kínder‖arzt m -es, ∺e pediãtras, vaikų̃ gýdytojas; ∼buch n -(e)s, ∺er knygà vaikáms; ∼garten m -s, ∺ vaikų̃ daržẽlis; ∼gärtnerin f -, -nen vaikų̃ daržẽlio áuklėtoja; ∼krankheit f -, -en vaikų̃ ligà
kínder‖leicht labaĩ leñgvas [pàprastas]; ∼los bevaĩkis; ∼reich daugiavaĩkis
Kínder‖schuh m -(e)s, -e vaĩkiškas bãtas; ∼wagen m -s, - vaĩkiškas vežimė̃lis
Kíndesalter n -s vaĩko [kū̃dikio] ámžius, kū̃dikỹstė, vaikỹstė
Kíndheit f - vaikỹstė; von ∼ an nuõ [ìš] vaikỹstės, nuõ mažumė̃s
kíndisch vaĩkiškas, naivùs
kíndlich vaĩkiškas, vaĩko
Kinn n -(e)s, -e smãkras
Kínnbacke f -, -n žandìkaulis
Kíno n -s, -s kìnas, kìno teãtras
Kiosk m -(e)s, -e kiòskas
kíppen I apveřsti; išveřsti, išpìlti II vi (s) apvir̃sti, apsiveřsti
Kírche f -, -n bažnýčia
Kírch‖gänger m -s, - bažnýčios lankýtojas; ∼hof m -(e)s, ∺e kapaĩ, kãpinės (prie bažnýčios)
Kírmes f -, -sen 1 parãpinė šveñtė 2 mùgė
Kírschbaum m -(e)s, ∺e vyšnià (vaismedis)
Kírsche f -, -n vyšnià (uoga, vaismedis)
Kíssen n -s, - príegalvis, pagálvė
Kíste f -, -n dėžė̃
Kitsch m -(e)s kìčas, neskonìngas kūrinỹs
Kitt m -(e)s, -e kìtas, glaĩstas
Kíttel m -s, - (darbo) chalãtas
kítzelig 1 bìjantis kutėnimo 2 keblùs, opùs

kítzeln I vt kuténti, kùtinti II vimp knietéti, magéti
Kládde f -, -n júodraštis
kláffen vi žiojéti, bū̃ti prasivė́rusiam
kläffen vi lóti, am̃bryti
Kláge f -, -n 1 skuñdas, dejõnė 2 teis. skuñdas, ieškinỹs
klágen I vt skų́stis, pasiskų́sti (kuo) II vi (über A) skų́stis (kuo), dejúoti (dėl ko)
kläglich 1 graudùs, gailùs 2 pasigailėtinas, vargìngas 3 niekìngas, nedõras
Klámmer f -, -n 1 apkabà, sų́varža; spraudė̃, sų́varžėlė 2 skliaũstas
klámmern I vt sukabìntl, prisègtl II sich ∼ (an A) įsikìbti, įsikabìnti (į ką)
Klamótte f -, -n skuduraĩ, skarmalaĩ
Klang m -es, ∺e gar̃sas, tònas; skambesỹs
kláng‖los neskambùs; duslùs; ∼voll skambùs, skardùs
Kláppbett n -(e)s, -en sulañkstomoji lóva
Kláppe f -, -n 1 vožtùvas 2 užvožalas, dañgtis 3 órlaidė, langėlis
kláppen¹ I vt pakélti (pvz., dangtį) II vi taukšéti, pokšéti, kaukšéti
kláppen² vi, vimp sèktis, pasisèkti
Klápper m -s, - tarškýnė, tarškùtis
klápperig 1 bárškantis, tárškantis 2 sulýsęs, sunỹkęs
kláppern vi 1 dardéti, bildéti, trinkséti 2 kalénti
Klápp‖fenster n -s, - atlenkiamàsis langėlis; ∼stuhl m -(e)s, ∺e sulañkstomoji kėdė̃
klar I a 1 giẽdras, šviesùs, skaidrùs; ∼es Wásser skaidrùs vanduõ; ∼ wérden giẽdrytis, blaivýtis 2 áiškus, suprañtamas; ein ∼er Kopf šviesì galvà II adv áiškiai, suprañtamai; sich (D) über etw. (A) ∼ [im Kláren] sein turéti apiẽ ką̃ áiškų supratìmą; ∼ wérden (s) (pa)aiškéti, išaiškéti
Kläranlage f -, -n (vandens) vālymo įrengìnỹs
klären I vt 1 (iš)valýti 2 išáiškinti, išsprę́sti (pvz., klausimą, ginčą) II sich ∼ 1 blaivýtis, giedréti 2 (pa)aiškéti, išaiškéti
Klárheit f - 1 giedrùmas, skaidrùmas 2 aiškùmas, suprantamùmas
Klarinétte f -, -n klarnètas

klár‖machen vt išáiškinti, paáiškinti; ∼**stellen** vt išáiškinti, paáiškinti
Klásse f -, -n 1 (*visuomeninė*) klãsė 2 klãsė (*mokyklos*) 3 klãsė, kategòrija 4 klãsė (*vagono, kajutės kategorija*)
Klássen‖buch n -(e)s, ᵘer klãsės žurnãlas; ∼**lehrer** m -s, - klãsės mókytojas; ∼**zimmer** n -s, - (*mokyklos*) klãsė
Klassifikatión f -, -en klasifikãcija; (su)skìrstymas
klassifízieren vt (su)klasifikúoti, (su)skìrstyti
Klássiker m -s, - klãsikas
klássisch 1 klasikìnis 2 klãsiškas, tóbulas 3 tradìcinis; tìpiškas
klátschen I vt 1 tẽkšti, tékštelėti 2 išplepéti 3: *Béifall* ∼ plóti katùčių II vi 1 tekšlénti, tekšénti 2 plóti 3 apkalbinéti, liežuváuti
Kláue f -, -n nãgas, nagaĩ; kanópa
kláuen vt nukniaũkti, nudžiáuti
Klaviatúr f -, -en klaviatūrà
Klavíer n -(e)s, -e fortepijõnas; pianìnas; ∼ *spíelen* skam̃binti fortepijonù
Klavíer‖konzert n -(e)s, -e fortepijõno mùzikos vãkaras; ∼**spieler** m -s, - pianìstas
klében I vt (pri)lipdýti, (pri)klijúoti II vi (pri)lìpti, bū́ti prilìpusiam
klébrig lipnùs
Klébstoff m -(e)s, -e klijaĩ
Klecks m -es, -e juodà dėmė̃, juodulỹs
klécksen vi terlénti, terlióti
Klee m -s dóbilas, dobilaĩ
Kleid n -(e)s, -er 1 suknẽlė; drabùžis, rū̃bas; *sich* (*D*) *ein* ∼ *máchen lássen* užsisakýti suknẽlę 2 pl drabùžiai, rū̃bai
kléiden I vt 1 (ap)reñgti 2 (pri)tìkti II sich ∼ (*in A*) reñgtis (*kuo*)
Kléider‖ablage f -, -n rū̃binė, drabužìnė; ∼**bügel** m -s, - pãkabas; ∼**bürste** f -, -n drabužìnis šepetỹs; ∼**schrank** m -(e)s, ᵘe drabùžių spìnta
kléidsam (pri)tiñkantis, gražùs
Kléidungsstück n -(e)s, -e drabùžis, rū̃bas
Kléie f -, -n sélenos
klein I a mãžas, meñkas; nežymùs, nereikšmìngas; ∼ *vom Wuchs* mãžo ū́gio; *Groß und Klein* dideli iř maži II adv: *etw.* ∼

schréiben rašýti ką̃ mažomìs raĩdėmis; neskìrti kám reikšmė̃s; *von* ∼ *auf* nuõ mažumė̃s
Kléin‖bauer m -n / -s, -n mažažẽmis [smùlkus] valstiẽtis; ∼**bürger** m -s, - smùlkus buržuà; miesčiónis
Kléine sub m, f, n mažỹlis, -ė; *die* ∼n mažỹliai, maži vaikaĩ
Kléin‖garten m -s, ᵘ sklỹpas kolektỹviniame sodè; ∼**gärtner** m -s, - kolektỹvinio sõdo sõdininkas; ∼**geld** n -(e)s smùlkūs pinigaĩ
kléingläubig nepatiklùs, nepasìtikintis
Kléinhandel m -s mažmenìnė prekýba
Kléinigkeit f -, -en smùlkmena, mãžmožis, niẽkniekis
Kléinkind n -(e)s, -er mãžas vaĩkas
kléinkriegen vt 1 suláužyti, sugadìnti 2 įveĩkti, paláužti pasipríešinimą̃
kléinlaut nedrą̃sùs; ∼ *wérden* nurìmti, nutìlti
kléinlich smùlkmeniškas, pedántiškas
Kléinmut m -(e)s silpnadvasiškùmas, nedrą̃sùmas
kléinmütig silpnadvãsis, nedrą̃sùs
Kléin‖od n -(e)s, -e / -diᵉen brangenýbė, brangùs dáiktas; ∼**schreibung** f - rãšymas mažája raidè; ∼**stadt** f -, ᵘe mãžas miestẽlis
kléinschreiben* vt rašýti žõdį̃ mažája raidè
Kléinstwagen m -s, - mažalitrãžis automobìlis
Klémme f -, -n 1 segtùkas (*plaukams susegti*); sąvaržẽlė 2: *in der* ∼ *sein* [*sítzen*] bū́ti bėdojè [sunkiojè padėtyjè]
klémmen I vt sugnýbti, privérti II vi nesìvárstyti, užsikiřsti
Klémpner m -s, - skardiniñkas; santèchnikas
klerikál klerikãlinis
Klétte f -, -n varnalėša
kléttern vi (*s, h*) (į)lìpti, (į)kópti; láipioti
Klétterpflanze f -, -n vijõklinis áugalas
Klíma n -s, -s / -máte klìmatas
klimátisch klimatìnis, klìmato
klímmen* vi (*s*) kópti, lìpti
klímpern vi netìkusiai skam̃binti [gróti]; bárškinti

Klinge f -, -n **1** gelẽžtė, ãšmenys **2** špagà, kárdas

Klingel f -, -n skambùtis

klingeln vi skam̃binti (skambučiu)

Klingelzeichen n -s, - skambùtis (signalas)

klingen* vi skambėti, skardėti

klingend skam̃bantis; skardùs

Klinik f -, -en klìnika

Klinke f -, -n (durų) rañkena

klip: ~ **und klar** trumpaĩ iř áiškiai, tiẽsiai

Klipp m -s, -s aũskaras

Klippe f -, -n (stati) uolà; rìfas; povandenìnė kliūtìs

klirren vi džeřškėti, žvangėti, barškėti

Klo n -s, -s klozėtas, ìšvietė

Kloáke f -, -n kloakà, pamazgų̃ duobẽ

Klóben m -s, - pliauskà, pagalỹs

klóbig 1 sunkùs, masyvùs **2** grubùs, nerangùs

klópfen I vt mùšti, daužýti **II** vi **1** (pa)bélsti, (pa)barbénti **2** plàkti, tuksėti (pvz., apie širdì)

Klópfer m -s, - dulkintùvas (kilimams dulkinti)

klöppeln vt nėrinius nérti

Klops m -es, -e kotlėtas, maltìnis

Klosétt n -(e)s, -e / -s ìšvietė, klozėtas

Kloß m -es, ̈e kukùlis, gružùlis (iš bulvių, miltų arba mėsos)

Klóster n -s, ̈ vienuolýnas

Klotz m -es, ̈e **1** (medžio) trìnka, rąst(a)galỹs **2** prk. stuobrỹs, kélmas

klótzig nerangùs, dramblótas; masyvùs

Klub m -s, -s klùbas

Klúbhaus n -es, ̈er klùbas

Kluft f -, ̈e **1** plyšỹs uolojè; tarpėklis **2** prarajà

klug protìngas, išmintìngas; sumanùs

Klúgheit f - protingùmas, išmintingùmas; sumanùmas

Klúmpen m -s, - luĩstas, luĩtas

Klüngel m -s, - klikà

knábbern I vt kramsnóti, krim̃sti **II** vi (an D) gráužti, krim̃sti (ką)

Knábe m -n, -n berniùkas; paauglỹs

knábenhaft vaĩkiškas

Knäckebrot n -(e)s, -e džiūvėsiai

knácken I vt (su)tráiškyti, gliáudyti, aižýti **II** vi braškėti, traškėti

Knáckwurst f -, ̈e rūkýta kapóta dešrà

Knall m -(e)s, -e treñksmas, trìnktelėjimas; pókštelėjimas

knállen vi **1** (su)trinksėti, trìnktelėti **2** pokšėti, tratėti

knállrot rýškiai raudónas

knapp meñkas, nedìdelis; skurdùs; ~ **drei Wóchen** nepìlnos trỹs saváitės; **méine Zeit ist** ~ àš mažaĩ turiù laĩko; **mit** ~**en Wórten** glaustaĩ

Knáppheit f - trūkumas, stokà

knárren vi girgždėti, geřgžti

knáttern vi tarškėti, barškėti; poškėti

Knäuel m, n -s, - **1** kamuolỹs (siūlų) **2** būrỹs

knáuserig šykštùs

knáusern vi (mit D) šykštėti, gailėti (ko)

knébeln vt užkim̃šti bùrną; užgniáužti

Knecht m -(e)s, -e tar̃nas, samdinỹs, bérnas

Knéchtschaft f - vergóvė, neláisvė

knéifen* vt (į)gnýbti, (į)žnýbti (kam)

Knéifer m -s, - pensnė

Knéipe f -, -n smùklė, traktiẽrius

knéten vt mìnkyti

Knick m -(e)s, -e **1** staigùs pósūkis **2** įlinkis, įlinkìmas

knícken I vi (į)lū́žti, įtrū́kti **2** liñkti (apie kelius) **II** vt įláužti; nuláužti

Knicks m -es, -e reveránsas, pritūpìmas

knícksen vi padarýti reveránsą, pritūpti

Knie n -s, Knĩe **1** kėlis; **auf den** ~**n líegen** klū́poti; **auf die** ~ **fállen** (par)pùlti ant kėlių **2** vìngis, alkū́nė (pvz., upės, kelio)

Knie‖gelenk n -(e)s, -e kėlio sąnarỹs; ~**hose** f -, -n trum̃pos kélnės (žemiau kelių)

knĩen I vi klūpóti **II** sich ~ klaūptis, atsiklaūpti

Kniff m -(e)s, -e gnýbis, žnýbis **3** raukšlė̃, nelygùmas **3** gudrýbė; triùkas

kníffelig sudėtìngas, painùs

knípsen vt (nu)fotografúoti

Knirps m -es, -e mažẽlis, mažỹlis **2** sustumiamàsis skėtis

135

knírschen *vi* girgždéti; *mit den Zähnen* ~ dantimìs gríežti, šiřsti

knístern *vi* sprogséti, spragséti; šlaméti, šnaréti

knítter‖fest, ~**frei** nesiglámžantis

knítterig raukšlétas, suglámžytas

kníttern I *vt* (su)glámžyti **II** *vi* glámžytis

Knóblauch *m* -(e)s česnãkas

Knöchel *m* -s, - kulkšnìs, kulnēlis; (*piršto*) krumplỹs

Knóchen *m* -s, - káulas

Knóchenmark *n* -(e)s káulų smēgenys

knóchig kaulétas, prakaulùs

Knödel *m* -s, - kukùlis, gružùlis (*iš miltų, bulvių arba mėsos*)

Knóllengewächs *n* -es, -e šakniãvaisis, šakniãgumbis

Knopf *m* -(e)s, ⁼e 1 sagà 2 mygtùkas, klavìšas

knöpfen *vt* (už)sègti, susègti

Knórpel *m* -s, - kremzlē

Knóspe *f* -, -n pum̃puras; ~*n tréiben* pum̃purus skleĩsti

knóspen *vi* sprógti, pum̃purus léisti

Knóten *m* -s, - 1 mãzgas; *éinen* ~ *knüpfen* užmègzti (*mazgą*) 2 gum̃bas, ataugà 3 (*plaukų*) kúokštas

knüllen I *vt* glámžyti **II** *vi* glámžytis

knüpfen I *vt* 1 užmègzti (*mazgą*); užřìšti 2 (*an A*) priřìšti (*prie ko*); (su)síeti (*su kuo*) 3 užmègzti (*pvz., ryšius*) **II sich** ~ (*an A*) būti susìjusiam (*su kuo*)

Knüppel *m* -s, - lazdà, kuokà, vēzdas

knúrren *vi* 1 uřgzti (*pvz., apie šunį*) 2 niurnéti, bambéti

knúrrig niurzgùs

knúsperig paskrùdintas, paskrùdęs

knúspern *vt, vi* gráužti, krim̃sti

Koalitión *f* -, -en koalìcija

Kóben *m* -s, - žařdis, gařdas

Kóbold *m* -s, -e gnòmas, kaūkas; áitvaras

Kóbra *f* -, -s ìndinė kobrà

Koch *m* -(e)s, ⁼e viréjas

Kóchbuch *n* -(e)s, ⁼er patiekalų knygà

kóchen I *vt* (iš)vìrti, (iš)vìrinti **II** *vi* vìrti

Kócher *m* -s, - 1 virỹklė 2 virtùvas, virintùvas

Kóch‖frau *f* -, -en viréja; ~**geschirr** *n* -(e)s, -e virtùviniai iñdai; ~**herd** *m* -(e)s, -e virỹklė

Köchin *f* -, -nen viréja

Köder *m* -s, - jaūkas, māsalas

Kódex *m* - / -es, -e kòdeksas

Koeffiziént *m* -en, -en koeficieñtas

Koexisténz *f* - koegzisteñcija, sámbūvis

Koffeín *n* -s kofeìnas

Kóffer *m* -s, - lagamìnas

Kóffer‖radio *n* -s, -s tranzìstorius; ~**raum** *m* -(e)s, ⁼e automobìlio bagažìnė

Kognak ['kɔnjak] *m* -s, -s konjãkas

Kohl *m* -(e)s, -e kopūstas

Kóhle *f* -, -n añglys

Kóhlen‖gewinnung *f* - anglių gavýba; ~**lager** *n* -s, - 1 akmeñs anglių klõdas 2 anglių sándėlis

Kóhlepapier *n* -s, -e kálkė

Kóhl‖kopf *m* -(e)s, ⁼e kopūsto galvà; ~**rabi** *m* - / -s, *pl* - / -s kaliãropė; ~**roulade** *f* -, -n *kul.* balandēlis; ~**rübe** *f* -, -n griēžtis, sétinỹs; ~**suppe** *f* -, -n kopūstų sriubà

Kokétte *f* -, -n kokètė

kokettíeren *vi* koketúoti

Kókos‖nuss *f* -, ⁼e kòkoso ríešutas; ~**palme** *f* -, -n kòkoso pálmė

Koks *m* -es, -e kòksas

Kólben *m* -s, - 1 kòlba, rópinė 2 (*šautuvo*) búožė

Kólik *f* -, -en dieglia͂ī

Kollége *m* -n, -n kolegà, bendradařbis

kollegiál kolègiškas, draūgiškas

Kollégin *f* -, -nen kolègė; bendradařbė

Kollektión *f* -, -en kolèkcija

kollektív kolektỹvinis, beñdras

Kollektív *n* -s, -e / -s kolektỹvas

Kóller *m* -s, - ìniřšis, ìniřsìmas

Kollier [kɔ'lje:] *n* -s, -s vérinỹs, karõliai

Kollisión *f* -, -en susidūrìmas; giñčas, konflìktas

Kollóquium *n* -s, -quien kolòkviumas

Kölnischwasser *n* -s odekolònas

koloniál kolonijìnis

Koloníe *f* -, -ni͡en kolònija

kolonisieren 136

kolonisíeren *vt* kolonizúoti (*ką*), vykdyti kolonizãciją (*kieno*)
Kolónne *f* -, -n kolonà
Kolorít *n* -(e)s, -e kolorìtas
Kolóss *m* -es, -e kòlosas, milžinas
kolossál didžiùlis, milžiniškas
Kolúmbi:en *n* -s Kolùmbija
Kombinát *n* -(e)s, -e kombinãtas
Kombinatión *f* -, -en kombinãcija; sudērinimas
kombiníeren *vt* kombinúoti, (su)jùngti
Komét *m* -en, -en kometà
Komfórt *m* -s komfòrtas, ìštaiga
komfortábel komfortabilùs, ištaigìngas
Kómiker *m* -s, - kòmikas
kómisch kòmiškas, juokìngas; keĩstas
Komitée *n* -s, -s komitètas
Kómma *n* -s, -s / -ta kablēlis
Kommandánt *m* -en, -en komendántas
Kommandeur [-'dø:r] *m* -s, -e *kar.* vãdas
kommandíeren *vt* komandúoti, įsakinéti, vadováuti (*kam*)
Kommándo *n* -s, -s 1 kománda, įsãkymas 2 vadovãvimas 3 *kar.* vadovýbė
Kommándobrücke *f* -, -n kapitõno tiltēlis
kómmen* *vi* (*s*) 1 ateĩti, atvȳkti, atvažiúoti; *mit dem Flúgzeug* ~ atskrìsti lėktuvù; *den Arzt* ~ *lássen* pakviẽsti gýdytoją; *er kam ins Gefängnis* jìs patēko į kalėjimą 2 kìlti, įvȳkti, atsiràsti; *das kommt davón, dass ...* taĩ yrà dėl tõ, kàd ... *das kommt ziemlich téuer* taĩ ganà brangù 3 (*auf A*) kìlti miñčiai, ateĩti į gálvą; *ich kann nicht auf séinen Námen* ~ àš negaliù prisimiñti jõ vařdo 4 (*zu D*) pasíekti, įsigýti (*ką*); *zu Geld(e)* ~ praturtéti 5: *gefáhren* ~ atvažiúoti; *wann* ~ *wir an die Réihe?* kadà mūsų eilē̃? *zur Spráche* ~ būti svařstomam; *zu kurz kómmen* nukentéti, būti nuskriaustám; *zu sich* ~ atsipéikėti, atgáuti sąmonę; *es kam dazú, dass ...* bùvo prìeita priē tõ, kàd ...
kómmend būsimas, artéjantis
Kommentár *m* -s, -e komentãras, paáiškinimas
Kommentátor *m* -s, -tóren komentãtorius, apžvalgininkas
kommentíeren *vt* komentúoti, áiškinti
Kommilitóne *m* -n, -n stùdijų draũgas
Kommissión *f* -, -en komìsija
Kommissiónsgeschäft *n* -(e)s, -e kòmiso parduotùvė
Kommóde *f* -, -n komodà
Kommunikatión *f* -, -en komunikãcija, susisiekìmas, ryšiaĩ
Komödiánt *m* -en, -en komediántas
Komödi:e *f* -, -n komèdija
Kompaníe *f* -, -ní:en 1 kompãnija, bendróvė 2 *kar.* kúopa
Kómpass *m* -es, -e kòmpasas
Kompensatión *f* -, -en kompensãcija, atlýginimas
kompensíeren *vt* kompensúoti, atlýginti
kompetént kompetentìngas
Kompeténz *f* -, -en kompeteñcija, kompetentingùmas
komplétt pìlnas, vìsiškas
kompléx komplèksiškas
Kompléx *m* -es, -e komplèksas
Komplice [-'pli:sə] *m* -n, -n (*nusikaltimo*) beñdrininkas, dalȳvis
Komplikatión *f* -, -en komplikãcija
Komplimént *n* -(e)s, -e komplimeñtas
komplizíert komplikúotas, sudėtìngas
Komplótt *n* -(e)s, -e sąmokslas
komponíeren *vt* komponúoti, kùrti mùzikos veĩkalą
Komponíst *m* -en, -en kompozìtorius
Kompositión *f* -, -en 1 *sg* komponãvimas, mùzikos veĩkalo kūrìmas 2 kompozìcija
Kompóst *m* -es, -e kompòstas, pūdinȳs
Kompótt *n* -(e)s, -e kompòtas
Kompromíss *m*, *n* -es, -e kompromìsas; *ein(en)* ~ *éingehen* [*schlíeßen*] eĩti į kompromisùs
kompromittíeren *vt* kompromitúoti
Kondénsmilch *f* - kondensúotas píenas
Kondítor *m* -s, -tóren konditèrininkas
Konditoréi *f* -, -en 1 cukraĩnė, konditèrijos parduotùvė 2 konditèrija, saldumýnai
Kondolénz *f* -, -en užúojauta
Konfékt *n* -(e)s, -e (*šokoladinis*) saldaĩnis

Konfektión f -, -en gatavì drabùžiai
Konfektiónsgeschäft n -(e)s, -e gatavų drabùžių parduotùvė
Konferénz f -, -en konfereñcija
Konfessión f -, -en tikéjimas, relìgija
konfessionéll konfèsinis, relìginis
Konfitüre f -, -n uogiēnė
Konflíkt m -(e)s, -e konflìktas
Konfrontatión f -, -en akìstata
konfús 1 supáiniotas, neáiškus 2 sutrìkęs, sumìšęs; **j-n ~ máchen** ką̃ sutrikdýti [suglùminti]
Kongréss m -es, -e kongrèsas, suvažiãvimas
König m -(e)s, -e karãlius, viẽšpats; **~in** f -, -nen karaliēnė, valdõvė
königlich karãliškas, karãliaus
Königreich n -(e)s, -e karalỹstė
Konjugatión f -, -en asmenuõtė
konjugíeren vt asmenúoti
Konjunktión f -, -en jungtùkas
Kónjunktiv m -s, -e konjunktỹvas, veiksmãžodžio tariamóji núosaka
konkrét konkretùs
konkretisíeren vt (su)konkrètinti, konkretizúoti
Konkurént m -en, -en konkureñtas, varžõvas
konkuríeren vi (mit D) konkurúoti, varžýtis (su kuo)
Konkúrs m -es, -e bankròtas, (su)bankrutãvimas
können* (modalinis veiksmažodis) 1 galéti, pajḗgti; **man kann** gãlima; **ich kann mich nicht bücken** àš negaliù pasileñkti 2 mokéti, sugebéti; **er kann deutsch spréchen** jìs móka kalbéti vókiškai 3 galéti, bū́ti galimýbei (reiškia prielaidą); **es kann Régen gében** gãli iř̃ lietùs užeĩti; **er kann sich geírrt hában** jìs turbū́t apsirìko
Können n -s mokéjimas, sugebéjimas
konsequént nuoseklùs, konsekveñtiškas
Konsequénz f -, -en 1 nuoseklùmas 2 ìšvada; pasekmḗ
konservatív konservatyvùs
Konservatíve sub m, f konservãtorius, -ė
Konsérve f -, -n konsèrvai

Konsérven‖büchse f -, -n, **~dose** f -, -n konsèrvų dėžùtė
konservíeren vt (už)konservúoti
konsolidíeren vt (su)stìprinti, konsolidúoti
Konspékt m -(e)s, -e konspèktas
konstatíeren vt konstatúoti, patvìrtinti
konstruíeren vt (su)konstrúoti; sudarýti, sukùrti
Konstrukteur [-'tø:r] m -s, -e konstrùktorius
Konstruktión f -, -en konstrùkcija; sudãrymas, sukūrìmas
Konstruktiónsbüro n -s, -s konstrãvimo biùras
konstruktív konstruktyvùs
Kónsul m -(e)s, -n kònsulas
Konsulát n -(e)s, -e konsulãtas
konsultíeren vt konsultúotis, taĩtis (su kuo)
Konsúm m -s, -s 1 sg (su)vartójimas 2 (vartotojų) kooperatỹvas
konsumíeren vt (su)vartóti
Kontákt m -(e)s, -e kontãktas, ryšỹs; **mit j-m ~ áufnehmen** sueĩti sù kuõ į̃ kontãktą
kontáktfreudig lengvaĩ sueĩnantis į̃ kontaktùs, komunikabilùs
Kónterbande f -, -n kontrabánda
Kónterrevolution f -, -en kontrrevoliùcija
Kontéxt m -es, -e kontèkstas
Kontinént m -(e)s, -e kontineñtas, žemýnas
kontinuíerlich nenutrū́kstamas
Kónto n -s, -ten / -ti sąskaita; **láufendes ~** einamóji sąskaita
Kontór n -s, -e kontorà
Kóntrabass m -es, -e kontrabõsas
Kontrákt m -(e)s, -e kontrãktas
Kontrást m -es, -e kontrãstas
kontrastíeren vi (mit D) kontrastúoti (su)
Kontróllarbeit f -, -en kontròlinis dárbas (mokykloje)
Kontrólle f -, -n kontròlė, patìkrinimas
Kontrolleur [-'lø:r] m -s, -e kontroliẽrius
kontrollíeren vt kontroliúoti, (pa)tìkrinti
Kontúr f -, -en kòntūras
Konversatión f -, -en pasikalbėjimas, pókalbis
konvertierbar konvertabilùs (apie valiutą)
Kónvoi m -s, -s konvòjus

Konzentratión f -, -en koncentrācija, sukaupìmas

Konzentratiónslager n -s, - koncentrācijos stovyklà

konzentríeren I vt (su)koncentrúoti, sukaūpti II sich ~ (auf A) sukoncentrúoti dēmesį (į ką)

konzentríert susikaūpęs

Konzépt n -(e)s, -e plānas, mētmenys, konspèktas

Konzeptión f -, -en koncèpcija, sámprata

Konzért n -(e)s, -e koncèrtas

konzertíeren vi koncertúoti

Konzértreise f -, -n koncèrtinė keliõnė

Konzessión f -, -en núolaida

konzipíeren vt apmèsti, (su)konspektúoti

Kooperatión f -, -en kooperācija

kooperíeren vi kooperúotis, bendradarbiáuti

koordiníeren vt koordinúoti, (su)dērinti

Kopf m -(e)s, ᵘe 1 galvà; ~ hoch! drąsiaū! nenusimiñk(it)! den ~ hängen lássen nósį nuléisti [pakabìnti], nusimiñti; mit blóßem ~ plikà gálva; er ist nicht auf den ~ gefállen jìs nè ìš kélmo spìrtas, jìs nekvaĩlas 2 galvà, prõtas; éinen klúgen [héllen] ~ hában bū́ti šviesaūs prõto; sich (D) den ~ zerbréchen gálvą sùkti [láužyti]; etw. im ~ behálten ką̃ į̃ gálvą įsidéti, ką̃ įsimiñti 3 galvà (kopū́sto, aguonos)

Kópfarbeit f - prõtinis dárbas

köpfen vt 1 nukiȓsti gálvą (kam) 2 nupjáuti, nupjáustyti; Rüben ~ nupjáustyti ruñkelių lapùs

Kopf‖hörer m -s, - ausìnės; ~kissen n -s, - príegalvis, pagálvis

kópflos 1 bè galvõs 2 neapgalvótas, neprotìngas

Kópfrechnen n -s mintìnis skaičiãvimas

kópfscheu baugùs, baikštùs; j-n ~ máchen ką̃ įbaugìnti

Kópf‖schmerz m -es, -en galvõs skaūsmas; ~schuss m -es, ᵘe šū́vis į̃ gálvą; ~tuch n -(e)s, ᵘer skarēlė, skēpeta

kopfüber galvótrūkčiais, strìmagalviais

Kopíe f -, -pí:en kòpija

kopíeren vt kopijúoti, darýti kòpijas

Kóppel f -, -n áptvaras, žaȓdis

kóppeln vt 1 surìšti, supánčioti 2 prikabìnti (pvz., vagoną, priekabą)

Korálle f -, -n korālas

Korb m -(e)s, ᵘe pintìnė, kraĩtė

Koréa n -s Koréja

Kork m -(e)s, -e, Kórken m -s, - kaȓštis

Kórkenzieher m -s, - kamščiātraukis

Korn[1] n -(e)s, -e 1 grū́daĩ, dúoniniai javaĩ 2 -(e)s, ᵘer grū́das, grūdēlis

Korn[2] m -(e)s degtìnė

Kórn‖blume f -, -n rùgiagėlė; ~branntwein m -(e)s degtìnė ìš grū́dų

Körnchen n -s, - grūdēlis, kruopēlė

Korn‖ernte f -, -n javapjū́tė; ~feld n -(e)s, -er javų̃ laūkas; ~kammer f -, -n 1 klétis, sviȓnas 2 prk. arúodas; ~speicher m -s, - klétis, sviȓnas

Körper m -s, - kū́nas; kòrpusas, liemuō

Körperbau m -(e)s kū́no sudėjìmas

körperbehindert lúošas

Körper‖erziehung f - fìzinis lāvinimas; ~kultur f - fìzinė kultūrà

körperlich fìzinis, kū́niškas

Körper‖pflege f - kū́no príežiūra [higienà]; ~strafe f -, -n fìzinė bausmē̃; ~teil m -(e)s, -e kū́no dalìs

Korporatión f -, -en korporācija, draugijà

korpulént apkūnùs

korrékt 1 teisìngas 2 korèktiškas, tãktiškas

Korrektúr f -, -en (iš)taĩsymas; korektūrà

Korrespondént m -en, -en korespondeñtas

Korrespondénz f -, -en korespondeñcija, susirašinéjimas

korrespondíeren vi (mit D) 1 susirašinéti (su kuo) 2 atitìkti (ką)

Kórridor m -s, -e koridorius

korrigíeren vt (iš)taisýti, koregúoti

Korruptión f -, -en 1 ištvirkìmas 2 korùpcija, paperkamùmas

Korsétt n -(e)s, -e / -s korsètas, vỹstas

Koryphäe f -, -n korifējus

kósen vi (mit D) mylúotis, glamonétis (su kuo)

Kósename m -ns, -n malóninis vaȓdas

Kosmétik f - kosmètika

kosmétisch kosmètinis, kosmètiškas
Kosmonáut *m* -en, -en kosmonáutas
Kósmos *m* - kòsmosas, visatà
Kost *f* - maĩstas, vaĨgis; mitýba
kóstbar brangùs
Kóstbarkeit *f* -, -en 1 brangenýbė 2 *sg* bran-
gùmas
kósten¹ *vt* (pa)ragáuti
kósten² *vt* kainúoti, atsieĩti; *es kóstet mich*
viel Mühe taĩ reikaláuja ĩš manę̃s daũg
triũso [pastangų̃]
Kósten *pl* ĩšlaidos; kãštai; *auf éigene* ~ sà-
vo sąskaita; *das geht auf méine* ~ ùž taĩ
àš móku
Kóstenanschlag *m* -(e)s, ᵘe ĩšlaidų sąmata
kóstenlos nemókamas
köstlich 1 labaĩ skanùs [gardùs] 2 brangùs,
vertìngas 3 puikùs, žavùs
kóstspielig brangùs
Kostüm *n* -s, -e kostiùmas (*moteriškas, teat-*
rinis)
Kot *m* -(e)s 1 puɼvas 2 ekskremeñtai, ìšmatos
Kotelétt *n* -(e)s, -s karbonãdas
Köter *m* -s, - kiẽmsargis, kiẽmo šuõ
kótig puɼvinas
kótzen *vi* vémti
Krábbe *f* -, -n *zool.* krãbas
Krach *m* -(e)s, ᵘe 1 triùkšmas, treñksmas
2 skandãlas, kivìrčas
kráchen *vi* trinkséti; braškéti; pokšéti;
Schüsse kráchten poškėjo šū́viai
krächzen *vi* 1 krañkti, krankséti 2 geɼgžti
Krad *n* -(e)s, ᵘer motociklas; ~fahrer *m* -s,
- motociklininkas
kraft *prp* (*G*) pagaĨ, rēmiantis
Kraft *f* -, ᵘe 1 jėgà, galià; *Kräfte sámmeln*
kaũpti jėgàs; *mit áller* [*vóller*] ~ *schréien*
šaũkti ĩš visų̃ jėgų̃; *es geht über méine*
Kräfte taĩ viɼšija màno jėgàs; *áußer* ~
sétzen panaikìnti, anuliúoti 2 darbúotojas,
specialìstas; *pl* kádrai
Kráftaufwand *m* -(e)s jėgõs panaudójimas
Kráft‖fahrer *m* -s, - vairúotojas, šòferis;
~fahrzeug *n* -(e)s, -e automobìlis
kräftig stiprùs, tvìrtas, pajėgùs; ~*e Wítze*
nešvánkūs anekdòtai

kräftigen I *vt* stìprinti, tvìrtinti (*pvz.*, *orga-*
nizmą) II *sich* ~ (su)stipréti, (su)tvirtéti
kráftlos sìlpnas, bejė̃gis
Kráftrad *n* -(e)s, ᵘer motociklas
Kráftstoff *m* -(e)s, -e degalaĩ, skystàsis kùras
Kráft‖wagen *m* -s, - automobìlis; ~werk *n*
-(e)s, -e elektrìnė, jėgaĩnė
Krágen *m* -s, - apýkaklė
Krähe *f* -, -n várna
krähen *vi* giedóti (*apie gaidį*)
Krähwinkel -s ùžkampis
Krakéel *m* -s, -e skandãlas, vaĩdas, baɼnis
krakéelen *vi* skandãlyti, triukšmáuti, bártis
Králle *f* -, -n nagaĩ
krállen I *vt* suléisti nagùs (*į̃ ką̃*) II *sich* ~
įsikabìnti nagaĩs
Kram *m* -(e)s šlaɼštas, láužas
krámen *vi* raũstis, veɼsti, griõzti
Krampf *m* -(e)s, ᵘe mėšlùngis, traukulỹs
krámpfhaft mėšlùngiškas, konvùlsinis
Kran *m* -(e)s, -e / ᵘe keliamàsis krãnas
Kránführer *m* -s, - krãnininkas
Kránich *m* -(e)s, -e gérvė
krank seɼgantis, nesveĩkas, ligótas; ~ *wér-*
den susiɼgti; *j-n* ~*máchen* ką̃ apsirgdìnti;
j-n ~*schréiben* išdúoti kám nedarbingù-
mo lapẽlį
Kránke *sub m*, *f* ligónis, -ė̃
kränkeln *vi* sirguliúoti, negalúoti
kránken *vi* (*an D*) siɼgti (*kuo*); kentéti (*dėl*
ko)
Kránkenbesuch *m* -(e)s, -e ligónio lañkymas
kränken *vt* įžeĩsti, užgáuti
Kránken‖geld *n* -(e)s, -er piniginė̃ pašal-
pà, išmokamà susiɼgus; ~haus *n* -es, ᵘer
ligóninė; ~kasse *f* -, -n ligónių kasà;
~kost *f* - ligóninės dietà; ~pfleger *m* -s,
- sanitãras; ~pflegerin *f* -, -nen sanitãrė;
~schein *m* -(e)s, -e nedarbingùmo lapẽlis;
~wagen *m* -s, - sanitãrinė mašinà; ~zim-
mer *n* -s, - palatà
kránkhaft ligùistas, ligótas
Kránkheit *f* -, -en ligà, nesveikatà
kránklich ligùistas, ligótas
Kränkung *f* -, -en užgáulė, núoskauda
Kranz *m* -es, ᵘe vainìkas

kränzen 140

kränzen *vt* (ap)vainikúoti
Kránzniederlegung *f* -, -en vainiko [vainikų] padėjimas
krass áiškus, ryškùs
Kráter *m* -s, - krāteris
Krätze *f* -, -n niežaĩ
Krátzeisen *n* -s, - grandỹklė, grandìklis
krátzen I *vt* 1 krapštýti, kasýti; grándyti 2 įdrė́ksti, įbrė́žti, apdraskýti **II** *vi* drė́ksti, draskýti; kuténti **III sich** ~ kasýtis, krapštýtis
Krátzer *m* -s, - įdrė́skìmas, įbrė́žìmas
Krátzfuß *m* -es, ꞏe žė̃mas nusilenkìmas
kraus 1 garbanótas, garbiniúotas **2** raukšlétas
kräuseln I *vt* (su)garbanóti, (su)raitýti **II sich** ~ garbanótis, raitýtis
kráushaarig garbanótas
Kraut *n* -(e)s, ꞏer 1 žolė́, áugalas 2 kopū̃stai; raugìnti kopū̃stai
Kräutertee *m* -s, -s gýdomųjų žolių̃ arbatà
Krawáll *m* -s, -e 1 bruzdėjimas, riáušės 2 triùkšmas, bildesỹs
Krawátte *f* -, -n kaklāraištis
Kreatúr *f* -, -en 1 bū́týbė, pā́daras 2 bjaurýbė, nė́vala
Krebs *m* -es, -e vėžỹs
krébskrank ser̃gantis vėžiu
Kredénz *f* -, -en (žemas) bùfetas, servántesas
Kredít *m* -(e)s, -e kredìtas
Kréditor *m* -s, -tóren kredìtorius
Kréide *f* -, -n kreidà
Kreis *m* -es, -e 1 apskritìmas; rãtas; *im* ~(e) *der Familíe* šeimõs ratè 2 *pl* slúoksniai 3 apskritìs
kréischen *vi* klỹkti, klýkauti, spiẽgti
Kréisel *m* -s, - sukùtis, vilkė́lis (žaislas)
kréisen *vi* (h, s) sùktis, rãtą sùkti; skríeti
kréisförmig apvalùs
Kréislauf *m* -(e)s apýtaka, cirkuliãcija
kréißen *vi* gimdýti
Kréißende *sub f* gimdỹvė
Krematórium *n* -s, -riꞏen krematòriumas
krémpeln *vt* (pa)raitóti, atraitóti
krepíeren *vi* (s) (nu)dvė̃sti, (pa)stìpti
kreuz: ~ *und quer* skersaĩ iř išilgaĩ

Kreuz *n* -es, -e 1 krỹžius; *ein* ~ *schlágen* žegnótis, pérsižegnoti 2 krỹžkaulis, krỹžius
Kréuzband *n* -(e)s, ꞏer banderòlė
kréuzen I *vt* (su)kryžiúoti, kryžmaĩ sudéti **II sich** ~ susikiřsti, susikryžiúoti
Kréuzer *m* -s, - kreĩseris
kréuzigen *vt* (nu)kryžiúoti, prikálti priẽ krỹžiaus
Kréuzspinne *f* -, -n vóras kryžiuõtis
Kréuzworträtsel *n* -s, - kryžiãžodis
kríbbeln *vimp* 1 knibždéti 2 niežéti
kríechen* *vi* 1 (s) šliaũžti, ropóti; *aus den Ei* ~ išsiristi iš kiaušìnio 2 (s, h) (vor D) šliáužioti, keliaklupsčiáuti (prieš ką)
Kríecher *m* -s, - batlaižỹs, pataikū́nas
kríecherisch pataikáujantis, pataikū̃niškas
Kríechtier *n* -(e)s, -e roplỹs, reptìlija
Krieg *m* -(e)s, -e kãras; *mit j-m* ~ *führen* kariáuti sù kuõ; ~ *führend* kariáujantis
kríegen *vi* gáuti; *sie hat ein Kind gekriegt* jì pagim̃dė vaĩką
Kríeger *m* -s, - karỹs
kríegerisch karìngas
Kríegs‖berichterstatter *m* -s, - kãro korespondeñtas; ~**beschädigte** *sub m, f* kãro invalìdas, -ė; ~**dienst** *m* -es, -e karìnė prievolė [tarnýba]; ~**erklärung** *f* -, -en kãro paskelbìmas; ~**gefangene** *sub m* kãro belaĩsvis; ~**handlungen** *pl* kãro veiksmaĩ; ~**marine** *f* - kãro laivýnas; ~**schiff** *n* -(e)s, -e kãro laĩvas
kriegsverletzt sùžeistas karè
Kríegszug *m* -(e)s, ꞏe kãro žỹgis
Krími *m* -s, -s kriminãlinis romānas [fìlmas]
Kriminálfall *m* -(e)s, ꞏe baudžiamóji bylà
Kriminalität *f* - nusikalstamùmas
Kriminálpolizei *f* - kriminãlinė polìcija
kriminéll kriminãlinis, baudžiamàsis
Kriminélle *sub m, f* kriminalìstas, -ė
Kríngel *m* -s, - riestaĩnis
Krípo *f* -, -s kriminãlinė polìcija
Kríppe *f* -, -n 1 lopšẽlis (vaikų̃ įstaiga) 2 ė́džios
Kríse *f* -, -n krìzė
Kristáll[1] *m* -(e)s, -e kristãlas
Kristáll[2] *n* -(e)s krìštolas

kristállen krištolìnis
Kristállvase f -, -n krištolìnė vazà
Kritérium n -s, -ri⦂en kritèrijus
Kritík f -, -en krìtika; ~ an j-m, etw.
(D)
üben ką̃ kritikúoti
Krítiker m -s, - krìtikas
krítisch krìtiškas; krìtinis
kritisíeren vt kritikúoti
krítteln vi priekabiaĩ [smùlkmeniškai] kriti-
kúoti
Kritzeléi f -, -en keverzójimas
Kroáti⦂en n -s Kroãtija
Krokodíl n -s, -e krokodìlas
Króne f -, -n 1 karūnà, vainìkas; (medžio)
vainìkas 2 sietýnas, liustrà
krönen vt karūnúoti; (ap)vainikúoti; von Er-
fólg gekrönt sein apsivainikúoti sėkmè,
sėkmìngai baĩgtis
Krón‖leuchter m -s, - sietýnas, liustrà;
~prinz m -en, -en krònprincas, sósto į́pė-
dinis
Krönung f -, -en 1 karūnãcija, karūnãvimas
2 apvainikãvimas, viršū́nė
Kropf m -(e)s, ⸗e gurklỹs; gūžỹs
Kröte f -, -n tikróji rùpūžė
Krücke f -, -n rameñtas
Krückstock m -(e)s, ⸗e kriùkis
Krug m -(e)s, ⸗e ąsótis, puodýnė
Krümel m -s, - trupinỹs, gurinỹs
krümeln I vt trùpinti, gùrinti II vi trupéti,
guréti
krumm kreĩvas, šleĩvas; éine ~e Náse kum-
pà nósis
krümmen I vt suleñkti II sich ~ 1 leñktis;
lankstýtis 2 raitýtis
Krümmung f -, -en pósūkis, pasisukìmas
Krüppel m -s, - luošỹs, invalìdas
Krúste f -, -n 1 plutà (pvz., duonos, žemės)
2 šãšas
Krúzifix n -es, -e krucifìksas
Kúba n -s Kubà
Kübel m -s, - kùbilas, rė́čkà
Kubíkmeter m, n -s, - kùbinis mètras
Küche f -, -n 1 virtùvė 2 val̃giai, patiekalaĩ

Küchen‖geschirr n -(e)s, -e virtùviniai iñ-
dai; ~herd m -(e)s, -e plytà, virỹklė;
~möbel pl virtùviniai baĩdai
Kúckuck m -s, -e gegùtė
Kúgel f -, -n 1 rutulỹs, kamuolỹs 2 kulkà
kúgeln I vt rìtinti, ritinéti II vi (s) rìstis, nu-
sirìsti III sich ~ raitýtis, ráičiotis
kúgelrund rùtuliškas, apvalùs kaĩp rutulỹs
Kúgel‖schreiber m -s, - šratinùkas; ~sto-
ßen n -s rùtulio stūmìmas
Kuh f -, ⸗e kárvė; éine mélkende ~ melžia-
mà kárvė
kühl vėsùs; šáltas, bejaũsmis
Kühle f - vėsùmas; šaltùmas, abejingùmas
kühlen vt (at)šáldyti, (at)vėsìnti
Kühler m -s, - 1 šaldytùvas 2 (variklio) ra-
diãtorius
Kühl‖haus n -es, ⸗er šaldyklà (patalpa);
~schrank m -(e)s, ⸗e (kambarinis) šaldy-
tùvas
Kúhmilch f - kárvės píenas
kühn drąsùs, narsùs
Kühnheit f - drąsùmas, narsùmas
Kúhstall m -(e)s, ⸗e karvìdė
Küken n -s, - viščiùkas
kulinárisch kulinãrinis, kulinãrijos
Kulísse f -, -n kulìsai; kuluãrai
Kulminatión f -, -en kulminãcija
Kult m -(e)s, -e kùltas, gárbinimas
kultivíeren vt kultivúoti; augìnti
kultivíert išpúoselėtas; kultūrìngas, išsilãvi-
nęs
Kultúr f -, -en kultūrà
kulturéll kultū́rinis
Kultúrerbe n -s kultū́ros pãveldas
Kultúr‖land n -es, ⸗er 1 sukultū́rinta žẽmė
2 kultūrìnga šalìs; ~schaffende sub m, f
kultū́ros darbúotojas, -a; ~schätze pl kul-
tū́ros lõbiai
Kümmel m -s, - kmýnas, kmỹnai
Kúmmer m -s var̃gas, rū́pestis; síelvartas; ~
háben sielvartáuti, síelotis
kümmerlich meñkas; vargìngas, skurdùs;
ein ~es Lében führen skùrsti, skur̃džiai
gyvénti
kümmern I vt rūpéti (kam) II vi skùr̃sti, blo-
gaĩ áugti III sich ~ (um A) rū́pintis (kuo)

kúmmervoll liūdnas, sielvartìngas
Kúmpel *m* -s, - / -s **1** kalnakasỹs **2** kolegà, dárbo draũgas
Kúnde[1] *f* -, -n žinià, pranešìmas
Kúnde[2] *m* -n, -n klieñtas, pirkéjas
Kúndendienst *m* -es klieñtų aptarnãvimas
kúndgeben* *vt* pranèšti, paskélbti; paréikšti (*savo nuomonę*)
Kúndgebung *f* -, -en demonstrãcija, mìtingas
kúndig žìnantis, mókantis; *des Wéges* ~ *sein* žinóti kẽlią
kündigen I *vt* nutráukti, anuliúoti; atléisti (*iš pareigų*) **II** *vi* (*j-m*) atléisti (*ką iš tarnybos, darbo*)
Kundin *f* -, -nen kliẽntė, pirkéja
Kúndschaft *f* -, -en klientūrà
kúndschaften *neatsk.* *vi* (iš)žvalgýti, (iš)šnipinéti
künftig I *a* būsimas, ateĩnantis **II** *adv* ateityjè
Kunst *f* -, ·-e **1** mẽnas; dailė̃; *die ángewandte* ~ táikomoji dailė̃; *bíldende* ~ vaizdúojamasis mẽnas **2** mẽnas, mokéjimas, meistriškùmas
Kúnst‖ausstellung *f* -, -en mẽno parodà; ~**dünger** *m* -s neorgāninės [minerālinės] trā̃šos; ~**eisbahn** *f* -, -en dirbtìnio lẽdo čiuožyklà
kúnstfertig įgùdęs, nagìngas; miklùs
Kúnst‖gewerbe *n* -s táikomoji dekoratỹvinė dailė̃; ~**handlung** *f* -, -en dailė̃s dirbinių parduotùvė; ~**honig** *m* -s dirbtìnis medùs; ~**kenner** *m* -s, - mẽno žinõvas
Kúnstlaufschlittschuhe *pl* figū̃rinės pačiū̃žos
Kúnstleder *n* -s dirbtìnė óda
Künstler *m* -s, - mẽnininkas; artìstas; ~**in** *f* -, -nen mẽnininkė
künstlerisch mẽniškas, mẽninis
künstlich dirbtìnis; nenatūralùs
Kúnst‖liebhaber *m* -s, - mẽno mėgéjas; ~**maler** *m* -s, - tapýtojas; ~**richtung** *f* -, -en mẽno kryptìs; ~**sammlung** *f* -, -en mẽno kūrinių kolèkcija; ~**stoff** *m* -(e)s, -e sintètinė mẽdžiaga; ~**turnen** *n* -s mẽninė gimnãstika

Kúnstwerk *n* -(e)s, -e mẽno kūrinỹs
kúnterbunt I *a* márgas, įvairùs **II** *adv* netvarkìngai, sujauktaĩ
Kúpfer *n* -s vãris
kúpfern varìnis, vãrio
Kúpferstich *m* -(e)s, -e vãrio graviūrà
Kúppe *f* -, -n **1** kálno viršūnė **2** (*piršto*) gãlas, galiùkas **3** (*vinies*) galvùtė
Kúppel *f* -, -n kùpolas
kúppeln sukabìnti, prikabìnti
Kúppler *m* -s, - sąvadáutojas; ~**in** *f* -, -nen sąvadáutoja
Kur *f* -, -en gýdymas, gýdymo kùrsas; *zur* ~ *fáhren* [*réisen*] vỹkti į sanatòriją gýdytis
Kür *f* -, -en *sport.* laisvóji programà, laisvíeji pratìmai
Kurátor *m* -s, -tóren kurãtorius, globéjas
Kúraufenthalt *m* -(e)s, -e buvìmas kuròrte; kuròrtinis gýdymas
Kürbis *m* -ses, -se *bot.* moliū̃gas
Kúrgast *m* -es, ·-e kuròrtininkas
Kurier *m* -s, -e kùrjeris
kuríeren *vt* (iš)gýdyti
kuriós juokìngas, keĩstas, kuriòziškas
Kuriosität *f* -, -en keistenýbė, keistýbė
Kúrort *m* -(e)s, -e kuròrtas
Kurs *m* -es, -e **1** kùrsas, kẽlias, kryptìs **2** kùrsai
Kúrsbuch *n* -es, ·-er traukinių tvarkãraštis
Kúrsus *m* -, -se kùrsai
Kúrve *f* -, -n **1** kreĩvė, kreivóji **2** (*kelio*) pósūkis, vìngis
kúrvenreich vingiúotas
kurz 1 trum̃pas, striùkas; *in* [*mit*] ~*en Wórten* trumpaĩ, kẽletu žõdžių **2** trum̃pas, neilgaĩ truñkantis; *in* [*nach*] ~*er Zeit* netrùkus, tuojaũ; *vor* ~*er Zeit* neseniaĩ; ~ *und bündig* trumpaĩ drūtaĩ; ~ *daráuf* tuõj põ tõ; *vor* ~*em* neseniaĩ; ~ *hálten* prispáusti, prispìrti; ~ *gefásst* trum̃pas, glaũstas
Kúrzarbeit *f* -, -en nepilnà dárbo dienà; nepilnà dárbo sãváitė
kurzärm(e)lig (sù) trumpomìs rankóvėmis
Kürze *f* - trumpùmas; *in* ~ netrùkus, tuojaũ (pàt); *in áller* ~ labaĩ trumpaĩ

kürzen vt (su)trum̃pinti; (su)māžinti
kúrzerhand nedeĩsiant
Kúrzfilm m -(e)s, -e trumpametrãžis fĩlmas
kúrzfristig trumpalaĩkis
Kúrzgeschichte f -, -n trum̃pas apsãkymas
kúrzlebig trumpaam̃žis
kürzlich neseniaĩ
Kúrzschluss m -es, ⁝e fiz. trumpàsis sujungìmas
kúrzsichtig trumparēgis; trumparēgiškas
kurzúm trumpaĩ kaĩbant, víenu žodžiù
Kürzung f -, -en (su)trum̃pinimas; (su)māžinimas
Kúrzwaren pl galantèrija, galantèrijos prēkės
Kúrzwarengeschäft n -(e)s, -e galantèrijos parduotùvė

kúrzweg tiẽsiai, stačiaĩ
kúrzweilig liñksmas, įdomùs, patrauklùs
Kúrzwelle f -, -n rad. trumpóji bangà
kúrzzeitig trumpalaĩkis
kúscheln, sich 1 kniaūbtis, įsikniaūbti 2 (an D) glaūstis, prisiglaūsti (prie ko)
Kusíne f -, -n pùsseserė
Kuss m -es, ⁝e bučinỹs, bùčkis
küssen I vt (pa)bučiúoti II sich ~ bučiúotis, pasibučiúoti
Küste f -, -n jū́ros krañtas; pajū́ris
Küster m -s, - zakristijõnas
Kútsche f -, -n karietà
Kútscher m -s, - vežìkas, vežėjas
Kútter m -s, - kãteris
Kuvért n -(e)s, -e vókas (laiškams)

L

Lábe f - malonùmas, paláima
lában vt / sich ~ gaivìntis, atsigaivìnti
labíl nepastovùs, netvìrtas, labilùs
Labór n -s, -s / -e žr. **Laboratórium**
Laboránt m -en, -en laborántas; ~in f -, -nen laborántė
Laboratórium n -s, -riⁱen laboratòrija
Lábsal n -(e)s, -e / f -, -e gaivesỹs, atgaivà; paláima
Labyrínth n -(e)s, -e labirìntas
Láche f -, -n klãnas
lächeln vi šypsótis, nusišypsóti
Lächeln n -s šỹpsena, šypsnỹs
láchen vi (über A) juõktis (iš ko); **schállend** ~ kvatóti; **Tränen** ~ juõktis ikì ãšarų
Láchen n -s juõkas; **ein schállendes** ~ kvatójimas; **j-n zum** ~ **bríngen** ką prajuõkinti
lächerlich juokìngas; **sich** ~ **máchen** apsijuõkti
láchhaft juokìngas
Lachs m -es, -e atlántinė lašišà
Lack m -(e)s lãkas
lackíeren vt (nu)lakúoti
Láckmuspapier n -s lãkmuso põpierius
Láckschuh m -(e)s, -e lakìniai bãtai
Ládekran m -(e)s, -e / ⁝e krovìmo krānas

láden[1] vt (pa)kráuti; **éine Verántwortung auf sich** ~ im̃tis atsakomýbės
láden[2] vt (pa)kviẽsti; **j-n vor Gerícht** ~ (iš)šaũkti ką į teĩsmą
Láden m -s, - / ⁝ parduotùvė, kráutuvė
Láden‖fenster n -s, - vitrinà; ~**tisch** m -es, -e prekýstalis
Láge f -, -n 1 padėtìs; išsidéstymas 2 situãcija; būklė; **Herr der** ~ **sein** būti padėtiẽs viẽšpačiu; **in der** ~ **sein** (etw. zu tun) sugebéti (ką padaryti, atlikti)
Láger n -s, - 1 lóva, guõlis, gùltas 2 stovyklà; **ein** ~ **áufschlagen** įkùrti [pastatýti] stovỹklą 3 sándėlis
Lágerfeuer n -s, - láužas
lágern I vi 1 stovykláuti; išsidéstyti 2 būti [guléti] sándėlyje ~ sándėlyje III sich ~ apsistóti; atsiguĩti; poilsiáuti
Láger‖platz m -es, ⁝e 1 (prekių) laĩkymo vietà 2 stovyklãvietė; ~**raum** m -(e)s, ⁝e sándėlis; ~**statt** f -, ⁝en guõlis, guĩtas (sandėlyje)
Lágerung f -, -en sandėliãvimas, laĩkymas (sandėlyje)
Lágerverwalter m -s, - sándėlininkas
Lagúne f -, -n lagūnà

lahm šlùbas, raĩšas; ~ *légen* paralyžiúoti, sustabdýti

láhmen *vi* šlubúoti

lähmen *vt* paralyžiúoti

Lähmung *f* -, -en paralỹžius, stãbas

Laib *m* -(e)s, -e kẽpalas

Laich *m* -(e)s, -e (*žuvų̃*) ìkrai

láichen *vi* neřšti

Láie *m* -n, -n mėgėjas, neprofesionãlas

Láien‖kunst *f* -, ꞏe mẽno savìveikla; ~**künstler** *m* -s, - savìveiklininkas; ~**theater** *n* -s, - saviveiklìnis teãtras

Lakái *m* -en, -en liokãjus

Láken *n* -s, - paklõdė

lakónisch lakòniškas, glaũstas

lállen *vi*, *vt* vàpalioti, vógrauti

lamentíeren *vi* (*über A*) dejúoti, bėdóti (*dėl ko*)

Lamm *n* -(e)s, ꞏer ėriùkas

Lámpe *f* -, -n lémpa; (*elektros*) lempùtė; žibintùvas

Lámpen‖fieber *n*: ~*fieber hában* jáudintis priẽš išeĩnant į̃ scèną; ~**schirm** *m* -(e)s, -e abažū́ras, lémpos gaũbtas

Land *n* -(e)s, ꞏer 1 šalìs, krãštas; *áußer* ~*es géhen* palìkti šãlį, išvỹkti ìš šaliẽs 2 žẽmė (*administracinis vienetas VFR, Austrijoje*) 3 *sg* žẽmė, dirvà 4 *sg* žẽmė, sausumà; *ans* ~ *géhen* išlìpti į̃ krañtą 5 káimas, sõdžius; *auf dem* ~*e wóhnen* gyvénti káime; *aufs* ~ *fáhren* [*géhen*] vỹkti į̃ káimą

Lándarbeiter *m* -s, - žemdirbỹs

lándarm mažažẽmis

Lánd‖bevölkerung *f* -, -en káimo gyvéntojai; ~**bewohner** *m* -s, - kaimiẽtis, káimo gyvéntojas

Lándebrücke *f* -, -n príeplauka

lánden *vi* (*s*) 1 (nu)tū́pti, léistis (*apie lėktuvą̃*) 2 (iš)lìpti į̃ krañtą

Lándenge *f* -, -n sąsmauka

Länderkampf *m* -(e)s, ꞏe tarptautìnės varžýbos [rungtỹnės]

Lándes‖grenze *f* -, -n valstýbinė síena; ~**kunde** *f* - kraštótyra, krãšto pažinìmas

lándeskundlich kraštótyros

Lándes‖meisterschaft *f* -, -en šaliẽs pirmenýbės [čempionãtas]; ~**regierung** *f* -, -en šaliẽs vyriausýbė; ~**sprache** *f* -, -n nacionãlinė kalbà; ~**verrat** *m* -(e)s tėvỹnės išdavìmas

Lánd‖gut *n* -(e)s, ꞏer dvãras; ~**haus** *n* -es, ꞏer vasárnamis, vilà; ~**karte** *f* -, -n žemėlapis; ~**leute** *pl* káimo žmónės, kaimiẽčiai

ländlich káimo, kaimiẽtiškas

lándlos bežẽmis

Lánd‖mann *m* -(e)s, -leute káimo žmogùs, kaimiẽtis; ~**maschine** *f* -, -n žẽmės ū́kio mašinà; ~**partie** *f* -, -tiꞏen pìknikas, ìškyla į̃ ùžmiestį

Lándschaft *f* -, -en kraštóvaizdis, gamtóvaizdis; peizãžas

Lánd‖schule *f* -, -n káimo mokyklà; ~**sitz** *m* -es, -e dvãras

Lándsmann *m* -(e)s, -leute kraštiẽtis, tautiẽtis, tėvynaĩnis

Lánd‖straße *f* -, -n viẽškelis; ~**streicher** *m* -s, - válkata

Lándungs‖brücke *f* -, -n príeplauka; ~**platz** *m* -es, ꞏe 1 príeplauka 2 tūpìmo [nusileidìmo] vietà; ~**steg** *m* -(e)s, -e tiltẽlis; laiptẽliai (*išlipti iš laivo*)

Lánd‖wirt *m* -(e)s, -e žemdirbỹs; fèrmeris; ~**wirtschaft** *f* - žẽmės ū́kis

lang ìlgas; *auf* ~*e Zeit* ilgám laĩkui; *seit* ~*em* jaũ seniaĩ; *vor* ~*er Zeit* seniaĩ, priẽš daũgelį mẽtų; *über kurz oder* ~ anksčiaũ ař vėliaũ

lánge 1 ilgaĩ; *auf* ~ *wégfahren* išvažiúoti ilgám (laĩkui) 2 seniaĩ; *es ist schon* ~ *her* jaũ prãėjo daũg laĩko

Länge *f* - ìlgis, ilgùmas; trukmė̃; *etw. in die* ~ *zíehen* ką̃ uždel̃sti [užvìlkinti]

lángen *vi* 1 síekti, sténgtis pasíekti 2 pakàkti, užtèkti

Lángeweile *f* - nuobodulỹs; ~ *hában* nuobodžiáuti

lángfristig ilgalaĩkis

lángjährig ilgamẽtis; ilgaam̃žis

Lánglauf *m* -s, ꞏe ilgų̃jų núotolių bėgìmas

lánglebig ilgaam̃žis

länglich paĩlgas

Lángmut *f* - pakantà, atlaidùmas

lángmütig pakantùs, atlaidùs

längs *prp* (*G*) paleĩ, pagaĩ, šalià

lángsam lė̃tas, negreĩtas; vangùs

Lángschläfer *m* -s, - miegãlius

Längsschnitt *m* -(e)s, -e išilgìnis pjūvis

längst seniaĩ; *das ist noch ∼ nicht álles* taĩ tolì gražù ne vìskas

längstens vėliáusiai, ne vėliaũ kaĩp

Lángstreckenlauf *m* -(e)s, ⸗e ilgū́jų núotolių bėgìmas

lángweilen (lángweilte, gelángweilt) **I** *vt* bū́ti nuobodžiám, įkyréti (*kam*) **II sich** ∼ nuobodžiáuti

lángweilig nuobodùs

Lángwelle *f* -, -n *rad.* ilgóji bangà

lángwierig ìlgas, várginantis

Lánze *f* -, -n íetis

Láppen *m* -s, - skùduras, mazgõtė

Lärche *f* -, -n maũmedis

Lärm *m* -(e)s triùkšmas, šurmulȳs

lärmen *vi* triukšmáuti

lärmend triukšmáujantis, triukšmìngas

Lárve *f* -, -n lérva

lássen* *vt* **1** (pa)liẽpti, įsakýti (*kam*); (pa)rã-ginti (*ką*); *den Arzt kómmen ∼* pakviẽsti gýdytoją; *sich* (*D*) *éinen Ánzug máchen ∼* užsisakýti [pasisiū́dinti] kostiùmą; *er lässt séinen Freund grǘßen* jìs pérduoda svéi-kinimus sàvo draũgui; *sich séhen ∼* pa-siródyti, ateĩti **2** léisti (*kam*); *lass ihn árbeiten!* léisk jám dìrbti! *sich* (*D*) *Zeit ∼* neskubéti; *sie ließ nicht auf sich wárten* jõs nereikėjo láukti **3** palìkti; *j-n in Rúhe ∼* palìkti ką̃ ramýbėje; *am Lében ∼* palìkti gývą; *etw. áußer Acht ∼* nekreĩp-ti dėmesio į̃ ką̃ **4** mèsti, nustóti; *lasst das Stréiten!* liáukitės giñčytis!

lässig aplaidùs, vangùs

Last *f* -, -en **1** naštà, nešulȳs; krovinȳs **2** naš-tà, sunkùmas; *j-m zur ∼ fállen* tàpti kám naštà

Lástauto *n* -s, -s suñkvežimis

lásten *vi* (*auf D*) spáusti, slė̃gti (*ką*)

Láster *n* -s, - ýda, trū́kumas

lásterhaft nedõras, ištvìrkęs

lästern I *vt* kõneveikti (*ką*), burnóti (*prieš ką*) **II** *vi* (*über A*) šmeĩžti, apkalbéti (*ką*)

lästig įkyrùs; nemalonùs; várginantis; *j-m ∼ wérden* [*fállen*] kám įkyréti, ką̃ apsuñkinti

Lást‖**kraftwagen** *m* -s, -, ∼**wagen** *m* -s, - suñkvežimis; ∼**zug** *m* -(e)s, ⸗e autotrauki-nȳs

Latéin *n* -s lotýnų kalbà

latéinisch lotýnų, lotýniškas

Latérne *f* -, -n žibiñtas

Latríne *f* -, -n ìšvietė

Latsch *m* -es, -e šlepẽtės, šliùrės

Látte *f* -, -n lotà, kartẽlė

Láttenzaun *m* -(e)s, ⸗e statìnių tvorà

lau druñgnas, vasarõšiltis

Laub *n* -(e)s lãpai, lapijà

Láubbaum *m* -(e)s, ⸗e lapuõtis

Láube *f* -, -n pavėsìnė

Láubwald *m* -(e)s, ⸗er lapuõčių (*medžių*) mìškas

Láuer *f*: *auf der ∼ sein* [*líegen*] týkoti, pa-salomìs láukti

láuern *vi* (*auf A*) (pa)týkoti, pasalomìs láukti (*ko*)

Lauf *m* -(e)s, ⸗e **1** *sg* bėgìmas; *in vóllem ∼* galvótrūkčiais **2** tėkmė̃, eigà; *im ∼e der Zeit* laĩkui bėgant, ìlgainiui; *im ∼e des Tá-ges* peĩ diẽną **3** vamzdis (*šaunamojo gink-lo*)

Láuf‖**bahn** *f* -, -en **1** karjerà **2** bėgìmo tãkas; ∼**band** n -(e)s, ⸗er konvèjeris

láufen* *vi* (*s*) **1** bė́gti, bėgióti; (*greitai*) eĩti; *lássen Sie ihn ∼!* paléiskite jį̃! *das Schiff läuft in den Háfen* laĩvas įplaūkia į̃ úos-tą; *sich müde ∼* nusibėgióti, nusilakstýti **2** bė́gti, tekéti **3** eĩti, veĩkti; *die Maschíne läuft* mašinà eĩna [veĩkia] **4**: *es läuft mir éiskalt über den Rücken* mán vìsas kū́nas pagaugaĩs eĩna; *díeser Film läuft die drìt-te Wóche* šìs fìlmas demonstrúojamas jaũ trečià saváitè

láufend eĩnamas; nuolatìnis; *im ∼en Jahr* šiaĩs mẽtais; *auf dem Láufenden sein* bū́ti susipažinusiam sù padėtimì

Läufer *m* -s, - **1** bėgìkas **2** tãkas, kilimẽlis **3** *šachm.* rìkis

Lauferéi *f* -, -en bėgiójimas, lákstymas

Láuf‖graben m -s, ˵ kar. tranšėja; ~**pass**: *j-m den* ~*pass gében* atléisti ką ìš tarnýbos; nutráukti sù kuõ draugýstę; ~**schritt** m -(e)s, -e spartùs žiñgsnis; *im* ~*schritt* tekinõm(ìs); ~**steg** m -(e)s, -e tiltẽlis
Láuge f -, -n šármas
Láune f -, -n 1 núotaika; *gúter* ~ *sein* bũti gerõs núotaikos 2 kaprìzas, ùžgaida
láunenhaft kaprizìngas
láunisch kaprizìngas, užgaidùs, įnorìngas
Laus f -, ˵e utėlė̃
Láusbub m -en, -en vaikẽzas, vaĩkpalaikis
láuschen vi (D) klausýti, klausýtis (ko)
láuschig ramùs, jaukùs
laut I a garsùs, skardùs; ~ *wérden* pasklìsti, tàpti žìnomam **II** prp (D, G) pagaĨ, sutiñkamai, rẽmiantis
Laut m -(e)s, -e gaĨsas, baĨsas; *kéinen* ~ *von sich gében* neprataĨti nė̃ žõdžio
láuten vi skambéti; *wie láutet der Origináltext?* kaĩp skaĩba originãlo tèkstas?
läuten I vt skaĩbinti; **II** vi skambéti
láuter I a 1 skaidrùs, grýnas 2 dõras, sąžinìngas **II** adv víen tik
läutern vt 1 grýninti, valýti 2 taūrinti, kiĨninti
láuthals labaĨ gaĨsiai, ìš visõs gerklė̃s
láutlos begaĨsis, nebylùs, tylùs
Láut‖sprecher m -s, - (radijo) garsiãkalbis; ~**stärke** f - garsùmas, gaĨso stiprùmas
láuwarm druñgnas, vasaróšiltis
Láva f -, -en lavà
Lawíne f -, -n lavinà, sniẽgo griūtìs
lax aplaidùs, abejìngas
Lazarétt n -(e)s, -e (karo) ligóninė
lében vi gyvénti; *es lébe die Fréiheit!* tegyvúoja láisvė! *lébe wohl!* lìk sveĩkas! *auf gróßem Fuß* ~ išlaidžiaĨ gyvénti; *von der Rénte* ~ gyvénti ìš peñsijos
Lében n -s, - gyvénimas; ámžius; gyvýbė; *ein élendes* ~ *frísten* skuřsti, vargìngai gyvénti; *sich* (D) *das* ~ *néhmen* nusižudýti; *am* ~ *bléiben* lìkti gyvám; *mit dem* ~ *davónkommen* sveĩką káilį išnèšti (iš-sigelbėti); *ums* ~ *kómmen* žūti; *j-n ums* ~ *bríngen* ką nužudýti

lébend gývas
lebéndig gývas; judrùs, energìngas
Lébens‖alter n -s, - ámžius, mẽtai; ~**baum** m -(e)s, ˵e tujà; ~**bedingungen** pl gyvẽnimo są́lygos
lebensbejahend gyvẽnimą teĩgiantis, optimìstinis
Lébens‖beschreibung f -, -en gyvẽnimo aprãšymas, biogrãfija; ~**dauer** f - gyvẽnimo trukmė̃
lébensecht tikróviškas, gyvẽnimiškas
Lébens‖erinnerungen pl memuãrai; ~**freude** f - gyvẽnimo džiaũgsmas
lébensfroh liñksmas, kùpinas gyvẽnimo džiaũgsmo
Lébensgefahr f -, -en pavõjus gyvýbei
lébensgefährlich pavojìngas gyvýbei
Lébensgefährte m -n, -n gyvẽnimo draũgas
Lébenshaltungskosten pl pragyvẽnimo mìnimumas
Lébensjahr n -(e)s, -e gyvẽnimo mẽtai
lébenslang I a truñkantis vìsą gyvẽnimą **II** adv vìsą gyvẽnimą
lébenslänglich lìgi gyvõs galvõs
Lébenslauf m -(e)s, ˵e gyvẽnimo kẽlias; biogrãfija
lébenslustig liñksmas, džiugùs
Lébensmittel pl maĩsto prodùktai
lébensmüde gyvẽnimo išvárgintas, nebetùrintis jėgų̃
Lébensniveau n -s, -s gyvẽnimo lýgis
lébensnotwendig gyvýbiškai svarbùs
Lébens‖unterhalt m -(e)s pragyvẽnimas; ~**versicherung** f -, -en gyvýbės draudìmas
lébenswichtig gyvýbinis, gyvýbiškai svarbùs
Lébenszeichen n -s, - gyvýbės žénklas
Léber f -, -n kẽpenys
Léberblümchen n -s, - triskiaūtė žibuõklė
Lébertran m -(e)s žuvų̃ taukaĨ
Lébe‖wesen n -s, - bū́tybė, gyvū́nas; ~**wohl** n -(e)s, -e / -s atsisvéikinimas; *j-m* ~*wohl ságen* sù kuõ atsisvéikinti
lébhaft a gývas, guvùs, žvalùs; *éine* ~*e Phantasíe* laki vaizduõtė

Lébkuchen *m* -s, - meduõlis, tešlaĩnis

léblos negývas, bè gyvýbės; sustìngęs

Leb‖tag: *mein* ~*tag* vìsą sàvo gyvēnimą; ~**zeiten:** *bei* [*zu*] *séinen* ~*zeiten* jám gyvám ēsant

léchzen *vi* (*nach D*) geĩsti, trókšti (*ko*)

leck kiáuras, prakiùręs; ~ *wérden* prakiùrti

lécken[1] *vt* laižýti

lécken[2] *vi* tekéti, praléisti vándenį

lécker gardùs, skanùs

Léckerbissen *m* -s, - gardumýnas, skanēstas

Léder *n* -s, - óda

Léder‖handschuh *m* -(e)s, -e odìnė pirštinė; ~**jacke** *f* -, -n odìnė striùkė; ~**schuh** *m* -(e)s, -e odìnis bātas; ~**waren** *pl* ódos gaminiaĩ

lédig 1 laĩsvas; *áller Sórgen* ~ laĩsvas nuõ visų rūpesčių 2 nevēdęs; netekéjusi; vienguñgis

lédiglich (víen) tìk

leer tùščias, dỹkas; ~ *wérden* (iš)tuštéti; ~ *áusgehen* grįžti tuõ pačiù gėriù (*nieko nelaimėjus*); ~ *láufen* ištekéti, išbégti

Léere *f* - tuštumà; tuštùmas, tuštýbė

léeren I *vt* (iš)tùštinti **II sich** ~ (iš)tuštéti

legál legalùs, teisétas

legalisíeren *vt* legalizúoti, pripažìnti teisétu

Légehenne *f* -, -n dedēklė, dēdanti vištà

légen I *vt* 1 (pa)déti; *ein Fundamént* ~ padéti pāmatą; *j-n in Kétten* ~ ką surakìnti grandìnėmis 2 sodìnti (*pvz., bulves*) 3: *Gewícht auf etw.* (*A*) ~ skìrti kám dìdelę réikšmę; *j-m etw. ans Herz* ~ kám ką patar̃ti [rekomendúoti] **II sich** ~ 1 guĩltis, atsiguĩlti; *sich schláfen* ~ eĩti guĩlti 2 nurìmti, nutìlti

legendär legeñdinis

Legénde *f* -, -n legendà

Legíerung *f* -, -en (*metalo*) lydinỹs

legitím léistinas; ~*es Recht* pagrįstà téisė

legitimíeren *vt* įtéisinti, padarýti teisétą

Lehm *m* -(e)s, -e mólis

léhmig molìngas, molétas

Léhne *f* -, -n ãtlošas, atkaltē

léhnen I *vt* (*an A, gegen A*) atrem̃ti (į ką) **II** *vi* (*an D*) būti prisišlíejusiam (*prie ko*)

III sich ~ (*an A*) atsirem̃ti, prisišlíeti (*prie ko*)

Léhnsessel *m* -s, - krėslas, fòtelis

Léhr‖anstalt *f* -, -en mókymo įstaiga; mokyklà; ~**buch** *n* -(e)s, ⁼er vadovēlis

Léhre *f* -, -n 1 mókymas, teòrija 2 mókymasis, mókslas 3 pamokà, pamókymas; *j-m éine gúte* ~ *ertéilen* [*gében*] ką pamókyti

léhren *vt* (iš)mókyti

Léhrer *m* -s, - mókytojas; ~**in** *f* -, -nen mókytoja

Léhr‖fach *n* -(e)s, ⁼er déstomasis dalỹkas; ~**gang** *m* -(e)s, ⁼e kùrsai; ~**geld** *n* -(e)s, -er mókestis ùž mókslą

léhrhaft pamókomas

Léhr‖jahr *n* -(e)s, -e mókslo mētai; ~**kraft** *f* -, ⁼e mókytojas; déstytojas

Léhrling *m* -s, -e mokinỹs (*gamykloje*)

Léhr‖material *n* -s, -li⁝en mókomoji mēdžiaga; ~**mittel** *n* -s, - vaizdìnės mókymo príemonės; ~**plan** *m* -(e)s, ⁼e mókymo programà

léhrreich pamókantis, pamókomas

Léhr‖stoff *m* -(e)s, -e mókomoji mēdžiaga; ~**stuhl** *m* -(e)s, ⁼e kātedra (*aukštojoje mokykloje*); ~**tätigkeit** *f* - pedagòginis dárbas

Leib *m* -(e)s, -er 1 kū́nas; *am gánzen* ~*e zíttern* visám drebéti 2 pìlvas

Léibchen *n* -s, - liemenēlė

Léibeigene *sub m*, *f* baudžiáuninkas, -ė

Léibeigenschaft *f* - baũdžiava

Léibgericht *n* -(e)s, -e mégstamas vaĩgis [pátiekalas]

léiblich fìzinis, fìziškas, kū́niškas; *sein* ~*er Sohn* jõ tìkras sūnùs

Léib‖schmerzen *pl* pìlvo skausmaĩ; ~**wache** *f* -, -n asmeñs sargýba

Léiche *f* -, -n lavónas; numìrėlis

Léichenhalle *f* -, -n lavóninė

Léichnam *m* -s, -e lavónas

leicht I *a* leñgvas, nesunkùs; nestiprùs; ~*en Hérzens* lengvà širdimì; *ein* ~*es Mädchen* lengvabū́dė merginà; *er hat éinen* ~*en Schlaf* jìs jaũtriai miẽga **II** *adv* lengvaĩ, trùputį; ~ *beschwíngt* pakilùs; liñksmas;

~ **fállen** sèktis; etw. ~ **néhmen** nerimtaĩ [lengvabūdiškai] žiūréti į̃ ką

Léichtathletik f - lengvóji atlètika

léichtfertig neapgalvótas; lengvabūdiškas

Léichtfertigkeit f - neapgalvotùmas, lengvabūdiškùmas

Léichtgewicht n -es sport. lengvàsis svõris

léichtgläubig patiklùs, lengvaĩ pasìtikintis

léichthin tarp kìtko, prabėgõm(ìs)

Léichtindustrie f -, -ri:en lengvóji prãmonė

Léichtsinn m -(e)s lengvabūdiškùmas

léichtsinnig lengvabūdiškas, nerūpestìngas

Leid n -(e)s síelvartas, šìrdgėla; **es tut mir** ~ mán gaĩla, àš apgailestáuju; **er tut mir** ~ mán jõ gaĩla

léiden* I vt 1 kentéti, kę̃sti; **Húnger** ~ kentéti aĩkį 2 pakę̃sti; **j-n gut** ~ **können** jaũsti kám palankùmą **II** vi sìrgti; **an Gríppe** ~ sìrgti gripù

Léiden n -s, - 1 kančià, kentéjimas 2 ligà

Léidenschaft f -, -en aistrà

léidenschaftlich aistrìngas

léider dejà, gaĩla

léidig nemalonùs, bjaurùs

léidlich pakeñčiamas, vidutìnis

léidvoll sielvartìngas, liũdnas

léihen* vt 1 (j-m) (pa)skõlinti (kam ką) 2 pasiskõlinti; **sich** (D) **von** [bei] **j-m** etw. ~ pasiskõlinti ką̃ ìš kõ

léihweise skolõn, skõlintinai

Leim m -(e)s, -e klijaĩ

léimen vt (su)klijúoti

Lein m -(e)s lìnas, linaĩ

Léine f -, -n virvẽlė, saĩtas, pavadẽlis

léinen linìnis, drobìnis

Léinen n -s, - dróbė

Léin‖öl n -(e)s sémenų aliẽjus; ~**wand** f - (kino) ekrãnas

léise tylùs; sìlpnas; **éinen** ~**n Schlaf hában** jaũtriai miegóti

Léiste f -, -n leñtjuostė, lentẽlė

léisten vt 1 padarýti, atlìkti 2: **sich** (D) etw. ~ sáu ką̃ léisti; **j-m éinen Dienst** ~ padarýti kám pãslaugą

Léistung f -, -en 1 atlikìmas, įvýkdymas 2 àtliktas dárbas, rezultãtas; laiméjimas 3 pajėgùmas; galingùmas

léistungsfähig pajėgùs; stiprùs; galìngas

Léistungsfähigkeit f - pajėgùmas

Léistungs‖lohn m -(e)s, ፦e vienetìnis dárbo atlýginimas; ~**schau** f -, -en (laimėjimų̃) demonstrãvimas, parodà

léistungs‖schwach sìlpnas; nepažangùs (apie mokinį); ~**stark** stiprùs; pažangùs (apie mokinį)

Léitartikel m -s, - vedamàsis stráipsnis

léiten vt 1 vadováuti (kam); valdýti (ką̃) 2 nukreĩpti

léitend vadováujantis

Léiter¹ m -s, - vadõvas; vedéjas

Léiter² f -, -n kópėčios

Léit‖faden m -s, ፦ vadovẽlis; ~**gedanke** m -ns, -n pagrindìnė mintìs; ~**satz** m -es, ፦e lòzungas; tèzė

Léitung f -, -en 1 sg vadovãvimas; **únter der** ~ (G, von D) vadováujant (kam) 2 vadovýbė, vadõvai 3 lìnija (vandeniekio, dujotiekio, elektros, telefono)

Lektión f -, -en paskaità; pamokà

Léktor m -s, -tóren lèktorius

Lénde f -, -n juosmuõ, pusiáujas; strénos

Léndenbraten m -s, - filẽ kepsnỹs

lénken vt 1 vairúoti, valdýti 2 (auf A) nukreĩpti (į̃ ką); **j-s Áufmerksamkeit auf etw.** (A) ~ nukreĩpti kienõ dėmesį̃ į̃ ką

Lénker m -s, - 1 vaĩras 2 vairúotojas

Lénk‖rad n -(e)s, ፦er (automobilio) vaĩras; ~**stange** f -, -n (dviračio) vaĩras

Lenz m -es, -e pavãsaris

Leopárd m -en, -en leopárdas

Lérche f -, -n vieversỹs, vyturỹs

lérnbegierig smalsùs, trókštantis žinių̃

Lérneifer m -s stropùmas, uolùmas

lérnen vt, vi mókytis; išmókti; **Deutsch** ~ mókytis vókiečių kalbõs

lésbar įskaĩtomas, išskaĩtomas

Lésebuch n -(e)s, ፦er skaitiniaĩ, skaitinių̃ knygà

lésen*¹ vt, vi skaitýti; **Geschíchte** ~ skaitýti istòrijos pãskaitas

lésen*2 *vt* riñkti (*pvz.*, *uogas*); pérrinkti

lésenswert skaitýtinas, veŕtas pérskaityti

Léser *m* -s, - skaitýtojas

léserlich įskaĩtomas, áiškus

Lésesaal *m* -(e)s, ꞏe skaityklà

Létte *m* -n, -n lãtvis

léttisch Lãtvijos; lãtvių; lãtviškas

Léttland *n* -s Lãtvija

letzt paskutìnis; praė́jęs; ~**en Éndes** galų̃ galè, pagaliaũ; *in der* ~**en Zeit** pastarúoju metù

Létzte *sub m, f* paskutìnis, -ė; *der* ~ *des Mónats* paskutìnė mė́nesio dienà

létztens neseniaĩ; pabaigojè; galų̃ galè

létztere paskutinýsis (*iš dviejų*)

létzthin neseniaĩ

Léuchte *f* -, -n 1 šviestùvas 2 įžymýbė, žvaigždė̃

léuchten *vi* 1 žibéti, šviẽsti, spindéti 2 (pa)žìbinti, (pa)šviẽsti

léuchtend 1 spiñdintis, švýtintis 2 puikùs

Léuchter *m* -s, - žvakìdė; šviestùvas, žibiñtas

Léucht‖feuer *n* -s, - švyturỹs; ~**käfer** *m* -s, - jõnvabalis; ~**turm** *m* -(e)s, ꞏe švyturỹs

léugnen *vt* (pa)neĩgti, nuneĩgti

Léumund *m* -(e)s reputãcija

Léute *pl* žmónės; *die júngen* ~ jaunuõliai; jaunavedžiaĩ

Léutnant *m* -s, -e / -s leitenántas

léutselig draũgiškas, nuoširdùs

Levkóje *f* -, -n *bot.* leukònija

Léxik *f* - lèksika

Lexikologíe *f* - leksikològija

Léxikon *n* -s, -ka / -ken leksikònas, enciklopèdinis žodýnas

Líbanon *m* -s / - Libãnas

liberál liberalùs, liberãliškas

Liberále *sub m, f* liberãlas, -ė

liberalisíeren *vt* liberalizúoti

licht 1 šviesùs, skaistùs; *am* ~**en Táge** vidurỹ dienõs 2 rẽtas (*pvz.*, *apie plaukus, mišką*)

Licht *n* -(e)s, -er 1 *sg* šviesà; *eléktrisches* ~ elèktros šviesà; *ans* ~ *kómmen* iškìlti aikštė̃n, paaiškéti; *das* ~ *der Welt erblícken* išvýsti pasáulio šviẽsą, gìmti 2 *pl* žiburiaĩ, ugnẽlės 3 žvãkė

Lícht‖anlage *f* -, -n šviesõs instaliãcija; ~**bild** *n* -(e)s, -er 1 fotogrãfija 2 skaidrė̃, diapozitỹvas; ~**blick** *m* -(e)s, -e prãgiedrulis, próšvaistė

líchtempfindlich jautrùs šviẽsai

líchten I *vt* rẽtinti, valýti (*mišką*) II *sich* ~ 1 retéti (*apie mišką, plaukus*) 2 giedréti, giẽdrytis

líchterloh: ~ *brénnen* liepsnóti, pliẽksti

Lícht‖reklame *f* -, -n šviesõs reklamà; ~**schalter** *m* -s, - elèktros jungìklis

Líchtspielhaus *n* -es, ꞏer, kinoteãtras, kìnas

Líchtung *f* -, -en (*miško*) próskyna

Lid *n* -(e)s, -er (*akies*) vókas

lieb 1 míelas, brangùs 2 malonùs, nuoširdùs; *das ist* ~ *von dir* malonù ìš tàvo pùsės; *séien Sie so* ~, *mir zu hélfen* malonékite mán padéti; ~ *gewínnen* pamìlti, pamégti; ~ *háben* myléti, mégti

liebäugeln (líebäugelte, gelíebäugelt) *vi* (*mit D*) mẽiliai žvìlgčioti (*į ką*); koketúoti (*su kuo*)

Liebe[1] *f* - méilė

Liebe[2] *sub m, f* mielàsis, -ój, brangùsis, -iój; *mein* ~*r* mielàsis! brangùsis! (*kreipimasis laiške*)

Liebediener *m* -s, - pataikūnas, tupikáutojas

liebedienern *neatsk. vi* pataikáuti, tupikáuti

lieben *vt* myléti, mégti; *j-n* ~ *lérnen* ką pamìlti [pamégti]

liebenswürdig malonùs, nuoširdùs, míelas

Líebenswürdigkeit *f* -, -en malonùmas, nuoširdùmas

líeber I *a* mielèsnis, brangèsnis II *adv* geriaũ, verčiaũ, noriaũ

Líebes‖dienst *m* -es, -e malónė, geradarỹstė; ~**verhältnis** *n* -ses, -se méilės ryšỹs

líebevoll meilùs, míelas

Liebhaber *m* -s, - 1 meilùžis, įsimyléjėlis 2 mėgéjas; mylétojas

Liebhaberéi *f* -, -en pómėgis

Líebhaberin *f* -, -nen **1** meilùžė; įsimylėjėlė **2** mėgėja; mylėtoja

líebkosen (líebkoste, gelíebkost) *vt* mylúoti, glamonéti

Líebkosung *f* -, -en glamõnė, mylãvimas

líeblich malonùs, žavùs, žavìngas

Líebling *m* -s, -e numylétinis, -ė

Líeblings‖beschäftigung *f* -, -en mėgstamas užsiėmìmas; ~**buch** *n* -(e)s, ꞏer mėgstamà knygà

Líebreiz *m* -es žavùmas, žavesỹs

liebst I *a* mieliáusias, brangiáusias **II: am** ~**en** mieliáusiai

Líebste *sub m, f* mylimàsis, -óji

Lied *n* -(e)s, -er dainà; giesmė̃

Líederjan *m* -(e)s, -e nėvala, apsiléidėlis

líederlich 1 nevalývas, apsiléidęs **2** ištvìrkęs, pasiléidęs

Lieferánt *m* -en, -en tiekėjas

Líeferfrist *f* -, -en pristãtymo laĩkas

líefern *vt* **1** tiẽkti, pristatýti **2: für etw.** (A) **éinen Bewéis** ~ ką̃ įródyti

Líeferung *f* -, -en **1** tiekìmas, pristãtymas **2** (*knygos*) sąsiuvinis

Líeferwagen *m* -s, - furgònas (*prekèms išvežioti*)

Líege *f* -, -n kušėtė

líegen* *vi* **1** gulėti; *tíefe Stílle lag auf dem Dorf* káime viešpatãvo mirtinà tylà **2** bū́ti, bū́ti išsidėsčiusiam; *Drésden liegt an der Élbe* Drèzdenas yrà priẽ Èlbės **3: auf den Tod** ~ siȓgti miȓtina ligà; *es liegt klar auf der Hand* taĩ vìsiškai áišku; *im Stérben* ~ gulėti mirtiẽs patalè; *das liegt nicht an mir* àš čià niēkuo dėtas; *worán liegt es?* kàs yrà? nuõ kõ taĩ priklaũso? ~ *bléiben* tebegulėti, nesikélti; stovéti, nejudéti; ~ *lássen* palìkti; užmiȓšti

Líegenschaft *f* -, -en nekilnójamasis tuȓtas

Lift *m* -(e)s, -e lìftas

Likör *m* -s, -e lìkeris

líla lelìjinis, šviẽsiai violètinis

Líliꞏe *f* -, -n lelijà

Limonáde *f* -, -n limonãdas

Limousíne [-mu-] *f* -, -n limuzìnas

lind švelnùs, mìnkštas

Líinde *f* -, -n, **Líndenbaum** *m* - (e)s, ꞏe líepa (*medis*)

líndern *vt* (su)švelnĩninti, (pa)leñgvinti, numalšìnti

Lineál *n* -s, -e liniuõtė

Líiniꞏe *f* -, -n **1** lìnija, brū́kšnỹs; *éine* ~ *zíehen* nubrėžti lìniją **2** lìnija, maršrùtas; *Óbus* ~ **4** troleibùsas Nr. **4 3: in érster** ~ visų̃ pirmà, pirmiáusia

Líiniꞏenbus *m* -ses, -se maršrùtinis autobùsas

liníeren *vt* (su)liniúoti

link kairỹs, kairùs; ~*er Hand* kairėjè, kairėjè pùsėje

Línke *sub f* kairė̃, kairióji rankà

línkisch nerangùs, negrabùs

links kairėjè, kairėjè pùsėje; į̃ kaĩrę

Línkshänder *m* -s, - kairiarañkis, kairỹs

linksúm! kairė̃n! (*komanda*)

Linóleꞏum *n* -s linolèumas

Línse *f* -, -n **1** (*akies*) lę̃šis **2** *fiz.* lę̃šis

Líppe *f* -, -n lū́pa; *an j-s* ~*n hängen* gáudyti kienõ kiekvíeną žõdį

Líppenstift *m* -(e)s, -e lū́pų dažaĩ, pieštùkas lū́poms

liquidíeren *vt* likvidúoti, panaikìnti

líspeln *vi* **1** šveplúoti, švebeldžiúoti **2** šnibždéti, kuždéti

List *f* -, -en klastà, výlius; gudrýbė

Líste *f* -, -n sąrašas

lístig klastìngas, vylìngas

Lítauen *n* -s Lietuvà

Lítauer *m* -s, - lietùvis

lítauisch Lietuvõs; lietùvių; lietùviškas

Líter *n, m* -s, - lìtras

literárisch literatū́rinis, literatū́ros

Literatúr *f* -, -en literatū́rà; *schöne* [*schöngeistige*] ~ grõžinė literatū́rà

Literatúr‖preis *m* -es, -e literatū́ros prèmija; ~*sprache* *f* -, -n bendrìnė kalbà

Lítfaßsäule *f* -, -n skelbìmų stulpas

Lizénz *f* -, -en liceñcija

Lob *n* -(e)s (pa)gyrìmas, pãgyros

lóben *vt* (pa)gìrti

lóbenswert gìrtinas, veȓtas pagyrìmo

löblich (pa)gìrtinas

Lóblied *n* -(e)s, -er ditirámbas, liáupsinimas

lóbpreisen* *neatsk.* *vt* (iš)liáupsinti

Lóbrede *f* -, -n panegìrika

Loch *n* -(e)s, ᵉer **1** skylė̃, plyšỹs **2** olà, ùrvas

löcherig kiáuras, skylė́tas; korýtas

Lócke *f* -, -n gárbana

lócken I *vt* garbiniúoti, garbanóti **II sich** ∼ garbiniúotis, garbanótis

lócken *vt* vilióti, mãsinti

Lócken‖haar *n* -(e)s, -e garbanóti plaukaĩ; ∼**wickler** *m* -s, - plaukų̃ suktùkas, bigudì

lócker 1 purùs, išakìjęs **2** laĩsvas, išklìbęs **3** lengvabū̃diškas, paláidas

lóckern I *vt* **1** purénti, darýti pùrų **2** atléisti, atpalaidúoti (*pvz.*, *dìržą, varžtą̃*) **II sich** ∼ atsiléisti, atsipalaidúoti

lóckig garbiniúotas, garbanótas

Lóckung *f* -, -en viliõnė, viliójimas; pagùnda

lódern *vi* liepsnóti

Löffel *m* -s, - šáukštas

löffeln *vt* srė̃bti, sémti, válgyti šáukštu

Lóge [-ʒɔ] *f* -, -n lõžė (*žiūróvams*)

Lógik *f* - lògika

lógisch lògiškas; lòginis

Lóhe *f* -, -n liepsnà, ugniė̃s liežùviai

lóhen *vi* liepsnóti

Lohn *m* -(e)s, ᵉe **1** dárbo ùžmokestis, atlýginimas **2** ãtpildas, atlýginimas

lóhnen I *vt* atlýginti, atsilýginti (*kam*) **II** *vi* / **sich** ∼ apsimokéti, bū́ti vertám

Lóhn‖erhöhung *f* -, -en dárbo ùžmokesčio padìdinimas; ∼**kürzung** *f* -, -en, ∼**senkung** *f* -, -en dárbo ùžmokesčio sumãžinimas

Lok *f* -, -s garvežỹs, lokomotỹvas

lokál viẽtinis, lokãlinis

Lokál *n* -(e)s, -e restorãnas, kavìnė, užkandìnė

lokalisíeren *vt* lokalizúoti, apribóti

Lokomotíve *f* -, -n lokomotỹvas, garvežỹs

Lokomotívführer *m* -s, - lokomotỹvo mašinìstas

Lórbeer *m* -s, -en **1** *bot.* láuras **2** *pl* láurai, šlovė̃

Lórbeer‖blatt *n* -(e)s, ᵉer láuro lapė̃lis; ∼**kranz** *m* -es, ᵉe láurų vainìkas

Lóre *f* -, -n vagonė́lis

los I *a* **1** laĩsvas, paláidas **2:** ∼ *sein* atsikratýti, išsisùkti; *den Schnúpfen* ∼ *sein* atsikratýti slogõs; *was ist* ∼*?* kàs atsitìko? **II** *adv:* ∼*!* pirmỹn! pradė́k! márš!

Los *n* -es, -e **1** bùrtai; *das* ∼ *zíehen* tráukti bùrtus **2** lotèrijos bìlietas **3** likìmas, dalià

lösbar 1 tirpùs **2** išspreñdžiamas

lós‖binden* *vt* atrìšti, išláisvinti; ∼**brechen*** I *vt* atláužti **II** *vi* (*s*) prasidéti, kìlti (*pvz.*, *apie aūdrą, ginčą̃*)

Löschblatt *n* -(e)s, ᵉer sùgeriamojo põpieriaus lãpas

löschen *vt* **1** (už)gesìnti; *den Durst* ∼ malšìnti tróškulį **2** nuspáusti, nusaũsinti (*rašalą*)

Löschpapier *n* -s, -e sugeriamàsis põpierius

lóse 1 laĩsvas, paláidas **2** paláidas, véjavaikiškas; *eine* ∼ *Zúnge háben* turéti ìlgą liežùvį

lösen I *vt* **1** atléisti, atpalaidúoti, atrìšti **2** nutráukti, panaikìnti **3** (iš)sprę̃sti; *ein Rätsel* ∼ įmìnti [įspéti] mį̃slę **4** ištirpdýti **5** (nusi)pìrkti, įsigýti (*važiavimo bilietą̃*) **II sich** ∼ **1** atsiléisti, atsipalaidúoti, atsirìšti **2** (*von D*) skìrtis (*su kuo*), atsiskìrti (*nuo ko*) **3** (iš)tìrpti

lós‖gehen* *vi* (*s*) išeĩti, išvỹkti **2** (*auf A*) (už)pùlti, atakúoti (*ką̃*) **3** iššáuti, sprógti; ∼**lassen*** *vt* **1** paléisti **2** užpjudýti, užsiuñdyti

löslich tirpùs, lengvaĩ tìrpstantis

lós‖lösen I *vt* atskìrti, atplė́šti, nuplė́šti **II sich** ∼**lösen** atsiskìrti, atsikabìnti; ∼**machen I** *vt* atrìšti, atpalaidúoti **II sich** ∼**machen** atsirìšti, atsipalaidúoti; ∼**reißen*** I *vt* atplė́šti, nuplė́šti **II sich** ∼**reißen*** (*von D*) atitrū́kti, nutrū́kti (*nuo ko*); ∼**sagen**, **sich** (*von D*) atsisakýti, išsižadéti (*ko*); ∼**schlagen*** *vi* (*auf A*) ìmti [pradéti] mùšti (*ką̃*); ∼**stürzen** *vi* (*s*) (*auf A*) mèstis, pùlti (*prie ko*)

Lósung *f* -, -en šū́kis, lòzungas

Lösung *f* -, -en **1** (iš)sprendìmas **2** tìrpalas

lóswerden* *vt* atsikratýti, nusikratýti (*kuo*)

löten *vt* lituóti

Lótse *m* -n, -n lòcmanas

Lotteríe *f* -, -rí:en lotèrija

Lótterleben *n* -s tinginiāvimas, dykinéjimas

Lótto *n* -s, -s lotò

Löwe *m* -n, -n liū̃tas

Luchs *m* -es, -e lū̃šis

Lücke *f* -, -n spragà, tárpas; trū̃kumas; *eine* ~ *schlíeßen* [*ausfüllen*] užpìldyti sprāgą

lückenhaft sù spragomìs, nepakañkamas

Lúder *n* -s, - 1 dvẽsena, maità 2 šùnsnukis, niẽkšas

Luft *f* -, ᵉe óras; *frísche* ~ *schöpfen* (pa)kvė̃puoti grýnu óru; *an der fríschen* ~ grynamè orè; *in die* ~ *flíegen* išlė̃kti į̃ órą, bū̃ti išsprogdìntam

Lúft‖**abwehr** *f* - priešlėktùvinė gynýba; ~**angriff** *m* -(e)s, -e óro añtskrydis

lúftdicht sandarùs, hermètiškas

lüften *vt* (pra)vėdìnti, išvėdìnti; *ein Gehéimnis* ~ atskleĩsti pā̃slaptį

Lúft‖**fahrt** *f* - óro laivýnas, aviācija; ~**gefahr** *f* - óro pavõjus

lúftig 1 gáunantis daũg óro, geraĩ vėdìnamas 2 leñgvas (*apie drabužį̃*)

Lúftikus *m* -, -se vė́javaikis, nutrūktgal̃vis

Lúft‖**lini**ᵉe *f* -, -n óro susisiekìmo lìnija; ~**post** *f* - óro pā̃štas; *per* ~**post schícken** (pa)sių̃sti óro paštù; ~**schiff** *n* -(e)s, -e órlaivis, dirižāblis; ~**schifffahrt** *f* - oreivỹstė, óro navigācija; ~**schutz** *m* -es priešlėktùvinė apsaugà; ~**streitkräfte** *pl* karìnės óro pājė́gos

Lüftung *f* -, -en ventiliācija, vėdìnimas

Lúft‖**verkehr** *m* -s óro susisiekìmas; ~**zug** *m* -(e)s, ᵉe sker̃svėjis, traũksmas

Lug *m*: *es ist álles* ~ *und Trug* vìsa tai grýnas mẽlas

Lüge *f* -, -n mẽlas

lügen* *vi* melúoti; *das ist gelógen* taĩ mẽlas

lügenhaft melagìngas, neteisìngas

Lügner *m* -s, - melãgis

lügnerisch melagìngas, veidmaĩniškas

lúllen *vt* liūliúoti, migdýti

Lümmel *m* -s, - storžiẽvis, stačiõkas

lümmelhaft storžiẽviškas, stačiõkiškas

Lump *m* -en, -en niẽkšas, šùnsnukis

Lúmpen *m* -s, - 1 skùduras 2 *pl* skuduraĩ, suplýšę drabùžiai

Lúmpenkerl *m* -(e)s, -e niẽkšas, šùnsnukis

Lunch [lant∫] *m* - / -s, *pl* -s / -e príešpiečiai

Lúnge *f* -, -n plaũtis; plaũčiai

Lúngen‖**entzündung** *f* -, -en plaũčių̃ uždegìmas; ~**heilstätte** *f* -, -n tuberkuliòzės sanatòrija

Lúngenkrebs *m* -es plaũčių̃ vėžỹs

lúngern *vi* dykinéti, dykaduoniáuti

Lúnte *f* -, -n dãgtis

Lúpe *f* -, -n lupà, dìdinamasis stìklas

Lust *f* - 1 *sg* džiaũgsmas, malonùmas, linksmýbė 2 *sg* nóras, troškìmas; *ich hábe* ~ *zu* *lésen* àš nóriu skaitýti 3 geidulỹs, geĩsmas

Lústbarkeit *f* -, -en pasilìnksminimas, pramogà

Lüster *m* -s, - liustrà, sietýnas

lüstern geidulìngas, aistrìngas

lústig liñksmas, smagùs; *sich über j-n* ~ *máchen* týčiotis [šaipýtis] ìš kõ

Lústigkeit *f* -, -en linksmùmas, linksmýbė

lústlos I *a* bedžiaũgsmis, liū̃dnas II *adv* nenóriai, nemielaĩ

Lústspiel *n* -(e)s, -e komèdija

Lúxemburg *n* -s Liùksemburgas

luxuriös prabangùs, prašmatnùs, ištaigìngas

Lúxus *m* - prabangà

Lúxus‖**artikel** *m* -s, - prabangõs dáiktas; ~**hotel** *n* -s, -s ištaigìngas viẽšbutis

Luzérne *f* -, -n mėlynžiẽdė liucernà

Lýrik *f* - lýrika

lýrisch lýrinis, lýriškas

M

Máchart *f* -, -en fasònas, mòdelis

máchen *vt* 1 (pa)darýti, (pa)gamìnti; atlìkti; *Licht* ~ uždègti šviẽsą; *sich* (*D*) *ein Kleid* ~ *lássen* pasisiū̃dinti suknẽlę; *es*

ist nichts zu ~ niẽko nepadarýsi 2 (*zu D*) pavér̃sti (*kuo*); *j-n zum Gespött* ~ pavér̃sti ką̃ pajuokõs objektù 3 sudarýti (*sumą*) 4: *Ausflüchte* ~ išsisukinéti, atsikalbinéti; *auf j-n éinen gúten Éindruck* ~ (pa)darýti kám gẽrą įspūdį; *j-m Platz* ~ užléisti kám viẽtą; *éinen Schritt* ~ žeñgti žiñgsnį; *j-m Vórwürfe* ~ kám priekaištáuti; *j-n auf etw.* (A) *áufmerksam* ~ atkreĩpti kienõ dẽmesį į ką; *sich lächerlich* ~ apsijuõkti; *es sich* (D) *bequém* ~ patõgiai įsitaisýti; *j-n glauben* ~ ką įtìkinti; *das macht nichts* taĩ niẽko, taĩ nesvarbù; *mach's gut!* lìk sveĩkas! vìso gẽro!

Máchenschaften *pl* intrìgos, pìnklės

Macht *f* -, ⁖e 1 *sg* jėgà, galià; galýbė; *über etw.* (A), *j-n* ~ *hában* turéti ką sàvo valdžiojè, ką valdýti 2 *sg* valdžià; *die* ~ *ergréifen* užgróbti vaĺdžią; *an die* [*zur*] ~ *kómmen* ateĩti į vaĺdžią 3 (*didelė*) valstýbė

Máchtantritt *m* -(e)s, -e atėjìmas į vaĺdžią **mächtig** 1 galìngas, stiprùs 2 didžiùlis, miĺžiniškas

Máchtkampf *m* -(e)s, ⁖e kovà dėl valdžiõs **mácht‖los** bejẽgis, bejẽgiškas; ~**voll** didžiùlis, miĺžiniškas

Máchwerk *n* -(e)s, -e prãstas dárbas, chaltūrà

Mädchen *n* -s, - mergáitė, merginà **mädchenhaft** mergáitiškas; meŕgiškas **Mädchenname** *m* -ns, -n 1 mergáitės vaŕdas 2 mergáutinė pavardẽ

Máde *f* -, -n kirmėlẽ, kiŕminas **mádig** kirmėlétas, sukirmìjęs

Magazìn *n* -s, -e 1 sándėlis 2 iliustrúotas žurnãlas

Magd *f* -, ⁖e samdinẽ, tarnáitė **Mágen** *m* -s, - / ⁖ skrañdis, skilvỹs **Mágen‖geschwür** *n* -(e)s, -e skrañdžio opà; ~**krebs** *m* -es skrañdžio vėžỹs; ~**schmerzen** *pl* skrañdžio skausmaĩ **máger** 1 líesas, sulýsęs 2 nederlìngas; meñkas

Mágermilch *f* - líesas (*nugriebtas*) píenas **Magíe** *f* - mãgija, keraĩ, bùrtai **mágisch** mãgiškas, paslaptìngas **Magistrát** *m* -(e)s, -e magistrãtas, miẽsto valdýba

Magnét *m* -en / -(e)s, *pl* -en / -e magnètas

Mahd *f* -, -en pjūtìs; šienapjūtė **Mähdrescher** *m* -s, - kombáinas **mähen** *vt* kiŕsti, pjáuti **Mäher** *m* -s, - 1 javãpjovė; šienãpjovė 2 pjovéjas

Mahl *n* -(e)s, ⁖er / -e vaĺgis, maĩstas **máhlen** *vt* (su)málti **Máhlzeit** *f* -, -en 1 vaĺgis, maĩstas 2 válgymas; ~*!* gẽro apetìto! lãbas! (*sveikinantis pietų metu*)

Mähmaschine *f* -, -n javãpjovė; šienãpjovė **Mähne** *f* -, -n kaŕčiai **máhnen** *vt* (*zu D*) rãginti, skãtinti (*ką daryti*) 2 (*an A*) primiñti (*ką*)

Mai *m* - / -(e)s, -e gegužẽ, gegužẽs ménuo **Mái‖glöckchen** *n* -s, - paprastóji pakalnùtė; ~**käfer** *m* -s, - kaŕkvabalis

Mais *m* -es, - kukurūzas **Máiskolben** *m* -s, - (*kukurūzų*) burbuolẽ **Majestät** *f* -, -en 1 *sg* didingùmas 2 didenýbė **majestätisch** didìngas

Majór *m* -s, -e majõras **Mákel** *m* -s, - (*gėdos*) dėmẽ; ýda **mäkelig** priekabùs; niurzgùs **mákellos** nepriekaištìngas **mäkeln** *vi* (*an D*) kìbti, kabinėtis (*prie ko*) **Makkaróni** *pl* makarõnai **Makréle** *f* -, - skùmbrė **Makulatúr** *f* -, -en makulatūrà **mal I** *adv* kaŕtas, sýkis; *noch* ~ dár kaŕtą **II** *prtc* nà, nàgi

Mal¹ *n* -(e)s, -e / - kaŕtas, sýkis; *mánches* ~ kai kadà, kaŕtais; *ein für álle* ~ galutinaĩ, visám laĩkui; *nicht ein éinziges* ~ nẽ (*vieno*) kaŕto; *zum zwéiten* ~*e* añtrą kaŕtą

Mal² *n* -(e)s, -e / ⁖er 1 ãpgamas 2 žénklas, žymẽ **málen** *vt* 1 tapýti, piẽšti; *in Öl* ~ tapýti aliẽjiniais dažaĩs 2 *prk.* piẽšti, vaizdúoti 3 dažýti

Máler *m* -s, - 1 daĩlininkas, tapýtojas 2 dažýtojas

Maleréi *f* - tapýba **málerisch** vaizdùs, vaizdìngas **Málkasten** *m* -s, - / ⁖ dažų dėžùtė **Mámmut** *m* -s, -e / -s mamùtas

man

154

man: ~ *sagt* sākoma; ~ *klópfte* kažkàs pasìbeldė

manch (*máncher m, mánche f, mánches n, mánche pl*) kai kàs, kai kurìs; ~*es* daug kàs; ~ *éiner* kai kàs

mánchmal kaĩtais, kai kadà

Mandaríne *f* -, -n mandarìnas

Mándel *f* -, -n 1 migdõlas (*vaisius*) 2 tonzìlė, migdõlas

Mandolíne *f* -, -n mandolinà

Mángel *m* -s, ⁼ trūkumas, nepriteklius, stokà; ~ *an Zeit* laĩko stokà

mángelhaft nepakañkamas; trūkstamas

mangeln *vi, vimp* trūkti, stokóti

Mángelware *f* -, -n deficìtinė prēkė

Manier *f* -, -en manierà, įprotis; laikýsena

maníerlich mandagùs, (geraĩ) išáuklėtas

manifestíeren I *vt, vi* išréikšti, paródyti, demonstrúoti **II sich** ~ išryškėti, pasiréikšti

Maniküre *f* -, -n manikiūras

manipulíeren *vt* (*mit D*) manipuliúoti, darýti manipuliācijas (*kuo*)

Mánko *n* -s, -s trūkumas, deficìtas

Mann *m* -(e)s, ⁼er 1 výras, vyrìškis; *ein álter* ~ sēnis 2 žmogùs; *ein* ~ *von Charákter* žmogùs sù charãkteriu

Männchen *n* -s, - 1 žmogēlis, žmogeliùkas 2 pãtinas, patinėlis

Mannequin [-'keŋ] *n, m* -s, -s manekėnas

Männer‖chor *m* -s, ⁼e výrų chòras; ~*stimme f* -, -n výro [výriškas] baĩsas

Mánnesalter *n* -s brandõs ámžius

mánnhaft výriškas, drąsùs, tvìrtas

mánnigfach įvairùs, visokeriópas

mánnigfaltig įvairiapùsiškas, daugeriópas

männlich 1 výriškas, výriškos lytiẽs 2 výriškas, drąsùs

Mánnschaft *f* -, -en 1 įgula, ekipãžas 2 *sport.* kománda

Mánnschaftssieg *m* -(e)s, -e komándinė pérgalė

mánnshoch žmogaũs aūkščio

Manöver *n* -s, - 1 manèvrai 2 manèvras, gudrýbė

Mansárde *f* -, -n mansárda

Manschétte *f* -, -n rankógalis, ãtvartas

Mántel *m* -s, ⁼ páltas, apsiaūstas; *j-m in den* ~ *hélfen* padéti kám apsireñgti páltą

manuéll I *a* rañkinis, atliēkamas rañkomis **II** *adv* rañkomis

Manuskrípt *n* -(e)s, -e rañkraštis

Máppe *f* -, -n 1 āplankalas, segtùvas 2 pòrtfelis

Márathonlauf *m* -(e)s, ⁼e maratòno bėgìmas

Märchen *n* -s, - pāsaka

Märchenbuch *n* -(e)s, ⁼er pāsakų rinkinỹs [knygà]

märchenhaft pāsakiškas; nuostabùs

Múrder *m* 3, - kiáunė

Margaríne *f* - margarìnas

Marí:enkäfer *m* -s, - borūžė, diēvo karvýtė

Maríne *f* -, -n jūrų laivýnas

mariníeren *vt* marinúoti

Marionétte *f* -, -n marionètė

Marionéttentheater *n* -s, - marionèčių teātras

maritím jūrinis, jūros

Mark¹ *n* -(e)s čiulpaĩ, káulų smēgenys

Mark² *f* -, - márkė

Márke *f* -, -n 1 pāšto žénklas 2 žénklas, žymė

markíeren *vt* 1 (pa)žyméti, (pa)žénklinti 2 pabréžti, akcentúoti

márkig galìngas, stiprùs

Márkstein *m* -(e)s, -e pósūkis, lēmiamas momeñtas

Markt *m* -(e)s, ⁼e 1 tuŕgus, prekýmetis 2 rinkà

Márkt‖halle *f* -, -n dengtà prekývietė; ~*wirtschaft f* - rìnkos ekonòmika

Marmeláde *f* -, -n marmelãdas

Mármor *m* -s, -e mármuras

Mármorstatue *f* -, -n marmurìnis [mármuro] biùstas

Marókko *n* -s Maròkas

Marsch *m* -es, ⁼e žỹgis, máršas

Márschall *m* -s, ⁼e máršalas

marschíeren *vi* (*s*) žygiúoti

Márschroute [-ru:-] *f* -, -n maršrùtas

Márter *f* -, -n kančià, skaūsmas

mártern I *vt* kankìnti, kamúoti; *j-n zu Tóde*
~ ką̃ nukankìnti II **sich** ~ (*mit D*) kan-
kìntis, kamúotis (*dėl ko*)
Märtyrer *m* -s, - kankinỹs
März *m* - / -es, -e kóvas, kóvo mė́nuo
Másche *f* -, -n (*mezginio, tinklo*) akìs
Maschíne *f* -, -n 1 mašinà 2 lėktùvas; ~
schréiben rašýti rãšomąja mašinėlè
maschínegeschrieben parašýtas rãšomąja
mašinėlè
maschinéll I *a* mašìninis II *adv* mašìnomis
Maschínen‖**bau** *m* -(e)s mašìnų gamýba;
~**schreiberin** *f* -, -nen mašìninkė
Másern *pl* tymaĩ
Máske *f* -, -n káukė
Máskenball *m* -(e)s, ⸰e káukių bãlius
Maskeráde *f* -, -n maskarãdas
maskíeren I *vt* maskúoti, slė̃pti II **sich** ~
maskúotis, slė̃ptis
Maß *n* -es, -e mãtas; saĩkas; ~ *néhmen* pa-
matúoti, išmatúoti; *in hóhem* ~*e* smar̃kiai,
daũg; *in höchstem* ~*e* labaĩ, nepaprastaĩ;
in vóllem ~*e* vìsiškai, be gãlo; *über*
álle ~*en* nepaprastaĩ, pernelýg; ~ *hálten*
turéti [žinóti] saĩką
Masságe [-ʒə] *f* -, -n masãžas
Massáker *n* -s, - skerdỹnės, žudỹnės
massakíeren *vt* žudýti, sker̃sti
Máßanzug *m* -(e)s, ⸰e užsakýtinis kostiùmas
Másse *f* -, -n mãsė; daugýbė
Mássen‖**auflage** *f* -, -n mãsinis tirãžas;
~**bedarfsartikel** *m* -s, - plataũs vartójimo
prėkė
mássenhaft mãsinis, mãsiškas
Mássen‖**kundgebung** *f* -, -en mãsinis mìtin-
gas; ~**mord** *m* -(e)s, -e mãsinės žudỹnės
Masseur [-'sø:r] *m* -s, -e masažìstas
Masseuse [-'sø:zə] *f* -, -n masažìstė
máßgebend autoritetìngas, lėmiamas
massieren *vt* masažúoti
mássig dìdelis, masyvùs
mäßig saikìngas, nuosaikùs; vidutìnis
mäßigen I *vt* (su)mãžinti, (su)létinti II **sich**
susivaldýti, susitvárdyti
Mäßigkeit *f* - saikìngumas, nuosaikùmas
massív masyvùs, sunkùs, dìdelis

máßlos begalìnis, besaĩkis
Máßnahme *f* -, -n príemonė; ~*n ergréifen*
[*tréffen*] im̃tis príemonių
máßregeln *neatsk.* *vt* (nu)baũsti (*ką*), (pa)-
skìrti núobaudą (*kam*)
Máßregelung *f* -, -en núobauda; bausmė̃
Máßstab *m* -(e)s, ⸰e 1 mãtas, matuõklis
2 gáirė, kritèrijus 3 mastė̃lis
máßvoll saikìngas, nuosaikùs
Mast *m* -es, -e / -en 1 (*laivo*) stíebas 2 stul̃-
pas
mästen *vt* penéti
Mástschwein *n* -(e)s -e peniùkšlis, penìmis
Match [mɛtʃ] *n*, *m* -es, -e *sport.* mãčas
materiál materiãlinis, materialùs
Materiál *n* -s, -li꞉en 1 mė́džiaga; audinỹs
2 mė́džiaga (*dokumentai, duomenys*)
Materiál‖**sammlung** *f* - mė́džiagos rinkì-
mas; ~**schaden** *m* -s, ⸰ materiãlinė žalà
materiéll materialùs, materiãlinis
Mathematík *f* - matemãtika
Mathemátiker *m* -s, - matemãtikas
Matrátze *f* -, -n čiužinỹs, matrãcas
Matróse *m* -n, -n jūreĩvis, jū́rininkas
Matsch *m* -es pur̃vas, purvýnas
matt[1] sìlpnas, nuvar̃gęs 2 blankùs, neryškùs
matt[2] *šachm.* mãtas
Mátte *f* -, -n 1 demblỹs (*kojoms šluostyti*)
2 *sport.* kìlimas
Máttheit *f* - 1 silpnùmas, nuvargìmas 2 blan-
kùmas
Máttigkeit *f* - nuvargìmas, núovargis
Máuer *f* -, -n mū́rinė síena; mū́ras
máuern *vt* mū́ryti
Máuerwerk *n* -(e)s, -e mū́rinė síena; mū́ras
Maul *n* -(e)s, ⸰er snùkis; nasraĩ, žiótys
Máulbeerbaum *m* -(e)s, ⸰e šil̃kmedis
Mául‖**esel** *m* -s, - mùlas, asilėnas; ~**korb**
m -(e)s, ⸰e añtsnukis; ~**wurf** *m* -(e)s, ⸰e
kùrmis
Máurer *m* -s, - mū́rininkas
Maus *f* -, ⸰e pelė̃
mäus꞉chenstill tylutė́liai, ramutė́liai
máusen *vt* võgti, vagiliáuti
maximál maksimalùs, didžiáusias

Maximál‖betrag m -(e)s, ∵e maksimalì su-
mà; ∼**strafe** f -, -n aukščiáusia bausmė
Máximum n -s, -ma māksimumas, didžiáu-
sias dỹdis [kiēkis]
Mayonnaise [majɔ'nɛːzə] f -, -n majonèzas
Mäzén m -s, -e mecenãtas, globéjas
mechánisch mechāninis; mašinìnis; mechā-
niškas
mechanisíeren vt mechanizúoti
Mechanísmus m -, -men mechanìzmas
méckern vi 1 mekénti 2 niurnéti, niurzgéti
Medaille [-'daljə] f -, -n medãlis
Medaillon [-dal'jɔŋ] n -s, -s medaliònas
Medikamént n -(e)s, -e medikameñtas
Medizín f -, -en 1 sg medicinà 2 váistas, me-
dikameñtas
medizínisch medicìninis, medicìnos
Medúse f -, -n medūzà
Meer n -(e)s, -e jū́ra
Méer‖busen m -s, - jū́ros į́lanka; ∼**enge** f -,
-n sąsiauris
Méeres‖grund m -(e)s jū́ros dùgnas; ∼**spie-
gel** m -s, - jū́ros lỹgis
Méer‖rettich m -s, -e kriēnas; ∼**schwein-
chen** n -s, - jū́ros kiaulýtė
Meeting ['miː-] n -s, -s mìtingas
Megaphón n -s, -e megafònas, garsintùvas
Mehl n -(e)s mìltai
Méhl‖kloß m -es, ∵e mìltinis kukùlis; ∼**spei-
se** f -, -n mìltinis pātiekalas
mehr daugiaũ, labiaũ; je ∼, désto bésser
juõ daugiaũ, juõ geriaũ; um so ∼, als ...
tuõ labiaũ, kàd ... und dergléichen ∼ iř̃
panašiaĩ
méhrbändig daugiatòmis
méhrdeutig daugiareĩkšmis
méhren I vt dìdinti, gaũsinti II sich ∼ didéti,
gauséti
méhrere kẽletas, kelì, keliólika
méhrfach I a keleriópas; daugkartìnis II adv
keleriópai; ne kar̃tą
Méhrgewicht n -(e)s añtsvoris, pridė̃tinis
svõris
Méhrheit f -, -en daugumà
méhrmalig daugkartìnis
méhrmals ne kar̃tą, kelìs kartùs

méhrstöckig daugiaaūkštis
Méhrzahl f - 1 daugumà 2 gram. daugìskaita
méiden* vt véngti, šãlintis (ko)
Méile f -, -n mylià
Méilenstein m -(e)s, -e gairė̃, kélrodis
mein m, n (méine f, pl) màno; sàvo; éiner
∼er [von ∼en] Kollégen víenas ìš māno
kolègų; ∼es Wíssens kíek mán žìnoma
Méineid m -(e)s, -e melagìnga príesaika
méinen vt 1 manýti, galvóti; ich méine dich
àš turiù galvojè tavè; was meinst du da-
mít? ką̃ tù nóri tuõ pasakýti? was meinst
du dazú? kokià tàvo núomonė̃ šiuõ kláu
simu? 2 (pa)sakýti
méinerseits ìš màno pùsės
méinetwegen dė̃l manę̃s, ìš màno pùsės
Méinung f -, -en núomonė, pažiūrà; éine gú-
te ∼ von j-m hában bū́ti apiė̃ ką̃ gerõs
núomonės
Méinungsaustausch m -es pasikeitìmas núo-
monėmis
Méise f -, -n zýlė
Méißel m -s, - káltas
méißeln vt (iš)kálti (kaltu); (iš)tašýti (iš ak-
mens)
meist I a daugumà II adv daugiáusiai, pa-
prastaĩ; er árbeitet am ∼en jìs dìrba
daugiáusiai
méistens, méistenteils daugiáusiai, dažniáu-
siai
Méister m -s, - 1 méistras (gamyboje)
2 sport. méistras, čempiònas
méisterhaft méistriškas, puikùs
méistern vt įveĩkti (ką), susidoróti (su kuo)
Méisterschaft f -, -en 1 sg meistriškùmas
2 pirmenýbės, čempionãtas
Méisterwerk n -(e)s, -e šedèvras
Melancholíe [-ko-] f -, -líːen melanchòlija
Melanchóliker [-koː] m -s, - melanchòlikas
melanchólisch [-koː-] melanchòliškas
mélden I vt pranèšti, (pa)skélbti II sich ∼
atsiliẽpti; sich zum Wort ∼ prašýti žõdžio,
kalbéti susirinkimè
Méldung f -, -en pranešimas, žinià
Melioratión f -, -en meliorācija

mélken* vt mélžti
Mélker m -s, - melžėjas; ~**in** f - , -nen melžėja
Mélkmaschine f -, -n melžimo aparātas
Melodíe f -, -dí:en melòdija
melódisch melodìngas, skambùs
Melóne f -, -n agurõtis; meliònas
Memoiren [-'moa:rən] pl memuãrai, atsiminìmai
Ménge f -, -n 1 daugýbė, áibė; kiẽkis; **in** **gróßer** ~ gaũsiai 2 sg minià, dìdelis būrỹs
méngen I vt (su)maišýti; primaišýti II **sich** ~ kìštis
Ménsa f -, -sen studeñtų valgyklà
Mensch m -en, -en žmogùs; ~**en gúten Wíllens** gerõs vãlios žmónės
Ménschen||alter n -s, - vidutìnis žmogaũs ámžius; ~**geschlecht** n -(e)s, -er žmonių giminė; ~**leben** n -s, - žmogaũs gyvēnimas; žmogaũs gyvýbė
ménschenleer tùščias, bè žmonių
Ménschen||menge f -, -n žmonių minià; ~**rechte** pl žmogaũs téisės
ménschenscheu véngiantis žmonių, užsidãręs
Ménschen||strom m -(e)s, ⸗e žmonių sraūtas; ~**würde** f - žmogaũs orùmas
ménschenwürdig žmóniškas
Ménschheit f - žmonijà
ménschlich žmógiškas, žmogaũs
Ménschlichkeit f - žmoniškùmas, humaniškùmas
Menstruatión f -, -en menstruãcija, mėnesìnės
Menü n -s, -s komplèksiniai piẽtūs
mérkbar 1 pàstebimas, jaũčiamas 2 įsidėmétinas, įsimenamas
Mérkbuch n -(e)s, ⸗er užrašų knygēlė, bloknòtas
mérken vt 1 pastebéti, pamatýti 2 įsidėméti, įsimiñti; **die Régel lässt sich leicht** ~ taisỹklę nesunkù įsimiñti
mérklich pàstebimas, dìdelis
Mérkmal n -s, -e póžymis, žymė
mérkwürdig keĩstas, nepàprastas

mérkwürdigerweise kàd iř labaĩ keĩsta
Mérkzeichen n -s, - ženklas, žymė
Méssapparat m -(e)s, -e matãvimo príetaisas, matuõklis
Ḿésse[1] f -, -n mùgė, prekýmetis
Ḿésse[2] f -, -n mìšios, sumà
Ḿésse||besucher m -s, -, ~**gast** m -es, ⸗e mùgės lankýtojas; ~**halle** f -, -n mùgės paviljònas
méssen* I (iš)matúoti II **sich** ~ susilýginti, prilýgti
Ḿésser[1] n -s, - peĩlis
Ḿésser[2] m -s, - matuõklis
Ḿésser||griff m -(e)s, -e peĩlio kótas; ~**schneide** f -, -n peĩlio ãšmenys; ~**stich** m -(e)s, -e dūris peiliù; peiliù padarýta žaizdà
Méssgerät n -(e)s, -e matãvimo príetaisas
Méssing n -s, -e žálvaris
Metáll n -s, -e metãlas
metállen metalìnis
Metállverarbeitung f -, -en metãlo apdirbìmas
Metápher f -, -n metãfora
Meteór m, n -s, -e meteòras
Meteorológe m -n, -n meteorològas
Meteorologíe f - meteorològija
meteorológisch meteorològinis
Méter m, n -s, - mètras
Métermaß n -es, -e mètras, centimètras, rulètė
Methóde f -, -n metòdas
Métro f -, -s metrò, metropolitènas
Metropóle f -, -n metropòlija, ceñtras, sóstinė
Méttwurst f -, ⸗e kapótinė dešrà
Méuchel||mord m -(e)s, -e klastìngas nužùdymas; ~**mörder** m -s, - žudìkas iš pasalų
méuchlings klastìngai, piktadãriškai
Meuteréi f -, -en maĩštas, maištãvimas
Méuterer m -s, - maĩštininkas
méutern vi maištáuti, kélti maĩštą
Méxiko n -s 1 Mèksika 2 mst. Mèchikas
miáuen vi miaũkti, kniaũkti
Míeder n -s, - liemenēlė; korsètas
Míederwaren pl móteriška galantèrija

Miene 158

Míenef -, -n minà, véido ìšraiška
mies 1 blõgas, prãstas 2 nemalonùs, bjaurùs
Míete¹ f -, -n núoma, núomojimas; núompinigiai
Míete² f -, -n kaũpas
míeten vt núomoti, išsinúomoti
Míeter m -s, - núomininkas; ~in f -, -nen núomininkė
Míetwohnung f -, -en núomojamas bùtas
Mikróbe f -, -n mikròbas
Mikrofón / Mikrophón n -s, -e mikrofònas
Mikroskóp n -s, -e mikroskòpas
Mílbe f -, -n érkė
Milch f - píenas
Mílch‖ertrag m -(e)s, ᵘe ìšmilžis, prìmilžis; ~kuh f -, ᵘe melžiamà kárvė; ~produkte pl píeno prodùktai; ~speise f -, -n píeniškas pãtiekalas; ~wagen m -s, - píenvežis; ~zähne pl píeniniai dañtys
mild švelnùs; negríežtas; nestiprùs; ein ~es Klíma švelnùs klìmatas
Mílde f - švelnùmas
míldern vt (su)švel̃ninti, (su)mãžinti; ~de Úmstände (kaltę̃) leñgvinančios aplinkýbės
míldtätig gerašìr̃dis, gailestìngas
Milieu [mi'ljø:] n -s, -s aplinkà
Militär n -s 1 kariúomenė, ármija 2 m -s, -s karìškis; kariniñkas
Militärdienst m -es karìnė tarnýba; j-n zum ~ éinberufen pašaũkti ką̃ atlìkti karìnę tarnýbą
militärisch karìnis; kãriškas
militarisíeren vt sukãrinti, militarizúoti
Militärpflicht f - karìnė príevolė
Milliárde f -, -n milijárdas
Milliméter m, n -s, - milimètras
Millión f -, -en milijònas
Millionär m -s, -e milijoniẽrius
Milz f -, -en blužnìs
Mímik f - mìmika
mínder I a mažèsnis II adv mažiaũ
Mínderheit f -, -en mažumà; in der ~ sein sudarýti mãžumą
mínderjährig nepilnamẽtis; mažamẽtis
míndern vt (su)mãžinti, (su)sìlpninti

mínderwertig nepilnavẽrtis, menkavẽrtis
Mínderzahl f - mažumà; in der ~ sein sudarýti mãžumą
míndest I a mažiáusias; minimalùs II adv mažiáusiai; nicht im ~en / Mindesten nè kíek, visái nè; zum ~en / Mindesten mažiáusiai, nórs
míndestens (mažū̃) mažiáusiai, beñt
Míne¹ f -, -n rūdýnas, rūdõs kasyklà
Míne² f -, -n minà
Míne³ f -, -n (šratinuko) šerdẽlė
Minerál n -s, -e / -liᶻen minerãlas
Mineráldünger m -s minerãlinės trą̃šos
Minerálwasser n -s, ᵘ minerãlinis vanduõ
miníeren vt (už)minúoti
minimál minimalùs, mažiáusias
Mínimum n -s, -ma mìnimumas
Miníster m -s, - minìstras; der ~ für Áuswärtige Ángelegenheiten ùžsienio reikalų̃ minìstras; der ~ des Ínnern vidaũs reikalų̃ minìstras
Ministérium n -s, -riᶻen ministèrija
Miníster‖präsident m -en, -en minìstras pìrmininkas; ~rat m -(e)s, ᵘe minìstrų tarýba
Minorität f -, -en mažumà
Mínus n -, - mìnusas; trū́kumas
Minúte f -, -n minùtė
Mínze f -, -n mėtà
Mirákel n -s, - stebùklas
míschen I vt (su)maišýti II sich ~ 1 maišýtis, susimaišýti 2 kìštis
Míschling m -s, -e metìsas; mišrū̃nas
Míschwald m -(e)s, ᵘer mišrùs mìškas
miserábel meñkas, skurdùs, pasigailétinas
Misére f -, -n var̃gas, bėdà, neláimė
missáchten vt neger̃bti (ko), niẽkinti (ką̃), nepáisyti (ko)
Míssbehagen n -s nepasiténkinimas, nemalonùs jaũsmas
missbílligen vt nepritar̃ti (kam); atmèsti ką̃
Míssbrauch m -(e)s, ᵘe 1 piktnaudžiãvimas 2 išprievartãvimas
missbráuchen vt 1 piktnaudžiáuti (kuo) 2 išprievartáuti
Mísserfolg m -(e)s, -e nesėkmė̃, nepasisekìmas

Míssernte f -, -n nederlius

Míssetat f -, -en piktadarýbė

Míssetäter m -s, - piktadarỹs

missfállen* vi (D) nepatìkti (kam)

Míssfallen n -s nepasiténkinimas

Míssgeburt f -, -en apsigìmėlis, iškrỹpėlis

Míssgeschick n -(e)s, -e nesėkmė, nepasisekìmas

Míssgestalt f -, -en apsigìmėlis, ìšgama

míssgestimmt nepaténkintas, blogaĩ nusiteĩkęs

missglücken vi (s) nepavỹkti, nepasisėkti

Míssgriff m -(e)s, -e klaidà, apsirikìmas

misshándeln vt kankìnti (ką), žiaũriai eĩgtis (su kuo)

Mísshelligkeiten pl nesutarìmai, nesusipratìmai

Missión f -, -en 1 mìsija, pavedìmas 2 mìsija, pasiuntinýbė

Missionár m -s, -e misioniẽrius

Místkredit m -(e)s blogà reputãcija

místlich nemalonùs; sunkùs, keblùs

misslíngen* vi (s) nepavỹkti, nepasisėkti

Míssmut m -(e)s ãpmaudas, nepasiténkinimas

míssmutig apmaudùs, nepaténkintas

Míssstand m -(e)s, ꞌe netvarkà, trūkumas; pl nesklandùmai, sutrikìmai

Míssstimmung f -, -en blogà núotaika, nepasiténkinimas

misstráuen vi (D) nepasitikéti (kuo)

Místrauen n -s nepasitikéjimas

místrauisch nepatiklùs, nepasìtikintis; ∼ gégen j-n sein nepasitikéti kuõ

Míssverhältnis n -ses, -se neatitikìmas, dispropòrcija

místverständlich neáiškus, dviprãsmiškas

Míssverständnis n -ses, -se nesusipratìmas, apsirikìmas

místverstehen* vt blogaĩ [neteisìngai] supràsti

Mist m -(e)s mėšlas

Místbeet n -(e)s, -e inspèktas, šìltlysvė

místen vt (iš)mėžti

mit I prp (D) 1 sù, kartù sù; ein Topf ∼ Milch púodas sù píenu; ∼ dem Bléistift schréiben rašýti pieštukù; ∼ hóher Geschwíndigkeit fáhren važiúoti dìdeliu greičiù 2: ∼ Tágesanbruch aũštant; ∼ fünf Jáhren būdamas penkeriũ mẽtų; ∼ der Zeit ìlgainiui, laĩkui bėgant; was ist ∼ dir? kàs táu yrà? kàs táu atsitìko? II adv kartù, draugè

Mítarbeit f - bendradarbiãvimas

mítarbeiten vi bendradarbiáuti

Mítarbeiter m -s, - bendradaŕbis

mítbringen* vt atsinèšti, parsinèšti; atsivèžti

miteinánder víenas sù kitù, kartù

mítfühlen vt atjaũsti, užjaũsti

mítgeben* vt įdúoti

Mítgefühl n -(e)s užúojauta

mítgehen* vi (s) eĩti kartù (su kuo)

Mítgift f -, -en kraĩtis

Mítglied n -(e)s, -er narỹs

Mítglieds‖**ausweis** m -es, -e nãrio pažymė-jimas; ∼**buch** n -(e)s, ꞌer nãrio bìlietas

Míthilfe f - pagálba, tarpininkãvimas

mithín taĩgi, vadìnasi, tàd

Mítkämpfer m -s, - bendražỹgis

Mítleid n -(e)s gaĩlestis, užúojauta; ∼ mit j-m empfínden [hában] ką užjaũsti

mítleidig gailestìngas, jautrùs

mítmachen vt dalyváuti

Mítreisende sub m, f bendrakeleĩvis, -ė

mítreißen* vt 1 nusinèšti kartù 2 patráukti, sužavéti

mitsámt prp (D) kartù

Mítschuld f - bendrininkãvimas (nusikalti-me)

Mítschuldige sub m, f (nusikaltimo) beñdrininkas, -ė, dalỹvis, -ė

Mítschüler m -s, - mokslãdraugis, mokýklos draũgas

Míttag m -(e)s, -e vidùrdienis; zu ∼ éssen pietáuti; héute ∼ šiañdien vidùrdienį

Míttagessen n -s, - piẽtūs

míttags vidùrdienį; peŕ pietùs

Míttags‖**pause** f -, -n pietũ pértrauka; ∼**schlaf** m -(e)s apýpietė, pógulis; ∼**zeit** f vidùrdienis, pietũ laĩkas

Mittäter *m* -s, - (*nusikaltimo*) beñdrininkas

Mittäterschaft *f* - dalyvãvimas (*nusikaltime*)

Mítte *f* -, -n **1** vidurỹs; *er ist* ∼ *der Fünfzig* jìs įpusėjęs šẽštą dẽšimtį **2** tárpas, rãtas

mítteilen *vt* pranèšti, (pa)skélbti

mítteilsam kalbùs, šnekùs

Mítteilung *f* -, -en pranešìmas, žinià

Míttel *n* -s, - **1** príemonė; būdas; *zu den stréngsten* ∼*n gréifen* im̃tis griežčiáusių príemonių **2** (*gydymo*) príemonė, vãistas **3** *pl* lė̃šos, pinigaĩ

Míttelalter *n* -s vidùramžiai

míttelalterlich vidùramžių, vidùramžiškas

míttelgroß vidutìnio dỹdžio; vidutìnio ū̃gio

míttellos neturtìngas, nepasìturintis

míttelmäßig vidutìnis, pusétinas

Míttelpunkt *m* -(e)s, -e ceñtras; *im* ∼ *stéhen* būti dė̃mesio centrè

míttels *prp* (*G, D*) sù, panaudójant

Míttelschule *f* -, -n mokyklà

mítten: ∼ *auf der Stráße* vidurỹ gãtvės; ∼ *in der Árbeit* pačiamè dárbo įkarštyje

Mítternacht *f* - vidùrnaktis

míttler 1 vidurìnis; *der* ∼*e Fínger* didỹsis pir̃štas **2** vidutìniškas, vidutìnis; *éine Frau im* ∼*en Álter* vidutìnio ámžiaus móteris

mittlerweile tuõ tárpu, tuõ metù

Míttwoch *m* -(e)s, -e trečiãdienis

mitúnter kaĩtkartėmis, kaĩtais

mítverantwortlich atsakìngas kartù (*su kuo*)

mítwirken *vi* **1** dalyváuti, prisidéti **2** vaidìnti (*scenoje*)

Mixtúr *f* -, -en mikstūrà

Möbel *n* -s, - baĩdai

Möbelstück *n* -(e)s, -e baĩdas

mobíl judrùs, vikrùs

mobilisíeren *vt* mobilizúoti

Mobílmachung *f* -, -en mobilizãcija

möblíert apstatýtas baĩdais

Móde *f* -, -n madà; (*in*) ∼ *sein* būti madìngam; *aus der* ∼ *kómmen* išeĩti ìš madõs

Módeartikel *m* -s, - madìnga prẽkė

Modéll *n* -s, -e mòdelis

modellíeren *vt* modeliúoti, darýti mòdelį

Móden‖schau *f* -, -en madų̃ demonstrãvimas; ∼**zeitung** *f* -, -en madų̃ žurnãlas

Móder *m* -s pelė̃siai, puvė̃siai

móderig priplékęs

módern[1] *vi* pū́ti, trūnýti

modérn[2] **1** šiuolaikìnis, naujóviškas, modernùs **2** madìngas

modernisíeren *vt* modernizúoti

Módeschau *f* -, -en žr. **Módenschau**

modifizíeren *vt* modifikúoti, (pa)keĩsti

Módus *m* -, -di **1** būdas **2** *gram.* núosaka

mögen[*] (modalinis veiksmãžodis) **1** mégti, patìkti; *ich mag ihn nicht* àš jõ nemégstu **2** noréti; *ich mag ihn nicht séhen* àš nenóriu jõ matýti **3**: *er mag kómmen!* tegùl jìs ateĩna! *mag kómmen, was da will!* kaĩp bùs, taĩp bùs; *es mag sein* gãli būti, gãlimas dáiktas

möglich I *a* gãlimas; *álles Mögliche tun* darýti vìską, kàs (tik) gãlima; *ist es* ∼*?* ar̃ taĩ gãli būti? **II** *adv* gãlima; *so gut wie* ∼ kuõ geriaũ, kaĩp gãlima geriaũ

möglicherweise galbū́t, gãlimas dáiktas

Möglichkeit *f* -, -en galimýbė, galimùmas

möglichst I *a* didžiáusias **II** *adv* kaĩp gãlima, kíek gãlint; ∼ *bald* kuõ greičiaũ

Mohn *m* -(e)s, -e aguonà

Möhre *f* -, -n, **Mohrrübe** *f* -, -n morkà

mokíeren, sich (*über A*) šaipýtis, tyčiotis (*iš ko*)

Móle *f* -, -n (*uosto*) mòlas

Molekül *n* -s, -e molèkulė

Mólke *f* - ìšrūgos, pãsukos

Molkeréi *f* -, -en píeninė

móllig šìltas, mìnkštas, malonùs

Momént[1] *m* -(e)s, -e momeñtas, akìmirka; *im* ∼ šiuõ metù

Momént[2] *n* -(e)s, -e momeñtas, aplinkýbė

momentán I *a* dabartìnis **II** *adv* dabar̃, šiuõ metù

Monárch *m* -en, -en monárchas

Monarchíe *f* -, -chíːen monárchija

Mónat *m* -(e)s, -e (*metų*) ménuo; *dieses* ∼*s* šiõ ménesio; *héute in zwei* ∼*en* lýgiai põ dviejų̃ ménesių

mónatelang I *a* truñkantis daũg ménesių **II** *adv* ištisaĩs ménesiais

mónatlich I *a* mėnesìnis **II** *adv* kas ménesį

Mónats‖einkommen n -s, - mėnesìnės pájamos; ∼**karte** f -, -n mėnesìnis bìlietas; ∼**schrift** f -, - en mėnesìnis žuřnalas; mėnesìnis leidinỹs

Mönch m -(e)s, -e vienuõlis

Mond m -(e)s, -e mėnùlis, ménuo

Mónd‖aufgang m -(e)s, ⸱e mėnùlio patekėjimas; ∼**finsternis** f -, -se mėnùlio užtemìmas; ∼**nacht** f -, ⸱e mėnesíena

Mongoléi f - Mongòlija

Monológ m -(e)s, -e monològas

monotón monotòniškas, nuobodùs

Mónstrum n -s, -ren / -ra pabáisa, mònstras

Móntag m -(e)s, -e pirmãdienis

Montáge [-ʒə] f -, -n montãžas, surinkìmas

móntags pirmãdieniais

montíeren vt (su)montúoti, suriñkti

Monumént n -(e)s, -e monumeñtas, pamìñklas

Moor n -(e)s, -e pélkė, pãlios

móorig pelkétas

Móos n -es, -e sãmanos

Móosbeere f -, -n spañguolė

Móped n -s, -s mopèdas

Morál f - morãlė, doróvė

morálisch 1 morãlinis, doróvinis 2 moralùs, dorovìngas

moralisíeren vi moralizúoti, pamoksláuti

Mórast m -es, -e / ⸱e liūnas, klampỹnė

Mord m -(e)s, -e (nu)žùdymas, žmogžudỹstė

Mórdanschlag m -(e)s, ⸱e pasikėsìnimas nužudýti

mórden vt (nu)žudýti, užmùšti

Mörder m -s, - žudìkas, žmogžudỹs

mörderisch žudìkiškas

Mórdtat f -, -en žmogžudỹstė

mórgen rytój; ∼ **früh** rytój rytè

Mórgen[1] m -s, - rýtas, rytmetỹs; des ∼s, am ∼ rýtą, rytè; gégen ∼ pãryčiu; gúten ∼! lãbas rýtas!

Mórgen[2] n -, - rytójus, rýtdiena

Mórgen‖dammerung f - aušrà, apýaušris; ∼**rock** m -(e)s, ⸱e chalãtas; ∼**rot** n -s, ⸱e, ∼**röte** f - aušrà, rýto žarà

mórgens rýtą, rytaĩs

Mórgenstunde f -, -n rýto mẽtas; zu [in] früher ∼ añkstų rýtą

mórgig rytdienìnis, rýtdienos

morsch supùvęs, sutrūnìjęs

mórschen vi (su)pū́ti, (su)trūnýti

Mörser m -s, - grūstuvė̃, piestà

Mörtel m -s (kalkių̃) skiedinỹs

Mosaík n -s, -e / -en mozáika

Moschée f -, -schéːen mečètė

Móslem m -s, -s mahometònas, musulmònas

Most m -es, -e vỹnuogių (vaĩsių) sùltys; vaĩsių vỹnas, sìdras

Motív n -s, -e motỹvas; skãtinamoji priežastìs

motivíeren vt motyvúoti, pagrĩ̃sti

Mótor m -s, -tóren motòras, varìklis

Mótor‖rad n -(e)s, ⸱er motocìklas; ∼**roller** m -s, - motoròleris; ∼**schiff** n -(e)s, -e motòrlaivis

Mótto n -s, -s mòto, epigrãfas

Möwe f -, -n žuvédra; kìras

Múcke f -, -n kaprìzas, ùžgaidas

Mücke f -, -n úodas

müde pavařgęs, nuvařgęs; sich ∼ láufen nusibėgióti; ich bin des Wártens ∼ mán nusibódo láukti

Müdigkeit f - núovargis, nuvargìmas

múffig dvóktelėjęs, padvõkęs

Mühe f -, -n pãstangos; rū̃pesčiai, vařgas; sich (D) gróße ∼ gében labaĩ steñgtis, déti daũg pastangų̃; mit ∼ und Not vargaĩs negalaĩs

mühelos a leñgvas, nesunkùs

mühen, sich sténgtis

mühevoll sunkùs, várginantis

Mühle f -, -n malū̃nas

Mühsal f -, -e rū̃pesčiai, vargaĩ, sunkùmai

mühsam, mühselig sunkùs, várginantis

Mulátte m -n, -n mulãtas

Múlde f -, -n daubà, klónis, duburỹs

Mull m -(e)s, -e márlė

Müll m -(e)s šiùkšlės, sā́šlavos

Müllauto n -s, -s šiukšliãvežis

Müller m -s, - malū̃nininkas

Müllschlucker m -s, - šiukšliãvamzdis (įrenginys name)

Multiplikatión f -, -en daugýba

multiplizíeren *vt* dáuginti

Múmiᒃe *f* -, -n mùmija

Mund *m* -(e)s, ꞏer / -e burnà; **den ~ áufmachen** [*áuftun*] paléisti bùrną, prašnèkti; **von ~ zu ~ géhen** eĩti iš lū̃pų į̃ lū̃pas

Múndart *f* -, -en tarmē̃, dialèktas

Mündel *m*, *n* -s, - globótinis, -ė

münden *vi* (*in A*, *D*) į̃tekéti (į̃ *kur*)

múndfaul nekalbùs, nešnekùs

Múndharmonika *f* -, -ken lū̃pinė armonikė̃lė

mündig pilnamẽtis

mündlich I *a* žõdinis, sakýtinis **II** *adv* žodžiù

Múndstück *n* -(e)s, -e **1** kandìklis **2** žą̃slaĩ, žabõklės

Mündung *f* -, -en (*upės*) žiótys

Munitión *f* -, -en šáudmenys, amunìcija

múnkeln *vi* kuždéti, šnibždéti

múnter žvalùs, gývas; **~ wérden** pabùsti

Múnterkeit *f* - žvalùmas, gyvùmas

Münze *f* -, -n monetà

münzen *vi* (*auf A*) liẽsti (*ką*); **das ist auf dich gemünzt** taĩ táikoma táu

Münzfernsprecher *m* -s, - telefònas automãtas

mürbe 1 sutrūnìjęs, sudūléjęs **2** mìnkštas (*pvz.*, *apie obuolį̃*) **3** iššẽkintas, išvárgintas; **j-n ~ máchen** [*bekómmen*] paláužti kienõ pasipríešinimą; **~ wérden** (nu)sil̃pti, išsèkti

múrmeln I *vt* burbéti, bambéti **II** *vi* murméti, čiurlénti

múrren *vi* niurnéti, niurzgéti; bambéti

mürrisch niurzgùs, paniùręs

Mus *n*, *m* -es, -e piurė̃, vaĩsių tỹrė

Múschel *f* -, -n **1** kriauklė̃ **2** telefòno ragẽlis

Muséᒃum *n* -s, -séᒃen muziẽjus

Musík *f* - mùzika

musikálisch muzikalùs; skambùs

Musikánt *m* -en, -en muzikántas

Músiker *m* -s, - mùzikas

Musík‖erziehung *f* - muzikìnis áuklėjimas; **~freund** *m* -(e)s, -e mùzikos mėgéjas; **~instrument** *n* -(e)s, -e mùzikos instrumeñtas; **~liebhaber** *m* -s, - mùzikos mylétojas; **~stück** *n* -(e)s, -e muzikìnė pjèsė; **~werk** *n* -(e)s, -e muzikìnis kūrinỹs

musizíeren *vi* gróti, muzikúoti

Muskát *m* -(e)s, -e, **Muskátnuss** *f* -, ꞏe muskāto ríešutas

Múskel *m* -s, -n raumuõ, mùskulas; *pl* raũmenys

Muskulatúr *f* -, -en raũmenys, muskulatūrà

muskulös raumenìngas

Mū́ße *f* - laisvãlaikis

müssen* (*modalinis veiksmažodis*) **1** turéti, privaléti, reikéti; **ich muss géhen** mán reĩkia eĩti **2** reiškia spėliojimą̃: **er muss bald kómmen** jìs tùri tuõj ateĩti, jìs tikriáusiai tuõj ateĩs

Mū́ßestunde *f* -, -n laisvà valandė̃lė, laisvãlaikis; **in séinen ~n** laisvù laikù

mǖßig I *a* **1** laĩsvas (*nuo darbo*), dỹkas; **ein ~es Lében führen** dykinéti, tinginiáuti **2** bereikalìngas, beprãsmis **II** *adv* dykaĩ, niẽko neveĩkiant

Mǖßiggang *m* -(e)s dykinéjimas

Mǖßiggänger *m* -s, - dykinétojas, dykaduõnis

Múster *n* -s, - **1** pavyzdỹs; **sich** (*D*) **ein ~ an j-m néhmen** im̃ti iš kõ pãvyzdį̃ rãštas (*audeklo ornamentas*)

Músterbeispiel *n* -(e)s, -e sèktinas pavyzdỹs

músterhaft pavyzdìngas, sèktinas

mústern *vt* apžiūréti, apžiūrinéti

Músterschüler *m* -s, - pavyzdìngas mokinỹs

Mut *m* -(e)s **1** drąsà, narsà; **~ fássen** pasirýžti; **j-m ~ máchen** ką̃ padrą̃sinti **2** nusiteikìmas, núotaika; **gúten ~es sein** bū́ti gerõs núotaikos

mútig drąsùs, narsùs

mútlos bailùs, neryžtìngas

mútmaßen *neatsk.* *vt* spéti, spėlióti

Mútmaßung *f* -, -en spėjìmas, spėliójimas

Mútter¹ *f* -, ꞏ mótina; **die léibliche ~** tikrà mótina; **~ wérden** tàpti mótina

Mútter² *f* -, -n veržlė̃

mütterlich mótiniškas; mótinos

mütterlicherseits iš mótinos pùsės (*giminaitis*)

Mútter‖mal *n* -(e)s, -e / ꞏer ãpgamas; **~sau** *f* -, -en paršãvedė

Mútterschaft *f* - motinỹstė

mútterseelenallein víenas kaĩp piřštas, vienuĩ víenas

Múttersprache f -, -n gimtóji kalbà

Mútti f -, -s mamýtė

Mútwille m -ns išdykāvimas; išdáiga

mútwillig I a 1 išdỹkėliškas 2 týčinis II adv 1 išdỹkėliškai 2 týčia, týčiomis

Mütze f -, -n kepùrė

Mützenschirm m -(e)s, -e (kepurės) príekaktis

Mýrte f -, -n bot. mìrta

mysteriös paslaptìngas, mįslìngas

Mýstik f - mìstika

mýstisch mìstiškas, mìstinis

Mythologíe f -, -gíːen mitològija

mythológisch mitològinis

Mýthos m -, -then mìtas

N

na nà, nàgi

Nábel m -s, - bámba

nach I prp (D) 1 į̃; liñk; ~ Déutschland fáhren važiúoti į̃ Vokietìją; ~ Háuse namõ; ~ links į̃ kaĩrę 2 põ; ~ der Árbeit põ dárbo; ~ kúrzer Zeit greĩtai, netrùkus 3: ~ Belíeben hándhaben eĩgtis sàvo núožiūra; méiner Méinung ~ màno núomone II adv: ~ und ~ palengvà, ìš eilẽs; ~ wie vor kaĩp iř ankščiaũ

náchahmen vt (pa)mégdžioti (ką̃), sèkti (kuõ)

Náchbar m -s / -n, -n kaimýnas; ~in f -, -nen kaimýnė

náchbarlich kaimýninis; kaimýniškas

Náchbarschaft f - kaimynỹstė; in der ~ wóhnen gyvénti kaimynỹstėje

náchbehandeln vt papìldomai gýdyti

náchbestellen vt užsakýti papìldomai

náchbilden vt (nu)kopijúoti; imitúoti

Náchbildung f -, -en 1 kopijãvimas; imitãcija 2 kòpija; klastõtė

náchblicken vi (D) žiūrḗti į̃kandin (kam)

nachdém cj 1: ~ er geságt hátte, ging er taĩ pasãkęs, jìs išḗjo 2: je ~ priklaũsomai nuõ aplinkýbių

náchdenken* vi (über A) (pa)galvóti, (pa)mąstýti (apie ką̃)

náchdenklich susimą̃stęs; mąslùs

Náchdruck[1] m -(e)s pabrḗžimas, akcentãvimas; mit ~ pabrḗžtinaĩ, įsakmiaĩ

Náchdruck[2] m -(e)s, -e pakartótinis (iš)leidìmas

náchdrucken vt pérspausdinti; pakartótinai (iš)léisti

náchdrücklich primygtìnis, įsakmùs

nácheifern vi (D) lygiúotis (į̃ ką̃)

nacheinánder víenas pãskui kìtą, paeiliuĩ

náchempfinden* vt atjaũsti

nácherzählen vt atpãsakoti, pérpasakoti

Nácherzählung f -, -en atpãsakojimas

Náchfolge f - įpėdinỹstė, paveldḗjimas

náchfolgend paskèsnis, vėlèsnis

Náchfolger m -s, - 1 įpḗdinis, paveldḗtojas 2 pasekḗjas, mokinỹs

náchforschen vi (D) (iš)tìrti (ką̃); ieškóti (ko)

Náchfrage f -, -n 1 klausinḗjimas, pasiteirãvimas 2 paklausà

náchfragen vi teiráutis, pasiteiráuti

náchfüllen vt papìldyti; pripìldyti iš naũjo

náchgeben* vi 1 pasidúoti, neišlaikýti 2 nusiléisti, pasidúoti

Náchgebühr f -, -en príemoka, primokḗjimas

náchgehen* vi (s) 1 (D) eĩti [sèkti] iš paskõs (kam) 2 (D) užsiim̃ti (kuõ), áiškinti (ką̃) 3 vėlúoti, atsilìkti (apie laikrodį̃)

náchgemacht padìrbtas, netìkras

náchgerade tiesióg, tikraĩ

náchgiebig 1 nuolaidùs, sùkalbamas 2 lankstùs, nestangùs

náchgrübeln vi (über A) (pa)galvóti, (pa)mąstýti (apie ką̃)

náchhaltig ìlgas, neišdìldomas

náchhängen* vi (D) atsidúoti (kam), įsitráukti (į̃ ką̃)

náchhelfen* vi padḗti, pagélbėti

Náchhilfe f -, -n pagálba, paramà

Náchhilfestunde f -, -n papìldoma pamokà (*atsiliekantiems mokiniams*)

náchholen vt pavýti, pasivýti (*kas praleista ankščiau*)

náchjagen vi (*s*) (*D*) výtis, pérsekioti (*ką*)

Náchklang m -(e)s, ⁓e áidas, ãtgarsis

Náchkomme m -n, -n palikuonìs, aĩnis

náchkommen* vi (*s*) 1 ateĩti vėliaũ 2 (su)spéti 3 (*D*) atlìkti, įvýkdyti (*ką*)

Náchkommenschaft f - pãlikuonys, aĩniai

Náchlass¹ m -es, -e / ⁓e sumãžinimas; núolaida

Náchlass² m es, e / ⁓e palikìmas

náchlassen*¹ I vt 1 atléisti, atpalaidúoti 2 nuléisti, sumãžinti (*kainą*) II vi (su)mažéti, (su)silpnéti; *nicht* ⁓! laikýkis! nepasidúok!

náchlassen*² vt palìkti põ mirtiẽs, palìkti (*testamentu*)

náchlässig nevalývas, aplaidùs, apsiléidęs

Náchlässigkeit f -, -en nevalyvùmas, aplaidùmas

náchlaufen* vi (*s*) (*D*) bégti [bėgióti] pãskui (*ką*)

náchlesen* vt 1 dár kañtą pérskaityti 2 (*in D*) pažiūréti, patìkrinti (*kur*)

náchmachen vt 1 (pa)mégdžioti, imitúoti 2 padìrbti, (su)klastóti

Náchmittag m -(e)s, -e pópietė, pópietis; *am späten* ⁓ pãvakare; *héute* (*géstern*) ⁓ šiañdien (vãkar) põ pietų

náchmittags popiẽt

Náchname m -ns, -n pavardẽ

náchprüfen vi patìkrinti, pakartótinai tìkrinti

Náchrede f -, -n 1 epilògas, baigiamàsis žõdis (*knygoje*) 2 apkalbà, apkalbéjimas

Náchricht f -, -en žinià, naujíena

Náchrichtenagentur f -, -en telegrãmų agentūrà

Náchruf m -(e)s, -e nekrològas

náchsagen vt (*D*) kalbéti, atsiliẽpti (*apie ką*)

náchschicken vt (*D*) pasiųsti iš paskõs (*kam ką*)

náchschlagen* vi (*in D*) paieškóti, pažiūréti (*knygoje*)

Náchschlagewerk n -(e)s, -e parankìnė knygà, vadõvas

náchschreiben* vt užrašýti, užrašinéti

Náchschrift f -, -en 1 ùžrašas, užrãšymas 2 príerašas

náchsehen* vt 1 pažiūréti; (pa)tìkrinti 2 (*j-m*) nuolaidžiáuti (*kam*)

Náchsicht f - atlaidùmas, nuolaidùmas; *j-n mit* ⁓ *behándeln* atlaidžiaĩ sù kuõ eĩgtis

náchsichtig atlaidùs, nuolaidùs

náchsinnen* vi (*über A*) (pa)galvóti, (pa)mąstýti (*apie ką*)

Náchspeise f -, -n desèrtas

Náchspiel n -(e)s, -e epilògas, atómazga

náchspüren vi (*D*) 1 sèkti (*ką*) 2 išáiškinti, (iš)tìrti (*ką*)

nächst 1 artimiáusias; *die* ⁓*en Verwándten* artimiáusi gimináičiai 2 kìtas; *der* ⁓*e, bítte!* prãšom kìtą! *der* ⁓*e Béste* pìrmas pasitáikęs

náchstehen* vi (*j-m an D*) neprilýgti (*kam kuo*), atsilìkti (*nuo ko kuo*)

náchstehend I a toliaũ nuródytas II adv toliaũ (*tekste*)

náchstellen vt 1 (su)reguliúoti; *die Uhr* ⁓ atsùkti laĩkrodį atgaĩ 2 (*D*) déti, rašýti (*po ko*)

Nächstenliebe f - ańtimo méilė

nächstens ateityjè, netrùkus, tuojaũ

Nacht f -, ⁓e naktìs; *gúte* ⁓! labãnakt! *des* ⁓*s* nãktį, nakčià; *bis tief in die* ⁓ (*hinéin*) ìgi ìšnakčių; *géstern* (*héute*) ⁓ vãkar (šiañdien) nãktį

Náchtasyl n -s, -e nakvýnė, nakvýnės namaĩ

Náchtdienst m -es naktìnis budéjimas; naktìnė pamainà

Náchteil m -(e)s, -e núostolis, žalà; trūkumas

náchteilig 1 nuostolìngas, žalìngas 2 neĩgiamas, nepalankùs

Nácht‖falter m -s, - naktìnis drugỹs; ⁓hemd n -(e)s, -en naktìniai marškiniaĩ

Náchtigall f -, -en lakštiñgala

nächtigen vi (pér)nakvóti

Náchtisch m -es, -e desèrtas

Náchtlager n -s, - 1 nakvýnė, naktigulˉtas 2 guõlis, lóva nächtlich naktiẽs, naktìnis

Náchtrag m -(e)s, ⸗e priẽdas, papìldymas

náchtragen* vt 1 (j-m) (nu)nèšti iš pas-
kõs (kam) 2 papìldyti, papìldomai įtráukti
3 (j-m) neatléisti, nedovanóti (kam ko)

náchtragend pagiežìngas, pagiežùs

náchträglich I a papìldomas, vėlèsnis II adv
paskuĩ, vėliaũ

Náchtruhe f - naktiẽs ramýbė, naktiẽs póilsis

nachts nãktį, naktimìs

Náchtschicht f -, -en naktìnė pamainà

Nácht‖tisch m -es, -e naktìnis stalẽlis; ∼wa-
che f -, -n 1 naktìnis budėjimas; naktìnė
sargýba 2 naktìnis sárgas; ∼wächter m
-s, - panaktìnis, naktìnis sárgas

Náchwahl f -, -en papìldomi rinkìmai

Náchweis m -es, -e 1 įródymas 2 patvìrtini-
mas

náchweisen* vt įródyti, įrodinéti

Náchwelt f - pãlikuonys, aĩniai

náchwirken vi tebeturéti póveikį, jaũsti pó-
veikį

Náchwort n -(e)s, -e baigiamàsis žõdis, epi-
lògas

Náchwuchs m -es 1 jaunóji kartà; jaunìmas
2 jaunì kãdrai

náchzahlen vt primokéti

náchzählen vt pérskaičiuoti

Náchzügler m -s, - atsilìkėlis, pavėlãvęs

Nácken m -s, - sprándas

nackt núogas, plìkas, grýnas

Nácktheit f - nuogùmas, plikùmas

Nádel f -, -n 1 ãdata 2 viřbalas, vąšẽlis 3 seg-
tùkas

Nádel‖baum m -(e)s, ⸗e spygliuõtis, spyg-
liuõtis mẽdis; ∼wald m -(e)s, ⸗er spyg-
liuõčių mìškas

Nágel¹ m -s, ⸗ vinìs

Nágel² m -s, ⸗ nãgas

Nágellack m -(e)s nagų lãkas

nágeln vt prikálti vinimìs

nágelneu naujutėlis, naujutėláitis

nágen I vi (an D) gráužti, kriř̃sti (ką) II vt
(ap)gráužti, nugráužti

Nágetier n -(e)s, -e graužìkas

nah I a ar̃timas, netólimas; ein ∼er Ver-
wándter ar̃timas gimináitis; in ∼er Zú-
kunft netolimojè ateityjè; dem Tóde ∼
sein bū́ti priẽ mirtiẽs II adv artì, netolì;
∼ der Stadt netolì miẽsto; von ∼em be-
tráchten apžiūrinéti ìš artì; ∼e brìngen
suar̃tinti; j-m etw. ∼e brìngen áiškinti
kám ką̃, supažìndinti ką̃ sù kuõ; ∼e géhen
labaĩ paveĩkti [sujáudinti]; j-m etw. ∼e
légen (primygtinai) rekomendúoti, siū́lyti
kám ką̃; ∼e líegen bū́ti aiškiám [supranta-
mám]; j-m ∼e stéhen bū́ti kám artimám,
bū́ti kienõ ar̃timu draugù; ∼e stéhend ar̃-
timas

Nähe f - artùmas, kaimynỹstė; in der ∼ artì,
netolì

náhebei čia pàt, gretà

náhen I vi (s) artéti, ar̃tintis II sich ∼ (D)
prieĩti, ar̃tintis (prie ko)

nähen vt (pa)siū́ti; susiū́ti

näher I a 1 artimèsnis 2 išsamèsnis, smul-
kèsnis II adv 1 arčiaũ 2 išsamiaũ, smul-
kiaũ; ∼ brìngen suar̃tinti; j-m etw. ∼
brìngen supažìndinti ką̃ sù kuõ

náhern I vt (D) (pri)ar̃tinti (ką prie ko) II
sich ∼ (D) (pri)artéti, ar̃tintis (prie ko)

náhezu bevéik, bemàž, konè

Näh‖garn n -(e)s, -e siuvìmo siū́lai; ∼ma-
schine f -, -n siuvamóji mašinà

nähren I vt maitìnti; išmaitìnti, išlaikýti II
sich ∼ mìsti, maitìntis

náhrhaft maistìngas

Náhrung f - maĩstas, pẽnas; mitýba

Náhrungsmittel pl maĩsto prodùktai

Naht f -, ⸗e siū́lė

Náhverkehr m -s viẽtinis [priemiestìnis] su-
sisiekìmas

Nähzeug n -(e)s, -e siuvìmo reĩkmenys

naív naivùs, lengvãtikis

Naivität f - naivùmas, patiklùmas

Náme m -ns, -n var̃das; im ∼n der gánzen
Grúppe visõs grùpės vardù

námenlos 1 bevar̃dis, nežìnomas 2 neapsã-
komas, begalìnis

námens vardù; pãvardė

námentlich I a vardìnis II adv ýpač, labiáu-
siai

namhaft

166

námhaft 1 (į)žymùs, garsùs 2 nemãžas, dìdelis
nämlich *cj* 1 nès, kadángi 2 bū́tent, taĩ yrà
Napf *m* -(e)s, ⁼e dubenė̃lis
Nárbe *f* -, -n rándas
Narkóse *f* -, -n narkòzė
Narkótikum *n* -s, -ka narkòtikas
Narr *m* -en, -en kvailỹs; *j-n zum ~en hálten*
ką̃ kvaĩlinti [mùlkinti]
nárren *vt* kvaĩlinti, mùlkinti
närrisch kvaĩlas, beprõtiškas
Narzísse *f* -, -n *bot.* narcìzas
náschen *vt*, *vi* smaguriáuti, smaližiáuti
Náscher, Näscher *m* -s, - smagùris, smaguriáutojas
Nascheréi, Näscheréi *f* -, -en 1 *sg* smaguriãvimas, smaližiãvimas 2 skanė̃stas, gardumýnas
Náse *f* -, -n nósis; *sich (D) die ~ pútzen*
nusivalýti nósį
Násen‖höhle *f* -, -n nósies ertmė̃; ~spitze *f* -, -n nósies gãlas
náseweis įkyrùs, nekuklùs
Náshorn *n* -(e)s, -e / ⁼er raganõsis
nass šlãpias, drėgnas; ~ *wérden* sušlàpti, sudrė́kti
Nässe *f* - drėgmė̃, drėgnùmas
nässen *vt* (su)šlãpinti, (su)drėkìnti
Natión *f* -, -en nãcija, tautà
nationál nacionãlinis, tautìnis
Nationál‖flagge *f* -, -n valstýbinė vė́liava; ~hymne *f* -, -n valstýbinis hìmnas
nationalisíeren *vt* nacionalizúoti
Nationalität *f* -, -en tautýbė
Nationál‖sprache *f* -, -n nacionãlinė kalbà; ~tracht *f* -, -en tautìniai drabùžiai
Nátter *f* -, -n žaltỹs; gyvãtė
Natúr *f* - 1 gamtà 2 prigimtìs, charãkteris; *von ~ (aus) schüchtern sein* bū́ti ìš prigimtiẽs droviám
naturéll natūralùs, nedirbtìnis
Naturéll *n* -s, -e natū̃rà, prigimtìs
Natúr‖forscher *m* -s, - gam̃tininkas, gamtõs tyrinė́tojas; ~gas *n* -es gamtìnės dùjos
natúrgemäß I *a* natūralùs, nedirbtìnis II *adv* natūraliaĩ, pagaĩ sàvo prìgimtį

natürlich I *a* natūralùs, gamtìnis; į̃prastas; *sie hat ein ~es Wésen* jì labaĩ paprastà II *adv* 1 natūraliaĩ, įprastaĩ 2 žìnoma, tikraĩ
Natúr‖schätze *pl* gamtõs tùrtai; ~schutz *m* -es gamtósauga, gamtõs apsaugà
Natúrschutzgebiet *n* -(e)s, -e rezervãtas, draustìnis
Natúr‖volk *n* -(e)s, ⁼er pirmýkštė tautà; ~wissenschaft *f* -, -en gamtãmokslis, gamtõs mókslas
Navigatión *f* - navigãcija, laivýba
Nébel *m* -s, - rū̃kas, miglà
nébelig miglótas, ū̃kanótas
nében *prp* 1 (*D*) (*žymi vietą*) priẽ, gretà, šalià; *er stand ~ der Tür* jìs stovė́jo priẽ dùrų 2 (*A*) (*žymi kryptį*) priẽ, gretà, šalià; *ich sétze mich ~ ihn* àš atsisė́du gretà jõ
nebenán čia pàt, gretà, šalià
nebenbéi tarp kìtko; be tõ
Nébenbuhler *m* -s, - varžõvas; konkureñtas
nebeneinánder víenas priẽ kìto, víenas šalià kìto
Nében‖einkommen *n* -s, -, ~einkünfte *pl* papìldomos [pašalìnės] pãjamos; ~fach *n* -(e)s, ⁼er 1 šalutìnė specialýbė 2 šóninis stálčius; ~fluss *m* -es, ⁼e iñtakas; ~gasse *f* -, -n skeŕsgatvis; ~haus *n* -es, ⁼er grė́timas nãmas
nebenhér tarp kìtko; be tõ
Nében‖rolle *f* -, -n antraeĩlis vaidmuõ; ~sache *f* -, -n antraeĩlis dalỹkas
nébensächlich antraeĩlis, neesmìnis
Nében‖satz *m* -es, ⁼e šalutìnis sakinỹs; ~straße *f* -, -n skeŕsgatvis; ~zimmer *n* -s, - grė́timas kambarỹs
nebst *prp* (*D*) sù
nécken I *vt* (*mit D*) érzinti, pýkinti (*ką̃ kuo*) II *sich ~* érzintis vienám kìtą
Neckeréi *f* -, -en érzinimas
Néffe *m* -n, -n sūnė́nas, brolė́nas
Negatión *f* -, -en neigìmas; *gram.* neiginỹs
négativ neĩgiamas, negatyvùs
Néger *m* -s, - nègras
néhmen* *vt* 1 (pa)im̃ti, (pa)stvérti, (pa)čiùpti; *j-n an [bei] der Hand ~* paim̃ti ką̃ ùž

rañkos; *j-n zur Frau* ~ paiṁti ką į̃ žmo-
nàs 2 válgyti, gérti; *etw.* ~ *zu sich* ~ užką́sti,
išgérti; 3 sésti, važiúoti; išsinúomoti; *ein
Táxi* ~ važiúoti taksi̇̀ 4: *sich (D) das Lé-
ben* ~ atiṁti sáu gyvýbę, nusižudýti; *etw.*
ernst ~ žiūréti į̃ ką rimtȧ̃; *ein schlı́mmes
Énde* ~ blogai̇̃ bai̇̃gtis; *sich in Acht* ~
sáugotis
Neid *m* -(e)s pavýdas; *vor* ~ *plátzen* sprógti
i̇̀š pavýdo
Néider *m* -s, - pavyduõlis
néidisch pavydùs, pavydulìngas
Néige *f* -, -n nuožulnumà, núolydis; *das Glas
bis zur* ~ *léeren* išgérti stiklìnę lìgi dùgno
néigen I *vt* (pa)leñkti, nuleñkti; **II** *vi* liñkti,
turéti pólinkį; *ich néige zu der Ánnahme,
dass ...* àš liñkęs manýti, kàd ... **III sich**
~ 1 (pa)liñkti, (pa)svìrti 2 (*vor D*) leñktis,
nusileñkti (*kam*)
Néigung *f* -, -en 1 palenkìmas, nulenkìmas
2 nuolaidùmas, núolydis 3 pólinkis, pó-
traukis 4 palankùmas, simpãtija
nein ne; ~ / *Nein ságen* atsakýti, nesuti̇̀kti
Nekrológ *m* -(e)s, -e nekrològas
Néktar *m* -s nektãras
Nélke *f* -, -n 1 gvazdi̇̀kas 2 gvazdikẽliai (*prie-
skoniai*)
nénnen* I *vt* 1 (pa)vadi̇̀nti; *j-n beim Vórna-
men* ~ vadi̇̀nti ką vardù 2 išvar̃dyti, pami-
néti **II sich** ~ vadi̇̀ntis
nénnenswert ver̃tas paminéti, žymùs, svar-
bùs
Nerv *m* -s, -en nèrvas; *das geht mir auf die
~en* tai̇̃ manè nèrvina
Nérven‖arzt *m* -es, -̈e neuropatològas;
~**heilanstalt** *f* -, -en psichiãtrinė ligóni-
nė
Nérvenzusammenbruch *m* -(e)s, -̈e nèrvų
sistèmos išsekìmas
nervös nervìngas; *j-n* ~ *máchen* ką (su)nèr-
vinti; ~ *wérden* susinèrvinti
Nervosität *f* - nervingùmas
Nerz *m* -es, -e eurõpinė audi̇̀nė
Néssel *f* -, -n dilgėlė̃
Nest *n* -(e)s, -er li̇̀zdas, gūžtà

nett meilùs, malonùs, simpati̇̀ngas; ~ *zu*
[*mit*] *j-m sein* jaũsti kám simpãtiją
Netz *n* -es, -e 1 tiñklas 2 tinklẽlis (*pvz., plau-
kų*)
neu naũjas, šviẽžias; *die* ~*esten Méldungen*
paskutini̇́eji praneši̇̀mai; *aufs Néue, von
Néuem* vẽl, iš naũjo
néuartig naũjas, originalùs, sãvitas
Néu‖bau *m* -(e)s, -ten 1 naujà statýba
2 naũjas pãstatas [nãmas]
Néubau‖viertel *n* -s, - naũjas (*miesto*) ra-
jònas; ~**wohnung** *f* -, -en bùtas naujamè
namè
néuerdings 1 neseniai̇̃, pastarúoju metù
2 vẽl, iš naũjo
Néuerer *m* -s, - novãtorius
néuerlich pakartótinis, naũjas
Néuerscheinung *f* -, -en nauji̇́ena (*pvz., apie
knygas*)
Néuerung *f* -, -en naujóvė
néugeboren ti̇̀k ką gi̇̀męs
Néugestaltung *f* -, -en pértvarkymas
Néugier *f* -, **Néugierde** *f* - smalsùmas, smal-
sà
néugierig smalsùs
Néuheit *f* -, -en 1 *sg* naujoviškùmas 2 nau-
jóvė, naujýbė
Néuigkeit *f* -, -en nauji̇́ena
Néujahr *n* -(e)s, -e Naują́ieji mẽtai
Néujahrswunsch *m* -es, -̈e naujameti̇̀niai lin-
kė́jimai
néulich neseniai̇̃, pastarúoju metù
néumodisch naujamãdis, naujamãdiškas
Néumond *m* -(e)s jaunati̇̀s, jáunas ménuo
neun devyni̇̀, devýnetas, devyneri̇̀
Neun *f* -, -en (*skaičius, numeris*) devyni̇̀
néunhundert devyni̇̀ šimtai̇̃
néunte devi̇̀ntas
néunzehn devyniólika
Néu‖ordnung *f* -, -en 1 naujà tvarkà [sán-
tvarka] 2 pértvarkymas; ~**regelung** *f* -,
-en pértvarkymas
Neuróse *f* -, -n neuròzė
Néusiedler *m* -s, - naujakurỹs
neutrál neutralùs, bešãliškas
neutralisíeren *vt* neutralizúoti
Neutralität *f* - neutralùmas, neutralitètas

Néuzeit f - naujíeji ámžiai [laikaĩ]
nicht nè; *das geht* ∼! taĩ negãlima! *gar*
∼! visái nè! ∼ *lánge danách* [*daráuf*]
netrùkus [tuojaũ] põ
Nícht‖achtung f - nepagarbà; ∼**beachtung**
f - nesilaĩkymas
Níchte f -, -n dukteréčia, seseréčia
Nícht‖einhaltung f - nesilaĩkymas; ∼**ein-**
mischung f -, -en nesikišìmas
níchtig meñkas, nežymùs
Níchtigkeit f -, -en 1 nesvarbùmas, nereikš-
mingùmas 2 mãžmožis, meñkniekis
Níchtraucher m -s, - nerūkãlius, nerūkanty-
sis
nichts niẽkas, niẽko; ∼ *Néues* niẽko naũ-
jo; *gar* ∼ vìsiškai niẽko; (*das*) *macht* ∼
niẽko, tíek tõs bėdõs; ∼ *für úngut!* neįsi-
žeĩsk(ite)!; *so gut wie* ∼ bevéik niẽko; ∼
ságend tùščias, beprãsmis
Níchtsnutz m -es, -e netìkėlis, nenáudėlis
níchtsnutzig netiñkamas, nenaudìngas; netì-
kęs
Níchtstuer m -s, - dykinétojas, dykaduõnis
níchtswürdig neveĩtas, nedõras, netìkęs
Níchtstun n -s dykinéjimas, dykaduoniãvi-
mas
Níckel n, m -s nìkelis
nícken vi lìnktelėti, linkséti
nie niekuomèt, niekadà
níeder I a meñkas; žẽmas; prãstas II *adv*
1 žemỹn; *auf und* ∼ aukštỹn i̇̃ žemỹn
2 šaliñ; ∼ *mit ihm!* šaliñ jį̃!
níederbrennen* I *vt* sudėginti II *vi* (*s*) su-
dègti
Níedergang m -(e)s 1 saulélydis 2 leidìma-
sis, nusileidìmas; žlugìmas
níedergedrückt prìslėgtas, liū́dnas
níedergehen* *vi* (*s*) léistis, nusiléisti
níedergeschlagen prìtrenktas, prìblokštas
níederkommen* *vi* (*s*) (pa)gimdýti
Níederkunft f -, ⁀e gim̃dymas
Níederlage f -, -n pralaiméjimas; *éine* ∼ *er-*
léiden patìrti pralaiméjimą
Níederlande *pl* Nýderlandai, Olándija
Níederländer m -s, - olándas

níederländisch Nýderlandų, Olándijos;
olándų; olándiškas
níederlassen*, *sich* 1 séstis, atsisésti; nu-
tū̃pti 2 apsigyvénti, įsikùrti
Níederlassung f -, -en 1 apsigyvénimas, įsi-
kū́rimas 2 filiãlas, skỹrius
níeder‖legen I *vt* 1 (pa)déti, (pa)guldýti
2 mèsti, atsisakýti (*ko*); *die Árbeit* ∼*legen*
nutráukti dárbą II *sich* ∼*legen* guĩti, at-
siguĩti; ∼**reißen*** *vt* 1 nugriáuti, nuveĩsti
2 partreñkti, parblókšti
Níederschlag m -(e)s, ⁀e 1 krituliaĩ 2: *séinen*
∼ *in etw.* (*D*)*fínden* bū́ti kuĩ užfiksúotam
níederschlagen* 1 *vt* 1 partreñkti, parblókš-
ti 2 nuslopìnti, numalšìnti 3 nuléisti (*akis*,
žvilgsnį) II *sich* ∼ 1 krìsti, nusésti 2 atsi-
spindéti
níederschlags‖frei bè kritulių̃; ∼**reich** gau-
sùs kritulių̃
níederschmettern *vt* 1 partreñkti, parblókšti
2 pritreñkti, sukrė̃sti
níederschreiben* *vt* užrašýti, užrašinéti; už-
protokolúoti
Níederschrift f -, -en 1 *sg* užrãšymas 2 ù-
rašai; protokòlas
Níedertracht f - niekšýbė
níederträchtig niekšìškas; niekšìngas, nie-
kìngas
níedertreten* *vt* numìndžioti, numìndyti
Níederung f -, -en žemumà, į́klonis
níederwerfen* 1 *vt* parblókšti, partreñkti
2 (nu)malšìnti, (nu)slopìnti
níedlich dailùtis, gražùtis, meilùtis
níedrig 1 žẽmas, mãžas 2 žẽmas, negarbìn-
gas
níemals niekuomèt, niekadà
níemand niẽkas, jóks, nė̃ víenas; *es war* ∼
da čià niẽko nebùvo
Níere f -, -n ìnkstas
níeseln *vi* dulksnóti, lynóti
níesen *vi* čiáudėti, nusičiáudėti
níeten *vt* kniẽdyti
Nigéria n -s Nigèrija
Nikarágua n -s Nikaragvà
Nílpferd n -(e)s, -e begemòtas
Nímbus m -, -se aureòlė
nímmer niekuomèt, niekadà

notwendigerweise

Nimmersatt m - / -(e)s, -e besótis, ėdū̃nas
nippen vi gurkšnóti, siùrbčioti
nirgends, nirgendwo niẽkur
Nische f -, -n nišà
nisten vi sùkti [kráuti] lìzdą
Niveau [-ˈvoː] n -s, -s lỹgis
nivellíeren vt niveliúoti; sulýginti
Nixe f -, -n undìnė, vandēnė
nóbel 1 kilnùs, dõras; kilmìngas **2** dosnùs
Nobélpreis m -es, -e Nòbelio prèmija
noch dár, kol kàs, iki šiõl; **immer** ~ vìs dar
nóchmalig pakartótinis
nóchmals dár kar̃tą, pakartótinai
Nomáde m -n, -n klajõklis
nomadisíeren vi klajóti, gyvénti klajõklio gyvēnimą
Nóminativ m -s, -e gram. vardiniñkas
nomiíeren vt iškélti, pasiū́lyti (kandidãtą)
Nónne f -, -n vienuõlė
Nord m **1** šiáurė **2** -(e)s, -e šiaurỹs, šiáurės vėjas
nórddeutsch Šiáurės Vokietìjos
Nórden m -s šiáurė, žiemiaĩ
nórdisch 1 šiaurìnis, šiáurės **2** skandinãvų; skandinãviškas
Nórdkreis m -es poliãrinis rãtas, spéigratis
Nórdländer m -s, - šiauriẽtis; skandinãvas
nördlich I a šiaurìnis, šiáurės **II** adv į̃ šiáurę, šiáurės liñk
Nórd‖pol m -s šiáurės ašìgalis [põlius]; ~**wind** m -(e)s, -e šiaurỹs, žiemỹs
Nörgeléi f -, -en príekabė, priekabùmas
nörgeln vi (an D) kìbti, kabìntis (prie ko)
Nörgler m -s, - priekabiáutojas, priekabùs žmogùs
Norm f -, -en nòrma
normál normalùs, pàprastas
normálerweise paprastaĩ
normalisíeren vt normalizúoti
nórmen vt (su)nòrminti
Norwégen n -s Norvègija
Norwéger m -s, - norvègas
norwégisch Norvègijos; norvègų; norvègiškas

Not f -, ᵘe **1** bėdà, var̃gas; ~ **leiden** skur̃sti, var̃gti; **in** ~ **geráten** patèkti į̃ bė́dą **2** būtinùmas; **zur** ~ iš bėdõs, blogiáusiu ãtveju; **déine Hilfe tut** ~ tàvo pagálba labaĩ reikalìnga; ~ **leidend** vargìngas, var̃gstantis
Notár m -s, -e notãras
Nót‖ausgang m -(e)s, ᵘe atsarginis išėjìmas; ~**behelf** m -(e)s, -e laikinà príemonė
Nótdurft f - **1** póreikis, reikmė̃ **2** gamtõs reĩkalas
nótdürftig vargìngas, skurdùs
Nóte f -, -n **1** atžymà, pažymà **2** pažymỹs **3** notà; ~**n áustauschen** pasikeĩsti nòtomis **4** gaidà, natà
Nóten‖bank f -, -en emìsijos bánkas; ~**heft** n -(e)s, -e gaidų̃ sąsiuvinis
Nótfall m -(e)s, ᵘe blogiáusias ãtvejis; **im** ~ blogiáusiu ãtveju, ẽsant būtinám reĩkalui
nótfalls bū́tinu ãtveju, būtinaĩ prireĩkus
Nóthilfe f - pagálba bėdojè
notíeren vt užrašýti, (pa)žýmėti
nötig reikalìngas, bū́tinas; etw. ~ **háben** kõ trū́kti [stokóti]
nötigen vt **1** (pri)ver̃sti, (pri)spìrti **2** (pa)rãginti, (pa)kviẽsti; **j-n zum Éssen** ~ ką̃ (pa)rãginti válgyti
nötigenfalls ẽsant reĩkalui, prireĩkus
Notíz f -, -en užrašas, užrãšymas; žinià (laikraštyje); **kéine** ~ **von etw.** (D), **j-m néhmen** nekreĩpti į̃ ką̃ dė̃mesio
Notíz‖block m -(e)s, -s / ᵘe bloknòtas; ~**buch** n -(e)s, ᵘer užrašų̃ knygēlė
Nótlage f -, -n sunkì padėtìs
nótlanden (nótlandete, nótgelandet) vi (s, h) priverstinaĩ nutū́pti
Nótlandung f -, -en priverstìnis nutū́pimas
notórisch 1 akivaizdùs, áiškus **2** užkietėjȩs, nepataĩsomas
Nót‖signal n -s, -e neláimės [aliármo] signãlas; ~**stand** m -(e)s, ᵘe nepaprastóji padėtìs; sunkì padėtìs
Nótstandsgebiet n -(e)s, -e katastròfos rajònas (stichìnės nelaimės)
Nótwehr f - savìgyna; **aus** ~ gìnantis
nótwendig bū́tinas, reikalìngas
notwendigerwéise būtinaĩ, neišvéngiamai

Nótwendigkeit *f* -, -en būtinýbė, būtinùmas
Nótzucht *f* - iššãginimas, išprievartãvimas
nótzüchtigen (nótzüchtigte, genótzüchtigt) *vt* iššãginti, išprievartáuti
Novélle *f* -, -n novèlė, apsãkymas
Novellíst *m* -en, -en novelìstas
Novémber *m* - / -s, - lãpkritis
Nu: *im* ~ bèregint, bemãtant
Nuance [ny'aŋsǝ] *f* -, -n niuánsas, ãtspalvis
nüchtern I *a* 1 blaivùs; ~ *wérden* iššiblaĩvinti, iššiblaivéti 2 neválgęs, tuščiù pilvù 3 nuobodùs, saũsas II *adv* 1 blaĩviai; ~ *dénken* blaĩviai galvóti 2 sausaĩ, nuobodžiai
Nüchternheit *f* - 1 blaivùmas; blaivùs prõtas 2 sausùmas, nuobodùmas
Núdel *f* -, -n makarònai, lãkštiniai
Núdelsuppe *f* -, -n makarònų [lãkštinių] sriubà
Null *f* -, -en 1 nùlis 2 niĕkas, menkystà
Numerále *n* -s, -li:en / -lia skaĩtvardis
Númmer *f* -, -n nùmeris; *die láufende* ~ eilĕs nùmeris
nummeríeren *vt* (su)numerúoti

nun I *adv* dabař; *von* ~ *an* [*ab*] nuõ dabař II *prtc* taĩgi, taĩp; nà
núnmehr nuõ dabař, nuo šiõl
nur I *adv* tìk, víen II *prtc* gì; tìk; ~ *Mut!* drąsiaũ gi! III: *nicht* ~ ... *sóndern auch* ne tìk ... bèt iř
Nuss *f* -, ⸗e ríešutas
Núss‖baum *m* -(e)s, ⸗e ríešutmedis; ~knacker *m* -s spaustùkas (*riešutams gliaudyti*)
Nüster *f* -, -n šnérvės
nútzbar naudìngas
nútzbringend naudìngas, dúodantis náudą
Nútzeffekt *m* -(e)s, -e naudà, rezultãtas
nútzen, nützen I *vi* bũti naudìngam II *vt* (pa)naudóti, pasinaudóti
Nútzen *m* -s, - naudà; peĩnas; ~ *bríngen* dúoti náudą; ~ *aus etw.* (D) *zíehen* gáuti ìš kõ náudą
nützlich naudìngas
Nützlichkeit *f* - naudingùmas, naudà
nútzlos nenaudìngas
Nútz‖pflanze *f* -, -n naudìngas áugalas; ~vieh *n* -(e)s namìniai gyvuliaĩ
Nylon ['nai-] *n* -s nailònas

O

Oáse *f* -, -n oãzė

ob *cj* ař; *er frágte,* ~ *sie schon da sei* jìs pakláusė, ař jì jaũ čionaĩ

Óbdach *n* -(e)s pastógė, kampĕlis

óbdachlos benãmis, nèturintis namų̃

Óbdachlose *sub m, f* benãmis, -ė

Obelìsk *m* -en, -en obelìskas

óben viršùj(è); *nach* ~ į̃ viřšų̃; *von* ~ ìš viršaũs; ~ *erwähnt,* ~ *genánnt* aukščiaũ (pa)minétas

oben‖án (*pačiame*) viršujè, pirmojè viĕtoje; ~áuf (*pačiame*) viršujè, añt viršaũs, paviřšiuje

obenhín prabėgõm(ìs), paviršutìniškai

óber 1 viršutìnis, aukštutìnis 2 aukščiáusias; vyresnỹsis

Óber *m* -s, - (*vyresnysis*) kèlneris, padavéjas

Óber‖arzt *m* -es, ⸗e vyriáusiasis gýdytojas; ~bürgermeister *m* -s, - vyriáusiasis bùrmistras

Óberfläche *f* -, n paviřšius

óberflächlich paviršutìniškas

Óberflächlichkeit *f* - paviršutiniškùmas

Óber‖geschoss *n* -es, -e viršutìnis aũkštas; ~gewalt *f* - aukščiáusia valdžià

óberhalb *prp* (G) viřš(uř̃), aukščiaũ

Óber‖hand: *die* ~*hand gewínnen* (*über A*) gáuti [paiřti] viřšų̃ (*prieš ką*); *die* ~*hand háben* výrauti, viešpatáuti; ~haupt *n* -(e)s, ⸗er galvà, vyresnỹsis; ~hemd *n* -(e)s, -en výriški viršutìniai marškiniaĩ

Óberin *f* -, -nen vyriáusioji (*medicinos*) sesuõ

Óber‖ingenieur *m* -s, -e vyriáusiasis inžiniẽrius; ~klasse *f* -, -n aukštesniõji (*mokyklos*) klãsė; ~kommando *n* -s, -s

vyriáusioji kariúomenės vadovýbė; ~körper *m* -s, - viršutìnė liemeñs dalìs; ~lauf *m* -(e)s, ᵕe aukštupỹs
Óber‖leutnant *m* -s, -e / -s vyresnỹsis leitenántas; ~**lippe** *f* -, -n viršutìnė lūpa; ~**schenkel** *m* -s, - šlaunìs, kùlšis; ~**schwester** *f* -, -n vyresnióji (*medicinos*) sesuõ
óberst aukščiáusias, vyriáusias
Óberst *m* -s / -en, -en pulkininkas
Óber‖stock *m* -(e)s, ᵕe viršutìnis aūkštas; ~**stufe** *f* -, -n vyresnióji (*mokyklos*) klãsė; ~**teil** *m, n* -(e)s, -e viršutìnė dalìs
obgléich *cj* nórs
Óbhut *f* - globà, príežiūra
óbig aukščiaũ nuródytas [ēsantis]
Objékt *n* -(e)s, -e 1 objèktas; dáiktas, reiškinỹs 2 *gram.* papildinỹs
objektív objektyvùs
Objektív *n* -s, -e objektỹvas
óbliegen (oblág / lag ob, óbgelegen) *vi* 1 atsidúoti, atsidéti 2 privaléti
obligátorisch privãlomas, bū́tinas
Óbmann *m* -(e)s, ᵕer / -leute vyresnỹsis, seniū́nas
Óbrigkeit *f* -, -en vyresnýbė, viršininkai
obschón *cj* nórs
Observatórium *n* -s, -riːen observatòrija
Obst *n* -es vaĩsiai
Óbst‖baum *m* -(e)s, ᵕe vaĩsmedis; ~**garten** *m* -s, ᵛ (*vaismedžių*) sõdas; ~**saft** *m* -(e)s, ᵕe vaĩsių sùltys
obszön nepadorùs, nešvankùs
Óbus *m* -ses, -se troleibùsas
obwóhl, obzwár *cj* nórs
Óchse *m* -n, -n jáutis
Óde *f* -, -n òdė
öde negyvēnamas, apléistas; tùščias, nuobodùs
Öde *f* -, -n ùžkampis; týrlaukis
óder *cj* ar̃, arbà; ~ (*nicht*)? ar̃ nè tiesà?
Ödland *n* -(e)s, ᵕer dykỹnė, dykumà
Ófen *m* -s, ᵛ krósnis
Ófen‖rohr *n* -(e)s, -e dūmtraukis, kāminas; ~**röhre** *f* -, -n órkaitė

óffen 1 ãtviras, ãtdaras; *auf* ~*er See* atvirojè jū́roje 2 nuoširdùs; áiškus; ~ *bléiben* lìkti atvirám; lìkti neišspręstám
offenbár I *a* áiškus, akivaizdùs II *adv* matýt, atródo, rēgis
offenbáren I *vt* atskleĩsti, paródyti II *sich* ~ pasiródyti, paaiškéti
óffenherzig ãtviras, nuoširdùs
Óffenherzigkeit *f* - atvirùmas, nuoširdùmas
óffenkundig áiškus, akivaizdùs
óffensichtlich I *a* áiškus, akivaizdùs II matýt, ródos
Offensíve *f* -, -n puolìmas, ofenzyvà
öffentlich 1 viēšas; visúotinis 2 visuomeninis
Öffentlichkeit *f* -, -en (*plačioji*) visúomenė, plãtūs visúomenės slúoksniai
offizi:éll oficialùs
Offizíer *m* -s, -e kariniñkas
öffnen I *vt* atidarýti, atvérti II *sich* ~ atsidarýti, atsivérti
Öffnung *f* -, -en 1 atidãrymas 2 kiáurymė, skylē̃, angà
Öffnungszeit *f* -, -en dárbo laĩkas (*pvz., parduotuvės, muziejaus*)
oft dažnaĩ
öfter, öfters dažnaĩ, ne kar̃tą
óftmalig daugkartìnis
óftmals dažnaĩ, ne kar̃tą
óhne I *prp* (*A*) bè; ~ *Ábsicht* netýčia; ~ *mein Wíssen* bè màno žiniõs; ~ *wéiteres* stačiaĩ, atviraĩ II *cj*: *er éilte vorbéi,* ~ *ein Wort zu ságen* jìs skubiaĩ pra̦ė́jo, nepasãkęs nė̃ žõdžio
óhnedies be tõ, vis tíek
ohnegléichen neprilýgstamas
ohnehín be tõ, vis tíek
Óhnmacht *f* -, -en 1 silpnùmas, bejėgiškùmas 2 apalpìmas; *in* ~ *fállen* apal̃pti, netèkti sã̦monės
óhnmächtig 1 sil̃pnas, bejė̃gis 2 apal̃pęs
Ohr *n* -(e)s, -en ausìs; *die* ~*en spítzen* ausìs pastatýti, atidžiaĩ klausýtis; *ein féines* ~ *hában* turéti gḗrą klaũsą
Óhrenarzt *m* -es, ᵕe gerklḗs, nósies, ausų̃ ligų̃ gýdytojas
Óhrfeige *f* -, -n añtausis

óhrfeigen (óhrfeigte, geóhrfeigt) vt dúoti į
aūsį, skélti añtausį (kam)
Óhr‖gehänge n -s aūskaras; ~loch n -(e)s,
ᵘer ausiẽs landà; ~muschel f -, -n ausiẽs
kaušẽlis
Okkupánt m -en, -en okupántas, užgrobìkas
Okkupatión f -, -en okupãcija, okupãvimas
okkupíeren vt okupúoti
Ökologíe f - ekològija
Ökonomíe f -, -mí:en 1 ekonòmija, taūpymas
2 ekonòmika
ökonómisch 1 ekonòminis; ūkinis 2 ekonò-
miškas, taupùs
Október m - / -s, - spãlis, spãlio ménuo
Öl n -(e)s, -e 1 aliẽjus; alyvà 2 naftà
Ölbaum m -(e)s, ᵘe alỹvmedis, alyvà
ölen vt (su)tèpti alyvà
Öl‖farbe f -, -n aliẽjiniai dažaĩ; ~gemälde
n -s, - aliẽjiniais dažaĩs tapýtas pavéikslas
Olíve f -, -n alỹvmedis, alyvà
Olívenöl n -s alỹvų aliẽjus
Öl‖kuchen m -s, - sémenų ìšspaudos; ~lei-
tung f -, -en naftótiekis; ~pflanze f -, -n
aliẽjinis áugalas; ~sardinen pl sardìnės
aliẽjuje
Olympiáde f -, -n olimpiadà
olýmpisch olìmpinis; olìmpiškas
Omelett [ɔm'lɛt] n -(e)s, -s / -e, Omelette
[ɔm'lɛt] f -, -n omlètas
Ómnibus m -ses, -se autobùsas
Ónkel m -s, - / -s dẽdė
Ópa m -s, -s senẽlis
Óper f -, -n òpera; òperos teãtras
Operatión f -, -en operãcija
Operétte f -, -n operètė
operíeren vt operúoti (ką), darýti operãciją
(kam)
Ópern‖glas n -es, ᵘer teãtrinis žiūrõnas;
~haus n -es, ᵘer òperos teãtras; ~sänger
m -s, - òperos daininiñkas
Ópfer n -s, - aukà; j-m, éiner Sáche (D) zum
~ fállen tàpti kienõ aukà
ópferbereit pasiaukójęs, atsidãvęs
ópfern I vt (pa)aukóti; paskìrti II sich ~ au-
kótis, pasiaukóti

Ópferung f -, -en (pa)aukójimas; pasiaukó-
jimas
Ópium n -s òpiumas
Oppositión f -, -en opozìcija, príešinimasis
oppositionéll opozìcinis
Óptik f -, -en òptika
Optimísmus m - optimìzmas
Optimíst m -en, -en optimìstas
optimístisch optimìstinis, optimìstiškas
óptisch òptinis, regéjimo
Oránge [-ʒə] f -, -n apelsìnas
oránge(n)farben [-ʒə-] oránžinis
Orátor m -s, -tóren orãtorius
Orchester [-'kɛs-] n -s, - orkèstras
Orchidé:e f -, -n bot. orchidéja
Órden m -s, - òrdinas
órdentlich tvarkìngas; švarùs; padorùs
órdnen vt (su)tvarkýti
Órdner m -s, - tvarkdarỹs; budétojas
Órdnung f -, -en 1 tvarkà; etw. in ~ bríngen
ką sutvarkýti 2 (visuomeninė) sántvarka
Órdnungsliebe f - tvarkingùmas
Orgán n -s, -e òrganas
Organisatión f -, -en organizãcija
Organisátor m -s, -tóren organizãtorius
organisatórisch organizãcinis; organizãto-
riaus
organisíeren vt (su)organizúoti
Organísmus m -, -men organìzmas
Organíst m -en, -en vargõnininkas
Órgel f -, -n vargõnai
Órgel‖musik f - vargõnų mùzika; ~spieler
m -s, - vargõnininkas
orientíeren I vt (auf A) orientúoti, nukreĩpti
(į ką) II sich ~ (auf A) orientúotis (į ką)
originál originalùs
Originál n -s, -e originãlas
originéll originalùs; savótiškas
Orkán m -(e)s, -e uragãnas, víesulas
Ornamént n -(e)s, -e ornameñtas
Ort m -(e)s, -e / ᵘer vietà; vietóvė; an ~ und
Stélle viẽtoje, čia pàt
orthodóx stačiãtikių
örtlich viẽtinis; lokãlinis
órtsansässig viẽtinis
Órtschaft f -, -en gyvénvietė; vietóvė

órts‖eingesessen viẽtinis; ∼fremd nepažĩstantis viẽtos; neviẽtinis
Órtsname m -ns, -n gyvénvietės [vietóvės] pavadìnimas
Öse f -, -n ąsà, ąsėlė; kābė
Ost m 1 rytaĩ 2 -(e)s, -e rytỹs, rytų véjas
Ósten m -s rytaĩ
Ósterei n -(e)s, -er Velýkų margùtis
Óstern n - / pl Velýkos; zu ∼ peř Velýkas
Österreich n -s Áustrija

Österreicher m -s, - áustras
österreichisch Áustrijos; áustrų; áustriškas
östlich I a rytìnis; rytų II adv rytų liñk, į rýtus
Ótter¹ m -s, - údra
Ótter² f -, -n gyvãtė, angìs
Ouvertüre [uvɛr-] f -, -n uvertiūrà
ovál apvalaĩnas
Ovatión f -, -en ovãcijos, audrìngi plojìmai
Ózean m -s, -e okeãnas

P

paar lýginis, porìnis; ein ∼ kėletas, kelì; ein ∼ Ménschen kėletas žmonių
Paar n -(e)s, -e / - porà; ein ∼ Schúhe porà bãtų
páaren vt (su)porúoti
páarmal: ein ∼ kelìs kartùs [sykiùs]
Pacht f -, -en nuomà, núomojimas
páchten vt išsinúomoti
Pächter m -s, - núomininkas
Páchtung f -, -en núoma, núomojimas
Pack m -(e)s, -e / ᵛe pakètas, ryšulỹs
Päckchen n -s, - paketėlis, siuntinėlis
pácken vt 1 sudéti, (su)pakúoti 2 (pa)čiùpti, (pa)griēbti 3 (ap)iřñti (apie jausmą)
Pácken m -s, - pakètas, ryšulỹs, pùndas
páckend įdomùs, patráukiantis
Páck‖papier n -s, -e pakúojamasis [vyniójamasis] põpierius
Páckung f -, -en 1 įpakãvimas; pakuõtė 2 pakėlis; dėžùtė
Páckwagen m -s, - bagãžo vagònas
Pädagóge m -n, -n pedagògas
Pädagógik f - pedagògika
pädagógisch pedagòginis; pedagògiškas
Páddelboot n -(e)s, -e baidãrė
Páddler m -s, - baidãrininkas
Pädiáter m -s, - pediãtras
Pakét n -(e)s, -e pakètas, ryšulỹs; siuntinỹs
Pakét‖annahme f -, -n siuntinių priėmìmas; ∼ausgabe f -, -n siuntinių išdavìmas
Pákistan n -s Pakistãnas
Pakt m -(e)s, -e pãktas, tarptautìnė sutartìs
Palais ['lɛ:] n - [-'lɛ:s], - [-'lɛ:s] rūmai

Palást m -es, ᵛe rūmai
Páletot [-to:] m -s, -s výriškas páltas
Palétte f -, -n (tapytojo) palètė
Pálme f -, -n pálmė
Pámpelmuse f -, -n greĩpfrutas
Pamphlét n -(e)s, -e pamflètas
Pamphletíst m -en, -en pamfletìstas
Pánik f - pānika; in ∼ geráten pùlti į pāniką
pánisch pāniškas
Pánne f -, -n gedìmas (džn. automobìlio)
Panoráma n -s, -men panoramà
Pánter / Pánther m -s, - panterà
Pantóffel m -s, -n šlepètė, šliùrė
Pantomíme f -, -n pantomimà
Pánzer m -s, - 1 kar. tánkas 2 šárvas
Pánzer‖kampfwagen m -s, - tánkas, šarvuõtis; ∼schrank m - (e)s, ᵛe seĩfas, nedegamóji spìnta; ∼wagen m -s, - šarvúotas automobìlis, šarvuõtis
Päóni:e f -, -n bijūnas
Papá m -s, -s tėtė, tėtis
Papagéi m -en / -(e)s, pl -en / -e papūgà
Papíer n -s, -e 1 põpierius 2 pl dokumeñtai, asmeñs pažymėjimas
Papíerfabrik f -, -en põpieriaus fãbrikas
Páppe f -, -n 1 kartònas 2 tòlis
Páppel f -, -n túopa, tòpolis
Páprika m -s, -s pãprika (raudonieji pipirai)
Papst m -es, ᵛe pópiežius
Paráde f -, -n parãdas, apžiūrà
Paradíes n -es, -e rõjus
paradóx paradoksalùs
Paradóx n -es, -e paradòksas

Paraffin *n* -s, -e parafìnas
Paragráf / **Paragráph** *m* -en, -en paragrãfas; stráipsnis
parallél lygiagretùs, paralèlinis
Paralléle *f* -n / -, -n lygiãgretė, paralèlė
paralysíeren *vt* paralyžiúoti
Parasít *m* -en, -en parazìtas
parát pàruoštas; pasiruõšęs
Pärchen *n* -s, - porẽlė
Pardón *m, n* -s atleidìmas, dovanójimas
Parfüm *n* -s, -s / -e kvepalaĩ
Parfümeríe *f* -, -rí:en parfumèrija
parfümíeren I *vt* (iš)kvėpìnti **II sich** ~ kvėpìntis, išsikvėpìnti
Park *m* -(e)s, -e / -s párkas
Párkanlage *f* -, -n skvèras, párkas
párken I *vt* pastatýti *(automobìlį)* **II** *vi* stovéti *(apie automobìlį)*
Párken *n* -s stovéjimas *(apie automobìlį)*
Parkétt *n* -(e)s, -e / -s **1** parkètas **2** párteris *(teatre)*
Párkplatz *m* -es, ᵘe automobìlių stovéjimo aikštėlė, párkingas
Parlamént *n* -(e)s, -e parlameñtas
Parlamentári:er *m* -s, - parlameñtāras
parlamentárisch parlameñtinis
Parlaménts‖abgeordnete *sub m, f* parlameñto deputãtas, -ė; ~**wahl** *f* -, -en parlameñto rinkìmai
Parodíe *f* -, -dí:en paròdija
parodíeren *vt* parodijúoti, išjuõkti
Paróle *f* -, -n lòzungas; devìzas **2** slaptãžodis, paròlis
Partéi *f* -, -en **1** pártija **2** šalìs, pùsè; *für j-n* ~ *ergréifen* palaikýti kienõ pùsę
Partéibuch *n* -(e)s, ᵘer partìnis bìlietas
partéiisch šãliškas
Partéi‖mitglied *n* -(e)s, -er pártijos narỹs; ~**tag** *m* -(e)s, -e pártijos suvažiãvimas
Parterre [-'tɛr] *n* -s, -s **1** pìrmas aūkštas **2** párteris
Partíe *f* -, -tí:en **1** pártija *(pvz., šachmatų)*; **2** pártija *(prekių kiekis)* **3** ìšvyka
partiell [-'tsjɛl] **1** *a* dalìnis **II** *adv* dalinaĩ, iš daliẽs
Partisán *m* -en, -en partizãnas

Partizíp *n* -s, -pi:en dalỹvis
Pártner *m* -s, - pártneris
Pártnerschaft *f* -, -en partnerỹstė
Party ['pa:rti] *f* -, -s subuvìmas, póbūvis
Pass¹ *m* -es, ᵘe pãsas
Pass² *m* -es, ᵘe kalnų́ pérėja
Passáge [-ʒə] *f* -, -n **1** pasãžas, dengtà galèrija **2** skìrsnis, atskirà *(knygos)* vietà
Passagier [-'ʒi:r] *m* -s, -e keleĩvis
Passánt *m* -en, -en praeĩvis; pėstỹsis
pássen *vi* tìkti, pritìkti, deréti
pássend tiñkamas
passíerbar péreinamas, išvažiúojamas
passíeren I *vi* (s) atsitìkti, pasitáikyti **II** *vt* pérvažiuoti, pérplaukti
Passíerschein *m* -(e)s, -e leidìmas
passioníert aistrìngas, geidulìngas
pássiv pasyvùs, neveiklùs
Pássiv *n* -s *gram.* pasỹvas, neveikiamóji rū́šis
Passivität *f* - pasyvùmas, neveiklùmas
Páste *f* -, -n pastà
Pastéllfarbe *f* -, -n pastèliniai dažaĩ
Pastéte *f* -, -n paštètas
Pastílle *f* -, -n pastìlė
Pástor *m* -s, -tóren pãstorius
Páte *m* -n, -n, *f* -, -n krikštãtėvis; krikštãmotė
Pátenkind *n* -(e)s, -er krikštãvaikis
Patént *n* -(e)s, -e pãtentas
patentíeren *vt* (už)patentúoti
pathétisch patètiškas, jausmìngas
Pathologíe *f* - patològija
pathológisch patològinis, patològiškas
Páthos *n* - patòsas
Patient [-tsi'jɛnt] *m* -en, -en pacieñtas
Patriárch *m* -en, -en patriárchas
patriarchálisch patriarchãlinis; patriarchãliškas
Patriót *m* -en, -en patriòtas
patriótisch patriòtinis, patriòtiškas
Patriotísmus *m* - patriotìzmas
Patróne *f* -, -n šovinỹs; patrònas
Patrouille [-'trujə] *f* -, -n patrùlis, sargýba
patrouillíeren [-trul'ji:-] *vi* (s, h) patruliúoti, eĩti sargýbą
Pátsche *f* -, -n pur̃vas, purvýnas

pátschen *vi* 1 plekšnóti, tapšnóti 2 tekšénti, pliaukšéti

Páuke *f* -, -n *muz.* litáurai

páuken *vi* 1 mùšti litáurus 2 kálti, mechãniškai mókytis

Pauschál‖**betrag** *m* -(e)s, ⸗e, ∼**summe** *f* -, -n bendrà sumà

Páuse *f* -, -n pértrauka, páuzė

páusenlos nepértraukiamas

pausíeren *vi* (pa)darýti pértrauką; pailséti

Pávian *m* -s, -e paviãnas (*bеždžionė*)

Pavillon [ˈpaviljɔŋ] *m* -s, -s paviljònas

Pech *n* -(e)s, -e 1 dervà; degùtas 2 nesėkmė̃, nepasisekìmas

Pedál *n* -s, -e pedãlas; paminà

Pedánt *m* -en, -en pedántas

pedántisch pedántiškas, smùlkmeniškas

Pediküre *f* - pedikiū̃ras

Pein *f* - kančià, kankỹnė

péinigen *vt* kankìnti, kamúoti

Péiniger *m* -s, - kankìntojas

péinlich 1 nemalonùs, nejaukùs, kankìnamas 2 pedántiškas; skrupulìngas

Péitsche *f* -, -n botãgas

péitschen *vt* plàkti [lùpti] botagù

Peleríne *f* -, -n pelerinà

Pelikán *m* -s, -e pelikãnas

Pélle *f* -, -n lùpena; žievė̃

péllen *vt* (nu)lùpti

Péllkartoffel *f* -, -n bùlvės sù lùpenomis

Pelz *m* -es, -e káilis; káiliai; kailiniaĩ

Pélzmantel *m* -s, ⸗ kailiniaĩ

Péndel *n* -s, - švytuõklė

péndeln *vi* (*h, s*) 1 švytúoti 2 kursúoti, reguliariaĩ važinéti

penetránt prasismel̃kiantis

Pensión *f* -, -en 1 peñsija 2 pensiònas

Pensionär *m* -s, -e peñsininkas

Pensionát *n* -(e)s, -e pensionãtas, pensiònas

pensioníeren *vt* išléisti į̃ peñsiją

Pénsum *n* -s, -sen / -sa užduotìs; mókomoji mẽdžiaga

per *prp* (A): ∼ *Bahn* geležìnkeliu; ∼ *Luft* óro paštù

perfékt tóbulas, puikùs

Perfékt *n* -(e)s, -e perfèktas, būtàsis atliktìnis laĩkas

Pergamént *n* -(e)s, -e pergameñtas

Perióde *f* -, -n periòdas

periódisch periòdinis, periòdiškas

Peripheríe *f* -, -rí:en perifèrija, pakraštỹs

Pérle *f* -, -n per̃las, žemčiū̃gas

pérlen *vi* (*s, h*) 1 varvéti, lašéti 2 spindéti, blizgéti

Pérlmutt *n* -s, **Pérlmutter** *f* - perlamùtras

Pérlon *n* -s perlònas

permanént permaneñtinis, nuolatìnis

perpléx suglùmęs, sumìšęs

Persón *f* -, -en 1 asmuõ, žmogùs 2 veikéjas, personãžas

Personál *n* -s personãlas

Personálausweis *m* -es, -e asmeñs liùdijimas

Personáli:en *pl* ankėtos dúomenys

Persónen‖**wagen** *m* -, - 1 lengvàsis automobìlis 2 keleivìnis vagònas; ∼**zug** *m* -(e)s, ⸗e keleivìnis traukinỹs

persönlich asmenìnis, ãsmeniškas

Persönlichkeit *f* -, -en asmenýbė, individualýbė; *éine* ∼ *des öffentlichen Lébens* visúomenės veikéjas

Perspektíve *f* -, -n perspektyvà

perspektívisch perspektỹvinis; perspektyvùs

Perú *n* -s Perù

Perücke *f* -, -n perùkas

pervérs iškrỹpęs, nenormalùs

Pessimísmus *m* - pesimìzmas

Pessimíst *m* -en, -en pesimìstas

pessimístisch pesimìstinis, pesimìstiškas

Pest *f* - mãras

Péstseuche *f* - mãro epidèmija

Petersíli:e *f* - petrãžolė

Petitión *f* -, -en petìcija

Petróle:um *n* -s žìbalas

Pfad *m* -(e)s, -e tãkas; kẽlias

Pfádfinder *m* -s, - skáutas, boiskáutas

Pfahl *m* -(e)s, ⸗e põlis, stul̃pas, kuõlas

Pfáhlzaun *m* -(e)s, ⸗e statìnių tvorà

Pfand *n* -(e)s, ⸗er užstatas

Pfánne *f* -, -n keptùvė

Pfárre *f* -, -n 1 parãpija 2 klebonijà

Pfárrer *m* -s, - klebõnas; pãstorius
Pfau *m* -(e)s / -en, -en póvas
Pféffer *m* -s pipìras, pipìrai
Pféfferkuchen *m* -s, - meduõlis
Pféfferminze *f* -, -n pipìrmėtė
Pféife *f* -, -n 1 švilpùkas 2 pýpkė
pféifen* *vt, vi* švilpti, švìlpauti; *er pfeift daráuf* jám į̃ tai nusispjáuti
Pfeil *m* -(e)s, -e strėlė̃; rodỹklė
Pféiler *m* -s, - atramà, stulpas
pféilschnell I *a* greĩtas kaĩp strėlė̃ II *adv* žaĩbiškai, kaĩp kulkà
Pfénnig *m* -(e)s, -e / - pfènigas
Pferch *m* -(e)s, -e ãptvaras, žardis
Pferd *n* -(e)s, -e arklỹs
Pférde‖rennbahn *f* -, -en hipodròmas; ~rennen *n* -s, - arklių̃ lenktỹnės; ~stall *m* -(e)s, ᵘe arklìdė; ~zucht *f* - arklininkỹstė
Pfiff *m* -(e)s, -e švilpìmas, švilpesỹs
Pfífferling *m* -s, -e *bot.* voveráitė
pfíffig gudrùs, sùktas
Pfíngsten *n* - / *pl* Sekmìnės
Pfíngstrose *f* -, -n bijū́nas
Pfírsich *m* -(e)s, -e peršikas
Pflánze *f* -, -n áugalas
pflánzen *vt* sodìnti; díegti
Pflánzgut *n* -(e)s daigaĩ
pflánzlich augalìnis; augalų̃
Pfláster *n* -s, - 1 grindinỹs 2 traūklapis
Pfláume *f* -, -n slyvà
Pflége *f* - príežiūra, slaũgymas; globà
pflégebedürftig reikalìngas príežiūros [globõs]
Pflége‖eltern *pl* į́tėviai; ~heim *n* -(e)s, -e senėlių̃ iř invalìdų namaĩ; ~kind *n* -(e)s, -er į́vaikis; ~mutter *f* -, ᵘer į́motė
pflégen¹ *vt* slaugýti, globóti (*ką*); rū́pintis (*kuo*)
pflégen² *vt* (*etw. zu tun*) bū́ti įprãtusiam (*ką daryti*)
Pfléger *m* -s, - 1 sanitãras 2 globė́jas; ~in *f* -, -nen 1 sanitãrė 2 globė́ja
Pflége‖sohn *m* -(e)s, ᵘe į́sūnis; ~tochter *f* -, ᵘ į́dukra, į́dukterė; ~vater *m* -s, ᵘ į́tėvis
Pflégling *m* -s, -e globótinis, -ė

Pflicht *f* -, -en pareigà, príevolė; *séine ~ tun* atlìkti sàvo pãreigą
pflícht‖bewusst pareigìngas; ~eifrig stropùs, uolùs
Pflíchtfach *n* -(e)s, ᵘer privãlomas (*mokomasis*) dalỹkas
pflícht‖gemäß príderamas, tiñkamas; ~treu pareigìngas
Pflock *m* -(e)s, ᵘe kuõlas, kuolėlis
pflücken *vt* skìnti, raškýti
Pflug *m* -(e)s, ᵘe plū́gas
pflügen *vt, vi* (su)árti, išárti
Pfórte *f* -, -n vartėliai, var̃tai
Pförtner *m* -s, - dùrininkas, šveĩcorius
Pfósten *m* -s, - stulpas, kártis
Pfóte *f* -, -n lėtena
pfrópfen¹ *vt* užkìmšti (*pvz., butelį*)
pfrópfen² *vt bot.* skiėpyti
Pfrópfen *m* -s, - kamštis
Pfuhl *m* -(e)s, -e klãnas, pélkė, balà
Pfund *n* -(e)s, -e / - svãras
pfúschen *vi, vt* chaltū́ryti, lebė́dyti
Pfúscher *m* -s, - chaltū́rininkas, niekdarỹs
Pfütze *f* -, -n balà, klãnas
Phänomén *n* -s, -e fenomènas
Phantasíe / Fantasíe *f* -, -sí:en fantãzija, vaizduõtė
phantasíeren / fantasíeren *vi* fantazúoti, svajóti
phantástisch / fantástisch fantãstinis; fantãstiškas; nuostabùs
Phantóm *n* -s, -e šmėkla, vaiduõklis
Pharmazéut *m* -en, -en farmãcininkas
Philatelíe *f* - filatèlija
Philatelíst *m* -en, -en filatelìstas
Philharmoníe *f* -, -ní:en filharmònija
Philíster *m* -s, - filìsteris, miesčiónis
philísterhaft filìsteriškas, miesčióniškas
Philológe *m* -n, -n filològas
Philologíe *f* -, -gí:en filològija
philológisch filològinis, filològijos
Philosóph *m* -en, -en filosòfas
Philosophíe *f* -, -phí:en filosòfija
philosóphisch filosòfinis, filosòfijos, filosòfiškas
Phlegmátiker *m* -s, - flegmãtikas

phlegmátisch flegmātiškas
Phonétik *f* - fonètika
Phósphor *m* -s, -e fòsforas
Phóto / **Fóto** *n* -s, -s fotogrãfija
Phóto- / **Fóto‖apparat** *m* -(e)s, -e fotoaparãtas; ~**atelier** *n* -s, -s fotoateljē
Photográph / **Fotográf** *m* -en, -en fotogrãfas
Photographíe / **Fotografíe** *f* -, -phí:en / -fí:en fotogrãfija
photographíeren / **fotografíeren** *vt* fotografúoti
Phráse *f* -, -n frãzė
Phraseologíe *f* -, -gí:en frazeològija
phraseológisch frazeològinis
Physík *f* - fìzika
phýsisch fìzinis, fìziškas
Pianíst *m* -en, -en pianìstas; ~**in** *f* -, -nen pianìstė
Pícke *f* -, -n, **Píckel** *m* -s, - kirstùvas, kirtìklis
Píckel *m* -s, - spúogas, pùškas
pícken *vt* lèsti
Pícknick *n* -s, -e / -s pìknikas
píepen, **píepsen** *vi* cypséti
Pigmént *n* -(e)s, -e pigmeñtas
pikánt pikántiškas
Píke *f* -, -n íetis
Pílger *m* -s, - piligrìmas, keliáujantis maldinìñkas
Pílle *f* -, -n piliùlė
Pilót *m* -en, -en pilòtas
Pilz *m* -es, -e grýbas; *ein éssbarer (úngenießbarer)* ~ válgomas (neválgomas) grýbas
Pínguin *m* -s, -e pingvìnas
Pínsel *m* -s, - teptùkas
pínseln *vt* tapýti; dažýti
Pinzétte *f* -, -n pincètas
Pioníer *m* -s, -e pioniẽrius
Pipétte *f* -, -n pipètė, lašintùvas
Pirát *m* -en, -en pirãtas
Piról *m* -s, -e volungė̃
Píste *f* -, -n 1 trèkas 2 tūpìmo-pakilìmo tãkas
Pistóle *f* -, -n pistolètas
plädieren *vi* sakýti kal̃bą teismè

Plädoyer [-doa:'je:] *n* -s, -s prokuròro (gynéjo) kalbà teismè
Pláge *f* -, -n 1 vařgas, bėdà 2 kančià, kankỹnė
plágen I *vt* kankìnti, kamúoti **II sich** ~ kankìntis, kamúotis
Plagiát *n* -(e)s, -e plagijãvimas; plagiãtas
Plakát *n* -(e)s, -e plakãtas
Plan *m* -(e)s, ;e plānas; ketìnimas
Pláne *f* -, -n brezeñtas
plánen *vt* planúoti; ketìnti, sumanýti
Planét *m* -en, -en planetà
Planetárium *n* -s, -ri:en planetāriumas
plánmäßig planìngas
plánschen *vi* pliuškénti
Plantáge [-ʒə] *f* -, -n plantãcija
pláppern *vi, vt* plepéti, tarškéti
plärren *vi* plefȓpti, teřkšti
Plast *m* -es plastmãsė
Plástik *f* -, -en 1 plãstika, skùlptoriaus mēnas 2 skulptūrà
Plastilín *n* -s plastilìnas
plástisch plãstinis, plãstiškas; raiškùs, vaizdìngas
Platáne *f* -, -n platānas (*medis*)
Plateau [-'to:] *n* -s, -s plýnaukštė
Platín *n* -s platinà
platónisch platòniškas
plátschen *vi* (*h, s*) plekšénti, teliuškúoti
plätschern *vi* (*h, s*) čiurlénti, gurgéti; plekšénti
platt 1 plókščias 2 banalùs, lė̃kštas
Pláttdeutsch *n* - / -s, **Pláttdeutsche** *sub n* vókiečių žemaĩčių tarmė̃
Plátte *f* -, -n 1 padė̃klas (*valgiams*) 2 (*patefono*) plokštēlė 3 (*statybinė*) plōkštė; plytēlė
plätten *vt* láidyti, lýginti
Pláttenspieler *m* -s, - patefònas
Pláttform *f* -, -en apžvalgõs aikštēlė
pláttfüßig plokščiapė̃dis
Platz *m* -es, ;e 1 vietà; *j-m* ~ *máchen* užléisti kám viẽtą; ~ *néhmen* séstis, atsisésti; *das ist nicht* [*fehl*] *am* ~(*e*) taĩ ne viẽtoje [netiñka]; *den érsten* ~ *belégen* užiꞽti pìrmą viẽtą 2 aikštė̃; (*sporto*) aikštēlė
Plátzanweiserin *f* -, -nen teãtro (kinoteãtro) tarnáutoja, nuródanti vietàs
plátzen *vt* plýšti, trúkti, sprógti

Plátz‖karte *f* -, -n vietãženklis, plackártė; ~**regen** *m* -s, - liūtis

Plauderéi *f* -, -en šnekučiãvimasis; plepėjimas

pláudern *vi* šnekučiúotis; plepéti

plausíbel pàgrįstas, įtìkinamas

Pléite *f* -, -n bankròtas, krãchas; ~ *géhen* (su)bankrutúoti

Plenársitzung *f* -, -en plenãrinis pósėdis

Plénum *n* -s, -nen plènumas

Plínse *f* -, -n blỹnas

Plissée *n* -s, -s plisė̃, klostėlės

Plómbe *f* -, -n plòmba

plombíeren *vt* (už)plombúoti

plötzlich staigùs, netikétas

plump nerangùs, dramblótas; grubùs, netãktiškas

Plúnder *m* -s šlam̃štas; skarmalaĩ

Plünderer *m* -s, - plėṧikas, plėšikáutojas

plündern *vt* (api)pléšti, išgróbti; plėšikáuti

Plünderung *f* -, -en (api)plėšìmas, išgrobìmas, plėšikãvimas

Plus *n* -, - pliùsas

Plüsch *m* -es, -e pliùšas

Plúsquamperfekt *n* -(e)s, -e *gram.* pliùskvamperfektas

pneumátisch pneumãtinis

Pöbel *m* -s prastúomenė, minià

póchen *vi* bélsti, bélstis

Pócken *pl* raupaĩ, raũplės

Pódest *n*, *m* -es, -e pakylà, paáukštinimas

Pódium *n* -s, -di̯en estradà, pakylà

Poém *n* -s, -e poemà

Poesíe *f* - poèzija

Poét *m* -en, -en poètas

poétisch poètinis; poètiškas

Pogróm *m*, *n* -s, -e pogròmas

Pokál *m* -s, -e bokãlas, taurė̃

pökeln *vt* sū́dyti (*pvz.*, *mėsą*, *žuvį*)

Pol *m* -s, -e põlius

polár poliãrinis

Polár‖bär *m* -en, -en baltàsis lokỹs; ~**forscher** *m* -s, - poliãrininkas, poliãrinių šãlių tyrinétojas; ~**kreis** *m* -es, -e spéigratis; ~**licht** *n* -(e)s, -er šiáurės pašvaĩstė; ~**nacht** *f* -, ⁼e poliãrinė naktìs

Póle *m* -n, -n lénkas

Polémik *f* -, -en polèmika

polémisch polèminis, polèmiškas

polemisíeren *vi* polemizúoti, giñčytis

Pólen *n* -s Lénkija

políeren *vt* polirúoti; šlifúoti

Póliklinik *f* -, -en poliklìnika

Pólin *f* -, -nen lénkė

Politík *f* -, -en polìtika

Polítiker *m* -s, - polìtikas

polítisch polìtinis; polìtiškas

politisíeren *vi* politikúoti

Politúr *f* -, -en polìtūrà

Polizéi *f* - polìcija

polizéilich polìcijos; polìcinis; ~ *gesúcht wérden* bū́ti polìcijos iéškomam

Polizéi‖posten *m* -s, - polìcijos sargýbinis; ~**präsidium** *n* -s, -di̯en polìcijos valdýba; ~**revier** *n* -s, -e polìcijos núovada

Polizíst *m* -en, -en polìcininkas

pólnisch Lénkijos; lénkų; lénkiškas

Pólstermöbel *pl* minkštì baĩdai

pólstern *vt* aptráukti (*baldus*)

póltern *vi* **1** baladóti, bélsti; bildéti **2** rékauti, šū́kauti

Pomáde *f* -, -n pomadà

Pommes frites [pɔm'frit] *pl* keptų̃ bùlvių lazdėlės

pompös prašmatnùs, prabangùs; pompãstiškas

Pontónbrücke *f* -, -n pontòninis tìltas

Póny *n* -s, -s pònis (*žemaūgių arklių veislė*)

populär populiarùs

popularisíeren *vt* populiãrinti

Popularität *f* - populiarùmas

porös korìngas, korýtas

Portál *n* -s, -e portãlas

Portemonnaie [pɔrtmɔ'ne:] / **Portmonée** *n* -s, -s nedìdelė piniginė

Portier [-'tje:] *m* -s, -s dùrininkas, šveĩcorius

Portión *f* -, -en pòrcija

portiónsweise pòrcijomis

Pórto *n* -s, -s / -ti pòrto, pãšto ìšlaidos

pórtofrei neàpdedamas pòrto mókesčiu

Porträt *n* -(e)s, -e portrètas, pavéikslas

porträtieren *vt* tapýti portrètą (*kieno*)

Portugál *n* -s Portugãlija

Pórtwein *m* -(e)s, -e pòrtveinas (*vynas*)

Porzellán *n* -s, -e porceliãnas

Porzellán‖geschirr *n* -(e)s, -e porceliãniniai iñdai; ∼**waren** *pl* porceliãniniai dirbiniai

Póse *f* -, -n pozà

Positión *f* -, -en pozìcija, padėtìs

pósitiv teĩgiamas, pozityvùs

Positúr *f* -, -en pozà

Póssen *m* -s, - išdáiga, pókštas

póssenhaft juokìngas, kòmiškas

possíerlich juokìngas, liñksmas

Post *f* -, -en pãštas; pãšto skỹrius; *auf die* [*zur*] ∼ *géhen* eĩti į̃ pãštą; *etw. mit der* [*per*] ∼ *schícken* (pa)siũsti kã̃ paštù

Postamént *n* -(e)s, -e postameñtas, pjedestãlas

Póst‖amt *n* -(e)s; ᵕer centrìnis pãštas; ∼**angestellte** *sub m, f* pãštininkas, -ė, pãšto tarnáutojas, -a; ∼**bote** *m* -n, -n laiškanešỹs

Pósten *m* -s, - 1 pòstas, pãreigos, tarnýba 2 sargýba; sargýbinis; (*auf*) ∼ *stéhen* bũti [stovéti] sargýboje

Póst‖fach *n* -(e)s, ᵕer žr. **Póstschließfach**; ∼**karte** *f* -, -n atvirùkas, atvìrlaiškis

póstlagernd ikì pareikalãvimo

Póst‖leitzahl *f* -, -en pãšto iñdeksas; ∼**paket** *n* -(e)s, -e pãšto siuntinỹs; ∼**schalter** *m* -s, - pãšto langẽlis; ∼**schließfach** *n* -(e)s, ᵕer abonemeñtinė pãšto dėžùtė

Póststelle *f* -, -n pãšto skỹrius

Póstwagen *m* -s, - pãšto vagònas

Póstzustellung *f* -, -en laiškų̃ [pãšto] pristãtymas

Potentiál / Potenziál *n* -s, -e potenciãlas

potentiːéll / potenziːéll poteñcinis, gãlimas

Poténz *f* -, -en poteñcija, sugebėjimas

Pracht *f* - puikùmas, puošnùmas

Práchtbau *m* -(e)s, -ten puikùs [puošnùs] pãstatas

prächtig puošnùs, prašmatnùs

práchtvoll *žr.* **prächtig**

Prädikat *n* -(e)s, -e 1 pažymỹs, įvértinimas 2 tarinỹs

Präfektúr *f* -, -en prefektūrà

Präfíx *n* -es, -e príešdėlis, prefìksas

prägen *vt* 1 kálti (*monetas*); *sich* (*D*) *etw. ins Gedächtnis* ∼ kã̃ įsikálti į̃ gálvą 2 sukùrti, sudarýti

práhlen *vi* (*mit D*) gìrtis (*kuo*)

Práhler *m* -s, - pagyrũnas

Prahleréi *f* -, -en gyrìmasis

práhlerisch pagyrũniškas

Práhlhans *m* -es, ᵕe pagyrų̃ púodas

Praktikánt *m* -en, -en praktikántas

Práktiker *m* -s, - prãktikas

Práktikum *n* -s, -ka 1 (*studentų̃*) prãktika 2 pratýbos, prãktikumas

práktisch 1 *a* prãktinis; prãktiškas, naudìngas 2 *adv* prãktiškai; fãktiškai

Pralíne *f* -, -n šokolãdiniai saldaĩniai sù įdaru

prall standùs, kíetas; (*kietai*) prìkimštas; *die Sónne scheint* ∼ sáulė dẽginte dẽgina

prállen *vi* (*s*) 1 (*gegen A, an A*) atsitreñkti, atsimùšti (*į̃ ką̃*) 2 (*auf A*) susidùrti (*su kuo*)

Prämiːe *f* -, -n prèmija

prämiíeren *vt* premijúoti (*ką̃*), (pa)skìrti prèmiją (*kam*)

prángen *vi* žėréti, spindéti

Pránke *f* -, -n lėtena

Präparát *n* -(e)s, -e preparãtas

Präsens *n* -, -séntia esamàsis laĩkas

präsentíeren I *vt* 1 pateĩkti (*pvz., sąskaitą, čekį*) 2 pasiũlyti, padúoti (*pvz., kavos, cigaretę*) II *sich* ∼ paródyti savè, pasiródyti

Präsidént *m* -en, -en prezideñtas

Präsídium *n* -s, -diːen prezìdiumas

prásseln *vi* 1 spragséti, spragéti 2 barbénti, barkšnóti

Prätendént *m* -en, -en pretendeñtas

Präventívmaßnahme *f* -, -n preventývinė [apsisáugomoji] príemonė

Práxis *f* -, -xen prãktika

Präzedénz *n* -, -denziːen, **Präzedénzfall** *m* -(e)s, ᵕe precedeñtas

präzís(e) precìziškas, tikslùs

präzisíeren *vt* patìkslinti

Präzisión *f* - tikslùmas

prédigen *vt, vi* sakýti pamókslą; pamoksláuti

Prédiger *m* -s, - pamókslininkas

Prédigt *f* -, -en pamókslas

Preis *m* -es, -e 1 káina; *um kéinen* ~ jókiu būdù 2 prìzas, prèmija

Préisangabe *f* -, -n káinos nuródymas

Préiselbeere *f* -, -n brùknė

préisen* *vt* (iš)gìrti, (iš)liáupsinti

Préiserhöhung *f* -, -en káinų (pa)kėlìmas

préisgeben* *vt* atsisakýti, atsižadéti (*ko*); išdúoti (*ką*)

préis‖gekrönt premijúotas, apdovanótas; ~günstig prieĩnamas, nebrangùs

Préis‖lage *f* -, -n káina; *in állen* ~*lagen* įvairiomìs káinomis; ~liste *f* -, -n kainóraštis, kainýnas; ~rückgang *m* -(e)s, ⁓e káinų kritìmas; ~senkung *f* -, -en káinų (su)mãžinimas; ~träger *m* -s, - laureãtas; prìzininkas

préiswert nebrangùs, prieĩnamas

prekär keblùs, painùs

préllen *vi* (*s*) treñktis, atsitreñkti

Premiere [-ˈmjeːrə] *f* -, -n premjerà

Premierminister [-ˈmjeː-] *m* -s, - minìstras pìrmininkas, premjèras

Présse¹ *f* -, -n prèsas, slėgtùvas

Présse² *f* -, -n spaudà

Présse‖bericht *m* -(e)s, -e spaudõs pranešìmas; ~freiheit *f* - spaudõs láisvė; ~konferenz *f* -, -en spaudõs konfereñcija

préssen *vt* 1 (iš)spáusti, (iš)suñkti 2 (pa)spáusti, prispáusti

Présse‖schau *f* -, -en spaudõs apžvalgà; ~vertreter *m* -s, - spaudõs atstõvas

Prestíge [-ʒ(ə)] *n* -s prestìžas

préußisch Prūsijos; prūsų; prūsiškas

príckeln *vi* 1 putóti, purslóti 2 knietéti, kuténti; svìlinti (*apie šaltį*)

príckelnd kniẽtintis, dìrginantis; jáudinantis

Príester *m* -s, - kùnigas, šveñtikas

príma puikùs, nuostabùs

primär pirmìnis, pradìnis

Prímel *f* -, -n prìmulė, raktãžolė

primitív primityvùs, pàprastas

Prinz *m* -en, -en prìncas, karaláitis

Prinzéssin *f* -, -nen princèsė, karaláitė

Prinzíp *n* -s, -e / -piːen prìncipas

prinzipiːéll I *a* principìnis II *adv* ìš prìncipo

Prinzípiːenfrage *f* -, -n principìnis kláusimas

Priorität *f* -, -en prioritètas, pirmenýbė

Príse *f* -, -n žiùpsnis, žiupsnėlis

Prítsche *f* -, -n gùltas

privát privatùs, ãsmeniškas

Privát‖angelegenheit *f* -, -en privatùs reĩkalas; ~eigentum *n* -(e)s privatì nuosavýbė

privatisíeren *vt* privatizúoti

Privát‖leben *n* -s asmenìnis gyvénimas; ~sache *f* -, -n privatùs [ãsmeniškas] reĩkalas

Privilég *n* -(e)s, -iːen privilègija

privilegíert privilegijúotas

pro *prp*; ~ *Kopf der Bevölkerung* vienám gyvéntojui

Próbe *f* -, -n 1 (iš)bañdymas; *j-n auf die* ~ *stéllen* ką̃ išbandýti [išmėgìnti] 2 repetìcija

próben *vt* repetúoti (*pvz., sceną, ariją*)

Próbezeit *f* -, -en bañdomasis laikótarpis

probíeren *vt* (pa)bandýti, (pa)mėgìnti; (pa)ragáuti

Problém *n* -s, -e problemà; kláusimas; *ein* ~ *áufwerfen* iškélti problèmą

Problemátik *f* - problemãtika

problemátisch problèmiškas, problèminis

Prodúkt *n* -(e)s, -e 1 prodùktas, gaminỹs 2 vaĩsius, padarinỹs

Produktión *f* - gamýba, prodùkcija

Produktións‖anstieg *m* -(e)s, -e gamýbos padidėjimas; ~ausstoß *m* -es, ⁓e prodùkcijos išleidìmas; ~kapazität *f* -, -en gamýbinis pajėgùmas; ~kosten *pl* gamýbos ìšlaidos

produktív našùs, produktyvùs

Produktivität *f* -, -en našùmas, produktyvùmas

Produzént *m* -en, -en gamìntojas

produzíeren *vt* gamìnti

professionéll profesionalùs, profesionãlų

Proféssor *m* -s, -ssóren profèsorius

Prófi *m* -s, -s *sport.* profesionãlas

Profíl *n* -s, -e pròfilis

Profít *m* -(e)s, -e peĩnas, naudà

profitíeren *vi* (*von D*) gáuti peĩno [naudõs] (*iš ko*)

Prognóse *f* -, -n prognòzė

Prográmm *n* -s, -e programà

programmátisch prōgraminis
programmíeren vt programúoti
progressív pažangùs, progresyvùs
Projékt n -(e)s, -e projèktas
projektíeren vt (su)projektúoti
Proklamatión f -, -en proklamãcija, atsišau-
  kìmas
proklamíeren vt paskélbti, proklamúoti
Prológ m -(e)s, -e prològas
Promenáde f -, -n promenadà; pasiváikščio-
  jimas
prominént (į)žymùs, garsùs
promovíeren [-v-] vi, vt (ap)gìnti disertãciją
prompt skubùs, greĩtas
Pronómen n -s, - / -mina į̃vardis
Propagánda f - propagánda
propagíeren vt propagúoti, skleĩsti
Propéller m -s, - propèleris
Prophét m -en, -en prãnašas
prophétisch prãnašiškas; pranašìngas
prophezéien vt (iš)pranašáuti
prophyláktisch profilãktinis
Prophyláxe f -, -n profilãktika
Proportión f -, -en propòrcija
proportionál proporcìngas
Prórektor m -s, -en prorèktorius
Prósa f - prozà
prosáisch pròzinis, pròzos; pròziškas, kas-
  diẽnis
Prósawerk n -(e)s, -e pròzos kūrinỹs
prósit į̃ sveikãtą!
Prospékt m -(e)s, -e prospèktas (reklaminis
  leidinys)
Prostituíerte sub f prostitùtė
Prostitutión f - prostitùcija
Protektión f -, -en protèkcija, globà
Protést m -es, -e protèstas
Protestánt m -en, -en protestántas
protestántisch protestántiškas
protestíeren vi protestúoti
Protést‖kundgebung f -, -en protèsto de-
  monstrãcija; ~streik m -(e)s, -s / -e pro-
  tèsto streĩkas
Prothése f -, -n protèzas
Protokóll n -s, -e protokòlas; das ~ führen
  rašýti protokòlą

Protokóllführer m -s, - protokolúotojas
protokollíeren vt (už)protokolúoti
Prototýp m -s, -en prototìpas
prótzen vi (mit D) gìrtis, puikúotis (kuo)
Proviánt m -(e)s, -e maĩstas, maĩsto prodùk-
  tai
Provínz f -, -en provìncija, sritìs
provinziːéll provìncinis, provincialùs
Provínzstadt f -, ⁼e provìncijos miẽstas
provisórisch provìzorinis; laĩkinas
Provokateur [-ˈtøːr] m -s, -e provokãtorius
Provokatión f -, -en provokãcija
provokatórisch provokãcinis
provozíeren vt (iš)provokúoti
Prozedúr f -, -en procedūrà
Prozént n -(e)s, -e pròcentas, núošimtis
Prozéntsatz m -es, ⁼e pròcentas, procentìnis
  kiẽkis
prozentuál I a procentìnis II adv pròcentais
Prozéss m -es, -e 1 procèsas, výksmas 2 pro-
  cèsas, teĩsmo bylà
prozessíeren vi (gegen A) bylinétis (su kuo)
Prozessión f -, -en procèsija
prúde pérdėtai drovùs, sarmatìngas
Prüderíe f - pérdėtas drovùmas
prüfen vt 1 (pa)tìkrinti, (pa)kontroliúoti
  2 (iš)egzaminúoti
Prüfer m -s, - 1 tìkrintojas, kontroliẽrius
  2 egzaminãtorius
Prüfling m -s, -e egzaminúojamasis
Prüfung f -, -en 1 (pa)tìkrinimas; (iš)bañdy-
  mas 2 egzãminas
Prüfungsarbeit f -, -en egzãmino kontròlinis
  dárbas
Prügel m -s, - 1 lazdà 2 pl pylà, mušìmas;
  ~ bekómmen gáuti pylõs
Prügeléi f -, -en peštỹnės, muštỹnės
prügeln I vt mùšti, lùpti II sich ~ mùštis,
  pèštis
Prunk m -(e)s prašmatnùmas, puošnùmas;
  prabangà
prúnken vi (mit D) puikáuti, puikúotis (kuo)
Prúnkstück n -(e)s, -e puošnùs [brangùs]
  dáiktas
prúnkvoll puošnùs, prašmatnùs
prústen vi pruñkšti, prùnkštelėti

Pseudoným *n* -s, -e slapývardis, pseudonìmas

Psýche *f* - psìchika

Psychiáter *m* -s, - psichiãtras

Psychiatríe *f* - psichiãtrija

psýchisch psìchinis; psìchiškas

Psychológe *m* -n, -n psichològas

psychológisch psichològinis; psichològiškas

Psychóse *f* -, -n psichòzė, psìchinė ligà

Pubertät *f* - lytìnis brendìmas

Publikatión *f* -, -en publikãcija

Públikum *n* -s pùblika

publizíeren *vt* (iš)spáusdinti

Publizíst *m* -en, -en publicìstas

Publizístik *f* - publicìstika

publizístisch publicìstinis

Publizität *f* - viešùmas

Púdding *m* -s, -e / -s pùdingas

Púdel *m* -s, - pùdelis (*šunų veislė*)

Púder *m* -s, - pudrà

Púderdose *f* -, -n pùdrinė

púdern I *vt* (iš)pudrúoti **II sich** ~ pudrúotis, išsipudrúoti

Púderzucker *m* -s cùkraus pudrà

Pullóver *m* -s, - pulòveris, megztìnis

Puls *m* -es, -e pùlsas

Púlsader *f* -, -n artèrija

pulsíeren *vi* pulsúoti, tvìnkčioti

Púlsschlag *m* -(e)s, ꞈe pùlso plakìmas

Pult *n* -(e)s, -e pùltas

Púlver *n* -s, - **1** miltẽlis; miltẽliai **2** pãrakas

púlv(e)rig miltẽlių pavìdalo; sù miltẽliais

Púmpe *f* -, -n siurblỹs, pòmpa

púmpen *vt* pumpúoti

Punkt *m* -(e)s, -e **1** tãškas; ~ *12 Uhr* lýgiai dvýliktą vãlandą **2** pùnktas, paragrãfas

punktíeren *vt* (nu)žyméti punktyrù

pünktlich punktualùs, tikslùs

Pünktlichkeit *f* - punktualùmas, tikslùmas

Púnkt‖liniꞈe *f* -, -n punktỹras, taškuõtė; ~**sieg** *m* -(e)s, -e pérgalė taškaĩs

Punsch *m* -(e)s, -e / ꞈe pùnšas

Pupílle *f* -, -n (*akies*) vyzdỹs, lėliùkė

Púppe *f* -, -n **1** lėlė̃ **2** manekènas (*drabužiams demonstruoti*)

Púppentheater *n* -s, - lėlių̃ teãtras

pur grýnas; ~*es Gold* grýnas áuksas; *aus* ~*er Néugier* víen tik ìš smalsùmo

Púrée *n* -s, -s piurė̃

Púrpur *m* -s pùrpuras

púrpur‖farben, ~**farbig** purpurìnis, tam̃siai raudónas; ~**rot** raudónas kaĩp pùrpuras

Púrzelbaum *m* -(e)s, ꞈe kū̃lvirstas

púrzeln *vi* (*s*) veŕstis kū̃lvirsčia

Pústeblume *f* -, -n kiaũl(ia)pienė

pústen *vi* **1** pū̃sti **2** pū̃kšti, šnõpšti

Púte *f* -, -n kalakùtė

Púter *m* -s, - kalakùtas

púterrot rýškiai raudónas

Putsch *m* -es, -e pùčas

Putz *m* -es tiñkas

pútzen I *vt* **1** valýti, šveĩsti, blìzginti **2** (pa)puõšti, (pa)dabìnti **II sich** ~ puõštis, dabìntis

Pútzer *m* -s, - tinkúotojas

Pútzfrau *f* -, -en valýtoja

Pyjama [-'dʒa:- / -'ja:-] *m*, *n* -s, -s pižamà

Pyramíde *f* -, -n piramìdė

Python *m* -s, -s, **Pýthonschlange** *f* -, -n *zool.* pitònas

Q

Quadrát *n* -(e)s, -e kvadrãtas

quadrátisch kvadrãtinis

Quadrát‖kilometer *m* -s, - kvadrãtinis kilomètras; ~**meter** *n*, *m* -s, - kvadrãtinis mètras

quáken *vi* kuŕkti, kvaŕkti

Qual *f* -, -en kančià, kankỹnė

quälen I *vt* kankìnti, kamúoti; *j-n zu Tóde* ~ ką̃ nukankìnti [nukamúoti] **II sich** ~ kankìntis, kamúotis

Quäler *m* -s, - kankìntojas, kamúotojas

Quäleréi *f* -, -en kankìnimas, kankỹnė

quälerisch kankìnantis, kamúojantis

Qualifikatión *f* -, -en kvalifikãcijos kėlìmas,

tóbulinimas; kvalifikãcija
qualifizíeren I vt kélti kvalifikãcijà (kieno)
II sich ~ tóbulintis, kélti sàvo kvalifikãcijà
qualifizíert kvalifikúotas
Qualität f -, -en kokýbė, savýbė
qualitatív kokýbinis; kokýbiškas
Qualitätserzeugnis n -ses, -se aukštõs kokýbės gaminỹs
Quálle f -, -n medūzà
Qualm m -(e)s (tiršti) dūmai
quálmen vi rūkti, léisti dūmus
quálvoll kankìnantis, kamúojantis
Quantität f -, -en kiekýbė; kiēkis
quantitatív kiekýbinis; kiekýbiškas
Quarantäne [ka-] f -, -n karantìnas
Quark m -(e)s varškė̃
Quartál n -s, -e (metų̃) ketvir̃tis
Quartétt n -(e)s, -e kvartètas
Quartíer n -s, -e nakvýnė, (laikinas) bùtas;
~ bezíehen apsistóti, (laikinai) apsigyvénti
Quarz m -es, -e kvárcas
quásseln vi plepéti, taūkšti, niekùs kalbéti
Quatsch m -(e)s taūškalas, nesąmonė
quátschen vi taūkšti, vàpalioti
Quécke f -, -n várputis
Quécksilber n -s gývsidabris

Quélle f -, -n šaltìnis, versmė̃; priežastìs
quéllen* vi (s) tekéti, lašéti, suñktis
Quéllen‖angabe f -, -n šaltìnių nuródymas, literatūros sąrašas; ~material n -s, -li:en (pirminiai) šaltìniai
Quéllwasser n -s šaltìnio vanduõ
quer skeřsas; kreuz und ~ skersaĩ iř išilgaĩ
Quére f - skersìnė kryptìs; j-m in die ~ kómmen stovéti kám skersaĩ kėlio, kám kliudýti
querfeldéin peř laūką [laukùs], tiẽsiai
Quér‖gasse f -, -n skeřsgatvis; ~kopf m -(e)s, ·e príešgyna; ~schnitt m -(e)s, -e 1 skersìnis pjūvis 2 apžvalgà; ~straße f -, -n skeřsgatvis; ~treiber m -s, - intrigántas, kìršintojas
querüber įstrižaĩ, skersaĩ
quétschen vt 1 (su)spáusti, (su)grūsti 2 spáusti, suñkti
quíeken vi žviẽgti; cýpti; spiẽgti
quíetschen vi spiẽgti, cýpti; girgždéti
Quintétt n -(e)s, -e kvintètas
quírlen vt (su)maišýti, (su)plàkti
quittíeren vt 1 pasirašýti (ką gavus) 2 reagúoti (į ką)
Quíttung f -, -en kvìtas
Quóte f -, -n dalìs, nòrma, kvotà

R

Rabátt m -(e)s, -e núolaida
Rábe m -n, -n var̃nas, kranklỹs
rabiát įsiùtęs, įnir̃šęs
Ráche f - keřštas; ~ schwören prisíekti atkeřšyti
ráchedurstig trókštantis keřšto
Ráchen m -s, - 1 nasraĩ 2 ryklė̃, gerklė̃
rächen I vt (at)keřšyti (už ką); etw. an j-m ~ (at)keřšyti kám ùž ką II sich ~ (an D für A) (at)keřšyti, atsikeřšyti (kam už ką)
Ráchenhöhle f -, -n ryklė̃, ryklė̃s angà
Rächer m -s, - keřšytojas
Ráchsucht f - keřšto troškìmas
ráchsüchtig kerštìngas
ráckern vi / sich ~ kankìntis, plùšti

Rad n -(e)s, ·er 1 rãtas; tekìnis 2 dvìratis; ~ fahren važiúoti [važinéti] dvìračiu
Radár n, m -s, -e radãras, radiolokãtorius
Radáu m -s skandãlas, dìdelis triùkšmas; ~ máchen skandãlyti, triukšmáuti
Radáumacher m -s, - skandalìstas, triukšmadarỹs
Rädelsführer m -s, - vadéiva
Rádfahrer m -s, - dvìratininkas
Radiátor m -s, -tóren radiãtorius
radíeren vt 1 (iš)trìnti (trintuku) 2 (iš)gravirúoti
Radíerer m -s, - grãveris
Radíergummi m -s, -s trintùkas

Radierung f -, -en **1** graviūrà, ofòrtas **2** gravirāvimas

Radíes¦chen n -s, - ridikėlis

radikál radikalùs, esmìnis; gríežtas

Rádio n -s, -s rādijas; **im** ~ peř rādiją

radioaktív radioaktyvùs

Rádio‖apparat m -(e)s, -e rādijas, rādijo aparãtas; ~**hörer** m -s, - rādijo klausýtojas; ~**sendung** f -, -en rādijo laidà

Rádius m -, -di¦en spindulỹs, rādiusas

Rád‖rennbahn f -, -n velodròmas; ~**rennen** n -s, - dvìratininkų lenktỹnės

ráffen vt (pa)griēbti, (pa)čiùpti; *etw.* **an sich** ~ ką pasiglem̃žti

Ráffgier f - gobšùmas, godùmas

Raffinerie f -, -rí¦en rafinãvimo [vālymo] įmonė (*pvz.*, *cukraus, naftos*)

raffiníert 1 rafinúotas, valýtas **2** rafinúotas, įmantrùs **3** gudrùs, sùktas

Ragout [-'gu:] n -s, -s ragù, troškinỹs

Rahm m -(e)s grietinėlė

ráhmen vt įrėminti

Ráhmen m -s, - **1** rėmai, rėmėliai **2** staktà (*durų, langų*) **3** prk. rėmai, rìbos

Ráhmkäse m -s, - grietinìnis sūris

Rain m -(e)s, -e ežià, laūko ribà

Rakéte f -, -n raketà

Rámpe f -, -n platfòrma kroviniáms, rámpa

ramponíeren vt (*smarkiai*) apgadìnti, aplámdyti

Rand m -(e)s, ¬er krāštas, pakraštỹs; paraštė̃; *áußer* ~ *und Band sein* šélti, dūkti

randalíeren vi skandãlyti, triukšmáuti

Ránd‖bemerkung f -, -en pastabà paraštėjè; ~**gebiet** n -(e)s, -e pakraštỹs, perifèrija

Rang m -(e)s, ¬e **1** rángas, láipsnis **2** aūkštas (*teatre*)

Ránge f -, -n / m -n, -n išdỹkėlis, padáuža

Ränke pl pìnklės, intrìgos; ~ *schmíeden* [*spínnen*] pìnkles rêgzti

ránken I vi léisti ūsùs [ūseliùs] **II sich** ~ (*um A, an D*) vyniótis, raitýtis (*apie ką*)

Ránzen m -s, - (*mokinio*) kuprìnė

ránzig apkařtęs, aitrùs

rapíd(e) smarkùs, greĩtas

Rappórt m -(e)s, -e rãportas, pranešìmas

Raps m -es, -e rãpsas

rar rētas, nedãžnas

Rarität f -, -en retenýbė

rasch greĩtas, skubùs

ráscheln vi šlaméti, šnaréti

rásen vi **1** siaūsti, siáutėti; siùsti **2** (*s*) dùmti, lėkti

Rásen m -s, - vejà, pievėlė; žolýnas

rásend 1 pasiùtęs, įpỹkęs **2** smarkùs, stiprùs

Rásenplatz m -es, ¬e vejà, gazònas

Raseréi f -, -en siùtas, niršulỹs

Rásierapparat m -(e)s, -e elektrìnė barzdãskutė

rasíeren I vt skùstis; **sich** ~ *lássen* skùstis kirpỹkloje **II sich** ~ skùstis

Rasíer‖klinge f -, -n skutìmosi peiliùkas; ~**zeug** n -(e)s, -e skutìmosi įrankiai

Räsón f - protingùmas, supratìmas

Ráspel f -, -n dìldė, brūžiklis

ráspeln vt dìldyti

Rásse f -, -n **1** rãsė **2** veĩslė

rásseln vi tarškéti, terškéti; dardéti

Rássenhass m -es rãsinė neapýkanta

rásserein, rássig grynakraūjis, grynaveĩslis

rassistisch rasìstinis, rasìzmo

Rast f -, -en póilsis, sustojìmas pailséti; ~ *máchen* sustóti póilsio

rásten vi sustóti pailséti; ilsétis

Rásthaus n -es, ¬er víešbutis turìstams, motèlis

rástlos I a nepaiĨstantis, nenuiĨstantis **II** adv bè atódūsio, be atvangõs

Rást‖pause f -, -n póilsio pértrauka; ~**stätte** f -, -n (*nedidelis*) restorãnas turìstams

Rat m -(e)s, ¬e **1** pl **Rátschläge** patarìmas; **sich** (*D*) **bei j-m** ~ **hólen** kreĩptis į̃ ką patarìmo **2** tarýba (*organas*) **3** taréjas, tarýbos narỹs; patarėjas

Ráte f -, -n dalìs, įmoka; *auf* ~n *káufen* piřkti išsimokétinai; *in* ~n *ábzahlen* (iš)mokéti dalimìs

ráten* vt **1** patařti **2** (į)miñti, atspéti

Rát‖geber m -s, - patarėjas; ~**haus** n -es, ¬er rõtušė

ratifizíeren vt ratifikúoti, patvìrtinti

Ratión f -, -en davinỹs, pòrcija; raciònas

rationál racionãlinis, racionalùs
rationalisíeren vt racionalizúoti
rationéll racionalùs, tikslìngas
rationíeren vt paskìrti nòrmą [pòrciją]; nor-
múoti
rátlos bejėgis, bejėgiškas
Rátlosigkeit f - bejėgiškùmas
rátsam patartinas
Rátschlag m -(e)s, ᵘe patarìmas
Rätsel n -s, - mįslė̃, galvósūkis
rätselhaft mįslìngas, neišáiškinamas
rätseln vi galvóti, gálvą sùkti; spėlióti
Rátte f -, -n žiùrkė
ráttern vi 1 (s) dardėti, bildėti, tarškėti 2 (h)
stuksėti, dunksėti (apie motorą)
rau 1 grubùs, grublétas; šiurkštùs 2 atšiau-
rùs (pvz., apie klimatą); žvarbùs 3 grubùs,
storžièviškas
Raub m -(e)s 1 (api)plėšìmas, (pa)grobìmas
2 grõbis
ráuben I vt (pa)gróbti; atim̃ti II vi plėšti,
gróbti
Räuber m -s, - plėšìkas, plėšikáutojas
2 plėšrū̃nas, grobuonìs
Räuberbande f -, -n plėšìkų gaujà
räuberisch plėšìkiškas, grobuõniškas
räubern vi plėšikáuti, gróbti
ráubgierig plėšrùs, grobúoniškas
Ráub‖mord m -(e)s, -e nužùdymas nórint
apiplėšti; ∼mörder m -s, - vagìs, reci-
dyvìstas; ∼tier n -(e)s, -e plėšrū̃nas, gro-
buonìs; ∼vogel m -s, ᵘ plėšrū̃nas, plėšrùs
paũkštis
Rauch m -(e)s dū̃mai
ráuchen I vt (su)rūkýti; stark ∼ daũg rūkýti
II vi rū̃kti
Ráuchen n -s rūkymas
Ráucher m -s, - rūkýtojas, rūkãlius
Ráucherabteil n -(e)s, -e kupė̃ rūkantiesiems
Räucherfisch m -es, -e rūkýta žuvìs
räuchern vt (iš)rūkýti (pvz., mė̃są, žuvį̃)
Räucherwurst f -, ᵘe rūkýta dešrà
ráuchig prirūkę̃s, pìlnas dū̃mų
Ráuchzimmer n -s, - rūkomasis
Räude f - niežaĩ, sùsas
räudig niežúotas, nusùsęs

Ráufbold m -(e)s, -e peštùkas, mušéika
Ráufe f -, -n édžios
ráufen I vt pèšti, pešióti, ráuti II vi / sich ∼
pèštis, mùštis
Rauferéi f -, -en peštỹnės, muštỹnės
Ráuheit f -, -en 1 grubùmas, šiurkštùmas
2 atšiaurùmas; žvarbùmas 3 grubùmas,
storžieviškùmas
Raum m -(e)s, ᵘe 1 erdvė̃ 2 patalpà 3 sg vie-
tà; ∼ für etw. (A) scháffen padarýti kám
viẽtos 4 rajònas, zonà
räumen vt 1 atitùštinti, atláisvinti 2 nuim̃ti,
nukráustyti
Ráumflug m -(e)s, ᵘe kòsminis skrỹdis [skri-
dìmas]
Räumlichkeit f -, -en patalpà
Ráum‖mangel m -s viẽtos stokà; ∼schiff n
-(e)s, -e kòsminis laĩvas
Räumung f -, -en 1 atitùštinimas, atláisvini-
mas (pvz., buto) 2 išvykìmas; evakuãcija
ráunen vi, vt (pa)šnabždéti, (pa)kuždéti
Ráupe f -, -n zool., tech. vìkšras
Ráupenschlepper m -s, - vikšrìnis trãktorius
Ráureif m -(e)s šeřkšnas, šerkšnà
Rausch m -es, ᵘe 1 girtùmas, apsvaigìmas
2 svaigulỹs, svaigùmas
ráuschen vi 1 õšti, šniõkšti, šlaméti 2 čežéti,
šnaréti
Ráuschgift n -(e)s, -e narkòtikas
räuspern, sich nusikósėti, atsikósėti
Rayón m -s, -s rajònas
Rázzia f -, -s / -zzi:en gaudỹnės; (policijos)
antpuolis
reagíeren vi (auf A) reagúoti (į̃ ką)
Reaktión f -, -en reãkcija, reagãvimas
reaktionär reakcìngas, reãkcinis
Reaktionär m -s, -e reakcioniẽrius
Reáktor m -s, -tóren reãktorius
reál realùs, tìkras; įgyvéndinamas
realisíeren vt įvýkdyti, įgyvéndinti
Realísmus m - realìzmas
realístisch realìstinis, realìstiškas, tikróviš-
kas
Realität f -, -en realýbė, tikróvė
Reállohn m -(e)s, ᵘe realùsis dárbo ùžmokes-
tis

Rébe *f* -, -n vynuogienójas

Rebéll *m* -en, -en maĩštininkas

rebellíeren *vi* maištáuti, kélti maĩštą

Rebellión *f* -, -en maĩštas

rebéllisch maištìngas, maištáujantis

Rébhuhn *n* -(e)s, ᵘer kurapkà

Réchen *m* -s, - grėblỹs

Réchen‖aufgabe *f* -, -n skaičiãvimo uždavinỹs; **~buch** *n* -(e)s, ᵘer aritmètikos uždavinýnas; **~maschine** *f* -, -n aritmomètras, skaičiãvimo mašinà

Réchenschaft *f* - atãskaita; *j-n zur ~ zíehen* patráukti ką̃ atsakomýbėn

Réchenschaftsbericht *m* -(e)s, -e ataskaitìnis pranešìmas

réchnen I *vi* 1 skaičiúoti 2 (*auf A, mit D*) pasitikéti, pasikliáuti (*kuo*) 3 (*mit D*) tikétis, láukti (*ko*) **II** *vt* 1 (iš)sprę̃sti (*pvz., uždavinį*) 2 į̃skaitýti, įskaičiúoti 3 (*zu D*) laikýti (*ką̃ kuo*)

Réchnen *n* -s aritmètika; skaičiãvimas

Réchnung *f* -, -en 1 sąskaita; *auf éigene ~ sàvo lė́šomis; das geht auf méine ~* ùž taĩ àš móku 2 apskaičiãvimas 3: *den Fórderungen (den Wünschen) ~ trágen* atsižveĩgti į̃ reikalãvimus (nórus)

Réchnungs‖führer *m* -s, - sąskaitininkas; buhálteris; **~führung** *f* -, -en sąskaitýba; buhaltèrija

recht I *a* 1 dešinỹs; **~er Hand, zur ~en Hand** dešinėjè 2 tiñkamas, teisìngas, tìkras; *es ist mir recht* taĩ mán priiм̃tina, taĩ manè paténkina; *man kann es ihm nicht ~ máchen* jám niẽkaip negãlima įtìkti **II** *adv* 1 teisìngai; *es geschíeht ihm ~* taĩp jám iř reĩkia 2 gañ, ganà, pakañkamai; **~ gut** ganà geraĩ; **~ hérzliche Grüße an álle** visíems širdingiáusių linkéjimų

Recht *n* -(e)s, -e 1 téisė; teisingùmas; į̃statymas; *das ~ auf Árbeit* téisė į̃ dárbą; *von ~s wégen* į̃statymiškai, teisétai 2 *sg* tiesà; teisingùmas; *im ~ sein, ~ háben* bū́ti teisiám; *mit [zu] ~* teisétai, pagrį̃stai; *j-m ~ gében* kám pritar̃ti, sutìkti sù kuõ

Réchte *sub* 1 *f* dešinė̃, dešinióji rankà; *zur ~n* dešinė̃n, į̃ dẽšinę 2 *n* taĩ, kàs teisìnga

[tiñkama]; *das ~ tréffen* patáikyti į̃ pątį̃ tãšką

Réchteck *n* -(e)s, -e stačiãkampis

réchtfertigen *neatsk.* I *vt* patéisinti (*ką̃*), neapvìlti (*ko*) **II sich ~** (*vor j-m*) téisintis, pasitéisinti (*kam*)

Réchtfertigung *f* -, -en patéisinimas; pasitéisinimas

réchthaberisch nenuolaidùs, užsispýręs

réchtlich téisinis, jurìdinis; teisétas

réchtlos beteĩsis, beteĩsiškas

Réchtlosigkeit *f* - beteisiškùmas

réchtmäßig teisétas, legalùs

rechts dešìnė̃n, į̃ dẽšìnę, dešinėjè pùsėje; **~ von mir** mán ìš dešinė̃s

Réchts‖anwalt *m* -(e)s, ᵘe advokãtas; **~berater** *m* -s, - juriskònsultas

réchtschaffen dṍras, padorùs

Réchtschreibung *f* - rašýba, ortogrãfija

Réchtsfall *m* -(e)s, ᵘe bylà, teĩsmo procèsas

réchtsgültig teisétas, jurìdiškai galiójantis

Réchts‖ordnung *f* -, -en teisétvarka; **~sache** *f* -, -n teĩsmo bylà; **~staat** *m* -(e)s, -en téisinė valstýbė

réchtsungültig neteisétas

Réchtsweg: *éine Sáche auf dem ~ entschéiden* išsprę̃sti reĩkalą peř teĩsmą

réchtswidrig neteisétas, prieštaráujantis įstãtymui

Réchtswissenschaft *f* -, -en téisės mókslas, jurisprudeñcija

réchtzeitig I *a* savalaĩkis **II** *adv* laikù

Reck *n* -(e)s, -e *sport.* skersìnis

récken I *vt* (iš)tiẽsti; (iš)teм̃pti **II sich ~** 1 rąžýtis, raivýtis 2 stiẽbtis, pasistiẽbti

Redakteur [-'tø:r] *m* -s, -e redãktorius

Redaktión *f* -, -en 1 redãkcija (*įstaiga*) 2 redagãvimas

redaktionéll redãkcijos; redãkcinis

Redáktor *m* -s, -tóren atsakìngasis redãktorius; leidéjas

Réde *f* -, -n kalbà; pókalbis; *éine ~ hálten* sakýti kal̃bą; *j-n zur ~ stéllen* (pa)reikaláuti ìš kõ pasitéisinti; *davón kann kéine ~ sein* apiẽ taĩ nė̃ kalbṍs negãli bū́ti

Rédefreiheit *f* - žõdžio láisvė

rédegewandt iškalbùs, iškalbĩngas
réden vt, vi kalbéti, šnekéti; **j-m ins Gewíssen** ~ prabìlti į̃ kienõ sąžinę
Rédensart f -, -en pósakis, vaizdĩngas pasãkymas; **léere** ~en tuštì žõdžiai
Réde‖**teil** m -(e)s, -e gram. kalbõs dalìs; ~**wendung** f -, -en pósakis
redigíeren vt (su)redagúoti
rédlich dõras, sąžinĩngas
Rédner m -s, - kalbétojas, orãtorius
Rédnerpult n -(e)s, -e kalbétojo [orãtoriaus] kãtedra
rédselig kalbùs, šnekùs
reduzíeren vt (su)mãžinti, apribóti; etw. **auf ein Mínimum** ~ sumãžinti ką̃ lìgi mìnimumo
Réede f -, -n reĩdas, príešuostis
re:**éll** 1 dõras, garbĩngas, pàtikimas 2 realùs, tìkras
Referát n -(e)s, -e referãtas, pranešìmas
Referéndum n -s, -den / -da refereñdumas
Referént m -en, -en pranešéjas
referíeren vt referúoti, pranèšti (apie ką̃)
reflektíeren vt atspindéti; išréikšti
Refléktor m -s, -tóren reflèktorius
Refléx m -es, -e refléksas
Reflexívpronomen n -s, - / -mina sángrąžinis į̃vardis
Refórm f -, -en refòrma
reformíeren vt reformúoti, pértvarkyti
Refrain [re'frɛŋ] m -s, -s príedainis, refrènas
Regál n -s, -e lentýna, etažèrė
Regátta f -, -tten sport. regatà
rége gývas, judrùs; ~n **Ánteil néhmen** aktyviaĩ dalyváuti; ~s **Lében** šurmulỹs, klegesỹs
Régel f -, -n taisỹklė; **in der** ~ paprastaĩ, dažniáusiai
régelmäßig 1 taisyklĩngas 2 reguliarùs
régeln vt (su)reguliúoti; (su)tvarkýti
régelrecht I a reguliarùs, normalùs II adv tiesióg, tikraĩ; kaĩp reĩkiant
Régelung f -, -en 1 (su)reguliãvimas, (su)tvaŕkymas 2 nuródymas, pótvarkis
régelwidrig netaisyklĩngas, prieštaráujantis taisỹklei

régen I vt (pa)jùdinti, (pa)krùtinti II **sich** ~ judéti, krutéti; krùsteléti
Régen m -s, - lietùs; **ein ánhaltender** ~ ìlgas lietùs
Régenbogen m -s, - / ≔ vaivórykštė, laũmės júosta
Régen‖**fälle** pl líetūs; ~**guss** m -es, ≔e liútis; ~**mantel** m -s, ≔ líetpaltis; ~**schauer** m -s, - trumpas smarkùs lietùs; ~**schirm** m -(e)s, -e skétis; ~**wetter** n -s lietĩngas óras; ~**wurm** m -(e)s, ≔er slíekas
Regie [-'ʒi:] f -, -n [-'ʒi:ən] pastãtymas, režisūrà; ~ **führen** režisúoti, bū́ti režisiẽrium
regíeren I vt valdýti II vi valdýti, viešpatáuti
Regíerung f -, -en 1 vyriausýbė 2 vaĩdymas; viešpatãvimas
Regíerungs‖**chef** m -s, -s valstýbės galvà [vadõvas]; ~**delegation** f -, -en vyriausýbinė delegãcija; ~**partei** f -, -en vaĩdančioji pártija
Regime [-'ʒi:m] n -s, -s režìmas
Regimént n -(e)s, -e / -er pulkas
Región f -, -en regiònas, sritìs
Regisseur [reʒi'sø:r] m -s, -e režisiẽrius
Régister n -s, - są́rašas, rodỹklė, registras
Registratúr f -, -en registratūrà
registríeren vt (į)registrúoti; **sich** ~ **lássen** registrúotis
Reglement [-mã:] n -s, -s núostatai, taisỹklės, reglameñtas
réglos nèjudamas, nèjudantis
régnen vimp: **es régnet** lỹja; **es régnet in Strömen** lỹja kaĩp iš kibìro
régnerisch lietĩngas
régsam gývas, judrùs, veiklùs
regulär reguliarùs
regulíeren vt (su)reguliúoti
Régung f -, -en (staiga gimstantis) jaũsmas; prasiveržìmas, prótrūkis
Reh n -(e)s, -e stìrna
rehabilitíeren vt reabilitúoti
Réh‖**bock** m -(e)s, ≔e stìrninas; ~**kalb** n -(e)s, ≔er stirnáitė; ~**kitz** n -es, -e stirniùkas
Réibe f -, -n, **Réibeisen** n -s, - trintùvė
réiben* vt 1 trìnti, braũkti 2 tarkúoti

Reiberéi *f* -, -en trynìmasis, nesutarìmai

réibungslos *a* netrùkdomas, nekliùdomas

reich turtìngas; gausùs, apstùs; ~ **wérden** (pra)turtéti; ~ **an Bódenschätzen** turtìngas iškasenų

Reich *n* -(e)s, -e impèrija; karalỹstė

Réiche *sub m*, *f* turtuõlis, -ė

réichen I *vt* padúoti **II** *vi* 1 užtèkti, pakàkti 2 síekti, prieĩti; **sowéit das Áuge reicht** kíek ãkys užmãto 3 (*mit D*) išsiveřsti, apsieĩti (*su kuo*)

réichhaltig turtìngas, gausùs; įvairùs

réichlich gausùs, apstùs

Réichtum *m* -s, ⁺er tuřtas, lõbis

reif 1 prinókęs, pribréndęs; ~ **wérden** prinókti, išnókti 2 brandùs, subréndęs

Reif[1] *m* -(e)s, -e 1 lañkas, graĩžas 2 žíedas; apýrankė

Reif[2] *m* -(e)s šerkšnà, šeřkšnas

Réife *f* - 1 prinokìmas, išnokìmas 2 brandà, subrendìmas

réifen[1] *vi* (*s*, *h*) (pri)bręsti, subręsti, (pri)nókti

réifen[2] *vimp*: **es reift** šerkšnìja

Réifen *m* -s, - 1 lañkas, graĩžas 2 padangà (*automobilio, dviračio*) 3 žíedas; apýrankė

Réife‖prüfung *f* -, -en egzãminas brandõs atestãtui gáuti; ~**zeugnis** *n* -ses, -se brandõs atestãtas

réiflich nuodugnùs, išsamùs

Réigen *m* -s, - ratẽlis (*žaidimas*)

Réihe *f* -, -n 1 eilė̃; **éine** ~ (*von*) **Kollégen** nemãža kolègų; **jetzt bin ich an der** ~ dabař màno eilė̃; **der** ~ **nach** ìš eilė̃s, paeiliuĩ 2 gretà; **in Reih und Glied stéhen** stovéti išsirikiãvus

réihen *vt* 1 (su)vérti 2 (su)statýti į̃ eĩlę

Réihenfolge *f* -, -n eiliškùmas, sekà, eilė̃s tvarkà

Réiher *m* -s, - garnỹs

reihúm ìš eilė̃s, paeiliuĩ

Reim *m* -(e)s, -e rìmas

réimen I *vt* rimúoti, eiliúoti **II sich** ~ rimúotis

rein I *a* 1 grýnas, švarùs; skaidrùs; ~**e Luft** týras óras 2 tìkras, vìsiškas; **das ist** ~**er**

Únsinn taĩ vìsiška nesą̃monė 3 týras, dõras 4: **etw. ins Reine bríngen** ką̃ sutvarkýti; **mit j-m ins Reine kómmen** išsiáiškinti sù kuõ; **ins Reine schréiben** rašýti į̃ švárraštį **II** *adv* 1 švariaĩ 2 visái, vìsiškai; tiesióg; ~ **gar nichts** vìsiškai niẽko

Réinemachefrau *f* -, -en valýtoja; šlavéja

Réinemachen *n* -s (*patalpos*) vãlymas, tvař-kymas

Réin‖ertrag *m* -(e)s, ⁺e grynàsis peĩnas, grýnosios pãjamos; ~**fall** *m* -(e)s, ⁺e nesėkmė̃, nepasisekìmas; ~**gewicht** *n* -(e)s, -e grynàsis svõris

Réinheit *f* - grynùmas; tyrùmas; švarùmas

réinigen I *vt* valýti, švãrinti **II sich** ~ valýtis, švãrintis

Réinigung *f* -, -en 1 vãlymas, švãrinimas 2 chèminė valyklà

Réinigungsmittel *n* -s, - valìklis

réinlich švarùs; valývas, tvarkìngas

réinrassig grynaveĩslis

Reis[1] *n* -es, -er 1 ataugà, atžalà 2 žãbai, žagaraĩ 3 skiẽpas, skiẽpūglis

Reis[2] *m* -es, -e rýžiai

Réise *f* -, -n keliõnė, keliãvimas; **éine** ~ **máchen** keliáuti; **éine** ~ **ántreten** (iš)vỹkti į̃ keliõnę; **auf** ~ **sein** bū́ti išvỹkusiam

Réise‖bericht *m* -(e)s, -e 1 atãskaita apiẽ keliõnę 2 keliõnės užrašai; ~**büro** *n* -s, -s keliõnių biùras

réisefertig pasiruõšęs keliõnei; **sich** ~ **máchen** ruõštis į̃ keliõnę

Réise‖führer *m* -s, - 1 vadõvas (*knyga*) 2 gìdas; ~**gefährte** *sub m*, *f* pakeleĩvis, -ė, keliõnės draũgas, -ė

réisen *vi* keliáuti, vỹkti, važinéti; **díenstlich** ~ keliáuti [vỹkti] tarnýbiniais reikalaĩs

Réisende *sub m*, *f* keliáutojas, -a; keleĩvis, -ė

Réise‖pass *m* -es, ⁺e užsienio pãsas; ~**route** *f* -, -n maršrùtas; ~**tasche** *f* -, -n sakvojãžas, keliõninis krepšỹs; ~**ziel** *n* -(e)s keliõnės tìkslas

Réisfeld *n* -(e)s, -er rýžių laũkas

Réisig *n* -s žãbai, žagaraĩ

Reißáus: ~ **néhmen** kulnìs nèšti, sprùkti

Réißbrett *n* -(e)s, -er braĩžomoji lentà

réißen* I *vt* 1 (iš)plḗšti, (su)pléšyti, nuplḗšti 2 (iš)ráuti 3 (pa)tráukti, (pa)tem̃pti; *an sich* ~ pasiglem̃žti, užgróbti II *vi* (nu)trū́kti; plýšti III *sich* ~ 1 įsidrė́ksti 2: *sich um etw.* (A) ~ draskýtis dėl kõ

Réißen *n* -s gėlà, gėlìmas; reumãtas

réißend sraunùs

Réißfeder *f* -, -n braižìklis

Réißverschluss *m* -es, ⁻e užtrauktùkas

Réiß‖zeug *n* -(e)s, -e braižiklìnė; ~zwecke *f* -, -n smeigtùkas

réiten* *vi* (*s, h*) jóti, jodinė́ti

Réiter *m* -s, - raítelis, jojìkas

Réit‖pferd *n* -(e)s, -e jodinė́jamas arklỹs; ~sport *m* -(e)s jojìmo spòrtas

Reiz *m* -es, -e 1 dìrginimas, érzinimas 2 patrauklùmas, žavùmas 3 grõžis, žavesỹs

réizbar dirglùs; jautrùs; irzlùs

réizen *vt* 1 dìrginti 2 (su)žãdinti, sukélti; *j-s Néugier* ~ (su)žãdinti kienõ smalsùmą 3 vilióti, žavė́ti 4 érzinti, pỹkinti

réizend žavùs, žavìngas

réizvoll žavùs, patrauklùs, viliójantis

rékeln, sich rąžýtis, raivýtis

Reklámе *f* -, -n reklamà

rekonstruíeren *vt* atkùrti, atstatýti

Rekórd *m* -(e)s, -e rekòrdas

Rekrút *m* -en, -en rekrùtas, naujõkas

Réktor *m* -s, -tóren rèktorius

Rektorát *n* -(e)s, -e rektorãtas

relatív santykìnis, reliatyvùs

Relı̇́ef *n* -s, -s / -e 1 bareljèfas 2 reljèfas

Religión *f* -, -en relìgija

religiös relìginis; religìngas

Remis [rə'mi:] *n* -, - / -en *šachm.* lýgiosios

Ren *n* -s, -e / -s šiáurės élnias

Renaissance [rəne'saŋs] *f* - Renesánsas, Renesánso epochà

Rendezvous [raŋdə'vu:] *n* - [-'vu:s], - [-'vu:s] pasimãtymas, randevù

Rénnbahn *f* -, -en 1 hipodròmas 2 velodròmas, trèkas

rénnen* *vi* (*s*) bė́gti, lė̃kti

Rénnen *n* -s, - lenktỹnės (*bė́gimo, jojimo, važiavimo*)

Rénn‖fahrer *m* -s, - lenktỹnininkas; ~rad *n* -(e)s, ⁻er lenktỹninis dvìratis; ~wagen *m* -s, - lenktỹninis automobìlis

renommíert žìnomas, žymùs

renovíeren *vt* atnaũjinti, atstatýti; (su)remontúoti

Renovíerung *f* -, -en atnaũjinimas, atstátymas; remòntas

rentábel rentabilùs, pelnìngas

Rénte *f* -, -n peñsija; *in [auf]* ~ *géhen* išeĩti į̃ peñsiją

Réntealter *n* -s, - peñsinis ámžius

rentíeren, sich apsimokė́ti, bū́ti rentabiliám

Réntner *m* -s, - peñsininkas; ~in *f* -, -nen peñsininkė

reorganisíeren *vt* pértvarkyti, reorganizúoti

Reparatúr *f* -, -en taĩsymas, remòntas

Reparatúrwerkstatt *f* -, ⁻en taisyklà

reparíeren *vt* (su)taisýti, (su)remontúoti

Repertoire [-to'a:r] *n* -s, -s repertuãras

Repetítor *m* -s, -tóren repetitorius, namų̃ mókytojas

Réplik *f* -, -en rèplika, prieštaravìmas

Reportáge [-ʒə] *f* -, -n reportãžas

Repräsentánt *m* -en, -en atstõvas

repräsentatív reprezentãcinis, reprezentatyvùs; solidùs

repräsentíeren *vt* atstováuti (*kam*)

Repressáli̇en *pl* reprèsijos

Reproduktión *f* -, -en reprodùkcija (*paveikslas*)

reproduzíeren *vt* reprodukúoti, atgamìnti

Repúblik *f* -, -en respùblika

Reservát *n* -(e)s, -e rezervãtas, draustìnis

Resérve *f* -, -n rezèrvas, atsargà

Resérve‖rad *n* -(e)s, ⁻er atsargìnis rãtas; ~reifen *m* -s, - atsargìnė padangà

reservíeren *vt* rezervúoti, palìkti ãtsargai

reservíert santùrùs

Residénz *f* -, -en rezideñcija

Resignatión *f* -, -en rezignãcija

resigníert nusivýlęs

Resisténz *f* -, -en pasipríešinimas

resolút ryžtìngas, energìngas

Resolutión *f* -, -en rezoliùcija

Resolutiónsentwurf *m* -(e)s, ⁻e rezoliùcijos projèktas

Resonánz *f* -, -en rezonánsas, ãtgarsis; ∼
fínden ràsti ãtgarsį
Respékt *m* -(e)s pagarbà; *vor j-m* ∼ *hában*
jaũsti kám pãgarbą
respektábel geřbiamas, garbìngas
respektíeren *vt* geřbti *(ką)*, ródyti pãgarbą
(kam)
respékt‖los nepagarbùs, negeřbiamas; ∼**voll**
pagarbùs, geřbiamas
Ressourcen [rɛˈsursən] *pl* resùrsai, ìštekliai
Rest *m* -es, -e 1 liẽkana, likùtis 2 grą̃žà *(pi-
nigai)*
Restaurant [-toˈraŋ] *n* -s, -s restorãnas
Restauratión *f* -, -en restaurãcija, atnaũjini-
mas; atkūrìmas
restauríeren *vt* restaurúoti, atstatýti
réstlich lìkęs, lìkusis
réstlos vìsiškas
Resultát *n* -(e)s, -e rezultãtas, pasekmẽ
resultíeren *vi (aus D)* išplaũkti, paaiškéti *(iš
ko)*
Resümée *n* -s, -s reziumẽ, sántrauka
resümíeren *vt* reziumúoti *(ką)*, darýti reziu-
mẽ *(ko)*
rétten I *vt* (iš)gélbėti, išvadúoti; *j-n vor dem
Tóde* ∼ išgélbėti ką̃ ìš mirtiẽs II **sich** ∼
gélbėtis, išsigélbėti
Rétter *m* -s, - (iš)gélbėtojas
Réttich *m* -s, -e ridìkas
Réttung *f* -, -en (iš)gélbėjimas; išsigélbėji-
mas
Réttungs‖arbeiten *pl* gélbėjimo darbaĩ;
∼**boot** *n* -(e)s, -e gélbėjimo váltis; ∼**wa-
gen** *m* -s, - 1 avãrinė mašinà 2 greitõsios
pagálbos mašinà
Réue *f* - atgailà, gailéjimasis
réuig, réumütig atgailáujantis, apgailestáu-
jantis
Revanche [-ˈvaŋʃə] *f* -, -en revánšas
revanchieren [-vaŋˈʃiː-], **sich** *(für A)* 1 atsi-
revanšúoti, atkeřšyti *(už ką)* 2 atsidėkóti,
atsilýginti *(už ką)*
Revanchist [-vaŋˈʃist] *m* -en, -en revanšìstas
revanchistisch [-vaŋˈʃis-] revanšìstinis
revidíeren *vt* péržiūrėti, revidúoti

Revíer *n* -s, -e 1 rajònas; apýlinkė; sritìs
2 girininkijà, urėdijà 3 *(policijos)* skýrius,
núovada
Revisión *f* -, -en patìkrinimas, revìzija
Revísor *m* -s, -sóren revìzorius
Revólte *f* -, -n maĩštas
Revolutión *f* -, -en revoliùcija
revolutionär revoliùcinis; revoliucìngas
Revolutionär *m* -s, -e revoliucioniẽrius
Revólver *m* -s, - revòlveris
Revue [-ˈvyː] *f* -, -n [-ˈvyːən] reviù, apžval-
gà; apžvalgìnis žurnãlas
rezensíeren *vt* recenzúoti
Rezensión *f* -, -en receñzija
Rezépt *n* -(e)s, -e recèptas
Rezeptión *f* -, -en registratūrà *(viešbutyje)*
Rezitatión *f* -, -en deklamãcija, deklamãvi-
mas
rezitíeren *vt* deklamúoti
Rhabárber *m* -s, - *bot.* rabárbaras
Rhéuma *n* -s, **Rheumatísmus** *m* -, -men
reumãtas, reumatìzmas
Rhinózeros *n* - / -ses, -se raganõsis
Rhýtmik *f* - rìtmika
rhýtmisch rìtminis, rìtmiškas, ritmìngas
Rhýtmus *m* -, -men rìtmas
ríchten I *vt* 1 (nu)kreĩpti; *éine Fráge an j-n*
∼ kreĩptis į̃ ką̃ sù kláusimu 2 (pa)ruõš-
ti, (su)tvarkýti; *éine Hóchzeit* ∼ (iš)kélti
vestuvès 3 (pa)statýti *(pvz., namą)* 4: *j-n
zugrúnde / zu Grúnde* ∼ ką̃ pražudýti II
vi teĩsti III **sich** ∼ 1 nukrýpti, bū́ti nu-
kreiptám 2 *(nach D)* prisitáikyti *(prie ko)*,
laikýtis *(ko)* 3 *(gegen A)* bū́ti nukreiptám
(prieš ką)
Ríchter *m* -s, - teisėjas
ríchtig 1 teisìngas; *auf dem* ∼*en Weg sein*
eĩti teisìngu keliù 2 tìkras; tiñkamas; *sein*
∼*er Váter* jõ tìkras tévas; ∼ *stéllen* ištai-
sýti; išáiškinti
Ríchtigkeit *f* - teisingùmas; tikrùmas, auten-
tiškùmas
Ríchtlinie *f* -, -n direktyvà, nuródymas
Ríchtung *f* -, -en 1 kryptìs, linkmẽ 2 kryptìs,
srovẽ *(pvz., meno, politikos)*
ríchtungsgebend nukreĩpiantis, dúodantis
krýptį; direktývinis

ríechen* I *vt* užúosti; nujaũsti; *ich kann Zwíebeln nicht* ~ àš negaliù pakę̃sti svogū́nų kvãpo **II** *vi* **1** kvepéti; atsidúoti, dvõkti **2** (pa)úostyti

Ried *n* -(e)s, -e méldas; meldýnas

Ríefe *f* -, -n griovẽlis, vagùtė

Ríegel *m* -s, - sklą́stis, velkė̃

Ríemen[1] *m* -s, - dìržas

Ríemen[2] *m* -s, - ìrklas

Ríese *m* -n, -n milžinas, gigántas

ríeseln *vi* (*s, h*) sruvénti, srovénti; čiurlénti

Ríesen‖arbeit *f* -, -en milžiniškas dárbas; ~**bau** *m* -(e)s, -ten milžiniškas [didžiùlis] pãstatas

ríesengroß, ríesenhaft milžiniškas, didžiùlis

ríesig I *a* milžiniškas, didžiùlis **II** *adv* be gãlo; nepaprastaĩ

Riff *n* -(e)s, -e rìfas, povandeninė uolà

rigorós grìežtas, nepérmaldaujamas

Rille *f* -, -n griovỹs, vagėlė

Rind *n* -(e)s, -er galvìjas, gyvulỹs; galvìjai, gyvuliaĩ

Rínde *f* -, -n **1** (*medžio*) žievė̃, lúobas **2** plutà

Rínder‖braten *m* -s, - jáutienos kepsnỹs; ~**zucht** *f* - gyvulininkỹstė

Ríndfleisch *n* -es jáutiena

Ríndvieh *n* -(e)s, -e galvìjai, gyvuliaĩ, raguõčiai

Ring *m* -(e)s, -e **1** žíedas; *die* ~*e wéchseln* sukeĩsti žíedus, tuõktis **2** žíedas (*gatvė, magistralė*)

ríngeln I *vt* riẽsti, raitýti, (su)sùkti **II** *sich* ~ riẽstis, raitýtis, garbanótis

Ríngelreigen *m* -s, - ratẽlis (*žaidimas*)

ríngen* *vi* **1** rùngtis, grùmtis; kovóti; *mit dem Tóde* ~ mirtimì vadúotis (*merdėti*) **2** síekti, sténgtis; *nach Luft* ~ gáudyti órą

Ríngen *n* -s imtỹnės

Rínger *m* -s, - *sport.* imtỹnininkas

Ríngfinger *m* -s, - bevárdis pir̃štas

rings, ríngsherum apiẽ, apliñk(ui)

Ríngstraße *f* -, -n žíedinė gãtvė

Rínne *f* -, -n latãkas, núotakas

rínnen* *vi* **1** (*s*) bégti, tekéti **2** (*h*) bė́gti, bū́ti kiaurám

Rínnsal *n* -(e)s, -e upeliū́kštis; griovẽlis (*išplautas vandens*)

Rínnstein *m* -(e)s, -e núotakas, nutekamàsis griovỹs

Ríppe *f* -, -n šónkaulis

Rísiko *n* -s, -s / -ken rìzika; *etw. auf éigenes* ~ *tun* darýti ką̃ sàvo rìzika

riskánt rizikìngas, pavojìngas

riskíeren *vt* rizikúoti (*kuo*)

Riss *m* -es, -e **1** trū́kis, (į)trūkìmas **2** plyšỹs; skylė̃

ríssig sutrū́nijęs, suskéldėjęs, suskir̃dęs

Rítter *m* -s, - rìteris

rítterlich 1 rìteriškas, rìterio, rìterių **2** kilnùs, taurùs

ríttlings raĩtas, raitõm(ìs), ap(si)žer̃gęs

Rítus *m* -, -ten rituãlas, ãpeigos; ceremònija

Rítze *f* -, -n plyšỹs, trū́kis

rítzen I *vt* (į)brė́žti, (į)drė́ksti; (iš)raižýti **II** *sich* ~ įsidrė́ksti

Rivále *m* -n, -n varžõvas, konkureñtas

rivalisíeren *vi* varžýtis, konkurúoti

Rivalität *f* -, -en var̃žymasis, rungtyniãvimas

Róbbe *f* -, -n rúonis

Róboter *m* -s, - ròbotas

robúst stiprùs, tvìrtas; krėsnas

röcheln *vi* gar̃gti, gargaliúoti

Rock *m* -(e)s, -e **1** sijõnas **2** švar̃kas

ródeln *vi* važinéti rogùtėmis (*nuo kalno*)

Ródelschlitten *m* -s, - rogùtės

róden *vt* **1** kir̃sti medžiùs **2** kàsti (*šakniavaĩsius*)

Róggen *m* -s rugiaĩ

Róggenblume *f* -, -n rùgiagėlė

roh *I a* **1** žãlias, nevìrtas; neiškẽpęs **2** žãlias, neapdìrbtas **3** grubùs, šiurkštùs; žiaurùs **II** *adv* grubiaĩ, šiur̃kščiai

Róhgemüse *n* -s žãlios daržóvės

Rohr *n* -(e)s, -e **1** vamzdis **2** néndrė, méldas

Röhre *f* -, -n **1** vamzdis **2** rãdijo lémpa **3** órkaitė

Röhricht *n* -s, -e nendrýnas, meldýnas

Röhr‖leitung *f* -, -en vamzdýnas; ~**zucker** *m* -s cùkranendrių cùkrus

Róhstoff *m* -(e)s, -e žãliava

Róllbahn *f* -, -en pakilìmo-tū́pimo tãkas

Rólle[1] *f* -, -n vaidmuõ, ròlė; *eine gróße* [*wíchtige*] ~ *spíelen* vaidìnti svarbų vaĩdmenį

Rolle[2] *f* -, -n **1** ratùkas, skridinùkas **2** rulònas, ritinỹs, rietìmas

róllen I *vt* **1** rìsti, rìtinti **2** (su)vynióti, susùkti **II** *vi* (*s*) **1** rìstis, riedėti **2** dundėti; griáusti, griáudėti

Róller *m* -s, - motoròleris

Róllladen *m* -s, - / ⁓ žaliùzės

Róllmops *m* -es, ⁓e *kul.* ròlmopsas

Róll‖**stuhl** *m* -(e)s, ⁓e kėdė̃ sù ratùkais (*invalidams*); ~**treppe** *f* -, -n eskalãtorius

Román *m* -(e)s, -e romãnas

Románschriftsteller *m* -s, - romanìstas, romãnų áutorius

Romántik *f* - romántika

Romántiker *m* -s, - romántikas

romántisch romántiškas, svajìngas

Románze *f* -, -n románsas

römisch Ròmos; roménų; roméniškas

röntgen *vt* šviẽsti, péršviẽsti (*rentgeno aparatu*)

Röntgen‖**apparat** *m* -(e)s, -e reñtgenas; ~**aufnahme** *f* -, -n reñtgeno núotrauka

rósa rõžinis, rõžinės spalvõs

rósarot raũsvas, apýraudonis

Róse *f* -, -n rõžė; *éine wílde* ~ laukìnė rõžė, erškėtrožė

Rósen‖**kranz** *m* -es, ⁓e **1** rõžių vainìkas **2** rožáñčius; ~**strauß** *m* -es, ⁓e rõžių púokštė

rósig rõžinis, raũsvas

Rosíne *f* -, -n razinà

Rosínenkuchen *m* -s, - pyrãgas sù razìnomis

Ross *n* -es, -e / ⁓er žìrgas

Rost[1] *m* -es, -e rū̃dys

Rost[2] *m* -es, -e grotėliai, ardėliai

Róstbraten *m* -s, - *kul.* ròstbifas

rósten *vi* (*s, h*) (su)rūdýti, aprūdýti

rösten *vt* (pa)kėpinti, (pa)skrùdinti

róstfrei nerūdìjantis

róstig surūdìjęs, aprūdìjęs

Röstkartoffeln *pl* kėptos bùlvės

rot raudónas; *Róte Béte* [*Rübe*] burokėlis; ~ *wérden* paraudonúoti

Rot *n* -s **1** raudóna spalvà **2** raudõnis, raudonùmas

rótbackig, rótbäckig raudonskruõstis

Röte *f* - **1** žarà, pašvaĩstė **2** raudõnis, raudonùmas

Rot‖**käppchen** *n* -s Raudonkepuráitė (*pasakose*); ~**kohl** *m* - (e)s gūžiniai kopūstai

rötlich raũsvas, apýrausvis

Rótstift *m* -(e)s, -e raudónas pieštùkas

Rótte *f* -, -n gaujà, rujà

Rouláde [ru-] *f* -, -n *kul.* vyniótinis

Route [ˈru:-] *f* -, -n maršrùtas

Routíne [ru-] *f* - įgudìmas, patyrìmas

Routínearbeit [ru-] *f* -, -n įprastìnis [kasdienìnis] dárbas

routínehaft [ru-] šablòniškas

routínemäßig [ru-] įprastìnis, kasdienìnis

Rowdy [ˈraudi] *m* -s, -s chuligãnas

Rowdytum [ˈraudi-] *n* -s chuliganiškùmas

Rübe *f* -, -n ruñkelis, burokėlis; *Róte* ~ burokėlis

Rüben‖**anbau** *m* -(e)s, ~**bau** *m* -(e)s ruñkelių augìnimas; ~**zucker** *m* -s cùkrinių ruñkelių cùkrus

Rubrík *f* -, -en rùbrika

rúchlos niekìngas, niẽkšiškas

Ruck *m* -(e)s, -e stūmis, pastūmìmas; trū̃kis, traukìmas

rúckartig I *a* trū̃kčiojamas, trū̃kčiojantis **II** *adv* **1** trū̃kčiojamai **2** nelauktaĩ, staigà

Rückblick *m* -(e)s, -e žvìlgsnis į̃ prãeitį, retrospektyvùs žvìlgsnis

rücken I *vt* (pa)stùmti, patráukti **II** *vi* (*s*) **1** pasitráukti, pasistūmė́ti; *aneinánder* ~ susiglaũsti, susispáusti **2** (*an D*) patráukti, pataisýti (*ką*)

Rücken *m* -s, - **1** nùgara; *j-m den* ~ *kéhren* [*wénden*] kám nùgarą atsùkti, nuõ kõ nusigrę̃žti; *es läuft mir éiskalt über den* ~ mán šiurpulỹs béga peř vìsą nùgarą **2** (*knygos*) nugarėlė

Rücken‖**lehne** *f* -, -n ãtlošas, atkaltė̃; ~**mark** *n* -(e)s nùgaros smẽgenys

rückerstatten *neatsk.* *vt* grąžìnti, atidúoti

Rück‖**fahrkarte** *f* -, -n grįžtamàsis bìlietas; ~**fahrt** *f* -, -en keliõnė atgaĩ; ~**fall** *m*

-(e)s, ᵘe med. recidývas, atkritìmas; ∼gabe f -, -n grąžìnimas, atidavìmas; ∼gang m -(e)s, ᵘe 1 tech. atbulìnis bėgis 2 (su)mažėjimas

rückgängig atbulìnis, atgalìnis; ∼ máchen anuliúoti, panaikìnti

Rückgrat n -(e)s, -e stùburas, nugárkaulis

Rückhalt m -(e)s pagálba, paspirtìs

rückhaltlos beatódairiškas; ãtviras

Rückkehr f - (su)grįžìmas

rückläufig 1 atgalìnis, atbulìnis; regresyvùs 2 mažėjantis, kriñtantis

rücklings aukštíelninkas, añt nùgaros

Rück‖marsch m -(e)s, ᵘe žygiãvimas atgãl; ∼reise f -, -n keliõnė atgãl, (su)grįžìmas

Rúcksack m -(e)s, ᵘe kuprìnė

Rück‖schau f - apžvalgà (nueito kelio); ∼schlag m -(e)s, ᵘe pablogėjimas; nesėkmė; ∼schritt m -(e)s, -e regrèsas, atžangà; ∼seite f -, -n atvirkščióji pùsė; užpakalìnė pùsė (pvz., namo)

Rücksicht f -, -en dėmesỹs, atsižvelgìmas; auf j-n, etw. (A) ∼ néhmen atsižvelĝti į̃ ką

Rücksichtnahme f - dėmesỹs, atsižvelgìmas; únter ∼ auf etw. (A) atsižvelĝiant į̃ ką

rücksichts‖los beatódairiškas, negailestìngas; ∼voll atžvalgùs, paslaugùs

Rück‖sitz m -es, -e užpakalìnė sėdýnė; ∼stand m -(e)s, ᵘe skolà; atsilikìmas

rückständig atsilìkęs, neišsivýstęs

Rückständigkeit f - atsilikìmas

Rücktritt m -(e)s, -e atsistatýdinimas, pasitraukìmas

rückwärts atgãl, atbulaĩ; ∼ géhen (pa)blogéti

Rückweg m -(e)s, -e keliõnė [kẽlias] atgãl

rúckweise trūkčiojamai; sù pértrūkiais

Rück‖zahlung f -, -en grąžìnimas (pinigų̃, skolos); ∼zug m -(e)s, ᵘe kar. traukimasis, atsitraukìmas

rüde grubùs, šiurkštùs

Rúdel n -s, - būrỹs, pulkas; gaujà

Rúder n -s, - ìrklas

Rúderer m -s, - ìrklininkas, irklúotojas

rúdern vi (s, h) irklúoti, ìrtis

Ruf m -(e)s, -e šaũksmas, rìksmas; rãginimas 2 reputãcija, vaĩdas; in gútem (schléchtem) ∼ stéhen búti gerõs (blogõs) reputãcijos

rúfen* I vi šaũkti, rẽkti; um Hílfe ∼ šaũktis pagálbos II vt 1 (pa)šaũkti, (pa)kviẽsti; j-n zu Hílfe ∼ šaũkti ką̃ į̃ pagálbą; etw. ins Lében ∼ ką̃ įkùrti [įsteĩgti]

Rúf‖name m -ns, -n vaĩdas; ∼nummer f -, -n (telefono) nùmeris

Rüge f -, -n papeikìmas

rügen vt peĩkti, bárti, priekaištáuti

Rúhe f - 1 ramýbė, ramumà; tylà; kéine ∼ fínden [hában] viẽtos nerãsti (nerimauti); in áller ∼ vìsiškai ramiaĩ, nesijáudinant; 2 póilsis, miẽgas; sich zur ∼ sétzen išeĩti į̃ peñsiją

rúhelos I a neramùs, nerìmstantis II adv neramiaĩ; nenuiĺstamai; bè póilsio

rúhen vi 1 (pa)ilséti, ilsétis; ich rúhe nicht éher, bis... àš nenurìmsiu tõl, kõl... 2 stovéti, neveĩkti

Rúhe‖pause f -, -n atódūsis, ãtilsis; ∼stand m -(e)s atsistatýdinimas; in den ∼stand géhen [tréten] atsistatýdinti; išeĩti į̃ peñsiją; ∼stätte f -, -n póilsio vietà; ∼störer m -s, - ramýbės drumstéjas, viešõsios tvarkõs pažeidéjas; ∼tag m -(e)s, -e póilsio [nedárbo] dienà

rúhevoll ramùs, tylùs

rúhig ramùs, tykùs, tylùs; bei ∼er Überlégung ramiaĩ pagalvójus

Ruhm m -(e)s šlovė, garbė

rühmen I vt šlóvinti, gárbinti II sich ∼ (G) gìrtis (kuo)

rühmenswert gìrtinas

rúhm‖los negarbìngas, gėdìngas; ∼reich šlovìngas

Ruhr f - med. dizentèrija, kruvinóji

Rúhrei n -(e)s, -er plaktìnė, plaktà kiaušiniẽnė

rühren I vt 1 (pa)jùdinti, (pa)krùtinti 2 (su)maišýti, (su)plàkti 3 (su)jáudinti, sugraudìnti II vi (an A) (pa)liẽsti (ką̃), prisiliẽsti (prie ko) III sich ∼ (pa)judéti, pasijùdinti

rührend jáudinantis, graudùs

rührig veiklùs, energ`i`ngas; judrùs

rührselig jáudinantis; jausm`i`ngas

Rührung f - susijáudinimas, jaudulỹs; graudulỹs

Ruín m -s (nu)smuk`i`mas, nusigyvẽnimas, žlug`i`mas

Ruíne f -, -n griuvẽsiai

ruiníeren I vt (nu)smukdýti, (su)žlugdýti II sich ~ nusmùkti, sužlùgti; (su)gad`i`nti sáu sveikãtą

rülpsen vi atsirū̃gti, atsiráugėti

Rum m -s, -s / -e ròmas

Rumäne m -n, -n rumùnas

Rumäni⋮en n -s Rumùnija

rumänisch Rumùnijos; rumùnų; rumùniškas

Rúmmel m -s maišat`i`s, sąmyšis, triùkšmas

Rúmmelplatz m -es, ⸗e lunapárkas, pasil`i`nksminimų aikštė̃

rumóren vi triukšmáuti; bélstis

rúmpeln vi (s, h) bildéti, dundéti, dardéti

Rumpf m -(e)s, ⸗e liemuõ, kòrpusas

rümpfen vt raukýti, (su)raūkti (pvz., nos`i`, lū̃pas)

Rúmpsteak [-ste:k] n -s, -s kul. romštèksas

rund I a apvalùs, āpskritas; apkūnùs II adv 1 apliñk 2 apiẽ, maždaũg

Rúndblick m -(e)s, -e ak`i`ratis, panoramà

Rúnde f -, -n 1 kompānija, draugijà 2 rãtas; apėj`i`mas 3 ráundas, tùras (derybų̃)

rúnden vt (su)apvãlinti

Rúnd‖fahrt f -, -en ekskùrsija (pvz., po miestą̃); ~**frage** f -, -n apklausà, apklausinéjimas, anketà

Rúndfunk m -s rãdijas; im [über den] ~ spréchen kalbéti peř rãdiją

Rúndfunk‖sender m -s, - rãdijo siųstùvas (stotìs); ~**übertragung** f -, -en rãdijo transliãcija

Rúndgang m -es, ⸗e apėj`i`mas; vizitãvimas; patruliãvimas

rúnd‖heraus atvirai̇̃; ~**herum** apliñkui; ratù

rúndlich apvalókas, apskritókas

Rúnd‖schau f -, -en 1 ak`i`ratis, panoramà 2 apžvalgà; ~**schreiben** n -s, - apliñkraštis, cirkuliãras

rundúm, rundumhér apliñkui

rundwég atvirai̇̃, stačiai̇̃; griežtai̇̃

Rúnkelrübe f -, -n ruñkelis, burõkas

Rúnzel f -, -n raukšlė̃

rúnzelig raukšlétas, susiraukšléjęs

rúnzeln I vt (su)raūkti (pvz., kaktą̃) II sich ~ raukšlétis, susiraukšléti

Rüpel m -s, - stačiõkas, storžiẽvis

rüpelhaft stačiõkiškas, storžiẽviškas

rúpfen vt pèšti (pvz., žąs`i`); pešióti, rupšnóti (žolę̃)

Rüschel f -, -n / m -s, - nẽvala

Ruß m -es, -e súodžiai

Rússe m -n, -n rùsas

Rússel m -s, - straublỹs; snùkis

rúßen vi rū̃kti, smi̇̃kti

Rússin f -, -nen rùsė

rússisch Rùsijos; rùsų; rùsiškas

Rússland n -s Rùsija

rüsten I vt 1 (pa)ruõšti, (pa)reñgti 2 (ap)ginklúoti II vi ginklúotis, apsiginklúoti III sich ~ ruõštis, reñgtis

rüstig stiprùs, tv`i`rtas, žvalùs

Rüstung f -, -en ginkluotė̃, ginklãvimas(is)

Rüstzeug n -(e)s ž`i`nios, įgūdžiai

Rúte f -, -n viřbas, rýkštė, vytìs

Rútschbahn f -, -en čiuožýnė

rútschen vi (s) (nu)slýsti, (nu)smùkti

rütteln I vt (pa)pùrtyti, (pa)kratýti II vi (an D) klebénti, bildénti (ką̃)

S

Saal m -(e)s, Säle sãlė

Saat f -, -en 1 sg sėjà, sėj`i`mas 2 sėkla 3 pasėliai̇̃, žélmenys

Sáatgut n -(e)s sėkla

Säbel m -s, - kárdas

Sabotáge [-ʒə] f -, -n sabotãžas

Saboteur ['tø:r] m -s, -e sabotãžininkas, sabotúotojas

sabotíeren *vt* sabotúoti
Sáche *f* -, -n **1** *pl* daiktaĩ, reĩkmenys; drabù-
žiai **2** reĩkalas, dalỹkas; *bei der* ~ *bléiben*
nenukrỹpti nuõ tèmos; *bei der* ~ *sein* bū́ti
įnìkusiam į̃ dárbą, bū́ti susikaũpusiam; *das
gehört nicht zur* ~ čià nè apiẽ taĩ kal̃bama
3 *teis.* bylà
Sáchgebiet *n* -(e)s, -e sritìs (*darbo, veiklos*)
sáchgemäß reĩkiamas, tiñkamas, kvalifikúo-
tas
Sáchkatalog *m* -s, -e dalỹkinis katalògas
sáchkundig kompetentìngas, geraĩ nusimā́-
nantis
sáchlich dalỹkiškas, konkretùs
sácht(e) leñgvas, švelnùs; lė́tas
Sáchverständige *sub m, f* ekspèrtas, -ė
Sáchwerte *pl* materiãlinės vertýbės
Sack *m* -(e)s, ˮe maĩšas
Sáckgasse *f* -, -n **1** aklìnė gãtvė, aklãgatvis
2 aklãvietė, padėtìs bè išeitiẽs
Sadíst *m* -en, -en sadìstas
sadístisch sadìstiškas
säen *vt* (pa)sė́ti
Safe [se:f] *m, n* -s, -s seĩfas
Saft *m* -(e)s, ˮe sùltys; sulà
sáftig **1** sultìngas **2** ryškùs, sodrùs
Ságe *f* -, -n sakmė̃, legendà, padavìmas
Säge *f* -, -n pjū́klas
ságen *vt* (pa)sakýti, tar̃ti; *j-m Dank* ~
(pa)dėkóti kám; *er hat hier viel zu* ~ jìs
čià tùri dìdelę įtaką; *offen geságt* atviraĩ
kal̃bant
sägen *vt* pjáuti pjū́klu
ságenhaft **1** pãsakiškas, legeñdinis **2** nepà-
prastas, neįtikétinas
Sägespäne *pl* pjùvenos
Sáhne *f* - grietinė̃lė; *sáure* ~ grietìnė
Saison [sɛ'zɔŋ] *f* -, -s sezònas
Saisonarbeiter [se'zɔŋ-] *m* -s, - sezòninis
darbiniñkas
Sáite *f* -, -n stygà
Sáiteninstrument *n* -(e)s, -e stỹginis instru-
meñtas
Salát *m* -(e)s, -e **1** salõtos **2** *kul.* salõtos,
mišraĩnė
Sálbe *f* -, -n tépalas

sálben *vt* (iš)tèpti tépalu
sálbungsvoll saldùs; patètiškas, pompãstiš-
kas
Salon [-'lɔŋ] *m* -s, -s salònas, svetaĩnė
Salpéter *m* -s salietrà
Salút *m* -(e)s, -e saliùtas; svéikinimas
salutíeren *vi* (*vor D*) saliutúoti (*kam*), svéi-
kinti (*ką*)
Sálve *f* -, -n sálvė, papliupà
Salz *n* -es, -e druskà
sálzen* *vt* (pa)sū́dyti
Sálz‖fass *n* -es, ˮer drùskinė; ~fisch *m* -es,
-e sū́dyta žuvìs; ~gurke *f* -, -n raugìntas
agur̃kas; ~hering *m* -(e)s, -e sū́dyta sil̃kė
sálzig (per) sūrùs
Sämann *m* -(e)s, ˮer sėjéjas, sėjìkas
Sáme *m* -ns, -n, Sámen *m* -s, - sė́kla
Sámmel‖band *m* -(e)s, ˮe rinkinỹs (*knyga*);
~becken *n* -s, -vandeñs baseĩnas, rezer-
vuãras
sámmeln **I** *vt* riñkti, kaũpti; kolekcionúo-
ti; *Pílze* ~ grybáuti **II** *sich* ~ **1** riñktis,
kaũptis **2** susikaũpti, susikoncentrúoti
Sámmelpunkt *m* -(e)s, -e rinkìmosi vietà
Sámmler *m* -s, - rinkéjas, kolekcioniẽrius
Sámmlung *f* -, -en **1** rinkìmas; kaupìmas;
kolekcionãvimas **2** rinkinỹs, kolèkcija
Sámstag *m* -(e)s, -e šeštãdienis
samt *prp* (*D*) kartù sù
Samt *m* -(e)s, -e aksómas
sámtig aksomìnis; švelnùs, mìnkštas
sämtlich visì (bè išimtiẽs)
Sand *m* -(e)s, -e **1** smė́lis; *j-m* ~ *in die Áu-
gen stréuen* kám mìglą pū̃sti į̃ akìs **2** sek-
lumà
Sandále *f* -, -n sandãlai
Sandalétte *f* -, -n basùtės; sandalètai
Sánd‖bank *f* -, ˮe seklumà; ~boden *m* -s, ˮ
smėlỹnė, smėlìngas dirvóžemis
Sánder *m* -s, *zool.* ster̃kas
sándig smėlétas, smėlìngas
sanft **1** švelnùs, mìnkštas **2** ramìnantis; ro-
mùs, nuolankùs **3** leñgvas, sil̃pnas; *ein*
~*er Hügel* nestatì [nuolaidì] kalvà
sänftigen *vt* nuramìnti, pagúosti

Sánftmut *f* - švelnùmas, romùmas
sánftmütig švelnùs, nuolankùs, romùs
Sänger *m* -s, - daininiñkas
Sängerin *f* -, -nen daininiñkė
saníeren *vt* sanúoti, rekonstrúoti, modernizúoti
sanitär sanitãrinis, sanitãrijos
Sanitäter *m* -s, - sanitãras
Sanitäts‖stelle *f* -, -n sanitãrinis pùnktas [pòstas]; ~wagen *m* -s, - sanitãrinis automobìlis
Sanktión *f* -, -en sánkcija; pripažinìmas
onnktioníeron *vt* oankcionúoti, patvìrtinti, léisti
Sardíne *f* -, -n *zool.* sardìnė
Sarg *m* -(e)s, ⸗e kařstas
sarkástisch sarkãstiškas, tulžìngas
Sátan *m* -s, -e šėtõnas, vélnias
satánisch šėtõniškas; vélniškas
Satíre *f* -, -n satyrà
Satíriker *m* -s, - satỹrikas
satírisch satỹrinis, satỹriškas
satt I *a* 1 sótus, priválgęs; ~ wérden pasisótinti; *ich hábe das álles* ~ mán vìsa tai įkyrėjo ikì gývo káulo 2 sodrùs, ryškùs (*pvz.*, *apie spalvas*) II *adv* sóčiai, pakañkamai, ikì sóties; *sich nicht an etw.* (*D*) ~ *séhen können* negalėti į̃ ką̃ atsižiūréti
Sáttel *m* -s, ⸗ baĩnas
sátteln *vt* (pa)balnóti
Sáttheit *f* - 1 sotùmas 2 pasiténkinimas savimì
sättigen I *vt* 1 (pa)valgydìnti, (pa)sótinti 2 pasótinti, paténkinti (*pvz.*, *smalsumą̃*, *troškìmus*) II *sich* ~ numalšìnti aĩkį, prisiválgyti
Sáttler *m* -s, - šìkšnius; baĩnius
sáttsam pakañkamai
Satz *m* -es, ⸗e 1 sakinỹs 2 tèzė, teiginỹs 3 núosėdos 4 komplèktas, rinkinỹs, garnitū̃ras
Sátz‖bau *m* -(e)s sãkinio struktūrà; ~gefüge *n* -s, - prijungiamàsis sakinỹs; ~lehre *f* - siñtaksė; ~reihe *f* -, -n sujungiamàsis sakinỹs

Sau *f* -, ⸗e / -en kiaũlė (*motininė*)
sáuber 1 švarùs; ~ máchen išvalýti, nuvalýti 2 dõras, sąžinìngas
Sáuberkeit *f* - 1 švarùmas, švarà 2 dorùmas, sąžiningùmas
säubern *vt* 1 valýti, švãrinti 2 (*von D*) (iš)valýti (*nuo ko*)
Sauce [ˈzo:sə] *f* -, -n pãdažas
sáuer 1 rūgštùs; gižùs; *sáure Gúrken* raugìnti aguřkai; *sáure Milch* rū̃gusis píenas; *sáure Sáhne* grietìnė; ~ wérden surū̃gti 2 surū̃gęs, nepaténkintas 3 sunkùs, várginantis; *j-m das Lében* ~ *máchen* kám nuõdyti gyvẽnimą
Sáuer‖futter *n* -s sìlosas; ~kohl *m* -s, ~kraut *n* -(e)s raugìnti kopū̃stai
säuerlich apýrūgštis, rūgštókas; sugìžęs
Sáuermilch *f* - rū̃gusis píenas
säuern I *vt* raugìnti (*pvz.*, *kopū̃stus*) II *vi* (*h*, *s*) rū̃gti; gìžti
Sáuerstoff *m* -(e)s deguonìs
sáuersüß saldžiarū̃gštis
Sáufbold *m* -(e)s, -e girtuõklis
sáufen* *vt*, *vi* gérti, làkti
Säufer *m* -s, - girtuõklis
Sauferéi *f* -, -en girtuokliãvimas
sáugen* I *vt*, *vi* čiuĩpti, žį́sti; siuřbti II *sich* ~ įsigérti, prisigérti
säugen *vt* žìndyti, maitìnti (*krūtimi*)
Sauger *m* -s, - žindùkas, čiulptùkas
Säugetier *n* -(e)s, -e *zool.* žinduõlis
Säugling *m* -s, -e žìndomas kū̃dikis
Säuglingspflegerin *f* -, -nen áuklė (*prižiūrinti kūdikį*)
Säule *f* -, -n 1 kolonà; stuĩpas 2 gývsidabrio stulpėlis
Saum *m* -(e)s, ⸗e 1 ãpsiuvas, atsiūléjimas 2 krãštas; pakraštỹs; pamiškė̃
säumen *vt* 1 atsiūléti 2 sùpti, júosti
Sáuna *f* -, -s / -nen súomiška pirtìs
Säure *f* -, -n rūgštìs
säurig rūgštùs, rūgštókas
säuseln *vi* šnaréti, šlaméti
säusen *vi* 1 ū̃žti; šviĩpti (*pvz.*, *apie vėją̃*) 2 lė̃kti, dùmti
Saxofón / Saxophón *n* -s, -e saksofònas
S-Bahn *f* -, -en greitàsis (*miesto*) traukinỹs

Schábe[1] f -, -n grandìklis, grandýklė

Schábe[2] f -, -n tarakõnas

schában vt grándyti, skùsti

Schábernack m -(e)s, -e (*piktas*) pókštas

schäbig vargìngas, skurdùs; apsitrýnęs, nuskãręs

Schablóne f -, -n šablònas; trafarètas; standártas

schablónenhaft šablòniškas, trafarètinis

Schach n -(e)s 1 šachmãtai 2 *šachm.* šãchas; **j-n in** [*im*] ~ *hálten* kám grasìnti

Scháchbrett n -(e)s, -er šachmãtų lentà

Schách‖**figur** f -, -en šachmãtų figūrà; ~**spiel** n -(e)s, -e šachmãtai (*žaidimas*)

Schacht m -(e)s, ⸚e šachtà

Scháchtel f -, -n dėžùtė; *éine* ~ *Zigarétten* cigarèčių pakėlis

scháde gaĩla, apmaudù; *es ist* ~ *um die Zeit* gaĩla laĩko

Schädel m -s, - káukolė, kiáušas; galvà; *éinen dícken* [*hárten*] ~ *hában* bū́ti užsispýrusiam

scháden vi (*D*) (pa)keñkti (*kam*); *das schádet nichts* taĩ nedìdelė bėdà

Scháden m -s, ⸚ 1 núostolis, žalà; apgadìnimas 2 su(si)žalójimas

Scháden‖**ersatz** m -es núostolių atlýginimas; ~**freude** f - pìktdžiuga

schádenfroh pìktdžiugiškas

schádhaft sugadìntas, apgadìntas, sugė́dęs; ~ *wérden* sugèsti

schädigen vt (pa)keñkti (*kam*)

schädlich kenksmìngas, žalìngas

Schädling m -s, -e kenkėjas (*pvz.*, *vabzdys*)

Schädlingsbekämpfung f -, -en kovà sù kenkėjais

Schaf n -(e)s, -e 1 avìs 2 kvailýs, ãvino galvà

Schäfer m -s, - avìganis (*piemuo*)

Schäferhund m -(e)s, -e avìganis (*šuo*)

scháffen[*]1 vt kùrti; (pa)darýti; sudarýti (*pvz.*, *sąlygas*)

scháffen[2] I vi 1 dìrbti, plušéti, triū́sti; *j-m viel zu* ~ *máchen* suteĩkti kám daũg rū́pesčių [sunkùmų] II vt 1 (pa)darýti (*ką*); susidoróti (*su kuo*); *Órdnung* ~ padarýti

[ìvèsti] tvar̃ką 2 (pa)šálinti; išgyvéndinti; nusikratýti (*kuo*) 3 gáuti, surāsti, parū́pinti

Scháffen[1] n -s (su)kūrìmas; kūrýbinė veiklà, kūrýba

Scháffen[2] n -s dárbas, triū́sas, veiklà

scháffenfreudig veiklùs; kūrybìngas

Scháffenskraft f -, ⸚e kūrýbinė jėgà, kūrybingùmas

Scháffner m -s, - kondùktorius; (*traukinio*) palydõvas

Scháfskopf m -(e)s, ⸚e aviẽs galvà; avìgalvis, kvailýs

Schaft m -(e)s, ⸚e 1 kótas (*pvz.*, *kirvio*) 2 aũlas

Scháf‖**wolle** f - aviẽs vìlna; ~**zucht** f - avininkýstė, avių̃ augìnimas

Schah m -s, -s šãchas

schal 1 nusisteĩbęs, išsivadéjęs, beskõnis (*apie gėrimus*) 2 lėkštas, banalùs

Schal m -s, -e / -s šãlis, šãlikas

Schále[1] f -, -n 1 kėvalas; lùkštas; žievėlė; lùpenos 2 kriauklė̃, kiáutas

Schále[2] f -, -n 1 dubuõ 2 svarstýklių lėkštė

schälen I vt lùpti, skùsti; lukšténti II **sich** ~ lùptis

schálhaft išdýkęs; šeĩmiškas

Schall m -(e)s, -e / ⸚e gar̃sas; skambesýs

schálldicht nelaidùs gar̃sui

schállen vi aidéti, skambéti

Schállplatte f -, -n elektrofòno (patefòno) plokštėlė

schálten vt (pér)jùngti

Schálter m -s, - 1 (*elektros*) jungìklis 2 (*kasos*) langėlis (*pvz.*, *pašte*, *banke*)

Schált‖**jahr** n -(e)s, -e keliamíeji mētai; ~**pult** n -(e)s, -e val̃dymo pùltas

Scham f - gė́da, sarmatà

schämen, sich 1 (*G, wegen G*) gė́dytis (*ko*); drovétis (*ko*) 2 (*für A*) gė́dytis (*dėl ko*)

Schámgefühl n -(e)s gė́dos jaũsmas, gėdijimasis

schámhaft gė́dìngas, sarmatùs, drovùs

schámlos 1 begė́diškas; įžūlùs 2 nepadorùs, nešvankùs

Schampún n -s šampū́nas

Schánde f - gė́da, negarbė̃

schänden *vt* 1 išniẽkinti, subjauróti (*ką*), nu-
pléšti gar̃bẹ (*kam*) 2 išžãginti, išprievartáu-
ti
schändlich gėdìngas, niekšìngas
Schándtat *f* -, -en begėdỹstė, niekšýbė
Schánktisch *m* -es, -e bufẽtas, bāras
Schánze *f* -, -n tramplìnas (*šokinėti slidėmis*)
Schar *f* -, -en minià, bū́rỹs
scháren I *vt* viẽnyti, bùrti, teĩkti II sich ∼
riñktis, būriúotis; susiteĩkti
schárenweise miniomìs; būriaĩs
scharf 1 aštrùs; smailas 2 ėdùs, gailùs; aš-
traũs skónio 3 ledìnis, žvarbùs 4 įžvalgùs,
skvarbùs; *ein* ∼*es Gehör* gerà klausà; ∼*e*
Áugen akýlos [įžvaĩgios] ãkys 5 áiškus,
ryškùs; *éine* ∼*e Brílle* stìprūs akiniaĩ; *éi-*
ne ∼*e Kúrve* staigùs pósūkis 6 kandùs,
tulžìngas
schárfäugig akýlas, įžvalgùs
Schárfblick *m* -(e)s įžvalgùmas, pastabùmas
Schärfe *f* - 1 aštrùmas, smailùmas 2 ėdùmas,
gailùmas; stiprùmas (*pvz., krienų*) 3 žvar-
bùmas 4 įžvalgùmas, skvarbùmas 5 aiškù-
mas, ryškùmas (*pvz., nuotraukos*)
schärfen *vt* galą́sti (*pvz., peilį, dalgį*); dróžti,
smailinti (*pvz., pieštuką*)
schárfmachen *vt* kùrstyti, siùndyti
Schárfmacher *m* -s, - kùrstytojas, kìršintojas
Schárfsicht *f* - akylùmas; įžvalgùmas
schárfsichtig akýlas; įžvalgùs
Schárfsinn *m* -(e)s įžvalgùmas; nuovokùmas
schárfsinnig įžvalgùs; nuovokùs
Schárlach *m, n* -s skarlatinà
Schärpe *f* -, -n júosta; šér̃pė
schárren I *vi* 1 krebždénti, krabždéti 2 kap-
stýtis, kapstinétis II *vt* 1 kàsti, kapstýti
2 (su)žer̃ti, (su)braũkti
Schátten *m* -s, - šešélis; paùnksnis; pavésis
scháttenreich ūksmìngas, pavėsìngas
Schattíerung *f* -, -en ãtspalvis, niuánsas
scháttig ūksmìngas, pavėsìngas
Schatz *m* -es, ⁺e brangenýbės, tur̃tas; lõbis
schätzen *vt* 1 įkáinoti; įvértinti 2 apýtikriai
nustatýti 3 ger̃bti; vértinti, brangìnti
Schátzkammer *f* -, -n lobýnas
schätzungsweise maždaũg, apýtikriai

Schau *f* -, -en 1 parodà; demonstrãvimas;
etw. zur ∼ *stéllen* demonstrúoti ką̃; ką̃
demonstratyviaĩ ródyti 2 pramogìnis ren-
ginỹs
Scháuder *m* -s šiur̃pas, drebulỹs; báimė
schauderhaft klaikùs, kraupùs
scháudern *vi* (*vor D*) 1 drebéti, virpéti
(*iš šalčio*) 2 krū́pčioti, šiùrpčioti; drebéti
(*pvz., iš baimės*)
scháuen *vi* (*auf A*) žiūréti, žvel̃gti (*į ką*), ste-
béti (*ką*); *auf die Uhr* ∼ pasižiūréti į̃ laĩk-
rodį
Scháuer *m* -s 1 šiurpulỹs; báimė, siaūbas
2 krušà; liūtìs
scháuerlich baisùs, klaikùs, kraupùs
scháuern *vi* drebéti, krū́pčioti
scháuervoll baisùs, siaubìngas
Scháufel *f* -, -n semtùvas, semtuvė̃
scháufeln *vt, vi* kàsti (*semtuvu*)
Scháu‖fenster *n* -s, - vitrinà; ∼**kasten** *m* -s,
- / ⁼ vitrinà (*pvz., muziejuje*)
Scháukel *f* -, -n sūpuõklės, sūpỹnės
scháukeln I *vt* sùpti, sūpúoti II *vi* / sich ∼
sùptis, sūpúotis
scháulustig smalsùs; mėgstantis rẽginius
Schaum *m* -(e)s, ⁺e 1 pùtos; purslaĩ 2 núo-
viros
scháumen *vi* putóti
scháumig putótas, putójantis
Scháumlöffel *m* -s, - griebtùvas, kiaurāsam-
tis
Scháuplatz *m* -es, ⁺e arenà, veĩksmo vietà
scháurig baisùs, šiurpùs, klaikùs
Scháu‖spiel *n* -(e)s, -e spektãklis; pjèsė;
dramà 2 reginỹs; ∼**spieler** *m* -s, - ãkto-
rius, artìstas; ∼**spielerin** *f* -, -nen ãktorė,
artìstė
Scheck *m* -s, -s (*banko*) čèkis
schéckig kér̃šas; márgas
scheel 1 žvaĩras, šnaĩras 2 .paniẽkinamas;
pavydùs; *j-n* ∼ *ánsehen* šnairúoti [skersa-
kiúoti] į̃ ką̃
Schéibe *f* -, -n dìskas, skritulỹs 2 riekė̃;
griežinỹs; skiltẽlė 3 lángo stìklas 4 *kar.*
taikinỹs
Schéide *f* -, -n makštìs, į̃mova

schéiden* I *vt* 1 atskìrti, atidarýti 2 ištuõkti II *vi* (*s*) išeĩti, pasitráukti III sich ∼ išsituõkti, išsiskìrti; *sich* ∼ *lássen* išsituõkti Schéide‖wand *f* -, ⁓e pértvara; ∼weg *m* -(e)s, -e krỹžkelė

Schéidung *f* -, -en 1 atskyrìmas; atsiskyrìmas 2 ìštuoka, išsituokìmas

Schein¹ *m* -(e)s, -e 1 šviesà, švytėjimas; spindėjimas 2 *sg* ìšorė, iliùzija

Schein² *m* -(e)s, -e 1 pažymėjimas, liùdijimas 2 banknòtas

schéinbar I *a* tāriamas, netìkras II *adv* ródos, matýt, turbū̃t

schéinen* *vi* 1 šviẽsti, švytéti; spindéti 2 atródyti, ródytis

Schéinwerfer *m* -s, - žibiñtas (*pvz.*, *automobìlio*)

Scheit *n* -(e)s, -e / -er pliauskà

Schéitel *m* -s, - 1 viršùgalvis, momuõ 2 (*plaukų̃*) sklāstymas

schéitern *vi* (*s*) 1 sudùžti (*pvz.*, *apie laivą̃*) 2 (su)žlùgti, niẽkais nueĩti

Schéitern *n* -s 1 (*laivo*) sudužìmas 2 sužlugìmas, nesėkmė̃

Schélle *f* -, -n 1 varpėlis, skambalė̃lis 2 *pl* añtrankiai

schéllen *vi* 1 skambéti 2 (pa)skam̃binti

Schelm *m* -(e)s, -e šeĩmis, pokštadarỹs

schélten* *vt* 1 bárti, plū́sti 2 apšaũkti, išvadìnti; *j-n éinen Dieb* ∼ apšaũkti ką̃ vagimì

Schéltwort *n* -(e)s, -e keiksmãžodis, keĩksmas

Schéma [ʃ-] *n* -s, -s / -ta 1 schemà 2 šablònas, trafarètas

schemátisch 1 schemãtiškas, schemãtinis 2 šablòniškas, trafarètinis

Schémel *m* -s, - taburètė

Schénkel *m* -s, - šlaunìs, kùlšis

schénken¹ *vt* (pa)dovanóti; *etw. geschénkt bekómmen* gáuti ką̃ kaĩp dóvaną; *j-m Vertráuen* ∼kuõ pasitikéti

schénken² *vt* (į)pìlti, pìlstyti

Schérbe *f* -, -n šùkė, skevéldra

Schére *f* -, -n 1 žìrklės 2 žnýplės

schéren* ¹ *vt* (pa)kir̃pti; pjáuti

schéren² I *vimp* liẽsti, jáudinti; *es schert mich nicht* mán taĩ nerū̃pi II sich ∼ (*um A*) rū̃pintis (*kuo*), nerimáuti (*dėl ko*)

Scheréréi *f* -, -en nemalonùmai, rū̃pesčiai

Schérge *m* -n, -n bùdelis

Scherz *m* -es, -e juokaĩ, išdáiga, pókštas; ∼ *tréiben* juokáuti, juokùs krė̃sti

schérzhaft juokáujamas, neriñtas

scheu 1 drovùs, nedrąsùs 2 bailùs, baikštùs

schéuchen I *vt* (nu)baidýti, (nu)gìnti II *vi* baidýtis (*apie arklius*)

schéuen I *vt* bijótis, báimintis (*ko*); *kéine Árbeit* ∼ nevéngti dárbo II sich ∼ (*vor D*) bijóti, véngti (*ko*)

Schéuer‖bürste *f* -, -n šepetỹs grindìms šveĩsti; ∼frau *f* -, -en valýtoja; ∼lappen *m* -s, - mazgõtė, pašluõstė

schéuern I *vt* (nu)šveĩsti, (nu)trìnti II sich ∼ (*an D*) trìntis, kasýtis (į̃ ką̃)

Schéune *f* -, -n klojìmas, klúonas

Schéusal *n* -(e)s, -e 1 pabáisa, baidỹklė 2 ìšgama, išsigìmėlis

schéußlich šlykštùs, bjaurùs; baisùs

Schi *m* -s, -er / - slìdė; ∼ *láufen* [*fáhren*] slidinéti

Schicht *f* -, -en 1 slúoksnis, klõdas 2 pamainà; *in zwei* ∼en *árbeiten* dìrbti dviẽm pamainomìs

schick elegántiškas, puošnùs

schícken *vt* (nu)siųsti; išsiųsti; *nach j-m* ∼ pakviẽsti ką̃ (ateĩti)

schícken, sich (pri)deréti, tìkti; *das schickt sich nicht* taĩ nepadorù [nèdera]

schícklich padorùs, tiñkamas, dẽramas

Schícksal *n* -(e)s, -e lemtìs, likìmas

schícksalhaft lemtìngas, neišvéngiamas

Schícksalsschlag *m* -(e)s, ⁓e likìmo smū̃gis, dìdelė neláimė

schícksalsschwer lemtìngas, pragaištìngas

schíeben* I *vt* 1 stùmti 2 (*auf A*) suver̃sti (*kam ką̃*); *die Schuld auf j-n* ∼ suver̃sti kám kal̃tę II sich ∼ slìñkti(s), pasisliñkti

Schíeber *m* -s, - sklą́stis, sklendė̃

Schíedsrichter *m* -s, - *sport.* teisėjas, arbìtras

schief 1 kreĩvas; sukrỹpęs; *ein ~es Gesícht máchen* [*zíehen*] nutaisýti nepaténkintą mìną **2** neteisìngas, klaidìngas; *~ géhen* nesisèkti, nepavýkti
schíelen *vi* **1** bū́ti žvairám **2** šnairúoti, skersakiúoti
Schíene *f* -, -n (*geležinkelio*) bė́gis
Schíeßbude *f* -, -n tìras
schíeßen* I *vi* **1** (*auf A, nach D*) šáuti, šáudyti (*į ką*) **2** (*s*) pùlti, mèstis; *in die Höhe ~* pašókti (*ìš vietos*); *Tränen schóssen ihr in die Áugen* jõs ā́kys pasrùvo ãšaromis II *vt* šáudyti; nušáuti; *ein Tor ~* įmùšti ívartį
Schíeßeréi *f* -, -en šáudymas; susišáudymas
Schíeß‖gewehr *n* -(e)s, -e šáutuvas; *~scheibe f* -, -n taikinỹs
Schiff *n* -(e)s, -e laĩvas
schíffbar tiñkamas laivýbai
Schíff‖bau *m* -(e)s laivų̃ statýba; *~bruch m* -(e)s, ᵘe laĩvo sudužìmas; *~brücke f* -, -n pontòninis tìltas
Schíffahrt *f* - laivýba, laivininkỹstė
Schikáne *f* -, -n týčiojimasis; príekabė
schikaníeren *vt* kìbti, kabinė́tis (*prie ko*)
Schíläufer *m* -s, - slìdininkas
Schild¹ *m* -(e)s, -e **1** *istor.* hèrbas **2** *kar.* skỹdas
Schild² *n* -(e)s, -er ìškaba; lentẽlė (*pvz., prie durų*)
schíldern *vt* aprašýti, (at)vaizdúoti, pavaizdúoti
Schílderung *f* -, -en aprãšymas, (at)vaizdãvimas
Schíldkröte *f* -, -n vėžlỹs
Schilf *n* -(e)s, -e méldas; néndrė
Schílfrohr *n* -(e)s, -e néndrė
schíllern *vi* mirgéti, mirguliúoti, raibuliúoti
schílpen *vi* čirškéti, čiauškéti
Schímmel *m* -s, - **1** pelė́siai **2** šìrmis, šìrmas arklỹs
schímmelig supelìjęs, suplėkęs
schímmeln *vi* pelýti
Schímmer *m* -s, - **1** blankì [blausì] šviesà; spingsė́jimas; mirgė́jimas **2** próšvaistė; kibirkštìs

schímmern *vi* mirgéti, mirguliúoti; žibéti, žėréti
Schimpánse *m* -n, -n šimpánzė
Schimpf *m* -(e)s, -e **1** įžeidìmas; skriaudà **2** gė́da, negarbė̃
schímpfen I *vt* bárti, kéikti; *j-n éinen Lügner ~* apšaũkti ką̃ melagiù II *vi* **1** (*auf A, über A*) bárti, kéikti (*ką*) **2** bártis, kéiktis
Schímpfwort *n* -(e)s, -e / ᵘer keiksmãžodis
schínden* I *vt* kankìnti; éngti II *sich ~* kankìntis, plū́ktis
Schínken *m* -s, - kum̃pis
Schirm *m* -(e)s, -e **1** skė́tis **2** (*kepurės*) snapẽlis **3** gáubtas, abazū́ras
Schírmmütze *f* -, -n kepùrė sù snapeliù
schírren *vt* (pa)kinkýti (*arklį*)
Schlacht *f* -, -en kautỹnės, mū́šis
schláchten *vt* pjáuti, skersti
Schlácht‖feld *n* -(e)s, -er mū́šio laũkas; *~hof m* -(e)s, ᵘe (*gyvulių*) skerdyklà
Schlaf *m* -(e)s miẽgas; *kéinen ~ finden* neužmìgti; *aus dem* [*vom*] *~ erwáchen* pabùsti iš miẽgo
Schláfanzug *m* -(e)s, ᵘe pižamà
Schläfe *f* -, -n smilkinỹs
schláfen* *vi* miegóti; *~ géhen, sich ~ légen* eĩti gulti
schlaff ištìžęs, glebùs, suglėbęs
Schláflos bemiẽgis, bè miẽgo
Schláflosigkeit *f* - nėmiga
Schláfmittel *n* -s, - mìgdomasis váistas
schläfrig, schláftrunken miegùistas, apsnū́dęs
Schláf‖wagen *m* -s, - miegamàsis vagònas; *~zimmer n* -s, - miegamàsis
Schlag *m* -(e)s, ᵘe **1** smūgis; *j-m éinen ~ versétzen* kám sudúoti smū̃gį, smõgti kám **2** *pl* pylà, mušìmas
Schlágader *f* -, -n artèrija
schlágartig žaĩbiškas, staigùs
schlágen* I *vt* **1** mùšti, treñkti, kìrsti; *éinen Nágel in die Wand ~* įkálti vìnį į̃ síeną; *j-n zu Bóden ~* pargriáuti ką̃ añt žẽmės **2** sumùšti, (su)triùškinti; *j-n in die Flucht ~* priveřsti ką̃ bégti [tráuktis]; *sich geschlágen gében* prisipažìnti nugalėtu **3:** *Alárm ~* sukélti aliármą; *j-m etw. aus dem Kopf*

~ kám išvarýti [išmùšti] ką ìš galvõs; *etw. ins Papíer* ~ įvynióti ką į̃ põpierių **II** *vi* 1 mùšti; mùštis; *es schlägt halb zwölf* mùša pùsę devynių 2 plàkti, tukséti 3 suõkti, čiulbéti **III** *sich* ~ 1 mùštis, pèštis 2 bráutis, skveřbtis

Schläger *m* -s, - 1 peštùkas, mušeikà 2 (*teniso*) rakètė

Schlägeréi *f* -, -en muštýnės, peštýnės

schlágfertig sąmojìngas

Schláginstrument *n* -(e)s, -e mušamàsis mùzikos instrumeñtas

schlágkräftig taiklùs (*pvz.*, *žodis*); įtikinamas (*pvz.*, *argumentas*)

Schlág‖loch *n* -(e)s, ⁚er (*kelio*) duobė̃; ~**wort** *n* -(e)s, -e / ⁚er 1 taiklùs žõdis 2 šū̃kis, lòzungas

Schlamm *m* -(e)s, -e / ⁚e dum̃blas; puřvas

Schlamperéi *f* -, -en 1 išgverìmas, apsileidìmas 2 nerūpestìngas dárbas, chaltūrà

schlámpig nerūpestìngas; netvarkìngas, apsiléidęs

Schlánge *f* -, -n 1 gyvãtė 2 ilgà eilė̃; *an der Kásse* ~ *stéhen* stovéti eilėjè priẽ kasõs

schlängeln, sich rangýtis, raitýtis; vingiúoti

Schlángenbiss *m* -es, -e gyvãtės įkandìmas

schlank liẽknas, láibas; grakštùs

Schlánkheit *f* - lieknùmas; grakštùmas

schlapp suglė̃bęs, sudrìbęs

schlau gudrùs, apsukrùs; sùktas

Schlauch *m* -(e)s, ⁚e 1 *tech.* žarnà 2 kámera (*automobilio, dviračio*)

Schláuheit *f* - gudrùmas; suktùmas

Schláukopf *m* -(e)s, ⁚e gudruõlis, gudragaĺvis

schlecht blõgas, prãstas; pìktas; nedõras; ~ *geláunt* blogõs núotaikos

schléchthin visái, vìsiškai; tiesióg

Schlei *m* -(e)s, -e lýnas (*žuvis*)

schléichen* **I** *vi* (*s*) 1 sė̃linti 2 šliaũžti **II** *sich* ~ sliñkti, sė̃linti

Schléier *m* -s, - 1 šýdas, vuãlis 2 príedanga, skraĩstė

schléierhaft miglótas, neáiškus

Schléife *f* -, -n 1 kãspinas 2 kìlpa, vìngis

schléifen* ¹ *vt* galą́sti, ãštrinti

schléifen* ² *vt* viĺkti, temp̃ti (*žeme*)

Schléifstein *m* -(e)s, -e galą́stuvas

Schleim *m* -(e)s, -e 1 gleĩvės; skrepliaĩ 2 núoviras

Schléimdrüse *f* -, -n gleivìnė liaukà

schléndern *vi* (*s*) slánkioti, slampinéti

schléppen **I** *vt* temp̃ti, suñkiai nèšti; tráukti, viĺkti **II** *sich* ~ viĺktis, kiū̃tinti

schléppend lė̃tas; sunkùs; *éine* ~*e Kránkheit* užsitę̃susi ligà

Schlépper *m* -s, - vilkìkas (*traktorius*)

schléudern **I** *vt* mèsti, svíesti, mė́tyti **II** *vi* slýsti, slidinéti (*į̃ šonus*)

schléunig greĩtas, skubùs

schléunigst tuojaũ (pàt), bèregint

Schlíche *pl* intrìgos, pìnklės; *hínter j-s* ~ *kómmen* atskleĩsti kienõ ùžmačias

schlicht pàprastas; kuklùs

schlíchten *vt* išsprę́sti, užbaĩgti (*konfliktą, ginčą*)

Schlíchtheit *f* - paprastùmas; kuklùmas

schlíeßen* **I** *vt* 1 uždarýti; užrakìnti; *die Áugen* ~ užmérkti akìs; miřti 2 baĩgti; uždarýti; baĩgti dárbą 3 sudarýti (*pvz., sutartį*); *éine Éhe* ~ susituõkti **II** *sich* ~ / *vi* užsidarýti

schlíeßlich pagaliaũ, galų̃ galè

schlimm 1 blõgas, prãstas; *im* ~*sten Fall(e)* blogiáusiu ãtveju; *ein* ~*es Énde néhmen* blogaĩ baĩgtis 2 nesveĩkas

schlímmstenfalls blogiáusiu ãtveju

Schlínge *f* -, -n 1 kìlpa 2 raizgaĩ, kìlpos (*žvėrims gaudýti*) 3 (*upės*) vìngis

schlíngen* ¹ **I** *vt* (*um A*) apkabìnti, aglébti (*ką*) **II** *sich* ~ vyniótis, apsivynióti

schlíngen* ² *vt* (*godžiai*) rýti

Schlips *m* -es, -e kaklãraištis

Schlítten *m* -s, - rõgės, rogùtės

schlíttern *vi* (*h, s*) čiuožinéti

Schlíttschuh *m* -(e)s, -e pačiūža; ~ *láufen* čiuõžti, čiužinéti

Schlíttschuhläufer *m* -s, - čiuožìkas, čiuožéjas

Schloss ¹ *n* -es, ⁚er ùžraktas, spynà; *die Tür fiel ins* ~ dùrys užsìtrenkė

Schloss ² *n* -es, ⁚er rūmai; pilìs

Schlósser *m* -s, - šáltkalvis
Schlosseréi *f* -, -en 1 šáltkalvio dirbtùvė 2 *sg* šaltkalvỹstė
Schlot *m* -(e)s, -e / ⁼e kãminas (*fabriko, garlaivio*)
schlótterig *vi* 1 drėbantis, vìrpantis 2 kàdaruojantis, maskatúojantis
schlóttern *vi* drebéti, kretéti 2 kàdaruoti, maskatúoti
Schlucht *f* -, -en tarpėklis, bedùgnė
schlúchzen *vi* kū̃kčioti, raudóti
Schluck *m* -(e)s, -e / ⁼e gùrkšnis
Schlúckauf *m* -s žagsulỹs, žagsėjimas
schlúcken *vt* (nu)rýti, prarytι
Schlúderjan *m* -s, -e niekadarỹs, niekdirbỹs
Schlúmmer *m* -s snaudulỹs, snūduriavimas
schlúmmern *vi* snáusti, snūduriuoti
Schlund *m* -(e)s, ⁼e ryklė̃; nasraĩ
schlüpfen *vi* (*s*) 1 (*in A, durch A*) šmùkštelėti, šmùrkštelėti (*į ką, pro ką*); *in die Schúhe* ~ įsispìrti į̃ batùs 2 rìstis, išsirìsti
Schlüpfer *m* -s, - móteriškos kelnáitės
Schlúpfloch *n* -(e)s, ⁼er landà, skylė̃
schlüpfrig glitùs, slidùs, šlãpias
Schlúpfwinkel *m* -s, - príeglauda; lindỹnė
schlürfen *vt* sriaũbti, šliur̃pti (*valgant, geriant*)
Schluss *m* -es, ⁼e 1 gãlas, pabaigà 2 ìšvada
Schlüssel *m* -s, - rãktas
Schlüssel‖bein *n* -(e)s, -e raktìkaulis; ~**bund** *n, m* -es, -e rãktų ryšulėlis
schlússfolgern *neatsk. vi* darýti ìšvadą
Schlússfolgerung *f* -, -en ìšvada; *die* ~*en aus etw.* (*D*) *ziehen* (pa)darýti ìšvadas ìš kõ
Schlúss‖rede *f* -, -n baigiamóji kalbà; ~**wort** *n* -(e)s, -e baigiamàsis žõdis
Schmach *f* - géda, negarbė̃
schmáchten *vi* kamúotis, kankìntis
schmächtig líesas; trapùs, glėžnas
schmáckhaft skanùs, gardùs
schmähen I *vt* kõneveikti, plústi II *vi* (*auf A, gegen A*) kõneveikti (*ką*), burnóti (*ant ko*)
schmählich gėdìngas; niēkšiškas
schmal 1 siaũras 2 líesas, sulýsęs; smùlkus 3 skurdùs, meñkas

schmälern *vt* sumãžinti, (su)meñkinti; apribóti
Schmálspurbahn *f* -, -en siauràsis [siaurabėgis] geležìnkelis
Schmalz *n* -es, -e (*lydyti*) taukaĩ
Schmarótzer *m* -s, - parazìtas, dykaduõnis
schmátzen *vi* čepsėti, čiulpsėti
Schmaus *m* -es, ⁼e puotà, pókylis
schmáusen *vi* puotáuti, pokyliáuti
schmécken *vi* 1 turéti skõnį; *süß* ~ būti saldžiám 2 patìkti; *das schmeckt gut* skanù; *lássen Sie sich's gut* ~*!* gēro apetìto!
Schmeicheléi *f* -, -en meilikãvimas, pataikãvimas
schméichelhaft malonùs; meilikáujamas
schméicheln *vi* meilikáuti, pataikáuti
Schméichler *m* -s, - meilikáutojas, pataikū̃nas
schméichlerisch įsiteĩkiantis, pataikáujantis
schméißen* *vt* mèsti, šveĩsti
schmélzen* I *vi* (*s*) (iš)tìrpti; lýdytis; mažéti II *vt* (iš)lýdyti; (iš)tirpìnti
Schmélzkäse *m* -s, - lýdytas sū́ris
Schmerz *m* -es, -en skaũsmas; kančià
schmérzen *vi, vt* skaudéti, sopéti
schmérzhaft skausmìngas; skaudùs
schmérzlich skaudùs, sunkùs; kankìnantis
schmérzlindernd skaũsmą ramìnantis [malšìnantis]
Schmétterling *m* -s, -e drugỹs, drugēlis, petelìškė
schméttern *vt* mèsti, svíesti
Schmied *m* -(e)s, -e kálvis
Schmíede *f* -, -n kálvė
schmíeden *vt* kálti; *Pläne* ~ kùrti [brandìnti] planùs
schmíegen, sich (*an A*) glaũstis, prisiglaũsti (*prie ko*)
schmíegsam lankstùs, elastìngas
Schmíere *f* -, -n 1 tēpalas 2 glitùs pur̃vas
schmíeren I *vt* 1 (iš)tèpti; užtèpti 2 patèpti, papìrkti II *vi* teplióti, terlióti (*nešvariai rašyti*)
Schmíeröl *n* -(e)s, -e *tech.* tēpalas
Schmínke *f* -, -n kosmètika; grìmas

schminken I *vt* (iš)dažýti; (nu)grimúoti **II sich** ~ dažýtis, grimúotis

Schmiss *m* -es, -e 1 (*žaizdos*) rándas 2 užmojis, užsidegìmas

Schmöker *m* -s, - leñgvo tùrinio knygiúkštė, bulvãrinis romãnas

schmöllen *vi* raukýtis, susiraũkti

Schmórbraten *m* -s, - troškìnta mėsà

schmóren *vt* troškìnti, šùtinti

schmuck puošnùs, elegántiškas

Schmuck *m* -(e)s, -e pãpuošalas, puošmenà; brangenýbės

schmücken I *vt* puõšti, dabìnti; padáilinti **II sich** ~ puõštis, pasipuõšti

Schmúck‖sachen *pl* brangenýbės, papuošalaĩ; ~**waren** *pl* juvelýriniai dirbiniaĩ; papuošalaĩ

Schmúggel *m* -s kontrabánda

schmúggeln *vi* veřstis kontrabánda

Schmúggler *m* -s, - kontrabándininkas

schmúnzeln *vi* šypsótis

Schmutz *m* -es puřvas; *j-n mit* ~ *bewérfen* (ap)drabstýti ką̃ purvaĩs (*šmeižti, juodinti*)

schmútzen *vi* tèptis

schmútzig nešvarùs, puřvinas; nedõras

Schnábel *m* -s, ꞏ snãpas

Schnálle *f* -, -n (*diržo*) sagtìs

schnállen *vt* pritvìrtinti diržù, prisègti

schnáppen I *vt* pačiùpti, pagriẽbti; *frische Luft* ~ pakvėpúoti týru óru II *vi* (*s, h*) spràgtelėti, čėkštelėti; *die Tür schnáppte ins Schloss* dùrys užsìtrenkė

Schnaps *m* -es, ꞏe degtìnė

Schnápsbrennerei *f* -, -en degtìnės gamyklà

schnárchen *vi* knařkti

schnáttern *vi* gagéti (*apie žą̃sis*); krýkti (*apie antis*)

schnáuben* *vi* pruñkšti; šnařpšti

schnáufen *vi* šnopúoti, pūškúoti

Schnáuzbart *m* -es, ꞏe (*tankūs*) ū̃sai

Schnáuze *f* -, -n snùkis; *halt déine* ~! užsičiáupk!

schnáuzen *vi* plū́sti, rė̃kti, bárti

schnäuzen I *vt* nusišluostýti nósį II **sich** ~ nusišnýpšti

Schnécke *f* -, -n sráigė

Schnee *m* -s sniẽgas

Schnée‖ball *m* -(e)s, ꞏe sniẽgo gniū́žtė; ~**berg** *m* -(e)s, -e sniẽgo kálnas; kálnas, užklótas ámžinu sniegù; ~**decke** *f* -, -n sniẽgo dangà; ~**flocke** *f* -, -n snaĩgė, snieguõlė; ~**gestöber** *n* -s, - pūgà; ~**glöckchen** *n* -s, - *bot.* snieguõlė

Schnée‖mann *m* -(e)s, ꞏer sẽnis besmegẽnis; ~**schuh** *m* -(e)s, -e slìdė; ~**sturm** *m* -(e)s, ꞏe, ~**treiben** *n* -s pūgà

Schnéewittchen *n* -s Snieguõlė (*pasakose*)

Schnéide *f* -, -n ãšmenys

schnéiden* I *vt* 1 pjáuti, pjáustyti; drožinéti 2 kiřpti, pakiřpti; *sich* (*D*) *das Haar* ~ *lássen* apsikiřpti pláukus II *vi* pjáuti, bū́ti aštriám III **sich** ~ įsipjáuti

schnéidend 1 aštrùs, smarkùs (*pvz., apie skausmą*) 2 žvarbùs (*apie vėją*); šaižùs (*pvz., apie garsą*)

Schnéider *m* -s, - siuvéjas

schnéidern *vt* (pa)siū́ti

Schnéidezahn *m* -(e)s, ꞏe príekinis dantìs

schnéidig šaunùs; pasitem̃pęs; energìngas

schnéien *vimp*: *es schneit* sniñga

Schnéise *f* -, -n (*miško*) próskyna

schnell greĩtas; vikrùs; skubùs; *mach* ~*!* paskubék! greičiaũ!

schnéllen I *vt* mèsti, svíesti II *vi* (*s*) lė̃kti, skríeti; *in die Höhe* ~ pašókti (į̃ viřšų)

Schnéllhefter *m* -s, - segtùvas (*dokumentams susegti*)

schnéllstens labaĩ greĩtai; skubiaĩ

Schnéllzug *m* -(e)s, ꞏe greitàsis traukinỹs

Schnitt *m* -(e)s, -e 1 pjū́vis, įpjovìmas 2 (nu)pjovìmas, (nu)šienãvimas; *der* ~ *des Háares* plaukų̃ kirpìmas 3 sukirpìmas, fasònas

Schnítte *f* -, -n riekė̃; *éine belégte* ~ sumuštìnis

Schníttwunde *f* -, -n pjautìnė žaizdà

Schnítzel *n* -s, - pjausnỹs, snìcelis

schnítzeln *vt* 1 smùlkiai (su)pjáustyti 2 dróžti, drožinéti

schnítzen *vt* dróžti, drožinéti

Schnitzeréi *f* -, -en 1 *sg* drožìmas, drožinéjimas 2 drožinỹs

schnöde niẽkšiškas, niekšìngas

schnörkelig išraitýtas; įmantrùs

Schnüffeléi *f* -, -en **1** (ap)úostymas, (ap)uostinéjimas **2** šnipinéjimas, šniukštinéjimas

schnüffeln *vi* **1** úostyti, uostinéti **2** šnipinéti, šniukštinéti

schnúpfen *vi* šnỹpšti nósį, šnìřpšti

Schnúpfen *m* -s, - slogà; *sich (D) den* ~ *hólen* gáuti slõgą

Schnur *f* -, ·e viřvė, virvùtė; špagãtas

schnüren *vt* suráišioti, užrìšti

Schnúrrbart *m* -(e)s, ·e ūsai

schnúrren *vi* **1** dūgzti, buřgzti **2** muřkti (*apie katę*)

Schnürsenkel *m* -s, - bãtraištis

Schock *m* -(e)s, -e / -s šòkas; *éinen* ~ *erléiden* būti ištiktám šòko

schockíeren *vt* šokirúoti

Schokoláde *f* -, -n šokolãdas; *éine Táfel* ~ šokolãdo plytẽlė

Schólle *f* -, -n gruřnstas, luĩtas **2** (*ledo*) lytìs

schon I *adv* jaũ; ~ *am Mórgen* nuo pàt rýto **II** *prtc* gì, jùk; *los, mach* ~! pradék gi pagaliaũ!

schön I *a* gražùs, puikùs; *die* ~*e Literatúr* grõžinė literatūrà, beletrìstika; *ein* ~*es Wétter* gražùs óras; *das ist* ~ *von Íhnen* taĩ malonù ìš jūsų pùsės **II** *adv* geraĩ, puĩkiai; ~! puikù! geraĩ! sutinkù! *bítte* ~! prãšom! *dánke* ~! labaĩ ãčiū! dėkóju!

schónen I *vt* brangìnti, tausóti **II** *sich* ~ sáugotis, tausóti sàvo sveikãtą

schónend apdairùs; rūpestìngas

schönfärben *atsk. vt* padáilinti, pagrãžinti (*tikrovę*)

Schönheit *f* -, -en **1** grõžis **2** gražuõlė

schönmachen I *vt* (iš)puõšti **II** *sich* ~ puõštis, pasipuõšti

schönrednerisch meilikáujantis, pataikáujantis

schönschreiben * *vt* rašýti dailýrraščiu [kaligrãfiškai]

Schönschreiben *n* -s dailýraštis, kaligrãfija

schöntun * *vi* meilikáutis, gẽrintis; *mit j-m* ~ kám įsiteĩkti [pataikáuti]

Schónung *f* -, -en gailéjimasis; sáugojimas

schónungslos negailestìngas

Schopf *m* -(e)s, ·e kuõdas, kúokštas

schöpfen *vt* sémti; *Átem* ~ atsikvẽpti, atsipūsti; *néue Kräfte* ~ pasisémti naujų jėgų; *Verdácht gégen j-n* ~ ką įtařti [įtarinéti]

schöpferisch kūrýbinis, kūrýbiškas; kūrybìngas

Schöpflöffel *m* -s, - sámtis

Schöpfung *f* -, -en **1** kūrýba, (su)kūrìmas **2** kūrinỹs, veĩkalas

Schorf *m* -(e)s, -e šãšas

Schórnstein *m* -(e)s, -e kãminas

Schórnsteinfeger *m* -s, - kaminkrėtỹs

Schoss [1] *m* -es, ·e *bot.* atžalà, ūgis

Schoss [2] *m* -es, ·e **1** sterblė; *das Kind auf den* ~ *néhmen* pasodìnti vaĩką añt kẽlių; *die Hände in den* ~ *légen* sėdéti rankàs sudéjus (*nieko neveikti*) **2** skveřnas

Schössling *m* -s, -e **1** *bot.* ūgis, atžalà **2** (*šeimos*) atžalà, palikuonìs

Schótte *m* -n, -n škòtas, Škòtijos gyvéntojas

schóttisch Škòtijos; škòtų; škòtiškas

Schóttland *n* -s Škòtija

schräg įžulnùs, įžambùs, įstrižas

Schrámme *f* -, -n įdrėskìmas; rándas

Schránke *f* -, -n **1** barjèras, kliūtìs **2** užkardas, ùžtvaras **3** ribà; *sich in den* ~*n hálten* nepéržengti ribų

schränken *vt* sukryžiúoti rankàs

Schráube *f* -, -n sráigtas; vařžtas

Schráuben‖mutter *f* -, -n veržlė; ~*zieher* *m* -s, - atsuktùvas

Schrébergarten *m* -s, ·· kolektỹvinis sõdas

Schreck *m* -(e)s, -e išgąstis, báimė; *vor* ~ ìš báimės

schrécken *vt* (iš)gąsdinti

Schrécken *m* -s, - išgąstis, siaūbas

schréckhaft baikštùs, bailùs

schrécklich 1 baisùs, siaubìngas **2** bjaurùs, šlykštùs

Schrei *m* -(e)s, -e **1** rìksmas, klỹksmas, šaūksmas; *ein* ~ *um Hílfe* pagálbos šaūksmas **2** dìdelis póreikis, reikalãvimas; *der létzte* ~ *der Móde* naujáusia madà

Schréibblock *m* -s, -s / ·e bloknòtas, užrašų knygẽlė

schréiben* *vt* rašýti; *etw.* ~ **groß** *(klein)* ~ rašýti ką didelėmìs (mažomìs) raĩdėmis
Schréiben *n* -s, - 1 oficialùs láiškas, rãštas 2 rãšymas
Schréib‖maschine *f* -, -n rāšomoji mašinė̃lė; ~**papier** *n* -s, -e rāšomasis pōpierius; ~**tisch** *m* -es, -e rāšomasis stãlas; ~**waren** *pl* kanceliãrinės prēkės
Schréibwarengeschäft *n* -(e)s, -e kanceliãrinių prēkių parduotùvė
Schréibzeug *n* -(e)s, -e rãšymo príemonė
schréien* *vi* 1 rė̃kti, šaũkti 2 *(um A, nach D)* šaũktis, reikaláuti *(ko)*; *um Hílfe* ~ šaũktis pagálbos
Schréihals *m* -es, ᵘe rėksnỹs
schréiten* *vi (s)* žeñgti, žingsniúoti
Schrift *f* -, -en 1 šriftas, spáudmenys 2 rašýsena, braĩžas 3 *(oficialus)* rãštas 4 *(literatūrinis)* veĩkalas, kūrinỹs
schríftlich I *a* rašýtinis, rãštiškas; *éine* ~*e Árbeit* rāšomasis dárbas II *adv* raštù
Schríftsprache *f* -, -n rašýtinė [bendrìnė] kalbà
Schríftsteller *m* -s, - rašýtojas; ~**in** *f* -, -nen rašýtoja
Schrífttum *n* -s raštijà, rãštai
Schríftzug *m* -(e)s rašýsena, braĩžas
schrill šaižùs, aūsį rḗžiantis
schríllen *vi* šaĩžiai skambḗti
Schritt *m* -(e)s, -e žiñgsnis; ~**hálten** žeñgti į̃ kója; neatsilìkti; *auf* ~ *und Tritt* kiekvienamè žiñgsnyje, visuř; ~ *für* ~ kója ùž kójos, pamažù
schríttweise žiñgsnis põ žiñgsnio, pamažù
schroff 1 statùs, skardùs 2 gríežtas; šiurkštùs
Schróffheit *f* -, -en griežtùmas; šiurkštùmas
Schrott *m* -(e)s, -e metālo láužas
schrúbben *vt* trìnti, šveĩsti
Schrúlle *f* -, -n įnoris, ùžgaida
schrúmpfen *vi (s)* 1 tráuktis *(apie audinį)* 2 (su)mažḗti *(pvz., apie produkciją)*
Schúb‖fach *n* -(e)s, ᵘer stálčius; ~**karre** *f* -, -n, ~**karren** *m* -s, - víenratis; ~**lade** *f* -, -n *žr.* **Schúbfach**
schüchtern[1] drovùs, nedrąsùs
schüchtern[2] *vt* gąsdinti, baugìnti

Schüchternheit *f* - drovùmas, nedrąsùmas
Schuft *m* -(e)s, -e niẽkšas, šùnsnukis
schúften *vi* plū̃ktis, suñkiai dìrbti
Schuh *m* -(e)s, -e bãtas, bãtai
Schúh‖absatz *m* -es, ᵘe *(bato)* kuĺnas, kulnìs; ~**bürste** *f* -, -n bãtų šepetỹs; ~**krem** *f* -, -s bãtų tḗpalas; ~**macher** *m* -s, - batsiuvỹs, kuřpius; ~**werk** *n* -(e)s, -e ãvalynė, ãpavas
Schúl‖abgänger *m* -s, - abiturieñtas; ~**buch** *n* -(e)s, ᵘer vadovė̃lis
schuld: ~ *sein (an D)* būti kaltám [nusikaĩtusiam] *(kuo)*
Schuld *f* -, -en 1 skolà 2 *sg* kaltė̃; *ich bin mir kéiner* ~ *bewússt* àš nesijaučiù ēsąs kaĩtas; *óhne meine* ~ nè dėl màno kaltė̃s; ~ *háben (an D)* būti kaltám [nusikaĩtusiam] *(kuo)*
schúlden *vt (j-m)* būti skolìngam *(kam); j-m Dank* ~ būti dėkìngam kám
schúldfrei nekaĩtas, nenusikaĩtęs
schúldig 1 kaĩtas, nusikaĩtęs; *sich* ~ *máchen* nusikaĩsti, prasikaĩsti; *éines Verbréchens* ~ *sein* būti kaltám padãrius nusikaltìmą 2 skolìngas; *j-m die Ántwort* ~ *bléiben* nedúoti kám atsãkymo
Schúldige *sub m, f* kaltiniñkas, -ė
Schúldigkeit *f* -, -en pareigà, príevolė; *séine* ~ *tun* atlìkti sàvo pãreigą
schúldlos nekaĩtas; *sich* ~ *fühlen* nesijaũsti kaltám
Schúldner *m* -s, - skoliniñkas
Schúle *f* -, -n 1 mokyklà 2 mókymas, pãmokos; *wir háben héute kéine* ~ mẽs šiañdien netùrime pamokų̃
schúlen *vt* 1 (iš)mókyti 2 lãvinti, trenirúoti
Schüler *m* -s, - mokinỹs, moksleĩvis; ~**in** *f* -, -nen mokinė̃, moksleĩvė
Schúlerausweis *m* -es, -e mókinio pažymė́jimas
Schúlferien *pl* mokinių̃ atóstogos
schúlfrei netùrintis pamokų̃; *wir háben héute* ~ šiañdien mẽs netùrime pamokų̃
Schúlfreund *m* -(e)s, -e mokýklos draũgas
schúlisch mokýklinis, mokýklos

Schúl‖jahr *n* -(e)s, -e 1 mókslo mẽtai 2 *pl* mokỹkliniai mẽtai; ∼**leiter** *m* -s, - mokỹklos dirèktorius

schúlmeistern *neatsk.* *vt* nuõlat mókyti, įkyriaĩ patarinéti

Schúlpflicht *f* - privālomas móksląs

schúlpflichtig privālantis lankýti mokỹklą; *das* ∼*e Álter* mokỹklinis ámžius

Schúlter *f* -, -n petỹs; ∼ *an* ∼ petỹs į̃ pẽtį; sutartinaĩ, išvíen

schúltern *vt* užsidéti añt pečių̃ [nùgaros]

Schúlung *f* -, -en 1 (ap)mókymas; parengìmas; lāvinimas 2 pratýbos; kùrsai

Schúl‖unterricht *m* -(e)s pãmokos mokỹkloje; ∼**zeit** *f* -, -en mokỹkliniai mẽtai; ∼**zeugnis** *n* -ses, -se (*mokinio*) pažymių̃ knygẽlė

Schund *m* -(e)s 1 menkavẽrtis prodùktas [gaminỹs], brõkas 2 makulatūrà; menkavẽrtė literatūrà

Schúndliteratur *f* - bulvārinė [menkavẽrtė] literatūrà

Schúppen¹ *pl* 1 žvynaĩ 2 pléiskanos

Schúppen² *m* -s, - 1 pašiū́rė 2 garãžas

Schüreisen *n* -s, - žarstẽklis

schüren *vt* (su)kùrstyti, (su)kélti

Schúrke *m* -n, -n niẽkšas, sùkčius

Schürze *f* -, -n prijuõstė, prikýštė

Schürzenjäger *m* -s, - mergìšius, merginiñkas

Schuss *m* -es, ⸗e 1 šū̃vis; *éinen* ∼ *ábgeben* [*ábfeuern*] paléisti šū̃vį 2 nedìdelė dòzė, trùputis

schússbereit pàrengtas šáudyti

Schüssel *f* -, -n dubuõ, dubenẽlis

schússsicher neprašáunamas

Schúster *m* -s, - batsiuvỹs, kuřpius

Schutt *m* -(e)s (*statybinis*) liáužas; *éine Stadt in* ∼ *und Ásche légen* paveřsti miẽstą griuvẽsiais [pelenaĩs]

Schúttabladeplatz *m* -es, ⸗e sąvartýnas

Schüttelfrost *m* -(e)s, ⸗e šiurpulỹs, drebulỹs

schütteln I *vt* 1 (pa)pùrtyti, (pa)kratýti; 2 (nu)krẽsti, (nu)pùrtyti; *Äpfel vom Baum*

∼ krẽsti óbuolius nuõ obel̃s II *sich* ∼ pùrtytis, nusipùrtyti; *sich vor Láchen* ∼ leĩpti juokaĩs

schütten *vt* (į)beřti, (į)pìlti

schütter 1 rẽtas, netánkus 2 meñkas, vargìngas

Schútthaufen *m* -s, - sąvartýnas, šiùkšlių̃ krūvà

Schutz *m* -es, -e apsaugà; globà; príeglobstis; *j-n in* ∼ *néhmen* ką̃ užtařti; paim̃ti ką̃ globõn; *únter dem* ∼ *des Gesétzes stéhen* bū́ti sáugomam įstátymo

Schütze *m* -n, -n šaulỹs

schützen I *vt* (*vor D*, *gegen A*) (ap)gìnti; (ap)sáugoti (*ką̃ nuo ko*) II *sich* ∼ (*vor D*, *gegen A*) gìntis (*nuo ko*); sáugotis (*ko*)

Schützengraben *m* -s, ⸗ ā́pkasas; tranšéja

Schützer *m* -s, - užtaréjas, gynéjas

Schútz‖helm *m* -(e)s, -e apsaugìnis šálmas; ∼**kleidung** *f* -, -en apsaugìniai drabùžiai, specdrabùžiai

Schützling *m* -s, -e globótinis

schútzlos bejẽgis, begiñklis

Schútz‖mittel *n* -s, - 1 apsaugìnė príemonė 2 kontracèptinė príemonė (*nèštumui išvengti*); ∼**umschlag** *m* -(e)s, ⸗e (*knygos*) ā́plankas

Schwábe *f* -, -n tarakõnas

schwach 1 silpnas, ligótas 2 siĺpnas, netvìrtas; *ein* ∼*er Charákter* siĺpnas charākteris

Schwäche *f* -, -n 1 silpnùmas, bejėgiškùmas 2 silpnýbė, palinkìmas 3 trū́kumas, ýda

schwächen *vt* (nu)siĺpninti, (iš)sēkinti

Schwáchsinn *m* -(e)s silpnaprotýstė, debilùmas

schwáchsinnig silpnaprõtis, debilùs

Schwáger *m* -s, ⸗ sváinis, díeveris

Schwägerin *f* -, -nen sváinė, díeverė, brólienė

Schwálbe *f* -, -n kregždẽ

Schwall *m* -(e)s, -e sraūtas; *ein* ∼ *von Wörtern* žõdžių sraūtas

Schwamm *m* -(e)s, ⸗e kempìnė

schwámmig 1 akýtas, korýtas 2 išpuřtęs, pabrìnkęs

Schwan *m* -(e)s, ⸗e guĺbė

schwánger nėščià; ~ **wérden** tàpti nėščiai, pastóti

Schwángerschaft f -, -en nėštùmas

Schwánken vi 1 svyrúoti, lingúoti; klibéti; svirduliúoti 2 bū́ti nepastoviám; abejóti

Schwánken n -s siūbāvimas, svyrāvimas; **ins** ~ **kómmen** [geráten] susvyrúoti

schwánkend 1 sil̃pnas, netvìrtas 2 svyrúojantis, nepastovùs

Schwanz m -es, ‥e uodegà

schwänzen vt praléisti, praleidinéti

Schwarm m -(e)s, ‥e 1 spiẽčius (pvz., bičių̃) 2 (paukščių̃) būrỹs, pul̃kas

schwärmen[1] vi spiẽsti (apie bites), skraidýti spiẽčiais

schwärmen[2] vi 1 (von D) svajóti (apie ką̃) 2 (für A) žavétis, bū́ti susižavéjusiam (kuo)

Schwärmer m -s, - svajótojas

schwärmerisch svajìngas

schwarz 1 júodas; ~e **Érde** júodžemis 2 nešvarùs, puřvinas; **sich** ~ **máchen** susitèpti; etw. ~ **séhen** žiūréti pesimìstiškai į̃ ką̃

Schwárzbrot n -(e)s juodà [rugìnė] dúona

Schwárzerde f - júodžemis

schwárzfahren* vi (s) važiúoti „zuikiù" (be bilieto)

Schwárzhandel m -s nelegalì prekýba, spekuliãcija

schwärzlich juõsvas

Schwárzstorch m -(e)s, ‥e juodàsis gañdras

schwátzen vt plepéti, taūkšti

Schwébebalken m -s, - búomas (gimnastikos prietaisas)

schwében vi 1 skraidýti, plevénti; kybóti (ore); **in Gefáhr** ~ bū́ti pavõjuje 2 bū́ti neužbaigtám [neišspręstám]

Schwéde m -n, -n švèdas

Schwéden n -s Švèdija

schwédisch Švèdijos; švèdų; švèdiškas

Schwéfel m -s sierà

schwéifen vi (s, h) kláidžioti, klajóti

Schwéigeminute f -, -n tylõs minùtė (pagerbiant mirusìjį)

schwéigen* vi tyléti; nutìlti

Schwéigen n -s tylėjimas; **j-n zum** ~ **brín gen** priveřsti ką̃ nutìlti

schwéigend I a tỹlintis; tylùs II adv tylédamas, tỹlint

schwéigsam tylùs, nekalbùs

Schwein n -(e)s, -e kiaū̃lė; **wíldes** ~ šérnas

Schwéine‖**braten** m -s, - kiaulíenos kepsnỹs; ~**fleisch** n -s kiaulíena

Schweineréi f -, -en kiaulỹstė, niekšýbė

Schwéine‖**stall** m -(e)s, ‥e kiaulìdė; ~**zucht** f - kiaulininkỹstė

Schweiß m -es, -e prākaitas; **der** ~ **bricht ihm** jį̃ mùša prākaitas

schwéißen vt tech. (su)vìrinti

schwéiß‖**bedeckt** vìsas suprakaitāvęs, suplùkęs; ~**nass** suprakaitāvęs, prākaitu sumìřkęs

Schweiz f - Šveicãrija

Schwéizer m -s, - šveicāras

schwéizerisch Šveicãrijos; šveicãrų; šveicãriškas

schwélen vi smìlkti, rusénti

Schwélle f -, -n sleñkstis

schwéllen* vi (s) 1 brìnkti, tìnti 2 (pa)tvìnti II vi (h, s) pakeĩsti krýptį; **sie schwénkten links** jiẽ pasùko į̃ kaĩrę

schwer 1 sunkùs, daũg svēriantis; **wie** ~ **bist du?** kíek tù sverì? 2 sunkùs, várginantis; rìm̃tas; **éine** ~e **Stráfe** sunkì [griežtà] bausmė̃ 3 tvankùs; slogùs, niūrùs; **ein** ~**er Schlaf** kíetas miẽgas; ~ **fállen** suñkiai sèktis; ~ **verdáulich** suñkiai vìrškinamas; ~ **verständlich** suñkiai suprañtamas; ~ **krank** suñkiai seřgantis

Schwérbeschädigte sub m, f luõšys, -ė̃, invalìdas, -ė

schwérelos I a nerūpestìngas, bè rūpesčių̃ II adv lengvaĩ, bè pastangų̃

schwérfällig nerangùs, nepaslankùs

Schwérgewicht n -(e)s 1 sport. sunkùsis svõris 2 ypatìngas dėmesỹs; **das** ~ **auf** etw. (A) **légen** skìrti kám ypatìngą dė́mesį

schwérhörig apýkurtis, príekurtis

Schwérindustrie f -, -i‥en sunkióji prāmonė

schwérlich vargù, vařgiai

Schwérmut f - liūdesỹs, melanchòlija

schwermütig liūdnas, prìslėgtas, melanchòliškas

Schwérpunkt *m* -es, -e svõrio ceñtras; esmė

Schwert *n* -(e)s, -er kalavìjas; kárdas

Schwérverbrecher *m* -s, - pavojìngas [kriminãlinis] nusikaĩtėlis

schwérwiegend svarùs,svarbùs

Schwéster *f* -, -n sesuõ

Schwíeger‖eltern *pl* úošviai; ∼**mutter** *f* -, ∺ úošvė, anýta; ∼**sohn** *m* -(e)s, ∺e žéntas; ∼**tochter** *f* -, ∺ martì; ∼**vater** *m* -s, ∺ úošvis, šẽšuras

Schwíele *f* -, -n núospauda, pūsļė

schwíelig pūslétas

schwíerig sunkùs, keblùs; *ein* ∼*er Mensch* sunkùs [nesugyvēnamas] žmogùs

Schwímm‖bad *n* -(e)s, ∺er maudỹklė; ∼**becken** *n* -s, - plaukìmo baseĩnas

schwímmen* *vi* (*s, h*) plaũkti, pláukioti

Schwímmer *m* -s, - 1 plaukìkas 2 plūdė; plūduras

Schwímmhalle *f* -, -n ùždaras plaukìmo baseĩnas

Schwíndel¹ *m* -s galvõs svaigìmas, svaigulỹs

Schwíndel² *m* -s apgáulė, apgavỹstė; mēlas; *láuter* ∼ grýnas mēlas

schwíndelig svaĩgstantis

schwíndeln¹ *vi, vimp* svaĩgti

schwíndeln² *vi* sukčiáuti, apgaudinéti

schwíndelnd svaigìnantis, svaigùs

schwínden* *vi* (*s*) 1 (iš)nỹkti; (su)mažéti 2 prabégti, praeĩti

Schwíndler *m* -s, - sùkčius, apgavìkas

Schwíndsucht *f* - džiovà, tuberkuliòzė

schwíndsüchtig seřgantis džiovà

schwíngen* **I** *vt* móti, mojúoti **II** *vi* 1 sùptis, sūpúotis 2 vibrúoti, virpéti **III** *sich* ∼ (*über A*) (pér)šókti (*per ką*)

schwírren *vi* (*h, s*) 1 (pra)skrìsti, (pra)šviĺpti 2 raibuliúoti, mirguliúoti

schwítzen *vi* prakaitúoti

schwören* *vt, vi* 1 prisíekti, prisiekinéti; *j-m Ráche* ∼ prisíekti kám atkeřšyti; *j-m Tréue* ∼ prisíekti kám ištikimýbę 2 prisíekti, dúoti príesaiką

schwül 1 tvankùs 2 slėgiantis, kéliantis nērimą

Schwund *m* -(e)s 1 (su)mažéjimas; susitraukìmas 2 netekìmas; išnykìmas, dingìmas

Schwung *m* -(e)s, ∺e 1 įsupìmas; užsimojìmas, mõstas; *in* ∼ *kómmen* įsisùpti; įsismãginti 2 pakilìmas, pólėkis

schwúngvoll 1 aistrìngas, ugnìngas 2 plataũs ùžmojo, energìngas

Schwúr *m* -(e)s, ∺e príesaika; *éinen* ∼ *áblegen* [*léisten*] dúoti príesaiką

sechs [-k-] šešì, šẽšetas, šešerì

Sechs [-k-] *f* -, -en (*skaičius, numeris*) šešì

séchshundert [-k-] šešì šimtaĩ

séchste [-k-] šẽštas

séchzehn šešiólika

séchzig šẽšiasdešimt

See¹ *m* -s, Sé:en ẽžeras

See² *f* -, Sé:en jūra; *auf óffener* ∼ atvirojè jūroje; *in* ∼ *géhen* [*stéchen*] išplaũkti į jūrą

Sée‖bad *n* -(e)s, ∺er 1 máudymasis jūroje 2 pajūrio kurórtas; ∼**fahrt** *f* -, -en 1 jūreivỹstė, jūrininkỹstė 2 keliõnė jūra; ∼**hafen** *m* -s, ∺ jūrų úostas; ∼**hund** *m* -(e)s, -e rúonis

séekrank seřgantis jūros ligà

Séekrankheit *f* - jūros ligà, jūrligė

Séele *f* -, -n síela; širdìs; *éine empfíndsame* ∼ *háben* turéti jaũtrią šìrdį; *kéine* ∼ *war zu séhen* nebùvo matýti nė gyvõs dvãsios

Sée‖mann *m* -(e)s, -leute jūreĩvis, jūrininkas; ∼**meile** *f* -, -n jūrmylė; ∼**reise** *f* -, -n keliõnė jūra; ∼**stadt** *f* -, ∺e pajūrio miẽstas; ∼**strand** *m* -(e)s, ∺e pajūris; paplūdimỹs; ∼**weg** *m* -(e)s, -e jūrų kẽlias

Ségel *n* -s, - bùrė; *die* ∼ *híssen* (*éinziehen*) iškélti (nuléisti) burès

Ségel‖boot *n* -(e)s, -e bùrlaivis, bùrinis laivēlis; ∼**flieger** *m* -s, - sklandýtojas; ∼**flugzeug** *n* -(e)s, -e sklandytùvas

ségeln *vi* (*h, s*) 1 buriúoti; plaũkti pakélus burès 2 plevénti, sklandýti

Ségel‖schiff *n* -(e)s, -e bùrinis laĩvas, bùrlaivis; ∼**sport** *m* -(e)s buriãvimas, buriãvimo spòrtas

Ségen *m* -s, - 1 paláiminimas 2 paláima, láimė

ségnen *vt* (pa)láiminti

séhen* I *vi* 1 žiūréti, žveĨgti; *auf j-n, etw.* (*A*) ∼ žiūréti į̃ ką; *sich satt* ∼ (*an D*) atsižiūréti (į̃ ką) 2 (*nach D*) žiūréti (*ko*); prižiūréti (*ką*) II *vt* (pa)matýti, regéti; *scharf* ∼ geraĩ matýti, būti įžvalgiám III sich ∼ matýtis, susitikinéti; *sich* ∼ *lássen* pasiródyti, ateĩti

Séhen *n* -s regéjimas; *j-n vom* ∼ *kénnen* pažìnti ką̃ ìš mãtymo

séhenswert, séhenswürdig veĨtas (pa)matýti, įžymùs, lankýtinas

Séhenswürdigkeit *f* -, -en įžymýbė, žymenýbė

Séhne *f* -, -n saũsgyslė

séhnen, sich (*nach D*) ilgétis (*ko*)

Séhnsucht *f* - (*nach D*) ilgesỹs (*ko*)

séhnsüchtig, séhsuchtsvoll ilgesìngas; kárštas

sehr labaĩ, nepaprastaĩ; *bítte* ∼! prāšom! *dánke* ∼! labaĩ ãčiū!

séhschwach silpnarēgis, blogaĩ mātantis

Séhvermögen *n* -s regéjimas

seicht seklùs, negilùs

Séide *f* -, -n šiĨkas

Séidel *n* -s, - bokālas (*alui*)

séiden šilkìnis, šiĨko

Séidenkleid *n* -(e)s, -er šilkìnė suknēlė

Séife *f* -, -n muĨlas

séifen *vt* muĨlinti

séihen *vt* (pér)kóšti

Séil *n* -(e)s, -e lýnas; viĨvė

Séiltänzer *m* -s, - akrobātas (*cirke*)

sein* 1 1 būti, egzistúoti; *er ist da* jìs čià; *er ist fort* jìs išėjo (išvažiãvo) 2 būti, atsitìkti, détis; *es war im Sómmer* taĩ atsitìko vāsarą; *muss das* ∼? ař tikraĩ būtina [reikalìnga]? 3: *mir ist bánge* mán baisù; *zu Énde* ∼ baĩgtis

sein[2] *m, n* (*séine f, pl*) jõ; sàvo; *sie nahm* ∼ *Buch* jì pàėmė jõ knỹgą; *er gab ihr* ∼*en Bléistift* jìs dãvė jái sàvo pieštùką

séinerseits dėl jõ, ìš jõ pùsės

séinesgleichen tóks kaĩp jìs

seit I *prp* (*D*) nuõ; ∼ *eh und je* (jaũ) labaĩ seniaĩ; *er wohnt hier* ∼ *vier Jáhren* jìs čià gyvēna jaũ ketverì mētai II *cj* nuõ tõ laĩko, kaĩ

seitdém I *adv* nuõ tõ laĩko, nuõ tadà II *cj* nuõ tõ laĩko, kaĩ

Séite *f* -, -n 1 pùsė; šónas; *an j-s* ∼ *géhen* eĩti gretà kõ; *j-n von der* ∼ (*her*) *ánsehen* žvairúoti į̃ ką̃ 2 pùslapis

seithér nuõ tõ laĩko, nuõ tadà

séitwärts 1 į̃ šãlį̃ [šóną] 2 ìš šóno, šalià

Sekretär *m* -s, -e sekretõrius; raštvedỹs; ∼**in** *f* -, -nen sekretõrė

Sekt *m* -(e)s, -e šampānas

Sékte *f* -, -n sektà

Séktor *m* -s, -tóren sèktorius

sekundär antrìnis; antraeĩlis

Sekúnde *f* -, -n sekùndė

sekúndenlang truñkantis keliàs sekùndes

sélber pàts, patì, pātys

selbst I *pron* pàts, patì, pātys; *das verstéht sich von* ∼ taĩ saváime áišku [suprañtama] II *prtc* nèt(gi); ∼ *er hat sich geírrt* nèt(gi) jìs suklýdo

selbständig / selbstständig savarañkiškas

Selbständigkeit / Selbstständigkeit *f* - savarankiškùmas

sélbstbewusst pasìtikintis savimì

Sélbst‖bewusstsein *n* -s pasitikéjimas savimì; ∼**bildnis** *n* -ses, -se autoportrètas

sélbstgefällig paténkintas savimì

Sélbst‖gefühl *n* -(e)s savìgarbos jaũsmas; ∼**kritik** *f* - savikrìtika

sélbstkritisch savikrìtiškas

sélbstlos nesavanaūdiškas; pasiaukójamas

Sélbst‖mord *m* -(e)s savižudýbė; ∼**schutz** *m* -es savìsauga, savìgyna

sélbstsicher pasìtikintis savimì [sàvo jėgomìs]

Sélbstsucht *f* - savimeilė, egoìzmas

sélbstsüchtig egoìstinis, egoìstiškas; savanaūdiškas

sélbstverständlich I *a* (saváime) suprañtamas, natūralùs II *adv* (saváime) suprañtama, žìnoma

Sélbstzweck *m* -(e)s savìtikslis

sélig (pa)laimìngas, džiugùs
sélten rētas, retaĩ pasitáikantis
Séltenheit f - retenýbė
Sélterswasser n -s sèlteris
séltsam keĩstas, neĩprastas
Seméster n -s, - semèstras
Semikólon n -s, -s / -la kabliãtaškis
Seminár n -s, -e seminãrija 2 seminãras
Seminárraum m -(e)s, -e auditòrija
Sémmel f -, -n bandēlė
Senát m -(e)s, -e senãtas
Senátor m -s, -tóren senãtorius
Séndbote m -n, -n pasiuntinỹs
sénden* vt 1 (iš)siųsti, pasiųsti 2 (séndete, geséndet) transliúoti
Sénder m -s, - siųstùvas; rãdijo stotìs
Séndung f -, -en 1 siuntinỹs, siuntà; (pinigų) pérlaida 2 transliãcija, laidà
Senf m -(e)s, -e garstyčià; garstỹčios
séngen I vt (nu)svìlinti II vi svìlinti, kaĩtinti
Sénkel m -s, - bãtraištis
sénken I vt 1 nunarìnti (pvz., galvą); nudeĩbti (pvz., akis) 2 (pa)nardìnti, (nu)skandìnti 3 sumãžinti (pvz., kainas) II sich ~ 1 léistis, nusiléisti (pvz., apie lèktuvą) 2 (nu)sésti, (su)dùbti; (nu)slū́gti (apie vandenį) 3 (su)mažéti (pvz., apie kainas)
sénkrecht stãtmenas, vertikalùs
Sénkung f -, -en 1 duobė̃, duburỹs 2 nusileidìmas; nusėdìmas; nuslūgìmas 3 sumãžinimas; sumažéjimas
sensationéll sensacìngas
Sénse f -, -n dalˈgis
sensíbel jautrùs
sentimentál sentimentalùs, jausmìngas
separát separãtinis, ãtskiras
Septémber m - / -s, - rugséjis
Sérbi:en n -s Seȓbija
Serenáde f -, -n serenadà
Sergeant [-'ʒant] m -en, -en seržántas
Séri:e f -, -n sèrija
seriös rim̃tas, solidùs
Service¹ [-'vi:s] n -, - servìzas (pvz., kavos)
Service² ['sə:vis] m, n -, -s [-visəs] sèrvisas, aptarnãvimas
servíeren vt servirúoti, (pa)deñgti stãlą

Servíererin f -, -nen padavéja
Serviétte f -, -n servetēlė
Séssel m -s, - fòtelis
sésshaft sėslùs
sétzen I vt 1 (pa)sodìnti; (pa)statýti; ein Dénkmal ~ pastatýti pamiñklą; j-n ans Land ~ išlaipìnti kā̃ į̃ kráñtą 2 sodìnti (pvz., augalus) 3: éiner Sáche (D) ein Énde ~ padarýti kám gãlą; álles aufs Spiel ~ vìską statýti añt kõrtos, vìskuo rizikúoti; in Betríeb ~ paléisti į̃ dárbą; in Brand ~ padègti II sich ~ séstis, atsisésti; nusésti
Sétzling m -s, -e sodinùkas; pl daigaĩ
Séuche f -, -n epidèmija
séufzen vi dūsauti; dejúoti
Séufzer m -s, - atódūsis; dejõnė
Sex m - / -es sèksas
sexuéll seksuãlinis, lytìnis
Shorts [ʃɔ:rts] pl šòrtai
sich 1 savè, sáu; er kauft ~ ein Buch jìs peȓka sáu knỹgą 2: ~ erhólen ilsétis, poilsiáuti; zu ~ kómmen atsipéikėti, atgáuti sámonę
Síchel f -, -n pjáutuvas
sícher I a 1 saugùs; pàtikimas, tìkras; ein ~es Míttel patikimà príemonė 2 tìkras, įsitìkinęs; éiner Sáche (G) ~ sein bū́ti kuõ įsitìkinusiam II adv tikraĩ, neabejótinai
Sícherheit f -, -en 1 saugùmas 2 sg tikrùmas, patikimùmas; das lässt sich mit ~ ságen apiė taĩ gãlima drąsiai kalbéti
sícherlich žìnoma, tikraĩ
síchern vt 1 garantúoti, užtìkrinti 2 (ap)sáugoti, (ap)gìnti
sícherstellen vt 1 aprūpinti 2 konfiskúoti, atim̃ti
Sicht f -, -en 1 matomùmas; vaĩzdas; in Sicht kómmen pasiródyti; áußer ~ kómmen diñgti iš akių̃ 2 póžiūris, pozìcija
síchtbar mãtomas, rēgimas
síckern vi (s, h) suñktis, lašéti
sie 1 jì 2 jiẽ; jõs
Sie jū̃s
Sieb n -(e)s, -e síetas, rētis
síeben¹ vt sijóti

síeben[2] septynì, septýnetas
Síeben *f* -, - / -en (*skaičius, numeris*) septynì
síebenhundert septynì šimtaĩ
síebente septiñtas
síebzehn septyniólika
síebzig septýniasdešimt
síeden* I *vt* (iš)vìrti; užvìrinti II (síedete, gesíedet) (už)vìrti; kunkuliúoti
síedend vérdantis
Síedlung *f* -, -en gyvénvietė
Sieg *m* -(e)s, -e pérgalė; *um den* ∼ *ríngen* kovóti dėl pérgalės
Síegel *n* -s, - añtspaudas
síegeln *vt* (už)antspaudúoti
síegen *vi* (*über A*) nugalėti (*ką*); laimėti pérgalę (*prieš ką*)
Síeger *m* -s, - nugalėtojas
síegessicher tìkras [įsitìkinęs] pérgale
Signál *n* -s, -e signãlas
signalisíeren *vt* signalizúoti, dúoti signãlą
Siláge [-ʒə] *f* - sìlosas
Sílbe *f* -, -n skiemuõ
Sílber *n* -s sidãbras
Sílberfuchs *m* -es, ⁓e sidabrìnė lãpė
sílbern sidabrìnis, sidãbro
Sílberpapier *n* -s ãlavo fòlija
Silhouette [zilu'ɛtə] *f* -, -n siluètas, kòntūras
Silvéster *m, n* -s, - Naujũjų mẽtų išvakarės; ∼ *féiern* sutìkti Naujúosius metùs
Silvéster‖abend *m* -s, -e naujametìnis vãkaras; ∼**nacht** *f* -, ⁓e Naujũjų mẽtų naktìs
símpel 1 pàprastas, nesudėtìngas 2 naivùs, patiklùs
Sims *m, n* -es, -e atbrailà, karnìzas
Simulánt *m* -en, -en simuliántas
simulíeren *vt* simuliúoti, apsimetinėti; *Kránkheit* ∼ apsimèsti seřgančiu
Sinfoníe *f* -, -ní:en simfònija
sinfónisch simfòninis
síngen* *vt* dainúoti; *nach Nóten* ∼ dainúoti iš natũ
Síngular *m* -s, -e vienãskaita
sínken* *vi* (*s*) 1 (nu)krìsti; (su)drìbti, (su)smùkti; *in tíefen Schlaf* ∼ užmìgti kíetu miegù 2 léistis, nusiléisti; (nu)grìmzti, (nu)skęsti; *die Préise* ∼ káinos kriñta

3: *die Hóffnung nicht* ∼ *lássen* neprarãsti viltiẽs, nenusimiñti
Sinn *m* -es, -e jutìmas; pójūtis; *die fünf* ∼*e des Ménschen* penkì žmogaũs jutìmo òrganai 2 sąmonė; prõtas; *von* ∼*en sein* iš galvõs išeĩti, bū́ti pamìšusiam; *du bist nicht bei* ∼*en!* tù pamišaĩ [prõto netekaĩ]! **3** prasmė̃, reikšmė̃; *es hat kéinen* ∼ nėrà prasmė̃s, neveřta **4** pólinkis; supratìmas; ∼ *für Humór* hùmoro jaũsmas
Sínnbild *n* -(e)s, -er siṁbolis
sínnen* *vi* 1 galvóti, mąstýti; *ich bin nicht gesónnen, daráuf zu verzíchten* àš nemanaũ tõ atsisakýti 2 (*auf A*) ketìnti, planúoti (*ką*)
Sínnesorgan *n* -(e)s, -e jutìmo òrganas
sinn‖los beprãsmis, beprāsmiškas; ∼**voll** prasmìngas
Sínnflut *f* - tvãnas; pótvynis
Siréne *f* -, -n sirenà
Sírup *m* -s, -e sìrupas
Sítte *f* -, -n paprotỹs
síttlich dõras, dorovìngas; doróvės
síttsam padorùs, kuklùs
Situatión *f* -, -en situãcija, padėtìs
Sitz *m* -es, -e 1 sėdýnė; vietà 2 gyvénamoji vietà; būstinė, rezidéncija **3**: *das Kleid hat éinen gúten* ∼ suknēlė geraĩ gùli
sítzen* *vi* 1 sėdéti; *éinem Máler* ∼ pozúoti daĩlininkui; *über den Büchern* ∼ sėdéti priẽ knỹgų; *auf der Láuer* ∼ týkoti 2 gulėti (*apie drabùžį*); *der Ánzug sitzt wie ángegossen* kostiùmas gùli kaĩp nuliėtas; ∼ *bléiben* lìkti antríems mẽtams (*klasėje*)
Sítzplatz *m* -es, ⁓e sėdimà vietà
Sítzung *f* -, -en pósėdis
Skála *f* -, -len / -s skãlė
Skandál *m* -s, -e skandãlas
skandalös skandalìngas
skandinávisch Skandinãvijos; skandinãvų; skandinãviškas
Skelétt *n* -(e)s, -e 1 skelètas, griáučiai 2 karkãsas
Sképsis *f* - skeptiškùmas; nepatikl̃umas
sképtisch skèptiškas, nepatiklùs
Sképtiker *m* -s, - skèptikas

Ski [ʃiː] *m* -s, -er / - sl̃idė; sl̃idės
Skilauf ['ʃiː-] *m* -(e)s slidinėjimas
Skízze *f* -, -n 1 eskĩzas 2 brėžinỹs
Skláve *m* -n, -n vérgas
Sklavéréi *f* - vergóvė, vergijà
sklávisch vérgiškas
Skorpión *m* -s, -e skorpiònas
Skrúpel *m* -s, - abejójimas, skrùpulas
skrúpellos bè sážinės, begėdiškas
skrupulös skrupulĩngas, smùlkmeniškas
Skulptúr *f* -, -en skulptūrà
skurríl juokĩngas, kòmiškas
Slálom *m* -s, -s *sport.* slãlomas
Slàwe *m* -n, -n slãvas
sláwisch slãvų; slãviškas
Slowáke *m* -n, -n slovãkas
Slowakéi *f* - Slovãkija
slowákisch Slovãkijos; slovãkų; slovãkiškas
Smog *m* -s, -s smògas
Smóking *m* -s, -s smòkingas
so I *adv* 1 tal̃p, tokiù būdù; ~ *ist es!* tókios
tokėlės! ~ *genánnt* vadĩnamasis 2 tíek;
maždaũg, apiē; *zwéimal* ~ *groß* dùkart
daugiaũ; dùkart didèsnis; ~ *schnell wie*
möglich kíek gãlima greičiaũ II *cj* tal̃, tàd;
kal̃; ~ *viel adv.* tíek, tiek pàt; *dóppelt* ~
viel dvĩgubai daugiaũ; *halb* ~ *viel* perpùs
mažiaũ
sobáld *cj* kai tĩk, vos tĩk
Sócke *f* -, -n pùskojinė
Sóckel *m* -s, - còkolis; pjedestãlas
Sófa *n* -s, -s sofà
soférn *cj* kadángi; jéigu
sofórt tuojaũ, netrùkus
Sofórthilfe *f* - skubì pagálba
sofórtig skubùs, neatidėliótinas
sogár nèt, nètgi
Sóhle *f* -, -n 1 (*kojos*) pãdas 2 (*bato*) pùspadis
Sohn *m* -(e)s, ⁓e sūnùs
solánge *cj* kõl
solch, sólcher *m* (*sólche f, sólches n, sól-*
che pl) tóks (tokià, tokiē, tókios); *solch*
ein Stoff tokià mėdžiaga
Soldát *m* -en, -en karel̃vis, karỹs
solíd solidùs; tvìrtas; riñtas
solidárisch solidarùs

solidarisíeren, sich (*mit D*) solidarizúotis (*su*
kuo)
Solidarität *f* - solidarùmas
Solíst *m* -en, -en solìstas; ~in *f* -, -nen so-
lìstė
sóllen＊ (*modalinis veiksmažodis*) 1 privalėti,
turėti; *du sollst mit ihm spréchen!* tù pri-
valal̃ sù juõ pakalbėti! *du sollst es wíssen!*
žinók! *was soll das?* ką̃ tal̃ turėtų réikšti?
2 *perteikia svetimą nuomonę*: *er soll sehr*
klug sein sãko, kàd jìs labal̃ protĩngas
Sólo‖sänger *m* -s, - solìstas; ~**sängerin** *f* -,
-nen solìstė
somít taigi, vadinasi
Sómmer *m* -s, - vãsara
Sómmer‖ferien *pl* vãsaros atóstogos; ~**get-**
reide *n* -s vasarójus
sómmerlich *a* vãsaros; vãsariškas
Sómmersprosse *f* -, -n strãzdana, (*veido*) šlã-
kas
sómmersprossig strazdanótas, šlakúotas
Sonáte *f* -, -n sonatà
Sónde *f* -, -n zòndas
Sónderausstellung *f* -, -en specialì parodà
sónderbar kel̃stas, savótiškas
Sónder‖berichterstatter *m* -s, -, ~**korres-**
pondent *m* -en, -en specialùsis korespon-
deñtas
Sónderling *m* -s, -e keistuõlis
Sóndermaschine *f* -, -n specialùsis lėktùvas
sóndern¹ *cj* bèt, õ; *nicht ich*, ~ *du* nè àš, õ
tù
sóndern² *vt* (at)skìrti, atriñkti
sondíeren *vt* zondúoti
Sónnabend *m* -s, -e šeštãdienis
sónnabends šeštãdieniais
Sónne *f* -, -n sáulė
Sónnen‖bad *n* -(e)s, ⁓er sáulės vonià; ~**blu-**
me *f* -, -n saulégrąžà; ~**schein** *m* -(e)s
sáulės šviesà; ~**stich** *m* -(e)s, -e sáulės
smũgis
sónnenverbrannt įdẽgęs, nudẽgęs (*nuo sau-*
lės)
sónnig saulétas
Sónntag *m* -(e)s, -e sekmãdienis

sónntäglich sekmãdienio, sekmadieniñis

sónntags sekmãdieniais

sonst 1 kitaĩp, príešingu ãtveju 2 be tõ, dár; ~ *noch etwas?* dár ką nórs?

sónstig kìtas, kitóks

soóft *cj* kiekvíeną kařtą, kaĩ

Soprán *m* -s, -e soprãnas

Sórge *f* -, -n 1 rūpestìs, nērimas; *sich (D)* ~*n* *máchen* (*um A, über A*) rūpintis (*kuo*), nerimáuti (*dėl ko*) 2 rūpinimasis, globà

sórgen I *vi* (*für A*) rūpintis (*kuo*); prižiūrėti, globóti (*ką*) II **sich** ~ (*um A*) nerimáuti, nuogąstáuti (*dėl ko*)

sórgen‖frei, ~**los** nerūpestìngas, bè rūpesčių; ~**schwer,** ~**voll** rūpesčių prislėgtas

Sórgfalt *f* - kruopštùmas, rūpestingùmas

sórgfältig kruopštùs, rūpestìngas

sórglos nerūpestìngas, bè rūpesčių

Sórte *f* -, -n rūšis 2 *bot.* veĩslė

sortíeren *vt* rūšiúoti, klasifikúoti

Sortimént *n* -(e)s asortimeñtas

soséhr *cj* kàd iř kaĩp, nórs iř

Sóße *f* -, -n pādažas

Souvenír [suv-] *n* -s, -s suvenỹras

souverän [suv-] suverenùs, nepriklaũsomas

Souveränität [suv-] *f* - suverenitėtas

sovíel *cj* kíek; ~ *es auch kóste* kàd iř kíek kainúotų

sowéit I *adv* tam tikrù mastù, apskritaĩ II *cj* kíek

sowénig taip pàt mažaĩ

sowíe *cj* 1 (lýgiai) kaĩp iř 2 kai tìk

sowiesó vis tíek, šiaĩp ař taĩp

sowóhl: ~ ... *als* (*auch*) *cj* iř ... iř, tíek ... tíek

soziál sociãlinis, visuomenìnis

Soziál‖amt *n* -(e)s, ⁙er sociãlinio aprūpinimo skỹrius; ~**demokrat** *m* -en, -en socialdemokrãtas

soziáldemokratisch socialdemokrãtinis, socialdemokrãtų

Soziál‖hilfe *f* -, -n sociãlinė paramà; ~**versicherung** *f* - sociãlinis draudìmas

sozuságen taĩp sãkant

spähen *vi* (*nach D*) ieškóti (*akimis*) (*ko*)

Spalt *m* -(e)s, -e plyšỹs

spálten* I *vt* (pér)skélti, (su)skáldyti II *vi* (*s*) skìlti, trūkti III **sich** ~ (su)skìlti, susiskáldyti

Span *m* -(e)s, ⁙e skiedrà, núodroža

Spánge *f* -, -n sagtìs

Spáni:en *n* -s Ispãnija

Spáni:er *m* -s, - ispãnas

spánisch Ispãnijos; ispãnų; ispãniškas

Spánne *f* -, -n laikótarpis

spánnen I *vt* 1 (iš)teñpti; įteñpti 2 (į)kinkýti II *vi* teñptis, ìssiteñpti; *ich bin gespánnt, was noch wird* mán labaĩ įdomù, kàs toliaũ bùs

spánnend patrauklùs, įdomùs

Spánnung *f* -, -en įtempìmas; įtampa; įtemptì sántykiai

spánnungsvoll įtemptas, paaštrėjęs

Spárbuch *n* -(e)s, ⁙er taũpomoji knygēlė

spáren *vt, vi* taupýti; tausóti

spärlich skurdùs, meñkas; rētas

spársam taupùs, tausùs

Spársamkeit *f* - taupùmas

Spaß *m* -es, ⁙e pókštas, išdáiga; juokaĩ; *macht dir die Árbeit* ~? ař teĩkia táu dárbas malonùmo? *zum* ~ juokaĩs, dėl juõko; *viel* ~! lìnkiù geraĩ pralèisti laĩką!

spáßen *vi* juokáuti, juokùs krėsti

Spáßmacher *m* -s juokdarỹs

spät vėlùs, vėlývas; *wie* ~ *ist es?* kelintà (dabař) valandà? *von früh bis* ~ nuõ ankstývo rýto lìgi vėlaũs vãkaro

Spáten *m* -s, - kastùvas

später I *a* vėlèsnis; vėlyvèsnis II *adv* vėliaũ, paskiaũ

spätestens vėliáusiai, ne vėliaũ kaĩp

Spatz *m* -en / -es, -en žvìrblis

spaziéren vaikštinéti; pasiváikščioti; ~*fáhren* pasivažinéti; ~ *géhen* eĩti pasiváikščioti

Spaziergang *m* -(e)s, ⁙e pasiváikščiojimas

Specht *m* -(e)s, -e genỹs

Speck *m* -(e)s, -e lašiniaĩ

Speer *m* -(e)s, -e íetis

Spéichel *m* -s séilė, séilės

Spéicher *m* -s, - klétis; sándėlis

spéichern vt 1 supìlti [sukráuti] į̃ sándėlį
2 (su)kaũpti

spéien* vt, vi spjáuti, spjáudyti

Spéise f -, -n val̃gis, pãtiekalas; maĩstas

Spéise‖eis n -es (valgomieji) ledaĩ; ~**karte**
f -, -n valgiãraštis

spéisen I vi válgyti, maitìntis **II** vt maitìnti,
valgydìnti

Spéise‖saal m -(e)s, -säle valgyklà; ~**wagen**
m -s, - vagònas-restorãnas; ~**zimmer** n -s,
- valgomàsis

Spektákel m -s, - triùkšmas, skandãlas

Spekulánt m -en, -en spekuliántas

spekuliéren vi spekuliúoti

Spénde f -, -n aukà; (pa)aukójimas

spénden vt 1 (pa)aukóti; 2: j-m Béifall ~
plóti kám, ką̃ sutìkti plojìmais

spendíeren vt 1 aukóti, dúoti 2 (pa)vaišìnti
(kuo)

Spérling m -s, -e žvìrblis

Spérre f -, -n ùžtvara

spérren vt 1 užtvérti, užblokúoti 2 uždarýti;
pasodìnti (į̃ kalėjimą)

Spérr‖gebiet n -(e)s, -e, ~**zone** f -, -n drau-
džiamóji zonà

Spésen pl išlaidos, kaštaĩ

Speziálausbildung f -, -en specialùsis paren-
gìmas, specializãcija

spezialisíeren, sich (auf A) specializúotis
(kur)

Spezialíst m -en, -en specialìstas

Spezialität f -, -en 1 specialýbė, užsiėmìmas
2 fìrminis pãtiekalas

spezi‖éll I a specialùs, ypatìngas **II** adv
1 ýpač, užvìs 2 specialiaĩ

Spezífik f - specìfika

spezífisch specìfinis, specìfiškas

Sphäre f -, -n sferà; sritìs

Spíegel m -s, - véidrodis

Spíegelei n -(e)s, -er neplaktà [leistìnė] kiau-
šiniẽnė

spíegeln I vi blizgéti, žibéti **II** vt atspindéti
III sich ~ atsispindéti

Spiel n -(e)s, -e 1 žaidìmas, žaĩsmas; j-m das
~ **verdérben** sugadìnti kám vìsą reĩkalą;

die Hand im ~ **háben** dalyváuti (kur), bū́-
ti įveltám (į̃ ką̃) 2 lošìmas (pvz., kortomis)
3 vaidýba; grojìmas 4 žaidìmas; varžýbos,
rungtỹnės; etw. aufs ~ sétzen pastatýti ką̃
añt kõrtos, rizikúoti kuõ

spíelen I vi 1 žaĩsti; lõšti 2 (mit D) žaĩsti,
juokáuti (kuo); mit dem Lében ~ žaĩsti gy-
výbe 3 vỹkti (veiksmui) **II** vt 1 žaĩsti (ką),
lõšti (kuo); Fúßball ~ žaĩsti fùtbolą 2 gró-
ti, gríežti; die érste Géige ~ gróti pirmúoju
smuikù; vaidìnti svarbiáusią vaĩdmenį

Spíeler m -s, - 1 žaidėjas, lošėjas 2 griežėjas,
muzikántas

spíelerisch žaismìngas, neriñtas

Spiel‖film m -(e)s, -e vaidýbinis [mėninis]
fìlmas; ~**plan** m -(e)s, -e repertuãras; auf
dem ~**plan stéhen** bū́ti ródomam (teatre);
~**platz** m -es, -e spòrto aikštėlė; ~**sachen**
pl žaislaĩ; ~**zeit** f -, -en sezònas (teatre);
~**zeug** n -(e)s, -e žaĩslas

Spieß m -es, -e 1 íetis 2 iẽšmas

Spießbürger m -s, - miesčiónis

Spinát m -(e)s, -e špinãtas

Spínne f -, -n vóras

spínnen* I vt ver̃pti **II** vi išsigalvóti, prasi-
manýti

Spínngewebe n -s, - vorãtinklis

Spion m -s, -e šnìpas

Spionáge [-ʒə] f -, -n špionãžas, šnipinėjimas

spioníeren vt šnipinéti

Spirále f -, -n spirãlė

Spirituósen pl alkohòliniai gérimai

spitz 1 aštrùs, smaĩlas 2 kandùs, pašiẽpiantis

Spítzbube m -en, -en 1 šeĺmis, išdýkėlis
2 apgavìkas, sùkčius

spítzbübisch 1 šeĺmiškas; vylìngas 2 apga-
vìkiškas

Spítze f -, -n 1 galiùkas, smaigalỹs 2 viršū́nė
(pvz., medžio, kalno) 3 príekis, priešakỹs
(pvz., kolonos); an der ~ stéhen vadováuti

Spítzel m -s, - šnìpas; seklỹs

Spítzen‖leistung f -, -en 1 šedèvras 2 sport.
rekòrdas; ~**zeiten** pl pìko [maksimalaũs
apkrovìmo] vãlandos (pvz., transporto,
elektrinės)

Spítzname m -ns, -n pravardė̃

Splítter m -s, - 1 skevéldra; šùkė 2 rakštìs, pãšinas

splíttern vi (h, s) (su)skìlti

spontán spontãninis, spontãniškas

Sporn m -(e)s, -e / Spóren 1 pentìnas 2 ãkstinas, paskatà

Sport m -(e)s spòrtas

Spórt‖art f -, -en spòrto šakà; ~**hemd** n -(e)s, -en sportinùkai, spòrtiniai marškinėliai

Spórtler m -s, - spòrtininkas; ~**in** f -, -nen spòrtininkė

spórtlich spòrtinis, spòrto

Spórtplatz m -es, ᵁe spòrto aikštėlė [aikštė̃]

Spott m -(e)s pajuokà, pašaipà, patýčios; **béißender** ~ sarkãzmas

spóttbillig I a labaĩ pigùs II adv pùsdykiai, pùsvelčiui

spötteln vi (über A) šaipýtis (iš ko)

spótten vi (über A) týčiotis, juõktis (iš ko)

spöttisch pašaipùs, pajuokùs

Spráche f -, -n kalbà; etw. zur ~ **bríngen** pateĩkti ką̃ svarstýti

Sprách‖fertigkeiten pl kalbėjimo įgūdžiai; ~**führer** m -s, - pasikalbėjimų knygėlė (užsienio kalbai mokytis)

spráchgewandt iškalbùs, iškalbìngas

Spráchkenntnis f - ùžsienio kalbõs [kalbų̃] mokėjimas

spráchlich a kalbìnis, kalbõs

spráchlos apstulbęs, nustẽręs

Sprách‖pflege f - kalbõs kultūrà; ~**störung** f -, -en kalbõs defèktas; ~**unterricht** m -(e)s kalbõs [kalbų̃] mókymas

Spréchart f -, -en kalbėjimo manierà, kalbėsena

spréchen* I vi 1 (über A, von D) kalbėti (apie ką̃); ~ wir nicht darüber! nekalbėkime apiẽ taĩ! wie ein Buch ~ kalbėti kaĩp ìš rãšto 2 pasisakýti, sakýti kaĩbą̃ 3 (für A, gegen A) kalbėti, bylóti (kieno naudai, nenaudai) 4 priìmti, priiminéti; der Arzt ist täglich von 9 bis 13 Uhr zu ~ gýdytojas priiminéja ligónius nuõ 9 lìgi 13 valandõs; II vt kalbėti, pasikalbėti; j-n in éiner

wíchtigen Ángelegenheit ~ pa(si)kalbėti sù kuõ svarbiù reĩkalu

Sprécher m -s, - 1 kalbėtojas, orãtorius 2 dìktorius (radijo, televizijos); komentãtorius

Spréch‖erziehung f - raiškiõs kalbõs lãvinimas; ~**fertigkeiten** pl kalbėjimo įgūdžiai; ~**stunde** f -, -n (lankytojų̃) priėmìmas; priėmìmo vãlandos; ~**weise** f - kalbėsena; ~**zimmer** n -s, - priimamàsis; gýdytojo kabinėtas

spréizen vt išskė̃sti, išžeřgti

spréngen¹ vt 1 (iš)sprogdìnti, susprogdìnti 2 suláužyti, išláužti

spréngen² vt šlakstýti, puřkšti; láistyti

Spréng‖körper m -s, - sprogstamàsis ùžtaisas; ~**stoff** m -(e)s, -e sprogstamóji mẽdžiaga; ~**wagen** m -s, - láistomoji mašinà

Spreu f - pelaĩ

Spríchwort n -(e)s, ᵁer patarlė̃

spríeßen* vi (h, s) 1 dýgti; žélti 2 sprógti, lapóti

Springbrunnen m -s, - fontãnas

spríngen* vi (s) 1 šókti, šokinéti; in die Höhe ~ pašókti, šóktelėti 2 veřžtis, (iš)trýkšti 3 (su)skìlti, (su)dùžti

Sprínger m -s, - 1 sport. šúolininkas 2 šachm. žìrgas

Sprínginsfeld m -(e)s, -e vėjo pãmušalas, vėjavaikis

Spríngstunde f -, -n laisvà valandà (tarp pamokų̃, paskaitų̃)

Sprítze f -, -n 1 med. šviřkštas 2 (vaistų̃) įšvirkštìmas; injèkcija; j-m éine ~ **gében** įléisti kám váistų

sprítzen vt 1 puřkšti, šlakstýti; láistyti 2 suléisti (vaistus)

spröde 1 trapùs, lū̃žùs 2 suskérdėjęs

Sproß m -es, -e / -en 1 bot. auglỹs, ū̃gis 2 palikuonìs, atžalà

Spruch m -(e)s, ᵁe pósakis; senteñcija

sprúdeln vi (s) trýkšti; putóti

sprühen vi 1 ištìkšti; (pa)žìrti, pasipìlti 2 žėréti, žibėti

Sprühregen m -s, - dulksnà, smùlkus lietùs

Sprung *m* -(e)s, ⁼e 1 šúolis; *mit éinem* ~ víenu šúoliu 2 plyšỹs, įtrūkìmas

sprúnghaft 1 bè pusiáusvyros; nepastovùs 2 šúoliškas; staigùs

Sprúng‖schanze *f* -, -n *sport.* tramplìnas; ~seil *n* -(e)s, -e šokỹklė (*vaikams šokinė- ti*); ~turm *m* -(e)s, ⁼e bókštas (*šuoliams į vandenį*)

Spúcke *f* - séilė, séilės

spúcken *vt, vi* spjáuti, spjáudyti(s)

Spuk *m* -(e)s, -e vaiduõklis, šmėkla

spúken *vi, vimp* vaidéntis

Spúle *f* -, -n rìtė

spülen *vt* (iš)skaláuti, praskaláuti; (pra)pláuti

Spülwasser *n* -s, ⁼er pãmazgos, pãplavos

Spur *f* -, -en 1 pédsakas, pédsakai 2 trùputis, truputėlis; *nicht die* ~, *kéine* ~ nė truputėlio, vìsiškai nè 3 bėgių kėlias; slìdžių vėžės

spürbar juñtamas; akivaizdùs

spüren *vt* jaũsti, jùsti; užúosti (*apie šunį*); *etw. am éigenen Léibe* ~ ką̃ sàvo káiliu patìrti

Spürhund *m* -(e)s, -e pėdsekỹs (*šuo*) 2 seklỹs, šnìpas

Spürsinn *m* -(e)s núojauta, intuìcija

spúten, sich skubéti; *spúte dich!* paskubék! sùkis greičiaũ!

Staat *m* -(e)s, -en valstýbė; valstijà

stáatlich valstýbinis; valstýbės

Stáats‖angehörigkeit *f* -, -en pilietý- bė; ~anwalt *m* -(e)s, ⁼e prokuròras; ~behörde *f* -, -n valstýbinė įstaiga, žiný- ba; ~examen *n* -s, - / -mina valstýbinis egzãminas

stáatsfeindlich antivalstýbinis

Stáats‖führung *f* - valstýbės vadõvai; ~macht *f* - valstýbinė valdžià; ~streich *m* -(e)s, -e valstýbinis pérversmas; ~wap- pen *n* -s, - valstýbės hèrbas

Stab *m* -(e)s, ⁼e 1 lazdà 2 batutà, dirigeñto lazdėlė 3 štãbas

Stáb‖führer *m* -s, - dirigeñtas; ~führung *f* - dirigãvimas; ~hochsprung *m* -s, ⁼e *sport.* šúolis sù kártimi

stabíl stabilùs, pastovùs

stabilisíeren *vt* stabilizúoti

Stáchel *m* -s, -n 1 dyglỹs; spyglỹs 2 geluo- nìs, gylỹs

Stáchel‖beere *f* -, -n agrãstas; ~draht *m* -(e)s, ⁼e spygliúota vielà

stáchelig spygliúotas, dygliúotas

Stádion *n* -s, -di:en stadiònas

Stádium *n* -s, -di:en stãdija, periòdas

Stadt *f* -, ⁼e miẽstas; ~ *und Land* miẽstas iř káimas

Stádt‖bahn *f* -, -en miẽsto (*elektrinis*) gele- žìnkelis; ~bummel *m* -s, - pasiváikščioji- mas põ miẽstą

Städtebau *m* -(e)s miẽstų statýba

Städter *m* -s, - miestiẽtis, miẽsto gyvéntojas

städtisch miẽsto, miẽstiškas

Stádt‖mitte *f* -, -n miẽsto ceñtras; ~plan *m* -(e)s, ⁼e miẽsto plãnas; ~rand *m* -(e)s, ⁼er miẽsto pakraštỹs; *am* ~*rand* miẽsto pa- kraštyjè; ~rundfahrt *f* -, -en ekskùrsija põ miẽstą; ~verwaltung *f* -, -en munici- palitėtas; mèrija; ~viertel *n* -s, - miẽsto kvartãlas

Staffeléi *f* -, -en molbèrtas

Stáffellauf *m* -(e)s, ⁼e estafètė

Stagnatión *f* -, -en stagnãcija

Stahl *m* -(e)s, ⁼e / -e pliẽnas

Stáhlbeton *m* -s gélžbetonis

stählen I (už)grū́dinti II sich ~ grū́dintis, užsigrū́dinti

stählern plienìnis

Stakétenzaun *m* -(e)s, ⁼e statìnių tvorà

Stall *m* -(e)s, ⁼e tvártas

Stállungen *pl* tvártai

Stamm *m* -(e)s, ⁼e 1 (*medžio*) kamíenas 2 gentìs, giminė 3 *gram.* kamíenas

stámmeln *vi* mikčióti

stámmen *vi* (*s*) (*aus D*) bū́ti kìlusiam; *díe- ses Wort stammt aus dem Gríechischen* šìs žõdis kìlęs iš graĩkų kalbõs

Stámmgast *m* -es, ⁼e nuolatìnis lankýtojas [klieñtas] (*pvz., kavìnės*)

stämmig krėsnas

stámpfen I *vt* 1 grū́sti, trìnti 2 (su)trýpti 3 (su)plū́kti, (su)trambúoti II *vi* 1 trýpti, trepséti 2 pliuм̃pinti, suñkiai žeñgti

Stand *m* -(e)s, ⁚e 1 stovéjimas, padėtis stóvint 2 (*buvimo*) vietà; (*vietos*) padėtìs 3 bũklė, stõvis 4 lỹgis; kùrsas; (*prietaiso*) paródymas 5 kiòskas

Stándard *m* -s, -s standártas

Stándbild *n* -(e)s, -er statulà

Ständer *m* -s, - 1 stõvas (*pvz.*, *dviračiams*) 2 kabyklà 3 lentýna (*knygoms*)

Stándesamt *n* -(e)s, ⁚er civìlinės metrikācijos biùras

stándhaft tvìrtas, nepaláužiamas

stándhalten* *vi* (*D*) tvirtaĩ laikýtis, atsilaikýti (*prieš ką*)

ständig nuolatìnis, pastovùs

Stánd‖ort *m* -(e)s, -e 1 (*buvimo*) vietà 2 stovéjimo vietà (*pvz.*, *automobiliams*); ~punkt *m* -(e)s, -e 1 vietà, pozìcija 2 póžiūris; pozìcija; *bei séinem* ~punkt *bléiben* laikýtis sàvo núomonės

Stánge *f* -, -n kártis, lazdà

Stápel *m* -s, - krūvà; rietuvė̃

stápeln *vt* déti [kráuti] į̃ krūvàs

stápfen *vi* (*s*) plumpúoti, suñkiai eĩti

Star¹ *m* -(e)s, -e varnénas

Star² *m* -s, -s žvaigždė̃ (*įžymybė*, *garsenybė*)

stark I *a* 1 stiprùs; galìngas 2 stiprùs, smarkùs, dìdelis; ~er Régen stiprùs [smarkùs] lietùs; *éine* ~e Náchfrage dìdelė paklausà 3 stóras, drū́tas 4 stiprùs, tvìrto charākterio; *ein* ~er Wílle stiprì valià II *adv* stipriaĩ, smar̃kiai

Stärke¹ *f* -, -n 1 stiprùmas, jėgà, galià 2 stõris, storùmas 3 charākterio tvirtùmas, valingùmas

Stärke² *f* -, -n krakmõlas

stärken¹ I *vt* (su)stìprinti, (su)tvìrtinti II sich ~ stìprintis, pasistìprinti

stärken² *vt* krakmõlyti

starr 1 pãstiras; sugrùbęs, sustìngęs; *séine Fínger sind* ~ *vor Frost* jõ pir̃štai sustìngę nuõ šalčio 2 nepaleñkiamas; nejudrùs

stárren *vi* (*auf A*) spoksóti (į̃ ką)

Stárrkopf *m* -(e)s, ⁚e užsispýrėlis, kietasprañdis

stárrköpfig, stárrsinnig užsispýręs, atkaklùs

Start *m* -(e)s, -e / -s stártas

stárten *vi* startúoti; pakìlti, išskrìsti

Statión *f* -, -en 1 stotìs, stotēlė; sustojìmas 2 skỹrius (*ligoninėje*)

stationíeren I *vt* išdéstyti, dislokúoti II *vi* bazúotis, bū́ti dislokúojamam

Statiónsvorsteher *m* -s, - (*geležinkelio*) stotiẽs viršininkas

Statìstik *f* -, -en statìstika; *pl* statìstikos dúomenys

statt I *prp* (*G*) viẽtoj; ~ *déssen* / *stattdéssen* viẽtoj tõ II *cj* užúot

Stätte *f* -, -n vietà

státtfinden* *vi* (į)vỹkti

státthaft léistinas, priim̃tinas

státtlich 1 augalótas, stotìngas 2 impozántiškas, įspū́dingas

Státue *f* -, -n statulà

Statúr *f* -, -en stótas, kū́no sudėjìmas

Statút *n* -(e)s, -en įstatai; statùtas

Stau *m* -(e)s, -e / -s kamšatìs, susikimšìmas (*pvz.*, *automobilių kelyje*); susigrūdimas (*ledų*)

Staub *m* -(e)s, -e / ⁚e dùlkės; *sich aus dem* ~ *máchen* pabégti, pasprùkti

stáubig dulkétas, dùlkinas

Stáub‖sauger *m* -s, - dùlkių siurblỹs; ~zucker *m* -s cùkraus pudrà

Stáudamm *m* -(e)s, ⁚e ùžtvanka

stáuen I *vt* užtveñkti II sich ~ tveñktis; kaũptis

stáunen *vi* (*über A*) stebétis (*kuo*)

Stáunen *n* -s nustebìmas, núostaba

Stáusee *m* -s, -se‚ dìdelis vandeñs tvenkinỹs, (*dirbtinė*) jū́ra

stéchen* I *vt* 1 (į)dùrti; (į)smeĩgti 2 (į)gélti (*apie bitę*) II *vi* dùrti, badýti(s)

stéchend 1 dygùs, dygliúotas 2 aštrùs, gailùs

Stéckdose *f* -, -n rozètė

stécken I *vt* 1 (į)kìšti; *den Ring an den Fínger* ~ už(si)máuti žíedą añt pir̃što 2 sodìnti (*augalus*) II *vi* bū́ti, lindéti; *wo steckst du* (*wíeder*)? kur̃ tù (*vė̃l*) dingaĩ? ~ *bléiben* užkliū́ti, užstrìgti; įklim̃pti

Stéckenpferd *n* -(e)s, -e pómėgis, hòbis

Stécker *m* -s, - kištùkas (*elektros prietaisų*)

Stéck‖nadel *f* -, -n segtùkas, smeigtùkas; **∼rübe** *f* -, -n válgomasis griẽžtis, sėtinỹs **Steg** *m* -(e)s, -e 1 tiltẽlis, lieptẽlis 2 tãkas, takẽlis

Stégreif: *aus dem ∼ spréchen* kalbéti nepasirúošus [ekspròmtu]

stéhen* *vi* 1 stovéti; *j-m im Wége ∼* stovéti kám skersaĩ kẽlio, kám kliudýti; *únter Wásser ∼* bū́ti apsemtám; *wie steht es um ihn* [*mit ihm*]*?* kaĩp jõ reikalaĩ? 2 (*j-m*) tìkti (*kam*); *wie steht mir der Hut?* kaĩp mán tiñka skrybėlė̃? 3: *Modéll ∼* pozúoti; *j-m zur Verfügung ∼* bū́ti kienõ dispozìcijoje; *∼ lássen* palìkti (*vietoje*); užmiršti **Stéhlampe** *f* -, -n toršẽras

stéhlen* I *vt* (pa)võgti; *j-m die Zeit ∼* ką̃ atitráukti nuõ dárbo II *sich ∼* vogčiomìs [slaptà] diñgti; *sich ins Haus ∼* slaptà įsigáuti į̃ namùs

steif 1 kíetas, standùs 2 sustìręs, sustìngęs; *ich bin ∼ vor Kälte* àš nuõ šálčio sustiraũ **Steig** *m* -(e)s, -e (*status*) tãkas, takẽlis

stéigen* *vi* (*s*) 1 (už)lìpti, (už)kópti 2 kìlti; áugti, didéti; *die Préise ∼ káinos kỹla* **stéigern** *vt* (pa)dìdinti, (pa)kélti; *die Produktión ∼* plė̃sti [dìdinti] gamýbą

Stéigerung *f* -, -en 1 (pa)dìdinimas; (iš)plėtìmas 2 *gram.* laipsniãvimas

steil statùs, skardìngas

Stéilhang *m* -(e)s, ⁼e kriaũšis, skaȓdis **Stein** *m* -(e)s, -e 1 akmuõ; brángakmenis 2 plytà 3 *šachm.* figūrà

stéinalt labaĩ sẽnas

Stéinbruch *m* -(e)s, ⁼e akmenų̃ skaldyklà **stéinern** akmenìnis, akmeñs

Stéin‖kohle *f* -, -n akmeñs añglys; **∼pilz** *m* -es, -e (tikrìnis) baravỹkas

stéinreich¹ akmenúotas

steinréich² labaĩ turtìngas

Stélldichein *n* - / -s, - pasimātymas

Stélle *f* -, -n 1 vietà; *auf der ∼ tréten* tupinéti viẽtoje; *an ∼ (G, von D)* viẽtoj (*ko*) 2 vietà, tarnýba; institùcija, įstaiga

stéllen I *vt* 1 (pa)statýti; *Fállen ∼* spą́stus spė́sti; *die Uhr ∼* nustatýti laĩkrodį 2 sulaikýti, suimti 3: *éinen Ántrag ∼* pateĩkti

pasiū́lymą; *Fórderungen ∼* kélti reikalávimus; *éine Fráge ∼* pateĩkti kláusimą; *etw. únter Bewéis ∼* ką̃ įródyti; *j-n vor Gerícht ∼* atidúoti ką̃ teĩsmui II *sich ∼* 1 (atsi)stóti; *sich zum Kampf ∼* stóti į̃ kautynès [mū́šį] 2 détis, apsimèsti

stéllenweise viẽtomis, kaȓtais **Stéllung** *f* -, -en 1 padė́tis; pozà; laikýsena 2 tarnýba, vietà 3 nusistãtymas, póžiūris; *∼ néhmen zu etw.* (*D*) paréikšti sàvo núomonę kokiu nórs kláusimu 4 *kar.* pozìcija **Stéllungnahme** *f* - póžiūris, núomonė **stéllvertretend** pavaduójantis; *der ∼e Minister* ministro pavaduótojas **Stéllvertreter** *m* -s, - pavaduótojas **stémmen** I *vt* (į)reȓti; įsireȓti II *sich ∼* 1 (*an A, auf A*) reȓtis, atsireȓti (*į̃ ką̃*) 2 (*gegen A*) príešintis (*kam*)

Stémpel *m* -s, - añtspaudas; štámpas **stémpeln** *vt* 1 (už)déti añtspaudą, (už)antspaudúoti 2 žénklinti, žyméti; *j-n zum Lügner ∼* paskélbti ką̃ melagiù **Stenográmm** *n* -s, -e stenogramà **Stenografíe / Stenographíe** *f* -, -fi꞉en / -phi꞉en stenogrãfija

Stéppdecke *f* -, -n dygsniúota añtklodė **Stéppe** *f* -, -n stèpė

Stérbe‖bett *n* -(e)s, -en mirtiẽs pãtalas; **∼fall** *m* -(e)s, ⁼e mirtiẽs ãtvejis; *im ∼fall* mirtiẽs ãtveju

stérben* *vi* (*s*) (nu)miȓti; *éines natürlichen Tódes ∼* miȓti sàvo mirtimì **Stérben** *n* -s mirìmas, mirtìs; *im ∼ líegen* mérdėti, mirtimì vadúotis **stérblich** I *a* miȓtinas II *adv* mirtinaĩ, labaĩ **Stérblichkeit** *f* - mirtingùmas

Stern *m* -(e)s, -e žvaigždė̃; įžymýbė, garsenýbė; *ein áufsteigender ∼* kỹlanti žvaigždė̃

stérnen‖hell žvaigždétas (*apie naktį*); **∼los** bežvaĩgždis, bè žvaigždžių̃

stet nuolatìnis, nepaliáujamas **stétig** nuolatìnis, pastovùs

stets nuõlat, visuomèt

Stéuer¹ *f* -, -n mókestis; **∼n éinziehen** riñkti mókesčius

Stéuer² *n* -s, - vaĩras; šturvãlas

Stéuermann *m* -(e)s, ⁼er / -leute štùrmanas; vairiniñkas

stéuern *vt* vairúoti, valdýti

Stéuerrad *n* -(e)s, ⁼er šturvãlas

Stewardess [ˈstu:ərdɛs] *f* -, -en stiuardèsė

Stich *m* -(e)s, -e 1 dũris, (į)dūrìmas 2 įkandìmas, įgėlìmas 3 dieglỹs, dùriantis skaũsmas 3 graviūrà 4: *j-n im* ~ *lássen* palìkti ką likìmo vãliai

stícheln *vi* kandžiaĩ [pašaipiaĩ] kalbéti

stíchhaltig įtìkinamas, pàgrįstas

Stich‖**wort** *n* -(e)s, -e / ⁼er 1 antraštìnis žõdis (*žodyne*) 2 *pl* trum̃pos tèzės (*pvz.*, *pranešimo*); ~**wunde** *f* -, -n durtìnė žaizdà

stícken *vt* (iš)siuvinéti

Stickeréi *f* -, -en 1 siuvinéjimas 2 siuvinéjamas [išsiuvinétas] rañkdarbis

stíckig troškùs, tvankùs

Stíckstoff *m* -(e)s azótas

stíeben* *vi* (*s*) (iš)lekióti, žìrti

Stíefbruder *m* -s, ⁼ netìkras [suvestìnis] brólis

Stíefel *m* -s, - aulìniai bãtai

Stíef‖**eltern** *pl* patéviai; ~**kind** *n* -es, -er pósūnis; pódukra; ~**mutter** *f* -, ⁼ pãmotė; ~**mütterchen** *n* -s, - *bot.* trispal̃vė našláitė; ~**schwester** *f* -, -n netikrà [suvestìnė] sesuõ; ~**sohn** *m* -(e)s, ⁼e pósūnis; ~**tochter** *f* -, ⁼ pódukra; ~**vater** *m* -s, ⁼ patévis

Stíege *f* -, -n (*mediniai*) láiptai

Stiel *m* -(e)s, -e stíebas (*pvz.*, *gélės*); kótas (*pvz.*, *kirvio*)

Stier *m* -(e)s, -e bùlius, jáutis

Stift *m* -(e)s, -e pieštùkas; grìfelis

stíften *vt* 1 (į)kùrti, (į)steĩgti 2 (su)kélti; *Zwíetracht* ~ séti nesántaiką

Stífter *m* -s, - įkūréjas, įsteigéjas

Stíftung *f* -, -en 1 įsteigìmas, įkūrìmas 2 fòndas

Stil *m* -(e)s, -e stìlius

Stilístik *f* - stilìstika

still tylùs, ramùs; *im Stillen* tỹliai, bè triùkšmo

Stílle *f* - tylà

stíllen *vt* 1 (nu)malšìnti; *den Durst (Húnger)* ~ numalšìnti tróškulį (al̃kį) 2 sulaikýti (*pvz.*, *ašaras, kraują*) 3 žìndyti (*kūdikį*)

Stíllgeld *n* -(e)s, -er gim̃dymo pašalpà

Stíllleben *n* -s natiurmòrtas

stílllegen *vt* nutráukti, sustabdýti (*pvz.*, *gamybą*)

stíllschweigen* *vi* tyléti, nutìlti

Stíllschweigen *n* -s tyléjimas; tylà

stíllschweigend I *a* tylùs, nekalbùs II *adv* tỹliai, bè žõdžių

stíllstehen* *vi* stovéti, nedìrbti

stímmberechtigt tùrintis balsãvimo téisę

Stímme *f* -, -n 1 bal̃sas; *éine männliche (wéibliche)* ~ výriškas (móteriškas) bal̃sas 2 bal̃sas, balsãvimo téisė; *séine* ~ *ábgeben* atidúoti sàvo bal̃są, balsúoti; *sich der* ~ *enthálten* susilaikýti, nebalsúoti

stímmen I *vi* 1 balsúoti; *für (gégen) j-n, etw.* (*A*) ~ balsúoti ùž (priẽš) ką 2 bũti teisìngam; *da stimmt étwas nicht* čià kažkàs ne taĩp [negeraĩ] II *vt* 1 (su)dẽrinti (*muzikos instrumentą*) 2 nuteĩkti; *er ist gut (schlecht) gestímmt* jìs geraĩ (blogaĩ) nusiteĩkęs

Stímmrecht *n* -(e)s, -e balsãvimo téisė

Stímmung *f* -, -en núotaika, ũpas; (*in*) *gúter (schléchter)* ~ *sein* bũti gerõs (blogõs) núotaikos

stímmungsvoll nuotaikìngas

Stímmzettel *m* -s, - rinkìmų biuletènis

stimulíeren *vt* stimuliúoti, skãtinti

stínken* *vi* (*nach D*) dvõkti, smirdéti (*kuo*)

stínkig dvõkiantis, smìrdintis

Stíppvisite *f* -, -n trum̃pas apsilañkymas

Stirn *f* -, -en kaktà

stöbern *vi* raũstis, naršýti, ieškóti

stóchern *vi* žarstýti; *in den Zähnen* ~ krapštinéti dantìs

Stock¹ *m* -(e)s, ⁼e 1 lazdà, pagalỹs 2 avilỹs

Stock² *m* -(e)s, - / -werke (*namo*) aūkštas; *das Haus ist drei* ~ *hoch* keturaũkštis nãmas

stóckdumm kvaĩlas kaĩp bãto aũlas

stócken *vi* sustóti; nutrū́kti
Stócken: *ins* ~ *geráten* [*kómmen*] sustóti, nutrū́kti
stóckend: ~, *mit* ~*er Stímme spréchen* kalbéti užsìkertant
stóckfinster tamsutėlis
Stóckwerk *n* -(e)s, -e (*namo*) aūkštas; *im víerten* ~ *wóhnen* gyvénti penktamè aukštè
Stoff *m* -(e)s, -e mė́džiaga, audinỹs, áudeklas
Stóffwechsel *m* -s mė́džiagų apýkaita
stöhnen *vi* dejúoti, aimanúoti
stólpern *vi* (*s*) klupinéti; užkliúti
stolz išdidùs; *auf j-n, etw.* (*A*) ~ *sein* didžiúotis kuõ
Stolz *m* -es didžiãvimasis, pasididžiãvimas
stópfen *vt* **1** (į)kimšti, (į)grū́sti; prikimšti **2** užkìšti, užkimšti **3** (už)adýti
Stóppel *f* -, -n ražíena
stóppen **I** *vt* (su)stabdýti, sulaikýti; *den Verkéhr* ~ sustabdýti eĩsmą **II** *vi* sustóti, stàbtelėti
Stóppuhr *f* -, -en chronomètras, sekundomètras
Stöpsel *m* -s, - kamštis; kaĩštis
Storch *m* -(e)s, ᵘe gañdras
Store [ʃtoːr] *m* -s, -s naktìnė užúolaida
stören *vt* trukdýti; *j-n bei der Árbeit* ~ trukdýti kám dìrbti; *lássen Sie sich nicht* ~*!* nesitrukdýkite! nesirū́pinkite!
Störenfried *m* -(e)s, -e ramýbės drumstėjas
störrisch užsispýręs, kaprizìngas
Störung *f* -, -en **1** (su)trùkdymas, (su)kliùdymas **2** gedìmas
störungsfrei nenutrū́kstamas
Stoß[1] *m* -es, ᵘe **1** póstūmis; niùksas; smū́gis; *ein* ~ *mit dem Fuß* spỹris **2** ākstinas, paskatà
Stoß[2] *m* -es, ᵘe krūvà, šū́snis
stóßen* **I** *vt* **1** (pa)stùmti, stùmtelėti (*ką*); sudúoti smū́gį (*kam*) **2** (į)varýti, (į)kálti **3** (su)grū́sti, (su)trìnti **II** *vi* (*s*) **1** (*an A, gegen A*) atsitreñkti, atsimùšti (*į ką*); *auf Schwíerigkeiten* ~ susidùrti sù sunkùmais **2** (*an A*) ribótis (*su kuo*), bū́ti gretà (*ko*)

III *sich* ~ **1** stùmdytis, grū́stis **2** susimùšti, užsigáuti
Stóßkraft *f* - smū́gio jėgà
stóßweise trūkčiojamai, trūkčiojant
Stóßzahn *m* -(e)s, ᵘe ìltis
stóttern *vi* mikčióti
stracks **1** tiẽsiai, tiesióg **2** tuojaũ, tùčtuojau
stráfbar nusikaĺstamas; *sich* ~ *máchen* padarýti nusikaltìmą pažeĩsti įstátymą
Stráfe *f* -, -n **1** bausmė̃; *die* ~ *ábbüßen* atlìkti baũsmę **2** baudà; núobauda
stráfen *vt* (nu)baũsti
straff įtemptas; standùs
stráffallıg baustìnas; ~ *wérden* nusikaĺsti
stráffen **I** *vt* (iš)tempti, įtempti **II** *sich* ~ ìšsitempti; įsitempti
stráffrei nenùbaustas, nèbaustas
Stráf‖gefangene *sub m, f* kalinỹs, -ė̃; ~*geld n* -(e)s, -er piniginė baudà; ~*lager n* -s, - pataisõs darbų̃ stovyklà
sträflich baũstinas, nusikaĺstamas; nedovanótinas
Stráf‖tat *f* -, -en nusikaltìmas; ~*zeit f* - kãlinimo laĩkas
Strahl *m* -(e)s, -en **1** spindulỹs **2** (*vandens*) srovė̃, čiurkšlė̃
stráhlen *vi* spindéti; švytéti
Strähne *f* -, -n (*plaukų*) srúoga
stramm **I** *a* **1** prigùlęs, priglùdęs **2** ìšsitempęs; tiesùs **II** *adv* **1** stañdžiai, glaũdžiai **2** ìšsitempus; ~ *zíehen* įtempti; suveřžti
strámmstehen* *vi* (*vor D*) stovéti ìšsitempus (*prieš ką*)
Strand *m* -(e)s, ᵘe (*jūros*) krañtas; paplūdimỹs
Strang *m* -(e)s, ᵘe viřvė
Strapáze *f* -, -n vařgas, rū́pestis
strapazíeren **I** *vt* várginti, kamúoti **II** *sich* ~ várgintis, kamúotis
strapaziös várginantis, sunkùs
Stráße *f* -, -n **1** gãtvė; kẽlias; pléntas; *j-n auf die* ~ *sétzen* [*wérfen*] ìšmèsti kã į̃ gãtvę, atléisti kã ìš dárbo **2** są́siauris
Stráßen‖anzug *m* -(e)s, ᵘe kasdiẽnis kostiùmas; ~*bahn f* -, -en tramvãjus; ~*kreuzung f* -, -en sánkryža; ~*verkehr*

Strategíe f -, -gí:en stratègija
stratégisch stratèginis
sträuben, sich 1 šiáuštis **2** (gegen A) príe-
šintis (kam)
Strauß[1] m -es, ⁚e púokštė
Strauß[2] m -es, -e zool. strùtis
strében vi (nach D) síekti (ko)
Stréber m -s, - garbétroška, karjerìstas
strébsam uolùs, kruopštùs
Strécke f -, -n **1** atstùmas, núotolis **2** lìnija,
rúožas (oro, geležinkelio)
strécken I vt (iš)tiẽsti; **den Kopf aus dem
Fénster** ~ iškìšti gálvą prõ lángą; **die
Wáffen** ~ sudéti ginklùs, pasidúoti **II sich**
~ rąžýtis, raivýtis
Streich m -(e)s, -e **1** išdáiga, pókštas; **j-m
éinen bösen** ~ **spíelen** iškrẽsti kám pìktą
pókštą **2** kiṝtis, smū̃gis
Stréichbogen m -s, - / ⁚ strȳkas, griežìklis
stréichen* **I** vt **1** (pa)glóstyti **2** (už)tèpti **3** da-
žýti; **Vórsicht, frisch gestríchen!** atsar-
giaĩ, dažýta! **4** išbraūkti **II** vi (s) **1** (über
A) pérbraukti (per ką) **2** vaikštinéti, bastý-
tis
Stréichholz n -es, ⁚er degtùkas
Stréich‖instrument n -(e)s, -e stȳginis inst-
rumeñtas; ~**orchester** n -s, - stȳginis or-
kèstras
Stréifband n -(e)s, ⁚er banderòlė
Stréife f -, -n patrùlis
stréifen I vt **1** (pa)liẽsti **2** nu(si)máuti;
už(si)máuti **II** vi **1** (s, h) slánkioti, bastýtis
2 (h) patruliúoti
Stréifen m -s, - **1** drȳžis, júosta **2** fìlmas
Streik m -(e)s, -s / -e streĩkas; **in den** ~ **tré-
ten** sustreikúoti
stréiken vi streikúoti
Streit m -(e)s, -e giñčas, kiviṝčas; **ein héfti-
ger** ~ aštrùs giñčas
stréiten* **I** vi giñčytis; bártis; **um [über] etw.**
(A) ~ giñčytis dėl kõ; **darüber lässt sich**
~ taĩ giñčijamas kláusimas **II sich** ~ giñ-
čytis, kiviṝčytis
Stréit‖fall m -(e)s, ⁚e giñčijamas ãtvejis,
konflìktas; ~**frage** f -, - n giñčytinas kláu-
simas

Stréitigkeiten pl giñčai, kiviṝčai
Stréitkräfte pl ginklúotosios pãjėgos
streng 1 gríežtas; **gégen j-n [mit j-m]** ~ **sein**
bū́ti grìežtám sù kuõ **2** atšiaurùs, smarkùs
Strénge f - grìežtùmas
stréngstens (kuo) grìežčiáusiai
Stress m -es, -e strèsas
Streu f -, -en kraĩkas, pãkraikas
stréuen vt (pa)beṝti, (pa)barstýti
stréunen vi bastýtis, válkiotis
Stréuzucker m -s smulkùsis cùkrus
Strich m -(e)s, -e **1** brūkšnỹs, lìnija; **éinen**
~ **durch etw.** (A) zíehen pérbraukti ką; ką
niẽkais paveṝsti **2** júosta; zonà
Strick m -(e)s, -e viṝvė
Stríckarbeit f -, -en mezgìmas; mezginỹs
strícken vt mègzti (virbalais)
Strickeréi f -, -en žr. **Stríckarbeit**
Strick‖jacke f -, -n megztìnis; ~**nadel** f -,
-n viṝbalas; ~**waren** pl megztì gaminiaĩ;
~**zeug** n -(e)s, -e **1** mezginỹs **2** mezgìmo
įrankiai
strikt 1 tikslùs **2** gríežtas, kategòriškas
Stríppe f -, -n virvė̃lė, špagãtas
stríttig giñčytinas, giñčijamas
Stroh n -(e)s šiaudaĩ
Stróh‖halm m -(e)s, -e šiáudas, šiaudẽlis;
~**witwe** f -, -n gývanašlė; ~**witwer** m -s,
- gývanašlis
Strolch m -(e)s, -e válkiotas, bastýtis
strólchen vi válkiotis, bastýtis
Strom m -(e)s, ⁚e **1** (didelė) ùpė **2** srovė̃;
sraũtas; **es goss in Strömen** pýlė kaĩp iš
kibìro
stróm‖abwärts pasroviuĩ, upè žemȳn;
~**auf**, ~**aufwärts** priẽš sróvę, upè aukš-
tȳn
strömen vi (h, s) **1** tekéti, sruvénti; **der Ré-
gen strömt únablässig** lietùs pìla bè pér-
stojo **2** plū́sti
Strómleiter m -s, - el. laĩdininkas
Strömling m -s, -e kìlkė, špròtas
Strömung f -, -en **1** srovė̃, tėkmė̃ **2** srovė̃,
kryptìs (pvz., literatū́ros, meno)
Strómzähler m -s, -e elèktros skaitìklis
Stróphe f -, -n põsmas, strofà

strótzen vi (*von D*) būti pértekusiam [pilnám] (*ko*); **er strotzt von Kraft** jìs kùpinas jėgų

strúbb(e)lig pasišiáušęs, suvéltas

Strúdel *m* -s, - sūkurỹs, verpėtas

strúdeln vi (*h*, *s*) sūkuriúoti; kunkuliúoti

Struktúr *f* -, -en struktūrà, sándara

strukturéll struktūrinis

Strúmpf *m* -(e)s, ᵘe kójinė

Strúmpfhose *f* -, -n pėdkelnės

strúppig pasišiáušęs, susivėlęs

Stúbe *f* -, -n kambarỹs; trobà, pirkià

Stúbenhocker *m* -s, - namìsėda

Stuck *m* -(e)s tinkas; *mit* ~ *bewérfen* (iš)tinkúoti

Stück *n* -(e)s, -e / - 1 gãbalas, gabalė̃lis 2 víenetas; *zehn* ~ *Éier* dẽšimt kiaušìnių 3 pjèsė

Stúckarbeit *f* -, -en tinkãvimo darbaĩ

Stúckarbeiter *m* -s, - tinkúotojas

Studént *m* -en, -en studeñtas; ~ *in* *f* -, -nen studeñtė

Stúdi:e *f* -, -di:en stùdija, mókslo dárbas [veĩkalas]

Stúdi:en‖buch *n* -(e)s, ᵘer stùdijų knygėlė; ~ *gebühr* *f* -, - en, ~ *geld* *n* -(e)s, -er mókestis ùž mókslą; ~ *jahr* *n* -(e)s, -e mókslo mėtai; kùrsas (*aukštojoje mokykloje*)

studíeren vt, vi studijúoti; tyrinéti

Stúdio *n* -s, -s (*kino*) stùdija; (*menininko*) ateljė̃

Stúdium *n* -s, -di:en studijãvimas; tyrìmas; mókslas (*aukštojoje mokykloje*)

Stúfe *f* -, -n 1 pakópa, láiptas; 2 *gram.* láipsnis

Stuhl *m* -(e)s, ᵘe kėdė̃

Stúhlgang *m* -(e)s išsitùštinimas; *kéinen* ~ *háben* siřgti vidurių užkietéjimu

stülpen vt (*über A*, *auf A*) uždéti (ką̃ ant ko), užvóžti (ką̃ kuo)

stumm 1 nebylùs 2 tylùs, nekalbùs

stümpern vi blogaĩ [prastaĩ] dìrbti

stumpf bùkas, atšìpęs; ~ *máchen* atšìpinti; ~ *wérden* atšìpti

Stumpf *m* -(e)s, ᵘe 1 kélmas 2 bìgė, straĩpas

Stúmpfsinn *m* -(e)s bukùmas, bukaprotiškùmas

stúmpfsinnig bùkas, bukaprõtiškas

Stúnde *f* -, -n 1 valandà; *in später* ~ vėlỹvą vãlandą, vėlaĩ; *zu wélcher* ~? keliñtą vãlandą? 2 pamokà

stúndenlang truñkantis daũg valandų̃; ištisomìs valandomìs

Stúnden‖lohn *m* -(e)s, ᵘe valandìnis dárbo apmokéjimas; ~ *plan* *m* -(e)s, ᵘe pamokų̃ tvarkãraštis

stúndenweise pagaĩ vãlandas

stupíd(e) bùkas, kvaĩlas

stur užsispýręs; atkaklùs; *ein* ~ *er Blick* bù kas žvìlgsnis

Sturm *m* -(e)s, ᵘe 1 audrà, vétra; štòrmas 2 *kar.* puolìmas, štuřmas; *éine Stadt im* ~ *néhmen* paiñti mìęstą šturmù

stürmen I vt pùlti, šturmúoti; II vi (*s*) lė̃kti, pùlti

Stúckarbeiter *m* -s, - tinkúotojas

stürmisch audrìngas; veržlùs

Stúrmwind *m* -(e)s, -e uragãnas, víesulas

Sturz *m* -(e)s, ᵘe / -e kritìmas; griuvìmas; žlugìmas; *der* ~ *der Préise* káinų kritìmas

stürzen I vt 1 (ap)veřsti, parveřsti 2 nuveřsti (*pvz., vyriausybę*) 3 įstùmti; *j-n ins Únglück* ~ įstùmti ką̃ į̃ neláimę II vi (*s*) 1 (nu)viřsti, (nu)krìsti; *die Préise* ~ káinos kriñta 2 pùlti, šókti III sich ~ pùlti, mèstis; *sich aus dem Fénster* ~ (iš)šókti prõ lángą

Stúrz‖helm *m* -(e)s, -e apsaugìnis šalmas; ~ *regen* *m* -s, - liūtìs

Stúte *f* -, -n kumėlė̃

Stütze *f* -, -n atramà, ramstis

stützen¹ vt pakiřpti; apkarpýti, (ap)genéti

stútzen² vi suklùsti, sunerìmti

stützen I vt (pa)reřmti, (pa)ramstýti II sich ~ (*auf A*) 1 reřmtis (*į̃ ką̃*); pasiramsčiúoti (*kuo*) 2 *prk.* reřmtis, pasireřmti (*kuo*)

Stútzer *m* -s, - dabità, puošéiva

stútzerhaft dabìtiškas, puošéiviškas

stútzig nustẽbęs, įtarùs; ~ *máchen* nustēbinti; ~ *wérden* nustèbti

Subjékt *n* -(e)s, -e 1 subjèktas 2 *gram.* veiksnỹs

subjektív subjektyvùs, subjektỹvinis

subtrahíeren vt mat. atiñti

Súche f -, -n ieškójimas; paieškà; *die Súche nach éinem Verbrécher* nusikaltėlio paieškà

súchen I vt ieškóti (ko); *Árbeiter gesúcht!* reikalìngi darbiniñkai! (skelbimas); **sich** (D) éine Frau ~ ieškóti žmonõs (ketinant vesti); *j-m zu gefállen* ~ steñgtis kám patìkti II vi (nach D) ieškóti (ko)

süddeutsch Pietų Vokietìjos

súdeln vi terlióti, teplióti

Süden m -s piẽtūs (pasaulio šalis)

südlich I a pietìnis, pietų II adv pietų liñk, į̃ pietùs

südwärts pietų kryptimì [liñk]

Südwind m -(e)s, -e pietỹs, pietų vėjas

Suffix n -es, -e príesaga, sufìksas

Sühne f -, -n 1 atgailà; atpirkìmas (kaltės) 2 ãtpildas, bausmė̃

sühnen vt išpiřkti (kaltę)

Sujet [sy'ʒe:] n -s, -s siužėtas

Sülze f -, -n šaltíena, drebutíena

Súmme f -, -n sumà

súmmen I vi zỹzti, dūgzti II vt niūniúoti

summíeren vt susumúoti, suskaičiúoti

Sumpf m -(e)s, ⸚e pélkė; klampỹnė; liūnas

Súmpfbeere f -, -n spañguolė

súmpfig pelkėtas

Sünde f -, -n nuodėmė̃

Sünder m -s, - nusidėjėlis; ~**in** f -, -nen nusidėjėlė

sündigen vi padarýti núodėmę, nusidėti

Súperlativ m -s, -e gram. aukščiáusiasis láipsnis

Súppe f -, -n sriubà

súrren vi buřgzti; dūgzti, zỹzti

suspendíeren vt suspendúoti, (laikinai) neléisti eĩti pareigų

süß 1 saldùs 2 míelas, patrauklùs

süßen vt (pa)sáldinti

Süßigkeit f -, -en 1 saldùmas 2 pl saldumýnai, konditèrijos gaminiaĩ

süßlich apýsaldis, saldókas

süßsáuer saldžiarūgštis

Süßwasser n -s gėlàsis vanduõ

Sweater ['sve:-] m -s, - megztìnis

Symból n -s, -e siñbolis

symbólisch simbòlinis, simbòliškas

symbolisíeren vt simbolizúoti

Sympathíe f -, -thí:en simpãtija

sympáthisch simpãtiškas

sympathisíeren vi (mit D) simpatizúoti, jaũsti simpãtiją (kam)

Symphoníe f -, -ní:en žr. Sinfoníe

symphónisch žr. sinfónisch

Symptóm n -s, -e simptòmas, póžymis

Sýntax f - siñtaksė

synthétisch sintètinis, dirbtìnis

Systém n -s, -e sistemà

systemátisch sistemìngas

Széne f -, -n scenà; (kino) kãdras

T

Tábak m -s, -e tabãkas

Tablétt n -(e)s, -e / -s padėklas

Tádel m -s, - 1 príekaištas; papeikìmas 2 trūkumas, ýda

tadel‖frei, ~**los** nepriekaištìngas

tádeln vt (wegen G, für A) peĩkti, smeřkti (ką už ką)

tádelns‖wert, ~**würdig** peĩktinas, smeřktinas

Táfel f -, -n 1 lentà 2 plytėlė (šokolado) 3 (šventinis) stãlas; *j-n zur* ~ *bítten* kvíesti ką priẽ stãlo

Tag m -(e)s, -e dienà; *álle drei* ~e kàs trẽčią diẽną; *éines* ~es víeną diẽną, víeną kařtą; ~ *und Nacht* ìstisą pãrą, diẽną iř nãktį; ~ *für* ~ dienà põ dienõs, kasdiẽn; *héute in acht* ~en põ saváitės

tagáus: ~, *tagéin* kasdiẽn, dienà põ dienõs

Táge‖arbeiter m -s, - padiẽnis darbiniñkas; ~**buch** n -(e)s, ⸚er dienóraštis

tágelang ištisomìs dienomìs

Tágelöhner m -s, - padiẽnis darbiniñkas

tágen I vi posėdžiáuti II vi, vimp aũšti, švìsti

Táges‖ablauf *m* -(e)s, ⁼e darbótvarkė, dienōs režimas; ∼**anbruch** *m* -(e)s, ⁼e auš̃rà; *bei* ∼*anbruch* aūštant, šviñtant; ∼**leistung** *f* -, -en dienōs ĩšdirbis; ∼**ordnung** *f* -, -en darbótvarkė; *auf der* ∼*ordnung stéhen* bū́ti darbótvarkėje; bū́ti svařstomam ∼**verdienst** *m* -(e)s, -e dienōs ùždarbis; ∼**zeit** *f* -, -en dienōs mẽtas; *zu früher* ∼*zeit* (labaĩ) ankstì; *zu jéder* ∼*zeit* bet kuriuõ dienōs metù; ∼**zeitung** *f* -, -en diẽnraštis

täglich I *a* kasdieninis, kasdiẽnis; *das* ∼*e* **Brot** dúona kasdieninė **II** *adv* kasdiẽn, kiekvíeną diẽną, ∼ *dréimal éssen* válgytĩ trìs kartùs peř̃ diẽną

tags diẽną, dienōs metù; ∼ *davór* [*vorhér*] diẽną priẽš taĩ; ∼ *daráuf* kìtą diẽną

tágsüber ĩštisą diẽną

tágtäglich kiekvíeną diẽną, dienà põ dienōs

Tágung *f* -, -en sèsija; suvažiãvimas

Taifún *m* -(e)s, -e taifū́nas

Taille ['taljə] *f* -, -n tālija, liemuõ

Takt *m* -(e)s, -e tãktas, rìtmas; taktiškùmas; ∼ *hában* bū́ti tãktiškam

Táktik *f* -, -en tãktika

táktlos netãktiškas

Táktstock *m* -(e)s, ⁼e batutà, dirigeñto lazdėlė

táktvoll tãktiškas

Tal *n* -(e)s, ⁼er slėnỹs, klónis

Talént *n* -(e)s, -e tãlentas

talentíert talentìngas

Talg *m* -(e)s, -e lãjus, taukaĩ

Tálisman *m* -s, -e talismãnas

Tálsperre *f* -, -n ùžtvanka (*slėnyje*)

Tank *m* -(e)s, -s / -e bãkas; cistèrna

tánken *vi* pri(si)pìlti degalų̃

Tánker *m* -s, - tánklaivis

Tánk‖schiff *n* -(e)s, -e *žr.* **Tánker;** ∼**stelle** *f* -, -n degalìnė

Tánne *f* -, -n kẽnis, bálteglė

Tánnen‖baum *m* -(e)s, ⁼e **1** *žr.* **Tánne 2** naujametìnė eglùtė; ∼**wald** *m* -(e)s, ⁼er eglýnas

Tánte *f* -, -n tetà

Tanz *m* -es, ⁼e šõkis; šõkiai

Tánzabend *m* -(e)s, -e šõkių vãkaras

tánzen *vi, vt* šõkti

Tänzer *m* -s, - šokéjas; ∼*in f* -, -nen šokéja

Tánz‖kapelle *f* -, -n šõkių mùzikos orkèstras; ∼**lehrer** *m* -s, - šõkių mókytojas; ∼**stunde** *f* -, -n šõkių pamokà

Tapéte *f* -, -n síenų apmušalaĩ

tapezíeren *vt* tapetúoti, išklijúoti tapètais

tápfer drąsùs, narsùs

Tápferkeit *f* - drąsùmas, narsùmas

táppen *vi* (*s, h*) tapsénti, tapséti

täppisch nerangùs, dramblótas

Tára *f* -, -ren tarà

Tarif *m* -s, -e tarìfas

tárnen *vt* maskúoti; slė̃pti

Tásche *f* -, -n **1** kišẽnė **2** pòrtfelis; krepšỹs

Táschen‖geld *n* -(e)s, -er kišénpinigiai, pinigaĩ smulkióms ĩšlaidoms; ∼**lampe** *f* -, -n kišeninis žibintuvẽlis; ∼**messer** *n* -s, - lenktìnis [kišeninis] peĩlis; ∼**tuch** *n* -(e)s, ⁼er nósinė

Tásse *f* -, -n puodùkas

Táste *f* -, -n klavìšas

tásten *vi* / *sich* ∼ (*nach D*) grabinéti, grabaliótis (*ko ieškant*)

Tat *f* -, -n póelgis, pasielgìmas; dárbas; *éine verbrécherische* ∼ nusikaltìmas; *etw. in die* ∼ *úmsetzen* ką̃ įgyvéndinti; *in der* ∼ iš tiesų̃, iš tikrų̃jų

Tátbestand *m* -(e)s, ⁼e fãktai, fãktinė mẽdžiaga

tátenlos neveiklùs, dykinéjantis

Táter *m* -s, - kaltiniñkas; nusikaltė̃lis

tätig I *a* veiklùs, aktyvùs; ∼ *sein* dìrbti; *als Léhrer* ∼ *sein* dìrbti mókytoju, mokytojáuti **II** *adv* veiksmìngai, efektyviaĩ

Tätigkeit *f* - veiklà, dárbas

Tátkraft *f* - enèrgija, aktyvùmas

tátkräftig energìngas, aktyvùs

tätlich prievartìnis, smùrtinis; ∼ *wérden* pavartóti fìzinę jė̃gą

Tátort *m* -(e)s, -e įvykio vietà; *teis.* nusikaltìmo vietà

Tátsache *f* -, -n fãktas

tátsächlich I *a* fãktinis, fãktiškas **II** *adv* fãktiškai, iš tikrų̃jų

Tátze f -, -n lētena

Tau¹ m -(e)s rasà

Tau² n -(e)s, -e vir̃vė, lýnas

taub 1 kur̃čias; ~ wérden apkur̃sti 2 tùščias, bevaĩsis

Táube¹ f -, -n balañdis, karvēlis

Táube² sub m, f kur̃čias žmogùs

táubstumm kur̃čnebylis

Táucher m -s, - nãras

Táuchgerät n -(e)s, -e akvalángas

táuen vi (h, s) (iš)tir̃pti

Táufe f -, -n krìkštas, krikštỹnos

táufen vt (pa)krìkštyti

táugen vi (zu D) tìkti, bū́ti tinkamám (kam)

Táugenichts m - / -es, -e netìkėlis, nenáudėlis

táuglich (zu D) tiñkamas, tiñkantis (kam)

táuig rasótas

Táumel m -s svirduliãvimas; svaigulỹs, apsvaigìmas

táumelig svirduliúojantis; svaigulìngas

táumeln vi (h, s) svirduliúoti

Tausch m -es, -e mainaĩ, (iš)maĩnymas

táuschen vt 1 (mit j-m) mainýti, keĩstis (kuo su kuo); Blícke ~ susižvalgýti 2 (gegen A) mainýti, keĩsti (ką̃ į̃ ką̃)

táuschen I vt apgáuti, suklaidìnti II sich ~ 1 (su)klýsti, apsirìkti 2 (in D) nusivìlti (kuo)

táuschend apgaulìngas, klaidìnantis

táusend tū́kstantis

Táusend n -s, - / -e tū́kstantis; ~e von Ménschen tū́kstančiai žmonių̃

táusendjährig tū́kstantmētis, tū́kstančio mḗtų

táusendmal tū́kstantį̃ kar̃tų

Táuwetter n -s atódrėkis, atlydỹs

Táxe f -, -n 1 taksà 2 tãksis

Táxi n -s, -s taksì, tãksis

Táxi‖fahrer m -s, - taksì vairúotojas; ~stand m -(e)s, ‑e taksì stovėjimo vietà

Team ['ti:m] n -s, -s sport. kománda

Téchnik f -, -en tèchnika

Téchniker m -s, - tèchnikas

téchnisch I a tèchninis, tèchnikos II adv tèchniškai, tèchnikos póžiūriu

Technologíe f -, -gí:en technològija

technológisch technològinis, technològijos

Tee m -s, -s arbatà; grüner ~ žalióji arbatà

Teenager ['ti:ne:dʒər] m -s, - paauglỹs, -ė̃ (džn. apie mergaitę)

Teer m -(e)s, -e degùtas; dervà

Téewurst f -, ‑e arbãtinė dešrà

Teich m -(e)s, -e tvenkinỹs, kū́dra

Teig m -(e)s, -e tešlà

Teil m, n -(e)s, -e 1 dalìs; ich für méinen ~ kaĩ dėl manę̃s; in ~e zerlégen padalýti, suskìrstyti dalimìs; zum ~ dalinaĩ, iš daliẽs; zum größten ~ daugiáusia 2 n dalìs, detãlė

téilen I vt 1 (pa)dalýti, (su)skáidyti, (su)skìrstyti; éine Zahl durch fünf ~ dalìnti skaĩčių̃ iš penkių̃ 2 (mit j-m) dalìntis, dalýtis (su kuo); das Zímmer mit j-m ~ gyvénti sù kuõ tame pačiamè kambaryjè; j-s Méinung ~ pritar̃ti kienõ núomonei II sich ~ skìrtis, išsiskìrti

Téilnahme f - 1 (an D) dalyvãvimas (kur) 2 užúojauta

téilnahmslos abejìngas, apãtiškas

téilnehmen* vi (an D) dalyváuti (kur)

Téilnehmer m -s, - dalỹvis

teils: teils ... teils taĩ ... taĩ

Téilung f -, -en 1 (pa)dalìjimas; pasidalìjimas; dalýbos 2 mat. dalýba

téilweise I a dalìnis II adv 1 dalimìs 2 iš daliẽs, dalinaĩ

Teint [tɛŋ] m -s, -s véido spalvà

Telefón n -s, -e telefònas

Telefón‖anruf m -(e)s, -e telefòno skambùtis; ~gespräch n -(e)s, -e pókalbis telefonù; ~hörer m -s, - telefòno ragēlis

telefoníeren vi (mit j-m) kalbéti telefonù (su kuo)

telefónisch I a telefòno, telefòninis II adv telefonù

Telefónzelle f -, -n telefòno būdēlė

Telegráf / Telegráph m -en, -en telegrãfas

telegrafíeren / telegraphíeren vi telegrafúoti

Telegrámm n -s, -e telegramà; ein dríngendes ~ skubióji telegramà

Teleskóp n -s, -e teleskòpas

Téller *m* -s, - lēkštė
Témpel *m* -s, - šventóvė, šventyklà
Temperamént *n* -(e)s, -e temperameñtas
temperaméntvoll temperamentìngas
Temperatúr *f* -, -en temperatūrà
Temperatúrschwankung *f* -, -en temperatūros svyrãvimas
Témpo *n* -s, -s / -pi teñpas
Témpus *n* -, -pora *gram.* laĩkas, laĩko fòrma
Tendénz *f* -, -en tendeñcija
tendenziös tendencìngas, šãliškas
tendíeren *vi* (*zu D, nach D*) liñkti, turéti tendeñciją (*į ką*)
Ténnis *n* - tènisas
Ténnis‖schläger *m* -s, - tèniso rakètė;
~**spieler** *m* -s, - tènisininkas
Tenór *m* -s, ·e tènoras
Téppich *m* -s, -e kìlimas; *éinen* ~ *klópfen* (iš)dùlkinti kìlimą
Termín *m* -s, -e teřminas
termíngemäß I *a* savalaĩkis II *adv* laikù, pagaĩ teřminą
Términus *m* -, -ni teřminas
Terpentín *n* -s, -e terpentìnas
Terrain [-'rɛŋ] *n* -s, -s vietóvė; teritòrija
Terásse *f* -, -n terasà
Térrier *m* -s, - terjèras (*šunų veislė*)
territoriál teritòrinis
Territórium *n* -s, -ri¦en teritòrija
Térror *m* -s teròras
terrorisíeren *vt* terorizúoti
Terrorísmus *m* - terorìzmas
Terroríst *m* -en, -en terorìstas
terrorístisch terorìstinis
Test *m* -(e)s, -e (iš)bañdymas; tèstas
Testamént *n* -(e)s, -e testameñtas
tésten *vt* (iš)bandýti; atlìkti tèstą
téuer brangùs; ~ *wérden* (pa)brángti; ~ *zu stéhen kómmen* brángiai kainúoti [atsieĩti]
Téuerung *f* -, -en pabrangìmas
Téufel *m* -s, - vélnias, kìpšas; *zum* ~*!* põ velnių! *scher dich zum* ~*!* eĩk põ velnių!
téuflisch vélniškas, klastìngas
Text *m* -es, -e tèkstas; (*dainos*) žõdžiai
Textíli¦en *pl* tekstìlė, audiniaĩ
Textílindustrie *f* -, -ri¦en tekstìlės prãmonė

Theáter *n* -s, - teãtras; spektãklis; *was wird héute im* ~ *gegében?* kàs šiañdien ródoma teatrè?
Theáter‖aufführung *f* -, -en spektãklis, vaidìnimas; ~**glas** *n* -es, ·er teãtro žiūrõnai; ~**karte** *f* -, -n teãtro bìlietas; ~**stück** *n* -(e)s, -e pjèsė; ~**zettel** *m* -s, - teãtro programà
Théke *f* -, -n prekýstalis, bufètas
Théma *n* -s, -men / -ta temà
Themátik *f* - temãtika
Theologíe *f* -, -gí¦en teològija
theorétisch teòrinis
Theorie *f* -, -rí¦en teòrija
Therapíe *f* - terãpija
Thérmosflasche *f* -, -n tèrmosas
Thése *f* -, -n tèzė, teiginỹs
Thron *m* -(e)s, -e sóstas
tícken *vi* tikséti (*apie laikrodį*)
tief 1 gilùs; *in* ~*er Nacht* vėlývą nāktį; *fünf Méter* ~ penkių mètrų gỹlio; *wie* ~ *ist der See?* kóks ẽžero gỹlis? ~ *erschüttert* labaĩ sùkrėstas; ~ *gréifend* dìdelis, radikalùs 2 žẽmas
Tíefe *f* - 1 gỹlis, gilùmas; *in der* ~ *der Séele* širdiẽs [sielõs] gilumojè 2 bedùgnė, prarajà
Tíefebene *f* -, -n žemumà
Tíef‖land *n* -(e)s, ·er žemumà; ~**punkt** *m* -(e)s, -e 1 žemìáusias tãškas (*pvz., temperatūros, vandens lygio*); didžiáusias núosmukis, krìzė
Tier *n* -(e)s, -e gyvūnas; gyvulỹs; žvėrìs
Tíer‖arzt *m* -es, ·e veterinãras; ~**garten** *m* -s, · zoològijos sõdas
tíerisch 1 gývulio; gyvulìnis; žvėriẽs 2 žvėriškas, žiaurùs
Tíer‖welt *f* - gyvūnijà, fáuna; ~**zucht** *f* - gyvulininkỹstė
Tíger *m* -s, - tìgras
tílgen *vt* 1 pašãlinti, panaikìnti 2 grąžìnti, apmokéti (*pvz., skolą*)
Tínte *f* - rãšalas
Tíntenfass *n* -es, ·er rašalìnė
Tipp *m* -s, -s patarìmas
típpeln *vi* (*h, s*) cipénti, tipénti

típpen[1] *vt* rašýti [spáusdinti] rãšomąja mašinėlè

típpen[2] *vi* (pa)tapšnóti

Tisch *m* -es, -e stãlas; **bei** ∼(*e*) válgymo metù, válgant; *j-n zu* ∼ *bítten* prašýti [kviẽsti] ką priẽ stãlo

Tisch‖decke *f* -, -n stáltiesė; ∼**lampe** *f* -, -n stalìnė lémpa

Tíschler *m* -s, - stãlius

Tíschler‖handwerk *n* -(e)s stãliaus ãmatas; ∼**werkstatt** *f* -, ⁖en stãliaus [stãlių] dirbtùvė

Tíschtennis *n* - stãlo tènisas

Títel *m* -s, - 1 añtraštė, pavadìnimas 2 vaȓdas, tìtulas

Títelseite *f* -, -n (*knygos*) titulìnis lãpas

Toast [to:st] *m* -(e)s, -e / -s tòstas; *éinen* ∼ *auf j-n áusbringen* (pa)siūlyti tòstą kienõ gaȓbei

tóben *vi* siaũsti, siáutėti, šélti

Tóbsucht *f* - siutulỹs, (pa)siutìmas

Tóchter *f* -, ⁖er duktě

Tod *m* -es mirtìs; *den* ∼ *fínden* miȓti; žūti; *éines natürlichen* ∼*es stérben* miȓti savà mirtimì; *auf den* ∼ *krank sein* labaȋ suñkiai siȓgti; *auf* ∼ *und Lében kämpfen* kovóti žūtbūtìnę kõvą; *es geht um* ∼ *und Lében* taȋ gyvýbinis kláusimas

tód‖blass, ∼**bleich** išbãlęs kaȋp numìrėlis

Tódes‖angst *f* -, ⁖e 1 mirtiẽs báimė; 2 mirtinà báimė; ∼**gefahr** *f* -, -en miȓtinas pavõjus; ∼**jahr** *n* -(e)s, -e mirìmo mētai; ∼**stille** *f* - mirtinà tylà; ∼**strafe** *f* -, -n mirtiẽs bausmě; ∼**urteil** *n* -(e)s, -e mirtiẽs núosprendis

tód‖geweiht pàsmerktas miȓti; ∼**krank** mirtinaȋ seȓgantis

tödlich miȓtinas

tódmüde mirtinaȋ pavaȓgęs

Toilétte [toa-] *f* -, -n 1 tualètas, drabùžiai 2 tualètas, ìšvietė

Toiléttenartikel [toa-] *pl* tualètiniai [tualèto] reȋkmenys

tol`{e}`ránt tolerántiškas, pakantùs

Toleránz *f* - toleráncija, pakantùmas

tolerieren *vt* tolerúoti

toll 1 pasiùtęs, pašélęs; ∼ *wérden* pasiùsti 2 pamȉšęs, pasimaȋšęs; beprõtiškas 3 puikùs, nuostabùs

tóllkühn labaȋ [pašėlusiai] drąsùs, nutrūktgaȋviškas

Tóllwut *f* - pasiutìmas; padūkìmas

tóllwütig pasiùtęs; pašélęs

Tölpel *m* -s, - stuobrỹs, mólio motiẽjus

Tomáte *f* -, -n pomidòras

Tomáten‖saft *m* -(e)s pomidòrų sùltys; ∼**soße** *f* -, -n pomidòrų pãdažas

Ton[1] *m* -(e)s, ⁖e 1 tònas, gaȓsas; *sie sprach in rúhigem* ∼ jȉ kalbėjo ramiù tonù 2 tònas (*elgesys*); *das gehört zum gúten* ∼ šȉto reikaláuja gēras tònas

Ton[2] *m* -(e)s, -e mólis

tónangebend dúodantis tòną, pagrindìnis

Tónband *n* -(e)s, ⁖er magnetofòno júosta

Tónband‖aufnahme *f* -, -n magnetofòninis įrãšymas; gaȓso įrašas; ∼**gerät** *n* -(e)s, -e magnetofònas

Tóndichter *m* -s, - kompozìtorius

tönen I *vi* skambéti, aidéti II *vt* nudažýti

tönern molìnis

Tónne[1] *f* -, -n tonà

Tónne[2] *f* -, -n statìnė

Tónstärke *f* - gaȓso stiprùmas

Tónwaren *pl* kerãmikos dirbiniaȋ

Topf *m* -(e)s, ⁖e 1 púodas, prikaistùvas 2 vazònas

Tor[1] *n* -(e)s, -e 1 vaȓtai 2 *sport.* įvartis

Tor[2] *m* -en, -en kvailỹs, beprõtis

Tóreinfahrt *f* -, -en vaȓtai, įvažiãvimas

Torf *m* -(e)s, -e dùrpės

Tórheit *f* -, -en kvailỹstė, beprotýbė

töricht kvaȋlas, paȋkas

tórkeln *vi* (*s, h*) svirdinéti

Torníster *m* -s, - kuprìnė

torpedíeren *vt* torpedúoti; suardýti, sužlugdýti

Tórte *f* -, -n tòrtas

Tortúr *f* -, -en kankìnimas; kankỹnė

Tórwart *m* -(e)s, -e vaȓtininkas

tot mȉręs, negývas; ∼*e Stílle* mirtinà tylà

totál I *a* totãlinis, visúotinis II *adv* visái, vìsiškai tótarbeiten, sich nusiplūkti, nusikamúoti bedìrbant

Tote *sub m*, *f* mìrusysis, -ioji, numìrėlis, -ė, veliónis, -ė

töten *vt* (nu)žudýti

tóten‖blass, ∼bleich išbālęs kaĩp dróbė

Tóten‖feier *f* -, -n gedulìngos pāmaldos; gēdulo mìtingas; ∼gräber *m* -s, - duobkasỹs

tótenstill vìsiškai tylùs

tót‖fahren* *vt* suvažinėti; ∼hetzen, sich nusivarýti, nusikamúoti; ∼lachen, sich užsijuõkti, mìrti ìš juõko; ∼schießen* I *vt* nušáuti II sich ∼schießen* nusišáuti; ∼schlagen* *vt* užmùšti; *die Zeit* ∼schlagen prastùmti laĩką

Tötung *f* -, -en nužùdymas; žmogžudỹstė

Tour [tu:r] *f* -, -en 1 ìšvyka, ìškyla; keliõnė 2 tùras; rãtas

Tourísmus [tu-] *m* - turìzmas

Touríst [tu-] *m* -en, -en turìstas

tourístisch [tu-] turìstinis, turìzmo

Tournee [tur'ne:] *f* -, -s / -né¦en turnė̃

trában *vi* (*h*, *s*) risnóti, bėgti risčià

Tracht *f* -, -en tautìnis kostiùmas; tautìniai drabùžiai [rūbai]

tráchten *vi* (*nach D*) sìekti, trókšti (*ko*)

Traditión *f* -, -en tradìcija

traditionéll tradìcinis

traditións‖gemäß pagaĩ tradìciją; ∼reich turtìngas tradìcijų

Trágbahre *f* -, -n neštùvai

träge tingùs, suglēbęs; inèrtiškas

trágen* I *vt* 1 nèšti 2 nešióti, dėvėti 3 turėti vaĩrdą; *éinen Títel* ∼ vadìntis (*pvz.*, *apie knygą*) 4: *Früchte* ∼ vèsti vaisiùs; *den Verhältnissen Réchnung* ∼ atsižveĩgti į̃ sálygas; *den Verlúst* ∼ turėti núostolių II *vi* 1 laikýti 2 vèsti, derėti III sich ∼ nešiótis, dėvėtis

Träger *m* -s, - nešìkas, nešėjas

Trägheit *f* - tingùmas, suglebìmas; inertiškùmas

Trágik *f* - tragìzmas, tragiškùmas

trágisch trãgiškas

Tragödi¦e *f* -, -n tragèdija

Trainer ['tre:-] *m* -s, - trèneris

trainíeren [tre-] I *vt* trenirúoti II *vi* / sich ∼ trenirúotis

Training ['tre:-] *n* -s, -s treniruõtė, trenirãvimasis

Trainingsanzug ['tre:-] *m* -(e)s, ≈e spòrtinis kostiùmas, trèningas

Tráktor *m* -s, -tóren trāktorius

trámpeln *vi* 1 (*s*) draĩblinti, nerañgiai eĩti 2 (*h*) trepsėti [trỹpti] kójomis

Tran *m* -(e)s, -e žuvų̃ taukaĩ

Träne *f* -, -n ãšara; ∼n láchen juõktis ikì ãšarų̃; *sle war den* ∼n nàhe jì võs nepravìrko; *zu* ∼n gerührt sujáudintas ikì ãšarų̃

tränen *vi* ašaróti

tränen‖feucht ašarótas, šlãpias nuõ ãšarų̃; ∼voll 1 pìlnas ãšarų̃ 2 graudùs, maldáujamas

Tränke *f* -, -n girdyklà

tränken *vt* (pa)gìrdyti (*gyvulius*)

Transít *m* -(e)s, -e tranzìtas; pérvežimas

Transítverkehr *m* -s tranzìtinis susisiekìmas

transportíeren *vt* transportúoti; pérvežti

tráppeln *vi* (*s*) trepénti, bidzénti

Tráube *f* -, -n 1 *pl* vỹnuogės 2 (*vynuogių̃*) kėkė

Tráuben‖saft *m* -(e)s, ≈e vỹnuogių sùltys; ∼zucker *m* -s gliukòzė

tráuen[1] I *vi* (*D*) tikėti, pasitikėti (*kuo*) II sich ∼ (iš)drį̃sti, rýžtis; *sich nicht* ∼, *etw. zu tun* nedrį̃sti [nesirýžti] kõ darýti

tráuen[2] *vt* (su)tuõkti; *sich* ∼ *lássen* susituõkti

Tráuer *f* - 1 liūdesỹs, sìelvartas; *in tíefer* ∼ sù dìdeliu liūdesiu 2 gēdulas; gēdulo drabùžiai; *in* ∼ *géhen* nešióti gēdulą

Tráuer‖kleidung *f* -, -en gēdulo drabùžiai; ∼marsch *m* -es, ≈e gedulìngas máršas

tráuern *vi* (*um A*) liūdėti, gedėti (*ko*)

Tráuer‖rede *f* -, -n kalbà priẽ kãpo; ∼spiel *n* -(e)s, -e tragèdija (*veikalas*); ∼zug *m* -(e)s, ≈e láidotuvių procèsija

träufeln I *vt* lãšinti II *vi* lašėti, varvėti

tráulich nuoširdùs, intymùs

Traum *m* -(e)s, ᵛe sãpnas; svajõnė; *etw.* *im* ~ **séhen** ką sapnúoti; *im* ~ **spréchen** kalbéti peᷓ miegùs

Tráuma *n* -s, -men tráuma

träumen I *vi* (*von D*) 1 sapnúoti (*ką*); *träume süß!* saldžiᷟ sapnᶙ! 2 svajóti (*apie ką*); *träum nicht!* nesvajók! klausýk! **II** *vt* sapnúoti

Träumer *m* -s, - svajótojas, fantazúotojas

träumerisch svajìngas, užsisvajójęs

tráurig 1 liūᷟdnas, nusimìnęs 2 pasigailétinas, veᷓtas pasigailéjimo

Tráurigkeit *f* - liūdesᷟs, liūdnùmas

Tráuring *m* -(e)s, -e sutuoktùvių žíedas **traut** 1 jaukùs 2 brangùs, míelas

Tráuung *f* -, -en sutuokìmas; sutuoktùvės

Tráuzeuge *m* -n, -n sutuoktùvių liùdininkas

Trawler [troːlər] *m* -s, - (*žvejybinis*) trāleris

Trécker *m* -s, - trãktorius; vilkìkas

Treff *m* -(e)s, -e susitikìmas; susitikìmo vietà

tréffen* I *vt* 1 patáikyti (*į ką*); *er stand wie vom Blitz getróffen* jìs stovéjo lýg perkū́no treñktas 2 su(si)tìkti 3 ištìkti 4: *éine Entschéidung* ~ priiᷛti sprendìmą; *Máßnahmen* ~ iᷛtis príemonių **II** *vi* (*auf A*) susitìkti (*su kuo*) **III** **sich** ~ 1 susitìkti 2: *es trifft sich gut, dass ...* geraᷓ, kàd ...

Tréffen *n* -s, - 1 susitikìmas; sąskrydis 2 *sport.* susitikìmas, rungtỹnės

tréffend taiklùs; tikslùs

Tréffer *m* -s, - 1 patáikymas, kliùdymas (*pvz., kulkos*) 2 laiméjimas (*loterijoje*)

Tréff‖punkt *m* -(e)s, -e susitikìmo vietà; ~**schuss** *m* -es, ᵛe taiklùs šū́vis

tréffsicher taiklùs

Tréib‖beet *n* -(e)s, -e inspèktas, šiᷓtlysvė; ~**eis** *n* -es dreifúojantis lēᷟdas

tréiben* I *vt* 1 varýti, gìnti; *Préise in die Höhe* ~ išpū́sti káinas 2 skùbinti, rãginti; *j-n zur Éile* ~ ką rãginti skubéti 3 veᷓstis, užsiiminéti (*kuo*); *Sport* ~ sportúoti **II** *vi* 1 bū́ti nešamám, dreifúoti 2 dýgti; skleᷓisti puᷛpurus 3 kìlti (*pvz., apie tešlą*); rū́gti (*pvz., apie alų̃*)

Tréiben *n* -s stùmdymasis, grūstìs

Tréib‖haus *n* -es, ᵛer šiᷟtnamis; ~**stoff** *m* -(e)s, -e degalaᷓi, kùras

trénnen I *vt* 1 (at)skìrti, pérskirti 2 išardýti, nuardýti **II sich** ~ (*von D*) skìrtis, išsiskìrti (*su kuo*)

Trénnung *f* -, -en atskyrìmas; išsiskyrìmas

Trénnungs‖strich *m* -(e)s, -e, ~**zeichen** *n* -s, - brūkšnēᷟlis, defìsas

Tréppe *f* -, -n láiptai; *drei* ~*n hoch wóhnen* gyvénti ketvirtamè aukštè

Tréppen‖geländer *n* -s, - láiptų turēᷟklai; ~**haus** *n* -es, ᵛer láiptinė

Tresór *m* -s, -e seᷓifas

tréten* I *vi* (*s*) 1 žeñgti, eᷓiti; *nach j-m* ~ spìrti kám 2 (*an A*) prieᷓiti (*prie ko*); *zur Séite* ~ pasitráukti į̃ šãlį; *die Tränen tráten ihm in die Áugen* jám ãšaros pasiródė akysè 3: *in Erschéinung* ~ pasiréikšti, iškìlti aikštēᷟn; *in Kraft* ~ įsigalióti; *in den Streik* ~ pradéti streikúoti **II** *vt* 1 spáusti, mìnti 2 pramìnti (*taką*); užmìnti

treu ìštikimas, atsidãvęs

Tréue *f* - ištikimýbė; *die* ~ **bréchen** suláužyti ištikimýbę; *j-m die* ~ **hálten** bū́ti [lìkti] kám ištikimám

Tréueid *m* -(e)s ištikimýbės príesaika

tréuherzig atviraší̃rdis, nuoširdùs

Tribunál *n* -s, -e tribunõlas

Tribüne *f* -, -n tribūnà

Tríchter *m* -s, - 1 piltuvēᷟlis 2 (*vulkano*) krãteris

Trick *m* -s, -s triùkas (*pvz., akrobato*); gudrýbė

Tríckfilm *m* -(e)s, -e multiplikãcinis fìlmas

Trieb *m* -(e)s, -e 1 veržìmasis, siekìmas 2 pótraukis; instìnktas 3 *bot.* ū́gis, auglỹs

tríefen* *vi* (*s*) lašéti, varvéti; tekéti

tríftig įtikìnamas; riᷛtas

Trikot [-ˈkoː] *m, n* -s, -s trikò (*drabužis*), spòrtiniai marškinēᷟliai

Trikotágen [-ʒən] *pl* trikotãžas, trikotãžo gaminiaᷓi

tríllern *vi* treliúoti (*dainuojant, griežiant*); tiriliúoti (*apie paukščius*)

Trilogie *f* -, -gìᷟen trilògija

trinkbar gēᷟriamas

trínken* *vt, vi* (iš)gérti; *auf j-s Gesúndheit*
[*Wohl*] ~ (iš)gérti į̃ kienõ sveikãtą
Trínker *m* -s, - girtuõklis, alkohòlikas
Trínk‖geld *n* -(e)s, -er arbãtpinigiai;
~**spruch** *m* -(e)s, -̣e tòstas
tríppeln *vi* (*s, h*) bidzénti, cipénti
trist niū̃rùs, nykùs
Tritt *m* -(e)s, -e 1 žiñgsnis; *auf Schritt und*
~ kiekvienamè žiñgsnyje 2 spỹris 3 (*va-*
gono, autobuso) laiptẽlis
Tríttbrett *n* -(e)s, -er pakója, paminà; (*va-*
gono, autobuso) laiptẽlis
Triumph *m* -(e)s, -e triùmfas
triumphíeren *vi* triumfúoti, džiū̃gauti
trócken saũsas; ~ *wérden* išdžiū́ti
Tróckenheit *f* - sausùmas; sausrà
tróckenlegen *vt* (nu)saũsinti (*pvz., pelkę̃*)
Trócken‖milch *f* - píeno miltẽliai; ~**obst**
n -es džiovìnti vaĩsiai; ~**rasierer** *m* -s, -
elektrìnė skutìmosi mašinẽlė
Tróckenzeit *f* -, -en sausrà
trócknen I *vt* (iš)džiovìnti; *sich* (*D*) *die*
Hände ~ šlúostytis rankàs **II** *vi* (*s*) džiū́ti
Trómmel *f* -, -n bū̃gnas; *die* ~ *rühren*
[*schlágen*] bū̃gną mùšti
trómmeln *vi* bū̃gnyti; *an der Fénsterscheibe*
~ barbénti į̃ lángo stìklą
Trompéte *f* -, -n trimìtas
trompéten *vi* trimitúoti
Trompéter *m* -s, - trimìtininkas
Trópen *pl* tròpikai, atógrąžos
tröpfeln I *vi* lašéti, varvéti **II** *vt* lãšinti, vař-
vinti
Trópfen *m* -s, - lãšas; *schmérzstillende* ~
skaūsmą malšìnantys lašaĩ
trópfenweise põ kẽletą lašų̃; põ trùputį
Trophäe *f* -, -n 1 trofėjus, kãro laimìkis 2 prì-
zas
trópisch tròpinis, tròpikų
Trost *m* -es pagúoda
trösten I *vt* (pa)gúosti, (nu)ramìnti **II** *sich* ~
(*über A*) apsipràsti, susitáikyti (*su kuo*)
tröstlich pagúodžiamas, ramìnantis
tróstlos 1 nepagúodžiamas, bevìltiškas
2 niū̃rùs, nykùs

trotz *prp* (*G*) nepáisant; ~ *des Régens* ne-
páisant lietaũs
Trotz *m* -es užsispyrìmas, atkaklùmas; *aus*
~ iš̀ užsispyrìmo
trótzdem I *adv* vìs dėlto **II** *cj* nórs
trótzen *vi* 1 spỹriotis, ožiúotis 2 (*D*) príešin-
tis, nepasidúoti (*kam*)
trótzig užsispýręs, atkaklùs
Trótzkopf *m* -(e)s, -̣e užsispýrėlis, -ė
trüb(e) 1 drum̃stas, drum̃zlinas; ~ *wérden*
drum̃stis, susidrum̃sti 2 apsiniáukęs, rū̃š-
kanas; niū̃rùs; ~*es Wétter* rū̃škanas óras
Trúbel *m* -s sámbrūzdis; sąmyšis
trüben I *vt* (su)drum̃sti; (su)trikdýti **II** *sich*
~ niáuktis, apsiniáukti
Trübsal *f* -, -e liūdesỹs, nusiminìmas
trübselig liū̃dnas
Trübsinn *m* -(e)s liūdnùmas, prislėgtùmas,
melanchòlija
trübsinnig liū̃dnas, nusimìnęs
trügen* *vt* apgáuti, apgaudinéti
trügerisch apgaulìngas
Trúhe *f* -, -n skrynià
Trümmer *pl* griuvėsiai; *die Stadt lag in* ~*n*
miẽstas bùvo vìsiškai sugriáutas
Trumpf *m* -(e)s, -̣e kõziris
trúnken gìrtas; apsvaĩgęs
Trúnkenbold *m* -(e)s, -e girtuõklis
Trúnkenheit *f* - 1 girtùmas, įkaušìmas 2 ap-
svaigìmas, svaigulỹs
Trúnksucht *f* - girtuokliãvimas, girtuoklỹstė
trúnksüchtig prasigėr;ęs, nusigė;ęs
Trúppe *f* -, -n 1 *kar.* dalinỹs 2 *teatr.* trùpė
Trúppenteil *m* -(e)s, -e karìnė dalìs
Tschéche *m* -n, -n čèkas
Tschechéi *f* - Čèkija
tschéchisch Čèkijos; čèkų; čèkiškas
Túbe *f* -, -n tūbà, tūbẽlė
tuberkulös tuberkuliòzinis
Tuberkulóse *f* -, -n tuberkuliòzė, džiovà
Tuch[1] *n* -(e)s, -er skarà, skarẽlė; skudurẽlis
Tuch[2] *n* -(e)s, -e gelumbė̃
tüchtig darbštùs, stropùs
Tücke *f* -, -n klastà, klastingùmas
tückisch klastìngas
Túgend *f* -, -en dorýbė, dorùmas
túgendhaft dorybìngas, dorìngas

Túlpe *f* -, -n tùlpė
Túmor *m* -s, -móren navìkas, auglỹs
Tümpel *m* -s, - klãnas, balùtė
Tumúlt *m* -(e)s, -e sąmyšis, maišatìs
tun* I *vt* 1 (pa)darýti, atlìkti; *(das) tut nichts!* niẽko, nesvarbù; *nichts zu* ~ niẽko nepadarýsi; *was (ist zu)* ~? ką darýti? 2 (pa)dėti; (pa)statýti; įdėti 3: *Dienst* ~ budėti; *j-m éinen Gefállen* ~ padarýti kám pãslaugą; *es tut mir leid* mán gaĩla, àš apgailestáuju; *der Kopf tut mir weh* mán skaũda gálvą II *vi* 1 dìrbti, veĩkti; *viel zu* ~ *háben* turėti daũg dárbo [reikalų] 2 apsimèsti, dėtis 3: *ich hábe damít nichts zu* ~ àš čià niẽkuo dėtas
Tun *n* -s elgesỹs; veiksmaĩ, darbaĩ
tünchen *vt* (iš)báltinti *(pvz., sienas)*
Túndra *f* -, -ren tùndra
túnken *vt* padažýti; pamirkýti
Túnnel *m* -s, - tùnelis
tüpfelig taškúotas *(apie audinį)*
túpfen *vt* lengvaĩ patèpti *(pvz., žaizdą)*
Túpfen *m* -s, - taškẽlis, taškùtis
Tür *f* -, -en dùrys; *die* ~ *fiel ins Schloss* dùrys užsìtrenkė; *j-m die* ~ *wéisen* paródyti kám durìs, ką išvarýti

Turbíne *f* -, -n turbinà
Türgriff *m* -(e)s, -e dùrų rañkena
Türkei *f* - Tùrkija
Tür‖klingel *f* -, -n dùrų skambùtis; ~**klinke** *f* -, -n dùrų rañkena
Turm *m* -(e)s, -e bókštas
türmen I *vt* (su)mèsti, (su)kráuti II *sich* ~ riogsóti, stirksóti
túrnen *vi* gimnastikúoti
Túrnen *n* -s gimnàstika; fìzinė kultūrà
Túrner *m* -s, - gimnàstas; ~**in** *f* -, -nen gimnàstė
Túrn‖gerät *n* -(e)s, -e gimnàstikos príetaisas; ~**halle** *f* -, -n gimnàstikos sãlė
Turníer *n* -s, -e turnỹras, varžýbos
Túrnübung *f* -, -en gimnàstikos pratìmas
Tür‖rahmen *m* -s, - dùrų rémas; ~**schloss** *n* -es, ⁼er ùžraktas
Túsche *f* -, -n tùšas
túscheln *vi* šnibždėtis, kuždėtis
Tüte *f* -, -n tūtėlė *(popierinis maišelis)*
Typ *m* -s, -en 1 tìpas, pavyzdỹs *(pvz., automobilio)* 2 tìpas
Týphus *m* - šìltinė
Tyránn *m* -en, -en tirõnas
Tyrannéi *f* -, -en tironijà

U

Ú-Bahn *f* -, -en metrò
Ú-Bahnhof *m* -(e)s, ⁼e metrò stotìs
übel blõgas, prãstas; netìkęs; *es steht* ~ *um ihn* jõ reikalaĩ prastì; ~*geláunt* blogaĩ nusiteĩkęs; ~ *ríechend* dvõkiantis; *j-m etw.* ~ *néhmen* užsigáuti, įsižeĩsti ùž ką añt kõ
Übel *n* -s, - blõgis, blogýbė, negeróvė
Übelkeit *f* - šleikštulỹs, negerùmas
Übeltat *f* -, -en piktadarýbė, nusikaltìmas
Übeltäter *m* -s, - piktadarỹs, nusikaĺtėlis
üben I *vt* 1 mókytis *(ko)*; lãvinti, trenirúoti *(ką)*; *Klavíer* ~ mókytis skaḿbinti pianinù 2: *Kritík an j-m* ~ ką kritikúoti II *sich* ~ *(in D)* mókytis *(ko)*; *sich im Lésen* ~ mókytis skaitýti
über I *prp* 1 *(D)* *(žymi vietą)* viřš; *die Lámpe hängt* ~ *dem Tisch* lémpa kãbo viřš

stãlo 2 *(A)* *(žymi kryptį)* viřš; *ein Bild* ~ *das Sófa hängen* (pa)kabìnti pavéikslą viřš sòfos 3 *(A)* peř; prõ; ~ *die Brücke géhen* eĩti peř tìltą 4 põ; peř; *héute* ~ *acht Táge* lýgiai põ saváitės; *ein Buch* ~ *Sónntag lésen* pérskaityti knýgą peř sekmãdienį 5 *(A)* daugiaũ kaĩp [negù]; ~ *húndert Mark* daugiaũ negù šìmtas márkių 6 *(D)*: *er sitzt* ~ *den Büchern* jìs sėdi priẽ knýgų II *adv* peř; *die Féiertage* ~ peř visàs šventès; *die Nacht* ~ kiáurą nãktį, peř (vìsą) nãktį
überáll visuř; *von* ~ iš visuř
überánspruchen *vt* pérkrauti
überántworten *vt* *(D)* atidúoti, pérduoti *(kam)*

überárbeiten I *vt* 1 pérdirbti, pérdaryti 2 pérvarginti (*pvz.*, *akis*, *nervus*) II **sich** ~ pérsidirbti, pérvargti
überaus labaĩ, nepaprastaĩ
Überbau *m* -(e)s, -e / -ten (*pastato*) añtstatas
überbelasten *vt* pérkrauti, per daũg apkráuti
überbesetzt pérpildytas
überbíeten* *vt* viřšyti, leñkti
Überbleibsel *n* -s, - liẽkana, ãtgyvena
Überblick *m* -(e)s, -e 1 reginỹs, vaĩzdas; *von hier aus hat man éinen gúten* ~ *über die Stadt* ìš čià geraĩ matýti miẽstas 2 apžvalgà
überblícken *vt* apžvel̃gti
überbríngen* *vt* pérduoti; *j-m Glückwünsche* ~ pérduoti kám linkéjimus
überdénken* *vt* apgalvóti, apmąstýti
überdies be tõ dár, iř dár
Überdruss *m* -es nuobodulỹs, įgrisìmas
überdrüssig: *ich bin des lángen Wártens* ~ mán įkyréjo [įgrìso] ilgaĩ láukti
überéilt skubótas, neapgalvótas
übereinánder víenas viřš(uñ) kìto, víenas añt kìto; ~ *légen* guldýti [déti] víeną añt kìto; ~ *líegen* guléti víenas añt kìto
Überéinkommen *n* -s, -, **Überéinkunft** *f* -, ᵘe susitarìmas
überéin:stimmen *vi* (*mit D*) sutìkti (*su kuo*); dẽrintis (*su kuo*)
überéinstimmend sutartinaĩ, vienìngai
überempfíndlich per daũg [pernelýg] jautrùs
über:erfüllen *vt* viřšyti (*pvz.*, *planą*)
überfáhren* *vt* 1 suvažinéti 2 pravažiúoti, važiúojant nepastebéti
Überfall *m* -(e)s, ᵘe añtpuolis, užpuolìmas
überfállen* *vt* 1 užpùlti (*ką*), įsiveřžti (*į kur*) 2 apìmti; *der Schlaf hat ihn* ~ jį̃ àpėmė miẽgas
überflíegen* *vt* 1 (pra)skrìsti (*virš ko*), pérskristi (*ką, per ką*) 2 péržvelgti, pérmesti akimìs
überflügeln *neatskir.* *vt* pranókti, praleñkti
Überfluss *m* -es gausùmas, peřteklius; *etw. im* ~ *hában* [*besítzen*] turéti kõ pertektinaĩ
überflüssig atliẽkamas; nereikalìngas

überflúten *vt* užtvìndyti, apsémti
überfórdern *vt* per daũg reikaláuti
überführen[1] (fǘhrte über, übergefǘhrt / überfǘhrt) *vt* pérvežti, pérgabenti
überführen[2] *neatsk.* *vt* (*D*) (ap)káltinti (*kuo*)
überfüllen *vt* *neatsk.* pérpildyti, prikim̃šti
Übergabe *f* -, -n pérdavimas; įteikìmas
Übergang *m* -(e)s, ᵘe 1 pérėja; pérvaža 2 péreinamasis laikótarpis
Übergangsmantel *m* -s, ᵘ demisezòninis páltas
übergében* *vt* pérduoti, įteĩkti
übergehen*[1] *vi* (*s*) 1 péreiti, pérbėgti; *zum Ángriff* ~ péreiti į̃ puolìmą 2 (*in A*) péreiti (*kam*), tàpti nuosavýbe (*kieno*)
übergéhen*[2] *vt* nuléisti negirdomìs (*ką*); nepastebéti (*ko*)
Übergewicht *n* -(e)s añtsvoris, svõrio peřteklius
übergíeßen* *vt* apipìlti, apliéti
überglücklich nepaprastaĩ laimìngas
übergreifen* *vi* (*auf A*) pérsimesti (*į̃ ką*), apìmti (*ką*)
überhánd: ~ *néhmen*** *vi* im̃ti viřšų, (pa)dažnéti
überháufen *neatsk.* *vt* (*mit D*) užveřsti; pérkrauti (*kuo*)
überháupt apskritaĩ, iš vìso
überhéblich išdidùs, pasipūtęs
Überhéblichkeit *f* -, -en išdidùmas, pasipūtìmas
überhólen *vt* apleñkti, praleñkti
überhólt pasénęs, atgyvénęs
überhören *neatsk.* *vt* nenugiřsti
überkléttern *vt* pérlipti, pérkopti (*per ką*)
überkómmen* *vt* apìmti, pagáuti; *Furcht überkám sie* ją̃ àpėmė báimė
überlássen* *vt* 1 pérleisti, atidúoti 2 pavèsti, léisti
überlásten *vt* pérkrauti; per daũg prikráuti
überláufen* *vi* (*s*) 1 bégti, líetis peř kraštùs 2 (*zu D*) pérbėgti, péreiti (*pas ką*)

überláufen* *vt* **1** apim̃ti, pagáuti **2** pérpildyti; *der Kúrort ist überláufen* kuròrtas pérpildytas

überlében *vt* **1** pérgyventi (*ką*), ilgiaũ gyvénti (*už ką*) **2** pérgyventi, iškę̃sti **3** lìkti gyvám

Überlébende *sub m, f* išlìkęs gývas, išlìkusi gyvà

überlébt atgyvénęs, pasénęs

überlégen¹ *vt* apgalvóti, apsvarstýti; *ich hábe es mir ánders überlégt* àš apsigalvójau [pérsigalvojau]

überlégen² pranašèsnis

Überlégenheit *f* - pranašùmas

überlíefern *vt* pérduoti (*iš kartos į kartą*)

Überlíeferung *f* -, -en **1** pérdavimas (*iš kartos į kartą*) **2** padavìmas, legendà

überlísten *vt* pérgudrauti, apgáuti

übermäßig I *a* per [pernelýg] dìdelis **II** *adv* per daũg, pernelýg

übermítteln *vt* pérduoti; *j-m hérzliche Glückwünsche* ~ pérduoti kám širdìngus svéikinimus

übermorgen porýt

übermüden *neatsk.* **I** *vt* pérvarginti **II** *sich* ~ pérvargti

Übermut *m* -(e)s išdykùmas

übermütig išdỹkęs, išdỹkėliškas

übernáchten *vi* (pér)nakvóti

übernächtig pavaȓgęs põ nēmigos, užsimiegójęs

übernéhmen* *vt* **1** priim̃ti (*pvz., prekes*); périmti (*ką*), tàpti savininkù (*ko*) **2** prisiim̃ti (*pvz., atsakomybę*); périmti (*pvz., manieras*)

überprüfen *neatsk.* *vt* (papìldomai) patìkrinti, péržiūrėti

überquéren *vt* pérkirsti, péreiti

überrágen *vt* **1** iškìlti, bū́ti iškìlusiam (*virš ko*) **2** (*an D*) pranókti, praleñkti (*ką kuo*)

überráschen *vt* **1** nustébinti **2** užklùpti, užtìkti

überráschend neláuktas, netikétas

Überráschung *f* -, -en **1** núostaba, nustebìmas **2** staigmenà, siurprìzas

überréden *vt* (*zu D*) įkalbéti, prikalbéti (*ką daryti*)

überréichen *vt* pérduoti, įteĩkti

Überrest *m* -es, -e likùtis, liẽkana; *die stérblichen* ~*e* (*velionio*) palaikaĩ

überrúmpeln *vt* netikétai užpùlti; apstuĩbinti

übersäen *neatsk.* *vt* (*mit D*) nuséti (*ką kuo*)

überschätzen *neatsk.* *vt* pérvertinti; *er hat séine Kräfte überschätzt* jìs pérvertino sàvo jėgàs

überschnéiden*, *sich* susikiȓsti, susikryžiúoti

überschréiben* *vt* **1** dúoti añtraštę [pavadìnimą] **2** (*j-m*) pérrašyti, užrašyti (*ką kam*)

überschréiten* *vt* **1** péreiti, péržengti **2** viȓšyti (*pvz., įgaliojimus*)

Überschrift *f* -, -en añtraštė

Überschuss *m* -es, ᵛe peȓteklius, pérviršis

überschütten *neatsk.* *vt* (*mit D*) užbeȓti, užpìlti; apipìlti (*ką kuo*); *j-n mit Vorwürfen* ~ ką apibeȓti príekaištais

überschwémmen *vt* užtvìndyti, apsémti

Überschwémmung *f* -, -en pótvynis

Übersee *f* - užjūris, užjūrio šãlys

überséhen* *vt* **1** apžvel̃gti **2** praléisti (*ką*), nepastebéti (*ko*)

übersénden* *vt* (pa)sių̃sti

übersetzen I *vt* pérkelti, pérvežti (*per upę*) **II** *vi* (*h, s*) pérsikelti (*per upę*)

übersétzen *vt* (iš)veȓsti; *aus dem Lítauischen ins Déutsche* ~ (iš)veȓsti iš lietùvių kalbõs į̃ vókiečių

Übersétzer *m* -s, - vertéjas (*raštu*); ~*in f* -, -nen vertéja

Übersétzung *f* -, -en vertìmas

Übersicht *f* -, -en apžvalgà

übersiedeln *atsk. / neatsk.* *vi* (*s*) pérsikelti, pérsikraustyti

Übersied(e)lung *f* -, -en pérsikėlimas, pérsikraustymas

überspítzen *vt* pérdėti, padìdinti

überspringen*¹ *vi* (*s*) (*von D auf A*) pérsimesti, péreiti (*nuo ko į ką*)

überspríngen*² *vt* péršokti (*per ką*)

überstéhen* *vt* ištvérti, iškentéti, iškę̃sti

übersteigen* vt **1** pérlipti (*per ką*) **2** viršyti (*pvz.*, *išlaidas*); *díese Árbeit übersteigt méine Kräfte* šìs dárbas ne màno jėgóms

überstreifen vt apsivilkti (*marškinius*); užsimáuti (*kojines, pirštines*)

Überstunden pl viršvalandžiai

überstürzen, sich *neatsk.* **1** greĩtai keĩstis (*pvz.*, *apie įvykius*) **2** darýti [veĩkti] skubótai

übertrágen* I vt **1** pérkelti; pérrašyti **2** (*j-m*) pavèsti, patikéti (*kam ką*) **3** (iš)veřsti (*pvz.*, *romaną, eilėraštį*) **4** pérduoti, transliúoti II sich ~ (*auf A*) pérsiduoti (*kam*)

Übertrágung *f* -, -en **1** pavedimas, patikéjimas **2** vertìmas **3** pérdavimas, transliãcija

übertréffen* vt (*an D*) praleñkti, pranókti (*ką kuo*)

übertréiben* vt pérdėti, (pernelýg) išpūsti

übervölkert per tánkiai gyvēnamas [apgyvéntas]

Übervölkerung *f* - gyvéntojų peřteklius

überwáchen vt sèkti, stebéti

überwältigen *neatsk.* vt **1** įveĩkti, nugaléti **2** apimti, užvaldýti (*pvz.*, *apie jausmą*)

überwältigend 1 didžiùlis **2** stulbinantis; įspūdìngas

überwerfen* vt už(si)mèsti (*pvz.*, *paltą, skarelę*)

überwérfen*, sich (*mit D*) susibárti, susikiviřčyti (*su kuo*)

überwiegen* vi výrauti, dominúoti

überwiegend výraujantis, dominúojantis

überwinden* vt įveĩkti, nugaléti

überwintern vi (pér)žiemoti

überwúchern vt **1** iškeróti (*apie augalus*) **2** nusteĩbti, užgõžti (*apie piktžoles*)

überzählen vt pérmokėti

überzählen *neatsk.* vt pérskaičiuoti (*pvz.*, *pinigus*)

überzéugen I vt (*von D*) įtìkinti, įtikinéti (*ką kuo*) II sich ~ (*von D*) įsitìkinti (*kuo*)

Überzéugung *f* -, -en įtìkinimas; įsitìkinimas

überziehen* I vt apmùsti, aptráukti (*pvz.*, *medžiaga*); *das Bett* ~ pérvilkti pãtalynę II sich ~ (*mit D*) apsitráukti, apsideñgti (*kuo*)

Überzug *m* -(e)s, ⁼e **1** ãpvalkalas, añtvalkalas (*pagalvės*) **2** ãpmušalas (*baldų*)

üblich I *a* įprastas, įprastìnis II *adv*: *wie* ~ kaĩp visuomèt [įprasta]

üblicherweise paprastaĩ, (kaĩp) visuomèt

Ú-Boot *n* -(e)s, -e povandenìnis laĩvas

übrig I *a* lìkęs, lìkusis; *das Übrige* vìsa kìta; *ich hábe wénig Zeit* ~ àš turiù mažaĩ laĩko; *für j-n*, *etw.* (*A*) ~ *hában* ką̃ mégti, simpatizúoti kám II *adv*: *im Übrigen* bejè, tiesà

übrigens tarp kìtko, bejè

Übung *f* -, -en **1** pratìmas; treniruõtė **2** pratýbos **3** įgudìmas, įgūdis

Übungsraum *m* -(e)s, ⁼e auditòrija

Úfer *n* -s, - krañtas; *am* ~ añt krañto

Uhr *f* -, -en **1** laĩkrodis; *die* ~ *geht nach* (*vor*) laĩkrodis atsilièka (skùba) **2** *sg* valandà; *Punkt drei* ~ lýgiai trečià valandà (trẽčią vãlandą)

Úhr‖macher *m* -s, - laĩkrodininkas; ~**werk** *n* -(e)s, -e laĩkrodžio mechanìzmas; ~**zeiger** *m* - s, - laĩkrodžio rodýklė

Úhu *m* -s, -s didýsis apúokas

Ukraíne *f* - Ukrainà

Ukraíner *m* -s, - ukrainiẽtis

ukraínisch Ukraĩnos; ukrainiẽčių; ukrainiẽtiškas

úlken vi juokáuti, juokùs krẽsti

úlkig juokìngas, kòmiškas

Ultimátum *n* -s, -s / -ten ultimãtumas

Ultrakúrzwelle *f* -, -n ultratrumpói bangà

um I *prp* (*A*) **1** apliñk, apiẽ; *um den Tisch* (*herúm*) *sítzen* sėdéti apliñk stãlą; *um die Écke biegen* pasùkti už kam̃po **2** maždaũg, apiẽ; *um Mítternacht herúm* apiẽ vidùrnaktį; *um díese Zeit* šiuõ metù **3** už; *um Lohn árbeiten* dìrbti už atlýginimą; *um kéinen Preis* už jókius pìnigus; *er ist um zehn Jáhre jünger als ich* jìs dẽšimčia mẽtų jaunèsnis už manè **4**: *um sechs Uhr* šẽštą vãlandą; *wie steht es um ihn?* kokiẽ jõ reikalaĩ?; kokià jõ padėtìs? *Tag um Tag* dienà põ dienõs II *adv*: *die Zeit ist um* laĩkas baĩgėsi

úmändern vt pérdaryti, pakeĩsti

úmarbeiten *vt* pérdirbti, pérdaryti

umármen I *vt* apkabìnti, apglébti II sich ~ apsikabìnti

úmbauen *vt* pérstatyti; pértvarkyti

úmbenennen* *vt* (pa)keĩsti vařdą [pavadìnimą]

úmbilden *vt* pértvarkyti

úmbinden* *vt* parìšti, užrìšti

úmblättern *vt* vartýti (*pvz.*, knygą)

úmblicken, sich apsižvalgýti, žvalgýtis (apliñkui)

úmbringen* I *vt* (nu)žudýti II sich ~ nusìžudýti

umdrängen *vt* apsùpti (ką), būriúotis (*aplink ką*)

úmdrehen I *vt* apveřsti; pérversti; (pa)sùkti; II sich ~ atsigrę̃žti, atsisùkti

umfáhren* *vt* važiúoti (*aplink ką*), apvažiúoti (ką)

Úmfahrt *f* -, -en apvažiãvimas

úmfallen* *vi* (s) (par)krìsti, (par)griúti

Úmfang *m* -(e)s, ⁓e apimtìs, dỹdis

umfänglich didelė̃s apimtiẽs, dìdelis

umfássen *vt* 1 apkabìnti, apglébti 2 apim̃ti

umfássend platùs, išsamùs

Úmfrage *f* -, -n apklausà

umfríeden *vt* aptvérti

Úmgang *m* -(e)s, ⁓e 1 apė̃jimas 2 *sg* bendrãvimas; ryšiaĩ; kéinen ~ hában sù niẽkuo nebendráuti

úmgänglich draugìngas, mégstantis bendráuti

Úmgangs‖formen *pl* maniẽros, etikètas; ~sprache *f* -, -n šnekamóji kalbà

úmgangssprachlich šnekamõsios kalbõs

umgében* *vt* (ap)sùpti; aptvérti (*tvora*)

Umgébung *f* -, -en 1 apýlinkės; die ~ Berlíns [von Berlín] Berlýno apýlinkės 2 aplinkà

úmgehen*¹ *vi* (s) 1 plìsti, sklìsti (*pvz.*, apie gandus) 2 (*mit D*) bendráuti; eĩgtis (*su kuo*)

umgéhen*² *vt* 1 apeĩti; apvažiúoti 2 apeĩti (ką), véngti (*ko*)

úmgekehrt ãtvirkščias, príešingas

úmgestalten *vt* pértvarkyti, reorganizúoti

Úmgestaltung *f* -, -en pértvarkymas, reorganizãvimas

úmgraben* *vt* sukàsti, pérkasti

umhér apliñk(ui)

umhér‖blicken *vi* žvalgýtis [dairýtis] apliñk(ui); ~gehen* *vi* (s) vaikštinéti, váikščioti (*ten ir atgal*); ~liegen* *vi* bū́ti išmétytam (*aplinkui*); ~treiben*, sich bastýtis, válkiotis; ~ziehen* *vi* (s) klajóti, keliáuti

umhüllen *vt* (*mit D*) 1 apsiaũsti, apgóbti (*kuo*) 2 apgaũbti (*apie rū́ką, tamsą*)

úmkehren I *vi* (s) pasùkti atgaĩ, (su)grį̃žti; auf hálbem Wége ~ grį̃žti nuõ pusiáukelės II sich ~ pasisùkti, atsigrę̃žti

úmkippen I *vt* apveřsti II *vi* (s) apvir̃sti, apsiver̃sti

umklámmern *vt* (*mėšlungiškai*) įsikìbti, įsikabìnti (į ką)

Úmkleidekabine *f* -, -n pérsirengimo kabinà

úmkleiden I *vt* pérrengti II sich ~ pérsirengti

úmkommen* *vi* (s) žū́ti

Úmkreis *m* -es, -e apýlinkė; im ~ von der Stadt miẽsto apýlinkėse 2 aplinkà

umkréisen *vt* (ap)skrìsti (*aplink ką*)

úmkrempeln *vt* paraitóti, užraitóti (*rankoves, kelnes*)

úmlágern *vt* apsùpti; apspìsti

úmláuern *vt* týkoti (*ko*), sèkti (ką)

Úmlauf *m* -(e)s, -e sukìmasis; der ~ der Érde um die Sónne žẽmės sukìmasis apliñk sáulę 2 apývarta, cirkuliãcija; in ~ bríngen [sétzen] paléisti į apývartą

úmlaufen*¹ *vi* (s) 1 bū́ti apývartoje, cirkuliúoti (*pvz., apie pinigus*) 2 sklìsti (*pvz., apie gandus*)

umláufen*² *vt* apibégti (ką), bégti (*aplink ką*)

úmlegen *vt* 1 už(si)siaũsti, už(si)mèsti 2 pérkelti (*į kitą vietą*)

úmleiten *vt* pakeĩsti krỹptį; den Verkéhr in éine ándere Stráße ~ nukreĩpti eĩsmą kità gatvè

Úmleitung *f* -, -en apvažiãvimas

úmliegend aplinkìnis

úmnähen *vt* pérsiūti

úmpflanzen[1] *vt* pérsodinti (*augalus*)
umpflánzen[2] *vt* apsodìnti (*medžiais*)
úmrechnen *vt* pérskaičiuoti
umréisen *vt* apkeliáuti, apvažiúoti
úmreißen[*1] *vt* parblõkšti, pargriáuti
umréißen[*2] *vt* 1 trumpaĩ paáiškinti [apibū́-
dinti] 2 apmèsti [nubréžti] (*pvz.*, *planą*)
umrìngen[*] *vt* apsùpti, apstóti
Úmriss *m* -es, -e 1 kòntūras 2 apžvalgà, es-
kìzas
ums = **um das**
Úmsatz *m* -es, ·e apývarta
úmschalten *vt* pérjungti
Úmschau *f* - apžvalgà, apžvelgìmas; *nach*
etw. (*D*), *j-m* ~ *hálten* dairýtis, žvalgýtis
(*ko beieškant*)
Úmschlag *m* -(e)s, ·e 1 ãplankas (*pvz.*, *kny-
gos*) 2 (*laiško*) vókas 3 pérmaina, pasikei-
tìmas (*pvz.*, *oro*) 4 *med.* komprèsas
úmschlagen[*] **I** *vt* 1 už(si)mèsti (*pvz.*, *paltą*)
2 pérversti (*pvz.*, *knygos lapus*) 3 atveřsti
(*apykaklę*) **II** *vi* (*s*) 1 (*staiga*) pasikeĩsti
(*pvz.*, *apie nuotaiką*, *orą*) 2 (*in A*) péreiti
(*į ką*)
umschlíeßen[*] *vt* 1 (ap)sùpti 2 apiřti, turéti
3 apglébti, apkabìnti
umschlíngen[*] *vt* 1 apvynióti (*aplink ką*)
2 apkabìnti, apglébti
úmschnallen *vt* užsisègti (*pvz.*, *saugos diřžą*,
kuprinę)
úmschreiben[*] *vt* 1 pérrašyti 2 (*auf j-n*) pér-
rašyti, užrašýti (*kam ką*)
úmschulen *vt* 1 pérkelti į̃ kìtą mokỹklą (*mo-
kinį*) 2 pérkvalifikuoti
Úmschweife *pl*: **óhne** ~ **spréchen** [*réden*]
kalbéti bè užúolankų
umschwírren *vt* biřbti, zỹzti (*aplink ką*)
Úmschwung *m* -(e)s, ·e pósūkis, pérversmas
(*pvz.*, *moksle*)
umségeln *vt* apiplaūkti bùrlaiviu
úmsehen[*], **sich 1** (*nach D*) atsigřẽžti (į̃
ką) 2 (*in D*) apsidairýti, apsižvalgýti (*kur*)
3 (*nach D*) dairýtis, ieškóti (*ko*)
úmsetzen *vt* 1 pérsodinti (*augalus*) 2: *etw. in*
die Tat ~ ką̃ įgyvéndinti
Úmsicht *f* - apdairùmas, atódaira

úmsichtig apdairùs
úmsiedeln **I** *vt* pérkelti, pérkraustyti **II** *vi* (*s*)
pérsikelti, pérsikraustyti
Úmsiedler *m* -s, - pérsikėlėlis
umsónst 1 nemókamai, dovanaĩ 2 véltui, be
reĩkalo
umspülen *vt* skaláuti, pláuti (*pvz.*, *krantą*)
Úmstand *m* -(e)s, ·e 1 aplinkýbė 2: *bítte, nur*
kéine Úmstände! prãšom bè ceremònijų!
úmständlich smùlkmeniškas, detalùs
úmsteigen[*] *vi* (*s*) (*in A*) pérsèsti (į̃ kitą
traukinį, *autobusą*)
úmstellen[1] **I** *vt* 1 pérstatyti; pértvarkyti
2 pérsukti (*laikrodį*) **II** sich ~ (*auf A*) pér-
siorientuoti (į̃ ką)
umstéllen[2] *vt* apsùpti
úmstimmen *vt* pérkalbėti, įtìkinti
umstóßen[*] *vt* apveřsti; parveřsti
umstrítten giñčijamas, giñčytinas
Úmsturz *m* -es, ·e pérversmas
úmstürzen *vt* 1 apveřsti, pargriáuti; sugriáuti
(*pvz.*, *planą*) 2 nuveřsti (*pvz.*, *vyriausybę*)
úmtauschen *vt* pakeĩsti, apkeĩsti
Úmtriebe *pl* pìnklės, intrìgos
úmwandeln *vt* (*in A*) paveřsti (*kuo*); pértvar-
kyti (į̃ ką)
Úmweg *m* -(e)s, -e apliñkkelis, lañkstas
Úmwelt *f* - aplinkà, aplinkumà
Úmwelt‖schutz *m* -es aplinkõs apsaugà;
~**verschmutzung** *f* -, -en aplinkõs (už)ter-
šimas
úmwenden **I** *vt* apveřsti, vartýti **II** *vi* (*s*)
apsigřẽžti (*apie automobilį*) **III** sich ~ at-
sigřẽžti, atsisùkti
úmwerfen[*] *vt* 1 apveřsti, pargriáuti 2 už-
(si)mèsti (*pvz.*, *paltą*) 3 sužlugdýti (*pvz.*,
planą)
umwíckeln *vt* (*mit D*) apvynióti (*kuo*)
úmwühlen *vt* 1 išraũsti 2 išveřsti, išgriõzti
umzäunen *vt* aptvérti (*tvora*)
úmziehen[*] **I** *vi* (*s*) (*in A*) pérsikelti, pérsi-
kraustyti (į̃ kitą butą, miestą) **II** *vt* pér-
rengti (*pvz.*, *vaiką*) **III** sich ~ pérsikelti,
pérsikraustyti
Úmzug *m* -(e)s, ·e 1 pérsikėlimas 2 procèsi-
ja, eitỹnės

únabänderlich nepakeĩčiamas, galutìnis
únabhängig nepriklaũsomas
Únabhängigkeit f - nepriklausomýbė
únablässig nepaliáujamas, nepértraukiamas
únabsichtlich I a netýčinis, netýčia padarý-
tas II adv netýčia
únachtsam nedėmesìngas, neatidùs
únangebracht nèderamas, netiñkamas
únangemessen 1 per [pernelýg] dìdelis 2 ne-
tiñkamas, nèderamas
únangenehm nemalonùs, nesmagùs
únannehmbar nepriim̃tinas
Únannehmlichkeit f -, -en nemalonùmas
únanständig nepadorùs; nedõras
únantastbar neliẽčiamas
Únart f -, -en 1 blõgas į̃protis 2 išdykãvimas
únartig išdỹkęs (apie vaiką)
únauffällig nežymùs, nepàstebimas
únaufgefordert savanõriškai, sàvo nóru
únaufhörlich nepaliáujamas, nepértraukia-
mas
únausbleiblich neišvéngiamas
únausführbar neį̃výkdomas, neišpìldomas
únauslöschbar, únauslöschlich neišdìldo-
mas
únaussprechlich I a neapsãkomas, nepà-
prastas II adv be gãlo, labaĩ
únausstehlich nepakeñčiamas
únausweichlich neišvéngiamas
únbändig I a nesuvaldomas, nesutrámdomas
II adv pašělusiai, labaĩ
únbarmherzig negailestìngas
únbebaut 1 neužstatýtas 2 neį̃dìrbtas (apie
žemę)
únbedacht neapgalvótas
únbedenklich I a neabejótinas II adv negal-
vódamas, nesvyrúodamas
únbedeutend nežymùs, meñkas
únbedingt I a besą́lyginis, besą́lygiškas
II būtinaĩ, tikraĩ
únbefangen 1 nesivařžantis 2 bešãliškas, ob-
jektyvùs
únbefriedigend nepaténkinamas
únbefriedigt nepaténkintas; sie ist von íhrer
Árbeit ~ jì nepaténkinta sàvo dárbu
únbefugt I a pašalìnis II adv bè leidìmo

Únbefugte sub m, f pašalìnis, -ė, netùrintis,
-i téisės
únbegabt negabùs
únbegreiflich nesuprañtamas, nesuvókia-
mas
unbegreiflicherwéise dėl nesuprañtamų
priežasčių̃
únbegrenzt neribótas, berìbis
únbegründet nepàgrįstas
Únbehagen n -s nemalonùs jaũsmas, nepa-
siténkinimas
únbehaglich nejaukùs; nemalonùs
Únbehaglichkeit f - nejaukùmas; nemalonù-
mas
únbehelligt nekliùdomas, netrùkdomas
únbeherrscht nesusivaldantis, ūmùs
únbehindert netrùkdomas
únbeirrt tvirtaĩ, nesvyrúojant
únbekannt nepažį́stamas; nežìnomas; ich
bin hier ~ àš šìtos viẽtos nepažį́stu
Únbekannte sub m, f nepažį́stamasis, -oji
únbekümmert a nerūpestìngas, bè rūpesčių̃
únbelebt ramùs, netriukšmìngas; die ~e
Natúr negyvóji gamtà
únbeliebt nemėgstamas, nepopuliarùs
únbemerkbar nepàstebimas
únbemerkt I a nepastebėtas II adv nepaste-
bimaĩ
únbemittelt nepasitùrintis, neturtìngas
únberechenbar 1 neapskaičiúojamas 2 ne-
įmãnomas numatýti, netikėtas
únberechtigt nepàgrįstas, neteisėtas
únberührt 1 ne(pà)liestas 2 skaistùs, nekaĩl-
tas
únbescholten nepriekaištìngas
únbeschränkt neribótas
únbeschreiblich neapsãkomas, neišpasaký-
tas
únbesetzt neùžimtas, laĩsvas
únbesiegbar nenùgalimas, neį̃veĩkiamas
únbesonnen neapgalvótas
únbestechlich nepàperkamas
únbestimmt 1 neáiškus, miglótas 2 nenusta-
týtas, neapibréžtas
únbestraft nenùbaustas, nèbaustas

únbeteiligt 1 (*an D*) neprisidėjęs (*prie ko*)
2 abejìngas, apātiškas
únbeugsam nepaláužiamas, nepaleñkiamas
únbewandert nepritýręs, nenusimānantis
únbeweglich I *a* nèjudantis **II** *adv* nejudėda-
mas, nekrutédamas
únbewohnbar negyvēnamas; neapgyvéntas
únbezähmbar nenumalšìnamas, nenumal̃-
domas
únbezwingbar nenùgalimas, neįveĩkiamas
únbezwungen nenugalétas, neĩveiktas
únbrauchbar netiñkamas; nevartótinas
und *cj* **1** ir̃; *lésen* ~ *schréiben* skaitýti ir̃ ra-
šýti; ~ *zwar* bū́tent; ~ *ánderes mehr* ir̃
kìta **2** õ; *er ist gesúnd,* ~ *wie geht es dir?*
jìs sveĩkas, õ kaĩp táu sēkasi?

Úndank *m* -(e)s nedėkingùmas
undénkbar neįsivaizdúojamas, nesuvókia-
mas
úndiszipliniert nedrausmìngas
únduldsam nepakantùs, netolerántiškas
úndurchdringlich 1 nepraeĩnamas, neįžeñ-
giamas **2** neįžvel̃giamas, nepérmatomas
úneben nelýgus; duobétas
únecht netìkras, dirbtìnis
úneigennützig nesavanāudiškas
úneingeschränkt neribótas; berìbis
úneinig: *sich* ~ *sein* nesutar̃ti, bū́ti skirtìn-
gos núomonės
unéndlich I *a* begalìnis, berìbis **II** *adv* be
gãlo, labaĩ
únentbehrlich bū́tinas, būtinaĩ reikalìngas
únentgeltlich I *a* nemókamas **II** *adv* dykaĩ,
dovanaĩ
únentschieden 1 neišsprėstas **2** neryžtìngas,
svyrúojantis
únentschuldbar nedovanótinas, neatléisti-
nas
únentwegt nuõlat, nepaliáujamai
únentwickelt neišsivýstęs; neišvýstytas
únerbittlich nepérmaldaujamas, negailes-
tìngas
únerfüllbar neįvýkdomas
únerhört negirdétas, neregétas
únerklärbar, únerklärlich neišáiškinamas,
nesuprañtamas

únerlässlich bū́tinas, privālomas
únerlaubt neléistinas, neléidžiamas
únermesslich neišmatúojamas, begalìnis
únermüdlich nenuil̃stamas, nenuil̃stantis
únerreichbar nepasíekiamas
únersättlich nepasótinamas, besótis
únerschütterlich nepaláužiamas, tvìrtas
únersetzbar, únersetzlich nepakeĩčiamas,
nepamaĩnomas
únerwartet netikétas, neláuktas
únerwünscht nepageidáujamas
únerzogen neišáuklėtas
Únfall *m* -(e)s, ≃e nelaimìngas atsitikìmas;
avārija
Únfall‖auto *n* -s, -s žr. **Únfallwagen;**
~**station** *f* -, -en greitōsios pagálbos sto-
tìs; traumatolõgijos skýrius (*ligoninėje*);
~**wagen** *m* -s, - greitóji pagálba, greitō-
sios pagálbos automobìlis
únfassbar nesuvókiamas, nesuprañtamas
únflätig nepadorùs, nešvankùs
únfolgsam ne(pa)klusnùs
únfreundlich 1 nedraũgiškas, nemalonùs
2 apsiniáukęs (*pvz., apie orą*); nejaukùs,
niūrùs (*pvz., apie kambarį*)
Únfriede *m* -ns, **Únfrieden** *m* -s nesántaika,
nesántarvė
Únfug *m* -(e)s šunýbė; ~ *tréiben* krėsti šu-
nýbes
Úngar *m* -n, -n veñgras
úngarisch Veñgrijos; veñgrų; veñgriškas
Úngarn *n* -s Veñgrija
úngeachtet *prp* (*G*) nepáisant, nežiū́rint
úngebeten neprašýtas, nèkviestas
úngebeugt nepaláužiamas, tvìrtas
úngebräuchlich nevartójamas
úngebührend, úngebührlich nèderamas,
netiñkamas
Úngeduld *f* - nekantrýbė, nekantrùmas; nė-
rimas
úngeduldig nekantrùs
úngeeignet netiñkamas
úngefähr I *a* apýtikris, apýtikslis **II** *adv* apý-
tikriai, maždaũg, apiẽ; *nicht von* ~ neat-
sitiktinaĩ, ne šiaĩp sau

úngehemmt 1 nesivar̃žantis, laĩsvas **2** nesu-
laĩkomas, nesutrámdomas
úngeheuer I *a* didžiùlis, milžiniškas **II** *adv*
baĩsiai, nepaprastaĩ
Úngeheuer *n* -s, - **1** pabáisa, baisenýbė **2** iš-
sigìmėlis, ìšgama
úngehindert nekliùdomas, netrùkdomas
úngehobelt netašýtas, šiurkštùs
Úngehorsam *m* -s ne(pa)klusnùmas
úngelegen *a* nepatogùs, netiñkamas; *zu* ~*er*
Zeit ne laikù
Úngelegenheiten *pl* nemalonùmas, rūpesčiai
úngelernt nekvalifikúotas
úngemeldet nepranẽšus, bė įspėjìmo
úngeniert [-ʒə-] **I** *a* nesivar̃žantis, nekuklùs
II *adv* nesivar̃žant, bė ceremònijų
úngenügend nepakañkamas; nepaténkina-
mas (*apie pažymį*)
úngenutzt, úngenützt ne(pa)naudótas
úngepflegt netvarkìngas, apsiléidęs, nevalý-
vas
úngerecht neteisìngas; *gégen j-n* [*zu j-m*] ~
sein neteisìngai eĩgtis sù kuõ
úngerechtfertigt nepatéisinamas, nepàgrįs-
tas
Úngerechtigkeit *f* - neteisingùmas
úngern nenórom(is), nenóriai
úngesalzen nesūdytas
Úngeschick *n* -(e)s, **Úngeschicklichkeit** *f* -,
-en nevikrùmas, nerangùmas
úngeschliffen 1 nešlifúotas (*pvz.*, *apie*
deimantą) **2** netašýtas, storžiėviškas
úngeschminkt ne(nu)dažýtas; nepadáilintas,
nepagrãžintas
úngesetzlich neįstãtymiškas, neteisėtas
úngesittet neišáuklėtas; amoralùs
úngestört ramùs, nesutrikdýtas; *j-n* ~ *lás-*
sen netrukdýti kám, palìkti ką̃ ramýbėje
úngestraft nèbaustas; nenùbaustas; nebaũ-
džiamas; ~ *davónkommen* lìkti nenubaus-
tám
úngestüm smarkùs; staigùs; kárštas
úngetrübt 1 áiškus, giẽdras **2** nesùdrumstas
Úngetüm *n* -(e)s, -e pabáisa, baisenýbė
úngeübt nepatýręs, neįgùdęs
úngewiss netìkras, neáiškus

Úngewissheit *f* - nežinomýbė, neaiškùmas,
netikrùmas
úngewöhnlich *a* nepàprastas; ypatìngas
úngewohnt neĩprastas
Úngeziefer *n* -s parazìtai
úngezwungen nevar̃žomas, laĩsvas
únglaubhaft neĩtikimas, nepàprastas
úngläubig nepatiklùs, nepasìtikintis; nèti-
kintis
únglaublich I *a* neĩtikimas; nepàprastas, di-
džiùlis **II** *adv* labaĩ, nepaprastaĩ
únglaubwürdig netikétinas
úngleichmäßig nelýgus; neritmìngas
Unglück *n* -(e)s neláimė; *j-m* ~ *brìngen* at-
nèšti kám neláimę
únglücklich nelaimìngas
únglücklicherwéise neláimei
Únglücks‖fall *m* -(e)s, ≃e nelaimìngas atsiti-
kìmas, neláimė, avãrija; ~**mensch** *m* -en,
-en neláimėlis, nelaimìngasis; ~**stätte** *f* -,
-n, ~**stelle** *f* -, -n nelaimìngo atsitikìmo
[neláimės] vietà
Úngnade *f* - nemalónė; *bei j-m in* ~ *fállen*
patèkti į̃ kienõ nemalónę
úngültig negaliójantis
Úngunst *f* - nemalónė, nepalankùmas
úngünstig nepalankùs
únhaltbar 1 nepàgrįstas, neį̃tìkinamas **2** ne-
sulaĩkomas; nepàkeliamas
Únheil *n* -(e)s neláimė, bėdà
únheilbar nepagýdomas, neišgýdomas
únheimlich baisùs; kraupùs
Úni *f* -, -s universitètas
unifizíeren *vt* unifikúoti, (su)vienódinti
Unifórm *f* -, -en unifòrma
uniformíert uniformúotas
Unión *f* -, -en sąjunga
Universität *f* -, -en universitètas
Únkenntnis *f* - nežinójimas; *etw. aus* ~ *tun*
(pa)darýti ką̃ dėl nežinójimo
únklar neáiškus; miglótas; *j-n im Únklaren*
lássen palìkti ką̃ nežiniojè
Únklarheit *f* -, -en neaiškùmas
Únkosten *pl* ìšlaidos
Únkraut *n* -(e)s, ≃er pìktžolė

únkundig (*G*) nežìnantis, nemókantis (*ko*); *des Schréibens* ~ *sein* nemokéti rašýti

únlängst neseniaĩ

únlesbar, únleserlich neįskaĩtomas

únleugbar negiñčijamas, akivaizdùs

únliebsam nemalonùs

únlösbar neišspréndžiamas

Únlust *f* - nenóras

Únmaß *n* -es daugýbė, áibė

únmäßig I *a* nesaikìngas, besaĩkis; ~ *im Éssen sein* nesaikìngai válgyti **II** *adv* be gãlo, pernelýg

Únmäßigkeit *f* - nesaikingùmas

Únmenge *f* -, -n daugýbė, bẽgalė

únmenschlich nežmóniškas

Únmenschlichkeit *f* - nežmoniškùmas

únmerkbar, únmerklich nepàstebimas, nežymùs

únmissverständlich nedviprãsmiškas, áiškus

únmittelbar betárpiškas, tiesióginis

únmöglich I *a* negãlimas, neįmãnomas **II** *adv* jókiu būdù

únmündig nepilnamẽtis

Únmut *m* -(e)s nepasiténkinimas, ãpmaudas

únnachgiebig nenuolaidùs, užsispýręs

únnachsichtig nenuolaidùs

únnatürlich nenatūralùs, dirbtìnis

únnötig I *a* nereikalìngas, bereikalìngas **II** *adv* bereikalìngai, be reĩkalo

únnütz I *a* nenaudìngas; nereikalìngas **II** *adv* véltui, bereikalìngai

únnützlich nenaudìngas, nereikalìngas

Únordnung *f* - netvarkà; maišatìs, sąmyšis

únparteiisch bešãliškas, nešãliškas

únpassend netiñkamas; *zu* ~*er Zeit* netiñkamu laikù

únpassierbar nepraeĩnamas; nepravažiúojamas

únpässlich nesveikúojantis, negalúojantis; ~ *sein* nesveikúoti, negalúoti

Únpässlichkeit *f* -, -en negalãvimas

Únrast *f* - nẽrimas, nẽrimastis

Únrat *m* -(e)s šiùkšlės, ãtmatos

únrecht 1 neteisùs, neteisìngas **2** netiñkamas; *zur* ~*en Zeit* netiñkamu laikù, nelaikù

Únrecht *n* -(e)s neteisýbė; *ein* ~ *begéhen* neteisìngai pasieĩgti; ~ *háben* bũti neteisiám, klýsti

únrein nešvarùs; *ins Únreine schréiben* rašýti į̃ júodraštį

Únruhe *f* -, -n **1** nẽrimas, nẽrimastis **2** *pl* neramùmai, bruzdéjimai

Únruhe‖**stifter** *m* -s, - ramýbės drumstėjas, maĩštininkas; ~**stiftung** *f* -, -en viešõsios tvarkõs pažeidìmas

únsagbar, únsäglich I *a* neapsãkomas, labaĩ dìdelis **II** *adv* labaĩ, nepaprastaĩ

únschädlich nekenksmìngas, nepavojìngas

únschätzbar neįkáinojamas, labaĩ vertìngas

únscheinbar neišvaizdùs; nežymùs

únschicklich nepadorùs, nešvankùs

únschlüssig neryžtìngas

Únschuld *f* - **1** nekaltùmas **2** nekaltýbė, skaistýbė

únschuldig 1 nekaĩtas **2** nekaĩtas, skaistùs

unschuldigerwéise nekaltaĩ

únsereiner, únsereins tóks kaĩp àš (mēs)

únser(er)seits ìš mū́sų pùsės

únser(e)t‖**halben,** ~**wegen** dėl mū́sų

únsicher 1 nesaugùs **2** netìkras, netvìrtas

únsichtbar nemãtomas

Únsinn *m* -(e)s nesą́monė, beprasmýbė; absùrdas

únsinnig beprãsmiškas; beprõtiškas, absùrdiškas

Únsitte *f* -, -n blõgas į̇́protis

únsittlich nedorovìngas, amoralùs

unstérblich nemirtìngas

Únstimmigkeiten *pl* **1** netikslùmai **2** nesutarìmai

Únsumme *f* -, -n didžiùlė sumà

Úntat *f* -, -en nusikaltìmas, piktadarýbė

Úntäter *m* -s, - nusikaĩtėlis, piktadarỹs

úntätig neveiklùs, pasyvùs

únten apačiojè, žemaĩ; *nach* ~ (*hin*) į̃ ãpačią; *von* ~ (*her*) ìš apačiõs; ~ *líegend* ẽsantis apačiojè, apatìnis; ~ *stéhend* stóvintis apačiojè; žemiaũ mìnimas [paminétas]

únter¹ *prp* 1 (*D*) (*žymi vietą*) põ; tar̃p; ∼ *fréiem Hímmel* põ ãtviru dangumì; ∼ *den Papíeren war ein Brief* tar̃p põpierių bùvo láiškas; *es war ein Verräter* ∼ *íhnen* tar̃p jų̃ bùvo išdavìkas 2 (*A*) (*žymi kryptį*) põ; tar̃p; *etw.* ∼ *den Tisch stéllen* pastatýti ką̃ põ stalù; *komm mir nicht* ∼ *die Áugen!* nesiródyk mán akysè! 3 (*D*) žemiaũ; mažiaũ; *20 Grad* ∼ *Null* 20 láipsnių žemiaũ nùlio; *Júgendlichen* ∼ *16 Jáhren ist der Zútritt verbóten* jaunuõliams ikì 16 mẽtų į̇eĩti draũdžiama 4 (*D*): ∼ *är̃ztlicher Áufsicht* gýdytojo príežiūroje; ∼ *séiner Führung* jám vadováujant

únter² 1 žemutìnis, apatìnis 2 žemèsnis

Únterarm *m* -(e)s, -e (*rankos*) dìlbis

únterbinden*¹ *vt* parìšti, užrìšti apačiojè

unterbínden*² *vt* sustabdýti (*ką̃*); užkir̃sti kẽlią, padarýti gãlą (*kam*)

unterbléiben* *vi* (*s*) neį̇vỹkti, nebū́ti

unterbréchen* *vt* nutráukti; sustabdýti

Unterbréchung *f* -, -en nutraukìmas; sustãbdymas

unterbréiten *vt* padúoti, pateĩkti

únterbringen* *vt* 1 sudéti 2 apgyvéndinti, į̇kùrdinti

Únterbringung *f* -, -en sudėjìmas 2 apgyvéndinimas, į̇kùrdinimas

unterdés, unterdéssen tuõ tárpu

unterdrücken *vt* 1 éngti; *ein Volk* ∼ *éngti* liáudį̇ 2 sutrámdyti (*pvz., pyktį̇*) 3 numalšìnti (*pvz., sukilimą*)

Unterdrücker *m* -s, - engéjas

Unterdrückte *sub m, f* engiamàsis, -óji

Unterdrückung *f* -, -en engìmas, príespauda 2 sutrámdymas 3 numalšìnimas

únterernährt badmiriáujantis; ∼ *sein* badmiriáuti

Únterernährung *f* - badmiriãvimas

Unterfángen *n* -s drąsùs sumãnymas

Unterführung *f* -, -en požemìnė pėsčiūjų pérėja

Úntergang *m* -(e)s, ⸗e 1 nusileidìmas (*pvz., saulės*) 2 paskendìmas, nuskendìmas 3 žlugìmas

Untergébene *sub m, f* pavaldinỹs, -ė̃

úntergehen* *vi* (*s*) 1 léistis, nusiléisti (*pvz., apie saulę*) 2 paskę̃sti, nuskę̃sti (*pvz., apie laivą*) 3 žlùgti

úntergeordnet 1 pavaldùs 2 antraeĩlis, mažẽsnės svarbõs

Únter‖geschoss *n* -es, -e pùsrūsis; ∼gestell *n* -(e)s, -e *tech.* 1 pastõvas, padẽklas 2 šasì, važiuõklė

untergrában* *vt* pakir̃sti, suardýti

Úntergrundbahn *f* -, -en metropolitènas

únterhaken *vt* (pa)im̃ti ùž parañkės

únterhalb *prp* (*G*) žemiaũ

Únterhalt *m* -(e)s pragyvénimo lė́šos

unterhálten* I *vt* 1 palaikýti; *gúte Beziehungen zu j-m* ∼ palaikýti sù kuõ gerùs sántykius 2 išlaikýti; *éine Famílie* ∼ išlaikýti šeĩmą 2 užim̃ti (*pvz., svečius*) II *sich* ∼ (*über A*) kalbétis, šnekučiúotis (*apie ką*)

unterháltsam į̇domùs, liñksmas

Unterháltung *f* -, -en 1 pókalbis; *éine* ∼ *führen* kalbétis, šnekučiúotis 2 pramogà

Unterháltungs‖konzert *n* -(e)s, -e lengvõsios mùzikos [estrãdinis] koncèrtas; ∼musik *f* - lengvóji [estrãdinė] mùzika

unterhándeln *vi* (*über A*) derétis, vèsti derýbas (*dėl ko*)

Únterhemd *n* -(e)s, -en apatìniai marškiniaĩ

unterhöhlen *vt* 1 papláuti, išpláuti 2 pakir̃sti (*pvz., sveikatą*)

Únterhose *f* -, -n apatìnės kélnės

únterirdisch požemìnis

unterjóchen *vt* paver̃gti

Únter‖kiefer *m* -s, - apatìnis žandìkaulis; ∼kleidung *f* -, -en apatìniai rū́bai [drabùžiai]

únterkommen* *vi* (*s*) į̇sitaisýti, į̇sidárbinti

Únterkommen *n* -s, - 1 nakvýnė, pastógė 2 tarnýba, vietà

únterkriegen *vt* nugaléti, į̇veĩkti; *sich nicht* ∼ *lássen* nepasidúoti

Únterkunft *f* -, ⸗e pastógė, nakvýnė; príeglobstis

Únterlage *f* -, -n 1 padẽklas 2 *pl* dokumeñtai; dúomenys

Únterlass: *óhne* ∼ be paliovõs [pérstogės]

unterlássen* *vt* neatlìkti, nepadarýti (*ko*); **unterláss das!** nedarýk šìto!

Únterlauf *m* -(e)s, ⁀e žemupỹs

unterláufen* *vi* (*s*) įsibráuti, įsivélti (*apie klaidą*)

unterlégen: **er war ihm an Kraft** ～ jìs bùvo ùž jį̃ silpnèsnis jėgà

unterlíegen* *vi* (*s*) (*D*) pralaiméti (*kam*), bū́ti nugalétam (*kieno*)

Únterlippe *f* -, -n apatìnė lū́pa

Úntermiete *f* - subnúoma; **zur** ～ *wóhnen* núomoti kam̃barį (*bùtą*)

Úntermieter *m* -s, - subnúomininkas

unternéhmen* *vt* im̃tis (*ko*), pradéti (*ką daryti*); **éine Réise** ～ léistis į̃ keliõnę, iškeliáuti

Unternéhmen *n* -s, - 1 sumãnymas, sumanýtas dárbas 2 įmonė; verslóvė

Unternéhmer *m* -s, - įmonininkas; verslóvininkas

Únteroffizier *m* -s, -e pùskarininkis

Unterrédung *f* -, -en pókalbis

Únterricht *m* -(e)s déstymas; mókymas; **französischen** ～ **gében** mókyti prancū̃zų kalbõs; **nach dem** ～ põ pamokų̃ (*paskaitų̃*); **vor dem** ～ priẽš pãmokas (*pãskaitas*)

unterríchten *vt* 1 déstyti; mókyti; **er unterríchtet Deutsch an éiner Schúle** jìs móko mokỹkloje vókiečių kalbõs; **j-n in Énglisch** ～ mókyti kã̃ ánglų kalbõs 2 (*über A, von D*) pranèšti (*kam apie ką*), informúoti (*ką apie ką*)

Únterrichts‖arbeit *f* -, -en mókymo [mókomasis] dárbas; ～**fach** *n* -(e)s, ⁀er déstomasis dalỹkas, disciplinà; ～**material** *n* -s, -li ̣en mókomoji mẽdžiaga; ～**stunde** *f* -, -n pamokà

Únterrock *m* -(e)s, ⁀e apatinùkas

untersägen *vt* (*j-m*) uždraũsti (*kam ką*)

Úntersatz *m* -es, ⁀e padė̃klas

unterschätzen *vt* nepakañkamai (į)vértinti

unterschéiden* **I** *vt* (at)skìrti; **das Gúte vom Bösen** ～ skìrti gẽrį nuõ blõgio **II sich** ～ (*von D durch A*) skìrtis (*nuo ko kuo*); **in nichts** ～ niẽkuo nesiskìrti

Únterschenkel *m* -s, - blauzdà

Únterschied *m* -(e)s, -e skìrtumas; **álle óhne** ～ visì bè išimtiẽs

únterschiedlich skirtìngas

unterschlágen* *vt* pasisãvinti (*pvz., pinigus*)

Únterschlupf *m* -(e)s, -e pastógė, príeglobstis

únterschlüpfen *vi* (*s*) pasislė̃pti; ràsti pastógę [príeglobstį]

unterschréiben* *vt* pasirašýti

Únterschrift *f* -, -en pãrašas

untersétzt krė̃snas

únterst pats žemiáusias; apatìnis

unterstéhen* **I** *vi* (*D*) bū́ti žiniojè (*kieno*), bū́ti pavaldžiám (*kam*) **II sich** ～ (iš)drį̃sti

unterstréichen* *vt* 1 pabraũkti 2 pabrėžti, akcentúoti

Únterstufe *f* -, -n pradìnės klãsės (*mokykloje*)

unterstützen *vt* parem̃ti, pagélbėti

Unterstützung *f* -, -en 1 paramà, pagálba 2 pašalpà

untersúchen *vt* 1 (iš)tìrti, (iš)tyrinéti 2 apžiūréti (*pvz., ligonį*)

Untersúchung *f* -, -en 1 (iš)tyrìmas, (iš)tyrinéjimas 2 apžiūréjimas, apžiūrà

Untersúchungs‖haft *f* - kárdomasis kãlinimas; ～**zimmer** *n* -s, - (*gydytojo*) priimamàsis

úntertänig nuolankùs, (pa)klusnùs

Úntertasse *f* -, -n lėkštė̃lė (*stiklinei, puodeliui pastatyti*)

úntertauchen *vi* (*s*) 1 pasinérti, panìrti 2 diñgti, pasislė̃pti

Únterteil *m, n* -(e)s, -e apatìnė dalìs, apačià

untertéilen *vt* padalýti; suskìrstyti; **in Grúppen** ～ suskìrstyti į̃ grupès

Úntertitel *m* -s, - paantraštė̃

Únterwäsche *f* - apatìniai baltiniaĩ

unterwégs pakeliuĩ, kelyjè; **viel** ～ **sein** daũg keliáuti

unterwéisen* *vt* mókyti, instruktúoti; **j-n in éiner Spráche** ～ mókyti kã̃ kalbõs

unterwérfen* **I** *vt* 1 nukariáuti, užkariáuti 2: **éiner Prüfung** ～ išbandýti, patìkrinti **II sich** ～ (*D*) pasidúoti, paklùsti (*kam*)

únterwürfig nuolankùs, (pa)klusnùs

unterzéichnen *vt* pasirašýti

únterziehen*[1] *vt* pasiviĺkti

unterzíehen*[2] **I** *vt: éiner Prüfung* ~ išbandýti, patìkrinti **II sich** ~: sich éiner Operatión ~ léistis operúojamam

Úntier *n* -(e)s, -e pabáisa, baisenýbė

Úntugend *f* -, -en ýda, blõgas įprotis

únüberlegt neapgalvótas

únübersehbar neapžveĺgiamas, neapmãtomas

únübertrefflich nepraleñkiamas

únüberwindbar, únüberwindlich nenùgalimas, neįveĩkiamas

únumgänglich neišvéngiamas

únumstößlich nesugriáunamas, nenugiñčijamas

únunterbrochen nenutrūkstamas

únveränderlich nesikeĩčiantis, pastovùs

únverantwortlich neatsakìngas, lengvabūdiškas

únverbesserlich nepataĩsomas, užkietėjęs

únverblümt I *a* ãtviras, tiesùs **II** *adv* atviraĩ, bè užúominų

únverderblich negeñdantis

únverdorben 1 nesugẽdęs **2** nesugadìntas, dõras

únverdrossen nenuiĺstamas, nenuiĺstantis

únvereinbar nesudėrinamas

únverfroren įžūlùs, akìplėšiškas

únvergänglich ámžinas, nesibaĩgiantis

únvergleichlich nepalýginamas, neprilýgstantis

únverhohlen nèslepiamas, ãtviras

únverkennbar akivaizdùs, áiškus

únvermeidbar, únvermeidlich neišvéngiamas

únvermindert nemažėjantis

Únvermögen *n* -s, - negalėjimas, nesugebėjimas

únvermutet netikėtas, neláuktas

únvernünftig neprotìngas, paĩkas

únverschämt begėdiškas; įžūlùs

Únverschämtheit *f* -, -en begėdiškùmas; įžūlùmas

únversehens staigà, netikėtai

únversehrt 1 nesužalótas, nenukentėjęs **2** nesugadìntas

únversöhnlich nesutáikomas

únverständig nesumanùs, nenuovokùs

Únverständnis *n* -ses, -se nesupratìmas

únversucht: *nichts* ~ *lássen* išmėgìnti [išbandýti] visàs príemones

únverträglich 1 nepakeñčiamas, nesugyvēnamas **2** nesudėrinamas

únverwandt įdėmùs, atidùs

únverwüstlich patvarùs, stiprùs, tvìrtas

únverzeihlich neatléistinas, nedovanótinas

únverzüglich neatidėliójamas

únvollendet nèbaigtas, neùžbaigtas

únvollkommen netóbulas

únvollständig nepìlnas, neišsamùs

únvoreingenommen bešáliškas, nešáliškas

únvorhergesehen nenumatýtas

únvorsichtig neatsargùs

únvorstellbar neįsivaizdúojamas

únwahrscheinlich neįtikėtinas

únweit *prp* (*G*) netolì; ~ *des Flússes* netolì ùpės

Únwesen *n: sein* ~ *tréiben* piktadariáuti, siáutėti

Únwetter *n* -s, - blõgas óras, dárgana

Únwetterkatastrophe *f* -, -n stìchinė neláimė

únwiderlegbar nenugiñčijamas, nepaneĩgiamas

únwiederbringlich nesugrąžìnamas

Únwille *m* -ns nepasiténkinimas, ãpmaudas

únwillig I *a* nepaténkintas, suĩržęs **II** *adv* nenórom(is), nenóriai

únwillkürlich nevalìngas, instinktyvùs

únwirsch šiurkštùs, atžarùs

únwirtlich nesvetìngas; niūrùs

Únwissenheit *f* - nežinójimas; nemokšiškùmas

únwissentlich netýčia, netýčiom(is)

únwohl *a* nesveĩkas, negalúojantis; *sich* ~ *fühlen* prastaĩ jaũstis

Únwohlsein *n* -s blogà savìjauta; negalãvimas

Únzahl *f* - daugýbė

únzählbar, únzählig nesuskaičiúojamas

únzeitig I *a* nesavalaĩkis **II** *adv* ne laikù, netiñkamu laikù

únzertrennbar, únzertrennlich nepérskiriamas, neĩsskiriamas

Únzucht *f* - paleistuvỹstė, ištvirkãvimas

únzüchtig pasiléidęs, ištvìrkęs

únzufrieden (*mit D*) nepaténkintas (*kuo*)

Únzufriedenheit *f* - nepasiténkinimas

únzugänglich neprieĩnamas

únzulänglich nepakañkamas

únzulässig neléistinas

üppig 1 vešlùs; gausùs; *das Éssen ist* ~ maĩsto daũg **2** apkũnùs, tuknùs

úralt labaĩ sẽnas

úraufführen (úrauffűhrte, úraufgefűhrt) *vt* pìrmą kaĩtą (pa)statýti (*pvz.*, *pjesę*)

Úraufführung *f* -, -en premjerà

Úrbewohner *m* -s, - sénbuvis, čiãbuvis

Úrenkel *m* -s, - próanūkis; ~**in** *f* -, -nen próanūkė

Úrgroßeltern *pl* próseneliai

Úrgroßmutter *f* -, ⁼ prósenelė

Úrgroßvater *m* -s, ⁼ prósenelis

Úrheber *m* -s, - iniciãtorius, pradiniñkas

Urín *m* -s, -e šlapìmas

Úrkunde *f* -, -n dokumeñtas, (*oficialus*) rãštas

Úrlaub *m* -(e)s, -e atóstogos; *den* ~ *ántreten*, *in* ~ *géhen* eĩti atóstogų

Úrlauber *m* -s, - atostogáutojas

Úrne *f* -, -n ùrna (*mirusiųjų pelenams laikyti*); balsãdėžė (*rinkimų biuleteniams įmesti*)

Úrsache *f* -, -n priežastìs; *kéine* ~ nėrà ùž ką (*dėkojant*)

Úrsprung *m* -(e)s, ⁼e kilmẽ, atsiradìmas

úrsprünglich I *a* pirmìnis, pradìnis; pirmýkštis **II** *adv* iš pradžiũ, pirmiáusia

Úrteil *n* -(e)s, -e **1** núomonė; *ein fáchärztliches* ~ medicìninė ĩšvada **2** *teis.* núosprendis, (*teismo*) sprendìmas; *ein* ~ *fällen* priiĩmti sprendìmą

úrteilen *vi* (*über A*) spręsti, darýti ĩšvadą (*apie ką*)

Úrwald *m* -(e)s, ⁼er séngirė

úrwüchsig 1 pirmìnis, nelytétas **2** pàprastas, natũralùs

Utensíli:en *pl* reĩkmenys (*pvz.*, *rašymo*)

Utopíe *f* -, -pí:en utòpija

utópisch utòpinis

Utopíst *m* -en, -en utopìstas; svajótojas

V

Vagabúnd *m* -en, -en válkata

vakánt laĩsvas, neùžimtas; *éine* ~*e Stélle* laisvà vietà

Valúta *f* -, -ten valiutà

Vandále *m* -n, -n vandālas

Variánte *f* -, -n variántas

Varieté / Varietee [varie'te:] *n* -s, -s varjetẽ

variíeren I *vt* varijúoti; keĩsti **II** *vi* keĩstis, kìsti

Váse *f* -, -n vazà

Váter *m* -s, ⁼ tévas

Váterland *n* -(e)s tėvỹnė

väterlich téviškas, tévo, tėvų̃

väterlicherseits ĩš tévo pùsės (*apie gimines*)

Vegetári:er *m* -s, - vegetāras; ~**in** *f* -, -nen vegetārė

vegetárisch vegetãrinis, vegetãriškas

vehemént smarkùs, staigùs

Véilchen *n* -s, - *bot.* našláitė

Vélvet *m*, *n* -s, -s velvètas (*medžiaga*)

venérisch venèrinis; ~*e Kránkheiten* venèrinės lìgos

Venezuéla *n* -s Venesuelà

Ventilatión *f* - ventiliãcija, vėdìnimas

Ventilátor *m* -s, -tóren ventiliãtorius

verábreden I *vt* sutaĩti (*ką*), susitaĩti (*dėl ko*) **II sich** ~ susitaĩti

Verábredung *f* -, -en susitarìmas

verábreichen *vt* padavinéti (*pvz.*, *maistą*, *gėrimus*); dúoti (*vaistus*); *j-m éine Injektión* ~ įšvìrkšti kám váistų

verábscheuen *vt* bjaurétis (*kuo*), neapkęsti (*ko*)

verábschieden I *vt* 1 atsisvéikinti (*su kuo*), išlydéti (*ką*) 2 priiṁti (*pvz.*, įstatyṃą) II **sich** ~ (*von D*) atsisvéikinti (*su kuo*) **Verábschiedung** *f* -, -en atsisvéikinimas; palýdos

veráchten *vt* niẽkinti (*ką*), neapkę̃sti (*ko*)

veráchtlich niẽkinantis, paniẽkinamas

verallgeméinern *vt* apibeñdrinti

veráltet pasẽnęs, sẽnas

Veránda *f* -, -den veránda

veränderlich pérmainingas, nepastovùs (*pvz.*, apie orą)

verändern I *vt* (pa)keĩsti II **sich** ~ keĩstis, pasikeĩsti

Veränderung *f* -, -en pasikeitìmas, pérmaina

veránkern *vt* įtvìrtinti; įtéisinti

veránlagt tùrintis pólinkį, liñkęs

Veránlagung *f* -, -en pólinkis, įgimtì gabùmai

veránlassen *vt* (*zu D*) paskãtinti (*ką daryti*)

veránschaulichen *vt* (pa)iliustrúoti, vaĩzdžiai paródyti

veránstalten *vt* (su)reñgti, organizúoti

Veránstalter *m* -s, - rengéjas, organizãtorius

Veránstaltung *f* -, -en renginỹs

verántworten *vt* bū́ti atsakìngam, atsakýti (*už ką*)

verántwortlich atsakìngas; *für etw.* (*A*) ~ **sein** bū́ti atsakìngam ùž ką̃

Verántwortung *f* -, -en atsakomýbė

verántwortungs∥los neatsakìngas; bè atsakomýbės; ~**voll** atsakìngas, suprañtantis sàvo atsakomýbę

verárbeiten *vt* pérdirbti (*pvz.*, žaliavą)

verärgern *vt* supýkinti, suérzinti

verármen *vi* (*s*) nuskur̃sti, nusigyvénti

veräußern *vt* pardúoti

Verb *n* -s, -en veiksmãžodis

Verbánd *m* -(e)s, ⁓e 1 tvárstis 2 sąjunga, draugijà 3 *kar.* junginỹs, formuõtė

Verbándstoff *m* -(e)s, -e tvárstomoji mẽdžiaga

verbánnen *vt* (iš)treṁti

Verbánnung *f* -, -en ištrėmìmas

verbérgen* I *vt* (nu)slė̃pti, paslė̃pti II **sich** ~ (*vor D*) slė̃ptis, pasislė̃pti (*nuo ko*)

verbéssern I *vt* 1 (iš)taisýti, pataisýti 2 pagérinti II **sich** ~ pasitaisýti; geréti

verbéugen, sich (*vor D*) leñktis, nusileñkti (*kam*)

verbíeten* *vt* (už)draũsti; *Éintritt verbóten!* įeĩti draũdžiama!

verbílligen *vt* atpìginti, nupìginti

verbínden* I *vt* 1 užrìšti (*su*)rìšti, (su)jùngti 3 (su)tvárstyti 4: *ich bin Íhnen sehr verbúnden* àš Jùms labaĩ dėkìngas II **sich** ~ (*mit D*) susijùngti, susiviẽnyti (*su kuo*)

verbíndlich 1 privãlomas, bū́tinas 2 paslaugùs, malonùs

Verbíndung *f* -, -en ryšỹs; ryšiaĩ; kontãktas; *mit* [*zu*] *j-m* ~ *áufnehmen* sù kuõ susisíekti [užmègzti ryšiùs]; *sich mit j-m in* ~ *sétzen* susisíekti sù kuõ

verbíssen įnir̃šęs, įtū́žęs

verbíttern *vt* apkártinti, padarýti nemalónų [nemíelą]

verblássen *vi* (*s*) išblùkti; išblésti

Verbléib *m* -(e)s buvìmas; buvìmo vietà

verbléiben* *vi* (*s*) bū́ti, pasilìkti

verblǘffen *vt* (*durch A*) suglùminti, apstuĺbinti (*ką kuo*)

verblǘffend stẽbinantis, stuĺbinantis

verblǘhen *vi* (*s*) péržydėti, nužydéti

verblúten *vi* (*s*) / **sich** ~ nukraujúoti

verbórgen¹ *vt* (pa)skõlinti

verbórgen² pàsleptas, slãptas

Verbót *n* -(e)s, -e (už)draudìmas

verbóten ùždraustas

Verbráuch *m* -(e)s (su)vartójimas, (su)naudójimas

verbráuchen *vt* 1 (su)vartóti, (su)naudóti 2 sudėvéti, nudėvéti

Verbráucher *m* -s, - vartótojas

Verbráuchsgüter *pl* vartójimo prẽkės [reĩkmenys]

verbréchen* *vt* nusižeñgti, nusikaĺsti

Verbréchen *n* -s, - nusikaltìmas

Verbrécher *m* -s, - nusikaĺtėlis

verbrécherisch nusikaĺstamas

verbréiten I *vt* (iš)plãtinti; (pa)skleĩsti; *Gerüchte* ~ gandùs skleĩsti II **sich** ~ (pa)plìsti, (pa)sklìsti

verbrénnen* I *vt* (su)dēginti II *vi* (*s*) (su)dègti

verbríngen* *vt* praléisti (*pvz.*, *laiką, atostogas*)

verbúmmeln *vt* pradykinéti, pratinginiáuti

verbünden, sich (*mit D*) viēnytis, susiviēnyti (*su kuo*)

Verbündete *sub m, f* sąjungininkas, -ė

verbürgen I *vt* laidúoti, garantúoti II **sich** ~ (*für A*) laidúoti, garantúoti (*už ką*)

verbüßen *vt* atlìkti, atbū́ti (*bausmę̃*)

Verdácht *m* -(e)s, -e / ⁻e įtarìmas

verdächtig įtartinas; ~ **sein** (*G, wegen G*) bū́ti įtariamám (*kuo*)

verdächtigen *vt* (*G*) įtar̃ti (*ką kuo*)

Verdächtigte *sub m, f* įtariamàsis, -óji

Verdächtigung *f* -, -en įtarìmas

verdámmen *vt* prakéikti

verdámpfen I *vt* (iš)gārinti II *vi* (*s*) išgarúoti

verdánken *vt* (*j-m*) bū́ti dėkìngam (*kam už ką*)

verdáuen *vt* (su)vìrškinti

verdécken *vt* uždeñgti; užstóti

Verdérb *m* -(e)s **1** (su)gedìmas (*pvz.*, *maisto produktų̃*) **2** pražū́tìs, prapultìs

verdérben* **I** *vt* (su)gadìnti; *j-n sìttlich* ~ ką̃ tvìrkinti II *vi* (*s*) (su)gèsti, pagèsti

verdérblich 1 greĩtai geñdantis **2** pražū́tìngas, pragaištìngas

verdéutlichen *vt* (iš)áiškinti; (pa)iliustrúoti

verdíchten, sich (su)tirštéti

verdíenen *vt* užsitarnáuti, nusipelnýti; *sein Brot* ~ užsidìrbti dúoną

Verdíenst[1] *m* -es, -e ùždarbis

Verdíenst[2] *n* -es, -e núopelnas

verdíent 1 pelnýtas (*pvz.*, *atpildas*) **2** nusipeĩnęs; *sich um etw.* (*A*) ~ *máchen* nusipelnýti kám

verdóppeln I *vt* (pa)dvìgubinti II **sich** ~ padvigubéti, padidéti dù kartùs

verdórben sugēdęs; sugadìntas; ištvìrkęs

verdórren *vi* (*s*) sudžiū́ti, išdžiū́ti

verdrängen *vt* išstùmti

verdréhen *vt* iškreĩpti, iškraipýti

verdréifachen I *vt* patrìgubinti II **sich** ~ patrigubéti

verdríeßlich apmaudùs, susiérzinęs

Verdrúss *m* -es, -e āpmaudas, piktùmas

verdúnkeln I *vt* užtémdyti, užtámsinti II **sich** ~ aptémti, apsiniáukti

verdünnen *vt* atskíesti, praskíesti

verdúnsten *vi* (*s*) išgarúoti

verdüstern I *vt* užtémdyti II **sich** ~ aptémti, apsiniáukti

verdútzt suglùmęs, sumìšęs

veréhren *vt* ger̃bti, gárbinti

Veréhrer *m* -s, - gerbéjas, gárbintojas

veréidigen *vt* prisaikdìnti

Veréin *m* -(e)s, -e sájunga, drangijà

veréinbaren *vt* (*mit D*) susitar̃ti (*su kuo*); sudérinti (*ką su kuo*)

Veréinbarung *f* -, -en susitarìmas; *éine* ~ *tréffen* susitar̃ti

veréinen I *vt* **1** (su)viēnyti **2** (su)dérinti, (su)jùngti II **sich** ~ susiviēnyti, susijùngti

veréinfachen *vt* supaprāstinti

veréinheitlichen *vt* suvienódinti, unifikúoti

veréinigen I *vt* (su)viēnyti, (su)jùngti II **sich** ~ viēnytis, jùngtis

Veréinigung *f* -, -en **1** suviēnijimas, sujungìmas **2** susiviēnijimas; draugijà

veréint suviēnytas, sùtelktas

veréinzelt I *a* ātskiras, paviēnis II *adv* viētomis; atskiraĩ

veréiteln *vt* sužlugdýti

verénden *vi* (*s*) nugaĩšti, nudvḗsti

verérben *vt* (*j-m, an j-n*) palìkti (*kam ką*); *etw. testamentárisch* ~ palìkti ką̃ testamentù

verérblich pavéldimas

veréwigen *vt* įámžinti

verfáhren* *vi* (*s*) (*mit D*) eĩgtis (*su kuo*)

Verfáhren *n* -s, - **1** bū́das, metòdas **2** *teis.* bylà, procèsas; ~ *gégen j-n éinleiten* iškélti kám bỹlą

Verfáll *m* -(e)s sugriuvìmas; žlugìmas

verfállen*[1] *vi* (*s*) **1** (su)griū́ti; (su)ìrti, (su)nýkti; **2** (*D*) bū́ti apimtám (*ko*); *dem Álkohol* ~ tàpti girtuokliù **3** (*in A*): *in Grübeln* ~ susimąstýti; *in Wut* ~ įpỹkti, įnir̃šti **4** (*D*) atitèkti (*kam*)

verfállen[2] **1** sugriùvęs **2** sulýsęs, sukrìtęs

verfälschen vt (su)klastóti, (su)falsifikúoti
Verfälscher m -s, - klastótojas, falsifikãtorius
verfángen*, **sich** (in D) įsipáinioti (į ką)
verfänglich painùs (pvz., apie situaciją);
sùktas (pvz., apie klausimą)
verfärben, sich (iš)blùkti; (iš)blýkšti
verfássen vt (su)kùrti, parašýti
Verfásser m -s, - áutorius
Verfássung f -, -en 1 konstitùcija 2 bū̃klė,
bū̃sena
Verfássungs‖entwurf m -(e)s, ⁓e konstitùci-
jos projèktas; **⁓gericht** n -(e)s, -e konsti-
tùcinis teĩsmas
verfássungsmäßig konstitùcinis, konstitùci-
jos
verfáulen vi (s) supū̃ti
verféchten* gìnti; j-s **Interéssen** ⁓ gìnti
kienõ interesùs
Verféchter m -s, - gynéjas
verféhlen I vt 1 nepatáikyti, prašáuti 2 pa-
vėlúoti; **den Zug** ⁓ pavėlúoti į̃ tráukinį
II **sich** ⁓ prasileñkti
verféhlt klaidìngas; nenusisė̃kęs
verfílmen vt ekranizúoti (pvz., romaną)
verfílzen I vt (su)vélti II vi / **sich** ⁓ susivélti
verfínstern I vt aptémdyti, užtémdyti II **sich**
⁓ užtémti, apsiniáukti
verfléchten* I vt supìnti, suraizgýti II **sich**
⁓ susipìnti, susiraizgýti
verflíeßen* vi (s) praeĩti, prabégti
verflúchen vt prakéikti
verfólgen vt 1 pérsekioti; sèkti; **die**
Fórtschritte der Wíssenschaft ⁓ sèkti
mókslo výstymąsi 2 síekti; výkdyti
Verfólger m -s, - pérsekiotojas
Verfólgte sub m, f pérsekiojamasis, -oji
verfróren sušãlęs, sustìręs
verfrüht priešlaikìnis, per ankstývas
verfügen I vt dúoti nuródymą, įsakýti II vi
(über A) turéti sàvo žiniojè [dispozìcijoje],
disponúoti (kuo)
Verfügung f -, -en 1 pótvarkis, nuródymas
2: etw. **zur** ⁓ **háben** turéti ką̃ sàvo dis-
pozìcijoje; j-m **zur** ⁓ **stéhen** bū́ti kienõ
dispozìcijoje
verführen vt suvedžióti, suvilióti

Verführer m -s, - suvedžiótojas; gùndytojas
verführerisch viliójantis, gùndantis
Verführung f -, -en suvedžiójimas; pagùnda
Vergábe f - suteikìmas; paskyrìmas; paskìrs-
tymas
Vergángenheit f - praeitìs; **die jüngste** ⁓ ne-
tolimà praeitìs
vergänglich praeĩnamas, praeĩnantis
vergében* vt 1 suteĩkti, paskìrti 2 (j-m) at-
léisti, dovanóti (kam ką)
vergébens bergždžiaĩ, véltui
vergéblich tùščias, beȓgždžias
vergégenwärtigen: sich (D) etw. ⁓ ką̃ įsi-
vaizdúoti
vergéhen* I vi (s) 1 praeĩti, prasliñkti 2 (vor
D) mìrti, dègti (pvz., iš nekantrumo, gė-
dos) II **sich** ⁓ (gegen A) nusižeñgti (kam),
pažeĩsti (ką)
vergélten* vt (j-m) atsilýginti, atsiteĩsti
(kam)
Vergéltung f -, -en ãtpildas, atlýginimas
vergéssen* vt užmiȓšti, pamiȓšti
Vergéssenheit f - užmiršìmas, užmarštìs; in
⁓ **geráten** nugriȓmzti užmarštiñ
vergésslich užmaršùs
vergéuden vt (iš)švaistýti, (iš)eikvóti
vergewáltigen vt (iš)prievartáuti, iššãginti
vergewíssern, sich (G) įsitìkinti (kuo)
vergíeßen* vt palíeti, išlíeti; **Tränen** ⁓ ãša-
ras líeti
vergíften I vt (nu)nuõdyti; užnuõdyti II **sich**
⁓ 1 nusinuõdyti 2 apsinuõdyti
vergílben vi (s) (pa)geĩsti, pageltonúoti
vergípsen vt med. sugipsúoti
Vergíssmeinnicht n -(e)s, - / -e neužmirš-
tuõlė
vergíttern vt apkálti grõtomis
Vergléich m -(e)s, -e (pa)lýginimas; (su)grė-
tinimas; **éinen** ⁓ **ánstellen** (pa)lýginti
vergléichen* vt (mit D) (pa)lýginti
verglühen vi (s) (už)gèsti, (iš)blésti
vergnügen I vt lìnksminti II **sich** ⁓ lìnks-
mintis, pramogáuti
Vergnügen n -s, - malonùmas; pramogà; viel
⁓! linkiù linksmaĩ praléisti laĩką!
vergnügt liñksmas, smagùs

Vergnügung *f* -, -en pramogà, pasilìnksmi-
nimas
vergóldet paauksúotas
vergráben* *vt* užkàsti
vergrämt nuliũdęs, sielvartìngas
vergréifen*, **sich** 1 apsirìkti, suklýsti 2 *(an
D)* kėsìntis (*į̇ ką*), pasisãvinti *(ką)*
vergríffen ìšpirktas
vergrößern I *vt* (pa)dìdinti; sustám̃binti
II **sich** ~ (pa)didéti, išáugti
Vergrößerung *f* -, -en (pa)dìdinimas; (pa)di-
déjimas; išsiplètìmas
Vergrößerungsglas *n* -es, ⸚er dìdinamasis
stìklas, lupà
Vergünstigung *f* -, -en lengvatà
vergüten *vt* 1 kompensúoti, padeñgti *(nuo-
stolius, išlaidas)* 2 atlýginti (*už ką*)
verháften *vt* (su)areštúoti, suim̃ti
Verháftete *sub m*, *f* suimtàsis, -óji, kalinỹs,
-ė̃
Verháftung *f* -, -en suėmìmas, āreštas; *éine
~ vórnehmen* (su)areštúoti, suim̃ti
verhállen *vi* (*s*) nuaidéti
verhálten* I *vt* suturéti *(ašaras)*; sulaikýti
(kvėpavimą) II **sich** ~ 1 el̃gtis, laikýtis
2: *die Sáche verhält sich so ...* reĩkalas
tóks ...
Verhálten *n* -s elgesỹs, elgìmasis
Verhältnis *n* -ses, -se 1 sántykis, propòrci-
ja 2 (*zu D*) ryšỹs, kontãktas *(su kuo)* 3 *pl*
sálygos, aplinkýbès; *in ärmlichen [dürfti-
gen]* ~*sen lében* skuřdžiai gyvénti
verhältnismäßig I *a* sántykinis II *adv* palý-
ginti
verhándeln *vi* 1 (*mit j-m über A*) vèsti derý-
bas *(su kuo dėl ko)* 2 *teis.* nagrinéti *(bylą)*
Verhándlung *f* -, -en 1 *pl* derýbos 2 *teis.*
(bylos) nagrinéjimas
Verhándlungspartner *m* -s, - derýbų dalỹvis
[pártneris]
verhängen *vt* 1 uždeñgti 2 paskélbti; *éine
Stráfe über j-n* ~ (pa)skìrti kám baũsmę
Verhängnis *n* -ses, -se pragaištìs
verhängnisvoll pragaištìngas, nelémtas
verhärmt susikrim̃tęs, susirū́pinęs

verhárren *vi* 1 pasilìkti, bū́ti 2 *(auf D, bei
D)* reikaláuti, laikýtis *(ko)*
verhärten *vi / sich* ~ sukietéti
verhásst nekeñčiamas
verháuen *vt* primùšti, prilùpti
verhéeren *vt* (nu)niókoti, (nu)siaũbti
verhéhlen *vt* (*j-m*) (nu)slė̃pti *(ką nuo ko)*
verhéilen *vi* (*s*) užgýti, sugýti
verhéimlichen *vt* (*j-m*) (nu)slė̃pti *(ką nuo ko)*
verhéiraten I *vt* (*mit j-m*) apvèsdinti (*ką su
kuo*); išléisti ùž výro II **sich** ~ (*mit j-m*)
vèsti *(ką)*, susituõkti *(su kuo)*; tekéti (*už
ko*)
verhéiratet vė̃dęs; ištekéjusi
verhéißen* *vt* (pa)žadéti; pranašáuti
verhéizen *vt* sudéginti, sukūrénti
verhélfen* *vi* (*j-m zu D*) padéti, pagélbėti
(kam ką pasiekti)
verhérrlichen *vt* šlóvinti, gárbinti
verhéxen *vt* užbùrti, pakeréti
verhíndern *vt* užkiřsti kẽlią, sukliudýti
(kam), nukreĩpti *(ką)*
verhöhnen *vt* týčiotis, šaipýtis *(iš ko)*
Verhör *n* -(e)s, -e apklausà; kvotà
verhören I *vt* apkláusti; iškvõsti II **sich** ~
blogaĩ nugiřsti
verhüllen I *vt* apdeñgti; apgóbti II **sich** ~
apsideñgti; apsigóbti
verhúngern *vi* (*s*) badù miřti
verhúngert išálkęs, išbadéjęs
verhüten *vt* apsáugoti *(nuo ko)*, užkiřsti kẽlią
(kam)
verírren, **sich** paklýsti
verjágen *vt* išvarýti, išvýti
verjüngt pajaunéjęs, atjaunéjęs
Verkáuf *m* -(e)s, ⸚e pardavìmas
verkáufen *vt* pardúoti, pardavinéti
Verkäufer *m* -s, - pardavéjas; ~**in** *f* -, -nen
pardavéja
Verkáufs‖preis *m* - es, -e pardavìmo káina;
~**stand** *m* -(e)s, ⸚e kiòskas, *(prekiavimo)*
bū́dėlė; ~**stelle** *f* -, -n parduotùvė; ~**tisch**
m -es, -e prekýstalis
Verkéhr *m* -s 1 judéjimas, eĩsmas; susisieki-
mas; *der städtische* ~ miẽsto transpòrtas;
auf der Stráße herrscht stárker ~ gãtvėje
dìdelis judéjimas 2 cirkuliãcija, apývarta;

im ~ *sein* bū́ti apývartoje 3 sántykiai, ry-šiaĩ
verkéhren *vi* **1** (*mit j-m*) palaikýti sántykius, bendráuti (*su kuo*); *mit j-m briéflich* ~ su-sirašinéti sù kuõ **2** (*in D*) buvóti, lankýtis (*kur*) **3** kursúoti, važinéti
Verkéhrs‖ampel *f* -, -n šviesofòras; ~**mittel** *n* -s, - transpòrto príemonė; ~**stau** *m* -(e)s, -e / -s, ~**stauung** *f* -, -en transpòrto susigrūdìmas [susikimšìmas]; ~**umfall** *m* -(e)s, ᵋe eĩsmo neláimė; ~**wesen** *n* -s transpòrtas
verkéhrt I *a* klaidìngas, neteisìngas; *in den* ~*en Zug stéigen* įlìpti ne į̃ tą̃ tráukinį II *adv* atvirkščiaĩ; *etw.* ~ *ánfangen* pra-déti ką̃ ìš kìto gãlo
Verkéhrszeichen *n* -s, - kẽlio žénklas
verkénnen* *vt* nesupràsti, neįvértinti (*ko*)
verkítten *vt* užglaistýti
verklében *vt* užklijúoti, užlipdýti
verkléinern I *vt* (su)mãžinti; (su)meñkinti II *sich* ~ (su)mažéti
verklémmen, sich užsikir̃sti, užstrìgti
verklíngen* *vi* (*s*) nuaidéti, nutìlti; baĩgtis
verknállen, sich (*in A*) įsimyléti (*ką̨*)
verkníttern I *vt* sulámdyti, suglámžyti II *vi* lámdytis, glámžytis, susiglámžyti
verknüpfen I *vt* susíeti, surìšti II *sich* ~ (*mit D*) síetis (*su kuo*)
verkómmen*¹ *vi* (*s*) (nu)smùkti; (su)nȳkti
verkómmen² smùkęs, púolęs; sunȳkęs
verkörpern I *vt* įkū́nyti II *sich* ~ įsikū́nyti
verkráchen, sich (*mit j-m*) susipȳkti, susi-vaĩdyti (*su kuo*)
verkráften *vt* įveĩkti, nugaléti
verkrámpft mėšlùngiškas, spāzminis
verkrátzen *vt* subráižyti, apdraskýti
verkríechen*, *sich* į̃ļįsti, užļį̃sti; pasislépti
verkrüppeln *vt* sulúošinti, sužalóti
verkümmern *vi* (*s*) (su)výsti, (su)nȳkti
verkümmert sunȳkęs, skurdùs
verkünden *vt* paskélbti, pagársinti
verkürzen I *vt* (su)trum̃pinti; *der verkürzte Árbeitstag* sutrum̃pinta dárbo dienà II *sich* ~ (su)trumpéti
verláchen *vt* išjuõkti

verláden* *vt* pakráuti, prikráuti
Verlág *m* -(e)s, -e leidyklà
verlángen I *vt* reikaláuti; prašýti; *díese Wáre wird viel verlángt* šì prẽkė tùri dìdelę pā-klausą II *vi* (*nach D*) trókšti (*ko*); prašýti (*ko*)
Verlángen *n* -s, - nóras, pageidãvimas; reika-lãvimas
verlängern *vt* **1** pailginti (*pvz., sijóną*) **2** pra-tę̃sti **3** praskíesti, atskíesti
verlángsamen *vt* sulétinti
verlássen*¹ I *vt* **1** palìkti, išeĩti; *das Haus* ~ išeĩti ìš namū̃ **2** pamèsti, apléisti; *ihn verlíeßen die Kräfte* jìs netẽko jėgū̃ II *sich* ~ (*auf A*) pasitikéti, pasikliáuti (*kuo*)
verlássen² apléistas, pàliktas; *sich* ~ *fühlen* jaũstis vienišám
verlässlich pàtikimas
Verláuf *m* -(e)s, ᵋe **1** eigà, výksmas; *nach* ~ *von drei Wóchen* praėjus trìms sąváitėms
verláufen* I *vi* (*s*) (pra)eĩti, prabégti; nusi-tiẽsti II *sich* ~ **1** pasiklýsti **2** išsiskìrstyti (*apie mìnią*)
verláuten: *wie verláutet* kaĩp prànešama
verlében *vt* praléisti, išgyvénti
verlégen¹ *vt* **1** nukìšti, nudéti **2** pérkelti **3** ati-déti, nukélti (*pvz., posėdį̇*) **4** klóti (*pvz., vamzdžius*) **5** išspáusdinti, išléisti
verlégen² sumìšęs, suglùmęs
Verlégenheit *f* -, -en sumišìmas, suglumì-mas; *in* ~ *kómmen* [*geráten*] sumìšti, su-glùmti
Verléger *m* -s, - leidéjas
Verléih *m* -(e)s, -e núomojimas, nuomà
verléihen* *vt* **1** išnúomoti **2** suteĩkti (*pvz., laipsnį, vardą*)
verléiten *vt* (*zu D*) privèsti (*ką̨ prie ko*), pa-skãtinti (*ką̨ darýti*)
verlérnen *vt* pamiȓšti (*ką̨*), atpràsti (*nuo ko*)
verlésen* *vt* pérskaityti, paskaitýti (*balsu*)
verlétzen I *vt* **1** sužeĩsti **2** pažeĩsti (*pvz., įsta-tymą, sieną*) **3** įžeĩsti, užgáuti II *sich* ~ susižeĩsti; užsigáuti
verléugnen *vt* (pa)neĩgti
verléumden *vt* (ap)šmeĩžti, apkalbéti
Verléumder *m* -s, - šmeižìkas

verléumderisch šmeižìkiškas

Verléumdung *f* -, -en šmeĩžtas

verlíeben, sich (*in A*) įsimyléti (*ką*)

verlíeren* I *vt, vi* 1 pamèsti, praràsti; *an Témpo* ~ sulétinti teñpą; *er verlór kein Wort darüber* jìs apiē taĩ nepràtarė nė žõdžio 2 pralaiméti, pralõšti II **sich** ~ diñgti, pranỹkti

verlóben I *vt* sužadéti II **sich** ~ (*mit j-m*) susižiedúoti, susižadéti (*su kuo*)

Verlöbnis *n* -ses, -se sužadėtùvės

Verlóbte *sub m, f* sužadétinis, -ė

verlócken *vt* (*zu D*) sugùndyti (*ką daryti*)

verlóckend viliójantis, gùndantis

Verlóckung *f* -, -en viliõnė; pagùnda

verlógen melagìngas, melãgiškas

verlóren beĩgžždžias, tùščias; ~ *géhen* (pra)diñgti, prapùlti

verlöschen I (*t. p.* verlósch, verlóschen) *vi* (*s*) (už)gèsti II *vt* užgesìnti

Verlúst *m* -(e)s, -e praradìmas, netektìs; núostolis

Vermächtnis *n* -ses, -se 1 testameñtas 2 prisákymas, príesakas

vermählen I *vt* (ap)vēsdinti, ištēkinti II **sich** ~ susituõkti

Vermählte *sub m, f* jaunavedỹs, -ẽ, jaunàsis, -óji

verméhren I *vt* (pa)dìdinti, (pa)gaũsinti II **sich** ~ dáugintis, veĩstis

verméiden* *vt* (iš)véngti (*ko*)

verméintlich tãriamas, spéjamas

verméngen I *vt* sumaišýti, įmaišýti, primaišýti II **sich** ~ susimaišýti

Vermérk *m* -(e)s, -e pastabà, įrašas

vermérken *vt* užrašýti, (pa)žyméti

verméssen* *vt* išmatúoti

vermíeten *vt* (iš)núomoti

Vermíeter *m* -s, - núomotojas; ~**in** *f* -, -nen núomotoja

vermíndern I *vt* (su)mãžinti II **sich** ~ (su)mažéti

vermíschen *vt* sumaišýti

vermíssen *vt* pasigèsti

vermísst diñgęs bè žiniõs

vermítteln I *vt* pérduoti, pérteikti (*pvz., patyrimą, žinias*) II *vi* tarpininkáuti, bū̃ti tárpininku

Vermíttler *m* -s, - tárpininkas

vermögen* *vt* galéti, sugebéti

Vermögen *n* -s, - 1 tuȓtas 2 *sg* galéjimas, sugebéjimas

vermögend pasitùrintis

vermórschen *vi* (*s*) supū́ti, sutrūnýti

vermúmmen I *vt* apmuturiúoti, susùpti II **sich** ~ apsimuturiúoti

vermúten *vt* spéti, spėlióti, manýti

vermútlich I *a* spéjamas, numãnomas II *adv* turbū̃t, matýt

Vermútung *f* -, -en spėliójimas

vernachlässigen *vt* užléisti, apléisti (*ką*), nesirū̃pinti (*kuo*)

vernárben *vi* (*s*) surandéti (*apie žaizdą*)

vernéhmen* *vt* 1 išgiȓsti 2 *teis.* apkláusti, apklausinéti

Vernéhmung *f* -, -en *teis.* apklausà, kvotà

vernéigen, sich (*vor D*) nusileñkti (*kam*)

vernéinen *vt* (pa)neĩgti, atmèsti

vernéinend neĩgiamas

v/erníchten *vt* (su)naikìnti, sutriùškinti

verníchtend triùškinantis

Verníchtung *f* -, -en (su)naikìnimas, sutriùškinimas

Vernúnft *f* - prõtas, išmintìs; *j-n zur* ~ *bríngen* ką į prõtą atvèsti; *zur* ~ *kómmen* ateĩti į̃ prõtą

vernünftig protìngas, išmintìngas

veröden *vi* (*s*) ištuštéti; sunỹkti

veröffentlichen *vt* (pa)skélbti; išléisti, išspáusdinti

Veröffentlichung *f* -, -en 1 paskelbìmas; išleidìmas, išspáusdinimas 2 publikãcija

verórdnen *vt* 1 nutaȓti, nusprésti 2 prirašýti (*pvz., vaistų*); paskìrti (*pvz., dietą*)

Verórdnung *f* -, -en 1 pótvarkis 2 prirãšymas (*pvz., vaistų*); paskyrìmas (*pvz., dietos*)

verpáchten *vt* išnúomoti

verpácken *vt* (su)pakúoti, įpakúoti

verpássen *vt* praléisti (*ką*), pavėlúoti (*į̃ ką*); *den Zug* ~ pavėlúoti į̃ tráukinį

verpflégen *vt* aprū̃pinti maistù; maitìnti

Verpflégung *f* -, -en 1 maĩstas, maĩsto prodùktai 2 aprūpinimas maistù, maitìnimas
verpflíchten I *vt* įpareigóti **II** *sich* ~ įsipareigóti
Verpflíchtung *f* -, -en príevolė, pareigà; įsipareigójimas
verpfúschen *vt* sugadìnti, pagadìnti
verprügeln *vt* primùšti, prilùpti
Verpútz *m* -es tiñkas
verpútzen *vt* (iš)tinkúoti
verquírlen *vt* (su)plàkti
verquóllen išbriñkęs, pabriñkęs
Verrát *m* -(e)s išdavìmas, išdavỹstė
verráten* I *vt* išdúoti; *ein Gehéimnis* ~ išdúoti pãslaptį **II** *sich* ~ išsidúoti, išdúoti savè
Verräter *m* -s, - išdavìkas
verräterisch išdavìkiškas
verráuchen I *vt* prirūkýti **II** *vi* (*s*) išsisklaidýti (*apie dūmus*); praeĩti (*pvz., apie pyktį*)
verréchnen, sich apsirìkti, apsiskaičiúoti
verrécken *vi* (*s*) (pa)stìpti, (pa)dvẽsti
verrégnet 1 lietìngas 2 lietaũs sugadìntas; ~*e Stráßen* šlãpios gãtvės
verréisen *vi* (*s*) iškeliáuti, išvỹkti, išvažiúoti
verrénken *vt* išnarìnti
verríchten *vt* atlìkti, (į)výkdyti; *éine Árbeit* ~ atlìkti dárbą
verríegeln *vt* užsklę̃sti, užžáuti
verríngern I *vt* (su)mãžinti **II** *sich* ~ (su)mažė́ti
verrínnen* *vi* (*s*) praeĩti, praslìñkti (*apie laiką*)
verrósten *vi* (*s*) surūdýti, aprūdýti
verrúcht niēkšiškas, niekšìngas
verrückt beprõtis, pamìšęs
Verrúf *m* -(e)s blõgas vaȓdas, blogà reputãcija; *j-n in* ~ *bríngen* ką̃ apjúodinti [apšmeĩžti]
verrúfen blogõs reputãcijos
verrühren *vt* išmaišýti
verrúnzelt raukšlė́tas, susiraukšlė́jęs
verrúßen *vi* (*s*) aprū̃kti
verrútschen *vi* (*s*) nusmùkti
Vers *m* -es, -e eilė́raščio eilùtė; *pl* eilė́raščiai, eĩlės

verságen I *vt* (*j-m*) atmèsti (*kieno ką*), nepaténkinti (*kieno ko*); *j-m éine Bítte* ~ nepaténkinti kienõ prãšymo **II** *vi* atsisakýti (*pvz., apie atmintį, jėgas*); nebeveĩkti, sugèsti (*pvz., apie mechanizmą*); *bei* [*in*] *éiner Prüfung* ~ susikiȓsti peȓ egzãminą
versálzen *vt* pérsūdyti
versámmeln I *vt* suriñkti, sušaũkti **II** *sich* ~ susiriñkti
Versámmlung *f* -, -en susirinkìmas
Versánd *m* -(e)s (iš)siuntìmas
versáufen *vt* pragérti
versáumen *vt* praléisti (*ką*); pavėlúoti (*į ką*); *den Zug* ~ pavėlúoti į̃ tráukinį
Versáumnis *n* -ses, -se praleidìmas
verscháffen *vt* gáuti; *sich* (*D*) *Éinblick in etw.* (*A*) ~ susipažìnti sù kuõ
verschämt drovùs, nedrąsùs
verschärfen I *vt* 1 (pa)ãštrinti (*pvz., padėtį*) 2 sustìprinti, padìdinti; *éine Stráfe* ~ sugríežtinti baũsmę **II** *sich* ~ paãštrėti, padidė́ti
verschárren *vt* užkàsti
verschénken *vt* (pa)dovanóti; išdovanóti, išdalýti
verschéuchen *vt* nubaidýti
verschícken *vt* 1 išsių̃sti, išsiuntinė́ti 2 ištrémti, deportúoti
verschíeben* I *vt* 1 pérstumti (*iš vietos*), pastùmti 2 atidė́ti, pérkelti **II** *sich* ~ nusliñkti, nusmùkti, pasisliñkti
verschíeden įvairùs, skirtìngas
verschíedenartig įvairùs, įvairiópas, visóks
Verschíedenheit *f* - įvairùmas, skirtingùmas
verschímmeln *vi* (*s*) apipelė́ti, supelė́ti
verschláfen*¹ *vt* išmiegóti; pramiegóti
verschláfen² mieguìstas, apsnūdęs; ~*e Áugen* užmiegótos ãkys
Verschlág *m* -(e)s, ⁺e sandė́liùkas, pódėlis
verschlágen*¹ *vt* 1 užkálti (*vinimis, lentomis*); apkálti, apmùšti 2 nunèšti, nublókšti 3: *es verschlúg ihm die Réde* [*Spráche*] *vor Entsétzen* jìs netėko žãdo ìš siaũbo
verschlágen² gudrùs, sùktas; klastìngas
verschléchtern I *vt* (pa)blõginti **II** *sich* ~ (pa)blogė́ti

verschléiern *vt* (už)maskúoti, užtušúoti

Verschléiß *m* -es, -e susidėvėjimas

verschléißen* I *vi* (*s*) susidėvėti **II** *vt* sudė-
vėti

verschléppen *vt* **1** išvèžti, deportúoti **2** už-
tęsti, uždeĺsti

verschléudern *vt* iššvaistýti

verschlíeßbar uždãromas; užrakìnamas

verschlíeßen* I *vt* uždarýti; užrakìnti **II sich**
~ užsidarýti, užsisklęsti

verschlímmern I *vt* (pa)blõginti **II sich** ~
(pa)blogéti

verschlíngen*[1] *vt* (su)rýti

verschlíngen*[2] **I** *vt* sumègzti, surìšti mazgù
II sich ~ susiraizgýti

verschlóssen 1 uždarýtas; užrakìntas **2** užsi-
dãręs, nekalbùs

verschlúcken I *vt* **1** nurýti, prarýti **2** surýti
(*pvz.*, *daug lėšų̃*) **II sich** ~ užspriñgti

verschmähen *vt* paniẽkinti (*ką̃*)

verschmélzen* I *vt* sulýdyti, išlýdyti **II** *vi*
(*s*) lýdytis, susilýdyti

verschmítzt gudrùs, sùktas; šeĺmiškas

verschmútzen I *vt* sutèpti, suteṙšti, supuṙvin-
ti **II sich** ~ tèptis, susitèpti

verschnáufen *vi* / **sich** ~ atsipū̃sti, atsi-
kvė̃pti

verschnéit àpsnigtas, ùžsnigtas

verschnüren *vt* surìšti, aprìšti (*virvele*)

verschóllen diñgęs bè žiniõs

verschönern I *vt* papuõšti, (pa)grãžinti
II sich ~ pagražéti, tàpti gražesniám

verschränken *vt* sukryžiúoti

verschréiben* I *vt* paskìrti (*gydymą̃*); išrašý-
ti, prirašýti (*vaistų̃*) **II sich** ~ (*D*) atsidúoti,
atsidéti (*kam*)

verschrótten *vt* paveṙsti metãlo láužu

verschúlden *vt* bū̃ti kaltininkù (*ko*), bū̃ti kal-
tám (*dėl ko*)

verschúldet prasiskõlinęs

verschütten *vt* **1** palíeti, papìlti **2** (*mit D*)
užpìlti, užveṙsti (*kuo*)

verschwéigen* *vt* nutyléti, nuslė̃pti

verschwénden *vt* išeikvóti, iššvaistýti

verschwénderisch išlaidùs

verschwínden* *vi* (*s*) išnỹkti, diñgti

verschwítzt suprakaitãvęs

verschwómmen miglótas, neáiškus

verschwören*, **sich** (*gegen A*) sudarýti są̃-
mokslą̃ (*prieš ką̃*)

Verschwörer *m* -s, - są̃mokslininkas

Verschwörung *f* -, -en są̃mokslas

verséhen* I *vt* (*mit D*) aprū̃pinti (*kuo*); *mit
állem Nótwendigen* ~ aprū̃pinti būtiniáu-
siais dalỹkais **II sich** ~ (*bei D*) apsirìkti
(*ką̃ darant*)

Verséhen *n* -s, - apsirikìmas, neapsižiūréji-
mas

verséhentlich netýčia, peṙ apsirikìmą̃

Verséhrte *sub m, f* invalìdas, -ė

versénden* *vt* išsių̃sti, išsiuntinéti

verséngen *vt* apsvìlinti, nudẽginti

versénken *vt* paskandìnti, nuskandìnti (*lai-
vą̃*)

versétzen *vt* **1** pérsodinti, pérkelti (*pvz.*, *mo-
kinį*) **2** (*mit D*) atskíesti, praskíesti (*kuo*)
3: *das versétzt mich in Erstáunen* taĩ ma-
nè stẽbina

verséuchen *vt* užkrẽsti

versíchern I *vt* užtìkrinti, garantúoti **2** (*ge-
gen A*) apdraũsti (*ką̃ nuo ko*)

Versícherung *f* -, -en **1** užtìkrinimas, garan-
tãvimas **2** draudìmas

Versícherungs‖beitrag *m* -(e)s, ‑e draudìmo
mókestis; ~**prämie** *f* -, -n draudìmo at-
lýginimas, draũdpinigiai

versíckern *vi* (*s*) susigérti, įsisiuṙbti

versíegeln *vt* užantspaudúoti

versíegen *vi* (*s*) išsèkti (*pvz.*, *apie šaltinį*, *jė-
gas*)

versínken* *vi* (*s*) (nu)skę̃sti, (nu)grìm̃zti

versínnbildlichen *vt* simbolizúoti

Versión *f* -, -en vèrsija

versklávten *vt* paveṙgti

versöhnen I *vt* (*mit D*) sutáikyti (*ką̃ su kuo*)
II sich ~ (*mit D*) susitáikyti (*su kuo*)

versöhnlich taikùs, taikìngas

versónnen susimą̃stęs, užsisvajõjęs

versórgen I *vt* **1** (*mit D*) aprū̃pinti (*ką̃ kuo*)
2 slaugýti; prižiūréti **II sich** ~ (*mit D*) ap-
sirū̃pinti (*kuo*)

versórgt 1 aprū̃pintas **2** prìslėgtas rūpesčių̃

verspäten, sich vělintis, pavėlúoti

Verspätung *f* -, -en (pa)vėlāvimas; *der Zug hat zehn Minúten* ~ traukinỹs vėlúoja dēšimt minùčių

verspéisen *vt* suválgyti

verspérren *vt* užtvérti (*pvz.*, *kelią*); užstóti (*pvz.*, *vaizdą*)

verspíelen *vt* pralõšti

verspótten *vt* šaipýtis, tyčiotis (*iš ko*)

verspréchen* I *vt* (pa)žadéti, prižadéti; *ich hábe mir viel* (*wénig*) *davón verspróchen* àš daūg (*mažaĩ*) kõ ìš tõ tikéjausi **II sich** ~ apsirìkti kaĺbant

Verspréchen *n* -s, - pažadéjimas, pãžadas

verspüren *vt* (pa)jaūsti, (pa)jùsti

Verstánd *m* -(e)s prõtas; *ein schárfer* (*gesúnder*) ~ aštrùs (sveĩkas) prõtas; ~ *ánnehmen, zu* ~ *kómmen* ateĩti į̃ prõtą

verständig supratìngas, sumanùs

verständigen I *vt* (*über A, von D*) pranèšti (*kam ką*), informúoti (*ką apie ką*) **II sich** ~ **1** (*mit j-m über A*) susitaŕti (*su kuo dėl ko*) **2** susikalbéti; *wir verständigten uns auf Französisch* mēs susikalbéjome prancūziškai

Verständigung *f* -, -en **1** pranešìmas, informãcija **2** susitarìmas; savìtarpio supratìmas **3** susikalbéjimas

verständlich áiškus, suprañtamas; *j-m etw.* ~ *máchen* kám ką išáiškinti

Verständnis *n* -ses, -se supratìmas; *er hat kein* ~ *für Musík* jìs nesuprañta mùzikos

verständnis‖los nesupratìngas, nenuovokùs; ~**voll** supratìngas, nuovokùs

verstärken I *vt* (su)stìprinti, sutvìrtinti, padìdinti **II sich** ~ sustipréti, padidéti

verstáuben *vi* (*s*) apdulkéti

verstáuchen *vt* iš(si)sùkti (*pvz.*, *koją*)

Verstéck *n* -(e)s, -e slėpýnė, lindýnė

verstécken I *vt* (pa)slėpti, slapstýti **II sich** ~ slėptis, pasislėpti, slapstýtis

verstéhen* I *vt* suprásti; mokéti; *Deutsch* ~ mokéti vókiečių kaĺbą; *was verstéhen Sie darúnter?* ką jūs tuõ nórite pasakýti? *er verstéht nichts von der Kunst* jìs niēko nesuprañta apiē mēną **II sich** ~ supràsti

víenas kìtą; *es verstéht sich von selbst* taĩ saváime suprañtama

verstéigern *vt* pardúoti ìš varžýtinių

verstéllen I *vt* (*mit D*) užtvérti, užstatýti (*ką kuo*) **II sich** ~apsimèsti

verstérben* *vi* (*s*) (nu)miŕti

verstímmen *vt* blogaĩ nuteĩkti (*ką*), sugadìnti núotaiką (*kam*)

verstímmt suiŕžęs, blogõs núotaikos

verstóckt užsispýręs, kietasprañdis

verstóhlen slapčià, slapčiõm(ìs), vogčiõm(ìs)

verstópfen *vt* užkìšti, užkiḿšti

Verstópfung *f* -, -en užsikimšìmas; viduriū užkietéjimas

verstórben miręs

Verstórbene *sub* *m*, *f* veliónis, -ė

verstört sumìšęs, suglùmęs

Verstóß *m* -es, ꞏe nusižengìmas

verstóßen* *vi* (*gegen A*) nusižeñgti (*kam*), pažeĩsti (*ką*)

verstréichen* *vi* (*s*) praeĩti, prasliñkti (*apie laiką*)

verstrícken I *vt* (*in A*) įvélti, įtráukti (*ką į ką*) **II sich** ~ (*in A*) įsivélti (*į ką*)

verstümmeln *vt* sulúošinti, sužalóti; sudarkýti

verstúmmen *vi* (*s*) nutìlti

Versúch *m* -(e)s, -e bañdymas; eksperimeñtas

versúchen *vt* **1** paragáuti (*valgio, gérimo*) **2** (pa)bandýti; *es mit Güte* ~ pabandýti gerúoju **3** gùndyti

Versúchs‖arbeit *f* -, -en eksperimeñtas; eksperimeñtinis dárbas; ~**kaninchen** *n* -s, - bañdomasis triūšis

Versúchung *f* -, -en pagùnda; *j-n in* ~ *führen* vèsti ką į̃ pagùndą

versündigen, sich (*an D*) nusidéti, nusižeñgti (*kam*)

versúnken pasinéręs, įsigìlinęs; *in Gedánken* ~ *sein* bū́ti paskeñdusiam mintysè

vertäfeln *vt* apkálti lentėlėmis

vertágen *vt* nukélti, atidéti

vertáuschen *vt* **1** (*mit D*) pakeĩsti (*ką kuo*) **2** sukeĩsti, sumaišýti

vertéidigen I *vt* (*gegen A*) (ap)gìnti (*ką nuo ko*) **II sich** ~ gìntis

Vertéidiger *m* -s, - gynėjas

Vertéidigung *f* -, -en gynìmas; gynìmasis; gynýba

Vertéidigungs‖kraft *f* -, ᵉe gynýbinė galià; ~**rede** *f* -, -n *teis*. ginamóji kalbà

vertéilen *vt* paskìrstyti; išdalýti

vertéuern I *vt* (pa)brangìnti **II sich** ~ (pa)brángti

Vertéuerung *f* -, -en pabrangìnimas; pabrangìmas

vertíefen I *vt* (pa)gìlinti **II sich** ~ **1** įsigìlinti **2** (su)stipréti, (pa)giléti (*pvz.*, *apie krizę*)

vertónen *vt* **1** (pa)rašýti mùziką (*kokiam nors tekstui*) **2** įgársinti (*filmą*)

Vertrág *m* -(e)s, ᵉe sutartìs; *éinen* ~ (*ab*)*schließen* sudarýti sùtartį

vertrágen* **I** *vt* pakélti, iškę̃sti, ištvérti **II sich** ~ (*mit D*) **1** sutar̃ti, sugyvénti (*su kuo*) **2** dẽrintis (*su kuo*)

vertrǟglich 1 sugyvẽnamas, taikùs **2**: *díese Spéise ist schwer* ~ taĩ suñkiai vìrškinamas maĩstas

Vertrágsentwurf *m* -(e)s, ᵉe sutartiẽs projèktas

vertrágsgemäß pagaĩ sùtartį

vertráuen *vi* (*D*, *auf A*) pasitikéti, tikéti (*kuo*)

Vertráuen *n* -s pasitikéjimas

vertráuens‖voll patiklùs, lengvaĩ pasìtikintis; ~**würdig** ver̃tas pasitikéjimo

vertráulich 1 ar̃timas, intymùs **2** konfidencialùs, slãptas

vertráumt užsisvajójęs, svajìngas

vertráut 1 ar̃timas, intymùs; *mit j-m auf* ~*em Fuß lében* palaikýti sù kuõ ar̃timus sántykius **2** pažį́stamas; *j-n mit etw.* (*D*) ~ *máchen* supažìndinti ką̃ sù kuõ; *sich mit etw.* (*D*) ~ *máchen* susipažìnti sù kuõ

vertréiben* *vt* **1** išvýti, išvarýti; *sich* (*D*) *die Zeit mit etw.* (*D*) ~ (pra)léisti laĩką ką̃ dãrant **2** pardavinéti, realizúoti

vertréten* *vt* **1** pavaduóti **2** atstováuti (*kam*) **3** nunešióti, nudėvéti (*batus*)

Vertréter *m* -s, - **1** atstõvas **2** pavaduótojas

Vertrétung *f* -, -en **1** atstovãvimas **2** atstovýbė

Vertríeb *m* -(e)s, -e pardavinéjimas; plãtinimas

vertrínken* *vt* pragérti

vertrócknen *vi* (*s*) sudžiū́ti, išdžiū́ti

vertún* *vt* išeikvóti, iššvaistýti

vertúschen *vt* užtušúoti, paslė̃pti

verüben *vt* padarýti, įvýkdyti; *Sélbstmord* ~ nusižudýti

verúnglimpfen *vt* (ap)júodinti, (ap)šmeĩžti

verúnglücken *vi* (*s*) nukentéti avãrijoje; *tödlich* ~ žū́ti avãrijoje

Verúnglückte *sub* *m*, *f* nukentéjusysis, -ioji

verúnreinigen *vt* (už)teršti, suteršti

verúnstalten *vt* subjauróti, sudarkýti

verúrsachen *vt* sukélti, padarýti

verúrteilen *vt* **1** (pa)smer̃kti **2** nuteĩsti; *zum Tóde* ~ nuteĩsti mirtiẽs bausmè

vervíelfachen I *vt* keleriópai padìdinti **II sich** ~ keleriópai padidéti

vervielfältigen *vt* (pa)dáuginti, multiplikúoti

vervóllkommnen I *vt* (pa)tóbulinti **II sich** ~ tóbulintis, pasitóbulinti

Vervóllkommnung *f* -, -en (pa)tóbulinimas; tóbulinimasis

vervóllständigen *vt* papìldyti (*pvz.*, *kolekciją*, *biblioteką*)

verwáchsen* *vi* (*s*) **1** suáugti; užáugti **2** užsitráukti (*apie žaizdą*)

verwáhren *vt* laikýti, sáugoti

verwáhrlosen *vi* (*s*) apsiléisti, tàpti netvarkìngam

verwáist lìkęs našláičiu

verwálten *vt* valdýti, tvarkýti

Verwálter *m* -s, - valdýtojas; administrãtorius

Verwáltung *f* -, -en administrãcija; valdýba

verwándeln I *vt* (*in A*) paver̃sti (*ką kuo*) **II sich** ~ (*in A*) (pa)vir̃sti (*kuo*)

verwándt giminìngas; *mit j-m náhe* (*entférnt*) ~ *sein* bū́ti kienõ ar̃timu (tólimu) gimináičiu

Verwándte *sub* *m*, *f* gimináitis, -ė

Verwándschaft *f* -, -en **1** giminýstė, giminìngumas **2** gimináičiai, gìminės; *er hat*

éine gróße ~ jõ giminė platì, jìs tùri daũg giminių
verwárnen *vt* įspéti, pérspėti
verwáschen išblùkęs, nublùkęs
verwéchseln *vt* sukeĩsti, supáinioti
verwégen narsùs, drąsùs; šaunùs
verwéhen *vt* 1 užpustýti 2 išsklaidýti, išblaškýti
verwéhren *vt* (*j-m*) uždraũsti (*kam ką*), neléisti (*kam ko*)
verwéigern *vt* atsisakýti, nesutìkti (*ką darytì*)
verwéilen *vi* lìkti, pasilìkti, sustóti
verwéint ùžverktas, ašarótas
Verwéis *m* -es, -e 1 papeikìmas, įspėjìmas 2 núoroda
verwéisen* *vt* 1 (*j-m*) padarýti pãstabą (*kam dėl ko*), pabárti (*ką už ką*) 2 (*auf A*) nuródyti (*į ką*) 3 išvarýti, išvýti
verwélken *vi* (*s*) (nu)výsti, suvýsti
verwénden *vt* (pa)naudóti; (pa)vartóti
Verwéndung *f* -, -en (pa)naudójimas; (pa)vartójimas; ~ **fínden** bũti naudójamam [vartójamam]
verwérfen* *vt* atmèsti (*ką*), nepriiñti (*ko*)
verwérflich peĩktinas, smeñktinas
verwérten *vt* panaudóti, pritáikyti
verwésen *vi* (*s*) (su)pũti, (su)trūnýti
verwíckeln I *vt* 1 supáinioti, sunárplioti 2 (*in A*) įpáinioti, įvélti (*ką į ką*) **II sich** ~ supáinioti, susinárplioti
verwíldert 1 užžélęs, apžélęs 2 sulaukėjęs
verwírklichen I *vt* įvýkdyti, įgyvéndinti **II sich** ~ tàpti tikróve, įsikũnyti
verwírren *vt* 1 supáinioti, suraizgýti 2 sutrikdýti, suglùminti
verwíschen I *vt* 1 ištrìnti, nutrìnti 2 užtušúoti, užtrìnti **II sich** ~ išsitrìnti, išdìlti
verwítwet: *ein* ~*er Mann* našlỹs; *éine* ~*e Frau* našlė̃
verwöhnen *vt* (iš)lépinti
verwórfen ištvìrkęs, pasiléidęs
verwúnden *vt* sužeĩsti
verwúnderlich stēbinantis
verwúndert nustḗbęs, nustēbintas
Verwúnderung *f* - nustebìmas, núostaba
Verwúndete *sub m, f* sužeistàsis, -óji

verwúrzelt įsišaknìjęs; suáugęs
verwüsten *vt* (nu)niokóti
verzágen *vi* nusimiñti
verzánken, sich susikiviñčyti, susipỹkti
verzärteln *vt* (iš)lḗpinti
verzáubern *vt* užbùrti, pakeréti
verzéhren I *vt* 1 suválgyti 2 (iš)várginti, (iš)kamúoti **II sich** ~ kamúotis, nusikamúoti
verzéichnen *vt* užrašýti; įrašýti
Verzéichnis *n* -ses, -se 1 sąrašas 2 rodỹklė
verzéihen* *vt* (*j-m*) atléisti, dovanóti (*kam ką*)
Verzéihung *f* - atleidìmas, dovanójimas
verzérren *vt* iškreĩpti, iškraipýti
Verzícht *m* -(e)s, -e atsisãkymas
verzíchten *vi* (*auf A*) atsisakýti (*ko*)
verzíehen* **I** *vt* iškreĩpti, pérkreipti; *das Gesícht* ~ susiraũkti **II sich** ~ 1 praeĩti, išsisklaidýti 2 (*nepastebimai*) išeĩti, diñgti
verzíeren *vt* (*mit D*) pagrãžinti, išdáilinti (*ką kuo*)
verzögern I *vt* uždeĩsti, užvìlkinti **II sich** ~ nusitę̃sti, užsideĩsti
verzóllen *vt* mokéti muĩtą (*už ką*)
verzückt susižavėjęs, sužavétas
Verzúg *m* -(e)s uždelsìmas, užvìlkinimas; *óhne* ~ neatidėliójant, tuojaũ
verzwéifeln *vi* nusivìlti, nusimiñti
Verzwéiflung *f* - nusivylìmas, neviltìs; *in* ~ *geráten* [*kómmen*] pùlti į̃ nẽviltį, nusivìlti
verzwéigen, sich šakótis, išsišakóti
Vestibül *n* -s, -e vestibiùlis
Veterán *m* -en, -en veterãnas
Vétter *m* -s, -n pùsbrolis
Viadúkt [v-] *m, n* -(e)s, -e viadùkas
vibríeren *vi* vibrúoti
Vieh *n* -(e)s gyvulỹs, galvìjas; gyvuliaĩ, galvìjai
Víeharzt *m* -es, -e veterinãras
Víeh‖herde *f* -, -n (*gyvulių*) bandà, kaĩmenė; ~**zucht** *f* - gyvulininkỹstė; ~**züchter** *m* -s, - gyvulių augìntojas
viel I *a* daũg; daũgelis; *in* ~*en Fällen* daũgeliu ãtvejų; *wie* ~*e Mále?* kíek kartų̃? ~*e von uns* daũgelis iš mū́sų, ~*es Gúte* daũg

gḗro; ~es erzählen daũg ką papãsakoti; *in
~em hat er Recht* jìs daũg kur teisùs; ~*en
Dank!* labaĩ ãčiū! ~ *Lärm um nichts*
daũg triùkšmo dė̃l niẽko; ~ *Glück!* daũg
láimės [sėkmė̃s]! **II** *adv* daũg; *er árbeitet*
~ jìs daũg dìrba; ~ *begéhrt* paklausùs, tù-
rintis dìdelę pãklausą; ~ *besúcht* daũgelio
lañkomas; ~ *ságend* reikšmìngas; ~ *ver-*
spréchend daũg žãdantis
víeldeutig daugiareĩkšmis
víelerlei visóks, įvairiópas
víelfach **I** *a* keleriópas; daugkartìnis **II** *adv*
daũg kar̃tų, dažnaĩ
Víelfalt *f* - įvairóvė, įvairùmas
víelfältig įvairùs, įvairiapùsiškas
vielléicht galbū́t, gãlimas dáiktas
víelmalig daugkartìnis
víelmals daũg kar̃tų
vielméhr **I** *adv* tikriaũ [tiksliaũ] sãkant **II** *cj*
príešingai
víelseitig įvairiapùsis, įvairiapùsiškas
víelstöckig daugiaaūkštis
Víelzahl *f* - daugýbė
vier keturì, kḗtvertas, ketverì
Víereck *n* -(e)s keturkam̃pis
víerhundert keturì šimtaĩ
víer‖stöckig penkiaaūkštis; ~stündig ketu-
rių̃ valandų̃
viert: *zu* ~ keturíese
Víertel *n* -s, - **1** ketvir̃tis, ketvirtãdalis; *es*
ist drei ~ *acht* bè penkiólikos (minùčių)
aštúonios **2** kvartãlas (*miesto dalis*)
Víertel‖jahr *n* -(e)s, -e mė̃tų ketvir̃tis;
~stunde *f* -, -n ketvir̃tis valandõs
víerzehn keturiólika; *in* ~ *Tágen* põ dviejų̃
saváičių
víerzehnte keturióliktas
Vietnám *n* -s Vietnãmas
Vílla *f* -, -len vasárnamis, vilà
violétt violètinis
Violíne *f* -, -n smuĩkas
virtuós virtuòziškas
Visíer *n* -s, -e taikìklis
Visíte *f* -, -n (*gydytojo*) vizìtas
Visítenkarte *f* -, -n vizìtinė kortẽlė

Vísum [v-] *n* -s, -sa / -sen vizà
vitál vitãliškas, gyvybìngas
Vitamín *n* -s, -e vitamìnas
vitamínhaltig vitaminìngas
Vitríne *f* -, -n vitrinà
Vógel *m* -s, ⸚ paūkštis
Vógelbeerbaum *m* -(e)s, ⸚e paprastàsis šer-
mùkšnis
Vógelbeere *f* -, -n šermùkšnis (*uoga*)
Vógel‖nest *n* -(e)s, -er paūkščio lìzdas;
~zucht *f* - paukštininkỹstė; ~züchter *m*
-s, - paūkščių augìntojas
Vokábel *f* -, -n užsíenio kalbõs žõdis
Vokábelheft *n* -(e)s, -e žodynẽlis (*sąsiuvinis*)
Volk *n* -(e)s, ⸚er tautà; liáudis
Völkerrecht *n* -(e)s tarptautìnė téisė
Völkerschaft *f* -, -en tautẽlė
Vólks‖abstimmung *f* -, -en refereñdumas;
~dichtung *f* - liáudies kūrýba; folklò-
ras; ~kunde *f* - folklorìstika; etnogrãfija;
~lied *n* -(e)s, -er liáudies dainà; ~mund
m -(e)s liáudies išmintìs; ~tanz *m* -es, ⸚e
liáudies šõkis
Vólkstanzgruppe *f* -, -n liáudies šõkių an-
sámblis
Vólkstracht *f* - tautìniai drabùžiai
vólkstümlich liáudies, liáudiškas
Vólks‖weise *f* -, -n liáudies melòdija;
~weisheit *f* - liáudies išmintìs
voll **I** *a* **1** pìlnas; kùpinas; ~ (*von*) *Mén-*
schen, ~er *Ménschen* pìlnas žmonių̃;
~ (*von*) *Fréude*, ~er *Fréude* kùpinas
džiaũgsmo **2** apkūnùs, putnùs **3** vìsas, vì-
siškas; *ein* ~es *Jahr* ištìsi mẽtai **II** *adv* vì-
siškai; ~ *und ganz* vìsiškai, galutinaĩ; ~
besétzt pìlnas, pripìldytas (*pvz., apie salę,*
autobusą); ~ *gepfrópft*, ~ *gestópft* sausã-
kimšas, kimštė prìkimštas; ~ *füllen* pri-
pìldyti; ~ *stópfen* prikim̃šti, prigrū́sti; *die*
Bádewanne ~ *láufen lássen* priléisti võ-
nią vandeñs
vollául **1** visái, vìsiškai **2** pakañkamai, už-
tektinaĩ
vóllberechtigt pilnateĩsis
Vóllbeschäftigte *sub m, f* dìrbantis, -i vìsą
dárbo diẽną
vollbríngen* *vt* atlìkti, įvýkdyti

vollénden vt (už)baĩgti, pabaĩgti

vóllends vìsiškai, galutinaĩ

Volleyball ['vɔli-] m -s sport. tinklìnis

völlig vìsiškas, galutìnis

vólljährig pilnamẽtis

vollkómmen I a tóbulas, idealùs **II** adv visái, vìsiškai

Vollkómmenheit f -, -en tobulùmas, tobulýbė

Vóllkornbrot n -(e)s, -e rupių rugìnių mìltų dúona

Vóllmacht f -, -en įgaliójimas

Vóll‖milch f - nenùgriebtas píenas; ~**mond** m -(e)s (mėnùlio) pìlnatis

vóllständig pìlnas, išsamùs

vollstrécken vt teis. įvýkdyti (nuosprendį)

Vóllwaise f -, -n vìsiškas našláitis, vìsiška našláitė

vóllwertig pilnaveĩtis; lygiaveĩtis

vollzíehen* I vt atlìkti, (į)výkdyti **II sich** ~ (į)výkti

von prp (D) 1 ìš; nuõ; ~ **Léipzig bis Hámburg** nuõ Leĩpcigo ikì Hámburgo; ~ **dort** ìš teñ, nuõ teñ; **er ist vom Dorf** [Lánde] jìs ìš káimo 2 verčiamas kilmininku: **éine Grúppe** ~ **Schülern** grùpė mokinių; **éine Fráge** ~ **grö́ßer Wíchtigkeit** labaĩ svarbùs kláusimas 3 apiẽ; **ich hábe** ~ **ihm gehört** àš girdėjau apiẽ jį̃

voneinánder víenas nuõ kìto; apiẽ víenas kìtą; ~ **géhen** išsiskìrti

vor prp 1 (D) (žymi vietą) priẽš; ~ **dem Haus stéhen** stovéti priẽš nãmą 2 (A) (žymi kryptį) priẽš; **sie stéllte sich** ~ **ihn** jì̃ atsistójo priẽš jį̃ 3 (D) (žymi laiką) priẽš; ~ **dem Sónnenaufgang** priẽš saulétekį 4: ~ **Húnger stérben** miȓti ìš bãdo

Vórabend m -s, -e išvakarės

vórahnen vt nujaũsti

vorán 1 príekyje, priešakyjè 2 pirmỹn, į̃ príekį

vorán‖bringen* vt spaȓtinti, greĩtinti; ~**gehen*** vi (s) 1 (j-m) eĩti príekyje (ko); 2 (D) výkti priẽš (ką) 3 eĩti pirmỹn (pvz., apie darbą); ~**kommen*** vi (s) judéti į̃ príekį, darýti pãžangą

Voránmeldung f - išankstìnis užsiregistrãvimas

vorán‖schreiten* vi (s) 1 (D) eĩti príekyje [priešakyjè] (ko) 2 judéti į̃ príekį, darýti pãžangą; ~**treiben*** vt skãtinti, spaȓtinti

Vórarbeit f -, -en paruošiamàsis dárbas

voráus príekyje, pirmà; **j-m** ~ **sein** ką̃ praleñkti, bū́ti pranašesniám ùž ką̃; **vielen Dank im Voráus** labaĩ ãčiū iš añksto

voráus‖berechnen vt iš añksto apskaičiúoti; ~**bestellen** vt iš añksto už(si)sakýti; ~**gehen*** vi (s) 1 eĩti príekyje 2 (D) (į)výkti (priẽš ką)

Voráussage f -, -n pranašãvimas, spė́jimas

voráus‖sagen vt (iš)pranašáuti, spė́ti; ~**schicken** vt 1 (pa)siųsti pirmỹn [į̃ príekį] 2 pasakýti [pranèšti] iš añksto; ~**sehen*** vt numatýti; ~**setzen** vt manýti, taȓti (ẽsant); są́lygoti; ~**gesetzt, dass** ... jéi(gu) ...

Voráussetzung f -, -en príelaida, są́lyga

voráussichtlich I a numãtomas, láukiamas **II** adv turbū́t, matýt

Vórbedacht m: **mit** ~ týčia, týčiom(is)

Vórbehalt m -(e)s, -e išlyga, są́lyga

vórbehaltlos besą́lyginis, besą́lygiškas

vorbéi: ~ **sein** praeĩti

vorbéi‖fahren* vi (s) (an D) pravažiúoti (pro ką); ~**gehen*** vi (s) 1 (an D) praeĩti (pro ką); neatkreĩpti dė́mesio (į̃ ką) 2 (bei j-m) užeĩti, užsùkti (pas ką) 3 praeĩti, liáutis; ~**kommen*** vi (s) 1 (an D) praeĩti (pro ką) 2 (bei j-m) užeĩti, užsùkti (pas ką)

Vórbemerkung f -, -en įžangìnis žõdis; pratarmė̃

vórbereiten I vt (für A) (pa)ruõšti, (pa)reñgti (ką kam) **II sich** ~ (auf A) ruõštis, reñgtis (kam)

Vórbereitung f -, -en (pa)ruošìmas; pasiruošìmas

vórbestellen vt už(si)sakýti iš añksto

Vórbestellung f -, -en išankstìnė paraiškà; užsãkymas iš añksto

vórbeugen I vt paleñkti į̃ príekį (pvz., galvą) **II sich** ~ pasileñkti į̃ príekį **III** vi (D) neléisti kìlti, užkiȓsti kẽlią (kam)

vórbeugend apsaugìnis; preventyvùs
Vórbild *n* -(e)s, -er pavyzdỹs; **sich** *(D) j-n*
zum ~ néhmen iṁti pãvyzdį ìš kõ
vórbildlich pavyzdìngas
Vórbote *m* -n, -n prãnašas; žénklas
vórbringen* *vt* paréikšti; pateĩkti
vórdringen* *vi (s)* judéti į́ príekį; bráutis,
skveŕbtis
vóreilig skubótas, neapgalvótas
vórerst tuõ tárpu, kol kàs
Vórfahr *m* -en, -en prótėvis, séntėvis
vórfahren* *vi (s)* *(vor A)* privažiúoti *(prie
ko)*
Vórfahrt *f* - pii ṁùṁu léisė *(važluojant)*
Vórfall *m* -(e)s, ꙰e atsitikìmas, incideñtas
vórfallen* *vi (s)* atsitìkti, įvỹkti
vórfinden* *vt* ràsti, užtìkti
vórfristig I *a* priešlaikìnis II *adv* priẽš laĩką,
pirmà laĩko
vórführen *vt* (pa)demonstrúoti, (pa)ródyti
Vórgang *m* -(e)s, ꙰e 1 įvykis, atsitikìmas
2 *tech.* procèsas
Vorgänger *m* -s, - pìrmtakas
Vórgarten *m* -s, ꙰ *(gélių)* daržẽlis
Vórgefühl *n* -(e)s nujautìmas, núojauta
vórgehen* *vi (s)* 1 eĩti pirmám [príekyje]
2 skubéti *(apie laikrodį)* 3 (į)vỹkti, atsi-
tìkti
Vórgehen *n* -s veikìmo bū̃das, elgìmasis
Vórgericht *n* -(e)s, -e ùžkandis
vórgerückt 1 vėlývas *(apie laiką)* 2 senývas,
pagyvēnęs
Vórgesetzte *sub m, f* viršininkas, -ė
vórgestern ùžvakar
vórhaben* *vt* sumanýti, ketìnti; **was hában
Sie héute Ábend vor?** ką̃ veĩksite šiañdien
vakarè?
Vórhaben *n* -s, - sumãnymas, ketìnimas
Vórhalle *f* -, -n vestibiùlis
vórhalten* *vt (j-m)* prikìšti, prikáišioti *(kam
ką)*
vorhánden ẽsantis, ẽsamas; **~ sein** bū́ti
Vórhang *m* -(e)s, ꙰e užúolaida
vórher priẽš taĩ, anksčiaũ
vorhérgehend pirmèsnis, ankstyvèsnis
vórherrschen *vi* výrauti, dominúoti

Vorhérsage *f* -, -n pranašãvimas, pranašỹstė
vorhér‖sagen *vt* pranašáuti, (nu)spéti; ~se-
hen* *vt* numatýti
vórhin neseniaĩ, ką̃ tìk
vórig pràeitas, praẽjęs
Vórjahr *n* -(e)s, -e praẽję mētai
vórkommen* *vi (s)* 1 pasitáikyti, bū́ti; *im
Text kómmen víele Féhler vor* tekstè yrà
daũg klaidų̃ 2 *(j-m)* atródyti *(kam)*
Vórkommnis *n* -ses, -se įvykis, atsitikìmas
Vórkriegszeit *f* -, -en prieškarìniai laikaĩ
vórladen* *vt* šaũkti *(pvz., į teismą)*
Vórlage *f* -, -en 1 pateikìmas *(pvz., doku-
mentų)* 2 projèktas, pasiūlymas 3 pavyz-
dỹs, mòdelis
vórläufig I *a* laĩkinas, negalutìnis II *adv* tuõ
tárpu, kol kàs
vórlaut nekuklùs, išsišókėliškas
vórlegen *vt* 1 *(D)* (pa)déti, (pa)dúoti *(kam
ko, ką)* 2 pateĩkti *(kam ką)*
vórlesen* *vt (j-m)* gaŕsiai (pa)skaitýti *(kam)*
Vórlesung *f* -, -en paskaità
vórletzt priešpaskutìnis
vorlíeb: **~ néhmen** *vi (mit D)* ténkintis,
pasiténkinti *(kuo)*
Vórliebe *f* - pómėgis, pótraukis
vórliegen* *vi (j-m)* bū́ti pateiktám *(kam)*
vórmachen *vt* 1 *(j-m)* paródyti *(kam kaip ką
daryti)* 2 klaidìnti, mùlkinti
vórmalig bùvęs, ankstèsnis
vórmals anksčiaũ, seniaũ
Vórmittag *m* -(e)s, -e príešpietis
vórmittags priešpiẽt
Vórmund *m* -(e)s, -e / ꙰er globėjas
Vórmundschaft *f* -, -en globà; **únter ~ sté-
hen** bū́ti globójamam
vorn priešakyjè, pirmà; **von ~** ìš príešakio;
iš pradžių̃; **von ~ ánfangen** pradéti iš pra-
džių̃
Vórname *m* -ns, -n vaŕdas
vórnehm kilnùs, taurùs; **éine ~e Geséll-
schaft** aukštúomenė
vórnehmen* *vt* 1: **éine Operatión ~** darý-
ti operãciją 2: **sich** *(D)* **etw. ~** iṁtis kõ,
pasirýžti ką̃ darýti
vórnehmlich ýpač, visų̃ pirmà

vórnherein: *von* ~ iš pàt pradžių

Vórort *m* -(e)s, -e príemiestis

Vórortzug *m* -(e)s, ꞏe priemiestìnis traukinỹs

Vórprüfung *f* -, -en įskaita (*studento*)

Vórrang *m* -(e)s pirmenýbė, pirmùmas

vórrangig I *a* pirmaeĩlis, svarbiáusias **II** *adv* pirmiáusia, visų pirmà

Vórrat *m* -(e)s, ꞏe ãtsargos; ~ *an Lébensmitteln* maĩsto prodùktų ãtsargos

vórrätig turéti atsargų; *díese Wáre ist noch* ~ šiõs prėkės dár yrà

Vórraum *m* -(e)s, ꞏe príeškambaris; vestibiùlis

Vórrecht *n* -(e)s, -e pirmenýbė; privilègija

Vórrichtung *f* -, -en įrenginỹs; mechanìzmas

vórrücken I *vt* pastūméti pirmỹn **II** *vi* (*s*) judéti pirmỹn

vórsagen *vt* **1**: *ein Gedícht* ~ (pa)deklamúoti eiléraštį **2** pasakinéti; suflerúoti

Vórsatz *m* -es, ꞏe ketìnimas, sumãnymas

vórsätzlich I *a* týčinis **II** *adv* týčia, sąmonìngai

Vórschein: *zum* ~ *kómmen* pasiródyti; paaiškéti

vórschieben* *vt* pastùmti į príekį

Vórschlag *m* -(e)s, ꞏe pasiūlymas

vórschlagen* *vt* (pa)siūlyti

vórschnell skubótas, neapgalvótas

vórschreiben* *vt* (*j-m*) nuródyti, nustatýti (*kam ką*)

Vórschrift *f* -, -en pótvarkis, nuródymas; instrùkcija

Vórschulkind *n* -(e)s, -er ikimokỹklinio ámžiaus vaĩkas

Vórschuss *m* -es, ꞏe avánsas

vórsehen* **I** *vt* numatýti **II** *sich* ~ (*vor D*) sáugotis (*ko*)

vórsetzen *vt* **1** (pa)statýti príekyje **2** padúoti (*valgius*)

Vórsicht *f* - atsargùmas, atsargà; ~! atsargiaĩ!

vórsichtig atsargùs, apdairùs

vórsichtshalber atsargùmo dėlei

vórsingen* *vt* (*j-m*) (pa)dainúoti (*kam ką*)

Vórsitz *m* -es pirmininkãvimas; *den* ~ *führen* pirmininkáuti; *únter j-s* ~ kám pirmininkáujant

Vórsitzende *sub m, f* pirmininkáujantis, -i; pìrmininkas, -ė

Vórsorge *f* -, -n apdairùmas, rūpestingùmas

vórsorglich apdairùs, rūpestìngas

Vórspeise *f* -, -n ùžkandis

Vórspiel *n* -(e)s, -e **1** *muz.* preliùdija; įžanga **2** *teatr.* prològas

vórspielen *vt* (*j-m*) (pa)gróti (*kam ką*)

vórsprechen* *vi* (*bei j-m*) užeĩti (*pas ką*)

vórspringen* *vi* (*s*) išsikìšti, būti išsikišusiam

Vórsprung *m* -(e)s, ꞏe **1** iškyšulỹs, išsikišìmas **2** pranašùmas

Vórstadt *f* -, ꞏe príemiestis

Vórstand *m* -(e)s, ꞏe valdýba; (*valdybos*) pìrmininkas

vórstehen* *vi* **1** išsikìšti, išsišáuti **2** (*D*) vadováuti (*kam*)

vórstellen I *vt* **1** (pa)statýti príekyje [príešais] **2** pavarýti į príekį (*laikrodžio rodyklę*) **3** (*j-m*) pristatýti (*kam ką*), supažìndinti (*ką su kuo*) **4**: *sich* (*D*) *etw.* ~ ką įsivaizdúoti **II** *sich* ~ (*j-m*) prisistatýti (*kam*) (*susipažįstant*)

Vórstellung *f* -, -en **1** pristãtymas, supažìndinimas **2** įsivaizdãvimas; vaizdinỹs **3** vaidìnimas; spektãklis; seánsas (*kino teatre*)

Vórstufe *f* -, -n pirmóji [pradìnė] pakópa

Vórtag *m* -(e)s, -e ìšvakarės

Vórteil *m* -(e)s, -e naudà; pranašùmas; *aus etw.* (*D*) ~ *ziehen* gáuti iš kõ naudõs

vórteilhaft naudìngas

Vórtrag *m* -(e)s, ꞏe **1** pranešimas; paskaità **2** (pa)deklamãvimas; atlìkimas (*pvz., scenoje*)

vórtragen* *vt* **1** (pa)deklamúoti; atlìkti (*pvz., scenoje*) **2** pasakýti, išdéstyti (*savo nuomonę, abejones*)

vórtrefflich nepàprastas, puikùs

vórtreten* *vi* (*s*) išeĩti į príekį **2** išsikìšti, būti išsikišusiam

Vórtritt *m* -(e)s pirmenýbė, pirmùmas

vorüber: ~ *sein* praeĩti, pasibaĩgti

vorübergehen* vi (s) (an D) (pra)eĩti (pro ką)

vorübergehend I a praeĩnantis, trumpalaĩkis **II** adv laikinaĩ

vorüberlassen* vt praléisti

Vórurteil n -(e)s, -e príetaras; išankstìnė núomonė

Vórverkauf m -(e)s, ᵕe išankstìnis pardavìmas

Vórwählnummer f -, -n priešrinkìklis, kòdas (skambinant telefonu)

Vórwand m -(e)s, ᵕe dingstìs, pretèkstas

vórwärts pirmỹn, į príekį; ~ **kómmen** judéti į príekį

vorvég 1 iš añksto; visų pirmà 2 príekyje, pirmà

vorvég|nehmen* vt užbégti ùž akių

vórweisen* vt pateĩkti, paródyti (dokumentą)

vórwerfen* vt (j-m) prikìšti, prikáišioti (kam ką)

vórwiegend daugiáusia, dažniáusiai

Vórwitz m -es išsišokìmas; įžūlùmas

vórwitzig išsišókėliškas; įžūlùs

Vórwort m -(e)s, -e pratarmė̃

Vórwurf m -(e)s, ᵕe príekaištas

vórwurfsvoll priekaištìngas

vórzeigen vt žr. **vórweisen***

vórzeitig pirmalaĩkis, priešlaikìnis

vórziehen* vt 1 užtráukti (užuolaidą) 2 teĩkti pirmenýbę (kam); **ich zíehe es vor, nicht hínzugehen** àš verčiaũ neĩsiu

Vórzimmer n -s, - príeškambaris

Vórzug m (ө)ᴏ, ᵕө pirmенýbė, pranašùmaᴏ; **j-m, éiner Sáche** (D) **den** ~ **gében** teĩkti kám pirmenýbę

vórzüglich puikùs, labaĩ gẽras

vórzugsweise daugiáusia

vulgär vulgarùs

Vulkán m -s, -e ugnìkalnis, vulkānas

W

Wáage f -, -n svarstỹklės

wáagerecht guĩsčias, horizontalùs

Wáageschale f -, -n svarstỹklių lėkštė

Wábe f -, -n korỹs

wach nemiẽgantis; ~ **bléiben** [sein] nemiegóti; ~ **wérden** nubùsti, pabùsti

Wáche f -, -n 1 kar. sargýba; ~ **háben** [hálten] eĩti sargýbą 2 sargýbinis

wáchen vi (über A) prižiūréti, sáugoti (ką)

Wácholder m -s, - 1 kadagỹs 2 kadaginė (degtìnė)

wáchrufen* vt (su)kélti, (su)žãdinti

Wachs n -es, -e vãškas

wáchsam budrùs, akylùs

Wáchsamkeit f - budrùmas, akylùmas

wáchsen*[1] vi (s) áugti; didéti

wáchsen[2] vt (iš)vaškúoti

Wáchskerze f -, -n vãško žvãkė

Wáchstum n -(e)s augìmas; výstymasis

Wächter m -s, - sárgas

wáckelig 1 klìbantis, išklẽręs 2 netvìrtas, siĩpnas

wáckeln vi 1 klibéti 2 svyrúoti, svirduliúoti

Wáde f -, -n (kojos) blauzdà

Wáffe f -, -n giñklas

Wáffel f -, -n vãflis

Wáffen‖ruhe f -, -n, ~**stillstand** m -(e)s paliáubos

Wágemut m -(e)s drąsà, narsùmas

wágemutig drąsùs, narsùs

wágen I vt (iš)drįsti, pasirýžti (ką daryti) **II sich** ~ (iš)drįsti, rýžtis

Wágen m -s, - 1 vežìmas 2 automobìlis 3 vagònas

wägen* vt (pa)sveĩti; apsvarstýti

Waggón / Wagón m -s, -s vagònas

Wágnis n -ses, -se rìzika

Wahl f -, -en 1 pa(si)rinkìmas; **éine** ~ **tréffen** pasiriñkti 2 rinkìmai

wáhlberechtigt tùrintis téisę riñkti

Wáhlbezirk m -(e)s, -e rinkìminė apýgarda

wählen vt 1 riñktis, pasiriñkti 2 riñkti (balsuojant) 3 riñkti (telefono numerį)

Wähler m -s, - rinkéjas

wälerisch išrankùs

Wählerliste f -, -n rinkéjų sąrašas

Wáhl‖freiheit *f* - pasirinkìmo láisvė; ~gesetz *n* -es, -e rinkìmų įstātymas; ~lokal *n* -(e)s, -e rinkìmų pùnktas

wáhllos nesìrenkant, kàs pakliùvo

Wáhlrecht *n* -(e)s, -e rinkìmų téisė

wáhlweise pasirinktinaĩ

Wáhlzettel *m* -s, - rinkìmų biuletènis

Wahn *m* -(e)s kliedesỹs; mãnija

Wáhnsinn *m* -(e)s beprotýbė

wáhnsinnig beprõtiškas; ~ *wérden* pamìšti, ìš prõto išeĩti

wahr tìkras, auteñtiškas; teisìngas; *sein* ~*es Gesícht zéigen* paródyti tìkrąjį sàvo véidą; *das ist* ~ taĩ tiesà

wáhren *vt* (iš)sáugoti (*pvz.*, *paslaptį*); *Disziplín* ~ laikýtis disciplìnos

währen *vi* trùkti, tę̃stis

während I *prp* metù, peĩ; ~ *séiner Ábwesenheit* jám nėsant II *cj* kõl; tuõ tárpu

wáhrhaft iš tikrŭjų, tikraĩ

Wáhrheit *f* -, -en tiesà, teisýbė; *die náckte* ~ grynà tiesà

wáhrlich tikraĩ, iš tiesŭ

wáhrnehmen* *vt* pamatýti, pastebéti

Wáhrnehmung *f* -, -en jutìmas; suvokìmas

wáhrsagen *neatsk.* *vt* (iš)pranašáuti; bùrti

wahrschéinlich turbū́t; *sehr [höchst]* ~ tikriáusiai, veikiáusiai

Wahrschéinlichkeit *f* -, -en tikimýbė

Währung *f* -, -en valiutà

Wáhrzeichen *n* -s, - sìmbolis

Wáise *f* -, -n našláitis, -ė; ~ *wérden* lìkti našláičiu

Wáisen‖haus *n* -es, ᵘer našláičių príeglauda; vaikŭ namaĩ; ~kind *n* -(e)s, -er našláitis, -ė

Wal *m* -(e)s, -e bangìnis

Wald *m* -(e)s, ᵘer mìškas

Wáld‖brand *m* -(e)s, ᵘe mìško gaĩsras; ~erdbeere *f* -, -n žémuogė; ~häher *m* -s, - kékštas; ~hüter *m* -s, - eigulỹs

wáldig miškúotas

Wáldrand *m* -(e)s pamìškė, pagirỹs

wáldreich miškìngas

Wál‖fang *m* -(e)s, ᵘe bangìnių medžiõklė; ~fisch *m* -es, -e bangìnis

Wall *m* -(e)s, ᵘe pýlimas

wállen *vi* (*s*) vìrti, kunkuliúoti

Wállung *f* -, -en jáudinimasis

Wálnuss *f* -, ᵘe valakìnis ríešutas (*vaisius*)

Wálross *n* -es, -e *zool.* vėplỹs

wálten *vi* (*über A*) viešpatáuti (*kur*), valdýti (*ką*)

Wálze *f* -, -n 1 *tech.* vėlenas, velenė̃lis 2 *žemd.* võlas, ristùvas

wälzen I *vt* 1 rìsti, ridénti 2 (*auf A*) suveĩsti (*kam ką*) II *sich* ~ vartýtis, voliótis

Wálzer *m* -s, - válsas

Wams *n* -es, ᵘer liemēnė

Wand *f* -, ᵘe síena

Wándel *m* -s kitìmas, keitìmasis

Wándelhalle *f* -, -n fojė̃, vestibiùlis

wándeln I *vt* (pa)keĩsti II *vi* (*s*) váikščioti, vaikštinéti III *sich* ~ keĩstis, pasikeĩsti

Wánderer *m* -s, - žỹgininkas, turìstas

wándern *vi* (*s*) keliáuti (*pėsčiomis*); klajóti, vaikštinéti

Wánderroute *f* -, -n žỹgio maršrùtas

Wánderschaft *f* -, -en keliãvimas (*pėsčiomis*)

Wánderung *f* -, -en 1 turìstinis žỹgis; pasiváikščiojimas 2 migrãcija (*paukščių, žuvų*)

Wánder‖vogel *m* -, ᵘ keliáujantis paũkštis; ~zirkus *m* -, -se keliáujantis cìrkas

Wándlung *f* -, -en kitìmas, pasikeitìmas

Wánd‖malerei *f* - síenų tapýba, frèskos; ~regal *n* -(e)s, -e síeninė lentýna

Wánge *f* -, -n skrúostas, žándas

Wánkelmut *m* -(e)s svyrãvimas; neryžtingùmas

wánkelmütig svyrúojantis; neryžtìngas

wánken *vi* (*h, s*) 1 svirduliúoti, svirdinéti; *mir* ~ *die Kníe* mán pakinkliai drēba 2 svyrúoti, abejóti

wann kadà; *bis* ~? ikì kadà? iki kõl? *seit* ~? nuõ kadá?

Wánne *f* -, -n vonià

Wánnenbad *n* -(e)s, ᵘer máudymasis voniojè; *ein* ~ *néhmen* máudytis voniojè

Wánze *f* -, -n blãkė

Wáppen *n* -s, - hèrbas

Ware

Wáre f -, -n prēkė; *díese ~ ist stark gefrágt* šì prēkė tùri dìdelę pāklausą

Wáren‖angebot n -(e)s, -e prēkių pasiūlà; **~haus** n -es, ᵘer universālinė parduotùvė; **~umsatz** m -es, ᵘe prēkių apývarta

warm šìltas; nuoširdùs; **~e** *Spéisen* karštì patiekalaĩ; *das Éssen ~ máchen* pašìldyti val̃gį; ~ *wérden* sušìlti; įkaĩsti

Wärme f - šilumà

wärmedicht nepraléidžiantis šilumõs, nelaidùs šìlumai

wärmen I vt (pa)šìldyti, (pa)kaĩtinti **II** vi šìldyti; *der Ófen wärmt gut* krósnis gerai šìldo **III** sich ~ šìldytis, pasišìldyti

Wärmflasche f -, -n šildỹklė, šildỹnė

Wármluft f - šìltas óras

wárnen vt (vor D) įspėti (ką apie ką), pérspėti (ką dėl ko)

Wárn‖ruf m -(e)s, -e įspėjamàsis šū́ksnis; **~schuss** m -es, ᵘe įspėjamàsis šū̃vis; **~streik** m -(e)s, -s / -e įspėjamàsis streĩkas

Wárte‖frau f -, -en **1** slaūgė, sanitārė **2** valýtoja; **~halle** f -, -n (keleivių) laukiamàsis

wárten vi (auf A) láukti (ko)

Wärter m -s, - **1** sárgas, prižiūrėtojas **2** sanitāras; **~in** f -, -nen **1** prižiūrėtoja, áuklė **2** sanitārė, slaūgė

Wárte‖saal m -(e)s, -säle laukìmo sālė (geležìnkelio stotyje); **~zeit** f -, -en **1** laukìmo laĩkas **2** (mašìnų) prastovà; **~zimmer** n -s, - laukiamàsis

warúm kodėl, dėl kõ

Wárze f -, -n **1** kárpa (ant odos) **2** spenỹs, spenėlis

was kàs; ~ *ist das?* kàs taĩ? ~ *ist Ihr Brúder?* kokià jūsų brólio profèsija? ~ *ist los?* kàs atsitìko?

Wáschanstalt f -, -en skalbyklà

wáschbar skal̃biamas

Wáschbecken n -s, - kriáuklė

Wäsche f - **1** baltiniaĩ, skalbiniaĩ **2** skalbìmas

wáschecht nebluñkantis skal̃biant

wáschen* **I** vt skal̃bti; mazgóti, praũsti; *sich* (D) *das Gesícht ~* véidą praũstis **II** sich

~ praũstis; *sich kalt ~* praũstis šáltu vándeniu

Wäscheréi f -, -en skalbyklà

Wäscherin f -, -nen skalbėja

Wásch‖frau f -, -en skalbėja; **~lappen** m -s, - skùduras, mazgõtė; **~maschine** f -, -n skalbìmo mašinà; **~pulver** n -s skalbìmo miltėliai; **~raum** m -(e)s, ᵘe prausyklà; **~schüssel** f -, -n praustùvė; **~seife** f -, -n skalbìmo [skalbiamàsis] muĩlas; **~tag** m -(e)s, -e skalbìmo dienà

Wásser n -s, - vanduõ; *das Kölnische ~* odekolònas; *únter ~ stéhen* bū́ti apsemtám vándeñs; *ihm läuft das ~ im Múnde zusámmen* jìs séilę vařvina

Wásserabfluss m -es vandeñs núotaka [nutekėjimas]

wásserarm nevandenìngas, bè vandeñs

Wásser‖ball m -(e)s vandénsvydis; **~becken** n -s, - baseĩnas

wásserdicht ne(pra)laidùs vándeniui, nepéršlampamas

Wásser‖fall m -(e)s, ᵘe krioklỹs; **~flut** f -, -en pótvynis; patvinìmas; **~graben** m -s, ᵘ vandeñs griovỹs; **~hahn** m -(e)s, ᵘe vandéntiekio čiáupas

wäss(e)rig vandenìngas, pavandeniāvęs

Wásserkraftwerk n -(e)s, -e hidroelektrìnė

Wásser‖lache f -, -n vandeñs klānas, balà; **~leitung** f -, -en vandéntiekis; **~lili:e** f -, -n vandeñs lelijà

Wásser‖melone f -, -n arbū̃zas; **~not** f -, ᵘe vandeñs trū́kumas; **~oberfläche** f -, -n vandeñs paviřšius; **~pflanze** f -, -n vandeñs áugalas

wásserreich vandenìngas

Wásser‖rohr n -(e)s, -e vandéntiekio vam̃zdis; **~rose** f -, -n vandeñs lelijà; **~schi** m -s, -er / - vandeñs slìdės; **~spiegel** m -s, - vandeñs lỹgis; **~stoff** m -(e)s vandenìlis; **~straße** f -, -n vandeñs kēlias; sąsiauris; **~turm** m -(e)s, ᵘe vandeñs bókštas; **~versorgung** f - vandeñs tiekìmas, aprū́pinimas vándeniu; **~waage** f -, -n gulstaĩnis, gulsčiùkas

wáten vi (s, h) brìsti, braidýti

wátscheln vi (s, h) krypúoti, eĩti lingúojant

Wátte f -, -n vatà

wében* vt (iš)áusti

Wéber m -s, - audėjas

Weberéi f -, -en **1** audyklà, audìmo įmonė **2** audėjo ãmatas

Wéberin f -, -nen audėja

Wébstuhl m -(e)s, ⁓e audìmo stãklės

Wéchsel¹ m -s, - pakeitìmas; pasikeitìmas, pakitìmas

Wéchsel² m -s, - vėkselis

Wéchselgeld n -es grąžà; smùlkūs pinigaĩ

wéchselhaft pérmainingas, nepastovùs

wéchseln I vt (pa)keĩsti; **die Wäsche** ⁓ (pa)keĩsti báltinius; **Blícke** ⁓ susižvalgýti; **éinige Wórte** ⁓ pérsimesti keliaĩs žõdžiais II vi keĩstis, pasikeĩsti; **über die Stráße** ⁓ péreiti gãtvę

wéchselnd pérmainingas, besikeĩčiantis

wéchselseitig tarpùsavio, savìtarpio

Wéchsel‖stelle f -, -n, ⁓**stube** f -, -n valiùtos keityklà; ⁓**wirkung** f -, -en sáveika; ⁓**zahn** m -(e)s, ⁓e píeninis dantìs

wécken vt (pa)žãdinti; **das Interésse** ⁓ (su)kélti susidomėjimą

Wécker m -s, -, **Wéckuhr** f -, -en žadintùvas

wédeln vi (mit D) vėdúotis (pvz., véduokle); **mit dem Schwanz** ⁓ úodegą vìzginti

wéder: ⁓ ... **noch** cj neĩ ... neĩ; ⁓ **mir noch ihm ist es gelúngen** (taĩ) nepavýko neĩ mán, neĩ jám

weg šaliñ, į̃ šãlį; **weit von der Stadt** ⁓ tolì nuõ miẽsto

Weg m -(e)s, -e **1** kẽlias; **éinen** ⁓ **éinschlagen** pasiriñkti kẽlią; **sich den** ⁓ **báhnen** skìntis sáu kẽlią; **wohín des** ⁓**es?** kuř einì [eĩnate]? **sich auf den** ⁓ **máchen** iškeliáuti, léistis į̃ keliõnę **2** būdas, metòdas, kẽlias; **auf fríedlichem** ⁓**e** taĩkiai; **auf geríchtlichem** ⁓**e** peř teĩsmą

wégbekommen* vt atstùmti, nustùmti; pašãlinti, išim̃ti (pvz., dėmę)

Wégbereiter m -s, - pioniẽrius, novãtorius

wég‖bleiben* vi (s) nebūti, neatvykti; ⁓**blicken** vi nusisùkti, nusigrẽžti; ⁓**bringen*** vt išnèšti, nunèšti

Wégebau m -(e)s kelių̃ tiesìmas

wégen prp (G, D) dėl; ⁓ **des schléchten Wétters** dėl blõgo óro

wég‖fahren* I vi (s) išvažiúoti II vt išvèžti; ⁓**fallen*** vi (s) atkrìsti, atpùlti; ⁓**führen** vt išvèžti; ⁓**gehen*** vi (s) **1** išeĩti; **sie geht nur sélten weg** jì retaĩ kadà išeĩna ìš namų̃ **2** būti parduodamám **3** išsipláuti, išsivalýti; ⁓**gießen*** vt išpìlti, išlíeti; ⁓**kommen*** vi (s) **1** išeĩti, išvýkti **2** (j-m) diñgti, prapùlti (kam); ⁓**lassen*** vt **1** paléisti, išléisti **2** praléisti, nepaminéti; ⁓**nehmen*** vt **1** paim̃ti, nuim̃ti **2** atim̃ti; **viel Platz** ⁓**nehmen** užim̃ti daũg viẽtos

Wégrand m -(e)s, ⁓er šalìkelė

wég‖reisen vi (s) iškeliáuti, išvýkti; ⁓**reißen*** vt **1** nugriáuti **2** išplėšti, ištráukti; nutráukti; ⁓**schaffen** vt **1** išnèšti; išvèžti; išvèsti **2** nuim̃ti; ⁓**setzen** I vt padéti [pastatýti] į̃ šãlį II **sich** ⁓**setzen** (über A) nekreĩpti dėmesio (į ką); ⁓**stehlen***, **sich** nepastebimaĩ išeĩti [pasišãlinti]; ⁓**streichen*** vt išbraũkti

Wégstück n -(e)s, -e kẽlio tárpas [atkarpà]

wég‖tragen* vt išnèšti, nunèšti; ⁓**treiben***

vt išvarýti, išgìnti

Wégweiser m -s, - **1** vadõvas (knyga) **2** kẽlio rodýklė [žénklas]

wég‖werfen* vt išmèsti, numèsti; ⁓**ziehen*** I vt nuvil̃kti, nutem̃pti (į šalį) II vi (s) išvažiúoti, išvýkti

weh skaũdamas

Wéhe¹ f -, -n (gimdymo) skausmaĩ

Wéhe² f -, -n (sniego) pusnìs

wéhen vi **1** pūsti (apie vėją) **2** plazdénti, plevėsúoti

Wéhklage f -, -n dejõnė; raudà

wéhklagen (wéhklagte, gewéhklagt) vi dejúoti; raudóti

Wéhmut f - liūdesỹs, nusiminìmas

wéhmütig liū́dnas, nusimìnęs

Wehr¹ f -, -en gynìmasis; gynýba; **sich zur** ⁓ **sétzen** gìntis

Wehr² n -(e)s, -e ùžtvanka

Wéhrdienst m -es karìnė tarnýba

wéhren I *vt* (*j-m*) (už)draũsti, (už)giñti (*kam
ką*) **II sich** ~ (*gegen A*) giñtis, apsisáugoti
(*nuo ko*)
Wéhrkraft *f* -, ᵘe gynýbinė galià, gynýbinis
pajėgùmas
wéhrlos bejė̃gis, negãlintis apsigiñti
Wéhrpflicht *f* - kariñė priẽvolė
wéhrpflichtig šaũkiamojo ámžiaus
wéhtun* *vi* (*j-m*) 1 skaudė́ti; *mir tut der
Fuß weh* mán skaũda kóją 2 sukélti skaũs-
mą (*kam*); įskaũdinti, nuliū́dinti (*ką*) *séine
Wórte haben ihr wéhgetan* jõ žõdžiai ją̃
įskaũdino
Weib *n* -(e)s, -er 1 móteris, moteriškė 2 bóba
wéiblich móteriškas; ~*es Tier* patėlė
weich miñkštas; jautrùs, gailestiñgas; *ein
~es Herz háben* bū́ti minkštõs [jautriõs]
širdiẽs; ~ *máchen* (su)miñkštinti; ~ *ge-
kócht*, ~ *gesotten* minkštaĩ (iš)viřtas
wéichen[1] **I** *vt* (iš)mirkýti, meřkti **II** *vi* (*h, s*)
(su)minkštė́ti, išmiřkti
weichen*[2] *vi* (*s*) 1 tráuktis, pasitráukti 2 pra-
eĩti, atslū́gti
wéichherzig minkštaširdis, minkštõs širdiẽs
Wéichling *m* -s, -e išlėpė̃lis, lepū́nas
Wéide[1] *f* -, -n glúosnis; kařklas; žilvìtis
Wéide[2] *f* -, -n ganyklà, gãniava
Wéideland *n* -(e)s, ᵘer ganyklà
wéiden I *vt* ganýti **II** *vi* ganýtis
Wéidenbaum *m* -(e)s, ᵘe glúosnis
wéigern, sich véngti, iššisukinė́ti
wéihen I *vt* 1 (pa)švéntinti 2 (*D*) paskiřti,
paaukóti (*kam*) **II sich** ~ (*D*) atsidė́ti, pa-
siaukóti (*kam*)
Wéihnachten *n* - / *pl* Kalė̃dos; *zu* ~ peř Ka-
lė̃das
Wéihnachts‖abend *m* -s, -e Kū́čių vãkaras,
Kū̃čios; ~*baum* *m* -(e)s, ᵘe Kalė̃dų eglùtė;
~*mann* *m* - (e)s, ᵘer Kalė̃dų senẽlis
weil *cj* nès, kadángi
Wéile *f* - valandė̃lė; *éine kléine* [*kúrze*] ~
neilgaĩ, víeną valandė̃lę
wéilen *vi* bū́ti, viešė́ti
Wein *m* -(e)s, -e vỹnas
Wéin‖bau *m* -(e)s vynuogininkỹstė; ~ *bau-
er* *m* -n / -s, -n vỹnuogių augiñtojas;

~*beere* *f* -, -n vỹnuogė; ~*berg* *m* -(e)s, -e
vynuogýnas; ~*brand* *m* -(e)s, ᵘe konjãkas
wéinen *vi, vt* veřkti
Wéinen *n* -s verkìmas, veřksmas; *j-n zum* ~
bríngen ką̃ praviřkdinti
Wéin‖ernte *f* -, -n žr. **Wéinlese**; ~*garten* *m*
-s, ᵘ vynuogýnas; ~*keller* *m* -s, - 1 vỹno
rūsỹs 2 vỹninė; ~*lese* *f* - vỹnuogių (*der-
liaus*) nuėmìmas; ~*stube* *f* -, -n vỹninė;
~*traube* *f* -, -n vỹnuogių kẽkė; *pl* vỹnuo-
gės
wéise protìngas
Wéise[1] *sub* *m, f* išmiñčius
Wéise[2] *f* -, -n bū́das, manierà; *auf kéine* ~
visái nè, niẽkaip; *auf verschíedene* ~ įvai-
riaĩs bū́dais, įvairiaĩ
Wéise[3] *f* -, -n melòdija, motỹvas
wéisen* **I** *vt* 1 (nu)ródyti, paródyti 2 išsiũsti,
ištreñti **II** *vi* (*auf A*) ródyti, paródyti (*į ką*)
Wéisheit *f* - išmintìs, išmintingùmas
Wéisheitszahn *m* -(e)s, ᵘe prõto dantìs
weiß báltas; pražìlęs; išbãlęs; *ein* ~*es Blatt
Papíer* švarùs põpieriaus lãpas; ~ *wérden*
išbálti, išblýkšti; pražìlti
wéissagen *neatsk.* *vt* pranašáuti
wéißblond šviesiaplaũkis, baltaplaũkis
Wéißbrot *n* -(e)s, -e baltà dúona
Wéiße *sub* *m, f* baltaõdis, -ė
wéißen *vt* (iš)báltinti, baltaĩ išdažýti
wéißgrau žìlas; balsvaĩ pìlkas
wéißlich baĩkšvas, baĩzganas
Wéißwäsche *f* - baltì baltiniaĩ
Wéisung *f* -, -en nuródymas, pótvarkis, di-
rektyvà
weit I *a* 1 tólimas; *ein* ~*er Weg* tólimas kė-
lias 2 platùs **II** *adv* 1 tolì, tolumojè; ~ *und
breit* visuř kuř, apliñkui; *bei* ~*em nicht*
tolì gražù nè 2 plačiaĩ; *die Áugen* ~ *áuf-
reißen* akìs išplė̃sti [išpū̃sti]; ~ *bekánnt*
plačiaĩ žìnomas
weit‖áb tolì (nuõ); ~*áus* gerókai, daũg
Wéitblick *m* -(e)s, -e įžvalgùmas, tol(ia)re-
giškùmas
Wéite *f* -, -n tólis, tolumà; platýbės
wéiten I *vt* (pra)plãtinti, (pra)plė̃sti **II sich** ~
plė̃stis, eĩti platỹn

wéiter I *a* tolèsnis; *óhne* ∼*es* iš kar̃to, nedélsiant; *das ist óhne* ∼*es klar* taĩ iſ̃ taĩp áišku II *adv* toliaũ; *und so* ∼ iſ̃ taĩp toliaũ; ∼ *bestéhen* tebegyvúoti; išli̇̀kti

wéiterbilden I *vt* kélti kvalifikãciją *(kieno)* II *sich* ∼ kélti sàvo kvalifikãciją

Wéiterbildung *f* - kvalifikãcijos kėli̇̀mas

wéiter‖führen *vt* tę̃sti *(pvz., pokalbi̇̀)*; ∼gehen* *vi (s)* 1 eĩti toliaũ, paeĩti 2 tę̃stis

wéiter‖her iš tólo [toli̇̀]; ∼hin toliaũ, ateĩtyjè

wéiterkommen* *vi (s)* 1 eĩti [važiúoti] toliaũ 2 darýti pãžangą

wéitgehend di̇̀delis, platùs

weithér: *von* ∼ iš toli̇̀ [tólo]

wéitherzig kilniaši̇̀rdis, dosnùs

wéitläufig 1 platùs, erdvùs 2 smùlkus, išsamùs *(pvz., pranešimas, paaiškinimas)* 3: *ein* ∼*er Verwándter* tólimas gimináitis; *sie sind* ∼ *miteinánder verwándt* jiẽ tolimi̇̀ gi̇̀minės

wéit‖räumig erdvùs; ∼reichend platùs, di̇̀delis; ∼reichende Pläne* dideli̇̀ planaĩ

Wéitsicht *f* - 1 gē̃ras matomùmas 2 i̇̀žvalgùmas, tol(ia)regiškùmas

wéitsichtig 1 *med.* toliarē̃gis 2 i̇̀žvalgùs, tol(ia)rē̃gis

Wéitsprung *m* -(e)s, ⁝e šúolis i̇̃ tõli̇̀

wéit‖verbreitet plačiaĩ papli̇̀tęs; ∼verzweigt plačiaĩ išsišakójęs

Wéizen *m* -s kviečiaĩ

Wéizen‖brot *n* -(e)s, -e kvieti̇̀nė dúona; ∼mehl *n* -(e)s kvieti̇̀niai mi̇̀ltai

welch kóks [kokià, kokiē, kókios]; ∼ *ein Mann!* kóks žmogùs! ∼ *schöner Tag!* kokià puiki̇̀ dienà!

wélcher *m (wélche f, wélches n, wélche pl)* kuri̇̀s (kuri̇̀, kuri̇̀s, kuriē); ∼ *von déinen Brüdern?* kuri̇̀s i̇̃š tàvo brólių? *aus wélchem Grúnde?* dėl kokiõs priežastiẽs?

welk nuvýtęs; suglē̃bęs

wélken *vi (s)* (nu)výsti, suvýsti

Wélle *f* -, -n bangà, vilni̇̀s

wéllen I *vt* (su)raitýti *(plaukus)* II *sich* ∼ raitýtis *(apie plaukus)*

wéllig bangúotas, garbanótas

Welt *f* -, -en pasáulis; *vor áller* ∼ visų aki̇̀vaizdoje; *zur* ∼ *kómmen* ateĩti i̇̃ pasáuli̇̀, gi̇̀mti; *das Licht der* ∼ *erblícken* išvýsti pasáulio šviẽsą, gi̇̀mti

Wélt‖all *n* -s visatà; ∼anschauung *f* -, -en pasaulėži̇̄ūra

wélt‖bekannt ži̇̀nomas visamè pasáulyje; ∼berühmt garsùs [pagarsėjęs] visamè pasáulyje

Wélt‖ereignis *n* -ses, -se pasauli̇̀nės reikšmė̃s i̇̀vykis; ∼geschehen *n* -s tarptauti̇̀niai i̇̀vykiai; ∼geschichte *f* - visúotinė istòrija; ∼handel *m* -s tarptauti̇̀nė prekýba; ∼herrschaft *f* - pasáulinis viešpatãvimas; ∼krieg *m* -(e)s, -e pasáulinis kãras; ∼kugel *f* - Žēmės rutulỹs; ∼literatur *f* - pasáulinė literatūrà; ∼maßstab: *im* ∼*maßstab* pasáuliniu mastù; ∼meister *m* -s, - pasáulio čempiònas; ∼meisterschaft *f* -, -en pasáulio pirmenýbės; ∼raum *m* -(e)s visatà; kòsmosas

Wéltraum‖fahrt *f* -, -en kòsminė keliõnė; ∼schiff *n* -(e)s, -e kòsminis laĩvas

Wéltrekord *m* -(e)s, -e pasáulio rekòrdas

wélt‖umfassend pasáulinis, àpimantis vi̇̀są pasáuli̇̀; ∼weit tarptauti̇̀nis, pasáulinis

Wénde *f* -, -n pósūkis, pérsilaužimas; *um die* ∼ *des Jahrhúnderts* dviejų ši̇̃mtmečių sándūroje

wénden I *vt* 1 apver̃sti, išver̃sti; *das Heu* ∼ šiẽną vartýti; *bítte* ∼*!* (prãšom) ver̃sti! *(užrašas puslapio gale)* 2 *(t. p.* wándte, gewándt) (pa)sùkti, (pa)kreĩpti; *kein Áuge von j-m* ∼ neatitráukti nuõ kõ akių II *vi* pasùkti *(atgal̃)*, apsisùkti *(pvz., apie automobili̇̀)* III *sich* ∼ 1 *(t. p.* wándte, gewándt) pasisùkti, atsisùkti 2 *(t. p.* wándte, gewándt) *(an A)* kreĩptis *(i̇̃ ką)* 3 keĩstis, pasikeĩsti *(pvz., apie orą)*

Wéndepunkt *m* -(e)s, -e pósūkio tãškas; pérsilaužimas

Wéndung *f* -, -en 1 pósūkis, pasisuki̇̀mas 2 pasikeiti̇̀mas 3 pósakis

wénig mažaĩ, nedaũg; *zu* ∼ per mažaĩ; *ein* ∼ trùputi̇̀, trupučiùką

wénige kẽletas; *in* ∼*n Tágen* põ kẽleto die-
nų
wénigst: *am* ∼*en* mažiáusiai
wénigstens beñt, mažų mažiáusiai
wenn *cj* 1 kaĩ; ∼ *er zurückkommt, bréchen*
wir auf kaĩ jìs sugrį̃š, mẽs išvỹksime 2 jéi,
jéigu; ∼ *du Zeit hast, komm héute Ábend*
zu mir jéigu turési laĩko, ateĩk šį̃ vãkarą
pàs manè 3 kad tìk; ∼ *er doch käme!* kad
tìk jìs ateĩtų!
wénnschon *cj* nórs; net jéi
wer kàs; ∼ *kommt?* kàs ateĩna?
Wérbefilm *m* -(e)s, -e reklãminis fìlmas
wérben* I *vt* teĩkti, verbúoti II *vi (für A)*
reklamúoti *(ką)*, agitúoti *(už ką)*
Wérbung *f* -, -en 1 verbãvimas, agitãcija
2 reklamà
wérden* I *vi (s)* 1 tàpti; *was will er* ∼*?* kuõ
jìs nóri bū́ti? *die Táge* ∼ *länger (kürzer)*
diẽnos ilgéja (trumpéja); *wie wird die Érn-*
te? kóks bùs derlius? *alt* ∼ (pa)sénti;
krank ∼ susir̃gti 2 *(zu D)* (pa)vir̃sti; tàpti
(kuo); *zur Last* ∼ tàpti naštà II: *ich wérde*
schréiben àš rašýsiu; *das Haus wird ge-*
báut nãmas stãtomas
wérfen* I *vt* 1 mèsti, svíesti, métyti; *Án-*
ker ∼ nuléisti [mèsti] iñkarą; *j-n ins*
Gefängnis ∼ pasodìnti ką į̃ kaléjimą
2 at(si)vèsti *(jauniklius)* II **sich** ∼ mèstis,
pùlti
Werft *f* -, -en laivų̃ statyklà
Wérftarbeiter *m* -s, - dòkininkas
Werk *n* -(e)s, -e 1 dárbas; darbaĩ; *ans* ∼
géhen im̃tis dárbo 2 kūrinỹs; *gesámmelte*
∼*e* rinktìniai rãštai 3 gamyklà
Wérkbank *f* -, ᵘe darbãstalis
wérken *vi* dìrbti
Wérk‖halle *f* -, -n *(gamyklos)* cèchas;
∼**meister** *m* -s, - gamỹklos méistras;
∼**statt** *f* -, ᵘen, ∼**stätte** *f* -, -n dirbtùvė;
∼**stück** *n* -(e)s, -e *tech.* detãlė; ∼**tag** *m*
-(e)s, -e dárbo dienà
wérktags dárbo dienomìs, šiokiãdieniais
Wérktätige *sub m, f* dìrbantysis, -čioji; dár-
bo žmogùs
Wérkzeug *n* -(e)s, -e į́rankis; instrumeñtas

Wérkzeugmaschine *f* -, -n stãklės
Wérmut *m* -(e)s, -s 1 pelýnas, mẽtelė 2 vèr-
mutas *(vynas)*
wert 1 brangùs, míelas 2 vertàs; *das ist der*
Mühe ∼ dėl tõ negaĩla pastangų; *das ist*
nicht der Réde ∼ apiẽ taĩ nevertà iř kalbéti
Wert *m* -(e)s, -e vertė̃; káina; *im* ∼*e von*
dréißig Mark trisdešimtiẽs márkių vertė̃s;
von geríngem ∼ mažavertis, mažõs ver-
tė̃s; *(gróßen)* ∼ *auf etw. (A) légen* teĩkti
kám dìdelę réikšmę 3 vertýbė; *géistige* ∼*e*
dvãsinės vertýbės
Wérthrief *m* -(e)s, -e įvértintas láiškas
wérten *vt* (į)vértinti
Wért‖paket *n* -(e)s, -e įvértintas siuntinỹs;
∼**papiere** *pl* vertýbiniai põpieriai
wértschätzen *vt* vértinti, brangìnti
wértvoll vertìngas, brangùs
Wésen *n* -s, - 1 bū́tybė, esýbė 2 bū́das, cha-
rãkteris 3 esmė̃
wésentlich I *a* esmìnis, svarbùs II *adv* ìš es-
mė̃s, labaĩ; *im Wésentlichen* ìš esmė̃s (pa-
ẽmus)
weshálb kodė́l, dėl kõ
Wéspe *f* -, -n vapsvà
West *m* 1 vakaraĩ 2 -(e)s, -e vakãris *(vėjas)*
Wéste *f* -, -n liemẽnė
Wésten *m* -s Vakaraĩ
wésteuropäisch Vakarų̃ Európos
wéstlich I *a* vakarų̃, vakarìnis II *adv* į̃ vãka-
rus
weswégen kodė́l, dėl kõ
Wéttbewerb *m* -(e)s 1 lenktyniãvimas; kon-
kùrsas 2 *sport.* varžýbos, rungtỹnės
Wétte *f* -, -n 1 lažýbos 2: *um die* ∼ *láufen*
eĩti lenktỹnių
wétteifern (wétteiferte, gewétteifert) *vi (um*
A) lenktyniáuti, varžýtis *(dėl ko)*
wétten *vi (um A)* lažìntis *(iš ko)*
Wétter *n* -s, - óras; *was wérden wir mórgen*
für ∼ *háben?* kóks bùs rytój óras?
Wétter‖aussichten *pl* óro prognòzė; ∼**be-**
richt *m* -(e)s, -e pranešìmas apiẽ órus
wétterleuchten *neatsk. vimp:* *es wétter-*
leuchtet žaibúoja

Wétter‖prognose *f* -, -n óro prognòzė; **∼wechsel** *m* -s, - óro pasikeitìmas [pérmaina]

Wétt‖kampf *m* -(e)s, ⁼e rungtỹnės, varžýbos; **∼lauf** *m* -(e)s, ⁼e bėgìmo varžýbos

wéttmachen *vt* kompensúoti; atlýginti

Wéttspiel *n* -(e)s, -e žaidỹnės, rungtỹnės

wétzen *vt* galąsti

Wétzstein *m* -(e)s, -e galąstuvas

wíchtig svarbùs; ∼ **tun, sich** ∼ **máchen** puikúoti(s), pūstis

Wíchtigkeit *f* - svarbà, svarbùmas

Wíchtigtuer *m* -s, - išpuĩkėlis

Wíchtigtueréi *f* - puikãvimasis, pasipūtìmas

Wíckel *m* -s, - 1 plaukų̃ suktùkas, bigudì 2 komprèsas (*su tvarsčiu*)

wíckeln I *vt* 1 (*auf A*) (už)vynióti (*ką ant ko*) 2 (*in A*) (su)vynióti, įvynióti (*ką į ką*) 3 výstyti (*kūdikį*) **II sich** ∼ (*in A*) susisùpti, įsisùpti (*į ką*)

Wíckeltuch *n* -(e)s, ⁼er výstyklas

Wídder *m* -s, - ãvinas

wíder *prp* (*A*) príešais, priẽš; ∼ **séinen Wunsch** priẽš jõ nórą

wíderborstig 1 pasišiáušęs, pašiùręs 2 užsispýręs, ãtžagarias

widerfáhren* *vi* (*s*) (*j-m*) nutìkti, atsitìkti (*kam*)

Wíderhall *m* -(e)s, -e aĩdas, ãtgarsis; rezonánsas

wíderhallen *vi* aidéti, skambéti

widerlégen *vt* paneĩgti, nuneĩgti

wíderlich bjaurùs, šlykštùs

wíderrechtlich neteisétas

Wíderrede *f* -, -n prieštarãvimas

Wíderruf *m* -(e)s, -e atšaukìmas, panaikìnimas

widerrúfen* *vt* atšaũkti, panaikìnti

Wídersacher *m* -s, - príešininkas

Wíderschein *m* -(e)s, -e atspindỹs

widersétzen, sich (*D*) príešintis (*kam*)

wíderspenstig užsispýręs, ãtžagarias

wíderspiegeln I *vt* atspindéti **II sich** ∼ atsispindéti

widespréchen *vi* prieštaráuti, priešgyniáuti (*kam*)

Wíderspruch *m* -(e)s, ⁼e prieštarãvimas; priešgyniãvimas

wíderspruchslos neprieštaráujant, nesipríešinant

Wíderstand *m* -(e)s, ⁼e pasipríešinimas; *j-m* ∼ *léisten* kám príešintis; *óhne* ∼ nesipríešinant

Wíderstandskampf *m* -(e)s, ⁼e pasipríešinimo kovà

widerstéhen* *vi* (*D*) atsispìrti (*kam*)

Wíderstreit *m* -(e)s, -e susidūrìmas, konflìktas

wíderwärtig atgrasùs, koktùs

Wíderwille *m* -ns, **Wíderwillen** *m* -s bodéjimasis; nenóras; antipãtija

widerwillig I *a* nepaténkintas **II** *adv* nenórom(is), sù nepasiténkinimu

wídmen I *vt* (*D*) pašvę̃sti, (pa)skìrti (*ką kam*) **II sich** ∼ (*D*) pasišvę̃sti, atsidéti (*kam*)

Wídmung *f* -, -en (pa)skyrìmas; dedikãcija

wie I *adv* kaĩp; ∼ *alt ist er?* kíek jám mė̃tų? ∼ *geht es dir?* kaĩp táu sė̃kasi? ∼ *dem auch sei* kàd iř kaĩp bū́tų, šiaĩp ař taĩp **II** *cj* 1 kaĩp; *weiß* ∼ *Schnee* báltas kaĩp sniẽgas 2 kaĩp (antaĩ); *Lébensmittel* ∼ *Mehl, Bútter ...* maĩsto prodùktai, kaĩp mìltai, sviẽstas ... ∼ *viel* kíek; ∼ *viel kóstet das?* kíek taĩ kainúoja?

wíeder vė̃l, iš naũjo; ∼ *und* (*ímmer*) ∼ vė̃l iř vė̃l; *hin und* ∼ kař̃tais; ∼ *gútmachen* atitaisýti (*pvz., klaidą*); atlýginti, kompensúoti (*pvz., žalą, nuostolius*); ∼ *áufbauen* atstatýti; ∼ *wählen* pérrinkti, pakartótinai išriñkti

Wíederaufbau *m* -(e)s atstãtymas, rekonstrùkcija

Wíedergeburt *f* - atgimìmas

wiederhérstellen (stéllte wíeder her, wiederhérgestellt) *vt* 1 atstatýti, restaurúoti 2 išgýdyti

wiederhólen I *vt* (pa)kartóti **II sich** ∼ kartótis, pasikartóti

wiederhólt I *a* pakartótinis **II** *adv* ne kař̃tą, daũg kař̃tų

Wiederhólung *f* - (pa)kartójimas; pasikartójimas

Wiederhören: *auf* ~ ìkì kìto kar̃to (*atsisveikinant telefonu*)

Wiederkehr *f* - 1 sugrįžìmas 2 mètinès, jubìliėjus

Wiedersehen *n* -s pasimãtymas, susitikìmas; *auf* ~! ìkì pasimãtymo!

wiederum vėl, iš naūjo

Wiege *f* -, -n lopšỹs

wiegen[1] **I** *vt* sùpti; *das Kind in den Schlaf* ~ užliūliúoti vaĩką **II sich** ~ sùptis

wiegen*[2] **I** *vt* (pa)sver̃ti **II** *vi* sver̃ti; *wieviel wiegst du?* kíek tù sverì?

Wiegenlied *n* -(e)s, -er lopšìnė

wiehern *vi* žvéngti; gar̃siai kvatóti

Wiese *f* -, -n píeva

Wiesel *n* -s, - žebenkštìs

wiesó kaĩp, kókiu būdù

wievielte kurìs; *der Wievielte ist héute?* *den Wievielten háben wir héute?* kelintà šiañdien dienà?

wiewéit kíek, kókiu mastù

wild 1 laukìnis; *ein* ~*es Schwein* šérnas 2 pašėlęs, padūkęs; ~ *wérden* (pa)siùsti, (į)nir̃šti

Wild *n* -(e)s (*medžiojamieji*) paūkščiai ir̃ žvérys

Wild‖ente *f* -, -n laukìnė ántis; ~**leder** *n* -s, - zòmša

Wildnis *f* -, -se dykỹnė, dỹkvietė

Wildschwein *n* -(e)s, -e šérnas

Wille *m* -ns valià; *Ménschen gúten* ~*ns* gerõs vãlios žmónės; *bei bésten* ~*n* nórs ir̃ labaĩ norédamas; *gégen [wíder] séinen* ~*n* priēš jõ vãlią

willenlos bevãlis, silpnavãlis

willentlich I *a* tyčinis **II** *adv* tyčia, tyčiom(is)

willfährig nuolaidùs, sùkalbamas

willig I *a* paklusnùs **II** *adv* nóriai

willkómmen láukiamas; ~! *sei* ~! sveĩkas atvỹkęs! *j-n* ~ *héißen* (pa)svéikinti ką̃ atvỹkus

Willkür *f* - savìvalė; savivaliãvimas

willkürlich savavãliškas

wimmeln *vi* knibždéti

wimmern *vi* 1 gaĩliai dejúoti, vaitóti 2 verkšlénti, bėdóti

Wimpel *m* -s, - vim̃pelas

Wimper *f* -, -n blakstíena

Wind *m* -(e)s, -e véjas; *bei* ~ *und Wétter* bet kokiù óru, ėsant blogám órui

Winde *f* -, -n 1 *bot.* vijõklis 2 *tech.* gérvė, suktùvas

Windel *f* -, -n výstyklas

windeln *vt* výstyti (*vystyklais*)

winden* **I** *vt* výti, vynióti; *Kränze* ~ vainikùs pìnti **II sich** ~ raitýtis, vingiúoti; vyniótis

Windfahne *f* -, -n véjarodis

Wind‖hose *f* -, -n víesulas; ~**hund** *m* -(e)s, -e kùrtas (*medžioklinis šuo*)

windig vėjúotas, vėjìngas

Wind‖jacke *f* -, -n spòrtinė striùkė (*nuo vėjo, lietaus*); ~**pocken** *pl* véjaraupiai; ~**richtung** *f* -, -en véjo kryptìs; ~**stärke** *f* -, -n véjo stiprùmas

windstill tykùs, ramùs (*apie orą*)

Wind‖stille *f* - tylà, tykùs óras; ~**stoß** *m* -es, ⸗e véjo gūsis [šúoras]

Wink *m* -(e)s, -e pamojìmas (*ranka*)

Winkel *m* -s, - kam̃pas; kampėlis, nuošalì vietėlė

Winkelzug *m* -(e)s, ⸗e išsisukinéjimas, manèvras

winken *vi* (pa)móti (*ranka*)

winseln *vi* iñkšti, uñkšti (*apie šunį*)

Winter *m* -s, - žiemà

Winterfrucht *f* -, ⸗e žiemkenčiaĩ, žiemìniai javaĩ

winterlich I *a* žiemõs, žiemìnis **II** *adv* žiėmiškai, kaĩp žiẽmą

Winter‖mantel *m* -s, ⸗ žiemìnis páltas; ~**monat** *m* -(e)s, -e žiemõs ménuo; ~**roggen** *m* -s žiemìniai rugiaĩ; ~**schuhe** *pl* žiemìniai bãtai

Winzer *m* -s, - vỹnuogininkas, vỹnuogių augìntojas

winzig mažýtis, mažutėlis

Wipfel *m* -s, - (*medžio*) viršū́nė

wippen *vi* sùptis, sūpúotis

wir mēs; ~ *álle* mēs visì

Wirbel *m* -s, - 1 sūkurỹs; verpėtas 2 *anat.* slankstėlis

wírbeln *vi* sūkuriúoti; kìlti kamuoliaĩs
Wírbel‖säule *f* -, -n stùburas, nugárkaulis;
~**sturm** *m* -(e)s, ꞈe sūkurỹs, víesulas
wírken I *vi* **1** (*auf A*) (pa)veĩkti (*ką*), darýti
įtaką (*kam*) **2** atródyti **3** dìrbti, darbúotis
II *vt* **1** áusti; mègzti **2** mìnkyti (*pvz.*, *tešlą*)
wírklich I *a* tìkras; realùs **II** *adv* tikraĩ, iš
tikrųjų; ~**?** nejaũgi?
Wírklichkeit *f* - tikróvė, realýbė; *in* ~ *war*
er sélber schuld iš tikrųjų jìs bùvo pàts
kaĺtas
wírklichkeits‖getreu tikróviškas, atitiñkan-
tis tikróvę; ~**nah** aŕtimas tikróvei, tikró-
viškas
wírksam veiksmìngas, efektyvùs
Wírkung *f* -, -en veikìmas, póveikis
wírkungsvoll veiksmìngas, efektyvùs
Wírkwaren *pl* trikotãžas
wirr 1 sunárpliotas, suraizgýtas; susivélęs
2 painùs
Wírren *pl* sąmyšis, maišatìs; suirùtė
Wirt *m* -(e)s, -e **1** šeiminin̄kas **2** smùklinin-
kas; viẽšbučio šeiminin̄kas
Wírtschaft *f* - **1** (*namų̃*) ūkis **2** ekonòmika,
ūkis
wírtschaften *vi* šeimininkáuti; ūkininkáuti,
tvarkýti ū̃kį
Wírtschaftler *m* -s, - ekonomìstas
wírtschaftlich 1 ekonòminis, ū̃kinis **2** eko-
nòmiškas, taupùs
Wírtshaus *n* -es, ꞈer restorãnas; viẽšbutis
wíschen *vt* šlúostyti(s); *sich* (*D*) *die Áugen*
(*den Mund*) ~ šlúostytis akìs (bùrną)
Wíschlappen *m* -s, - skùduras
wíspeln, wíspern *vi*, *vt* šnibždéti(s), kuždé-
ti(s)
wíssbegierig smalsùs
wíssen* *vt* **1** (*von D*, *über A*) žinóti (*apie ką*);
soviél ich weiß... kíek mán žìnoma ... *j-m*
etw. ~ *lássen* pranèšti kám ką̃; *nicht aus*
noch ein ~ neràsti išeitiẽs, nežinóti ką̃ da-
rýti **2** mokéti, sugebéti; *sich zu benéhmen*
~ mokéti (geraĩ) eĺgtis
Wíssen *n* -s žinójimas, žìnios
Wíssenschaft *f* -, -en mókslas
Wíssenschaftler *m* -s, - mókslininkas

wíssenschaftlich mókslinis, mókslo; móks-
liškas
Wíssensdrang *m* -(e)s žinių̃ siekìmas
wíssenswert žinótinas, veŕtas žinóti
wíssentlich I *a* týčinis, sąmonìngas **II** *adv*
týčia, týčiom(is)
wíttern *vt* užúosti
Wítterung *f* -, -en **1** óras **2** uoslė̃; núojauta
Wítwe *f* -, -n našlė̃
Wítwer *m* -s, - našlỹs
Witz *m* -es, -e sąmojis, sąmojìngas pasāky-
mas; anekdòtas
Wítzbold *m* -(e)s, -e smailialiežùvis, aštria-
liežùvis
wítzig sąmojìngas
wo 1 *adv* kuŕ; *von* ~ *kommst du?* ìš kuŕ tù
ateinì? **2** *cj* kuomèt, kaĩ
woánders kuŕ (nórs) kituŕ
wobéi: ~ *sind wir stéhen geblíeben?* kuŕ
mẽs sustójome?
Wóche *f* -, -n saváitė; *díese* ~, *in díeser* ~
šią̃ saváitę
Wóchen‖ende *n* -s, -n saváitgalis; ~**tag** *m*
-(e)s, -e šiokiãdienis, dárbo dienà
wóchentags šiokiãdieniais, dárbo dienomìs
wóchentlich I *a* saváitinis, kassaváitinis
II *adv* kas saváitę, kiekvíeną saváitę
Wóchenzeitung *f* -, -en saváitraštis
Wóchnerin *f* -, -nen gimdývė
wodúrch kuõ, kõ dėkà
wofür už ką̃; dėl kõ; kám
Wóge *f* -, -n bangà
wogégen priẽš ką̃
wógen *vi* bangúoti, vilnýti
wo‖hér ìš kuŕ; ~**her stammt er?** iš kuŕ jìs
kìlęs? ~**hin** kuŕ, kurliñk
wohl I *a* sveĩkas **II** *adv* **1** geraĩ; ~ *óder übel*
nórom(is) nenórom(is); *lében Sie* ~*!* lìki-
te sveikì! ~ *bekómm's!* į̃ sveikãtą! **2** tur-
bū́t, galbū́t; ~ *bekánnt* geraĩ žìnomas [pa-
žį́stamas]; ~ *erhálten* geraĩ išsilaĩkęs; ~
geláunt geraĩ nusiteĩkęs; ~ *überlégt* (ge-
raĩ) apgalvótas; ~ *tun* malõniai veĩkti
Wohl *n* -(e)s gerõvė; *auf j-s* ~ *trínken* gérti į̃
kienõ sveikãtą; *auf Ihr* ~*!* į̃ jū́sų sveikãtą!
zum ~*!* į̃ sveikãtą!

wohláuf: *er ist* ~ jìs visái sveĩkas

Wóhlbefinden *n* -s sveikatà; gerà savìjauta

Wóhlergehen *n* -s gerõvė, sėkmė̃

Wóhlgefallen *n* -s malonùmas, pasiténkinimas

wóhl‖**gefällig** kùpinas pasiténkinimo; malonùs; ~**gemeint** geranóriškas, nuoširdùs

Wóhl‖**geruch** *m* -(e)s, ᵉe malonùs kvãpas, aromãtas; ~**geschmack** *m* -(e)s malonùs skõnis

wóhlgesinnt geranõriškas

wóhlhabend pasitùrintis

wóhlschmeckend skanùs, gẽro skõnio

Wóhl‖**stand** *m* -(e)s geróvė; *im* ~*stand lében* gyvénti pasitùrimai; ~**tat** *f* -, -en 1 geradarỹstė 2 malonùmas

wóhltätig 1 geradãriškas, labdarìngas 2 malonùs

Wóhltätigkeit *f* -, -en labdarà

wóhlverdient pelnýtas

Wóhlwollen *n* -s palankùmas, simpãtija

wóhlwollend palankùs, geranõriškas

Wóhnbezirk *m* -(e)s, -e gyvénamasis rajònas

wóhnen *vi* gyvénti; *auf dem Lánde* ~ gyvénti káime

Wóhn‖**fläche** *f* -, -n gyvénamasis plótas; ~**gebäude** *n* -s, - gyvénamasis nãmas

wóhnhaft gyvénantis; *wo sind Sie* ~*?* kuř jū̃s gyvénate?

Wóhn‖**haus** *n* -es, ᵉer gyvénamasis nãmas; ~**heim** *n* -(e)s, -e bendrãbutis

wóhnlich jaukùs, patogùs

Wóhn‖**ort** *m* -(e)s, -e gyvénamoji vietà; ~**raum** *m* -(e)s, ᵉe gyvénamoji patalpà

Wóhnung *f* -, -en bùtas, bū́stas; ~ *mit állen Bequémlichkeiten* bùtas sù visaĩs patogùmais

Wóhnungs‖**inhaber** *m* -s, - bùto saviniñkas; ~**mangel** *m* -s bùtų stokà [trū́kumas]; ~**miete** *f* -, -n bùto núoma

Wóhn‖**viertel** *n* -s, - gyvénamasis kvartãlas; ~**zimmer** *n* -s, - gyvénamasis kambarỹs

Wólbung *f* -, -en skliaũtas; išgaubìmas

Wolf *m* -(e)s, ᵉe viĺkas

Wölfin *f* -, -nen vìlkė

Wólfshund *m* -(e)s, -e viĺkšunis, vilkìnis šuõ

Wólke *f* -, -n debesìs; *éine dúnkle (schwárze)* ~ tamsùs (júodas) debesìs; *der Hímmel war mit* ~*n bedéckt* dangùs bùvo debesúotas

Wólken‖**bruch** *m* -(e)s, ᵉe liū́tis; ~**kratzer** *m* -s, - dangóraižis

wólkenlos giẽdras, nedebesúotas

wólkig debesúotas, apsiniáukęs

Wólldecke *f* -, -n vilnõnė añtklodė

Wólle *f* -, -n vìlna

wóllen¹ vilnõnis

wollen*²* *(modalinis veiksmažodis)* 1 noréti; ketìnti; *ich will nach Háuse* àš nóriu namõ; *was* ~ *Sie damìt ságen?* ką̃ jūs nórite tuõ pasakýti? 2: *wir* ~ *séhen* pažiūrésime; *ich weiß nicht, was daráus wérden will* àš nežinaū, kàs ìš tõ išeĩs; ~ *wir géhen!* eĩkime!

Wóll‖**faden** *m* -s, - vilnõnis siū́las; ~**kleid** *n* -(e)s, -er vilnõnė suknẽlė; ~**stoff** *m* -(e)s, -e vilnõnė mẽdžiaga

Wóllust *f* -, ᵉe gašlùmas, geidulingùmas

wóllüstig gašlùs, geidulìngas

womít kuõ; ~ *schreibst du?* kuõ tù rašaĩ?

wonách pagaĺ ką̃, ìš kõ

Wónne *f* -, -n paláima

worán priẽ kõ; apiẽ ką̃; ~ *liegt es?* nuõ kõ taĩ priklaũso? ~ *erkénnen Sie ihn?* ìš kõ jū̃s jį̃ atpažį́state?

woráuf añt kõ

woráus ìš kõ; ìš kuř

worín kuř

Wort 1 -(e)s, ᵉer *(atskiras)* žõdis; ~ *für* ~ žõdis žõdin, pažodžiuĩ 2 -(e)s, -e žõdis *(kalba)*; *das geschríebene (gespróchene)* ~ rãšomoji (sakýtinė) kalbà; *j-m ins* ~ *fállen* ką̃ pértraukti *(kalbant)*; *mit ánderen* ~*en* kitaĩp tāriant [sãkant]; *j-n zu* ~*e kómmen lássen* léisti kám kalbéti 3 -(e)s žõdis; *das* ~ *ergréifen* im̃ti žõdį *(kalbéti susirinkime)*; *sich zum* ~ *mélden* prašýti žõdžio *(norint kalbéti)*; *j-m aufs* ~ *gláuben* tikéti kám žõdžiais

Wórt‖**art** *f* -, -en *gram.* kalbõs dalìs; ~**bildung** *f* -, -en žõdžių darýba

Wörterbuch *n* -(e)s, ᵉer žodýnas

wórt‖getreu pažõdinis; ~**gewandt** iškal-
bìngas, iškalbùs; ~**karg** nešnekùs, nekal-
bùs
wörtlich I *a* pažõdinis **II** *adv* pažodžiuĩ
wórtlos I *a* tylùs, nebylùs **II** tỹliai, niẽko
nesãkant
Wórt‖schatz *m* -es **1** lèksika, lèksinė kalbõs
sudėtìs **2** (*besimokančiųjų*) žõdžių atsargà;
~**spiel** *n* -(e)s, -e žõdžių žaĩsmas, kalam-
bū̃ras; ~**wechsel** *m* -s, - giñčas, kivìřčas
worüber: ~ **habt ihr gespróchen?** apiẽ ką̃
jū̃s kalbėjote?
worúm: ~ **hándelt es sich?** apiẽ ką̃ kaĩba-
ma?
wovón apiẽ ką̃; ~ **sprichst du?** apiẽ ką̃ tù
kalbì?
wozú kám, kuriám tìkslui
Wrack *n* -(e)s, -s / -e **1** núolaužos, sudùžęs
laĩvas **2** sugriùvėlis
wríngen* *vt* grę̃žti (*skalbinius*)
wúchern *vi* **1** vešéti, keróti **2** lupikáuti
Wuchs [wu:ks] *m* -es **1** augìmas **2** ū̃gis; *hoch*
vom ~ *sein* bū́ti áukšto ū̃gio
Wucht *f* -, -en jėgà
wúchtig 1 stiprùs, smarkùs **2** sunkùs, gre-
mė̃zdiškas
wühlen I *vi* knìsti, raũsti **II** *vt* kàsti, raũsti
Wühltätigkeit *f* - ařdomoji veiklà
wund žaizdótas; pritrìntas ikì kraũjo; *ein*
~**er Punkt** silpnój i vietà; *sich* (*D*) *die*
Füße ~ *láufen* pritrìnti kójas; nusilakstýti
(*ko beieškant*)
Wúnde *f* -, -n žaizdà
Wúnder *n* -s, - stebùklas; ~ *tun* [*verríchten*]
stebuklùs darýti
wúnderbar nuostabùs, nepàprastas
Wúnder‖kind *n* -es, -er vùnderkindas;
~**land** *n* -(e)s, -er stebuklìnga šalìs
wúnderlich keĩstas; įmantrùs
wúndern I *vt* stėbinti **II** sich ~ (*über A*)
stebétis (*kuo*)
wúnderschön nuostabiaĩ gražùs, žavùs
Wúnder‖tat *f* -, -en nepàprastas žỹgdarbis;
stebùklas; ~**täter** *m* -s, - stebukladarỹs

Wunsch *m* -es, ⁼ **1** nóras, troškìmas, pagei-
dãvimas; *auf séinen* ~ jõ nóru [pagei-
dãvimu] **2** *pl* linkéjimai; *béste* (*hérzliche*)
Wünsche zum néuen Jahr geriáusi (nuo-
šiřdūs) linkéjimai Naujū̃jų mẽtų próga
wünschen *vt* **1** noréti, pageidáuti; *Sie* ~ (*bìt-*
te)? kõ pageidáujate? *ich wünsche ihn zu*
séhen àš nóriu jį̃ pamatýti **2** (pa)linkéti
wünschenswert pageidáutinas, nórimas
Wúnsch‖konzert *n* -(e)s, -e pageidãvimų
koncèrtas; ~**traum** *m* -(e)s, ⁼e svajõnė
Würde *f* -, -n **1** orùmas, savìgarba **2** tìtulas,
láipsnis, vař̃das
würdelos bè savìgarbos, netùrintis savìgar-
bos jaũsmo
würdevoll orùs, solidùs, garbìngas
würdig I *a* **1** veř̃tas; *er ist díeses Lóbes* ~
jis veř̃tas šìto pagyrìmo **2** garbìngas, geř̃-
biamas **II** *adv* õriai, išdidžiaĩ
würdigen *vt* (į)vértinti
Würdigung *f* -, -en pripažinìmas, įvértini-
mas
Wurf *m* -(e)s, ⁼e **1** metìmas, sviedìmas **2** va-
dà; *ein* ~ *Férkel* paršiùkų vadà
Würfel *m* -s, - **1** kauliùkas, kaulėlis **2** kubẽlis
würfeln *vi* žaĩsti kauliùkais
Würfelzucker *m* -s gabalìnis cùkrus
Wúrfspeer *m* -(e)s, -e *sport.* íetis
würgen I *vt* smáugti **II** *vi* spriñgti
Wurm *m* -(e)s, ⁼er / ⁼e kirmė̃lė, kiřminas
wúrmstichig kirmėlétas, sukirmìjęs
Wurst *f* -, ⁼e dešrà; *éine geräucherte* ~ rū-
kýta dešrà; *mit* ~ *belégtes Brot* sumuštìnis
sù dešrà
Würstchen *n* -s, - dešrėlė
Wúrstwaren *pl* dešrõs gaminiaĩ
Würze *f* -, -n príeskonis
Wúrzel *f* -, -n šaknìs; ~*n schlágen* įsišakný-
ti, (į)léisti šaknìs; *die* ~*n des Übels* blõgio
šãknys
wúrzeln *vi* **1** šaknýtis, léisti šaknìs **2** (*in D*)
glūdéti, slypéti (*kur*)
Wúrzel‖werk *n* -(e)s **1** šãknys **2** prieskonì-
nės daržóvės; ~**wort** *n* -(e)s, ⁼er šaknìnis
žõdis

würzen *vt* (*mit D*) 1 įdėti prieskonių, paskāninti; *mit Pféffer* ∼ (į)dėti pipirų 2 padáilinti, pagrãžinti
würzig sù (aštriai̇̃s) prieskoniais, pikántiškas
wüst 1 dỹkas, tùščias; *éine* ∼*e Gégend* negyvēnama vietóvė 2 susidraĩkęs; netvarkìngas 3 ištvìrkęs

Wüste *f* -, -n dykumà
Wüstling *m* -s, -e ištvìrkėlis, pasiléidėlis
Wut *f* - įtūžìmas, į̇̃tūžis, pỹktis
Wútanfall *m* -(e)s, ᵘe į̇̃niršio príepuolis
wüten *vi* siaũsti, šė̃lti
wütend į̇̃niršęs, į̇̃tūžęs, į̇̃siùtęs
Wüterich *m* -s, -e ì̇̃šgama; tirõnas

X

x-beliebig ['iks-] bet kurìs, bet kóks

x-mal ['iks-] ne kar̃tą, daũg kar̃tų

Y

Yacht [jaxt] *f* -, -en *žr.* Jacht
Yard [ja:rt] *n* -s, -s / - járdas

Yóghurt *m, n* -s *žr.* Jóghurt

Z

Zácke *f* -, -n dantìs (*pvz., pjūklo, grėblio*)
záckig dantýtas
zágen *vi* 1 drovėtis, báimintis 2 svyrúoti, nesirýžti
zághaft drovùs, nedrąsùs
zäh 1 tąsùs, klampùs 2 kíetas (*apie mėsą*) 3 atkaklùs; ištvermìngas
Zahl *f* -, -en skaĩčius; kiēkis; *éine geráde* ∼ lýginis skaĩčius; *in gróßer* ∼ labaĩ daũg
záhlbar (ap)mokétinas
zählbar suskaičiúojamas
zählebig gajùs, gyvybìngas
zählen *vt* (su)mokéti, užmokéti
zählen I *vt* 1 (su)skaičiúoti; *die Stúnden* ∼ skaičiúoti vãlandas (*nekantriai laukti*) 2 (*zu D*) laikýti (*kuo*) 3: *das Land zählt étwa zehn Milliónen Éinwohner* šalyjè gyvēna apiē dēšimt milijõnų gyvéntojų II *vi* 1 (su)skaičiúoti 2 lémti, turéti lemiamõs reikšmės; 3 (*zu D*) bū́ti laĩkomam (*kuo*), priklausýti (*kam*)
Záhler *m* -s, - mokétojas
záhl‖los nesuskaĩtomas, nesuskaičiúojamas; ∼reich gausùs, apstùs
Záhlung *f* -, -en mokėjimas

Zählung *f* -, -en 1 (su)skaičiãvimas 2 (*gyventojų*) surãšymas
záhlungsfähig mokùs, pajėgùs mokéti
záhlungsunfähig nemokùs, neĩš(sì)galintis mokéti
Záhlwort *n* -(e)s, ᵘer skaĩtvardis
zahm 1 prijaukìntas, jaukùs; ∼ *máchen* prijaukìnti 2 ramùs, tylùs
zähmen I *vt* prijaukìnti; (su)trámdyti II sich ∼ susivaldýti, susitvárdyti
Zahn *m* -(e)s, ᵘe dantìs; *ein hóhler* ∼ kiáuras dantìs; *das Kind bekómmt Zähne* vaĩkui dýgsta [kālasi] dañtys; *vor Wut mit den Zähnen knírschen* iš pỹkčio dantimìs gríežti
Záhn‖arzt *m* -es, ᵘe dantų̃ gýdytojas, stomatològas; ∼bürste *f* -, -n dantų̃ šepetėlis; ∼pasta *f* -, -ten, ∼paste *f* -, -n dantų̃ pastà; ∼schmerzen *pl* dantų̃ skausmaĩ
Zánder *m* -s, - *zool.* ster̃kas
Zánge *f* -, -n rėplės, žnýplės
Zank *m* -(e)s vaidaĩ, kivir̃čas; *mit j-m in* ∼ *geráten* sù kuõ susigiñčyti [susikivir̃čyti]
zánken I *vi* (*um A, über A*) bártis, kivir̃čytis (*dėl ko*) II sich ∼ (*mit j-m*) kivir̃čytis,

ríetis (*su kuo*); **sich um ein Spíelzeug** ∼ kiviŕčytis dėl žaĩslo

Zankeréi *f* -, -en, **Zänkeréi** *f* -, -en vaĩdas, baŕnis, kiviŕčas

zänkisch barnìngas, vaidìngas

zápfen *vt* tẽkinti, léisti (*pvz., vyną iš statinės*); atidarýti statìnę

Zápfen *m* -s, - 1 (*statinės*) kaŕnštis 2 (*ledo*) varvẽklis 3 (*eglės*) kankórėžis

Zápfsäule *f* -, -n (*benzino*) kolonėlė

záppelig spùrdantis; labaĩ judrùs

záppeln *vi* 1 spurdéti 2 nekantráuti, nerimáuti

zart 1 švelnùs, meilùs, malonùs; mìnkštas; ∼*e Fárben* švelnĩos spalvos 2 glẽžnas, trapùs; *im* ∼*en Álter* jaunų mẽtų

zárt‖blau dañgiškas, žýdras; ∼**fühlend** jautrùs, delikatùs, tãktiškas

Zártgefühl *n* -(e)s jautrùmas, delikatùmas, tãktas

Zártheit *f* - 1 švelnùmas, meilùmas 2 glėžnùmas, trapùmas

zärtlich 1 meilùs, lipšnùs, švelnùs 2 jautrùs, rūpestìngas

Zärtlichkeit *f* -, -en 1 meilùmas, lipšnùmas, švelnùmas 2 glamōnė, glamonėjimas 3 *sg* jautrùmas, rūpestingùmas

Zärtling *m* -s, -e lepū̃nas, lepūnė̃lis

Záuber *m* -s, - 1 bùrtai, keraĩ 2 žavesỹs, žavùmas

Zauberéi *f* -, -en bùrtai, keraĩ

Záuberer *m* -s, - bùrtininkas, ragānius

záuberhaft žavùs, žavìngas

Záuberkünstler *m* -s, - fòkusininkas, iliuzionìstas

záubern *vi* bùrti, keréti

Záuberwort *n* -(e)s, -e burtãžodis

záudern *vi* (*mit D*) del̃sti, nesirýžti (*ką daryti*)

Zaum *m* -(e)s, ⸗e kāmanos, brìzgilas, žą̃slai

zäumen *vt* kamanóti, žabóti

Zaun *m* -(e)s, ⸗e tvorà, ą̃ptvaras

zäunen *vt* aptvérti tvorà

záusen *vt* šiáušti, taršýti

Zébra *n* -s, -s *zool.* zèbras

Zécke *f* -, -n érkė

Zéder *f* -, -n, **Zéderbaum** *m* -(e)s, ⸗e kèdras

Zéhe *f* -, -n kójos piŕštas

Zéhenspitze: *auf den* ∼*n géhen* eĩti añt galų piŕštų

zehn dẽšimt; dešimtìs

zéhnjährig dešimtmẽtis, dešimtiẽs mẽtų

zéhnmal dẽšimt kaŕtų

zéhnmonatig dešimtiẽs mėnesių

zéhnte dešĩmtas

zéhren *vi* 1 (*von D*) válgyti (*ką*), maitìntis (*kuo*) 2 (*an D*) (iš)sẽkinti, (nu)kamúoti (*ką*)

Zéichen *n* -s, - 1 žénklas, žymė̃; signãlas 2 žymė̃, póžymis

Zéichen‖block *m* -(e)s, -s / ⸗e piešìmo bloknòtas; ∼**film** *m* -(e)s, -e multiplikãcinis fìlmas; ∼**heft** *n* -(e)s, -e piešìmo są̃siuvinis; ∼**lehrer** *m* -s, - piešìmo mókytojas; ∼**stunde** *f* -, -n piešìmo pamokà; ∼**trickfilm** *m* -(e)s, -e *žr.* **Zéichenfilm;** ∼**unterricht** *m* -(e)s piešìmo mókymas

zéichnen *vt* 1 piẽšti; braižýti 2 (pa)žyméti, (pa)žénklinti

Zéichen *n* -s piešìmas, paišýba; *das téchnische* ∼ braižýba

Zéichnung *f* -, -en piešinỹs; brėžinỹs; diagramà

Zéigefinger *m* -s, - smìlius (*piŕštas*)

zéigen I *vt* (pa)ródyti; *die Bäume* ∼ *schon Knóspen* añt mẽdžių jaũ pasiródė pumpuraĩ; *sein Interésse* ∼ ródyti susidomė́jimą II *vi* (*auf A*) (pa)ródyti (*į ką*) III **sich** ∼ 1 ródytis, pasiródyti; *das wird sich* ∼ (paskuĩ) pamatýsime 2 pasiródyti (*kas esą̃s*); *sich dánkbar* ∼ bū́ti dėkìngam, paródyti sàvo dėkingùmą

Zéiger *m* -s, - rodỹklė (*laikrodžio, prietaiso*)

Zéile *f* -, -n eilùtė (*rašto*)

Zéisig *m* -(e)s, -e *zool.* alksnìnukas

zeit *prp* (*G*): ∼ *méines Lébens* peŕ vìsą sàvo gyvẽnimą

Zeit *f* -, -en 1 laĩkas; mẽtas; *kéine* ∼ *zu etw.* (*D*) *háben* neturéti kám laĩko; *die gánze* ∼ (*über*) (peŕ) vìsą laĩką; *eíne* ∼ *lang* kuŕį laĩką; *das hat* ∼ taĩ neskubù; *lass dir* ∼*!* neskubėk! *in kúrzer* ∼ peŕ trumpą laĩką;

es ist höchste ~ jaū pàts laĩkas [mẽtas]; *von* ~ *zu* ~ kar̃tais, rētkarčiais; *zur* ~ dabar̃, šiuõ metù; *zu jéder* ~ bet kuriuõ metù 2 laĩkas, ámžius, periòdas; *böse* ~*en* blogì laikaĩ

Zéit‖abschnitt *m* -(e)s, -e periòdas, laĩko tárpas; ~**alter** *n* -s, - ámžius; epochà; erà; ~**angabe** *f* -, -n laĩkas, valandà; datà; laĩko nuródymas; ~**aufwand** *m* -(e)s laĩko sunaudójimas

zéitaufwändig / **zéitaufwendig** reikalìngas daũg laĩko

Zéit‖druck *m* -(e)s laĩko stokà; *unter* ~*druck stéhen* stokóti laĩko; ~**frage** *f* -, -n laĩko klaūsimas [problemà]; *es ist nur éine* ~*frage* taĩ tìk laĩko kláusimas

zéitgemäß šiuolaikìnis, dabartìnis; *das ist nicht mehr* ~ taĩ jaū neatitiñka laĩko dvãsios

Zéitgenosse *m* -n, -n ámžininkas, bendraãmžis

zéitgenössisch šiuolaikìnis, dabartìnis

zéitig I *a* 1 ankstùs, ankstývas 2 savalaĩkis II *adv* 1 ankstì 2 laikù, iš añksto

zéitlebens (peĩ) vìsą gyvēnimą

zéitlich I *a* 1 laĩko 2 laĩkinas, praeĩnantis II *adv* pagaĩ laĩką, laĩko ãtžvilgiu

Zéitmangel *m* -s laĩko stokà [trūkumas]; *aus* ~ dēl laĩko stokõs

zéitnah(e) šiuolaikìnis, nūdiēnis

Zéit‖not *f* - 1 laĩko stokà [trūkumas] 2 *šachm.* ceitnòtas; ~**punkt** *m* -(e)s, -e momeñtas, laĩkas

zéitraubend reikalìngas daũg laĩko

Zéit‖raum *m* -(e)s, -e laikótarpis, periòdas; ~**rechnung** *f* -, -en laĩko skaičiãvimas; *in den érsten Jahrhúnderten únserer* ~*rechnung* pirmaĩsiais mūsų èros šim̃tmečiais; ~**schrift** *f* -, -en žurnãlas (*periodinis leidinys*); ~**spanne** *f* -, -n laĩko tárpas, laikótarpis

zéitsparend nereikalìngas daũg laĩko

Zéitung *f* -, -en laĩkraštis

Zéitungs‖abonnent *m* -en, -en laĩkraščio prenumerãtorius; ~**anzeige** *f* -, -n skelbìmas laĩkraštyje; ~**bericht** *m* -(e)s, -e laĩkraščio pranešimas; ~**notiz** *f* -, -en žinùtė laĩkraštyje; ~**spalte** *f* -, -n laĩkraščio skìltis

Zéit‖verlust *m* -es, -e gaištìs, gaišatìs; ~**vertreib** *m* -(e)s, -e laĩko praleidìmas

zéitweilig I *a* laĩkinas II *adv* laikinaĩ; kar̃tais, rētkarčiais

zelebríeren *vt* iškilmìngai švẽsti; *die Mésse* ~ laikýti mišiàs

Zélle *f* -, -n 1 vienùtė, cėlė (*kalėjimo, vienuolyno*) 2 telefòno būdēlė 3 ląstēlė

Zéll‖stoff *m* -(e)s celiuliòzė

Zelt *n* -(e)s, -e palapìnė *ein* ~ *ábbrechen* nuardýti palapìnę

Zéltbahn *f* -, -en brezeñtas

zélten *vi* gyvénti [nakvóti] palapìnėje

Zélt‖lager *n* -s, - palapìnių stovyklà; ~**platz** *m* -es, -e vietà palapìnėms statýti, kem̃pingas

Zemént *m* -(e)s, -e cemeñtas

Zenít *m* -(e)s zenìtas

zensíeren *vt* 1 (į)vértinti, rašýti pãžymį 2 cenzūrúoti, tìkrinti

Zensúr *f* -, -en 1 pažymỹs (*mokykloje*) 2 cenzūrà

Zentímétermaß *n* -es, -e centimètras, rulètė

Zéntner *m* -s, - ceñtneris

zentrál 1 centrìnis (*esantis centre*) 2 centrìnis, vyriáusiasis

zentrálbeheizt tùrintis centrìnį šildymą

Zentrálbehörde *f* -, -n centrìnis valdžiõs òrganas

Zentrále *f* -, -n 1 ceñtras, svarbùs pùnktas 2 ceñtras, vyriáusioji valdýba 3 centrìnė telefòno stotìs

Zentrál‖gewalt *f* -, -en centrìnė valdžià; ~**heizung** *f* -, -en centrìnis šìldymas

zentralisíeren *vt* centralizúoti

Zéntrum *n* -s, -ren ceñtras

zerbéißen * *vt* 1 pérkąsti, pérkrimsti 2 sukándžioti

zerbérsten * *vi* (*s*) (su)sprógti, (su)skìlti

zerbéulen *vt* sulankstýti, sulámdyti

zerbómben *vt* subombardúoti

zerbréchen* I *vt* (su)daužýti, (su)láužyti; *sich (D) den Kopf über etw.* (A) ~ sùkti [láužyti] gálvą dėl kõ II *vi (s)* (su)dùžti
zerbréchlich dužùs, trapùs
zerdrücken *vt* sutráiškyti; suglámžyti
Zeremoníe *f* -, -níːen ceremònija
zerfáhren* *vt* suvažinéti, išvažinéti; suplū̃kti
Zerfáll *m* -(e)s (su)iri̇̀mas; žlugi̇̀mas
zerfállen* *vi (s)* (su)i̇̀rti; žlùgti
zerfétzen *vt* (su)pléšyti [sudraskýti] į̃ gãbalus
zerflíeßen* *vi (s)* léistis, (iš)ti̇̃rpti
zerfréssen* *vt* pragráužti, praésti
zerfúrcht *(raukšliu̧)* išvagótas
zergéhen* *vi (s)* (iš)ti̇̃rpti, sutir̃pti
zerkáuen *vt* sukramtýti
zerkléinern *vt* (su)smùlkinti, sutrùpinti, sukapóti
zerknícken I *vt* pérlaužti, suláužyti II *vi (s)* pérlū̃žti, sulū̃žti
zerknírscht pri̇̀slėgtas, nusimi̇̀nęs
zerkníttern *vt* suglámžyti, sulámdyti
zerkrátzen *vt* subráižyti, suréžyti
zerlássen* *vt* išlýdyti, ištirpýti
zerlégen *vt* išardýti, išnárstyti
zerlúmpt apdri̇̀skęs, suplýšęs
zermálmen *vt* sutráiškyti, sumálti
zermürben *vt* (iš)sékinti, (iš)várginti
zernágen *vt* pérgraužti, sugráužti
zerquétschen *vt* sutráiškyti; sugrū̃sti
Zérrbild *n* -(e)s, -er karikatūrà, šáržas
zerréiben* I *vt* 1 sutri̇̀nti, susmùlkinti 2 iš-sékinti, išvárginti II *sich* ~ iššèkti, nusikamúoti
zerréißen* I *vt* pérplèšti, supléšyti, sudras-kýti II *vi (s)* pértrūkti, nutrū̃kti, pérplyšti
zérren *vt* (pa)teñpti, (pa)tráukti, tampýti
zerrínnen* *vi (s)* 1 išti̇̃rpti, sutir̃pti 2 *prk.* išti̇̃rpti, pradiñgti
zerríssen pérplèštas, supléšytas
zerrúpfen *vt* nuski̇̀nti, nuskabýti
zerrüttet pašli̇̀jęs, pai̇̀ręs
zerschéllen *vi (s)* sudùžti, susimùšti
zerschlágen* *vt* 1 sumùšti, sudaužýti 2 su-naiki̇̀nti, (su)triùškinti
zerschléißen* *vt* sunešióti, sudėvéti

zerschmélzen* *vi (s)* išti̇̃rpti, išsilýdyti
zerschméttern *vt* sumùšti, sutriùškinti
zerschnéiden* *vt* pérpjauti, pérkirpti; supjáustyti, sukarpýti
zersétzen I *vt* (su)ardýti, (su)griáuti II *sich* ~ 1 (su)dūléti, (su)trūnýti 2 i̇̀rti, kri̇̀kti
Zersétzung *f* -, -en (su)iri̇̀mas, pakriki̇̀mas
zerspálten* I *vt* pérskelti, (su)skáldyti II *sich* ~ susiskáldyti *(pvz., į̃ grupes)*
zersplíttern I *vt* 1 suskáldyti, susmùlkinti 2 išsklaidýti II *vi (s)* sudùžti, sutrupéti
zerspréngen *vt* 1 susprogdi̇̀nti 2 išsklaidýti, išblaškýti
zerspríngen* *vi (s)* susprógti, suski̇̀lti
zerstámpfen *vt* 1 (su)trýpti, (su)mi̇̀ndžioti 2 (su)grū̃sti, (su)tri̇̀nti
zerstíeben* *vi (s)* išsisklaidýti
zerstören *vt* (su)griáuti, (su)ardýti
zerstörerisch griaunamàsis, ardomàsis
zerstréiten* , *sich* susigiñčyti
zerstréuen I *vt* išsklaidýti, išblaškýti II *sich* ~ išsisklaidýti
zerstréut išsibláškęs, neatidùs
Zerstréutheit *f* - išsibláškymas
zerstückeln *vt* suskáldyti; supléšyti į̃ gãbalus
zertrámpeln *vt* sutrýpti, sumi̇̀ndžioti
zertréten* *vt* išmi̇̀ndžioti, sutrýpti; *die Schúhe* ~ išnešióti batùs
zerwühlen *vt* suraũsti, sukni̇̀sti
Zerwürfnis *n* -ses, -se giñčas, kivi̇̃rčas
Zeráusen *vt* sutaršýti, suvélti
Zéttel *m* -s, - 1 lapèlis, raštèlis; kortèlė 2 *(balsavimo)* biuletènis
Zeug *n* -(e)s, -e 1 audinỹs, mẽdžiaga; drabù-žiai i̇̀rankis; reĩkmenys; daiktai̇̃ 3 šlamš-tas 4 *(valgomas, geriamas)* dáiktas; *süßes* ~ saldumýnai 5 nesą́monès, niẽkai; *dúmmes* ~ kvailỹstė, nesą́monė
Zéuge *m* -n, -n liùdytojas
zéugen *vi* 1 (pa)liùdyti, dúoti paródymus *(teisme)*; *für (gégen) j-n* ~ liùdyti už ką̃ (priẽš ką̃) 2 *(von D)* liùdyti *(apie ką)*, ró-dyti *(ką)*
Zéugen‖aussage *f* -, -n liùdytojų paródymas; ~**verhör** *n* -(e)s, -e, ~**vernehmung** *f* -, -en liùdytojų apklausà

Zéugin f -, -nen liùdytoja
Zéugnis n -ses, -se 1 liùdijimas, pažyméjimas; **ein ärztliches** ~ gýdytojo pažyméjimas 2 įródymas, argumeñtas
Zichóri¦**e** f -, -n cikòrija
Zíckel n -s, - ožiùkas
Zíckzack m -(e)s, -e zigzãgas
Zíege f -, -n ožkà
Zíegel m -s, - plytà; čérpė
Zíegelbau m -(e)s, -ten 1 sg statýba iš plýtų 2 plýtinis pãstatas
Ziegeléi f -, -en plýtinė
Zíegel‖haus n -es, ⸗er plýtinis nãmas; ~**stein** m -(e)s, -e plytà
Zíegenbock m -(e)s, ⸗e ožỹs
zíehen* I vt 1 (pa)tráukti, (pa)tem̃pti; ištráukti; **j-m éinen Zahn** ~ (iš)tráukti kám dañtį 2 nubréžti, išvèsti; **éinen Gráben** ~ iškàsti grióvį; **éine Wand** ~ išmũryti síeną 3 (iš)augìnti (gyvulius, augalus) 4: **die Áufmerksamkeit auf sich** ~ patráukti démesį; etw. **in Betrácht** ~ atsižvel̃gti į ką; **j-n zu Ráte** ~ pasitar̃ti [pasikonsultúoti] sù kuõ II vi 1 tráukti, výkti; **in die Frémde** ~ výkti į svètimus kraštùs; **die Wólken** ~ **am Hímmel** dẽbesys plaũkia dangumì 2 (s) pérsikelti; **aufs Land** ~ pérsikelti gyvénti į káimą 3 tráukti, pũsti skeř̃svėjui; pritráukti (apie kavą, arbatą) III **sich** ~ tẽstis; **sich in die Länge** ~ užsitẽsti
Zíeh‖harmonika f -, -ken armònika; bajãnas; ~**kind** n -(e)s, -er įvaikis, augìntinis; ~**mutter** f -, ⸗ įmotė; ~**sohn** m -(e)s, ⸗e įsūnis; ~**tochter** f -, ⸗ įdukra, įdukterė; ~**vater** m -s, ⸗ įtėvis
Ziel n -(e)s, -e 1 tìkslas; **sich (D) ein** ~ **sétzen** užsibréžti tìkslą 2 sport. fìnišas 3 taikinỹs; **das** ~ **tréffen** patáikyti į táikinį
zíelbewusst kryptìngas, síekiantis tìkslo
zíelen vi 1 (auf A, nach D) táikyti (į ką) 2 (auf A) liẽsti (ką), táikyti (kam)
Zíelscheibe f -, -n taikinỹs
Zíelsetzung f - tìkslo nustãtymas
zíelsicher 1 taiklùs 2 tvìrtas, neabejótinas
zíemen, sich (pri)deréti, tìkti

zíemlich I a 1 didókas, nemãžas 2 prìderamas, tiñkamas II adv ganà, pakañkamai
Zier f - puošmenà, papuošìmas
Zíerde f -, -n 1 puošmenà, papuošìmas 2 pažibà, garsenýbė
zíeren I vt (pa)puõšti, (pa)grãžinti II **sich** ~ ceremònytis, máivytis
zíerlich dailùs, puikùs; grakštùs
Zíerpflanze f -, -n dekoratỹvinis áugalas
Zíerrat m -(e)s, -e pagrãžinimas; ornameñtas
Ziffer f -, -n 1 skaitmuõ, skaĩčius 2 stráipsnis, paragrãfas
Zigarétte f -, -n cigarètė
Zigárre f -, -n cigãras
Zigéuner m -s, - čigõnas
Zigéunerin f -, -nen čigõnė
Zigéuner‖lager n -s, - čigõnų stovyklà [tãboras]; ~**leben** n -s, - čigõniškas [klajõkliškas] gyvēnimas
Zímmer n -s, - 1 kambarỹs; **ein möblíertes** ~ apstatýtas [bal̃dais] kambarỹs 2 nùmeris (viešbutyje)
Zímmer‖einrichtung f -, -en kam̃bario įrengìmas [apstãtymas]; ~**mädchen** n -s, - kambarìnė (namuose, viešbutyje); ~**mann** m -(e)s, -leute dailìdė
zímmern vt, vi (su)meistráuti, veř̃stis dailìdės ãmatu
zímperlich pérdėtai jautrùs, ceremonìngas, pérdėtai mandagùs
Zimt m -(e)s, -e cinamònas
Zink n -(e)s cìnkas
Zínke f -, -n dantìs (pvz., šakès, gréblio, šukų)
Zinn n -(e)s ãlavas
Zins m -es, -en palũkanos
Zípfel m -s, - krãštas, kam̃pas, kraštẽlis (pvz., nosinės, drabužio)
zírka maždaũg, apiẽ
Zírkel m -s, - 1 skriestùvas 2 apskritìmas, rãtas 3 bũrèlis; **ein dramátisches** ~ drãmos bũrèlis
Zirkulár n -s, -e apliñkraštis, cirkuliãras
Zirkulatión f -, -en cirkuliãcija; apývarta; apýtaka
zirkulíeren vi cirkuliúoti
Zírkus m -, -se cìrkas

zírpen *vi* svìřpti, čìřkšti

zíscheln I *vt (piktai)* (pa)šnibždéti, (pa)kuž-
déti **II** *vi* šnibždétis, kuždétis

zíschen *vi* šnýpšti *(pvz., apie gyvatę, garą)*

Zistérne *f* -, -n cistèrna

Zitadélle *f* -, -n citadèlė, tvirtóvė

Zitát *n* -(e)s, -e citatà

zitíeren[1] *vt* (pa)citúoti

zitíeren[2] *vt* (iš)kviẽsti, pakviẽsti

Zitróne *f* -, -n citrinà

Zitrónen‖saft *m* -(e)s, ⁓e citrìnų sùltys;
⁓**säure** *f* -, -n citrìnos rūgštìs

Zítrusfrüchte *pl* cìtrusai, citrusìniai

zítterig drēbantis, krētantis

zíttern *vi* **1** drebéti, virpéti; *vor Angst (Kälte)*
⁓ drebéti ìš báimės (šaĺčio) **2** *(um A)*
drebéti, bijóti *(dėl ko)*

zivíl civìlinis, piliētinis

Zivíl *n* -s civìliniai drabùžiai

Zivilisatión *f* -, -en civilizãcija

zivilisíert civilizúotas, kultūrìngas

Zivíl‖kleidung *f* -, -en civìliniai drabùžiai;
⁓**prozess** *m* -es, -e civìlinis procèsas;
⁓**recht** *n* -(e)s civìlinė téisė

Zóbel *m* -s, - sãbalas

Zófe *f* -, -n kambarìnė, tarnáitė

zögern *vi* deĺsti, vìlkinti; abejóti; *er zögerte
mit der Ántwort* jìs deĺsė dúoti atsãkymą

zögernd abejójantis, neryžtìngas

Zögling *m* -s, -e áuklėtinis, -ė, augìntinis, -ė

Zoll *m* -(e)s, ⁓e **1** muĩtas **2** muĩtinė

Zóll‖abfertigung *f* -, -en muĩtinės kontròlė
(pervažiuojant sieną); ⁓**amt** *n* -(e)s, ⁓er
muĩtinė; ⁓**beamte** *sub m* muĩtinės tarnáu-
tojas

zóllen *vt: j-m Áchtung* ⁓ réikšti kám pãgar-
bą; *j-m Dank* ⁓ réikšti kám pãdėką

zóllfrei neapmuĩtinamas

Zóll‖gut *n* -(e)s, ⁓er apmuĩtinamos prēkės;
⁓**kontrolle** *f* -, -n muĩtinės kontròlė

zóllpflichtig apmuĩtinamas; apmuĩtintas

Zóne *f* -, -n zonà

Zoo *m* -s, -s zoològijos sõdas

Zoológe *m* -n, -n zoològas

Zoologíe *f* - zoològija

zoológisch zoològijos

Zootéchniker *m* -s, - zootèchnikas

Zopf *m* -(e)s, ⁓e *(plaukų)* kasà; *éinen* ⁓
fléchten (su)pìnti kãsą

Zorn *m* -(e)s pýktis, piktùmas; *in* ⁓ *geráten*
supýkti

zórnig pìktas, rūstùs

zórnrot paraũdęs ìš pýkčio

Zóte *f* -, -n nešvankýbė, nešvankùs anekdò-
tas

zótenhaft, zótig nešvankùs, nepadorùs

zóttelig, zóttig gaurúotas, apáugęs gauraĩs

zu I *prp* **1** pàs, priē, į̃; *zu j-m géhen* eĩti pàs
ką; *zu Bett géhen* eĩti į̃ lóvą [guĺti]; *zum
Fénster hináusschauen* žiūréti prõ lángą
2 priē; *verčiamas džn. vietininku: zu Bett
líegen* guléti lóvoje; *zu Háuse sein* bū́ti
namuosè **3:** *zu séinem Gebúrtstag* jõ gi-
mìmo diēnai; *zu díeser Zeit* šiúo metù; *j-n
zum Diréktor ernénnen* paskìrti ką̃ dirèk-
torium; *zu Éhren des Gástes* svēčio gařbei;
zum érsten pìrma; *zum zwéiten* añtra; *zum
Teil* dalinaĩ, iš daliẽs **II** *adv: dem Nórden
zu* į̃šiauriaũ, toliaũ į̃ šiáurę; *die Tür ist zu*
dùrys uždarýtos; *ab und zu* kařtkartėmis,
rētkarčiais **III** *prtc* peř; *zu viel* per daũg,
pernelýg; *zu wénig* per mažaĩ, nepakañka-
mai

zuallerérst visų pirmà, pirmiáusia

zuallerlétzt galų galè, galiáusia

Zúbehör *n, m* -(e)s, -e reĩkmenys; dãlys
(aparato, mašinos); įrengìmai

zúbereiten *vt* (pa)gamìnti, (pa)ruõšti *(pvz.,
valgį, vaistus)*

zúbilligen *vt* paskìrti, suteĩkti

zúbringen[*] *vt* (pra)léisti, išbū́ti

Zúbringer *m* -s, - **1** transpòrto príemonė ke-
leĩviams vèžti *(į kur)* **2** kẽlias, vēdantis į̃
magistrãlę

Zucht *f* - **1** augìnimas, veisìmas **2** -, -en veĩs-
lė **3** áuklėjimas; disciplinà

züchten *vt* augìnti, veĩsti

Zúchthaus *n* -es, ⁓er sunkiũjų darbų̃ kaléji-
mas

züchtigen *vt* baũsti; mùšti

zúchtlos paláidas, pasiléidęs

Zúchtvieh *n* -(e)s veĩsliniai gyvuliaĩ

zúcken *vi* 1 krūptelèti, krūpčioti; tvýksčioti; **Blítze** ~ žaibaĩ tvýksi 2 *(mit D)* gūžčioti, gūžtelèti; **mit den Áchseln** ~ gūžčioti [gūžtelèti] pečiaĩs
Zúcker *m* -s cùkrus
Zúcker‖bäckerei *f* -, -en cukraĩnė, konditèrijos parduotùvė; ~**dose** *f* -, -n cùkrinė; ~**erbse** *f* -, -n cùkriniai žìrniai; ~**fabrik** *f* -, -en cùkraus fābrikas
zúckerkrank seȓgantis cùkralige [diabetù]
Zúcker‖krankheit *f* - cùkraligė, diabètas; ~**rohr** *n* -(e)s, -e cùkranendrė, cùkrinė nèndrė; ~**rübe** *f* -, -n cùkrinis ruñkelis
Zúckerwaren *pl* konditèrijos gaminiaĩ
zúdecken I *vt* uždeñgti, užklóti II **sich** ~ užsiklóti, apsiklóti
zúdiktieren *vt* (pa)skìrti *(pvz., bausmę)*
Zúdrang *m* -(e)s añtplūdis, užplūdìmas
zúdrehen *vt* 1 užsùkti *(čiaupą)* 2 atsùkti, atgrę̃žti
zúdringlich įkyrùs, landùs
zúdrücken *vt* užspáusti, *(spaudžiant)* uždarýti; **ein Áuge** ~ prõ pirštùs žiūrėti
zueinánder víenas kitám, víenas sù kitù
zuérst pirmà, iš pradžiŭ
zúerteilen *vt* (pa)skìrti *(pvz., premiją)*
zúfahren* *vi (s) (auf A)* važiúoti *(link ko)*, privažiúoti *(prie ko)*
Zúfahrt *f* -, -en privažiãvimas *(prie pastato)*
Zúfall *m* -(e)s, ˵e atsitiktinùmas; **ein réiner** *[púrer]* ~ grýnas atsitiktinùmas
zúfallen* *vi (s)* 1 užsitreñkti, užsidarýti 2 *(j-m)* tèkti, atitèkti *(kám)*
zúfällig atsitiktìnis
zufälligerwéise atsitiktinaĩ
zúfliegen* *vi (s)* 1 *(D)* atskrìsti, atlėkti *(pas ką)* 2 *(auf A)* skrìsti, lėkti *(link ko)*
zúfließen* *vi (s)* 1 *(D)* (į)tekėti *(į kur)* 2 plaŭkti, bū́ti gaunamám
Zúflucht *f* -, en príeglobstis, príeglauda
Zúfluss *m* -es, -e 1 (į)tekėjimas, plūdìmas 2 pa(si)pìldymas; iñtakas
zúflüstern *vt (j-m)* pakuždėti, pašnibždėti *(kam ką)*
zufólge *prp (D, G)* pagaĩ, rėmiantis

zufríeden paténkintas; **mit etw.** *(D)*, **j-m** ~ **sein** bū́ti kuõ paténkintam; ~ **gében, sich mit etw.** *(D)* ~ **gében** ténkintis, pasiténkinti kuõ; ~ **lássen** palìkti ramýbėje; ~ **stéllen** (pa)ténkinti
Zufríedenheit *f* - pasiténkinimas
zúfrieren* *vi (s)* užšálti
zúfügen *vt* 1 pridéti, papìldomai dúoti 2 sukélti, padarýti; **j-m Scháden** ~ padarýti kám žãlos [núostolių]
Zúfuhr *f* -, -en atvežìmas, atgabēnimas
zúführen *vt (D)* atvèžti, atgabénti *(kam ką)*; pristatýti, tiẽkti *(kam ką)*
Zug *m* -(e)s, ˵e 1 judéjimas; skridìmas; žygiãvimas 2 procèsija; kolonà; puĩkas, būrỹs 3 traukinỹs; **den** ~ **verpássen** *[versäumen]* pavėlúoti į́ tráukinį 4 traŭksmas, skeȓsvėjis 5 gùrkšnis; **ein Glas auf éinen** *[mit éinem]* ~ **áustrinken** išgérti stiklìnę víenu gùrkšniu; **in gróßen Zügen trínken** gérti dideliaĩs gùrkšniais 6 brūkšnỹs, lìnija; braĩžas 7 brúožas; ypatýbė 8 *šach.* ėjìmas
Zúgabe *f* -, -n priẽdas
Zúgang *m* -(e)s, ˵e priėjìmas; prìeiga
zúgänglich 1 priẽinamas 2 ãtviras, draugìngas
Zúganschluss *m* -es, ˵e traukiniŭ tvarkãraščio sudèrinimas
zúgeben* *vt* 1 pridéti, dúoti priẽdo 2 sutìkti; pripažìnti
zugégen: ~ **sein** dalyváuti
zúgehen* I *vi (s) (auf A)* eĩti, priartéti *(prie ko, link ko)*; **die Árbeit geht dem Énde zu** dárbas eĩna į́ gãlą *[pãbaigą]* 2 ateĩti, bū́ti atsiunčiamám II *vimp (s)* vỹkti, détis
zúgehörig priklaŭsantis
Zügel *m* -s, - vadelės, vãdžios
zúgellos nežabótas, nevaržomas
zügeln I *vt* (su)valdýti, (su)tvárdyti II **sich** ~ valdýtis, susivaldýti
zúgesellen, sich *(D)* prisijùngti *(prie ko)*
Zúgeständnis *n* -ses, -se núolaida, nuolaidžiãvimas
zúgestehen* *vt* 1 dúoti, suteĩkti 2 sutìkti, pripažìnti

zúgetan: *j-m* ~ *sein* būti kám palankiám [maloniám]

zúgießen* *vt* papìldyti, dár įpìlti

zügig nepaliáujamas, greĩtas; *ein* ~*er Verkéhr* intensyvùs judéjimas

Zúgkraft *f* - 1 traukà, traukiamóji jėgà 2 patrauklùmas

zugléich kartù, sykiù, draugè

Zúg‖luft *f* - skeĩsvėjis, traũksmas; ~pflaster *n* -s, - traūklapis

zúgreifen* *vt* 1 griēbti, čiùpti; *bĩtte gréifen Sie zu!* prāšom válgyti [vaišìntis] 2 stvértis dárbo, rañką pridéti

zugrúnde: ~ / *zu Grúnde géhen* prapùlti, pražúti; ~ / *zu Grúnde légen* (pa)im̃ti [laikýti] pāgrindu; ~ / *zu Grúnde líegen* būti pāgrindu; ~ / *zu Grúnde ríchten* pražudýti

Zúgtier *n* -(e)s, -e darbìnis gyvulỹs

zugúte: ~ *kómmen* būti naudìngam, dúoti náudą

Zúg‖verbindung *f* - susisiekìmas tráukiniu; ~verkehr *m* -(e)s traukiniŭ susisiekìmas; ~vogel *m* -s, ⁺ paūkštis keliauniñkas

zúhalten* *vt* laikýti uždarýtą; užspáusti

Zúhälter *m* -s, - sutèneris

Zuháuse *n* -s namaĩ

zúheilen *vi (s)* užgýti

zúhören *vi (D)* klausýtis *(ko)*

Zúhörer *m* -s, - klausýtojas

zúkleben *vt* užklijúoti, užlipdýti

zúknallen I *vt* užtreñkti, *(trenkiant)* uždarýti II *vi (s)* užsitreñkti

zúknöpfen *vt* užsègti, užsegióti

zúkommen* *vi (s)* 1 *(auf A)* prieĩti, artéti *(prie ko)* 2 tìkti, deréti 3 ateĩti, gáuti; *j-m etw.* ~ *lássen* kám ką̃ pérduoti [atsiŭsti]; kám ką̃ suteĩkti

Zúkost *f* - garnỹras

Zúkunft *f* - ateitìs; *in* ~ ateityjè; *in férner* ~ tolimojè ateityjè; *in nächster* ~ artimiáusioje ateityjè

zúkünftig I *a* būsimas II *adv* ateityjè

Zúkunfts‖glaube(n) *m* -bens tikéjimas ateitimì; ~plan *m* -(e)s, ⁺e ateitiẽs plānas

zúlächeln *vi (D)* nusišypsóti *(kam)*

Zúlage *f* -, -n príedas

zúlangen *vi* 1 im̃ti, síekti; *bĩtte lángen Sie zu!* prāšom válgyti [vaišìntis]! 2 užtèkti, pakàkti

zúlänglich pakañkamas

zúlassen* *vt* priléisti; léisti

zúlässig léidžiamas, léistinas

Zúlauf *m* -(e)s añtplūdis, užplūdìmas

zúlaufen* *vi (s)* 1 *(auf A)* (pri)bégti *(prie ko)* 2 subégti, suplūsti 3 pribégti; *káltes Wásser* ~ *lássen* priléisti šálto vandeñs

zúlegen *vt* pridéti, papìldomai dúoti

zúleiten *vt* tiēkti, dúoti

zúlernen *vt* išmókti *(ką naujo)*

zulétzt 1 paskiáusiai, pagaliaũ, galŭ galè 2 paskutìnį kaĩtą

zulíebe *prp (D)* dėl; *tu es mir* ~*!* padarýk taĩ dėl manẽs!

zúliefern *vt* tiēkti, pristatýti *(pvz., žaliavą, dalis)*

zúmachen *vt* uždarýti; užsègti

zumál I *cj* juõ labiaũ, kàd; nès II *adv* ýpač

zumíndest mažŭ mažiáusiai, beñt

zumúte: *mir ist tráurig* ~ / *zu Múte* mán liūdna; *mir ist wohl* ~ / *zu Múte* àš nusiteĩkęs geraĩ

zúmuten *vt (j-m)* reikaláuti *(ko iš ko)*

Zúmutung *f* -, -en reikalāvimas; akiplėšìškùmas

zunächst 1 pirmiáusia, iš pradžiŭ 2 kol kàs, tuõ tárpu

zúnähen *vt* užsiūti; susiūti

Zúnahme *f* -, -n príeaugis

Zúname *m* -ns, -n pavardė̃

zünden I *vt* uždègti, įžiēbti II *vi* užsidègti

Zünder *m* -s, - degìklis, degtùvas; sprogdìklis

zúnehmen* *vi* (pa)didéti, padaugéti; priáugti

zúnehmend I *a* didéjantis; *in* ~*em Máße* didéjančiu mastù II *adv* vis daugiaũ

zúneigen *vt* paleñkti, nuleñkti

Zúneigung *f* -, -en palankùmas, simpãtija

Zúnge *f* -, -n liežùvis; *éine lóse* ~ *háben* nevaldýti liežùvio, būti plepiám; *éine spĩtze* ~ *háben* turéti ãštrų liežùvį

züngeln *vi* **1** kýščioti liežùvį (*apie gyvatę*) **2** blýkčioti (*apie liepsną, žaibus*)

zúngenfertig iškalbùs; greĩtas (*pvz., atsakymas*)

Zúngenspitze *f* -, -n liežùvio gãlas

zuníchte: *etw.* ~ **máchen** ką̃ (su)žlugdýti, (su)griáuti

zúnicken *vi (D)* lìnktelėti gálva (*kam*)

zúordnen *vt (D)* priskìrti (*ką prie ko*); paskìrti (*kam ką*)

zúpacken *vt* **1** griẽbti, čiùpti **2** stvértis dárbo; rañką pridéti

zúpfen *vi* **1** tìmptelėti; pèštelėti, papèšti **2** gróti (*gnaɩbomuoju instrumentu*)

zúpfropfen *vt* užkiм̃šti, užkìšti

zur = **zu der**

zúraunen *vt (j-m)* pakuždéti, pašnibždéti (*kam ką*)

zúrechnen *vt (D)* priskìrti (*ką prie ko*); primèsti (*kam ką*)

zurécht‖bringen* *vt* sutvarkýti, atlìkti; ~**finden***, **sich** susigáudyti, susiorientúoti, susivókti; ~**kommen*** *vi (s) (mit D)* **1** susidoróti (*su kuo*) **2** ateĩti laikù, nepavėlúoti; ~**machen** I *vt* (pa)ruõšti, (pa)gamìnti II **sich** ~**machen** pasipuõšti, pasidabìnti; ~**rücken** *vt* pataisýti, pastatýti į̃ viẽtą; ~**weisen*** *vt* pabaŕti, padarýti pãstabą

zúreichen *vt (j-m)* padúoti, pérduoti (*kam ką*)

zúreichend pakañkamas

zúreisen *vi (s)* atvỹkti, atkeliáuti

zúrichten *vt* **1** (pa)ruõšti, (pa)gamìnti **2** primùšti, prikùlti

zürnen *vi (j-m, mit j-m)* pỹkti, šiŕsti (*ant ko*)

zurück atgal̃; *er ist noch nicht* ~ jìs dár negrį̃žęs

zurück‖bekommen* *vt* atgáuti; ~**berufen*** *vt* atšaũkti, sugrąžìnti; ~**bleiben*** *vi (s)* **1** pasilìkti **2** atsilìkti; *die Uhr bleibt zurück* laĩkrodis vėlúoja; ~**blicken** *vi* **1** atsigr̃ęžti, (pa)žiūréti atgal̃ **2** (*auf A*) prisiminti (*ką*); ~**denken*** *vi (an A)* prisiminti (*ką*); ~**drehen** *vt* atsùkti; ~**erhalten*** *vt* atgáuti; ~**fallen*** *vi (s)* **1** krìsti [pùlti] atgal̃ **2** (ati)tèkti **3** atsilìkti; ~**finden*** I *vi* / **sich**

~ ràsti kẽlią atgal̃ II *vi* (su)grį̃žti; ~**fordern** *vt* (pa)reikaláuti grąžìnti; ~**führen** *vi* **1** (at)vèsti atgal̃ **2** (*auf A*) bū́ti priežastimì (*ko*); áiškinti (*kuo*)

Zurückgabe *f* - grąžìnimas, atidavìmas

zurückgezogen atsiskýręs, užsidãręs

zurückhalten* I *vt* sulaikýti, užlaikýti II **sich** ~ susilaikýti, susituréti

zurückhaltend santūrùs; nekalbùs

Zurückhaltung *f* - santūrùmas, susivaĩdymas

zurück‖holen *vt* atnèšti [atvèsti] atgal̃; ~**kehren** *vi (s)* (su)grį̃žti; ~**kommen*** *vi (s)* **1** (su)grį̃žti **2** (*auf A*) (su)grį̃žti (*prie ankstesnio klausimo*); ~**lassen*** *vt* palìkti; ~**legen** *vt* **1** padéti atgal̃ **2** atidéti, palìkti **3** nueĩti, sukárti (*kelią*); ~**lehnen, sich** atsilõšti (*krėsle*); ~**reichen** I *vt* (pa)dúoti atgal̃ II *vi* síekti, kìlti; *díese Traditión reicht weit zurück* šì tradìcija síekia tólimus laikùs; ~**rufen*** I *vt* atsiliẽpti; atšaũkti; *j-m etw. in Erínnerung* ~**rufen** kám ką̃ primiñti II *vi* vėl̃ paskam̃binti (*telefonu*); ~**schlagen*** I *vt* **1** atmùšti, atrem̃ti **2** atideñgti, atklóti (*pvz., antklodę*) II *vi* kiŕsti [smõgti] atgal̃; ~**stehen*** *vi* **1** bū́ti išsikìšusiam **2** (*hinter D*) atsilìkti (*nuo ko*), ~**stellen** *vt* **1** (pa)statýti atgal̃ **2** atidéti, palìkti; nukélti

Zurückstellung *f* -, -en atidė̃jimas, nukėlìmas; atsisãkymas

zurück‖treten *vi (s)* **1** tráuktis atgal̃, atsitráukti **2** (*von D*) atsisakýti (*ko*) **3** atsistatýdinti; ~**verlegen** *vt* atkélti (*terminą*); ~**weichen*** *vi (s)* **1** tráuktis [atsitráukti] atgal̃ **2** (*von D*) bijóti, véngti (*ko*); ~**weisen*** *vt* (su)grąžìnti; neįleísti; nepriim̃ti

Zurückweisung *f* -, -en ãtkirtis, atkirtìmas **2** atmetìmas, nepriėmìmas

zurück‖zahlen *vt* **1** sumokéti (*skolą*), grąžìnti (*pinigus, paskolą*) **2** atsiteĩsti, atsilýginti; ~**ziehen*** I *vt* **1** (pa)tráukti atgal̃, atitráukti **2** atsiim̃ti, atšaũkti II **sich** ~**ziehen** išeĩti, pasitráukti

Zúruf *m* -(e)s, -e šaũksmas, šū́ksnis

zúrufen* *vt (j-m)* šū́ktelėti, sušùkti (*kam ką*)

Zúsage *f* -, -n pãžadas; sutikìmas

zúsagen *vt* pažadéti, sutìkti

zusámmen 1 kartù, draugè 2 iš vìso

Zusámmenarbeit *f* - bendradarbiãvimas

zusámmen‖arbeiten *vi* bendradarbiáuti; **∼bleiben*** *vi (s)* pasilìkti kartù, nebesiskìrti; **∼brechen*** *vi (s)* 1 (su)griúti, įgriúti 2 (su)žlùgti, (su)bankrutúoti; **∼bringen*** *vt* suriñkti, sukaũpti

Zusámmen‖bruch *m* -(e)s, ᵊe (su)žlugìmas, krãchas, bankròtas **∼fall** *m* -(e)s sutapìmas

zusámmen‖fallen* *vi (s)* 1 (su)griúti, įgriúti 2 (su)smègti, susmùkti 3 sutàpti; **∼falten** *vt* suleñkti, sulankstýti; **∼fassen** *vt* reziumúoti, susumúoti

Zusámmenfassung *f* -, -en reziumė̃, sántrauka

zusámmenfinden* I *vt* suràsti, suriñkti II **sich** ∼ susiriñkti, su(si)eĩti

Zusámmenfluss *m* -es, ᵊe (upių̃) sántaka

zusámmen‖fügen *vt* sujùngti, surìšti; **∼führen** *vt* suvèsti, padéti sueĩti

zusámmengedrängt glaũstas

zusámmengesetzt sudétas, sudùrtas; sudurtìnis (*žodis*)

Zusámmenhalt *m* -(e)s 1 tvirtùmas 2 vienýbė; solidarùmas

zusámmenhalten* I *vt* laikýti kartù, nedúoti išìrti II *vi* laikýtis, neišìrti; laikýtis draugè

Zusámmenhang *m* -(e)s, ᵊe ryšỹs, sáryšis

zusámmenhängen* *vi (mit D)* siẽtis, bū́ti susietám (*su kuo*)

zusámmenhängend susìjęs; rišlùs

zusámmen‖klappen *vt* sudéti, suleñkti; **∼kleben** *vt* suklijúoti, sulipdýti; **∼kneifen*** *vt* suspáusti; **∼kommen*** *vi (s)* su(si)eĩti, susitìkti

Zusámmenkunft *f* -, ᵊe susitikìmas; susirinkìmas, sùeiga

zusámmenlaufen* *vi (s)* subégti, sugužéti; sutekéti

Zusámmenleben *n* -s gyvẽnimas draugè; sugyvẽnimas

zusámmen‖legen *vt* sudéti, sudéstyti, suklóti; **∼nehmen*** I *vt* sukaũpti, suteĩkti; *séine Kräfte ∼nehmen* sukaũpti jėgàs II **sich** ∼**nehmen** susiim̃ti, sukaũpti jėgàs

Zusámmenprall *m* -(e)s susidūrìmas (*automobilių, traukinių*)

zusámmen‖prallen *vi (s)* susidùrti (*apie automobilius, traukinius*); **∼raffen** I *vt* 1 (*skubiai*) suriñkti 2 paglem̃žti, pasisãvinti II **sich** ∼**raffen** susiim̃ti, sukaũpti jėgàs; **∼rechnen** *vt* suskaičiúoti, susumúoti; **∼rücken** I *vt* sustùmti, sustùmdyti II *vi (s)* susiglaũsti, susispáusti; **∼schießen*** *vt* nušáuti, sušáudyti; **∼schließen*** I *vt* sujùngti, suviẽnyti II **sich** ∼**schließen** viẽnytis, susiviẽnyti; susibùrti

Zusámmenschluss *m* -es, ᵊe susiviẽnijimas; susibūrìmas

zusámmen‖schrumpfen *vi (s)* 1 susiraukšléti; apdžiū́ti, apvýsti 2 (su)mažéti (*pvz., apie pinigus, atsargas*); **∼setzen** I *vt* statýti; suriñkti, (su)montúoti II **sich** ∼**setzen** (*aus D*) susidéti (*iš ko*)

Zusámmensetzung *f* -, -en sudėtìs

zusámmen‖stehen* *vi* 1 stovéti kartù [draugè] 2 eĩti išvíen [draugè]; **∼stellen** *vt* sustatýti šalià 2 parengti, paruõšti

Zusámmenstoß *m* -es, ᵊe 1 susidūrìmas (*automobilių, traukinių*) 2 susirėmìmas, grumtỹnės

zusámmen‖stoßen* *vi (s)* susidùrti (*apie automobilius, traukinius*)

Zusámmensturz *m* -es (su)griuvìmas, nugriuvìmas

zusámmen‖stürzen *vi (s)* (su)griúti, nugriúti; pargriúti; **∼treffen*** *vi (s) (mit D)* susitìkti (*su kuo*)

Zusámmentreffen *n* -s, - susitikìmas

zusámmentreten* *vi (s)* susiriñkti (*posėdžiauti*)

Zusámmenwirken *n* -s sáveika

zusámmen‖ziehen* I *vt* sutráukti, suverž̃ti; *Trúppen ∼ziehen* sutráukti kariúomenę II **sich** ∼**ziehen** užsitráukti (*pvz., apie žaizdą*); **∼zucken** *vi (s)* krūpteléti

Zúsatz *m* -es, ˵e papìldymas; príedas; príemaiša

zusätzlich papìldomas, pridètìnis

zúscharren *vt* užžeřti, užkàsti

zúschauen *vi (D)* žiūréti, stebéti *(ką)*

Zúschauer *m* -s, - žiūrõvas

Zúschauerraum *m* -(e)s, ˵e žiūrõvų sãlė

zúschicken *vt (j-m)* atsiũsti *(kam ką)*

zúschieben* *vt* 1 *(j-m)* pastùmti, pakìšti *(kam ką)*; *j-m die Schuld* ∼ kám kaĺtę suveřsti 2 užstùmti, užsklę̃sti

Zúschlag *m* -(e)s, ˵e príemoka, primokéjimas, príedas

zúschlagen* **I** *vt* 1 užtreñkti; užveřsti *(knygą)* 2 užkálti 3 pridéti *(prie kainos)*, uždéti añtkainį **II** *vi* 1 *(s)* užsitreñkti, užsidarýti 2 *(h)* treñkti, sukiřsti

zúschließen* *vt* užrakìnti

zúschnallen *vt* užsègti, užsegióti *(pvz., lagaminą)*

zúschneiden* *vt* sukiřpti *(pvz., suknelę)*; supjáustyti *(pvz., medį)*

zúschnüren *vt* 1 užřìšti *(batus)*; surìšti *(pvz., paketą)* 2 sugniáužti, suspáusti

zúschreiben* *vt* 1 *(j-m)* priskìrti *(kam ką)* 2 prirašýti *(pvz., keletą žodžių)*

zúschreien* *vt (j-m)* šaũkti, sušùkti *(kam ką)*

Zúschrift *f* -, -en láiškas, rãštas

Zúschuss *m* -es, ˵e príedas; pašalpà

zúschütten *vt* 1 užkàsti, užpìlti 2 ìpìlti, papìldyti

zúsehen* *vi* 1 *(D)* žiūréti *(į ką)* 2 žiūréti, sáugotis

zúsehends pastebimaĩ, žỹmiai

zúsenden* *vt (j-m)* atsiũsti *(kam ką)*

zúsetzen *vt (D)* ìdéti, ìpìlti *(ko į ką)*

zúsichern *vt (j-m)* užtìkrinti, garantúoti *(kam ką)*

zúspitzen **I** *vt* 1 (pa)smaĩlinti 2 (pa)aštrinti **II** *sich* ∼ 1 smailéti, darýtis smailiám 2 (pa)aštréti

zúsprechen* **I** *vt (j-m)* paskìrti, priteĩsti *(kam ką)* **II** *vi (j-m)* įkalbinéti *(kam)*

Zúspruch *m* -(e)s pagúoda, paguodìmas

Zústand *m* -(e)s, ˵e bū́klė, padètìs

zustánde: ∼ / *zu Stánde bríngen* įvýkdyti, įgyvéndinti; ∼ / *zu Stánde kómmen* įvýkti, bū́ti atliktám [sudarýtam]

zúständig kompetentìngas

zústecken *vt* 1 prisègti, prisegióti 2 *(j-m)* pakìšti, įbrùkti *(kam ką)*

zústehen* *vi (D)* 1 tìkti, prideréti *(kam)* 2 priklausýti *(kam)*

zústeigen* *vi (s)* įlìpti, įsésti

zústellen *vt (j-m)* pristatýti, atnèšti *(kam ką)*

zústimmen *vi (D)* pritařti *(kam)*, sutìkti *(su kuo)*

Zústimmung *f* -, -en pritarìmas; sutikìmas

zústopfen *vt* 1 užkìšti 2 užadýti

zústoßen* **I** *vt* užtreñkti **II** *vi* 1 *(h)* dùrti; kiřsti 2 *(s)* atsitìkti, įvýkti

Zústrom *m* -(e)s atplūdìmas; añtplūdis

zúströmen *vi (s) (D)* tekéti, plū́sti *(į kur)*

zutáge: ∼ / *zu Táge bríngen* išáiškinti, iškélti aikštèn; ∼ / *zu Táge kómmen [tréten]* paaiškéti, iškìlti aikštèn

Zútaten *pl* príeskoniai

zutíefst be gãlo, nepaprastaĩ

zútragen* **I** *vt (j-m)* padúoti, atnèšti *(kam ką)* **II** *sich* ∼ atsitìkti, įvýkti

zúträglich naudìngas; palankùs

zútrauen *vt (j-m)* tikétis, láukti *(ko iš ko)*

Zútrauen *n* -s pasitikéjimas

zútraulich patiklùs; lipšnùs, meilùs

zútreffen* *vi* bū́ti teisìngam, atitìkti tikróvę

zútreffend teisìngas, tikslùs

zútrinken* *vi (j-m)* gérti *(į kieno sveikatą)*

Zútritt *m* -(e)s įėjìmas

zútun* *vt* uždarýti, užvérti

Zútun *n* -s pagálba, dalyvãvimas; *óhne mein* ∼ bè màno pagálbos, mán nedalyváujant

zúverlässig pàtikimas, tìkras

Zúversicht *f* - įsitìkinimas, tikéjimas

zúversichtlich **I** *a* įsitìkinęs, tìkras; viltìngas **II** *adv* viltìngai, sù įsitìkinimu

zuvór anksčiaũ, lig šiõl

zuvórkommen* *vi (s) (D)* užbégti už akių *(kam)*, padarýti pirmiaũ *(už ką)*

zuvórkommend mandagùs, malonùs

Zúwachs *m* -es príeaugis, padidéjimas

zúwachsen* *vi (s)* 1 užáugti, apáugti 2 priáugti, padaugéti

Zúwanderer m -s, - ateĩvis, imigrántas
zúwandern vi (s) atsikélti, imigrúoti
zuwéilen kaĩtkartėmis, rėtkarčiais
zúweisen* vt (j-m) dúoti, paskìrti (kam ką)
zúwenden* I vt (D) atsùkti, atgrẽžti (kam ką) II sich ~ (D) 1 atsisùkti, atsigrẽžti (į ką) 2 nukrỹpti (į ką)
zúwerfen* vt 1 (D) mèsti, svíesti (kam ką) 2 užtreñkti, treñkiant uždarýti
zuwíder grasùs, àtstumiantis
zuwíder:laufen* vi (D) prieštaráuti (kam), nesidėrinti (su kuo)
zúwinken vi (D) (pa)móti (kam)
zúzahlen vt primokéti
zúziehen* I vt 1 užtráukti (užuolaidą); uždarýti (duris) 2 pakviẽsti (ką), konsultúotis (su kuo) 3: **sich** (D) **éine Erkältung** ~ péršalti II vi (s) atsikélti, atvỹkti
Zúzug m -(e)s, ⁀e atvykìmas, priplūdìmas
zúzwinkern vi (j-m) pamérkti (kam)
Zwang m -(e)s, ⁀e príevarta
zwängen I vt (į)spráusti; prakìšti II **sich** ~ bráutis, prasibráuti
zwánghaft prievartìnis, priverstìnis
zwánglos laĩsvas, nevaĩžomas
zwángsläufig bũtinas, neišvéngiamas
Zwángsmaßnahme f -, -n príevartos príemonė
zwángsweise priverstinaĩ
zwánzig dvìdešimt
zwánzigjährig dvidešimtmētis, dvìdešimties mẽtų
zwánzigste dvidešim̃tas
zwar cj nórs
Zweck m -(e)s, -e tìkslas; prasmẽ; **zu wélchem** ~? kuriám tìkslui?
zwéckdienlich tikslìngas, naudìngas
zwécklos betìkslis; beprãsmiškas
zwéckmäßig tikslìngas; naudìngas
zwei dù, dvėjetas, dvejì; **zu** ~**en, zu** ~**t** dvíese
zwéideutig 1 dviprãsmis, dviprãsmiškas 2 nepadorùs, nešvankùs
zwéieinhalb dù sù pusè, pustrẽčio

Zwéifel m -s, - abejõnė, abejójimas; **es bestéht kein** ~, **dass** ... nėrà abejõnės, kàd ...
zwéifelhaft abejótinas, neáiškus
zwéifellos I a neabejótinas II adv bè abejõnės
zwéifeln vi (an D) abejóti (kuo)
zwéifelsohne neabejótinai, bè abejõnės
Zweig m -(e)s, -e šakēlė; šakà
Zwéigstelle f -, -n skỹrius, filiãlas
zwéihundert dù šimtaĩ
Zwéikampf m -(e)s, ⁀e dvìkova
zwéimal dùkart, dù kartùs
zwéiseitig dvipùsis, dvišãlis
zwéisprachig dvikaĩbis, kaĩbantis dvíem kalbomìs
zwéi‖stöckig triaũkštis; ~**stündlich** I a vỹkstantis kas dvì vãlandas II adv kas dvì vãlandos; ~**tägig** dvidiẽnis, dviejų dienų
zwéite añtras; **jéden** ~n **Tag** kas añtrą diẽną; **zum** ~n **Mal** añtrą kaĩtą
Zwerg m -(e)s, -e nykštùkas, lilipùtas
zwícken vt (į)gnýbti
Zwícker m -s, - spaustùkas 2 pensnẽ
Zwíeback m -(e)s, ⁀e / -e džiūvẽsis; džiūvẽsiai
Zwíebel f -, -n svogũnas
Zwíe‖licht n -(e)s 1 dvìguba šviesà 2 príetema, príeblanda; ~**spalt** m -(e)s, -e / ⁀e nesántaika, nesutarìmas
zwíespältig prieštarìngas
Zwíetracht f - nesántaika, vaidaĩ
Zwílling m -s, -e dvynỹs, dvynùkas
zwíngen* I vt (pri)veĩsti, prispìrti II **sich** ~ prisiveĩsti
Zwínger m -s, - naĩvas (žvẽrims)
zwínkern vi mirkséti (akimis)
Zwirn m -(e)s, -e siũlas, siũlai
zwíschen prp 1 (D) (žymi vietą) taĩp; **ich saß** ~ **ihm und séiner Frau** àš sėdėjau taĩp jõ iĩ jõ žmonõs 2 (A) (žymi kryptį) taĩp; **er hat sich** ~ **die Kínder gesétzt** jìs atsisėdo taĩp vaikũ
Zwischenbemerkung f -, -en rèplika, pastabà
zwischendúrch 1 prótarpiais, rėtkarčiais 2 tárpais, viẽtomis

Zwíschen‖fall *m* -(e)s, ⁻e incideñtas, núotykis; ~**frage** *f* -, -n rèplika
Zwíschen‖landung *f* -, -en tárpinis nutūpìmas [nusileidìmas]; ~**pause** *f* -, -n pértrauka, atódūsis; ~**prüfung** *f* -, -en įskaita (*aukštojoje mokykloje*); ~**ruf** *m* -(e)s, -e rèplika
zwíschenstaatlich tarpvalstýbinis
Zwíschenstation *f* -, -en **1** truṁpas sustojìmas **2** tárpinė stotìs, taṙpstotė

Zwist *m* -(e)s, -e kiviṙčas, baṙnis; nesántaika
zwítschern *vi* čirškéti, čiṙkšti; čiulbéti
zwölf dvýlika
zwölfte dvýliktas
Zyklón *m* -s, -e ciklònas, uragānas
Zýklus *m* -, -len cìklas
Zylínder *m* -s, - cilìndras
Zýniker *m* -s, - cìnikas
zýnisch cìniškas

285

Dažniau vartojamos vokiškos santrumpos

A a, A A = *Árbeitsamt* dárbo bìrža

A. A. = *Áuswärtiges Amt* Ùžsienio reikalų ministèrija

a. a. O. = *am ángeführten* [*ángegebenen*] *Ort(e)* nuródytoje viẽtoje; ten pàt

a. a. C., a. a. Chr. = *ánno ánte Christum* (*lot.*) ... mẽtais priẽš Krìstaus gimìmą

Abb. = *Ábbildung* piešinỹs; iliustrãcija

Abg. = *Ábgeordnete(r)* deputãtas

Abk. = *Ábkürzung* sutrumpinimas, sántrumpa

Abs. = *Ábsender* siuntéjas; siuntéjo ãdresas

Abschr. = *Ábschrift* núorašas, kòpija

Abt. = *Ábteilung* 1 skỹrius (*įstaigoje*) 2 (*knygos*) skỹrius, dalìs

a. C. = *ánte Christum* (*lot.*) priẽš Krìstaus gimìmą

a. D. = *áußer Dienst* atsargõs, dimìsijos (*pvz., generolas*)

Adr. = *Adrésse* ãdresas

AG., A.-G. = *Áktiengesellschaft* ãkcinė bendróvė

a. gl. O. = *am gléichen Ort(e)* toje pačiojè viẽtoje

Akk., Akku = *Akkumulátor* akumuliãtorius

Ank. = *Ánkunft* atvykìmas, atėjìmas (*traukinio*)

Anschr. = *Ánschrift* ãdresas

Apr. = *Apríl* balañdis (*mėnuo*)

Art. = *Artíkel* stráipsnis, paragrãfas (*pvz., sutarties, įstatymo*)

A. T. = *Áltes Testamént* Senàsis Testameñtas

Atm. = *Atmosphäre* atmosferà

Aufl. = *Áuflage* 1 leidìmas (*pvz., knygos*) 2 tìrãžas

Aug. = *Augúst* rugpjūtis (*mėnuo*)

Ausg. = *Áusgabe* (iš)leidìmas; leidinỹs

Ausk. = *Áuskunft* informãcija, informãcijos biùras

BAM = *Búndesaußenministerium* Vokietìjos Federãcinės Respùblikos ùžsienio reikalų ministèrija

Bd. *pl* **Bde.** = *Band* tòmas

Beil. = *Béilage* priẽdas (*pvz., laikraščio, žurnalo*)

beisp. = *béispielsweise* pãvyzdžiui

bez. = *bezáhlt* apmokéta

Bfk = *Báhnhofskasse* geležìnkelio stotiẽs bìlietų kasà

Bgm. = *Bürgermeister* bùrmistras

Bhf = *Báhnhof* geležìnkelio stotìs

BKA = *Búndeskanzleramt* Federãlinio kánclerio rezideñcija

BMW = *Báyrische Motórenwerke* Bavãrijos varìklių gamyklà

BP = *Búndespost* Federãlinis pãštas

BRD = *Búndesrepublik Déutschland* Vokietìjos Federãcinė Respùblika

Bstg. = *Báhnsteig* perònas

BT, Btag = *Búndestag* bùndestagas (*VFR žemieji parlamento rūmai*)

b. w. = *bítte wénden!* veřsti! žiūréti kitojè pùsėje!

bzw. = *bezíehungsweise* atitiñkamai, arbà

C = *Zéntrum* (*miesto*) ceñtras

C = *Célsiusgrad(e), Grad Célsius* temperatūrà pagal Ceľsijų

ca. = *círka* (*lot.*) maždaũg, apiẽ

CDU = *Christlich-Demokrátische Unión* Krikščiónių demokrãtų sájunga

CDU/CSU = *Christlich-Demokrátische Unión/Christlich-Soziále Unión* Krikščiónių demokrãtų sájunga/Sociãlinė krikščiónių sájunga

cm = *Zentiméter* centimètras

cm² = *Kubíkzentimeter* kvadrãtinis centimètras

CSU = *Chrístlich-Soziále Unión* Sociãlinė krikščiónių sąjunga

Dat. = *Dátum* datà

DB = *Déutsche Búndesbahn* Vokietìjos federãcinis geležìnkelis

DBP = *Déutsche Búndespost* Vokietìjos federãcinis pãštas

DER = *Déutsches Réisebüro* Vokietìjos keliõnių biùras

desgl. = (*und*) *desgléichen* iř panašiaĩ

Dez. = *Dezémber* grúodis

DGB = *Déutscher Gewérkschaftsbund* Vokietìjos profsąjungų susiviēnijimas

d. h. = *das heiβt* taĩ yrà

DH = *Díensthabender* budétojas

Di. = *Díenstag* antrãdienis

Dipl. = *Diplóm* diplòmas

Dir., Dirg. = *Dirigént* dirigeñtas

d. J. = *díeses* [*dessélben*] *Jáhres* šiũ [tų pačiũ] mētų

dm = *Deziméter* decimètras

d. M. = *díeses* [*dessélben*] *Mónats* šiõ [to patiẽs] ménesio

DM = *Déutsche Mark* Vokietìjos márkė

Do. = *Dónnerstag* ketvirtãdienis

Doz. = *Dozént* doceñtas

DP = *Déutsche Partéi* Vokietìjos pártija

dpa, DPA = *Déutsche Présse-Agentur* Vokietìjos spaudõs agentūrà

Dr. = *Dóktor* dãktaras (*mokslinis laipsnis*)

DSB = *Déutsher Spórtbund* Vokietìjos spòrto sąjunga

dt. = *deutsch* Vokietìjos; vókiečių; vókiškas

Dtz., Dtzd. = *Dútzend* tùzinas

d. U. = *der, die Unterzéichnete* pasirãšęs, -iusi

d. V., d. Verf., d. Vf. = *der Verfásser* áutorius; sudarýtojas

D-Zug = *Dúrchgangszug* greitàsis traukinỹs

E = *Éilzug* greitàsis keleivìnis traukinỹs

EB = *Éigenberichterstatter* mūsų korespondeñtas

ebd. = *ébenda* ten pàt

EBF = *Éingeschriebebrief* registrúotas láiškas

ED = *Edition* 1 leidinỹs; leidìmas 2 leidyklà

eh. = *éhemalig* ankstyvèsnis, bùvęs

Einl. = *Éinladung* (pa)kvietìmas

Einl. = *Éinleitung* įvadas, įžanga

einschl. = *éinschlieβlich* įskaitýtinai

Einw. = *Éinwohner* gyvéntojas

EM = *Európameisterschaft(en)* Európos pirmenýbės [čempionãtas]

entspr. = *entspréchend* atitiñkamai

EP = *Europäisches Parlamént* Európos parlameñtas

Erdg. = *Érdgeschoss* pirmàs(is) aūkštas

etc. = *et cetera* (*lot.*) iř taĩp toliaũ

e. V., E. V. = *éingetragener Veréin* įregistrúota sąjunga, įregistrúotas susiviēnijimas

event., evtl. = *eventuéll* eventualùs, gãlimas

EW, E-Werk = *Elektrizitätswerk* elektrìnė

EWG = (*West*) *Européische Wírtschaftsgemeinschaft* (Vakarų) Európos ekonòminė bendrijà, „Bendróji rinkà"

Ex. = *Exprésszug* eksprèsas, greitàsis traukinỹs

Expl. = *Exemplár* egzempliõrius

E-Zug *žr.* E

f = *fólgende* (*Séite*) kìtas pùslapis

Fa. = *Fírma* firma

FA = *Férn(sprech)amt* užmiestìnė, telefòno centrìnė

Fab., Fabr. = 1 *Fabrík* fãbrikas 2 *Fabrikát* fabrikãtas, fãbriko gaminỹs

Fak. = *Fakultät* fakultètas

FD-Zug = *Férndurchgangszug* tólimojo susisiekìmo greitàsis traukinỹs

Fe. = *Férnsprecher* telefònas

Febr. = *Fébruar* vasãris

ff. = *und die fólgenden* (*Séiten*) iř kituosè pùslapiuose

F. f. = *Fórtsetzung folgt* tęsinỹs toliaũ, tęsinỹs kitamè [artimiáusiame] nùmeryje

287

Fn. = *Famílienname* pavardė

Fr. = *Frau* žmonà; ponià

Fr. = *Fréitag* penktãdienis

Frl. = *Fräulein* panẽlė

FS = *Fáchschule* specialióji vidurìnė mokyklà; tèchnikumas

FS = *Férnsehen* televìzija

g = *Gramm* grãmas

geb. = *gebóren* gìmęs, -usi

gebr. = *gebräuchlich* vartójamas

gef. = *gefállen* žùvęs karè

geh. = *gehéim* slaptaĩ

gek. = *gekürzt* sutrum̃pinta; sutrum̃pintas

ges. = *geséhen* žiūrė́ta

ges. = *gesúcht* íeškoma; íeškomas

Ges. = *Gesétz* įstãtymas

gesch. = *geschíeden* išsiskýręs, -usi (*apie sutuoktinius*)

gest. = *gestórben* mìręs, -usi; mìrė

Ges. W. = *Gesámmelte Wérke* rinktìniai rãštai

gez. = *gezéichnet* pasirãšė (*nurodant pavardę̃*)

ggf., ggfs = *gegébenfalls* reĩkalui ẽsant, atsižvel̃giant į̃ aplinkybès

GmbH, G. m. b. H. = *Geséllschaft mit beschränkter Háftung* ribótos atsakomýbès bendróvė (*pvz., prekybos*)

gz. žr. gez.

GZA = *Grénzkontrolle* pasíenio muĩtinė

H = *Háltestelle* stotẽlė

H = *Hóchschule* aukštóji mokyklà

ha = *Héktar* hektãras

Handb., Hb. = *Hándbuch* vadõvas (*knyga*); žinýnas

Hbf, Hbhf = *Háuptbahnhof* centrìnė geležìnkelio stotìs

hg. = *heráusgegeben* išléista

Hg., Hgb = *Heráusgeber* leidėjas; atsãkomasis léidinio redãktorius

HPA = *Háuptpostamt* centrìnis pãštas

Hptst. = *Háuptstadt* sóstinė

Hr. = *Herr* põnas

Hrn. = (*an*) *Herrn* põnui

hrsg. žr. hg.

Hrsg. žr. Hg.

HS = *Hándschrift* rañkraštis

HS = *Hóchschule* aukštóji mokyklà

Htl = *Hotél* viẽšbutis

i. A., I. A. = *im Áuftrag(e)* pavẽdus; įgaliójus

i. D. = *im Dúrchschnitt* vidutìniškai

ill. = *illustríert* iliustrúotas

Ill. = *Illustratión* iliustrãcija

Ind. = *Industríe* prãmonė

Ing. = *Ingeníeur* inžiniẽrius

ink. = *inklusíve* imtinaĩ, įskaitýtinai

Int. = *Interníst* vidaũs ligũ gýdytojas

i. R. = *im Rúhestand(e)* atsargõs, dimìsijos (*pvz., generolas*)

i. V., I. V. = *in Vertrétung* ùž (*rašoma prieš pavardę̃*)

Jahrg. = *Jáhrgang* 1 leidìmo mẽtai (*pvz., laikraščių̃, žurnalų̃*) 2 šaukiamíeji (*tų̃ pačių̃ gimimo metų̃*) 3 laidà (*pvz., mokinių̃*)

Jahrh. žr. Jh.

Jan. = *Jánuar* saũsis

Jh. = *Jahrhúndert* šim̃tmetis, ámžius

jr., jun. = *júnior* (*lot.*) jaunesnýsis (*rašoma po pavardės*)

Kap. = *Kapítel* (*knygos*) skýrius

kath. = *kathólisch* katalìkų; katalìkiškas

Kf. = *Kráftfahrer* vairúotojas, šòferis

Kfz, Kfz. = *Kráftfahrzeug* automobìlis

kg = *Kilográmm* kilogrãmas

KK = *Kránkenkasse* ligónių kasà

Kl. = *Klásse* klãsė; kategòrija

km = *Kilométer* kilomètras

km/h, km/st = *Kilométer pro Stúnde* kilomètrų peř vãlandą

Koll. = *Kollége, Kollégin* kolegà, kolègė

Korr. = *Korrespondént* korespondeñtas

Krad = *Kráftrad* motocìklas

Kradf. = *Krádfahrer, Kráftradfahrer* motocìklininkas, motociklìstas

Krd žr. Krad

KSZE = *Konferénz über Sícherheit und Zusámmenarbeit in Európa* Európos saugùmo iř bendradarbiãvimo konfereñcija (*Helsinkis, 1975*)
kW = *Kilowátt* kilovãtas
KW = *Kráftwerk* elektrìnė, jėgaĩnė

l = *Líter* lìtras
Lab. = *Labór, Laboratórium* laboratòrija
Lb. = *Léhrbuch* vadovėlis
led. = *lédig* nevēdęs; netekėjusi
Lkw, LKW = *Lástkraftwagen* suñkvežimis
Lok = *Lokomotíve* lokomotỹvas
Lp = *Lúftpost* óro pãštas

m = *Méter* mètras
m² = *Quadrátmeter* kvadrãtinis mètras
m³ = *Kubíkmeter* kùbinis mètras
M = *Mónat* mėnuo
m. E. = *méines Eráchtens* màno núomone
MEZ = *mítteleuropäische Zeit* Vìdurio Európos laĩkas
mg = *Milligrámm* miligrãmas
Mi. = *Míttwoch* trečiãdienis
Mill. *žr.* Mio.
min, Min. = *Minúte* minùtė
Mio. = *Millión(en)* milijõnas, milijõnai
mm = *Milliméter* milimètras
Mo. = *Móntag* pirmādienis
MP, MPi = *Maschínenpistole* automãtas
Mrd. = *Milliárde(n)* milijárdas, milijárdai
m/s = *Méter je Sekúnde* mètras peř sekùndę
Mschr. = *Mónatsschrift* mėnesìnis leidinỹs
m/sek *žr.* m/s

n. Chr. = *nach Chrísto* [*Chrístus*] põ Krìstaus gimìmo
n. f. D. = *nur für Díenstgebrauch* tìk tarnýbiniam naudójimuisi
n. J. = *nächsten Jáhres* kitũ [ateĩnančių] mėtų
n. M. = *nächsten Mónats* kìto [ateĩnančio] ménesio
NO = *Nordóst(en)* šiáurės rytaĩ
NOK = *Nationáles Olýmpisches Komitée* Nacionãlinis olìmpinis komitètas

Nov. = *Novémber* lãpkritis
Nr. = *Númmer* nùmeris
NRD = *Nórddeutscher Rúndfunk* Šiáurės Vokietìjos rãdijas
NSG = *Natúrschutzgebiet* párkas, draustìnis
n. u. Z. = *nach únserer Zéitrechnung* mũsų èros
NW = *Nordwést(en)* šiáurės vakaraĩ

O = *Ost(en)* rytaĩ
o. a. = *óben ángegeben* [*ángeführt*] anksčiaũ pàteiktas, nuródytas
OB = *Óberbürgermeister* vyriáusiasis bùrmistras
Oberg. = *Óbergeschoss* viršutìnis aũkštas
o. e., o. erw. = *óben erwähnt* anksčiaũ (pa)minėtas
OEZ = *ósteuropäische Zeit* Rytũ Európos laĩkas
OG = *Óberstes Gerícht* aukščiáusiasis teĩsmas
o. gen. = *óben genánnt* anksčiaũ nuródytas
Okt. = *Október* spãlis
Omn. = *Ómnibus* autobùsas
o. Prof. = *órdentlicher Proféssor* ordinãrinis [etãtinis] profèsorius
öst., öster. = *österreichisch* Áustrijos; áustrų, áustriškas
OZ = *Órtszeit* viėtos laĩkas

P = *Párkplatz* automobìlių stovéjimo aikštėlė
P *žr.* P-Zug
P = *Post* pãštas, pãšto skýrius
PA = *Póstamt* centrìnis pãštas
p. A., p. Adr. = *per Adrésse* (atiduoti) ãdresu
Part. = *Partérre* pirmàsis aũkštas
p. c. = *pro céntum* (lot.) pròcentas
p. Chr. (n) = *post Chrístum* (*nátum*) (lot.) põ Krìstaus gimìmo
Pf = *Pfénnig* pfènigas
Pf, Pfd = *Pfund* svãras
Pk = *Póstkarte* atvirùkas
Pkw, PKW = *Persónenkraftwagen* lengvàsis automobìlis
PLZ = *Póstleitzahl* pãšto iñdeksas

289

P. O. = *Proféssor ordinárius* (*lot.*) ordināri-
nis [etātinis] profèsorius

Pol. = *Polizéi* poli̇̀cija

Prof. = *Proféssor* profèsorius

PS = *Pférdestärke* árklio galià

PS, P. S. = *Postscrípt(um)* (*lot.*) pri̇́erašas
(*laiškè*)

P-Zug = *Persónenzug* keleivi̇̀nis traukinỹs

Qu = *Quartál* mētų ketvii̇̀tis

Qu = *Quélle* šalti̇̀nis

Red. = *Redaktión* redãkcija

Rep. = *Reparatúr* tai̇̃symas, remòntas

Rev. = *Revisión* pati̇̀krinimas, revi̇̀zija

RK = *Rótes Kreuz* Raudonàsis Krỹžius

s = *Sekúnde* sekùndė

s. = *sieh*(*e*) žiūrék

S = *Süd*(*en*) piẽtūs (*pasaulio šalis*)

s. a. = *sieh*(*e*) *auch* žiūrék taip pàt

Sa. = *Sónnabend, Sámstag* šeštãdienis

SA = *Stúrmabteilung* smogiamíeji būriai̇̃ (*fa-
šistinėje Vokietijoje*)

s. a. S. = *sieh*(*e*) *auch Séite* ... žiūrék taip pàt
... pùslapi̇̀

SDR = *Süddeutscher Rúndfunk* Pietų Vokie-
ti̇̀jos rãdijas

Sek. = *Sekúnde* sekùndė

SG = *Spórtgemeinschaft* spòrto draugijà

s. o. = *sieh*(*e*) *óben!* žiūrék aukščiaũ!

So. = *Sónntag* sekmãdienis

SO = *Südóst*(*en*) piẽtryčiai

SP = *Sozialdemokrátische Partéi* socialde-
mokrãtų pártija

SPD = *Sozialdemokrátische Partéi Déutsch-
lands* Vokieti̇̀jos socialdemokrãtų pártija

s. S. = *sieh*(*e*) *Séite* ... žiūrék ... pùslapi̇̀

SS = *Schútzstaffel*(*n*) apsaugõs būriai̇̃ (*fašis-
tinė karinė-politinė organizacija, esesinin-
kai*)

Stellv. = *Stéllvertreter* pavadúotojas

s. u. = *sieh*(*e*) *únten!* žiūrék žemiaũ!

SW = *Südwést*(*en*) piẽtvakariai

SZ = *Sómmerzeit* vãsaros lai̇̃kas

T = *Tánkstelle* degali̇̀nė

T = *Táusend* tū́kstantis

TB = *Tónband, Tónbandgerät* magnetofònas

Tb, Tbc, Tbk = *Tuberkulóse* tuberkuliòzė

Tel. = *Telefón* telefònas

Tel. = *Telegrámm* telegramà

Tsd. = *Táusend* tū́kstantis

TV = *television* (*angl.*) (*Férnsehen*) televi̇̀-
zija

u. = *und* ii̇̃

u. a. = 1 *und ándere* ii̇̃ kiti̇̀, *und ánderes*
ii̇̃ ki̇̀ta 2 *únter ánder*(*e*)*m* bejè, tarp ki̇̀tko
3 *únter ánder*(*e*)*n* tai̇̃p kitų

u. Ä. = *und Ähnliches* ii̇̃ panašiai̇̃

u. a. m. = 1 *und ánd*(*e*)*res mehr* ii̇̃ ki̇̀ta 2 *und
ánd*(*e*)*re mehr* ii̇̃ kiti̇̀

u. a. O. = *und ánderen Orts* ii̇̃ kitojè viẽtoje

U-Bahn = *Úntergrundbahn* metrò

u. desgl. (m) = *und desgléichen* (*mehr*) ii̇̃
panašiai̇̃

u. E. = *únseres Eráchtens* mū́sų núomone

u. ff. žr. ff.

UN = *United Nations* (*angl.*) (*Veréinte Na-
tiónen*) Jungti̇̀nės Taũtos

UNO = *United Nations Organization* (*angl.*)
(*Organisatión der Veréinten Natiónen*)
Jungti̇̀nių Tautų Organizãcija

US, USA = *United States* (*of*) *Amerika*
(*angl.*) (*die Veréinten Stáaten von Amé-
rika*) Jungti̇̀nės Amèrikos Valsti̇̀jos

usf, u. s. f. = *und so fort* ii̇̃ tai̇̃p toliaũ

u. Z. = *únserer Zéitrechnung* mū́sų èros

u. zw. = *und zwar* ii̇̃ bū́tent

v. Chr. = *vor Christo* [*Chrístus*] priēš Kri̇̀-
staus gimi̇̀mą

Verf. = *Verfásser* áutorius

vergl. žr. vgl.

verh. = *verhéiratet* vēdęs; ištekėjusi

vgl. = *vergléiche!* palýgink!

v. J. = *vergángegen* [*vórigen*] *Jahr*(*e*)*s* pra-
ėjusių mētų

v. M = *vórigen Mónats* praėjusio ménesio

v. u. Z. = *vor únserer Zéitrechnung* priēš
mū́sų èrą

VW = *Vólkswagen* (*automobilio markė*)

W = *West(en)* vakaraĩ
WDR = *Wéstdeutscher Rúndfunk* Vakarų
Vokietìjos rãdijas
WM = *Wéltmeisterschaft* pasáulio pirmený-
bės [čempionãtas]

Z. = *Zeit* laĩkas
za = *zírka* maždaũg, apiẽ
ZA = *Zóllamt* muĩtinė
z. B. = *zum Béispiel* pãvyzdžiui
Zeitschr. = *Zéitschrift* žurnãlas

291

Geografiniai vardai

Adriátisches Meer, Ádria *f* - Ãdrijos jū́ra
Áfrika *n* -s Ãfrika
Almá-Atá *n* -s Almà Atà
Álpen *pl* Álpės
Amazónas *m* -, Amazónenstrom *m* -(e)s Amazònė
Amúr *m* - / -s Amū́ras
Ánden *pl* Ándai
Ánkara *n* -s Ankarà
Apennínen *pl* Apenìnai
Árktischer Ózean *žr.* Nördliches Éismeer
Áralsee *m* -s Arãlo jū́ra
Ásiɟen *n* -s Ãzija
Asówsches Meer Azòvo jū́ra
Athén *n* -s Aténai
Atlántik *m* -s, Atlántischer Ózean Atlánto vandenýnas
Austráliɟen *n* -s Austrālija
Azóren *pl* Azòrų sãlos

Báikalsee *m* -s Baikãlas
Bálkan *m* -s Balkãnai, Balkãnų kalnaĩ
Báltikum *n* -s Pabaltijỹs
Barcelóna *n* -s Barselonà
Báyern *n* -s Bavãrija
Bélfast *n* -s Bèlfastas
Bélgrad *n* -s Belgrãdas
Béringmeer *n* -(e)s Bèringo jū́ra
Béringstraße *f* - Bèringo sąsiauris
Berlín *n* -s Berlýnas
Bermúdas *pl*, Bermúdainseln *pl* Bermùdų sãlos
Bonn *n* -s Bonà
Brátislava *n* -s Bratislavà
Brüssel *n* -s Briùselis
Búdapest *n* -s Budapèštas
Búkarest *n* -s Bukarèštas

Ceylon [ˈtsai-] *n* -s Ceilònas
Chicago [ʃiˈkaːgo:] *n* -s Čikagà

Délhi *n* -s Dèlis
Dnepr *m* - / -s Dnèpras

Don *m* - / -s Dònas
Dónau *f* - Dunõjus
Dúblin [ˈda-] *n* -s Dùblinas

Édinburgh *n* -s Èdinburgas
Èlbe *f* - Èlbė
Élbrus *m* - Elbrùsas
Érzgebirge *n* -s Rūdìniai kalnaĩ
Európa *n* -s Europà

Florénz *n* - Floreñcija
Fránkfurt am Main Fránkfurtas priẽ Máino

Genf *n* -s Ženevà
Grönland *n* -s Grenlándija

Habana [-ˈva-] *n* -s Havanà
Haíti *n* -s Haìtis
Hámburg *n* -s Hámburgas
Hannóver [-f-] *n* -s Hanòveris
Harz *m* -es Hárco kalnaĩ
Havána *žr.* Habána
Hélsinki *n* -s Hèlsinkis
Himálaja *m* -s Himalãjai

Índischer Ózean Ìndijos vandenýnas

Jerewán *n* -s Jerevãnas
Jerúsalem *n* -s Jerùzalė

Káiro *n* -s Kaìras
Kanárische Ínseln Kanãrų sãlos
Karíbisches Meer Karìbų jū́ra
Karpáten *pl* Karpãtai
Káspisches Meer, Káspisee *m* -s Kãspijos jū́ra
Káukasus *m* - Kaukãzas
Kíɟew *n* -s Kìjevas
Köln *n* -s Kèlnas
Kopenhágen *n* -s Kopenhagà
Krim *f* - Krýmas
Kuríllen *pl* Kurìlų sãlos
Kúrisches Haff Kuřšių mários

Latéinamerika *n* -s Lotynų Amèrika
Líssabon *n* -s Lisabonà
Ljubljána *n* -s Liublianà
Lóndon *n* -s Lòndonas

Madríd *n* -s Madrìdas
Máiland *n* -s Milãnas
Málta *n* -s Málta
Mississíppi *m* - / -s Misisìpė
Míttelmeer *n* -(e)s, **Míttelländisches Meer** Vidùržemio jūra
Móskau *n* -s Maskvà
München *n* -s Miùnchenas

Neápel *n* -s Neãpolis
New York [nju:'jɔrk] *n* -s Niujòrkas
Nil *m* -s Nìlas
Nórdamerika *n* -s Šiáurės Amèrika
Nördliches Éismeer Šiáurės Ledinúotasis vandenýnas
Nórdsee *f* - Šiáurės jūra

Óslo *n* -s Òslas
Óstsee *f* - Báltijos jūra

París *n* - Parȳžius
Pazífik *m* -s Ramùsis (Didȳsis) vandenȳnas
Péking *n* -s Pekìnas
Philippínen *pl* Filipìnai
Pyrenäen *pl* Pirénai
Prag *n* -s Prahà

Réykjavik *n* -s Reĩkjavikas
Rhein *m* -s Reĩnas
Ríga *n* -s Rygà
Rom *n* -s Romà

Sáchsen *n* -s Saksònija
Sahára *f* - Saharà
Sarajévo *n* -s Sarãjevas
Schwárzes Meer Juodóji jūra
Sibíri:en *n* -s Sìbiras
Sizíli:en *n* -s Sicìlija
Skandinávi:en [-v-] *n* -s Skandinãvija
Sófia *n* -s Sòfija
Stíller Ózean *žr.* Pazífik
Stóckholm *n* -s Stokhòlmas

Tállinn *n* -s Tãlinas
Tbilíssi *n* -s Tbilìsis
Thüringen *n* -s Tiurìngija
Tókio *n* -s Tòkijas

Urál *m* -s Urãlas

Wárschau *n* -s Váršuva
Washington ['vɔʃ-] *n* -s Vãšingtonas
Wien *n* -s Víena
Wólga *f* - Vòlga

Zürich *n* -s Ciùrichas
Zýpern *n* -s Kìpras

LIETUVIŲ–VOKIEČIŲ KALBŲ ŽODYNAS

Lietuviškoji abėcėlė

Aa (Ąą)	Ii (Įį, Yy)	Ss
Bb	Jj	Šš
Cc (Ch ch)	Kk	Tt
Čč	Ll	Uu (Ųų, Ūū)
Dd	Mm	Vv
Ee (Ęę, Ėė)	Nn	Zz
Ff	Oo	Žž
Gg	Pp	
Hh	Rr	

A, Ą

abažūras Lámpenschirm *m* -(e)s, -e
abėcėl‖**ė** Alphabét *n* -s, -e; ~**inis**, ~**iškas** alphabétisch; ~**iškai** alphabétisch; ~**iškai** *surašýti žodžiùs* Wörter in alphabétischer Réihenfolge áufschreiben
abejaĩp auf béiderlei Art
abejì *žr.* **abù(du)**
abej‖**ìngas** gléichgültig; ~**ingùmas** Gléichgültigkeit *f* -, Gléichmut *m* -(e)s; ~**ójimas**, ~**õnė** Bedénken *n* -s, -, Zwéifel *m* -s, -; *bò ~ 'õnõs* zwéifolloo, óhno Zwéifol; *nõrà* ~**õnės, kàd** ... es bestéht kein Zwéifel, dass ... ~**óti** (*kuo*) zwéifeln *vi* (*an D*), bezwéifeln *vt*; ~**ótinas** zwéifelhaft, frágwürdig
abìpus, abipusiaĩ béiderseits
abipùs‖**is**, ~**iškas** gégenseitig
abipusiškùmas Gégenseitigkeit *f* -
abišãlis *žr.* **abipùsis**
abiturieñtas Abituriént *m* -en, -en
abonemeñtas Abonnement [abɔnə'maŋ] *n* - s, -s
abòrtas Ábtreibung *f* -, -en
abrikòsas Aprikóse *f* -, -n
absol‖**iùtinis**, ~**iutùs** absolút; ~**iutì tylà** absolúte Rúhe
absolveñtas Absolvént *m* -en, -en
abstineñ‖**cija** Abstinénz *f* -; ~**tas** Abstinént *m* -en, -en, Abstinénzler *m* -s , -
abstrakt‖**ùs** abstrákt, begrífflich; ~**ùsis** *daiktãvardis gram.* Abstráktum *n* -s, -ta
absùrd‖**as** Absurdität *f* -, -en, Únsinn *m* -s; ~**iškas** absúrd, únsinnig
abù(du) béide; *mẽs* ~ wir béide
abúojas (*piktas, įkyrus*) wíderlich
ãctas Éssig *m* -s
ãčiū dánke; *labaĩ* ~ víelen Dank! dánke schön!
ãdat‖**a** Nádel *f* -, -n, Nähnadel *f* -, -n; *įvérti siū́lą į̃* ~**ą** den Fáden éinfädeln ◊ *sėdi kaĩp añt* ~**ų** er sitzt wie auf Nádeln
adatìnė Nádelbüchse *f* -, -n
adìklis Stópfnadel *f* -, -n

adinỹs Stickeréi *f* -, -en
adýti 1 stópfen *vt*; ~ *kójines* Strümpfe stópfen 2 (*siuvinėti raštais*) stícken *vt, vi*
adjutántas Adjutánt *m* -en, -en
administrã‖**cija** Administratión *f* -, -en; Verwáltung *f* -, -en; ~**cinis** verwáltungsmäßig; ~**torius** Administrátor *m* -s, -tóren
admirõlas Admirál *m* -s, -e / ⁼e
adres‖**ántas** Ábsender *m* -s, -; ~**ãtas** Empfänger *m* -s, -
ūdrcзaз Ánschrift *f* ⁼, -en, Adréssɔ *f* ⁼, -n
adresúoti adressíeren *vt*
adveñtas Advént *m* -(e)s, -e
advokãtas Ánwalt *m* -(e)s, ⁼e, Réchtsanwalt *m* -(e)s, ⁼e
advokatáuti den Réchtsanwaltberuf áusüben
aero‖**dròmas** Flúgplatz *m* -es, ⁼e; ~**úostas** Flúghafen *m* -s, ⁼
afèkt‖**as** Affékt *m* -(e)s, -e; *veĩkti* ~*o būsenoje* im Affékt hándeln
afer‖**à** Affäre *f* -, -n, Schwíndel *m* -s; ~**ìstas** Hóchstapler *m* -s, -, Schwíndler *m* -s, -
afišà Ánschlag *m* -(e)s, ⁼e, Áushang *m* -(e)s, ⁼e
afrikiẽt‖**is** Afrikáner *m* -s, -; ~**iškas** afrikánisch
ãgentas 1 (*šnipas*) Agént *m* -en, -en, Spión *m* -s, -e 2 (*įgaliotinis*) Agént *m* -en, -en, Vertréter *m* -s, -
agent‖**ūrà** Agentúr *f* -, -en; ~**ū́ros pranešìmas** Agentúrmeldung *f* -, -en; *telegrãmų* ~**ūrà** Telegráphenagentur *f* -, -en
agit‖**ãcija** Agitatión *f* -, -en; ~**ãcinis** agitatórisch; ~**ãtorius** Agitátor *m* -s, -tóren; ~**úoti** (*už ką*) agitíeren *vi* (*für A*), wérben* *vi* (*für A*)
agrãstas Stáchelbeere *f* -, -n
agrèsija Ángriff *m* -(e)s, -e, Aggressión *f* -, -en
agres‖**yvùmas** Aggressivität *f* -; ~**yvùs** aggressív, ángriffslustig
agrèsorius Aggréssor *m* -s, -sóren, Ángreifer *m* -s, -

agronòm‖as Agronóm *m* -en, -en; ~**ija**
Agronomíe *f* -
aguonà Mohn *m* -(e)s, -e
aguõninis Móhn-; ~ **pyrãgas** Móhnkuchen
m -s, -
aguřk‖as Gúrke *f* -, -n; **ragìnti** ~*ai* sáure
Gúrken
agurõtis Melónenkürbis *m* -ses, -se
ái ojé! o weh!
áibė Únmenge *f* -, -n
áidas Écho *n* -s, -s, Wíderhall *m* -(e)s, -e
aidéti wíderhallen *vi*
áikčioti ächzen *vi*
aikšt‖ė Platz *m* -es, ⁻e; *fùtbolo* ~*ė̃* Fúßball-
platz ◊ *išeĩti [iškìlti]* ~*ė̃n* ans Tágeslicht
kómmen, zutáge / zu Táge kómmen; *iš-*
kélti ~*ė̃n* an die Öffentlichkeit bríngen
aikštė̃lė ein kléiner Platz; *nutūpìmo* ~
Lándeplatz *m* -es, ⁻e; *statýbos* ~ Báustelle
f -, -n; *tèniso* ~ Ténnisplatz *m* -es, ⁻e
aikštìngas gríllenhaft, láunisch
áikštis Grílle *f* -, -n, Láune *f* -, -n
áikteléti áufächzen *vi*
áimana Wéhklage *f* -, -n
aiman‖ãvimas Jámmer *m* -s, Wéhklagen *n*
-s; ~**úoti** jámmern *vi*, wéhklagen *neatsk.*
vi
aĩnis *žr.* **palikuonìs**
Aĩrija Írland *n* -s
aĩr‖is Íre *m* -n, -n, Írländer *m* -s, -; ~**iškas**
írisch
aistr‖à Léidenschaft *f* -, -en; ~**ìngas** léi-
denschaftlich; ~**ingùmas** Léidenschaft-
lichkeit *f* -
aiškéti sich klären, klar wérden
aiškiaregỹs Héllseher *m* -s, -, Telepáth *m* -en,
-en
áišk‖inimas Erklärung *f* -, -en, Erläuterung
f -, -en; ~**ìnti** erklären *vt*, erläutern *vt*;
déuten *vt*
aiškùmas Klárheit *f* -, Déutlichkeit *f* -
áiškus klar, déutlich, éinleuchtend
aitr‖à (*kartėlis*) Bítterkeit *f* -; ~**ùmas** Bít-
terkeit *f* -; ~**ùs** bítter
áitvaras Kóbold *m* -s, -e, Dráche *m* -n, -n
aižýti (*pupas, žirnius*) enthülsen *vt*

ãjeras *bot.* Kálmus *m* -, -se
akãcija *bot.* Akázi⁚e *f* -, -n; *baltóji* ~ ge-
méine Akázi⁚e
akadèm‖ija Akademíe *f* -, -mí⁚en; ~**ikas**
Akademíemitglied *n* -(e)s, -er
akceñt‖as (*svetima tartis*) Akzént *m* -es,
-e; *jìs kaĺba vókiškai bè* ~*o* er spricht
akzéntfreies Deutsch
ãkc‖ija 1 *polit.* Aktión *f* -, -en, Unter-
néhmen *n* -s, - **2** *ekon.* Ákti⁚e *f* -,
-n; ~**ininkas** Aktionär *m* -s, -e; ~**inis**
Áktien-; ~**inis kapitãlas** Áktienkapital *n*
-s; ~**inė bendróvė** Áktiengesellschaft *f* -,
-en
akcìzas Akzíse *f* -
akėčios Égge *f* -, -n
aketė̃ Éisloch *n* -(e)s, ⁻er
akéti éggen *vt*
akìbrokštas Rüffel *m* -s, -
akìduobė Áugenhöhle *f* -, -n
akýlas áufmerksam
akìmirka Áugenblick *m* -(e)s, -e, Momént *m*
-(e)s, -e
akìmoj‖is *vìenu* ~*u* im Nu, in éinem Nu
akiniaĩ Brílle *f* -, -n
akìplėš‖a Fréchling *m* -s, -e; Fréchdachs *m*
-es, -e; ~**iškas** frech, únverfroren
akiratis Gesíchtskreis *m* -es, -e, Horizónt *m*
-(e)s, -e
akìs 1 Áuge *n* -s, -n; *akių̃ gýdytojas* Áugen-
arzt *m* -es, ⁻e **2** (*mezgimo*) Másche *f* -, -n
akìstata *teis.* Gegenüberstellung *f* -, -en
akìvaizd‖a: *màno* ~*oje* in méiner Ánwe-
senheit
akivaizdùs öffenkundig, öffensichtlich
aklaĩ blíndlings; ~ *tikéti kuõ* j-m blíndlings
tráuen
ãklas blind
aklãviet‖ė Sáckgasse *f* -, -n; *atsidùrti* ~*ėje*
in éine Sáckgasse geráten
aklinaĩ dicht, hermétisch
akl‖ỹs, -ė̃ Blínde *sub m, f*; ~**ùmas** Blíndheit
f -
akménligė Stéinkrankheit *f* -, -en
akmentašỹs Stéinmetz *m* -en, -en
akmenúotas stéinreich

akmuõ Stein *m* -(e)s, -e
akompan‖iãtorius Begléiter *m* -s, -;
~**imeñtas** Begléitung *f* -, -en; ~**úoti**
begléiten *vt*; ~**úoti pianinù** auf dem
Klavíer [-v-] begléiten
akòrdas Akkórd *m* -(e)s, -e
akordeònas Akkórdeon *n* -s, -s
akòrdinis Akkórd-; ~ **dárbas** Akkórdarbeit
f -, -en
akreditúoti (*paskirti diplomatiniu atstovu*)
akkreditíeren *vt*
akrob‖ãtas Akrobát *m* -en, -en; ~**ãtika**
Akrobátik *f* -
aksómas Samt *m* -(e)s, -e
aksomìnis *prk.* sámten
ãkstinas 1 (*spyglys*) Dorn *m* -(e)s, -en / ᵛer
2 *prk.* Ánsporn *m* -(e)s, Ánreiz *m* -es, -e
ãkt‖as Akt *m* -(e)s, -e; ~**ų sālė** Áula *f* -,
-len
àkti erblínden *vi* (*s*), blind wérden
aktyv‖éti aktíver [-v-] [aktív] wérden;
~**ùmas** Aktivität [-v-] *f* -, Geschäftigkeit
f -; ~**ùs** aktív, geschäftig
ãktorius Scháuspieler *m* -s, -
aktuãlija Aktualität *f* -, -en, Zéitnähe *f* -
aktualùs aktuéll, zéitgemäß
akumuliãtorius Akkumulátor *m* -s, -tóren,
Ákku *m* -s, -s, Batteríe *f* -, -ri̦en
akùšerė Hebámme *f* -, -n, Gebúrtshelferin *f*
-, -nen
akušèrija Gebúrtshilfe *f* -
akvalángas Táuchermaske *f* -, -n
akvar‖èlė Aquaréll *n* -(e)s, -e; *tapýti* ~**elè**
Aquaréll málen; ~**èlininkas** Aquarelíst *m*
-en, -en
akvãriumas Aquárium *n* -s, -ri̦en
ãlavas Zinn *n* -(e)s
alavìnis zínnern
albãnas Albáner *m* -s, -, Albanése *m* -n, -n
Albãnija Albáni̦en *n* -s
albãniškas albánisch
albùmas Álbum *n* -s, -ben
algà Lohn *m* -(e)s, ᵛe; Gehált *n* -(e)s, ᵛer
álgebra Álgebra *f* -, Búchstabenrechnung *f* -
aliárm‖as Alárm *m* -s, -e; (*pa*)*skélbti* ~**ą**
Alárm schlágen

aliarmúoti Alárm schlágen
aliėj‖inis Öl-; ~**inės kultūros** Ölpflanzen *pl*;
~**iniai dažaī** Ölfarbe *f* -; ~**us** Öl *n* -(e)s,
-e; *sémenų* ~**us** Léinöl; *válgomasis* ~**us**
Spéiseöl
alimeñtai *pl* Aliménte *pl*
alìnė *žr.* **alùdė**
ãlinti áuszehren *vt*, erschöpfen *vt*
alió hállo!
aliumìnis Alumínium *n* -s
aliùzij‖a Ánspielung *f* -, -en; *darýti* ~**as** (*į*
ką) Ánspielungen máchen (*auf A*)
alyvà 1 Öl *n* -(e)s **2** (*alyvmedis*) Ölbaum *m*
-(e)s, ᵛe *bot.* Flíeder *m* -s
álkanas húngrig; *jìs* ~ *kaĩp vìlkas* er hat
éinen Bärenhunger
aĨk‖is Húnger *m* -s; *numalšìnti* ~**į** den
Húnger stíllen; *kęsti* ~**į** Húnger léiden
alkohòl‖ikas Alkohóliker *m* -s, -; ~**inis**
alkohólisch; ~**iniai gérimai** alkohólische
Getränke; ~**is** Álkohol *m* -s, -e
alkoholìzmas Alkoholísmus *m* -, Trúnksucht
f -
aĨksnis Érle *f* -, -n
alkūnė 1 Éll(en)bogen *m* -s, - **2** (*vingis*)
Bíegung *f* -, -en
alpin‖ìstas Alpiníst *m* -en, -en; ~**ìzmas**
Alpinísmus *m* -, Alpinístik *f* -
aĨpti das Bewússtsein verlíeren, óhnmächtig
wérden
alsìnti müde máchen, erschöpfen *vt*
alsúoti átmen *vi*
áltas Alt *m* -(e)s, -e, Áltstimme *f* -, -n
alternatyv‖à Alternatíve *f* -, -n; ~**ùs** alter-
natív
altõrius Altár *m* -(e)s, ᵛe
alùdaris Bíerbrauer *m* -s, -
alùdė Bíerstube *f* -, -n, Bíerschenke *f* -, -n
alùs Bier *n* -(e)s, -e; *alaũs daryklà*
Bíerbrauerei *f* -, -en
Alžýras *valst.* Algéri̦en *n* -s
alžyriẽt‖is Algéri̦er *m* -s, -; ~**iškas** algé-
risch
ãmaras *zool.* Bláttlaus *f* -, ᵛe
ãmatas Hándwerk *n* -(e)s, -e, Gewérbe *n*
-s, -

amatin‖iñkas Hándwerker *m* -s, -; Gewérbetreibende *sub m*; ~**inkáuti** ein Hándwerk [Gewérbe] betréiben
ambas‖adà Bótschaft *f* -, -en; ~**ãdorius** Bótschafter *m* -s, -
amb‖ìcija Ambitión *f* -, -en, Éhrgeiz *m* -es; ~**icìngas** ambitiös, éhrgeizig
ambryti (*vampsėti*) kläffen *vi*
ambulatòr‖ija Ambulatórium *n* -s, -ri:en, Ambulánz *f* -, -en; ~**inis** ambulánt
Amèrik‖a Amérika *n* -s; *Jungtìnės* ~*os Valstìjos* Veréinigte Stáaten von Amérika
amerikiēt‖is Amerikáner *m* -s, -; ~**iškas** amerikánisch
amnèstija Amnestíe *f* -, -tí:en
amnestúoti amnestíeren *vt*
amoral‖ùmas Amoralität *f* -; ~**ùs** amorálisch, únmoralisch
amortizãtorius Dämpfer *m* -s, -, Stoßdämpfer *m* -s, -
ámpulė Ámpulle *f* -, -n
amput‖ãcija Amputatión *f* -, -en; ~**úoti** amputíeren *vt*
amulètas Amulétt *n* -s, -e
amunìcija Munitión *f* -, -en
ámžinas éwig; ~ *sniēgas* der éwige Schnee
amžinýb‖ė Éwigkeit *f* -; *taĩ truñka ìštisą* ~*ę* es dáuert éine Éwigkeit
ámž‖ininkas Zéitgenosse *m* -n, -n; ~**ius 1** Álter *n* -s; *senývas* ~*ius* ein hóhes Álter; *jìs màno* ~*iaus* er ist in méinem Álter **2** (*šimtmetis*) Jahrhúndert *n* -(e)s, -e
anãdien néulich, kürzlich
anaiptõl kéineswegs, durcháus nicht
anãkart dámals
analfabètas Analphabét *m* -en, -en
analòg‖ija Analogíe *f* -, -gí:en; ~**inis**, ~**iškas** analóg
ananãsas Ánanas *f* -, - / -se
anàpus *prp* jénseits (*G*)
anàs jéner (jéne *f*, jénes *n*, jéne *pl*)
anekdòtas Anekdóte *f* -, -n; Witz *m* -es, -e
aneksúoti annektíeren *vt*, éinverleiben *vt*
anèmija *med.* Anämíe *f* -, -mí:en, Blútarmut *f* -

anest‖èzija *med.* Anästhesíe *f* -, -sí:en; ~**ezúoti** anästhesíeren *vt*
angà Öffnung *f* -, -en
angãras Hángar *m* -s, -s
angažúotis (*įsipareigóti*) sich engagieren [aŋga'ʒi:rən]
ángel‖as Éngel *m* -s, -; ~**iškas** éngelgleich, Éngels-; ~**iška kantrýbė** Éngelsgeduld *f* -
anginà Angína *f* -, Mándelentzündung *f* -
ánglas Éngländer *m* -s, -
angliãrūgštė Kóhlensäure *f* -
anglýbė, **anglicìzmas** Anglizísmus *m* -, -men
Ánglija Éngland *n* -s
anglìs Kóhle *f* -, -n; *mēdžio anglys* Hólzkohle *f* -, -n
ángliškas énglisch
anýta Schwíegermutter *f* -, ª
anketà Frágebogen *m* -s, - / ª
anksčiaũ früher; ~ *ař vėliaũ* über kurz óder lang; *kaĩp ir̃* ~ nach wie vor
ankst‖èsnis früher; ~*esniaĩs mētais* in früheren Jáhren
ankst‖ì früh; ~*ì rýtą* frühmorgens, am frühen Mórgen; *iš anksto* frühzeitig; ~**ývas** früh, frühzeitig; ~**ùs** früh; *nuõ* ~*aũs rýto lìgi vėlývo vãkaro* von früh bis spät (ábends)
añkštas eng; ~ *kambarỹs* ein énges Zímmer
ankštýbė Énge *f* -, -n, Beéngtheit *f* -
ánkštis Schóte *f* -, -n, Hülse *f* -, -n
anonìminis anoným
anònsas (*skelbimas*) Annonce [a'nɔŋsə] *f* -, -n
anót *prp* nach (*D*); zufólge (*G*, *D*)
ansámblis Ensemble [aŋ'sa:mb(ə)l] *n* -s, -s
añt *prp* **1** auf (*D*), an (*D*) (*žymi vietą*); ~ *síenos kãbo pavéikslas* an der Wand hängt ein Bild; ~ *stãlo gùli knygà* auf dem Tisch liegt ein Buch **2** auf (*A*), an (*A*) (*žymi kryptį*); *séstis* ~ *kėdės* sich auf den Stuhl sétzen **3**: *jìs pýksta* ~ *manęs* er ist mir [auf mich] böse
antaĩ sieh dort! *kaĩp* ~ wie zum Béispiel, nämlich
añtakis Áugenbraue *f* -, -n

añtaus‖is Óhrfeige f -, -n; **skélti kám** ~į óhrfeigen (óhrfeigte, geóhrfeigt) vt, j-m éine Óhrfeige gében

antenà Anténne f -, -n; **kambarìnė** ~ Zímmerantenne; **laũko** ~ Áußenantenne

añtgalis Éndstück n -(e)s, -e

antgamtìnis übernatürlich

antíena Éntenfleisch n -es

antifrìzas tech. Kühlmittel n -s

antikarìnis Antikríegs-

antikìnis antík

antikonstitùcinis verfássungswidrig

antikvariãtas Antiquariát n -(e)s, -e

antipāt‖ija Antipathíe f -, -thí:en, Ábneigung f -, -en; ~**iškas** antipáthisch

ántis Énte f -, -n; **laukìnė** ~ Wíldente

antivalstýbinis stáatsfeindlich

añtkainis Áufschlag m -(e)s, ⸰e

añtkapis Grábmal n -(e)s, ⸰er / -e

añtklodė Béttdecke f -, -n

añtpetis Áchselstück n -(e)s, -e

añtpilas Áufguss m -es, ⸰e

añtplūdis Ándrang m -(e)s, Zústrom m -(e)s, Zúlauf m -(e)s

añtpuolis Ángriff m -(e)s, -e

añtra zwéitens

antrādien‖is Díenstag m -(e)s, -e; ~į am Díenstag

antraeĩlis zwéitrangig, sekundär

antraĩp ánders, auf ándere Wéise

añtrąkart zum zwéiten Mal

antramečiáuti sítzen bléiben

antramẽtis (mokinys) Sítzenbleiber m -s, -

añtrankiai pl Hándfesseln pl

añtr‖as zwéite; **kas** ~ą **diẽną** jéden zwéiten Tag; **víenas antrám pàdeda** sie hélfen einánder; ~a **veŕtus** ándererseits

añtrąsyk zum zwéiten Mal

añtrašas (užrašas) Überschrift f -, -en

antraštė Überschrift f -, -en; Schlágzeile f -, -n

antraštìnis Títel-; ~ **lāpas** Títelblatt n -(e)s, ⸰er

añtra tíek dóppelt so viel

antrekòtas Entrecôte [aŋtər'ko:t] n - / -s, -s

antropològ‖as Anthropológe m -n, -n; ~**ija** Anthropologíe f -

añtskrydis: **óro** ~ Lúftangriff m -(e)s, -e

añtsnukis Máulkorb m -(e)s, ⸰e

añtspaud‖as Stémpel m -s, -, Síegel m -s, -; **uždéti** ~ą éinen Stémpel drücken

antspaudúoti stémpeln vt, síegeln vt

añtsvoris Méhrgewicht n -(e)s, -e

añtvožas Déckel m -s, -

anūkas Énkel m -s, -, Énkelkind n -(e)s, -er

anuõkart dámals

apač‖ià Únterteil m, n -(e)s, -e; ~**iojè** únten; **į̃ āpačią** hinúnter, herúnter; **iš** ~**iõs** von únten (her)

apākinti blénden vt

apàkti erblínden vi (s)

apalpìmas Óhnmacht f -, -en, Óhnmachtsanfall m -(e)s, ⸰e

apaĺpti in Óhnmacht fállen, óhnmächtig wérden

aparātas Apparát m -(e)s, -e; **kopijãvimo** ~ Kopíergerät n -(e)s, -e; **virškinimo** ~ Verdáuungsorgane pl

apāštalas Apóstel m -s, -

apātija Apathíe f -, Gléichgültigkeit f -

apatìn‖is únter, Únter-; ~**iai drabùžiai** Únterkleider pl, Únterkleidung f -, -en; ~**ės kélnės** Únterhose f -, -n

apatinùkas Únterrock m -(e)s, ⸰e

apãtiškas apáthisch, gléichgültig; téilnahmslos

apáugti (kuo) bewáchsen* vi (mit D)

apaũti: ~ **batùs** die Schúhe ánziehen

āpavas Schúhwerk n -(e)s

apčiuĺpti belútschen vt

apčiúopiamas gréifbar

apčiupinéti befühlen vt, betásten vt

apdailà Ínnenarbeiten pl

apdainúoti besíngen* vt

apdair‖ùmas Úmsicht f -; Behútsamkeit f -; ~**ùs** úmsichtig, behútsam

apdalýti beschénken vt

apdangà, āpdangalas Hülle f -, -n; Bedéckung f -, -en; **galvõs** ~ Kópfbedeckung

āpdaras (drabužis) Kléidung f -, -en, Bekléidung f -, -en apdeñgti 1 bedécken *vt* 2 (*uždėti stogą*) bedáchen *vt*

apdérgti beschmútzen *vt*, besúdeln *vt*

apdėti belégen *vt*; ~ *mókesčiais* mit Ábgaben belégen

apdìrbti 1 (*medį, metalą*) beárbeiten *vt* 2 (*žemę*) beárbeiten *vt*, bestéllen *vt*

apdoróti (*sutvarkyti*) beárbeiten *vt*

apdovanójimas Áuszeichnung *f* -, -en; Beschénken *n* -s

apdovanó‖ti 1 (*kuo*) áuszeichnen (*mit D*); ~*ti ką̃ òrdinu* j-n mit Órden áuszeichnen 2 (*kuo*) beschénken (*mit D*); *bū̃ti gamtõs* ~*tam kuo nórs* von der Natúr mit etw. (*D*) beschénkt sein

apdrabstýti: *ką̃ purvaĩs* ~ j-n mit Schmutz bewérfen

apdraskýti ánkratzen *vt*

apdraũsti versíchern *vt*

apdrė̃bti bewérfen* *vt*

apdulkéti éinstauben *vi* (*s*), verstáuben *vi* (*s*)

apdùlkinti 1 bestáuben *vt*, mit Staub bedécken 2 *bot.* bestäuben *vt*

apdùmti (*apnešti, apipustyti*) bestäuben *vt* ◊ *akìs* ~ j-m Sand in die Áugen stréuen

apdžiū́ti éintrocknen *vi* (*s*), trócken wérden

ãpeigos *pl* Bräuche *pl*; Rítus *m* -, -ten; Zeremoníe *f* -, -níːen; *vestùvių* ~ Hóchzeitsbräuche; *relìginės* ~ ein religiöser Rítus

apeĩti 1 (*apsukti einant*) umgéhen* *vt* 2 besórgen *vt*; ~ *ruõšą* den Háushalt besórgen 3 (*įstatymą*) hintergéhen* *vt*, übergéhen* *vt*

apel‖iãcija *teis.* Berúfung *f* -, -en; ~iúoti (*į ką*) appellíeren *vi* (*an A*)

apelsìnas Apfelsíne *f* -, -n, Orange [oˈraŋ3ə] *f* -, -n

apendicìtas Blíndarmentzündung *f* -, -en

apetìt‖as Appetít *m* -(e)s, -e; *gẽro* ~*o!* gúten Appetít! Máhlzeit! (*sveikinantis pietų metu*)

apgadìnti beschädigen *vt*, ramponíeren *vt*

apgailest‖áuti beréuen *vt*, bedáuern *vt*; ~ãvimas Bedáuern *n* -s

apgailétinas bedáuernswert

apgalvóti bedénken* *vt*, überlégen *vt*

ãpgamas Múttermal *n* -(e)s, -e / ːːer

apgaũbti (*ką kuo*) umhüllen *vt* (*mit D*), bedécken *vt* (*mit D*)

apgaudinéti betrügen* *vt*

apgáulė Betrúg *m* -(e)s; Schwíndel *m* -s

apgaulìngas trügerisch, betrügerisch

apgáuti *žr.* apgaudinéti

apgavìkas Betrüger *m* -s, -; Schwíndler *m* -s, -

apgavỹstė *žr.* apgáulė

apgenéti beschnéiden* *vt*, stútzen *vt*

apginklúoti bewáffnen *vt*, áusrüsten *vt*

apgiñti (*ką nuo ko*) beschützen *vt* (*vor D, gegen A*); vertéidigen *vt*

apgyvéndin‖ti 1 (*įkurdinti*) ánsiedeln *vt* 2 (*kolonizuoti*) besíedeln *vt*; *retaĩ* (*tánkiai*) ~*tas* dünn (dicht) besíedelt 3 (*bendrabutyje, viešbutyje*) únterbringen* *vt* (*in D*)

apglébti *žr.* apkabìnti

apgóbti (*ką kuo*) umhüllen *vt* (*mit D*)

apgraib‖õm, ~omìs tástend 2 (*paviršutiniškai*) óberflächlich

apgráužti benágen *vt*, ábnagen *vt*

apgrùbti erstárren *vi* (*s*), starr wérden

apgul̃ti belágern *vt*; ~ *miẽstą* éine Stadt belágern

apýaušris Mórgendämmerung *f* -, -en

apibarstýti bestréuen *vt*, überstréuen *vt*

apibėgió‖ti áblaufen* *vt* (*s, h*); ~*jau visàs parduotuvès* ich bin [hábe] álle Geschäfte ábgelaufen

apibė́gti (*aplink ką*) herúmlaufen* *vi* (*s*) (*um A*)

apibeñdrinti verállgemeinern *vt*

apiber̃ti daráufschütten *vt*

apibrė̃žimas Definitión *f* -, -en

apibrė̃žti ábgrenzen *vt*; definíeren *vt*

apibū́dinti kénnzeichnen (kénnzeichnete, gekénnzeichnet) *vt*, charakterisíeren [k-] *vt*, bestímmen *vt*

apiẽ *prp* 1 um (*A*) (*žymi vietą*); ~ *nãmą yrà sõdas* um das Haus (herúm) ist ein Gárten; ~ *Leĩpcigą* um Léipzig (herúm) 2 gégen (*A*), um (*A*) (*žymi laiką*); ~ *pietùs* gégen Mittagszeit; ~ *šẽštą vãlandą* gégen sechs Uhr 3 étwa, úngefähr (*žymi kiekį*); *mū́sų*

bùvo ~ 20 žmonių wir wáren úngefähr 20 Persónen **4 über (A), von (D); kalbéjome ~ tavè** wir spráchen über dich [von dir] **apieškóti** durchsúchen *vt*, ábsuchen *vt*
apifòrminti áufmachen *vt*; **gražiaĩ ~ prēkę** éine Wáre hübsch áufmachen
apýgarda Bezírk *m* -(e)s, -e, Distríkt *m* -(e)s, -e
apýilgis zíemlich lang
apýjaunis zíemlich jung
apýkaita: mẽdžiagų ~ Stóffwechsel *m* -s
apýkaklė Krágen *m* -s, -
apýkarštis zíemlich heiß
apýkurtis schwérhörig
apýlink‖ė Úmgebung *f* -, -en; **miẽsto ~ės** die Úmgebung der Stadt
apim̃ti 1 (*apkabinti*) umfássen *vt* **2** (*pvz.*, *apie baimę, miegą*) überkómmen* *vt*, überfállen* *vt*
apimtìs Úmfang *m* -(e)s, ⸗e; **dárbo ~** der Úmfang éiner Árbeit
apyniaĩ Hópfen *m* -s
apipavìdalinti áusstatten *vt*, gestálten *vt*
apýpiet‖ė 1 Míttagszeit *f* - **2** Míttagsschlaf *m* -(e)s; **guĺti ~ės** sich zum Míttagsschlaf níederlegen
apýpilnis zíemlich voll
apipìlti 1 (*vandeniu*) übergíeßen* *vt* **2** (*pinigais, dovanomis*) überschütten *vt* (*mit D*)
apipìnti (*ką kuo*) umfléchten* *vt* (*mit D*), umwínden* *vt* (*mit D*)
apipjáu‖styti, ~ti beschnéiden* *vt*
apiplẽšimas Beráubung *f* -, -en, Ráubüberfall *m* -(e)s, ⸗e
apiplẽšti beráuben *vt*, áusplündern *vt*
apipuřkšti besprítzen *vt*
apipūti ánfaulen *vi* (*s*)
apýrankė Ármband *n* -(e)s, ⸗er
apýsaka Erzählung *f* -, -en
apýsaldis süßlich
apýsenis ältlich, zíemlich alt
apýskaita Réchnungslegung *f* -
apýtaka Kréislauf *m* -(e)s, ⸗e, Zirkulatión *f* -, -en; **kraũjo ~** Blútkreislauf *m* -(e)s, ⸗e
apýtamsa Hálbdunkel *n* -s, Dämmerlicht *n* -(e)s

apýtamsis hálbdunkel
apýtikr‖iai ánnähernd, úngefähr; **~is** úngefähr
apýtikslis ánnähernd, úngefähr
apýtuštis hálbleer
apývarta Úmlauf *m* -(e)s, ⸗e; Úmsatz *m* -es, ⸗e; **prēkių ~** Wárenumsatz
apývoka Háusarbeit *f* -, -en
apjúodinti ánschwärzen *vt*; verúnglimpfen *vt*
apjúosti úmgürten *vt*
apkabìnti umármen *vt*, umschlíeßen* *vt*
apkalb‖à Náchrede *f* -, Verléumdung *f* -, -en; **~éti** j-m Böses [Übles] náchreden, verléumden *vt*
apkálti beschlágen* *vt*
apkáltinti (*ką kuo*) beschúldigen *vt* (*G*), ánklagen *vt* (*G, wegen G*); **~ ką̃ vagystè** j-n éines Díebstahls beschúldigen
apkapóti (*šakas*) ábhauen* *vt*
apkarpýti beschnéiden* *vt*
apkař‖sti ránzig wérden; **~tęs** ránzig
apkártinti verbíttern *vt*
ãpkasas Schützengraben *m* -s, ⸗
apkaũpti behácken *vt*
apkáustyti beschlágen* *vt*
apkeliáuti beréisen *vt*, umréisen *vt*
ãpkepas Áuflauf *m* -(e)s, ⸗e; **bùlvių ~** Kartóffelauflauf
apkēpinti (*bulves*) ánbraten* *vt*, rösten *vt*
apkiřpti: ~ pláukus das Haar ábschneiden
apklaus‖à 1 Befrágung *f* -, -en, Úmfrage *f* -, -n **2** *teis.* Verhör *n* -s, -e, Vernéhmung *f* -, -en; **~inéti 1** befrágen *vt* **2** *teis.* verhören *vt*, vernéhmen* *vt*
apkláusti 1 befrágen *vt*; **~ mókinį** den Schüler befrágen **2** *teis.* verhören *vt*, vernéhmen* *vt*
apklõtas Décke *f* -, -n; **sniẽgo ~** Schnéedecke
apkló‖ti bedécken *vt*; zúdecken *vt*; **~jo dañgų débesys** der Hímmel hat sich mit Wólken bedéckt
apkraštúoti úmsäumen *vt*; **~ skarēlę** ein Tuch úmsäumen
apkráu‖ti beláden* *vt*; überhäufen *neatsk.* *vt*; **skanumýnais ~tas stãlas** ein mit

Léckerbissen beládener Tisch; ∼*ti ką*
dárbu j-n mit Árbeit überhäufen
apkrẽsti (*liga*) ánstecken *vt*
apkrìkštyti táufen *vt*
apkrovà Belástung *f* -, -en
apkūn‖ùmas Beléibtheit *f* -; ∼**ùs** beléibt, korpulént
apkūrénti behéizen *vt*
apkuřsti ertáuben *vi* (*s*), taub wérden
apkuřtinti betäuben *vt*
aplaid‖ùmas Náchlässigkeit *f* -, -en; Fáhrlässigkeit *f* -, -en; ∼**ùs** náchlässig, fáhrlässig
aplaižýti belécken *vt*
aplankýti besúchen *vt*, áufsuchen *vt*
apléisti vernáchlässigen *vt*
apleñkti 1 (*pralenkti*) überhólen *vt* 2 (*daryti lankstą*) umgéhen* *vt* 3: ∼ *knỹgą* ein Buch éinschlagen
aplíeti übergíeßen* *vt*
apliñk 1 *prp* um … (herúm); ∼ *jį̃ stovéjo žmónės* um ihn (herúm) stánden die Ménschen 2 *adv* ríngsherum, ríngsum; (*pa*)*žveĩgti* ∼ ríngsherum blícken
aplinkà Úmgebung *f* -, -en, Úmwelt *f* -
aplinkýbė Úmstand *m* -(e)s, ⸗e
apliñkinis úmliegend
apliñkkel‖is Úmweg *m* -(e)s, -e; *važiúoti* ∼*iais* auf Úmwegen fáhren
apliñkraštis Rúndschreiben *n* -s, -
apliñkui ríngsherum
aplodismeñtai *pl* Béifall *m* -(e)s, Appláus *m* -es, -e
apmainýti vertáuschen *vt*
apmąstýti überlégen *vt*, überdénken* *vt*
apmataĩ *pl* Entwúrf *m* -(e)s, ⸗e, Konzépt *m* -(e)s, -e
ãpmaudas Míssmut *m* -(e)s; Verdrúss *m* -es, -e
apmaud‖ìngas, ∼**ùs** míssmutig; bedáuerlich; ∼*ì klaidà* ein bedáuerlicher Féhler
apmáuti 1 (*pvz., pirštines*) überstreifen *vt* 2 (*apgauti*) begáunern *vt*, betrügen *vt*
apmažéti náchlassen* *vi*
apmègzti (*pvz., visą šeimą*) bestrícken *vt*
apmétyti bewérfen* *vt*

apmiřti erstárren *vi* (*s*) ∼ *iš báimės* vor Schreck erstárren
apmókestinti bestéuern *vt*
apmokéti bezáhlen *vt*; ∼ *sąskaitą* die Réchnung bezáhlen
apmókyti áusbilden *vt*, schúlen *vt*
apmuĩtinamas zóllpflichtig
apmušalaĩ *pl* (*baldų*) Bezúg *m* -(e)s, ⸗e; (*sienų*) Tapéte *f* -, -n
āpnašas (*t.p. med.*) Belág *m* -(e)s, ⸗e
apnìk‖ti ánfallen* *vt*, überfállen* *vt*; *ilgesỹs jį̃ ∼o* die Séhnsucht páckte ihn
apnuõdyti vergíften *vt*
apnúoginti entblößen *vt*
apostròfas Apostróph *m* -s, -e
apramìnti berúhigen *vt*
aprasóti sich beschlágen*
aprãšymas Beschréibung *f* -, -en, Schílderung *f* -, -en
aprašýti beschréiben* *vt*, schíldern *vt*
aprékti ánschreien* *vt*
apreñgti ánziehen* *vt*, ánkleiden *vt*
apribóti begrénzen *vt*, beschränken *vt*; (*pvz., laisves, teises*) éinschränken *vt*
aprìmti (*pvz., apie audrą, triukšmą*) sich légen
aprìšti (*pvz., zaizdą*) verbínden* *vt*; ∼ *skarēlę* [*skarelè*] das Kópftuch úmbinden
apródyti zéigen *vt*
aprū̃kti verráuchen *vi*
aprūpinti (*ką kuo*) versórgen *vt* (*mit D*); ∼ *materialiaĩ sàvo šeĩmą* séine Famílie materiéll versíchern
apsãkymas Erzählung *f* -, -en
apsaman‖ójęs bemóost; ∼*óti* mit Moos bewáchsen
apsaugà Schutz *m* -(e)s; *dárbo* ∼ Árbeitsschutz; *gamtõs* ∼ Natúrschutz; *krãšto* ∼ der Schutz des Lándes
apsáugoti (*ką nuo ko*) beschützen *vt* (*vor D*); bewáhren *vt* (*vor D*)
apsčiaĩ in Fülle
apsémti überschwémmen *vt*
apsénti áltern *vi* (*s, h*)
apsėst‖i (*aplink ką*) sich herúmsetzen (*um A*); *vélnio* ∼*as* vom Téufel beséssen

apséti besäen *vt*

apsiašaróti in Tränen áusbrechen

apsiaũstas Úmhang *m* -(e)s, ⸗e, Überwurf *m* -(e)s, ⸗e

apsiaũti (*batus*) ánziehen* *vt*

apsidairýti sich úmsehen*, sich úmschauen

apsideñgti sich bedécken

apsidìrbti mit der Árbeit fértig wérden

apsidraũsti sich versíchern

apsidžiaũgti froh wérden, erfréut sein

apsieĩti áuskommen* *vi* (*s*), sich behélfen*

apsigalvóti sich (*D*) ánders überlégen

apsigáuti sich täuschen; sich verréchnen

apsigìmėlis Míssgeburt *f* -, -en

apsiginklúoti sich bewáffnen, sich áusrüsten

apsigìnti sich vertéidigen, sich wéhren

apsigyvénti sich ánsiedeln, sich níederlassen*; (*laikinai*) Quartíer bezíehen

apsigrę̃žti úmkehren *vi* (*s*), kéhrtmachen *vi* (*s*)

apsiim̃ti übernéhmen* *vt*; *jìs apsìemė tą̃ dárbą atlìkti* er übernáhm die Árbeit

apsikabìnti sich umármen

apsikrẽsti sich ánstecken

apsikrìkštyti sich táufen lássen

apsilankýti (*pas ką̃*) j-m éinen Besúch ábstatten

apsiléid‖ėlis Líederjan *m* -(e)s, -e; ∼ęs náchlässig, schlámpig

apsileidìmas Vernáchlässigung *f* -

apsiléisti sich vernáchlässigen

apsileñkti sich verféhlen

apsimèsti tun* *vi*, sich verstéllen; *jìs apsìmeta miẽgančiu* er tut (so), als ob er schläft, er verstéllt sich schláfend; ∼ *kvailiù* sich dumm (án)stellen

apsimokéti 1 (*būti verta*) sich lóhnen, sich rentíeren 2 sich (*D*) áuszahlen, sich bezáhlt máchen

apsinakvóti nächtigen *vi*

apsiniáukti sich verdüstern, sich trüben

apsinuõdyti sich vergíften

apsipìr̃kti éinkaufen *vi*, *vt*; *ēiti* ∼ éinkaufen géhen

apsipràsti (*kur*) sich éingewöhnen (*in D*)

apsipraũsti sich ábwaschen*

apsiramìnti sich berúhigen, zur Rúhe kómmen

apsireñgti sich ánkleiden, sich ánziehen*; *àš neturiù kuõ* ∼ ich hábe nichts ánzuziehen

apsir̃gti (*kuo*) erkránken *vi* (*s*) (*an D*); krank wérden

apsiribóti (*kuo*) sich beschränken (*mit D*)

apsirikìm‖as Verséhen *n* -s; *peř* ∼ą̃ aus Verséhen, verséhentlich

apsirìkti sich írren; sich täuschen; ∼ *kalbant* sich verspréchen*

apsiruõšti den Háushalt besórgen [verséhen]

apsirū́pinti (*kuo*) sich versórgen

apsisáugoti (*nuo ko*) sich schützen (*vor D, gegen A*), sich ábschirmen (*gegen A*)

apsiskaičiúoti (*apsirikti*) sich verréchnen

apsisprendìmas Sélbstbestimmung *f* -

apsisprę́sti sich entschéiden*

apsistó‖ti ábsteigen* *vi* (*s*); *kuriamè viẽšbutyje tù* ∼*jai?* in wélchem Hotél bist du ábgestiegen? ∼*ti ilgiaũ tiẽs kokià temà* länger bei éinem Théma verwéilen

apsisùkti sich úmwenden, sich úmdrehen

apsišlúostyti sich ábtrocknen

apsišviẽtęs gebíldet

ãpsiuvas Saum *m* -(e)s, ⸗e

apsiválgyti sich (*D*) überéssen*

apsiver̃kti in Tränen áusbrechen

apsiveršiúoti kálben *vi*

apsivynióti (*apie ką̃*) sich ránken (*um A*), sich wínden* (*um A*)

apsivõgti stéhlen* *vt*, (Geld) unterschlágen* *vt*

apsižvalgýti sich úmschauen, umhérblicken *vi*

apskaičiúoti beréchnen *vt*, áusrechnen *vt*

apskaità Beréchnung *f* -, -en, Réchnungsführung *f* -, -en

apskritaĩ im Állgemeinen

ãpskrit‖as rund; ∼*us metùs* das gánze Jahr hindúrch

apskrit‖ìmas Kreis *m* -es, -e; ∼*ìs* Kreis *m* -es, -e

apskrýsti verklágen *vt*

apsnìgti beschnéien *vt*

apsnū́dėlis Schláfmütze *f* -, -n

apsodìnti bepfiánzen *vt*
apspìsti umdrängen *vt*, umschwärmen *vt*
apstãtymas (*kambario*) Áusstattung *f* -, -en
apstatýti 1 áusstatten *vt*; ~ **kam̃barį**
(*baĩdais*) ein Zímmer mit Möbeln áusstatten; *apstatýtas* (*baĩdais*) *kambarỹs* ein
möblíertes Zímmer 2 (*gatvę̃, teritoriją*)
bebáuen *vt*
apstuĩbinti bestürzen *vt*, verblüffen *vt*
apstuĩbti: *àš apstulbaũ* mir vergíng Hören
und Séhen
apstùs reich
apsukrùs fíndig, geschäftstüchtig, gewándt
apsùkti 1 (*sukant apeiti, apvažiuoti*) (*ką*) herúmgehen* *vi* (*s*) (*um A*); herúmfahren* *vi*
(*s*) (*um A*) 2 (*apgauti*) heréinlegen *vt* ◊ ~
kám gálvą j-m den Kopf verdréhen
apsuñkinti erschwéren *vt*, belásten *vt*
apsùpti 1 (*apstoti*) umríngen *vt* 2 (*priešą*)
belágern *vt*, éinschließen* *vt*
apsvaĩgęs benébelt; trúnken
apsvaigìmas Benébelung *f* -; Trúnkenheit *f* -
apsvaigìnti benébeln *vt*
apsvaĩg‖ti schwínd(e)lig wérden, schwíndeln *vi*; *mán ~o galvà* mir hat der Kopf
geschwíndelt
apsvarstýti erwägen* *vt*, erörtern *vt*
apšarmóti *žr.* **apšerkšnýti**
apšáudyti beschíeßen* *vt*
apšaũkti ánschreien* *vt*
apšerkšn‖ýti von Reif bedéckt sein; ~*ìję
mẽdžiai* beréifte Bäume
apšìldyti behéizen *vt*
apšìlti warm wérden, sich erwärmen
apšlùbti erláhmen *vi* (*s*), lahm wérden
apšlúostyti ábtrocknen *vt*, ábwischen *vt*
apšmeĩžti verléumden *vt*, diffamíeren *vt*
apšviẽsti beléuchten *vt*, erléuchten *vt*
apšvietìmas Beléuchtung *f* -, -en
aptarn‖ãvimas Bedíenung *f* -, -en, Service
['sɔ:rvis] *m* -, -s [-səs]; ~*áuti* bedíenen *vt*
aptar̃ti bespréchen* *vt*; beráten* *vt*
aptaškýti besprítzen *vt*
aptémdyti verdúnkeln *vt*
aptémti sich verfínstern, fínster wérden
aptèpti beschmíeren *vt*, bestréichen* *vt*

aptìkti ántreffen* *vt*; ermítteln *vt*
aptinkúoti verpútzen *vt*
aptráukti bezíehen* *vt*; bedécken *vt*; ~ *baldùs mẽdžiaga* die Möbel mit Stoff bezíehen
aptrìnti (*apnešioti*) ábnutzen *vt*, ábtragen* *vt*
ãptvaras Gehége *n* -s, -, Kóppel *f* -, -n
aptvárstyti bandagieren [-'ʒi:-] *vt*
aptvérti umzäunen *vt*, éinfrieden *vt*
apúokas Úhu *m* -s, -s
apúostyti beschnúppern *vt*, beríechen* *vt*
apvaisìn‖ti befrúchten *vt*; *žíedus ~a bìtès*
die Blüten wérden von Bíenen befrúchtet
apvalaĩnas ovál [-v-]
apvalaĩnis Ovál [-v-] *n* -s, -e
ãpvalkalas (*pagalvio*) Überzug *m* -(e)s, ᵛe
apvalùs rund
apvaž‖íãvimas Úmleitung *f* -, -en; ~*inéti*
befáhren* *vt*; ~*iúoti* umfáhren* *vt*
apver̃kti bewéinen *vt*; ~*nas* beklágenswert,
beklágenswürdig
apver̃sti úmkippen *vt*, úmwerfen* *vt*; *àpverstas darbaĩs* mit Árbeit überhäuft
apvil̃kti ánziehen* *vt*, ánkleiden *vt*
apvìlti enttäuschen *vt*
apvynióti umwíckeln *vt*
apvir̃‖sti úmkippen *vi* (*s*); sich überschlágen*; ~*váltis ~to* das Boot ist úmgekippt
apvõgti bestéhlen* *vt*
apžélti überwúchern *vt*
apžiūr‖ã Schau *f* -, -en; Besíchtigung *f*
-, -en; ~*éti* besíchtigen *vt*, betráchten *vt*;
mústern *vt*
apžvalg‖à Übersicht *f* -, -en, Überblick *m*
-(e)s, -e; *spaudõs ~à* Présseschau *f* -, -en;
~*iniñkas* Kommentátor *m* -s, -tóren
apžvel̃gti überblícken *vt*, überséhen* *vt*
ar̃ 1 (*tiesioginio klausimo*): *ar̃ girdéjai?* hast
du gehört? 2 (*netiesioginio klausimo*) ob;
pakláusk jį̃, ar̃ jìs ateĩs frag(e) ihn, ob er
kommt 3 óder; *šiaĩp ar̃ taĩp* so óder so, in
jédem Fall
arãb‖as Aráber *m* -s, -; ~*iškas* arábisch
arbà *cj* óder; ~ ... ~ entwéder ... óder;
šiandien ~ *rytój* héute óder mórgen; ~

àš táu parašýsiu, ~ atvỹksiu entwéder
schréibe ich dir, óder ich kómme
arbat‖à Tee *m* -s, -s; *ramunėlių* ~à
Kamíllentee; ~inùkas Téekanne *f* -, -n
arbãt‖inė Téestube *f* -, -n; ~inis: ~inis
šaukštẽlis Téelöffel *m* -s, -; ~pinigiai *pl*
Trínkgeld *n* -(e)s
arbitrãžas Arbitráge [-ʒə] *f* -, -n, Schíeds-
spruch *m* -(e)s, ⸗e
arbūzas Wássermelone *f* -, -n
archaìzmas Archaísmus *m* -, -men
archãj‖inis, ~iškas archáisch; ~iški žõ-
džiai archáische Wörter
archeol‖ògas Archaológe *m* -n, -n; ~ògija
Archäologíe *f* -
architèktas Architékt *m* -en, -en, Báumeister
m -s, -
architekt‖ūrà Architektúr *f* -, Báukunst *f* -;
~ūrinis architektónisch
archỹv‖as Archív *n* -s, -s; ~inis Archív-;
~inis dokumeñtas Archívmaterial *n* -s,
-li⸗en
ardýti 1 (*griauti*) ábbrechen* *vt* 2 (*drabužį*)
áuftrennen *vt* 3 (*mašiną*) ábmontieren *vt*
áreštas Arrést *m* -(e)s, -e, Haft *f* -
arešt‖ìnė Arréstlokal *n* -(e)s, -e; ~úoti
verháften *vt*, féstnehmen* *vt*
Argentinà Argentíni⸗en *n* -s
argent‖iniẽtis Argentíni⸗er *m* -s, -; ~ìniškas
argentínisch
argumeñtas Argumént *n* -(e)s, -e
argumentúoti argumentíeren *vt*
ārija Ári⸗e *f* -, -n
arìmas (*suartas laukas*) Ácker *m* -s, ⸗
aritmètika Arithmétik *f* -
arki‖výskupas Érzbischof *m* -s, ⸗e; ~vys-
kupijà Érzbistum *n* -s, ⸗er
árklas Pflug *m* -(e)s, ⸗e
arklìdė Pférdestall *m* -(e)s, ⸗e
arménas Arméni⸗er *m* -s, -
Arménija Arméni⸗en *n* -s
arméniškas arménisch
ármija Armée *f* -, -mé⸗en, Heer *n* -(e)s, -e
armònika Harmónika *f* -, -s; Zíeharmonika
f -, -s
armonikėlė (*lūpinė*) Múndharmonika *f* -, -s

arom‖ãtas Aróma *n* -s, -s; ~atìngas
aromátisch, wóhlriechend, würzig
aršùs arg, erbíttert; ~ príešas ein erbítterter
Feind
artèrija Artéri⸗e *f* -, -n, Schlágader *f* -, -n
artéti (*prie*) sich nähern (*D*)
árti¹ pflügen *vt*
arti² 1 *adv* nah(e); *stebéti iš* ~ aus der Nähe
beóbachten 2 *prp* (*D*) nah(e); ~ *namũ*
nah(e) dem Haus; ~ *mirtiẽs* dem Tóde
nah(e)
artil‖èrija *kar.* Artileríe *f* -; ~erìstas Ar-
tilleríst *m* -en, -en
artimas nah(e); ~ *gimináitis* ein náher
Verwándter; *artimojè ateityjè* in náher
Zúkunft; *jiẽ artimaĩ draugáuja* sie sind
gut [eng] befréundet; *artimiáusiomis
dienomìs* in den nächsten Tágen
artimíeji Nächsten *pl*
ar̃tinti nähern *vt*, näher bríngen
artìstas Artíst *m* -en, -en; Scháuspieler *m*
-s, -
artùmas Nähe *f* -
ąsà (*indo*) Hénkel *m* -s, -
āsbestas Asbést *m* -(e)s, -e
asfáltas Asphált *m* -s
asignúoti assigníeren *vt*
āsilas Ésel *m* -s, -
askètas Askét *m* -en, -en
asmenãvimas *gram.* Konjugatión *f* -, -en
asmenýbė Persönlichkeit *f* -, -en
asmenìn‖is: ~è *atsakomýbė* Éigenverant-
wortung *f* -; ~*is įvardis* Personálprono-
men *n* -s, - / -mina
āsmenišk‖as persönlich; éigen; *ateĩti pàs kã̃*
~*u reĩkalu* in éiner persönlichen Ángele-
genheit zu j-m kómmen
asmenúoti *gram.* konjugíeren *vt*
asm‖uõ Persón *f* -, -en; ~*ẽns liùdijimas* Per-
sonálausweis *m* -es, -e
asociãcija Assoziatión *f* -, -en, Veréinigung
f -, -en
asortimeñtas Sortimént *n* -(e)s, -e
ąsõtis Krug *m* -(e)s, ⸗e, Kánne *f* -, -n
astmà *med.* Ásthma *n* -s
ãstras *bot.* Áster *f* -, -n

astronòm‖as Astronóm *m* -en, -en; ~**ija** Astronomíe *f* -

àš ich

ãšaka (*žuvies*) Gräte *f* -, -n

ãšara Träne *f* -, -n

ašarótas tränennass, verwéint

ašaróti tränen *vi*

asìgalis Pol *m* -s, -e; *šiáurės* ~ Nórdpol *m* -s

asìs Áchse *f* -, -n

ãšmenys *pl* Schnéide *f* -, -n

ãštrinti schärfen *vt*, wétzen *vt*

aštrùs scharf; béißend; ~ *žvìlgsnis* ein schárfer Blick

aštuñtas áchte

aštuonì acht

aštúoniasdešimt áchtzig

aštuoniólika áchtzehn

aštuonmētis áchtjährig

atak‖à Attácke *f* -, -n, Ángriff *m* -(e)s, -e; ~**úoti** ángreifen* *vt*

atardýti áuftrennen *vt*

atãskaita Réchenschaft *f* -, Réchenschaftslegung *f* -, -en, Ábrechnung *f* -, -en; *mētinė* ~ Jáhresbericht *m* -(e)s, -e

atašė̃ Attaché [-'ʃe:] *m* -s, -s

atatupst‖õm, ~**omìs** rückwärts

ataugà Schössling *m* -s, -e, Spross *m* -es, -e / -en

atáugti náchwachsen* *vi* (*s*)

atáuš‖inti ábkühlen *vt*; ~**ti** ábkühlen *vi* (*s*), erkálten *vi* (*s*), sich ábkühlen

atbégti hérlaufen* *vi* (*s*), herbéilaufen* *vi* (*s*)

atbrailà Gesíms *n* -es, -e

atbùk‖inti ábstumpfen *vt*, stumpf máchen; ~**ti** ábstumpfen *vi* (*s*), stumpf wérden

atbulaĩ rückwärts; verkéhrt; *jìs vìską padãrė* ~ er hat álles verkéhrt gemácht

ãtbulas verkéhrt

atbulìnis rückläufig; ~ *bė̃gis tech.* Rücklauf *m* -(e)s, -e

atbùsti erwáchen *vi* (*s*), áufwachen *vi* (*s*)

ãtdaras óffen, geöffnet

ateĩti kómmen* *vi* (*s*); éintreffen* *vi* (*s*)

ateitìs Zúkunft *f* -

ateĩvis Frémdling *m* -s, -e, Ánkömmling *m* -s, -e

ateljė̃ Atelier [-'lje:] *n* -s, -s

atentãtas Áttentat *n* -(e)s, -e, Ánschlag *m* -(e)s, ·e

atestãtas Schúlzeugnis *n* -ses, -se; *brandõs* ~ Réifezeugnis

atgabénti hérbringen* *vt*; herbéischaffen *vt*

atgail‖à Búße *f* -, -n, Réue *f* -; ~**áuti** büßen *vi*, Búße tun

atgaivìnti 1 erfríschen *vt*, áuffrischen *vt* 2 (*apalpusį*) belében *vt* 3 áufleben lássen, wíederbeleben *vt*

atgal̃ zurück, rückwärts; *grį̃žti* ~ zurückkehren *vi* (*s*)

atgamìnti (wíeder) ins Gedächtnis (zurück-) rufen

ãtgarsis Wíderhall *m* -(e)s, -e; Resonánz *f* -, -en

atgáuti zurückbekommen* *vi*, wíedererlangen *vt*

atg‖imìmas Wíedergeburt *f* -; ~**ìmti** wíeder erstéhen

atgìnti (*ką nuo ko*) beschützen *vt* (*vor D, gegen A*)

atgýti (wíeder) áufleben *vi* (*s*), wíeder zum Lében erwáchen

ãtgyvena Überbleibsel *n* -s, -

atgrasìnti ábschrecken *vt*

atgrùbti (*apie rankas, pirštus*) erstárren *vi* (*s*), starr wérden

atgul̃ti (*susirgus*) bettlägerig wérden

atidarýti 1 (*duris, langą*) áufmachen *vt*, öffnen *vt* 2 (*įsteigti*) eröffnen *vt*

atidavìmas Rückgabe *f* -, -n, Rückerstattung *f* -, -en

atidėlióti áufschieben* *vt*, hináusschieben* *vt*

atideñgti áufdecken *vt*; ~ *pamiñklą* ein Dénkmal enthüllen

atidéti áufschieben* *vt*, verschíeben* *vt*, verlégen *vt*

atidìrbti ábarbeiten *vt*

atidrė́kti feucht wérden

atidùmas Áufmerksamkeit *f* -, -en

atidúoti 1 (*grąžinti*) zurückgeben* *vt*; 2 zurückerstatten *vt*

atidùs áufmerksam, únverwandt
atim̃ti 1 (*ką iš ko*) wégnehmen* *vt* (*j-m*); entréißen* *vt* (*j-m*) **2** *mat.* ábziehen* *vt*, subtrahíeren *vt*
atimtìs *mat.* Subtraktión *f* -
atitaisýti wíeder gútmachen
atitarnáuti ábdienen *vt*, áusdienen *vi*
atitèkti (*kam*) zúfallen* *vi* (*D*); verfállen* *vi* (*D*)
atitikìmas Entspréchung *f* -, -en
atitikmuõ Äquivalént *n* -(e)s, -e
atitìkti (*kam*) entspréchen* *vi* (*D*)
atitiñkamas entspréchend
atitráukti 1 (*kariuomenę*) ábziehen* *vt* **2** (*ką nuo ko*) áblenken *vt* (*von D*)
atitrū́kti sich lósreißen*
atitùštinti (*pvz., kambarį*) räumen *vt*
atitvérti ábteilen *vt*; ~ ***tvorà*** ábzäunen *vt*
atjaunéti sich verjüngen
atjaũsti (*ką*) náchempfinden* *vt*, mítleiden *vt*, Mítgefühl [Mítleid] mit j-m háben
atjóti gerítten kómmen
atjùngti ábschalten *vt*
atkaklùs hártnäckig, behárrlich, zäh
atkalbéti (*ką nuo ko*) ábraten* *vi* (*j-m von D*)
atkaltẽ (*pvz., kėdės, sofos*) Léhne *f* -, -n
atkampùs ábgelegen
atkarpà Ábschnitt *m* -(e)s, -e
atkàsti fréilegen *vt*
atką́sti ábbeißen* *vt*
atkeliáuti hérreisen *vi* (*s*)
atker̃šyti (*kam už ką*) rächen *vt* (*an D*)
atkim̃šti entkórken *vt*
atkir̃pti ábschneiden* *vt*
atkir̃sti 1 ábhauen* *vt* **2** (*atsakyti*) entgégnen *vi*, zurückgeben* *vi*
ãtkirt||is Ábfuhr *f* -, -en; Zurückweisung *f* -, -en; ***dúoti kám ~į*** j-m éine Ábfuhr ertéilen
atklóti ábdecken *vt*
atkovóti zurückerobern *vt*
atkrìsti *med.* einen Rückfall bekómmen [erléiden]
atkūrìmas Wiederhérstellung *f* -, -en
atkùrti wiederhérstellen (stéllte wíeder her, wiederhérgestellt) *vt*

atlaidaĩ *dgs.* **1** Áblass *m* -es, ⸗e **2** Áblasstag *m* -(e)s, -e
atlaid||ùmas Náchsicht *f* -; **~ùs** náchsichtig, náchsichtsvoll
atlaikýti (*ką*) stándhalten* *vi* (*D*)
atláisvinti (*kambarį*) räumen *vt*, fréigeben* *vt*
ãtlankas (*drabužio*) Áufschlag *m* -(e)s, ⸗e, Úmschlag *m* -(e)s, ⸗e
ãtlapas[1] **1** (*nesusegtas*) áufgeknöpft **2** (*atdaras*) óffen
ãtlapas[2] (*drabužio*) Áufschlag *m* -(e)s, ⸗e
ãtlasas Átlas *m* - / -ses, Atlánten / -se
atláužti ábbrechen* *vt*
atléisti 1 (*atpalaiduoti*) lóckern *vt* **2** (*ką*) entlássen* *vt*, kündigen *vi* (*j-m*) **3** (*kaltę*) verzéihen* *vt*; entschúldigen *vt*; vergében* *vt*
atlẽkti ánfliegen* *vi* (*s*), ángeflogen kómmen
atlèt||as Athlét *m* -en, -en; **~ika** Athlétik *f* -; ***lengvóji ~ika*** Léichtathletik; ***sunkióji ~ika*** Schwérathletik; **~iškas** athlétisch
atlydỹs Táuwetter *n* -s
atliẽkamas übrig; übrig geblíeben
ãtliekos Ábfall *m* -(e)s, ⸗e
atlýgin||imas 1 (*alga*) Lohn *m* -(e)s, ⸗e; Gehált *n* -(e)s, ⸗er; Entgélt *n* -(e)s, -e **2** (*už nuostolius*) Entschädigung *f* -, -en; **~ti** (*kam*) entlóhnen *vt*, entschädigen *vt*
atlikéjas (*pvz., muzikos kūrinio*) Interprét *m* -en, -en
atlìk||ti 1 (*darbą*) erlédigen *vt*, verríchten *vt*, máchen *vt*, tun* *vt*; ***~ti sàvo pãreigą*** séine Pflicht erfüllen [tun]; ***bùvo ~tos liáudies daĩnos*** es wúrden Vólkslieder dárgeboten **2** (*praktiką, karinę tarnybą*) ábleisten *vt* **3**: ***~ti baũsmę*** éine Stráfe ábbüßen
ãtlošas (*pvz., kėdės, suolo*) Léhne *f* -, -n
atlùpti (*pvz., grindis*) áufreißen* *vt*
atlū̃žti ábbrechen* *vi* (*s*)
atmainà Sórte *f* -, -n; Ábart *f* -, -en
atmatúoti ábmessen* *vt*
atmérkti: ~ ***akìs*** die Áugen áufmachen [áufschlagen]
atmèsti 1 (*pvz., planą*) áblehnen *vt*, verwérfen* *vt* **2** (*įtarimą, kaltinimą*) zurückweisen* *vt*; ~ ***prãšymą*** éine Bítte ábschlagen

atmiĕšti verdünnen *vt*

atmin‖ìmas Ándenken *n* -s, -, Erínnerung *f* -, -en; *kienõ* ∼*ìmui* zum Ándenken an j-n, etw. (*A*)

atmìñti (*ką*) sich erínnern (*an A*), etw. im Gedächtnis behálten

atmint‖inaĩ áuswendig, aus dem Gedächtnis; ∼ìnė (*instrukcijų knygelė*) Mérkblatt *n* -(e)s, ⁚er; ∼ìs Gedächtnis *n* -ses, -se

atmosferà Atmosphäre *f* -, -n

atmùšti (*ataką, priešą*) ábwehren *vt*, zurückschlagen* *vt*

atnaũjinti ernéuern *vt*

atnèšti bríngen* *vt*; hólen *vt*

atódrėkis Táuwetter *n* -s

atódūsis Átempause *f* -, -n, Zwíschenpause *f* -, -n

atókait‖a: *sėdéti* ∼*oje* in der Sónne sítzen

atólas Grúmmet *n* -s

atòmas Atóm *n* -s, -e

atómazga Lösung *f* -, -en, Entschéidung *f* -, -en

atóslūgis Ébbe *f* -, -n

atostog‖áuti 1 (*apie moksleivius*) Férien háben 2 (*apie darbuotojus*) auf [in] Úrlaub sein; ∼áutojas Úrlauber *m* -s, -

atóstog‖os *pl* 1 (*apie moksleivius*) Férien *pl*; *vãsaros* ∼*os* Sómmerferien *pl*, die größen Férien; ∼*ų metù* in den Férien; *važiúoti* ∼*ų* in die Férien fáhren 2 (*apie darbuotojus*) Úrlaub *m* -(e)s, -e; *eĩti* ∼*ų* auf [in] Úrlaub géhen

atpalaidúoti lösen *vt*

atpãsakoti nácherzählen *vt*

atpažìnti (*ką iš ko*) erkénnen* *vt* (*an D*)

atpìginti verbílligen *vt*, bílliger máchen

atpìgti bílliger wérden, im Preis zurückgehen

ãtpildas Lohn *m* -(e)s, ⁚e, Vergéltung *f* -, -en

atpjáuti ábschneiden* *vt*

atplaũkti herzúschwimmen* *vi* (*s*)

atpràsti (*nuo ko*) sich entwöhnen (*G, von D*)

atprãtinti (*ką nuo ko*) ábgewöhnen *vt* (*j-m*)

atrad‖éjas Entdécker *m* -s, -; ∼ìmas Entdéckung *f* -, -en

atraitýti áufkrempeln *vt*

atrakìnti áufschließen* *vt*

atramà 1 (*t. p. prk.*) Stütze *f* -, -n, Rückhalt *m* -(e)s 2 (*kėdės*) Léhne *f* -, -n

atrankà Áuslese *f* -, Áuswahl *f* -; *žõdžių* ∼ die Áuswahl der Wörter

atràsti entdécken *vt*; wíeder fínden

atreñti 1 (*sustiprinti*) ábstützen *vt* 2 ábwehren *vt*

atrėžti 1 (*atpjauti*) ábschneiden* *vt* 2 (*atkirsti*) entgégnen *vi*, zurückgeben* *vi*

atribóti ábgrenzen *vt*

atriñkti áuslesen* *vt*, áuswählen *vt*

atrìšti áufbinden* *vt*, áufschnüren *vt*

atródyti 1 áussehen* *vi* 2 (*rodytis*) erschéinen* *vi* (*s*)

ãtsakas, atsãkymas (*į ką*) Ántwort *f* -, -en (*auf A*)

atsakìngas verántwortlich, verántwortungsvoll

atsakýti 1 (*į ką*) ántworten *vi* (*auf A*), erwídern *vi* (*auf A*), *vt* 2 (*už ką*) verántworten *vt*, verántwortlich sein (*für A*)

atsakomýbė Verántwortung *f* -; Háftung *f* -, -en

atsakõvas, -ė *teis.* Beschúldigte *sub m f*

atsarg‖à Vórsicht *f* -; ∼iaĩ vórsichtig; ∼iaĩ! Vórsicht! ∼ìnis Ersátz- , Resérve- ; ∼ìnis rãtas Ersátzrad *n* -(e)s, ⁚er; Resérverad *n* -(e)s, ⁚er

ãtsargos *pl* Vórrat *m* -(e)s, ⁚e; *maĩsto* ∼ Vórrat an Lébensmitteln

atsarg‖ùmas Vórsicht *f* -; ∼ùs vórsichtig, behútsam

atsėdéti (*bausmę*) ábsitzen* *vt*

atsègti áufknöpfen *vt*

atseĩt das heißt, álso

atsibó‖sti überdrüssig sein [wérden] (*G*); *mán* ∼*do ilgaĩ láukti* ich bin des lángen Wártens überdrüssig

atsibùsti erwáchen *vi* (*s*), áufwachen *vi* (*s*)

atsidarýti sich öffnen, áufgehen* *vi* (*s*)

atsid‖ãvęs híngebungsvoll; ∼avìmas Híngabe *f* -; ∼ãvusiai híngebungsvoll, mit Híngabe

atsidėkóti dánken *vi*

atsidúoti 1 (*kam*) sich ergében* (*D*), sich híngeben* (*D*) **2** (*dvokti*) ríechen* *vi* (*nach D*)

atsidùrti geráten* *vi* (*s*); ~ **sunkiojè būkléje** in éine Nótlage geráten

atsidùsti áufatmen *vi*; áufseufzen *vi*

atsieĩti (*kainuoti*) kósten *vt*

atsigabénti mítbringen* *vt*

atsigaivìnti sich erfrischen, sich erquícken

atsigáuti sich erhólen

atsigérti trínken* *vt*, den Durst löschen [stíllen]

atsigìmti (*į ką*) geráten* *vi* (*s*) (*nach D*), náchgeraten* *vi* (*s*) (*D*)

atsigìnti (*nuo ko*) sich erwéhren (*D*)

atsigrę̃žti sich zurückwenden*; sich úmwenden (*t. p.* wándte sich um, sich úmgewandt)

atsigrožéti (*kuo*) sich satt séhen (*an D*)

atsigulti sich hínlegen, sich schláfen légen

atsiiñti zurücknehmen* *vt*

atsikabìn‖ti 1 sich ábhaken **2:** ~**k nuõ manę̃s!** lass mich in Rúhe!

atsikalbin‖éjimas Áusflucht *f* -, ‑e; ~**éti** sich áusreden, Áusflüchte máchen

atsiką́sti ábbeißen* *vt*; ~ **dúonos** ein Stück Brot ábbeißen

atsikélti 1 áufstehen* *vi* (*s*); sich erhében* **2** (*iš kitos vietos*) zúziehen* *vi* (*s*)

atsikirsti scharf entgégnen

atsiklaũpti níederknie:en *vi* (*s*)

atsikláusti (*paprašyti leidimo*) um Erláubnis ánfragen

atsikratýti (*ko, nuo ko*) entlédigen *vi* (*G*)

atsikráustyti zúziehen* *vi* (*s*)

atsikvė̃pti áufatmen *vi*, Luft hólen

atsikvošéti (*nuo ko*) sich erhólen

atsiláužti sich (*D*) ábbrechen*

atsiléisti (*pvz., apie diržą*) sich lóckern

atsiliẽpti 1 (*atsakyti*) sich mélden **2** (*pareikšti nuomonę*) sich äußern; **neĩgiamai apiẽ ką̃** ~ sich ábfällig über j‑n, etw. (*A*) äußern **3** (*turėti įtakos*) sich áuswirken

atsil‖ikìmas Rückstand *m* -(e)s, ‑e; Rückständigkeit *f* -, ‑en; ~**ìkti** (*nuo ko*) zurückbleiben* *vi* (*s*) (*hinter D*); im Rückstand sein

atsilõšti (*sėdint*) sich zurücklehnen

atsimérkti die Áugen öffnen

atsiminìm‖as Erínnerung *f* -, ‑en; ~**ai** lit. Erínnerungen *pl*, Memoiren [memo'a:rən] *pl*

atsimiñti (*ką*) sich erínnern (*an A*), sich entsínnen* (*G*)

atsimùšti sich zurückprallen

atsinèšti mítbringen* *vt*; sich (*D*) hólen

atsipalaidúoti 1 sich entspánnen; sich lösen **2** (*pvz., apie diržą*) sich lóckern

atsipéikėti sich erhólen, zu sich kómmen

atsiprãšymas Entschúldigung *f* -, ‑en

atsiprašýti (*ką dėl ko*) sich entschúldigen (*bei j‑m wegen G*); **atsiprašaũ! Verzéihung!** entschúldigen Sie!

atsipūsti verschnáufen *vi* / sich

atsiràsti sich fínden*

atsiribóti (*nuo ko*) sich ábgrenzen (*von D*), sich distanzíeren (*von D*)

atsirū́gti rülpsen *vi* (*h*), áufstoßen* (*h, s*)

atsis‖ākymas Verzícht *m* -(e)s, ‑e, Ábsage *f* -, ‑n; ~**akýti** (*ko*) verzíchten *vi* (*auf A*), sich lóssagen (*von D*)

atsisègti áufknöpfen *vt*

atsisésti sich sétzen, Platz néhmen

atsisk‖áitymas Ábrechnung *f* -, ‑en; ~**aitýti** (*su kuo*) ábrechnen *vi* (*mit D*)

atsisk‖ýrėlis Éinsiedler *m* -s, -; ~**ìrti** (*nuo ko*) sich trénnen (*von D*); sich ábsondern (*von D*)

atsispindéti sich wíderspiegeln [widerspíegeln]

atsispìrti (*kam*) widerstéhen* *vi* (*D*)

atsistatýdin‖imas Ábtritt *m* -(e)s, ‑e, Rücktritt *m* -(e)s, ‑e; ~**ti** zurücktreten* *vi* (*s*), ábtreten* *vi* (*s*)

atsistóti áufstehen* *vi* (*s*), sich erhében*

atsisùk‖ti 1 sich úmwenden (*t.p.* wándte sich um, sich úmgewandt), sich úmdrehen; **jìs** ~**o į̃ją̃** er wéndete [wándte] sich nach ihr um **2** (*apie varžtą*) sich lösen

atsisvéikin‖imas Ábschied *m* -(e)s, ‑e; ~**ti** (*su kuo*) sich verábschieden (*von D*), Ábschied néhmen (*von D*)

atsišaukìmas Áufruf m -(e)s, -e (an A)
atsitiẽsti sich áufrichten
atsitikìmas Geschéhnis n -ses, -se, Vórfall m -(e)s, -e; **nelaimìngas** ~ Únglücksfall m -(e)s, -e
atsitìk‖ti sich eréignen, geschéhen* vi (s), vórkommen* vi (s); **kàs sù tavimì** ~o? was ist mit dir los?
atsitik‖tinaĩ zúfällig; ~tìnis zúfällig; ~tinùmas Zúfall m -(e)s, -e
atsitólinti sich entférnen
atsitraukìmas (pvz., kariuomenės) Rückzug m -(e)s, -e
atsitráukti sich zurückziehen*, zurückweichen* vi (s)
atsitreñkti (į ką) stóßen* vi (s) (an A)
atsitū̃pti 1 (apie paukščius) sich sétzen 2 (apie žmogų) sich hínhocken
atsiū̃sti (zú)schícken vt, zúsenden* vt
atsiválgyti (ko) sich satt éssen (an D)
atsivérti sich áuftun*
atsivèsti 1 mítbringen* vt, sich heránholen 2 (apie gyvulius) wérfen* vt
atsivèžti mítbringen* vt
atsižadéti (ko) sich lóssagen (von D), ábschwören* vi (D)
atsižiūréti (ko) sich satt séhen (an D)
atsižvel̃gti (į ką) berücksichtigen vt, Rücksich néhmen (auf A)
atskaitýti (pinigų sumą) ábziehen* vt
atskíesti (ką kuo) verdünnen vt (mit D)
atskìlti (nuo ko) sich ábspalten (von D)
atskiraĩ gesóndert, getrénnt
ãtskiras éinzeln; getrénnt, separát; ~ **kambarỹs** Éinzelzimmer n -s, -
atskìrti (ką nuo ko) ábtrennen vt (von D), ábsondern vt (von D)
atskleĩsti 1 (knygą) áufschlagen* vt 2 (iškelti aikštèn) áufdecken vt, öffen légen; ~ **pãslaptį** ein Gehéimnis áufdecken [lüften]
atskrì‖sti ángeflogen kómmen; **lėktùvas jaũ** ~do das Flúgzeug ist schon gelándet
atskubéti herbéieilen vi (s)
atslū́g‖ti 1 ábebben vi (s); **pótvynis** ~sta das Hóchwasser ebbt ab 2 (pvz., apie skausmą) náchlassen* vi

ãtspalvis Schattíerung f -, -en, Fárbton m -(e)s, -e
atspar‖ùmas Wíderstandsfähigkeit f -; **mēdžiagų** ~ùmas Materiálfestigkeit f -; ~ùs wíderstandsfähig; ~ùs šalčiui fróstbeständig; ~ùs ùgniai féuerfest; **jì** ~ì **ligóms** sie ist gégen die Kránkheiten geféit
ãtspaudas Ábdruck m -(e)s, -e; **pir̃štų** ~ Fíngerabdruck
atspė́ti erráten* vt
atspindéti wíderspiegeln [widerspíegeln] vt
atspindỹs Ábglanz m -(e)s, -e, Wíderschein m -(e)s, -e
atstãtymas Wíederaufbau m -(e)s, -e; Wíederherstellung f -, -en
atstatýti wíeder áufbauen
atstó‖ti (nuo ko) áblassen* vi (von D); ~k **nuõ manę̃s!** bleib mir vom Léibe!
atstõvas Vertréter m -s, -, Repräsentánt m -en, -en
atstov‖áuti vertréten* vt, repräsentíeren vt; ~ýbė Vertrétung f -, -en; **prekýbos** ~ýbė Hándelsvertretung
atstùmas Entférnung f -, -en
atst‖ùmtas áusgestoßen; ~ùmti zurückschieben* vt; zurückstoßen* vt
atsùkti áufdrehen vt, zurückdrehen vt; ábschrauben vt
atsuktùvas Schráubenzieher m -s, -
atsvér̃ti ábwiegen* vt
atšáldyti ábkühlen lássen
atšalìmas Ábkühlung f -, -en
atšálti sich ábkühlen, erkálten vi (s); **óras atšãlo** es wúrde kalt
atšaũkti 1 (įsakymą) widerrúfen* vt 2 (pvz., pasiuntinį) ábberufen* vt
atšáuti (kalbant) barsch entgégnen
atšiaurùs rau, streng
atšìlti wärmer wérden
atšìp‖ęs stumpf; ~ti stumpf wérden
atšlaĩtė Ánhang m -(e)s, -e
atšliaũžti ánkriechen* vi (s, h), ángekrochen kómmen
atšókti (atsimušus) ábprallen vi (s)
atšvę̃sti féiern vt, begéhen* vt
ãtvaizdas Ábbild n -(e)s, -er

atvaizdúoti schíldern *vt*, dárstellen *vt*

atvang‖à Átempause *f* -, -n; *jìs dìrba be* ~õs er árbeitet óhne Átempause

atvarýti hértreiben* *vt*

atvažiúoti kómmen* *vi* (*s*), ánkommen* *vi* (*s*)

ātvej‖is Fall *m* -(e)s, ᵛe; *išimtìnis* ~*is* Áusnahmefall; *bet kuriuõ* ~*u* auf jéden Fall; auf álle Fälle; *geriáusiu* ~*u* im bésten Fall, béstenfalls; *šiuõ* ~*u* in díesem Fall

atver̃sti 1 (*pvz.*, *knygą*) öffnen *vt*, áufschlagen* *vt* **2** (*apykaklę*) hóchschlagen* *vt*

atvérti (*pvz.*, *langą*, *durìs*) öffnen *vt*

atvèsìnti ábkühlen *vt*

atvèsti hérführen *vt*; bríngen* *vt*

atvésti ábkühlen *vi* (*s*)

atvèžti bríngen* *vt*; ánfahren* *vt*, heránfahren* *vt*

atvykìmas Ánkunft *f* -, ᵛe; Ánreise *f* -, -n

atvỹkti kómmen* *vi* (*s*), ánkommen* *vi* (*s*)

atvil̃kti herbéischleppen *vt*

ātviras óffen; ~ *žmogùs* ein áufrichtiger Mensch

atvirkščiaĩ úmgekehrt, im Gégenteil; *kaip tìk* ~*!* es ist geráde úmgekehrt!

ātvirkščias úmgekehrt, verkéhrt

atvirùkas Póstkarte *f* -, -n

ātžagarias wíderborstig, wíderspenstig

atžal‖à Schoss *m* -es, -e, Schössling *m* -s, -e; ~**ýnas** Júngholz *n* -es, Júngwald *m* -(e)s, ᵛer

ātžvilg‖is Hínsicht *f* -, -en, Rücksicht *f* -, -en; *šiuõ* ~*iu* in díeser Hínsicht; *visaĩs* ~*iais* in áller Hínsicht

audéjas Wéber *m* -s, -

áudeklas Gewébe *n* -s, -

audìnė *zool.* Nerz *m* -es, -e

audinỹs *tekst.*, *anat.* Gewébe *n* -s, -

auditòrija Auditórium *n* -s, -ri:en, Hörsaal *m* -(e)s, -säle

audr‖à Gewítter *n* -s, -; Sturm *m* -(e)s, ᵛe; ~**ìngas** stürmisch

áugalas Gewächs *n* -es, -e, Pflánze *f* -, -*n*

augalótas gróßwüchsig, státtlich

augìmas Wáchstum *n* -(e)s

augìn‖imas Ánbau *m* -(e)s; Zucht *f* -; ~**ti** ánbauen *vt*; züchten *vt*; ~*ti vaikùs* Kínder áufziehen

auglỹs *med.* Geschwúlst *f* -, ᵛe

augmenijà Pflánzenwelt *f* -

áugti wáchsen* *vi* (*s*)

aukà Ópfer *n* -s, -

aukciònas Auktión *f* -, -en

áuklė Kínderfrau *f* -, -en, Kínderwärterin *f* -, -nen

áuklė‖jimas Erziehung *f* -; ~*ti* erzíehen* *vt*; ~**tinis** Zögling *m* -s, -e; ~**tojas** Erzíeher *m* -s, -

aukóti 1 ópfern *vt* **2** (*dovanoti*) spénden *vt*; ~**s** (*dėl ko*) sich ópfern (*für A*)

auksakalỹs Góldschmied *m* -(e)s, -e

áuks‖as Gold *n* -es; ~*o žíedas* Góldring *m* -(e)s, -e

auksìnis gólden

aukščiaũ höher

áukštas[1] hoch

aũkšt‖as[2] 1 Stock *m* -(e)s, - / -werke, Stóckwerk *n* -(e)s, -e, Etáge [-ʒə] *f* -, -n **2** (*teatre*) Rang *m* -(e)s, ᵛe

aukšt‖àsis: ~*óji mokyklà* Hóchschule *f* -, -n; ~*àsis išsilãvinimas* Hóchschul(aus)bildung *f* -

aukštỹn nach óben, hináuf, heráuf, áufwärts

áukštinti lóbpreisen* *neatsk.* *vt*

aũkštis, aukštùmas Höhe *f* -, -n

aukštumà Höhe *f* -, -n; Erhébung *f* -, -en

ausìnės (*klausikliai*) Kópfhörer *m* -s, -

ausìs Ohr *n* -(e)s, -en

aũskaras Óhrring *m* -(e)s, -e, Óhrgehänge *n* -s, -

áusti wében* *vt*

Austrãlija Austráli:en *n* -s

áustras Österreicher *m* -s, -

aũstrė *zool.* Áuster *f* -, -n

Áustrija Österreich *n* -s

áustriškas österreichisch

áušinti kühlen *vt*

aušrà Mórgendämmerung *f* -, -en, Mórgenröte *f* -

áušti[1] kalt wérden*

aũšti[2] tágen *vimp*, dämmern *vimp*

aũti: ~ *batùs* die Schúhe ánziehen

autobiogrāf‖ija Autobiographíe *f* -, -phí͜en; ~**inis** autobiográphisch

autobùs‖as Bus *m* -ses, -se, Áutobus *m* -ses, -se; ~**ų stotēlė** Búshaltestelle *f* -, -n

autogrāfas Áutogramm *n* -s, -e

autoinspèkcija Verkéhrspolizei *f* -

automāt‖as 1 Automát *m* -en, -en 2 *kar.* Maschínenpistole *f* -, -n; ~**inis** automátisch

automobìl‖is Áuto *n* -s, -s; Kráftwagen *m* -s, -; *lengvàsis* ~**is** Persónenkraftwagen *m* -s, -; ~**ių lenktȳnės** Áutorennen *n* -s

autopárkas Áutopark *m* -(e)s, -e / -s, Fúhrpark *m* -(e)s, -e / -s

autoportrètas Sélbstbildnis *n* -ses, -se

autorit‖ètas Ánsehen *n* -s, Autorität *f* -, -en; *turéti dìdelį* ~**ètą** gróßes Ánsehen geníeßen; ~**etìngas** autoritatív

áutorius Áutor *m* -s, -tóren, Verfásser *m* -s, -

auto‖sèrvisas Autoservice [-sɛ:vis] *m*, *n* -, -s [-visiz]; ~**stradà** Áutobahn *f* -, -en;

~**transpòrtas** Áutoverkehr *m* -s

ãvalynė Schúhwerk *n* -(e)s, -e

avantiūr‖à Ábenteuer *n* -s, -; ~**ìstas** Ábenteuerer *m* -s, -; ~**ìstinis** ábenteuerlich

avārija Havaríe [-v-] *f* -, -rí͜en; *(eismo)* Verkéhrsunfall *m* -(e)s, ᵛe

avéti trágen* *vt*

aviãcija Flúgwesen *n* -s

avíena Hámmelfleisch *n* -es

aviẽtė Hímbeere *f* -, -n

avìgalvis Scháfskopf *m* -(e)s, ᵛe

avilȳs Bíenenstock *m* -(e)s, ᵛe

ãvinas Hámmel *m* -s, -

avìs Schaf *n* -(e)s, -e

ãvižos *pl* Háfer *m* -s

Āzija Ási͜en *n* -s

azòtas Stíckstoff *m* -(e)s

ą̄žuolas Éiche *f* -, -n

ą̄žuol‖ýnas Éichenwald *m* -(e)s, ᵛer; ~**inis** éichen, Éichen-

B

bacilà Bazíllus *m* -, -len

bãdas Húnger *m* -s, Húngersnot *f*-, ᵛe

badáuti húngern *vi*, Húnger háben

badýti stéchen* *vt*, *vi*

bãdmintonas Féderball *m* -(e)s, ᵛe

badmir‖iáuti húngern *vi*, únterernährt sein; ~**iāvimas** Únterernährung *f* -

bagāžas Gepäck *n* -(e)s, -e, Réisegepäck *n* -(e)s, -e

bagažìnė Gepäckraum *m* -(e)s, ᵛe

baidārė Páddelboot *n* -(e)s, -e

baid‖ȳklė Vógelscheuche *f* -, -n; Schéusal *n* -(e)s, -e; ~**ýti** schéuchen *vt*; ~**ýtis** schéuchen *vi*

baigiam‖àsis Schluss-; ábschließend; ~**íeji egzãminai** Schlússprüfungen *pl*

baĩg‖ti beénden *vt*, schlíeßen* *vt*; ~**tis** énden, zu Énde géhen; áblaufen* *vi* (*s*); *blogaĩ* ~**tis** ein schlímmes Énde néhmen

baigtìs Áusgang *m* -(e)s, ᵛe, Éndresultat *n* -(e)s, -e

baikštùs ängstlich, fúrchtsam, scheu

bail‖ȳs Féigling *m* -s, -e; ~**ùmas** Féigheit *f* -; ~**ùs** féig(e)

báim‖ė Angst *f* -, ᵛe, Furcht *f* -; *drebéti ìš* ~**ės** vor Angst zíttern; ~**inti** ängstigen *vt*; ~**intis** befürchten *vt*

baimìngas ängstlich, fúrchtsam

bais‖ētis (*ko*) sich entsétzen (*vor D*); ~**ùs** fúrchtbar, schrécklich, entsétzlich; *jám* ~**ù** ihm ist (es) angst und bánge

bakaláuras Bakkaláureus *m* -, -rei [-re:i]

bakaléja Genúss- und Nährmittel *pl*

bākas Behälter *m* -s, -; *benzìno* ~ (*automobìlyje*) Tank *m* -(e)s, -s / -e

baklažãnas Éierfrucht *f* -, ᵛe, Aubergine [ober'ʒi:nə] *f* -, -n

baktèrija Bakteríe *f* -, -rí͜en

balà 1 (*pelkė*) Sumpf *m* -es, ᵛe 2 (*klanas*) Pfütze *f* -, -en

balādė Balláde *f* -, -n

balandèlis *kul.* Kóhlroulade [-ru-] *f* -, -n

balañdis 1 (*paukštis*) Táube *f* -, -n 2 (*mėnuo*) Apríl *m* - / -s, -e

balánsas Bilánz *f* -, -en

balansúoti balancieren [-laŋ'si:-] *vt, vi*

balãstas Bállast *m* -(e)s

baĩd‖**ai** *pl* Möbel *pl*; ~**ininkas** Möbeltischler *m* -s, -

bal‖**erinà** Ballétttänzerin *f* -, -nen; ~**ètas** Ballétt *n* -(e)s, -e

baliònas Ballon [-'lɔŋ] *m* -s, -s / -e

bãlius Ball *m* -(e)s, ⸚e; *káukių* ~ Máskenball

balkònas Balkón *m* -s, -s / -e

baĩnas Sáttel *m* -s, ⸚

balnóti sátteln *vt*

balotirúotis kandidíeren *vi*

balsãdėžė Abstimmungsurne *f* -, -n, Wáhlurne *f* -, -n

baĩs‖**as** Stímme *f* -, -n; ~**o stỹgos** Stímmbänder *pl*; *víenu balsù* wie aus éinem Múnde, éinstimmig; *paklùsti sážinės (prõto)* ~**ui** der Stímme des Gewíssens (der Vernúnft) fólgen

balsãvimas Ábstimmung *f* -, -en

baĩsis *lingv.* Vokál *m* -s, -e

balsúoti stímmen *vi*

Baltarùsija Belorússland *n* -s

baltarùs‖**is** Belorússe *m* -n, -n; ~**iškas** belorússisch

báltas weiß; *baltà dúona* Wéißbrot *n* -(e)s, -e

baltàsis, -óji (*baltosios rasės žmogus*) Wéiße *sub m, f*

bálteglė Édeltanne *f* -, -n

baltéti, bálti weiß wérden

baltymaĩ *pl* Éiweißstoff *m* -(e)s, -e

báltymas (*kiaušinio*) Éiweiß *n* -es, -e / -

baltiniaĩ *pl* Wäsche *f* -; *apatìniai* ~ Únterwäsche

báltinti (*dažyti*) tünchen *vt*, wéißen *vt*

balzãmas Bálsam *m* -s, -sáme

balzamúoti balsamíeren *vt*

baĩzganas bleich, wéißlich

bámba Nábel *m* -s, -

bambėklis Brúmmer *m* -s, -, Míesmacher *m* -s, -

bambéti brúmmen *vi*, méckern *vi*

bambùkas Bámbus *m* - / -ses, *pl* - / -se

bana‖**lýbė** Banalität *f* -, -en; ~**ùs** banál

banãnas Banáne *f* -, -n

bandà (*kaimenė*) Hérde *f* -, -n

bandėlė Brötchen *n* -s, -, Sémmel *f* -, -n

banderòlė Kréuzband *n* -(e)s, ⸚er

bañd‖**ymas** Versúch *m* -(e)s, -e; ~**omasis** Versúchs-

bandìtas Bandít *m* -en, -en

bandýti versúchen *vt*, probíeren *vt*

bang‖**à** Wélle *f* -, -n; Wóge *f* -, -n; *rãdijo bañgos* Rádiowellen *pl*; ~**ãvimas** Wéllengang *m* -(e)s; ~**ìnis** Wal *m* -(e)s, -e, Wálfisch *m* -es, -e; ~**úoti** wógen *vi*

bánkas Bank *f* -, -en

bankètas Bankétt *n* -(e)s, -e

bánkininkas Bankier [baŋ'kje:] *m* -s, -s

bankininkỹstė Bánkwesen *n* -s

banknòtas Bánknote *f* -, -n, Géldschein *m* -(e)s, -e

bankròtas Bankrótt *m* -(e)s, -e

bankrutúoti Bankrótt géhen [sein]

barãkas Barácke *f* -, -n

bãras (*nedidelis restoranas*) Bar *f* -, -s

baravỹkas *bot.* Stéinpilz *m* -es, -e

bárbar‖**as** Barbár *m* -en, -en; ~**iškas** barbárisch

barbariškùmas Barbaréi *f* -

barbénti klópfen *vi*, póchen *vi*

bareljèfas Relìéf *n* -s, -s / -e

barikadà Barrikáde *f* -, -n

baritònas Báriton *m* -s, -e

barjèras Barriere [-'rje:rə] *f* -, -n

baŕnis Zank *m* -(e)s

barstýti stréuen *vt*

barsùkas Dachs *m* -es, -e

baŕščiai Bétensuppe *f* -, -n

báršškinti klópfen *vi*, póchen *vi*

barškuõlė Klápperschlange *f* -, -n

barškùtis (*žaisliukas*) Klápper *f* -, -n

bár‖**ti** (*ką*) schímpfen *vt, vi* (*auf A*), schélten* *vi, vt*; ~**tis** schélten* *vi*

barzd‖**à** Bart *m* -(e)s, ⸚e, Vóllbart; ~**ótas** bártig

bárža Lástkahn *m* -(e)s, ⸚e

bãsas bárfüßig

313

baseĩnas (*uždaras*) Schwímmhalle *f* -, -n; (*plaukymo*) Schwímmbecken *n* -s, -

baslỹs Pfahl *m* -(e)s, ⸗e

basõm, basomìs bárfuß

bastýtis herúmstreifen *vi* (*s*), sich herúmtrei-ben*, strólchen *vi* (*s*)

bastū̃nas Búmmler *m* -s, -, Herúmtreiber *m* -s, -

basùtės Sandalétte *f* -, -n

bataliònas *kar.* Bataillon [-tal'jo:n] *n* -s, -e

bãt‖as Schuh *m* -(e)s, -e; *aulìnis* ~*as* Stíefel *m* -s, -; ~*ų̃ tẽpalas* Schúhcreme *f* -, -s

bãtraištis Schnürsenkel *m* -s, -

batsiuvỹs Schúster *m* -s, -, Schúhmacher *m* -s, -

baũbas Kínderschreck *m* -(e)s, -e

baũbti brüllen *vi*

baud‖à Stráfe *f* -, -n; *piniginė* ~*à* Géld-strafe; ~*inỹs* (*futbolas*) Elfméter *m* -s, -

baudžiamàsis Straf-

baudžiáuninkas, -ė Léibeigene *sub m, f*

baũdžiava Léibeigenschaft *f* -

baugìnti ängstigen *vt*, éinschüchtern *vt*

baugùs 1 scheu 2 ängstlich

bausmė̃ Stráfe *f* -, -n; Búße *f* -, -n; *mirtiẽs* ~ Tódesstrafe

baũsti bestráfen *vt*

bavāras Báyer *m* -n, -n

bãzė 1 (*pagrindas*) Grúndlage *f* -, -n 2 Lá-ger *n* -s, -; *maĩsto prodùktų* ~ Lébens-mittellager 3 Básis *f* -, -sen; *karìnė* ~ ein militärischer Stützpunkt

bažný‖čia Kírche *f* -, -n; ~*tinis* kírchlich, Kírchen-; ~*tinė giesmė̃* Kírchenlied *n* -(e)s, -er; ~*tkaimis* Kírchdorf *n* -(e)s, ⸗er

bè *prp* óhne (*A*); *bè màno žiniõs* óhne mein Wíssen; *be gãlo* éndlos; *be tõ* áußerdem, ohnehín; *bè penkiũ̃ minučiũ̃ devýnios* es ist fünf Minúten vor neun Uhr

beasmẽnis *gram.* únpersönlich; ~ *veiksmã-žodis* cin únpersönliches Verb

beatódairiškas rücksichtslos

bebaĩmis fúrchtlos

bẽbras Bíber *m* -s, -

bėd‖à Not *f* -, ⸗e; Klémme *f* -, -n; *patèkti į̃ bė̃dą* in Not geráten; *iš* ~*õs* zur Not; *taĩ ne* ~*à* das schádet nichts

bedar̃bis, -ė 1 árbeitslos 2 Árbeitslose *sub m, f*

bediẽv‖is, -ė Góttlose *sub m, f*; ~*iškas* góttlos

bedùgnė Ábgrund *m* -(e)s, ⸗e

bėgalė̃ Únmenge *f* -, -n

begalýbė Únendlichkeit *f* -

begalìnis éndlos, únendlich

begėd‖is Fréchling *m* -s, -e; ~*iškas* frech, schámlos, únverschämt

begemòtas *zool.* Flússpferd *n* -(e)s, -e, Níl-pferd *n* -(e)s, -e

bėg‖ìkas Läufer *m* -s, -; ~*ìmas* Lauf *m* -(e)s, ⸗e

bėginė́ti herúmlaufen* *vi* (*s*)

begiñklis wéhrlos

bėgióti umhérlaufen* *vi* (*s*)

bė̃gis 1 (*geležinkelio*) Éisenbahnschiene *f* -, -n, Gleis *n* -es, -e 2 *tech.* Gang *m* -(e)s, ⸗e; *važiúoti trečiúoju bė̃giù* im drítten Gang fáhren

bėglỹs Flüchtling *m* -s, -e; Áusreißer *m* -s, -

beglõbis óbdachlos

bėgtė̃ im Láufschritt

bėg‖ti 1 láufen* *vi* (*s*), rénnen* *vi* (*s*); flíe-hen* *vi* (*s*) 2 überlaufen* *vi* (*s*); *sriubà* (*púodas*) ~*a* die Súppe (der Topf) läuft über

beĩ und, sowíe

bejaũsmis gefühllos

bejè übrigens, im Übrigen

bejė̃gis kráftlos, únbeholfen

bejėgiškùmas Kráftlosigkeit *f* -; Máchtlosig-keit *f* -

bekrãš‖tis éndlos, únendlich; ~*čiai tõliai* únendliche Wéiten

bekvãpis gerúchlos

belaĩsvis, -ė Gefángene *sub m, f*

bel̃gas Bélgi:er *m* -s, -

Bel̃gija Bélgi:en *n* -s

bel̃giškas bélgisch

bélsti klópfen *vi*, póchen *vi*; ~ *į̃ durìs* an die Tür klópfen [póchen]; ~*s* póltern *vi*

bemãtant im Nu, in éinem Nu

bemiẽgis schláflos

bemõkslis úngebildet

benãmis 1 óbdachlos; ~ **šuõ** ein hérrenloser Hund **2** (*žmogus*) Óbdachlose *sub m, f*

bendra‖amžis, -ė Gléichaltrige *sub m, f*; ~**áutoris** Mítverfasser *m -s, -*

bendrãbutis Internát *n -(e)s, -e,* Wóhnheim *n -(e)s, -e; studeñtų* ~ Studénten(wohn)heim

bendradarb‖iáuti zusámmenarbeiten *vi,* mítarbeiten *vi;* ~**iãvimas** Zusámmenarbeit *f -,* Mítarbeit *f -*

bendradar̃bis Mítarbeiter *m -s, -*

bendra‖keleĩvis, -ė Mítreisende *sub m, f;* ~**klãsis** Mítschüler *m -s, -,* Klássenkamerad *m -en, -en*

beñdras állgemein, geméinsam, Gesámt-; *bendromìs pastangomìs* mit geméinsamen Ánstrengungen

bendratìs *gram.* Ínfinitiv *m -s, -e*

bendr‖áuti (*su kuo*) verkéhren *vi* (*mit j-m*), Um̃gang háben (*mit j-m*); ~**ãvimas** Verkéhr *m -s,* Úmgang *m -(e)s*

bendražỹgis Kámpfgefährte *m -n, -n*

bendrijà Geméinschaft *f -, -en*

beñdrininkas Míttäter *m -s, -,* Komplice [-'i:tsə] *m -n, -n*

bendrìnis: ~ *daiktãvardis* Gáttungsname *m -ns, -n*

bendróvė Geséllschaft *f -, -n;* Genóssenschaft *f -, -en; ãkcinė* ~ Ákti:engesellschaft

bendrúomenė Geméinde *f -, -n; pirmýkštė* ~ Úrgesellschaft *f -*

benè étwa, denn; ~ *mãžas vaĩkas esì?* bist du denn [étwa] ein kléines Kind?

beñt wénigstens, zumíndest

benzìn‖as Benzín *n -s, -e; prisipìlti* ~*o* (*degalinėje*) tánken *vi*

beprasmýbė Únsinn *m -(e)s,* Sínnlosigkeit *f -*

beprãsm‖is, ~**iškas** sínnlos, únsinnig

beprot‖ýbė, ~**ỹstė** Únsinn *m -(e)s,* Wáhnsinn *m -(e)s*

beprõt‖is, -ė Wáhnsinnige *sub m, f;* Géisteskranke *sub m, f;* ~**iškas** írrsinnig, wáhnsinnig

berãštis Analphabét *m -en, -en*

bèregint flugs, im Hándumdrehen

bereikšmis bedéutungslos

berètė Barétt *n -(e)s, -e,* Báskenmütze *f -, -n*

bergždžiaĩ vergébens, vergéblich

befgždž‖ias frúchtlos, nútzlos, vergéblich; ~**ios pãstangos** frúchtlose [nútzlose] Bemühungen, vergébliche Mühe

berniùkas Júnge *m -n, -n*

berõds ánscheinend, óffenbar

ber̃ti schütten *vt*

bér̃žas Bírke *f -, -n*

beržýnas Bírkenwald *m -(e)s,* ᵘer

besaik‖is, ~**iškas** máßlos

besąlygìnis, besálygiškas bedíngungslos, vórbehaltlos

beskõnis fad(e), schal

besótis Nímmersatt *m - / -(e)s, -e*

bespalvis fárblos

bešãliškas únparteiisch, únvoreingenommen

beširdis hérzlos

bèt 1 *cj* áber; sóndern **2** *prtc:* ~ *kadà* zu jéder Zeit, zu jéder belíebigen Stúnde; ~ *kaĩp* belíebig; ~ *kàs* jéder belíebige

betar̃piškas únmittelbar

beteĩsis réchtlos

beteisiškùmas Réchtlosigkeit *f -*

betìkslis zíellos; zwécklos

betòn‖as Betón *m -s, -e;* ~**inis** Betón-

betur̃tis Hábenichts *m - / -es, -e*

bẽtvarkė Únordnung *f -;* Mísstand *m -(e)s,* ᵘe

bevaĩkis kínderlos

bevaĩsis frúchtlos

bevãlis wíllenlos

bevar̃dis: ~ *pir̃štas* Góldfinger *m -s, -,* Ríngfinger *m -s, -*

bevéik beináhe, fast

bever̃tis wértlos

beviltìškas hóffnungslos

bevìzis vísafrei

beždžiõnė Áffe *m -n, -n*

biatlònas *sport.* Bíathlon *n -s, -s*

bìblija Bíbel *f -*

bibliogrãfija Bibliographíe *f* -, phí:en
bibliot‖ekà Bibliothék *f* -, -en, Bücheréi *f* -,
-en; ∼èkininkas Bibliothekár *m* -s, -e
bičiuliáuti(s) befréundet sein
bičiùlis Freund *m* -(e)s, -e
bičiulỹstė Fréundschaft *f* -, -en
bifštèksas Beefsteak [ˈbi:fste:k] *n* -s, -s
bijóti (*ko*) Angst háben (*vor D*), sich fürchten
(*vor D*), fürchten *vt*
bijūnas Pfíngstrose *f* -, -n, Päóni:e *f* -, -n
bylà 1 (*teismo procesas*) Sáche *f* -, -n,
Prozéss *m* -es, -e; baudžiamóji ∼
Stráfsache; iškélti kám bỹlą éinen Prozéss
ánstrengen, ein Verfáhren gégen j-n éin-
leiten 2 (*raštinės*) Ákte *f* -, -n, Áktenstück
n -(e)s, -e
bildesỹs Gepólter *n* -s
bildéti kláppern *vi*; ráttern *vi* (*s*)
bìlietas 1 Kárte *f* -, -n; Éintrittskarte *f* -, -n;
kìno ∼ Kínokarte; teãtro ∼ Theáterkarte
2 (*autobuso, traukinio*) Fáhrkarte *f* -, -n 3
(*egzaminų*) Prüfungszettel *m* -s, -
bylinétis (*dėl ko*) prozessíeren *vi* (*um A*)
bylóti (*apie ką*) zéugen *vi* (*von D*)
bimbalas Brémse *f* -, -n, Víehbremse *f* -, -n
binòklis Féldstecher *m* -s, -
biogrãfija Biographíe *f* -, -phí:en
biològija Biologíe *f* -
birbỹnė Schalméi *f* -, -en
byréti (*apie grūdus, smėlį*) ríeseln *vi* (*s, h*)
bir̃gzti súmmen *vi*
birža Börse *f* -, -n; dárbo ∼ Árbeitsamt *n*
-(e)s, ꞌer
biržėlis Júni *m* - / -s, -s
biskvìtas Biskuit [-ˈkvi:t] *m*, *n* -(e)s, -e / -s
bìtė Bíene *f* -, -n
bitýnas Imkeréi *f* -, -en
bìtininkas Ímker *m* -s, -
bitininkỹstė Bíenenzucht *f* -
biudžètas Háushalt *m* -(e)s, -e, Budget
[byˈdʒe:] *n* -s, -s
biuletènis 1 (*įvykių pranešimas*) Bulletin
[bylɛˈtɛŋ] *n* -s, -s 2 (*rinkimų*) Stímmzettel
m -s, -, Wáhlzettel *m* -s, -
biùras Büró *n* -s, -s; Office [ˈɔfis] *n* -, -s;
keliõnių ∼ Réisebüro

biùstas Büste *f* -, -n
bizniẽrius Geschäftsmann *m* -(e)s, -leute
bìznis Geschäft *n* -(e)s, -e
bizònas Bíson *m* -s, -s, Wísent *m* -s, -e
bižutèrija Bijouterie [-ʒutəˈri:] *f* -, -rí:en
bjaurétis (*kuo*) sich ékeln (*vor D*),
verábscheuen *vt*
bjaurùs hässlich, ékelhaft, ábscheulich
blaiv‖ýtis *žr.* giẽdrytis; ∼ùs 1 (*dangus*)
klar; blaĩviai galvóti klar dénken 2 (*ne-*
girtas) nüchtern
blākė Wánze *f* -, -n
blakstíena Wímper *f* -, -n
blánkas Fórmblatt *n* -(e)s, ꞌer
blañkti verbléichen* *vi* (*s*)
blankùs fahl, blass, matt
blaškýtis sich hin und her wérfen
blausùs bleich, fahl
blauzdà Wáde *f* -, -n, Únterschenkel *m* -s, -
blauzdìkaulis Schíenbein *n* -(e)s, -e
blésti verglímmen* *vi* (*s*); verráuchen *vi*
bliáuti blöken *vi*
blikčióti fláckern *vi*
blykséti zúcken *vi*
blỹkšti erbléichen* *vi* (*s*)
blỹnas Plínse *f* -, -n, Pfánnkuchen *m* -s, -
blyškùs bleich, blass, fahl
blizg‖esỹs Glanz *m* -(e)s; ∼éti glítzen *vi*,
glänzen *vi*; ∼ùtis Flítter *m* -s, -
blõg‖as schlecht; schlimm; ∼os žìnios
schlímme Náchrichten
blog‖éti sich verschléchtern, sich ver-
schlímmern; ∼ýbė Übel *n* -s, -;
Schléchtigkeit *f* -, -en; iš dviejų ∼ýbių
pasiriñkti mažèsniąją von zwei Übeln das
kléinere wählen
blõg‖inti verschléchtern *vt*, verschlímmern
vt; ∼is Übel *n* -s, -; išráuti ∼į sù šaknimìs
das Übel mit der Wúrzel áusrotten; ∼ti
1 (*pvz., apie orą*) sich verschléchtern 2
(*liesėti*) ábmagern *vi* (*s*)
blogùmas Schléchtigkeit *f* -, -en
bloguóju (*piktumu*) im Bösen
blokadà Blockáde *f* -, -n
blòkas 1 *polit.* Block *m* -(e)s, -s / ꞌe 2 *stat.*
Báuplatte *f* -, -en

bloknòtas Notízblock *m* -(e)s, -s / ҂e
Schréibblock *m* -(e)s, -s / ҂e; *piešimo* ∼
Zéichenblock *m* -(e)s, -s / ҂e
blokúoti blockíeren *vt*
blondìnas, -ė Blónde *sub m, f*
blùkti ábfärben *vi*, bléichen* *vi (s)*
blusà Floh *m* -(e)s, ҂e
blužnìs Milz *f* -, -en
bób‖a Weib *n* -(e)s, -er, Fráuenzimmer *n*
-s, -; ∼ų *vãsara* Altwéibersommer *m* -s,
-; ∼iškas wéibisch
bodėtis (*ko*) überdrüssig wérden (*G*); sich
schéuen (*vor D*)
boikòtas Boykótt [bɔi-] *m* -(e)s, -s / -e
boikotúoti boykottíeren *vt*
bokãlas Krug *m* -(e)s, ҂e; Mólle *f* -, -n
bòks‖as Bóxen *n* -s; ∼ininkas Bóxer *m*
-s, -
bókštas Turm *m* -(e)s, ҂e
bòmba Bómbe *f* -, -n
bombardúoti bómben *vt*, bombardíeren *vt*
bombónešis *kar.* Bómber *m* -s, -, Bómben-
flugzeug *n* -(e)s, -e
bòrtas (*laivo, lėktuvo*) Bord *m* -(e)s, -e
borùžė *zool.* Marí҂enkäferchen *n* -s, -
bõsas¹ *muz.* Bass *m* -es, ҂e
bõsas² (*vadovas*) Boss *m* -es, -e
botãgas Péitsche *f* -, -n
botãnika Botánik *f* -
bòtas Überschuh *m* -(e)s, -e
braidýti wáten *vi (s, h)*, pátschen *vi*
braĩžas Hándschrift *f* -, -en; Schríftzug *m*
-(e)s, ҂e
braiž‖ýba das téchnische Zéichen; ∼iklìnė
Réißzeug *n* -(e)s, -e; ∼ýti zéichnen *vt*
brakonieriáuti wíldern *vi*
brakoniẽrius Wílderer *m* -s, -, Wílddieb *m*
-(e)s, -e
brand‖à Réife *f* -; ∼ōs *atestãtas* Réifezeug-
nis *n* -ses, -se
branduol‖ìnis Kern-; ∼ȳs Kern *m* -(e)s, -e
brandùs reif; ertrágreich
brángakmenis Édelstein *m* -(e)s, -e, Juwél
m, n -s, -en
brang‖enýbė Kóstbarkeit *f* -, -en; ∼ėti
sich vertéuern, téuer wérden; ∼ìnti 1

vertéuern *vt* 2 (*verti*) schätzen *vt*; ∼ùmas
Kóstbarkeit *f* -; ∼ùs téuer; kóstbar
brastà Furt *f* -, -en
brãškė Érdbeere *f* -, -n
braškėti kráchen *vi*
braũkti stréichen* *vt, vi*
bráutis sich drängen, sich zwängen
brazdėti krátzen *vi*
brazìlas Brasiliáner *m* -s, -
Brazìlija Brasíli҂en *n* -s
brazìliškas brasiliánisch
brḗkšt‖i dämmern *vi*; *rýtas* ∼*a* der Tag
dämmert
brḗsti réifen *vi (s)*, reif wérden
brezeñtas Pláne *f* -, -n
brėžinȳs Zéichnung *f* -, -en
brėžti 1 (*dreksti*) krátzen *vt* 2 zéichnen *vt*
briaunà Kánte *f* -, -n, Grat *m* -(e)s, -e
briedíena Hírschfleisch *n* -es
briẽdis Hirsch *m* -es, -e
brig‖adà Brigáde *f* -, -n; ∼ādininkas
Brigadier [-'dje:] *m* -s, -s
briliántas Brillant [bril'jant] *m* -en, -en
brinkìnti (*pvz., pupas*) quéllen *vt*, quéllen
lássen
brìnkti quéllen* *vi (s)*
brìsti wáten *vi (s, h)*
brõkas Áusschuss *m* -es, ҂e
brokdarȳs Pfúscher *m* -s, -, Stümper *m* -s, -
bròkeris (*tarpininkas*) Bróker *m* -s, -
brol‖énas Néffe *m* -n, -n; ∼iẽnė Schwä-
gerin *f* -, -nen; ∼ijà (*broliai ir seserys*)
Geschwíster *pl*
brólis Brúder *m* -s, ҂; ∼iškas brüderlich;
∼žudiškas: ∼*žudiškas kãras* Brúderkrieg
m -(e)s, -e
brònz‖a Brónze [-ŋs-] *f* -; ∼inis brónzen
[-ŋs-]
brošiūrà Broschüre *f* -, -n
brùknė Préiselbeere *f* -, -n
brūkšn‖ẽlis (*jungiant*) Bíndestrich *m* -(e)s,
-e, (*keliant*) Trénnungsstrich *m* -(e)s, -e,
Trénnungszeichen *n* -s, -; ∼ȳs 1 Strich *m*
-(e)s, -e 2 *gram.* Gedánkenstrich *m* -(e)s,
-e

brū̃kštelėti stréichen* *vt*; ~ **kéletą žõdžių** éinige Zéilen aufs Papíer wérfen

brunètas, -ė Brünétte *sub m, f*

brúož‖as 1 Strich *m* -(e)s, -e 2 Zug *m* -(e)s, ᵘe; *charãkterio* ~*ai* Charákterzüge *pl*

brutalùs brutál

brùto brútto; ~ **pãjamos** Brúttoeinkommen *n* -s, -

bruzdéti (*prieš ką*) sich empören (*gegen A*)

brūzgýnas Gestrüpp *n* -(e)s, -e

brūžiklis Ráspel *f* -, -n

bùč‖inỹs Kuss *m* -es, ᵘe; ~**iúoti** küssen *vt*

bùčius Réuse *f* -, -n

būdà Búde *f* -, -n

bū̃das 1 (*charakteris*) Charákter [k-] *m* -s, -tére; *gyvẽnimo* ~ Lébensweise *f* -; *jõ* **gẽras** ~ er hat éinen gúten Charákter 2 Art *f* -, -en, Art und Wéise; *jókiu būdù* auf kéinen Fall

bùdelis Hénker *m* -s, -

budé‖ti wáchen *vi*, wach sein; *bùdintis* **gýdytojas** ein díensthabender Arzt; ~**tojas, -a** Díensthabende *sub m, f*

būdìngas kénnzeichnend, charakterístisch [k-]

bùdinti wécken *vt*

budr‖ùmas Wáchsamkeit *f* -; ~**ùs** wáchsam

bū̃dvardis *gram* Ádjektiv *n* -s, -e

bufèt‖as Büfétt *n* -(e)s, -s / -e; ~**inin-kas** Büfettier [-'tje:] *m* -s, -s; ~**ininkė** Büféttdame *f* -, -n, Büféttfräulein *n* -s, -

bū̃gnas Trómmel *f* -, -n

būgnẽlis (*ausies*) Trómmelfell *n* -(e)s, -e

bū̃gn‖ininkas Trómmler *m* -s, -, Trómmel-schläger *m* -s, -; ~**yti** 1 (*mušti būgną*) trómmeln *vi* 2 (*plačiai skelbti*) herúmer-zählen *vt*, herúmtragen* *vt*

bū̃gšt‖auti (*dėl ko*) sich ängstigen (*um A*), bángen *vi* (*um A*); befürchten *vt*; ~**avimas** Befürchtung *f* -, -en

buhaltèrija Búchhaltung *f* -, -en

buhálteris Búchhalter *m* -s, -

buitìnis Lébens-

buit‖ìs Álltag *m* -(e)s, -e; ~**yjè** im Álltag

bùivolas Büffel *m* -s, -

buka‖galṽis Dúmmkopf *m* -(e)s, ᵘe; ~**pro-týbė** Stúmpfsinn *m* -(e)s; ~**prõtis** *žr.* **bu-kagalṽis**; ~**prõtiškas** stúmpfsinnig

bùkas¹ *bot.* Búche *f* -, -n

bùkas² stumpf

bū̃klė Zústand *m* -(e)s ᵘe; Láge *f* -, -n; *sveikãtos* ~ Gesúndheitszustand

buksỹras *žr.* **vilkìkas**

buldògas Búlldogge *f* -, -n

buldòzeris Búlldozer [-z-] *m* -s, -

bulgãras Bulgáre *m* -n, -n

Bulgãrija Bulgári‖en *n* -s

bulgãriškas bulgárisch

bùlius Búlle *m* -n, -n, Stier *m* -(e)s, -e

buljònas Bouillon [bul'joŋ] *f* -, -s

bùlvė Kartóffel *f* -, -n

bulv‖iẽnė Kartóffelsuppe *f* -, -n; ~**ìnis** Kartóffel-

bùnkeris (*slėptuvė*) Búnker *m* -s, -

búomas 1 Bálken *m* -s, - 2 *sport.* Schwé-bebalken *m* -s, -

burbẽklis Brúmmbär *m* -en, -en, Brúmmbart *m* -(e)s, ᵘe

buřbulas Bláse *f* -, -n

burbuolė̃: *kukurū̃zo* ~ Máiskolben *m* -s, -

bùrė Ségel *n* -s, -

būrẽlis Zírkel *m* -s, -

buřgzti súrren *vi*

bùrinis: ~ *laĩvas* Ségelschiff *n* -(e)s, -e

būrỹs 1 Schar *f* -, -en, Grúppe *f* -, -n 2 *kar.* Zug *m* -(e)s, ᵘe

bur‖iúoti ségeln *vi*; ~**iúotojas** Ségler *m* -s, -

būriúotis (*apie ką*) sich scháren (*um A*)

burkúoti gírren *vi*

bùrlaivis Ségelschiff *n* -(e)s, -e

bùrmistras Bürgermeister *m* -s, -

burnà Mund *m* -(e)s, ᵘer / -e

burõkas Rübe *f* -, -n; *válgomasis* ~ Béte *f* -, -n

bùrt‖ai *pl* 1 Los *n* -es, -e; ~**us tráukti** [*mèsti*] Los zíehen 2 (*prietaruose*) Zau-beréi *f* -, -en

burtãžodis Záuberwort *n* -(e)s, -e
bùrt‖i[1] záubern *vi*, wáhrsagen *atsk.* /
neatsk. vi; ~**ininkas** Záuberer *m* -s, -
bùrt‖i[2] (*telkti*) scháren *vt*, zusámmenschlie-
ßen* *vt*; ~**is** (*aplink ką*) sich scháren (*um
A*)
buržuãz‖ija Bourgeoisie [bur3oa'zi:] *f* -, -síɪ
en; ~**inis** bürgerlich
būsena Zústand *m* -(e)s, ꞈe
būsimas (zu)künftig
būstas Beháusung *f* -, -en, Wóhnung *f* -,
-en
bùsti erwáchen *vi* (*s*), áufwachen *vi* (*s*)
būstinė Áufenthaltsraum *m* (e)ɔ, ꞈe; Sitz *m*
-es, -e; *vyriáusioji* ~ *kar.* Háuptquartier
[-kv-] *n* -s, -e

bùtas Wóhnung *f* -, -en; *trijų kambarių* ~
Dreizímmerwohnung
bùtelis Flásche *f* -, -n
būtent nämlich, und zwar
būti sein* *vi* (*s*)
būtýbė Geschöpf *n* -(e)s, -e
būtinaĩ únbedingt, nótwendig
būtinas nótwendig, únentbehrlich
būtin‖ýbė Nótwendigkeit *f* -, -en; ~**ùmas**
Únentbehrlichkeit *f* -
būtìs Sein *n* -s, Dásein *n* -s
buveĩnė Áufenthalt *m* -(e)s, -e, Áufent-
haltsort *m* (ꞈ)ɛ, ꞈ
būvis Dásein *n* -s; Existénz *f* -, -en
buvóti besúchen *vt*

C

cãras Zar *m* -en, -en
car‖ìnis zarístisch; ~**ìzmas** Zarísmus *m* -
cèchas (*gamyklos*) Wérkhalle *f* -, -n
cemeñtas Zemént *m* -(e)s
cementúoti zementíeren *vt*
ceñtas Cent *m* -s, -s / -
centimètras Zentiméter *m*, *n* -s, -
ceñtneris Zéntner *m* -s, -
ceñtras Zéntrum *n* -s, -ren, Míttelpunkt *m*
-(e)s, -e; *svõrio* ~ Schwérpunkt *m* -(e)s,
-e
centrìnis zentrál, Zentrál-; ~ *šìldymas* Zent-
rálheizung *f* -, -en
ceñzas: *ámžiaus* ~ Áltersstufe *f* -; *mókslo*
~ Áusbildungsgrad *m* -(e)s
ceremoniãlas Zeremoniéll *n* -s, -e
ceremònija Zeremoníe *f* -, -níɪen, Zere-
moniéll *n* -s, -e
ceřkvė rússische Kírche
chalãtas Mórgenrock *m* -(e)s, ꞈe; *gýdytojo*
~ Árztkittel *m* -s, -
chãmas Róhling *m* -s, -e
chameleònas Chamäleon [k-] *n* -s, -s
chaò‖sas Chaos ['ka:ɔs] *n* -; ~**tiškas** chao-
tisch [ka'o:-]
charakterìngas charakterístisch [k-], kénn-
zeichnend

charãkteris Charákter [k-] *m* -s, -tére
charakter‖ìstika Charakterístik [k-] *f* -,
-en; Kénnzeichnung *f* -, -en; ~**izúoti**
charakterisíeren [k-] *vt*; kénnzeichnen
(kénnzeichnete, gekénnzeichnet) *vt*
chèmi‖ja Chemíe *f* -; ~**kas** Chémiker *m*
-s, -
chirùrg‖as Chirúrg *m* -en, -en; ~**ija** Chirur-
gíe *f* -, -gíɪen; ~**inis** chirúrgisch
chlòras Chlor [klo:r] *n* -s
chòras Chor [k-] *m* -s, ꞈe
chronomètras Stóppuhr *f* -, -en
chulig‖ãnas Rowdy ['raudi:] *m* -s, -s,
Hálbstarke *sub m*; ~**anìzmas** Rowdytum
['raudi:-] *n* -s
ciklamènas Álpenveilchen [-v-] *n* -s, -
cìkl‖as Zýklus *m* -, -len; ~**inis**, ~**iškas**
zýklisch
cinamònas Zimt *m* -(e)s, -e
cìnkas Zink *n* -(e)s
cýpti píepen *vi*, píepsen *vi*, quíeken *vi*
cìrk‖as Zírkus *m* -, -se; ~**ininkas** (*cirko
artistas*) Zírkuskünstler *m* -s, -
citrinà Zitróne *f* -, -n
citúoti zitíeren *vt*
civìlin‖is zivíl, Zivíl-[-v-]; ~**iai drabùžiai**
Zivílkleidung *f* -

civiliz‖ācija Zivilisatión *f* -; ∼**úotas** ziviliśiert
cukraĩnė Konditoréi *f* -, -en, Zúckerbäckerei *f* -, -en
cùkraligė *med.* Zúckerkrankheit *f* -

cùkranendrė Zúckerrohr *n* -(e)s, ͤe
cùkrinė Zúckerdose *f* -, -n
cùkrinis: ∼ **ruñkelis** Zúckerrübe *f* -, -n
cùkrus Zúcker *m* -s; **smulkùsis** ∼ Púderzucker; **gabalìnis** ∼ Würfelzucker

Č

čáižyti péitschen *vt*
čaižùs (*vėjas*) fróstig
čėkas Tschéche *m* -n, -n
Čėkija Tschéchiᶦen *n* -s
čėkis 1 Scheck *m* -s, -s 2 (*kasos*) Kássenzettel *m* -s, -
čėkiškas tschéchisch
čempiònas Méister *m* -s, -; *pasáulio* ∼ Wéltmeister
čempionãtas Méisterschaft *f* -, -en
čepsėti schmátzen *vi*
čėrpė Dáchziegel *m* -s, -, Pfánne *f* -, -n
česnãkas Knóblauch *m* -(e)s
čià da; (hier)hér; *eĩkš* ∼! komm (hier)hér!
čiãbuvis, -ė Éingeborene *sub m, f,* Éinheimische *sub m, f*
čiáudėti níesen *vi*
čiaudulỹs Níesreiz *m* -es
čiáupas Hahn *m* -(e)s, ͤe; *vandéntiekio* ∼ Wásserhahn
čigõnas Zigéuner *m* -s, -
Čìlė Chile ['tʃi:le] *n* -s
čiobrėlis Thýmian *m* -s, -e, Quéndel *m* -s, -

čiõn, čionaĩ hierhér
čionýkštis, -ė Híesige *sub m, f,* Éinheimische *sub m, f*
čirénti zwítschern *vi*
čiřkšti, čiřškėti (*apie žvirblius*) schílpen *vi*
čyrúoti (*apie vyturį̃*) tríllern *vi,* jubilíeren *vi*
čiulbė‖jimas Getríller *n* -s, Gezwítscher *n* -s; ∼**ti** zwítschern *vi,* síngen* *vi,* tríllern *vi*
čiulpaĩ (*kaulų̃ smegenys*) Knóchenmark *n* -(e)s
čiul̃pti lútschen *vt,* sáugen* *vt, vi*
čiulptùkas Sáuger *m* -s, -; Schnúller *m* -s, -
čiuož‖ėjas Schlíttschuhläufer *m* -s, -; ∼**yklà** Éisbahn *f* -, -en
čiuõžti Schlíttschuh láufen
čiupinėti fühlen *vt,* tásten *vt*
čiùpti gréifen* *vt, vi,* fássen *vt*
čiurkšlė̃ Strahl *m* -(e)s, -en; *kraũjo* ∼ Blútstrahl
čiurlénti múrmeln *vi,* plätschern *vi*
čiužėti rácheln *vi*
čiužinỹs Stróhsack *m* -(e)s, ͤ

D

dabař jetzt, nun
dabar‖tìnis gégenwärtig, jétzig; ∼**tìs** Gégenwart *f* -
dáigas 1 Keim *m* -(e)s, -e, Kéimling *m* -s, -e 2 (*persodinimui*) Sétzling *m* -s, -e
daigìnti zum Kéimen bríngen
daigùmas Kéimfähigkeit *f* -
dáikt‖as Ding *n* -(e)s, -e; Gégenstand *m* -(e)s, ͤe; *suprañtamas* ∼**as** sélbstverständlich; *gãlimas* ∼**as** (es ist) möglich; *daiktaĩ* Sáchen *pl;* *sáugoti sávo* ∼**us** auf séine Sáchen áufpassen

daiktãvardis *gram.* Súbstantiv *n* -s, -e
dail‖ė̃ Kunst *f* -, ͤe; *táikomoji* ∼**ė̃** ángewandte Kunst; ∼**ìdė** Zímmermann *m* -(e)s, -leute
dailìninkas Künstler *m* -s, -
dailýraštis Schönschreiben *n* -s, Schönschrift *f* -
dailùs hübsch; níedlich
dain‖à Lied *n* -(e)s, -er ∼**ãvimas** Gesáng *m* -(e)s, ͤe; ∼**iñkas** Sänger *m* -s, -
dainúoti síngen* *vi, vt*

dairýtis (*ko*) sich úmsehen* (*nach D*), sich úmschauen (*nach D*)

dãktaras Dóktor *m* -s, -tóren, Arzt *m* -es, ⸗

dálba Brécheisen *n* -s, -

dalelýtė *gram.* Partíkel *f* -, -n

dal̃gis Sénse *f* -, -n

dalià Schícksal *n* -(e)s, -e

dalýba División *f* -, -en

dalỹkas 1 Ding *n* -(e)s, -e, Sáche *f* - 2 (*dėstomasis*) Fach *n* -(e)s, ⸗er, Léhrfach

dal‖inaĩ téilweise, zum Teil; ~iniñkas Téilhaber *m* -s, -

dalinỹs *kar.* Ábteilung *f* -, -en

dal‖ìs 1 Teil *m*, *n* -(e)s, -e; *atsarginė* ~ìs Ersátzteil; *sudėtìnė* ~ìs Bestándteil 2 (*palìkimo*) Érbteil *m* -(e)s, -e 3: *iš* ~iẽs zum Teil, téilweise

dal‖ýti téilen *vt*; ~ýtis mit j-m téilen; ~ýtis *tar̃p savę̃s* únter sich téilen

dalyv‖áuti (*kur*) téilnehmen* *vi* (*an D*), sich betéiligen (*an D*); mítmachen *vt*; ~ãvimas (*kur*) Téilnahme *f* - (*an D*), Betéiligung *f* -, -en (*an D*)

dalỹvis 1 Téilnehmer *m* -s, - 2 *gram.* Partizìp *n* -s, -pi:en

daltònikas ein fárbenblinder Mensch

daltonìzmas Fárbenblindheit *f* -

damà Dáme *f* -, -n

dãnas Däne *m* -n, -n

dangà Décke *f* -, -n; *kẽlio* ~ Stráßendecke

dangóraižis Wólkenkratzer *m* -s, -

dañgtis Déckel *m* -s, -

dangùs Hímmel *m* -s; *giẽdras* ~ ein klárer [héiterer] Hímmel

Dãnija Dänemark *n* -s

dãniškas dänisch

dant‖ìs Zahn *m* -(e)s, ⸗e, *pl t. p.* Gebíss *n* -es, -e; ~ų̃ *gýdytojas* Záhnarzt *m* -es, ⸗e; ~ų̃ *pastà* Záhnpasta *f* -, -ten; ~ų̃ *šepetė̃lis* Záhnbürste *f* -, -n

dár noch; ~ *kartą̃* noch éinmal; *vìs* ~ ímmer noch

dárb‖as 1 Árbeit *f* -, -en, Werk *n* -(e)s, -e; ~o *dienà* Árbeitstag *m* -(e)s, -e; *fìzinis* [*prõtinis*] ~as körperliche [géistige] Árbeit; *im̃tis* ~o sich an die Árbeit [ans

Werk] máchen 2 (*pasielgimas*) Tat *f* -, -en; *gė̃ras* (*blõgas*) ~as éine gúte (böse) Tat

darbdavỹs Árbeitgeber *m* -s, -

darbýmetis Árbeitszeit *f* -, -en

darb‖ìngas árbeitsfähig; ~iniñkas Árbeiter *m* -s, -; ~ótvarkė Tágesordnung *f* -, -en; ~óvietė Árbeitsstelle *f* -, -n

darbšt‖ùmas Fleiß *m* -es, Árbeitsamkeit *f* -; ~ùs fléißig, árbeitsam

darbúot‖is wírken *vi*, tätig sein; ~ojas Árbeiter *m* -s, -; *prõtinio dárbo* ~ojas Géistesarbeiter; *kultū̃ros* ~ojas, -a Kultúrschaffende *sub m, f*

dardéti ráttern *vi* (*s*), rúmpeln *vi* (*h, s*)

dárgana Schláckerwetter *n* -s, Sprühregen *m* -s, -

darganótas trüb(e)

darýba Bíldung *f* -, -en; *žõdžių* ~ *gram.* Wórtbildung

daryklà: *alaũs* ~ Bíerbrauerei *f* -, -en

darýti máchen *vt*, tun* *vt*; ~ *pãžangą* Fórtschritte máchen; ~ *kám blõga* (*gė̃ra*) j-m Böses (Gútes) tun

darn‖à, ~ùmas Éinklang *m* -(e)s, ⸗e, Harmonie *f* -; ~ùs harmónisch

daržãs Gárten *m* -s, ⸗, Gemüsegarten *m* -s, ⸗

darž‖ė̃lis Blúmengarten *m* -s, ⸗, Vórgarten *m* -s, ⸗; *vaikų̃* ~ė̃lis Kíndergarten *m* -s, ⸗; ~inė̃ Schéune *f* -, -n

daržininkas Gärtner *m* -s, -

daržinink‖áuti gärtnern *vi*; ~ystė̃ Gártenbau *m* -(e)s

daržóvės Gemüse *n* -s; *šviẽžios* ~ frísches Gemüse

datà Dátum *n* -s, -ten

datúoti datíeren *vt*

daubà Múlde *f* -, -n, Schlucht *f* -, -en

daũg viel; ~ *kartų̃* víele Mále, víelmals; *per* ~ zu viel, übermäßig; ~ *kur̃* víelenorts, víelerorts

daũgelis víele; ~ *žmonių̃* víele Léute

daugéti ánwachsen* *vi* (*s*)

daugiaaũkštis víelgeschossig

daugiãkovė *sport.* Méhrkampf *m* -es, ⸗e

daugia‖mẽtis víeljährig; ~prãsmis méhrdeutig

daugiaũ mehr; ~ *kaĩp valandà* mehr als éine Stúnde

daugiáus‖ia, ~**iai** meist, am méisten, méistens, vórwiegend

daugiavaĩk‖is kínderreich; ~**ė šeimà** éine kínderreiche Famílie

daug‖ýba Multiplikatión *f* -, -en; ~**ýbė** Ménge *f* -

dáuginti *mat.* multiplizíeren *vt*; ~**s** sich verméhren, sich fórtpflanzen

daugìskaita *gram.* Plúral *m* -s, -e, Méhrzahl *f* -, -en

daug‖kart víelmals; ~**kartìnis** méhrmalig

daũgtaškis Gedánkenpunkte *pl*

daugumà Méhrzahl *f* -; ~ *žmonių̃* die méisten Ménschen

daužýti zerschlágen* *vt*

daũžti háuen* *vi*, schlágen* *vi*

daž‖aĩ *pl* Fárbe *f* -, -n, Fárbstoff *m* -(e)s, -e; *lū́pų* ~**aĩ** Líppenstift *m* -(e)s, -e; ~**ýti** 1 (*vilgyti*) (éin)tunken *vt* 2 (*spalvinti*) färben *vt*; stréichen* *vt*; ~**ýtis** (*pvz., lū́pas*) sich schmínken

dažn‖aĩ oft, häufig; ~**iáusiai** am häufigsten, meist, méistens

dãžnas häufig; ~ *svẽčias* ein häufiger Gast

dažnė́ti sich häufen

debes‖ìs Wólke *f* -, -n; *lietaũs* ~**ìs** Régenwolke; ~**úotas** bewölkt, wólkig; ~**úotis** sich bewölken

debiut‖ántas Debütánt *m* -en, -en; ~**úoti** debütíeren *vi*

debiùtas Debüt [-ˈby:] *n* -s, -s

dė̃dė Ónkel *m* -s, -

degal‖aĩ *pl* Brénnstoff *m* -(e)s, -e; ~**ìnė** Tánkstelle *f* -, -n

dẽginti brénnen* *vt*

dẽglas (*fakelas*) Fáckel *f* -, -n

degrad‖ãcija Verfáll *m* -(e)s; ~**úoti** verfállen* *vi* (*s*)

dègti 1 brénnen* *vi* 2: ~ *degtùką* ein Stréichholz ánzünden [ánbrennen]

degtinė̃ Bránntwein *m* -(e)s, -e, Schnaps *m* -es, ⁻e

degtùkas Stréichholz *n* -es, ⁻er, Zündholz *n* -es, ⁻er

deguonìs Sáuerstoff *m* -(e)s

degùs entzündlich

deĩmantas Diamánt *m* -en, -en

deimantìn‖is diamánten; ~**ės vestùvės** die diamántene Hóchzeit

dejà léider

dej‖õnė Jámmer *m* -s, Wéhklage *f* -; ~**úoti** (*dėl ko*) jámmern *vi* (*über A*); wéhklagen (wéhklagte, gewéhklagt) *vi* (*über A*)

dėkà dank (*D, G*); *tàvo pagálbos* ~ dank déiner Hílfe

dekãnas Dekán *m* -s, -e

dekanãtas Dekanát *n* -(e)s, -e

dėkìngas dánkbar

dėkingùmas Dánkbarkeit *f* -

deklam‖ãvimas Deklamatión *f* -, -en, Rezitatión *f* -, -en; ~**úoti** deklamíeren *vt*, rezitíeren *vt*

dė̃klas Futterál *n* -s, -e, Etui [etyˈi:] *n* -s, -s

dekorãcija Bühnenbild *n* -(e)s, -er; Dekoratión *f* -, -en

dėkóti (*kam už ką*) dánken *vi* (*j-m für A*)

dė̃kui dánke! *labaĩ* ~*!* dánke schön!

dė̃l *prp* wégen (*G, D*), um ... wíllen; um (*A*); ~ *blõgo óro* wégen des schléchten Wétters; ~ *manę̃s* wégen mir; méinetwegen

deleg‖ãcija Delegatión *f* -, -en; ~**ãtas, -ė** Delegíerte *sub m, f*; ~**úoti** delegíeren *vt*

delikatèsas Delikatésse *f* -, -n, Féinkost *f* -

delikatùs delikát, féinfühlig

délnas Hándfläche *f* -, -n; *delnaĩs plóti* in die Hände klátschen

delsìmas Verzúg *m* -(e)s, Verzögerung *f* -, -en

del̃s‖ti zögern *vi*, záudern *vi*; *jìs* ~**ė dúoti** *atsãkymą* er zögerte mit der Ántwort

dė̃l tõ darúm, déshalb, déswegen

demagòg‖as Demagóge *m* -n, -n; ~**inis, -iškas** demagógisch

demaskúoti entlárven *vt*, blóßstellen *vt*

dėmė̃ Fleck *m* -(e)s, -e

dėmes‖ìngas áufmerksam; ~**ỹs** Áufmerksamkeit *f* -; *kreĩpti į̃ ką dė̃mesį* j-m, éiner Sáche (*D*) séine Áufmerksamkeit schénken; *dė̃mesio!* Áchtung!

dèmétas fléckig

demokrãt‖as Demokrát *m* -en, -en; ~**ija**
Demokratíe *f* -, -íːen; ~**inis** demokrátisch

demonstr‖ãcija Demonstratión *f* -, -en;
~**ántas** Demonstránt *m* -en, -en; ~**úoti**
demonstríeren *vt*

deñgti décken *vt*; bedécken *vt*; ~ **nãmą** das
Haus décken

dēnis Deck *n* -(e)s, -s

departameñtas Departament [-tə'maŋ] *n* -s,
-s

deputãtas, -ė Ábgeordnete *sub m, f*

dēramas ángemessen, gebührend

deréti¹ **1** (*ką*) féilschen *vi* (*um A*) **2** (*tikti*)
pássen *vi*, stéhen* *vi* **3** gebühren *vi* / sich;
nèdera taĩp eĩgtis es gebührt sich nicht so
zu hándeln

deréti² frúchten *vi*, Früchte trágen

derétis **1** (*lygti*) (*dėl ko*) hándeln *vi* (*um A*),
féilschen *vi* (*um A*) **2** (*vesti derybas*) (*dėl
ko*) verhándeln *vi* (*über A*)

derýb‖ininkas Verhándlungspartner *m* -s,
-; ~**os** Verhándlungen *pl*; **vèsti** ~**as**
Verhándlungen führen

dērinti **1** (*ką su kuo*) in Überéinstimmung
[Éinklang] bríngen (*etw. mit D*) **2** *muz.*
stímmen *vt*; ~**s** überéinːstimmen *vi atsk.*

derl‖ìngas frúchtbar; ~**ingùmas** Frúchtbar-
keit *f* -; Érnteertrag *m* -(e)s, -e

derῗlius Érnte *f* -, -n; **gausùs** ~**ius** éine
réiche Érnte; (*su*)**im̃ti** ~**ių** die Érnte éin-
bringen

desèrtas Dessért *n* -s, -s, Náchtisch *m* -es,
-e

dèsn‖ingas gesétzmäßig; ~**ingùmas** Ge-
sétzmäßigkeit *f* -, -en

dėsnis Gesétz *n* -es, -e; **gamtõs** ~ Natúrge-
setz

dėst‖ymas Únterricht *m* -(e)s; **ùžsienio
kalbū̃** ~**ymas** Frémdsprachenunterricht;
~**yti** unterríchten *vt, vi*; ~**omasis dalý-
kas** Únterrichtsfach *n* -(e)s, -ːer; ~**ytojas**
Léktor *m* -s, -tóren, Hóchschullehrer *m*
-s, -

dēšimt zehn

dešim̃tas zéhnte

dešim̃tmetis¹ Jahrzéhnt *n* -(e)s, -e

dešimtmētis² zéhnjährig

dešin‖ē̃ Réchte *f* -; **nãmas** ~**ėjè pùsėjè** das
Haus liegt rechts; ~**ē̃ rankà** die réchte
Hand, der réchte Arm

dešr‖à Wurst *f* -, -ːe; ~**ēlė** Würstchen *n* -s, -

detal‖izúoti detaillieren [-ta'ji:-] *vt*; ~**ùs** éin-
gehend

déti (*guldyti*) hínstellen *vt*, légen *vt*, tun* *vt*;
~ **drùskos ῗ valgῗ** etw. Salz an das Éssen
tun

détis **1** (*apsimesti*) tun* *vi*; sich áusgeben*
(*für A*); **jìs dēdasi mū́sų̃ nepažῗstąs** er tut,
als kénne er uns nicht **2**: **kàs čià dēdasi?**
was geht hier vor sich?

dèvéti trágen* *vt*; ~**s** sich trágen*

devyn‖ì neun; ~**erì** neun; ~**erì mētai** neun
Jáhre

devýniasdešimt néunzig

devyn‖iólika néunzehn; ~**ióliktas** néun-
zehnte; ~**mētis** néunjährig

devìzas Devíse *f* -, -n, Wáhlspruch *m* -(e)s,
-ːe

dėžē̃ Kásten *m* -s, - / -ː; Kíste *f* -, -n

dėžùtė Scháchtel *f* -, -n; *pãšto* ~ Bríefkas-
ten *m* -s, - / -ː

diagnòz‖ė Diagnóse *f* -, -n; **nustatýti** ~**ę**
éine Diagnóse stéllen

dialèktas Dialékt *m* -(e)s, -e

dialògas Dialóg *m* -(e)s, -e

diãmetras Dúrchmesser *m* -s, -

dìdelis **1** groß; ~ **ῗspūdis** ein stárker Éin-
druck **2** (*smarkus*) héftig, stark; ~ **vėjas**
ein héftiger [stárker] Wind **3**: ~ **svẽčias**
ein hóher Gast

didė‖ti sich vergrößern; zúnehmen* *vi*;
ῗtampa ~**ja** die Spánnung verschärft sich;
šaltis ~**ja** die Kälte nimmt zu

didìngas erhában

dìdinti vergrößern *vt*, größer máchen

dýdis Größe *f* -, -n

dìdmeistris Gróßmeister *m* -s, -

dìdmiestis Gróßstadt *f* -, -ːe

dìdvyr‖is Held *m* -en, -en; ~**iškas** hél-
denhaft

didvyriškùmas Héldentum *n* -(e)s
didžia‖dvãsis, ~**dvāsiškas** édelmütig, gróß-
mütig; ~**dvasiškùmas** Édelmut *m* -(e)s,
Gróßmut *m* -(e)s
didžiaĩ sehr; ~ *geȓbiamas* hóchgeehrt
didž‖iùlis ríesig, kolossál; ~**iúotis** *(kuo)*
stolz sein auf *(A)*
díeg‖ti 1 *(sodinti)* stécken *vt* **2** *(ugdyti)*
ánerziehen* *vt* **3** stéchen* *vi*; *mán šóną*
~*ia* es sticht mir [mich] in die Séite
diẽmedis Éberraute *f* -, -n
dien‖à 1 Tag *m* -(e)s, -e; *dárbo* ~*à*
Wérktag; *póilsio* ~*à* Rúhetag; *šventà*
~*à* Féiertag, Fésttag; *(peȓ) vìsą diẽną*
tágsüber; *labà* ~*à!* gúten Tag! **2** *(data)*:
kelintà šiañdien ~*à?* den Wíevielten
hában wir héute? der Wíevielte ist
héute? ~*ìnis* Tag-, Táges-; ~*ìnė pa-
mainà* Tágschicht *f* -, -en
dienýnas: *klãsės* ~ Klássenbuch *n* -(e)s, ⁼er;
mókinio ~ Schúlzeugnis *n*, -ses, -se
dienó‖raštis Tagebuch *n* -(e)s, ⁼er; ~**tvarkė**
Tágesordnung *f* -, -en; *įtráukti į̃* ~*tvarkę*
auf die Tágesordnung setzen
diẽn‖pinigiai Tágegeld *n* -(e)s, -er; ~**raštis**
Tágeszeitung *f* -, -en
dietà Diät *f* -; *laikýtis diẽtos* Diät hálten
dieváitis Idól *n* -s, -e
Diẽvas Gott *m* -es, ⁼er; *ãčiū Diẽvui!* Gott
sei Dank! *dẽl Diẽvo méilės!* um Góttes
wíllen!
dievažì bei méiner Éhre!
díeveris Schwáger *m* -s, ⁼
dievýbė Góttheit *f* -
diẽv‖inti vergöttern *vt*, ánhimmeln *vt*;
~**iškas** göttlich
dievobáimingas góttesfürchtig
diferencijúoti differenzíeren *vt*
dýgti áufgehen* *vi* *(s)*, kéimen *vi* *(h)*
dykaduoniáuti müßig géhen
dykaduõnis Müßiggänger *m* -s, -
dykaĩ kóstenlos, grátis
dykỹnė Wíldnis *f* -, -se, Ödland *n* -(e)s, ⁼er
dykinė‖jimas Müßiggang *m* -(e)s; ~**ti**
müßig géhen *vi*, herúmlungern *vi*; ~**tojas**
Müßiggänger *m* -s, -, Lúngerer *m* -s, -

diktántas Diktát *n* -(e)s, -e
diktãtorius Diktátor *m* -s, -tóren
diktatūrà Diktatúr *f* -, -en
dìktorius Ánsager *m* -s, -; Sprécher *m* -s, -
diktúoti diktíeren *vt*
dykumà Wüste *f* -, -n
dỹkvietė Ödland *n* -(e)s, ⁼er
dìlbis Únterarm *m* -(e)s, -e
dìld‖ė Féile *f* -, -n, Ráspel *f* -, -n; ~**yti**
féilen *vt*
dilgėlė̃ Brénnnessel *f* -, -n
dinamìtas Dynamít *n* -s
dingstìs Ánlass *m* -es, ⁼e
dìngtelėti éinfallen* *vi* *(s)*
diñg‖ti verschwínden* *vi* *(s)*; verlóren
géhen; ~*ęs bè žiniõs* vermísst, verschóllen
diplomántas Diplománd *m* -en, -en
diplòmas Diplóm *n* -(e)s, -e
diplom‖ãtas Diplomát *m* -en, -en; ~**ātija**
Diplomatíe *f* -; ~**ātinis** diplomátisch
dirb‖ìmas *(žemės)* Beárbeitung *f* -, -en,
Bestéllung *f* -, -en; ~**inéti** básteln *vi*, *vt*;
~**inỹs** Erzéugnis *n* -ses, -se
dìrb‖ti 1 árbeiten *vt*, *vi*, tätig sein; ~*ti
fìzinį dárbą* körperlich árbeiten; ~*ti ùž
dù* für zwei árbeiten; *jìs* ~*a stãliumi* er
árbeitet als Tíschler **2** *(gaminti)* hérstellen
vt, máchen *vt* **3** *(žemę)* beárbeiten *vt*,
bestéllen *vt*
dirbtìnis künstlich; gekünstelt; ~ *juõkas*
ein únnatürliches Gelächter
dirbtùvė Wérkstatt *f* -, -en; *remònto* ~
Reparatúrwerkstatt
dirèktorius Diréktor *m* -s, -tóren; *mokỹklos*
~ Schúldirektor
dìrginti réizen *vt*
dirglùs réizbar, errégbar
dirig‖eñtas Dirigént *m* -en, -en; ~**úoti**
dirigíeren *vt*
dìrstelėti gúcken *vi*
dirv‖à Ácker *m* -s, ⁼; ~**ónas** Bráchland *n*
-(e)s; ~**onúoti** bráchliegen* *vi*; ~**óžemis**
Áckerboden *m* -s, ⁼
diržas Ríemen *m* -s, -, Gürtel *m* -s, -

discipl‖inà 1 (*drausmė*) Disziplín *f* - 2 (*mokslo šaka*) Disziplín *f* -, -en; Fach *n* -(e)s, ˬer; ∼**inúotas** diszipliníert

disertãcij‖a Dissertatión *f* -, -en; **gìnti** ∼**ą** promovíeren *vi*

dìsk‖as 1 (*skritulys*) Schéibe *f* -, -n 2 Dískus *m* -, -se / -ken; ∼**o metìkas** Dískuswerfer *m* -s, -

disk‖ùsija Diskussión *f* -, -en, Áussprache *f* -, -en; ∼**utúoti** (*apie ką*) diskutíeren *vt*, *vi* (*über A*)

disponúoti (*kuo*) verfügen *vi* (*über A*)

dispozìcij‖a Verfügung *f* -; **turéti sàvo** ∼**oje** zur Verfügung háben

dìsputas Dispút *m* -(e)s, -e

distánc‖ija Distánz *f* -, -en; **laikýtis** ∼**ijos** Distánz hálten; ∼**inis:** ∼**inis valdymas** Férnbedienung *f* -, -en; Férnsteuerung *f* -, -en

dizáineris Designer [di'zainər] *m* -s, -, Fórmgestalter *m* -s, -

dizentèrija Ruhr *f* -

dóbilas Klee *m* -s

doceñtas Dozént *m* -en, -en

dokumeñt‖as Dokumént *n* -(e)s, -e; ∼**ai** Únterlagen *pl*; ∼**inis:** ∼**inis fìlmas** Dokumentárfilm *m* -(e)s, -e

dóleris Dóllar *m* -s, -s

domé‖jimasis Interésse *n* -s, -n; ∼**tis** (*kuo*) sich interessíeren (*für A*)

dõminti interessíeren *vt*

dominúoti vórherrschen *vi*, dominíeren *vi*

domùs wíssbegierig

dònoras Blútspender *m* -s, -

dorà Síttlichkeit *f* -

dõras síttlich, éhrlich, rédlich; ∼ **elgesỹs** ein síttliches Verhálten; ∼ **žmogùs** ein éhrlicher [rédlicher] Mensch

dor‖ýbė Túgend *f* -, -en; ∼**ybìngas,** ∼**ìngas** túgendhaft

doró‖jimas (*derliaus*) Éinbringung *f* -, -en, Bérgung *f* -, -en; ∼**ti** (*derlių*) éinbringen* *vt*, bergen* *vt*

doró‖vė Morál *f* -, Síttlichkeit *f* -; ∼**vinis** síttlich

dosn‖ùmas Fréigebigkeit *f* -, Größzügigkeit *f* -; ∼**ùs** fréigebig, größzügig

dovan‖à Geschénk *n* -(e)s, -e; Gábe *f* -, -n; **gáuti ką̃** ∼**ų̃** etw. geschénkt bekómmen; ∼**ai** únentgeltlich, kóstenlos; ∼**óti** 1 schénken *vt* 2 (*atleisti*) verzéihen* *vt*; ∼**ókit ùž sutrùkdymą** bítte, verzéihen Sie die Störung; ∼**ók(it)!** Verzéihung!

drabùž‖is Kleid *n* -(e)s, -er, Kléidung *f* -, -en; **gatavì** ∼**iai** Konfektión *f* -, -en; **viršutìniai** ∼**iai** Óberbekleidung *f* -, -en

dram‖à Dráma *n* -s, -men; **šeimõs** ∼**à** Famíliendrama; ∼**ãtinis,** ∼**ãtiškas** dramátisch; ∼**atizúoti** (*perdėti*) dramatisíeren *vt*; ∼**atùrgas** Dramátiker *m* -s, -; ∼**atùrgija** Dramaturgíe *f* -

dramblỹs Elefánt *m* -en, -en; **drambliõ káulas** Élfenbein *n* -(e)s, -e

drambliškas, dramblótas plump, schwérfällig

drąsà Mut *m* -(e)s

drą̃siai mútig, tápfer

drą̃sinti ermútigen *vt*, j-m Mut máchen

draskýti 1 réißen* *vt*, zerréißen* *vt*; ∼ **į̃ gãbalus** in Stücke réißen 2 (*braižyti*) krátzen *vi*

drą̃s‖ùmas Tápferkeit *f* -, Kühnheit *f* -; ∼**ùs** tápfer, kühn, mútig

draũdžiamas verbóten

draũgas Freund *m* -es, -e, Kamerád *m* -en, -en, Genósse *m* -n, -n

draugáuti (*su kuo*) befréundet sein (*mit D*)

draugè zusámmen, geméinsam

draug‖ijà 1 (*organizacija*) Veréin *m* -(e)s, -e 2 Geséllschaft *f* -, -en; ∼**ìngas** geséllig, úmgänglich; ∼**ỹstė** Fréundschaft *f* -, -en, Kamerádschaft *f* -, -en

draũgiškas fréundschaftlich, kamerádschaftlich

draugóvė Geséllschaft *f* -, -en

drausm‖ė̃ Disziplín *f* -; **laikýtis** ∼**ė̃s** Disziplín hálten; ∼**ìngas** diszipliníert; ∼**ingùmas** Disziplíniertheit *f* -

draũsti 1 (*neleisti*) verbíeten* *vt* 2 (*nuo ko*) versíchern *vt* (*gegen A*); ∼**s** (*nuo ko*) sich versíchern (*von D*)

draustìnis Natúrschutzgebiet *n* -(e)s, -e

drebė‖jimas Zíttern *n* -s; Bében *n* -s; *žėmės*
~*jimas* Érdbeben; ~**ti** zíttern *vi*; bében *vi*;
~*ti iš šalčio* vor Kälte zíttern [bében]
drebul‖ė Éspe *f* -, -n; ~**ỹs** Schüttelfrost
m -es; *manè ėmė* ~**ỹs** mich páckte
Schüttelfrost
drėgmė̃ Féuchtigkeit *f* -
drėgnas feucht
drėkìnti féuchten *vt*
drėkti feucht wérden
drevė̃ Báumloch *n* -(e)s, ᵘer
drìbsniai Flócken *pl*; *avižų̃* ~ Háferflocken
pl
driektis sich erstrécken
driežas Éidechse *f* -, -n
drįsti wágen *vi*, sich erdréisen
drýžas, dryžúotas gestréift
dróbė Léinwand *f* -, Léinen *n* -s, -
drobìn‖is léinen, Léinen-; ~*iai marškiniai*
Léinenhemd *n* -(e)s, -en
drov‖ė́tis (*ko*) sich geníeren [ʒe-] (*vor D*),
schüchtern sein; ~**ùmas** Schüchternheit
f -, Befángenheit *f* -; ~**ùs** schüchtern,
befángen
drož‖ìkas Schnítzer *m* -s, -; ~**inėti** schnít-
zeln *vt*
dróžti schnítzen *vt*; ~ *pieštùką* den Bléistift
spítzen
drožtùkas Bléistiftspitzer *m* -s, -
drugỹs 1 Schmétterling *m* -s, -e 2 (*drebulys*)
Fíeber *n* -s, -; *jį̃ krẽčia* ~ das Fíeber
schüttelt ihn
drums‖tas trübe; ~**ti** trüben *vt*
drumzl‖ės Satz *m* -es, ᵘe; ~**inas** trübe
druñgnas láuwarm
druskà Salz *n* -es, -e
drùskinė Sálzfäßchen *n* -s, -
drū́tas 1 stark; ~ *mẽdis* ein stárker Baum
2 fest; *drūtà vìrvė* ein féster Strick ◊
trumpaĩ drūtaĩ kurz und bündig
dù zwei
dubuõ Schüssel *f* -, -n
dūdà Trompéte *f* -, -n; *dū̃dų orkèstras* Blás-
orchester [-k-] *n* -s, -
duètas Duétt *n* -(e)s, -e

dùgn‖as 1 Bóden *m* -s, ᵘ, Grund *m* -(e)s, ᵘe;
išgérti lìgi ~*o* bis zum Grund [bis auf die
Néige] trínken 2 (*dangtis*) Déckel *m* -s, -
dū̃gzti súmmen *vi*
dùjin‖is Gas-; ~*ė virỹklė* Gáskocher *m* -s, -
dujómatis Gászähler *m* -s, -, Gásmesser *m*
-s, -
dùjos Gas *n* -es, -e
dujótiekis Gásleitung *f* -, -en
dùkart zwéimal
dukrà *žr.* **duktė̃**
dukráitė (*anūkė*) Énkelin *f* -, -nen, Énkel-
tochter *f* -, ᵘ
dukt‖ė̃ Tóchter *f* -, ᵘ; ~**erėčia** Níchte *f* -,
-n
dū̃kti 1 (*niršti*) wüten *vi*, rásen *vi* 2
(*išdykauti*) tóben *vi*, tóllen *vi*
dùlkės Staub *m* -(e)s, -e / ᵘe
dulkė́‖tas stáubig; ~**ti** stáuben *vi*
dulksn‖à Nébelregen *m* -s, -, Sprühregen *m*
-s, -; ~**óti** níeseln *vi*
dū́mai Rauch *m* -(e)s, Qualm *m* -(e)s
duñbl‖as Schlamm *m* -(e)s, -e / ᵘe; ~**inas**
schlámmig
duñblis Álge *f* -, -n
dū́mtraukis Schórnstein *m* -(e)s, -e
dund‖esỹs Gepólter *n* -s; ~**ėti** 1 (*apie gri-
austinį, patrankas*) dröhnen *vi* 2 (*važiuo-
jant, einant*) póltern *vi* (*s*)
duobė̃ Grúbe *f* -, -n; *kėlio* ~ Schlágloch *n*
-(e)s, ᵘer
dúoklė Tribút *m* -(e)s, -e
dúomenys Ángaben *pl*; Dáten *pl*
dúona Brot *n* -(e)s, -e; *baltà* ~ Wéißbrot;
juodà ~ Schwárzbrot
dúoti 1 gében* *vt*; ~ *naudõs* Nützen
bríngen; ~ *kám patarìmą* j-m éinen Rat
gében; ~ *žõdį* sein Wort gében; ~ *kám
gérti* j-m zu trínken gében 2 (*leisti*) lássen*
vt; ~ *kám miegóti* j-n schláfen lássen
dùrininkas Pförtner *m* -s, -, Portier [-'tje:]
m -s, -s
dùrys *pl* Tür *f* -, -en; *pabárškinti į̃ durìs* an
die Tür klópfen
dū̃ris Stich *m* -(e)s, -e
dùrklas Dolch *m* -(e)s, -e

dùrpės Torf *m* -(e)s, -e

dùrti stéchen* *vt*

dùrtuvas Bajonétt *n* -(e)s, -e

dū̃sauti séufzen *vi*

dùsinti würgen *vt*

dùsti erstícken *vi* (*s*)

dusul‖ìngas kúrzatmig; ~ỹs Átemnot *f* -, ᵘe

dūsúoti 1 átmen *vi* 2 séufzen *vi*

dùš‖as Dúsche *f* -, -n; *praũstis põ dušù* sich dúschen; ~inė Dúschraum *m* -(e)s, ᵘe

dū̃žis Schlag *m* -(e)s, ᵘe

dùžti zerbréchen* *vi* (*s*)

dužùs brüchig, zerbréchlich

dvãras Lándgut *n* -(e)s, ᵘer, Lándsitz *m* -es, -e; (*kunigaikščio*) *dvarè* am [bei] Hófe

dvarinìñkas Gútsbesitzer *m* -s, -

dvas‖ià Geist *m* -es, -er; ~ìngas durchgéistigt, vergéistigt

dvãsininkas Géistliche *sub m*

dvasininkijà Géistlichkeit *f* -

dvãs‖inis, ~iškas géistig; ~*inis pē̃nas* géistige Kost; ~*inis gyvēnimas* Géistesleben *n* -s

dvejaĩp auf zwéierlei Art

dvẽjetas 1 zwei; ~ *arklių̃* ein Paar Pférde 2 Zwei *f* -, -en

dvejõnė Zwéifel *m* -s, -

dvejópas zwéierlei

dvejóti zwéifeln *vi*, schwánken *vi*

dvelkìmas, **dveĺksmas** Hauch *m* -(e)s, -e

dveĺkti wéhen *vi*

dviaũkštis éinstöckig, zwéigeschossig

dvìbalsis Diphthóng *m* -s, -e

dvìdešimt zwánzig

dvidešimtmē̃tis zwánzigjährig

dvieĩlis zwéireihig

dvíese zu zwei [zweit]

dvìgarsis Diphthóng *m* -s, -e

dvìgub‖ai dóppelt; ~as dóppelt

dvikaĺbis zwéisprachig

dvìkova Zwéikampf *m* -(e)s, ᵘe, Duéll *n* -s, -e

dvýlika zwölf

dvimētis zwéijährig

dvyniaĩ *pl* Zwíllinge *pl*

dvi‖prasmýbė Dóppeldeutigkeit *f* -, -en, Zwéideutigkeit *f* -, -en; ~prãsmis dóppeldeutig, zwéideutig; ~pùsis zwéiseitig, dóppelseitig

dvìra‖tininkas Rádfahrer *m* -s, -; ~tis Fáhrrad *n* -(e)s, ᵘer; ~*čių lenktỹnės* Rádrennen *n* -s

dvi‖reĩkšmis dóppeldeutig; ~spal̃vis zwéifarbig; ~šãlis bílateral, zwéiseitig; ~*šãlė sutartìs* ein bílateraler Vertrág

dvìtaškis Dóppelpunkt *m* -(e)s, -e

dviveĩdis Dóppelzüngler *m* -s, -

dvõk‖as Gestánk *n* -(e)s; ~iantis stínkend, stínkig; ~ti ríechen* *vi*, stínken* *vi*

dvokùs stíckig

džiaũgsm‖as Fréude *f* -, -n; *spindéti iš* ~*o* vor Fréude stráhlen; *nesitvérti džiaugsmù* vor Fréude áußer sich sein; *suteĩkti kám* ~*o* j-m éine Fréude beréiten [máchen]

džiaugsmìngas fröhlich, fréudig

džiaũgtis 1 (*tuo, kas į̇vyko*) sich fréuen (*über A*) 2 (*tuo, kas į̇vyks*) sich fréuen (*auf A*)

džiáu‖styti, ~ti zum Tröcknen áufhängen

džiãzas Jazz [dʒes] *m* -

džìnsai *pl* Jeans [dʒi:nz] *pl*

džiovà Tuberkulóse *f* -, -n, Schwíndsucht *f* -

džiõvininkas, **-ė** Schwíndsüchtige *sub m, f*

džiovìnti 1 tröcknen *vt* 2 (*vaisius*) dörren *vt*

džiū̃gauti júbeln *vi*, frohlócken (frohlóckte, frohlóckt) *vi*

džiugesỹs Júbel *m* -s, Fréudentaumel *m* -s

džiùginti erfréuen *vt*

džiug‖ùs fréudig, fréudevoll; ~*ì žinià* éine fréudige Náchricht

džiùnglės *pl* Dschúngel *m, n* -s, -

džiū̃ti tröcknen *vi* (*s*)

džiūvė̃siai *pl* Zwíeback *m* -(e)s, ᵘe / -e

E, Ė

ėdr‖ùmas Gefräßigkeit f -; ~ùs gefräßig
ėdùs béißend; ẽdūs dū́mai béißender Rauch
ėdžios Kríppe f -, -n
efèktas Effékt m -(e)s, -e, Wírkung f -, -en
efektìngas efféktvoll
efektyvùs wírkungsvoll
Egìptas Ägypten n -s
egiptiẽtis Ägýpter m -s
ẽglė Tánne f -, -n
egl‖ýnas Tánnenwald m -(e)s, ⸗er; ~ùtė
Tánnenbaum m -(e)s, ⸗e; Kalė̃dų ~ùtė
Chrístbaum, Wéihnachtsbaum
ego‖ìstas Egóist m -en, -en; ~ìstinis, ~ìs-
tiškas egóistisch, éigensüchtig; ~ìzmas
Egoísmus m -, Éigensucht f -
egzãmin‖as Prüfung f -, -en, Exámen n -s,
- / -mina; brandõs atestãto egzaminaĩ
Abitúr n -s, -e; išlaikýti brandõs ates-
tãto ~us das Abitúr bestéhen [má-
chen]; baigiamíeji egzaminaĩ Ábschluss-
prüfungen; stojamíeji egzaminaĩ Áufnah-
meprüfungen; (iš)laikýti ~ą éine Prüfung
áblegen [bestéhen]
egzamin‖ãtorius Prüfer m -s, -, Examinátor
m -s, -tóren; ~úoti prüfen vt
egzempliõrius Exemplár n -s, -e; Áusferti-
gung f -, -en
egzist‖eñcija Existénz f -, -en; ~úoti exis-
tíeren vi, bestéhen* vi
eigulỹs Wáldhüter m -s, -
eikvóti vergéuden vt, verschwénden vt
eil‖ė̃ Réihe f -, -n; Schlánge f -, -n; Jū́sų
~ė̃ Sie sind an der Réihe; stóti į̃ eĩlę sich
ánstellen; stovéti ~ėjè Schlánge stéhen
eiléraštis Gedícht n -(e)s, -e
eĩlės Vérse pl; rašýti eilès Vérse díchten
eiliškùmas Réihenfolge f -
eiliúoti réimen vi
eilùtė 1 (teksto) Zéile f -, -n 2 Ánzug m
-(e)s, ⸗e
eĩsm‖as Verkéhr m -s; ~o į́vykis Verkéhrs-
unfall m -(e)s, ⸗e; ~o taisỹklės Verkéhrs-
vorschriften pl, Verkehrsregeln pl; inten-
syvùs ~as réger [stárker] Verkéhr

eĩti 1 géhen* vi (s), láufen* vi (s), mìtkom-
men* vi (s); ~ pirkinių̃ éinkaufen géhen;
~ pėsčiomìs zu Fuß géhen 2 (važiuoti,
plaukti) géhen* vi (s); kadà eĩna kìtas
traukinỹs? wann geht der nächste Zug?
3 (dirbti) géhen* vi (s), láufen* vi; maši-
nà eĩna die Maschíne läuft 4 (apie laiką)
vergéhen* vi (s); laĩkas eĩna greĩtai die
Zeit vergéht schnell 5 (mokytis) dúrchneh-
men* vt; ~ tèmą ein Théma dúrchnehmen
6 führen vi; kur̃ eĩna šìs kẽlias? wohín
führt díeser Weg?
eitỹnės Féstzug m -(e)s, ⸗e
ekipãžas (įgula) Mánnschaft f -, -en, Besát-
zung f -, -en
ekonòm‖ika Wírtschaft f -, -en; ~inis wírt-
schaftlich
ekonomìstas Wírtschaftler m -s, -
ekonòmiškas (taupus) ökonómisch
ekrãnas 1 (televizoriaus) Bíldschirm m -(e)s,
-e 2 (kino) Léinwand f -, ⸗e
ekranizúoti (pvz., romaną) verfílmen vt
eksceleñcija Exzellénz f -, -en
ekskavãtor‖ininkas Bággerführer m -s, -;
~ius Bágger m -s, -
ekskursántas Áusflügler m -s, -
ekskùrs‖as Exkúrs m -es, -e; ~ija Áusflug
m -(e)s, ⸗e, Exkursión f -, -en
ekspedìcija Expeditión f -, -en
eksperimeñt‖as Experimént n -(e)s, -e, Ver-
súch m -(e)s, -e; ~inis experimentéll
eksperimentúoti experimentíeren vi
ekspèrtas Sáchverständige sub m, Expérte
m -n, -n
ekspertìzė Begútachtung f -, -en, Expertíse
f -, -n
ekspon‖ãtas Exponát n -(e)s, -e; ~úoti
áusstellen vt
ekspòrt‖as Áusfuhr f -, -en, Expórt m -(e)s,
-e; ~inis: ~inės prėkės Áusfuhrgüter pl
eksport‖úoti áusführen vt, exportíeren vt;
~úotojas Exportéur [-'tø:r] m -s, -e

ekspozìcija (*paroda*) Áusstellung *f* -, -en, Schau *f* -

eksprèsas Férnschnellzug *m* -(e)s, ʷe

ekstrãktas Extrákt *m* -(e)s, -e

elastìngas elástisch, geschméidig

elegán‖cija Elegánz *f* -; ∼tìškas elegánt, schick

elektrà Elektrizität *f* -; *elèktros srovẽ* eléktrischer Strom

elèktrikas Eléktriker *m* -s, -

elektr‖ìnė Kráftwerk *n* -(e)s, -e, Elektrizitätswerk *n* -(e)s, -e; ∼ìnis eléktrisch, Elḗktro-; ∼ìnė virỹklė Eléktroherd *m* -(e)s, -e

elementar‖ùs elementár; ∼ì klaidà ein elementárer Féhler

elementõrius Fíbel *f* -, -n

elgesỹs Benéhmen *n* -s, Betrágen *n* -s

eĩgeta Béttler *m* -s, -

elgetáuti bétteln *vi*

eĩgsena Háltung *f* -, -en, Verhálten *n* -s

eĩgtis sich benéhmen*, sich betrágen*

éln‖ė Hírschkuh *f* -, ʷe; ∼ias Hirsch *m* -es, -e

emblemà Emblém *n* -s, -e

emigr‖ãcija Áuswanderung *f* -; Emigratión *f* -, -en; ∼ántas Áuswanderer *m* -s, -, Emigránt *m* -en, -en; ∼úoti áuswandern *vi* (*s*), emigríeren *vi* (*s*)

emòcija Emotión *f* -, -en, Gemütsbewegung *f* -, -en

emoc‖ìngas emotionál; ∼ingùmas Emotionalität *f* -

enciklopèd‖ija Enzyklopädíe *f* -, -díʲen; ∼inis enzyklopädisch

energètika Energétik *f* -, Energíewissenschaft *f* -

enèrgija Energíe *f* -, -gíʲen; *elèktros* ∼ Eléktroenergie

energìngas enérgisch, tátkräftig

eng‖éjas Unterdrücker *m* -s, -, Schínder *m* -s, -; ∼iamàsis, -óji Unterdrückte *sub m, f*

éngti unterdrücken *vt*; schínden* *vt*

entuziã‖stas Enthusiást *m* -en, -en; ∼stìškas enthusiástisch, begéistert; ∼zmas Enthusiásmus *m* -, Begéisterung *f* -

epidèm‖ija Epidemíe *f* -, -íʲen; ∼inis epidémisch

epidiaskòpas Bíldwerfer *m* -s, -

epilògas Epilóg *m* -s, -e, Náchspiel *n* -(e)s, -e

epitãfija Epitáph *n* -s, -e

epizòd‖as Episóde *f* -, -n; ∼inis, ∼iškas episódisch, episódenhaft

epochà Epóche *f* -, -n

ēpušė Éspe *f* -, -n

erà Ära *f* -, Ären, Zéitalter *n* -s, -

erdvẽ Raum *m* -(e)s, ʷe; *óro* ∼ Lúftraum

erdvùs geräumig, wéiträumig

erẽlis Ádler *m* -s, -

èriùkas Lamm *n* -(e)s, ʷer

érkė Mílbe *f* -, -n

erškẽtas Stör *m* -(e)s, -e

erškẽt‖is Dorn *m* -(e)s, -en; ∼rožė Dórnrose *f* -, -n

ertmẽ Höhle *f* -, -n; *burnõs* ∼ Múndhöhle

erudìcija Geléhrsamkeit *f* -

érzinti nécken *vt*, ärgern *vt*

erẽžilas Hengst *m* -es, -e

eskalãtorius Rólltreppe *f* -, -n

eskìzas Skízze *f* -, -n

esm‖ẽ Wésen *n* -s; *kalbéti iš* ∼ẽs zur Sáche sréchen [réden]; *pakeĩsti ką̃ iš* ∼ẽs etw. von Grund aus ändern; ∼ìnis wésentlich, grúndlegend

estafètė Stáffellauf *m* -(e)s, ʷe

èst‖as Éste *m* -n, -n; ∼ų tautà das éstnische Volk

estèt‖ika Ästhétik *f* -; ∼inis, ∼iškas ästhétisch

ésti 1 fréssen* *vt* 2 béißen* *vt*; *dū́mai akìs éda* der Rauch beißt mir [mich] in die Áugen

Èstija Éstland *n* -s

èstiškas éstnisch

estradà Estráde *f* -, -n

ešerỹs Barsch *m* -es, -e

etãpas Etáppe *f* -, -n

ètika Éthik *f* -

etikèt‖as Etikétte *f* -; *laikýtis* ∼o die Etikétte wáhren [éinhalten]

etikètė Etikétt *n* -(e)s, -e / -s

Európ‖a n -s; ~os **Bendrijà** Europäische Ge-
méinschaft; ~os **Tarýba** Európarat m -(e)s
europiẽt‖is Europäer m -s, -; ~iškas euro-
päisch
evak‖uãcija Evakuatión f -, -en; ~úoti eva-
kuíeren vt

ẽžeras See m -s, Sé∶en
ežerýnas Séeplatte f -, -n
ežià 1 (riba) Rain m -(e)s, -e **2** (lysvė) Beet
n -(e)s, -e
ežỹs Ígel m -s, -

F

fabrikántas Fabriként m -en, -en
fãbrikas Fabrík f -, -en
fabrikìn‖is fabríkmäßig; ~è gamýba fabrík-
mäßige Hérstellung
fãkel‖as Fáckel f -, -n; eitỹnės sù ~ais
Fáckelzug m -(e)s, ⁚e
faksìmilė Faksímile n -s, -s
fãkt‖as Tátsache f -, -n; ~inis, ~iškas
tátsächlich, wírklich
fãktorius Fáktor m -s, -tóren
fakultètas Fakultät f -, -en; téisės ~ die
jurístische Fakultät
falsifik‖ãcija Fälschung f -, -en; ~ãtorius
Fälscher m -s, -; ~úoti fälschen vt
familiar‖ùmas Familiarität f -, -en; ~ùs
familiär
fanãt‖ikas Fanátiker m -s, -; ~iškas faná-
tisch
fant‖ãstas Fantást / Phantást m -en, -en;
~ãstinis, ~ãstiškas fantástisch / phan-
tástisch; ~azúoti fantasíeren / phantasíe-
ren vi; fabulíeren vi
farmãc‖ija Pharmazíe f -; ~ininkas Phar-
mazéut m -en, -en
fársas Fárce [-sə] f -, -n
fáršas Háckfleisch n -es, Füllsel n -s, -
faršir‖úoti füllen vt; ~úota žuvìs gefüllter
Fisch
fasãdas Fassáde f -, -n
fasònas Fasson [-'sɔŋ] f -, -s
fašìst‖as Faschíst m -en, -en; ~inis faschís-
tisch
fašìzmas Faschísmus m -
fáuna Fáuna f -, -nen
favorìtas Favorít [-v-] m -en, -en, Günstling
m -s, -e
fazãnas Fasán m -(e)s, -en / -e

fãzė Pháse f -, -n
fecht‖úoti féchten* vi; ~úotojas Féchter m
-s, -
fejervèrkas Féuerwerk n -(e)s, -e
feljetònas Feuilleton [føjə'tɔŋ] n -s, -s
fèrma Farm f -, -en; paũkščių ~ Geflügel-
farm
fèrmeris Fármer m -s, -
festivãlis Festivál n -s, -e
figà Féige f -, -n
figūrà Figúr f -, -en; Gestált f -, -en
fiksúoti fixíeren vt, féstlegen vt
fiktyvùs fiktív
filatèlija Philatelíe f -
filatelìstas Philatelíst m -en, -en
filè Filet [-'le∶] n -s, -s
filiãlas Filiále f -, -n, Zwéigstelle f -, -n
fìlmas Film m -(e)s, -e; multiplikãcinis ~
Zéichenfilm, Zéichentrickfilm; spalvótas
~ Fárbfilm; vaidýbinis ~ Spíelfilm; te-
levìzijos ~ Férnsehfilm m -(e)s, -e
filmúoti fílmen vt
filològ‖as Philológe m -n, -n; ~ija Philolo-
gíe f -, -gi∶en; ~inis philológisch
filosòf‖as Philosóph m -en, -en; ~ija
Philosophíe f -, -phí∶en; ~inis, ~iškas
philosóphisch
filosofúoti philosophíeren vi
fìltras Fílter m -s, -
filtrúoti fíltern vt
finãlas Finále n -s, - / -s
fináns‖ai Finánzen pl; ~ininkas Finánz-
mann m -(e)s, -leute; ~inis finanzi∶éll
fìnišas Finish ['finiʃ] n -s, -s
finišúoti durchs Ziel géhen
fìrma Fírma f -, -men

fizika Physík f -
fizikìnis physikálisch
fìzin‖is phýsisch; körperlich; ~*is dárbas* körperliche Árbeit; ~*is skaũsmas* ein körperlicher Schmerz; ~*ė kultūrà* Körperkultur f -
fleità Flöte f -, -n
flìrtas Flirt m -s, -s
flirtúoti flírten vi
flomàsteris Fáserschreiber m -s, -
florà Flóra f -, -ren
fojė̃ Foyer [foa'je:] n -s, -s
folklòras Folklóre f -
fònas Híntergrund m -(e)s, ≃e
fòndas 1 Fonds [fɔŋ] m - [fɔŋs], - [fɔŋs] 2 (*labdaros tikslams*) Stíftung f -, -en
fonèt‖ika Phonétik f -; ~inis, ~iškas phonétisch
fontãnas Spríngbrunnen m -s, -
fòrma Form f -, -en
formalìstas Formalíst m -en, -en
formal‖ùmas Formalität f -, -en; ~ùs formál, forméll
formãtas Formát n -(e)s, -e
fòrmulė Fórmel f -, -n
formuliãras Formulár n -s, -e
formul‖úotė Formulíerung f -, -en; ~úoti formulíeren vt

formúoti 1 (*ugdyti*) fórmen vt 2 (*organizuoti, sudaryti*) formíeren vt, bílden vt
forsúoti forcieren [-'si:-] vt
fortepijõnas Flügel m -s, -
fòrumas Fórum n -s, -ren / -ra
fòsforas Phósphor m -s, -e
fòtelis Séssel m -s, -
fotoaparãtas Kámera f -, -s, Fótoapparat / Phótoapparat m -(e)s, -e
fotogrãf‖as Fotográf / Photográph m -en, -en; ~ija Fóto / Phóto n -s, -s, Fotografíe / Photographíe f -, -fi:en / -phí:en
fotografúoti fotografíeren / photographíeren vt
fragmeñt‖as Fragmént n -(e)s, -e; ~inis fragmentárisch
frãkas Frack m -(e)s, ≃e
frãzė Phráse f -, -n; *skambì* ~ éine hóchtönende Phráse
frazeològ‖ija Phraseologíe f -, -gí:en; ~inis phraseológisch
freskà Fréske f -, -n
fròntas Front f -, -en
fùnkcija Funktión f -, -en
funkcionúoti funktioníeren vi
fùtbol‖as Fúßball m -(e)s, ≃e; ~ininkas Fúßballspieler m -s, -
futliãras Futterál n -s, -e

G

gãbalas Stück n -(e)s, -e
gabénti befördern vt, transportíeren vt
gab‖ùmas Begábung f -, -en; ~ùs begábt
gadìnti beschädigen vt, verdérben* vt; ~ *sàvo sveikãtą* séine Gesúndheit untergráben
gagénti (*apie žąsis, antis*) schnáttern vi
gaidà 1 Melodíe f -, -dí:en 2 (*nata*) Nóte f -, -n
gaidỹs Hahn m -(e)s, ≃e
gaĩgalas Énterich m -s, -e
gaĩla scháde; *mán* ~ es tut mir Leid; *mán tavę̃s* ~ du tust mir Leid; ~ *laĩko* es ist scháde um die Zeit
gailest‖ìngas bármherzig, mítleidig; ~ìngùmas** Bármherzigkeit f -

gailest‖is Mítleid n -(e)s; Réue f -; *jaũsti kám* ~į̃ Mítleid mit j-m fühlen [háben]
gailė́‖ti (*ko*) bemítleiden vt; ~tis 1 (*ko*) bemítleiden vt 2: *jì gaĩlisi nelaimìngojo* der Únglückliche tut ihr weh; *jìs gaĩlisi pinigų̃* es ist ihm scháde um Geld
gáinioti tréiben* vt; jágen vt
gaĩsr‖as Brand m -(e)s, ≃e; ~o *židinỹs* Brándherd m -(e)s, -e; *kìlo* ~*as* ein Brand brach aus; ~ *!* es brennt! Féuer!
gaisrãvietė Brándstätte f -, -n
gaĩsrininkas Féuerwehrmann m -(e)s, -leute
gaĩš‖atìs Zéitverlust m -es, -e; ~ìnti: ~ìnti *laĩką* Zeit verlíeren

gaĩšti 1 (*apie laiką*) verlíeren* *vt* **2** (*apie gyvulį*) krepíeren *vi* (*s*), verénden *vi* (*s*)

gaiv‖à Frísche *f* -, Erfríschung *f* -, -en; ∼ĩnti erfríschen *vt*

gaivìnamas, gaivìnantis erfríschend; ∼*is*

gérimas ein erfríschendes Getränk

gajùs lébensfähig, zählebig; ∼ *áugalas* éine zählebige Pflánze

gál vielléicht

galantèrija Kúrzwaren *pl*

galántiškas galánt

gãl‖as Énde *n* -s, -n, Schluss *m* -es, ⸗e; *eĩti priẽ* ∼*o* zu Énde géhen; *padarýti kám* ∼*ą* mit etw. (*D*) Schluss máchen; *be* ∼*o* (*nepaprastai*) zutíefst, aufs tíefste, äußerst; *galų̃ galè* létzten Éndes

gal‖ą́sti schärfen *vt*, wétzen *vt*; ∼ą́stuvas Wétzstein *m* -(e)s, -e

galèrija Galeríe *f* -, -rí⸗en; *pavéikslų* ∼ Bíldergalerie

galéti 1 (*pajėgti*) können* *vi*, imstánde / im Stánde sein; *gãlima* man kann; *gãli bū́ti* es kann sein; *jìs negãli pasileñkti* er kann sich nicht bücken **2** (*turéti teisę*) dürfen* *vi*; *ar̃ galiù pakláusti?* darf ich frágen?

galià Kraft *f* -, ⸗e, Macht *f* -; Stärke *f* -

galiáusiai schlíeßlich, létzten Éndes

gãlim‖as möglich; eventuéll; ∼*as dáiktas* es ist möglich, es kann möglich sein; *kiek* ∼*a greičiaũ* so bald wie möglich

galim‖ýbè, ∼*ùmas* Möglichkeit *f* -, -en

galìngas mächtig, stark; léistungsfähig

galingùmas Léistungsfähigkeit *f* -

galiójantis gültig

galióti gélten* *vi*, gültig sein

galū̃nė 1 Éndung *f* -, -en **2** *anat*. Glíedmaßen *pl*

galutinaĩ éndgültig, ein für állemal

galv‖à Kopf *m* -(e)s; ⸗e, Haupt *n* -(e)s, ⸗er; *šeimõs* ∼*à* das Haupt der Famílie; *ikì gyvõs* ∼*õs* lébenslänglich ◊ *sùkti* [*láužyti*] *gálvą* sich (*D*) den Kopf zerbréchen

galvìjai Ríndvieh *n* -(e)s

galvó‖sena Dénkart *f* -, -en; ∼*sūkis* Rätsel *n* -s, -; Dénkaufgabe *f* -, -n; ∼*tas* geschéit, verständig; ∼*ti* (*apie ką*) dénken* (*an A*);

ką̃ jū̃s ∼*jate apiẽ taĩ?* was méinen Sie dazú?

gamýba Erzéugung *f* -, -en, Produktión *f* -

gamyklà Werk *n* -(e)s, -e

gam‖inỹs Erzéugnis *n* -ses, -se; ∼ĩnti erzéugen *vt*, hérstellen *vt*; produzíeren *vt*; ∼ĩntojas Erzéuger *m* -s, -, Hérsteller *m* -s, -, Produzent *m* -en, -en

gamt‖à Natúr *f* -; ∼*õs mókslai* Natúrwissenschaften *pl*; ∼*õs tuřtai* Bódenschätze *pl*

gam̃tininkas Natúrforscher *m* -s, -

gamtìn‖is Natúr-; ∼*ės dùjos* Érdgas *n* -es, -e, Natúrgas *n* -es, -e

gamtó‖sauga Natúrschutz *m* -es; ∼*vaizdis* Lándschaft *f* -, -en

ganà 1 genúg **2** recht, zíemlich; ∼ *sunkùs* recht schwer

gañd‖as Gerücht *n* -(e)s, -e; *skleĩsti* ∼*ą* ein Gerücht verbréiten; *skliñda* ∼*as, kàd ...* es geht das Gerücht, dass ...

gañdras Storch *m* -(e)s, ⸗e

gan‖yklà Wéide *f* -, -n, Wéideland *n* -(e)s, ⸗er; ∼*ýti* hüten *vt*, wéiden *vt*; ∼*ýtis* wéiden *vi*

garántija Garantíe *f* -, -tí⸗en, Gewähr *f* -

garantúoti garantíeren *vt*, gewährleisten *neatsk. vt*

gãras Dampf *m* -(e)s, ⸗e

garãžas Garáge [-ʒə] *f* -, -n

gárbana Lócke *f* -, -n

garbãnius Kráuskopf *m* -(e)s, ⸗e

garbanótas gekräuselt

garb‖ė̃ Éhre *f* -, -n; ∼*ės reĩkalas* Éhrensache *f* -, -n; ∼*ės troškimas* Éhrgeiz *m* -es; ∼*ės žõdis!* (auf mein) Éhrenwort!

garbin‖iúotas kráusköpfig, kráushaarig; ∼*iúoti* kräuseln *vt*, lócken *vt*; ∼*iúotis* sich kräuseln, sich lócken

gárbin‖ti ánbeten *vt*, veréhren *vt*; ∼*tojas* Veréhrer *m* -s, -

gard‖umýnas Léckerbissen *m* -s, -; ∼*ùs* lécker, schmáckhaft; ∼*žiaĩ* appetítlich

gárlaivis Dámpfer *m* -s, -, Dámpfschiff *n* -(e)s, -e

garnýras Béilage *f* -, -n, Zúkost *f* -, -en
gaȓs‖as 1 Laut *m* -(e)s, -e; Ton *m* -(e)s, ⁻e;
áukštas ~*as* ein hóher Ton; *bè* ~*o* láutlos
2 (*garbė*) Ruf *m* -(e)s, -e
gars‖enýbė Berühmtheit *f* -, -en; ~éti (*kuo*)
berühmt sein (*durch A*)
gaȓsiai laut
garsiãkalbis Láutsprecher *m* -s, -
gársinti bekánnt máchen
garstýčios Senf *m* -(e)s, -e
gars‖ùmas Láutstärke *f* -; ~ùs 1 (*skardus*)
laut 2 (*žinomas*) berühmt; ~ùs visamè
pasáulyje wéltberühmt
garúoti dámpfen *vi*
garvežỹs Lokomotíve *f* -, -n
gąsdin‖imas Ängstigung *f* -, -en; ~ti ängs-
tigen *vt*, schrécken *vt*
gastrólės Gástrolle *f* -, -n, Gástspiel *n* -(e)s,
-e
gastroliúoti ein Gástspiel gében
gastronòm‖as Lébensmittelgeschäft *n* -(e)s,
-e; ~ija Lébensmittel *pl*, Náhrungsmittel
n -s, -
gašl‖ùmas Géilheit *f* -, Wóllust *f* -; ~ùs
geil, wóllustig
gãtavas fértig; *gatavì drabùžiai* fértige Kléi-
der, Konfektión *f* -, -en
gãtv‖ė Stráße *f* -, -n; *platì* (*siaurà*) ~*ė* éine
breite (énge, schmále) Stráße; *abiejosè*
~*ės pùsėse* zu [auf] béiden Séiten der
Stráße; *eĩti gatvè* die Stráße entláng géhen
gatvẽlė Gásse *f* -, -n
gaublỹs Glóbus *m* - / -ses, *pl* -ben / -se
gaũbti hüllen *vt*, umhüllen *vt*
gáudyti fángen* *vt*
gaujà Bánde *f* -, -n, Rótte *f* -, -n; *plėšìkų*
~ Räuberbande
gáunamas erhältlich
gaurúotas zóttig
gauséti sich vergrößern, sich verméhren
gaũsiai réichlich
gausýbė Fülle *f* -, Ménge *f* -, -n
gaũsinti méhren *vt*
gaũsti dröhnen *vi*
gausùmas Fülle *f* -, Ménge *f* -, -n
gausùs ergíebig, reich, réichlich

gáuti bekómmen* *vt*, erhálten* *vt*
gavėjas Empfänger *m* -s, -
gavènià Fástenzeit *f* -
gebéti fähig sein, imstánde / im Stánde sein
gėda Scham *f* -; Schánde *f* -
gedìmas 1 (*automobilio*) Pánne *f* -, -n 2
(*pvz., maisto produktų*) Verdérb *m* -s
gedéti (*ko*) tráuern *vi* (*um A*)
gėdìngas beschämend, schändlich; ~ póel-
gis éine schändliche Tat
gėd‖inti beschämen *vt*; ~ytis 1 (*dėl ko*) sich
schämen (*G, wegen G*) 2 (*ko*) sich schämen
(*vor j-m*); *jìs* ~*ijasi tėvų̃* er schämt sich vor
den Éltern
gėdulas Tráuer *f* -
gedulìngas tráuervoll
gegùtė Kúckuck *m* -s, -e
gegužė̃ (*mėnuo*) Mai *m* - / -(e)s, -e
geidul‖ìngas begéhrlich; ~ỹs Begíerde *f* -,
-n
geĩdžiamas erwünscht, wünschenswert
geĩ‖smas Begíerde *f* -, -n; ~sti begéhren *vt*
gélbė‖jimas Réttung *f* -, Bérgung *f* -; ~ti
rétten *vt*; bérgen* *vt*; ~tojas Rétter *m* -s, -
gèl‖ė Blúme *f* -, -n; ~étas geblümt; ~ýnas
Blúmenbeet *n* -(e)s, -e
geležìnis éisern
geležinkel‖ininkas Éisenbahner *m* -s, -; ~is
Éisenbahn *f* -, -en; ~io stotìs Báhnhof *m*
-(e)s, ⁻e
gelež‖ìs Éisen *n* -s; ~iẽs rūdà Éisenerz *n*
-es, -e
gėlýnas Blúmengarten *m* -s, ⁻; Blúmenbeet
n -(e)s, -e
gėlininkas Blúmenzüchter *m* -s, -
gėlininkỹstė Blúmenzucht *f* -
geĩ‖sti gelb wérden; ~svas gélblich
gélti (*apie vabzdžius*) stéchen* *vt*
gelt‖ónas gelb; ~onùmas Gelb *n* -(e)s
geluonìs Stáchel *m* -s, -n
gélžbetonis Éisenbeton *m* -s, Stáhlbeton *m*
-s
genealògija Genealogíe *f* -, Stámmbaum *m*
-(e)s
generõlas Generál *m* -s, -e / ⁻e
genéti ábästen *vt*, ábhauen* *vt*

genial‖ùmas Genialität *f* -, -en; ~**ùs** geniál
gènijus Geníe [ʒe-] *n* -s, -s, Génius *m* -,
-ni:en
genỹs Specht *m* -(e)s, -e
genocìd‖as Völkermord *m* -(e)s; *výkdyti* ~**ą**
Völkermord begéhen
gentìs *istor.* Stamm *m* -(e)s, ʷe
geogrāf‖as Geográf / Geográph *m* -en,
-en; ~**ija** Geografíe / Geographíe *f* -,
-fí:en / -phí:en; ~**inis** geográfisch / geo-
gráphisch
geològ‖as Geológe *m* -n, -n; ~**ija** Geologíe
f -; ~**inis** geológisch
geomètr‖ija Geometríe *f* -; ~**inis** geomét-
risch
geradar‖ýbė, ~**ỹstė** Wóhltat *f* -, -en
geradarỹs Wóhltäter *m* -s, -
gēralas Gebräu *n* -(e)s, -e, Gesöff *n* -(e)s, -e
geranoriškùmas Gútwilligkeit *f* -, Genero-
sität *f* -
gēr‖as gut; ~**as óras** schönes Wétter; *geróji
pùsė (audeklo)* die réchte Séite; *bùti gerõs
núotaikos* gúter Láune sein, gúter Dínge
sein; *kàs* ~**o?** was Néues? *vìso* ~**o** álles
Gúte!
gerašiȓdis gútherzig
geraširdiškùmas Gútherzigkeit *f* -
gerbėjas Bewúnderer *m* -s, -, Veréhrer *m* -s, -
geȓb‖iamas geéhrt, veréhrt; ~**ti** áchten *vt*,
respektíeren *vt*
gerė‖jimas Bésserung *f* -; ~**ti** sich béssern
gėrėtis *(kuo)* sich erfréuen *(an D)*, Fréude
hában *(an D)*
gēriamas trínkbar
gėrýb‖ė Gut *n* -(e)s, ʷer; *materiālinės* ~**ės**
materiélle Güter
gérimas Getränk *n* -(e)s, -e
gērin‖ti verbéssern *vt*; ~**tis** *(kam)* sich
schméicheln *vi (j-m)*
gēris Gúte *sub n*; Güte *f* -
gerklė̃ Kéhle *f* -, -n
germ‖ānas Germáne *m* -n, -n; ~**anìstas**
Germaníst *m* -en, -en
gerókas beträchtlich; zíemlich
geróvė Wohl *n* -(e)s, Wóhlstand *m* -(e)s

gérti trínken* *vt*; ~ *į̃ kienõ sveikãtą* auf j-s
Wohl [Gesúndheit] trínken
gerùmas Güte *f* -
gerúoju in Güte
gérvė Kránich *m* -(e)s, -e
gérvuogė Brómbeere *f* -, -n
gesìnti löschen *vt*; ~ *ùgnį̃ (šviẽsą)* ein Féuer
(das Licht) löschen
gesintùvas Féuerlöscher *m* -s, -
gèstas Géste *f* -, -n; Gebärde *f* -, -n
gèsti[1] verdérben* *vi (s)*, fáulen *vi (s, h)*
gèsti[2] erlöschen* *vi (s)*, áusgehen* *vi (s)*;
žvãkė gę̃sta die Kérze erlíscht
gì denn, doch
gìdas Frémdenführer *m* -s, -, Réiseleiter *m*
-s, -
gydyklà Héilanstalt *f* -, -en
gýd‖ymas Behándlung *f* -, -en; ~**yti** be-
hándeln *vt*, héilen *vt*; ~**ytis** sich behán-
deln lássen, in ärztlicher Behándlung sein;
~**ytoja** Ärztin *f* -, -nen; ~**ytojas** Arzt *m*
-es, ʷe; *dantũ* ~**ytojas** Záhnarzt; *vidaũs
ligũ* ~**ytojas** Interníst *m* -en, en
giedó‖jimas Síngen *n* -s, Gesáng *m* -(e)s;
~**ti** síngen* *vt*, *vi*; *gaidỹs gíeda* der Hahn
kräht
giedrà héiteres Wétter
giẽdras héiter, klar; ~ *dangùs* ein klárer
Hímmel
giedréti sich áufheitern, sich áufklären
giesm‖ė̃ Lied *n* -(e)s, -er; Gesáng *m* -(e)s,
ʷe; ~**iniñkas** Sänger *m* -s, -; *paũkščiai*
~**iniñkai** Síngvögel *pl*
gigánt‖as Gigánt *m* -en, -en; ~**iškas** gigán-
tisch
gijà Fáden *m* -s, ʷ
gìlė Éichel *f* -, -n
giléti tíefer wérden
gìlin‖ti vertíefen *vt*; ~**ti sàvo žiniàs** séine
Kénntnisse vertíefen; ~**tis** sich vertíefen
gỹlis Tíefe *f* -
gilùs tief
giȓdym‖as Gebúrt *f* -, -en; ~**o skausmaĩ**
Gebúrtswehen *pl*
gimd‖ýti gebären* *vt*; ~**ýtoja**, ~**ỹvė** Wöch-
nerin *f* -, -nen, Kréißende *sub f*

gìmęs gebóren
gimìm‖as Gebúrt f -, -en; jìs ~o berlyniẽtis er ist ein gebórener Berlíner
gimìn‖áitis, -ė Verwándte sub m, f; aȓtimas (tólimas) ~áitis ein náher (entférnter) Verwándter; ~ė 1 Verwándtschaft f -; jõ ~ė̃ didelė er hat éine grö́ße Verwándtschaft 2 Verwándte sub m, f 3 Geschlécht n -(e)s, -er; výriškoji (móteriškoji, niekatróji) ~ė̃ das männliche (wéibliche, sächliche) Geschlécht; ~ìngas verwándt; ~ỹstė Verwándtschaft f -
gimnãst‖as Túrner m -s, -; ~ika Gymnástik f -; darýti ~ìką túrnen vi
gimnãzija Gymnásium n -s, -si:en
gimnazìstas Gymnasiást m -en, -en
gimtãdienis Gebúrtstag m -(e)s, -e
giȓitas héimatlich, Héimat-; gimtíeji namaĩ das héimatliche Haus; gimtóji kalbà Múttersprache f -
gìm‖ti gebóren wérden [sein]; kadà tù ~ęs? wann bist du gebóren?
gimtìnė Héimat f -, -en
giñč‖as Streit m -(e)s, -e; kìlo smarkùs ~as ein héftiger Streit entbránnte; ~ytis (dėl ko) stréiten* vi / sich (über A)
gynéjas Vertéidiger m -s, -; Verféchter m -s, -
ginekològ‖as Gynäkológe m -n, -n; ~ija Gynäkologíe f -
gynýba Vertéidigung f -, -en
gynìm‖as Vertéidigung f -, -en; ~asis Sélbstverteidigung f -, -en
giñklas Wáffe f -, -n; branduolìnis ~ Kérnwaffe; šaunamàsis ~ Schússwaffe
ginkl‖ãvimas(is) Bewáffnung f -, -en; ~úotas bewáffnet; ~úoti bewáffnen vt, rüsten vt; ~úotis sich bewáffnen, rüsten vi / sich
giñtaras Bérnstein m -(e)s
giñti¹ tréiben* vt
gìn‖ti² (nuo ko) beschützen vt (vor D), vertéidigen vt (gegen A); ~tis 1 sich vertéidigen, sich wéhren 2 (neprisipažìnti) léugnen vt, vi
gìpsas Gips m -es, -e

gips‖ìnis gípsen, gípsern; ~úoti gípsen vt
giráitė Gehölz n -es, -e
girdéti hören vt
girdyklà Tränke f -, -n
giȓdimas hörbar, vernéhmbar
gìrdyti tränken vt
girgždéti knárren vi
girià Wald m -(e)s, ᵕer, Forst m -es, -e
gyrìm‖as Lob m -(e)s; ~asis Prahleréi f -, -en
gìrininkas Förster m -s, -
girininkijà 1 (girininko būstinė) Försteréi f -, -en 2 (miško plotas) Fórstrevier n -s, -e
gìrnos Mühlsteine pl
gìrtas betrúnken, besóffen, trúnken
girtáuti knéipen vi, zéchen vi
gìr‖ti lóben vt; ~tis (kuo) práhlen vi (mit D), sich rühmen (G); ~tinas lóbenswert, löblich
girtùmas Trúnkenheit f -
girtuokl‖iáuti žr. girtáuti
girtuõklis Trínker m -s, -, Trúnkenbold m -(e)s, -e
girtuoklỹstė Trúnksucht f -
gýsla Áder f -, -n
gyslótas áderig, äderig
gitar‖à Gitárre f -, -n; gróti ~ Gitárre spíelen; ~ìstas Gitarríst m -en, -en, Gitárrenspieler m -s, -
gýti héilen vi (s); genésen* vi (s)
gývas 1 lebéndig, lébend; išlìkti gyvám am Lében bléiben 2 (judrus) lebéndig, lébhaft; ~ judéjimas réger Verkéhr
gyvãtė Schlánge f -, -n
gyvãtvorė Hécke f -, -n
gyvẽn‖amas(is) Wohn- ; ~amasis nãmas Wóhnhaus n -(e)s, ᵕer; ~amasis plótas Wóhnraum m -(e)s; ši sritìs retaĩ (tirštaĩ) ~ama díeses Gebíet ist schwach (dicht) bevölkert; ~imas Lében n -s; ~imo būdas Lébensweise f -; ~imiškas lébenswahr, lebensécht
gyv‖énsena Lébensweise f -; ~énti lében vi; wóhnen vi, bewóhnen vt; ~éntojas Bewóhner m -s, -, Éinwohner m -s, -; káimo ~éntojas Dórfbewohner; ~éntojai

(*šalies, miesto*) Bevölkerung *f* -, -en; ~**énvietė** Síedlung *f* -, -en
gýviai Getíer *n* -(c)s
gyvýb‖ė Lében *n* -s; *rizikúoti* ~*e* sein Lében aufs Spiel sétzen; ~**inis**, ~**iškas** lébenswichtig
gývsidabris Quécksilber *n* -s
gyvulininkýstė Víehzucht *f* -
gyvul‖ỹs Tier *n* -(e)s, -e; ~*iaĩ* Vieh *n* -(e)s, -er; *naminiai* ~*iaĩ* Háustiere *pl*
gyvū̃nas Tier *n* -(e)s, -e
gyvūnijà Fáuna *f* -, -nen, Tíerwelt *f* -
gyvúoti existíeren *vi*, bestéhen* *vi* (*h*)
glamõnė, glamonė́jimas Líebkosung *f* -, -en
glamonė́ti líebkosen (líebkoste, gelíebkost) *vt*
glámž‖yti kníttern *vt*, knüllen *vt*; ~**ytis** kníttern *vi*
glaũdės Bádehose *f* -, -n
glaudùs eng; ~ *ryšỹs* éine énge Verbíndung
glaustaĩ gedrängt, in knáppen Wórten
glaũ‖sti (*prie ko*) léhnen *vt* (*an A*); ~**stis** (*prie ko*) sich schmíegen (*an A*)
glèbti erschláffen *vi* (*s*), schlapp wérden
gleĩvės Schleim *m* -(e)s, -e
gleivė́tas schléimig
glẽžnas zart
gliáudyti (*riešutus*) knácken *vt*
glicerìnas Glyzerín *n* -s
gliukòzė Glukóse *f* -
globà Vórmundschaft *f* -, -en; Fürsorge *f* -, -n
globó‖jamas bevórmundet; *būti kienõ* ~*jamam* únter j-s Vórmundschaft stéhen; ~**ti** bevórmunden *neatsk. vt*; ~**tinis** Mündel *m, n* -s, -; Schützling *m* -s, -e
glóstyti stréicheln *vt*
glùminti verwírren *vt*, irritíeren *vt*
glúosnis Wéide *f* -, -n, Wéidenbaum *m* -(c)s, ~e
gnáibyti knéifen* *vt*, zwícken *vt*
gniáužti bállen *vt*
gnýbti knéifen* *vt*, zwícken *vt*
gobelėnas Gobelin [gobə'lɛŋ] *m* -s, -s

gobš‖ùmas Hábgier *f* -, Hábsucht *f* -; ~**ùs** hábgierig, hábsüchtig; ~**ùs** *pinigų̃* géldgierig
god‖ùmas Gier *f* -, Hábgier *f* -; ~**ùs** gíerig, hábgierig; ~**ùs** *pinigų̃* géldgierig
gomurỹs Gáumen *m* -s, -
gorilà Gorílla *m* -s, -s
gòt‖ika Gótik *f* -; ~**inis**, ~**iškas** gótisch
grafà (*skiltis*) Spálte *f* -, -n
grãfas Graf *m* -en, -en
grafíenė Gräfin *f* -, -nen
grãfika Gráfik / Gráphik *f* -; ~**s** Gráfiker / Gráphiker *m* -s, -
graĩkas Gríeche *m* -n, -n
Graĩkija Gríechenland *n* -s
graĩkiškas gríechisch
grakšt‖ùmas Ánmut *f* -; ~**ùs** ánmutig; grazíl
grãmas Gramm *m* -(e)s, -e / -
gramãt‖ika Grammátik *f* -, -en; ~**inis** grammátisch
granatà Granáte *f* -, -n
granãtas (*vaisius*) Granátapfel *m* -s, ~
grandìnė Kétte *f* -, -n
grandìs Glied *n* -(e)s, -er
grándyti krátzen *vt*, schában *vt*
granìt‖as Granít *m* -s, -e; ~**inis** graníт; ~**inis** *pamiñklas* ein Dénkmal aus Graníт
grasìn‖imas Dróhung *f* -, -en; ~**ti** dróhen *vi*
graudìn‖ti rühren *vt*; ~**tis** rührselig wérden
graud‖ulỹs Rührung *f* -; ~**ùs** kläglich, wéhmütig
graužìkas Nágetier *n* -(e)s, -e
graviūrà Stich *m* -(e)s, -e
grąžà Rest *m* -es, -e
gražbyliáuti schönreden
gražė́ti schön [schöner] wérden
grąžìnimas Rückgabe *f* -, -n; (*pinigų̃*) Rückerstattung *f* -, -en
grąžìnti zurückgeben* *vt*; zurückbringen* *vt*
grãžinti verschönern *vt*, schöner máchen
gražiúoju in Güte, gütlich
grąžtas Bóhrer *m* -s, -

graž‖ùmas Schönheit *f* -, -en; ~**uõlė** Schönheit *f* -, -en; ~**ùs** schön, hübsch
grėblỹs Réchen *m* -s, -, Hárke *f* -, -n
grebóti, grėbti réchen *vt*, hárken *vt*
greičiáusiai höchstwahrschéinlich, áller Wahrschéinlichkeit nach
greĩt‖as schnell, rasch; bald, gleich; **greitóji pagálba** die Érste Hílfe; **greitàsis traukinỹs** Schnéllzug *m* -(e)s, ·e; ~**inti** beschléunigen *vt*; ~**is** Geschwíndigkeit *f* -
greĩtkelis Áutobahn *f* -, -en
grėsm‖ė̃ Gefáhr *f* -, -en; **kélti grė̃smę** (*kam*) gefährden *vt*; ~**ingas** bedróhlich
grė̃sti dróhen *vi*
gret‖à[1] Réihe *f* -, -n; **stovéti vienojè** ~**ojè** in éiner Réihe stéhen
gretà[2] **1** *adv* danében, nebenán **2** *prp* nében (*D*)
gretimaĩ nebenán
gręž‖ėjas, ~**ìkas** Bóhrer *m* -s, -; ~**inỹs** Bóhrloch *n* -(e)s, ·er, Bóhrung *f* -, -en
grę̃žti 1 bóhren *vt* **2** (*skalbinius*) wríngen* *vt*
griáučiai *pl* Skelétt *n* -(e)s, -e, Geríppe *n* -s, -
griáudėti dónnern *vi*
griaustìnis Dónner *m* -s, -
griáu‖ti entwúrzeln *vt*; **vétra** ~**na medžiùs** der Sturm entwúrzelt die Bäume **2** (*ardyti*) ábreißen* *vt*, níederreißen* *vt*
grỹbas Pilz *m* -es, -e; **válgomasis** (**neválgomasis**) ~ ein éssbarer (úngenießbarer) Pilz
gryb‖áuti Pílze sámmeln; ~**áutojas** Pílzsammler *m* -s, -
gryčià Stúbe *f* -, -n; Báuernstube *f* -, -n
griéb‖ti gréifen* *vt*, pácken *vt*; ~**ti ką̃ ùž rañkos** j-n am [beim] Arm pácken; ~**tis:** ~**tis dárbo** sich an die Árbeit máchen
grietìnė sáure Sáhne *f* -
grietinė̃lė Sáhne *f* -, süße Sáhne; **plaktà** ~ Schlágsahne
griežtaĩ streng; ~ **nubaũsti** streng bestráfen; **įeĩti** ~ **draũdžiama!** Zútritt streng verbóten!
griéžt‖as streng, scharf; ~**os príemonės** strénge [schárfe] Máßnahmen; **griežtà bausmė̃** éine schárfe Stráfe

griéžti spíelen *vi*, *vt*; ~ **smuikù** Géige spíelen
griežtùmas Strénge *f* -
grìk‖iai Búchweizen *m* -s; ~**ių kruõpos** Búchweizengrütze *f* -
grìmas Schmínke *f* -, -n
grimasà Grimásse *f* -, -n
griñzti sínken* *vi* (*s*)
grýnas 1 (*be priemaišų*) rein; ~ **áuksas** réines Gold; ~ **vanduõ** kláres Wásser **2** (*plikas*) kahl, bloß
grynaveĩslis réinrassig
grindinỹs Pfláster *n* -s, -
griñdys Fúßboden *m* -s, ·
grynùmas Réinheit *f* -
griovỹs Gráben *m* -s, ·
grìpas Gríppe *f* -, -n; **susiȓgti gripù** sich éine Gríppe hólen
grį̃sti 1 (*gatvę*) pflástern *vt* **2** begründen *vt*; **kuõ jìs griñdžia sàvo núomonę?** womít begründet er séine Méinung?
griúti 1 (*irti*) verfállen* *vi* (*s*), éinstürzen *vi* (*s*) **2** (*pulti*) hínfallen* *vi* (*s*), stürzen *vi* (*s*)
griuvė̃s‖iai Trümmer *pl*; Ruíne *f* -, -n; **paveȓsti** ~**iais** in Trümmer schlágen
grįžimas Rückkehr *f* -
grį̃žti zurückkehren *vi* (*s*)
grõbis Raub *m* -(e)s; Béute *f* -, -
gróbti ráuben *vt*
grõtos Gítter *n* -s, -
grož‖ėtis (*kuo*) geníeßen* *vt*, bewúndern *vt*; ~**ýbė** Schönheit *f* -, -en
grõž‖inis: ~**inė literatūrà** die schöne [schöngeistige] Literatúr; ~**is** Schönheit *f* -, -en
grublėtas rau; ~ **kẽlias** ein hólperiger Weg
grubùs grob, rau
grū́das Korn *n* -(e)s, ·er; **grū́dai** Korn *n* -(e)s
grū́din‖imas (*sveikatos*) Ábhärtung *f* -, -en; ~**ti 1** (*pvz., plieną*) härten *vt* **2** (*sveikatą*) stählen *vt*, ábhärten *vt*
grùmtis ríngen* *vi*
gruñtas Grund *m* -(e)s, ·e
grúodas Bódenfrost *m* -es, ·e

grúodis Dezémber *m* - / -s, -
grùpė Grúppe *f* -, -n
grup‖uõtė Gruppíerung *f* -, -en; ~**úoti** gruppíeren *vt*; ~**úotis** *(apie ką)* sich gruppíeren *(um A)*
grūstis¹ sich drängen
grūstis² Gedränge *n* -s; *transpòrto* ~ Verkéhrsstau *m* -(e)s, -e
Grùzija Geórgi:en *n* -s
gruzìn‖as Geórgi:er *m* -s, -; ~**iškas** geórgisch
gudr‖áuti schlau máchen, éine List ánwenden; ~**ýbė** Finésse *f* -, -n; Kniff *m* -(e)s, -e; ~**ùmas** Schláuheit *f* -; ~**uõlis, -ė** Schláue *sub m*, *f*, Schláukopf *m* -(e)s, -e; ~**ùs** schlau
gulbė Schwan *m* -(e)s, -e
guldýti níederlegen *vt*, ins Bett bríngen
guléti liegen* *vi*; ~ *lóvoje (ant sòfos)* im Bett (auf dem Sófa) líegen
gul̃sčias wáagerecht
gul̃ti sich légen, sich níederlegen; *eĩti* ~ schláfen géhen
gumà Gúmmi *m* -s, -s; *kramtomoji* ~ Káugummi *m* -s
gumìn‖is Gúmmi-; ~*iai bãtai* Gúmmistiefel *m* -s, -

gùnd‖yti versúchen *vt*, verführen *vt*; in Versúchung führen; ~*ytojas* Versúcher *m* -s, -, Verführer *m* -s, -
guõlis Láger *n* -s, -, Lágerstatt *f* -, :e; Bett *n* -(e)s, -e; Schláfplatz *m* -es, :e
gúo‖sti trösten *vt*; ~**stis** *(kuo)* sich trösten *(über A)*
gur̃bas *(krepšys)* Korb *m* -(e)s, :e
guréti bróckeln *vi (s)*
gurklỹs Kropf *m* -(e)s, :e
gùrkšn‖is Zug *m* -(e)s, :e; *išgérti stiklìnę víenu* ~*iu* ein Glas auf éinen [mit éinem] Zug áustrinken; *gérti dideliaĩs* ~*iais* in gróßen Zügen trínken
gurkšnóti níppen *vi*; ~ *výną* am Wein níppen
gūsis *(vėjo)* Wíndstoß *m* -es, :e, Bö *f* -, -en
guvùs geschíckt, gewándt
gùzas Béule *f* -, -n
gū̃žčioti: ~ *pečiaĩs* mit den Áchseln [Schúltern] zúcken
gūžtà Nest *n* -es, -er
gvazdìkas Nélke *f* -, -n
gvildénti 1 *(pvz., riešutus)* knácken *vt* 2 *(pvz., klausimą, problemą)* behándeln *vt*

H

hālė 1 Hálle *f* -, -n 2 *(dengta prekyvietė)* Márkthalle *f* -, -n
harmònija Harmoníe *f* -, -ni:en
harmon‖ìngas harmónisch; ~**izúoti** harmonisíeren *vt*
hektãras Héktar *n*, *m* -(e)s, -e / -
hèrbas Wáppen *n* -s, -
hidroelektrìnė Wásserkraftwerk *n* -(e)s, -e
hierárchija Hi:erarchíe *f* -, -chí:en
higienà Hygiéne *f* -
higièniškas hygiénisch
hìmn‖as Hýmne *f* -, -n; *valstýbinis* ~*as* Stáatshymne; *giedóti (gróti)* ~*ą* éine Hýmne síngen (spíelen)
hipodròmas Pférderennbahn *f* -, -en
hòbis Hobby [ˈhɔbi] *n* -s, -s

honorãras Honorár *n* -s, -e
horizontalùs horizontál, wáagerecht
horizòntas Horizónt *m* -(e)s, -e
hospitalizúoti in éinem Kránkenhaus únterbringen
humanìstas Humaníst *m* -en, -en
humãniškas humán
humaniškùmas Humanität *f* -
humanitãrin‖is humanitär; ~*ė pagálba* humanitärer Béistand; ~*iai mókslai* Géisteswissenschaften *pl*
humanìzmas Humanísmus *m* -
hùmoras Humór *m* -s, -e
humorìst‖as Humoríst *m* -en, -en; ~**inis** humorístisch

I, Į, Y

į̃ *prp* **1** in, auf (A); *važiúoti į̃ miẽstą* in die Stadt fáhren; *kópti į̃ kálną* auf den Berg stéigen **2** zu, nach (D); *eĩti į̃ dárbą* zur Árbeit géhen; *sutrìnti į̃ milteliùs* zu Púlver zerstóßen; *važiúoti į̃ Berlýną* nach Berlín fáhren **3**: *į̃ pãvakarį atvẽso* gégen Ábend hat es sich ábgekühlt

įámžinti veréwigen *vt*

įáugti éinwachsen* *vi* (*s*)

įbaugìn‖tas éingeschüchtert; ~ti éinschüchtern *vt*

įbégti heréin-, hinéinlaufen* *vi* (*s*)

įbeŕti éinschütten *vt*

įbréžti éinkratzen *vt*; éinritzen *vt*

ýda Láster *n* -s, -, Féhler *m* -s, -; *širdiẽs* ~ Hérzfehler

įdainúoti (*plokštelę̃*) besíngen* *vt*

idañt *cj* damít

įdárbinti ánstellen *vt*; éinstellen *vt*

ideãlas Ideál *n* -s, -e

ideal‖ìstas Idealíst *m* -en, -en; ~izúoti idealisíeren *vt*; ~ùs ideál

įdẽgęs braun gebránnt

įdegìmas (*nuo saulė̃s*) Bräune *f* -, Sónnenbrand *m* -(e)s

įdègti sich bräunen, braun wérden

idéja Idée *f* -, Idé:en

įdėjìmas Investitión *f* -, -en

įdėmùs áufmerksam

įdéti hinéinlegen *vt*; ~ *skalbìnius į̃ spìntą* die Wäsche in den Schrank hinéinlegen; ~ *druskos į̃ sriùbą* Salz an die Súppe tun

įdiegti (*įgyvendìnti*) éinführen *vt*

ýdingas féhlerhaft, mángelhaft

idiòt‖as Idiót *m* -en, -en; ~iškas idiótenhaft

įdìrbti (*žẽmę*) beárbeiten *vt*, bebáuen *vt*

įdìrginti überréizen *vt*

įdomýbė Interessántheit *f* -, -en

įdom‖ùmas Interésse *n* -s, -n; ~ùs interessánt, spánnend

įdrė̃ksti ánritzen *vt*, ánkratzen *vt*

įdukra Pflégetochter *f* -, ̈

įdùkrinti ein Mädchen adoptíeren

įdùrti éinstechen* *vt*, *vi*

įdùžti éinen Sprung bekómmen

įeĩti éintreten* *vi* (*s*), betréten* *vt*, heréinkommen* *vi* (*s*), hinéingehen* *vi* (*s*)

įėjìmas Éingang *m* -(e)s, ̈e; Éintritt *m* -(e)s, -e

ieškóti súchen *vt*, *vi* (*nach D*)

íet‖ininkas Spéerwerfer *m* -s, -; ~is Speer *m* -(e)s, -e; ~ies metìmas Spéerwerfen *n* -s

ievà Fáulbaum *m* -(e)s, ̈e. Tráubenkirsche *f* -, -n

įgãlinti ermöglichen *vt*

įgalió‖jimas Bevóllmächtigung *f* -, -en, Vóllmacht *f* -, -en; ~ti ermächtigen *vt*; bevollmächtigen *vt*; ~tinis, -ė Bevóllmächtigte *sub m*, *f*

įgársinti (*filmą̃*) vertónen *vt*

įgąsdinti verängstigen *vt*

įgimtas ángeboren

įgýti erlángen *vt*, erwérben* *vt*; ~ *pranašùmą* éinen Vórteil erlángen

įgyvéndin‖imas Verwírklichung *f* -, -en; ~ti verwírklichen *vt*, in die Tat úmsetzen

įgnýbti (*kam*) knéifen* *vt*, zwícken *vt*

ignorúoti ignoríeren *vt*

įgrim̃zti éinsinken* *vi* (*s*)

įgrìsti (*kam*) überdrüssig sein [wérden] (*G*), zuwíder sein [wérden] (*j-m*)

įgriúti 1 (*apie namą̃*) éinfallen* *vi* (*s*), éinstürzen *vi* (*s*) **2** (*įsiveržti*) (hinéin)stürzen *vi* (*s*)

įgróti (*plokštelę̃*) bespíelen *vt*

įgùdęs geübt, bewándert

įgudìmas Geübtheit *f* -, Übung *f* -

įgūdis Fértigkeit *f* -, -en

įjùngti éinschalten *vt*; ánstellen *vt*

įkainis Taríf *m* -s, -e

įkáinoti bewérten *vt*, veránschlagen *vt*

įkaĩsti heiß wérden, sich erhítzen

įkaitas Géisel *f* -, -n / *m* -s, -

įkaĩtinti erhítzen *vt*

įkalbéti (*kam ką*) éinreden *vt* (*j-m*); zúreden *vt* (*j-m*)

įkālinti éinkerkern *vt,* éinsperren *vt*
įkálti 1 (*vinį*) éinschlagen* *vt* 2 (*į galvą*)
   éinprägen *vt,* éinschärfen *vt*
įkaltis Bewéis *m* -es, -e
įkàsti éingraben* *vt*
įką́sti béißen* *vt*
ikì I *prp* bis (*A*); ~ *pirmādienio* bis Móntag;
   ~ *vãkaro* bis zum Ábend; ~ *greĩto*
   pasimãtymo bis bald [gleich]; *visì* ~ *víeno*
   álle bis auf éinen II *cj* bis; *láuk* ~ *àš*
   ateĩsiu wárte, bis ich kómme
ikimokýklinis vórschulisch; ~ *ámžius*
   Vórschulalter *n* -s
įkypas schräg
įkyr‖ùmas Áufdringlichkeit *f* -, Zúdring-
   lichkeit *f* -; ~us áufdringlich, zúdringlich
ikišiolìnis bishérig
įkìšti éinstecken *vt,* hinéinstecken *vt*
įkópti (*į ką*) bestéigen* *vt*
įkrìsti heréin-, hinéinfallen* *vi* (*s*)
įkū́nyti verkörpern *vt*
įkùrdinti ánsiedeln *vt*
įkūr‖éjas Gründer *m* -s, -, Begründer *m* -s,
   -; ~ìmas Gründung *f* -, -en, Begründung
   f -, -en
įkùrti gründen *vt*
įkurtùvės *pl* Éinzugsfeier *f* -, -n
įkvė́pti 1 (*oro*) éinatmen *vt* 2 begéistern *vt,*
   beflügeln *vt*
ýla Áhle *f* -, -n
įlanka Bucht *f* -, -en, Méerbusen *m* -s, -
įlãšinti éinträufeln *vt*
įleidìmas (*į vidų*) Éinlass *m* -es
įléisti (*į vidų*) éinlassen* *vt,* heréin-, hinéin-
   lassen* *vt*
įleñkti éinbiegen* *vt*
ilgaámž‖is, ~iškas lánglebig
ilgaámžiškùmas Lánglebigkeit *f* -
ilgaĩ lánge; *jìs* ~ *nepareĩna* er bleibt lánge
   weg
· ìlgainiui im Láufe der Zeit, mit der Zeit
ilgalaĩk‖is lángfristig; ~è *paskolà* ein láng-
   fristiges Dárlehen
ilgám für lánge Zeit, auf die Dáuer
ilgamẽtis lángjährig
ìlgas lang

ilges‖ìngas séhnsüchtig; ~ỹs Séhnsucht *f*
   -; *tėvỹnės* ~ỹs Séhnsucht nach Héimat,
   Héimweh *n* -(e)s
ilgéti länger wérden
ilgétis (*ko*) sich séhnen (*nach D*), Séhnsucht
   hában (*nach D*)
ìlginti verlängern *vt,* länger máchen
ìlgis Länge *f* -, -n
įlìpti éinsteigen* *vi* (*s*); bestéigen* *vt*
įlį́sti heréin-, hinéinkriechen* *vi* (*s*), heréin-,
   hinéinklettern *vi* (*s*)
iliustr‖ãcija Illustratión *f* -, -en; ~ãtorius
   Illustrátor *m* -s, -tóren; ~úoti illustríeren
   vt; *gaũsiai* ~úotas reich bebíldert
iliùzija Illusión *f* -, -en
ilsétis áusruhen *vi* / sich, sich erhólen, rúhen
   vi
iĺsti müde wérden
įmaišýti éinmischen *vt,* éinrühren *vt*
įmãnomas möglich, dénkbar
iñbieras Íngwer *m* -s
įmeȓkti éintauchen *vt*
įmèsti heréin-, hinéinwerfen* *vt*; ~ *láišką*
   į pãšto dėžùtę éinen Brief in den Kásten
   éinwerfen
imigr‖ãcija Éinwanderung *f* -, -en; ~ántas
   Éinwanderer *m* -s, -; ~úoti éinwandern
   vi (*s*)
įmìgti fest éinschlafen
imit‖ãcija Imitatión *f* -, -en; ~úoti
   imitíeren *vt,* náchahmen *vt*
imlùs empfänglich, áufnahmefähig
įmoka Éinzahlung *f* -, -en
įmokéti ánzahlen *vt,* éinzahlen *vt*
įmon‖è Betríeb *m* -(e)s, -e; Unternéhmen *n*
   -s, -; ~ininkas Unternéhmer *m* -s, -
iñpilas Ínlett *n* -(e)s, -e / -s
imponúoti (*kam*) imponíeren *vi* (*j-m*),
   beéindrucken *vt*
impòrt‖as Impórt *m* -(e)s, -e, Éinfuhr
   f -, -en; ~inis Impórt-; ~inè prḗkė
   Impórtware *f* -, -n
import‖úoti importíeren *vt,* éinführen *vt*;
   ~úotojas Importeur [-ˈtø:r] *m* -s, -e
impozántiškas imposánt

impùlsas Impúls *m* -es, -e, Ántrieb *m* -(e)s, -e

impulsyvùs impulsív

iñti 1 néhmen* *vt*; ~ **atóstogas** Úrlaub néhmen ~ **iš kõ pãvyzdį** sich (*D*) an j-m ein Béispiel néhmen **2** (*derlių*) éinbringen* *vt* **3** (*pradėti*) begínnen* *vt*; ~ **veřkti** zu wéinen begínnen

imtinaĩ éinschließlich

imtùvas Empfänger *m* -s, -; **rãdijo** ~ Rúndfunkempfänger

įnašas Béitrag *m* -(e)s, ⸗e; **svarbùs** ~ **į̃** **taikõs išsáugojimą** ein wíchtiger Béitrag zur Erháltung des Fríedens

incideñtas Zwíschenfall *m* -(e)s, ⸗e

iñd‖as¹ Gefäß *n* -es, -e; ~**ai** *pl* Geschírr *n* -(e)s; **pláuti indùs** das Geschírr ábwaschen [spülen]

indas² (*Indijos gyventojas*) Índer *m* -s, -

indaujà Geschírrschrank *m* -(e)s, ⸗e

indénas Indiáner *m* -s, -

indiferentùs indifferént, gléichgültig

Ìndija Índi⸗en *n* -s

indìškas índisch

indivìdas Indivíduum *n* -s, -duen

individualùs individuéll

indoneziẽtis Indonési⸗er *m* -s, -

Indonèzija Indonési⸗en *n* -s

indonèziškas indonésisch

įnèšti 1 heréin-, hinéintragen* *vt* **2** (*įmokėti* *įnašą*) ánzahlen *vt*

infliãcija Inflatión *f* -, -en

inform‖ãcija Informatión *f* -, -en, Áuskunft *f* -, ⸗e; ~**úoti** informíeren *vt*, benáchrichtigen *vt*

iniciatyv‖à Initiatíve *f* -, -n; ~**ùs** initiatív

iniciãtorius Initiátor *m* -s, -tóren

inicijúoti initiieren [-tsi'i:-] *vt*

įnirš‖ęs grímmig, ergrímmt; ~**ti** (*dėl ko*) ergrímmen *vi* (*s*) (*über A*), ergrímmt sein (*über A*)

injèkcija Sprítze *f* -, -n

iñkar‖as Ánker *m* -s, -; **nuléisti** ~**ą** vor Ánker géhen; **pakélti** ~**ą** den Ánker líchten

iñkilas Stárkasten *m* -s, - / ⸗

ìnkst‖as Níere *f* -, -n; ~**ų** **ãkmenys** *pl* Níerensteine

įnoriñgas schrúllig

insceniz‖ãcija Inszeníerung *f* -, -en; ~**úoti** inszeníeren *vt*

inspèkcija Inspektión *f* -, -en

inspèktas Frühbeet *n* -(e)s, -e, Tréibbeet *n* -(e)s, -e

inspèktorius Inspéktor *m* -s, -tóren

inspir‖ãcija Inspiratión *f* -, -en, Ánregung *f* -, -en; ~**úoti** inspiríeren *vt*, ánregen *vt*

instìnktas Instínkt *m* -(e)s, -e

instinktyvùs instinktív

institùcija Institutión *f* -, -en, Einrichtung *f* -, -en

institùtas Institút *n* -(e)s, -e

instrùk‖cija Instruktión *f* -, -en, Ánleitung *f* -, -en; ~**torius** Instrúktor *m* -s, -tóren

instruktúoti unterwéisen* *vt*

instrumeñtas Instrumént *n* -(e)s, -e, Wérkzeug *n* -(e)s, -e

iñtakas Nébenfluss *m* -es, ⸗e

inteligeñcija Intelligénz *f* -

inteligeñtas, -ė Intellektuélle *sub m, f*

inteligentijà Intelligénz *f* -

inteligeñtiškas intelligént

inteligentiškùmas Intelligénz *f* -

intensyvéti intensíver wérden

intensỹvinti intensivíeren *vt*

intensyv‖ùmas Intensität *f* -, Intensivität *f* -; ~**ùs** intensív

interesántas Interessént *m* -en, -en

interèsas Interésse *n* -s, -n

interjèras Ínnenausstattung *f* -, -en

internãtas Internát *n* -(e)s, -e

interpret‖ãcija Interpretatión *f* -, -en; ~**úoti** interpretíeren *vt*

interviù Interview [-'vju:] *n* -s, -s; **dúoti** ~ Intervíew gében; **iñti** ~ (*iš ko*) interviewen [-'vju:ən] *vt*

intymùs intím, vertráut

intonãcija Intonatión *f* -, -en

intrig‖à Máchenschaften *pl*, Úmtriebe *pl*; ~**ántas** Intrigánt *m* -en, -en, Ränkeschmied *m* -(e)s, -e; ~**úoti** intrigíeren *vt*, Ränke schmíeden

intu‖ìcija Intuitión *f* -, -n; ~**ityvùs** intuitív
invalìdas Invalíde *m* -n, -n, Körperbehinderte *sub m, f*
invalidùmas Invalidität *f* -, Körperbehinderung *f* -
inventõrius Inventár *n* -s, -e
inventoriz‖ãcija Bestándsaufnahme *f* -, -n; ~**úoti** Inventúr máchen, inventarisíeren *vt*
invest‖ìcija Investitión *f* -, -en; ~**úoti** investíeren *vt*
inžiniẽrius Ingenieur [inʒə'njøːr] *m* -s, -e
ýpač besónders, insbesóndere
įpak‖ãvimas Verpáckung *f* -, -en; ~**úoti** verpácken *vt*
įpareigó‖jimas Verpflíchtung *f* -, -en; ~**ti** verpflíchten *vt*
ypat‖ýbė Besónderheit *f* -, -en, Éigenart *f* -, -en; ~**ìngas** besónder, éigenartig
įpėdinis Náchfolger *m* -s, -
įperkamas préiswert
įpìlti 1 éingießen* *vt*, éinschenken *vt* 2 (*iberti*) éinschütten *vt*
įpjáuti éinschneiden* *vt*
įplauk‖a 1 *jūr.* Éinfahrt *f* -, -en 2 ~**os** *ekon.* Éinkommen *n* -s, -, Éinnahme *f* -, -n
įplaũkti (į̃ *uostą*) éinlaufen* *vi* (*s*)
įplýšti éinreißen* *vi* (*s*)
įprastas üblich, gewöhnlich; routinemäßig [ru-]
įpràsti (į̃ *ką*) sich gewöhnen (*an A*)
įprastìnis gewóhnt, hérkömmlich; üblich; ~ **dárbas** die übliche Árbeit
įprotis Gewóhnheit *f* -, -en
įpùlti heréin-, hinéinfallen* *vi* (*s*)
iȓ *cj* und; *ir ... ir* sowóhl ... als auch
įranga Ánlage *f* -, -n; *šáldymo* ~ Kühlanlage
įrankis Wérkzeug *n* -(e)s, -e
Irãkas Irák *m* - / -s
irakiẽtis Iráker *m* -s, -
irãkiškas irákisch
Irãnas Irán *m* - / -s
iraniẽtis Iráner *m* -s, -
irãniškas iránisch
įrašas Ínschrift *f* -, -en

įrašýti 1 éinschreiben* *vt*, éintragen* *vt*; ~ į̃ *sąrašą̃* in die Líste éintragen 2 (*magnetinėje juostelėje, į̃ plokštelę̃*) áufnehmen* *vt*
įregistrúoti ánmelden *vt*
įrenginỹs Éinrichtung *f* -, -en
įreñgti éinrichten *vt*
iȓgi auch
ìrklas Rúder *n* -s, -
irkl‖ãvimas Rúdern *n* -s, ~**úoti** rúdern *vi* (*s, h*); ~**úotojas** Rúderer *m* -s, -
įród‖ymas Bewéis *m* -es, -e; ~**yti** bewéisen* *vt*
irònįija Ironíe *f* -, -ní:en; ~**iškas** irónisch
ironizúoti ironisíeren *vt*
ìrstytis rúdern *vi* (*s, h*); ~ *laiveliù* Boot fáhren
ìrti 1 (*griūti*) verfállen* *vi* (*s*), zerfállen* *vi* (*s*) (*apie audinį̃*) áufgehen* *vi* (*s*)
irzlùs geréizt, réizbar
įsakas Erláss *m* -es, -e
įsãkym‖as Beféhl *m* -(e)s, -e; Gebót *n* -(e)s, -e; *jõ ~u* auf séinen Beféhl (hin)
įsak‖inéti kommandíeren *vt, vi*; ~**yti** beféhlen* *vt*; gebíeten* *vt*; ~**mùs** beféhlerisch, gebíeterisch
įsąmoninti bewússt máchen
įsésti éinsteigen* *vi* (*s*); ~ į̃ *autobùsą* in den Bus éinsteigen
įsibráuti 1 éindringen* *vi* (*s*) 2 (*apie klaidą̃*) unterláufen* *vi* (*s*)
įsidėmė‖ti sich (*D*) mérken; etw. zur Kénntnis néhmen
įsidéti (į̃ *kišenę̃*) éinstecken *vt*; ~ į̃ *gálvą* sich (*D*) in den Kopf sétzen
įsidrãsinti Mut fássen
įsigalióti in Kraft tréten
įsigeĩsti Lust bekómmen
įsigìlinti sich vertíefen; ~ į̃ *dárbą* sich in die Árbeit vertíefen
įsigýti ánschaffen *vt*; ~ *automobìlį̃* sich (*D*) ein Áuto ánschaffen
įsigyvénti (*įsigyausti*) (į̃ *ką*) sich éinleben (*in A*)
įsijaũsti (į̃ *ką*) sich éinfühlen (*in A*)
įsijùngti sich éinfügen; sich éinschließen*
įsikarščiuoti sich eréifern, in Éifer geráten

įsikélti (*į butą*) éinziehen* *vi* (*s*)

įsikìbti (*į ką*) sich (án)klammern (*an A*)

įsikìšti 1 sich éinstecken **2** (*įsiterpti*) sich éinmischen; ins Wort fállen **3** (*į kitų reikalus*) éingreifen* *vi*, interveníeren *vi*

įsikùrti sich éinrichten; sich níederlassen*

įsiláuž‖ėlis Éinbrecher *m* -s, -; ~**ti** éinbrechen* *vi* (*h*, *s*)

įsimaišýti sich éinmischen

įsimylé‖jėlis, -ė Verlíebte *sub m*, *f*; ~**ti** (*ką*) sich verlíeben (*in j-n*)

įsimiñti sich (*D*) éinprägen

įsipareigó‖jimas Verpflíchtung *f* -, -en; ~**ti** sich verpflíchten, sich engagieren [aŋga'ʒi:rən]

įsipìlti sich éinschenken

įsipjáuti sich schnéiden*

įsirašýti sich éinschreiben lássen

įsiregistrúoti sich ánmelden lássen

įsireñgti sich éinrichten

įsisámoninti (*ką*) sich (*D*) éiner Sáche (*G*) bewússt sein

įsisāvin‖imas Áneignung *f* -; Behérrschung *f* -; ~**ti** sich (*D*) áneignen; behérrschen *vt*

įsisègti sich ánstecken

įsiskōlinti verschúlden *vi* (*s*), in Schúlden geráten

įsiskver̃bti éindringen* *vi* (*s*)

įsismãginti lústig werden, in Stímmung kómmen

įsispráusti sich éinzwängen

įsisvajóti in Träumeréi versínken

įsišaknýti sich éinwurzeln

įsitaisýti sich éinrichten

įsitìkin‖imai *pl* Überzéugung *f* -, -en; ~**ti** (*kuo*) sich überzéugen (*von D*)

įsitvérti (*į ką*) sich klámmern (*an A*)

įsitvìrtinti (*fésten*) Fuß fássen, sich beféstigen

įsiū̃lyti áufdrängen *vt*

įsiū̃ti éinnähen *vt*

įsiùtinti wütend máchen, in Wut bríngen

įsivaizdúoti sich (*D*) vórstellen; sich éinbilden

įsiver̃ž‖ėlis Éindringling *m* -s, -e; ~**ti** éindringen* *vi* (*s*)

įsižeĩsti sich beléidigt fühlen; *neįsižeĩsk(it)!* nichts für úngut!

įskaičiúoti (*į ką*) éinschließen* *vt* (*in D*, *A*); éinrechnen *vt*

įskaita (*aukštojoje mokykloje*) Vórprüfung *f* -, -en, Zwíschenprüfung *f* -, -en

įskaitýti 1 (*rašyseną*) entzíffern *vt* **2** (*įskaičiuoti*) éinschließen* *vt*; éinrechnen *vt*

įskaĩtomas lésbar

įskaũdinti (*ką*) wehtun* *vi* (*j-m*), kränken *vt*

įskìlti éinen Riss bekómmen

įskund‖ėjas Ángeber *m* -s, -; ~**ìmas** Ánzeige *f* -, -n

įskū̃sti ángeben* *vt*, ánzeigen *vt*

islándas Ísländer *m* -s, -

Islándija Ísland *n* -s

islándiškas ísländisch

ispãnas Spánier *m* -s, -

Ispãnija Spánien *n* -s

ispãniškas spánisch

įspéti 1 (*apie ką*) wárnen *vt* (*vor D*) **2** (*mįslę*) erráten* *vt*

įspūdìngas beéindruckend, éindrucksvoll

įspūdis Éindruck *m* -(e)s, ¬e

įstabùs wúnderbar

įstaiga Díenststelle *f* -, -n; Ánstalt *f* -, -en; *mókymo* ~ Léhranstalt

įstatai Statút *n* -(e)s, -en, Sátzungen *pl*

įstãtym‖as Gesétz *n* -(e)s, -e; ~**ų leidìmas** Gesétzgebung *f* -; *priimti* ~**ą** ein Gesétz verábschieden

įstatymìnis gesétzlich

įstãtymiškai gesétzlich, auf gesétzlichem Wége

įstatýti éinsetzen *vt*; ~ *lángui stìklą* éine Fénsterscheibe éinsetzen

įsteigéjas Begrűnder *m* -s, -; Stífter *m* -s, -

įsteĩgti gründen *vt*, begrűnden *vt*; stíften *vt*

įsténgti imstánde / im Stánde sein, vermögen* *vt*

įstoj‖amàsis Éintritts-; ~**amàsis mókestis** Éintrittsgebühr *f* -, -en, Éintrittsgeld *n* -(e)s, -er; ~**ìmas** Éintritt *m* -(e)s, -e

istòr‖ija Geschíchte *f* -, -n; ~**ikas** Históriker *m* -s, -; ~**inis** geschíchtlich, histórisch

įstóti (į *organizãciją*) béitreten* *vi* (D), éintreten* *vi* (*in* A)

įstùmti hinéinstoßen* *vt*

įsùkti (*pvz.*, *lemputę̃*) éinschrauben *vt*

ìš *prp* 1 aus (D); **ìš kur̃?** wohér?   **ìš miẽsto** aus der Stadt; **gérti ìš stiklìnės** aus dem Glas trínken; **kìlęs ìš Èrfurto** er stammt aus Érfurt 2 von (D); **láiškas ìš brólio** ein Brief vom Brúder; **kiekvíenas ìš mū́sų** jéder von uns

išaiškéti klar wérden, sich áufklären

išáiškin‖imas Áufklärung *f* -, -en; ∼**ti** áufklären *vt*, klar máchen; ∼**ti nusikaltìmą** ein Verbréchen áufklären

išálk‖ęs áusgehungert; ∼**ti** Húnger bekómmen, húngrig wérden

išankstìnis vórgefasst, vórläufig

ìš añksto im Voráus

išardýti ábbauen *vt*, demontíeren *vt*

išaugìnti 1 (*vaikùs*) gróßziehen* *vt* 2 (*gyvulius*) áufziehen* *vt*

išáugti (*pasidarýti didèliam*) áufwachsen* *vi* (s)

išáuklėti erzíehen* *vt*

išaũšti ánbrechen* *vi* (s)

išbálęs blass, bleich

išbálti erblássen *vi* (s), blass wérden

išbañdymas Próbe *f* -, -n, Erpróbung *f* -, -en

išbárti áusschimpfen *vt*, áusschelten* *vt*

išbėgióti auseinánderlaufen* *vi* (s)

išbė́gti 1 heráus-, hináuslaufen* *vi* (s) 2 (*ištekėti*) heráuslaufen* *vi* (s)

išbė̃rimas (*kū̃no*) Áusschlag *m* -(e)s, ⁝e

išblaivéti sich ernüchtern

išblaĩvinti ernüchtern *vt*

išblaškýti zerstréuen *vt*

išblýkšti erblássen *vi* (s), blass [bleich] wérden

išblýškęs blass, bleich, fahl

išbraũkti áusstreichen* *vt*

išbùdinti áufwecken *vt*

išbùsti áufwachen *vi* (s), erwáchen *vi* (s)

išbū́ti bléiben* *vi* (s), sich áufhalten*

išdáiga Streich *m* -(e)s, -e

ìš dalиẽs téilweise

išdalýti vertéilen *vt*

išdavà Fólge *f* -, -n, Ergébnis *n* -ses, -se

išdav‖ìkas Verräter *m* -s, -; ∼**ìkiškas** verräterisch; ∼**ỹstė** Verrát *m* -(e)s

išdažýti ánstreichen* *vt*

išdid‖ùmas Stolz *m* -es, Hóchmut *m* -(e)s; ∼**ùs** stolz, hóchmütig

išdýgti 1 áufkeimen *vi* (s) 2 (*staigà atsirãsti*) áuftauchen *vi* (s)

išdykáuti áusgelassen [únartig] sein

išdỹk‖ėlis Wíldfang *m* -(e)s, ⁝e, Schelm *m* -(e)s, -e; ∼**ęs** áusgelassen, übermütig; ∼**ti** áusgelassen wérden

ìšdirbis Áusstoß *m* -es; **dienõs** ∼ Tágesleistung *f* -, -en

išdrį̃sti wágen *vi* / sich, sich getráuen, sich erdréisten

išdúoti 1 áusgeben* *vt*; ∼ **pãslaptį** ein Gehéimnis verráten 2 (*dokumeñtą*) áusstellen *vt*; ∼ **pãsą** éinen Pass áusstellen 3 (*pvz.*, *nusikaltė̃lį*) áusliefern *vt*

išdžiovìnti áustrocknen *vt*

išdžiū́ti áustrocknen *vi* (s), vertrócknen *vi* (s)

išegzaminúoti prüfen *vt*

išeikvóti verschwénden *vt*, vergéuden *vt*

išeĩti 1 wéggehen* *vi* (s), heráus-, hináusgehen* *vi* (s); ∼ **ìš namų̃** von zu Háuse wéggehen 2 (*apiẽ traukinį̃, autobùsą*) ábfahren* *vi* (s) 3 (*mókymosi kùrsą*) dúrchnehmen* *vt* 4 (*bū́ti išléidžiamam*) erschéinen *vi* (s)

išeitìs Áusweg *m* -(e)s, -e

išeĩvis Áuswanderer *m* -s, -

išėjimas Áusgang *m* -(e)s, ⁝e

išgabénti hináusschaffen *vt*; wégtransportieren *vt*

išgaĩsti krepíeren *vi* (s), verénden *vi* (s)

išgalą́sti schärfen *vt*, wétzen *vt*

išgalvóti erfínden* *vt*

išgárbinti lóbpreisen (lóbpries, lóbgepriesen) *vt*

išgarséti (*kuõ*) bekánnt [berühmt] wérden (*durch* A)

išgársinti berühmt máchen

išgarúoti verdámpfen *vi* (s), verdúnsten *vi* (s)

išgą̃sdinti erschrécken *vt*

išgą̃stis Schreck *m* -(e)s

išgáudyti wégfangen* *vt*

išgáuti heráusbekommen* *vt*

išgélbė‖jimas Réttung *f* -; ~**ti** rétten *vt*, errétten *vt*

išgérti áustrinken* *vt*; leer trínken

išgýd‖yti (áus)heilen *vt*, áuskurieren *vt*; ~**omas** héilbar

išgir̃sti hören *vt*, vernéhmen* *vt*, zu hören bekómmen

išgýti genésen* *vi* (*s*)

išgyv‖ėnimas Erlébnis *n* -ses, -se; ~**énti** verlében *vt*; überlében *vt*

išgrãžinti verschönen *vt*

išgrȩ̃žtl 1 (*skylę*) ausbohren *vt* 2 (*skalbinius*) áuswringen* *vt*

išgriáuti zerstören *vt*

išilgaĩ *prp* entláng (*A*)

įšìlti sich erwärmen

išim̃ti heráusnehmen* *vt*

išimt‖inaĩ áusschließlich; ~**ìs** Áusnahme *f* -, -n; *bè* ~**iẽs** áusnahmslos

išìrti 1 (*apie siū̃lę*) áufgehen* *vi* (*s*) 2 (*sužlugti*) in die Brüche géhen

išjùdinti in Bewégung bríngen

išjùngti áusschalten *vt*, ábschalten *vt*

išjuõkti áuslachen *vt*

ìškaba Schild *n* -(e)s, -er, Áushängeschild *n* -(e)s, -er

iškabìnti áushängen *vt*

iškalb‖ìngas berédt; ~**ùs** rédegewandt, spráchgewandt

iškamantinéti áusfragen *vt*

ìškamša Balg *m* -(e)s, ⁖e

iškamúoti entkräften *vt*, ábzehren *vt*

iškankìntas zerquält, verhärmt

iškar̃t sofórt, gleich; auf éinmal

ìškasenos *pl* Bódenschätze *pl*

iškàsti áusgraben* *vt*

iškéldinti áussiedeln *vt*

iškeliáuti ábreisen *vi* (*s*), verréisen *vi* (*s*)

iškélti heráusheben* *vt*; ~ *burès* die Ségel áufziehen; ~ *vėliavą* die Flágge híssen

iškentéti erléiden* *vt*

iškèpti áusbacken* *vt*, dúrchbacken* *vt*; dúrchbraten* *vt*

iškȩ̃sti áushalten* *vt*, ertrágen* *vt*

ìškyla Áusflug *m* -(e)s, ⁖e

iškyl‖áuti éinen Áusflug máchen; ~**áutojas** Áusflügler *m* -s, -

iškilmės Féierlichkeit *f* -, -en

iškilmìngas féierlich; ~ *pósėdis* Féstakt *m* -(e)s, -e

iškìlti 1 áufsteigen* *vi* (*s*); ~ *į̃ dirèktorius* zum Diréktor áufsteigen 2 (*į paviršių*) áuftauchen *vi* (*s*) 3 entstéhen *vi* (*s*); *iškìlo didelì miẽstai* gróße Städte entstánden

iškinkýti áusspannen *vt*, áusschirren *vt*

iškir̃pti áusschneiden* *vt*

iškìšti heráusstrecken *vt*

išklaus‖inéti áusfragen *vt*, befrágen *vt*; ~**ýti** (*ką*) ánhören *vt*, j-m Gehör schénken; ~**ýti** *kienō prāšymą* j-s Bítte erhören

iškláusti erfrágen *vt*

išklijúoti áuskleben *vt*

išklóti (*ką kuo*) áuslegen *vt* (*mit D*); áuspolstern *vt* (*mit D*)

iškóšti ábseihen *vt*

iškovóti erkämpfen *vt*, erríngen* *vt*

iškráu‖styti 1 (*daiktus*) (áus)räumen *vt* 2 (*iš buto*) hináussetzen *vt*; ~**ti** áusladen* *vt*

iškreĩpti *žr.* **iškraipýti**

iškrȩ̃sti 1 (*kaminą*) fégen *vt* 2 (*padaryti kratą*) durchsúchen *vt* ◇ *pókštą* ~ éinen Streich spíelen

iškrỹpti sich verkrümmen, krumm wérden

iškùlti áusdreschen* *vt*

iškūrénti (*krosnį*) éinheizen *vt*

iškviẽsti láden* *vt*, vórladen* *vt*; ~ *ką į̃ teĩsmą* j-n vor Gerícht (vór)láden; ~ *gýdytoją* den Arzt rúfen [kómmen lássen]

ìšlaidos *pl* Áusgaben *pl*, Kósten *pl*, Spésen *pl*; *keliõnės* ~ Réisespesen *pl*

išlaidùs verschwénderisch

išlaĩkymas (*pvz., šeimos*) Únterhalt *m* -(e)s, Ernährung *f* -

išlaikýti 1 (*būti atspariam*) hálten* *vt* 2 erhálten* *vt*, unterhálten* *vt*; *jìs tùri* ~ *dìdelę šeĩmą* er hat éine gróße Famílie zu unterhálten 3 (*nesugedusį*) erhálten* *vt* 4: ~ *egzāminą* éine Prüfung áblegen [bestéhen]

išláistyti verschütten *vt*

išláisvin‖ti befréien *vt*; ∼**tojas** Befréier *m* -s, -

išlaižýti áuslecken *vt*

išlakstýti auseinánder flíegen; zerstíeben* *vi* (*s*)

išlãvinti áusbilden *vt*; schúlen *vt*

išléisti 1 heráus-, hináuslassen* *vt* **2** (*skystį*) áuslassen* *vt*; áblassen* *vt*; ∼ *vándenį iš voniõs* Wásser aus der Bádewanne áuslassen [áblassen] **3** (*išspausdinti*) heráusgeben* *vt* **4** (*pinigus*) áusgeben* *vt* **5**: ∼ *láišką* éinen Brief áufgeben

išleistùvės *pl* Ábschiedsfeier *f* -, -n

išlėkti 1 ábfliegen* *vi* (*s*) **2** (*išbėgti*) heráus-, hináusstürzen *vi* (*s*)

išlydéti hináusbegleiten *vt*; verábschieden *vt*

išlíeti (*apie skystį*) verschütten *vt*

išlìkti erhálten bléiben; bestéhen bléiben

išlìpti áussteigen* *vi* (*s*)

išlįsti heráuskriechen* *vi* (*s*)

išlõšti gewínnen* *vt*

išmainýti (*ką į ką*) éintauschen *vt* (*gegen A*)

išmaitìnti ernähren *vt*

ìšmalda Almósen *n* -s, -

išmãnymas Verständnis *n* -ses

išman‖ìngas verständig, verständnisvoll; ∼**ýti** (*ką*) verstéhen* *vi* (*von D*)

išmatúoti áusmessen* *vt*

išmáudyti báden *vt*

išmèsti 1 heráus-, hináuswerfen* *vt*, wégwerfen* *vt* **2** (*netyčia*) fállen lássen; ∼ *stiklìnę iš rañkų* ein Glas fállen lássen

išmiegóti durchschláfen* *vt*

išmiñčius Wéise *sub m, f*

išmìndžioti zerstámpfen *vt*, zertréten* *vt*

išmint‖ìngas vernünftig, éinsichtig; ∼**ìs** Wéisheit *f* -

išmiřti áussterben* *vi* (*s*)

ìšmoka Ábzahlung *f* -, -en

išmokéti ábzahlen *vt*; áuszahlen *vt*

išmókyti béibringen* *vt*, léhren *vt*; ∼ *ką skaitýti* j-m das Lésen béibringen; *kàs tavè tõ išmókė?* wer hat dich das geléhrt?

išmók‖slinti studíeren lássen; ∼**ti** lérnen *vt*, erlérnen *vt*

išmùšti (*pvz., langą, dantį*) éinschlagen* *vt*

išnagrinéti (*pvz., klausimą*) behándeln *vt*; untersúchen *vt*

išnaikìnti (*pvz., piktžoles, kenkėjus*) verníchten *vt*, áusrotten *vt*

ìšnaša Fúßnote *f* -, -n

išnaudó‖ti 1 áusnutzen *vt* **2** (*eksploatuoti*) áusbeuten *vt*; ∼**tojas** Áusbeuter *m* -s, -

išnérti áuftauchen *vi* (*s*)

išnešióti (*pvz., laiškus*) áustragen* *vt*

išnèšti 1 heráus-, hináustragen* *vt* **2**: *màno galvà neìšneša* das übérstéigt méine Fássungskraft

išnỹkti verschwínden* *vi* (*s*)

išnokìnti áusreifen lássen

išnókti áusreifen *vi* (*s*)

išnúomoti vermíeten *vt*; verpáchten *vt*

įšókti heréin-, hinéinspringen* *vi* (*s*)

ìšor‖ė Äußere *sub n*; *spréndžiant iš* ∼*ės* dem Äußeren nach zu úrteilen; *iš* ∼*ės jì bùvo ramì* sie war äußerlich rúhig

išorìn‖is äußerlich; Áußen-; ∼*iai váistai* éine Arznéi für äußerlichen Gebráuch; ∼*ė síena* Áußenwand *f* -, ⸗e

išpakúoti áuspacken *vt*

išpardúoti áusverkaufen *vt*

išpãsakoti heráussagen *vt*, áuspacken *vt*

išpažìnti bekénnen* *vt*

išpažintìs *bažn.* Béichte *f* -, -n

išperéti áusbrüten *vt*

išpìldyti erfüllen *vt*

išpìl‖styti verschütten *vt*; ∼**ti** áusgießen* *vt*, áusschütten *vt*

išpiřkti 1 áuskaufen *vt*, leer káufen *vt* **2** (*kaltę*) sühnen *vt*

išpjáuti 1 áusschneiden* *vt* **2** (*pjūklu*) áussägen *vt*

išplãtinti 1 (*pvz., griovį*) erwéitern *vt* **2** (*pvz., žinias*) verbréiten *vt*

išplaũkti 1 (*apie laivą*) áuslaufen* *vi* (*s*); ∼ *į júrą* in die See géhen [stéchen] **2** (*paaiškėti*) (*iš ko*) sich ergében* (*aus D*)

išpláuti 1 dúrchspülen *vt* **2** (*žemes, krantą*) wégspülen *vt*

išplepéti áusplaudern *vt*

išplėstìnis erwéitert

išplė́šti 1 heráusreißen* *vt* 2 (*ką iš ko*) entréißen* *vt* (*j-m*) 3 (*pvz.*, *butą*) áusrauben *vt*

išplìsti sich verbréiten

išplū́sti áusschimpfen *vt*

išpraũsti wáschen* *vt*

išprievartáuti (*moterį*) nótzüchtigen *neatsk.* *vt*, vergewáltigen *vt*

išprovokúoti provozíeren *vt*

išprùsęs gebíldet

išpuĩkęs sélbstgefällig

išpuikìmas Hóchmut *m* -(e)s

išpuĩkti stolz [hóchmütig] wérden

ìšpuolis Áusfall *m* -(e)s, ⋮e

išpuõšti áusschmücken *vt*

išpur̃vinti beschmútzen *vt*

išrad∥éjas Erfínder *m* -s, -; ∼ìmas Erfíndung *f* -, -en; ∼ìngas erfínderisch, fíndig; ∼ingùmas Erfíndergeist *m* -es, Fíndigkeit *f* -, -en

ìšraiška Áusdruck *m* -(e)s, ⋮e

išraiškìngas áusdrucksvoll

išrankùs wählerisch

išràsti erfínden* *vt*

ìšrašas Áuszug *m* -(e)s, ⋮e

išraũsti erröten *vi* (*s*); ∼ *iš gė́dos* vor [aus] Scham erröten

išráuti áusreißen* *vt*

išravéti áusjäten *vt*

išregistrúoti ábmelden *vt*

išréikšti áusdrücken *vt*, zum Áusdruck bríngen, äußern *vt*; ∼ *kám pādė́ką* j-m Dank ságen [áussprechen]; ∼ *pageidãvimą* éinen Wunsch äußern

išreklamúoti (*ką*) wérben* *vi* (*für A*)

išreñgti áusziehen* *vt*, entkléiden *vt*

išrinktàsis, -óji Áuserwählte *sub m, f*

išriñkti 1 áussuchen *vt*, áuswählen *vt* 2 (*balsuojant*) wählen *vt*

išrýškinti 1 verdéutlichen *vt*, déutlich máchen 2 (*filmą*) entwíckeln *vt*

išrūšiúoti áussortieren *vt*

išsamùs áusführlich, éingehend

išsáugoti áufbewahren *vt*, bewáhren *vt*

išsẽlinti sich hináusstehlen*

išsémti áusschöpfen *vt*, erschöpfen *vt*

išsiáiškinti (*ką*) sich (*D*) ins Kláre kómmen (*über A*)

išsiblášk∥ęs zerstréut; ∼ymas Zerstréutheit *f* -, -en

išsidalìnti únter sich vertéilen

išsidúoti sich verráten*

išsigalvóti sich (*D*) áusdenken*

išsigą́sti (*ko*) erschrécken* *vi* (*s*) (*vor D*)

išsigélbė∥jimas Réttung *f* -; ∼ti sich rétten

išsigýdyti sich áuskurieren, sich áusheilen

išsiim̃ti hervórholen *vt*; ∼ *nósinę* das Táschentuch hervórholen; ∼ *naũją pãsą sich* (*D*) *éinen néuen Pass áusstellen lássen*

išsýk auf éinmal; sofórt, gleich

išsiklausinéti (*ką apie ką*) áusfragen *vt* (*über A*)

išsikráustyti áusziehen* *vi* (*s*)

išsiláisvinti sich befréien

išsilãvin∥ęs gebíldet; ∼imas Bíldung *f* -; *béndras* ∼*imas* Állgemeinbildung; *vidurìnis* ∼*imas* die míttlere Réife; ∼ti sich bílden

išsimaitìnti (*iš ko*) sich selbst ernähren (*durch A, mit D*)

išsimáudyti báden *vi*

išsimiegóti áusschlafen* *vi* / sich

išsimokéti (*dalimis*) ábzahlen *vt*; ∼*tinai* auf [gégen] Ábzahlung

išsinarìnti sich (*D*) verrénken

išsinúomoti sich (*D*) míeten

išsipãsakoti sich áussprechen*

išsipíldyti sich erfüllen, in Erfüllung géhen

išsiplė́sti sich erwéitern, sich áusdehnen

išsipuõšti sich fein [schön] máchen, sich heráusputzen

išsipur̃vinti sich beschmútzen

išsiregistrúoti sich ábmelden

išsireñgti 1 sich áufmachen; ∼ *į̃ miẽstą* sich in die Stadt áufmachen 2 (*drabužius*) sich entkléiden

išsiriñkti sich (*D*) áussuchen, sich (*D*) áuswählen

išsiruõšti sich fértig máchen; ∼ *į̃ keliõnę* sich auf den Weg máchen; ∼ *éiti válgyti* sich zum Éssen fértig máchen

išsiskýrėlis, -ė ein geschíedener Mann, éine geschíedene Frau

išsiskýręs (*apie sutuoktinius*) geschíeden

išsiskyrìmas Trénnung *f* -, -en

išsiskìr‖styti auseinánder géhen, sich zerstréuen; ~**ti 1** (*kuo*) sich unterschéiden (*durch A*) **2** (*atsisveikinant*) sich trénnen **3** (*apie sutuoktinius*) sich schéiden lássen

išsisukinė‖jimas Áusflucht *f* -, ᵛe; ~**ti** Áusflüchte máchen, sich wínden*

išsisùkti 1 (*pvz., ranką*) sich (*D*) verstáuchen **2** (*nuo ko*) sich drücken (*vor D, von D*); sich heráuswinden*

išsišakóti sich verzwéigen

išsitèkti Platz fínden [háben]

išsiteplióti, išsitèpti sich (*D*) beschmíeren

išsitráukti hervórholen *vt*; heráusziehen* *vt*

išsituõkti sich schéiden lássen

išsiũsti ábsenden* *vt*, áusschicken *vt*

išsivadãvimas Befréiung *f* -

išsivadúoti (*iš ko*) sich befréien (*von D*)

išsiváikščioti auseinánder géhen

išsivėdìnti gelüftet sein

išsivìrti sich (*D*) kóchen

išsivýstyti sich entwíckeln

išsižadéti (*ko*) sich lóssagen (*von D*), entságen *vi* (*D*)

išsižióti den Mund áufmachen [áuftun]

išskaĩbti áuswaschen* *vt*

išskėsti (*rankas, sparnus*) áusbreiten *vt*, spréizen *vt*

išskìr‖styti vertéilen *vt*; ~**styti lė́šas** die Kósten vertéilen; ~**ti 1** (*ką iš ko*) áussondern *vt* (*von D*), trénnen* *vt* (*von D*) **2** (*ištuokti*) schéiden* *vt* **3** (*daryti išimtį*) áusnehmen* *vt*

išskirtìnis áusschließlich

išsklaidýti (*pvz., būgštavimus, įtarimą*) zerstréuen *vt*

išskrìsti áusfliegen* *vi* (*s*); **léktùvas išskren̄da põ 20 minùčių** das Flúgzeug stártet in 20 Minúten

išslaugýti gesúnd pflégen

išspáusdinti veröffentlichen *vt*, heráusbringen* *vt*

išsprę́sti (*uždavinį*) lösen *vt*

išsprogdìnti áufsprengen *vt*

išsprógti áusschlagen* *vi* (*s, h*)

išstatýti (*parodoje*) áusstellen *vt*

išstojimas Áustritt *m* -(e)s, -e; ~ **iš pártijos** der Áustritt aus der Partéi

išstóti (*pvz., iš organizacijos*) áustreten* *vi* (*s*)

iššálti erfríeren* *vi* (*s*)

iššaũkti (*mokinį atsakinėti*) áufrufen* *vt*

iššáuti ábschießen* *vt*

iššlúoti áusfegen *vt*, áuskehren *vt*

iššókti (*pvz., iš valties*) heráusspringen* *vi* (*s*)

iššūkis (*kam*) Heráusforderung *f* -, -en (*an A*)

iššvaistýti verschwénden *vt*, vertún* *vt*

ìštaiga Komfórt *m* -s, Lúxus *m* -

ištaig‖ìngas, ~ùs komfortábel, luxuriös

ištaĩsymas Korrektúr *f* -, -en, Beríchtigung *f* -, -en

ištaisýti korrigíeren *vt*, beríchtigen *vt*

ìštakos *pl* Ánfänge *pl*; Úrsprung *m* -(e)s, ᵛe

ištar̃ti áussprechen* *vt*

ištéisin‖imas Fréisprechung *f* -, -en, Fréispruch *m* -(e)s, ᵛe; ~**ti** fréisprechen* *vt*

ištekéti 1 (*apie skystį*) ábfließen* *vi* (*s*) **2** (*apie upę*) entspríngen* *vi* (*s*) **3** (*už ko*) héiraten *vt*

ìštekliai Vórrat *m* -(e)s, ᵛe, Ressourcen [rəˈsursən] *pl*

išteséti: ~ **sàvo pãžadą** sein Verspréchen erfüllen [hálten]; ~ **žõdį** sein Wort hálten

ištiẽs wírklich

ištikimas treu

ištikimýbė Tréue *f* -

iš tìkro, iš tikrų́jų tátsächlich, wírklich

ištinkúoti verpútzen *vt*

ištìnti ánschwellen* *vi* (*s*)

ištir̃pti zerschmélzen *vi* (*s*), sich áuflösen

ištìrti erfórschen *vt*, untersúchen *vt*; ergründen *vt*

ištis‖as ganz; ~**us metùs** ein gánzes Jahr; ~**ą diẽną** den gánzen Tag, tágsüber

ištóbulinti vervóllkommnen *vt*

iš tólo von fern; von wéitem

ištrauka Áuszug *m* -(e)s, ⁻e
ištráukti áusziehen* *vt*; heráusziehen* *vt*
ištrėmìmas Verbánnung *f* -, -en, Deportatión *f* -, -en
ištrem̃ti áusweisen* *vt*; deportíeren *vt*, verbánnen *vt*
ištrìnti 1 (*trintuku*) áusradieren *vt* 2 éinreiben* *vt*
ištró‖kšti Durst bekómmen; ∼škęs dúrstig
ištuštėti leer wérden; veröden *vi* (*s*)
ištùštinti áusräumen *vt*
ištverm‖ė̃ Áusdauer *f* -; ∼ìngas áusdauernd
ištvérti áushalten* *vt*, überstéhen* *vt*; ∼ **skausmùs** Schmérzen áushalten
išugdýti ánerziehen* *vt*
išvad‖a Schluss *m* -es, ⁻e, Schlússfolgerung *f* -, -en; **padarýti** ∼ą̃ éinen Schluss zíehen
išvad‖úoti (*iš ko*) befréien *vt* (*von D, aus D*); ∼úotojas Befréier *m* -s, -
išvaikýti auseinánder jágen
išváikščioti, išvaikštinéti durchwándern *vt*
ìšvaizda Áussehen *n* -s; Äußere *sub n*
išvaizd‖ìngas, ∼ùs ánsehnlich, hübsch von Gestált
ìšvakarės Vórabend *m* -s, -e
išvalýti réinigen *vt*; säubern *vt*
išvar̃dyti áufzählen *vt*, nénnen* *vt*
išvárginti ermüden *vt*, müde máchen
išvarýti hináusjagen *vt*, hináustreiben* *vt*; vertréiben* *vt*
išvaž‖iãvimas Áusfahrt *f* -, -en; ∼inėtas (*apie kelią*) zerfáhren; ∼inéti 1 (*apie kelią*) zerfáhren* *vt* 2 befáhren* *vt*; **jìs** ∼inėjo daũg kraštų̃ er hat víele Länder befáhren; ∼iúoti ábfahren* *vi* (*s*); wégfahren* *vi* (*s*)
išvėdìnti áuslüften *vt*, entlüften *vt*
išvéngti (*ko*) verméiden* *vt*; entgéhen* *vi* (*s*) (*D*); ∼ **bausmės** éiner Stráfe entgéhen
išver̃sti 1 (*pvz., medį*) áusreißen* *vt*, entwúrzeln *vt* 2 (*drabužį*) wénden (wéndete, gewéndet) *vt* 3 (*į kitą kalbą*) übersétzen *vt*; ∼ **iš lietùvių kalbõs į̃ vókiečių kalbą** aus dem Lítauischen ins Déutsche übersétzen
išvèsti heráus-, hináusführen *vt*; ∼ **kariúomenę** Trúppen ábziehen

išvežìmas Áusfuhr *f* -
išvèžti áusführen *vt*
ìšvietė Ábort *m* -(e)s, -e
ìšvyka Áusflug *m* -(e)s, ⁻e
išvykìmas (*traukinio*) Ábgang *m* -(e)s, ⁻e, Ábfahrt *f* -, -en
išvỹkti ábreisen *vi* (*s*), ábfahren* *vi* (*s*); áufbrechen* *vi* (*s*)
išvynióti áuswickeln *vt*
išvirkščias: išvirkščióji pùsė Kéhrseite *f* -, -n
išvir̃šinis äußerlich, äußer
išvir̃ti (*áus*)kóchen *vt*
iš vìso[1] (*sudėjus*) insgesámt, im Gánzen
iš vìso[2] (*apskritai*) überháupt
išvýstyti entwíckeln *vt*
išvýti hináusjagen *vt*, verjágen *vt*
išvõgti wégstehlen* *vt*
išžudýti áusrotten *vt*, verníchten *vt*
įtak‖a Éinfluss *m* -es, ⁻e; **darýti kám** ∼ą̃ Éinfluss auf j-n áusüben
įtakìngas éinflussreich
itãlas Itali:éner *m* -s, -
Itãlija Itáli:en *n* -s
itãliškas itali:énisch
įtampa Spánnung *f* -, -en
įtariamas (*kuo*) verdächtig (*wegen G, G*)
įtar‖iamàsis, -óji Verdächtigte *sub m, f*; ∼ìmas Verdácht *m* -(e)s, -e / ⁻e; (*su*)kélti ∼ìmą Verdácht erwécken
įtar̃ti (*ką kuo*) verdächtigen *vt* (*G*); árgwöhnen *neatsk. vt*
įtar̃tinas verdächtig
įteĩkti éinhändigen *vt*; überréichen *vt*
įtéisinti legitimíeren *vt*; gesétzlich féstlegen
įtekéti münden *vi*
įtemptas gespánnt; ángestrengt
įtem̃pti spánnen *vt*; ∼ **stygàs** die Sáiten spánnen; ∼ **visàs jėgàs** álle Kräfte ánspannen
įtìkinamas überzéugend, stíchhaltig
įtìkinti (*ką kuo*) überzéugen *vt* (*von D*)
įtìkti (*kam*) recht máchen (*j-m*)
įtin besónders
įtráukti (*į veiklą*) éinbeziehen* *vt*
įtrūkęs brüchig

jautiena

įtū̃žęs áufgebracht, wütend
įtūžìmas, įtūžis Wut f -
įtū̃žti in Wut geráten, wütend wérden
įtvìrtinti beféstigen vt
įvadas Éinleitung f -, -en, Éinführung f -, -en
įvairiapùsis víelseitig
įvair‖óvė Verschíedenheit f -, Víelfalt f -; ~ùmas Verschíedenheit f -, Víelfältigkeit f -; ~ùs verschíeden, víelfältig
įvardis Pronómen n -s, - / -mina
įvartis Tor n -(e)s, -e
įvaž‖iāvimas Éinfahrt f -, -en; (į šalį) Éinreise f -, -n; ~iúoti éinfahren* vi (s), hinéinfahren* vi (s)
įveĩkti bewältigen vt; bezwíngen* vt
įvértinti éinschätzen vt; bewérten vt
įvežìmas (prekių) Éinfuhr f -, -en
įvèžti éinführen vt
įvỹkd‖ymas Vóllzug m -(e)s; nuõsprendžio ~ymas der Vóllzug des Úrteils; ~yti erfüllen vt, vollzíehen* vt; ~yti įsākymą éinen Beféhl áusführen [vollzíehen]
įvykis Eréignis n -ses, -se, Geschéhnis n -ses, -se
įvỹkti 1 (apie nelaimes) sich eréignen, geschéhen* vi (s) 2 (apie susirinkimą, koncertą) státtfinden* vi

įvynióti éinwickeln vt, éinschlagen* vt
izol‖iācija Isolatión f -, -en; ~iúoti isolíeren vt; ábdichten vt
izraeliēt‖is Ísraeli m - / -s, -s; ~iškas israélisch
Izraèlis Ísrael n -s
įžanga Éinleitung f -, -en, Vórwort n -(e)s, -e
įžangìnis éinleitend
įžeid‖éjas Beléidiger m -s, -; ~ìmas Beléidigung f -, -en
įžeĩsti beléidigen vt
įžeñgti heréin-, hinéintreten* vi (s)
įžygiúoti éinmarschieren vi (s)
įžym‖ýbė 1 (apie žmogų) Berühmtheit f -, -en 2 (pvz., miesto) Séhenswürdigkeit f -, -en; ~ùs 1 (apie žmogų) bedéutend, hervórragend 2 séhenswert, séhenswürdig
įžūlèlis Fréchling m -s, -e, Fréchdachs m -es, -e
įžūl‖éti frech wérden; ~ùmas Fréchheit f -, -en; ~ùs frech
įžvalg‖ùmas Héllsicht f -; Schárfsinn m -(e)s; ~ùs héllsichtig, schárfsinnig
įžvel̃gti (ką kur) erblícken vt (in D), erscháuen vt (in D)

J

jachtà Jacht f -, -en
japònas Japáner m -s, -
Japònija Jápan n -s
japòniškas japánisch
jaũ schon, beréits
jaučiamas fühlbar
jáudin‖antis áufregend, rührend; ~imasis Áufregung f -, -en, Érregung f -, -en; ~ti áufregen vt, errégen vt; ~tis sich áufregen, sich errégen
jauk‖ùmas Gemütlichkeit f -, Beháglichkeit f -; ~ùs gemütlich, behághlich
jáunas jung; ~ ménuo Néumond m -(e)s
jaun‖àsis Bräutigam m -s, -e; ~átviškas júgendlich; ~avedžiaĩ 1 (jaunieji) Bráutleute pl 2 (neseniai susituokusieji) Júng-

verheiratete sub pl; ~ìmas Júgend f -; Náchwuchs m -es; ~ỹstė Júgend f -; nuõ ~ỹstės von der Júgend an [auf]; ~óji Braut f -, -e; ~uõlis Júnge m -n, -n
jaũsmas Gefühl n -(e)s, -e
jausmìngas gefühlvoll, rührselig
jaũsti fühlen vt, spüren vt; ~ álkį (tróškulį) Húnger (Durst) fühlen; ~ núovargį Müdigkeit spüren; ~s sich fühlen, sich befínden*; ~s įžeistám sich beléidigt fühlen; ~s kaĩp namiẽ sich héimisch fühlen
jáut‖iena Ríndfleisch n -es; ~is Óchse m -n, -n, Stier m -(e)s, -e

jautr‖ùmas Empfíndlichkeit *f* -, Empfíndsamkeit *f* -; ~**ùs** empfíndlich, empfíndsam

javaĩ Getréide *n* -s, -; *vasariniai* ~ Sómmergetreide; *žiemìniai* ~ Wíntergetreide

jazmìnas Jasmín *m* -s, -e

jėg‖à Kraft *f* -, ᵛe; Wucht *f* -, -en; *įtem̃pti visàs* ~**às** álle Kräfte ánstrengen [áufbieten]; *bū́ti kupinám* ~**ų̃** bei Kräften sein; ~**aĩnė** Kráftwerk *n* -(e)s, -e

jéi, jéigu *cj* wenn, falls

jì sie

jiẽ sie

jìs er, es

jõ sein *m, n* (séine *f, pl*)

jòdas Jod *n* -(e)s

jóg *cj* dass

jogùrtas Jóghurt / Jógurt *m, n* -s

jojìkas Réiter *m* -s, -

jojyklà (*hipodromas*) Pférderennbahn *f* -, -en

jóks kein *m, n* (kéine *f, pl*)

jonãžolė Johánniskraut *n* -(e)s, ᵛer

jõnvabalis Johánniskäfer *m* -s, -

jõs 1 sie **2** ihr *m, n* (íhre *f, pl*)

jóti réiten* *vi* (*s*)

jų̃ ihr *m, n* (íhre *f, pl*)

jubil‖iãtas Jubilár *m* -s, -e; ~**iẽjinis** Jubiläums-; ~**iẽjinė parodà** Jubiläumsausstellung *f* -, -en; ~**iẽjus** Jubiläum *n* -s, -läen

jud‖ė́jimas Betríeb *m* -(e)s, -e, Bewégung *f* -, -en; ~**esỹs** Bewégung *f* -, -en

jùdinti bewégen *vt*

judrùs bewéglich, flink

jùdu, jùdvi ihr béide, sie béide

jugoslãvas Jugosláwe *m* -n, -n

Jugoslãvija Jugosláwiːen *n* -s

jugoslãviškas jugosláwisch

jùk doch, ja

jùngas Joch *n* -(e)s, -e / -

jung‖ìklis Schálter *m* -s, -; ~**inỹs** Verbíndung *f* -, -en; *žõdžių* ~**inỹs** Wórtverbindung

jùngti verbínden* *vt*

jungt‖ùkas *gram.* Konjunktión *f* -, -en; ~**ùvės** Éheschließung *f* -, -en

juñtamas empfíndlich

juõ: ~ *labiaũ* um so mehr; ~ ... *tuõ* je ... désto; ~ *daugiaũ, tuõ geriaũ* je mehr, désto bésser

júod‖as schwarz; *juodà dúona* Schwárzbrot *n* -(e)s, -e; ~**bruvas** brünétt

juodė́ti schwarz wérden

juõdu, jiẽdvi sie béide

júodžemis Schwárzerde *f* -

juõkas Láchen *n* -s, Gelächter *n* -s; *liñksmas* ~ ein schállendes Láchen

juok‖áuti schérzen *vi*, Spaß machen; ~**ìngas** lächerlich

juõk‖inti láchen máchen; ~**tis** (*iš ko*) láchen *vi* (*über A*)

juõlab um so mehr

júosta 1 Band *n* -(e)s, ᵛer; Schärpe *f* -, -n; *filmo* ~ Fílmband **2** Stréifen *m* -s, -

juostė́lė: *rãšomosios mašinė̃lės* ~ Fárbband *n* -(e)s, ᵛer

júosti (*juosta, diržu*) úmgürten *vt*

jū́r‖a Meer *n* -(e)s, -e, See *f* -, Séːen; ~**os kra̅ñtas** Méeresküste *f* -, -n; ~**os ligà** Séekrankheit *f* -, -en; *atvirojè* ~**oje** auf hóher See

jurgìnas Georgíne *f* -, -n, Dáhliːe *f* -, -n

jurìdinis jurístisch

jū́rininkas Matróse *m* -n, -n

jū́rininkỹstė Séefahrt *f* -, -en

juristas Juríst *m* -en, -en

jūs ihr; Sie (*mandagumo forma*)

jùsti empfínden* *vt*

justìcija Justíz *f* -

jū́sų éuer *m, n* (éu(e)re *f, pl*); Ihr *m, n* (Íhre *f, pl*) (*mandagumo forma*)

jutìm‖as Empfíndung *f* -, -en; ~**o òrganai** Sínnesorgane *pl*

juvelỹr‖as Juwelíer [-v-] *m* -s, -e; ~**inis** Juwelíer-; ~**inė parduotùvė** Juwelíerladen *m* -s, - / ᵛ; ~**iniai dirbiniaĩ** Juwelíerwaren *pl*

kābelis (*pvz.*, *telefono*) Kábel *n* -s, -
kab‖éti hängen* *vi*; ~**yklà** Garderóbe(n)-
ständer *m* -s, -
kabinà Kabíne *f* -, -n; *suñkvežimio* ~
Fáhrerhaus *n* -es, ·
kabinètas Kabinétt *n* -s, -e
kabìn‖ti hängen *vt*; ~**tis** (*į̃ ką*) sich klám-
mern (*an A*)
kabl‖ẽlis Kómma *n* -s, -s / -ta; ~**iātaškis**
Semikólon *n* -s, -s / -la
kablỹs Háken *m* -s, -
kabóti hängen* *vi*
kabùtės *pl* Ánführungsstriche *pl*, Ánfüh-
rungszeichen *pl*
kàd *cj* dass; damít; *geraĩ*, ~ *tù ateinì* gut,
dass du kommst; *àš taĩ sakaũ*, ~ *visì*
žinótų ich ságe es, damít álle es wíssen
kadà 1 wann; ~ *gìmė Gétė?* wann ist
Góethe gebóren? *nežinaũ*, ~ *ateĩsiu* ich
weiß nicht, wann ich kómme 2: ~ *nórs*
éinmal, írgendwann, je; *bet* ~ zu jéder
Zeit
kadagỹs Wachólder *m* -s, -
kadáise éhemals, éinmal
kadángi *cj* weil, da
kādras (*filmo*) Fílmszene *f* -, -n
kaĩ 1 *cj* als; wenn 2 *prtc*: ~ *kadà* mánchmal,
zuwéilen; ~ *kàs* manch éiner; ~ *kuř*
írgendwo, hier und da; ~ *kuriẽ žmónės*
mánche Léute
kailiniaĩ Pelz *m* -es, -e, Pélzmantel *m* -s, ·
káilis Fell *n* -(e)s; -e; Pelz *m* -es, -e
káim‖as Dorf *n* -(e)s, ·er; ~*o gyvéntojas*
Dórfbewohner *m* -s, -; *gyvénti* ~*e* auf dem
Lánde wóhnen; *važiúoti į̃* ~*ą* aufs Land
fáhren
kaĩmenė Hérde *f* -, -n
kaimiẽtis Dörfler *m* -s, -, Lándbewohner *m*
-s, -
kaimýn‖as Náchbar *m* -s / -n, -n; ~**inis**
benáchbart, Náchbar-
kaimynýstė Náchbarschaft *f* -
káimiškas dörflich, ländlich

káina Preis *m* -es, -e; *aukščiáusia* ~
Höchstpreis; *bet kokià* ~ um jéden Preis
kain‖óraštis Préisliste *f* -, -n, Préisver-
zeichnis *n* -ses, -se; ~*úoti* kósten *vt*;
kíek ~*úoja šìs stálas?* was kóstet díeser
Tisch?
kaĩp wie; ~ *gyvenì?* wie geht es dir? ~
gaĩla! wie scháde! ~ *antaĩ* zum Béispiel;
~ *nórs* írgendwie; ~ *tìk* geráde, ében
kaĩpgi gewíss, doch
kair‖ė̃ Línke *f* -; *jì̃ ė̃jo jám iš* ~*ė̃s* sie ging
an [zu] séiner Línke; *sùkti į̃ kaĩrę* (nach)
links ábbiegen; ~**iarañkis** Línkshänder *m*
-s, -; ~**ỹs** línke; ~**ióji kója** der línke Fuß,
das línke Bein
kaĩsti áufsetzen *vt*; ~ *bùlves* Kartóffeln áuf-
setzen
kaĩtalio‖ti ábwechseln *vt*; ~**tis** ábwechseln
vi / sich
kaĩtin‖ti 1 erhítzen *vt* 2 (*apie saulę*) séngen
vi; ~**tis** sich sónnen
kaitr‖à Hítze *f* -, Glut *f* -, -en; ~**ùs** glühheiß
kajùtė Kajüte *f* -, -n
kakavà Kakáo *m* -s, -s
kaklāraišt‖is Krawátte *f* -, -n, Schlips *m*
-es, -e; *parìšti* ~*į̃* die Krawátte úmbinden
kāklas Hals *m* -es, ·e
kaktà Stirn *f* -, -en
kāktusas Káktus *m* -, -té:en
kalafiòras *bot.* Blúmenkohl *m* -(e)s
kalakùtas Trúthahn *m* -(e)s, ·e, Púter *m* -s, -
kalb‖à 1 Spráche *f* -, -n; *vókiečių* ~*à*
die déutsche Spráche, Deutsch *n* - / -s
(*džn.* be artikelio), Déutsche *sub n* (*su*
žymimuoju artikeliu); *jìs móka vókiečių*
kaĩbą er kann Deutsch 2 (*prakalba*)
Réde *f* -, -n; *tiesióginė* ~*à* die dirékte
Réde; *netiesióginė* ~*à* die índirekte Réde;
pasakýti kaĩbą éine Réde hálten; *apie taĩ*
negāli bū́ti nė̃ ~*õs* davón kann kéine Réde
sein
kalbė‖ti spréchen* *vt*, *vi*; réden *vt*, *vi*; ~**ti**
tařmiškai im Dialékt spréchen; *jìs geraĩ*
kaĩba vókiškai er spricht flíeßend deutsch;

∼**tis** (*apie ką*) sich unterhálten* (*über A*);
∼**tojas** Rédner *m* -s, -
kalb‖ininkas Spráchforscher *m* -s, -, Spráchwissenschaftler *m* -s, -; ∼**inis** spráchlich, Sprach-
Kalēd‖os *pl* Wéihnachten *n* - / *pl*; ∼**ų** *senēlis* Wéihnachtsmann *m* -(e)s, ⸗er; *linksmū̃* ∼**ų!** fróhes [fröhliches] Wéihnachten!
peř Kalėdàs über Wéihnachten
kalēdin‖is wéihnachtlich, Wéihnachts-; ∼**ė** *eglùtė* Wéihnachtsbaum *m* -(e)s, ⸗e; ∼**ė** *dovanà* Wéihnachtsgeschenk *n* -(e)s, -e
kaleidoskòpas Kaleidoskóp *n* -s, -e
kalė́jim‖as Gefängnis *n* -ses, -se, Kérker *m* -s, -; *pasodìnti ką̃ į̃* ∼**ą** j-n ins Gefängnis sétzen [spérren], éinkerkern *vt*
kalendõrius Kalénder *m* -s, -
kalḗti im Gefängnis sítzen
kalinỹs Häftling *m* -s, -e, Gefángene *sub m*
kãlinti gefángen hálten
kálk‖ė Kóhlpapier *n* -s, -e; ∼**ės** *pl* Kalk *m* -(e)s, -e
kalkul‖iãcija Kalkulatión *f* -, -en, Beréchnung *f* -, -en; ∼**iãtorius** Kalkulátor *m* -s, -tóren; ∼**iúoti** kalkulíeren *vt*, beréchnen *vt*
kalnakas‖ýba Bérgbau *m* -(e)s; ∼**ỹs** Bérgarbeiter *m* -s, -, Bérgmann *m* -(e)s, -leute
káln‖as Berg *m* -(e)s, -e; ∼**o viršū́nė** Bérggipfel *m* -s, -
kaln‖ýnas Gebírge *n* -s, Bérgkette *f* -, -n; ∼**úotas** bérgig, gebírgig
kalòrija Kaloríe *f* -, -ri⸗en
kaloRìngas kaloRí⸗enreich
káltas¹ Méißel *m* -s, -
kaĩtas² 1 (*dėl ko*) schuld (*an D*); schúldig (*an D*); *jìs bùvo* ∼ *dėl eĩsmo neláimės* er hátte an dem Verkéhrsunfall Schuld 2 (*skolingas*) schúldig; *kíek àš jùms* ∼? was bin ich Íhnen schúldig?
kaltē̃ Schuld *f* -, -en
kálti 1 éinschlagen* *vt*; ∼ *vìnį į̃ síeną* éinen Nágel in die Wand éinschlagen 2 (*mechaniškai mokytis*) büffeln *vi*, páuken *vi*, *vt*

káltin‖amasis, -oji Ángeklagte *sub m, f*; ∼**imas** Ánklage *f* -, -n
kaltiniñkas, -ė Schúldige *sub m, f*
káltinti (*ką kuo*) ánschuldigen *vt* (*G*), ánklagen *vt* (*G, wegen*)
kalvà Hügel *m* -s, -
kálv‖ė Schmíede *f* -, -n; ∼**is** Schmied *m* -(e)s, -e
kalvótas hügelig
kambar‖ìnė Zófe *f* -, -n; ∼**ỹs** Zímmer *n* -s, -; *dárbo* ∼**ỹs** Árbeitszimmer; *válgomasis* ∼**ỹs** Ésszimmer; *voniõs* ∼**ỹs** Bádezimmer; *apstatýtas* ∼**ỹs** ein möblíertes Zímmer
kàmera 1 (*kalė́jimo*) Zélle *f* -, -n 2 (*kino, filmavimo*) Kámera *f* -, -s 3 (*automobilio, dviračio*) Schlauch *m* -(e)s, ⸗e 4: *šáldymo* ∼ (*šaldytuvo*) Gefríerfach *n* -(e)s, ⸗er
kamíenas Stamm *m* -(e)s, ⸗e
kãminas Schórnstein *m* -(e)s, -e
kaĩpas Écke *f* -, -n
kamščiãtraukis Kórkenzieher *m* -s, -
kamuolỹs 1 (*pvz., siūlų*) Knäuel *m* -s, - 2 Ball *m* -(e)s, ⸗e 3: *Žemės* ∼ Érdball *m* -(e)s; *dū́mų* ∼ Ráuchwolke *f* -, -n
kam‖úoti plágen *vt*; ∼**úotis** sich plágen
Kanadà Kánada *n* -s
kanad‖iẽtis Kanádi⸗er *m* -s, -; ∼**iẽtiškas** kanádisch
kanãlas Kanál *m* -s, ⸗e
kanalizãcija Kanalisatión *f* -, -en
kanãpė(s) Hanf *m* -(e)s
kanarė̃lė Kanári⸗envogel *m* -s, ⸗
kanceliãrija Kanzléi *f* -, -en
káncleris Kánzler *m* -s, -
kančià Qual *f* -, -en, Léiden *n* -s, -
kandidãtas Kandidát *m* -en, -en; Ánwärter *m* -s, -
kandidatūrà Kandidatúr *f* -, -en
kandìs Mótte *f* -, -n
kándžio‖ti béißen* *vt*; ∼**tis** sich béißen*
kank‖ìnantis quälend; ∼**ìnantis rū́pestis** éine quälende Sórge; ∼**inỹs** Märtyrer *m* -s, -; ∼**ìnti** péinigen *vt*, quälen *vt*; fóltern *vt*; ∼**ìntis** sich quälen; ∼**ìntojas** Péiniger *m* -s, -, Quäler *m* -s, -, Fólterer *m* -s, -
kankórėžis Tánnenzapfen *m* -s, -

kantr‖ýbė Gedúld *f* -; *netèkti ~ýbės* die
Gedúld verlíeren; *~ùs* gedúldig
kãpas Grab *n* -(e)s, ˮer
kapelà Kapélle *f* -, -n
kãpinės Fríedhof *m* -(e)s, ˮe
kapitãlas Kapitál *n* -s, -e / -liˑen
kapital‖ìstas Kapitalíst *m* -en, -en; *~ìstinis*
kapitalístisch; *~ìzmas* Kapitalísmus *m* -
kapitõnas Kapitän *m* -s, -e
kapitul‖iãcija Kapitulatión *f* -, -en; *~iúoti*
kapitulíeren *vi*
kaprizìngas kapriziös, láunisch
kapstý‖ti schárren *vt*; *~tis* schárren *vi*
karaìmas Karäer *m* -s, *pl* Karáten
karal‖áitė Königstochter *f* -, ˮ; *~áitis*
Königssohn *m* -(e)s, ˮe; *~ìenė* Königin
f -, -nen; *~ỹstė* Königreich *n* -(e)s, -e,
Königtum *n* -(e)s, ˮer
karãl‖iškas königlich; *~ius* König *m* -(e)s,
-e
karamèlė Karamélle *f* -, -n
kãr‖as Krieg *m* -(e)s, -e; *~o aviãcija*
Lúftwaffe *f* -; *piliētinis ~as* Bürgerkrieg
karavãnas Karawáne *f* -, -n
kárdas Schwert *n* -(e)s, -er, Säbel *m* -s, -
kardēlis Gladióle *f* -, -n
kardinõlas Kardinál *m* -s, ˮe
kareivìnės *pl* Kasérne *f* -, -n
kareĩvis Soldát *m* -en, -en
kariáuti kämpfen *vi*, Krieg führen
karikatūr‖à Karikatúr *f* -, -en; *~ìstas*
Karikaturíst *m* -en, -en
karìngas kríegerisch; militánt
kariniñkas Offizíer *m* -s, -e
karìn‖is Kriegs-; *~ė tarnýba* Kríegsdienst
m -es, -e; *atlìkti ~ę tarnýbą* Kríegsdienst
(áb)leisten
kar‖ỹs Kríeger *m* -s, -; *~ių kãpinės* Soldá-
tenfriedhof *m* -(e)s, ˮe; *~iškis* Militär *m*
-s, -s; *~iúomenė* Armée *f* -, -méˑen, Heer
n -(e)s, -e; *tarnáuti ~iúomenėje* beim
Militär sein
karjer‖à Karríˑere *f* -, -n, Láufbahn *f* -,
-en; *~ìstas* Karriˑeríst *m* -en, -en; *~ìzmas*
Karriˑerísmus *m* -
kařklas Wéide *f* -, -n

kařkvabalis Máikäfer *m* -s, -
karnavãlas Kárneval *m* -s, -e / -s, Fásching
m -s, -e / -s
karõliai *pl* Hálskette *f* -, -n
karõsas Karáusche *f* -, -n
kárpa Wárze *f* -, -n
kárpis Kárpfen *m* -s, -
karpýti schéren *vt*; ábschneiden* *vt*
kařstas Sarg *m* -(e)s, ˮe
karšč‖iúoti fíebern *vi*; *~iúotis* (*dėl ko*) sich
eréifern (*über A*)
kařšis Blei *m* -(e)s, -e
karštagaĩvis Hítzkopf *m* -(e)s, ˮe
kárštas 1 heiß; *karštì patiekalaĩ* wárme
Spéisen 2 (*ūmus*) hítzig; *~ giñčas* ein
hítziger Streit
kařštis 1 Hítze *f* -, -n 2 (*kūno*) Fíeber *n* -s
kartà Generatión *f* -, -en
kařtais mánchmal, mitúnter, zuwéilen
kařt‖as Mal *n* -(e)s, -e; *~ą* éinmal; *~ą peř*
saváitę éinmal wöchentlich; *dár ~ą* noch
éinmal, ábermals; *dù kartùs* zwéimal; *nē*
~o kein éinziges Mal; *ne ~ą* méhrmals;
kìtą ~ą ein ánderes Mal; *iš ~o* auf éin-
mal; *~as nuõ ~o* von Mal zu Mal; *~ą*
visám laĩkui éinmal für állemal
kartēlis Bítterkeit *f* -, -en, Verdrúss *m* -es
kárti hängen *vt*
kartýbė Bítterkeit *f* -, -en
kařtkartėmis ab und zu, biswéilen
kartójimas Wiederhólung *f* -, -en
kartotekà Kartothék *f* -, -en
kartó‖ti wiederhólen *vt*; *~tis* sich wieder-
hólen
kartù geméinsam, zusámmen
kartùs bítter
karūn‖à Króne *f* -, -n; *~ėlė* (*danties*)
Króne *f* -, -n
karusèlė Karusséll *n* -s, -s / -e
kárvė Kuh *f* -, ˮe; *melžiamà ~* éine
mélkende Kuh
karvēlis Táube *f* -, -n
kàs 1 (*apie žmones*) wer; (*apie gyvulius,*
daiktus) was 2 jéder; álle; *~ sekmādienį*
jéden Sónntag; *~ peñkios minùtės* álle
fünf Minúten 3: *~ naũjo?* was gibt es

Néues? ∼ *nórs* (írgend)jémand; (írgend)-
étwas
kasà¹ (*plaukai*) Zopf *m* -(e)s, ⁼e
kas‖à² (*pinigų*) Kásse *f* -, -n; ∼*ōs langēlis*
Schálter *m* -s, -
kasdiēn täglich
kasdien‖ýbė Álltag *m* -(e)s, -e, Álltäglich-
keit *f* -, -en; ∼ìnis täglich, álltäglich
kasdiēniškas täglich, álltäglich
kasètė Kassétte *f* -, -n
kasyklà Grúbe *f* -, -n, Bérgwerk *n* -(e)s, -e
kasinėjimai (*archeologiniai*) Áusgrabung *f*
-, -en
kāsininkas Kassíerer *m* -s, -
kaskar̃t jédesmal, jédes Mal
kasmėnesìnis állmonatlich
kasmẽt alljährlich
kasnãkt állnächtlich
ką́snis Bíssen *m* -s, -, Háppen *m* -s, -
kãspinas Band *n* -(e)s, ⁼er
kassỹk jédesmal
kàsti gráben* *vt*
ką́sti béißen* *vt, vi*
kastùvas Spáten *m* -s, -
kaštõnas Kastáni:e *f* -, -n
katalìk‖as Kathólik *m* -en, -en; ∼iškas
kathólisch
katalògas Katalóg *m* -(e)s, -e
katastrofà Katastróphe *f* -, -n
katastròfiškas katastrophál
katẽ Kátze *f* -, -n
kātedr‖a 1 Léhrstuhl *m* -(e)s, ⁼e; ∼*os*
vedėjas Léhrstuhlleiter *m* -s, - 2 *bažn.*
Dom *m* -(e)s, -e, Kathedrále *f* -, -n
kategòr‖ija Kategoríe *f* -, -ri:en; ∼iškai
kategórisch
kāteris (*laivas*) Kútter *m* -s, -
ką̃ tìk ében, geráde
kātilas Késsel *m* -s, -
kātinas Káter *m* -s, -
katràs wélcher *m* (wélche *f*, wélches *n*,
wélche *pl*)
katù‖tės *pl* Béifall *m* -(e)s; *plóti* ∼*čių*
Béifall klátschen
kaučiùkas Káutschuk *m* -s, -e

kaũkas Háusgeist *m* -es, -er, Kóbold *m* -s,
-e
Kaukãzas Káukasus *m* -
kaukaziēt‖is Kaukási:er *m* -s, -; ∼iškas
kaukásisch
káuk‖ė Máske *f* -, -n; ∼*ių bālius* Másken-
ball *m* -(e)s, ⁼e
káukolė Schädel *m* -s, -; Tótenkopf *m* -(e)s,
⁼e
kaũkti héulen *vi*
káulas Knóchen *m* -s, -
kaul‖ė́tas knóchig; ∼iùkas (*pvz.*, *vyšnios*)
Kern *m* -(e)s, -e
kaupìmas (*pvz.*, *atsargų*) Ánhäufung *f* -, -en
kaũpti 1 ánhäufen *vt*; ∼ *jėgàs* Kräfte
sámmeln 2 (*daržoves*) hácken *vt*; häufeln
vt; ∼s sich ánhäufen
kautỹnės *pl* Gefécht *n* -(e)s, -e
káutis kämpfen *vi*; féchten* *vi*
kav‖à Káffee *m* -s, -s; ∼*ōs pupēlės* Káf-
feebohnen *pl*
kav‖āmalė Káffeemühle *f* -, -n; ∼ìnė Café
[ka'fe:] *n* -s, -s, Káffeehaus *n* -es, ⁼er;
∼inùkas Káffeekanne *f* -, -n
kazlẽkas Bútterpilz *m* -es, -e
kaž‖kadà einst, éhedem; ∼kaĩp írgendwie;
∼kàs írgendjemand; írgendwas; ∼kodẽl
aus írgendeinem Grund; ∼kóks írgend-
welch; ∼kur̃ írgendwo; írgendwohin
keblùs héikel, schwíerig
kėdẽ Stuhl *m* -(e)s, ⁼e
kefỹras Kéfir *m* -s
keĩksmas Fluch *m* -(e)s, ⁼e
keiksmãžodis Flúchwort *n* -(e)s, ⁼er;
Schímpfwort *n* -(e)s, ⁼er
kéikti (*ką*) flúchen *vi* (*auf A, über A*); ∼s
flúchen *vi*
keĩstas mérkwürdig, séltsam, sónderbar
keistenýbė Mérkwürdigkeit *f* -, -en, Sélt-
samkeit *f* -, -en
keĩ‖sti ändern *vt*, wéchseln *vt*; táuschen
vt; ∼*sti krỹptį* die Ríchtung ändern
[wéchseln]; ∼stis sich ändern, wéchseln
vi; *óras* ∼*čiasi* das Wétter ändert sich
keistuõlis Sónderling *m* -s, -e, Éigenbrötler
m -s, -
keityklà (*pinigų*) Wéchselstube *f* -, -n

keitìmas Änderung *f* -, -en, Wéchsel *m* -s, -; Tausch *m* -es, -e

kẽkė Tráube *f* -, -n; *výnuogių* ~ Wéintraube

kèksas Rosínenkuchen *m* -s, -

keleĩv‖inis: ~*inis traukinỹs* Persónenzug *m* -(e)s, ⸗e; ~**is**, **-ė** Réisende *sub m, f,* Fáhrgast *m* -es, ⸗e

kẽletas, **kelì** éinige, ein paar

kẽlias Weg *m* -(e)s, -e; Bahn *f* -, -en; *laũko* ~ Féldweg; *susisiekìmo keliaĩ* Verkéhrswege; *óro keliù* auf dem Lúftweg; *teĩsmo keliù* auf geríchtlichem Wége

kel‖iáuti réisen *vi* (*s*); (*pėščiomis*) wándern *vi* (*s*); ~**iáutojas** Réisende *sub m*; (*pėščiomis*) Wánderer *m* -s, -

keliñt‖as wíevielte; ~*ą kartą* das wíevielte Mal; *kelintà valandà?* wie spät ist es? *kelintà šiañdien dienà?* der Wíevielte ist héute? den Wíevielten háben wir héute?

keliólika méhrere

keliõn‖ė Réise *f* -, -n, Fahrt *f* -, -en; ~*ės draũgas, -ė* Réisegefährte *sub m, f;* ~*ės išlaidos* Réisekosten *pl;* ~*ė į̃ užsienį̃* Áuslandsreise *f* -, -n; *laimìngos* ~*ės!* glückliche [gúte] Réise!

kelìskart, **kelìssyk** méhrmals

kelnáitės *pl* Bádehose *f* -, -n; *móteriškos* ~ Schlüpfer *m* -s, -

kèlneris Kéllner *m* -s, -, Óber *m* -s, -

kélnės *pl* Hóse *f* -, -n; *apatìnės* ~ Únterhose

kéltas Fähre *f* -, -n

kélti 1 hében* *vt;* ~ *skrýbėlę* (*sveikinantis*) den Hut lüften [zíehen]; ~ *triùkšmą* Lärm máchen **2** (*didinti*) hében* *vt;* stéigern *vt;* ~ *derlingùmą* Ertrág hében **3** (*žadinti*) wécken *vt* **4** (*skatinti*) errégen *vt,* erwécken *vt,* hervórrufen* *vt;* ~ *abejõnę* Zwéifel errégen [hervórrufen]

kéltininkas Fährmann *m* -(e)s, ⸗er / -leute

kéltis 1 áufstehen* *vi* (*s*); sich erhében*; *ankstì* ~ früh(zeitig) áufstehen **2** (*į kitą vietą*) übersiedeln *atsk.* / *neatsk. vi* (*s*)

kempìnė Schwamm *m* -(e)s, ⸗e

kempingas Camping [ˈkɛm-] *n* -s

kengūrà Känguru *n* -s, -s

kenk‖éjas Schädling *m* -s, -e; *kovà sù* ~*éjais* Schädlingsbekämpfung *f* -, -en; ~**smìngas** schädlich

keñkti (*kam*) scháden *vi* (*j-m*); schädigen *vt*

kentéti léiden* *vi*

kẽpalas Laib *m* -(e)s, -e

kepéjas Bäcker *m* -s, -

kep‖yklà Bäckeréi *f* -, -en; ~*iniaĩ* Gebäck *n* -(e)s, Báckwerk *n* -(e)s

kepsnỹs Bráten *m* -s, -; *kiaulíenos* ~ Schwéinebraten

kèpti 1 (*pvz., duoną*) bácken* *vt* **2** (*pvz., mėsą, žuvį̃*) bráten* *vt*

keptùvė Pfánne *f* -, -n, Brátpfanne *f* -, -n

kepuráitė Káppe *f* -, -n; *máudymosi* ~ Bádekappe

kepùr‖ė Mütze *f* -, -n; *užsidéti* (*nusiim̃ti*) ~*ę* die Mütze áufsetzen (ábnehmen)

kerãmik‖a Kerámik *f* -, -en; ~**as** Kerámiker *m* -s, -

keróti wúchern *vi*

keřš‖yti (*kam už ką*) sich rächen (*an j-m für D*), rächen *vt* (*an j-m*); ~**ytojas** Rächer *m* -s, -; ~**tas** Ráche *f* -

keřšt‖áuti (*kam už ką*) Ráche néhmen [üben] (*an j-m für A*); ~**ìngas** ráchsüchtig

kẽsti léiden* *vt;* ertrágen* *vt*

ketìn‖imas Ábsicht *f* -, -en; Vórhaben *n* -s, -; ~**ti** beábsichtigen *vt,* vórhaben* *vt*

keturaũkštis dréistöckig, víergeschossig

ketur‖ì vier; *priẽ* ~*ių̃ akių̃* únter vier Áugen

keturiasdešimt víerzig

keturíese zu vier [viert]

keturiólika víerzehn

keturkampis[1] víereckig

ketùrkampis[2] Víereck *n* -(e)s, -e

ketur‖mẽtis víerjährig; ~*mẽtė mergáitė* ein víerjähriges Mädchen

kẽtvertas (*pažymys*) Vier *f* -, -en

ketvirtã‖dalis Víertel *n* -s, -; ~**dienis** Dónnerstag *m* -(e)s, -e

ketviřt‖as víerte; ~**is** Víertel *n* -s, -

kiaũlė Schwein *n* -(e)s, -e

kiaul‖ìdė Schwéinestall *m* -(e)s, ⸗e; ~**íena** Schwéinefleisch *n* -es; ~**inkỹstė** Schwéinezucht *f* -; ~**ỹstė** Schweineréi *f* -, -en

kiáuras löch(e)rig; leck

kiáušas Schädel *m* -s, -

kiauš‖iniēnė Spíegelei *n* -(e)s, -er; (*plakta*) Rührei *n* -(e)s, -er; ∼ìnis Ei *n* -(e)s, -er; *kietaĩ (minkštaĩ) vìrtas* ∼ìnis ein hart (weich) gekóchtes Ei

kìbiras Éimer *m* -s, -

kibirkš‖čiúoti Fúnken sprühen; ∼tìs Fúnken *m* -s, -

kýboti hängen* *vi*

kìbti 1 (*kabintis*) (*prie ko*) háften *vi* (*an D*); *klijaĩ kiñba mán priė pirštų* der Klébstoff háftet an méinen Fíngern 2 (*apie žuvis*) béißen* *vi* 3 (*priekabiauti*) (*prie ko*) mäckeln *vi* (*an D*)

kibùs kléb(e)rig

kíek 1 *adv* wie viel; ∼ *laĩko?* wie spät ist es? ∼ *gālint greičiaũ* möglichst rasch; ∼ *mán žìnoma* sowéit mir bekánnt ist 2 *cj* sovíel; ∼ *àš žinaũ, jìs šiañdien neateĩs* sovíel ich weiß, kommt er héute nicht

kiekýb‖ė Quantität *f* -, -en; ∼inis quantitatív

kiēkis Ménge *f* -, -n

kiekvíen‖as jéder *m* (jéde *f*, jédes *n*); ∼ą *diėną* jéden Tag

kíelė Stélze *f* -, -n

kiēmas Hof *m* -(e)s, ∹e

kienõ wéssen; ∼ *ši knygà?* wéssen Buch ist dies?

kíetas hart

kietaširdis hártherzig

kikénti kíchern *vi*

kikìlis Búchfink *m* -en, -en

kìlimas Téppich *m* -(e)s, -e

kilmē Ábstammung *f* -, -en, Hérkunft *f* -, -en

kilnia‖dvāsis größmütig; ∼širdis, ∼širdiškas größherzig

kilnó‖jimas: *sunkùmų* ∼jimas Gewíchtheben *n* -s; ∼ti hében* *vt*; ∼tis (*iš vienos vietos į kitą*) von éinem Ort zum ánderen zíehen; ∼tojas: *sunkùmų* ∼tojas Gewíchtheber *m* -s, -

kiln‖ùmas Édelmut *m* -(e)s; ∼ùs édel, édelmütig, nóbel

kilogrãmas Kílo *n* -s, - / -s, Kilográmm *n* -s, -

kìl‖ti 1 stéigen* *vi* (*s*); ánsteigen* *vi* (*s*); *kỹla rūkas* der Nébel steigt; *kỹla susidomėjimas* das Interésse wächst 2 (*prasidėti*) entstéhen* *vi* (*s*); áusbrechen* *vi* (*s*); ∼o *kāras* (*gaĩsras*) ein Krieg (Brand) brach aus 3 stámmen *vi*; *jì* ∼*usi iš darbiniñkų* sie stammt aus éiner Árbeiterfamilie; *iš kuř jũs* ∼*ęs?* wo kómmen Sie her?

kimšti stópfen *vt*

kìn‖as[1] Kíno *n* -s, -s; ∼o *āktorius* Filmschauspieler *m* -s, -

kìnas[2] Chinése *m* -n, -n

Kìnija Chína *n* -s

kìniškas chinésisch

kinkýti ánspannen *vt*, schírren *vt*

kióskas Kiosk *m* -(e)s, -e

kiparìsas Zyprésse *f* -, -n

kirč‖iāvimas Betónung *f* -, -en; ∼iúoti betónen *vt*

kirm‖ėlė Wurm *m* -(e)s, ∹er / ∹e; ∼ýti wúrmstichig wérden

kirp‖ėja Friseuse [-'zø:zə] *f* -, -n; ∼ėjas Friseur [-'zø:r] *m* -s, -e; ∼yklà Friseursalon [-'zø:r-] *m* -s, -s

kiřpti (*pvz., plaukus*) schnéiden* *vt*, schéren *vt*

kiřsti 1 (*medžius*) fällen *vt*; ∼ *málkas* Holz hácken 2 (*rugius, kviečius*) schnéiden* *vt*, mähen *vt* 3 (*smogti*) háuen (háute, geháuen) *vt*, *vi*, zúschlagen* *vt*, *vi*

kìršin‖ti hétzen *vt*, áufstacheln *vt*; ∼tojas Hétzer *m* -s, -

kiřtis Betónung *f* -, -en

kiřvis Axt *f* -, ∹e; Beil *n* -(e)s, -e

kìsti sich ändern, sich verändern

kišėnė Tásche *f* -, -n

kìškis Háse *m* -n, -n

kìš‖ti stécken *vt*; ∼tis sich míschen

kištùkas *tech.* Stécker *m* -s, -

kitadà, kitadõs einst, éinstmals

kìtąkart ein ánderes Mal, ein ándermal

kìtapus *prp* jénseits (*G*)

kìt‖as ándere; **∼ą̃ diẽną** am ánderen Tag; **∼ą̃ kártą** ein ánderes Mal

kitataũtis, -ė Frémde *sub m, f*

kitìmas Wándel *m* -s, Wándlung *f* -, -en

kìtk‖as étwas ánderes; *tarp* **∼o** únter ánderem, beiläufig

kitur̃ ánderswo, ánderen Ort(e)s; ánderswohin

kivir̃č‖as Féhde *f* -, -n, Háder *m* -s; **∼ytis** (*su kuo*) hádern *vi* (*mit j-m*)

klaid‖à Féhler *m* -s, -, Ìrrtum *m* -s, ⁓er; **∼ìnantis** ìrreführend; **∼ìngas** ìrrig, falsch, Fehl-; **∼ìngas sprendìmas** Féhlentscheidung *f* -, -en; **∼ìnimas** Ìrreführung *f* -, -en, Täuschung *f* -, -en; **∼ìnti** ìrreführen *vt*, täuschen *vt*

kláidžioti umhérirren *vi* (*s*); umhérwandern *vi* (*s*)

klaikùs gráusig, entsétzlich

klãsė Klásse *f* -, -n

klãsikas Klássiker *m* -s, -

klasikìnis klássisch

klast‖à List *f* -, -en, Hínterlist *f* -, -en; **∼ìngas** lístig, hínterlistig

klast‖ótė Fälschung *f* -, -en; **∼óti** fälschen *vt*; **∼ótojas** Fälscher *m* -s, -

klaũpti, ∼s níederkni:en *vi* (*s*)

klausà Gehör *n* -(e)s

kláus‖imas Fráge *f* -, -n; **dúoti** [*pateĩkti*] *kám* **∼ìmą** j-m [an j-n] éine Fráge stéllen; *iškélti* **∼ìmą** éine Fráge áufwerfen; *kỹla* **∼imas, ar̃**... es erhébt sich die Fráge, ob ...

klaus‖inéti (*ką̃ ko*) frágen *vt* (*nach D*); herúmfragen *vi*; **∼ýtojas** Hörer *m* -s, -

kláusti (*ką̃ ko*) frágen *vt* (*nach D*)

klaustùkas Frágezeichen *n* -s, -

klavìšas Táste *f* -, -n

klebõnas Pfárrer *m* -s, -

klesté‖jimas Blüte *f* -, Blütezeit *f* -; **∼ti** blühen *vi*; gedéihen* *vi* (*s*)

klė̃vas Áhorn *m* -(e)s, -e

klibéti wáckeln *vi*

klied‖éjimas, ∼esỹs (*ligonio*) Fíeberwahn *m* -(e)s; **∼éti** im Fíeber spréchen; ìrrereden *vi*

klieñtas Kúnde *m* -n, -n

klij‖aĩ *pl* Leim *m* -(e)s, -e; Klébstoff *m* -(e)s, -e; **∼úoti** léimen *vt*; klében *vt*

klìmatas Klíma *n* -s, -s / -máte

klimatìnis klimátisch

kliñpti sínken* *vi* (*s*)

klìnika Klínik *f* -, -en

klýsti (sich) ìrren

kliudýti 1 híndern *vt*; **∼ eĩti** am Géhen híndern **2** (*pataikyti*) tréffen* *vt*

kliūtìs Híndernis *n* -ses, -se, Hémmnis *n* - ses, -se

klónis Tal *n* -(e)s, ⁓er

klóti 1 légen *vt*; **∼ vamzdžiùs** Röhre légen **2**: **∼ lóvą** das Bett máchen; **∼ lóvą nãkčiai** das Bett für die Nacht hérrichten

klòunas Clown [klaun] *m* -s, -s

klúonas Schéune *f* -, -n

klūpéti, klū̃poti kní:en *vi*

klū̃psčias kníefällig

klusn‖ùmas Gehórsam *m* -s, Fólgsamkeit *f* -; **∼ùs** gehórsam, fólgsam

kmỹnas Kümmel *m* -s, -

knar̃kti schnárchen *vi*

kniaũkti (*apie katę̃*) míauen *vi*

knyg‖à Buch *n* -(e)s, ⁓er; *lankýtojų* [*svečių̃*] **∼à** Gästebuch; *sėdéti priẽ knỹgų* über den Büchern sítzen; **∼ẽlė** Büchlein *n* -s, -; *pažymìų* **∼ẽlė** Schúlzeugnis *n* -ses, -se; *ùžrašų* **∼ẽlė** Notízbuch *n* -(e)s, ⁓er; **∼ýnas** Búchhandlung *f* -, -en

kniūbsčias bäuchlings

kodėl warúm, weshálb; wozú

kója Fuß *m* -es, ⁓e; Bein *n* -(e)s, -e

kokýb‖ė Qualität *f* -, -en; **∼inis** qualitatív

kõklis Káchel *f* -, -n

kóks was für ein *m, n* (was für éine *f*, was für *pl*); wélcher *m* (wélche *f*, wélches *n*, wélche *pl*)

kokteĩlis Cocktail ['kɔkte:l] *m* -s, -s

koktùs wíderlich, wíderwärtig

kõl, kõlei 1 *cj* bis; solánge **2** *adv*; **∼ kàs** vórläufig

kolegà Kollége *m* -en, -en

kolèkcija Sámmlung *f* -, -en; *pãšto ženklų̃* **∼** Bríefmarkensammlung

kolekcioniẽrius Sámmler *m* -s, -
kolekt‖ỹvas Kollektív *n* -s, -e / -s; ~**yviaĩ** kollektív; ~**ỹvinis** kollektív, Kollektív-
kolonà Säule *f* -, -n
kolònija Koloníe *f* -, -ní:en
kolonijinis koloniál, Koloniál-
kománda 1 (*įsakymas*) Kommándo *n* -s, -s 2 Mánnschaft *f* -, -en; *fùtbolo* ~ Fúßball-mannschaft
komandiruõtė Díenstreise *f* -, -n
kombáinas Mähdrescher *m* -s, -
komèdija Komödi:e *f* -, -n, Lústspiel *n* -(e)s, -e
komendántas 1 *kar.* Kommandánt *m* -en, -en 2 (*pvz.*, *bendrabučio*) Háusmeister *m* -s, -
koment‖āras Kommentár *m* -s, -e; ~**ātorius** Kommentátor *m* -s, -tóren; ~**úoti** kommentíeren *vt*
kòmikas Kómiker *m* -s, -
komìsija Kommissión *f* -, -en; Áusschuss *m* -es, ꞈe
kòmiškas kómisch
komitètas Komitée *n* -s, -s; Áusschuss *m* -es, ꞈe
komp‖ānija Geséllschaft *f* -, -en; *sudarýti kám* ~**āniją** j-m Geséllschaft léisten; ~**aniònas** Geséllschafter *m* -s, -
kòmpasas Kómpass *m* -es, -e
kompiùteris Computer [-ˈpju:-] *m* -s, -
komplèktas Satz *m* -es, ꞈe; Garnitúr *f* -, -en
komplimeñtas Komplimént *n* -(e)s, -e
kompromìsas Kompromíss *m*, *n* -es, -e
kompromitúoti kompromittíeren *vt*
koncèrtas Konzért *n* -(e)s, -e; *pageidávimų* ~ Wúnschkonzert
koncertúoti konzertíeren *vi*, ein Konzért gében
konditèrija Konditoréi *f* -, -en
kondùktorius Scháffner *m* -s, -
konfidencialùs vertráulich
konfisk‖ācija Beschlágnahme *f* -, -en; ~**úoti** beschlágnahmen *neatsk.* *vt*, sícherstellen *vt*
konflìktas Konflíkt *m* -(e)s, -e; *iškilo* ~ der Konflíkt brach aus

konjãkas Kognak [ˈkɔnjak] *m* -s, -s
konkret‖izúoti konkretisíeren *vt*; ~**ùs** konkrét
konkur‖eñcija Konkurénz *f* -, -en; *bè* ~**eñcijos** konkurénzlos; ~**eñtas** Mítbewerber *m* -s, -
konkùrsas Wéttbewerb *m* -(e)s, -e; Préisausschreiben *n* -s, -
konsèrvai Konsérve *f* -, -n
konserv‖atyvùs konservatív; ~**úoti** konservíeren *vt*, éinmachen *vt*
konstatúoti konstatíeren *vt*, féststellen *vt*
konstitùc‖ija Verfássung *f* -, -en; ~**inis** konstitutionéll, Verfássungs-
konsult‖ācija Konsultatión *f* -, -en; ~**ántas** Beráter *m* -s, -; ~**úoti** beráten* *vt*; ~**úotis** (*su kuo*) konsultíeren *vt*
kontãktas Kontákt *m* -(e)s, -e
kontéineris Container [-ˈtɛ:nər] *m* -s, -, Behälter *m* -s, -
kontineñt‖as Kontinént *m* -(e)s, -e; ~**inis** kontinentál
kontrabánda 1 Schmúggel *m* -s, -, Konterbánde *f* - 2 (*prekė*) Schmúggelgut *n* -(e)s, Schmúggelware *f* -, -n
kontrãst‖as Kontrást *m* -es, -e; ~**iškas** kontrástreich
kontr‖òlė Kontrólle *f* -, -n; ~**oliẽrius** Kontrolleur [-ˈlø:r] *m* -s, -e; ~**òlinis** Kontróll-; ~**òlinis dárbas** Kontróllarbeit *f* -, -en; ~**oliúoti** kontrollíeren *vt*
konvèjeris Flíeßband *n* -(e)s, ꞈer
kopà Düne *f* -, -n
kópėčios *pl* Léiter *f* -, -n
kòpija Ábschrift *f* -, -n; Kopíe *f* -, -pí:en; (*mašinraščio*) Dúrchschlag *m* -(e)s, ꞈe
kopijúoti kopíeren *vt*
kópti stéigen* *vi* (*s*), kléttern *vi* (*s*)
kopūstai *pl* (*valgis*) Kohl *m* -(e)s, -e
Korėja Koréa *n* -s
korėj‖ìetis Koreáner; ~**iẽtiškas** koreánisch
korèktiškas korrékt, fair [fɛːr]
korektiškùmas Korréktheit *f* -, Fairness [ˈfɛːr-] *f* -
korektūrà Korrektúr *f* -, -en, Beríchtigung *f* -, -en

korespondeñ‖cija Korrespondénz *f* -, -en;
~**tas** Korrespondént *m* -en, -en, Beríchter-
statter *m* -s, -
korìdorius Kórridor *m* -s, -e, Gang *m* -(e)s,
˵e
korỹs Wábe *f* -, -n
kortà Kárte *f* -, -n
kortúoti Kárten spíelen
kósėti hústen *vi*
kosmèt‖ika Kosmétik *f* -; ~**inis** kosmétisch
kosmonáutas Kosmonáut *m* -en, -en
kostiùmas Ánzug *m* -(e)s, ˵e; (*moteriškas*)
Kostüm *n* -s, -e
kosulỹs Hústen *m* -s
kõšė Brei *m* -es, -e
kotlètas Bulétte *f* -, -n, Klops *m* -es, -e
kovà Kampf *m* -(e)s, ˵e
kóvas 1 Sáatkrähe *f* -, -n 2 (*mėnuo*) März
m - / -es, -e
kovó‖ti (*dėl ko*) kämpfen *vi* (*für A, um A*);
~**tojas** Kämpfer *m* -s, -
kraĩtė Korb *m* -(e)s, ˵e
kraĩt‖is Áussteuer *f* -, Mítgift *f* -, -en; *dúoti*
~**į** áussteuern *vt*
kram‖snóti knábbern *vt*; ~**týti** káuen *vt*;
krãn‖as (*keliamasis*) Kran *m* -(e)s, -e / ˵e;
~**ininkas** Kránführer *m* -s, -
kranklỹs Rábe *m* -n, -n
krañtas Úfer *n* -s, -; *ēžero* ~ Séeufer; *júros*
~ Méeresküste *f* -, -n
krãpas Dill *m* -(e)s, -e
krãštas 1 Rand *m* -(e)s, ˵er; *lóvos* ~
Béttrand 2 (*šalis*) Land *n* -(e)s, ˵er
kraštó‖tyra Héimatkunde *f* -; ~**tyrinin-
kas** Héimatforscher *m* -s, -; ~**vaizdis**
Lándschaft *f* -, -en
kraštutinùmas Extrém *n* -s, -e
kratà Durchsúchung *f* -, -en
kraujãgyslė Blútgefäß *n* -es, -e
kraũj‖as Blut *n* -(e)s; ~**o praliejìmas**
Blútvergießen *n* -s; ~**o užkrėtimas** Blút-
vergiftung *f* -; *dúoti* ~**o** (*apie donorą*)
Blut spénden; ~**as béga iš žaizdõs** das Blut
fließt aus der Wúnde
kraupùs scháurig, scháuerlich, únheimlich

kráuti 1 láden* *vt*; stápeln *vt*; ~ *anglìs*
Kóhlen láden 2: ~ *pumpurus* Knóspen
ánsetzen
kráutuvė Láden *m* -s, - / ˵, Káufladen *m* -s,
- / ˵, Géschäft *n* -(e)s, -e
krēgždė Schwálbe *f* -, -n
kreidà Kréide *f* -, -n
kreipìmasis (*į ką*) Appéll *m* -(e)s, -e (*an A*)
kreĩp‖ti kéhren *vt*, ríchten *vt*; ~**tis** (*į ką*)
sich wénden* (*an A*)
kreĩvas krumm, schief
krèm‖as Creme [kre:m] / Krem *f* -, -n;
~**inis** (*apie spalvą*) crémefarben
krepšėlis Béutel *m* -s, -
krēpšininkas Básketballspieler *m* -s, -
krepšìnis Básketball *m* -(e)s
krepšỹs 1 Béutel *m* -s, - 2 (*pintinė*) Korb *m*
-(e)s, ˵e
krėslas Séssel *m* -s, -
krēsti 1 schütteln *vt*; **manè krēčia šaltis** die
Kälte schüttelt mich 2 (*kaminą*) fégen *vt* 3
(*daryti kratą*) durchsúchen *vt*
kriauklė 1 (*praustuvė*) Áusguss *m* -es, ˵e
Wáschbecken *n* -s, - 2 *zool.* Múschel *f* -,
-n
kriáušė Bírne *f* -, -n
kriēnas Méerrettich *m* -(e)s, -e
krikščionýbė Chrístentum [k-] *n* -(e)s
krikščión‖is Christ [k-] *m* -en, -en; ~**iškas**
chrístlich [k-]
krìkštas Táufe *f* -, -n
krýkštauti jáuchzen *vi*
krìkštyti táufen *vt*
kriminãlinis kriminéll, Kriminál-; ~ *romā-
nas* Krími *m* -s, -s, Kriminálroman *m* -(e)s,
-e
kriminalìstas (*nusikaltėlis*) Kriminélle *m* -n,
-n
krioklỹs Wásserfall *m* -(e)s, ˵e
krypt‖ìngas zíelgerichtet; ~**is** Ríchtung *f*
-, -en
kristãlas Kristáll *m* -(e)s, -e
kristalìnis kristállen, kristállklar
krìsti 1 fállen* *vi* (*s*); ~ *į́ lóvą* ins Bett fállen
2 (*mažėti*) fállen* *vi* (*s*); sínken* *vi* (*s*);
káinos kriñta die Préise fállen [sínken]
krìštolas Kristáll *n* -(e)s

krištolinis

kriští̇olìnis kristállen, Kristáll-
kritèrijus Kritérium *n* -s, -ri:en
krìtik‖a Kritík *f* -, -en; ~**as** Krítiker *m* -s, -
kritikúoti (*ką*) kritisíeren *vt*, Kritík üben (*an D*)
kritul‖**iaĩ** *pl* Níederschläge *pl*; *rytój bè* ~**iũ** mórgen wird es níederschlagsfrei sein
krìzė Kríse *f* -, -n
kryžiãžodis Kréuzworträtsel *n* -s, -
krỹž‖**ius** Kreuz *n* -es, -e; ~**kelė** Kréuzung *f* -, -en, Kréuzweg *m* -(e)s, -e
kroãtas Kroáte *m* -n, -n
Kroãtija Kroáti:en *n* ₀
kroãtiškas kroátisch
krokodìlas Krokodíl *n* -s, -e
krósnis Ófen *m* -s, ⸚
krū̃mas Busch *m* -es, ⸚e; Strauch *m* -(e)s, ⸚er; *serbeñtų* ~ Johánnisbeerstrauch
kruopšt‖**ùmas** Fleiß *m* -es, Éifer *m* -s; ~**ùs** fléißig, éifrig; sórgfältig
krū̃ptelėti zusámmenzucken *vi* (*s*), zusám- menschrecken [*t. p.* schrak zusámmen] *vi* (*s*)
krušà Hágel *m* -s; ~ **kriñta** es hágelt, der Hágel prásselt níeder
krutéti sich bewégen, sich régen
krūtìnė Brust *f* -, ⸚e; Búsen *m* -s, -
krūvà Háufen *m* -s, -
krùvinas blútig
Kū̃č‖**ios** das Héilige Ábendmahl; ~**ių** *vãkaras* der Héilige Ábend
kū̃dikis Säugling *m* -s, -e, Baby ['be:bi] *n* -s, -s
kū̃dra Teich *m* -(e)s, -e
kū̃kčioti schlúchzen *vi*
kukl‖**ùmas** Beschéidenheit *f* -; ~**ùs** be- schéiden
kukurū̃zas Mais *m* -es, -e
kuliamóji Dréschmaschine *f* -, -n
kulinãrija Kóchkunst *f* -, ⸚e
kulkà Kúgel *f* -, -n
kul̃nas 1 Férse *f* -, -n 2 (*bato*) Ábsatz *m* -es, ⸚e
kùlti dréschen* *vt*

kultūr‖**à** Kultúr *f* -, -en; ~**ìngas** kultivíert; ~**ìngas žmogùs** ein kultivíerter Mensch, ein Mensch von Kultúr
kultū̃rinis kulturéll; ~ *gyvẽnimas* Kultúr- leben *n* -s
kumẽlė Stúte *f* -, -n
kum̃pis Schínken *m* -s, -
kū̃nas Körper *m* -s, -; Leib *n* -(e)s, -er
kunigáikštis Fürst *m* -en, -en
kunigaikštỹstė Fürstentum *n* -(e)s, ⸚er
kùnigas Príester *m* -s, -
kuõdas Schopf *m* -(e)s, ⸚e
kúoja (*žuvis*) Rótauge *n* -s, -n
kuokštas Büschel *n* -s, -; *plaukų* ~ Háarbü- schel
kuõlas Pfahl *m* -(e)s, ⸚e
kúosa Dóhle *f* -, -n
kupė̃ Ábteil *n* -s, -e
kùpinas voll; *púodas* ~ *vandeñs* der Topf ist voll Wásser; *jìs* ~ *enèrgijos* er ist voll [vóller] Tátkraft
kupr‖**à** Búckel *m* -s, -; ~**anugãris** Kamél *m* -s, -e; ~**ìnė** Rúcksack *m* -(e)s, ⸚e, Torníster *m* -s, -; Ránzen *m* -s, -
kuř 1 wo; wohín; ~ *einì?* wohín gehst du? *iš* ~ *tù žinaĩ?* wohér weißt du das? 2 ~ *ne* ~ hie und da; ~ *nórs* írgendwo; írgendwohin
kurapkà Rébhuhn *n* -(e)s, ⸚er
kùras Brénnstoff *m* -(e)s, -e
kurčias taub, gehörlos
kūrėjas Schöpfer *m* -s, -
kūrénti (*krosnį*) héizen *vt*, féuern *vt*, *vi*
kūrýba Scháffen *n* -s; Schöpfung *f* -, -en
kūrybìngas (*pvz., žmogus*) schöpferisch
kūrýb‖**inis,** ~**iškas** schöpferisch, Scháf- fens-
kūrinỹs Werk *n* -(e)s, -e; *mẽno* ~ Kúnst- werk
kur‖**ìs** wélcher *m* (wélche *f*, wélches *n*, wélche *pl*); ~**ì** *valandà?* wie spät ist es?
kùrmis Máulwurf *m* -(e)s, ⸚e
kuròrt‖**as** Kúrort *m* -(e)s, -e; Bádeort *m* -(e)s, -e; ~**ìninkas** Kúrgast *m* -(e)s, ⸚e, Bádegast *m* -es, ⸚e
kùrsai *pl* Kurs *m* -es, -e, Kúrsus *m* -, -se
kùrstyti schüren *vt*

kursúoti 1 (*reguliariai važinėti*) verkéhren *vi* (*h, s*) 2 (*apie pinigus*) kursíeren *vi*

kùrti 1 (*ugnį*) ánzünden *vt* 2 (*meno dalykus*) scháffen* *vt*, díchten *vt* 3 (*organizacijas*) gründen *vt*

kušėtė Líege *f* -, -n

kužd‖esỹs Flüstern *n* -s, Geflüster *n* -s; ~éti flüstern *vi, vt*

kvadrãtas Quadrát *n* -(e)s, -e

kvaĩl‖as dumm; ~*os kaĩbos* dúmme Rédensarten

kvail‖ióti (herúm)albern *vi*, sich álbern benéhmen; ~ỹs Dúmmkopf *m* -(e)s, ⁏e, Dúmme *sub m*; ~ỹstė Dúmmheit *f* -, -en; *darýti* ~*ystės* Dúmmheiten máchen; ~ókas éinfältig, álbern, dümmlich

kvalifik‖ãcija Qualifikatión *f* -; ~úotas qualifizíert; gelérnt

kvãpas Duft *m* -(e)s, ⁏e, Gerúch *m* -(e)s, ⁏e; *žiedų* ~ Blütenduft; *malonùs* ~ ein féiner Duft [Gerúch]

kvartãlas (*miesto*) Víertel *n* -s, -; *gyvēnamasis* ~ Wóhnviertel

kvartètas Quartétt *n* -(e)s, -e

kvatóti láuthals láchen, scháliend láchen

kvepalaĩ *pl* Parfüm *n* -s, -s / -e

kvėpãvimas Átmung *f* -, -en, Átem *m* -s

kvepéti (*kuo*) dúften *vi* (*nach D*)

kviečiaĩ *pl* Wéizen *m* -s

kviẽsti (*į kur*) éinladen* *vt* (*zu D*); ~ *ką vakariēnės* j-n zum Ábendessen éinladen

kvietìmas Éinladung *f* -, -en

kvìtas Quíttung *f* -, -en

L

labadiẽn! gúten Tag!

lab‖aĩ sehr; ~*iaũ negù* mehr als; ~*iáusiai* am méisten

labãnakt(is)! gúte Nacht!

lãb‖as : ~ *as rýtas!* gúten Mórgen! *vìso* ~*o!* álles Gúte! *labà dienà!* gúten Tag!

labdar‖ą̀ Wóhltätigkeit *f* -; ~ìngas wóhltätig, karitatív

labor‖ántas Laboránt *m* -en, -en; ~atòrija Labór *n* -s, -s / -e, Laboratórium *n* -s, -ri꞉en

lagamìnas Kóffer *m* -s, -

láibas schlank

laidà 1 (*mokinių*) Jáhrgang *m* -(e)s, ⁏e 2 (*knygos, laikraščio*) Áusgabe *f* -, -n 3 (*per radiją, televiziją*) Séndung *f* -, -en

laĩdas 1 (*garantija*) Gewähr *f* -, Unterpfand *m* -(e)s, ⁏e 2 Léitung *f* -, -en; *elèktros laidaĩ* die eléktrische Léitung

laidỹnė Bügeleisen *n* -s, -

láidyti 1 (*mėtyti*) wérfen* *vt*, schléudern *vt* 2 bügeln *vt*, plätten *vt*

láido‖ti begráben* *vt*, beérdigen *vt*; ~tuvės *pl* Begräbnis *n* -ses, -se, Beérdigung *f* -, -en

laidúoti (*už ką*) bürgen *vi* (*für A*), Gewähr léisten (*für A*)

laĩk‖as Zeit *f* -, -en; *dárbo* ~*as* Árbeitszeit; *parduotùvių dárbo* ~*as* Öffnungszeiten der Geschäfte; *mētų laikaĩ* Jáhreszeiten *pl*; *ateĩti laikù* réchtzeitig kómmen; *pàts* ~*as* es ist höchste Zeit; *bet kuriuõ laikù* zu jéder Zeit; *kíek* ~*o?* wie spät ist es?

laikinaĩ zéitweilig, vorübergehend

laĩkinas zéitweilig, vorübergehend

laikýsena Háltung *f* -, - en; *santūrì* ~ éine reservíerte Háltung

laik‖ýti 1 hálten* *vt*; ~*ýti ką ùž rañkos* j-n an [bei] der Hand hálten; ~*ýti vìštų* Hühner hálten 2 lágern *vt*; ~*ýti grúdus klétyje* Getréide in éinem Spéicher lágern 3 (*ką kuo*) hálten* *vt* (*für A*); *kuõ tù manè* ~*aĩ?* für wen hälst du mich? 4 (*egzaminus*) áblegen *vt*, bestéhen* *vt*; ~*ýtis* 1 sich hálten* 2 (*ko*) befólgen *vt*, éinhalten* *vt*; hálten* *vt*; ~*ýtis įstátymo* das Gesétz befólgen 3 (*trukti*) ándauern *vi*, ánhalten* *vi*; *šáltis laĩkosi* die Kälte dáuert an [hält an] ◇ *kaĩp* ~*aĩsi?* wie geht es (dir)?

laikótarpis Zéitspanne *f* -, -n, Zéitabschnitt *m* -(e)s, -e

laikraštis Zéitung *f* -, -en, Blatt *n* -(e)s, ᵘer
laĩkrod‖ininkas Úhrmacher *m* -s, -; ~is
  Uhr *f* -, -en; *kišeninis* ~is Táschenuhr;
  rañkinis ~is Ármbanduhr
laikù réchtzeitig
láim‖ė Glück *n* -(e)s; ~*ei* zum Glück,
  glücklicherweise; *linkiù* ~*ės!* viel Glück!
laimė‖jimas Gewínn *m* -(e)s, -e; ~ti
  gewínnen* *vt*; ~*ti pérgalę* den Sieg
  erríngen
laimìng‖ai glücklich; ~*ai!* viel Spaß!
  ~as glücklich; ~*os keliõnės!* glückliche
  [gúte] Réise!
láipioti kléttern *vi*; *po kálnus* ~ durch das
  Gebírge wándern
láipsn‖is 1 Grad *m* -(e)s, -e / -; *10* ~*ių*
  šalčio 10 Grad Kälte 2 Rang *m* -(e)s, ᵘe
láipt‖ai *pl* Tréppe *f* -, -n; ~inė Tréppenhaus
  n -es, ᵘer
laisvaĩ frei; *jìs* ~ *kalba vókiškai* er spricht
  flíeßend Deutsch; ~*!* (*komanda*) rührt
  euch!
laisvãlaikis Fréizeit *f* -, Múße *f* -
laĩsvas frei; *neturéti nė̃ vienõs laisvõs dienõs*
  kéinen fréien Tag háben; *įėjìmas* ~ Éin-
  tritt frei
láisvė Fréiheit *f* -, -en
laiškanešỹs Bríefträger *m* -s, -
láiškas Brief *m* -(e)s, -e; *registrúotas* ~ ein
  éingeschriebener Brief
laĩvas Schiff *n* -(e)s, -e; *kãro* ~ Kríegsschiff;
  povandenìnis ~ Únterseeboot *n* -(e)s, -e;
  laivų̃ statyklà Werft *f* -, -en
laiv‖ẽlis Boot *n* -(e)s, -e, Kahn *m* -(e)s, ᵘe;
  ìrstytis ~*eliù* Boot fáhren; ~*ýnas* Flótte
  f -, -n; *jū̃rų* ~*ýnas* Maríne *f* -, -n; *óro*
  ~*ýnas* Lúftflotte; ~*ininkỹstė* Schífffahrt
  f -
laižýti lécken *vt*
lãkas Lack *m* -(e)s
lakstýti umhérlaufen* *vi* (*s*)
lakštiñgala Náchtigall *f* , -en; ~ *gíeda*
  [*suõkia*] die Náchtigall singt [schlägt]
lãkštiniai *pl* Núdeln *pl*
lakū̃nas Flíeger *m* -s, -, Pilót *m* -en, -en

lak‖úotas lackíert; ~*úoti bãtai* Láckschuhe
  pl; ~*úoti* lackíeren *vt*
lámdyti knüllen *vt*
landùs (*žmogus*) zúdringlich
láng‖as Fénster *n* -s, -; ~*o stìklas* Fénster-
  scheibe *f* -, -n; *žiūréti prõ* ~*ą* zum Fénster
  hináusschauen
lang‖ẽlis Kláppfenster *n* -s, -; ~*inė* Fénster-
  laden *m* -s, - / ᵘ; ~*úotas* karíert, gewürfelt
lañk‖as 1 (*statinės*) Reif *m* -(e)s, -e 2 (*šau-
  namasis*) Bógen *m* -(e)s, - / ᵘ; *šáudymas*
  iš ~*o* Bógenschießen *n* -s
lañkymas Besúch *m* -(e)s, -ę
lank‖ýti ~*ýtis* (*pas ką*) besúchen *vt*; ~*ýto-
  jas* Besúcher *m* -s, -; ~*omùmas* Besúch
  m -(e)s, -e
lankst‖ýti bíegen* *vt*; ~*ùmas* Bíegsamkeit
  f -; Flexibilität *f* -; ~*ùs* bíegsam, flexíbel,
  geschméidig
lãp‖ai *pl* (*medžio*) Laub *n* -(e)s; ~as
  (*medžio, popieriaus*) Blatt *n* -(e)s, ᵘer
lãpė Fuchs *m* -es, ᵘe
lapẽlis 1: *nedarbingùmo* ~ Kránkenschein
  m -(e)s, -e 2 (*agitacinis*) Flúgblatt *n* -(e)s,
  ᵘer
lãpkritis Novémber *m* - / -s, -
lapóti Blätter tréiben
lapuõtis Láubbaum *m* -(e)s, ᵘe
lãšas Trópfen *m* -s, -
lašéti trópfen *vi* (*h*, *s*)
lašiniaĩ *pl* Speck *m* -(e)s
lãšinti träufeln *vt*, trópfen *vt*
lašišà Lachs *m* -es, -e
Lãtvija Léttland *n* -s
lãtv‖is Létte *m* -n, -n; ~*iškas* léttisch
laũk, laukañ heráus; hináus; *išeĩti* ~ ins
  Fréie géhen
laũk‖as Feld *n* -(e)s, -er; *rugių̃* ~*as* Róg-
  genfeld; ~*o darbaĩ* Féldarbeit *f* -, -en
laukè dráußen
láukiamas willkómmen; ~ *svẽčias* ein will-
  kómmener Gast
laũkymė (*miško*) Líchtung *f* -, -en
laukìn‖is 1 wild; ~*ė ántis* Wíldente *f* -, -n
  2: ~*ės dùrys* Áußentür *f* -, -en
láukti (*kõ*) wárten *vi* (*auf A*) erwárten *vt*

lauktùvės Mítbringsel *n* -s, -, Geschénk *n* -(e)s, -e

láur‖as bot. Lórbeer *m* -s, -en; ~ų *lapēlis* Lórbeerblatt *n* -es, ꞏer

laureãtas Préisträger *m* -s, -

láužas 1 Lágerfeuer *n* -s, - **2** (*metalo*) Schrott *m* -(e)s

láuž‖yti, ~ti bréchen* *vt*

láužtis éinbrechen* *vi* (*h, s*)

laužtùvas Brécheisen *n* -s, -

lavinà Lawíne *f* -, -n

lãvin‖imas Bíldung *f* -, -en; ~ti bílden *vt*, schúlen *vt*; ~tis sich bílden

lavón‖as Léiche *f* -, -n; ~inė Léichenhalle *f* -, -n

lazd‖à Stock *m* -(e)s, ꞏe; ~ýnas Háselnussstrauch *m* -(e)s, ꞏer

lažýbos *pl* Wétte *f* -, -n

lažìn‖tis wétten *vi*; *iš kíek* ~amès? was gilt die Wétte?

ledaĩ *pl* **1** (*kruša*) Hágel *m* -s; ~ *kriñta* es hágelt, der Hágel prásselt níeder **2** (*valgomieji*) Eis *n* -es, Spéiseeis *n* -es; ~nė (*ledų parduotuvė*) Éisdiele *f* -, -n

lẽdas Eis *n* -es

led‖ýnas Glétscher *m* -s, -; ~inis éisig

lẽd‖kalnis Éisberg *m* -(e)s, -e; ~laužis Éisbrecher *m* -s, -

legendà Legénde *f* -, -n, Ságe *f* -, -n

legeñdinis legendär, ságenhaft

leid‖ėjas Heráusgeber *m* -s, -, Verléger *m* -s, -; ~yklà Verlág *m* -(e)s, -e; ~ìmas **1** (*knygos*) Áuflage *f* -, -n; Heráusgabe *f* -, -n **2** Erláubnis *f* -, -se; Genéhmigung *f* -, -en **3** (*dokumentas*) Passíerschein *m* -(e)s, -e; ~inỹs Áusgabe *f* -, -n; Editión *f* -, -en

léisgyvis hálbtot

léi‖sti 1 (*duoti sutikimą*) lássen* *vt*, erláuben *vt*; *jì* ~*džia vaikáms žaĩsti* sie erláubt den Kíndern zu spíelen **2** (*varikli̇̃*) ánlassen* *vt*; ~*sti į̃ vónią vándenį* Wásser in die Wánne éinlassen **3** (*pvz., laiką, atostogas*) verbríngen* *vt*, zúbringen* *vt* **4** (*pvz., knygas*) heráusgeben* *vt*; ~stis **1** (*žemyn*) herúnter-, hinúntersteigen* *vi* (*s*); *lėktùvas* ~*džiasi* das Flúgzeug lándet;

sáulė ~*džiasi* die Sónne geht únter **2** sich éinlassen*; ~stis į̃ *kalbàs* sich in ein Gespräch éinlassen **3**: ~stis į̃ *keliõnę* éine Réise ántreten [unternéhmen]

leitenántas Léutnant *m* -s, -e / -s

lėkšt‖ė Téller *m* -s, -; ~ēlė (*puodukui pastatyti*) Úntertasse *f* -, -n

lėkti 1 (*skristi*) flíegen* *vi* (*s*) **2** (*bėgti*) rénnen* *vi* (*s*)

lėktùvas Flúgzeug *n* -(e)s, -e; *keleĩvinis* ~ Passagierflugzeug [-ꞌʒiːr-]

lėl‖ė Púppe *f* -, -n; ~ių̃ *teãtras* Púppentheater *n* -s, -

lelijà Lílie *f* -, -n

lēmiam‖as entschéidend; áusschlaggebend; ~u *momentù* im entschéidenden Áugenblick

lémpa Lámpe *f* -, -n; *stalìnė* ~ Tíschlampe

lempùtė: elèktros ~ Bírne *f* -, -n, Glühbirne *f* -, -n

lémti entschéiden* *vt*

lengva‖būdis léichtsinniger Mensch; ~būdiškas léichtsinnig; ~būdiškùmas Léichtsinn *m* -(e)s, Léichtsinnigkeit *f* -

leñgvas leicht; ~ *šáltis* ein léichter Frost; *lengvà bausmē̃* éine léichte Stráfe; *leng̃và* (*smėlinga*) *žẽmė* ein léichter Bóden; *lengvóji atlètika* Léichtathletik *f* -; *lengvóji prãmonė* Léichtindustrie *f* -, -riꞏen

lengvatà Erléichterung *f* -, -en, Vergünstigung *f* -, -en

lengvãtinis ermäßigt; vergünstigt

lengvéti léichter wérden

leñgvinti erléichtern *vt*, léichter máchen

lengvùmas Léichtigkeit *f* -

lénkas Póle *m* -n, -n

Lénkija Pólen *n* -s

lénkiškas pólnisch

leñkti 1 bíegen* *vt*; béugen *vt*; néigen *vt* **2** (*pralenkti*) überhólen *vt*

lenktỹnės *pl* Wéttlauf *m* -(e)s, ꞏe; *automobìlių* ~ Áutorennen *n* -s, -; *dvìračių* ~ Rádrennen *n* -s, -

lenktyniáuti um die Wétte láufen (fáhren)

lenktỹnininkas (*pvz., automobìlių, dviračių*) Rénnfahrer *m* -s, -

leñktis 1 sich béugen **2** (*ko*) áusweichen* *vi* (*s*) (*D*), j-m aus dem Wége géhen
lent‖à Brett *n* -(e)s, -er **2** Táfel *f* -, -n; *rašýti* ~*ojè* an die Táfel schréiben; ~**ẽlė** Tabélle *f* -, -n; *daugýbos* ~**ẽlė** Einmaléins *n* -, -; ~**ýna** Regál *n* -s, -e; *knỹgų* ~**ýna** Bücherregal
leopárdas Leopárd *m* -en, -en
lẽpinti verwöhnen *vt*, verhätscheln *vt*
lẽsinti füttern *vt*; ~ *vištàs* Hühner füttern
lèsti pícken *vt*
lẽtas lángsam
lẽtinti verlángsamen *vt*
liáud‖is Volk *n* -(e)s; ~*ies dainà* Vólkslied *n* -(e)s, -er; ~**iškas** vólkstümlich
liáupsinti lóbpreisen* (lóbpries, lóbgepriesen) *vt*
liáutis áufhören *vi*
lydekà Hecht *m* -(e)s, -e
lýderis Führer *m* -s, -
lydéti begléiten *vt*, geléiten *vt*
lýdyti schmélzen *vt*
liẽknas schlank
lieknùmas Schlánkheit *f* -
liemẽnė Wéste *f* -, -n
liemenẽlė Büstenhalter *m* -s, -, Léibchen *n* -s, -
liemuõ Rumpf *m* -s, -̈e
liepa 1 Línde *f* -, -n, Líndenbaum *m* -(e)s, -̈e **2** (*mėnuo*) Júli *m* - / -s, -s
liepsn‖à Flámme *f* -, -n; ~**ìngas** (*karštas*) flámmend; ~**óti** flámmen *vi*, lóden *vi*
liẽptas Steg *m* -(e)s, -e
liẽpti (*kam*) beféhlen* *vt*, héißen* *vt*
liesas háger, máger
lieséti ábmagern *vi* (*s*), máger wérden
líeti (*vandenį*) schütten *vt*; *ãšaras* ~ Tränen vergíeßen
lietìngas régnerisch
lietpaltis Régenmantel *m* -s, -̈
lietùs Régen *m* -s, -; *smarkùs* ~ ein stárker [héftiger] Régen; ~ *lỹja* (*pliaũpia*) der Régen fällt (strömt)
Lietuvà Lítauen *n* -s
lietùv‖is Lítauer *m* -s, -; ~**iškas** lítauisch

liežùv‖is Zúnge *f* -, -n ◊ *turéti ãštrų* ~*į* éine spítze [schárfe] Zúnge háben
liftas Fáhrstuhl *m* -(e)s, -̈e
lìg, lìgi *prp* bis (*A*); *lìg rýto* bis zum Mórgen; *lig šiõl* bishér
lýg wie
ligà Kránkheit *f* -, -en; *širdiẽs* ~ Hérzkrankheit; *užkrečiamà* ~ éine ánsteckende Kránkheit
lygiãgret‖ė Paralléle *f* -, -n; ~**ės** Bárren *m* -s, -
lygiagretùs parallél
lýgiai gleich; ~ *tokio pùt úmžiuus* gleich alt; ~ *12 vãlandą* pünktlich um 12 Uhr, Punkt 12 Uhr
lygia‖reĩkšmis gléichbedeutend; ~**teĩsis** gléichberechtigt; ~**veřtis** ébenbürtig, gléichwertig
lygýbė Gléichheit *f* -, -en
lýgin‖ti 1 ébnen *vt*; glätten *vt* **2** (*laidyne*) bügeln *vt*, plätten *vt*; ~**tis** sich méssen*
lygintùvas Bügeleisen *n* -s, -
lỹgis Niveau [-ˈvoː] *n* -s, -s
ligón‖inė Kránkenhaus *n* -es, -̈er; Lazarétt *n* -(e)s, -e; ~**is**, ~**ė** Kránke *sub m, f*
ligótas krank, kränklich
ligšiolìnis bishérig
lygumà Ébene *f* -, -n
lýg‖us 1 ében, glatt; ~*us kẽlias* ein ébener Weg **2** gleich; ~*ios téisės* gléiche Réchte
lijùndra Éisglätte *f* -
lìkeris Likör *m* -s, -e
likìmas Schícksal *n* -s, -e, Geschíck *n* -(e)s, -e
lìkti bléiben* *vi* (*s*); ~ *gyvám* am Lében bléiben; ~ *namiẽ* zu Háuse bléiben; ~ *našláičiu* Wáise wérden; *lìk sveĩkas!* mach's gut!
likùtis Rest *m* -es, -e, Überrest *m* -(e)s, -e
likvidúoti liquidíeren *vt*
limonãdas Limonáde *f* -, -n, Bráuse *f* -, -n
lìnas, linaĩ Lein *m* -(e)s; Flachs *m* -es
lýnas (*žuvis*) Schlei *m* -(e)s, -e, Schléie *f* -, -n
lìnija Líni̇e *f* -, -n

linìn‖is léinen; ~ė dróbė Léinenwand f -
lin‖iúotas: ~iúotas põpierius liníertes Papíer; ~iuõtė Lineál n -s, -e; ~iúoti liníeren vt
lìnkčioti nícken vi
linkė‖jimas Wunsch m -es, ᵉe, Glückwunsch m -es, ᵉe; ~ti wünschen vt; ~ti kám vìsa ko gẽro j-m álles Gúte wünschen
liñksmas froh, fröhlich; lústig; linksmà dainà ein fröhliches [lústiges] Lied; linksmų šveñčių! fróhe [fröhliche] Féiertage!
lìnksmin‖ti belústigen vt; ~tis sich belústigen, sich vergnügen
linksniãvimas Deklinatión f -, -en
liñksnis Kásus m -, -
linksniúoti dekliníeren vt
liñk‖ti 1 sich bíegen*, sich néigen 2 (į ką) néigen vi (zu D); veránlagt sein; jìs ~ęs į̃ mẽną er ist künstlerisch veránlagt
linolèumas Linóleᵢum n -s
lynóti tröpfeln vi, trópfen vi
lipdýti 1 klében vt 2 modellíeren vt
lipnùs kléb(e)rig
lipšnùs ánschmiegsam
lìpti kléttern vi (s), stéigen* vi (s)
lỹr‖ika Lýrik f -; ~ikas Lýriker m -s, -; ~inis, ~iškas lýrisch
lýsvė Beet n -(e)s, -e
lìtas Lit m -s, -
literãtas Literát m -en, -en
literat‖ūrà Literatúr f -; ~ūrinis, ~ūriškas literárisch
lýti régnen vi; lỹja es régnet
lytìs (ledo) Éisscholle f -, -n
lìtras Líter n, m -s, -
liūd‖esỹs Tráurigkeit f -, Trübsal f -, -e; ~ėti (ko) tráuern vi (um A)
liūdijimas 1 Beschéinigung f -, -en, Áusweis m -es, -e; asmeñs ~ Personálausweis 2 (įrodymas) Zéugnis n -ses, -se
liùd‖yti 1 (tvirtinti) (ką) zéugen vi (von A) 2 (teisme) (prieš ką, už ką) zéugen vi (gegen j-n, für j-n); ~ytojas Zéuge m -n, -n
liū̃dnas tráurig, trübselig
liūdnùmas Tráurigkeit f -

liū̃nas Moor n -(e)s, -e, Morást m -es, -e / ᵉe
liū̃tas Löwe m -n, -n
liū̃tis Plátzregen m -s, -, Stúrzregen m -s, -
lìzd‖as Nest n -(e)s, -er; kráuti [sùkti] ~ą ein Nest báuen
lõbis Schatz m -es, ᵉe
lòg‖ika Lógik f -; ~inis, ~iškas lógisch
lokỹs Bär m -en, -en
lokomotỹvas Lokomotíve f -, -n
lõp‖as Flícken m -s, -; (batų) Ríester m -s, -; ~yti flícken vt
lopš‖ēlis: vaikų ~ēlis Kínderkrippe f -, -n; ~ìnė Wíegenlied n -(e)s, -er; ~ỹs Wíege f -, -n
loš‖éjas, ~ìkas Spíeler m -s, -
lõšti spíelen vi, vt
lotèrija Lotteríe f -, -ríᵢen
lóti béllen vi
lóv‖a Bett n -(e)s, -en; sulañkstomoji ~a Kláppbett; klóti ~ą das Bett máchen; ein Bett hérrichten
lovãtiesė Béttdecke f -, -n
lovỹs Trog m -(e)s, ᵉe
lòzungas Lósung f -, -en
lòžė Loge ['lo:ʒə] f -, -n
lùbos pl Décke f -, -n
lū̃kestis Erwártung f -, -en
lùkštas (kiaušinio, riešuto) Schále f -, -n
lukšténti enthülsen vt
lúošas lahm
luošỹs Krüppel m -s, -
luõtas Kahn m -(e)s, ᵉe
lū̃pa Líppe f -, -n
lùp‖ti 1 (pvz., bulvę, kiaušinį) schälen vt 2 (mušti) dréschen vt; ~tis sich (áb)schälen
lū̃šis Luchs m -es, -e
lū̃šnà Hütte f -, -n
lū̃žis 1 (lūžimas) Bruch m -(e)s, ᵉe 2 (persilaužimas) Dúrchbruch m -(e)s, ᵉe, Wénde f -, -n
lū̃žti bréchen* vi (s)

M

mad‖**à** Móde *f* -, -n; *įeĩti į̃ mãdą* in Móde kómmen; *išeĩti iš* ~**õs** aus der Móde kómmen; ~**ìngas** módisch, modérn

magéti Lust hában

magistrãlė Magistrále *f* -, -n; Férnverkehrsstraße *f* -, -n

magn‖**ėtas** Magnét *m* -en / -(e)s, *pl* -en / -e; ~**etofònas** Tónbandgerät *n* -(e)s, -e

main‖**aĩ** Áustausch *m* -es, Tausch *m* -es; ~**aĩs** (*už ką*) im Tausch (*gegen A*); ~**ýti** (*ką į̃ ką*) éintauschen *vt* (*gegen A*)

maĩst‖**as** Éssen *n* -s; Náhrung *f* -; ~**o** prodùktai Lébensmittel *pl*, Náhrungsmittel *pl*

maistìngas náhrhaft

maĩšas Sack *m* -(e)s, -e; *miegamàsis* ~ Schláfsack

maišatìs Durcheinánder *n* -s, Geménge *n* -s, -

maišý‖**ti** 1 (*pvz.*, *šaukštu*) rühren *vt* 2 (*dėti kartu*) míschen *vt*; ~**tis** sich mìschen

maĩštas Áufruhr *m* -s, -e, Revólte *f* -, -n

maištáuti méutern *vi*; rebellíeren *vi*

maištìngas áufrührerisch, rebéllisch

maĩštininkas Áufrührer *m* -s, -, Méuterer *m* -s, -, Rebéll *m* -en, -en

maitìn‖**imas** Verpflégung *f* -, -en, Bekóstigung *f* -; ~**ti** verpflégen *vt*, bekóstigen *vt*; ~**ti kūdikį̃** den Säugling stíllen; ~**tis** (*kuo*) sich ernähren (*von D*)

majonèzas Mayonnaise [majɔ'ne:zə] / Majonäse *f* -, -n

makarõn‖**ai** *pl* Makkaróni *pl*; ~**ų** sriubà Núdelsuppe *f* -, -n

makètas Modéll *n* -s, -e

maksimalùs maximál, Maximál-

mãksimumas Máximum *n* -s, -ma

makulatūrà Makulatúr *f* -, -en, Áltpapier *n* -s

mald‖**à** Gebét *n* -(e)s, -e; *kalbéti mal̃dą* ein Gebét spréchen; ~**ãknygė** Gebétbuch *n* -(e)s, ᵘer; ~**áuti** (*ką ko*) fléhen *vt* (*um A*); ~**iniñkas** Pílger *m* -s, -, Wállfahrer *m* -s, -

málk‖**inė** Hólzschuppen *m* -s, -; ~**os** *pl* Holz *n* -es, ᵘer

malón‖**ė** Gnáde *f* -, -n; ~**ės prãšymas** Gnádengesuch *n* -(e)s, -e

malon‖**ùmas** Vergnügen *n* -s, -, Ánnehmlichkeit *f* -, -en; ~**ùs** ángenehm; líebenswürdig, fréundlich

malšìnti 1 (*sukilimą*) unterdrücken *vt* 2 *stíllen vt*; ~ skaũsmą den Schmerz líndern

málti máhlen *vt*

maltìnis (*kotletas*) Bulótte *f* -, -n, Fléischklößchen *n* -s, -

malū̃n‖**as** Mühle *f* -, -n; ~**ininkas** Müller *m* -s, -

malū̃nsparnis Húbschrauber *m* -s, -

mán mir, für mich

mãn‖**ai** *pl* Grieß *m* -es, -e; ~**ų** kõšė Grießbrei *m* -(e)s, -e

mandag‖**ùmas** Höflichkeit *f* -, -en; ~**ùs** höflich

mandarìnas Mandaríne *f* -, -n

manierà Maníer *f* -, -en; *gẽros* (*blõgos*) *maniẽros* gúte (schléchte) Maníeren

manìškis, -ė Méinige *sub m, f*

manýti méinen *vt*, gláuben *vi*, dénken* *vi*; *ką̃ jū̃s mãnot apiẽ šį̃ ãtvejį?* was dénken Sie über díesen Fall? *ką̃ tù manaĩ apiẽ jį̃?* was denkst du von ihm?

màno mein *m, n* [méine *f, pl*]

mansárda Mansárde *f* -, -n

mantà Hab und Gut

margarìnas Margaríne *f* -

márg‖**as** bunt; ~**inti** bunt färben

marin‖**úotas** mariníert; ~**úota sil̃kė** mariníerter Héring; ~**úoti** mariníeren *vt*, éinlegen *vt*

mãrios Haff *n* -(e)s, -e / -s; *Kuřšių* ~ Kúrisches Haff

márkė 1 Márke *f* -, -n; *fãbriko* ~ Fabríkmarke *f* -, -n, 2 (*pinigas*) Mark *f* -, -

marmelãdas Marmeláde *f* -, -n

mármuras Mármor *m* -s, -

marmurìnis mármorn

Maròkas Marókko *n* -s
marokiĕt‖is Marokkáner *m* -s, -; ~**iškas**
marokkánisch
máršalas Márschall *m* -s, ꞏᵉe
máršas Marsch *m* -es, ꞏᵉe; *geduliñgas* ~
Tráuermarsch
marškiniaĩ *pl* Hemd *n* -(e)s, -en; *apatìniai*
~ Únterhemd; *viršutìniai* ~ Óberhemd
maršrùt‖as Route [ˈruːtə] *f* -, -n, Réiseroute
[-ruːtə] *f* -, -n; ~**inis** Líni꞉en-; ~**inis au-
tobùsas** Líni꞉enbus *m* -ses, -se
martì Schwíegertochter *f* -, ꞌᵘ
masăžas Masságe [-ʒə] *f* -, -n
masaž‖ìstas Masseur [-ˈsøːr] *m* -s, -e;
~**ìstė** Masseurin [-ˈsøː-] *f* -, -nen; ~**úoti**
massíeren *vt*
mãs‖ė Másse *f* -, -n; ~**iškas** mássenhaft
masyvùs wúchtig, klótzig
maskúoti maskíeren *vt*, tárnen *vt*
mąstymas Dénken *n* -s
mąst‖ýsena Dénkart *f* -, Dénkweise *f* -;
~**ýti** (*apie ką*) dénken* *vi* (*an A*); ~**ýtojas**
Dénker *m* -s, -
mašin‖à Maschíne *f* -, -n; *elektròninė
skaičiãvimo* ~*à* éine elektrónische Ré-
chenmaschine; *mezgìmo* ~*à* Stríckma-
schine; ~**ė̃lė**: *rãšomoji* ~**ė̃lė** Schréibma-
schine *f* -, -n
maši(ni)ninkė Maschínenschreiberin *f* -,
-nen
mãtas Maß *m* -es, -e
matem‖ãtika Mathematík *f* -; ~**ãtikas**
Mathemátiker *m* -s, -
materiãlin‖is materiéll; ~*iai núostoliai* der
materiélle Scháden; Sáchschaden *m* -s, ꞌᵘ
matýt áugenscheinlich, óffenbar
mat‖ýti séhen* *vt*; ~**ýtis** sich [einánder]
séhen
mãtomas síchtbar
matomùmas Sicht *f* -
matúoti méssen* *vt*
maudyklà Fréibad *n* -(e)s, ꞌᵘer
máud‖yti báden *vt*; ~**ytis** báden *vi* / sich
mãzgas Knóten *m* -s, -; *geležìnkelio* ~
Éisenbahnknotenpunkt *m* -(e)s, -e

mazg‖ótė Wáschlappen *m* -s, -; ~**óti** wá-
schen* *vt*
mãža wénig
mažaĩ wénig; ~ *válgyti* wénig éssen; ~ *ap-
gyvéndintas* dünn besíedelt
mãžas klein; geríng; *mažà šeimà* Kléin-
famili꞉e *f* -, -li꞉en
mažaveĩrtis mínderwertig, geríngwertig
maždaũg úngefähr, étwa
mažéti 1 sich verríngern, zurückgehen* *vi* (*s*)
2 (*pvz.*, *apie lietų, skausmą*) náchlassen*
vi
mažȳlis, -ė Kléine *sub m*, *f*
mãžinti míndern *vt*, verríngern *vt*
mažýtis wínzig
mãžmožis Kléinigkeit *f* -, -en
mažumà Mínderheit *f* -, -en; *tautìnės
mãžumos* nationále Mínderheiten
mažutė̃lis kléinwinzig
mechãn‖ika Mechánik *f* -; ~**ikas** Mechá-
niker *m* -s, -; ~**iškas** mechánisch
mečètė Moschée *f* -, -sché꞉en
medaliònas Medaillon [-daˈlɔ̃] *n* -s, -s
medãlis Medaille [-ˈdaljə] *f* -, -n
medicinà Medizín *f* -; *medicìnos sesuõ*
Kránkenschwester *f* -, -n
medicìninis medizínisch, ärztlich
medíena Holz *n* -es, ꞌᵘer; *statýbinė* ~ Báu-
holz
medikameñtas Medikamént *n* -(e)s, -e
mèdikas Medizíner *m* -s, -
medìnis hölzern, Holz-; ~ *nãmas* Hólzhaus
n -es, ꞌᵘer
mèdis Baum *m* -(e)s, ꞌᵘe; *lapuõtis* ~ Láub-
baum; *spygliuõtis* ~ Nádelbaum
med‖uõlis Hónigkuchen *m* -s, -, Lébkuchen
m -s, -; ~**ùs** Hónig *m* -s; ~**aũs ménuo**
Flítterwochen *pl*
mėdvilnė Báumwolle *f* -
medvilnìnis báumwollen
mė̃džiaga Stoff *m* -(e)s, -e; Materiál *n* -s,
-li꞉en; *statýbinė* ~ Báustoff; *mókslinė* ~
wíssenschaftliche Materiálien
medžiõkl‖ė Jagd *f* -, -en; ~**inis**: ~**inis
šáutuvas** Flínte *f* -, -n
medžió‖ti jágen *vt*, *vi*; ~**ti kiškiùs** Hásen
jágen; ~**tojas** Jäger *m* -s, -

mégautis (*kuo*) geníeßen* *vt*, sich erfréuen (*D*)

mègéjas 1 Líebhaber *m* -s, -; Láie *m* -n, -n; **mēno** ~ Kúnstliebhaber 2 (*neprofesionalas*) Amateur [-'tø:r] *m* -s, -e, Líebhaber *m* -s, -

mègìn‖imas Versúch *m* -(e)s, -e; ~ti versúchen *vt*, erpróben *vt*

még‖stamas Líeblings-; ~*stamas valgis* Líeblingsessen; **mègstamà knygà** ein belíebtes Buch; ~ti gern hában, mögen* *vt*

mègzti stricken *vt*

megzt‖ìnis, ~ùkas Stríckjacke *f* -, -n

méilė Líebe *f* -; **mótinos** ~ Mútterliebe; **tėvýnės** ~ Héimatliebe

meil‖ùmas Zärtlichkeit *f* -, -en; ~ùs zärtlich, líebevoll

méistras Méister *m* -s, -; **pamainõs** ~ Schíchtmeister

meistráuti básteln *vt*, *vi*

méistriškas méisterhaft, méisterlich

Mèksika México *n* -s

meksikiēt‖is Mexikáner *m* -s, -; ~iškas mexikánisch

melagìngas lügenhaft; lügnerisch

melãgis Lügner *m* -s, -

mēlas Lüge *f* -, -n

méldas Schilf *n* -(e)s, -e

mélynas blau

mėlýnė 1 bláuer Fleck; **dangaũs** ~ Hímmelbläue *f* - 2 (*uoga*) Bláubeere *f* -, -n, Héidelbeere *f* -, -n

mėlynúoti bláuen *vi*, blau schímmern

melòdija Melodíe *f* -, -dí;en

melodìngas melódisch

meĩsti (*ką ko*) fléhen *vt* (*um A*)

meĩstis béten *vi*; ~ *Diẽvui* zu Gott béten

meĩsvas bläulich

melúoti lügen* *vi*

melžėja Mélkerin *f* -, -nen

mélž‖iamas: melžiamà kárvė Mélkkuh *f* -, ~c, mélkcnde Kuh; ~ti mélkcn* *vt*

memoriãl‖as Gedénkstätte *f* -, -n; ~inis Gedénk-; ~inė lentà Gedénktafel *f* -, -n

memuãrai *pl* Memoiren [-mo'a:rən] *pl*

mēn‖as Kunst *f* -, ~e; ~*o parodà* Kúnstausstellung *f* -, -en; **vaizdúojamasis** ~*as* bíldende Kunst

mėnesíena Móndschein *m* -(e)s, -e, Móndnacht *f* -, ~e

mėnesìn‖is mónatlich; Mónats-; ~*ės pājamos* ein mónatliches Éinkommen

mēn‖ininkas Künstler *m* -s, -; ~inis, ~iškas künstlerisch; kúnstvoll

meñkas gering, geríngfügig

menka‖veřtis mínderwertig; ~vertiškùmas Mínderwertigkeit *f* -

ménkė Dorsch *m* -es, -e

meñkinti bagatellisíeren *vt*, schmälern *vt*

meñkniekis Kléinigkeit *f* -, -en, Kléinkram *m* -(e)s

mènùlis Mond *m* -(e)s, -e; ~ *tēka* der Mond geht auf; ~ *léidžiasi* der Mond geht únter

mėn‖uo Mónat *m* -(e)s, -e; **geguž̃s** ~*esį* im Mónat Mai

mérdėti im Stérben líegen

mergáitė Mädchen *n* -s, -

mérginti(s) éinem Mädchen den Hof máchen

mēs wir; ~ *visì* wir álle

mèsà Fleisch *n* -es; **rūkýta** (*sūdyta*) ~ geräuchertes (gesálzenes, gepökeltes) Fleisch

mėsìnė Fleischeréi *f* -, -en

mės‖ininkas Fléischer *m* -s, -; ~iškas; ~*iški valgiai* Fléischgerichte *pl*; ~malė Fléischwolf *m* -(e)s, ~e

mèsti 1 wérfen* *vt*, schléudern *vt*; ~ *ietį* den Speer wérfen 2 áufgeben* *vt*, lássen* *vt*; ~ *rūkýti* das Ráuchen lássen

meškà Bär *m* -en, -en

meškeř‖ė Ángel *f* -, -n; ~ióti ángeln *vt*, *vi*; ~iótojas Ángler *m* -s, -; ~ýkotis Ángelrute *f* -, -n

mėšlas Mist *m* -(e)s

mėšlýnas Místhaufen *m* -s, -

mėšlùngis Krampf *m* -(e)s, ~e

mètà Mínze *f* -

mèt‖ai Jahr *n* -(e)s, -e; **Naujíeji** ~*ai* Néujahr *n* -(e)s, -e; **mókslo** ~*ai* Schúljahr *n* -(e)s, -e; **kíek táu** ~*ų?* wie alt bist du?

metãl‖as Metáll *n* -s, -e; **tauríeji** ~*ai* Édelmetalle *pl*

metalìnis metállen; ~ *garãžas* Wéllblech-
garage *f* -, -n
mẽtas Zeit *f* -, -en; *šiuõ metù* zur Zeit;
naktiẽs metù zur Náchtzeit; *pàts* ~ es ist
höchste Zeit
meteòras Meteór *m, n* -s, -e
meteorològ‖ija Meteorologie *f* -; ~inis me-
teorológisch
mẽtin‖ės *pl* Jáhrestag *m* -(e)s, -e, Gedénktag
m -(e)s, -e; ~is jährlich; Jáhres-
métyti 1 wérfen* *vt* 2 *(eikvoti)* verschwénden
vt; *pìnigus* ~ das Geld verschwénden
metòd‖as Methóde *f* -, -n; ~ika Methó-
dik *f* -, -en; ~ininkas Methódiker *m* -s, -;
~inis methódisch
mẽtras Méter *m, n* -s, -; *kvadrãtinis* ~
Quadrátmeter
mẽtraštis Jáhrbuch *n* -(e)s, ⸗er
metrikãcij‖a: ~os *biùras* Stándesamt *n*
-(e)s, ⸗er
metrò, metropolitènas Metró *f* -, -s, U-
Bahn *f* -, -en
mezg‖ėja Stríckerin *f* -, -nen; ~yklà
Strickeréi *f* -, -en; ~inỹs Stríckarbeit *f* -,
-en
miegãlius Lángschläfer *m* -s, -
miẽg‖as Schlaf *m* -(e)s; *kíetas* ~*as* ein
tíefer [féster] Schlaf; *manè ìma* ~*as* der
Schlaf überfällt mich; ~maišis Schláfsack
m -(e)s, ⸗e
mieg‖óti schláfen* *vi*; *eĩti* ~*óti* schláfen
géhen, zu Bett géhen; ~ùistas schläfrig,
schláftrunken
mielaĩ gern(e)
míelas lieb, líebevoll; ~ *svẽčias* ein líeber
Gast; ~ *põne!* líeber Herr! *sù míelu nóru*
mit Vergnügen
miẽlės *pl* Héfe *f* -, -n
miẽstas Stadt *f* -, ⸗e
miest‖ẽlis Städtchen *n* -s, -, Kléinstadt *f*
-, ⸗e; ~iẽtis Städter *m* -s, -; ~iẽtiškas
städtisch
miẽžiai *pl* Gérste *f* -
miežìn‖is Gérsten-; ~ės *kruõpos* Gérsten-
graupe *f* -, -n
migdýti éinschläfern *vt*

migdõlas Mándel *f* -, -n
migl‖à Nébel *m* -s, -; *tirštà* ~*à* ein dích-
ter Nébel; ~*à sklaĩdosi* der Nébel löst
sich auf [líchtet sich]; ~ótas 1 néb(e)lig
2 *(neaiškus)* schléierhaft; ~*ótas reĩkalas*
éine schléierhafte Ángelegenheit; ~óti né-
b(e)lig wérden, nébeln *vimp*
mìgti éinschlafen* *vi* (*s*)
mygtùkas Drúckknopf *m* -(e)s, ⸗e
mikčióti stóttern *vi*, stámmeln *vi*
mìklinti schúlen *vt*; ~ *pirštùs* die Fínger
schúlen
miklùs geschíckt, gewándt
mikrofònas Mikrophón *n* -s, -e
mikroskòpas Mikroskóp *n* -s, -e
mylé‖ti líeben *vt*; ~tojas Líebhaber *m* -s,
-, Freund *m* -(e)s, -e; *gamtõs* ~*tojas*
Natúrliebhaber
mylià Méile *f* -, -n
milijárdas Milliárde *f* -, -n
milij‖õnas Millión *f* -, -n; ~oniẽrius Mil-
lionär *m* -s, -e
mýlimas geliébt
mylimàsis, -óji Geliébte *sub m, f*
milimẽtras Milliméter *n, m* -s, -
mìltai *pl* Mehl *n* -s; *dúoniniai* ~ Brótmehl;
smùlkūs (*rùpūs*) ~ féines (gróbes) Mehl
miltẽliai *pl* Púlver [-v-] *n* -s, -; *skalbìmo* ~
Wáschpulver
mylúoti líebkosen *neatsk. vt*
mílžin‖as Ríese *m* -n, -n, Hüne *m* -n, -n;
~iškas ríesig, ríesenhaft, kolossál
milžìnkapis Hünengrab *n* -(e)s, ⸗er
minà¹ *(veido išraiška)* Míene *f* -, -n; *pada-*
rýti liñksmą mìną éine héitere Míene má-
chen
min‖à² *kar.* Míene *f* -, -n; *déti* ~*às* Míenen
légen
mìnd‖yti, ~žioti zerstámpfen *vt*, zertrám-
peln *vt*
minéjimas Éhrung *f* -, -en, Féierstunde *f* -,
-n, Gedénkfeier *f* -, -n
minéti 1 erwähnen *vt* 2 *(ką)* gedénken* *vi*
(G), éhren *vt*; *sù pãgarba ką* ~ j-s in Éhren
gedénken

minià Ménge *f* -, -n; ~ *žmonių* Ménschenmenge

minimalùs minimál, Míndest-; ~ *atlýginimas* Míndestlohn *m* -(e)s, ːe

ministèrija Ministérium *n* -s, -riːen; *kultūros* ~ das Ministérium für Kultúr; *vidaũs reikalų* ~ das Ministérium des Ínnern

minìstras Miníster *m* -s, -; ~ *pirmininkas* Minísterpräsident *m* -en, -en

mìnkyti knéten *vt*

mìnkštas 1 weich; ~ *kiaušìnis* ein wéiches Ei; *minkštì baldai* Pólstermöbel *pl*; *minkštõs širdiẽs žmogùs* ein wéichherziger Mensch 2 (*apie klimatą*) mild

minkštéti weich wérden, erwéichen *vi* (*s*)

mintinaĩ áuswendig

mintìs Gedánke *m* -ns, -n; *mán dìngtelėjo* ~ ein Gedánke fuhr [schoss] mir durch den Kopf; *mán atėjo į gálvą* ~, *kàd* ... mir kam der Gedánke, dass ...

mìnus mínus; *šešì* ~ *dù yrà keturì* sechs mínus zwei ist [macht] vier

mìnusas Mínus *n* -, -

minùtė Minúte *f* -, -n; *tylõs* ~ (*kam pagerbti*) Gedénkminute *f* -

minutėl||ė Wéilchen *n* -s; *lùktelk(it)* ~*ę* Momént mal! Momént, bítte!

mìręs tot, verstórben

mirgéti flímmern *vi*

mìrkčioti 1 blínzeln *vi*; ~ *akimìs* mit den Áugen blínzeln 2 fláckern *vi*

mirkýti wéichen *vt*

mìrksn||is Áugenblick *m* -(e)s, -e; *akiẽs* ~*iu* áugenblicklich

miřti (*nuo ko*) stérben* *vi* (*s*) (*an D*); verstérben* *vi* (*s*); den Tod fínden; ~ *badù* vor [an] Húnger stérben; ~ *sàvo mirtimì* éines natürlichen Tódes stérben; *jìs mìrė būdamas 80 mẽtų* er ist im Álter von 80 Jáhren gestórben

miřtinas tödlich; *mirtinà ligà* éine tödliche Kránkheit; *mirtinà tylà* Tódesstille *f* -, Tótenstille *f* -

mirtìngas stérblich; ~*is*, -*oji* Stérbliche *m, f*

mirtingùmas Stérblichkeit *f* -

miřtininkas Tódeskandidat *m* -en, -en

mirt||ìs Tod *m* -(e)s; ~*iẽs núosprendis* Tódesurteil *n* -(e)s, -e; *gulėti* ~*iẽs patalè* im Stérben líegen; *miřti staigià* ~*imì* éines jähen [plötzlichen] Tódes stérben

mirusỹsis, -ióji Verstórbene *sub m, f*

misioniẽrius Missionár *m* -s, -e

mįsl||ė Rätsel *n* -s, -; ~*ìngas* rätselhaft

mìsti (*kuo*) sich nähren (*von D*), sich ernähren (*von D*)

mìst||ika Mýstik *f* -; ~*inis*, ~*iškas* mýstisch

mišinỹs Míschung *f* -, -en, Gemísch *n* -es, -e

mìšios Mésse *f* -, -n; *laikýti mišiàs* die Mésse hálten [lésen]; *aukóti mišiàs* die Mésse zelebríeren

mìšk||as Wald *m* -(e)s, ːer; *lapuõčių* ~*as* Láubwald; *spygliuõčių* ~*as* Nádelwald; ~*o gaĩsras* Wáldbrand *m* -(e)s, ːe

miškìngas wáldreich

mìškininkas Förster *m* -s, -, Fórstmann *m* -(e)s, ːer / -leute

mišk||ininkỹstė Fórstwirtschaft *f* -; ~*úotas* wáldig

mišraĩnė Salát *m* -(e)s, -e; *daržóvių* ~ Gemüsesalat

mišr||ùs gemíscht; ~*ùs chòras* ein gemíschter Chor; ~*ùs mìškas* Míschwald *m* -(e)s, ːer; ~*ì šeimà* Míschehe *f* -, -n

mitýba Ernährung *f* -; Beköstigung *f* -

mìtingas Meeting ['miː-] *n* -s, -s; *gèdulo* ~ Tráuerfeierlichkeit *f* -, -en

mitr||ùmas Geschícktheit *f* -, Gewándheit *f* -; ~*ùs* geschíckt, gewándt

mobiliz||ācija Mobilisatión *f* -, Mobílmachung *f* -, -en; ~*úoti* mobilisíeren *vt*, mobíl máchen

močiùtė Großmutter *f* -, ː, Óma *f* -, -s

mòdelis Modéll *n* -s, -e

model||iúoti modellíeren *vt*; ~*iúotojas* Modelleur [-'løːr] *m* -s, -e

modern||izúoti modernisíeren *vt*; ~*ùs* modérn

mojúoti wínken *vi*, schwénken *vi*

mokėjimas Kénntnis *f* -; Können *n* -s; da-
lýko ~ Sáchkenntnis; kalbõs ~ Spráchbe-
herrschung *f* -
mókestis Gebühr *f* -, -en, Stéuer *f* -, -n;
nãrio ~ Mítgliedsbeitrag *m* -(e)s, ᵉe; pa-
jamų ~ Éinkommensteuer; ~ ùž mókslą
Schúlgeld *n* -(e)s; Stúdiengebühr *f* -, -en
mokėti¹ záhlen *vi, vt*; bezáhlen *vt*
mokėti² können* *vt*, verstéhen* *vt*; ~
eilėraštį ein Gedícht können; ~ rašýti
schréiben können
mokyklà Schúle *f* -, -n; pradìnė ~
Elementárschule, Grúndschule; vidurìnė
~ Míttelschule; aukštóji ~ Hóchschule;
mùzikos ~ Musíkschule
mokyklin‖is schúlisch, Schul-; ~is dárbas
die schúlische Árbeit; ~ė drausmė̃
Schúldisziplin *f* -; ~ė knygà Schúlbuch
n -(e)s, ᵉer
mókymas Únterricht *m* -(e)s; Léhre *f* -, -n
mokinỹs 1 Schüler *m* -s, - 2 (gamykloje)
Léhrling *m* -s, -e
mók‖ytas gebíldet; ~yti léhren *vt*, béi-
bringen* *vt*; ~yti ką̃ vókiečių kalbõs j-n
Deutsch léhren; ~ytis lérnen *vi, vt*; ~ytis
ánglų kalbõs Énglisch lérnen; jìs ~osi
universitetè er studíert an der Universität;
~ytojas Léhrer *m* -s, -
mokytojáuti Léhrer sein, als Léhrer tätig
sein
móksl‖as 1 Wíssenschaft *f* -, -en; gamtõs
~as Natúrwissenschaften *pl* 2 (mokyma-
sis, žinios) Stúdium *n* -s, -di.en; ~o mẽtai
Léhrjahr *n* -(e)s, -e, Schúljahr *n* -(e)s, -e
moksleĩvis Schüler *m* -s, -
mókslininkas Wíssenschaftler *m* -s, -, Ge-
léhrte *sub m*
móksliškas wíssenschaftlich
molèkulė Molekül *n* -s, -e
mól‖inis Ton-; ~inis ąsõtis Tónkrug *m*
-(e)s, ᵉe; ~is Lehm *m* -(e)s, -e
momeñtas (akimirksnis) Momént *m* -(e)s,
-e, Áugenblick *m* -(e)s, -e
monetà Münze *f* -, -n
mongòlas Mongóle *m* -n, -n
Mongòlija Mongoléi *f* -

mongòliškas mongólisch
monològas Monológ *m* -(e)s, -e
monotòn‖ija Éintönigkeit *f* -, -en, Mono-
toníe *f* -, -ní.en; ~iškas éintönig, monotón
mopèdas Móped *n* -s, -s
morãlas Morál *f* -; sakýti kám moralùs j-m
Morál prédigen
morãlė Morál *f* -
moralizúoti moralisíeren *vi*
moralùs síttlich
morkà Móhrrübe *f* -, -n, Möhre *f* -, -n
mosikúoti, mostagúoti fúchteln *vi*
mõstas Géste *f* -, -n
mosúoti wínken *vi*
móter‖is Frau *f* -, -en; Weib *n* -(e)s, -er; ~ų
lìgos Fráuenkrankheiten *pl*; ~iškas Dá-
men-; wéiblich; ~iškas vañdas wéiblicher
Vórname; ~iški drabùžiai Dámenbeklei-
dung *f* -, -en
móti wínken *vi*
mótin‖a Mútter *f* -, ᵉ; tikrà ~a die léibliche
Mútter; ~iškas mütterlich
motỹvas Motív *n* -s, -e
motyvúoti motivíeren *vt*
motocìkl‖as Mótorrad *n* -(e)s, ᵉer, Krad
n -(e)s, ᵉer; važiúoti motociklù Mótorrad
fáhren; ~ininkas Mótorradfahrer *m* -s, -
motòras Mótor *m* -s, -tóren
motorìn‖is Mótor-; ~is dvìratis Mófa *n* -s,
-s; ~ė váltis Mótorboot *n* -(e)s, -e
mùdu, mùdvi wir béide
mùgė Mésse *f* -, -n; knygų̃ ~ Búchmesse
muil‖as Séife *f* -, -n; prausiamàsis ~as
Bádeseife; skalbiamàsis ~as Wáscheseife;
~inti éinseifen *vt*
muilúotas séifig
muìt‖as Zoll *m* -(e)s, ᵉe; įvežìmo ~as Éin-
fuhrzoll; ~inė Zóllamt *n* -(e)s, ᵉer; ~inin-
kas Zóllbeamte *sub m*, Zöllner *m* -s, -
multiplikãcinis ~ fìlmas Tríckfilm *m* -(e)s,
-e
mū̃r‖as 1 Máuer *f* -, -n 2 Zíegelsteinhaus *n*
-es, ᵉer; ~ininkas Máurer *m* -s, -
mū̃ryti máuern *vt*
mùřzinas schmútzig, beschmíert
mùsė Flíege *f* -, -n

mùsmirė Flíegenpilz *m* -es, -e

mū́sų únser *m*, *n* (únsere *f*, *pl*)

musulmõn‖as Mohammedáner *m* -s, -; ∼iškas mohammedánisch

mū̃šis Schlacht *f* -, -en; *lẽmiamas* ∼ éine entschéidende Schlacht

mùšti 1 schlágen* *vt, vi,* háuen* *vt; dìdelės bañgos mùšė į̃ krañtą* hóhe Wógen schlúgen ans Úfer 2 schlágen* *vt, vi;* ∼ *bū̃gną* die Trómmel rühren; *laĩkrodis mùša 8 vãlandą* die Uhr schlägt 8 Uhr

muštỹnės *pl* Schlägeréi *f* -, -en, Prügeléi *f* -, -en

mùštis (*dėl ko*) sich schlágen* (*um Λ*)

muziẽj‖us Muséum *n* -s, -sé:en; ∼*aus eksponãtas* Muséumsstück *n* -(e)s, -e; ∼*aus gìdas* Muséumsführer *m* -s, -

mùzik‖a Musík *f* -; ∼*os veĩkalas* Musíkwerk *n* -(e)s, -e

muzikal‖ùmas Musikalität *f* -; ∼*ùs* musikálisch

muzikántas Musikánt *m* -en, -en

mùzikas Músiker *m* -s, -

muzik‖ìnis Musík-, musikálisch; ∼*ìnis fìlmas* Musíkfilm *m* -(e)s, -e; ∼*olõgas* Musíkforscher *m* -s, -; ∼*úoti* musizíeren *vi*

N

nãcija Natión *f* -, -en

nacionãlin‖is nationál; Nationál-; ∼*ė mažumà* éine nationále Mínderheit

nacional‖ìstas Nationalíst *m* -en, -en; ∼*izúoti* nationalisíeren *vt*

naft‖à Érdöl *n* -(e)s; ∼*ótiekis* Érdölleitung *f* -, -en

nãgas Nágel *m* -s, ∺; (*gyvulio, paukščio*) Králle *f* -, -n, Kláue *f* -, -n

nagrinė́ti analysíeren *vt;* erörtern *vt;* ∼ *bỹlą* éinen Fall verhándeln

naikìnti verníchten *vt;* vertílgen *vt;* ∼ *parazitùs (pìktžoles)* Úngeziefer (Únkraut) vertílgen

naikintùvas Jágdflugzeug *n* -(e)s, -e

naiv‖uõlis Naívling *m* -s, -e; ∼*ùmas* Naivität [-v-] *f* -, Éinfalt *f* -; ∼*ùs* naív, éinfältig

nak‖čià nachts, in der Nacht; ∼*tìbalda* Náchtschwärmer *m* -s, -; ∼*tìnis* nächtlich, Nacht-; ∼*ìnis budė́jimas* Náchtdienst *m* -es, -e; ∼*tis* Nacht *f* -, ∺e; ∼*výnė* Únterkunft *f* -, ∺e; Náchtlager *n* -s, -, Übernáchtung *f* -, -en; ∼*vóti* nächtigen *vi*, übernáchten *vi*

nam‖aĩ *pl* Haus *n* -es, ∺er; Heim *n* -(e)s, -e; Zuháuse *n* -s; *vaikų̃* ∼*aĩ* Kínderheim; ∼*ų̃ šeiminiñkas* Háusherr *m* -n, -en; ∼*ų̃ ū́kis* Háushalt *m* -(e)s; -e; *póilsio* ∼*aĩ* Férienheim; *eĩti į̃* ∼*ùs* nach Háuse géhen

nãmas Haus *n* -es, ∺er; *trijų̃ aũkštų* ∼ ein zwéistöckiges Haus

nam‖iė̃ zu Háuse, dahéim; ∼*ìnis* háusgemacht; Haus-; ∼*ìnis gyvulỹs* Háustier *n* -(e)s, -e

nãras (*žmogus*) Táucher *m* -s, -

nárdyti táuchen *vi* (*h, s*)

nar‖ỹs 1 Mítglied *n* -(e)s, -er; *šeimõs* ∼*ỹs* Famílienmitglied 2 (*sąnarys*) Glied *n* -(e)s, -er; ∼*ỹstė* Mítgliedschaft *f* -, -en

narkomãnas, -ė Süchtige *sub m, f,* Drógensüchtige *sub m, f*

narkòtikas Narkótikum *n* -s, -ka, Betäubungsmittel *n* -s, -

nars‖ùmas Tápferkeit *f* -, Kühnheit *f* -; ∼*ùs* tápfer, kühn

nar̃vas Käfig *m* -(e)s, -e

narvẽlis Báuer *n, m* -s, -

našlái‖tė (*gėlė*) Stíefmütterchen *n* -s; ∼*tis*, -ė Wáise *f* -, -n, Wáisenkind *n* -(e)s, -er; *lìkti* ∼*čiu* Wáise wérden

našl‖ė̃ Wítwe *f* -, -n; ∼*ỹs* Wítwer *m* -s, -

naštà Last *f* -, -n; Bürde *f* -, -n; *rū̃pesčių* Sórgenlast

naš‖ùmas Produktivität [-v-] *f* -, -en; ∼*ùs* produktív; ∼*ùs dárbas* éine produktíve Árbeit

natiurmòrtas Stílleben *n* -s, -

natūrà 1 Wésen *n* -s, -; *jì švelniõs natū̃ros* sie hat ein sánftes Wésen 2 Naturáli;en *pl*; *išmokéti* ~ in Naturálien áuszahlen natūr‖aliaĩ natürlich; *eĩgtis* ~*aliaĩ* sich natürlich benéhmen; ~*alùs* natürlich, echt naud‖à Nútzen *m* -s; *dúoti* ~*õs* Nùtzen bríngen; *gáuti iš̃ kõ* ~*õs* Nútzen aus etw. (*D*) zíehen; *dìrbti Tėvỹnės náudai* für das Wohl der Héimat wírken; ~*ìngas* nützlich, vórteilhaft; ~*ìngosios iškasenos* Bodenschätze *pl*; ~óti benützen *vt*, gebráuchen *vt*, verwénden (*t. p.* verwándte, verwándt) *vt*; ~ótis (*kuo*) Gebráuch máchen (*von D*); ~ótis próga die Gelégenheit nútzen
naujãgimis, -ė Néugeborene *sub m, f*
nauja‖kurỹs Néusiedler *m* -s, -; ~mė̃tis Néujahrs-; ~mė̃čiai svéikinimai Néujahrsglückwunsch *m* -es, ⁻e
naūj‖as 1 neu; *Naujíeji mẽtai* Néujahr *n* -(e)s, -e 2 (*šviežias*): ~*os bùlvės* néue Kartóffeln 3: *pradéti iš̃* ~*o* von Néuem ánfangen [begínnen]; *kàs* ~*o?* was gibt es Néues
naujenýbė Néuheit *f* -, -en
nauj‖íena Néuigkeit *f* -, -en; *dienõs* ~*íenos* die Néuigkeiten des Táges; ~*intėláitis* fúnkelnagelneu; ~õkas 1 Néuling *m* -s, -e 2 *kar.* Rekrút *m* -en, -en; ~óvė Néuerung *f* -, -en; ~óviškas néuartig
navìkas Geschwúlst *f* -, ⁻e; *piktýbinis* ~ éine bösartige Geschwúlst
nè 1 nein 2 nicht; *àš nè!* ich nicht!
nė̃: *nė̃ kar̃to* nicht ein éinziges Mal; *nė kíek* gar nicht, durcháus nicht
neabejótinas zwéifellos
neáiškus únklar
neakìvaizdininkas Férnstudent *m* -en, -en
neakivaizdìnis Fern- ; ~ *mókymas* Férnunterricht *m* -(e)s
nealkohòlin‖is álkoholfrei; ~*iai gérimai* álkoholfreie Getränke
neapgalvótas únüberlegt, únbedacht
neapgyvéntas únbesiedelt; únbewohnt
neapýkant‖a (*kam*) Hass *m* -es (*gegen A*); *kùpinas* ~*os* hásserfüllt

neapkę̃sti (*ko*) hássen *vt*
neapmãtomas únübersehbar
neapsãkom‖as únsagbar, únsäglich; ~*a láimė* ein únsägliches Glück
neapsižiūrė‖jimas Verséhen *n* -s; *per̃* ~*jimą* aus Verséhen, verséhentlich; ~*ti* sich verséhen*
neatidėlió‖jant únverzüglich; ~*tinas* únaufschiebbar
neatidùs únaufmerksam, únachtsam
neatlýginamas únentgeltlich
neàtmenamas úndenklich
neatpažį̃stamas únerkennbar
neatsakìngas únverantwortlich
neatsarg‖ùs únvorsichtig; ~*ì pastabà* éine únvorsichtige Bemérkung
neàtskiriamas úntrennbar, únzertrennlich
nèbe nicht mehr
nebe-: *jìs nebedìrba* er árbeitet nicht mehr
nebėrà es gibt nicht mehr
nebyl‖ỹs, -ė̃ Stúmme *sub m, f; jìs* ~*ỹs iš̃ prigimtiẽs* er ist von Gebúrt an stumm; ~*ùs* stumm
nebū́ti ábwesend sein; nicht vórhanden sein; féhlen *vi*
nedárbas Árbeitslosigkeit *f* -; *visúotinis* ~ Mássenarbeitslosigkeit
nedarb‖ìngas árbeitsunfähig; ~*ingùmas* Árbeitsunfähigkeit *f* -; ~*ingùmo lapēlis* Kránkenschein *m* -es, -e; *išdúoti* ~*ingùmo lapēlį* éinen Kránkenschein áusstellen
nedaũg nicht viel
nedaũgelis nicht víele
nèdegamas féuerfest
nedėk‖ìngas úndankbar; ~*ingùmas* Úndank *m* -(e)s, Úndankbarkeit *f* -
nedel̃siant únverzüglich, kúrzerhand
nederlìngas únfruchtbar
nedeřlius Míssernte *f* -
nedõras únehrenhaft, únehrlich
nedorýbė Únsittlichkeit *f* -
nedovanótinas únverzeihlich, únentschuldbar
nedrą̃sùs schüchtern, zághaft
nedū́žtamas únzerbrechlich
negailestìngas únbarmherzig, schónungslos

negalãvimas Beschwérde *f* -, -n, Únwohl-
sein *n* -s

negãlimas únmöglich

negaliójan‖tis úngültig; *paskélbti ką̃* ~*čiu*
etw. für úngültig erklären

negalúoti sich únpässlich [únwohl] fühlen,
kränkeln *vi*

negarbìngas únehrlich, únwürdig

negeř̃bti (*ko*) missáchten *vt*

negeróvė Übelstand *m* -(e)s, ⸗e; Míssstand
m -(e)s, ⸗e

negiñčijamas únbestreitbar, únbestritten

negývas tot; léblos

negyvėnamas únbewohnbar

nègras Néger *m* -s, -

negrį̃žtamai únwiederbringlich, únwider-
ruflich

negù *cj* als; *jìs didèsnis* ~ *àš* er ist größer
als ich

nei 1: ~ ... ~ wéder ... noch; *tám àš
neturiù* ~ *laĩko*, ~ *pinigų̃* dafür hábe ich
wéder Zeit noch Geld **2** als

neĩgiamas négativ; náchteilig; ~ *atsãkymas*
éine négative Ántwort

neig‖ìmas Vernéinung *f* -, -en; Léugnung
f -, -en; ~*inỹs gram.* Vernéinung *f* -, -en

neĩgti vernéinen *vt*; léugnen *vt*

neįgyvéndinamas únerfüllbar, úndurchführ-
bar

neįgùdęs úngeübt, únbewandert

neįkáinojamas únschätzbar

neilgám auf kúrze Zeit

neįmãnomas únmöglich

neĩprastas úngewohnt; ~ *kař̃štis* éine únge-
wohnte Hítze

neįsivaizdúojamas únvorstellbar, úndenk-
bar

neįskaĩtomas únleserlich

neišáiškinamas únerklärlich

neišáuklėtas únerzogen

neišgiř̃sti (*ko*) überhören *neatsk. vt*

neišmatúojamas únermesslich

neišmintìngas únvernünftig

neišsilãvin‖ęs úngebildet; ~*imas* Únbil-
dung *f* -

neišspréndžiamas únlösbar; ~ *uždavinỹs*
éine únlösbare Áufgabe

neištikimas úntreu, tréulos

neištikimýbė Úntreue *f* -

neišvéngiamas únvermeidlich, únumgäng-
lich

neįvýkdomas únerfüllbar

nejaũ(gi) étwa; ~ *àš trukdaũ?* störe ich
étwa?

nejauk‖ùs únfreundlich; únheimlich; *mán
~ù* es ist mir únheimlich

nejuč‖ià, ~*iomìs* únmerklich, únmerkbar

nekaĩp nicht besónders gut

nekalbùs wórtkarg, múndfaul

nekaĩtas únschuldig

nekaltýbė Únschuld *f* -

nekantr‖áuti fíebern *vi*, úngeduldig sein;
visì jõ láukė ~*áudami* álle wárteten auf
ihn úngeduldig; ~*ýbė*, ~ *ùmas* Úngeduld
f -; ~*ùs* úngeduldig

nekeñčiamas verhásst; veráchtenswert

nekenksmìngas únschädlich; hármlos

nekę̃sti (*ko*) hássen *vt*, veráchten *vt*

nekilnójam‖as: ~*asis tuř̃tas* Immobíli⸗en
pl, líegende Hábe

nekiñtamas únveränderlich

neklýstamas únfehlbar

nekontroliúojamas únkontrollierbar

nekorèktiškas únkorrekt

nekrològas Nekrológ *m* -(e)s, -e, Náchruf
m -(e)s, -e

nekultūrìngas kultúrlos, únkultiviert

neláim‖ė Únglück *n* -s; *jám atsitìko* ~*ė*
ihm ist ein Únglück zúgestoßen [wider-
fáhren]; ~*ėlis* Péchvogel *m* -(e)s, ⸗, Ún-
glücksmensch *m* -en, -en

nelaimìngas únglücklich; ~ *atsitikimas* Ún-
glücksfall *m* -(e)s, ⸗e

neláisv‖ė Gefángenschaft *f* -; *bū̃ti* ~*ėje* sich
in Gefángenschaft befínden; *paĩmti į̃* ~*ę*
gefángen néhmen; *patèkti į̃* ~*ę* in Gefán-
genschaft geráten

neláuktas únerwartet; überráschend

neléisti (*uždrausti*) verwéhren *vt*

neléistinas únzulässig, únerlaubt

neliẽčiamas únantastbar

neliečiamýbė (*pvz.*, *diplomato*, *deputato*) Immunität *f* -, -en

nelygýbė Úngleichheit *f* -

nelýg‖us 1 úneben; ~*us kėlias* ein únebener Weg 2 úngleich; ~*i kovà* ein úngleicher Kampf

nemal‖ónė Úngnade *f* -; *patèkti į̃ kienõ* ~*ónę* in j-s Úngnade fállen; ~*onù-mas* Únannehmlichkeit *f* -, -en; *pridarý-ti kám* ~*onùmų* j-m Únannehmlichkeiten máchen [beréiten]; ~*onùs* únangenehm; únliebsam; únfreundlich; ~*onùs óras* ein únfreundliches Wétter

nemãtomas únsichtbar

nemégstamas únbeliebt

nēmiga Schláflosigkeit *f* -

nemirt‖ìngas únsterblich; ~*ingùmas* Ún-sterblichkeit *f* -

nemókamas kóstenlos, únentgeltlich; *įėji̇̀-mas* ~ Éintritt frei

nemókytas úngebildet

nenáudėlis Níchtsnutz *m* -es, -e, Táugenichts *m* - / -es, -e

nenaudìngas nútzlos, únnütz

néndrė Schilf *n* -(e)s, -e

nenór‖as Únlust *f* -; ~*om(is)* úngern, ún-willig

nenùgalimas únbesiegbar; únüberwindlich

nenugiñčijamas únbestreitbar; únwiderleg-bar

nenugir̃sti überhören *neatsk.* *vt*

nenuilstamas únermüdlich

nenumatýtas únvorhergesehen

nenutrūkstamas núunterbrochen

nepadorùs únanständig, únschicklich; ~ *elgesỹs* ein únanständiges [únschickliches] Benéhmen

nepagarbà Míssachtung *f* -, Níchtachtung *f* -

nepageidáujamas únerwünscht

nepagýdomas únheilbar

nepàgrįstas únbegründet; únberechtigt

nepail̃stamas únermüdlich

nepáisant *prp* úngeachtet (*G*), trotz (*G*); ~ *vėlaũs laĩko, mẽs ẽjome pasiváikščioti*

úngeachtet der späten Stúnde gíngen wir spazíeren

nepáisyti (*ko*) missáchten *vt*; sich hinwégset-zen (*über A*)

nepakañkamas úngenügend, únzulänglich; mángelhaft

nepakartójamas éinmalig; *taĩ bùvo* ~ *išgy-vēnimas* das war ein éinmaliges Erlébnis

nepakeĩčiamas únersetzbar, únersetzlich

nepàkeliamas únerträglich

nepakeñčiamas únerträglich; únausstehlich

nepaklusn‖ùmas Úngehorsam *m* -s; ~*ùs* úngehorsam, únfolgsam

nepalankùs úngünstig; ~ *óras* ein úngüns-tiges Wétter

nepaliáujamas únaufhörlich, únablässig

nepàliestas únantastbar

nepalýginamas únvergleichbar, únvergleich-lich

nepamaĩnomas únersetzbar, únersetzlich

nepamiȓštamas únvergesslich

nepaprastaĩ zutíefst; úngewöhnlich, únge-heuer; gewaltig

nepàprast‖as 1 úngewöhlich, úngeheuer 2 äußerordentlich; *nepaprastàsis pósė-dis* Sóndersitzung *f* -, -en; *nepaprastíeji įgaliójimai* äußerordentliche Vóllmachten; *nepaprastóji padėti̇̀s* Áusnahmezustand *m* -(e)s, -̈e

nepartìnis partéilos

nepasisekìmas Mísserfolg *m* -(e)s, -e

nepasisèkti misslíngen* *vi* (*s*), schief géhen

nepasiténkinim‖as Únmut *m* -(e)s, Únzu-friedenheit *f* -; *sukélti* ~*ą* Únmut her-vórrufen

nepasitiké‖jimas (*kuo*) Místrauen *n* -s (*ge-gen A*); ~*ti* (*kuo*) misstráuen *vi* (*j-m*), místrauisch sein [wérden] (*gegen j-n*)

nepasiturintis únbemittelt

nepasótinamas únersättlich

nepastebéti überséhen* *vt*

nepàstebimas únmerkbar, únmerklich

nepastov‖ùmas Únbeständigkeit *f* -; ~*ùs* únbeständig

nepatáikyti (*į̃ ką*) verféhlen *vt*

nepataĩsomas únverbesserlich

nepaténkinamas únbefriedigt

nepaténkintas únzufrieden, míssmutig

nepàtikimas únzuverlässig

nepatìkti missfállen* vi

nepavojìngas úngefährlich; hármlos

nepažįstamas únbekannt

nepažįstamàsis, -óji Únbekannte sub m, f

nepérmaldaujamas únerbittlich

nepérmatomas úndurchsichtig

nepérskiriamas úntrennbar, únzertrennlich

nepilna‖mẽtis únmündig, mínderjährig; ~veȓtis mínderwertig

nepraleñkiamas únübertrefflich

neprašýtas úngebeten

neprieĩnamas únzugänglich; únerschwinglich; **neprieinamomìs káinomis** zu únerschwinglichen Préisen

nepriekaištìngas éinwandfrei, tádellos; únbescholten

nepríemoka Rückstand m -(e)s, ˮe

neprikl‖aũsomas únabhängig; ~ausomýbė Únabhängigkeit f -; **iškovóti** ~ausomýbę die Únabhängigkeit erríngen

neprilýgstamas únvergleichlich; ~ grõžis éine únvergleichliche Schönheit

nepritaȓti missbílligen vt

nepriteklius (ko) Mángel m -s, ˮ (an D); Knáppheit f - (an D); **drẽgmẽs** ~ Mángel an Féuchtigkeit

neprivãlomas únverbindlich

neprot‖ìngas únvernünftig; ~ingùmas Únvernuft f -

nèrà: mán ~ **kadà** ich hábe kéine Zeit; ~ **ùž ką̃** (atsakant į̃ padėką) gern geschéhen, kéine Úrsache; ~ **kám važiúoti** es gibt níemanden, der fáhren könnte

neram‖ùmas Únruhe f -, -en; **prasidéjo** ~ù- **mai** es kam zu Únruhen; ~ùs únruhig; ~ì **jū́ra** bewégte See

nerang‖ùmas Úngeschicktheit f -, -en; ~ùs úngeschickt, täppisch

neraštìngas: ~ **žmogùs** Analphabét m -en, -en

nerealùs únrealistisch, únwirklich

neregỹs, -ė̃ Blínde sub m, f

nereikalìngas únnötig, überflüssig

neribótas únbegrenzt, úneingeschränkt

nẽrimas Únrast f -; Únruhe f -, -en

nerim‖astìngas beúnruhigend; ~áuti (dėl ko) sich beúnruhigen (um A), besórgt sein (um A)

nerìmtas únernst, únseriös

neryžt‖ìngas únschlüssig, wánkelmütig; ~ingùmas Únentschlossenheit f -, Wánkelmut m -(e)s

nérti^1 (į̃ vandenį̃) táuchen vi (h, s)

nérti^2 (pvz., pirštìnes, tinklą̃) häkeln vt

nerūpestìng‖ai náchlässig; ~ai dìrbti náchlässig árbeiten; ~as 1 sórgenfrei; únbekümmert; ~a vaikỹstė éine sórglose Kíndheit 2 náchlässig; sórglos

nerūpestingùmas Náchlässigkeit f -, -en; Sórglosigkeit f -

nèrv‖as Nerv m -s, -en; ~ų̃ ligà Nérvenkrankheit f -, -en

nerv‖ìngas nervös; ~ingùmas Nervosität f - nès cj denn

nesą́mon‖ė Blödsinn m -(e)s, Únsinn m -(e)s; **darýti** ~es Únsinn tréiben; **kokià** ~ė! so ein Únsinn!

nesą́moningas únbewusst

nẽsant: mán ~ in méiner Ábwesenheit

nesántaika Únfrieden m -s, Zwíetracht f -

nesavanaũdiškas úneigennützig, sélbstlos

nesėkm‖ė̃ Mísserfolg m -(e)s, -e, Rückschlag m -(e)s, ˮe; **manè ištìko** ~ė̃ ich hátte éinen Mísserfolg; ~ìngas erfólglos

neseniaĩ vor kúrzem, kürzlich, néulich

nesisèkti Mísserfolg háben; schwer fállen; **jám nesìseka mókslas** das Lérnen fällt ihm schwer

neskonìngas geschmácklos

nesudėtìngas únkompliziert

nesugebéjimas Únfähigkeit f -, Únvermögen n -s

nesugyvẽnamas únverträglich

nesulaĩkomas únaufhaltsam

nesuprañtamas únverständlich

nesusipratìmas Míssverständnis n -ses, -se

nesuskaičiúojamas, nesuskaĩtomas unzählbar, únzählig

nesustãbdomas únaufhaltsam

nesutarìm‖as Úneinigkeit *f* -, -en; Méinungsverschiedenheit *f* -, -en; ~**ai** *pl* Únstimmigkeiten *pl*

nesutar̃ti (*dėl ko*) sich úneinig sein (*über A, in D*)

nesuvókiamas unfássbar

nesveikúoti únpässlich sein, sich únpässlich fühlen

nèščià schwánger

nešìkas Träger *m* -s, -

nešióti 1 trágen* *vt*; ~ **vaĩką añt rañkų** ein Kind in den Ármen trágen; ~ **gandùs** *prk.* Gerüchte verbréiten 2 (*drabužius*) trágen* *vt*

nèšti trágen* *vt*

nèštùmas Schwángerschaft *f* -, -en

neštùvai Báhre *f* -, -n

nešulỹs Tráglast *f* -, -en

nešvar‖ùmas Schmútzigkeit *f* -, -en; ~**ùs** únsauber, únreinlich

nèt sogár, selbst

netaisyklìngas únregelmäßig

netãktiškas táktlos; únfair [-fɛːr]

neteisétas wíderrechtlich; únberechtigt

neteis‖ýbė Únrecht *n* -(e)s, Úngerechtigkeit *f* -, -en; ~**ìngas** úngerecht, únkorrekt

netekéjusi únverheiratet, lédig

netèkti (*ko*) verlíeren* *vt*; éinbüßen *vt*

netektìs Verlúst *m* -es, -e

netýčia únabsichtlich, verséhentlich

netiesà Únwahrheit *f* -

netiesiógin‖is míttelbar, índirekt; ~**ė kalbà** die índirekte Réde

netik‖étai únerwartet, únversehens; ~**étas** únerwartet, überraschend; plötzlich; ~**étas ívykis** ein plötzliches Eréignis

nètikintis úngläubig

netikintỹsis, **-čióji** Úngläubige *sub m, f*

netìkr‖as *f* falsch; ~**i pinigaĩ** fálsches Geld 2: **àš** ~**as, ar̃...** ich bin úngewiss, ob ...

netikrùmas Úngewissheit *f* -, Únsicherheit *f* -

netiksl‖ùmas Úngenauigkeit *f* -, -en; ~**ùs** úngenau

netiñkamas 1 úngeeignet, úntauglich 2 úngebührlich, únangebracht; ~ **elgesỹs** úngebührliches Benéhmen

netóbulas únvollkommen

netolì *prp* únweit (*G*); ~ **miẽsto** únweit der Stadt

netrùkus bald, in Kürze

neturtìngas arm, bedürftig, únbemittelt

netvark‖à Únordnung *f* -, Mísstand *m* - (e)s, ·ᵉe; ~**ìngas** únordentlich

neutral‖itètas Neutralität *f* -; ~ **ùs** neutrál

neužmirštuõlė Vergíssmeinnicht *n* -(e)s, - / -e

nevaisìngas únfruchtbar

nevalìngas únwillkürlich

nevalývas líederlich

nevartójamas úngebräuchlich

nevar̃žomas úngezwungen; úngehemmt

nevẽdęs únverheiratet, lédig

neveiklùs úntätig

never̃t‖as *jìs* ~**as, kàd ...** er ist nicht wert, dass ... ~**a apiẽ taĩ kalbéti** es ist nicht der Réde wert

nevértinti (*ko*) geríng áchten, geríng schätzen (*A*)

nevỹkęs misslúngen, úngeraten; ~ **dárbas** ein misslúngenes Werk

neviltìs Hóffnungslosigkeit *f* -

nežymùs únbeträchtlich, únerheblich

nežinójimas Únkenntnis *f* -, Únwissenheit *f* -

nežìnomas únbekannt

nežinomýbė Úngewissheit *f* -, -en

nežmóniškas únmenschlich

nežmoniškùmas Únmenschlichkeit *f* -, -en

niáukstytis (*apie dangų*) sich bewölken, sich trüben

niekad‖à, ~**õs** nie, níemals

niẽkaip auf kéinen Fall

niẽk‖as 1 (*apie asmenį*) níemand; kéiner; **bè jõ** ~**o čià nebùvo** níemand als er war dabéi 2 (*apie daiktą*) nichts

niẽkin‖amas veráchtlich; ~ **žvil̃gsnis** veráchtlicher Blick; ~**ti** veráchten *vt*, verschmähen *vt*

niẽkšas Lump *m* -en, -en, Schuft *m* -(e)s, -e, Halúnke *m* -n, -n

niekšy̆stė Lumperéi *f* -, -en, Geméinheit *f* -, -en

niėkšiškas geméin, níederträchtig, infám

niekšiškùmas Geméinheit *f* -, -en, Níederträchtigkeit *f* -, -en

niekuomèt nie, níemals

niėkur nírgends, nírgendwo

niež‖aĩ Krätze *f* -; ∼éti júcken *vi*, kríbbeln *vimp*; ∼ulỹs Júckreiz *m* -es, -e

nykštỹs Dáumen *m* -s, -

nykštùkas 1 Zwerg *m* -(e)s, -e 2 (*pasakose*) Däumling *m* -s, -e

nỹkti schwínden* *vi* (*s*), dahínsiechen *vi* (*s*)

nyk‖ùs trist, öde; ∼*i̇* *vietóvė* éine tríste Gégend; ∼*ùs gyvēnimas* ein tristes [ödes] Lében

niřšti (*ant ko*) wütend sein (*auf A, über A*)

nišà Nísche *f* -, -n

niūniúoti súmmen *vt*

niūrùs düster, fínster; trist

nókti réifen *vi* (*s*)

nóras Wunsch *m* -es, ⸗e; Lust *f* -, ⸗e

noréti wóllen* *vi*; Lust háben

nóriai wíllig, beréitwillig, mit Lust

nórimas erwünscht

nòrma Norm *f* -, -en

normaliz‖úoti normalisíeren *vt*; ∼úotis sich normalisíeren

normalùs normál

normāvimas Normíerung *f* -, -en

nórom(is) gérne; ∼ *nenórom(is)* wohl oder übel, nólens volens ['vo-]

nórs 1 *cj* obgléich, obwóhl 2 wénigstens, míndestens 3: *kada* ∼ írgendwann, éinmal; *kaip* ∼ írgendwie; *kur* ∼ írgendwo; írgendwohin

norvègas Norwéger *m* -s, -

Norvègija Norwégen *n* -s

norvègiškas norwégisch

nós‖inė Táschentuch *n* -(e)s, ⸗er; ∼is Náse *f* -, -n

notāras Notár *m* -s, -e

novèlė Novélle *f* -, -n

nual̃pti óhnmächtig wérden, in Óhnmacht fállen

nuaũti (*batus*) áusziehen* *vt*

nubaidýti verschéuchen *vt*

nubalsúoti ábstimmen *vt*

nubaũsti bestráfen *vt*, máßregeln *neatsk. vt*

nubégti davónlaufen* *vi* (*s*), davónrennen* *vi* (*s*)

nuber̃ti 1 (*pvz., smėliu*) bestréuen *vt* 2 (*pvz., veidą*) Áusschlag bekómmen

nublañkti erblássen *vi* (*s*), verbléichen* *vi* (*s*)

nubyrė‖ti ábfallen* *vi* (*s*); *mēdžių lāpai* ∼*jo* die Blätter fíelen von Bäumen ab

nublùkti verblássen *vi* (*s*), verbléichen* *vi* (*s*)

nubùdinti áufwecken *vt*, erwécken *vt*

nubùsti áufwachen *vi* (*s*), erwáchen *vi* (*s*)

nudažýti 1 (*pvz., medžiagą*) färben *vt* 2 (*pvz., namą*) ánstreichen* *vt*

nudegìmas 1 (*nuo ugnies*) Brándwunde *f* -, -n 2 (*nuo saulės*) Sónnenbräune *f* -

nudègti 1 sich (*D*) verbrénnen* 2 (*nuo saulės*) sónnengebräunt sein

nudeñgti (*stalą*) ábdecken *vt*

nudéti 1 (*užmušti*) erlégen *vt* 2 (*nukišti*) verlégen *vt*

nudėvéti ábnutzen *vt*, ábschleißen* *vt*

nūdiena Gégenwart *f* -

nūdiēnis gégenwärtig, Gégenwarts-

nudìrbti fértig máchen, ábschließen* *vt*

nudrìskęs ábgerissen, zerlúmpt

nudvḗsti krepíeren *vi* (*s*), verénden *vi* (*s*)

nudžiùginti erfréuen *vt*, beglücken *vt*

nudžiùgti (*dėl ko*) erfréut sein (*über A*)

nudžiúti vertrócknen *vi* (*s*)

nuésti ábfressen* *vt*

nufotografúoti fotografíeren / photographíeren *vt*

nugabénti hínbefördern *vt*

nugaĩšti krepíeren *vi* (*s*), verénden *vi* (*s*)

nugalė‖ti besíegen *vt*; überwínden* *vt*; ∼tojas Síeger *m* -s, -

nùgara Rücken *m* -s, -

nugarìnė (*mėsa*) Filet [-'le:] *n* -s, -s

nugiñčyti bestréiten* *vt*

nuginklúoti entwáffnen *vt*

nugìrdyti betrúnken máchen

nugriáuti ábreißen* *vt*

nugrim̃zti versínken* *vi* (*s*)

nugriúti éinstürzen *vi* (*s*); úmstürzen *vi* (*s*)
nuim̃ti 1 ábnehmen* *vt*; wégnehmen* *vt*; ~ **stãlą** den Tisch ábräumen **2** (*derlių*) éinbringen* *vt*
nujaũsti eráhnen *vt*; vórahnen *vt*
nujautìmas Vórahnung *f* -, -en
nukabìnti ábhängen *vt*
nukáinoti im Preis herábsetzen
nukamúoti entkräften *vt*
nukankìnti zu Tóde quälen
nukar‖iáuti eróbern *vt*, unterwérfen* *vt*; ~ **iáutojas** Eróberer *m* -s, -
nukélti (1) ábsetzen *vt* **2** verlégen *vt*; *pasitarìmą nukélė į̃ kìtą diẽną* die Berátung wúrde auf den nächsten Tag verlégt
nukenté‖jėlis, -ė Betróffene *sub m, f*; Verúnglückte *sub m, f*; ~**ti 1** (*nuo ko*) léiden* *vi* (*unter D*); Scháden erléiden, zu Scháden kómmen **2** verúnglücken *vi* (*s*); *jìs ~jo eĩdamas peř gãtvę* er ist beim Überquéren der Fáhrbahn verúnglückt
nukiřpti ábschneiden* *vt*
nukiřsti 1 (*medį*) fällen *vt* **2** (*pvz.*, *šaką*) ábhauen* *vt*
nukìšti verlégen *vt*
nukráustyti (*pvz.*, *stalą*) ábräumen *vt*
nukreĩpti 1 (*pvz.*, *akis*) ábwenden* *vt* **2** (*pvz.*, *pavojų*, *nelaimę*) ábwenden* *vt*, verhíndern *vt* **3** ~ į̃ ką̃ akìs die Áugen auf j-n, etw. (*A*) ríchten
nukrèsti (*pvz.*, *obuolius*) herúnterschütteln *vt*; *jį̃ nùkrėtė šiuřpas* ein Scháuder durchlíef ihn
nukrỹpti ábkommen* *vi* (*s*); ~ **nuõ tèmos** vom Théma ábkommen
nukri‖sti herúnter-, hinúnterfallen* *vi* (*s*); *káinos* ~**to** die Préise sind gefállen [gesúnken]
nuláužti ábbrechen* *vt*
nulémti entschéiden* *vt*
nulìpti herúnter-, hinúntersteigen* *vi* (*s*)
nùlis Null *f* -, -en
nuliũ‖dęs betrübt, vergrämt; ~**dinti** betrüben *vt*; ~**sti** tráurig wérden, sich betrüben
nulùpti ábschälen *vt*
nulū́žti ábbrechen* *vi* (*s*)

numalšìnti 1 (*alkį*, *troškulį*) stíllen *vt* **2** (*sukilimą*) unterdrücken *vt*
numatýti vorhérsehen* *vt*, voráussehen* *vt*
numazgóti ábwaschen* *vt*
numègzti strícken *vt*
nùmeris 1 Númmer *f* -, -n; *eilė̃s* ~ die láufende Númmer; *mašìnos* ~ Áutonummer, das Kénnzeichen éines Fáhrzeuges; *nãmo* ~ Háusnummer; *cìrko* ~ Zírkusnummer **2**: *troleibùso añtras* ~ Óbuslinie 2
numerúoti nummeríeren *vt*
numèsti herúnter-, hinúnterwerfen* *vt*
numìgti ein Schläfchen máchen
numylétinis Liebling *m* -s, -e; *pùblikos* ~ der Liebling des Públikums
numiřti stérben* *vi* (*s*), verstérben* *vi* (*s*)
nuneĩgti ábstreiten* *vt*, in Ábrede stéllen
nunešióti ábnutzen *vt*, ábschleißen* *vt*
nunèsti 1 hínbringen* *vt* **2** (*iki kur*) híntragen* *vt*
nuniokóti verwüsten *vt*, verhéeren *vt*
nunókti áusreifen *vi* (*s*)
nunuõdyti vergíften *vt*
nuõ *prp* **1** (*žymi kryptį*) von (*D*); *vanduõ lãša* ~ *stógo* das Wásser tropft vom Dach; ~ **Berlýno lìgi Hámburgo** von Berlín bis Hámburg **2** (*žymi laiką*) von ... an; ab (*A*, *D*); seit (*D*); ~ *šiõs dienõs* ab héute; ~ *šeštõs valandõs* ab sechs Uhr; *àš láuksiu tavę̃s* ~ *ketvirtãdienio* ich wárte seit Dónnerstag auf dich; ~ *rýto lìgi vãkaro* von mórgens bis ábends; ~ *tõ laĩko* seitdém; ~ *dabař* fortán; ~ *sẽno* von jéher
núobauda Stráfe *f* -, -n
nuobod‖ulỹs Láng(e)weile *f* -; *jį̃ ìma* ~*ulỹs* er hat Láng(e)weile; *àš mìrštu iš nuõbodulio* ich stérbe vor Láng(e)weile; ~**ùs** lángweilig; ~**žiáuti** sich lángweilen (lángweilte sich, sich gelángweilt)
nuodaĩ Gift *n* -(e)s, -e
núodėmė Sünde *f* -, -n
nuodėmìngas sündhaft
nuodìngas giftig; ~ **grỹbas** Gíftpilz *m* -es, -e

nuõdyti vergíften *vt*; ~ *kám gyvēnimą̃* j-m das Lében vergällen

núogas nackt; bloß; *añt nuogõs žēmẽs* auf der blóßen Érde

nuogą̃st‖áuti befürchten *vt*; ~**ãvimas** Befürchtung *f* -, -en

núogą̃stis Schreck *m* -(e)s

núogirdos Gerücht *n* -(e)s, -e

nuogùmas Nácktheit *f* -, -en

núojauta Vórahnung *f* -, -en

núokalnė Ábhang *m* -(e)s, ⁼e

nuolaid‖ùmas Náchgiebigkeit *f* -, Náchsicht *f* -; ~**ùs 1** *(pvz., kelias)* ábschüssig ? *(žmogus)* náchgiebig, náchsichtig; ~**žiáuti** *(kam)* náchsehen* *vi* (j-m), mit j-m Náchsicht hében

nuolank‖ùmas Únterwürfigkeit *f* -; ~**ùs** devót, únterwürfig

nuõlat stets, dáuernd, fórtwährend

nuolatìnis ständig, stet, stétig

núom‖a Míete *f* -, -n; ~**ininkas** Míeter *m* -s, -

núomon‖ė Méinung *f* -, -en, Ánsicht *f* -, -en; ~**ių̃ skìrtumai** Méinungsverschiedenheiten *pl*; *màno ~e* méiner Méinung nach, nach méiner Ánsicht

núomo‖ti míeten *vt*; ~**tis** sich (D) áusleihen*; ~**tojas** Áusleiher *m* -s, -; Vermíeter *m* -s, -

núopelnas Verdíenst *n* -es, -e

núorašas Ábschrift *f* -, -en; *(mašinraščio)* Dúrchschlag *m* -(e)s, ⁼e

nuosaik‖ùmas Mäßigkeit *f* -; ~**ùs** gemäßigt, máßvoll

núosaka Módus *m* -, -di; *tiesióginė ~* Índikativ *m* -s, -e; *tariamóji ~* Kónjunktiv *m* -s, -e; *liepiamóji ~* Ímperativ *m* -s, -e

núosavas éigen; ~ *nãmas* ein éigenes Haus

nuosavýbė Éingentum *n* -s, ⁼er; Besítz *m* -es, -e

nuosekl‖ùmas Fólgerichtigkeit *f* -; ~**ùs** fólgerichtig

núoskauda Kränkung *f* -, -en

núosmukis Verfáll *m* -(e)s; *dvãsinis ~* der géistige Verfáll

núosprend‖is Úrteil *n* -(e)s, -e, Úrteilsspruch *m* -(e)s, ⁼e; *padarýti ~į̃* ein Úrteil fällen

núostaba Erstáunen *n* -s, Verwúnderung *f* -

nuostabùs erstáunlich, wúnderbar

núostatai Bestímmungen *pl*

nuostolìngas náchteilig

núostol‖is Scháden *m* -s, ⁼; Verlúst *m* -(e)s, -e; *materiãliniai ~iai* materiélle Verlúste, Sáchschaden; *atlýginti ~ius* den Scháden ersétzen

nuošalùs ábgelegen, entlégen

nuošird‖ùmas Hérzlichkeit *f* -; Áufrichtigkeit *f* -; ~**ùs** hérzlich; áufrichtig

núotaik‖a Stímmung *f* -; *jìs visadà gerõs ~os* er ist ímmer gúter Stímmung; *màno prastà ~a* mir ist übel zumúte / zu Múte; *kokià tàvo ~a?* wie ist dir zumúte / zu Múte?

nuotaikìngas stímmungsvoll

núotaka Braut *f* -, ⁼e

nuotakùs ábfallend

nuotykìngas ábenteuerlich; erlébnisreich

núotykis Ábenteuer *n* -s, -; Erlébnis *n* -ses, -se

núotolis Entférnung *f* -, -en

núotrauka Bild *n* -(e)s, -er, Fóto / Phóto *n* -s, -s, Áufnahme *f* -, -n

núovargis Müdigkeit *f* -

núoviras Brühe *f* -, -n

núovoka Verständnis *n* -ses

nuovok‖ùmas Verständigkeit *f* -, Besónnenheit *f* -; ~**ùs** verständig, besónnen

núožiūra: *sàvo ~* nach éigenem Erméssen, nach Belíeben

nuožmùs erbíttert; ~ *príešas* ein erbítterter Feind

nuožulnùs ábschüssig, ábfallend

nupìgin‖ti verbílligen *vt*; ~**tos prēkès** verbílligte Wáren

nupir̃kti káufen *vt*

nupjáuti 1 ábschneiden* *vt* **2** *(dalgiu)* ábmähen *vt*

nupláuti 1 *(pvz., purvą̃, dulkes)* abspülen *vt* **2** *(nunèšti)* wégspülen *vt*

nuplė́šti ábreißen * *vt*; herúnterreißen* *vt*

nupraũsti ábwaschen* *vt*

nuraminti berúhigen *vt*, beschwíchtigen *vt*

nurašýti ábschreiben* *vt*

nuraústi erröten *vi* (*s*); ~ *iš gėdos* vor [aus] Scham erröten

nuravéti jäten *vt*

nureñgti entkléiden *vt*, áusziehen* *vt*

nurimti sich berúhigen; (*apie vėją, audrą*) sich légen

nurýti verschlúcken *vt*, hinúnterschlucken *vt*

nuród‖ymas Hínweis *m* -es, -e; Wéisung *f* -, -en; Ánordnung *f* -, -en; *dúoti* ~*ymus* Wéisungen ertéilen; ~**yti** (*ką*) hínweisen* *vi* (*auf A*), verwéisen* *vi* (*auf A*)

nusaúsinti entwässern *vt*

nusāvinti entéignen *vt*

nusèkti (*paskui ką*) náchfolgen *vi* (*s*) (*j-m*)

nusiaūbti verhéeren *vt*

nusiaūti (*pvz., batus*) áusziehen* *vt*

nusiblaivýti sich entwölken

nusibó‖sti lángweilen (lángweilte, gelángweilt) *vt*; *knygà jám* ~*do* das Buch hat ihn gelángweilt

nusidēginti sich (*D*) verbrénnen*

nusidėvéti sich ábnutzen

nusidìrbti sich ábarbeiten, sich tótarbeiten

nusigąsti (*ko*) erschrécken* *vi* (*vor D*)

nusigiēdrinti sich áufheitern

nusiginkl‖āvimas Ábrüstung *f* -, -en; ~**úoti** ábrüsten *vi*

nusigyvénti herúnterkommen* *vi* (*s*), verkómmen* *vi* (*s*)

nusigręžti (*nuo ko*) sich ábwenden*(*von D*)

nusijuõkti áuflachen *vi*

nusikaīstamas verbrécherisch; stráfbar, stráffällig

nusikalstamùmas Kriminalität *f* -; *organizúotas* ~ organisíerte Kriminalität

nusikaī‖sti (*kam*) sich verstößen*(*gegen A*); stráffällig wérden; *jìs jái* ~*to* er hat sich an ihr versündigt; ~**tèlis** Verbrécher *m* -s, -

nusikaltìm‖as (*kam*) Verstóß *m* -es, ᵛe (*gegen A*); Stráftat *f* -, -en; Verbréchen *n* -s, -; *padarýti* ~*ą* éine Stráftat [ein Verbréchen] begéhen

nusikamúoti sich ábhetzen

nusikankìnti sich ábquälen

nusikratýti (*ko, kuo*) ábschütteln *vt*, lóswerden* *vt*

nusikvatóti schállend áuflachen

nusileidìmas 1 (*pvz., lėktuvo*) Lándung *f* -, -en 2 (*saulės*) Úntergang *m* -(e)s, ᵛe

nusiléi‖sti 1 (*apie saulę*) úntergehen* *vi* (*s*); *lėktùvas* ~*do* das Flúgzeug ist gelándet; ~*sti láiptais* die Tréppe hinúntersteigen 2 (*ginče*) náchgeben* *vi*, klein béigeben

nusileñkti (*kam*) sich verbéugen (*vor j-m*)

nusiīpninti schwächen *vt*, entkräften *vt*

nusiīpti ermátten *vi* (*s*)

nusimanýti (*apie ką*) verstéhen* *vi* (*von D*)

nusimìnęs verzágt, míssmutig

nusimiñti verzágen *vi*, den Mut sínken lássen

nusipelnýti verdíenen *vt*; sich verdíent máchen

nusipláuti sich (*D*) wáschen*

nusiramìn‖imas Berúhigung *f* -, -en; ~**ti** sich berúhigen

nusiskùsti sich rasíeren

nusistãtymas Éinstellung *f* -, -en

nusisùkti sich ábwenden

nusišypsóti lächeln *vi*

nusišlúostyti sich ábtrocknen

nusiteīk‖ti (*kam*) gestímmt sein (*zu D*), sich éinstellen (*auf A*); *jìs geraī* (*blogaī*) ~*ęs* er ist gut (schlecht) geláunt

nusiųsti hínschicken *vt*; zúschicken *vt*

nusivalýti sich säubern; ~ *kójas* sich (*D*) die Füße ábtreten [ábstreichen]

nusivylìmas Enttäuschung *f* -, -en

nusivilīkti (*drabužį*) áusziehen* *vt*; *prāšom* ~ (*páltą*) bítte légen Sie ab!

nusiv‖ìlti (*kuo*) sich täuschen (*in D*), sich enttäuschen (*in D*); *būti kuõ* ~*ylusiam* von etw. (*D*), j-m enttäuscht sein

nusižēmin‖imas Démut *f* -; ~**ti** sich demútigen

nusižengìmas Verstóß *m* -es, ᵛe, Delíkt *n* -(e)s, -e

nusižudýti sich (*D*) das Lében néhmen, Sélbstmord begéhen

nuskandìnti versénken *vt*

nusk‖ę̃sti 1 versínken* *vi* (*s*); **laĩvas** ~*eñdo júroje* das Schiff ist im Meer versúnken 2 (*prigerti*) ertrínken* *vi* (*s*)
nuskìnti ábpflücken *vt*
nuskriaũsti kränken *vt*; benáchteiligen *vt*
nuskurdìmas Verármung *f* -
nuskuř̃dinti verármen lássen
nuskuř̃sti 1 verármen *vi* (*s*) 2 (*sunykti*) verkümmern *vi* (*s*, *h*)
nuslė̃pti (*ką nuo ko*) verhéimlichen *vt* (j-m), verhéhlen *vt* (*j-m*)
nuslopìnti (*pvz.*, *sukilimą*) erstícken *vt*, níederschlagen* *vt*, unterdrücken *vt*
nusnáusti, **nusnū̃sti** ein Níckerchen máchen
nuspéti voráussagen *vt*
nusprę̃sti entschéiden* *vt*, *vi*; beschlíeßen* *vt*
nustatýti 1 (*pvz.*, *terminą*, *kainą*) féstlegen *vt*, féstsetzen *vt*; ~ *laĩkrodį* die Uhr stéllen 2 (*išaiškinti*) ermítteln *vt*, heráusfinden* *vt*
nustebìmas Erstáunen *n* -s, Verwúnderung *f* -
nustėbinti erstáunen *vt*, verwúndern *vt*
nustèbti erstáunen *vi* (*s*), erstáunt sein
nustó‖ti 1 (*ko*) verlústig géhen (*G*); *jìs* ~*jo téisės* er ging éines Réchtes verlústig 2 (*liautis*) áufhören *vi*; *lietùs* ~*jo lìjęs* es hat áufgehört zu régnen
nustvérti fássen *vt*
nusvíesti hínschmeißen* *vt*
nušalìmas Erkältung *f* -, -en
nušálti 1 sich erkälten; **nenušálk** erkälte dich nicht! 2 ábfrieren* *vi* (*s*), sich (*D*) erfríeren*
nušáuti erschíeßen* *vt*, níederschießen* *vt*; *kìškį* ~ éinen Hásen erlégen
nušlúostyti ábwischen *vt*
nušlúoti ábfegen *vt*
nušókti herúnter- , hinúnterspringen* *vi* (*s*)
nušvíesti 1 erléuchten *vt* 2 (*pvz.*, *temą*, *problemą*) beléuchten *vt*, erhéllen *vt*
nušv‖ìsti sich áufhellen; *jõ véidas* ~*ìto* sein Gesícht héllte sich auf
nutapýti málen *vt*
nutarim‖as Beschlúss *m* -es, ⁺e; *priìmti* ~*ą* éinen Beschlúss fássen

nutar̃ti beschlíeßen* *vt*
nuteĩkti stímmen *vt*; *šì žinià manè nùteikė linksmaĩ* díese Náchricht stímmte mich froh [héiter]
nuteĩsti áburteilen *vt*, verúrteilen *vt*; *jį̃ nùteisė trejùs metùs kaléti* er wúrde zu drei Jáhren Gefängnis verúrteilt
nutiẽsti (*pvz.*, *kelią*, *geležinkelį*) báuen *vt*; ~ *telefòno lìniją* éine Telefónleitung légen
nutikimas Vórfall *m* -(e)s, ⁺e
nutìldyti zum Schwéigen bríngen
nutyléti verschwéigen* *vt*
nutìl‖ti verstúmmen *vi*; *audrà* (*véjas*) ~*o* der Sturm (Wind) hat sich gelégt
nutõlti sich entférnen
nutráukti 1 (*pvz.*, *siū́lą*) ábreißen* *vt* 2 (*pvz.*, *darbą*, *santykius*) ábbrechen* *vt*; unterbréchen* *vt*; ~ *sùtartį* éinen Vertrág ábbrechen
nutrem̃ti verbánnen *vt*, deportíeren *vt*
nùtrija Bíberratte *f* -, -n
nutrū̃k‖ti 1 (*pvz.*, *apie raištį*, *siū́lą*) ábreißen* *vi* (*s*) 2 (*apie santykius*) ábbrechen* *vi*; *pašnekesỹs* ~*o* die Unterháltung brach ab
nutūpìmas (*lėktuvo*) Lándung *f* -, -en
nutū̃pti 1 (*apie lėktuvą*) lánden *vi* (*s*) 2 (*apie paukščius*) sich sétzen
nuvalýti 1 réinigen *vt*, säubern *vt*; ~ *stãlą* den Tisch säubern 2 (*derlių*) éinbringen* *vt*
nuvar̃gęs ermüdet, müde
nuvárginti ermüden *vt*, müde máchen
nuvar̃gti ermüden *vi* (*s*), müde wérden
nuvažiúoti fáhren* *vi* (*s*), davónfahren* *vi* (*s*)
nuveĩkti léisten *vt*; *niẽko nenuveĩkti* nichts léisten
nuvèsti hínbringen* *vt*
nuvèžti hínfahren* *vt*
nuvýkti 1 sich hínbegeben* 2 (*pasisekti*) geráten* *vi* (*s*)
nuvìlkinti verzögern *vt*, hináuszögern *vt*
nuviř̃kti 1 (*nutempti*) ábschleppen *vt*, wégschleppen *vt* 2 (*drabužį*) áusziehen* *vt*
nuvìlti enttäuschen *vt*
nuvýsti verwélken *vi* (*s*)

nužẽminti erníedrigen *vt*
nužydéti verblühen *vi* (*s*)
nužùdymas Ermórdung *f* -, -en, Tötung *f* -,

-en
nužudýti ermórden *vt*, úmbringen* *vt*, töten
vt

O

õ *cj* áber
oãzė Oáse *f* -, -n
obelìs Ápfelbaum *m* -(e)s, ⸗
objèktas Gégenstand *m* -(e)s, ⸗e, Objékt *n*
-(e)s, -e
objekt‖ỹvas Objektív *n* -s, -e; ~**yvùs** objektív
obliúoti hóbeln *vt*
õblius Hóbel *m* -s, -
obuol‖iẽnė Ápfelmus *n*, *m* -es, -e; ~**ỹs** Ápfel *m* -s, ⸗
óda Haut *f* -, ⸗e; Léder *n* -s, -; *ódos ligų̃* gýdytojas Háutarzt *m* -es, ⸗e
odekolónas Kölnischwasser *n* -s
odìn‖is lédern, Leder-; ~*ės piřštinės* Léderhandschuhe *pl*; ~*ė striùkė* Léderjacke *f* -, -n
oficial‖ùmas éine ámtliche Formalität; ~**ùs** offiziéll, ámtlich
oficiántas Kéllner *m* -s, -, Óber *m* -s, -
okeãnas Ózean *m* -s, -e
okup‖ãcija Besétzung *f* -, -en, Okkupatión *f* -, -en; ~**ãcinis** Besátzungs-; ~**ántas** Okkupánt *m* -en, -en; ~**úoti** besétzen *vt*, okkupíeren *vt*
olà Höhle *f* -, -n
olándas Holländer *m* -s, -, Níederländer *m* -s, -
Olándija Hólland *n* -s, Níederlande *pl*
olándiškas hólländisch, níederländisch
olimpiadà Olympiáde *f* -, -n
omlètas Omelett [ɔm'lɛt] *n* -(e)s, -s / -e, Omelette [ɔm'lɛt] *f* -, -n
opà Geschwür *n* -(e)s, -e; *skrañdžio* ~ Mágengeschwür
òper‖a Óper *f* -, -n; ~*os daininiñkas* Ópersänger *m* -s, -; ~*os teãtras* Opernhaus *n* -es, ⸗er
operãcija Operatión *f* -, -en

operãtorius (*kino, televizijos*) Kámeramann *m* -(e)s, ⸗er / -leute
operètė Operétte *f* -, -n
operúoti 1 operíeren *vt* 2: ~ *fãktais* die Tátsachen spréchen lássen
opozìc‖ija Oppositión *f* -, -en; ~*inis* oppositonéll; ~*inė pártija* Oppositiónspartei *f* -, -en
optim‖ìstas Optimíst *m* -en, -en; ~**ìstinis**, ~**ìstiškas** optimístisch; ~**ìzmas** Optimísmus *m* -
opùs (*klausimas*) akút, brénnend
óras Wétter *n* -s, -; Luft *f* -, ⸗e; *óro prognòzė* Wéttervorhersage *f* -, -n, Wétterprognose *f* -, -n; *óro sąlygos* pl; *bet kókiu óru* bei jédem Wétter; *bū̃ti grynamè orè* in fríscher Luft sein; *kóks šiañdien óras?* wie ist héute das Wétter?
orãtorius Rédner *m* -s, -
orbità Úmlaufbahn *f* -
òrdin‖as Órden *m* -s, -; *apdovanóti ką̃* ~*u* j-m éinen Órden verléihen
òrganas Orgán *n* -s, -e
organiz‖ãcija Organisatión *f* -, -en; *mãsinė* ~*ãcija* Mássenorganisation; ~**ãcinis** organisatórisch, Organisatións-; ~**ãtorius** Organisátor *m* -s, -tóren; ~**úoti** organisíeren *vt*
õriai würdig
orient‖ãcija Orientíerung *f* -; ~**úoti** (į̃ ką̃) orientíeren *vt* (*auf A*); ~**úotis** 1 (į̃ ką̃) sich orientíeren (*auf A*); 2 (*kur*) sich áuskennen* (*in D*)
origin‖ãlas Originál *n* -s, -e; ~**alùmas** Originalität *f* -, -en; ~**alùs** 1 originál, Originál- 2 (*savotiškas*) originéll, éigentümlich
órkaitė Báckofen *m* -s, ⸗, Báckröhre *f* -, -n

orkèstras Orchester [-k-] *n* -s, -; *pučiamũjų*
~ Blásorchester; *simfòninis* ~ Sin-
foníeorchester
órlaidė Kláppfenster *n* -s, -
orùmas Würde *f* -, -n; *žmogaũs* ~ die
ménschliche Würde, Ménschenwürde
orùs würdig, würdevoll

õšti (*apie mìšką, jūrą*) ráuschen *vi*
ovácijos Béifall *m* -(e)s
ožỹs Bock *m* -(e)s, ·e; *atpirkìmo* ~ *prk.*
Sündenbock
ožiùkas Zíckel *n* -s, -
ožiúotis (*kaprizytis*) bócken *vi*, bóckig sein
ožkà Zíege *f* -, -n

P

paaiškéti sich áufklären; klar wérden
paáiškin‖imas Erklärung *f* -, -en, Erläute-
rung *f* -, -en; ~ti erklären *vt*, erläutern
vt
paaštré‖jimas Verschärfung *f* -; ~ti sich
verschärfen; *prieštarãvimai* ~*jo* die Gé-
gensätze háben sich verschärft
paãštrinti 1 (*pvz.*, *peilì*) schärfen *vt*,
schléifen* *vt* 2 (*pvz.*, *padėtį*) verschärfen
vt
paauglỹs, -ẽ Hálbwüchsige *sub m, f*; (*džn.*
apie mergaitę) Teenager ['ti:ne:dʒər] *m*
-s, -
paáug‖ti heránwachsen* *vi* (*s*); *duktẽ jaũ*
~*usi* die Tóchter ist schon herángewach-
sen
paaukóti áufopfern *vt*
paáukštinti 1 (*pvz.*, *namą*) erhöhen *vt* 2
(*tarnyboje*) befördern *vt*
pabaig‖à Énde *n* -s, -n; Schluss *m*
-es, Ábschluss *m* -es; *mókslo mẽtų* ~*à*
Schúljahrabschluss; *gegužẽs* ~*ojè* Énde
Mai; ~*ojè* am Énde; *eĩti į̃ pābaigą* zu Énde
géhen
pabaĩgti beénden *vt*, abschließen* *vt*
pabaigtùvės Ábschlussfeier *f* -, -n
pabáisa Úngeheuer *n* -s, -, Úngetüm *n* -(e)s,
-e
pabálti erblássen *vi* (*s*), erbléichen *vi* (*s*)
pabandýti versúchen *vt*, probíeren *vt*
pabarstýti bestréuen *vt*
pabárti rügen *vt*
pabaudà Stráfe *f* -, -n; *skìrti* [*uždéti*] *kám*
pābaudą j-m eíne Stráfe áuferlegen
pabégėlis Flüchtling *m* -s, -e
pabėgìmas Flucht *f* -, -en

pabégti flüchten *vi* (*s*) / sich, entflíehen* *vi*
(*s*)
pabélsti (*į̃ duris*) klópfen *vi* (*an A*); ~ *į̃ lángą*
am Fénster klópfen
paberti verstréuen *vt*
pablogé‖jimas Verschléchterung *f* -; ~ti
sich verschléchtern, schléchter wérden
pablõginti verschléchtern *vt*
pabrang‖ìnimas Vertéuerung *f* -, -en; ~ìnti
vertéuern *vt*
pabrángti téurer wérden, sich vertéuern
pabraũkti (*pieštuku*) unterstréichen* *vt*
pabrėžti (*paryškinti*) unterstréichen* *vt*,
betónen *vt*; zur Géltung bríngen
pabrìnkti áufquellen* *vi* (*s*)
pabučiúoti küssen *vt*
pabùdinti áufwecken *vt*
pabũgti Angst bekómmen
pabùsti erwáchen *vi* (*s*), áufwachen *vi* (*s*)
pabūti dábleiben* *vi* (*s*), verwéilen *vi*
pacieñtas Patiént [-tsi-] *m* -en, -en
pacitúoti zitíeren *vt*
pačiùpti erfássen *vt*, erwíschen *vt*
pačiũž‖a Schlíttschuh *m* -(e)s, -e; *čiuõžti*
~*omis* Schlíttschuh láufen
padáilinti verschönen *vt*
padainúoti (*kam ką*) vórsingen* *vt* (*j-m*)
padalinỹs Ábteilung *f* -, -en
padalýti éinteilen *vt*; ~ *grùpėmis* in
Grúppen éinteilen
padangà (*automobilio*) Réifen *m* -s, -
padárg‖as Gerät *n* -(e)s, -e; *žẽmės ūkio*
~*ai* lándwirtschaftliche Geräte; *kalbõs*
~*ai* Spráchorgane *pl*
padarinỹs Fólge *f* -, -en

padarýti máchen *vt*, tun**vt; ánfertigen *vt*; ∼ **klaĩdą** éinen Féhler máchen; ∼ **núostolių** Scháden ánrichten; ∼ **kám gẽrą** (*blõgą*) **įspūdį** auf j-n éinen gúten (schléchten) Éindruck máchen

pãdas Sóhle *f* -, -n

padaugéti sich verméhren

padáuginti 1 vervíelfältigen *vt* 2 *mat.* multiplizíeren *vt*

padáuža Dráufgänger *m* -s, -

padavéjas Kéllner *m* -s, -, Óber *m* -s, -

pãdažas Sóße *f* -, -n

padažýti 1 (éin)túnken *vt* 2 (*pvz.*, *lūpas*) schmínken *vt*

padažnéti sich häufen

padègti ánzünden *vt*, in Brand stécken [sétzen]

padėjéjas Hélfer *m* -s, -

padėkà Dank *m* -(e)s; **réikšti kám pādėką** j-m Dank áusdrücken [áussprechen]

padeklamúoti deklamíeren *vt*, vórtragen*** *vt*

padẽklas Tablétt *n* -(e)s, -e / -s, Úntersatz *m* -(e)s, ⁺e

padėkóti (*kam už ką*) dánken *vi* (*j-m für A*), sich bedánken (*bei j-m für A*)

pademonstrúoti demonstríeren *vt*; vórführen *vt*

padeñgti 1 (*stalą*) décken *vt* 2 (*apmokéti*) bestréiten*** *vt*, ersétzen *vt*; ∼ **išlaidas** die Kósten bestréiten [ersétzen]; ∼ **núostolius** den Scháden ersétzen

padéti 1 légen *vt*; sétzen *vt*; ∼ **pìnigus į̃ bánką** sein Geld in der Bank ánlegen; ∼ **vìską į̃ sàvo víẽtą** álles an séinen Platz tun; ∼ **vainìką priè pamiñklo** éinen Kranz an éinem Dénkmal níederlegen 2 (*pagelbéti*) (*kam*) hélfen*** *vi* (*j-m*), béistehen*** *vi* (*j-m*)

padėt‖is 1 Láge *f* -, -n; *ekonòminė* (*polìtinė*) ∼**ìs** die wírtschaftliche (polítische) Láge; ∼**ìs bè išeitiẽs** éine áusweglose Láge; *atsidùrti sunkiojè* ∼**yjè** in éiner schwíerigen Láge geráten 2 Zústand *m* -(e)s, ⁺e; *paskélbti miestè nepàprastąją pãdėtį* über éine Stadt den Áusnahmezustand verhängen

padidé‖jimas Erhöhung *f* -, -en; Vergrößerung *f* -, -en; ∼**ti** sich erhöhen; sich vergrößern; *įslaidos* ∼**jo** die Áusgaben háben sich vergrößert

padìdin‖imas Erhöhung *f* -, -en; Vergrößerung *f* -, -en; ∼**ti** erhöhen *vt*; vergrößern *vt*; stéigern *vt*; ∼**ti algàs** die Löhne erhöhen

padiktúoti diktíeren *vt*

padirbéti (éine Zeit lang) árbeiten *vi*

pador‖ùmas Ánständigkeit *f* -; ∼**ùs** ánständig; ∼**ùs žmogùs** ein ánständiger Mensch

padovanóti schénken *vt*

padrąséti mútiger wérden

padrąsinti ermútigen *vt*, j-m Mut máchen

pãdrikas verstréut, zerstréut

padróžti (*pvz.*, *pieštuką*) spítzen *vt*

padúoti 1 hérreichen *vt*; hínreichen *vt*; ∼ **kám rañką** j-m die Hand réichen [gében]; ∼ **vakariẽnę** das Ábendbrot áuftragen 2 (*pvz.*, *prašymą*) éinreichen *vt* 3: ∼ **ką̃ į̃ teĩsmą** j-n vor Gerícht verklágen

padvẽsti verénden *vi* (*s*), krepíeren *vi* (*s*)

padvigubéti sich verdóppeln

padvìgubinti verdóppeln *vt*

padž‖iáuti (*skalbinius*) zum Trócknen áufhängen; ∼**iovìnti** (ein wénig) trócknen *vt*

paeiliuĩ der Réihe nach, reihúm

pagadìnti beschädigen *vt*; ∼ **kám núotaiką** j-m die Stímmung verdérben

pagal *prp* 1 entláng (*A*), längs (*G*) (*žymi krỹptį*) 2 entláng (*D*), längs (*G*) (*žymi víẽtą*) 3 entspréchend (*D*), gemäß (*D*); *atlýginti* ∼ *dárbą* entspréchend der Árbeit entlóhnen 4 nach (*D*); ∼ **įstãtymą** nach dem Gesétz; ∼ **visàs taisyklès** nach állen Régeln

pagalásti schärfen *vt*, wétzen *vt*

pagálb‖a Hílfe *f* -, -n; *pirmóji* ∼**a** die Érste Hílfe; *teĩkti* ∼**ą** Hílfe léisten; ∼**ininkas** Hílfe *f* -, -n, Hílfskraft *f* -, ⁺e

pagalbìn‖is Hilfs-; ∼**ė príemonė** Hílfsmittel *n* -s, -

pagaliaũ éndlich, schlíeßlich

pagálvė Kíssen *n* -s, -

pagalvóti (*apie ką*) náchdenken*** *vi* (*über A*)

pagamìn‖imas 1 Erzéugung *f* -, -en, Herstéllung *f* -, -en 2 (*valgio*) Zúbereitung *f* -; ~ti 1 erzéugen *vt*, hérstellen *vt* 2 (*valgi̇̀*) (zú)bereiten *vt*

pagarbà Respékt *m* -(e)s; Áchtung *f* -; *jaũsti kám pãgarbą̃* Áchtung für j-n empfínden [hégen]; *sù pãgarba* (*laiškè*) hóchachtungsvoll

pagarbiaĩ éhrerbietig

pagarséti (*kuo*) berühmt wérden (*durch A*)

pagársinti kúndgeben* *vt*, verláuten lássen

pagą̃sdinti schrécken *vt*

pagauséti zúwachsen* *vi* (*s*)

pagáuti 1 fángen* *vt*; áuffangen* *vt* 2 (*pvz.*, *apie baimę̃*) ergréifen* *vt*

pagė̃dęs verdórben; beschädigt

pageid‖áujamas erwünscht, wünschenswert; ~áuti wünschen *vt*; *kõ jū̃s ~áujate?* was wünschen Sie? ~ãvimas Wunsch *m* -es, ~e

pagélbė‖ti hélfen**vi*, Hílfe léisten; ~tojas Hélfer *m* -s, -

pagerb̀imas Éhrung *f* -, -en

pageȓbti éhren *vt*

pageréti sich béssern, sich verbéssern

pag‖èsti verdérben* *vi* (*s*), kapútt sein; ~édo rãdijas das Rádio ist kapútt

pagýd‖yti áusheilen *vt*; gesúnd máchen; ~omas héilbar

pagiedóti síngen* *vt*; vórsingen* *vt*

pagiéž‖a Bósheit *f* -, -en; *kùpinas ~os* ein Mensch vóller Bósheit

pagiežùs náchtragend, náchträgerisch

pagij̀imas Genésung *f* -, -en, Gesúndung *f* -

pagìlinti vertíefen *vt*

pagimdýti gebären* *vt*, zur Welt bríngen

pagìrdyti zu trínken gében; ~ *gývulius* das Vieh tränken

pagyrìmas Lob *n* -(e)s, Belóbigung *f* -, -en

pagìrti lóben *vt*, belóben *vt*, belóbigen *vt*; ~inas lóbenswert; ~inas darbštùmas ein lóbenswerter Fleiß

pagyrū̃n‖as Práhler *m* -s, -, Práhlhans *m* -es, ~e; ~iškas práhlerisch

pagýti genésen* *vi* (*s*), gesúnden *vi* (*s*)

pagyvė̃nęs betágt, bejáhrt

pagyvéti áufleben *vi* (*s*), sich belében

pagývinti belében *vt*

paglóstyti stréicheln *vt*

pagonýbė Héidentum *n* -s

pagón‖is Héide *m* -n, -n; ~iškas héidnisch

pagrasìnti dróhen *vi*

pagražéti schön wérden

pagrãžinti verschönen *vt*, verschönern *vt*

pagreĩtinti beschléunigen *vt*

pagriẽbti erfássen *vt*

pãgrindas 1 (*pamatas*) Fundamént *n* -(e)s, -e, Grund *m* -(e)s, ~e 2 Grúndlage *f* -, -n; *mókslo pagrindaĩ* die Grúndlagen der Wíssenschaft

pagrind‖ìmas Begründung *f* -, -en; ~inaĩ grúndlegend; ~ìnis Grund-, Haupt-; ~ìnė téisė Grúndrecht *n* -(e)s, -e

pagrįstaĩ mit [zu] Recht

pàgrįstas begründet; stíchhaltig

pagrį̃sti begründen *vt*

pagrobéjas Entführer *m* -s, -

pagróbti entführen *vt*; (*kaip trofėjų̃*) erbéuten *vt*

pagróti (*kam ką̃*) vórspielen *vt* (*j-m*)

paguldýti schláfen légen; ~ *vaĩką* das Kind schláfen légen; ~ *ką̃ į̃ ligóninę* j-n im Kránkenhaus únterbringen

pagùnda Versúchung *f* -, -en

pagúoda Trost *m* -es

pagúosti trösten *vt*

paĩkas álbern, éinfältig

paik‖ýbė, ~ùmas Álbernheit *f* -, -en, Éinfalt *f* -

pailgéti länger wérden

paìlginti verlängern *vt*

pailiustrúoti veránschaulichen *vt*, verdéutlichen *vt*

pailséti sich erhólen; áusruhen *vi* / sich

pail̃sti ermüden *vi* (*s*), müde wérden

paiᷓti 1 néhmen* *vt*; ~ *iš kõ rýšulį̃* j-m das Pakét ábnehmen 2 erfássen *vt*, überkómmen* *vt*; *jį̃ pàėmė báimė* Angst erfásste [überkám] ihn; ~ *val̃džią* die Macht ergréifen

painformúoti (*ką̃ apie ką̃*) informíeren *vt* (*über A*), benáchrichtigen *vt* (*von A*)

páiniava Verwícklung *f* -, -en, Verwírrung *f* -, -en

páinio‖ti verwíckeln *vt*, verwírren *vt*; ~tis sich verwíckeln, sich verwírren

painùs verwíckelt, verwórren

páisyti *(ko)* beáchten *vt*

paišý‖ba Zéichnen *n* -s; ~bos pamokà Zéichenstunde *f* -, -n; ~ti zéichnen *vt*

paįvaîrinti verschíedenartig gestálten

pajamìngas ertrágreich

pājamos Éinkommen *n* -s, Éinkünfte *pl*

pajḗgti imstánde / im Stánde sein

pajḗg‖ùmas Léistungsfähigkeit *f* -, -en, Kapazität *f* -, -en; ~ùs léistungsfähig; ~ì mašinà éine léistungsfähige Maschíne

pajudéti 1 *(pvz., apie traukinį)* ánfahren* *vi* *(s)*, sich in Bewégung sétzen 2 sich rühren; pérpildytoje sáléje võs galéjai ~ in dem überfüllten Saal kónnte man sich kaum rühren

pajùdinti bewégen *vt*, rühren *vt*

pajuodúoti schwarz wérden

pajuokà Spott *m* -(e)s

pajuokáuti schérzen *vi*, schérzend ságen

pajū́ris Küste *f* -, -n, Méeresküste *f* -, -n

pājus Ánteil *m* -(e)s, -e

pajùsti fühlen *vt*, empfínden* *vt*; wáhrnehmen* *vt*

pākabas Kléiderbügel *m* -s, -

pakabìnti hängen *vt*, áufhängen *vt*

pākaitalas Ersátz *m* -es

pakaitomìs ábwechselnd, im Wéchsel

pakàkti genügen *vi*, áusreichen *vi*

pakalbḗti *(apie ką)* spréchen* *vi* *(von D, über A)*

pakal̃nė Ábhang *m* -(e)s, ⸗e

pakalnùtė Máiglöckchen *n* -s, -, Máiblume *f* -, -n

pakañkamas genügend, áusreichend

pakárti erhängen *vt*

pakartó‖jimas Wiederhólung *f* -, -en; ~ti wiederhólen *vt*; ~tinai wiederhólt; ~tinis wiederhólt, nóchmalig; ~tiniai prãšymai *(protèstai)* wiederhólte Bítten (Protéste)

pakeî‖čiamas ersétzbar; ~sti 1 verändern *vt* 2 *(pvz., drabužį)* wéchseln *vt* 3 *(pavaduoti) (ką)* ersétzen *vt*, éinspringen* *vi (für A)*

pakeleîvis, -ė 1 Mítreisende *sub m, f* 2 *(užėjęs keleivis)* Wánderer *m* -s, -

pakḗlis Scháchtel *f* -, -n

pakeliuî unterwégs

pakélti 1 erhében* *vt*; áufheben* *vt*; empórheben* *vt*; ~ rañką die Hand erhében 2 *(padidinti)* erhöhen *vt*, stéigern *vt*; ~ káinas die Préise erhöhen [stéigern]; ~ ką tarnýboje j-n befördern 3 *(iš miego)* erwécken *vt*, áufwecken *vt* 4 *(pvz., skausmą)* ertrágen* *vt*

pakeñčiamas erträglich, léidlich

pakeñkti *(kam)* schädigen *vt*, beéinträchtigen *vt*

pakentéti sich gedúlden

pakèpti bráten* *vt*; bácken* *vt*

pakeréti bezáubern *vt*, bestrícken *vt*

pakḗsti 1 *(pvz., skausmą)* ertrágen* *vt* 2 *(toleruoti)* dúlden *vt*

pakètas Pakét *n* -(e)s, -e

pakil̃‖imas 1 Erhöhung *f* -, -en 2 Elan [e:ˈlaŋ:] *m* -s; dìrbti sù ~imù mit Elan árbeiten 3 *(pvz., ekonominis)* Áufstieg *m* -(e)s, -e, Áufschwung *m* -(e)s, ⸗e

pakil̃‖ti 1 sich erhöhen, stéigen* *vi (s)*; ùždanga ~o der Vórhang ging hoch 2 *(pvz., apie audrą, rūką)* áufkommen* *vi (s)* 3 áufstehen* *vi (s)*; ~ti nuõ stãlo vom Tisch áufstehen

pakilùs erhában

pakinkýti ánspannen *vt*, ánschirren *vt*

pakiñktai Geschírr *n* -(e)s, -e

pakìsti sich verändern

pakitìmas Veränderung *f* -, -en; Wándlung *f* -, -en

paklausà *(kam)* Náchfrage *f* -, -n *(nach D)*; ~ didéja die Náchfrage steigt; šì prḗkė tùri dìdelę pāklausą díese Wáre ist stark gefrágt

pakl̃‖ausýti 1 zúhören *vi*; ~ausýk! hör mal zu! 2 *(ko)* gehórchen *vi (j-m)*; ~ausýti kienõ patarìmo j-s Rat befólgen

paklaústi *(ką ko)* frágen *vt (nach D)*

paklýsti sich verírren, sich verláufen*

pakliūti geráten* *vi* (*s*); ∼ **į̃ bė̃dą** in Not geráten
paklõdė Láken *n* -s, -
paklóti (*patiesti*) áusbreiten *vt*; ∼ **lóvą** das Bett máchen; ∼ **lóvą nãkčiai** das Bett für die Nacht hérrichten
paklusn‖ùmas Gehórsam *m* -s; ∼**ùs** gehórsam
paklùsti (*kam*) gehórchen *vi* (*j-m*); sich fügen (*D*), sich unterwérfen* (*D*)
pakópa Stúfe *f* -, -n
pakrántė (*jūros*) Méeresstrand *m* -(e)s, ⸗e; (*ežero*) Séeufer *n* -s, -; (*upės*) Flússufer *n* -s, -
pakraštỹs Rand *m* -(e)s, ⸗er; **miẽsto** ∼ Stádtrand
pakráuti áufladen* *vt*, beláden* *vt*
pakriáušė Stéilwand *f* -, ⸗e
pakrikštyti táufen *vt*
pakrỹp‖ti 1 sich néigen; ∼**ti į̃ šóną** sich zur Séite néigen **2** sich wénden; **vìskas** ∼**o į̃ gẽrąją pùsę** álles hat sich zúm Gúten gewéndet
pakúoti pácken *vt*
pakužd‖ėti flüstern *vt*; ∼**omìs** im Flüsterton
pakvėpúoti átmen *vi*
pakviẽsti (*į̃ kur*) éinladen* *vt* (*zu D*); ∼ **svečių̃** Gäste éinladen
pakvietìm‖as Éinladung *f* -, -en; **priim̃ti** ∼**ą** éine Éinladung ánnehmen
palaidinùkė Blúse *f* -, -n
paláidoti begráben* *vt*, beérdigen *vt*
palaikaĩ (*apie mirusį*) Gebéine *pl*, die stérblichen Überreste
palaikýti 1 hálten**vt*; ∼ **draũsmę** Disziplín hálten; ∼ **sù kuõ draũgiškus sántykius** zu [mit] j-m fréundschaftliche Bezíehungen unterhálten **2** (*paremti*) (*ką*) unterstützen *vt*, éintreten* *vi* (*s*) (*für A*)
paláima Glückseligkeit *f* -, Wónne *f* -, -n
palaimìngas glückselig
paláiminti ségnen *vt*
palaipsniuĩ schríttweise, nach und nach
paláistyti begíeßen* *vt*
palaižýti lécken *vt*
palángė Fénsterbrett *n* -(e)s, -er

palank‖ùmas Gunst *f* -, Wóhlwollen *n* -s; ∼**ùs** günstig; wóhlwollend
palapìn‖ė Zelt *n* -(e)s, -e; **pastatýti** ∼**ę** ein Zelt áufstellen [áufschlagen]
palatà Kránkenzimmer *n* -s, -
paláukti (*ko*) wárten *vi* (*auf A*); ábwarten *vi*
paleĩ *prp* längs (*G*), entláng (*A*); **jìs ė̃jo** ∼ **ùpę** er ging den Fluss entláng
paléisti 1 lóslassen* *vt*; entlássen**vt*; ∼ **kãlinį** éinen Gefángenen entlássen **2** (*pvz., organizaciją*) áuflösen *vt* **3** (*pvz., gamyklą*) in Betríeb sétzen; (*pvz., mašiną*) in Gang sétzen
palengv‖à lángsam, állmählich; ∼**ėjimas** Erléichterung *f* -, -en; ∼**ėti** léichter wérden
paleñgvin‖imas Erléichterung *f* -, -en; ∼**ti** erléichtern *vt*; ∼**ti baũsmę** éine Stráfe míldern
paleñkti bíegen* *vt*
palėpinti verwöhnen *vt*
palyd‖à Gefólge *n* -s; Geléit *n* -(e)s, -e; ∼**ėti** begléiten *vt*; ∼**ėti ką̃ į̃ stõtį** j-n zum Báhnhof begléiten; ∼**ėti ką̃ į̃ paskutìnę kelìõnę** j-m das létzte Geléit gében; ∼**õvas** Begléiter *m* -s, -
paliẽpti ánordnen *vt*
palieséti ábmagern *vi* (*s*)
paliẽsti berühren *vt*; ánrühren *vt*; ∼ **kláusimą** (*problèmą*) éine Fráge (ein Problém) berühren
paliẽti 1 (*skystį*) vergíeßen**vt*, verschütten *vt* **2** begíeßen* *vt*
palýgin‖imas Vergléich *m* -(e)s, -e; ∼**ti 1** (*ką su kuo*) vergléichen* *vt* (*mit D*) **2** relatív, verhältnismäßig; **jìs** ∼**ti dár jáunas** er ist relatív noch jung
palikìmas Érbe *n* -s; Hinterlássenschaft *f* -, -en
palìkti 1 lássen**vt*, zurücklassen**vt*; ∼ **ką̃ ramýbėje** j-n in Rúhe lássen **2** hinterlássen**vt*; (*testamentu*) vermáchen *vt*; **jìs palìko dìdelę bibliotèką** er hat éine gróße Bibliothék hinterlássen **3** (*pvz., gimtąjį kraštą*) verlássen *vt*

palikuonìs Náchkomme *m* -n, -n, Náchfahre *m* -n, -n

palinké‖jimas Glückwunsch *m* -es, ˮe; ~**ti** wünschen *vt*; ~**ti kám láimės** j-m Glück wünschen

palinkìmas (*į̃ ką̃*) Néigung *f* -, -en (*zu D*)

palinksmé‖jimas Áufheiterung *f* -, Erhéiterung *f* -; ~**ti** sich áufheitern, sich erhéitern

palìnksmin‖imas Belústigung *f* -, Erhéiterung *f* -; ~**ti** belústigen *vt*, erhéitern *vt*

palytéti berühren *vt*

paliùdyti bezéugen *vt*

pálmė *bot.* Pálme *f* -, -n

páltas Mántel *m* -s, ˮ; *žiemìnis* ~ Wíntermantel

palū́žti mürbe sein [wérden]

pamain‖à Schicht *f* -, -en; *dienìnė* ~*à* Tágschicht; *dìrbti dvíem* ~*omìs* in zwei Schíchten árbeiten; ~**omìs** in Schíchten; ábwechselnd

pamaitìnti spéisen *vt*, beköstigen *vt*; ~ *kū̃dikį̃* den Säugling stíllen

pāmaldos Góttesdienst *m* -es, -e

pamald‖ùmas Frömmigkeit *f* -; ~**ùs** fromm

pamąstýti (*apie ką̃*) náchdenken* *vi* (*über A*), náchsinnen* *vi* (*über A*)

pāmatas Fundamént *n* -(e)s, -e

pamatýti erblícken *vt*

pamatúoti méssen* *vt*

pamažù lángsam; allmählich, nach und nach

pamégdžio‖jimas Náchahmung *f* -, -en; ~**ti** náchahmen *vt*

pamègìnti versúchen *vt*

pamég‖ti lieb gewínnen; ~**tas dárbas** die lieb gewónnene Árbeit

pamélžti mélken (*t. p.* molk, gemólken) *vt*

pamèsti 1 (*pvz., pinigus*) verlíeren* *vt* 2 (*pvz., šeimą*) verlássen* *vt*

pamiegóti ein Schläfchen tun

pamìlti líeben lérnen

pamylúoti líebkosen *neatsk.* *vt*

paminé‖jimas Gedénkfeier *f* -, -n; ~**ti** 1 erwähnen *vt* 2 (*ką̃*) gedénken* *vi* (*G*), féiern *vt*

pamiñkl‖as Dénkmal *n* -s, ˮer / -e, Éhrenmal *n* -s, ˮer / -e; *pastatýti kám* ~*ą̃* j-m ein Dénkmal sétzen

pamir̃šti vergéssen* *vt*

pamìš‖ėlis, -ė Verrückte *sub m, f*; ~**ęs** verrückt; ~**ti** verrückt wérden

pamìškė Wáldrand *m* -(e)s, ˮer

pamojúoti wínken *vi*

pamokà 1 Stúnde *f* -, -n; *iñti pāmokas* Stúnden néhmen 2 (*pamokymas*) Léhre *f* -, -n; *taĩ bùvo mán gerà* ~ das war éine gúte Léhre für mich

pamók‖yti beléhren *vt*; eínes Bésseren beléhren; ~**omas** léhrreich

pamókslas Prédigt *f* -, -en

pamoksláuti prédigen *vi*

pamókslininkas Prédiger *m* -s, -

pamosúoti schwénken *vt*

pāmotė Stíefmutter *f* -, ˮ

pamóti (*kam*) zúwinken *vi* (*j-m*)

pāmušalas Fútter *n* -s, -

panagrinéti betráchten *vt*

panaikìnti ábschaffen *vt*; áufheben* *vt*

panaš‖ùmas Ähnlichkeit *f* -, -en; ~**ùs** ähnlich

panaudóti benútzen *vt*; ánwenden *vt*

paneĩgti widerlégen *vt*, bestréiten* *vt*

panēlė Fräulein *n* -s, -

pānieka Veráchtung *f* -

paniēkin‖amas verächtlich; ~**ti** geríng schätzen, veráchten *vt*

pānika Pánik *f* -

paniùr‖ęs mürrisch, verdríeßlich; ~**ti** sich verdüstern

panoréti Lust bekómmen

panterà Pantér / Panthér *m* -s, -

papar̃tis Farn *m* -(e)s, -e, Fárnkraut *n* -(e)s, ˮer

papāsakoti erzählen *vt*

papéd‖ė Fuß *m* -es, ˮe; *kálno* ~*ėje* am Fúße des Bérges

papeikìmas Verwéis *m* -es, -e; Tádel *m* -s, -

papeĩkti verwéisen* *vt*; tádeln *vt*

pàperkamas bestéchlich

papietáuti zu Míttag éssen

papìginti verbílligen *vt*

papìldymas Ergänzung f -, -en; Zúsatz m -es, ᵕe
papildinỹs Objékt n -(e)s, -e
papìld‖yti 1 ergänzen vt; *añtras ∼ytas leidìmas* zwéite ergänzte Áuflage **2** (*pvz., vandens*) náchfüllen vt; *∼omas* zúsätzlich; náchträglich
papiȓkti bestéchen* vt
papjáustyti (*pvz., dešros, sūrio*) schnéiden* vt
papjáuti (*gyvulį*) ábschlachten vt
paplatéti sich verbréitern, sich erwéitern
paplãtinti verbréitern vt, erwéitern vt
papl‖ìsti sich verbréiten; *plačiaĩ ∼ìtusi pažiūrà* éine wéithin verbréitete Méinung
paplūdimỹs Bádestrand m -(e)s, ᵕe
paprakaitúoti schwítzen vi
paprastaĩ gewöhnlich, normálenweise
pàprastas éinfach, símpel; schlicht; *paprastì žmónės* éinfache Léute
papràsti (*prie ko*) sich gewöhnen (*an A*)
paprastùmas Éinfachheit f -, Schlíchtheit f -
paprašýti (*ką ko*) bítten* vt (*um A*)
papratimas Gewöhnung f -, -en
paprieštar‖ávimas Éinwand m -(e)s, ᵕe; *∼áuti* (*kam*) éinwenden* vt (*gegen A*)
paprotỹs Sítte f -, -n, Brauch m -(e)s, ᵕe
papūgà Papagéi m -en / -(e)s, pl -en / -e
pãpuošalas Schmuck m -(e)s, -e / Schmúcksachen
papuõšti schmücken vt
papusryčiáuti frühstücken *neatsk.* vi
parà Tag und Nacht
parādas Paráde f -, -n
paragáuti kósten vt, probíeren vt
parãginti (*ką daryti*) nötigen vt (*zu D*)
paragrãfas Paragráf / Paragráph m -en, -en
pãrakas Púlver n -s, Schíeßpulver n -s
paralyžiúoti lähmen vt
paralỹžius Lähmung f -, -en
paramà Unterstützung f -, -en; *suteĩkti kám pãramą* j-m éine Unterstützung gewähren
parãpija Geméinde f -, -n
pãrašas Únterschrift f -, -en; *savarañkiškas ∼* éigenhändige Únterschrift
parašýti schréiben* vt

parašiùt‖as Fállschirm m -(e)s, -e; *šúolis sù parašiutù* Fállschirmabsprung m -(e)s, ᵕe; *∼ininkas* Fállschirmspringer m -s, -
paraštė̃ Rand m -(e)s, ᵕer
paraũsti erröten vi (*s*); *∼ iš gédos* vor Scham erröten
parazìtas Parasít m -en, -en
pardav‖éjas Verkäufer m -s, -; *∼ìmas* Verkáuf m -(e)s, ᵕe
pard‖úoti verkáufen vt; *∼uotùvė* Káufladen m -s, - / ᵕ, Geschäft n -(e)s, -e; *maĩsto ∼uotùvė* Lébensmittelgeschäft; *universãlinė ∼uotùvė* Wárenhaus n -es, ᵕer
pareig‖à Pflicht f -, -en; *atlìkti sàvo pāreigas* séine Pflíchten erfüllen; *laikýti ką̃ sàvo pāreiga* etw. für séine Pflicht hálten; *∼ingas* díensteifrig, pflíchttreu; *∼ingùmas* Pflíchttreue f -
pareigū́nas Ámtsperson f -, -en, Stáatsbeamte *sub* m
pareikal‖áuti (*ko*) fórdern vt, verlángen vt; *∼ãvimas* Fórderung f -, -en; Verlángen n -s, -
paréikšti erklären vt; *∼ nórą* éinen Wunsch äußern
pareiškìm‖as 1 (*prašymas*) Gesúch n -(e)s, -e; *padúoti ∼ą* ein Gesúch éinreichen **2** (*pvz., vyriausybės*) Erklärung f -, -en; *padarýti ∼ą* éine Erklärung ábgeben
pareĩti zurückkommen* vi (*s*)
pareñgti vórbereiten vt; áusbilden vt; *∼ pãmoką* éine Únterrichtsstunde vórbereiten; *∼ mókytojus* Léhrer áusbilden
parfumèrija Parfümeríe f -, -rí:en
pargabénti zurückbefördern vt
pargr‖iáuti zu Bóden wérfen; *∼iúti* hínfallen* vi (*s*), stürzen vi (*s*)
parýškinti unterstréichen* vt
párkas Park m -s, -s
parkeliáuti zurückkommen* vi (*s*), héimreisen vi (*s*)
párkeris Füllfeder f -, -n, Füllfederhalter m -s, -
parkrìsti (hín)fállen* vi (*s*); *jìs parkrìto añt žẽmės* er fiel auf den Bóden [zu Bóden]
parlamentãras Parlamentári:er m -s, -

parlameñt‖as Parlamént *n* -(e)s, -e; ~inis parlamentárisch

parnèšti bríngen* *vt*; hólen *vt*

parodà Áusstellung *f* -, -en; **pavéikslų** ~ Bílderausstellung; **žėmės ūkio** ~ Lándwirtschaftsausstellung; **atidarýti pãrodą** éine Áusstellung eröffnen

paród‖ymas *teis.* Áussage *f* -, -n; **liùdytojų** ~ymas Zéugenaussage; **dúoti** ~ymus éine Zéugenaussage máchen; ~yti 1 zéigen *vt*; ~yti **kám sàvo dėkingùmą** j-m séine Dánkbarkeit zéigen 2 (*pvz.*, *pasą, pažymėjimą*) vórzeigen *vt*, vórweisen *vt* 3 (*teisme*) áussagen *vt* / sich **parpùlti** hínfallen* *vi* (*s*), níederfallen* *vi* (*s*)

parskrìsti (*apie paukščius*) zurückfliegen* *vi* (*s*)

paršas, paršėlis Férkel *n* -s, -

pártij‖a 1 Partéi *f* -, -en; **įkùrti** ~ą éine Partéi bílden [gründen] 2 (*pvz.*, *muzikoje, žaidime*) Partíe *f* -, -tí:en; **šachmãtų** ~a éine Partíe Schach

partizãn‖as Partisán *m* -en, -en; ~inis: ~inis **kãras** Partisánenkrieg *m* -(e)s, -e

pártneris Pártner *m* -s, -

paruõšti vórbereiten *vt*; ~ **pietùs** das Míttagessen zúbereiten

parūpinti besórgen *vt*, bescháffen *vt*

parvažiúoti héimfahren* *vi* (*s*)

parvỹkti zurückkommen* *vi* (*s*)

parvir̃sti úmkippen *vi* (*s*); stürzen *vi* (*s*)

pàs *prp* 1 bei (*D*) (*žymi vietą*); **gyvénti** ~ **tėvus** bei den Éltern wóhnen 2 zu (*D*) (*žymi kryptį*); **eĩti** ~ **gýdytoją** zum Arzt géhen

pasagà Húfeisen *n* -s, -

pãsaka Märchen *n* -s, -

pasakėčia Fábel *f* -, -n

pasãkymas Äußerung *f* -, -n

pasakinéti vórsagen *vi*, *vt*

pãsakiškas märchenhaft

pasakýti ságen *vt*; ~ **kaĺbą** éine Réde hálten

pãsako‖jimas Erzählung *f* -, -en; ~ti erzählen *vt*

pãsas Pass *m* -es, ²e; **ùžsienio** ~ Réisepass, Áuslandspass

pasáugoti (*ką*) áufpassen *vi* (*auf A*), Acht gében (*auf A*)

pasauléžiūra Wéltanschauung *f* -, -en

pasauliẽtiškas wéltlich

pasáulinis wéltweit, Welt-; **Pasáulinis kãras** Wéltkrieg *m* -(e)s, -e

pasek‖éjas Náchfolger *m* -s, -; ~mė Fólge *f* -, -n

pasèkti (*kuo*) fólgen *vi* (*D*); ~ **kienõ pãvyzdžiu** j-s Béispiel fólgen

pasén‖dinti áltern *vt*; ~ti áltern *vi* (*s*), alt wérden

paséti säen *vt*, ánsäen *vt*

pasiáiškinimas Erklärung *f* -, -en

pasiaukó‖jamas áufopferungsvoll; ~jimas Sélbstaufopferung *f* -; ~ti sich áufopfern

pasibaĩgti énden, zu Énde sein; schlíeßen* *vi*

pasibaisé‖jimas Entsétzen *n* -s; ~ti (*kuo*) sich entsétzen (*über A*), entsétzt sein (*über A*); ~tinas entsétzlich

pasibučiúoti sich küssen

pasidairýti sich úmblicken

pasidalýti (*ką su kuo*) téilen *vt* (*mit j-m*)

pasididžiãvimas Stolz *m* -es

pasidométi (*kuo*) sich interessíeren (*für A*)

pasidúoti sich ergében*; sich stéllen

pasidžiaũgti (*kuo*) sich fréuen (*über A, auf A*)

pasíekiamas erréichbar

pasiekìmas Léistung *f* -, -en; Errúngenschaft *f* -, -en

pasiékti erréichen *vt*; ~ **tìkslą** sein Ziel erréichen; ~ **pérgalę priẽš ką** den Sieg über j-n, etw. (*A*) erríngen

pasigailé‖jimas Erbármen *n* -s; **bè** ~jimo erbármungslos; ~ti (*ko*) sich erbármen (*G*); ~tinas erbärmlich

pasigeréti (*kuo*) sich ergötzen (*an D*), bewúndern *vt*

pasigèsti (*ko*) vermíssen *vt*

pasigìrti (*kuo*) práhlen *vi* (*mit D*)

pasigúosti (*kuo*) sich trösten (*über A*)

pasiìlgti (*ko*) Séhnsucht empfínden (*nach D*)

pasiim̃ti mítnehmen* *vt*, sich (*D*) mítnehmen*

pasijùdinti sich rühren

pasikalbé‖jimas Gespräch *n* -(e)s, -e, Unterháltung *f* -, -en; ∼**ti** (*apie ką*) miteinánder réden (*über A, von D*)

pasikarščiúoti sich eréifern

pasikartóti sich wiederhólen

pasikeĩs‖ti 1 sich ändern, sich verändern; *óras* ∼ das Wétter wird sich ändern 2 (*pvz., nuomonèmis, mintimis*) áustauschen *vt*

pasikeitìmas 1 Änderung *f* -, -en, Veränderung *f* -, -en 2 Áustausch *m* -es; ∼ *mintimìs* Gedánkenaustausch

pasikèsìn‖Imas (*į ką*) Áttentat *n* -(e)s, -e (*auf j-n*); ∼**ti** (*į ką*) ein Áttentat begéhen [verüben] (*auf j-n*)

pasiklausýti sich (*D*) ánhören

pasikláusti (*ką ko*) frágen *vt* (*nach D*)

pasikliáuti (*kuo*) sich verlássen*(*auf A*)

pasiklýsti sich verírren, sich verláufen*

pasikviẽsti zu sich éinladen; zu sich bestéllen

pasileñkti sich bücken

pasilìkti bléiben* *vi* (*s*); ∼ *namiẽ* zu Háuse bléiben

pasilìnksmin‖imas Vergnügung *f* -, -en; ∼**ti** sich vergnügen

pasimãtym‖as Wíedersehen *n* -s; Stélldichein *n* - / -s; *ikì* ∼*o!* auf Wíedersehen! *eĩti į̃* ∼*ą* zum Stélldichein géhen

pasimatýti einánder séhen; sich wíedersehen*

pasinaudóti (*kuo*) sich bedíenen (*G*), benútzen *vt*; ∼ *próga* die Gelégenheit (áus)nútzen

pasipelnýti (*iš ko*) sich beréichern (*an D*)

pasipìktin‖imas Entrüstung *f* -, -en; ∼**ti** (*kuo*) sich entrüsten (*über A*)

pasipríešin‖imas Wíderstand *m* -(e)s, ˸e; ∼**ti** (*kam*) sich widersétzen (*D*), Wíderstand léisten (*j-m*)

pasipuõšti sich schmücken

pasiramsčiúoti (*kuo*) sich stützen (*auf A*)

pasir‖ãšymas Unterzéichnung *f* -, -en; ∼**ašýti** unterzéichnen *vt*, unterschréiben* *vt*

pasiréikšti zutáge / zu Táge kómmen, sich hervórtun*, hervórtreten* *vi* (*s*)

pasirem̃ti (*kuo*) sich stützen (*auf A*)

pasireñg‖ti (*kam*) sich vórbereiten (*auf A*); ∼**ęs** beréit

pasirinkìmas Wahl *f* -, -en; Áuswahl *f* -

pasiriñkti wählen *vt*, sich (*D*) áuswählen, sich (*D*) áussuchen; ∼ *patõgią viẽtą* sich (*D*) éinen günstigen Platz áuswählen; ∼ *profèsiją* sich (*D*) éinen Berúf erwählen

pasiryž̃imas Entschlúss *m* -es, ˸e

pasirýžti (*ką daryti*) sich entschlíeßen*(*zu D*)

pasìród‖ymas 1 (*pvz., knygos*) Erschéinen *n* -s 2 (*scenoje*) Áuftritt *m* -(e)s, -e; ∼**yti** 1 sich zéigen; áuftauchen *vi* (*s*) 2 sich erwéisen*; *tvìrtinimas* ∼*è klaidìngas* die Beháuptung erwíes sich als falsch 3 (*scenoje*) áuftreten* *vi* (*s*)

pasiruošìmas (*kam*) Vórbereitung *f* -, -en (*auf A*)

pasiruõšti (*kam*) sich vórbereiten (*auf A*); ∼ *išvýkti* sich zur Ábreise rüsten

pasirū̃pinti (*kuo*) sórgen *vi* (*für A*)

pasis‖ãkymas ˙ Äußerung *f* -, -en; ∼**akýti** sich äußern, das Wort ergréifen; séine Méinung äußern

pasisáugoti (*ko*) sich hüten (*vor D*), sich in Acht néhmen (*vor D*)

pasisãvin‖imas Unterschlágung *f* -, -en; ∼*imas visuomenìnio tùrto* die Unterschlágung des geséllschaftlichen Éigentums; ∼**ti** sich (*D*) áneignen, unterschlágen* *vt*

pasis‖ekìmas Erfólg *m* -(e)s, -e; *turéti dìdelį* ∼*ekìmą* éinen größen Erfólg háben; ∼**èkti** gelíngen* *vi* (*s*), glücken *vi* (*s*)

pasiskam̃binti telefoníeren *vi*

pasiskìrstyti sich vertéilen

pasiskõlinti (*iš ko*) sich (*D*) áusleihen*(*von j-m*)

pasiskų́sti (*kuo*) sich beklágen (*über A*)

pasislė̃pti sich verstécken, sich verbérgen*

pasisótinti sich sättigen

pasisténgti sich bemühen, sich (*D*) Mühe gében

pasistìprinti sich stärken

pasisvečiúoti (*pas ką*) zu Besúch wéilen (*bei j-m*)

pasisvéikin‖imas Gruß *m* -es, ⁻e; ∼**ti** sich grüßen

pasišìld‖yti sich wärmen; *àš* ∼*žiau priẽ krósnies rankàs* ich erwärmte mir am Ófen die Hände

pasišvẹ̃sti (*kam*) sich wídmen (*D*), sich ergében* (*D*)

pasitáik‖yti vórkommen* *vi* (*s*); *prógai* ∼*ius* bei Gelégenheit

pasitaisýti 1 (*pasveikti*) genésen* *vi* (*s*) **2** sich béssern **3** (*pariebéti*) zúnehmen* *vi*

pasitarìmas Berátung *f* -, -en; *gamýbinis* ∼ Produktiónsberatung *f* -, -en

pasitar̃ti (*su kuo dèl ko*) sich beráten* (*mit j-m über A*)

pasiteiráuti (*ko apie ką*) sich erkúndigen (*bei j-m nach D*)

pasitéisin‖imas Réchtfertigung *f* -, -en; ∼**ti** (*kam*) sich réchtfertigen *neatsk.* (*vor j-m*)

pasiténkin‖imas Befríedigung *f* -, Zufríedenheit *f* -; ∼**ti** (*kuo*) sich befríedigen (*mit D*), sich begnügen (*mit D*)

pasitýčioti (*iš ko*) verspótten *vt*

pasitiké‖jimas (*kuo*) Vertráuen *n* -s (*zu j-m*); ∼**ti** (*kuo*) vertráuen *vi* (*D*); *juõ gãlima* ∼*ti* man kann ihm vertráuen; *àš pasìtikiu jõ sążíningumù* ich vertráue auf séine Éhrlichkeit

pasitìkrinti (*sveikatą*) sich untersúchen lássen

pasitìkti empfángen* *vt*; ∼ *ką̃ stotyjè* j-n vom Báhnhof ábholen

pasitóbulinti sich vervóllkommnen

pasitráukti wéichen* *vi* (*s*); zurückwéichen* *vi* (*s*); ∼ *į̃ šãlį* zur Séite wéichen

pasìturintis bemíttelt, wóhlhabend

pasitvìrtinti sich bestätigen

pasiūlà Ángebot *n* -(e)s, -e

pasiūl‖ymas Ángebot *n* -(e)s, -e; Vórschlag *m* -(e)s, ⁻e; *mū́sų* ∼*ymu* auf únseren Vórschlag; *priìmti kienõ* ∼*ymą* j-s Vórschlag ánnehmen; ∼**yti** ánbieten* *vt*; vórschlagen* *vt*

pasiuntìn‖ýbė Bótschaft *f* -, -en; ∼**ỹs** Bótschafter *m* -s,-; Gesándte *sub m*; Bóte *m* -n, -n

pasių̃sti schícken *vt*, sénden* *vt*

pasiùtęs tóllwütig

pasiúti nähen *vt*

pasiváikščio‖jimas Spazíergang *m* -(e)s, ⁻e; ∼**ti** spazíeren géhen

pasiváišinti sich bedíenen

pasivažinéti spazíeren fáhren

pasivė̃linti sich verspäten

pasivýti éinholen *vt*

pasyvùs passív

pasižadé‖jimas Verspréchen *n* -s, -, Zúsage *f* -, -n; *įvýkdyti* ∼*jimą* sein Verspréchen erfüllen; ∼**ti** verspréchen* *vt*

pasižymé‖jimas Áuszeichnung *f* -, -en; ∼**ti** (*kuo*) sich áuszeichnen (*durch A*); sich hervórtun*

paskaič‖iãvimas Beréchnung *f* -, -en; ∼**iúoti** beréchnen *vt*; zählen *vt*

paskait‖à Vórlesung *f* -, -en; *skaitýti pãskaitą* éine Vórlesung hálten; ∼**ýti** lésen* *vt*

paskam̃binti 1 (*kam*) (*telefonu*) ánrufen* *vt*, *vi*, telefoníeren *vi*; ∼ *kám į̃ namùs* j-n zu Háuse ánrufen **2** (*kam ką*) (*pianinu, gitara*) vórspielen *vt* (*j-m*)

paskandìnti versénken *vt*

paskãninti würzen *vt*, ánrichten *vt*

paskãtin‖imas Ánregung *f* -, -en; ∼**ti** (*ką daryti*) ánregen *vt* (*zu D*); bewégen* *vt* (*zu D*)

paskélbti ánkündigen *vt*; bekánnt gében; verláuten lássen; ∼ *ką̃ laĩkraštyje* etw. in der Zéitung bekánnt gében [veröffentlichen]

paskẹ̃sti (*apie laivą*) versínken* *vi* (*s*)

paskiaũ später, nachhér

paskìrstyti vertéilen *vt*; éinteilen *vt*; ∼ *mókinius grùpėmis* die Schüler in Grúppen éinteilen

paskìrti 1 (*pvz., butą, darbą*) zúteilen *vt*, zúweisen* *vt* **2** (*pvz., terminą*) féstsetzen *vt* **3** (*ką kuo*) ernénnen* *vt* (*zu D*) **4** (*ką kam*) wídmen *vt* (*D*)

paskleĩsti verbréiten *vt*

pasklìsti sich verbréiten
paskolà Ánleihe *f* -, -n; Dárlehen *n* -s, -
paskõlinti léihen* *vt*
paskùbinti zur Éile ántreiben
paskubomìs in (áller) Éile, éilends
paskuĩ, paskum̃ hinterhér
paskutìnis letzt
paslap‖čià, ∼**čiomìs** héimlich; ∼**tìngas** gehéimnisvoll; ∼**tìs** Gehéimnis *n* -ses, -se; *išdúoti pãslaptį* ein Gehéimnis verráten
paslaug‖à Dienst *m* -es, -e; Díenstleistung *f* -, -en; ∼**ùmas** Hílfsbereitschaft *f* -, Dienstbereitschaft *f* -; ∼**ùs** hílfsbereit, díenstbereit
paslẽpti verstécken *vt*, verbérgen* *vt*
pasmer̃kti verúrteilen *vt*, ánprangern *vt*
pasmùlkinti zerkléinern *vt*
pasnáusti ein bísschen schlúmmern
pãsninkas Fástenzeit *f* -
pasninkáuti fásten *vi*
pasodìnti 1 hínsetzen *vt*; ∼ *į̃ kalė́jimą* éinsperren *vt* 2 (*pvz., augalų*) sétzen *vt*, ánpflanzen *vt*
pasótinti satt máchen
paspar̃tinti beschléunigen *vt*
paspáusti drücken *vt*, *vi*; ∼ *kám rañką* j-m die Hand drücken; ∼ *mygtùką* auf den Knopf drücken
pastà Pásta *f* -, -ten; *dantų̃* ∼ Záhnpasta
pastabà Bemérkung *f* -, -en
pãstangos *pl* Ánstrengung *f* -, -en, Bemühung *f* -, -en
pãstatas Gebäude *n* -s, -, Bau *m* -(e)s, -ten
pastãtymas Áufführung *f* -, -en
pastatýti 1 (*pvz., namą, tiltą*) báuen *vt*; erríchten *vt* 2 hínstellen *vt*; ∼ *sòfą priẽ síenos* das Sófa an die Wand hínstellen 3 (*pvz., pjesę*) áufführen *vt*, zur Áufführung bríngen
pastebéti bemérken *vt*; éinsehen* *vt*; entdécken *vt*
pastebimaĩ zúsehends; mérklich
pàstebimas bemérkbar; mérklich
pastìprinti bestärken *vt*
pastógė 1 Dáchboden *m* -s, ⁔ 2 Óbdach *n* -(e)s

pastõlis Gerüst *n* -(e)s, -e
pastov‖ùmas Beständigkeit *f* -; ∼**ùs** beständig; *óras* ∼**ùs** das Wétter ist beständig
pastráipa Ábsatz *m* -es, ⁔e
pastùmti rücken *vt*; ánschieben* *vt*
pasū́dyti sálzen *vt*
pasuñkinti erschwéren *vt*
pasùpti wíegen *vt*, scháukeln *vt*
pasvajóti (*apie ką*) träumen *vi* (*von D*)
pasvarstýti erwägen* *vt*
pasvéikin‖imas Gruß *m* -es, ⁔e, Begrüßung *f* -, -en; ∼**ti** begrüßen *vt*; (*ką kokia nors proga*) gratulíeren (*j-m zu D*); ∼**ti ką̃ sù gimìmo dienà** j-m zum Gebúrtstag gratulíeren; ∼**ti ką̃ atvỹkus** j-n willkómmen héißen
pasveĩkti genésen* *vi* (*s*), gesúnden *vi* (*s*)
pasver̃ti ábwiegen* *vt*
pašaipà Gespött *n* -(e)s, Hohn *m* -(e)s
pašaliẽtis, -ė Frémde *sub m, f*
pašalìn‖is fremd; ∼**is, -ė** Únbefugte *sub m, f*; Áußenstehende *sub m, f*; ∼**iams įeĩti draũdžiama** Únbefugten Zútritt verbóten!
pašãlinti 1 beséitigen *vt*; entférnen *vt*; ∼ *dė̃mę iš drabùžio* éinen Fleck aus dem Kleid entférnen 2 (*pvz., iš organizacijos*) áusschließen* *vt*; ∼ *iš mokỹklos* von der Schúle verwéisen
pašalpà Béihilfe *f* -, -n
pašarai Fúttermittel *n* -s, -
pãšaras Fútter *n* -s
pašarvóti áufbahren *vt*
pašaukìm‖as Berúfung *f* -; *turéti* ∼**ą** *gýdytojo profèsijai* die Berúfung zum Arzt in sich fühlen
pašaũkti 1 rúfen* *vt*; ánrufen* *vt*; áufrufen* *vt*; ∼ *ką̃ į̃ pagálbą* j-n zu Hílfe rúfen 2: ∼ *į̃ kariúomenę* zum Militärdienst [Wéhrdienst] éinberufen
pašérti füttern *vt*
pašiẽpti verspótten *vt*, höhnen *vt*
pašìldyti ánwärmen *vt*, áufwärmen *vt*
pašiū́rė Schúppen *m* -s, -
pašlaĩtė Ábhang *m* -(e)s, ⁔e

pašnek‖esỹs Gespräch *n* -(e)s, -e; ~**éti** spréchen* *vi*, réden *vi*; ~**õvas** Gesprächspartner *m* -s, -

pašnibždéti (*kam ką*) zúflüstern *vt* (*j-m*)

pašón‖ė Séite *f* -, -n; ~**ėje** in únmittelbarer Nähe

pãšt‖as Post *f* -, -n; **centrìnis** ~**as** Háuptpostamt *n* -(e)s, ⸗er; **óro** ~**as** Lúftpost; **siũsti óro paštù** per Lúftpost schícken; ~**ininkas** Póstbeamte *sub m*

paštètas Pastéte *f* -, -n

pašùtinti dämpfen *vt*, dünsten *vt*

pašvéntinti éinweihen *vt*

pataik‖áujantis schméichelnd; ~**áuti** (*kam*) schméicheln *vi* (*j-m*), líebedienern (líebedienerte, gelíebedienert) *vi* (*vor j-m, bei j-m*)

patáikyti tréffen* *vt*; ~ **į̃ táikinį** das Ziel tréffen

pataisýti 1 reparíeren *vt*; ~ **laĩkrodį** die Uhr reparíeren **2** (*pvz., klaidą*) beríchtigen *vt*, korrigíeren *vt*

patal‖aĩ Féderbett *n* -(e)s, -en

pãtalynė Bettwäsche *f* -

patalp‖à Raum *m* -(e)s, ⸗e; ~**ìnti** únterbringen* *vt*

patámsis Dúnkel *n* -s

patar‖ėjas Beráter *m* -s, -, Rátgeber *m* -s, -; ~**iamàsis** berátend; ~**iamàsis baĩsas** éine berátende Stímme; ~**ìmas** Rat *m* -(e)s, Rátschläge, Rátschlag *m* -(e)s, ⸗e; Tipp *m* -s, -s

patarlẽ Spríchwort *n* -(e)s, ⸗er

patarnáuti díenen *vi*

patefònas Pláttenspieler *m* -s, -

pateĩkti 1 (*pvz., projektą*) vórlegen *vt* **2** (*pvz., pavyzdžių*) ánführen *vt*, áufführen *vt* **3**: ~ **pãsą** den Pass vórzeigen; ~ **įródymą** (*reikalãvimą*) éinen Bewéis (éine Fórderung) vórbringen

patéisinti réchtfertigen (réchtfertigte, geréchtfertigt) *vt*

patekéti (*apie saulę, mėnulį*) áufgehen* *vi* (*s*)

---

patèkti geráten* *vi* (*s*); ~ **į̃ bẽdą** in Not geráten; ~ **į̃ pavõjų** in Gefáhr geráten [kómmen]

paténkin‖amas befríedigend; ~**tas** zufríeden; ~**ti** befríedigen *vt*; zufríeden stéllen

patèpti stréichen* *vt*

patévis Stíefvater *m* -s, ⸗

patýčios Spott *m* -(e)s

pātiekalas Gerícht *n* -(e)s, -e; **mėsõs** ~ Fléischgericht

patikė‖ti 1 gláuben *vi* **2** (*kam ką*) ánvertrauen *vt* (*j-m*); ~**tinis** Vertráuensmann *m* -(e)s, ⸗er / -leute

pàtikimas zúverlässig, verlässlich, vertráuenswürdig

patiklùs gläubig, léichtgläubig

patýkoti áuflauern *vi*

patìkrin‖imas 1 (*paciento*) Untersúchung *f* -, -en **2** (*prekių*) Inventúr *f* -, -en; ~**ti 1** (*ligonį*) untersúchen *vt* **2** náchprüfen *vt*; kontrolíeren *vt*

patìkti gefállen* *vi*

patyrìm‖as Erfáhrung *f* -, -en; **gyvẽnimo** ~**as** Lébenserfahrung; **žinóti ką iš sàvo** ~**o** aus éigener Erfáhrung wíssen

patìrti 1 erfáhren* *vt*; **patýręs gýdytojas** ein erfáhrener Arzt **2** (*pajusti*) erfáhren* *vt*; erléiden* *vt*

patirtìs Erfáhrung *f* -, -en

patóbulin‖imas Vervóllkommnung *f* -; ~**ti** vervóllkommnen *vt*

patog‖ùmas Bequémlichkeit *f* -, -en; ~**ùs** bequém

patránka Kanóne *f* -, -n

patraukl‖ùmas Attraktivität *f* -; ~**ùs** ánziehend, attraktív

patrẽšti düngen *vt*

patrìnti réiben* *vt*

patriòt‖as Patriót *m* -en, -en; ~**inis**, ~**iškas** patriótisch

patriotìzmas Patriotísmus *m* -

patrukdýti éinen Áugenblick stören

patrumpinti ábkürzen *vt*, verkürzen *vt*

pàts selbst, sélber

patvarùs dáuerhaft; háltbar

patvìn‖ti ánschwellen* *vi* (*s*); **ùpė** ~**o** der Fluss ist ángeschwollen

patvìrtinti bestätigen *vt*, bekräftigen *vt*; bejáhen *vt*

paukšt‖ìdė Geflügelstall *m* -(e)s, ⁀e; ∼íena Geflügel *n* -s; ∼ýnas Geflügelfarm *f* -, -en; ∼ininkỹstė Geflügelzucht *f* -

paũkš‖tis Vógel *m* -s, ⁀; *keliáujantieji* ∼*čiai* Zúgvögel *pl*; *namìniai* ∼*čiai* Geflügel *n* -s, -

paúostyti (*ką*) ríechen* *vi* (*an D*)

páuzė Páuse *f* -, -n

pavadìn‖imas Náme *m* -ns, -n; *knỹgos* ∼*imas* Búchtitel *m* -s, -; ∼**ti** (*duoti vardą*) nénnen* *vt*; benénnen* *vt*

pavad‖úoti (*ką*) vertréten* *vt*, éinspringen* *vi* (*für A*); ∼**úotojas** Stéllvertreter *m* -s, -

paváišinti bewírten *vt*

pavaizdúoti dárstellen *vt*; ábbilden *vt*

pavakarė̃ Ábendzeit *f* -

pavakarieniáuti zu Ábend éssen

pavakar‖ióp gégen Ábend; ∼**ỹs** Ábendzeit *f* -

pavalgydìnti zu éssen gében; spéisen *vt*; füttern *vt*

paválgyti éssen* *vi*

pavardė̃ Famílienname *m* -ns, -n, Náchname *m* -ns, -n

pavar̃gti müde wérden

pavartýti blättern *vi*; náchschlagen* *vi*

pavartóti benútzen *vt*, ánwenden *vt*; ∼ *jė̃gą* Kraft ánwenden

pavãsar‖is Frühling *m* -s, -e, Frühjahr *n* -(e)s, -e; ∼į̃ im Frühling [Frühjahr]; ∼**iškas** frühlingshaft

pavedìmas Áuftrag *m* -(e)s, ⁀e

pavéikslas Bild *n* -(e)s, -er, Gemälde *n* -s, -

paveĩkti beéinflussen *vt*

pãveldas Érbe *n* -s; Érbschaft *f* -, -en

paveldė‖tas geérbt; ∼**ti** érben *vt*; ∼**tojas** Érbe *m* -n, -n

pavéldimas érblich

pavėl‖úotai verspätet; ∼**úoti** sich verspäten; ∼**úoti** į̃ *tráukinį* den Zug verpássen, zu spät zum Zug kómmen

pavergė́jas Unterjócher *m* -s, -, Unterdrücker *m* -s, -

pavèrgti unterjóchen *vt*, unterdrücken *vt*

paver̃sti (*ką kuo*, *į̃ ką*) verwándeln *vt* (*in A*)

pavės‖ìnė Láube *f* -, -n, Gártenhaus *n* -es, ⁀er; ∼**ìngas** scháttig

pavės‖is Schátten *m* -s; *sėdéti* ∼*yje* im Schátten sítzen

pavèsti (*kam ką*) beáuftragen *vt* (*j-m*); betráuen *vt* (*mit A*)

pavỹdas Éifersucht *f* -, Neid *m* -(e)s

pavydė́‖ti (*kam ko*) benéiden *vt* (*um A*); ∼**tinas** benéidenswert

pavyduliáuti (*kam*) éifersüchtig sein (*auf A*)

pavyd‖uõlis Néider *m* -s, -; ∼**ùs** éifersüchtig, néidisch

paviẽnis éinzeln, veréinzelt

paviešéti (*pas ką*) zu [auf] Besúch wéilen (*bei j-m*)

pavỹkti gelíngen* *vi* (*s*), glücken *vi* (*s*)

pavilióti lócken *vt*

pavir̃sti (*kuo*) sich verwándeln (*in A*); wérden* (*zu D*)

paviršius Óberfläche *f* -, -n

paviršutìniškas óberflächlich; flüchtig

pavýti éinholen *vt*; náchholen *vt*

pavyzd‖ìngas vórbildlich, músterhaft; ∼**ìnis** Múster-; ∼**ìnis ū̃kis** Músterwirtschaft *f* -, -en; ∼**ỹs** 1 Béispiel *n* -(e)s, -e 2 Vórbild *n* -(e)s, -er; *pãvyzdžiui* zum Béispiel

pavõgti stéhlen* *vt*, kláuen *vt*

pavojìngas gefährlich; bedróhlich

pavõj‖us Gefáhr *f* -, -en; *išvéngti* ∼*aus* éiner Gefáhr entgéhen

pažabóti zügeln *vt*

pãžad‖as Verspréchen *n* -s, -, Verspréchung *f* -, -en; *išteséti* ∼*ą* sein Verspréchen hálten

pažadéti verspréchen* *vt*

pažãdinti erwécken *vt*

pažaĩsti spíelen *vt*

pažang‖à Fórtschritt *m* -(e)s, -e; *darýti pãžangą mokýkloje* in der Schúle Fórtschritte máchen; ∼**ùmas** (*mokinio*) Fórtschritte *pl*; ∼**ùs** fórtschrittlich, progressív

pažeidìmas Verlétzung *f* -, -en; *téisės* ∼ Réchtsverletzung

pažeĩsti (*ką*) verlétzen *vt*, verstóßen* *vi* (*gegen A*); ∼ *įstátymą* das Gesétz verlétzen pažėmin‖imas Erníedrigung *f* -, -en, Démütigung *f* -, -en; ∼ti 1 (*padaryti žemesni*) niedriger máchen 2 (*sumenkinti*) erníedrigen *vt*, démütigen *vt*

pažeñgti (*į priekį*) fórtschreiten* *vi* (*s*)

pažénklinti kénnzeichnen (kénnzeichnete, gekénnzeichnet) *vt*

pažýmé‖jimas Áusweis *m* -es, -e; Beschéinigung *f* -, -en; *gýdytojo* ∼*jimas* ein ärztliches Attést; *studeñto* ∼*jimas* Studéntenausweis; ∼ti bezéichnen *vt*

pažyminỹs Attribút *n* -(e)s, -e

pažym‖ỹs Nóte *f* -, -n, Zensúr *f* -, -en; ∼*iũ knygėlė* Schúlzeugnis *n* -ses, -se

pažinóti, pažìnti kénnen* *vt*

pažintìs Bekánntschaft *f* -, -en

pažį́stam‖as bekánnt; *bū́ti sù kuõ* ∼*ám* mit j-m, etw. (*D*) bekánnt sein; ∼as, -à Bekánnte *sub m, f*

pažiūr‖à Ánsicht *f* -, -en; Éinstellung *f* -, -en; *filosòfinės* (*polìtinės*) *pãžiūros* philosófische (polítische) Ánsichten; *ìš* ∼*õs jìs sveĩkas* dem Áussehen nach ist er gesúnd

pažiūréti 1 scháuen *vi*; ∼ *prõ lángą* zum Fénster hináusschauen

pažõdinis wörtlich

pažodžiuĩ wörtlich

pažvel̃gti áufblicken *vi*

pėd‖à Fuß *m* -es, ᵘe; *eĩti kienõ* ∼*omìs prk.* in j-s Fúßstapfen tréten

pedagòg‖as Pädagóge *m* -n, -n; ∼*inis* pädagógisch; ∼*inis dárbas* Léhrtätigkeit *f* -

pedánt‖as Pedánt *m* -en, -en; ∼*iškas* pedántisch

pedantiškùmas Pedanteríe *f* -

pėdas Gárbe *f* -, -n

pediãtras Kínderarzt *m* -es, ᵘe

pėdkelnės Strúmpfhose *f* -, -n

pėdsak‖as Spur *f* -, -en; *susèkti* [*ràsti*] *kienõ* ∼*us* j-m auf die Spur kómmen; *diñgti bè* ∼*ų* spúrlos verschwínden

peĩk‖ti beánstanden *vt*, tádeln *vt*; ∼*tinas* tádelnswert

peĩlis Mésser *n* -s, -; *lenktìnis* ∼ Kláppmesser;

peizãž‖as Lándschaft *f* -, -en; ∼*ininkas* Lándschaftsmaler *m* -s, -

pelaĩ Spreu *f* -

pelė̃ Maus *f* -, ᵘe; *knỹgų* ∼ Léseratte *f* -, -n

peléda Éule *f* -, -n

pēlekas Flósse *f* -, -n

pelékautai Mäusefalle *f* -, -n

pelen‖aĩ Ásche *f* -, -n; ∼*inė* Áschenbecher *m* -s, -

pelė̃siai *pl* Schímmel *m* -s, Móder *m* -s

peléti *žr.* pelýti

pelýti schímmeln *vi*

pélkė Moor *n* -(e)s, -e, Sumpf *m* -(e)s, ᵘe

pelkétas súmpfig, morástig

peln‖as Profít *m* -(e)s, -e; *gáuti ìš kõ* ∼*o* aus etw. (*D*) Profít zíehen [erzíelen]; *dúoti* ∼*o* Gewínn éinbringen

pelnìngas éinträglich, lukratív

pelný‖tas wóhlverdient; ∼*ti* 1 verdíenen *vt* 2 gewínnen* *vt*

pémpė Kíebitz *m* -es, -e

pēnas Náhrung *f* -

penéti mästen *vt*

peñketas (*pažymys*) Fünf *f* -, -en

penkì fünf

penkiaaũkštis víerstöckig, fünfgeschossig

penkiãkovė Fünfkampf *m* -(e)s, ᵘe

penkiamētis fünfjährig

peñkiasdešimt fünfzig

peñkiasdešiñtmetis der fünfzigste Jáhrestag, das fünfzigjährige Jubiläum

penkíese zu fünf [fünft]

penkiólika fünfzehn

penkìskart fünfmal

penktã‖dalis Fünftel *n* -s; ∼*dienis* Fréitag *m* -(e)s, -e

peñktas fünfte

peñsi‖ja Rénte *f* -, -n; *išeĩti į̃* ∼*ją* in den Rúhestand géhen [tréten]; *išléisti kã̃ į̃* ∼*ją* j-n in den Rúhestand versétzen, pensioníeren *vt*; ∼*ninkas* Réntner *m* -s, -, Pensionär *m* -s, -e; ∼*nis:* ∼*nis ámžius* Pensiónsalter *n* -s

pe‖r̃ *prp* 1 über (*A*); *eĩti* ∼ *gãtvę* über die Stráße géhen; *valtẽlė skríejo* ∼ *ẽžerą* das Boot glitt über den See; *jì važiãvo* ∼ *Berlýną į̃ Ròstoką* sie fuhr über

Berlín nach Róstock 2 durch (A); *eĩti* ~ *mìšką* durch den Wald géhen 3 über (A); ínnerhalb (G, *von* D); ~ *pietùs* über Míttag; ~ *trìs minutès* ínnerhalb von drei Minúten; ~ *vìsą nãktį* die gánze Nacht hindúrch 4: ~ *dìdelis* zu groß; ~ *apsirikìmą* aus Verséhen, verséhentlich; *kàs jìs* ~ *víenas?* was ist er für éiner?

pérbėgti (*pas ką*) überlaufen* *vi* (*s*) (*zu j-m*); ~ *peř gãtvę* über die Stráße láufen

pérdavimas Übergabe *f* -

perdiẽn den gánzen Tag über, tágsüber

pérduoti 1 übergében* *vt*, überréichen *vt* 2 (*per radiją*) sénden *vt*, übertrágen* *vt*; (*per radiją, telefonu*) dúrchsagen *vt*; ~ *koncèrtą* ein Konzért übertrágen 3 (*pvz., sveikinimus*) áusrichten *vt*, bestéllen *vt*

pérdurti durchstéchen* *vt*

pérdžiūti vertrócknet sein

péreiti 1 (*per ką*) géhen* *vi* (*s*) (*über A*); ~ *peř gãtvę* über die Stráße géhen 2 übergehen* *vi* (*s*); ~ *priė kitōs tèmos* zu éinem ánderen Théma übergehen

pérėja (*vieta*) Übergang *m* -(e)s, -e

peréti brüten *vt*

pérgal‖ė (*prieš ką*) Sieg *m* -(e)s, -e (*über A*); *pasíekti* ~*ę* den Sieg davóntragen; ~**ingas** síegreich

pérgalvoti durchdénken* *vt*

pérgyven‖imas Erlébnis *n* -ses, -se; ~**ti** 1 erlében *vt*; dúrchmachen *vt* 2 überlében *vt*

périmti übernéhmen* *vt*

periòd‖as Perióde *f* -, -n; ~**ika** Periódika *pl*; ~**iškas** periódisch

pérjungti úmschalten *vt*

pérjuosti verbínden* *vt*

pérkainoti neu áuspreisen

pérkalbėti überréden *vt*; úmstimmen *vt*

pérkėla Fähre *f* -, -n; *júrų* ~ Séefähre

pérk‖ėlimas 1 (*pvz., žodžio*) Sílbertrennung *f* -, -en 2 (*per upę*) Übersetzen *n* -s; ~**elti** 1 (*pvz., baldus*) úmstellen *vt*; ~**elti ką̃ peř ùpę** j-n über den Fluss sétzen 2 (*į kitą vietą*) verlégen *vt*, versétzen *vt*; ~**elti mókytoją į̃ naūją mokỹklą** éinen Léhrer an

éine néue Schúle versétzen 3 (*pvz., gyventojus*) úmsiedeln *vt*

pérkirpti dúrchschneiden* *vt*

pérkirsti (*pvz., šaką*) dúrchhauen* *vt*

perkū̃n‖as Dónner *m* -s, -; ~*as griáudžia* es dónnert; ~**ija** Gewítter *n* -s; ~**sargis** Blítzableiter *m* -s, -

pérlaida Póstanweisung *f* -, -en

peř‖las Pérle *f* -, -n; ~*ų vėrinỹs* Pérlenkette *f* -, -n

pérleisti (*kam ką*) überlássen* *vt* (*j-m*)

pérmain‖a Veränderung *f* -, -en; Úmwälzung *f* -, -en; ~**ingas** wéchselvoll, wéchselhaft

pérmat‖yti durchscháuen *vt*; ~**omas** dúrchsichtig

pérmiegoti durchschláfen* *vt*; ~ *nãktį* éine Nacht durchschláfen

pérmokėti überzáhlen *vt*

pérnai vóriges Jahr

pérnakvoti übernáchten *vi*

pérnešti hinübertragen* *vt*

pernýkštis vórjährig; létztjährig

pérnokti überreif wérden

perònas Báhnsteig *m* -(e)s, -e

perpiẽt am [zu] Míttag, míttags

pérpjauti 1 (*peiliu*) áufschneiden* *vt*, dúrchschneiden* *vt* 2 (*pjūklu*) dúrchsägen *vt*

pérplaukti (*ką*) schwímmen* *vi* (*s*) (*über A*)

pérplėšti dúrchreißen* *vt*

pérrašyti 1 úmschreiben* *vt* 2 (*kam ką*) überschréiben* *vt* (*j-m*)

pérrengti úmziehen* *vt*

pérriš‖imas Verbánd *m* -(e)s, -e; ~**ti** verbínden* *vt*; úmbinden* *vt*

pérsekio‖ti verfólgen *vt*; ~**tojas** Verfólger *m* -s, -

pérsėsti 1 (*į kitą vietą*) den Platz wéchseln 2 (*pvz., į kitą traukinį, autobusą*) úmsteigen* *vi* (*s*)

pérsidirbti sich überárbeiten

pérsigalvoti sich (*D*) ánders überlégen

pérsigąsti éinen Schreck bekómmen

pèrsikas Pfírsich *m* -(e)s, -e

pérsik‖ėlėlis Úmsiedler *m* -s, -; ~**elti** 1 (*kitur gyventi*) úmsiedeln *vi* (*s*) 2 (*per upę*) übersetzen *vi* (*s*)

pérsikraust‖ymas Úmzug *m* -(e)s, ‗e; ~yti
úmziehen* *vi* (*s*)
pérsikvalifikuoti sich úmschulen lássen
pérsirengti sich úmziehen*, sich úmkleiden
pérsirgti éine Kránkheit dúrchmachen
pérsišaldyti sich erkälten
pérsitvarkyti sich úmstellen
pérsižegnoti sich bekréuzigen
pérskaičiuoti dúrchzählen *vt*; überzählen
neatsk. vt
pérskaityti lésen* *vt*, dúrchlesen* *vt*
pérsodinti úmpflanzen *vt*
personãlas Personál *n* -s; *pagálbinis* ~
Hílfspersonal
personãžas Gestált *f* -, -en
pérspausdinti náchdrucken *vt*
pérspėjimas Wárnung *f* -, -en
perspekt‖yvà Áussicht *f* -, -en, Perspektíve
f -, -en ; ~ỹvinis Perspektív-; perspektí-
visch; ~yvùs perspektív; áussichtsreich
pérspėti (*ką apie ką*) wárnen *vt* (*vor D*); ~
ką̃ apiẽ pavõjų j-n vor éiner Gefáhr wárnen
pérstat‖ymas Úmbau *m* -(e)s; ~yti 1 (*pvz.,
baldus*) úmstellen *vt* 2 (*pastatą*) úmbauen
vt
pérsūdyti versálzen *vt*
pérsvara (*prieš ką*) Übergewicht *n* -(e)s
(*über A*)
péršal‖dyti (*pvz., vaiką*) erkälten *vt*; ~imas
Erkältung *f* -; ~ti sich erkälten
péršauti durchschíeßen* *vt*
péršlapti nass wérden
péršokti (*ką, per ką*) überspríngen* *vt*
peřteklius (*ko*) Überfluss *m* -es (*an D*)
pértrauk‖a Páuse *f* -, -n; *pietų̃* ~a Míttags-
pause; ~ti 1 (*pvz., siūlą*) dúrchreißen* *vt*
2 (*ką kalbant*) unterbréchen* *vt*
pértvara Trénnwand *f* -, ‗e
pértvark‖ymas Néugestaltung *f* -, -en, Úm-
gestaltung *f* -, -en; ~yti úmgestalten *vt*,
úmwandeln *vt*
pérvarg‖ęs übermüdet; ~imas Übermüdung
f -, -en; ~inti überánstrengen *neatsk. vt*,
übermüden *neatsk. vt*; ~ti sich überán-
strengen *neatsk.*
pérversmas Úmsturz *m* -es, ‗e

pérvertinti überschätzen *neatsk. vt*, überbe-
werten *vt*
pérvesti 1 (*į kitą pusę*) hinüberführen *vt* 2
(*pinigus*) (*kam*) überwéisen* *vt* (*j-m, an
j-n*)
péržegnoti bekréuzen *vt*
péržengti überschréiten* *vt*; ~ *sleñkstį* die
Schwélle überschréiten; ~ *saĩką* das Maß
überschréiten
péržydėti verblühen *vi* (*s*)
peržiẽm den Wínter über
péržiemoti überwíntern *vi*
péržiūrėti dúrchsehen* *vt*; überprüfen *ne-
atsk. vt*
pėsčias zu Fuß
pėsčiàsis Fúßgänger *m* -s, -
pėsčiomìs zu Fuß
pesim‖ìstas Pessimíst *m* -en, -en; ~ìstinis,
~ìstiškas pessimístisch; ~ìzmas Pessi-
mísmus *m* -
pėstininkas 1 Infanteríst *m* -en, -en 2 *šachm.*
Báuer *m* -n, -n
pèšti (*pvz., vištą, plaukus*) rúpfen *vt*
peštỹnės Rauferéi *f* -, -en
pèštis sich ráufen
peštùkas Ráufbold *m* -(e)s, -e
peteliškė Schmétterling *m* -s, -e
petingas bréitschult(e)rig
petỹs Schúlter *f* -, -n
petrãžolė Petersílie *f* -
pfènigas Pfénnig *m* -(e)s, -e / -
pian‖ìnas Klavíer *n* -s, -e; *skam̃binti* ~inù
Klavíer spíelen; ~ìstas Klavíerspieler *m*
-s, -
piemuõ Hirt *m* -en, -en
píenas Milch *f* -
pienin‖ė Molkeréi *f* -, -en; ~inkas Mílch-
mann *m* -(e)s, ‗er
pieš‖ėjas Zéichner *m* -s, -; ~imas Zéichnen
n -s; ~imo mókytojas Zéichnenlehrer *m*
-s, -; ~inỹs Zéichnung *f* -, -en
piẽšti zéichnen *vt*
pieštùkas Bléistift *m* -(e)s, -e; *spalvótas* ~
Fárbstift *m* -(e)s, -e
pietáuti zu Míttag éssen

pietūs 1 Míttagessen *n* -s, -; *iškilmìngi* ~ Féstessen *n* -s, -; *sureñgti kienõ garbei iškilmìngus pietùs* j-m zu Éhren ein Féstessen gében **2** (*vidurdienis*) Míttag *m* -s; *per pietùs pradéjo lýti* am [zu] Míttag begánn es zu régnen **3** Süden *m* -s; *pietų véjas* Südwind *m* -(e)s, -e

píeva Wíese *f* -, -n

pìgti bílliger wérden

pikántiškas pikánt

pỹkinti ärgern *vt*

piktadar‖iáuti Míssetaten begéhen; ~ýbė Míssetat *f* -, -en, Úntat *f* -, -en; ~ỹs Míssetäter *m* -s, -

pìktadariškas frévelhaft

pìktas böse; zórnig

pỹkti (*ant ko*) böse sein (*auf j-n, mit j-m*), zürnen *vi* (*j-m, mit j-m*)

pìktin‖ti empören *vt*, entrüsten *vt*; ~tis (*kuo*) sich empören (*über* A), sich entrüsten (*über* A)

pỹk‖tis Wut *f* -, Zorn *m* -(e)s; *išlíeti ~tį añt kõ* Wut an j-m áuslassen; *jìs bùvo paraūdęs iš ~čio* er war rot vor Wut

piktnaudž‖iáuti (*kuo*) missbráuchen *vt*; ~iãvimas Míssbrauch *m* -(e)s;

piktùmas Bósheit *f* -

pìktžol‖ė Únkraut *n* -(e)s, ٭er; *naikìnti ~es* Únkraut vertílgen

pìldytis sich erfüllen, in Erfüllung géhen

pilietýbė Stáatsangehörigkeit *f* -, -en

piliēt‖inis: ~*inis kāras* Bürgerkrieg *m* -(e)s, -e; ~*inė pareigà* Bürgerpflicht *f* -, -en; ~*is* Bürger *m* -s, -

pýlimas Damm *m* -(e)s, ٭e

pilìs Burg *f* -, -en

piliùlė Pílle *f* -, -n

pìlkas grau; *pilkà kasdienýbė* der gráue Álltag

pilnamētis vólljährig, mündig

pìlnas 1 voll; *pilnà stikliñė* ein vólles Glas; ~ *kambarỹs žmonių* ein Zímmer voll(er) Ménschen **2** vóllständig; ~ *rãštų rinkinỹs* éine vóllständige Sámmlung der Wérke

pilnateīsis vóllberechtigt

pìlnatis Vóllmond *m* -(e)s, -e

pilnavertis vóllwertig

pilnutēlis übervoll

pìlti 1 (*skystį*) gíeßen* *vt*; ~ *kãvą į puodēlį* den Káffee in die Tásse gíeßen **2** (*pvz., cukrų, grūdus*) schütten *vt*

pìlvas Bauch *m* -(e)s, ٭e

pilvótas báuchig, bäuchig

pingvìnas Pínguin *m* -s, -e

pinig‖aī Geld *n* -(e)s, -er; *grynìeji ~aī* báres Geld; *smùlkūs ~aī* Kléingeld; ~ìnė Géldbeutel *m* -s, -, Géldtasche *f* -, -n; ~uõčius Géldsack *m* -(e)s, ٭e

pìnkl‖ės Fálle *f* -, -n; *paspęsti kám ~es* j-m éine Fálle stéllen

pìnti fléchten* *vt*

pintìnė Fléchtkorb *m* -(e)s, ٭e

pipìr‖as Pféffer *m* -s, -; ~mėtė Pféfferminze *f* -, -n

pýpkė Pféife *f* -, -n

pyragáitis Keks *m, n* -es, - / -e, Törtchen *n* -s, -; ~ *sù brãškėmis* Érdbeertörtchen

pyrãgas Kúchen *m* -s, -

piramìdė Pyramíde *f* -, -n

pirkéjas Käufer *m* -s, -

pirkinỹs Éinkauf *m* -(e)s, ٭e

pir̃kti káufen *vt*, Éinkäufe máchen [besórgen]

pirmà[1] erst, zuérst

pìrma[2] érstens

pirmãdienis Móntag *m* -(e)s, -e

pirmãgimis, -ė Érstgeborene *sub m, f*

pirmaeilis érstrangig; ~ *uždavinỹs* éine érstrangige Áufgabe

pìrmąkart érstmals

pirmaklãsis (*pvz., viešbutis*) érstklassig

pirmalaikis vórfristig; vórzeitig

pirmarūšis érstklassig

pìrm‖as érste; ~ą *vãlandą* um ein Uhr; ~ą *líepos* am 1. Júli; ~ą *kartą* zum érsten Mal

pirmáuti an der Spítze líegen; in Führung líegen

pirmenýb‖ė Vórrecht *n* -(e)s, -e, Vórrang *m* -(e)s; *atidúoti kám ~ę* j-m, éiner Sáche (D) den Vórrang gében; j-n, etw. vórziehen; ~ės Méisterschaft *f* -, -en

pirm‖iaū erst, zuerst; ~iáusia zuallererst

pirmýkštis úrsprünglich; úrtümlich; ~
plānas bùvo pàkeistas der úrsprüngliche
Plan wúrde geändert
pirmỹn vórwärts
pìrmininkas, -ė Vórsitzende *sub m, f*
pirmininkáuti den Vórsitz führen
pìrmtakas Vórgänger *m* -s, -
piršl‖ýbos Bráutwerbung *f* -, -en; ~ỹs
Bráutwerber *m* -s, -, Bráutbitter *m* -s, -
piřšt‖as Fínger *m* -s, -; (*kojos*) ~as
Zéhe *f* -, -n; *váikščioti ant galū* ~ų auf
Zéhenspitzen géhen
piřštinė Hándschuh *m* -(e)s, -e
pirtìs Bádeanstalt *f* -, -en
pistolètas Pistóle *f* -, -n
pižamà Schláfanzug *m* -(e)s, ⁼e
pjausnỹs Schnítzel *n* -s, -
pjáustyti schnéiden* *vt*; ~ *dešrą* Wurst
schnéiden; ~ *málkas* Holz sägen
pjáuti 1 schnéiden* *vt*; ~ *málkas* Holz
sägen **2** schláchten *vt*; *kiaũlę* (*vìštą*) ~ ein
Schwein (ein Huhn) schláchten **3** mähen
vt; *rugiùs* ~ Róggen mähen
pjèsė Stück *n* -(e)s, ⁼e, Theáterstück *n* -(e)s,
-e
pjudýti hétzen *vt*
pjūklas Säge *f* -, -n
pjūtìs Érntezeit *f* -, -en; Getréideschnitt *m*
-(e)s
plačiaĩ weit; weit und breit
plakãtas Plakát *n* -(e)s, -e
plaktùkas Hámmer *m* -s, -
plãn‖as Plan *m* -(e)s, ⁼e; *įtráukti ką̃ į̃* ~ą
etw. in den Plan áufnehmen; *įvýkdyti* ~ą
den Plan erfüllen
planãvimas Plánung *f* -, -en
planet‖à Planét *m* -en, -en; ~**ãriumas**
Planetárium *n* -s, -ri⁝en
planìngas plánmäßig
plan‖úoti plánen *vt*; ~**úotojas** Pláner *m* -s, -
plastilìnas Plastilín *n* -s
plastmãs‖ė Kúnststoff *m* -(e)s, -e, Plástik
f -; ~**inis** Plástik-; ~**inis maišėlis**
Plástikbeutel *m* -s, -
plãštaka Hand *f* -, ⁼e
plaštãkė Schmétterling *m* -s, -e

platéti sich erwéitern, wéiter wérden
platýbė Wéite *f* -, -n; *jū́ros* ~ die Wéite
des Méeres
plãtinti erwéitern *vt*, verbréitern *vt*
plat‖umà Bréite *f* -, -n; ~**ùs** breit
plaũč‖iai Lúnge *f* -, -n; ~**ių uždegìmas**
Lúngenentzündung *f* -, -en
pláuk‖as, plaukaĩ *pl* Haar *n* -(e)s, -e; *peř*
~**ą** um ein Haar
plaukìkas Schwímmer *m* -s, -
pláukioti schwímmen* *vi* (*h*)
plaũkti schwímmen* *vi* (*s*); ~ *krūtinè*
brústschwimmen* *vi*; ~ *nùgara* [*ant*
nùgaros] rückenschwimmen* *vi*; ~ *gár-*
laiviu (*laivù*) mit dem Dámpfer (Schiff)
fáhren
plaukúotas beháart
pláuti wáschen* *vt*; ~ *skalbinius* (die) Wä-
sche spülen
pléiskan‖os Schúppen *pl*, Kópfschuppen *pl*;
~**otas** schúppig; ~**oti** sich schúppen
pléistras Héftpflaster *n* -s, -
pleĩštas Keil *m* -(e)s, -e
pléntas Chaussee [ʃɔˈse:] *f* -, -ssé⁝en, Lánd-
straße *f* -, -n
plepéti pláudern *vi*, schwátzen *vi*
plep‖ỹs, **~ū̃nas** Pláuderer *m* -s, -; Schwätzer
m -s, -; ~**ùs** geschwätzig, schwátzhaft
plė̃s‖ti erwéitern *vt*; ~**tis** sich áusweiten;
sich déhnen; um sich gréifen
plėšìkas Räuber *m* -s, -
plėšik‖áuti auf Raub áusgehen, Räuberéien
begéhen; ~**ãvimas** Plünderung *f* -, -en,
Räuberéi *f* -, -en
plė́šyti réißen* *vt*
plėšr‖ū̃nas Ráubtier *n* -(e)s, -e; Ráubvogel
m -s, ⁼; ~**ùs** ráubgierig
plė́šti plündern *vt*, ráuben *vt*
plėtõtė Wéiterentwicklung *f* -
plėtóti wéiterentfalten *vt*
plevėsúoti (*pvz., apie véliavas*) wéhen *vi*,
fláttern *vi*
pliaũpti strömen *vi* (*s*)
pliauskà Klóben *m* -s, -, Schéitholz *n* -es,
⁼er
pliažas Bádestrand *m* -(e)s, ⁼e

plíekti prügeln *vt*; géißeln *vt*
pliēnas Stahl *m* -(e)s, ⸗e / -e
plienìn‖is Stahl-, stählern; ∼*ė valià prk.*
stählerner Wílle
plìkas kahl; bloß; ∼ *mēdis* ein káhler Baum;
plikà galvà mit blóßem Kopf
plìk‖ė Glátze *f* -, -n; ∼*is* Glátzkopf *m* -(e)s,
⸗e
plìkledis Glátteis *n* -es
plìkšala Káhlfrost *m* -es, ⸗e
plìkti kahl wérden
plìsti sich verbréiten; sich áusbreiten
plyšỹs Riss *m* -es, -e, Spálte *f* -, -n
plýšti 1 réißen* *vi* (*s*); plátzen *vi* (*s*) **2** (*apie
apavą, drabužį*) verschléißen* *vi* (*s*)
plyt‖à Zíegel *m* -s, -; ∼*ēlė* **1** (*pvz., šokolado*)
Táfel *f* -, -n **2** (*statybinė*) Plátte *f* -, -n **3**:
elektrìnė ∼*ēlė* ein eléktrischer Kócher
plytéti sich erstrécken, sich déhnen
plitìmas Erwéiterung *f* -, -en
plỹtin‖ė Ziegeléi *f* -, -en; ∼*is* Zíegel-,
Báckstein-
pliùsas Plus *n* -, -
pliuškénti plätschern *vi*
plojìmas (*delnais*) Händeklatschen *n* -s
plókščias flach
plõkštė Plátte *f* -, -n
plokšt‖ēlė (*patefono*) Schállplatte *f* -, -n;
∼*umà* Fläche *f* -, -n
plòmb‖a Plómbe *f* -, -n; *déti* ∼*ą* éine
Plómbe ánbringen
plombúoti plombíeren *vt*
plónas dünn; fein
plõtas Fläche *f* -, -n; *pasėlių* ∼ Ánbaufläche;
žēmės ∼ Bódenfläche
plóti 1 klópfen *vi*; ∼ *kám peř pētį* j-m auf
die Schúlter klópfen **2** (*delnais*) klátschen
vi
plõtis Bréite *f* -, -n
plovìklis Wáschmittel *n* -s, -
plūgas Pflug *m* -(e)s, ⸗e
plùnksn‖a Féder *f* -, -n; *rāšomoji* ∼*a*
Schréibfeder; *griēbtis* ∼*os* (*imti rašyti*) zur
Féder gréifen; ∼*os pl* (*paukščių*) Gefíeder
n -s

pluksn‖ãkotis Féderhalter *m* -s, -; ∼*ótas*
gefíedert
plúoštas 1 (*plaukų*) Büschel *n* -s, - **2** (*ban-
knotų, laiškų*) Bündel *n* -s, -
plū‖sti 1 strömen *vi* (*s*); *āšaros* ∼*do jái iš
akiū* Tränen strömten aus íhren Áugen **2**
(*koneveikti*) (*ką*) schímpfen *vi* (*auf A, über
A*)
põ *prp* **1** únter (*D*) (*žymi vietą*); *guléti põ
antklode* únter der Décke líegen **2** únter
(*A*) (*žymi kryptį*); *atsistóti põ dušù* sich
únter die Dúsche stéllen **3** durch (*A*);
váikščioti põ mìšką durch den Wald géhen
4 nach (*D*); *põ kēleto minùčių* nach éini-
gen Minúten **5** je; *jiē gāvo kiekvíenas põ
knỹgą* sie bekámen je ein Buch
póbūdis Charákter [k-] *m* -s
póbūvis Geséllschaft *f* -, -en; Party [ˈpaːrti]
f -, -s
pódukra Stíeftochter *f* -, ⸗
póelgis Tat *f* -, -en; *kilnùs* ∼ éine édle Tat
poemà Poém *n* -s, -e
poèt‖as Díchter *m* -s, -; ∼*ė* Díchterin *f* -,
-nen; ∼*iškas* díchterisch, poétisch
poèzija Díchtung *f* -, Poesíe *f* -
pogrindìnis íllegal
pógrindis Íllegalität *f* -
poils‖iáuti sich erhólen; ∼*iáutojas*, **-a**
Erhólungssuchende *sub m, f*
póils‖is Erhólung *f* -, -en; ∼*io dienà* Rúhe-
tag *m* -(e)s, -e; ∼*io namaĩ* Férienheim *n*
-(e)s, -e
pójūtis Empfíndung *f* -, -en; Wáhrnehmung
f -, -en
pókalb‖ininkas Gesprächspartner *m* -s, -;
∼*is* Gespräch *n* -(e)s, -e, Áussprache *f* -,
-n
pókaris Náchkriegszeit *f* -
pókylis Féstmahl *n* -(e)s, ⸗er / -e, Féstessen
n -s, -
pókšt‖as Streich *m* -es, -e, Póssen *m* -s, -;
iškrésti kám ∼*ą* j-m éinen Streich spíelen;
∼*ininkas* Spáßmacher *m* -s, -
polìc‖ija Polizéi *f* -; *keliū* ∼*ija* Verkéhrs-
polizei; ∼*ijos núovada* Polizéirevier *n* -s,

-e; *pakvies̃ti* ~*i̧q̧* die Polizéi hólen; *pér-duoti kq̧* ~*ijai* j-n der Polizéi übergében; ~*ininkas* Poliziśt *m* -en, -en
polietilèn‖**as** Plástik *f* -, -en; ~**inis**: ~*inis krepšy̌s* Plástiktasche *f* -, -n
poliklìnika Poliklínik *f* -, -en
pólinkis (*i̧ kq̧*) Néigung *f* -, -en (*zu D*)
polìtik‖**a** Politík *f* -; *ùžsienio* ~*a* Áußenpolitik; *vidaũs* ~*a* Ínnenpolitik; ~*os veikėjas* Polítiker *m* -s, -; ~**as** Polítiker *m* -s, -
polìtinis polítisch
pómėgis 1 Genúss *m* -es, ̈-e 2 (*ko*) Vórliebe *f* - (*für A*)
pomidòras Tomáte *f* -, -n
pòmpa Púmpe *f* -, -n
pompãstiškas pompös
põnas Herr *m* -n, -en
ponià Frau *f* -, -en; Dáme *f* -, -n; ~ *Šmit* Frau Schmidt; *põnios iř põnai!* méine Dámen und Hérren! *kilmìnga* ~ éine vórnehme Dáme
popierìn‖**is** papíer(e)n, Papíer-; ~*iai pinigaĩ* Papíergeld *n* -(e)s
põpierius Papíer *n* -s, -e; *sugeriamàsis* [*nuspaudžiamàsis*] ~ Löschpapier; *vyniójamasis* ~ Páckpapier
popiẽt am Náchmittag, náchmittags
pópietė Náchmittag *m* -(e)s, -e
pópiežius Papst *m* -es, ̈-e
populiãrinti popularisíeren *vt*
populiar‖**ùmas** Popularität *f* -, Belíebtheit *f* -; *i̧gy̌ti* ~*ùmo* Popularität erlángen; ~**ùs** populär, belíebt
porà Paar *n* -(e)s, -e; ein paar
porcel‖**iãnas** Porzellán *n* -s, -e; ~**iãninis** porzellánen, Porzellán-
pòrcija Portión *f* -, -en
póreikis Bedürfnis *n* -ses, -se
pory̌t übermorgen
pòrtfelis Máppe *f* -, -n
portjerà Vórhang *m* -(e)s, ̈-e
portrètas Bíldnis *n* -ses, -se, Porträt *n* -(e)s, -e
portugãlas Portugíese *m* -n, -n
Portugãlija Portugáli:en *n* -s
portugãliškas portugíesisch

pósakis Áusdruck *m* -(e)s, ̈-e; Rédewendung *f* -, -en
pósėd‖**is** Sítzung *f* -, -en; *teĩsmo* ~*is* Geríchtssitzung; *sušaũkti* ~*i̧* éine Sítzung éinberufen
posėdžiáuti éine Sítzung ábhalten; tágen *vi*
póslinkis Wándlung *f* -, -en
põsmas (*strofa*) Stróphe *f* -, -n
póstūmis Ánstoß *m* -es, ̈-e
pósūkis 1 (*kelio, gatvės*) Bíegung *f* -, -en 2 (*persilaužimas*) Wéndepunkt *m* -(e)s, -e
pósūnis Stíefsohn *m* -(e)s, ̈-e
poškéti knállen
pótrauk‖**is** Néigung *f* -, -en; *turéti i̧ kq̧* [*priẽ kõ*] ~*i̧* (éine) Néigung zu etw. (*D*) háben
pótvark‖**is** Ánordnung *f* -, -en, Verórdnung *f* -, -en; *vyriausy̌bės* ~*is* Regíerungsverordnung; *išléisti* (*dúoti*) ~*i̧* éine Ánordnung erlássen (gében)
pótvynis Überschwémmung *f* -, -en, Flut *f* -, -en
póvas Pfau *m* -(e)s / -en, -en
póveikis Éinwirkung *f* -, -en, Éinfluss *m* -es, ̈-e
pozìcij‖**a** 1 Stéllung *f* -, -en 2 (*pažiūra*) Háltung *f* -, -en; Position *f* -, -en; *pakeĩsti sàvo* ~*q̧* séine Háltung ändern
pozityvùs pósitiv, bejáhend
požemìnis únterirdisch; ~ *garãžas* Tiefgarage *f* -, -n
póžym‖**is** Mérkmal *n* -(e)s, -e; Ánzeichen *n* -s, -; *ligõs* ~*iai* Kránkheitsmerkmale *pl*
póžiūr‖**is** Gesíchtspunkt *m* -(e)s, -e, Stándpunkt *m* -(e)s, -e; *istòriniu* ~*iu* vom histórischen Stándpunkt aus
prabang‖**à** Lúxus *m* -; ~*õs prėkės* Lúxusartikel *pl*; *gyvénti* ~*ojè* im Lúxus lében; ~**ùs** luxuriös, prúnkvoll
prabėg‖**õm**, ~**omìs** flüchtig, obenhín
prabėgti 1 (*pro kq̧*) vorbéilaufen* *vi* (*s*) (*an D*) 2 (*apie laikq̧*) (wie) im Flúge vergéhen
prabùsti erwáchen *vi* (*s*), áufwachen *vi* (*s*)
prabúti sich áufhalten*, bléiben* *vi* (*s*)
prãdas Ánfänge *pl*, Ánsätze *pl*
pradedanty̌sis Ánfänger *m* -s, -
pradėti begínnen* *vt, vi*, ánfangen* *vt, vi*

pradiñgti verschwínden* *vi* (*s*); abhánden kómmen

pradininkas Begründer *m* -s, -, Schríttmacher *m* -s, -

pradìn‖is ánfänglich, Ánfangs-, úrsprünglich; ∼*ė mokyklà* Grúndschule *f* -, -n; ∼*is greitis* Ánfangsgeschwindigkeit *f* -, -en

pradùrti durchstéchen* *vt*

pradž‖ià Ánfang *m* -(e)s, -e, Begínn *m* -(e)s; ∼*iojè* ánfangs, úrsprünglich; *saūsio* ∼*iojè* Ánfang Jánuar; *mētų* ∼*iojè* am [zu] Ánfang des Jáhres; *iš* ∼*ių̃* von Ánfang an; úrsprünglich

pradžiùginti erfréuen *vt*

praeīti 1 (*pro ką*) vorbéigehen* *vi* (*s*) (*an D*) 2 (*apie laiką*) vergéhen* *vi* (*s*)

praeit‖ìs Vergángenheit *f* -, -en; *netolimojè* ∼*yjè* in jüngster Vergángenheit

praeĩvis Passánt *m* -en, -en, Vorbéigehende *sub m*

praésti zerfréssen* *vt*

pragaišìnti verlíeren* *vt*

prãgar‖as Hölle *f* -, -n; ∼*iškas* höllisch, Höllen-

pragérti vertrínken* *vt*, versáufen* *vt*

pragiedrė́ti sich áufhellen

prãgiedrulis Áufhellung *f* -, -en, Líchtblick *m* -(e)s, -e

pragyv‖ė́nimas Lébensunterhalt *m* -(e)s; ∼*ė́nimo minimumas* Existénzminimum *n* -s, -ma; *užsidìrbti* ∼*ė́nimui* sich séinen Lébensunterhalt verdíenen; ∼*énti* 1 sich ernähren, séinen Lébensunterhalt bestréiten 2 (*ilgiau gyventi*) überlében *vt*

pragráužti durchnágen *vt*

pragrę̃žti durchbóhren *vt*

prailginti verlängern *vt*

prajuõkinti zum Láchen bríngen

prãkaitas Schweiß *m* -es, -e

prakait‖úotas schwéißig, schwéißnass; ∼*úoti* schwítzen *vi*

prakéikt‖as verdámmt, verflúcht; ∼*i* verdámmen *vt*, verflúchen *vt*

prakilnýbė Exzellénz *f* -, -en

prakiùrti leck wérden

prãktik‖a 1 Práxis *f* -, -xen; *dìdelė* ∼*a* éine lángjährige Práxis 2 (*studentų*) Práktikum *n* -s, -ka; *atlìkti* ∼*ą* sein Práktikum ábleisten

praktikántas Praktikánt *m* -en, -en

prãkt‖ikas Práktiker *m* -s, -; ∼*inis*, ∼*iškas* práktisch

pralaimė́‖jimas Níederlage *f* -, -n; *patìrti* ∼*jimą* éine Níederlage erléiden; ∼*ti* verlíeren* *vt*

praláužti durchbréchen* *vt*

praléisti 1 dúrchlassen* *vt*, vorbéilassen* *vt* 2 fórtlassen* *vt*; versäumen *vt*; ∼ *pãmokas* die Schúle [den Únterricht] versäumen 3 (*pvz., laiką*) verbríngen* *vt*, zúbringen* *vt*

pralė̃kti (*pro ką*) vorbéifliegen* *vi* (*s*) (*an D*)

praleñkti 1 überhólen *vt* 2 übertréffen* *vt*

pralinksmė́ti sich áufheitern, sich erhéitern

pralìnksminti áufheitern *vt*, erhéitern *vt*

pralõbti sich beréichern, reich wérden

pralõšti verspíelen *vt*

pramaitìnti ernähren *vt*

pramérkti: ∼ *akìs* die Áugen öffnen

pramiegóti verschláfen *vt*

pramog‖à Unterháltung *f* -, -en, Vergnügen *n* -s, -; ∼*áuti* sich vergnügen; ∼*ìnis*: ∼*ìnė mùzika* Unterháltungsmusik *f* -; ∼*ìnis šõkis* Geséllschaftstanz *m* -es, -e

prãmon‖ė Industríe *f* -, -tríen; *lengvóji* ∼*ė* Léichtindustrie; *sunkióji* ∼*ė* Schwérindustrie; ∼*ininkas* Industríelle *sub m*

pramonìn‖is industriéll; ∼*ės prēkės* Industríewaren *pl*

prãnašas Prophét *m* -en, -en

pranašáuti prophezéihen *vt*, vorhérsagen *vt*; ∼ *órą* das Wétter vorhérsagen

pranašùmas Überlégenheit *f* -; Vórteil *m* -(e)s, -e

prancū̃zas Französe *m* -n, -n

Prancūzijà Fránkreich *n* -s

prancū̃ziškas französisch

praneš‖ė́jas Referént *m* -en, -en; ∼*ìmas* Bericht *m* -(e)s, -e; Méldung *f* -, -en; *ataskaitìnis* ∼*ìmas* Réchenschaftsbericht

pranèšti beríchten *vt*, *vi*; mélden *vt*; benáchrichtigen *vt*

pranỹkti verschwínden* *vi* (*s*)

prapjáuti dúrchschneiden* *vt*
praplãtinti erwéitern *vt*; verbréitern *vt*
praplẽsti erwéitern *vt*; áusweiten *vt*; ~ *sàvo akìratį* séinen Gesíchtskreis [Horizónt] erwéitern
praplésti ánreißen* *vt*, áufreißen* *vt*
prapùlti (*dingti*) verschwínden* *vi* (*s*); abhánden kómmen
prarajà Ábgrund *m* -(e)s, ꞏe, Kluft *f* -, ꞏe; *neįveikiamà* ~ *prk.* éine unüberbrückbare Kluft
praràsti verlíeren* *vt*, éinbüßen *vt*
prarýti verschlíngen* *vt*, verschlúcken *vt*
prarū́gti sáuer wérden
prasiblaivýti (*prasigiedryti*) sich áufhellen
prasidéti 1 begínnen* *vi*, ánfangen* *vi* **2** (*su kuo*) sich éinlassen* (*mit D*)
prasigyvénti sich beréichern
prasileñkti 1 (*su kuo*) sich verféhlen **2** (*pvz., su įstatymu*) übertréten* *vt*
prasimaitìnti sich ernähren
prasim‖ãnymas Erfíndung *f* -, -en; (*piktas*) Unterstéllung *f* -, -en; ~**anýti** erfínden* *vt*, ersínnen* *vt*
prasiskõlinti in Schúlden geráten
prasiskveřbti dúrchdringen* *vi* (*s*); sich dúrchzwängen
prasivėdìnti sich áuslüften
prasiveřžti sich dúrchdrängen
praskíesti verdünnen *vt*
prasm‖ė̃ Bedéutung *f* -, -en; Sinn *m* -(e)s, -e; *tiesióginė* ~*ė̃* die wörtliche Bedéutung; *pérkeltinė* ~*ė* die übertrágene Bedéutung; *nèrà* ~*ė̃s* es hat kéinen Zweck; *šià* ~*è* in díesem Sínne; ~**ìngas** sínnvoll; ~*ìngas dárbas* éine sínnvolle Árbeit
prãstas 1 éinfach; ~ *maĩstas* éine éinfache Kost **2** schlecht; *prastà prékė* éine schléchte Wáre; ~ *pasėlỹs* die Saat steht schlecht
prastéti sich verschléchtern
prašal‖áitis, ~**iẽtis** Áußenseiter *m* -s, -
prãšym‖as 1 Bítte *f* -, -n; Ersúchen *n* -s; *atmèsti kienõ* ~*ą* j-s Bítte áblehnen; *màno* ~*u* auf méine Bítte [mein Ersúchen] (hin) **2** (*raštas*) Ántrag *m* -(e)s, ꞏe, Gesúch *n*

-(e)s, -e; *malónės* ~*as* Gnádengesuch; *padúoti* ~*ą* éinen Ántrag [ein Gesúch] éinreichen
prašýti (*ką ko*) bítten* *vt* (*um A*); ersúchen *vt* (*um A*); ~ *ką̃ pagálbos* j-n um Hílfe bítten
prašmatn‖ùmas Prunk *m* -(e)s; ~**ùs** prúnkvoll; ~*ùs kambarỹs* Prúnkzimmer *n* -s, -
prašnėkinti j-n zum Spréchen bríngen
pratarmė̃ Vórwort *n* -(e)s, -e
pratę̃sti (*pvz., terminą*) verlängern *vt*
pratýbos *pl* Übung *f* -, -en; *karìnės* ~ Militärübung
pratìm‖as Übung *f* -, -en; *gimnãstikos* ~*ai* Túrnübungen *pl*; *laisvíeji* ~*ai* Kürübungen *pl*
prãtin‖ti (*ką prie ko*) gewöhnen *vt* (*an A*); ~**tis** (*prie ko*) sich gewöhnen (*an A*)
praturtéti sich beréichern, reich wérden
prausyklà Wáschraum *m* -(e)s, ꞏe
prãus‖ti wáschen* *vt*; ~**tis** sich wáschen*; ~*tis véidą* sich (*D*) das Gesícht wáschen; ~*tis šáltu* (*šiltù*) *vándeniu* sich kalt (warm) wáschen
praustùvė Wáschbecken *n* -s, -
praváikščioti verbúmmeln *vt*
pravardė̃ Spítzname *m* -ns, -n
pravažiãvimas Dúrchfahrt *f* -, -en
pravažiúoti 1 (*pvz., sankryžą*) passíeren *vt* **2** (*pro ką*) vorbéifahren* *vi* (*s*) (*an D*)
pravérti (*duris, langą*) ein wénig öffnen
prãviras halb óffen, halb geöffnet
pravìrkti in Tränen áusbrechen
prazvim̃bti vorbéisausen *vi* (*s*)
pražygiúoti (*pro ką*) vorbéimarschieren *vi* (*s*) (*an D*)
pražìlti ergráuen *vi* (*s*)
pražýsti áufblühen *vi* (*s*)
pražiūréti (*pvz., klaidą*) überséhen* *vt*
praž‖udýti zugrúnde / zu Grúnde ríchten; ~**úti 1** (*galą gauti*) zugrúnde / zu Grúnde géhen **2** (*dingti*) abhánden kómmen
pražūt‖ìngas verhängnisvoll, verdérblich; ~**ìs** Verhängnis *n* -ses, -se, Verdérb *m* -(e)s
prẽk‖ė Wáre *f* -, -n, Artíkel *m* -s, -; *bū́tinosios* ~*ės* Mássenbedarfsartikel *pl*; *šiõs*

~ės tùri gẽrą pãklausą díese Wáren sind stark gefrágt

prek‖iáuti (*kuo*) hándeln *vi* (*mit D*); **~iáutojas** Händler *m* -s, -; **~ýba** Hándel *m* -s; *ùžsienio ~ýba* Áußenhandel; *užsiim̃ti ~ýba* Hándel betréiben; **~ýbininkas** Händler *m* -s, -

prẽkin‖is: *~is traukinỹs* Güterzug *m* -(e)s, ⸚e; *~ė gamýba* Wárenproduktion *f* -

prekỹ‖stalis Ládentisch *m* -es, -e; Théke *f* -, -n; **~vietė** Markt *m* -(e)s, ⸚e; Márkthalle *f* -, -n

prèmij‖a Preis *m* -es, -e; Prämi̯e *f* -, -n; *paskir̃ti kám ~ą* j-m éinen Preis zúerkennen

premijúoti prämíeren *vt*, prämiíeren *vt*

premjerà Premiere [-ˈmjɛːrə] *f* -, -n, Érstaufführung *f* -, -en

premjèras Premier [-ˈmjeː-] *m* -s, -s, Premierminister [-ˈmjeː-] *m* -s, -

prenumer‖atà Abonnement [abɔnəˈmaŋ] *n* -(e)s, -s; **~ãtorius** Abonnént *m* -en, -en; **~úoti** abonníeren *vt*, *vi* (*auf A*), bestéllen *vt*

pretèkstas Vórwand *m* -(e)s, ⸚e

preteñzij‖a Ánspruch *m* -(e)s, ⸚e; *žmogùs sù ~omis* ein ánspruchsvoller Mensch; *turéti į̃ ką̃ ~ų* Ánsprüche auf etw. (*A*) erhében

pretenzìngas ánspruchsvoll

prezideñtas Präsidént *m* -en, -en

prezìdiumas Präsídium *n* -s, -di̯en

priartéti (*prie ko*) sich ánnähern (*D*), näher kómmen (*D*)

priar̃tinti ánnähern *vt*

pribégti heránlaufen* *vi* (*s*), zúlaufen* *vi* (*s*)

pribr‖ę́sti reif sein [wérden]; *obuoliaĩ jaũ ~éndo* die Äpfel sind schon reif

pribuvéja Gebúrtshelferin *f* -, -nen

prideñgti zúdecken *vt*

prìderamas gebührend, ángemessen

pridẽrinti (*ką prie ko*) ánpassen *vt* (*D*)

pridėtìnis zúsätzlich

pridùrti 1 hinzúfügen *vt*, ergänzen *vt* 2 (*drabužį*) ánsetzen *vt*

priẽ *prp* 1 an (*D*) (*žymi vietą*); *stovéti ~ dùrų* an der Tür stéhen 2 an (*A*) (*žymi kryptį*); *atsisésti ~ stãlo* sich an den Tisch sétzen 3 bei (*D*); *čià stóvi nãmas ~ nãmo* hier steht Haus bei Haus

príeangis Vórzimmer *n* -s, -

príeaugis Zúwachs *m* -es; *gyvéntojų ~* der Zúwachs der Bevölkerung

príeauglis (*jaunikliai*) Náchzucht *f* -

príeblanda Dämmerlicht *n* -(e)s, Dämmerung *f* -, -en

príedainis Refrain [reˈfrɛn] *m* -s, -s

príedanga Déckung *f* -, -en

priẽdas 1 Zúlage *f* -, -n; *algõs ~* Gehältszulage 2 (*laikraščio*) Béilage *f* -, -n

príegalvis Kíssen *n* -s, -

príegl‖auda 1 Óbdach *n* -(e)s; Únterkunft *f* -, ⸚e; *dúoti kám ~audą* j-m Óbdach [Únterkuft] gében [gewähren]; 2: *našláičių ~auda* Wáisenhaus *n* -es, ⸚er; *senẽlių ~auda* Áltersheim *n* -(e)s, -e; **~obstis** Óbdach *n* -(e)s, Únterkunft *f* -, ⸚e

priei̇̃namas zúgänglich

prieĩ‖ti 1 (*prie ko*) heránkommen* *vi* (*s*) (*an A*), herántreten* *vi* (*s*) (*an A*); *léisk jám ~ti* lass ihn erst heránkommen! *~ti priẽ lángo* an das Fénster tréten 2 (*prisirinkti*) sich ánsammeln; *kambarỹs priẽjo dū́mų* die Stúbe ist voll(er) Rauch 3 (*ribotis*) (*prie ko*) sich ánschließen* (*an A*); *laũkas ~na priẽ ẽžero* das Feld schließt sich an den See an 4: *~ti vienìngą núomonę* zu éiner Méinung kómmen; *~ti teisìngą ìšvadą* zu éinem ríchtigen Schluss kómmen

prieјìmas Zúgang *m* -(e)s, ⸚e

príekaba (*sunkvežimio*) Ánhänger *m* -s, -; (*motociklo*) Béiwagen *m* -s, -

príekaišt‖as Vórwurf *m* -(e)s, ⸚e; *padarýti kám ~ų* (*dėl ko*) j-m Vorwürfe máchen (*wegen G*)

priekaišt‖áuti (*kam dėl ko*) vórhalten *vt* (*j-m*); **~ìngas** vórwurfsvoll

príekin vórwärts

príekin‖is vórdere, Vórder-; *~ės eilė̃s* die vórderen Réihen; *~is dantìs* Vórderzahn *m* -(e)s, ⸚e

príelaida Voráussetzung *f* -, -en

príelinksnis Präpositión *f* -, -en
priemenė̃ Flur *m* -(e)s, -e
priemiestìnis: ~ *traukinỹs* Vórortzug *m* -(e)s, ᵘe
príemiestis Vórstadt *f* -, ᵘe
priėmìmas 1 Empfáng *m* -(e)s, ᵘe; *svečių̃* ~ der Empfáng der Gäste 2 (*lankytojų̃*) Spréchstunde *f* -, -n
príemoka Náchgebühr *f* -, -en; Zúschlag *m* -(e)s, ᵘe
príemon‖ė Míttel *n* -s, -; Máßnahme *f* -, -n; *susisiekìmo* ~*ė* Verkéhrsmittel; *panaudóti visàs* ~*es* kein Míttel únversucht lássen; *iñtis radikalių̃* ~*ių* radikále Máßnahmen ergréifen
príeplauka Ánlegeplatz *m* -es, ᵘe, Ánlegestelle *f* -, -n
príepuolis Ánfall *m* -(e)s, ᵘe
prieraišùs ánhänglich
príesaga Suffíx *n* -es, -e, Náchsilbe *f* -, -n
príesaik‖a Eid *m* -(e)s, -e; Schwur *m* -(e)s, ᵘe; *dúoti* ~*ą* (*teisme*) éinen Eid léisten [áblegen]
prieskon‖is (*valgiui pagardinti*) Gewürz *n* -es, -e; *įdéti* ~*ių* würzen *vt*
príespauda Unterdrückung *f* -, -en
príestatas Ánbau *m* -(e)s, -ten
príeš *prp* 1 vor (*D*) (*žymi vietą*); *jìs stovėjo* ~ *manè* er stand vor mir 2 gégen (*A*) (*žymi priešingą kryptį*); *plaũkti* ~ *srõvę* gégen den Strom schwímmen; *visì* ~ *manè* álle sind gégen mich; ~ *màno vãlią* gégen méinen Wíllen 3 vor (*D*) (*žymi laiką*); ~ *dvì saváites* vor zwei Wóchen
príešais *prp* gegenüber (*D*)
príešas Feind *m* -(e)s, -e
príešdėlis Präfíx *n* -es, -e, Vórsilbe *f* -, -n
priešing‖ai dagégen, hingégen; ~*ai sàvo bróliui* im Gégensatz zu séinem Brúder; ~*as* entgégengesetzt, gégensätzlich; *àš esù* ~*os núomonės* ich bin entgégengesetzter Méinung
priešingýbė Gégensatz *m* -es, ᵘe
priešin‖imasis Wíderstand *m* -(e)s; *ginklúotas* ~*imasis* ein bewáffneter Wíderstand; ~*inkas* Gégner *m* -s, -; Gégenpart

m -(e)s, -e; ~*is:* ~*is véjas* Gégenwind *m* -(e)s, -e; ~*is traukinỹs* Gégenzug *m* -(e)s, ᵘe; ~*tis* (*kam*) sich widersétzen (*D*), trótzen *vi* (*D*)
priešìškas féindselig
priešiškùmas Féindseligkeit *f* -
príeškambaris Vórzimmer *n* -s, -
priešlaikìnis vórzeitig, verfrüht
príešnuodis Gégengift *n* -(e)s, -e
priešpaskutìnis vórletzt
priešpiečiai 1 (*laikas*) Vórmittag *m* -(e)s, -e 2 (*valgymas*) Gábelfrühstück *n* -(e)s, -e, Lunch [lantʃ] *m* - / -s, *pl* -s / -e
priešpiẽt am Vórmittag, vórmittags
priešrinkìklis (*telefono*) Vórwahl *f* -, -en
prieštara Éinspruch *m* -(e)s, ᵘe
prieštar‖áuti (*kam*) widerspréchen* *vi* (*D*); zuwíderlaufen* *vi* (*D*); *tù pàts sáu* ~*áuji* du widersprìchst dir selbst; ~*ãvimas* Wíderspruch *m* -(e)s, ᵘe; Wíderrede *f* -, -n; ~*ìngas* wíderspruchsvoll, wídersprüchlich, zwíespältig
prietaisas Gerät *n* -(e)s, -e
prietaras Áberglaube *m* -ns; Vórurteil *n* -(e)s, -e
prietaringas ábergläubisch
príetema, **príetėmis** Hálbdunkel *n* -s, Dämmerlicht *n* -(e)s
prievart‖a Gewált *f* -; Zwang *m* -(e)s; *pavartóti* ~*ą* Gewált ánwenden; *darýti ką̃ iš* ~*os* etw. aus Zwang tun; *per̃* ~*ą* zwángsweise
prievart‖áuti (*ką*) vergewáltigen *vt*, Gewált ántun (*j-m*); ~*áuti móterį* éine Frau vergewáltigen; ~*áutojas* Gewálttäter *m* -s, -; ~*ìnis* gewálttätig, gewáltsam; Zwangs-
príeveiksmis Advérb *n* -s, -bi:en
príevol‖ė Pflicht *f* -, -en; *karìnė* ~*ė* Militärpflicht, Wéhrpflicht; *atlìkti karìnę* ~*ę* Wéhrpflicht ábleisten
priežast‖ìs Grund *m* -(e)s, ᵘe, Úrsache *f* -, -n; *bè jokiõs* ~*iẽs* óhne jéden Grund
priežiūr‖a 1 Áufsicht *f* -, -en; *bū̃ti bè* ~*os* óhne Áufsicht sein 2 Pflége *f* -; *automobìlio* ~*a* Áutopflege

príežodis Spríchwort *n* -(e)s, ⁻er
prigérti (*nuskęsti*) ertrínken* *vi* (*s*)
prigimt‖ìs Natúr *f* -; Naturéll *n* -s, -e; *ìš*
~*iẽs* von Natúr (aus)
prigýti 1 (*apie augalus*) ánwachsen* *vi* (*s*) 2
(*apie žodžius, papročius*) sich éinbürgern
priglaũsti 1 behérbergen *vt*, áufnehmen* *vt*
2 (*pvz., galvą*) ánschmiegen *vt*
priguĨti sich hínlegen
priimamàsis (*kambarys*) Empfángszimmer *n*
-s, -
priiñti 1 empfángen* *vt*; entgégennehmen*
vt; ~ *dóvanas* Geschénke empfángen [ent-
gégennehmen]; ~ *į̃ dárbą* ánstellen; éin-
stellen *vt*; ~ *į̃ tarnýbą* ánstellen *vt* 2 áuf-
nehmen* *vt*; ~ *į̃ mokýklą* in die [in der]
Schúle áufnehmen; ~ *svečiùs* Gäste áuf-
nehmen 3 beschlíeßen* *vt*, verábschieden
vt; ~ *įstãtymą* ein Gesétz beschlíeßen
[verábschieden]; ~ *nutarìmą* éinen Be-
schlúss fássen 4 (*pvz., pakvietimą, pasiū-
lymą*) ánnehmen* *vt*
prijaukìn‖tas zahm; ~ti zähmen *vt*
prijùngti (*ką prie ko*) ánschließen* *vt* (*an A*)
prikabìnti ánhängen *vt*
prikáišioti (*kam ką*) vórwerfen* *vt* (*j-m*),
vórhalten* *vt* (*j-m*)
prikalbéti 1 den Kopf voll réden 2 (*įtikinti*)
überréden *vt*
prikálbinti überréden *vt*
prikálti ánschlagen* *vt*
prikélti 1 (*prižadinti*) áufwecken *vt* 2 áuf-
heben* *vt*; ~ *parpúolusį̃* den Gestürzten
áufheben
prikimšti voll stópfen
prikýštė Schürze *f* -, -n
prikišti 1 (*priartinti*) hínhalten* *vt* 2 (*kam
ką*) vórhalten* *vt* (*j-m*), vórwerfen* *vt*
(*j-m*); ~ *kám nepunktualùmą* j-m séine
Únpünktlichkeit vórhalten
prikl‖ausýti 1 (*kam*) gehören *vi* (*D*);
ángehören *vi* (*D*) *tàs nãmas mùms* ~*aũso*
das Haus gehört uns; *jìs* ~*aũso priẽ mãno
draugṹ* er gehört zu méinen Fréunden 2
(*nuo ko*) ábhängen* *vi* (*von D*)
priklaũsomas ábhängig

priklausom‖ýbė, ~ùmas Ábhängigkeit *f* -
priklijúoti ánkleben *vt*
prikráuti (*pvz., vežimą, lėkštę*) voll láden
priléisti 1 (*ką prie ko*) heránlassen* *vt* (*an
A*); zulássen* *vt* (*zu D*); ~ *ką̃ priẽ egzami-
nṹ* j-n zu den Prüfungen zúlassen 2 (*van-
dens*) voll láufen lássen
prilýginti (*ką kam*) gléichstellen *vt* (*D*)
primaišýti (*ko į̃ ką*) béimengen *vt* (*D*)
primatúoti ánprobieren *vt*
primétyti (*ko*) voll wérfen
primìgti ein Schläfchen hálten [máchen]
primygt‖inaĩ náchdrücklich; ~*inaĩ reika-
láuti* (*ko*) bestéhen* *vi* (*auf D*); ~ìnis éin-
dringlich, náchdrücklich
primiñti (*kam ką*) erínnern *vt* (*an A*), etw.
ins Gedächtnis rúfen (*j-m*)
primityvùs primitív
primokéti dazúzahlen *vt*, zúzahlen *vt*;
zúschießen* *vt*
prìncas Prinz *m* -en, -en
prìncipas Prinzíp *n* -s, -e / -pi:en,
Grúndsatz *m* -es, ⁻e
princip‖ìngas prinzípienfest; ~ingùmas
Prinzípienfestigkeit *f* -; ~ìnis prinzipiéll;
~ìnis kláusimas eine prinzipiélle Fráge
prinók‖ęs reif, áusgereift; ~ti reif wérden,
zur Réife kómmen
pripažinìm‖as Ánerkennung *f* -, -en; *susi-
láukti* ~*o* Ánerkennung fínden
pripažìnti ánerkennen (erkánnte an [áner-
kannte], ánerkannt) *vt*; gélten lássen
pripìldyti füllen *vt*; áuffüllen *vt*
pripìlti voll gíeßen; voll schütten
pripràsti (*prie ko*) sich gewöhnen (*an A*)
priprãtinti (*ką prie ko*) gewöhnen *vt* (*an A*)
pririšti (*ką prie ko*) ánbinden* *vt* (*an D*)
prisègti (*ką prie ko*) ánheften *vt* (*an A*);
ánstecken *vt* (*an D*); ~ *ženkliùką* ein
Ábzeichen ánstecken
prisélinti (*prie ko*) heránschleichen* *vi* (*s*)
(*an A*)
prisésti (*šalia*) sich hinzúsetzen
prisiar̃tinti (*prie ko*) sich ánnähern (*D*)
prisidéti 1 (*prie ko*) béitragen* *vi* (*zu D*) 2
(*prisijungti*) dazúkommen* *vi* (*s*)

prisíekti schwören* *vi, vt*; éinen Eid léisten

prisigalvóti sich (*D*) áusdenken*

prisigḗrinti (*kam*) sich éinschmeicheln (*bei j-m*)

prisiglaũsti (*prie ko*) sich ánschmiegen (*an j-m*)

prisiim̃ti (*pvz., kaltę*) auf sich néhmen; übernéhmen* *vt*; ~ įsipareigójimą éine Verpflíchtung übernéhmen

prisijungìmas (*prie ko*) Ánschluss *m* -es, ⁻e (*an A*)

prisijùngti (*prie ko*) sich ánschließen*(*D*)

prisijuõkti sich áuslachen

prisiliẽsti (*prie ko*) ánrühren *vt*

prisimatúoti ánprobieren *vt*

prisiminìmas Erínnerung *f* -, -en

prisimìnti (*ką*) sich erínnern (*an A*), sich entsínnen*(*G*); gedénken* *vi* (*G*)

prisipaž‖ìnimas Éingeständnis *n* -ses, -se; ~ìnti éingestehen* *vt*

prisipìldyti sich füllen

prisipìlti sich (*D*) éinschenken; ~ degalų́ tánken *vi*

prisiriñkti 1 (*apie žmones*) sich ánsammeln 2 (*pvz., grybų, uogų*) éine Ménge sámmeln

prisiriš‖ti 1 (*diržu*) sich ánschnallen 2 (*prie ko*) hängen* *vi* (*an D*); jì bùvo ~usi prie mótinos sie hat an íhrer Mútter gehángen

prisir̃pti (*apie uogas*) reif wérden

prisisègti sich (*D*) ánstecken

prisiskam̃binti (*telefonu*) Ánschluss háben, telefónisch erréichen

prisiskìnti (*pvz., gėlių*) sich (*D*) pflücken

prisistatýti 1 (*kam*) sich vórstellen (*j-m*) 2 (*atvykti*) sich éinstellen

prisitáikyti (*prie ko*) sich ánpassen (*D*)

prisių̃sti zúschicken *vt*

prisiúti ánnähen *vt*

prisiválgyti (*ko*) sich satt éssen (*an D*)

prisiver̃sti sich zwíngen*

prisivilióti sich (*D*) ánlocken

priskìrti (*ką prie ko*) zúordnen *vt* (*D*); zúrechnen *vt* (*D*)

prìslėgtas níedergedrückt, deprimíert

prislė̃gti níederdrücken *vt*, deprimíeren *vt*

prisodìnti (*pvz., augalų*) ánpflanzen *vt*

prisótinti sättigen *vt*

prispaudė́jas Unterdrücker *m* -s, -

prispáusti 1 ándrücken *vt*, ánpressen *vt*; ~ ką̃ prie dárbo *j-n* zur Árbeit ánhalten 2 (*imti varginti*) bedrängen *vt*

prist‖ãtymas 1 (*pvz., prekių*) Líeferung *f* -, -en; (*laikraščių*) Zústellung *f* -, -en 2 (*supažindinant*) Vórstellung *f* -, -en; ~atýti 1 (*ką prie ko*) ánstellen *vt* (*an A*) 2 (*pvz., namų*) (viel) báuen *vt* 3 (*pvz., prekes*) líefern *vt*; zústellen *vt*; ~atýti pãštą Post zústellen 4 (*kam ką*) vórstellen *vt* (*j-m*)

pristóti (*prie ko*) bedrängen *vt*

pristùmti (*ką prie ko*) ánrücken *vt* (*an A*)

prišálti ánfrieren* *vi* (*s*)

prišérti satt füttern *vt*

prišiùkšlinti verúnreinigen *vt*

pritáikyti (*ką kam*) ánpassen *vt* (*D*)

pritar‖iamaĩ béifällig, zústimmend; jìs ~iamaĩ lìnktelėjo mán gálva er níckte mir zústimmend mit dem Kopf; ~ìmas Zústimmung *f* -, -en

pritar̃ti (*kam*) zústimmen *vi* (*D*); Recht gében (*j-m*); gútheißen* *vt*

pritei͂sti (*kam ką*) verúrteilen *vt* (*zu D*); zúsprechen* *vt* (*j-m*)

priterlióti beschmútzen *vt*, besúdeln *vt*

pritìkti (*prie ko*) pássen *vi* (*zu D*)

pritýręs erfáhren; ~ gýdytojas ein erfáhrener Arzt

pritráukti (*ką kuo*) ánziehen* *vt* (*durch A*)

pritrū́kti (*ko*) fehlen *vi* (*an D*)

pritvìrtinti (*ką prie ko*) beféstigen *vt* (*an D*)

privalė́ti sóllen* *vi*; müssen* *vi*

privãlomas bíndend, obligatórisch; verbíndlich

privárginti ermüden *vt*, ermátten *vt*

privar̃gti ermüden *vi* (*s*)

privatùs privát, Privát-; ~ sklýpas ein privátes Grúndstück; ~ reĩkalas Privátangelegenheit *f* -, -en

privaž‖iãvimas Zúfahrt *f* -, -en; ~iúoti (*prie ko*) heránfahren* *vi* (*s*) (*an A*)

privéngti (*ko*) (ein wénig) méiden* *vt*

priver̃sti zwíngen* *vt*

priverst‖inaĩ zwángsweise; ∼ìnis zwángsweise, Zwangs-; ∼ìnis *dárbas* Zwángsarbeit *f* -, -en
privèsti 1 heránführen *vt* 2 (*prie ko, iki ko*) führen *vi* (*zu D*)
privil‖ègija Privilégium *n* -s, -gi en; ∼**egijúotas** privilegíert
privilióti ánlocken *vt*, heránlocken *vt*
prìz‖as Preis *m* -es, -e; ∼**ininkas** Préisträger *m* -s
prižadé‖jimas Verspréchen *n* -s, -; ∼**ti** verspréchen* *vt*
prižãdinti áufwecken *vt*, erwécken *vt*
prižiūréti beáufsichtigen *vt*; überwáchen *vt*; ∼ *ligóni̇̃* (*vaĩką*) éinen Kránken (ein Kind) beáufsichtigen
prõ *prp* 1 durch (*A*); *jiẽ išẽjo* ∼ *durìs* sie gíngen durch die Tür; *žiūréti* ∼ *lángą* durch das Fénster séhen 2 an (*D*); ∼ *mū̃sų sõdą tẽka upẽlis* an únserem Gárten fließt ein Bach vorbéi
próanūkis Größenkel *m* -s, -
próbėgom(is), **próbėgšmais** flüchtig
probl‖emà Problém *n* -s, -e; *išsprę̃sti* ∼**èmą** ein Problém lösen
pròcentas Prozént *n* -(e)s, -e; Prozéntsatz *m* -es, ‥e
procèsas Prozéss *m* -es, -e; *teĩsmo* ∼ Geríchtsverfahren *n* -s, -
prodùkcija Produktión *f* -, -en
prodùkt‖as Erzéugnis *n* -ses, -se, Prodúkt *n* -(e)s, -e; *mèsõs* ∼**ai** Fléischprodukte *pl*; *píeno* ∼**ai** Mílchprodukte *pl*
produktyvùs produktív
profès‖ija Berúf *m* -(e)s, -e; *pasiriñkti* ∼**iją** éinen Berúf ergréifen, sich (*D*) éinen Berúf erwählen; *kokià jū̃sų* ∼**ija?** was sind Sie von Berúf? ∼**inis** berúflich, Berúfs-; ∼**inis pasirengìmas** berúfliche Áusbildung, Berúfsausbildung
profèsorius Proféssor *m* -s, -óren
profsájunga Gewérkschaft *f* -, -en
próg‖a Gelégenheit *f* -, -en; *šià* ∼**a** bei díeser Gelégenheit; ∼**ai pasitáikius** bei Gelégenheit
prognòzė Prognóse *f* -, -n

programà Prográmm *n* -(e)s, -e
progr‖èsas Fórtschritt *m* -(e)s, -e, Progréss *m* -es, -e; ∼**esyvùs** fórtschrittlich, progressív; ∼**esúoti** 1 (*apie technìką*) sich vórwärts entwíckeln 2 (*pvz., apie lìgą*) fórtschreiten* *vi*
projèktas Entwúrf *m* -(e)s, ‥e, Projékt *n* -(e)s, -e
projektúoti entwérfen* *vt*, projektíeren *vt*
proklamãcija Flúgblatt *n* -(e)s, ‥er
prokuratūrà Stáatsanwaltschaft *f* -, -en
prokuròras Stáatsanwalt *m* -(e)s, ‥e
prològas Prológ *m* -(e)s, -e
propagánd‖a Propagánda *f* -; ∼**inis** propagándisch
propagúoti propagíeren *vt*
próskyna (*miško*) Schnéise *f* -, -n
prospèktas Prospékt *m* -(e)s, -e
prõt‖as Vernúnft *f* -; Verstánd *m* -(e)s; *ateĩti į̃* ∼**ą** zur Vernúnft kómmen
protáuti dénken* *vi*
protèst‖as Protést *m* -es, -e; *réikšti* ∼**ą** Protést erhében
protestúoti (*prieš ką*) protestíeren *vi* (*gegen A*)
prótėviai Vórfahren *pl*, Áhnen *pl*
protìngas klug, geschéit, vernünftig
prõtinis géistig; ∼ *dárbas* éine géistige Árbeit, Kópfarbeit *f* -
protok‖òlas Protokóll *n* -s, -e; ∼**olúoti** protokollíeren *vt*, Protokóll führen
provinciãlas Provínzler *m* -s, -
provìncija Provínz *f* -, -en
provokãc‖ija Provokatión *f* -, -en; ∼**inis** provokatórisch
prozà Prósa *f* -
prožèktorius Schéinwerfer *m* -s, -
pseudonìmas Pseudoným *n* -s, -e
psichiãtras Psychiáter *m* -s, -
psichològ‖as Psychológe *m* -n, -n; ∼**ija** Psychológie *f* -; ∼**inis** psychológisch
pùblika Públikum *n* -s
pùdingas Púdding *m* -s, -e / -s
pudrà Púder *m* -s, -
pùdrinė Púderdose *f* -, -n
pudr‖úoti púdern *vt*; ∼**úotis** sich púdern

pūgà Schnéegestöber n -s, -

puik‖áuti sich wíchtig máchen [tun]; ~ýbė Hóchmut m -(e)s; *daũg ~ýbės turéti* von Hóchmut erfüllt sein; ~ùs hérrlich, prächtig; famós

puldinéti (*apie priešą*) überfállen* vt

pūliai Éiter m -s

pūl‖ingas éiterig; ~iúoti éitern vi

puĩk‖as 1 Schar f -, -en; ~*as paũkščių* éine Schar Vögel; *pulkaĩs* in Scháren 2 (*kariuomenės*) Regimént n -(e)s, -e / -er; ~ininkas Óberst m -en, -en

pùlsas Puls m -es, -e

pùltas Pult n -(e)s, -e

pùlti 1 fállen* vi (s), stürzen vi (s); ~ *kám añt kãklo* j-m um den Hals fállen 2 (*ką*) ángreifen* vt, lósgehen* vi (s); *jiẽ púolė víenas kìtą* sie gíngen aufeinánder los

pumpur‖as Knóspe f -, -n; ~us léisti Knóspen tréiben

pùnktas Punkt m -(e)s, -e

punktual‖ùmas Pünktlichkeit f -; ~ùs pünktlich

púodas Topf m -(e)s, ˝e

puod‖ėlis Tásse f -, -n; ~ỹnė Krug m -(e)s, ˝e

púokštė Strauß m -es, ˝e

puol‖éjas Stürmer m -s, -; ~ìmas Ángriff m -(e)s, -e

púoselė‖ti pflégen vt; ~ti vaĩką ein Kind pflégen; ~ti vìltį éine Hóffnung hégen; ~tojas Pfléger m -s, -

puošmenà Schmuck m -(e)s, -e, Zier f -

puošn‖ùmas Pracht f -; ~ùs prächtig, schmuck, schick

puõšti schmücken vt, zíeren vt

pup‖à Bóhne f -, -n; ~ẽlė Bóhne f -, -n

pùrtyti schütteln vt; rütteln vt

purùs lócker

puřv‖as Schmutz m -es, Schlamm m -(e)s, -e / ˝e; ~inas schmútzig

pusañtro ánderthalb, éinundeinhalb

pùsbalsiu hálblaut

pùs‖batis Hálbschuh m -(e)s, -e; ~brolis Cousin [ku'zɛŋ] m -s, -s, Vétter m -s, -n; ~dienis Hálbtag m -(e)s, -e

pùs‖ė 1 Hälfte f -, -n; halb; ~ė óbuolio die Hälfte des Ápfels; ~ė kėpalo dúonos ein hálbes Brot 2 (*apie laiką*) halb; ~ė pirmõs es ist halb eins 3 Séite f -, -n; *kità mėdžiagos* ~ė die ándere Séite des Stóffes; *kienõ ~ę tù palaikaĩ?* auf wéssen Séite stehst du?

pusétinas mäßig

pùsiasalis Hálbinsel f -, -n

pusiáu halb

pusiáu‖kelė: *grĩžti nuõ ~kelės* auf hálbem Wége úmkehren; ~naktis Mítternacht f -; *apiẽ ~naktį* gégen Mítternacht; ~svyra Gléichgewicht n -(e)s, -e; ~žiemis die Mítte des Wínters

pùslap‖is Séite f -, -n; *trečiamè ~yje* auf Séite drei

pūslė̃ Bláse f -, -n

pùs‖mėnulis Hálbmond m -(e)s, -e; ~metis Hálbjahr n -(e)s, -e

pusnýnas Schnéewehe f -, -n

pùs‖nuogis hálbnackt; ~padis Sóhle f -, -n

pùsryč‖iai Frühstück n -(e)s, -e; *stìprūs ~iai* ein kräftiges Frühstück; *ką̃ mẽs válgysime ~iams?* was éssen wir zum Frühstück?

pusryčiáuti frühstücken (frühstückte, gefrühstückt) vi

pùs‖rūsis Kéllergeschoss n -es, -e, Úntergeschoss n -es, -e; ~rutulis Hálbkugel f -; ~šiltis láuwarm; ~šimtis ein hálbes Húndert; ~tamsis hálbdunkel

pū̃sti wéhen vi, blásen* vi

pùsvaland‖is éine hálbe Stúnde; *kàs ~į* álle hálben Stúnden

pùsvelčiui halb umsónst

puš‖ýnas Kíefernwald m -(e)s, ˝er; ~ìnis kíefern; ~ìs Kíefer f -, -n

putà Schaum m -(e)s, ˝e

pūti fáulen vi; *bùlvės pū̃va* die Kartóffeln fáulen

pùtpelė Wáchtel f -, -n

puvė̃sis Fäulnis f -

R

rabárbaras Rhabárber *m* -s
raciònas Ratión *f* -, -en
radiãcija Radiatión *f* -, -en
radiãtorius 1 (*centrinio šildymo*) Héizkörper *m* -s, - 2 (*variklio*) Kühler *m* -s, -
radýbos *pl* Fínderlohn *m* -(e)s, ⁻e
rãdij‖as Rádio *n* -s, -s; ∼*o aparãtas* Rádioapparat *m* -(e)s, -e; ∼*o transliãcija* Rádiosendung *f* -, -en
radikalùs radikál
radinỹs Fund *m* -(e)s, -e
ragana Héxe *f* -, -n
rãgas Horn *n* -(e)s, ⁻er
ragáuti kósten *vt*, probíeren *vt*
ragẽlis (*telefono*) Hörer *m* -s, -
rãginti (*ką daryti*) máhnen *vt* (*zu D*), ermáhnen *vt* (*zu D*)
raguõčiai *pl* Hórnvieh *n* -(e)s
ráičiotis sich wälzen
raidà Entwícklungsgang *m* -(e)s, ⁻e, Wérdegang *m* -(e)s, ⁻e
raidė Búchstabe *m* -ns, -n
raikýti: *dúoną* ∼ Brot schnéiden
ráišas, raĩšas lahm
ráišk‖iai áusdrucksvoll; ∼us áusdrucksvoll, áusdrucksstark
raĩtelis Réiter *m* -s, -
raitóti (*pvz., rankoves*) krémpeln *vt*
rajònas Bezírk *m* -(e)s, -e; Gebíet *n* -(e)s, -e; *gyvẽnamasis* ∼ Wóhngebiet
rajùs gefräßig
raketà Rakéte *f* -, -n
rakìnti schlíeßen* *vt*
rakštìs Splítter *m* -s, -; *įsivarýti rãkštį* sich (*D*) éinen Splítter éinreißen
rãktas Schlüssel *m* -s, -
raktãžolė *bot.* Prímel *f* -, -n
ramiaĩ rúhig, gelássen; ∼*!* rúhig!
ramýbė Rúhe *f* -
ramìnam‖as berúhigend
ramìnti berúhigen *vt*, beschwíchtigen *vt*
ramsčiúotis (*kuo*) sich stützen (*auf A*)
ram‖ùmas Rúhe *f* -, Gelássenheit *f* -; ∼ùs rúhig; gerúhsam

ramùnė, ramunẽlė Kamílle *f* -, -n; *ramunẽlių arbatà* Kamíllentee *m* -s
rándas Nárbe *f* -, -n, Schrámme *f* -, -n
ráng‖as Rang *m* -(e)s, ⁻e; *áukšto* ∼*o žmogùs* ein Mann von hóhem Rang
rangõvas Áuftragnehmer *m* -s, -
rankà Hand *f* -, ⁻e; Arm *m* -(e)s, -e; *padúoti kám rañką* j-m die Hand gében [réichen]; *ištiẽsti kám pagálbos rañką* j-m éine hílfreiche Hand bíeten
rañkdarbis Hándarbeit *f* -, -en
rankenà Griff *m* -(e)s, -e, Klínke *f* -, -n
rañkinis Hándball *m* -(e)s, ⁻e
rankinùkas Hándtasche *f* -, -n
rankóv‖ė Ärmel *m* -s, -; *palaidinùkė sù pusiáu trumpomìs* ∼*ėmis* éine Blúse mit hálblangen Ärmeln
rañk‖pinigiai *pl* Hándgeld *n* -(e)s; ∼*raštis* Hándschrift *f* -, -en, Manuskrípt *n* -(e)s, -e; ∼*šluostis* Hándtuch *n* -(e)s, ⁻er
rãportas Berícht *m* -(e)s, -e, Méldung *f* -, -en
raportúoti Berícht [Méldung] erstátten
rãpsas Raps *m* -es, -e
rasà Tau *m* -(e)s
rãsė Rásse *f* -, -n
rasóti (*pvz., apie langus*) sich beschlágen*
rãstas Bálken *m* -s, -
ràsti fínden* *vt*; ∼ *kẽlią namõ* [*į̃ namùs*] sich héimfinden*; ∼ *išeitį̃* éinen Áusweg fínden
rãšalas Tínte *f* -, -n
rašalìnė Tíntenfass *n* -es, ⁻er
raš‖éiva Schréiberling *m* -s, -e; ∼*ýba* Réchtschreibung *f* -, -en; ∼*inỹs* Áufsatz *m* -es, ⁻e; ∼*ýsena* Schríftzug *m* -(e)s
rašýti schréiben* *vt*; ∼ *láišką* (*knỹgą*) éinen Brief (ein Buch) schréiben
rãšt‖as 1 Schréiben *n* -s, -; *egzãminas rãštù* éine schríftliche Prüfung; *tarnýbinis* ∼*as* ein díenstliches Schréiben 2 (*rašysena*) Schrift *f* -, -en; *gražùs* (*blõgas*) ∼*as* éine schöne (schléchte) Schrift 3: (∼*ai*)

pl Schríften *pl*; *rinktìniai* ~*ai* die áus-
gewählten Schríften
raštēlis Zéttel *m* -s, -
rãštinė Büro *n* -s, -s
rãštiškas schríftlich
raštúotas gemústert
rãtas 1 Rad *n* -(e)s, ᵉer; *gélbėjimo* ~ Rét-
tungsring *m* -(e)s, -e; *stovéti ratù* im Kreis
stéhen **2** (*grupė žmonių*) Kreis *m* -es, -e;
šeimõs ratè im Kreis der Famílie **3** (*turas*)
Rúnde *f* -, -n
ratēlis (*žaidimas*) Ríngelreigen *m* -s, -,
Ríngelreihen *m* -s, -
ratifikúoti ratifizíeren *vt*
raũdė Rótfeder *f* -, -n
raudónas rot; *šviēsiai* ~ héllrot; *taṁsiai* ~
dúnkelrot
raud‖õnis, ~**onùmas** Rot *n* -s; ~**onúoti** rot
wérden; vor Scham rot wérden
raudóti (*ko*) wéhklagen (wéhklagte, gewéh-
klagt) *vi* (*über A*)
raugìn‖ti säuern *vt*; ~*ti kopū̃stai* Sáuerkohl
m -(e)s, Sáuerkraut *n* -(e)s; ~*tas píenas*
dícke [sáure] Milch
raukýtis schmóllen *vi*
raukšl‖ē̃ 1 (*drabužio*) Fálte *f* -, -n, Kniff
m -(e)s, -e **2** (*veido*) Rúnzel *f* -, -n;
~**étas 1** (*apie drabužį*) fáltig **2** (*apie odą*)
rúnz(e)lig
raum‖enìngas muskulös; ~**uõ** Múskel *m*
-s, -n
raup‖ai *pl* Pócken *pl*; *skíepyti nuõ* ~*ų̃* gégen
Pócken ímpfen
raũsti erröten *vi* (*s*), rot wérden
raũstis wühlen *vi*
raũsvas rötlich, rósarot
ráuti (*pvz., piktžoles*) réißen* *vt*
ravéti jäten *vt*
razinà Rosíne *f* -, -n
reagúoti (*į ką*) reagíeren *vi* (*auf A*)
reãkcija Reaktión *f* -, -en
reakcìngas reaktionär
reakcioniērius Reaktionär *m* -s, -e
reaktȳvinis: ~ *lėktùvas* Düsenflugzeug *n* -
(e)s, -e
realȳbė Realität *f* -, -en

realìst‖as Realíst *m* -en, -en; ~**inis** realís-
tisch; ~*inė polìtika* Reálpolitik *f* -; ~**iš-
kas** realístisch
realizúoti realisíeren *vt*
realùs reál
recèptas Rezépt *n* -(e)s, -e
redagúoti redigíeren *vt*
redãk‖cija Redaktión *f* -, -en; ~**torius 1**
(*rengėjas spaudai, redaguotojas*) Redak-
teur [-ˈtø:r] *m* -s, - **2** (*leidėjas, atsakingasis
redaktorius*) Redáktor *m* -s, -tóren
refòrm‖a Refórm *f* -, -en; *žẽmės* ~*a* Bóden-
reform; (*pa*)*darýti žẽmės* ~*ą* éine Bóden-
reform dúrchführen
reformúoti reformíeren *vt*, úmgestalten *vt*
refrènas Refrain [reˈfrɛŋ] *m* -s, -s
reginỹs Ánblick *m* -(e)s, -e
regiòn‖as Región *f* -, -en; ~**inis** regionál
registrãcija Ánmeldung *f* -, -en
registratūrà Registratúr *f* -, -en, Ánmel-
dungsraum *m* -(e)s, ᵉe
registrúoti registríeren *vt*, ánmelden *vt*
regul‖iarùs regulär; ~*iarì kariúomenė*
reguläre Trúppen *pl*; ~**iúoti** regulíeren *vt*;
régeln *vt*
reĩkalas Sáche *f* -, -n, Ángelegenheit *f* -,
-en; Ánliegen *n* -s, -; *valstýbės reikalaĩ*
Stáatsgeschäfte *pl*; *nemalonùs* ~ éine
únangenehme Sáche; *taĩ màno* ~ das ist
méine Sáche
reikal‖áuti fórdern *vt*, verlángen *vt*;
~**ãvimas** Fórderung *f* -, -en; Ántrag *m*
-(e)s, ᵉe; ~**ìngas** erfórderlich; bráuchbar
reikéti (*ko*) bráuchen *vt*, bedürfen* *vi* (*G*);
mán reĩkia knỹgos ich bráuche ein Buch
reiklùs ánspruchsvoll; streng
reikmē̃ Bedürfnis *n* -ses, -se; Bedárf *m* -(e)s
reikšm‖ē̃ Bedéutung *f* -, -en; *turéti sprén-
džiamą réikšmę* von entschéidender Be-
déutung sein; ~**ìngas** bedéutend, bedéut-
sam
réikšti bedéuten *vt*; *ką̃ taĩ réiškia?* was soll
das bedéuten [héißen]?
reĩsas Route [ˈru:tə] *f* -, -n; *laĩvo* ~
Schíffsroute
reiškinỹs Erschéinung *f* -, -en

rėkauti grölen *vi*

rėket‖as (*turto prievartavimas*) Schützgelderpressung *f* -; ~ininkas (*turto prievartautojas*) Schützgelderpresser *m* -s, -

reklam‖à Rekláme *f* -, -n, Wérbung *f* -, -en; ~úoti (*ką*) wérben* *vi* (*für A*)

rekomend‖ācija Empféhlung *f* -, -en; ~úoti empféhlen* *vt*

rekonstr‖ùkcija Rekonstruktión *f* -, -en; ~úoti rekonstruíeren *vt*

rekòrdas Rekórd *m* -(e)s, -e

rėksnỹs Schréihals *m* -es, ~e

rėkti schréien* *vt*

rektorātas Rektorát *n* (o)s, o

rèktorius Réktor *m* -s, -tóren

reliatyvùs relatív

religija Religión *f* -, -en

religingas religiös

rėmai *pl* Ráhmen *m* -s, -

rėmėjas Spónsor *m* -s, -óren

remòntas Reparatúr *f* -, -en; Instándsetzung *f* -, -en; Renovíerung *f* -, -en; *automobilių* ~ Áutoreparatur

remontúoti 1 (*pvz.*, *butą*) renovíeren *vt*, instánd / in Stand sétzen 2 reparíeren *vt*

rem̃‖ti 1 unterstützen *vt* 2 (*šelpti*) spónsorn *vt*; ~tis (*kuo*) sich stützen (*auf A*)

reng‖ėjas Veránstalter *m* -s, -; ~inỹs Veránstaltung *f* -, -en

reñg‖ti 1 vórbereiten *vt*; (*zú*)bereiten *vt*; ~ti pāmoką éine Únterrichtsstunde vórbereiten; ~ti vakarienę das Ábendessen (*zú*)bereiten 2 (*pvz.*, *vaiką*) ánkleiden *vt*, ánzіehen* *vt* 3 áusbilden *vt*, heránbilden *vt*; ~ti mókytojus Léhrer áusbilden [heránbilden]; ~tis 1 (*kam*) sich vórbereiten (*auf A*); ~tis egzáminui sich auf éine Prüfung vórbereiten; ~tis keliōnei sich zur Ábreise rüsten 2 sich kléiden, sich ánziehen*; *šiltai* ~tis sich warm ánziehen

reñtgen‖as Röntgenapparat *m* -(e)s, -e; ~o núotrauka Röntgenaufnahme *f* -, -n

reorganizúoti reorganisíeren *vt*, úmgestalten *vt*

repet‖ìcija Próbe *f* -, -n; ~úoti próben *vt*

rėplės *pl* Zánge *f* -, -n

reportāžas Reportáge [-ʒə] *f* -, -n

repòrteris Repórter *m* -s, -

respùblika Republík *f* -, -en

restaur‖ācija, ~āvimas Restauratión *f* -, -en, Restauríerung *f* -, -en; ~ātorius Restaurátor *m* -s, -tóren; ~úoti restauríeren *vt*

restorānas Gáststätte *f* -, -n, Restaurant [-'raŋ] *n* -s, -s

resùrsai *pl* Ressourcen [rə'sursən] *pl*; *gamtōs* ~ Natúrschätze *pl*

retai sélten

rėtas sélten; rar

retenýbė Séltenheit *f* -, -en

rėtis Sieb *m* -(e)s, -e

rėtkarčiais zuwéilen, ab und zu

revánšas Revanche [rə'vaŋʃ(ə)] *f* -, -n

revidúoti revidíeren *vt*

revoliùc‖ija Revolutión *f* -, -en; ~inis revolutionär

revoliucioniėrius Revolutionär *m* -s, -e

rezèrvas Vórrat *m* -(e)s; Resérve *f* -, -n

rezervātas Schützgebiet *n* -(e)s, -e

rezid‖eñcija Residénz *f* -, -en; Sitz *m* -es, -e; ~úoti residíeren *vi*

rezium‖ė̃ Resümée *n* -s, -s, Zusámmenfassung *f* -, -en; ~úoti resümíeren *vt*, zusámmenfassen *vt*

rezultātas Resultát *n* -(e)s, -e, Ergébnis *n* -ses, -se

rezultatyvùs ergébnisreich

režis‖iėrius Regisseur [-'sø:r] *m* -s, -e; ~úoti Regíe führen

režisūrà Regíe [-'ʒi:] *f* -, -n [-'ʒi:ən]

riaumóti brüllen *vi*

rib‖à Grénze *f* -, -n; Schránke *f* -, -n; ~ótas beschränkt; begrénzt; ~ótas žmogùs ein beschränkter Mensch; ~óti begrénzen *vt*, beschränken *vt*; ~ótis (*su kuo*) grénzen *vi* (*an A*); ~ótumas Beschränktheit *f* -; Begrénztheit *f* -

ridìkas Réttich *m* -s, -e

ridikėlis Radíeschen *n* -s, -

riebalai *pl* Fett *n* -(e)s; *augaliniai* ~ Pflánzenfett

riedė́ti róllen *vi* (*s*)

riekė̃ Schéibe *f* -, -n

riestaĩnis Kríngel *m* -s, -

riẽs‖tas gebógen; *riestà nósis* éine gebógene Náse; ∼ti bíegen*vt

riẽšutas Nuss *f* -, ⁻e

riešutáuti Nüsse pflücken

riẽ‖tenos *pl* Zankeréi *f* -, -en; ∼tis sich zánken

rìkis *šachm.* Läufer *m* -s, -

rikiúotis ántreten*vi (*s*)

ryklỹs Hai *m* -(e)s, -e, Háifisch *m* -es, -e

rìksmas Schrei *m* -(e)s, -e

rýkštė Rúte *f* -, -n

riktelė́ti áufschreien*vi, éinen Schrei áusstoßen

rìmbas Péitsche *f* -, -n

rìmtas ernst, érnsthaft, seriös

rìmti (*pvz., apie vėją, audrą*) sich légen

rinkà Markt *m* -(e)s, ⁻e; *riñkos ekonòmika* Márktwirtschaft *f* -

rink‖ė́jas 1 (*per rinkimus*) Wähler *m* -s, - 2 Sámmler *m* -s, -; *liáudies dainų̃* ∼ė́jas Vólksliedersammler; ∼ìmai *pl* Wahl *f* -, -en; ∼ìmų įstátymas Wáhlgesetz *n* -es, -e; ∼ìmas Sámmlung *f* -, -en

riñkti 1 wählen *vt*; ∼ *pìrmininką* den Vórsitzenden wählen 2 sámmeln *vt*; lésen*vt; ∼ *pãšto žénklus* Bríefmarken sámmeln

rinktìn‖ė 1 (*raštų*) Áuswahlband *m* -(e)s, -e 2 *sport.* Áuswahl *f* -, -en; ∼is (*puikus*) áuserlesen; ∼iai vaĩsiai áuserlesene Früchte

riñktis sich versámmeln; sich ánsammeln

ristelė̃ im Láufschritt

rìsti róllen *vt*

ryš‖ỹs Verbíndung *f* -, -en; *rãdijo* ∼ỹs Fúnkverbindung; *tarptautìniai* ∼iaĩ internationále Verbíndungen

rỹšium (*su kuo*) in [im] Zusámmenhang (*mit* D), wégen (G)

ryškė́ti sich ábzeichnen; zutáge / zu Táge kómmen [tréten]

ryšk‖ùs 1 áusgeprägt; grell; ∼ì spalvà éine grélle Fárbe 2 déutlich, klar

rišlùs zusámmenhängend

rìšti bínden*vt, ánbinden*vt

ryšulỹs Bündel *n* -s, -, Pácken *m* -s, -

ryt‖aĩ *pl* Ósten *m* -s; ∼ų̃ *vėjas* Óstwind *m* -(e)s, -e; *Artimíeji Rytaĩ* Nahóst; *Artimúosiuose Rytuosè* in Nahóst

rýt‖as Mórgen *m* -s, -; *rytaĩs* mórgens; *ankstì* ∼ą̃ am frühen Mórgen, zu früher Mórgenstunde; *lãbas* ∼as! gúten Mórgen! ∼diena der mórgige Tag

rìteris Rítter *m* -s, -

rýti schlúcken *vt*

rytìnis mórgig, Mórgen-; ∼ *traukinỹs* Mórgenzug *m* -(e)s, ⁻e

rytmetỹs Mórgenstunde *f* -, -n; *rýtmečio aušrà* Mórgenröte *f* -

ritmìngas rhýtmisch

rytój mórgen; ∼ *vakarè* mórgen Ábend

rytójus (*ateitis*) Mórgen *n* -s

rizika Rísiko *n* -s, -s / -ken, Wágnis *n* -ses, -se; *veĩkti sàvo* ∼ auf éigene Faust hándeln

rizik‖ìngas riskánt; ∼ìngas žiñgsnis ein riskántes Unternéhmen; ∼úoti (*kuo*) riskíeren *vt*, etw. aufs Spiel sétzen; ∼úoti gyvýbe sein Lében riskíeren [aufs Spiel sétzen]

rỹžiai *pl* Reis *m* -es, -e

rỹžtas Entschlóssenheit *f* -

ryžtìngas entschlóssen

rodỹklė 1 Zéiger *m* -s, -; *laĩkrodžio* ∼ Úhrzeiger; *kẽlio* ∼ Wégzeichen *n* -s, - 2 (*strėlė*) Pfeil *m* -(e)s, -e 3 (*vardų, žodžių*) Regíster *n* -s, -

rodìkl‖is Kénnziffer *f* -, -n; *ekonòminiai* ∼iai ökonomische Kénnziffern

ródyti zéigen *vt*; zur Schau stéllen; ∼ *kám pãvyzdį* j-m ein Béispiel gében

rõgės *pl* Schlítten *m* -s, -

rogùtės *pl* Ródelschlitten *m* -s, -

rõjus Paradíes *n* -es, -e

rõlė Rólle *f* -, -n

románas Román *m* -(e)s, -e

román‖t‖ika Romántik *f* -; ∼iškas romántisch

ròmas Rum *m* -s, -s / -e

romùs fromm, rúhevoll

róp‖ė Rübe *f* -, -n; *pašarìnės* ~*ės* Fútter-
rüben *pl*

rõtušė Ráthaus *n* -es, ⸰er

rozètė Stéckdose *f* -, -n

rožáňč‖ius Rósenkranz *m* -es, ⸰e; *kalbėti*
~*ių* éinen Rósenkranz béten

rõž‖ė Róse *f* -, -n; ~**inis** rósig, rósa

rūbas Kleid *n* -(e)s, -er, Kléidung *f* -, -en

rùblis Rúbel *m* -s, -

rūdà Erz *n* -es; *geležiẽs* ~ Éisenerz

rùdas braun

rudenéti hérbsten *vimp*

rùdeniškas hérbstlich

rūdys *pl* Rost *m* -es

rūdýti rósten *vi*

rùdmėsė Réizker *m* -s, -

ruduõ Herbst *m* -es, -e; *rùdenį* im Herbst

rùgiagėlė Kórnblume *f* -, -n

rugiaĩ *pl* Róggen *m* -s

rugiapjūtė Róggenmahd *f* -, -en

rugìn‖is Róggen-; ~*ė dúona* Róggenbrot *n*
-(e)s, -e

rūgpienis Sáuermilch *f* -

rugpjūtis Augúst *m* - / -(e)s, -e

rugsėjis Septémber *m* - / -s, -

rūgštýnė Ámpfer *m* -s

rūgšt‖is Säure *f* -, -n; ~**ókas** säuerlich,
sáuerlich; ~**ùs** sáuer, Sáuer-; ~*ùs píenas*
Sáuermilch *f* -

rūgti gären*(*t.p.* gärte, gegärt) *vi* (*h*, *s*)

rūkas Nébel *m* -s, -; *tiřštas* ~ ein díchter
[dícker] Nébel

rūkymas Ráuchen *n* -s

rūkýt‖as geräuchert, Räucher-; ~*a dešrà*
Räucherwurst *f* -, ⸰e

rūk‖ýti 1 ráuchen *vt*, *vi*; ~*ýti cigarètę* éine
Zigarétte ráuchen 2 (*pvz.*, *mėsą*) räuchern
vt; ~**õrius** Ráucher *m* -s, -

rūkti ráuchen *vi*

rūmai *pl* Palást *m* -es, ⸰e, Palais [-ˈlɛ:] *n* -
[-ˈlɛ:s], - [-ˈlɛ:s]

rumùnas Rumäne *m* -n, -n

Rumùnija Rumäni｜en *n* -s

rumùniškai rumänisch

rungt‖ỹnės *pl* Wéttkampf *m* -(e)s, ⸰e;
~**yniáuti** (*dėl ko*) wétteifern *neatsk. vi*
(*um A*); spíelen *vi* (*um A*)

ruñkel‖is Rübe *f* -, -n; *cùkriniai* ~*iai*
Zúckerrüben *pl*

rúonis Róbbe *f* -, -n, Séehund *m* -(e)s, -e

ruošà: *namų* ~ Háushalt *m* -(e)s, -e; *apeĩti*
namų rūošą den Háushalt besórgen

ruõš‖ti 1 (*pvz.*, *pamokas*) vórbereiten *vt*
2 (*pvz.*, *vakarą*) veránstalten *vt*; ~*tis* 1
(*kam*) sich vórbereiten (*auf A*) 2 sich
fértig máchen; ~*tis eĩti válgyti* sich
zum Éssen fértig máchen; ~*tis į̃ keliõnę*
Vórbereitungen zu éiner Réise tréffen

rúožas (*pvz.*, *kelio*, *geležinkelio*) Strécke *f*
-, -n

rūpest‖ingas sórgfältig, sórgsam; ~**ingù-
mas** Sórgfalt *f* -, Sórgfältigkeit *f* -

rūpes‖tis Sórge *f* -, -n; *namų* ~*čiai*
häusliche Sórgen; *jį̃ spáudžia* ~*čiai*
Sórgen drücken ihn; (*su*)*kélti kám* ~*čių*
j-m Sórgen máchen

rūpéti interessíeren *vt*, kümmern *vt*; *taĩ mán*
nerūpi das kümmert mich nicht

rūpýba Fürsorge *f* -, -n; *sociãlinė* ~ soziále
Fürsorge

rūpin‖imasis (*kuo*) Sórge *f* -, -n; (*für A*);
~*tis* (*kuo*) sórgen *vi* (*für A*), sich bemühen
(*um A*); ~*tis maistù* für Éssen sórgen;
~*tis vaikaĩs* für die Kínder sórgen

rùporas Láutsprecher *m* -s, -

rup‖ùs grob; ~*ių̃ mìltų dúona* gróbes Brot

rùsas Rússe *m* -n, -n

rùsė Rússin *f* -, -nen

rusénti glímmen*vi, schwélen *vi*

Rùsija Rússland *n* -s

rùsiškas rússisch

rūsỹs Kéller *m* -s, -

rūstauti zürnen *vi*

rūst‖ýbė Zorn *m* -(e)s; ~*ùs* zórnig

rūšis Sórte *f* -, -n

rūšiúoti sortíeren *vt*

rūškan‖a Trübe *f* -; ~*as* trüb(e)

rūtà Ráute *f* -, -n

rutulỹs Kúgel *f* -, -n; *Žẽmės* ~ Érdball *m*
-(e)s; *rùtulio stūmìmas* Kúgelstoßen *n* -s

S

sābalas Zóbel *m* -s, -

sabotãž‖as Sabotage [zabo'ta:ʒə] *f* -, -n; ∼**ininkas** Saboteur [-'tø:r] *m* -s, -e

sabotúoti sabotíeren *vt*

sagà Knopf *m* -(e)s, ⸰e

sagė̃ Brósche *f* -, -n

sagtìs Schnálle *f* -, -n; Spánge *f* -, -n

saĩk‖as Maß *n* -es, -e; **žinóti** ∼**ą** Maß hálten

saikìngas mäßig, máßvoll

sájūdis Áufbruch *m* -(e)s, ⸰e

sájung‖a Verbánd *m* -(e)s, ⸰e; Bündnis *n* -ses, -se; Bund *m* -(e)s, ⸰e; **profèsinė** ∼**a** Gewérkschaftsbund; *Tautū̃ Sájunga* die Veréinten Natiónen; **sudarýti sù kuõ** ∼**ą** ein Bündnis mit j-m schlíeßen; ∼**ininkas**, **-ė** Verbündete *sub m, f*

sakaĩ Harz *m* -es, -e

sākalas Fálke *m* -n, -n

sakinỹs Satz *m* -es, ⸰e

sakýti ságen *vt*, méinen *vt*

sakmė̃ Ságe *f* -, -n

saksofònas Saxofón / Saxophón *n* -s, -e

salà Ínsel *f* -, -n

saldaĩn‖is Konfékt *n* -(e)s, -e, Bonbón *m*, *n* -s, -s; *šokoladìnis* ∼*is* Pralíne *f* -, -n; *šokoladìnių* ∼*ių* *dėžiùtė* éine Scháchtel Pralínen

saldókas süßlich

sald‖ùmas Süße *f* -; ∼**umýnai** Süßigkeiten *pl*; ∼**ùs** süß; ∼**ùs vỹnas** süßer Wein; ∼**žiarū̃gštis** sáuersüß

sālė Saal *m* -(e)s, Säle; *ãktų* ∼ Áula *f* -, -len

saliẽras Selleríe *f* -, - / -ri⸱en

salietrà Salpéter *m* -s, -

sályg‖a Bedíngung *f* -, -en; *dìrbti blogomìs* ∼*omis* únter schléchten Bedíngungen árbeiten

sálygoti bedíngen* *vt*, voráussetzen *vt*

sályt‖is Berührung *f* -, -en; *sueĩti sù kuõ į̃* ∼*į* mit j-m in Berührung kómmen

salònas Salón *m* -s, -s

salotà *bot.* Gártensalat *m* -(e)s, -e; *salṓtos kul.* Salát *m* -(e)s, -e; *daržóvių salṓtos* Gemüsesalat

sāmana Moos *n* -es, -e

samanótas bemóost

sámbrūzdis Betríeb *m* -(e)s, Trúdel *m* -s

samdýti díngen* *vt*

sámyšis Tumúlt *m* -(e)s, -e, Verwírrung *f* -, -en

sámojingas géistreich, schlágfertig, wítzig

sámojis Witz *m* -es, -e

sámoksl‖as Verschwörung *f* -, -en; *reñgti* ∼**ą** éine Verschwörung ánzetteln; ∼**ininkas** Verschwörer *m* -s, -

sámon‖ė Bewússtsein *n* -s; *atgáuti* ∼**ę** das Bewússtsein wíedererlangen; *netèkti* ∼**ės** das Bewússtsein verlíeren; *bè* ∼**ės** bewússtlos

sámon‖ingas bewússt; ∼**ingùmas** Bewússtheit *f* -

sámprot‖auti (*apie ką*) úrteilen *vi* (*über A*); ∼**avimas** Beúrteilung *f* -, -en

sámtis Schöpflöffel *m* -s, -

sąnarỹs Gelénk *n* -(e)s, -e

sanatòrija Sanatórium *n* -s, -ri⸱en

sandãlai Sandálen *pl*

sándara Áufbau *m* -(e)s

sandar‖iaĩ dicht; *langaĩ užsidáro* ∼*iaĩ* die Fénster schlíeßen dicht; ∼**ùs** dicht; *sandários dùrys* die Tür ist dicht

sándėl‖ininkas Lágermeister *m* -s, -, Lágerverwalter *m* -s, -; ∼**is** Láger *n* -s, -, Lágerhaus *n* -es, ⸰er; *prèkių* ∼**is** Wárenlager

sandėliúoti lágern *vt*

sándrauga Geméinschaft *f* -, -en

sanitãr‖as Sanitäter *m* -s, -; ∼**ija** Sanität *f* -, Sanitätswesen *n* -s; ∼**inis** sanitär; Sanitäts-

sánkryža Kréuzung *f* -, -en, Stráßenkreuzung *f* -, -en

sántaik‖a Éintracht *f* -; *gyvénti* ∼*oje* in Éintracht lében

sántaupos Rücklage *f* -, -n, Erspárnisse *pl*

sántykiauti (*su kuo*) verkéhren *vi* (*mit j-m*)

sántyk‖is 1 Verhältnis *n* -ses, -se; *jėgų̃* ~*is* Kráftverhältnis 2 (~**iai**) *pl* Bezíehungen *pl*; *užmégzti sù kuõ diplomãtinius* ~*ius* diplomátische Bezíehungen zu j-m ánknüpfen; *palaikýti sù kuõ* ~*ius* Bezíehungen zu j-m unterhálten

sántrauka Zusámmenfassung *f* -, -en, Resümée *n* -s, -s

sántrumpa Ábkürzung *f* -, -en

sántuoka Éhe *f* -, -n

santū́r‖ùmas Zurückhaltung *f* -, Reservíertheit [-v-] *f* -; ~**ùs** zurückhaltend, reservíert [-v-]

sántvarka Órdnung *f* , en; *visuomenìnė* ~ Geséllschaftsordnung

sãpnas Traum *m* -(e)s, ꞏe; *saldžių̃ sapnų̃!* träume süß!

sapnúoti (*apie ką̃*) träumen *vi* (*von D*)

sãrašas Líste *f* -, -n; Verzéichnis *n* -ses, -se

sardèlė Bóckwurst *f* -, ꞏe

sardìnė Sardíne *f* -, -n

sárgas Wächter *m* -s, -; *naktìnis* ~ Náchtwächter

sargýb‖a Wáche *f* -, -n; *eĩti* ~*ą̃* (auf) Pósten stéhen, Wáche hálten; *stovéti* ~*oje* auf Wáche sein [stéhen]; ~**inis** Pósten *m* -s, -

sáryšis Zusámmenhang *m* -(e)s, ꞏe

sarmatà Scham *f* -; *mán* ~ ich schäme mich

sarmãtytis (*ko*) sich schämen (*G, wegen G*)

sãsiauris Méerenge *f* -, -n

sãsiuvinis Heft *n* -(e)s, -e

sãskait‖a 1 Réchnung *f* -, -en; *einamóji* ~*a* láufende Réchnung 2 (*banke*) Kónto *n* -s, -ten / -ti; *atidarýti* (*uždarýti*) ~*ą̃* ein Kónto eröffnen (schlíeßen)

sãskrydis Tréffen *n* -s, -

sãšlavýnas Kéhrichthaufen *m* -s, -

sãšlavos Kéhricht *m*, *n* -(e)s

satyrà Satíre *f* -, -n

saugyklà Vórratsraum *m* -(e)s, ꞏe, Lágerhaus *n* -es, ꞏer; *knỹgų* ~ Büchermagazin *n* -s, -e; *bagãžo* ~ Gepäckaufbewahrung *f* -, -en

saugìklis (*elektros*) Sícherung *f* -, -en

sáug‖oti hüten *vt*; schónen *vt*; bewáchen *vt*; ~*oti sãvo sveikãtą* séine Gesúndheit schónen; ~*oti vaikùs* die Kínder hüten; ~*otis* (*ko*) sich hüten (*vor D*), sich in Acht néhmen (*vor D*); ~*okis!* hüte dich! Áchtung!

saug‖ùmas Sícherheit *f* -; *eĩsmo* ~*ùmas* Verkéhrssicherheit; ~**ùs** sícher; ~*iojè vietoje* in Sícherheit

sáuja eine Hand voll

sául‖ė Sónne *f* -; ~*ės smũgis* Sónnenstich *m* -(e)s, -e; ~*ės užtemìmas* Sónnenfinsternis *f* -, -se; *kaĩtintis* ~*ėje* sich sónnen, in der Sónne líegen [sítzen]

saul‖ė́grąža *bot.* Sónnenblume *f* -, -n; ~**ė́lydis** Sónnenuntergang *m* -(e)s, ꞏe; ~**ė́tas** sónnig; ~**ė́ta dienà** ein sónniger Tag; ~**ė́tekis** Sónnenaufgang *m* -(e)s, ꞏe

sausaĩnis Gebäck *n* -(e)s, Keks *m*, *n* -es, - / -e

saũs‖akimšas gedrängt voll, vóllgestopft; ~**as** dürr; trócken; ~*os málkos* tróckenes Holz; ~*as óras* die Luft ist trócken; ~**gyslė** Séhne *f* -, -n; ~**inti** tróckenlegen *vt*

saũsis Jánuar *m* - / -s, -e

sausrà Dürre *f* -, -n, Tróckenheit *f* -

sausumà Féstland *n* -(e)s

saváime von selbst; *taĩ* ~ *suprañtama* das verstéht sich von selbst

savaĩp auf séine Art

saváit‖ė Wóche *f* -, -n; *prãeitą* ~*ę̃* die vórige Wóche; *kas trỹs* ~*ės* álle drei Wóchen; *per* ~*ę̃* im Láufe der Wóche; ~**galis** Wóchenende *n* -s, -n; ~**galiui važiúosime į̃ kaĩmą** am [übers] Wóchenende wóllen wir aufs Land fáhren; ~**inis** wöchentlich; ~**inis žurnãlas** Wóchenzeitschrift *f* -, -en

sava‖laĩkis frístgerecht, réchtzeitig; ~**mõkslis** Áutodidakt *m* -en, -en

savanaũd‖is ein éigennütziger Mensch; ~**iškas** éigennützig, sélbstsüchtig

savanaudiškùmas Éigennutz *m* -es, Éigennützigkeit *f* -, Sélbstsucht *f* -

savanõr‖is, -ė Fréiwillige *sub m, f*; ~**iškas** fréiwillig

savarañkiškas sélbständig / sélbstständig, éigenständig

savarankiškúmas Sélbständigkeit / Sélbst-
ständigkeit *f* -, Éigenständigkeit *f* -
sãvas éigen; *čià visì savì* (*néra svetimų*) hier
sind wir únter uns; *savmè kraštè* im éige-
nen Land; *sàvo nóru* auf méinen éigenen
Wunsch
savè sich; *galvóti tìk apiē* ∼ nur an sich
dénken
savýbė Éigenschaft *f* -, -en, Éigenart *f* -, -en
savì‖garba Éhrgefühl *n* -(e)s, Sélbstachtung
f -; *netèkti* ∼*garbos* séine Sélbstachtung
verlíeren; ∼**gyna** Sélbstverteidigung *f* -,
Nótwehr *f* -; ∼**jauta** Befínden *n* -s; *kokià
jū́sų* ∼*jauta?* wie ist Ihr Befínden?
∼**kaina** Sélbstkosten *pl*
savininkas Besítzer *m* -s, -, Ínhaber *m* -s, -,
Éigentümer *m* -s, -
sãvintis sich (*D*) áneignen
savì‖sauga Sélbstschutz *m* -(e)s; ∼**švieta**
Sélbstunterricht *m* -(e)s; ∼**tarna** Sélbst-
bedienung *f* -
sãvitas éigenartig, éigenwillig
savitùmas Éigenart *f* -, -en; Éigenwilligkeit
f -, -en
savì‖tvarda Sélbstbeherrschung *f* -; Fássung
f -; *nepraràsti* ∼*tvardos* séine Sélbstbe-
herrschung bewáhren; ∼**valda** Sélbstver-
waltung *f* -, -en; ∼**valė** Willkür *f* -
sàvo mein, dein, sein, ihr, únser, éuer, ihr,
Ihr
sávoka Begríff *m* -(e)s, -e
savótiškas éigenartig
sážinė Gewíssen *n* -s, -
sąžin‖ìngas gewíssenhaft; éhrlich; ∼**ingù-
mas** Gewíssenhaftigkeit *f* -; Éhrlichkeit *f* -
scen‖à Bühne *f* -, -n; ∼**ārijus** (*pvz.*, *fil-
mo*) Dréhbuch *n* -(e)s, ⁼er; Szenárium *n*
-s, -ri⁚en
schemà Schéma [ʃ-] *n* -s, -s / -ta
seánsas Vórstellung *f* -, -en; *vakarìnis* (*kìno*)
∼ Ábendvorstellung
sėd‖éti sítzen* *vi*; ∼*éti añt kėdė́s* auf éinem
Stuhl sítzen; ∼*éti priè knỹgų* über den
Büchern sítzen; ∼**ỹnė** Sitz *m* -es, -e
sègti knöpfen *vt*

segt‖ùkas (*plaukams susegti*) Háarnadel *f* -,
-n; ∼**ùvas** (*dokumentams susegti*) Schnéll-
hefter *m* -s, -
seĩfas Géldschrank *m* -(e)s, ⁼e, Tresór *m* -s,
-e
séilė, ∼**s** Spéichel *m* -s, -
sėj‖à Saat *f* -, -en; ∼**amóji** (*mašina*)
Sämaschine *f* -, -n; ∼**éjas**, ∼**ìkas** Sämann
m -(e)s, ⁼er
sėkantis náchfolgend
sėkinti (*ką*) zermürben *vt*; zéhren *vi* (*an D*)
sekióti (*paskui ką*) náchfolgen *vi* (*s*) (*D*);
hínter j-m her sein
sėkla Sámen *m* -s, -; Saat *f* -, Sáatgut *n* -(e)s
sekl‖umà Sándbank *f* -, ⁼e; *užplaũkti añt
* ∼*umõs* auf éine Sándbank geráten; ∼**ùs**
seicht
sekmãdienis Sónntag *m* -(e)s, -e
sėkmė̃ Erfólg *m* -(e)s, -e
Sekmìnės Pfíngsten *n* - / *pl*
sėkmìngas erfólgreich
sėkmingùmas Gelíngen *n* -s
sekretõrius Sekretär *m* -s, -e
sèkti **1** (*paskui ką*) fólgen *vi* (*s*) (*D*),
náchfolgen *vi* (*s*) (*D*); *jìs sėkė̃ páskui
manè ikì namų̃* er ist mir bis ins Haus
gefólgt **2** (*ką*) fólgen *vi* (*s*) (*D*); verfólgen
vt; beóbachten *vt*; ∼ *ką̃ akimìs* j-m mit
den Áugen fólgen **3** (*kuo*) fólgen *vi* (*h*)
(*D*); ∼ *kienõ pãvyzdžiu* j-s Béispiel fólgen
4 (*stebėti*) überwáchen *vt*; ∼ *į̃tariamąjį*
éinen Verdächtigen überwáchen **5:** *pãsaką*
∼ ein Märchen erzählen
sèktis leicht fállen; *kaĩp táu sėkasi?* wie geht
es dir? *suñkiai* ∼ schwer fállen
sekùndė Sekúnde *f* -, -n
sė̃linti schléichen* *vi* (*s*)
semèstras Seméster *n* -s, -
seminār‖as Seminár *n* -s, -e; ∼**ija:** *kuni-
gų̃* ∼*ija* Príesterseminar; *mókytojų̃* ∼*ija*
Léhrerseminar, Léhrerbildungsanstalt *f* -,
-en
sémti schöpfen *vt*
senamādis áltmodisch
senãmiestis Áltstadt *f* -, ⁼e

sēn‖as alt; *senì žmónės* álte Léute; *iš senų̃ laikų̃* seit álten Zéiten; *iš* ~*o* seit álters her ‖ **senãtv‖ė** Álter *n* -s; ~*ėje* im Álter; *suláukti žilõs* ~*ės* ein gréises Álter erréichen **sénbernis** Júnggeselle *m* -n, -n **senē‖lė** Gróßmutter *f* -, ⁎, Óma *f* -, -s; ~*iai* Gróßeltern *pl*; ~*is* 1 Gróßvater *m* -s, ⁎, Ópa *m* -s, -s 2 (*senas žmogus*) Gréis *m* -es, -e **senéti** áltern *vi* (*h, s*) **seniaĩ** lánge; lángst; *nuõ* ~ von álters her, seit álters her **sēnis, -ė** Álte *sub m, f* **seniū̃nas, -ė** Älteste *sub, m, f*; *klãsės* ~ Klássenältester; *káimo* ~ Dórfältester, Dórfschulze *m* -n, -n **senývas** ältlich, bejáhrt **senóv‖ė** Áltertum *n* -s; *žilojè* ~*ėje* im gráuen Áltertum; ~*inis,* ~*iškas* áltertümlich **sensãcij‖a** Áufsehen *n* -s; *padarýti [sukélti]* ~*ą* Áufsehen errégen **sensacìngas** Áufsehen errégend, sensationéll **sénti** áltern *vi* (*h, s*) **sentimental‖ùmas** Sentimentalität *f* -, -en; ~*lùs* sentimentál **septynì** síeben **septýniasdešimt** síebzig **septyniasdešim̃tmetis** der síebzigste Jáhrestag, das síebzigjährige Jubiläum **septyniólika** síebzehn **septynmētis** síebenjährig **serbeñtas** Johánnisbeere *f* -, -n **servetė̃lė** Serviette [-'vjɛtə] *f* -, -n **servirúoti** servíeren [-v-] *vt* **sèrvisas** Service ['sə:vis] *m, n* -, -s [-visəs]; *automobìlių* ~ Áutoservice **sesēlė** (*medicinos sesuo*) Kránkenschwester *f* -, -n **seserė́čia** Níchte *f* -, -n **seserénas** Néffe *m* -n, -n **sèsija** 1 Tágung *f* -, -en 2 (*egzaminų*) Prüfungszeit *f* -, -en **sèslùs** sésshaft

sésti sich sétzen, Platz néhmen; ~ *priẽ stãlo* sich an den Tisch sétzen **sesuõ** Schwéster *f* -, -n; *medicìnos* ~ Kránkenschwester **séti** säen *vt* **sezònas** Saison [sɛ'zɔŋ] *f* -, -s; (*teatro*) Spíelzeit *f* -, -en **siaũbas** Entsétzen *n* -s, Gráuen *n* -s; *jį̃ àpėmė* ~ Entsétzen erfásste [páckte] ihn **siaubìngas** entsétzlich, gráuenerregend **siaũras** eng; schmal **siauréti** sich veréngen **siaũsti** (*pvz., apie audrą, terorą*) tóben *vi*, wüten *vi* **sidãbras** Sílber *n* -s; *gyvàsis* ~ Quécksilber **sidabrìnis** sílbern; ~ *pìnigas* éine sílberne Münze **siekìmas** (*ko*) Strében *n* -s (*nach D*); Bestrében *n* -s; *mókslo* ~ Wíssensdrang *m* -(e)s **síekti** 1 (*ko*) strében *vi* (*nach D*); ~ *láimės* nach Glück strében 2 (*ką*) réichen *vi* (*bis an A*) **síela** Séele *f* -, -n; *atvérti kám sàvo síelą* j-m sein Ínneres öffnen **síelotis** (*dėl ko*) sich grämen (*über A*), sich ábgrämen (*um A*) **síelvartas** Gram *m* -(e)s; Hérzleid *n* -(e)s **síen‖a** 1 Wand *f* -, ⁎e; *mū́ro* ~*a* Máuer *f* -, -n 2 (*valstybės*) Grénze *f* -, -n; ~*inis* Wand-; ~*inis kalendõrius* Wándkalender *m* -s, -; ~*inė spìnta* Wándschrank *m* -(e)s, ⁎e; ~*laikraštis* Wándzeitung *f* -, -en **sierà** Schwéfel *m* -s **síetas** Sieb *n* -(e)s, -e **siẽti** (*ką su kuo*) verbínden* *vt* (*mit D*) **sietýnas** Krónleuchter *m* -s, - **signãl‖as** Signál *n* -s, -e; *automobìlio* ~*as* Húpe *f* -, -n; *dúoti* ~*ą* ein Signál gében **signaliz‖ãcija** Signálanlage *f* -, -n; ~*úoti* signalisíeren *vt*; húpen *vi* **sijà** Bálken *m* -s, - **sijònas** Rock *m* -(e)s, ⁎e **sijóti** síeben *vt* **sỹk‖is** Mal *n* -(e)s, -e; *pìrmą* ~*į* das érste Mal, zum érsten Mal

silkė Héring *m* -s, -e; *rūkýta* ~ geräucherter Héring, Räucherhering; *sūdyta* ~ gesálzener Héring
silpna‖būdis léichtsinnig; ~dvāsis kléinmütig; ~prõtis schwáchsinnig; ~protỹstė Schwáchsinn *m* -(e)s; ~rēgis schwáchsichtig, séhschwach; ~regỹstė Schwáchsichtigkeit *f* -, Séhschwäche *f* -
silpnas schwach; *silpnà arbatà (kavà)* schwácher Tee (Káffee); *silpnóji vietà prk.* wúnder Punkt
silpnavãlis wíllensschwach, charákterschwach [k-]
silpn‖éti 1 schwach wérden, von Kräften kómmen 2 *(pvz., apie šaltį, vėją)* náchlassen* *vi*; ~ýbė Schwäche *f* -, -n; *žmonių* ~*ýbės* ménschliche Schwächen
silpninti schwächen *vt*
siluètas Silhouette [zilu'ɛtə] *f* -, -n
simbòlinis symbólisch
simbolis Symból *n* -s, -e
simbolizúoti symbolisíeren *vt*
simfòn‖ija Sinfoníe / Symphoníe *f* -, -ní:en; ~inis sinfónisch / symphónisch, Sinfoníe- / Symphoníe-; ~*inis orkèstras* Sinfoníe- / Symphoníeorchester *n* -s, -
simpãtija Sympathíe *f* -, -thí:en, Zúneigung *f* -, -en
simpatìngas, simpãtiškas sympáthisch
simpatizúoti *(kam)* sympathisíeren *vi (mit j-m)*
sinonìmas Synoným *n* -s, -e
siñtaksė Sýntax *f* -, -en
sintètin‖is synthétisch, künstlich; ~*è mēdžiaga* Kúnststoff *m* -(e)s, -e
sirenà Siréne *f* -, -n
sirgti *(kuo)* krank sein *(an D)*, léiden* *vi (an D)*
sirguliúoti kränkeln *vi*, sich nicht wohl fühlen
sirpti *(apie uogas)* réifen *vi (s)*
sirupas Sírup *m* -s, -e
sistemà Systém *n* -s, -e; *áuklėjimo* ~ Erzíehungssystem; *rinkìmų* ~ Wáhlsystem
sistemìngas systemátisch

sistèminis: ~ *katalògas* der systemátische Katalóg
sistèminti systematisíeren *vt*
situãcija Situatión *f* -, -en
siūbúoti sich wíegen
siūlas Fáden *m* -s, ʺ, Zwirn *m* -(e)s, -e; Garn *n* -(e)s, -e
siūlė Naht *f* -, ʺe
siūl‖ymas Vórschlag *m* -(e)s, ʺe; ~yti vórschlagen* *vt*; ánbieten* *vt*
siunt‖à Séndung *f* -, -en; ~éjas *(laiško)* Ábsender *m* -s, -; ~inỹs Pakét *n* -(e)s, -e
siurblỹs Púmpe *f* -, -n; *vandeñs* ~ Wásserpumpe; *dùlkių* ~ Stáubsauger *m* -s, -
siurbti sáugen *(t. p. sog, gesógen) vt, vi*
siurprìzas Überráschung *f* -, -en; *malonùs* ~ éine ángenehme Überráschung
siùsti 1 rásen *vi*; ~ *iš pỹkčio* vor Zorn rásen 2 *(niršti) (ant ko)* wütend sein *(auf A, über A)*
siųsti schícken *vt*, sénden* *vt*
siųstùvas Sénder *m* -s, -
siūti nähen *vt*
siuv‖éjas Schnéider *m* -s, -; ~yklà Schneideréi *f* -, -en
siuviné‖jimas Stickeréi *f* -, -en; ~ti stícken *vt*
siužètas Sujet [sy'ʒe:] *n* -s, -s
skaičiúoti 1 zählen *vi, vt*; ~ *ikì 10* bis 10 zählen 2 réchnen *vi*; ~ *skaičiãvimo mašinėlė* mit éiner Réchenmaschine réchnen
skaičius Zahl *f* -, -en
skaidrùs *(pvz., apie dangų)* glásklar
skait‖yklà Lésesaal *m* -(e)s, -säle; ~ìklis Zähler *m* -s, -; *elèktros* ~ìklis Strómzähler; *dùjų* ~ìklis Gászähler; ~iniaĩ *(knyga)* Lésebuch *n* -(e)s, ʺer; ~ýti lésen* *vt, vi*; ~ýtis *(su kuo)* berücksichtigen *vt*, Rücksicht néhmen *(auf A)*; *sù niēkuo nesiskaitýti* auf nichts Rücksicht néhmen; ~ýtojas Léser *m* -s, -
skaitmuõ Ziffer *f* -, -n
skaitõvas Rezitátor *m* -s, -tóren
skaitvardis *gram.* Záhlwort *n* -(e)s, ʺer
skaláuti *(pvz., indus)* spülen *vt*

skalb‖ėja Wäscherin *f* -, -nen, Wáschfrau *f* -, -en; ∼**yklà** Wäscheréi *f* -, -en; ∼**iniai** Wäsche *f* -

skaĩbti wáschen* *vt*

skáldyti (*pvz., malkas*) spálten *vt*

skālė Skála *f* -, -len / -s

skamb‖esỹs Klang *m* -es, ∹e; ∼**ėti** 1 klíngen* *vi*, schállen *vi* 2 láuten *vi*; *pótvarkis skam̃ba taĩp* die Verórdnung láutet fólgendermaßen

skam̃binti 1 (*pvz., varpais*) läuten *vt*; (*skambučiu*) klingeln *vi* 2 (*telefonu*) ánrufen* *vt*, telefoníeren *vi* (*mit D*) 3 spíelen *vi*; ∼ *fortepijonù* Klavíer spíelen

skamb‖ùs klángvoll, laut, hállend; *skam̃bios frãzės* hóchtönende Phrásen; ∼**ùtis** Klíngel *f* -, -n; *telefòno* ∼**ùtis** Telefónanruf *m* -(e)s, -e; *pasigirdo* ∼**ùtis** éine Klíngel ertönte

skandìnti versénken *vt*

skanėstas Léckerbissen *m* -s, -

skan‖umýnai Leckeréien *pl*; ∼**ùs** lécker, schmáckhaft; ∼**ù**! das schmeckt (gut)!

skarà Tuch *n* -(e)s, ∹er, Kópftuch *n* -(e)s, ∹er

skardà Blech *n* -(e)s, -e

skardėti hállen *vi*

skardìnė Dóse *f* -, -n; *konsèrvų* ∼ Konsérvendose

skardùs (*pvz., apie balsą, juoką*) schállend

skarėlė Kópftuch *n* -(e)s, ∹er

skarlatinà Schárlach *m*, *n* -s

skātinti (*ką daryti*) ánregen *vt* (*zu D*), bewégen* *vt* (*zu D*)

skaudėti schmérzen *vi*, wéhtun* *vi*; *mán skaũda gálvą* mir tut der Kopf weh, ich hábe Kópfschmerzen

skaud‖ùs 1 schmérzhaft; ∼*ì žaizdà* éine schmérzhafte Wúnde 2 (*slegiantis*) schmérzlich; ∼*ì netektìs* ein schmérzlicher Verlúst

skaũsmas Schmerz *m* -es, -en; *galvõs* ∼ Kópfschmerzen *pl*; *kentėti skausmùs* Schmérzen léiden

skausmìngas schmérzhaft

skelbìmas 1 Bekánntmachung *f* -, -en 2 (*laikraštyje*) Inserát *n* -(e)s, -e, Ánzeige *f* -, -n

skélbti bekánnt máchen, bekánnt gében

skelėtas Skelétt *n* -(e)s, -e

skersaĩ quer; ∼ *iř išilgaĩ* kreuz und quer; *eĩti* ∼ *gãtvę* quer über die Stráße géhen

skeřsas quer

skeřsgatvis Quérstraße *f* -, -n

skersmuõ Dúrchmesser *m* -s, -

skeřsti schláchten *vt*; ∼ *kiaũlę* ein Schwein schláchten

skeřsvėjis Zúgluft *f* -; *pùčia* (*tráukia*) ∼ es zieht

skę̃sti 1 sìnken* *vt* (*s*) 2 (*prigertı*) ertrínken* *vi* (*s*)

skėtis Régenschirm *m* -(e)s, -e; (*sustumiamasis*) Knirps *m* -es, -e

skevéldra Schérbe *f* -, -n, Splítter *m* -s, -

skiáutė Fétzen *m* -s, -

skiedrà Span *m* -(e)s, ∹e

skiemuõ Sílbe *f* -, -n

skiėpyti 1 (*augalus*) pfrópfen *vt* 2 ímpfen *vt*; ∼ *vaikùs nuo raupų̃* Kínder gégen Pócken ímpfen

skíesti verdünnen *vt*, verwässern *vt*

skyl‖ė̃ Loch *n* -(e)s, ∹er; ∼**ėtas** löcherig; leck

skìlti sich spálten

skìltis 1 Schéibe *f* -, -n 2 (*laikraščio*) Spálte *f* -, -n

skìnti pflücken *vt*

skyrýb‖a Zéichensetzung *f* -, -en; ∼**os** Schéidung *f* -, -en, Éhescheidung *f* -, -en

skỹr‖ium gesóndert, getrénnt; *jìs gyvẽna* ∼*ium nuõ žmonõs* er lebt von séiner Frau getrénnt; ∼**ius** 1 Ábteilung *f* -, -en 2 (*knygos*) Kápitel *n* -s, -

skirsnis (*knygos*) Ábschnitt *m* -(e)s, -e

skirstytis auseinánder géhen, sich zerstréuen

skìrti 1 (*ką nuo ko*) unterschéiden* *vt* (*von D*); ∼ *esminiùs dalykùs nuõ neesmìnių* Wésentliches vom Únwesentlichen unterschéiden 2 (*ką kuo*) ernénnen* *vt* (*zu D*); ∼ *baũsmę* éine Stráfe zúmessen; ∼ *kám dė̃mesį* j-m, etw. (*D*) Áufmerksamkeit schénken 3 beréitstellen *vt*; bewílligen *vt*; ∼ *lė̃šàs* Géldmittel beréitstellen [bewílligen]; ~ *visàs jėgàs* álle Kraft [Kräfte] éinsetzen

skirtìngas únterschiedlich

skìr‖tis 1 (*nuo ko kuo*) sich unterschéiden*(*von D durch A*) **2** (*su kuo*) sich trénnen (*von D*); *čià mū́sų keliaĩ ~iasi* hier trénnen sich únsere Wége; *výras sù žmóna ~iasi* die Éheleute lássen sich schéiden; *mū́sų núomonės ~iasi* únsere Méinungen géhen auseinánder

skirtùmas Únterschied *m* -(e)s, -e

skýstas flüssig; *skystà sriubà* éine dünne Súppe

skỹstis Flüssigkeit *f* -, -en

sklandùs fließend; flüssig; réibungslos

sklãstymas Schéitel *m* -s, -

skleĩsti verbréiten *vt*; áusströmen *vt* ~ *nemalónų kvãpą* éinen únangenehmen Gerúch verbréiten; ~ *gandùs* Gerüchte verbréiten

skleròzė *med.* Skleróse *f* -, -n

skliaũstai, skliaustẽliai Klámmern *pl*

skliaũtas Gewölbe *n* -s, -

skliautúotas gewölbt

sklìdinas rándvoll

skliñdis Plínse *f* -, -n, Pfánnkuchen *m* -s, -

sklỹpas Grúndstück *n* -(e)s, -e

sklìsti sich verbréiten

skol‖à Schuld *f* -, -en; *grąžìnti ~às* Schúlden zurückzahlen; *įbrìsti* [*įlį̃sti*] *į̃ ~às* in Schúlden geráten; *~ìngas* schúldig; *kíek àš jùms ~ìngas?* was bin ich Íhnen schúldig? *~iniñkas* Schúldner *m* -s, -

skõlin‖ti léihen* *vt*, bórgen *vt*; *~tis* (*iš ko*) sich (*D*) léihen* (*von j-m, bei j-m*), sich (*D*) bórgen (*von j-m, bei j-m*)

skonìngas geschmáckvoll

skõnis Geschmáck *m* -(e)s, ‟e / ‟er

skraidýti flíegen* *vi* (*s*)

skrañ‖dis Mágen *m* -s, - / ‟; *~džio opà* Mágengeschwür *n* -(e)s, -e

skriaudà Kränkung *f* -, -en, Únrecht *n* -(e)s, -e; *patìrti skriaũdą* Únrecht erléiden

skriaũsti kränken *vt*, zuléide / zu Léide tun

skrybėlė̃ Hut *m* -(e)s, ‟e; *užsidéti* (*nusiim̃ti*) *skrýbėlę* den Hut áufsetzen (ábnehmen)

skriestùvas Zírkel *m* -s, -

skrìsti flíegen* *vi* (*s*)

skritulỹs Kreis *m* -es, -e; Schéibe *f* -, -n

skrùdinti rösten *vt*

skrúostas Wánge *f* -, -n

skruzd‖ė̃, ~ėlė̃ Ámeise *f* -, -n; *~ėlýnas* Ámeisenhaufen *m* -s, -

skub‖à Éile *f* -; *~ėti* éilen *vi* (*s*); *àš ~ù* ich hábe Éile, ich hábe es éilig; *neskubék!* lass dir Zeit! *~iaĩ* dríngend, úmgehend

skùbinti ántreiben* *vt*, zur Éile tréiben; *~s* sich beéilen

skub‖omìs in [mit] Éile; *~ótas* flüchtig; éilfertig, vórschnell

skùduras Láppen *m* -s, -

skùlptorius Bíldhauer *m* -s, -

skulptūrà 1 (*menas*) Bíldhauerei *f* - **2** (*kūrinys*) Skulptúr *f* -, -en, Státue *f* -, -n

skùmbrė Makréle *f* -, -n

skuñd‖as Beschwérde *f* -, -n, Kláge *f* -, -n; *padúoti ~ą priẽš ką̃* éine Beschwérde gégen j-n erhében [éinreichen]

skundìkas Ángeber *m* -s, -, Denunziánt *m* -en, -en

skur̃das Ármut *f* -, Élend *n* -(e)s; *dvãsios ~* géistige Ármut; *gyvénti skurdè* in Ármut [im Élend] lében

skurdùs kümmerlich, karg, kärglich

skur̃džius Árme *sub m*, Hábenichts *m* - / -es, -e

skur̃sti 1 dárben *vi*, ein élendes Lében frísten **2** (*menkai augti*) kümmern *vi*

skùsti 1 (*barzdą*) rasíeren *vt* **2** (*bulves*) schälen *vt*

skų́sti ánzeigen *vt*, denunzíeren *vt*

skùstis sich rasíeren

skų́stis (*kuo*) klágen *vi* (*über A*); ~ *skausmaĩs* über Schmérzen klágen

skvarbùs dúrchdringend; ~ *žvìlgsnis* ein dúrchdringender Blick

skvèras Grünanlage *f* -, -n

skver̃btis dríngen* *vi* (*s*)

skver̃nas Schoß *m* -es, ‟e

slampinéti (umhér)stréichen* *vi* (*s*)

slapč‖ià, ~iomìs im Gehéimen

slapývardis Pseudoným *n* -s, -e
slapst‖ýti verstécken *vt*; ∼ýtis sich ver-
stécken
slaptà héimlich, insgehéim
slãptas héimlich; gehéim
slaptãžodis Paróle *f* -, -n
slaũg‖ė Pflégerin *f* -, -nen, Wärterin *f* -, -nen;
∼ymas Pflége *f* -
slaugýti pflégen *vt*; ∼ ligóni éinen Kránken
pflégen
slė̃g‖is Druck *m* -(e)s; *atmosfèros* ∼*is*
Lúftdruck; ∼ti drücken *vt*; bedrücken *vt*
slėnys Tal *n* -(e)s, ⸗er
sleñksils Schwélle *f* -, -n
slėp‖ti 1 (*nuo ko*) verstécken *vt* (*vor j-m*) ∼*ti*
dáiktą nuõ vaikų éinen Gégenstand vor
den Kíndern verstécken 2 (*laikyti paslap-
tyje*) gehéim hálten; ∼tis sich verstécken
slìdės Schi *m* -s, -er
slidinéti Schi fáhren [láufen]
slìdininkas Schíläufer *m* -s, -
slid‖umà, ∼ùmas Glätte *f* -; Schlüpfrigkeit
f -, -en; ∼ùs glatt; glítscherig, schlüpfrig
slíekas Régenwurm *m* -(e)s, ⸗er
sliñkti 1 schléichen* *vi* (*s*); *laĩkas sleñka* die
Zeit schleicht 2 (*apie plaukus*) áusfallen*
vi (*s*)
slýsti gléiten* *vi* (*s*); rútschen *vi* (*s*)
slyvà 1 (*vaisius*) Pfláume *f* -, -n 2 (*medis*)
Pfláumenbaum *m* -(e)s, ⸗e
slog‖à Schnúpfen *m* -s, -; ∼úoti Schnúpfen
háben; ∼ùs 1 (*tvankus*) drückend, schwül
2 (*slegiantis*) bedrückend
slovãkas Slowáke *m* -n, -n
Slovãkija Slowakéi *f* -
slovãkiškas slowákisch
slū̃g‖ti 1 ábebben *vi* (*s*); *pótvynis* ∼*sta* das
Hóchwasser ebbt ab 2 (*mažėti*) ábebben *vi*
(*s*), ábnehmen* *vi*; *šaĩtis* ∼*sta* die Kälte
nimmt ab
slúoksnis Schicht *f* -, -en
smaguriáuti náschen *vt*, *vi*
smag‖ùs (*linksmas*) héiter, vergnügt; ∼*ì*
dienà ein vergnügter Tag
smaigalỹs Spítze *f* -, -n
smailùs spitz

smãkras Kinn *n* -(e)s, -e
smals‖ùmas Néugier *f* -; ∼uõlis, -ė Néugie-
rige *sub m, f*; ∼ùs néugierig, wíssbegierig
smark‖éti sich verstärken; ∼ùs héftig, stark;
∼*ùs lietùs* ein héftiger [stárker] Régen
smárvė Gestánk *m* -(e)s
smáugti würgen *vt*
smẽgenys Gehírn *n* -(e)s, -e; *smegenų*
uždegìmas Gehírnentzündung *f* -, -en
smẽlis, smėlỹs Sand *m* -(e)s, -e
smer̃k‖ti verúrteilen *vt*; ánprangen *vt*; ∼ti-
nas ánstößig
smìlius (*pirštas*) Zéigefinger *m* -s, -
smõgti schlágen* *vi*, háuen* *vi*
smū̃gis Schlag *m* -(e)s, ⸗e, Hieb *m* -(e)s, -e;
sáulės ∼ Sónnenstich *m* -(e)s, -e
smuĩk‖as Géige *f* -, -n; ∼ininkas Géigen-
spieler *m* -s, -; ∼úoti géigen *vi*, *vt*, Géige
spíelen
smùkti 1 rútschen *vi* (*s*) 2 (*apie pastatą*)
verfállen* *vi* (*s*) 3 (*pvz., apie kainas*)
sínken* *vi* (*s*)
smùlkinti zerkléinern *vt*
smùlkmen‖a Kléinigkeit *f* -, -en; *pir̃kti*
visókių ∼*ų* állerhand Kléinigkeiten káufen
2 Éinzelheit *f* -, -en; *léistis į̃* ∼*as* auf
Éinzelheiten éingehen; ∼iškas kléinlich,
pedántisch
smùlk‖us 1 fein; klein; ∼ūs mìltai féines
Mehl; ∼ūs pinigaĩ Kléingeld *n* -(e)s 2 (*de-*
talus) áusführlich
smùrt‖as Gewált *f* -, -en; ∼*o veiksmaĩ*
Gewálttaten *pl*; ∼ininkas Gewálttäter *m*
-s, - ∼inis gewáltsam
snaĩgė Flócke *f* -, -n
snãpas Schnábel *m* -s, ⸗
snáusti dösen *vi*, schlúmmern *vi*
sniẽgas Schnee *m* -s
snieg‖ýnas Schnéefeld *n* -(e)s, -er; ∼uõlė 1
bot. Schnéeglöckchen *n* -s, - 2 (*pasakose*)
Schnéewittchen *n* -s
snìgti schnéien *vimp*
snūduriuoti dösen *vi*, schlúmmern *vi*
snùkis Maul *n* -(e)s, ⸗er
sociãlin‖is soziál, Soziál-; ∼*ė globà* sociále
Fürsorge; ∼*ė padėtìs* Soziálverhältnisse *pl*

sodà Sóda *f* - / *n* -s
sõdas Gárten *m* -s, ⸗; *vaĩsių* ~ Óbstgarten;
    zoològijos ~ Zoo *m* -s, -s
sodýba Hof *m* -(e)s, ⸗e, Gehöft *n* -(e)s, -e
sodiẽtis Dórfbewohner *m* -s, -
sõdininkas Gärtner *m* -s, -
sodinink‖áuti Gártenbau betréiben; ~ỹstė
    Gártenbau *m* -(e)s
sodìnti 1 sétzen *vt*; ~ *ką̃ į̃ kaléjimą* j-n ins
    Gefängnis brìngen 2 sétzen *vt*; pflánzen *vt*;
    ~ *bùlves* Kartóffeln sétzen; ~ *medžiùs*
    Bäume sétzen [pflánzen]
sodinùkas Sétzling *m* -s, -e
sõdžius Dorf *n* -(e)s, ⸗er
sofà Sófa *n* -s, -s
solidarizúotis (*su kuo*) sich solidarisíeren *vi*
    (*mit D*)
solidar‖ùmas Solidarität *f* -; ~ùs solidá-
    risch
solìstas Solíst *m* -en, -en, Sólosänger *m* -s, -
sóst‖as Thron *m* -(e)s, -e; ~inė Háuptstadt
    f -, ⸗e
sótus 1 satt; ~ *gyvẽnimas* ein sáttes Lében
    2 kräftig; ~ *valgis* ein kräftiges Éssen
spãlis (*mėnuo*) Október *m* - / -s, -
spalv‖à Fárbe *f* -, -n; ~ìngas fárbenprächtig;
    ~ótas fárbig; bunt; ~ótas filmas Fárbfilm
    m -(e)s, -e; ~ótas pieštùkas Búntstift *m*
    -(e)s, -e
spañguolė Móosbeere *f* -, -n
spařnas Flügel *m* -s, -
spart‖à Schnélligkeit *f* -, Témpo *n* -s,
    -s / -pi; *dárbo* ~*a* Árbeitstempo; ~tùs
    schnell, rasch
spařtinti beschléunigen *vt*; voránbringen* *vt*
spást‖ai Fálle *f* -, -n; *pakliúti į̃* ~*us* in die
    Fálle géhen [geráten]
spaudà Présse *f* -; Druck *m* -(e)s, -e
spaudìmas Druck *m* -(e)s, ⸗e; *kraũjo* ~
    Blútdruck
spáusdinti drúcken *vt*
spáu‖sti 1 drúcken *vt*, préssen *vt*; ~*sti sùltis*
    iš citrìnos den Saft aus der Zitróne drúcken
    2 drúcken *vi*; *bãtas* ~*džia* der Schuh
    drückt; *ją̃* ~*džia rūpesčiai* Sórgen drücken

ihn 3 (*ką̃ prie ko*) ánhalten* *vt* (*zu D*); ~*sti*
    ką̃ prie̅ dárbo j-n zur Árbeit ántreiben
spaustùvė Druckeréi *f* -, -en
specialiaĩ éigens, éxtra, speziéll; *taĩ skìrta* ~
    táu das ist éigens [éxtra] für dich bestímmt
special‖ýbė Fach *n* -(e)s, ⸗er; Fáchrichtung
    f -, -en; ~ìstas Fáchmann *m* -(e)s, -leute;
    ~izúotis (*kur*) sich spezialisíeren (*auf A*);
    ~ùs besónder, Sónder-; ~*ùs traukinỹs*
    Sónderzug *m* -(e)s, ⸗e
specìf‖ika Spézifik *f* -; ~inis, ~iškas spe-
    zífisch
spéigas Éiskälte *f* -
spektãklis Vórstellung *f* -, -en; Áufführung
    f -, -en
spekul‖iãcija Spekulatión *f* -, -en; ~iántas
    Spekulánt *m* -en, -en; ~iúoti (*kuo*)
    spekulíeren *vi* (*mit D*)
spélió‖jimas Mútmaßung *f* -, -en, Vermú-
    tung *f* -, -en; ~ti (*apie ką̃*) rätseln *vi* (*über*
    A); vermúten *vt*
spé‖ti 1 ráten* *vt*; ~*k, kíek mán métų!*
    ráte mal, wie alt ich bin! 2 (*suskubti*)
    zuréchtkommen* *vi* (*s*); ~*ti į̃ tráukinį* den
    Zug geráde noch erréichen
spidomètras Geschwíndigkeitsmesser *m* -s, -
spiẽgti kréischen *vi*
spygl‖ỹs 1 (*pušies, eglės*) Nádel *f* -, -n 2
    (*pvz., rožės*) Dorn *m* -(e)s, -en / ⸗er; ~iuõ-
    tis Nádelbaum *m* -(e)s, ⸗e
spynà (*pvz., durų*) Schloss *m* -es, ⸗er
spind‖esỹs Glanz *m* -es, -e; ~éti glänzen
    vi, stráhlen *vi*; ~éti iš láimės vor Glück
    stráhlen
spindul‖ỹs Strahl *m* -(e)s, -en; *sáulės*
    ~*iaĩ* Sónnenstrahlen; ~iúoti stráhlen *vi*;
    jõ ãkys džiaugsmù ~*iãvo* séine Áugen
    stráhlten vor Fréude
spìnta Schrank *m* -(e)s, ⸗e; *drabùžių* ~
    Kléiderschrank; *knỹgų* ~ Bücherschrank
spìrg‖as Gríebe *f* -, -n; ~inti bráten* *vt*
spýriotis trótzen *vi*, bócken *vi*
spỹris Fúßtritt *m* -(e)s, -e
spìrti 1 (*kam*) Fúßtritt gében [versétzen]
    (*j-m*) 2 (*versti*) drängeln *vt*, *vi*
spyruõklė Féder *f* -, -n
spyruokliúoti fédern *vi*

spjáu‖dyti, ∼**ti** spúcken *vt, vi*
spoksóti glótzen *vi*
spontãniškas spontán
spòrt‖as Sport *m* -(e)s; *slìdžių* ∼*as* Schísport; ∼*o aikštė* Spórtplatz *m* -es, ⸗e; ∼**ininkas** Spórtler *m* -s, -
sportúoti Sport tréiben
spragà Lücke *f* -, -n; *užkišti sprãgą prk.* éine Lücke áusfüllen [schlíeßen]
sprándas Nácken *m* -s, -
spráustis sich drängen
sprendìmas Lösung *f* -, -en; *teĩsmo* ∼ ein geríchtliches Úrteil
sprę́stı 1 (*pvz., uždavinį*) lösen *vt* **2** (*apie ką*) úrteilen *vi* (*über A*), beúrteilen *vt*
spriñgti sich verschlúcken
sprogdìnti spréngen *vt*
sprogìmas Explosión *f* -, -en
sprógti 1 explodíeren *vi* (*s*), hochgehen* *vi* (*s*); ∼ *iš pykčio* vor Wut explodíeren **2** (*trūkti*) spríngen* *vi* (*s*) **3** (*apie pumpurus*) knóspen *vi*, spríeßen* *vi*; *mẽdžiai prãdeda* ∼ die Bäume begínnen zu knóspen
spúogas Fínne *f* -, -n, Pickel *m* -s, -
spuogúotas fínnig, píck(e)lig
spūstis Gedränge *n* -s; *eĩsmo* ∼ Verkéhrsstau *m* -(e)s, -e, Verkéhrsstockung *f* -, -en
sráigė, sraĩgė Schnécke *f* -, -n
sráigtas Schráube *f* -, -n
sraigtãsparnis Húbschrauber *m* -s, -
sraun‖ùs réißend; ∼*ì ùpė* ein réißender Fluss
sraũtas Strom *m* -(e)s, ⸗e; *žmonių* ∼ ein Strom von Ménschen, Ménschenstrom
sritìs Gebíet *n* -(e)s, -e
sriubà Súppe *f* -, -n; *daržóvių* ∼ Gemüsesuppe
sriubčióti schlürfen *vi*
srovė̃ Strom *m* -(e)s, ⸗e; *elèktros* ∼ eléktrischer Strom
srúoga (*plaukų*) Háarsträhne *f* -, -n
sruvénti ríeseln *vi* (*h, s*)
stabd‖ỹs 1 Brémse *f* -, -n **2** *prk.* Hínderung *f* -, -en; ∼**ýti 1** (*automobilį*) brémsen *vt* **2** *prk.* hémmen *vt*
stabilizúoti stabilisíeren *vt*

stabilùs stabíl
stãčias áufrecht
stãdija Stádium *n* -s, -di⸗en
stadiònas Stádion *n* -s, -di⸗en
staig‖à plötzlich, jäh; ∼**menà** Überráschung *f* -, -en; ∼**ùs** plötzlich, jäh; ∼*ì mirtìs* ein jäher Tod
stãklės 1 Wérkbank *f* -, ⸗e, Wérkzeugmaschine *f* -, -n **2** (*audimo*) Wébstuhl *m* -(e)s, ⸗e
stãl‖as Tisch *m* -es, -e; *rãšomasis* ∼*as* Schréibtisch; *sésti priè* ∼*o* sich an den Tisch sétzen
stálčius Fach *n* -(e)s, ⸗er, Schúblade *f* -, -n
stãlius Tíschler *m* -s, -
stáltiesė Tíschdecke *f* -, -n, Tíschtuch *n* -(e)s, ⸗er
stambùs 1 grob; *stambūs* (*rupūs*) *mìltai* gróbes Mehl; *stambūs pinigaĩ* gróßes Geld **2** mächtig; ∼ *mẽdis* ein mächtiger Baum; ∼ *ū́kis* Gróßwirtschaft *f* -, -en
standùs steif
statýb‖a Bau *m* -(e)s; *laivų* ∼*a* Schíffbau; *dìrbti* ∼*ose* auf dem Bau árbeiten; ∼**ininkas** Báuarbeiter *m* -s, -; *inžiniẽrius* ∼**ininkas** Báuingenieur *m* -s, -e, Báumeister *m* -s, -; ∼**inis** Bau-; ∼**inė mẽdžiaga** Báumaterial *n* -s, -li⸗en, Báustoff *m* -(e)s, -e
statýti 1 báuen *vt*, erríchten *vt*; ∼ *pamiñklą* ein Dénkmal erríchten **2** stéllen *vt*; ∼ *kėdès priè stãlo* die Stühle an den Tisch stéllen **3**: ∼ *fìlmą* éinen Film dréhen; ∼ *pjèsę* ein Theáterstück áufführen
statul‖à Státue *f* -, -n; ∼**ėlė** Statuétte *f* -, -n
statùs (*pvz., kalnas, krantas*) steil
stáugti héulen *vi*
stebė́‖jimas Beóbachtung *f* -, -en; ∼**ti** beóbachten *vt*; verfólgen *vt*; *jiẽ* ∼*jo įvykių eĩgą* sie verfólgten den Verláuf der Eréignisse; ∼**tis** (*kuo*) sich wúndern (*über A*), stáunen *vi* (*über A*); ∼**tojas** Beóbachter *m* -s, -
stēbinti wúndern *vt*
stebùklas Wúnder *n* -s, -
stebuklìngas wúnderbar
steigėjas Gründer *m* -s, -, Stífter *m* -s, -

steĩgti gründen *vt*, stíften *vt*; ~ *draugìją* éinen Veréin gründen [stíften]

stenéti stöhnen *vi*

sténgtis (*dèl ko*) sich mühen (*um A*), sich bemühen (*um A*)

stìch‖ija Elemént *n* -(e)s, -e, Natúrgewalt *f* -, -en; ~**inis**, ~**iškas** spontán; ~**inė neláimė** Natúrkatastrophe *f* -, -n, Únwetterkatastrophe *f* -, -n

stíebas 1 (*augalo*) Sténgel *m* -s, - **2** (*laivo*) Mast *m* -es, -e / -en

stygà Sáite *f* -, -n

stìgti (*ko*) mángeln *vi*, *vimp* (*an D*); *jám stìñga drąsõs* es mángelt ihm an Mut

stygúoti stímmen *vt*

stiklaĩnis (*indas*) Glas *n* -es, ꞌer

stìklas Glas *n* -es, ꞌer; *lángo* ~ Fénsterscheibe *f* -, -n; *mātinis* (*spalvótas*) ~ mattíertes (fárbiges) Glas

stikl‖ẽlis Gläs:chen *n* -s, -; ~**ìnė** Glas *n* -es, ꞌer; ~**ìnis** gläsern; ~**ìnė taurẽ** ein gläserner Kelch

stìlius Stil *m* -(e)s, -e

stìngti erstárren *vi* (*s*), gefríeren* *vi* (*s*)

stipeñd‖ija Stipéndium *n* -s, -di:en; *gáuti* ~**iją** ein Stipéndium erhálten; ~**ininkas** Stipendiát *m* -en -en; Stipéndienempfänger *m* -s, -

stipréti 1 erstárken *vi* (*s*); sich féstigen **2** (*pvz., apie vèją, triukšmą*) sich verstärken

stiprýbė Stärke *f* -; *vālios* ~ Wíllensstärke

stìprinti stärken *vt*; féstigen *vt*

stipr‖ùmas Stärke *f* -; *vėjo* ~**ùmas** Wíndstärke; ~**uõlis** Kráftmensch *m* -en, -en; ~**ùs** stark; héftig

stìrna Reh *n* -(e)s, -e

stìrninas Réhbock *m* -(e)s, ꞌe

stirniùkas Réhkitz *n* -es, -e

stiuardèsė Stewardess [ꞌstjuːərdɛs] *f* -, -en

stógas Dach *n* -(e)s, ꞌer

stojamàsis: ~ *egzāminas* Áufnahmeprüfung *f* -, -en; ~ *mókestis* Béitrittsgebühr *f* -, -en

stok‖à (*ko*) Mángel *m* -s, ꞌ (*an D*); *laĩko* ~**à** Zéitmangel; ~**óti** (*ko*) féhlen *vi*, *vimp* (*an D*), mángeln *vi*, *vimp* (*an D*)

stóras dick

storéti dick wérden

stōris Dícke *f* -; Stärke *f* -; *mēdžio* ~ die Stärke des Báumes

storùlis, **-ė** Dícke *sub m, f*

stotẽlė Háltestelle *f* -, -n; *autobùsų* ~ Búshaltestelle

stóti 1 sich stéllen; ~ *į̃ kõvą* sich zum Kampf stéllen **2** hálten* *vi*; *traukinỹs čia nestója* der Zug hält hier nicht; *stok!* halt! **3** (*į̃ organizaciją*) éintreten* *vi* (*s*), béitreten* *vi* (*s*); ~ *į̃ universitètą* die Universität bezíehen, auf die Universität géhen

stotìs Statión *f* -, -en; *geležìnkelio* ~ Báhnhof *m* -(e)s, ꞌe; Báhnstation *f* -, -en; *autobùsų* ~ Ómnibusbahnhof *m* -(e)s, ꞌe

stové‖ti 1 stéhen* *vi*; *stóvima vietà* Stéhplatz *m* -es, ꞌ **2** (*nebedirbti*) stíllstehen* *vi*; *fãbrikas stóvi* die Fabrík steht still **3** hálten* *vi*; *traukinỹs čià stóvi penkiàs minutès* der Zug hält hier fünf Minúten **4** líegen* *vi*; *káimas stóvi priẽ kẽlio* das Dorf liegt am Weg **5** sítzen* *vi*; *kostiùmas stóvi geraĩ* (*blogaĩ*) der Ánzug sitzt gut (schlecht)

stovykl‖à Láger *n* -s, -; Zéltlager *n* -s, -; ~**áuti** lágern *vi*; (*palapìnėse*) zélten *vi*; kampíeren *vi*; ~**áutojas** (*palapìnėse*) Zélter *m* -s, -; ~**ãvietė** Lágerplatz *m* -es, ꞌe

stoviniúoti herúmstehen* *vi*

stráipsnis Artíkel *m* -s, -; Béitrag *m* -(e)s, ꞌe; *vedamàsis* ~ Léitartikel; *mókslinis* ~ ein wíssenschaftlicher Béitrag

strãzdas Dróssel *f* -, -n

streĩk‖as Streik *m* -(e)s, -s / -e; *bãdo* ~**as** Húngerstreik; *paskélbti* ~**ą** éinen Streik áusrufen; *kìlo* ~**as** es kam zu éinem Streik; ~**ininkas**, **-ė** Stréikende *sub m, f*

streikúoti stréiken *vi*, im Streik stéhen

strėlẽ Pfeil *m* -(e)s, -e

striùkė Jácke *f* -, -n; *odinė* ~ Léderjacke; (*su gaubtu*) Ánorak *m* -s, -s

strop‖ùmas Beflíssenheit *f* -, Éifer *m* -s; ~**ùs** beflíssen, éifrig

stùburas Rückgrat *n* -(e)s, -e

stubùrkaulis Wírbelsäule *f* -, -n

studentas   428

studeñtas Studént *m* -en, -en

stùdij‖a 1 (*dailininko*) Atelier [-ˈlje:] *n* -s, -s 2 (*kino*) Fílmstudio *n* -s, -s; ~os *pl* Stúdium *n* -s, -di:en

studijúoti studíeren *vt, vi*

stul̃pas Mast *m* -es, -e / -en; Pfahl *m* -(e)s, ᵙe

stùmdyti stóßen* *vt*; ~s sich stóßen*

stvérti fássen *vt*, gréifen* *vt*

sù *prp* mit (*D*)

suabejóti (*kuo*) etw. in Zwéifel sétzen [zíehen]

suardýti zerstören *vt*; ~ kám gyvénimą j-s Lében zérstoren; ~ sveikãtą die Gesúndheit untergráben

suareštúoti verháften *vt*

suarté‖jimas Ánnäherung *f* -, -en; ~ti sich ánnähern

suáug‖ęs erwáchsen; ~ti 1 zusámmenwachsen* *vi* (*s*) 2 (*subręsti*) groß wáchsen

suaukóti spénden *vt*

subankrutúoti Bankrótt máchen, Pléite géhen

subj‖èktas Subjékt *n* -(e)s, -e; ~ektyvùs subjektív

sublõgti ábmagern *vi* (*s*)

subnúomininkas Úntermieter *m* -s, -

subr‖éndęs geréift; ~ ́ęsti áusreifen *vi* (*s*), zur Réife kómmen

subùrti zusámmenschließen* *vt*

sučiùpti erfássen *vt*; ~ vãgį éinen Dieb fássen

sudárymas Bíldung *f* -, -en; *naujõs vyriausýbės* ~ Bíldung éiner néuen Regíerung

sudarýti 1 bílden *vt*; ~ plãną éinen Plan áufstellen 2 (*áb*)schließen *vt*; ~ sùtartį éinen Vertrág (*áb*)schließen

sudaužýti zerschlágen* *vt*, zerbréchen* *vt*

sudẽginti verbrénnen* *vt*, níederbrennen* *vt* 2 (*sunaudoti kurui*) verhéizen *vt*

sudejúoti áufseufzen *vi*

sudẽrinti ábstimmen *vt*

sudètìngas komplizíert

sudèt‖ìnis: ~ìnė dalìs Bestándteil *m* -(e)s, -e; ~ìnis sakinỹs ein zusámmengesetzter Satz; ~ ̀is 1 Zusámmensetzung *f* -, -en;

~is die soziále Zusámmensetzung der Bevölkerung 2 *mat.* Additión *f* -, -en

sudėvéti ábtragen* *vt*, verschléißen* *vt*

sudiẽ, sudiẽv auf Wíedersehen

sudýgti áufkeimen *vi* (*s*), áufgehen* *vi* (*s*)

sū́dyti sálzen* *vt*

sudõminti (*kuo*) interessíeren *vt* (*für A*)

sudraskýti zerréißen* *vt*

sudraũsminti disziplíníeren *vt*, zur Órdnung hálten

sudraũsti zur Órdnung rúfen

sudrebéti erzíttern *vi* (*s*)

sudrė́kti feucht wérden

sudúoti (*smū́gį*) zúhauen* *vi*

sudùžti zerbréchen* *vi* (*s*), kapútt sein

sudžiáuti: ~ skal̃binius die Wäsche zum Trócknen áufhängen

sudžióvinti éintrocknen *vt*, trócknen lássen

sùeiga Zusámmenkunft *f* -, ᵙe

sueĩti 1 zusámmenkommen* *vi* (*s*); *retaĩ* ~ sélten zusámmenkommen 2: *jái suẽjo 16 mẽtų* sie ist 16 Jáhre gewórden

sugadìnti kapúttmachen *vt*; verdérben* *vt*; ~ sveikãtą die Gesúndheit ruiníeren

sugalvóti áusdenken* *vt*, sich (*D*) etw. éinfallen lássen

sugáuti 1 fángen* *vt*; ~ žùvį éinen Fisch fángen 2 (*pastebėti*) erwíschen *vt*; ~ ką́ melúojant j-n beim Lügen erwíschen

sugebė‖jimas Fähigkeit *f* -, -en; Vermögen *n* -s; ~ti fähig sein; vermögen* *vt*

sugė́dęs defékt; schádhaft; verdórben

sugédinti, sugédyti beschämen *vt*

sugèsti verdérben* *vi* (*s*), defékt sein

sugyv‖énamas verträglich, úmgänglich; ~énimas Zusámmenleben *n* -s; *santuokìnis* ~énimas das éheliche Zusámmenleben; ~énti (*su kuo*) sich vertrágen* (*mit j-m*), sich zusámmenleben (*mit j-m*)

suglámžyti zerkníttern *vt*, zerknüllen *vt*; zerknáutschen *vt*

suglẽbęs schlapp

suglèbti schlapp wérden

suglùm‖ęs verwírrt, irritíert; ~inti verwírren *vt*, irritíeren *vt*; ~ti sich verwírren

sugraudìnti (áuf)rühren *vt*

sugrą̃žìn‖imas Rückgabe *f* -, -n, Rücker- stattung *f* -, -en; ∼**ti** zurückgeben* *vt*, zurückerstatten *vt*

sugrẽtinti gegenüberstellen *vt*, konfrontíeren *vt*

sugriáuti zerstören *vt*

sugríežtinti verschärfen *vt*

sugrį̃žìmas Rückkehr *f* -, Wíederkehr *f* -

sugrį̃žti zurückkehren *vi* (*s*)

sugùndyti verführen *vt*

suieškóti áusfindig máchen

suim̃ti 1 (*pvz.*, *nusikaltė̃lį*) féstnehmen* *vt* 2 (*derlių*) éinbringen* *vt* 3 (*apie miegą*, *baimę*) befállen* *vt*, überfállen* *vt*

suinteres‖úoti Interésse erwécken [errégen]; ∼**uotùmas** Interessíertheit *f* -

suirìmas (*pvz.*, *imperijos*) Zerfáll *m* -(e)s

suìrti zerfállen* *vi* (*s*)

suirùtė Zerrüttung *f* -; *ekonòminė* ∼ wírtschaftliche Zerrüttung

suir̃žęs geréizt

sujžūlė́ti frech wérden

sujáudinti rühren *vt*, áufregen *vt*

sujaũkti durcheinánder bríngen, durcheinán- der wérfen

sujungìmas Verbíndung *f* -, -en; *trumpàsis* ∼ (*elektros*) Kúrzschluss *m* -es, ⁓e

sujùngti verbínden* *vt*

sujùsti in Bewégung sein; *sujùdo vìsas káimas* das gánze Dorf war in Bewégung

suk‖àkti: *jám ∼āko šẽšiasdešimt* er ist séchzig gewórden; ∼**aktìs** Jubiläum *n* -s, -läen; *minéti sùkaktį* ein Jubiläum féiern [begéhen]; ∼**aktùvininkas** Jubilár *m* -s, -e

sùkalbamas verträglich, umgänglich

sukapóti zerhácken *vt*

sukarpýti zerschnéiden* *vt*

suką́sti (*pvz.*, *dantis*) zusámmenbeißen* *vt*

sukaũpti ánhäufen *vt*

sukeĩsti vertáuschen *vt*

sukėlė́jas: *ligõs* ∼ Kránkheitserreger *m* -s, -

sukélti áuslösen *vt*; hervórrufen* *vt*; errégen *vt*

suk‖ìlėlis, **-ė** Áufständische *sub m*, *f*; ∼**ìlìmas** Áufstand *m* -(e)s, ⁓e; ∼**ìlti** (*prieš ką*) áufstehen* *vi* (*gegen A*)

sukirčiúoti betónen *vt*

sukìršinti (*ką prieš ką*) áufhetzen (*gegen j-n*) *vt*, áufwiegeln (*gegen j-n*) *vt*

suklaidìn‖imas Írreführung *f* -, -en, Täu- schung *f* -, -en; ∼**ti** írreführen *vt*, täuschen *vt*

suklastóti verfälschen *vt*

suklỹsti sich írren; sich verséhen*

sukliudýti híndern *vt*

suknẽlė Kleid *n* -(e)s, -er

sukrẽsti erschüttern *vt*

sukryžiúoti kréuzen *vt*; verschränken *vt*

sùktas pfíffig, durchtríeben

sùkti 1 dréhen *vt*; ∼ *pláukus* Lócken dréhen 2 ábbiegen* *vi* (*s*); ∼ *į̃ kaĩrę* (nach) links ábbiegen 3: ∼ *fìlmą* éinen Film dréhen; ∼ *lìzdą* ein Nest báuen

sukūrénti verbrénnen* *vt*

sūkurỹs Wírbelwind *m* -(e)s, -e, Wírbel- sturm *m* -(e)s, ⁓e

sukùrstyti áufhetzen *vt*

sukùrti 1 (*pvz.*, *ugnį*) Féuer ánmachen [ánzünden] 2 scháffen* *vt*, verfássen *vt*

sukviẽsti versámmeln *vt*; éinladen* *vt*

suláidyti áufbügeln *vt*

sulaĩkymas (*nusikaltèlio*) Féstnahme *f* -, -n

sulaikýti 1 áufhalten* *vt*; zurückhalten* *vt* 2 (*nusikaltė̃lį*) féstnehmen* *vt*

suláukti (*ko*) erwárten *vt*

suláužyti zerbréchen* *vt*; kapúttmachen *vt*; ∼ *dúotą žõdį* sein Wort bréchen

sulėtė́‖jimas Verlángsamung *f* -, -en; ∼**ti** sich verlángsamen

sulė̃tin‖imas Verlangsamung *f* -, -en; ∼**ti** verlángsamen *vt*

sulieséti ábmagern *vi* (*s*)

sulìg *prp* 1: *vanduõ jám ∼ kéliais* das Wásser reicht ihn bis an die Knie 2 bei (*D*); mit (*D*)

sulìpti éinsteigen* *vi* (*s*); ∼ *į̃ tráukinį* in den Zug éinsteigen

sulýs‖ęs ábgemagert, verfállen; ∼**ti** ábmagern *vi* (*s*)

sult‖ingas sáftig; ∼**ingùmas** Sáftigkeit *f*

sultinỹs Fléischbrühe *f* -, -n, Bouillon [bul'jɔŋ] *f* -, -s

sùltys Saft *m* -(e)s, ⁼e; *vaĩsių* ~ Frúchtsaft

sulū̃žti kapúttgehen* *vi* (*s*)

sumà Súmme *f* -, -n; *pinigũ* ~ Géldsumme

sumainýti vertáuschen *vt*

sumãnym‖as Vórhaben *n* -s, -, Éinfall *m* -(e)s, ⁼e; *įvýkdyti* ~ą sein Vórhaben áusführen [dúrchführen]

suman‖ýti sich (*D*) etw. éinfallen lássen; ~ùs geschéit, verständig

sumažė̃‖jimas Verríngerung *f* -, -en, Ábnahme *f* -; ~ti **1** sich verríngern, ábnehmen* *vi*; *išlaidos* ~*jo* die Kósten háben sich verríngert **2** (*pvz.*, *apie lietų*, *skausmą*) náchlassen* *vi*

sumãžin‖imas Vermínderung *f* -, -en, Herábsetzung *f* -, -en; ~ti vermíndern *vt*, herábsetzen *vt*, reduzíeren *vt*; sénken *vt*

sumeñkinti bagatellisíeren *vt*, schmälern *vt*

sumìgti éinschlafen* *vi* (*s*)

sumìnd‖yti, ~žioti zertréten* *vt*, zertrámpeln *vt*

suminéti erwähnen *vt*

suminkštéti erwéichen *vi* (*s*); áufweichen *vi* (*s*)

sumìnkštinti érweichen *vt*; áufweichen *vt*

sumìšęs verwírrt

sumišìmas Verwírrung *f* -, -en

sumìšti sich verwírren

sumokéti bezáhlen *vt*; ~ *ùž knỹgą* ein Buch bezáhlen

sumontúoti montíeren *vt*

sumùšti 1 verprügeln *vt* **2** (*pvz.*, *lėkštę*, *stiklinę*) zerschlágen* *vt* **3** (*pvz.*, *priešininką*) schlágen* *vt*

sumuštìnis belégtes Brot, Stúlle *f* -, -n

sunaikìnti verníchten *vt*

sunaudó‖jimas Verbráuch *m* -(e)s; ~ti verbráuchen *vt*, áufbrauchen *vt*

sūnénas Néffe *m* -n, -n

sunèrvinti (*ką*) j-n nervös máchen; j-m auf die Nérven géhen

sunkéti schwer [schwérer] wérden

suñkinti erschwéren *vt*

sunk‖ùmas Schwíerigkeit *f* -, -en; *finánsiniai* ~*ùmai* finanziélle Schwíerigkeiten; ~ùs schwer; ~*ùs gyvḗnimas* ein schwéres Lében

suñkvežimis Lástkraftwagen *m* -s, -

sunókti áusreifen *vi* (*s*)

sūnùs Sohn *m* -(e)s, ⁼e

súolas Bank *f* -, ⁼e; *mokỹklinis* ~ Schúlbank; *káltinamųjų* ~ Ánklagebank

Súomija Fínnland *n* -s

súom‖is Fínne *m* -n, -n, Fínnländer *m* -s, -; ~*iškas* fínnisch

supáinioti 1 verwéchseln *vt*, verwíckeln *vt* **2** (*sutrikdyti*) verwírren *vt*

supakúoti éinpacken *vt*

supàprastin‖imas Veréinfachung *f* -, -en; ~ti veréinfachen *vt*

suparalyžiúoti lähmen *vt*

supažìndin‖imas Bekánntmachen *n* -s; Vórstellung *f* -; *atvỹkstančių svečių̃* ~*imas* die Vórstellung der ánkommenden Gäste; ~ti (*su kuo*) bekánnt máchen (*mit D*), vertráut máchen (*mit D*)

supỹkdyti, **supỹkinti** erzürnen *vt*, verärgern *vt*

supỹkti (*dėl ko*) sich erzürnen (*über A*)

sūpỹnės Scháukel *f* -, -n

supirkimas Ánkauf *m* -(e)s, ⁼e, Áufkauf *m* -(e)s, ⁼e

supir̃kti ánkaufen *vt*, áufkaufen *vt*

supjáustyti 1 (*pvz.*, *dešrą*, *duoną*) áufschneiden* *vt* **2** (*pjūklu*) zersägen *vt*

suplanúoti plánen *vt*; éinplanen *vt*

supláuti (*indus*) ábwaschen* *vt*, áufwaschen* *vt*

suplėšyti zerréißen* *vt*, zerfétzen *vt*

suplỹš‖ęs zerríssen; *bãtai* ~ę zerríssene Schúhe; ~ti zerréißen* *vi* (*s*)

suprañtamas verständlich; *saváime* ~ *dalỹkas* Sélbstverständlichkeit *f* -

supr‖atimas Verstéhen *n* -s; Verständnis *n* -ses; *neturḗti* ~*atìmo apiẽ ką̃* kein Verständnis für etw. (*A*) háben; ~àsti verstéhen* *vt*, begréifen* *vt*

supratingas verständig, verständnisvoll

sùp‖ti 1 wíegen *vt*, scháukeln *vt*; ~ti *vaĩką lopšyjè* ein Báby in der Wíege wíegen **2**

(*pvz.*, *apie miestą*) belágern *vt*, éinkreisen
vt **3** umschlíeßen*vt; *síena sùpa pìlį* die
Máuer umschlíeßt die Burg **4** (*ką kuo*)
hüllen *vt* (*in A*); ∼**tis** scháukeln *vi*
supuȓvinti beschmútzen *vt*
supúti verfáulen *vi* (*s*)
suraikýti (*pvz.*, *duoną*) áufschneiden* *vt*
suràsti fínden* *vt*, áusfindig máchen; ∼ *vãgį*
den Dieb áusfindig máchen
suraũsti áufwühlen *vt*, zerwühlen *vt*
suredagúoti redigíeren *vt*
suremontúoti 1 (*pvz.*, *butą*) renovíeren *vt* **2**
tech. reparíeren *vt*, überhólen *vt*
sureñgti organisíeren *vt*, veránstalten *vt*
surìkti áufschreien* *vi*
surimtéti ernst wérden
suriñkti 1 áufsammeln *vt*; éinsammeln *vt*; ∼
krituoliùs Fállobst áufsammeln; ∼ *pinigū̃*
Geld éinsammeln **2** (*žmones*) versámmeln
vt **3** (*sumontuoti*) zusámmensetzen *vt* **4**:
∼ *telefòno nùmerį* éine Telefónnummer
wählen
sū́ris Käse *m* -s, -
surìšti zusámmenschnüren *vt*; zusámmen-
binden* *vt*
surūd‖ìjęs verróstet, róstig; ∼**ýti** verrósten
vi (*s*)
surū́g‖èlis Míesepeter *m* -s, -; ∼**ęs** gesäuert;
∼**ti** säuern *vi* (*s*, *h*), sáuer wérden
suruõšti organisíeren *vt*, veránstalten *vt*
sū́rùs sálzig; sálzhaltig
susagstýti zúknöpfen *vt*
susapnúoti im Traum séhen
susègti zúknöpfen *vt*
susénti áltern *vi* (*h*, *s*), hínfällig wérden
susiauréti sich veréngen
susiaũrinti veréngen *vt*, veréngern *vt*
susibárti sich verzánken, sich überwérfen*
susibičiuliáuti (*su kuo*) sich ánfreunden (*mit
j-m*)
susibū́rìmas Ánsammlung *f* -, -en, Ánlauf
m -(e)s, -̤e
susibùrti (*apie ką*) sich zusámmenscharen
(*um j-n*)
susidarýti sich bílden; ∼ *apiē ką̃ núomonę*
sich (*D*) éine Méinung über etw. (*A*), j-n

bílden; ∼ *apiē ką̃ vaĩzdą* sich (*D*) ein Bild
von etw. (*D*) máchen
susidom‖éjimas Interésse *n* -s; ∼**éjimas
mùzika** das Interésse für Musík; ∼**éti**
(*kuo*) Interésse gewínnen (*für A*)
susidoróti (*su kuo*) fértig wérden (*mit D*),
zuréchtkommen* *vi* (*mit D*)
susidraugáuti (*su kuo*) sich ánfreunden (*mit
j-m*)
susid‖ūrìmas (*pvz.*, *traukinių*) Zusámmen-
prall *m* -(e)s, Zusámmenstoß *m* -es, -̤e;
∼**ùrti** (*pvz.*, *apie traukinius*) zusámmen-
prallen *vi* (*s*), zusámmenstoßen* *vi* (*s*);
∼**ùrti sù sunkùmais** auf Schwíerigkeiten
stóßen
susiérzin‖ęs geréizt, ärgerlich; ∼**imas**
Geréiztheit *f* -, -en
susiēti verbínden* *vt*
susigáudyti sich zuréchtfinden*, sich dúrch-
finden*
susigérinti sich versöhnen, sich áussöhnen
susigiñčyti (*su kuo*) aneinánder geráten (*mit
j-m*), in Streit geráten (*mit j-m*)
susigyvénti sich éinleben
susiglámžęs zerkníttert, zerknáutscht
susigraudìnti rührselig wérden
susigrūdìmas Gedränge *n* -s
susigrū́sti sich zusámmendrängen
susijáudin‖ęs áufgeregt, errégt; ∼**imas**
Áufregung *f* -, -en, Errégung *f* -, -en; ∼**ti**
(*dėl ko*) sich áufregen, sich errégen (*über
A*)
susijùngti sich veréinigen; sich verbínden*
susikalbé‖ti sich verständigen; *mēs* ∼*jo-
me vókiškai* wir verständigten uns auf
Deutsch
susikaũp‖ęs gesámmelt; ∼**ęs véidas** ein
gesámmelter Gesíchtsausdruck; ∼**ti 1**
(*pvz.*, *apie darbą*) sich ánhäufen **2**
(*mintimis*) sich sámmeln
susikivìȓčyti (*su kuo*) sich überwérfen* (*mit
j-m*), in Streit geráten (*mit j-m*)
susikoncentrúoti (*į ką*) sich konzentríeren
(*auf A*)
susikráustyti éinziehen* *vi* (*s*); ∼ *į̃ naũją
bùtą* in eine néue Wóhnung éinziehen

susikrim̃tęs besórgt
susilaikýti (*nuo ko*) sich enthálten* (*G*); sich zurückhalten* *vi*
susiláužyti: ∼ **rañką** sich (*D*) den Arm bréchen
susilãžinti wétten *vi*
susilpnéti schwach wérden; von Kräften kómmen
susil̃pnin‖imas Schwächung *f* -; ∼**ti** schwächen *vt*
susimaišýti sich vermíschen; sich verwírren
susimą̃st‖ęs náchdenklich; ∼**ymas** Náchdenken *n* -s, Náchsinnen *n* -s; ∼**yti** (*apie ką*) náchdenken* *vi* (*über A*), náchsinnen* *vi* (*über A*)
susinárplioti sich verwíckeln
susinèrvinti nervös wérden
susipaž‖inìmas Bekánntschaft *f* -, -en; ∼**ìnti** (*su kuo*) kénnen lérnen (*A*), sich bekánnt máchen (*mit D*)
susipy̆kti (*su kuo*) sich verzánken (*mit j-m*), sich féinden (*mit j-m*)
susipur̃vinti sich schmútzig máchen
susiràsti áusfindig máchen
susirašinė‖jimas Bríefwechsel *m* -s, Korrespondénz *f* -; ∼**ti** (*su kuo*) im Bríefwechsel stéhen (*mit j-m*), korrespondíeren *vi* (*mit j-m*)
susirémimas Zusámmenstoß *m* -es, ⁀e
susirem̃ti zusámmenstoßen* *vi* (*s*)
susirgìmas Erkránkung *f* -, -en
susir̃gti (*kuo*) erkránken *vi* (*s*) (*an D*); krank wérden
susirinkìmas Versámmlung *f* -, -en
susiriñkti sich versámmeln; sich ánsammeln
susiruõšti sich fértig máchen
susirū̃pinęs besórgt, bekümmert
susisiekìmas Verkéhr *m* -s
susisíekti erréichen *vt*
susiskáldyti sich zerspálten*
susišìldyti sich áufwärmen
susišnekéti sich verständigen
susitáik‖ymas Aussöhnung *f* -, Versöhnung *f* -; ∼**yti** sich áussöhnen, sich versöhnen; sich ábfinden*

susitarìmas Verábredung *f* -, -en, Veréinbarung *f* -, -en
susitar̃ti (*su kuo*) sich éinigen (*mit j-m*); sich verábreden (*mit j-m*); veréinbaren *vt* (*mit j-m*)
susitelkìmas Geschlóssenheit *f* -
susitel̃kti sich zusámmenschließen*
susitikìmas Begégnung *f* -, -en, Zusámmenkunft *f* -, ⁀e, Tréffen *n* -s, -
susitìkti sich [einánder] begégnen; sich [einánder] tréffen*
susituõkti sich tráuen lássen, sich héiraten
susivaldymas Behérrschtheit *f* -, Beherrschung *f* -
susivaldýti sich behérrschen, an sich (*D*) hálten
susivien‖ijimas Veréinigung *f* -, -en; ∼**yti** sich veréinigen
susivilió‖ti (*kuo*) sich verlócken lássen (*von D*)
susižavė‖jęs entzückt; ∼**jimas** Begéisterung *f* -, Entzückung *f* -; ∼**ti** (*kuo*) sich begéistern (*für A*); in Entzücken geráten
susižeĩsti sich verlétzen
suskaičiúoti (*pvz., pinigus*) zusámmenzählen *vt*
suskambéti erklíngen* *vi* (*s*), ertönen *vi* (*s*)
suskìrst‖ymas Éinteilung *f* -, -en; ∼**yti** (*ką kuo, ką į ką*) éinteilen *vt* (*in A*)
suspéti zuréchtkommen* *vi* (*s*), mítkommen* *vi* (*s*)
suspindéti áufglänzen *vi* (*h, s*), áufleuchten *vi* (*h, s*)
susprogdìnti spréngen *vt*, zerspréngen *vt*
sustabdýti 1 ánhalten* *vt*, áufhalten* *vt* 2 stóppen *vt*, zum Stíllstand bríngen; ∼ **mašìną** das Áuto stóppen
sustingti erstárren *vi* (*s*), starr wérden
sustipréti erstárken *vi* (*s*); sich verstärken
sustìprinti verstärken *vt*
sustoréti dícker wérden, zúnehmen* *vi*
sustó‖ti 1 (*pvz., į eilę*) sich ánstellen 2 (*pvz., apie laikrodį, traukinį*) stéhen bléiben, hálten* *vi*; 3 (*pvz., apie darbą*) stóppen *vi*; stíllstehen* *vi*; **eĩsmas** ∼**jo** der Verkéhr stand still
sustreikúoti in (den) Streik tréten

susvetimė́ti sich entfrémden
sušáldyti (*pvz.*, *konservuojant*) éinfrieren* *vt*
sušálti 1 dúrchfrieren* *vi* (*s*); ~ *kójas* (*rankàs*) kálte Füße (Hände) hában 2 (*mirti*) erfríeren* *vi* (*s*)
sušáudyti erschíeßen* *vt*
sušaūkti zusámmenrufen* *vt*; éinberufen* *vt*
sušìldyti erwärmen *vt*
sušìlti sich erwärmen
sušlãpinti nass máchen, benétzen *vt*
sušlàpti nass wérden
sušlúoti zusámmenfegen *vt*
sušnibždéti zúflüstern *vt*
sušukìmas Zúruf *m* -(e)s, -e
sušukúoti kämmen *vt*
sušvelnéti sich ábmildern
sušvelninti ábmildern *vt*
sutáikyti áussöhnen *vt*, versöhnen *vt*
sutaisýti áusbessern *vt*; reparíeren *vt*; ~ *stógą* ein Dach áusbessern; ~ *laĩkrodį* (*televìzorių*) die Uhr (den Férnsehapparat) reparíeren
sutapìmas Zusámmenfall *m* -(e)s, ⁔e
sutàpti zusámmenfallen* *vi* (*s*), überéinstimmen *vi*
sutarìmas Éinverständnis *n* -ses, -se
sutarti 1 (*su kuo*) sich verstéhen* (*mit j-m*); *àš sù juõ geraĩ sùtariu* ich verstéhe mich gut mit ihm 2 (*ką su kuo*) verábreden *vt* (*mit j-m*), ábmachen *vt* (*mit j-m*); ~ *susitìkti* éine Zusámmenkunft verábreden
sutaupýti zusámmensparen *vt*
suteĩkti 1 gewähren *vt*; ~ *kám pãskolą* j-m éine Ánleihe gewähren 2 verléihen* *vt*; ~ *kám apdovanójimą* j-m éine Áuszeichnung verléihen
sutemà Dämmerung *f* -, -en
sutémti dämmern *vimp*, dúnkeln *vimp*
sutèpti beflécken *vt*, besúdeln *vt*
suteřšti beschmùtzen *vt*, beflécken *vt*
sutikìmas 1 (*svečio*) Empfáng *m* -(e)s, ⁔e; *Naujújų mẽtų* ~ Silvésterfeier *f* -, -n 2 Zúsage *f* -, -n, Zústimmung *f* -, -en
sut‖ìkti 1 (*ką*) tréffen* *vt*; begégnen *vi* (*s*) (*j-m*) 2 (*apie svečią, delegaciją*) empfángen* *vt*; ~*ìkti svẽčią stotyjè* éinen Gast vom

Báhnhof ábholen; ~*ìkti Naujúosius metùs* den Silvésterabend féiern 3 (*su kuo*) éinverstanden sein (*mit D*); ~*inkù!* éinverstanden! es gilt! 4 (*sugyventi*) (*su kuo*) sich verstéhen (*mit j-m*)
sutìlpti Platz fínden
sutìnti ánschwellen* *vi* (*s*)
sutiřpti áufschmelzen* *vi* (*s*), áuftauen *vi* (*s*)
sutirštéti dick [dícker] wérden, sich verdícken
sutráuk‖ti 1 (*pvz.*, *daug lankytojų*) ánziehen* *vt* 2 (*pvz.*, *kariuomenę*) zusámmenziehen* *vt* 3: *mèšlùngis* ~*è mán kóją* ich hábe den Krampf im Bein
sutrýpti zertréten* *vt*, zerstámpfen *vt*
sutriùškin‖imas Zerschlágung *f* -; ~*ti* zerschlágen* *vt*; verníchtend schlágen
sutrukdýti (*kam ką*) behíndern *vt* (*bei D*); stören *vt* (*bei D*); ~ *kám dárbą* j-n bei der Árbeit behíndern
sutrumpéti kürzer wérden; sich verkürzen
sutrumpinti ábkürzen *vt*; verkürzen *vt*
sutuõkti tráuen *vt*; ~ *bažnýčioje* kírchlich tráuen
sutuokt‖ìnė Éhefrau *f* -, -en; ~*ìniai* *pl* Éheleute *pl*; ~*ìnis* Éhemann *m* -(e)s, ⁔er; ~*ùvės* *pl* Tráuung *f* -, -en; Éheschließung *f* -, -en
sutvárdyti bändigen *vt*, bezähmen *vt*
sutvarkýti in Órdnung bríngen; ins Réine bríngen
sutvárstyti verbínden* *vt*
sutvirtéti erstárken *vi* (*s*); zu Kräften kómmen
sutvìrtinti beféstigen *vt*
suvaldýti bändigen *vt*, bezähmen *vt*
suválgyti áufessen* *vt*, verzéhren *vt*
suvalýti (*derlių*) éinbringen* *vt*
suvartó‖jimas Verbráuch *m* -(e)s; *elèktros enèrgijos* ~*jimas* Strómverbrauch; ~*ti* verbráuchen *vt*
suvaržymas Éinengung *f* -
suvaržýti éinengen *vt*; beéngen *vt*
suvažiãvimas Kongréss *m* -es, -e; *pártijos* ~ Partéitag *m* -(e)s, -e
suvažinė́ti überfáhren* *vt*

suvažiúoti ánreisen *vi (s)*, ángereist kómmen

suvedžió‖ti verführen *vt*; ∼**tojas** Verführer *m* -s, -

suveren‖itètas Souveränität [-uvə-] *f* -; ∼**ùs** souverän [-uvə-]

suversti 1 *(į krūvą)* zusámmenwerfen* *vt* 2 *(kam ką)* ábwälzen *vt (auf j-n)*; ∼ *kám kaltę* die Schuld auf j-n ábwälzen [schiében]

suvest‖inė Zusámmenstellung *f* -, -en; ∼**inis**: ∼*inis brólis* Hálbbruder *m* -s, ⸗, Stíefbruder *m* -s, ⸗

suviènyti veréinen *vt*, veréinigen *vt*

suvienódinti veréinheitlichen *vt*

suvilióti verlócken *vt*; · ∼ *merginą* ein Mädchen verführen

suvilkti zusámmenschleppen *vt*

suvynióti éinwickeln *vt*

suvýsti verwélken *vi (s)*

suvisúomeninti vergeséllschaftlichen *vt*

suvókti begréifen* *vt*, fássen *vt*

sužadét‖inė Braut *f* -, ⸗e; Verlóbte *sub f*; ∼**iniai** *pl* Verlóbte *pl sub*; ∼**inis** Bräutigam *m* -s, -e, Verlóbte *sub m*; ∼**uvės** *pl* Verlóbung *f* -, -en; Verlóbungsfeier *f* -, -n

sužãdinti 1 *(prikelti)* erwécken *vt* 2 *(sukelti)* wécken *vt* erwécken *vt*; ∼ *apetitą* den Appetít ánregen [ánreizen]

sužaibúoti áufblitzen *vi (h, s)*

sužaliúoti sich begrünen, ergrünen *vi (s)*

sužalóti verlétzen *vt*, verstümmeln *vt*

sužavéti bezáubern *vt*, entzücken *vt*

sužeisti verlétzen *vt*, verwúnden *vt*

sužénklinti bezéichnen *vt*, vermérken *vt*; markíeren *vt*

sužydéti aufblühen *vi (s)*, erblühen *vi (s)*

sužiedúotuvės *pl* Verlóbung *f* -, -en; Verlóbungsfeier *f* -, -n

sužyméti bezéichnen *vt*, markíeren *vt*

sužinóti erfáhren* *vt*

sužl‖ugdýti zum Schéitern bríngen, zu Fall bríngen; ∼**ùgti** schéitern *vi (s)*, féhlschlagen* *vi (s)*

sužvejóti Físche fángen

sváičio‖jimas Quatsch *m* -(e)s; ∼**ti** quátschen *vi*, schwátzen *vt*

sváin‖ė Schwägerin *f* -, -nen; ∼**is** Schwáger *m* -s, ⸗

svaj‖ìngas schwärmerisch, träumerisch; ∼**õnė** Wúnschtraum *m* -(e)s, ⸗e; ∼**óti** *(apie ką)* schwärmen *vi (von D)*, träumen *vi (von D)*; ∼**ótojas** Schwärmer *m* -s, -, Träumer *m* -s, -

svarb‖à, ∼**ùmas** Wíchtigkeit *f* -, -en; *tai didelės* ∼**õs reĩkalas** das ist von größer Wíchtigkeit; ∼**ùs** wíchtig

svarstýklės *pl* Wáage *f* -, -n

svarstymas Behándlung *f* -, -en, Berátung *f* -, -en

svarstis *(svarstyklėms)* Gewícht *n* -(e)s, -e

svarstýti behándeln *vt*, beráten* *vt*

svėčias Gast *m* -es, ⸗e; *láukiamas* ∼ ein gern geséhener Gast; *nèkviestas* ∼ ein úngebetener Gast; *eĩti į svečiùs* zu Besúch géhen

svečiúotis *(pas ką)* zu [auf] Besúch wéilen *(bei j-m)*

sveĩkas gesúnd; ∼ *kaĩp ridìkas* kérngesund; ∼ *maĩstas* éine gesúnde Kost; ∼ *prõtas* ein gesúnder Verstánd; *sveikì atvỹkę!* hérzlich willkómmen! *lìk* ∼*!* mach's gut!

sveikatà Gesúndheit *f* -; *búti tvirtõs sveikãtos* éine unverwüstliche Gesúndheit háben; *kaĩp jūsų* ∼*?* wie ist Íhre Gesúndheit? wie steht's mit Íhrer Gesúndheit? *į sveikãtą!* *(sveikinimas geriant)* prósit! auf Íhre Gesúndheit! *(čiaudint)* Gesúndheit!

svéikin‖imas Begrüßung *f* -, -en; Glückwunsch *m* -es, ⸗e; ∼**ti** 1 begrüßen *vt*; ∼**ti ką atvỹkus** j-n willkómmen héißen 2 *(ką kokia nors proga)* beglückwünschen *vt (zu D)*, gratulíeren *vi (j-m zu D)*; ∼**ti ką Naujújų mẽtų próga** j-n zum Néujahr beglückwünschen; j-m zum Néujahr gratulíeren; ∼**tis** sich [einánder] grüßen; ∼**tojas** Gratulánt *m* -en, -en

sveĩkti genésen* *vi (s)*

svetaĩnė Gástzimmer *n* -s, -

svẽtimas fremd; *svetimì žmónės* frémde Ménschen

svetim‖šãlis, -ė, ∼**taũtis, -ė** Frémde *sub m, f*

svetìngas gástfreundlich
svetingùmas Gástfreundschaft *f* -
svíestas Bútter *f* -
svíesti schléudern *vt*
svirdinéti, svirduliúoti tórkeln *vi* (*s, h*),
wánken *vi* (*s, h*)
svirplỹs Grílle *f* -, -n

svirpti zírpen *vi*
svìrti sich néigen
svyrúoti 1 sich wíegen 2 (*abejoti*) schwánken *vi*
svogū̃n‖as Zwíebel *f* -, -n; ~laiškis Schníttlauch *m* -(e)s, -e
svõris Gewícht *n* -(e)s, -e

Š

šablónas Schablóne *f* -, -n
šachmãt‖ai *pl* Schach *n* -(e)s; žaĩsti ~ais
Schach spíelen; ~ininkas Scháchspieler
m -s, -
šachtà Grúbe *f* -, -n; Schacht *m* -(e)s, ⁻e
šãchtininkas Grúbenarbeiter *m* -s, -
šaipýtis (*iš ko*) spötteln *vi* (*über A*); höhnen
vi
šaižùs grell; schrill
šakà Ast *m* -es, ⁻e; Zweig *m* -(e)s, -e
šãkės *pl* Fórke *f* -, -n, Gábel *f* -, -n
šakn‖ìs Wúrzel *f* -, -n; įléisti ~ìs Wúrzeln
schlágen; ~ýti, ~ýtis wúrzeln *vi*
šakótis Báumkuchen *m* -s, -
šakùtė 1 (*medžio*) Zweig *m* -(e)s, -e 2 (*valgomoji*) Gábel *f* -, -n
šaldyklà Kühlhaus *n* -es, ⁻er, Kühlraum *m* -(e)s, ⁻e
šáldyti kühlen *vt*
šaldytùvas Kühlschrank *m* -(e)s, ⁻e; Kühlanlage *f* -, -n
šalià I *prp* 1 nében (*D*) (*žymi vietą*); jìs stóvi ~ manę̃s er steht nében mir 2 nében (*A*) (*žymi kryptį*); àš atsisédau ~ jõ ich sétzte mich nében ihn II *adv* nebenán; jìs gyvéna ~ er wohnt nebenán
šalìgatvis Bürgersteig *m* -(e)s, -e, Fúßweg *m* -(e)s, -e
šãlikas Schal *m* -s, -e / -s
šaliñ fort, weg; ~! fort mit dir! ~ rankàs! Hände weg!
šaliniñkas Ánhänger *m* -s, -
šãlin‖ti 1 (*pvz., trūkumus, sunkumus*) beséitigen *vt*, behében* *vt* 2 (*iš pareigų*) ábsetzen *vt*, des Ámtes enthében*; ~tis (*ko*) flíehen* *vt*; ~tis žmonių̃ die Ménschen flíehen

šalìs 1 Land *n* -(e)s, ⁻er 2 Séite *f* -, -n
šãliškas partéiisch
šálmas Helm *m* -(e)s, -e
šalnà Frost *m* -es, ⁻e
šaltakr‖aũjiškas káltblütig; ~aujiškùmas
Káltblütigkeit *f* -
šált‖as kalt; ~as óras káltes Wétter; šaltì
patiekalaĩ kálte Spéisen; man ~a es friert
mich, ich fríere
šálti fríeren* *vimp*; šiañdien šą̃la es friert
héute
šaltíena Sülze *f* -, -n
šaltìnis Quélle *f* -, -n
šaltĩs Kälte *f* -, -n, Frost *m* -es, ⁻e
šáltkalvis Schlósser *m* -s, -
šalutìn‖is Nében-; nebensächlich; ~è gãtvė
Nébenstraße *f* -, -n; ~is sakinỹs Nébensatz
m -es, ⁻e
šampãnas Sekt *m* -(e)s, -e, Champagner
[ʃamˈpanjər] *m* -s, -
šampū̃nas Schampún *n* -s
šãpalas *zool.* Döbel *m* -s, -
šárka Élster *f* -, -n
šarmà Reif *m* -(e)s
šármas Láuge *f* -, -n
šárvas Pánzer *m* -s, -
šarvóti áufbahren *vt*
šãšas Grind *m* -(e)s, -e, Schorf *m* -(e)s, -e
šãšk‖ės *pl* Dámenspiel *n* -(e)s, -e; žaĩsti
[lõšti] ~ėmis Dáme spíelen
šáudyti schíeßen* *vi*
šaũksmas Ruf *m* -(e)s, -e, Geschréi *n* -(e)s;
pagálbos ~ Hílferuf
šaũkštas Löffel *m* -s, -
šaukštẽlis Löffelchen *n* -s, -; arbãtinis ~
Téelöffelchen

šaũkti 1 (*rėkti*) schréien* *vi*; ~ *ìš skaũsmo* vor Schmerz schréien; ~ *visà gérkle* aus vóllem Hals schréien **2** rúfen* *vt*; ~ *į̃ pagálbą* zu Hilfe rúfen

šauktùkas Áusrufezeichen *n* -s, -

šaulỹs Schütze *m* -n, -n

šaunamàsis: ~ *giñklas* Schússwaffe *f* -, -n

šáuti schíeßen* *vi*, *vt*; ~ *ìš šáutuvo* mit dem Gewéhr schíeßen; ~ *į̃ príešą* nach dem [auf den] Feind schíeßen

šáutuvas Gewéhr *n* -(e)s, -e; *medžiõklinis* ~ Flínte *f* -, -n, Büchse *f* -, -n

šedèvras Méisterwerk *n* -(e)s, -e

šèfas 1 (*viršininkas*) Chef [ʃɛf] *m* -s, -s **2** (*globojanti organizacija*) Páte *m* -n, -n

šefúoti (*ką*) die Pátenschaft über etw. (*A*) ausüben

šeim‖à Famíli:e *f* -, -n; ~*õs galvà* Famílienhaupt *n* -(e)s, ⁻er; *sukùrti šeĩmą* éine Família gründen; ~*ýninis* Famílien-; ~*ýninis gyvēnimas* Famílienleben *n* -s; ~*ýninė padėtìs* Famílienstand *m* -(e)s; ~*iniñkas* Wirt *m* -(e)s, -e; Háusherr *m* -n, -en; (*priimantis svečius*) Gástgeber *m* -s, -; ~*ininkáuti* den Háushalt führen; wírtschaften *vi*; ~*iniñkė* Wírtin *f* -, -nen; Háusfrau *f* -, -en; (*priimanti svečius*) Gástgeberin *f* -, -nen

šel̃pti unterstützen *vt*

šèlti tóben *vi*

šepet‖ẽlis: *dantų̃* ~*ẽlis* Záhnbürste *f* -, -n; ~*ỹs* Bürste *f* -, -n; *batų̃* ~*ỹs* Schúhbürste; *drabùžių* ~*ỹs* Kléiderbürste; *valýti šẽpečiu kostiùmą* den Ánzug bürsten

šėrìmas Fütterung *f* -, -en

šer̃kšnas Reif *m* -(e)s

šer̃menys *pl* Tótenfeier *f* -, -en; *šermenų̃ piētūs* Léichenschmaus *m* -es, ⁻e

šermùkšnis (*medis*) Éberesche *f* -, -n; (*uoga*) Vógelbeere *f* -, -n

šermuonėlis Hermelín *n*, *m* -s, -e

šérnas Kéiler *m* -s, -, Wíldschwein *n* -(e)s, -e

šérti füttern *vt*

šešėlis Schátten *m* -s, -

šešì sechs [-ks]

šešiamẽtis séchsjährig [-k-]; ~ *vaĩkas* ein séchsjähriges Kind

šẽšiasdešimt séchzig

šẽšiasdešimtmetis der séchzigste Jáhrestag, das séchzigjährige Jubiläum

šešiólika séchzehn

šẽškas Íltis *m* -ses, -se

šeštãdienis Sónnabend *m* -s, -e, Sámstag *m* -(e)s, -e; *Didỹsis* ~ *bažn.* Karsámstag *m* -(e)s, -e

šẽštas séchste

šiaĩp so, auf sólche Wéise, sonst; ~ *taĩp* recht und schlecht

šią̃nakt héute Nacht

šiañdien héute, héutzutage

šiandieninìs héutig

šiàpus *prp* díesseits (*G*)

šiáudas 1 Stróhhalm *m* -(e)s, -e **2** *pl* Stroh *n* -(e)s; *šiaudų̃ kū̃gis* Stróhschober *m* -s, -

šiáur‖ė Nórden *m* -s; ~*ės ašìgalis* Nórdpol *m* -s; ~*ės pašvaĩstė* Nórdlicht *n* -es, -er; ~*ės pùsrutulis* die nördliche Hálbkugel *f* -; *į̃* ~*ę nuõ Berlýno* nördlich von Berlín

šiaurinìs nördlich, Nord-

šỹdas Schléier *m* -s, -; *gédulo* ~ Tráuerschleier

šiek tíek étwas, ein wénig, éinigermaßen

šiẽmet díeses Jahr, in díesem Jahr

šiemẽtis díesjährig

šienapjūtė Héumahd *f* -, -en, Héuernte *f* -

šiẽnas Heu *n* -(e)s

šienáuti héuen *vi*, Heu mähen

šìferis Schíefer *m* -s, -

šį̃kart díesmal

šikšnósparnis Flédermaus *f* -, ⁻e

šykšt‖ė́ti (*ko*) géizen *vi* (*mit D*); knáusern (*mit D*); ~*uõlis* Géizhals *m* -es, ⁻e; ~*ùs* géizig

šìlas Héide *f* -, -n

šìldymas Héizung *f* -, -en; *centrìnis* ~ Zentrálheizung

šild‖ýti wärmen *vi*; áufwärmen *vt*; *sáulė* ~*o* die Sónne wärmt; ~*yti valgì* das Éssen áufwärmen; ~ sich wärmen; ~*ytis sáulėje* sich sonnen; ~*ytis rankàs* sich (*D*) die Hände wärmen

šil̃kas Séide *f* -, -n
šilkìnis séiden, Séiden-
šiltãdaržis Tréibhaus *n* -es, ⸗er
šìltas warm
šìlti warm [wärmer] wérden
šìltinė Týphus *m* -
šìltnamis Tréibhaus *n* -es, ⸗er
šilumà Wärme *f* -
šį̃met díeses Jahr, in díesem Jahr
šim̃tas húndert; Húndert *n* -s, - / -e; *šimtóji dalìs* Húndertstel *n* -s, -
šim̃tmetis Jahrhúndert *n* -s, -e
šiokiãdien‖is Wérktag *m* -(e)s, -e; ~*iais* wérktags, an Wérktagen
šỹpsena, šypsnỹs Lächeln *n* -s
šypsótis lächeln *vi*
šird‖ìngas hérzlich; ~*ìngas sutikìmas* ein hérzlicher Empfáng; ~*ìs* Herz *n* -ens, -en; ~*iẽs príepuolis* Hérzanfall *m* -(e)s, ⸗e; *ìš visõs* ~*iẽs* von gánzem Hérzen
šį̃ryt héute Mórgen
šir̃sti (*ant ko*) zürnen *vi* (*D, mit D*), zórnig wérden (*auf A*)
šìršė Hórnisse *f* -, -n
šìs díeser *m* (díese *f*, díeses *n*, díese *pl*); *nuõ šiõs dienõs* seit héute; *šiõs dienõs laĩkraštis* die héutige Zéitung; *šį̃ kar̃tą* díesmal
šį̃syk díesmal
šìtaip so; auf sólche Wéise
šìtiek sovíel
šìtoks solch ein *m, n* (solch éine *f*, sólche *pl*)
šiùkšl‖ės *pl* Müll *m* -(e)s; Kéhricht *m, n* -(e)s; ~*ių dėžė̃* Müllkasten *m* -s, - / ⸗
šiukšlýnas Müllhaufen *m* -s, -
šiùkšlinti schmútzig máchen, verúnreinigen *vt*
šiųmẽtis díesjährig
šiuolaikìn‖is modérn, zéitgenössisch; ~*ė literatūrà* die zéitgenössische Literatúr
šiurkšt‖uõlis Gróbian *m* -(e)s, -e; ~*ùs* **1** rau; ~*ì mẽdžiaga* ein ráuer Stoff **2** barsch, grob; ~*ì klaidà* ein gróber Féhler; ~*ùs žmogùs* ein bárscher [gróber] Mensch
šiur̃pas Scháuder *m* -s, -
šiurpùs scháuderhaft; grúselig

šìvãkar héute Ábend
škòtas Schótte *m* -n, -n
Škòtija Schóttland *n* -s
škòtiškas schóttisch
šlaistýtis sich herúmtreiben*
šlaĩtas Ábhang *m* -(e)s, ⸗e, Böschung *f* -, -en
šlãkas (*strazdana*) Schlácke *f* -, -n
šlakúotas (*strazdanotas*) schláckig
šlam‖esỹs Ráscheln *n* -s; ~*ėti* ráscheln *vi*
šlam̃štas Plúnder *m* -s, Kram *m* -(e)s
šlãpdriba Schnéeregen *m* -s, -
šlãpias nass
šlapìmas Harn *m* -(e)s
šlàpti nass wérden
šlap‖umà (*lietingas laikas*) Régennässe *f* -; ~*ùmas* Nässe *f* -
šlaunìs Schénkel *m* -s, -, Óberschenkel *m* -s, -
šlav‖ė̃jas, ~*ìkas* Stráßenkehrer *m* -s, -
šleĩvas krúmmbeinig
šlepẽtės *pl* Pantóffeln *pl*
šliaũžti **1** kríechen* *vi* (*s*), krábbeln *vi* (*s*) **2** (*eiti*) sich schléppen
šlykšt‖ýbė, ~*ỹnė* Ábscheulichkeit *f* -, -en, Scheúßlichkeit *f* -, -en; ~*ùs* ábscheulich, scheúßlich
šliùrė Háusschuh *m* -(e)s, -e
šlov‖ė̃ Ruhm *m* -(e)s; ~*ìngas* rúhmreich
šlóvinti lóbpreisen* *vt*, glorifizíeren *vt*
šlùbas lahm
šlubúoti hínken *vi* (*s, h*)
šlúostyti wíschen *vt*; trócknen *vt*
šlúo‖ta Bésen *m* -s, -; ~*ti* kéhren *vt*, fégen *vt*
šmeiž‖ìkas Verléumder *m* -s, -; ~*ìkiškas* verléumderisch
šmeĩž‖tas Léumund *m* -(e)s, Verléumdung *f* -, -en; ~*ti* verléumden *vt*
šmėklà Gespénst *n* -es, -er
šnabžd‖esỹs Geflüster *n* -s; ~*ėti* flüstern *vi, vt*; ~*ėtis* túscheln *vi*; ~*omìs* im Flüsterton
šnair‖omìs scheel; *žiūréti į̃ ką̃* ~*omìs* j-n scheel ánsehen; ~*úoti* (*į ką*) schíelen *vi* (*auf A*)

šneké‖ti réden *vt, vi,* spréchen* *vi;* ∼**tis** (*su kuo apie ką*) sich unterhálten*(*mit j-m über A*)

šnekùs gesprächig

šnìcelis Schnítzel *n* -s, -

šòferis Fáhrer *m* -s, -

šokéj‖a Tänzerin *f* -, -nen; *balèto* ∼*a* Ballétttänzerin; ∼**as** Tänzer *m* -s, -

šokinéti hüpfen *vi* (*s, h*); spríngen* *vi* (*s*)

šokìnti (*vesti šokti*) zum Tanz áuffordern

šõkis Tanz *m* -es, ‸e; *liáudies* ∼ Vólkstanz

šokolãd‖as Schokoláde *f* -, -n; ∼*o plytēlė* Schokoládentafel *f* -, -n; ∼**inis** Schokoláden-; ∼*iniai saldaĩniai* Pralíne *f* -, -n

šókti 1 spríngen* *vi* (*s*); ∼ *į̃ vándenį̃* ins Wásser spríngen 2 tánzen *vi, vt;* ∼ *válsą* Wálzer tánzen

šón‖as Séite *f* -, -n; ∼**inė** Ríppchen *n* -s, -, Ríppenstück *n* -(e)s, -e; ∼**inis** Séiten-, séitlich; ∼*inis véjas* Séitenwind *m* -(e)s, -e; ∼**kaulis** Ríppe *f* -, -n

šovinỹs Patróne *f* -, -n; (*pabūklo*) Geschóss / Geschóß *n* -es, -e

špròtai *pl* Sprótten *pl*

šrãtas Schrot *n, m* -(e)s, -e

šrìftas Schrift *f* -, -en

štãbas Stab *m* -(e)s, ‸e

štaĩ da, hier; ∼ *kur̃ jìs!* da ist er!

šū́kauti grölen *vi,* jóhlen *vi*

šùkė Schérbe *f* -, -n

šū́kis Lósung *f* -, -en

šùkos *pl* Kamm *m* -(e)s, ‸e

šū́ksnis Zúruf *m* -(e)s, -e; Ruf *m* -(e)s, -e

šū́ktelėti (*kam ką*) zúrufen* *vt* (*j-m*)

šukúosena Frisúr *f* -, -en

šuk‖úoti kämmen *vt;* ∼**úotis** sich kämmen

šulinỹs Brúnnen *m* -s, -

šùngrybis úngenießbarer Pilz

šunýbė Únfug *m* -(e)s

šuõ Hund *m* -(e)s, -e

šúolis Sprung *m* -(e)s, ‸e

šuoliúoti galoppíeren *vi* (*s, h*)

šū́snìs Stoß *m* -es, ‸e; ∼ *laĩkraščių̃* ein Stoß Zéitungen

šùtinti dünsten *vt*

šū̃vis Schuss *m* -es, ‸e

švaistýti (*pinigus*) vertún* *vt,* verschwénden *vt*

švarà Sáuberkeit *f* -

švãrinti säubern *vt,* sáuber máchen

švar̃kas Jácke *f* -, -n, Jackétt [ʒa-] *n* -(e)s, -e / -s

švar‖ùs sáuber; rein; *švãrios rañkos* sáubere Hände; *švārū̃s marškiniaĩ* ein réines [sáuberes] Hemd; ∼*ùs óras* réine Luft; ∼*ì sążinė* ein réines Gewíssen

švebeldžiúoti líspeln *vi*

švèdas Schwéde *m* -n, -n

Švèdija Schwéden *n* -s

švèdiškas schwédisch

šveicãras Schwéizer *m* -s, -

Šveicãrija Schweiz *f* -

šveicãriškas schwéizerisch

šveĩsti schéuern *vt*

švelnéti mílder wérden

švel̃ninti míldern *vt;* ∼ *baũsmę* éine Stráfe míldern

šveln‖ùs 1 mild; ∼*ùs óras* ein míldes Wétter; ∼*ì bausmẽ* éine mílde Stráfe 2 zart; ∼*ì óda* (éine) zárte Haut; 3 sanft, sánftmütig; ∼*ùs baĩsas* éine sánfte Stímme

šventãdienis Féiertag *m* -(e)s, -e, Fésttag *m* -(e)s, -e

šveñtas héilig

šveñt‖ė Fest *n* -es, -e; ∼*ę švę̃sti* ein Fest begéhen [féiern]; ∼**inis** féierlich; ∼*inė núotaika* éine féierliche Stímmung

šventenýbė Héiligtum *n* -(e)s, ‸er; *tautõs* ∼ *prk.* Nationálheiligtum

švéntin‖ti wéihen *vt;* ∼*tas vanduõ* gewéihtes Wásser

šveñtišk‖ai fésttäglich; ∼*ai apsireñgęs* (*pasipuõšęs*) fésttäglich gekléidet (geschmückt); ∼**as** fésttäglich; ∼*a núotaika* Fésttagsstimmung *f* -, -en

šveplúoti líspeln *vi*

švę̃sti féiern *vt,* begéhen* *vt; vestuvès* ∼ Hóchzeit féiern [hálten]

švies‖à Licht *n* -(e)s, -er; *dienõs* ∼*à* Tágeslicht; *sáulės* ∼*à* Sónnenlicht; *uždègti* *šviẽsą* Licht éinschalten [ánmachen]; ~**éti** sich áufhellen

šviesiaplaũkis blóndhaarig, wéißhaarig

šviesofòras Ámpel *f* -, -n, Verkéhrsampel *f* -, -n

šviẽ‖sti 1 schéinen* *vi*; *sáulė* ~*čia rýškiai* die Sónne scheint hell **2** (*rentgeno aparatu*) röntgen *vt* **3** (*mokyti*) bílden *vt*; áufklären *vt*; ~**stis 1** (*giedrytis*) sich áufhellen **2** sich bílden

šviestùvas Léuchte *f* -, -n; *síeninis* ~ Wándleuchte

šviesùs hell, licht; *šviẽsūs plaukaĩ* hélles Haar

švietìmas Bíldung *f* -

šviẽžias frisch

šviežùmas Frísche *f* -

švìlpauti pféifen* *vi*, *vt*

švìlpti pféifen* *vi*

švilpùkas Pféife *f* -, -n

švìnas Blei *n* -(e)s

švinìn‖is Blei-, bléiern; ~*ė kulkà* Bléikugel *f* -, -n

švìrkštas Sprítze *f* -, -n

švìsti dämmern *vimp*, tágen *vimp*; *kéltis šviñtant* bei Tágesanbruch áufstehen

švytéti glänzen *vi*

švìtinti (*spinduliais veikti*) bestráhlen *vt*

švyturỹs Léuchtturm *m* -(e)s, ־e

švõkšti (*sunkiai alsuoti*) kéuchen *vi*

T

tabãkas Tábak *m* -s, -e

tabalúoti báumeln *vi*

tablètė Tablétte *f* -, -n

taburètė Hócker *m* -s, -, Taburétt *n* -(e)s, -e

tačiãu *cj* áber, doch, jedóch; *jìs ateĩs, ~ jõ tévą sutrùkdė* er kommt, áber sein Váter ist verhíndert

tàd *cj* darúm, déshalb

tadà dámals

tądien an jénem Tag

taĩ das, es; *kàs ~ yrà?* was ist denn das?

taigà Táiga *f* -

taĩgi álso

taik‖à Fríeden *m* -s; ~*õs sutartìs* Fríedensvertrag *m* -(e)s, ־e; *kovóti ùž taĩką* für den Fríeden kämpfen; *sudarýti taĩką* den Fríeden schlíeßen; ~**darỹs** Fríedensstifter *m* -s, -

taikìngas fríedliebend

taikinỹs Zíelscheibe *f* -, -n

táik‖yti 1 (*į ką*) zíelen *vi* (*auf A, nach D*); *jõ pastabà* ~*oma táu* séine Bemérkung zielt auf dich **2** ánwenden (*t. p.* wándte an, ángewandt) *vt*, ánpassen *vt*; ~*yti metòdą* éine Methóde ánwenden; ~*ytis* (*prie ko*) sich ánpassen (*D*); ~*ytis priẽ sálygų* sich den Verhältnissen ánpassen

taikl‖ùmas Tréffsicherheit *f* -; ~**ùs** tréffsicher; tréffend; ~*ì pastabà* éine tréffende Bemérkung

táikom‖asis ángewandt; ~*oji dailẽ* ángewandte Kunst

taikùs fríedlich

taĩp 1 ja, jawóhl **2** so; *taĩ bùvo ne ~ leñgva* es war nicht so leicht **3**: ~ *jám iř reĩkia* das geschíeht ihm recht; ~ *sākant* sozuságen; *iř ~ toliaũ* und so wéiter

taip pàt auch, gléichfalls

taisyklà Reparatúrwerkstatt *f* -, ־e

taisỹkl‖ė Régel *f* -, -n; *eĩsmo* ~*ės* Verkéhrsvorschriften *pl*; *laikýtis* ~*ių* sich an die Régeln hálten

taisyklìngas régelmäßig

taĩsymas 1 Korrektúr *f* -, -en; Beríchtigung *f* -, -en; *klaidų* ~ Féhlerberichtigung *f* -, -en **2** Reparatúr *f* -, -en; *automobìlių* ~ Áutoreparatur

taisý‖ti 1 korrigíeren *vt*, beríchtigen *vt*; ~*ti klaidàs* Féhler beríchtigen [korrigíeren] **2** reparíeren *vt*; ~*ti laĩkrodį* die Uhr reparíeren; ~*tis 1* (*sveikti*) genésen* *vi* (*s*); gesúnd wérden **2** (*pvz., apie padėtį, orą*) sich béssern

tąkart dámals

tãkas 1 Pfad *m* -(e)s, -e **2** (*patiesalas*) Láufer *m* -s, -

taksì Táxi *n* -s, -s
taksìstas Táxifahrer *m* -s, -
tãktas Takt *m* -(e)s; ***turė́ti ~ą*** viel Takt háben; ***žmogùs bè ~o*** ein táktloser Mensch
tãktika Táktik *f* -, -en
tãkt||inis táktisch; ***~inė klaidà*** ein táktischer Féhler; **~iškas** táktvoll; fair [fɛːr]; ***~iškas žaidìmas*** ein fáires Spiel; ***bū́ti ~iškam*** viel Takt háben
tãlentas Talént *n* -(e)s, -e
talentìngas talentíert, taléntvoll
talk||à Árbeitshilfe *f* -, -n; **~iniñkas** fréiwilliger Hélfer
talkininkáuti, tal̃kinti fréiwillig hélfen
talònas (*kam nors gauti*) Gútschein *m* -(e)s, -e; (*važiavimo*) Fáhrschein *m* -(e)s, -e
talp||à Fássungsvermögen *n* -s, Ínhalt *m* -(e)s, -e; ***bãko ~à 20 lìtrų*** der Ínhalt des Behälters beträgt 20 Líter; **~ìnti** únterbringen* *vt*; **~ùs** geräumig
tamsà Dúnkel *n* -s, Dúnkelheit *f* -, -en
tamsė́ti dúnkler wérden
tamsia||ãkis dúnkeläugig; **~plaũkis** dúnkelhaarig
támsta Sie
tamsùs dúnkel; fínster; ***tam̃sūs dẽbesys*** dúnkle Wólken; ***tam̃sios miñtys*** düstere Gedánken
tánkas Pánzer *m* -s, -
tankė́ti díchter wérden
tank||ùmas (*pvz., gyventojų*) Díchte *f* -, -n; **~umýnas** Díckicht *n* -(e)s, -e
tánk||us dicht; ***~ūs plaukaĩ*** díchtes Haar
tapãtinti (*ką su kuo*) identifizíeren *vt* (*mit D*)
tapatùs idéntisch
tapètai *pl* Tapéte *f* -, -n
tap||ýba Maleréi *f* -; **~ýti** málen *vt*; **~ýtojas** Máler *m* -s, -
tàpti wérden* *vi* (*s*); ***jìs tãpo gýdytoju*** er wúrde Arzt
tarakõnas Schábe *f* -, -n
tárd||ymas Untersúchung *f* -, -en; **~yti** verhören *vt*, éine Untersúchung führen; **~ytojas** Untersúchungsrichter *m* -s, -
tãriamas ángeblich, vermútlich

tarýba Rat *m* -(e)s, ⸚e; ***Saugùmo Tarýba*** Sícherheitsrat
tarìmas Áussprache *f* -, -n
tarinýs Prädikát *n* -(e)s, -e
tarýtum 1 *adv* wie; ***rankà bùvo šaltà ~ lẽdas*** die Hand war (so) kalt wie Eis **2** *cj* als, als ob; ***jìs nùdavė, ~ niẽko nežìno*** er tat, als ob er nichts wüsste
tárka Réibeisen *n* -s, -
tar̃kim(e): **~**, ***kàd*** ... néhmen wir an, dass ... ángenommen, dass ...
tarkúoti réiben* *vt*
tarmė̃ Múndart *f* -, -en
tar̃miškas múndartlich
tarnáitė Díenstmädchen *n* -s, -
tar̃nas Díener *m* -s, -
tarn||áuti, díenen *vi*; (*apie šunį*) schönmachen *vi*; ***~áuti kariúomenėje*** beim Militär díenen; **~áutojas, -a** Ángestellte *sub m, f*; ***valstýbės ~áutojas*** Stáatsbeamte *sub m*; **~ýba** Dienst *m* -es, -e; **~ýbinis** díenstlich, Dienst-; ***~ýbinis reĩkalas*** éine díenstliche Ángelegenheit [Sáche]
tar̃p *prp* **1** zwíschen (*D*) (*žymi vietą tarp dviejų*) **2** zwíschen (*A*) (*žymi kryptį tarp dviejų*) **3** únter (*D*) (*žymi vietą tarp daugelio*) **4** únter (*A*) (*žymi kryptį tarp daugelio*)
tárpas 1 Zwíschenraum *m* -(e)s, ⸚e **2** Zéitraum *m* -(e)s, ⸚e
tarpẽklis Éngpass *m* -es, ⸚e
tárpininkas Vermíttler *m* -s, -
tarpininkáuti vermítteln *vi*
tarp||miestìnis: ***~miestìnis pasikalbė́jimas telefonù*** Férngespräch *n* -(e)s, -e; **~tautìnis** internationál; ***~tautìnė téisė*** Völkerrecht *n* -(e)s; ***~tautìnių žõdžių žodýnas*** Frémdwörterbuch *n* -(e)s, ⸚er; ***~tautìniai į́vykiai*** Wéltgeschehen *n* -s
tar̃||ti 1 áussprechen* *vt* **2** ságen *vt*; ***kaĩp tãrė, taĩp ir̃ padãrė*** geságt – getán **3** ánnehmen* *vi*; ***~kime, kád*** ... néhmen wir an, dass ... ángenommen, dass ... **~tis** (*dėl ko*) beráten *vi* (*über A*)
tar̃tum *cj* wie; als, als ob
tàs jéner *m* (jéne *f*, jénes *n*, jéne *pl*); ***~ ir̃ anàs*** díeser und jéner; ***tą̃ diẽną*** an jénem Tag

tas pàts dersélbe *m* (diesélbe *f*, dassélbe *n*, diesélben *pl*); gleich; *tuo pačiù metù* zu gléicher Zeit

tãškas Punkt *m* -(e)s, -e

taškēlis Túpfen *m* -s, -

taškúotas gepúnktet, getüpfelt

táu dir, für dich

taukaĩ Fett *n* -(e)s, -e

taukúotas féttig

taupỹklė Spárbüchse *f* -, -n

taup‖ýti spáren *vt*; ~ús spársam

taur‖ė̃ (4, 2) **1** Bécher *m* -s, -; Glas *n* -es, ⁓er / - **2** *sport*. Pokál *m* -s, -e; Cup [kap] *m* -s, -s; ~ẽlė Gläsⁱchen *n* -s, -

taur‖ùmas Édelmut *m* -(e)s; ~ùs édel, édelmütig; ~ùs póelgis éine édle [édelmütige] Tat

tausà (*taupymas*) Spársamkeit *f* -

tausóti schónen *vt*; spáren *vt*, *vi*

taut‖à Volk *n* -(e)s, ⁓er; *vókiečių* ~à das déutsche Volk; ~ýbė Nationalität *f* -, -en; *jìs lietùvių* ~ýbės er ist lítauischer Nationalität; ~iẽtis Lándsmann *m* -(e)s, -leute; ~ìnis nationál, Nationál-; ~ìniai *drabùžiai* Nationáltracht *f* -, -en; ~ìnės *mãžumos* nationále Mínderheiten

tautó‖dailė Vólkskunst *f* -; ~saka Folklóre *f* -; ~sakininkas Folkloríst *m* -en, -en

teãtr‖as Theáter *n* -s, -; *lėlių̃* ~as Púppentheater; *drãmos* ~as Scháuspielhaus *n* -es, ⁓er ; *òperos* ~as Ópernhaus *n* -es, ⁓er

tèchnik‖a Téchnik *f* -; ~as Téchniker *m* -s, -; ~umas Téchnikum *n* -s, -ka / -ken

tèchninis téchnisch

teĩgiamas bejáhend, pósitiv; ~ *atsãkymas* éine bejáhende [pósitive] Ántwort

teiginỹs Beháuptung *f* -, -en; Thése *f* -, -n

teĩgti beháupten *vt*

teiráutis (*ko apie ką*) sich erkúndigen (*bei j-m nach*)

téis‖ė Recht *n* -(e)s, -e; ~ės *mókslas* Réchtswissenschaft *f* -, -en; *žmogaũs* ~ės Ménschenrechte *pl*; ~ė į̃ *dárbą* das Recht auf Árbeit; *suteĩkti kám* ~ę į̃ *ką̃* j-m das Recht auf etw. (*A*) gewähren

teisė́jas **1** Richter *m* -s, - **2** *sport*. Schíedsrichter *m* -s, -

teisė́t‖ai mit Recht; ~as réchtmäßig, legitím; ~as *reikalãvimas* ein réchtmäßiger Ánspruch

teisė́tùmas Gesétzlichkeit *f* -

teisė́tvarka Réchtsordnung *f* -

teis‖ýbė Wáhrheit *f* -; *taĩ grynà* ~ýbė das ist die réine Wáhrheit; ~ìngas **1** ríchtig; ~ìngas *sprendìmas* éine ríchtige Lösung **2** gerécht; ~ìngas *žmogùs* ein geréchter Mensch; ~ùmas Geréchtigkeit *f* -

téisin‖ti réchtfertigen (réchtfertigte, geréchtfertigt) *vt*; ~tis sich réchtfertigen (sich réchtfertigte, sich geréchtfertigt)

teĩsm‖as Gerícht *n* -(e)s, -e; *Aukščiáusiasis teĩsmas* das Óberste Gerícht; ~o *procèsas* Geríchtsverhandlung *f* -, -en; *atidúoti ką̃* ~ui j-n dem Gerícht übergében

teĩsti (*ką̃*) ríchten *vt*, Gerícht hálten (*über j-n*)

teisùs: *jìs vìsiškai* ~ er hat völlig Recht

tekė́‖ti **1** flíeßen* *vi* (*s*); *iš žaizdõs tēka kraũjas* das Blut strömt aus der Wúnde **2** (*pvz., apie statinę*) leck sein **3** (*apie saulę, mėnulį*) áufgehen* *vi* (*s*) **4** (*už ko*) héiraten *vt*

tēkin‖ti schärfen *vt*, wétzen *vt*, schléifen* *vt*; ~tojas (*metalo*) Dréher *m* -s, -

tèkstas Text *m* -es, -e; *dainõs* ~ Líed(er)text

telefáksas Fax *n* -, - / -e

telefònas Telefón *n* -s, -e, Férnsprecher *m* -s, -; *mobilùsis* ~ Mobíltelefon *n* -s, -e; ~ *automãtas* Münzensprecher *m* -s, -; *pasikalbėjimas telefonù* Telefóngespräch *n* -(e)s, -e; *kalbéti sù kuõ telefonù* mit j-m telefoníeren; j-n ánrufen

telegrafúoti telegrafíeren / telegraphíeren *vi*

telegramà Telegrámm *n* -s, -e; *skubióji* ~ Blítztelegramm; *dúoti telegrámą* ein Telegrámm áufgeben

televìz‖ija Férnsehen *n* -s; ~ijos *laidà* Férnsehsendung *f* -, -en; *spalvótoji* ~ija fárbiges Férnsehen; ~orius Férnsehapparat *m* -(e)s, -e, Férnseher *m* -s, -; ~oriaus *ekrãnas* Férnsehschirm *m* -(e)s, -e; *žiūréti* ~orių férnsehen* *vi*

temà Théma *n* -s, -men / -ta

temperatūrà Temperatúr *f* -, -en; *aukštà (žemà)* ~ éine hóhe (tíefe) Temperatúr; ~ *kỹla (kriñta)* die Temperatúr steigt (sinkt)

tem̃pti 1 zíehen* *vt* 2 (*traukti, vilkti*) schléppen *vt*; zérren *vt*

témti dúnkeln *vimp*, dämmern *vimp*

teñ, tenaĩ (*žymi vietą*) dort, da; *iš̃* ~ von dort; (*žymi kryptį*) dorthín, dahín

tend‖eñcija Tendénz *f* -, -en; ~**encìngas** tendenziös

tenýkštis dórtig

tènis‖as Ténnis *n* -; *stãlo* ~*as* Tíschtennis; ~**ininkas** Ténnisspieler *m* -s, -

ténkin‖ti befríedigen *vt*; ~*ti kienõ nórus* j-s Wünsche befríedigen; ~**tis** (*kuo*) sich befríedigen (*mit D*)

tènoras Tenór *m* -s, ⸗e

teòr‖ija Theoríe *f* -, -ri:en; ~**inis** theorétisch

tẽpalas 1 Schmíere *f* -, -n; *bãtų* ~ Schúhcreme / Schúhkrem *f* -, -s 2 *med.* Sálbe *f* -, -n

tepalúotas schmíerig

tèpti schmíeren *vt, vi*; ~**s** 1 (*pvz., gydomuoju tepalu*) schmíeren *vt* 2 schmútzen *vi*; *suknẽlė greĩtai tẽpasi* díeses Kleid schmutzt schnell

teptùkas Pínsel *m* -s, -

terapèutas Interníst *m* -en, -en

terãpija Therapíe *f* -, -pí:en

terasà Therásse *f* -, -n

teritòr‖ija Territórium *n* -s, -ri:en; Gelände *n* -s, -; ~**inis** territoriál; ~*iniai vándenys* Hóheitsgewässer *n* -s

term̃in‖as 1 Termín *m* -s, -e, Frist *f* -, -en; *praléisti* ~*ą* éinen Termín versäumen 2 (*žodis*) Términus *m* -, -ni

termomètras Thermométer *n* -s, -

term̃osas Thérmosflasche *f* -, -n

teròras Térror *m* -s

terori̇̀st‖as Terroríst *m* -en, -en; ~**inis** terrorístisch; Térror-

terš‖ìmas Verschmútzung *f* -, -en, Verúnreinigung *f* -; ~**ti** 1 beschmútzen *vt*, verschmútzen *vt*; verúnreinigen *vt* 2 *prk.* beschmútzen *vt*

teséti (*pvz., pažadą*) hálten* *vt*

tęsinỹs Fórtsetzung *f* -, -en

testameñtas Testamént *n* -(e)s, -e

tę̃s‖ti 1 fórtsetzen *vt*; fórtfahren* *vi* 2 (*vilkinti*) hináuszögern *vt*; ~**tis** 1 (*trukti*) dáuern *vt*, währen *vi* 2 sich hínziehen*; *mìškas* ~*iasi iki miẽsto* der Wald zieht sich bis zur Stadt hin

tešlà Teig *m* -(e)s, -e

tetà Tánte *f* -, -n

tėvaĩ Éltern *pl*

tėv‖as Váter *m* -s, ⸗; ~*o vardas* Vátersname *m* -ns, -n

tėvýnė Váterland *n* -(e)s, ⸗er

tėviškas väterlich

tėviškė Héimat *f* -, -en

týč‖ia ábsichtlich, mútwillig; ~**inis** ábsichtlich, mútwillig

týčiotis (*iš ko*) spótten *vi* (*über A*)

tíek so viel; ~ *pàt* ébenso viel; *tíek ... tíek* sowóhl ... als auch

tiek‖éjas Líeferer *m* -s, -, Lieferánt *m* -en, -en; ~**imas** Líeferung *f* -, -en; Zúfuhr *f* -, -en; *prēkių* ~**ìmas** Wárenlieferung; *vandeñs* ~**ìmas** Wásserzufuhr

tiẽkti líefern *vt*; zúführen *vt*

tiẽs *prp* nében (*D*)

tiesà Wáhrheit *f* -, -en; *grynà* ~ die náckte [réine] Wáhrheit; *taĩ* ~ das [es] ist wahr; (*ar̃*) *ne* ~? nicht wahr?

tiẽsiai geráde, gerádeaus; *eĩti* ~ gerádeaus géhen

tiesióg 1 (*tiesiai*) gerádeaus 2 gerádezu; éinfach

tiesióginis dirékt

tiẽsti 1 (*pvz., rankas, kaklą*) récken *vt* 2 (*kelią*) báuen *vt*, (*pvz., paklodę*) áusbreiten *vt*

tiesùs geráde

tìgras Tíger *m* -s, -

tìk nur; erst; ~ *àš* nur ich; ~ *ką̃* ében, geráde

tikė‖jimas Gláube *m* -ns, -n; ~*jimas pérgale* der Gláube an den Sieg; *prarãsti* ~*jimą kuõ* den Gláuben an etw. (*A*), j-n verlíeren; ~**ti** (*kuo*) gláuben *vi* (*j-m*, *an A*); *jì juõ nètiki* sie glaubt ihm nicht; *àš tikiù jõ žodžiù* ich gláube ihm aufs Wort; ∼*ti* (*į̃*) *Diẽvą* an Gott gláuben; ∼*tis* (*ko*) hóffen *vi* (*auf A*); erhóffen *vt*

tikýba Konfessión *f* -, -en, Religión *f* -, -en

tikimýbė Wahrschéinlichkeit *f* -, -en

tikintỹsis, -čióji Gläubige *sub m, f*

týkoti láuern *vi* (*auf A*)

tikraĩ bestímmt, sícher

tìkras 1 (*grynas*) echt; ∼ *áuksas* échtes Gold **2** ríchtig, wahr; ∼ *draũgas* ein ríchtiger [wáhrer] Freund **3** (*įsitikinęs*) gewíss, sícher **4** bestímmt, gewíss; *iš tikrụjų* wírklich, tátsächlich

tikriáusiai höchstwahrschéinlich, am wahrschéinlichsten

tìkrinti prüfen *vt*, kontrollíeren *vt*; ∼ *ligónį* éinen Kránken untersúchen

tikróvė Wírklichkeit *f* -; ∼*iškas* wírklichkeitsgetreu

tìksl‖as Ziel *n* -(e)s, -e; Zweck *m* -(e)s, -e; *keliõnės* ∼*as* Réiseziel; *pasíekti* ∼*ą* ans Ziel gelángen [kómmen]; *kóks Jū̃sų keliõnės* ∼*as?* was ist der Zweck Íhrer Réise? *kokiù tikslù?* zu wélchem Zweck?

tìkslingas zwéckmäßig

tìksl‖ùmas Genáuigkeit *f* -; ∼*ùs* genáu; präzís

tiktaĩ nur, alléin; *ką̃* ∼ ében, erst; *ne* ∼ ... *bèt ir̃* nicht nur ... sóndern auch

tìkti 1 (*kam*) sich éignen (*zu D, für A*) **2** (*prie ko*) pássen *vi* (*zu D*) **3** (*derėti*) gebühren *vi* / sich

tyl‖à Stílle *f* -; Wíndstille *f* -; ∼*õs!* Rúhe!

tylė́ti schwéigen* *vi*

tỹliai léise; still

tìlpti fássen *vt*; Platz fínden

tìltas Brücke *f* -, -n

tiltẽlis Steg *m* -(e)s, -e

tìlti verstúmmen *vi* (*s*); *vėjas tỹla* der Wind legt sich

tylùs 1 léise; still; ∼*ùs baĩsas* éine léise Stímme **2** (*nekalbus*) schwéigsam

tymaĩ Másern *pl*

tìmptelėti (*už ko*) zíehen* *vi* (*an D*)

tingė́ti faul sein

tingin‖iáuti fáulenzen *vi*; ∼*ỹs* Fáulenzer *m* -s, -, Fáulpelz *m* -es, -e; ∼*ỹstė* Fáulheit *f* -

tiñkamas geéignet; pássend

tìnkas Putz *m* -es, Verpútz *m* -es

tiñkl‖as Netz *n* -es, -e; *geležinkelių* ∼*as* Éisenbahnnetz; *mèsti* ∼*ą* das Netz áuswerfen; ∼*ininkas* Volleyballspieler ['voli-] *m* -s, -

tinklìnis Volleyball ['voli-] *m* -(e)s

tink‖úoti verpútzen *vt*; ∼*úotojas* Pútzer *m* -s, -

tìnti schwéllen* *vi* (*s*)

tìpas Typ *m* -s, -en; *automobìlio* ∼ Áutotyp; *keĩstas* ∼ ein mérkwürdiger Typ

tipìngas, tìpiškas týpisch

týras rein; ∼ *óras* réine Luft

tirãžas Áuflage *f* -, -n

tìriamas fórschend; ∼ *žvìlgsnis* ein fórschender Blick

tyrìmas, tyrinė́jimas Fórschung *f* -, -en; Untersúchung *f* -, -en; *móksliniai tyrinė́jimai* die wíssenschaftliche Fórschung

tyrin‖ė́ti fórschen *vt*; untersúchen *vt*; ∼*ė́tojas* Fórscher *m* -s, -

tir̃palas Lösung *f* -, -en

tirpdýti 1 (*pvz., metalą, ledą*) schmelzen* *vt* **2** (*pvz., druską, cukrų*) lösen *vt*

tir̃p‖ti 1 schmelzen* *vi* (*s*), táuen *vi* (*s*); *sniẽgas* ∼*sta sáulėje* das Eis smilzt [taut] in der Sónne **2** sich lösen; *cùkrus* ∼*sta vandenyjè* Zúcker löst sich im Wásser

tirpùs löslich

tir̃štas dick; dicht; *tir̃štà sriubà* éine dícke Súppe

tìrti erfórschen *vt*; untersúchen *vt*

tìtulas Títel *m* -s, -

tóbulas vóllkommen

tobul‖ė́ti sich vervóllkommnen; ∼*ýbė* Vóllkommenheit *f* -, -en, Perfektión *f* -

tóbulinim‖asis Fórtbildung *f* -; ∼*osi kùrsai* Fórtbildungskurs *m* -es, -e

tóbulin‖ti vervóllkommnen *vt*; ∼*tis* sich qualifizíeren

todėl darúm, déshalb

tóks sólcher *m* (sólche *f*, sólches *n*, sólche *pl*); **kàs jìs ~?** was ist er für éiner? *tókiu būdù* auf sólche Wéise; **~ pàt** gleich

toler‖áncija Toleránz *f* -; **~antìngas**, **~ántiškas** toleránt; **~úoti** toleríeren *vt*, dúlden *vt*

tolì 1 fern; weit; wéithin; **àš turéjau ~ eĩti** ich músste weit géhen; **stebéti ką̃ iš ~** etw. von fern beóbachten 2: **~ gražù ne** ... lánge nicht ...; **taĩ ~ gražù ne vìskas** das ist noch lánge nicht álles

tolia‖rēgis wéitsichtig; **~regȳstė** Wéitsichtigkeit *f* -

tóllmas entférnt, fern; weit

tolỹn wéiter

tõlti sich entférnen

tolum‖à Férne *f* -; **~ojè** in der Férne

tòmas Band *m* -(e)s, ⁻e

tonà Tónne *f* -, -n

tònas Ton *m* -(e)s, ⁻e

toršèras Stéhlampe *f* -, -n

tòrtas Tórte *f* -, -n; **vaĩsių ~** Óbsttorte

tòstas Toast [to:st] *m* -(e)s, -e / -s, Trínkspruch *m* -(e)s, ⁻e

tradìc‖ija Traditión *f* -, -en; **laikýtis ~ijos** an der Traditión fésthalten; **~inis** traditionéll

tragèdija 1 (*kūrinys*) Tragödiːe *f* -, -diːen 2 (*didelė nelaimė*) Tragödiːe *f* -, -diːen, Trágik *f* -

trãgiškas trágisch

trãktor‖ininkas Traktoríst *m* -en, -en; **~ius** Tráktor *m* -s, -tóren

trámdyti bändigen *vt*, zähmen *vt*; **~ pỹktį** séine Wut bändigen

tramvãjus Stráßenbahn *f* -, -en

transl‖iãcija Séndung *f* -, -en, Übertrágung *f* -, -en; **~iúoti** sénden *vt*, übertrágen* *vt*

transpòrt‖as Transpórt *m* -(e)s, -e; **geležìnkelių ~as** Báhntransport; **óro ~as** Lúfttransport; **~inis** Transpórt-; **~inis lėktùvas** Transpórtflugzeug *n* -(e)s, -e

transportúoti befördern *vt*, transportíeren *vt*

tranzìstorius Transístor *m* -s, -tóren, Kófferradio *n* -s, -s

trapùs brüchig; spröde

trąšà Dünger *m* -s, -

traškéti knácken *vi*

traukinỹs Zug *m* -(e)s, ⁻e; **greitàsis ~** Schnéllzug; **keleivìnis ~** Persónenzug; **važiúoti tráukiniu** mit dem Zug fáhren; **pavėlúoti į̃ tráukinį** den Zug verpássen

tráuk‖ti 1 zíehen* *vt*, *vi*; **čià ~ia** (*skersvėjis*) es zieht hier 2 (*vilioti*) zíehen* *vt*; **manè ~ia priē júros** es zieht mich an die See 3 zíehen* *vi* (*s*); **paũkščiai ~ia į̃ pietùs** die Vögel zíehen nach dem Süden; **~tis** (*pvz.*, *apie priešą*) wéichen* *vi* (*s*), sich zurückziehen*

trèčdalis Dríttel *n* -s, -

trečia dríttens

trečiãdienis Míttwoch *m* -(e)s, -e

trēčias drítte

trejì drei; **~ mētai** drei Jáhre

treñti verbánnen *vt*, deportíeren *vt*

tremtinỹs, **-ē̃** Verbánnte *sub m, f*

tremtìs Verbánnung *f* -, Deportatión *f* -, -en

trèneris Trainer [ˈtrɛ:-] *m* -s, -

trèningas Spórtanzug *m* -(e)s, ⁻e

trenir‖uõtė Training [ˈtrɛ:-] *n* -s, -s; **~úoti** trainíeren [trɛ:-] *vt*; **~úotis** trainíeren [trɛ:-] *vi*

treñk‖ti 1 schlágen* *vi*, hauen* *vi*; **~ti kumščiù į̃ stãlą** mit der Faust auf den Tisch háuen; **žaĩbas ~ė** der Dónner hat éingeschlagen 2 (*kuo*) ríechen* *vi* (*nach D*); **čià ~ia pelėsiais** hier riecht es nach Fäulnis

trē̃šti düngen *vt*

tribūnà Tribüne *f* -, -n

trìkampis Dréieck *n* -(e)s, -e

trikam̃pis dréieckig

trikdýti stören *vt*

trýlika dréizehn

trimèstras Triméster *n* -s, -

trim‖ìtas Trompéte *f* -, -n; **~ìtininkas** Trompéter *m* -s, -; **~itúoti** trompéten *vi*

trìn‖ti 1 réiben* *vt*; **~ti rankàs** (*iš džiaugsmo*) sich (*D*) die Hände réiben 2 (*trintuku*) radíeren *vt* 3 réiben* *vi*; **bãtas ~a** der Schuh reibt

trintùkas Radíergummi *m* -s, -s

trỹs drei

trisdešimtmētis dréißigjährig

trisè zu dritt

trìskart dréimal

triùkas Trick *m* -s, -s

triukšmadarỹs Randalíerer *m* -s, -, Krakéeler *m* -s, -

triùkšm‖as Lärm *m* -(e)s; (*su*)*kélti* ~*ą* Lärm máchen

triukšm‖áuti lärmen *vi*, krakéelen *vi*, randalíeren *vi*; ~**ìngas** lärmig; laut

triùmfas Triumph *m* -(e)s, -e

triumfúoti triumphíeren *vi*

triùšis Kanínchen *n* -s, -

triùškin‖amas verníchtend; ~**ti** (*priešą*) verníchten *vt*, zerschméttern *vt*

trob‖à Stúbe *f* -, -n; ~**esỹs** Gebäude *n* -s

trofėjus Trophäe *f* -, -n, Béute *f* -

trókšti dürsten *vi*; ~ *garbės* nach Éhre dürsten

troleibùsas Óbus *m* -ses, -se, Óberleitungs(omni)bus *m* -ses, -se

troškìmas Begéhr *n*, *m* -s, Wunsch *m* -es, ⸗e; *garbės* ~ Éhrgeiz *m* -es; *žinių* ~ Wíssensdurst *m* -es

troškìn‖ti 1 dürsten *vi*; *manè* ~*a* es dürstet mich 2 (*šutinti*) dämpfen *vt*, dünsten *vt*; ~*tos bùlvės* gedämpfte Kartóffeln

trošk‖ulỹs Durst *m* -es; ~**ùs** stíckig; ~*ùs óras* stíckige Luft

trùkdymas Störung *f* -, -en

trukdýti (*kam ką*) stören *vt* (*bei D*); hémmen *vt*

trukmė̃ Dáuer *f* -

trùkti dáuern *vi*

trúk‖ti 1 (*skilti*) spríngen* *vi* 2 (*pvz.*, *apie siūlą, virvę*) réißen* *vi* (*s*) 3 (*ko*) féhlen *vi* (*an D*); mángeln *vi* (*an D*); ~**umas** (*ko*) Mángel *m* -s, ⸗ (*an D*)

trumpaĩ kurz

trumpalaĩkis kúrzfristig, kúrzzeitig

trumpéti kürzer wérden

trum̃pinti kürzen *vt*

trupéti bröckeln *vi*

trùpmena Brúchzahl *f* -, -en

tù du; *kàs táu?* was fehlt dir?

tualèt‖as Toilette [tuaˈlɛtə] *f* -, -n; ~**inis** Toilétten-; ~*inis muĩlas* Toilettenseife *f* -, -n

tuberkuliòzė Tuberkulóse *f* -, -n

tùčtuojau áugenblicklich, sofórt

tū́kstantis táusend, Táusend *n* -s, - / -e

tùlpė Túlpe *f* -, -n

tulž‖ìngas gállig; ~**ìs** Gálle *f* -, -n; ~*iẽs ãkmenys* Gállensteine *pl*

tùndra Túndra *f* -, -ren

tùnelis Túnnel *m* -s, -

tuõ I *prtc*: ~ *labiaũ* um so mehr II *cj*: *kuõ* ... ~ je ... désto; *kuõ daugiaũ*, ~ *geriaũ* je mehr, désto bésser

tuõj, tuojaũ bald, gleich, sofórt

tuom‖èt dámals; ~**etìnis** dámalig

túopa Páppel *f* -, -n

tupéti 1 (*apie paukščius*) sítzen* *vi*; 2 (*apie žmones*) káuern *vi*; ~ *kalėjime* im Gefängnis sítzen

tūpti 1 (*apie paukščius*) sich sétzen 2 (*apie lėktuvą*) lánden *vi* (*s*)

turbū́t vielléicht, wahrschéinlich

turė̃klai Geländer *n* -s, -

turė́ti 1 háben* *vt*; besítzen* *vt*; ~ *téisę* das Recht háben; *jiẽ tùri nãmą* sie besítzen ein Haus 2 geníeßen* *vt*; ~ *autorìtètą* Autorität geníeßen; ~ *gẽrą var̃dą* éinen gúten Ruf geníeßen 3 (*privalėti*) müssen* *vi*; sóllen* *vi*; *àš turiù jaũ eĩti* ich muss schon géhen

turgãvietė Márktplatz *m* -es, ⸗e

tur̃g‖us Markt *m* -(e)s, ⸗e; *pir̃kti ką̃* ~*uje* etw. auf dem Markt káufen

turin‖ìngas ínhaltsreich; ~**ỹs** Ínhalt *m* -(e)s, -e

tūris Ráuminhalt *m* -(e)s, -e, Volúmen *n* -s, - / -mina

turist‖as Touríst [tu-] *m* -en, -en; ~**inis** tourístisch [tu-], Tourísten-; ~*inė keliõnė* Tourístenreise *f* -, -n

turìzmas Tourísmus [tu-] *m* -

tur̃kas Türke *m* -n, -n

Tur̃kija Türkéi *f* -

tur̃kiškas türkisch

tur̃tas Réichtum *m* -s, ⸗er; Vermögen *n* -s, -; Gut *n* -(e)s, ⸗er; *kilnójamasis* ~

bewégliche [fáhrende] Hábe; **nekilnója-masis** ~ Immobíli:en *pl*, líegende Hábe

turtėti reich wérden

turtìngas *(ko)* reich *(an D)*; ~ **įvykių** reich an Eréignissen

turtuõlis, -ė Krösus *m* - / -ses, *pl* - / -se

tùšč‖ias leer; ~**ias kambarỹs** ein léeres Zímmer; ~**ios pāstangos** vergébliche Bemühungen

tuštėti sich léeren, leer wérden; veröden *vi* (*s*)

tuštýbė 1 *(tuštumas)* Léere *f* - 2 *prk.* Éitelkeit *f* -

tuštumà Léere *f* -

tùzinas Dútzend *n* -s, -e

tvank‖à, ~**ùmas** Schwüle *f* -; ~**ùs** schwül; ~**ùs óras** schwüle Luft

tvárd‖yti behérrschen *vt*, bezähmen *vt*; ~**yti sàvo aistràs** séine Léidenschaften behérrschen; ~**ytis** sich fássen, sich behérrschen

tvark‖à Órdnung *f* -; **padarýti tvar̃ką** Órdnung máchen [scháffen]; **žiūrėti** ~**õs** auf Órdnung áchten; ~**āraštis: pamokų** ~**āraštis** Stúndenplan *m* -(e)s, ꞏe; *trauki-nių (autobùsų)* ~**āraštis** Fáhrplan *m* -(e)s, ꞏe

tvar̃kym‖as Áufräumung *f* -, -en; ~**o darbaĩ** Áufräumungsarbeiten *pl*

tvarkìngas órdentlich

tvarkingùmas Órdentlichkeit *f* -

tvarkýti 1 órdnen *vt*; ~ **sàvo reĩkalus** séine Ángelegenheiten órdnen; ~ **bùtą**

die Wóhnung áufräumen [in Órdnung bríngen] 2 verwálten *vt*; ~ **namų ū̃kį** das Háuswesen verwálten

tvárst‖is Verbánd *m* -(e)s, ꞏe; ~**yti** verbínden* *vt*

tvártas Stall *m* -(e)s, ꞏe

tvenkinỹs Teich *m* -(e)s, -e

tveñkti dämmen *vt*, stáuen *vt*

tvérti 1 umzäunen *vt*; ~ **sklỹpą** ein Grúndstück umzäunen 2 fássen *vt*; ~ **ką̃ ùž rañkos** j-n beim [am] Arm fássen 3 *(pvz., skausmą)* ertrágen* *vt*

tvìn‖ti 1 áuschwellen* *vt* (*s*), über die Úter tréten 2 *(gausiai rinktis)* strömen *vi*; **žmónės** ~**o į̃ gãtvę** die Ménschen strömten auf die Stráße

tvirkìnti entsíttlichen *vt*, síttlich verdérben

tvirtaĩ fest

tvìrt‖as 1 fest; *tvirtì bātai* féste Schúhe; ~**as pasiryžimas** ein féster Entschlúss 2 kräftig, stark; ~**os rañkos** stárke Hände; ~**as žmogùs** ein kräftiger [stárker] Mann

tvirt‖ėti erstárken *vi* (*s*), stark wérden; ~**ýbė** Stärke *f* -

tvìrtin‖imas Beháuptung *f* -, -en; ~**ti** 1 féstigen *vt*, beféstigen *vt*; ~**ti krañtą** das Úfer beféstigen 2 *(teigti)* beháupten *vt*

tvirt‖óvė Féstung *f* -, -en; ~**ùmas** Stärke *f* -; **vālios** ~**ùmas** Wíllensstärke

tvorà Zaun *m* -(e)s, ꞏe; *aptvérti sõdą* ~ éinen Gárten umzäunen

U, Ū

ū̃dra Físchotter *m* -s, -

ugdýti 1 *(auklėti)* erzíehen* *vt* 2 bílden *vt*; entwíckeln *vt*; ~ **sàvo charãkterį** séinen Charákter bílden

ū̃gis Wuchs *m* -es; *jìs dìdelio (mãžo) ū̃gio* er ist von hóhem (kléinem) Wuchs

ugniagesỹs Féuerwehrmann *m* -(e)s, -leute

ugnìkaln‖is Vulkán *m* -s, -e; ~**io išsiveržì-mas** der Áusbruch éines Vulkáns

ugnìs Féuer *n* -s, -

ū̃kana Dunst *m* -es, ꞏe

ūkanótas dúnstig

ū̃kininkas Báuer *m* -n / -s, -n; *stambùs* ~ Gróßbauer; *smùlkus* ~ Kléinbauer

ū̃kininkáuti éinen Hof bewírtschaften, Lándwirtschaft betréiben

ū̃kininkijà Báuernschaft *f* -

ū̃kinis wírtschaftlich, Wírtschafts-; ~ *pãsta-tas* Wírtschaftsgebäude *n* -s, -

ū́kis Wírtschaft *f* -; *namū̃* ∼ Háushalt *m* -(e)s, -e; *tvarkýti namū̃ ū́kį* den Háushalt führen

ū́kiškas wírtschaftlich

ū́kiškùmas Wírtschaftlichkeit *f* -

Ukrainà Ukraíne *f* -

ukrainiẽt‖is Ukraíner *m* -s, -; ∼**iškas** ukraínisch

ū́ksmìngas scháttig

ūmìnis akút; ∼ *susirgìmas* éine akúte Erkránkung

ūmùs héftig, áufbrausend, jähzornig

ungurỹs Aal *m* -(e)s, -e

unifikúoti unifizíeren *vt*

unifòrma Unifórm *f* -, -en

unikalùs éinmalig, éinzigartig

univers‖alùs universál; ∼**ālios žìnios** universále Kénntnisse

universit‖ètas Universität *f* -, -en; *studijúoti* ∼**etè** an éiner Universität studíeren

úodas Mücke *f* -, -n

uodegà Schwanz *m* -es, ⁀e

úog‖a Béere *f* -, -n; ∼**ų̃ sùltys** Béerensaft *m* -(e)s, ⁀e; *skìnti* ∼**as** Béeren pflücken

uog‖áuti Béeren sámmeln; ∼**iẽnė** Konfitüre *f* -, -n

uol‖à Félsen *m* -s, -; ∼**ìngas** , ∼**ótas** félsig

uol‖ùmas Éifer *m* -s, Beflíssenheit *f* -; ∼**ùs** eifrig, beflíssen

úosis *bot.* Ésche *f* -, -n

uoslė̃ Gerúch *m* -(e)s, ⁀e, Gerúchssinn *m* -(e)s

uostãmiestis Háfenstadt *f* -, ⁀e

úostas Háfen *m* -s, ⁀

úosti ríechen* *vt*; wíttern *vt*

úostyti (*ką*) ríechen* *vi* (*an D*)

úošvė Schwíegermutter *f* -, ⁀

uošviaĩ Schwíegereltern *pl*

úošvis Schwíegervater *m* -s, ⁀

ùpė Fluss *m* -es, ⁀e

upẽlis Bach *m* -(e)s, ⁀e

uragãnas Orkán *m* -(e)s, -e; *siaũtė* ∼ ein Orkán tóbte

ùrm‖as: ∼**o prekýba** Großhandel *m* -s

ùrna Úrne *f* -, -n

ùrvas Höhle *f* -, -n

urzgùs brúmmig

ū́sai Schnúrrbart *m* -(e)s, ⁀e

usnìs Dístel *f* -, -n

utėl‖ė̃ Laus *f* -, ⁀e; ∼**ėtas** verláust

utòp‖ija Utopíe *f* -, -pí:en; ∼**inis** utópisch

ùž *prp* **1** hínter (*D*) (*žymi vietą*); *jìs stóvi ùž jõs* er steht hínter ihr **2** hínter (*A*) (*žymi kryptį*); *eĩti ùž nãmo* hínter das Haus géhen **3** für (*A*); *pasirašýti ùž ką̃* für j-n unterschréiben

užantspaudúoti versíegeln *vt*, zúsiegeln *vt*

užaugìnti áufziehen* *vt*, gróßziehen* *vt*

užáugti 1 áufwachsen* *vi* (*s*) **2** (*užžélti*) verwáchsen* *vi* (*s*); ∼ *pìktžolėmis* verunkrauten *vi* (*s*)

užbaĩgti beénden *vt*, vollénden *vt*, zu Énde bríngen [führen]

užbeřti (*žemėmis*) zúschütten *vt*

užbraũkti dúrchstreichen* *vt*

užbùrtas verzáubert

užbùrti 1 verzáubern *vt* **2** (*sužavėti*) bezáubern *vt*

uždainúoti ánstimmen *vt*

ùždanga Vórhang *m* -(e)s, ⁀e

uždarbiáuti jobben ['dʒɔ-] *vi*

ùždarbis Lohn *m* -(e), ⁀e; *mėnesìnis* ∼ Mónatslohn

uždarýti schlíeßen* *vt*, zúmachen *vt*; ∼ *susirinkìmą* éine Versámmlung schlíeßen; ∼ *į̃ kalė́jimą* éinsperren *vt*, ins Gefängnis wérfen

uždavin‖ýnas Réchenbuch *n* -(e)s, ⁀er; ∼**ỹs** Áufgabe *f* -, -n

uždegimas Entzündung *f* -, -en; *plaũčių* ∼ Lúngenentzündung

uždègti 1 ánzünden *vt*; ∼ *šviẽsą* Licht máchen; ∼ *ùgnį* Féuer ánzünden [entzünden]

uždelsti verzögern *vt*, verschléppen *vt*

uždéngti (*ką kuo*) bedécken *vt* (*mit D*)

uždERéti réiche Érnte bríngen

uždéti 1 stéllen *vt*; ∼ *púodą añt virỹklės* den Topf auf den Herd stéllen **2** (*pvz., kepurę, akinius*) áufsetzen *vt*

uždìrbti verdíenen *vt*

uždraũsti verbíeten* *vt*

uždúo‖ti áufgeben* *vt;* ~*ti kám kláusimą* j-m [an j-n] éine Fráge stéllen

užduotìs Áufgabe *f* -, -n; Pénsum *n* -s, -sen / -sa; *dienõs* ~ Tágespensum; *planìnė* ~ Plánaufgabe

uždùs‖ęs átemlos, áußer Átem; ~**inti** erstícken *vt;* ~**ti** erstícken *vi* (*s*), áußer Átem geráten [kómmen]

uže‖͂‖ti 1 (*pas ką*) vorbéikommen* *vi* (*s*) (*bei j-m*), éinkehren *vi* (*s*) (*bei j-m*); ~*ti į̃ restorãną* in éinem Restauránt éinkehren 2 éinsetzen *vi;* ~*na lietùs* der Régen setzt ein

uǯemìmas (*pvz., svetìmos teritorijos*) Besétzung *f* -

užfiksúoti fixíeren *vt,* fésthalten* *vt*

užgáulė Verlétzung *f* -, -en, Kränkung *f* , -en

užgaulùs beléidigend

užgáuti verlétzen *vt;* kränken *vt*

ùžgavėnės Fástnacht *f* -

užgesìnti (*pvz., šviesą*) áusmachen *vt,* löschen *vt;* ~ *gaĩsrą* éinen Brand löschen

užgýdyti (*pvz., koją, žaizdą*) áusheilen *vt*

užgiñčyti ábstreiten* *vt*

užgýti verhéilen *vi* (*s*), zúheilen *vi* (*s*)

užgõǯ‖ti überschátten *vt; mẽdžiai* ~*ia dar̃žą* Bäume überschátten den Gárten

užgr‖iūti 1 éinfallen* *vi* (*s*), éinstürzen *vi* (*s*) 2: *jį̃* ~*iùvo neláimė* ein Unglück brach über ihn heréin

užgrob‖ėjas Eróberer *m* -s, -; ~**imas** Eróberung *f* -, -en

užgrób‖ti (*svetimą kráštą*) eróbern *vt;* ~*ti valdžią* die Macht ergréifen

užgrūdin‖imas Ábhärtung *f* -, -en; ~**ti** ábhärten *vt*

ùžimtas beschäftigt; *jìs labaĩ* ~ *dárbu* er ist sehr [stark] beschäftigt

užìm̃ti 1 besétzen *vt;* ~ *krãštą* ein Land besétzen; *prãšom* ~ *mán viẽtą* besétze bítte éinen Platz für mich! 2 éinnehmen* *vt; prãšom* ~ *sàvo vietàs* bítte néhmen Sie Íhre Plätze ein; ~ *áukštą viẽtą* éinen hóhen Pósten hában [bekléiden]

užjaũsti bemítleiden *vt,* mit j-m Mítleid fühlen [hában]

užjautìmas Téilnahme *f* -, Mítgefühl *n* -(e)s

užkabìnti áufhängen *vt*

užkálbinti ánreden *vt,* ánsprechen* *vt*

užkálti vernágeln *vt*

ùžkampis Éinöde *f* -, -n, Kaff *n* -s, -s / -e

užkandìnė Ímbissstube *f* -, -n

ùžkandis Ímbiss *m* -es, -e; Vórspeise *f* -, -n

užkar‖iáuti eróbern *vt;* ~**iáutojas** Eróberer *m* -s, -

užkàsti vergráben* *vt,* verschárren *vt*

užką́sti éinen Ímbiss éinnehmen, zu sich néhmen

užkìmęs héiser

užkìm̃šti (*pvz., butelį̇̃*) zúkorken *vt;* (*pvz., plyšį̇̃*) verstópfen *vt,* zústopfen *vt*

užkìmti héiser wérden

užklijúoti áufkleben *vt;* zúkleben *vt*

užkl‖iudýti (*ką*) stóßen* *vi* (*an D*); stólpern *vi* (*s*); ~**iūti** (*už ko*) sich stóßen* (*an D*)

užklóti (*antklode*) zúdecken *vt*

užklùpti ertáppen *vt;* überráschen *vt;* überrúmpeln *vt*

užkonservúoti konservíeren *vt*

ùžkrečiamas ánsteckend; *užkrečiamà ligà* éine ánsteckende Kránkheit

užkrẽtimas Ánsteckung *f* -, -en

ùžkrėsti (*liga*) ánstecken *vt*

ùžkulnis Ábsatz *m* -es, -e

užkùrti (*pvz., krosnį̇̃*) ánmachen *vt;* ~ *ùgnį* Feuer ánzünden [entzünden]

užlaikýti áufhalten* *vt*

užléisti 1 ábtreten* *vt;* éinräumen *vt;* ~*sti kám viẽtą* j-m séinen Platz ábtreten 2 (*pvz., darbą, žaizdą*) vernáchlässigen *vt*

užlíe‖ti überschwémmen *vt; ùpė* ~*jo píevas* der Fluss überschwémmte die Wíesen

užlipdýti (*pvz., voką*) zúkleben *vt*

užlìpti heráuf-, hináufsteigen* *vi* (*s*)

užlópyti áufflicken *vt*

užmaišýti (*pvz., tešlą*) ánrühren *vt*

užmarš‖ùmas Vergéssenheit *f* -; ~**ùs** vergésslich

užmaskúoti maskíeren *vt,* tárnen *vt*

užmáuti (*pvz.*, *batus*, *pirštines*) ánziehen* *vt*

užmérkti (*akis*) schlíeßen* *vt*

užmer̃kti (*pvz.*, *skalbinius*) éinweichen *vt*

užmìgti éinschlafen* *vi* (*s*)

užmiñti (*ant ko*) tréten* *vi* (*auf A*)

užminúoti vermínen *vt*

ùžmokestis Entlóhnung *f* -, -en

užmokéti bezáhlen *vt*; záhlen *vt*; ~ **ùž knỹgą** ein Buch bezáhlen; ~ **ùž ką̃ grynaĩsias** etw. (in) bar bezáhlen

užmū́ryti vermáuern *vt*

užmušìmas Erschlágung *f* -, -en, Tótschlag *m* -(e)s, ⁻e

užmùšti erschlágen* *vt*, tótschlagen* *vt*

užnèšti 1 heráuf-, hináuftragen* *vt* **2** (*atnešti*) (*kam ką*) vorbéibringen* *vt* (*j-m*)

ùžpereitas vórvorig

ùžpernai im vórvorigen Jahr

užpýkdyti erzürnen *vt*

užpỹkti (*ant ko*) sich erzürnen (*über j-n*)

užpìldyti áusfüllen *vt*

užpirkìmas Ánkauf *m* -(e)s, ⁻e

užpir̃kti ánkaufen *vt*

užpjudýti hétzen *vt*; ~ **gývulį šunimìs** (die) Húnde auf ein Tier áufhetzen

užplanúoti éinplanen *vt*

užporýt übermorgen

ùžpraeitas vórvorig

užprenumerúoti bestéllen *vt*, abonníeren *vt*, *vi* (*auf A*)

užprotestúoti (*ką*) protestíeren *vi* (*gegen A*), Éinspruch erhében (*gegen A*)

užprotokolúoti zu Protokóll néhmen

užpuolìmas Überfall *m* -(e)s, ⁻e

užpùlti 1 überfallen* *vt*; ángreifen* *vt* **2** befállen* *vt*; **vaĩsmedžius užpúolė kenkéjai** die Óbstbäume sind von Schädlingen befállen

užpuolìkas Ángreifer *m* -s, -

užpū̃sti (*pvz.*, *žvakę*) áusblasen* *vt*

užpustýti verwéhen *vt*; ~ **keliaĩ** vom [mit] Schnee verwéhte Stráßen

užrakìnti ábschließen* *vt*, verschlíeßen* *vt*

ùžrakt‖as Verschlúss *m* -es, ⁻e; **laikýti ką̃ põ ~u** etw. únter Verschlúss hálten

ùžraš‖ai Notízen *pl*; Áufzeichnungen *pl*; ~**ų knygēlė** Notízbuch *n* -(e)s, ⁻er; **paskaitų̃ ~ai** Vórlesungsniederschrift *f* -, -en; ~**as** Überschrift *f* -, -en

užrašýti 1 áufschreiben* *vt*, áufzeichnen *vt*; níederschreiben* *vt*; ~ **į̃ magnetofòną** auf Tónband áufnehmen **2** (*testamentu*) vermáchen *vt*

užraũsti erröten *vi* (*s*)

užregistrúoti registríeren *vt*, éinschreiben* *vt*

užrìšti (*pvz.*, *maišą*) zúbinden* *vt*; ~ **skarēlę** das Kópftuch úmbinden

užrūdýti verrósten *vi* (*s*)

užrū́stinti erbíttern *vt*

užsākym‖as Bestéllung *f* -, -en; Áuftrag *m* -(e)s, ⁻e; **priim̃ti ~ą** éine Bestéllung entgégennehmen

užsak‖ýti bestéllen *vt*; ~**yti žurnālą** éine Zéitschrift bestéllen [abonníeren]; ~**õvas** Bestéller *m* -s, -; Áuftraggeber *m* -s, -

užsègti zúknöpfen *vt*; zúschnallen *vt*

užsēti besäen *vt*

užsibū́ti hängen bléiben

užsid‖ā́ręs (*nekalbus*) verschlóssen, in sich gekéhrt; ~**arýti** schlíeßen* *vi*; sich ábschließen*, sich verschlíeßen*

užsidègti ángehen* *vi* (*s*); in Brand geráten*

užsideñgti (*kuo*) sich zúdecken (*mit D*)

užsidéti (*pvz.*, *kepurę*, *akinius*) sich (*D*) áufsetzen

užsidìrbti verdíenen *vt*; ~ **dúoną** sein Brot verdíenen

užsien‖ìētis Ausländer *m* -s, -; ~**ìnis** ausländisch; ~**ìnės prēkės** ausländische Wáren

ùžsien‖is Ausland *n* -(e)s; ~**io kalbà** Frémdsprache *f* -, -n; ~**io polìtika** áuswärtige Politík; ~**io prekýba** Außenhandel *m* -s; **kelionė į̃ ~į** Áuslandsreise *f* -, -n; ~**io reikalų̃ ministèrija** Áußenministerium *n* -s, -ri꞉en; **vỹkti į̃ ~į** ins Áusland réisen

užsigalvóti in Gedánken versínken*

užsigrū́dinti sich ábhärten

užsiiminéti (*kuo*) sich beschäftigen (*mit D*); betréiben* *vt*

užsiim̃ti tréiben* *vt*, betréiben* *vt*; ~ **žemdirbystè** Áckerbau tréiben [betréiben]

užsiklóti (*kuo*) sich zúdecken (*mit D*)

užsikrėsti sich ánstecken; *àš užsìkrėčiau nuõ jõ* ich hábe mich bei ihm ángesteckt
užsiliepsnóti in Flámmen geráten
užsimaskúoti sich maskíeren, sich tárnen
užsimáuti (*pvz., kelnes, pirštines*) sich (*D*) ánziehen*
užsimérkti die Áugen schlíeßen
užsimiegójęs schláftrunken, verschláfen
užsimiñti (*apie ką*) erwähnen *vt*, ándeuten *vt*
užsimùšti tödlich verúnglücken *vi* (*s*)
užsiplepéti sich verpláudern
užsiprenumerúoti bestéllen *vt*, abonníeren *vt*, *vi* (*auf A*)
užsipùlti (*ką*) ángreifen* *vt*, hérfallen* *vi* (*über j-n*)
užsirakìnti sich verschlíeßen*
užsirašýti sich (*D*) áufschreiben*, sich (*D*) notíeren; ~ *ãdresą* sich (*D*) die Adrésse áufschreiben; ~ *į̃ kùrsus* sich zu éinem Kurs ánmelden
užsiregistrúoti sich ánmelden; ~ *pàs gýdytoją telefonù* sich telefónisch beim Arzt ánmelden
užsirekomendúoti sich bewähren
užsis‖akýti bestéllen *vt*; ~*akýti žurnãlą* éine Zéitschrift bestéllen [abonníeren]
užsispýr‖ėlis Stárrkopf *m* -(e)s, ⁻e, Trótzkopf *m* -(e)s, ⁻e; ~*ęs* áufsässig, éigensinnig, trótzig
užsisp‖yrìmas Trotz *m* -es, Éigensinn *m* -(e)s; ~*ìrti* störrisch sein
užsistóti (*ką, už ką*) éintreten* *vi* (*für j-n*)
užsisvajójęs versónnen, verträumt
užsitarnáuti sich verdíent máchen
užsitę̃sti sich hínziehen*, sich verzögern
užsitreñkti (*pvz., apie duris*) zúschnappen *vi* (*s*)
užsiúti zúnähen *vt*
užsivilkti (*ant viršaus*) überziehen* *vt*, sich (*D*) überziehen*
užskleĩsti (*pvz., knygą*) schlíeßen* *vt*
užslopìnti erstícken *vt*
užsnūsti éindösen *vi* (*s*)
užspriñgti sich verschlúcken
ùžstatas Pfand *n* -(e)s, ⁻er

užstatýti 1 (*pvz., teritoriją*) bebáuen *vt* 2: ~ *laĩkrodį peñktai vãlandai* (*kad skambintų*) den Wécker auf 5 Uhr stéllen 3 (*duoti užstatą*) verpfänden *vt*
užstóti 1 verdécken *vt*, verspérren *vt* 2 (*ką ginti*) éintreten* *vi* (*s*) (*für A*), Partéi ergréifen (*für j-n*)
užsùkti 1 (*pvz., čiaupą*) zúdrehen *vt*; ~ *laĩkrodį* die Uhr áufziehen 2 (*kur*) éinkehren *vi* (*s*) (*in D*); ~ *pàs draugùs* bei Fréunden éinkehren
užšálti éinfrieren* *vi* (*s*); zúfrieren* *vi* (*s*)
užšáuti (*duris*) verríegeln *vt*, zúriegeln *vt*
užšnekìnti ánsprechen* *vt*, ánreden *vt*
užtarėjas Befürwörter *m* -s, -, Fürsprecher *m* -s, -
užtarnáuti verdíenen *vt*
užtařti (*ką*) éintreten* *vi* (*s*) (*für A*), ein gútes Wort für j-n éinlegen
užtekéti (*apie saulę, mėnulį*) áufgehen* *vi* (*s*)
užtèkti (áus)réichen *vi*, genügen *vi*
užtektinaĩ áusreichend, genügend
užtémdyti verdúnkeln *vt*
užtemìmas Fínsternis *f* -, -se; *sáulės* ~ Sónnenfinsternis
užtémti sich verdúnkeln, sich verfínstern; *ùžtėmo sáulė* die Sónne verfínsterte sich
užtèpti áufstreichen* *vt*
užteršìmas Verúnreinigung *f* -, Verschmútzung *f* -
užteřšti verúnreinigen *vt*, verschmútzen *vt*
užteřštùmas Verúnreinigung *f* -; *óro* ~ Lúftverunreinigung
užtę̃sti verzögern *vt*, in die Länge zíehen *vt*
ū̃žti (*pvz., apie vėją, jūrą*) bráusen *vi*
ùžtiesalas Décke *f* -, -n
užtiẽsti zúdecken *vt*
užtìkrin‖imas Sícherung *f* -, -en; ~*ti* síchern *vt*; versíchern *vt*
užtráukti 1 (*pvz., užuolaidas*) zúziehen* *vt* 2 (*pvz., nelaimę*) heráufbeschwören* *vt* 3 (*dainą*) ánstimmen *vt*
užtrókšti erstícken *vi* (*s*)
ùžtvanka Damm *m* -(e)s, ⁻e, Deich *m* -(e)s, -e
užtveñkti dämmen *vt*, stáuen *vt*; ~ *ùpę* éinen Fluss dämmen [stáuen]

užtvìndyti überschwémmen *vt*, überflúten *vt*

užúojaut‖a Béileid *n* -(e)s; *paréikšti kám ~ą* (*dėl mirties*) j-m sein Béileid áusdrücken [áussprechen], kondolíeren *vi* (*j-m*); *paréikšti kám ~ą dėl tėvo mirtiẽs* j-m zum Tod des Váters kondolíeren

užúolaida Gardíne *f* -, -n, Vórhang *m* -(e)s, ᵉe

užúomin‖a Ándeutung *f* -, -en; *kalbéti ~omis* in Ándeutungen spréchen

užúosti wìttern *vt*; ríechen* *vt*

užúot *cj* anstátt; *~ miegóję, jiẽ klaũsėsi rãdijo* anstátt zu schláfen, hörten sie Rádio

užùtėkis Bai *f* -, -en, Bucht *f* -, -en

užvadúoti ersétzen *vt*

ùžvakar vórgestern

ùžvakarykštis vórgestrig

užvaldýti (*ką*) sich bemächtigen (*G*), Besítz néhmen (*von D*)

užválgyti éinen Ímbiss néhmen, etw. zu sich néhmen

ùžvalkalas Bezúg *m* -(e)s, ᵉe, Überzug *m* -(e)s, ᵉe

užvárstyti (*batus*) zúschnüren *vt*

ùžvėja *žr.* **užúovėja**

užveřsti 1 (*pvz.*, *duobę*) zúschütten *vt* **2** (*pvz.*, *knygą*) schlíeßen* *vt*

užvèsti 1 (*ant viršaus*) hináufführen *vt* **2** (*pvz.*, *automobilį*) ánkurbeln *vt*, ánlassen* *vt*

užvìlkinti verzögern *vt*

užvynióti áufwickeln *vt*

užvìrinti áufkochen *vt*, zum Kóchen bríngen

užžélti überwúchert sein

užžyméti ánzeichnen *vt*

V

vãbalas Käfer *m* -s, -

vabzdỹs Insékt *n* -(e)s, -en

vãdas Führer *m* -s, -; Kommandeur [-ˈdøːr] *m* -s, -e

vadéiva Ánführer *m* -s, -, Rädelsführer *m* -s, -

vadýb‖a Management [ˈmɛnidʒmənt] *n* -s, -s; *~ininkas* Manager [ˈmɛnidʒər] *m* -s, -

vadìnasi das heißt, álso

vadìn‖ti nénnen* *vt*; *~ti ką̃ vardù* j-n beim Vórnamen nénnen; *~tis* héißen* *vi*

vadõvas 1 Léiter *m* -s, -; Führer *m* -s, -; Óberhaupt *n* -(e)s, ᵉer

vadov‖áuti (*kam*) léiten *vt*; vórstehen* *vi* (*D*); *~áutis* (*kuo*) sich léiten lássen (*von D*); *~ãvimas* Léitung *f* -, -en

vadovẽlis Léhrbuch *n* -(e)s, ᵉer, Hándbuch *n* -(e)s, ᵉer

vadovýbė Léitung *f* -, -en; Führung *f* -, -en; *įmonės ~* Betríebsleitung

vad‖úoti befréien *vt*; *~úotojas* Befréier *m* -s, -

vãflis Wáffel *f* -, -n

vagà Fúrche *f* -, -n; *ùpės ~* Flússbett *n* -(e)s, -en

vagiliáuti stibítzen *vt*, máusen *vt*

vag‖ìs Dieb *m* -(e)s, -e; *~ỹstė* Díebstahl *m* -(e)s, ᵉe; *~ìšius* Lángfinger *m* -s, -

vagònas Wagen *m* -s, -, Waggón / Wagón *m* -s, -s; *keleivìnis ~* Persónenwagen; *miegamàsis ~* Schláfwagen; *prēkinis ~* Güterwagen

vaidéntis spúken *vi*, *vimp*

vaidýba Spiel *n* -(e)s, -e, Dárstellung *f* -, -en

vaidìn‖imas Áufführung *f* -, -en; *rãdijo ~imas* Hörspiel *n* -(e)s, -e; *~ti* spíelen *vt*, *vi*; *~ti svarbų̃ vaĩdmenį prk.* éine gróße Rólle spíelen

vaĩdytis (*su kuo dėl ko*) sich zánken (*mit j-m um A, wegen G*), hádern *vi* (*mit j-m über A, wegen G*)

vaidmuõ Rólle *f* -, -n; *pagrindìnis ~* Háuptrolle

vaiduõklis Gespénst *n* -es, -er

vaikáitis Énkelkind *n* -(e)s, -er

vaĩkas Kind *n* -(e)s, -er; *vaikũ daržẽlis* Kíndergarten *m* -s, ᵉ; *vaikų̃ ligų̃ gýdytojas* Kínderarzt *m* -es, ᵉe, Pediáter *m* -s, -; *vaikų̃ lopšẽlis* Kínderkrippe *f* -, -n;

vaikų namaī Kínderheim *n* -(e)s, -e;
išdýkęs (išlėpęs) ~ ein áusgelassenes
(verwöhntes) Kind
vaik‖ìnas Búrsche *m* -n, -n; ~**ŷstė** Kíndheit
f -; *ĩš [nuõ]* ~**ŷstės** von Kíndheit an
vaĩkiškas kíndisch; kíndlich; ~ *vežimėlis*
Kínderwagen *m* -s, -; ~ *baĺsas* éine kínd-
liche Stímme; ~ *žaidìmas* Kínderspiel *n*
-(e)s, -e
váikščioti géhen* *vi (s)*; *vaĩkas mókosi* ~
das Kind lernt géhen
vainìk‖as Kranz *m* -es, ᵘe; *pìnti* ~*ą* éinen
Kranz bínden [fléchten]
vaĩr‖as Stéuer *n* -s, -; *sėdéti priē* ~*o* am
[hínter] dem Stéuer sítzen
vair‖úoti lénken *vt*, stéuern *vt*; ~*úoti*
automobìlį ein Áuto lénken [stéuern];
~**úotojas** Fáhrer *m* -s, -, Lénker *m* -s, -
vaisìngas frúchtbar
vaĩs‖inis Frucht-; Obst-; ~*inis mẽdis* Óbst-
baum *m* -(e)s, ᵘe; *dúoti* ~*ių* Früchte trágen
[bríngen]; ~**krūmis** Béerenstrauch *m* -es,
ᵘer
váiskus dúrchsichtig, klar; ~ *dangùs* klárer
Hímmel
váist‖as Arznéi *f* -, -en, Medikamént *n* -(e)s,
-e; *ramìnamieji* ~*ai* Berúhigungsmittel
n -s, -; ~*ai nuõ péršalimo* éine Arznéi
gégen Erkältung; *vartóti* ~*us* éine Arznéi
éinnehmen
vaistãžolė Héilkraut *n* -(e)s, ᵘer
váistin‖ė Apothéke *f* -, -n; ~**inkas**
Apothéker *m* -s, -
vaiš‖ìngas gástfreundlich; ~**ingùmas** Gást-
freundschaft *f* -
vaišìnti bewírten *vt*
vaitóti wéhklagen *neatsk. vi*, jámmern *vi*
vaivórykštė Régenbogen *m* -s, - / ᵘ
vaĩzdas Bild *n* -(e)s, -er; Áussicht *f* -, -en;
jūros ~ Áussicht auf das Meer; *gamtõs*
~ Natúrbild
vaizdìngas bíldhaft, bíldlich; ~ *pãsakojimas*
éine bíldhafte Dárstellung
vaizdinỹs Vórstellung *f* -, -en
vaizdùmas Ánschauung *f* -

vaizd‖úojamasis: ~*úojamasis mẽnas* die
bíldende Kunst; ~**uõtė** Fantasíe / Phan-
tasíe *f* -, Éinbildungskraft *f* -; *lakì*
[gyvà] ~**uõtė** éine rége Fantasíe / Phan-
tasíe; ~**úoti** dárstellen *vt*; schíldern *vt*; *ką̃*
~*úoja šìs pavéikslas?* was stellt das Bild
dar?
vaizdùs málerisch, pittorésk
vākar géstern
vakar‖aĩ Wésten *m* -s; *Vakarų̃ Európa*
Wésteuropa *n* -s; ~*ų̃ šãlys* wéstliche
Länder
vākar‖as Ábend *m* -s, -e; *lãbas* ~*as!*
gúten Ábend! *vakarè* am Ábend, ábends;
ar̃tinasi ~*as* es wird Ábend; *ikì vélyvo* ~*o*
bis in den späten Ábend hinéin; *aštuñtą*
vãlandą ~*o* um 8 Uhr ábends; *vėlaī*
vakarè spät ábends, am späten Ábend
vakarėlis Tánzabend *m* -s, -e
vakariēnė Ábendessen *n* -s, -, Ábendbrot *n*
-(e)s, -e
vakarieniáuti Ábendbrot éssen, zu Ábend
éssen
vakarýkštis géstrig
valand‖à Stúnde *f* -, -n; *ištisomìs* ~*omìs*
stúndenlang; *kelintà [kurì]* ~*à?* wie spät
ist es? ~*ėlė* Wéile *f* -; *ar̃ galì paláukti*
~*ėlę?* kannst du éine Wéile wárten? *põ*
~*ėlės* nach éiner kléinen Wéile; ~*ìnis*:
~*ìnis atlýginimas* Stúndenlohn *m* -(e)s, ᵘe
valdà Besítz *m* -es, -e; *namų̃* ~ Háusbesitz
valdýb‖a Vórstand *m* -(e)s, ᵘe; ~*os narỹs*
Vórstandsmitglied *n* -(e)s, -er
vaĺdymas Verwáltung *f* -; Regíerung *f* -
valdìngas gebíeterisch, hérrisch
valdiniñkas Beámte *sub m*
vaĺdiškas ámtlich, Amts-; ~ *rãštas* ein ámt-
liches Schréiben; ~ *pãstatas* Ámtsgebäu-
de *n* -s, -
valdýti 1 regíeren *vt*, behérrschen *vt*; ~ *šãlį*
das Land regíeren; ~ *sàvo aistràs* séine
Léidenschaften behérrschen **2** verwálten
vt; ~ *dvãrą* ein Gut verwálten
vald‖õvas Hérrscher *m* -s, -; Behérrscher *m*
-s, -; ~**õvė** *šachm.* Dáme *f* -, -n

valdž‖ià Behörde *f* -, -n; Macht *f* -, ⁻e; Gewált *f* -, -en; *karìnė ~ià* Militärbehörde; *výkdomoji ~ià* Exekutíve *f* -, Exekutívgewalt *f* -; *ateĩti į̃ valdžią* an die Macht kómmen; *bū́ti ~iojè* an der Macht sein

valerijõnas Báldrian *m* -s, -e

valgiãraštis Spéisekarte *f* -, -n

valgýdinti füttern *vt*; spéisen *vt*; *~ ligónį* den Kránken füttern

valgyklà Spéisesaal *m* -(e)s, -säle

válgymas Éssen *n* -s

val̃g‖is Éssen *n* -s; Spéise *f* -, -n; *píeniškas ~is* Mílchspeise; *skanùs (stiprùs) ~is* schmáckhaftes (kräftiges) Éssen; *šaltì (šiltì) ~iai* kálte (wárme) Spéisen; *ruõšti [gamìnti] valgiùs* Spéisen zúbereiten

válg‖yti éssen* *vt*; spéisen *vi*; *dúoti kám ~yti* j-m zu éssen gében; *~ant* beim Éssen; *~omas* éssbar, geníeßbar; *~omasis šáukštas* Ésslöffel *m* -s, -; *šìs grỹbas ~omas* díeser Pilz ist geníeßbar; *~omasis (kambarys)* Ésszimmer *n* -s, -

valià Wílle *m* -ns; *darýti ką̃ sàvo ~* etw. aus fréiem Wíllen tun; *àš taĩ daraũ ne ìš blogõs vãlios* ich tue das nicht aus bösem Wíllen; *jìs tvirtõs vãlios* er hat éinen stárken Wíllen; *priẽš màno vãlią* wíder méinen Wíllen; *į̃ valiàs, ikì vãlios* nach Hérzenslust

valìklis *(priemonė)* Réiniger *m* -s, -, Réinigungsmittel *n* -s, -; *dėmių̃ ~* Fléckenreiniger

vãlymas Réinigung *f* -; Säuberung *f* -

valìngas wíllensstark

valiõ! hurrá!

valyklà Réinigung *f* -, -en, Réinigungsanstalt *f* -, -en

valý‖ti 1 pútzen *vt*; réinigen *vt*; *~ti dantìs* sich *(D)* die Zähne pútzen; *dúoti ~ti páltą* den Mántel zum Réinigen gében **2** *(derlių)* éinbringen* *vt*; *~toja* Pútzfrau *f* -, -en, Réinigungsfrau *f* -, -en

valiutà Valúta *f* -, -ten, Währung *f* -, -en; *ùžsienio ~* áusländische Währung; *mokéti ~* in Valúta záhlen

válkata Lándstreicher *m* -s, -, Vagabúnd [v-] *m* -en, -en; Strolch *m* -(e)s, -e

valkatáuti herúmstreunen *vi*, vagabundíeren *vi*

válkiotis sich herúmtreiben, strólchen *vi (s)*

válsas Wálzer *m* -s, -

vaĩsčius Ámtsbezirk *m* -(e)s, -e

valstýb‖ė Staat *m* -(e)s, -en; *~ės síena* Stáatsgrenze *f* -, -n; *didžióji ~ė* Größmacht *f* -, ⁻e; *nepriklaũsoma ~ė* ein únabhängiger Staat

valstybingùmas Stáatlichkeit *f* -

valstýbininkas *(valstybės veikėjas)* Stáatsmann *m* -(e)s, ⁻er

valstýbin‖is stáatlich, Staats-; *~is apdovanójimas* éine stáatliche Áuszeichnung; *~ė prekýba* der stáatliche Hándel; *~is egzãminas* Stáatsexamen *n* -s, - / -mina

valstiẽtis Báuer *m* -n / -s, -n

valstijà Staat *m* -(e)s, -en; *Jungtìnės Amèrikos Valstìjos* die Veréinigten Stáaten von América

vált‖is Boot *n* -(e)s, -e; *motòrinė ~is* Mótorboot; *ìrstytis ~imi* Boot fáhren

vamzdýnas Róhrleitung *f* -, -en

vam̃zdis Rohr *n* -(e)s, -e; *šáutuvo ~* Gewéhrlauf *m* -(e)s, ⁻e

vãnagas Hábicht *m* -(e)s, -e

vanden‖ýnas Ózean *m* -s, -e; *Atlánto ~ýnas* Atlántik *m* -s, der Atlántische Ózean

vandén‖svydis Wásserballspiel *n* -(e)s; *~tiekis* Wásserleitung *f* -, -en

vand‖uõ Wásser *n* -s, -; *~eñs kẽlias* Wásserweg *m* -(e)s, -e; *geriamàsis ~uõ* Trínkwasser

vangùs lässig, träge; *jìs ~ priẽ dárbo* er tut séine Árbeit lässig

vapsvà Wéspe *f* -, -n

vardãdienis Námenstag *m* -(e)s, -e

var̃das Náme *m* -ns, -n, Vórname *m* -ns, -n; *tévo ~* Vátersname; *garbė̃s ~* Éhrentitel *m* -s, -; *kóks jū́sų ~?* wie héißen Sie mit (dem) Vórnamen? *vadìnti ką̃ vardù* j-n beim Vórnamen nénnen

vardìnės Námenstag *m* -(e)s, -e

vardìnis námentlich; ~ *balsãvimas* éine námentliche Ábstimmung

vaȓganas ärmlich, dürftig, kärglich

vaȓg‖as 1 Not *f* -, ᵉe, Élend *n* -(e)s; ~*o žmogùs* Nótleidende *sub m*; *kę̃sti* ~*ą* Not leíden; *gyvénti vargè* im Élend lében; *patèkti į̃* ~*ą* ins Élend geráten **2** Mühe *f* -, -n; *atlìkti [padarýti] ką̃ bè* ~*o* etw. mühelos bewérkstelligen; *turéti* ~*o sù kuõ* séine Mühe mit j-m, etw. (*D*) hában; *vargaĩs negalaĩs* mit Müh und Not

vargdiẽnis, -ė Élende *sub m, f*, Nótleidende *sub m, f*

vargìngas arm, ärmlich, élend

várginti ermüden *vt*; strapazíeren *vt*

vargõn‖ai Órgel *f* -, -n; ~*ų mùzika* Órgelmusik *f* -; *gróti* ~*ais* auf der Órgel spíelen; ~*in(in)kas* Órgelspieler *m* -s, -

vaȓgšas, -ė Árme *sub m, f*, Bedürftige *sub m, f*

vaȓgti 1 Not léiden, dárben *vi* **2** sich ábmühen

vargù kaum, schwérlich

variántas 1 Variánte [v-] *f* -, -n **2** (*redakcija*) Fássung *f* -, -en

varijúoti variíeren [v-] *vt, vi*

varìklis 1 Mótor *m* -s, -tóren **2** (*akstinas*) Mótor *m* -s, -tóren, Ántrieb *m* -(e)s, -e

varìnis kúpfern

vãris Kúpfer *n* -s

varýti jágen *vt*; tréiben* *vt*

varjètė Varieté [varie'te:] / Varietée *n* -s, -s

varlė̃ Frosch *m* -(e)s, ᵉe

várna Krähe *f* -, -n

varnalė́ša Klétte *f* -, -n

vaȓnas Rábe *m* -n, -n

varnénas Star *m* -s, -e

várpa Ähre *f* -, -n

vaȓpas Glócke *f* -, -n; *skaȓba* ~ die Glócke läutet [tönt]; *skaȓbinti varpaĩs* die Glócken läuten

varpēlis Glöckchen *n* -s, -

vaȓpinė Glóckenturm *m* -(e)s, ᵉe

varšk‖ė̃ Quark *m* -(e)s; ~*ė̃tis* Quárkkäulchen *n* -s, -; ~*ìnis:* ~*ìnis pyragáitis* Quárkkuchen *m* -s, -

vaȓtai *pl* Tor *n* -(e)s, -e

vartēliai *pl* Pfórte *f* -, -n

vaȓtininkas Tórwart *m* -(e)s, -e

vartýti 1 blättern *vi*; ~ *knỹgą* im Buch blättern **2**: ~ *šiẽną* Heu wénden

vartó‖jamas gebräuchlich; ~*jimas* Gebráuch *m* -(e)s, ᵉe, Ánwendung *f* -, -en; ~*jimo bū̃das* Ánwendungsweise *f* -, -n; *váistų* ~*jimas* die Ánwendung von Medikaménten; ~*sena* Gebráuch *m* -(e)s, ᵉe; ~*ti* ánwenden (*t. p.* wándte an, ángewandt) *vt*, verwénden (*t. p.* verwándte, verwándt) *vt*; gebráuchen *vt*

varžýb‖os Wéttkampf *m* -(e)s, ᵉe, Wéttbewerb *m* -(e)s, -e; *reñgti* ~*as* éinen Wéttkampf veránstalten [áustragen]

varžýti (vaȓžo, vaȓžė) **1** (*pvz., veȓžles*) ánziehen* *vt* **2** beengen *vt*, éinengen *vt*; ~ *kienõ láisves* j-s Fréiheiten éinengen

varžýtin‖ės Auktión *f* -, -en, Verstéigerung *f* -, -en; *pardúoti iš* ~*ių* verstéigern *vt*

varžýtis 1 (*su kuo dėl ko*) wétteifern (wétteiferte, gewétteifert) *vi* (*mit j-m um A*); ~ *sù kuõ dėl pirmõs viẽtos* mit j-m um den érsten Platz wétteifern **2** (*gėdytis*) sich geníeren [ʒe-]

varžõvas 1 Rivále [-v-] *m* -n, -n, Nébenbuhler *m* -s, - **2** *sport.* Gégner *m* -s, -

vãsara Sómmer *m* -s, -; ~*ą* im Sómmer; ~*os atóstogos* Sómmerferien *pl*; *bóbų* ~*a* Altwéibersommer

vasarìn‖is Sómmer-; ~*iai javaĩ* Sómmergetreide *n* -s, -; ~*ė suknelė̃* Sómmerkleid *n* -(e)s, -er

vasãris Fébruar *m* - / -s, -e

vãsarišk‖as sómmerlich; ~*a rudeñs naktìs* éine sómmerliche Hérbstnacht

vasárnamis Dátscha *f* -, -s / -schen, Sómmerhaus *n* -es, ᵉer

vasarójus Sómmergetreide *n* -s, -

vasaróšiltis láuwarm

vasaró‖ti den Sómmer verbríngen; ~*tojas* Sómmergast *m* -es, ᵉe

vą̃šas Háken *m* -s, -

vã̃škas Wáchs [-k-] *n* -es, -e

vaškúoti (*grindis*) bóhnern *vt*

vatà Wátte *f* -, -n

vazà Váse *f* -, -n

vazònas Blúmentopf *m* -(e)s, ⸗e

važinéti fáhren* *vi* (*s*); ~ automobiliù Áuto fáhren

važiúoti fáhren* *vi* (*s*); ~ automobiliù (*dvìračiu*) mit dem Áuto (Fáhrrad) fáhren

vedamàsis (*straipsnis*) Léitartikel *m* -s, -

vedéjas Léiter *m* -s, -

vēdęs verhéiratet

vedýb‖inis: ~inis gyvēnimas Éheleben *n* -s; ~os *pl* Héirat *f* -, -en

vedìnti lüften *vt*

vedlȳs Ánführer *m* -s, -

vedžióti herúmführen *vt*; ~ ką̃ põ muziẽjų j-n im Muséum herúmführen

vegetãr‖as Vegetári⸗er *m* -s, -; ~ìškas: ~ìškas maĩstas vegetárische Kost

vegetúoti 1 vegetíeren *vi* 2 *prk.* ein ärmliches Dásein führen, Scháttendasein führen

véid‖as Gesícht *n* -(e)s, -er; ~o ìšraiška Gesìchtsaudruck *m* -(e)s, ⸗e; išbãlęs ~as ein blásses Gesícht; ~o brúožai Gesíchtszüge *pl*

veidmain‖iáuti héucheln *vi*; ~ȳs Héuchler *m* -s, -; ~ȳstė Heucheléi *f* -, -en

véidmainiškas héuchlerisch

véidrodis Spíegel *m* -s, -

veĩkalas Werk *n* -(e)s, -e

veikéjas 1 (*pvz., partijos, profsąjungos*) Funktionär *m* -s, -e; valstýbės ~ Stáatsmann *m* -(e)s, ⸗er 2 (*pvz., pjeséje*) die hándelnde Persón

veĩkiantis géltend

veikiáusiai höchstwahrschéinlich

veikl‖à Tätigkeit *f* -, -en; kūrýbinė ~à éine schöpferische Tätigkeit; ~ùs tátkräftig, unternéhmungslustig

veĩksmas 1 Hándlung *f* -, -en; kãro veiksmaĩ militärische Aktiónen, Kríegshandlungen *pl*; nusikalstamas ~ éine stráfbare Hándlung 2 Akt *m* -(e)s, -e; trijų̃ veiksmų̃ pjèsė ein Theáterstück in drei Ákten

veiksmãžodis Verb *n* -s, -en

veiksm‖ìngas wírksam, effektív; ~ìnga príemonė éine wírksame Máßnahme; ~ingùmas Wírksamkeit *f* -, Effektivität *f* -

veiksnȳs 1 Fáktor *m* -s, -tóren 2 *gram.* Subjékt *n* -(e)s, -e

veĩk‖ti 1 máchen *vt*, tun* *vt*; ką̃ ~si šiañdien vakarè? was machst du héute Ábend? 2 funktioníeren *vi*; árbeiten *vi*; intákt sein; telefònas ~ia das Telefón funktioníert 3 hándeln *vi*; ~iantieji ãsmenys *teatr.* hándelnde Persónen 4 wírken *vi*; éinwirken *vi*; váistai ~ia geraĩ die Arznéi wirkt gut

veĩsl‖ė Rásse *f* -, -n, Zucht *f* -, -en; belˈgų ~ės kumēlė éine Stúte aus bélgischer Zucht; kokiõs ~ės šìs šuõ? was für Rásse ist díeser Hund? ~inis Zucht-; ~inis gyvulȳs Zúchttier *n* -(e)s, -e

veislùs frúchtbar

veĩs‖ti (*gyvulius, augalus*) züchten *vt*; ~tis sich verméhren, sich fórtpflanzen

vejà Rásen *m* -s, -

véj‖as Wind *m* -(e)s, -e; stiprùs ~as ein stárker [héftiger] Wind; ~avaikis Lúftikus *m* -, -se, Fláttergeist *m* -es, -er; ~avaikiškas flátterhaft

vėjúotas wíndig

vėl wíeder, ernéut

vėlaĩ spät; ~ vakarè spät ábends

veléna Rásen *m* -s, -, Rásenstück *n* -(e)s, -e

vėlèsnis später, daráuffolgend

vėliaũ später

vėliav‖a Fáhne *f* -, -n, Flágge *f* -, -n; pakélti (*nuléisti*) ~ą die Fáhne híssen (éinholen); valstýbės ~a Stáatsflagge

vėliavėlė Fähnchen *n* -s, -

velykáitis (*Velykų margutis*) Ósterei *n* -(e)s, -er

Velýk‖os Óstern *n* - / *pl*; peˈr ~as zu [an] Óstern

Vėlinės Allerséelen

vėlin‖ti, ~tis sich verspäten; laĩkrodis ~a dvì minutès [dviẽm minùtėmis] die Uhr geht zwei Minúten nach

velións, -ė Verstórbene *sub m, f*; màno ~ tėvas mein séliger Váter vėlývas spät

véln‖ias Téufel *m* -s, -; *põ velniŭ!* zum Téufel! ~iškas téuflisch

veltìnis Fílzstiefel *m* -s, -

véltui 1 (*be reikalo*) vergébens, umsónst 2 (*nemokamai*) umsónst, únentgeltlich

vėl‖úoti sich verspäten; *laĩkrodis ~úoja penkiàs minutès [penkiomìs minùtėmis]* die Uhr geht fünf Minúten nach

vémti erbréchen* *vi* / sich

venà Véne *f* -, -n

veñgras Úngar *m* -n, -n

Veñgrija Úngarn *n* з

veñgriškas úngarisch

véngti (*ko*) méiden* *vt*; ~ *sù kuõ bendráuti* den Úmgang mit j-m méiden

ventil‖iãcija Lüftung *f* -, -en, Ventilatión *f* -, -en; ~iãtorius Ventilátor *m* -s, -tóren

veránda Veránda *f* -, -den

verbà: *Verbŭ̃ Sekmãdienis* Pálmsonntag *m* -(e)s, -e

Veřbos Pálmsonntag *m* -(e)s, -e

verčiaŭ líeber

vérgas Skláve [-v-] *m* -n, -n

verg‖áuti Skláve [-v-] sein; ~ijà, ~ỹstė Sklaveréi [-v-] *f* -, -en

vérgiškas sklávisch [-v-]

veřksmas Wéinen *n* -s, Gewéine *n* -s

veřk‖ti wéinen *vi*; *graũdžiai ~ti* bítterlich wéinen; ~*iamu tonù* in wéinerlichem Ton

vermišėliai Fádelnudel *f* -, -n

veřpti spínnen* *vt*

vèrsija Versión *f* -, -en

veřsl‖as Gewérbe *n* -s, -; Geschäft *n* -(e)s, -e; ~ininkas Geschäftsmann *m* -(e)s, -leute; Gewérbetreibende *sub m*

verslininkỹstė Gewérbetätigkeit *f* -, Unternéhmertum *n* -s

versmė̃ Quélle *f* -, -n

veřsti 1 (*pvz., medžius, valtį*) úmwerfen* *vt* 2 (*drabužį*) wénden *vt*; *šiẽną* ~ Heu wénden 3 übersétzen *vt*; (*žodžiu*) dólmetschen *vi*, *vt*; ~ *iš vókiečių kalbõs į̃ lietùvių kaĺbą* aus dem Déutschen ins Lítauische übersétzen 4 nötigen *vt*, zwíngen* *vt*; ~ *ką̃ kalbė́ti* j-n

zum Spréchen zwíngen 5 (*pvz., vyriausybę̃*) stürzen *vt* 6: ~ *kám kaĺtę̃* die Schuld auf j-n ábwälzen

veřstis tréiben* *vt*, betréiben* *vt*; ~ *ãmatu* ein Hándwerk betréiben; ~ *prekýba* Hándel tréiben

veřšiena Kálbfleisch *n* -es

veřšis Kalb *n* -(e)s, ⁓er

veršiúotis kálben *vi*

veřtas wert; würdig; ~ *pagyrìmo* lóbenswert; ~ *pasitikėjimo* vertráuenswürdig; *automobìlis ~ 2000 márkių* das Áuto ist 2000 Mark wert

vertė Wert *m* -(e)s, -e

vertė́jas Übersétzer *m* -s, -; (*žodžiu*) Dólmetscher *m* -s, -

vertė́jáuti (*žodžiu*) dólmetschen *vi*, *vt*

vertýbė Wert *m* -(e)s, -e

vertìmas Übersétzung *f* -, -en; (*žodžiu*) Dólmetschen *n* -s

vertìngas wértvoll

vértin‖imas Bewértung *f* -, -en; Éinschätzung *f* -, -en; Beúrteilung *f* -, -en; ~ti bewérten *vt*; éinschätzen *vt*; beúrteilen *vt*

veřžlė̃ Mútter *f* -, -n, Schráubenmutter *f* -, -n

veřž‖ti (*pvz., diržą̃*) féstziehen* *vt*; *suknėlė ~ia peř klùbus* das Kleid spannt über die Hüften; ~tis 1 dríngen* *vi* (*s*); *vanduõ ~iasi prõ plýšį̃* das Wásser dringt durch den Spalt 2 strében *vi*; *vaĩkas ~ėsi mókytis [į̃ mókslą]* das Kind strébte nach Wíssen

vėsà Kühle *f* -

vėsókas zíemlich kühl

vèsti 1 führen *vt*; ~ *ką̃ ùž ránkos* j-n am Arm führen 2 (*tvarkyti*) führen *vt*; ~ *ū̃kį* den Háushalt führen; ~ *býlą* éinen Prozéss führen 3 héiraten *vt*

vė́sti sich ábkühlen, kühl wérden

vestùv‖ės Hóchzeit *f* -, -en; *kélti vestuvès* Hóchzeit áusrichten; ~inis Hóchzeits-; ~*inė suknėlė* Hóchzeitskleid *n* -(e)s, -er

vešė́ti gedéihen* *vi* (*s*)

vešlùs sáftig; üppig

veterinãr‖as Tíerarzt *m* -es, ⁓e; ~ija Tíerheilkunde *f* -, Tíermedizin *f* -

vė́tra Sturm *m* -(e)s, ⁓e

vėžė Spur *f* -, -en

vež‖ėjas Kútscher *m* -s, -, Fúhrmann *m* -(e)s, ⁻er / -leute; ∼**ìmas** Wágen *m* -s, -; (*pakrautas*) Fúhre *f* -, -n; ∼**ìmas šiēno** éine Fúhre Heu

vežimēlis: rañkinis ∼ Hándwagen *m* -s, -; **vaikų̃** ∼ Kínderwagen *m* -s, -

vežióti fáhren* *vt*, befördern *vt*

vėžỹs Krebs *m* -es, -e; **skrañdžio** ∼ Mágenkrebs

vėžlỹs Schíldkröte *f* -, -n

vėžti 1 fáhren* *vt*; ∼ **málkas** Holz fáhren **2** (*prievarta gabenti*) deportíeren *vt*, verbánnen *vt*

viadùkas Viadúkt [v-] *m*, *n* -(e)s, -e

viceprezidēntas Vizepräsidént *m* -en, -en

vidìnis ínnerlich, Ínnen-; ∼**ė kišēnė** Ínnentasche *f* -, -n

vidùdienis Míttag *m* -(e)s, -e

vidùj, vidujè *prp* ínnerhalb; ∼ **nãmo** ínnerhalb des Háuses

vidùnaktis Mítternacht *f* -

vidur̃, vidurỹ *prp* inmítten (*G*)

vidùramžiai *pl* Míttelalter *n* -s

vidur‖ìnis míttler; Míttel-; ∼**inis lángas** Míttelfenster *n* -s, -; ∼**inis išsilávinimas** die míttlere Réife; ∼**ìnė mokyklà** Míttelschule *f* -, -n; ∼**ỹs** Mítte *f* -, -n; ∼**yjè aikštẽs** in der Mítte des Plátzes; **kitõs saváitės** ∼**yjè** Mítte nächster Wóche; **líepos** ∼**yjè** in der Mítte des Júli; **žiemõs** ∼**yjè** mítten im Wínter

vidùrkis Dúrchschnitt *m* -(e)s, -e

vidùr‖naktis Mítternacht *f* -; ∼**naktį̃** um Mítternacht; ∼**vasaris** Hóchsommer *m* -s, -; ∼**žiemis** die Mítte des Wínters

vid‖ùs Ínnere *sub n*; ∼**aũs lìgos** ínnere Kránkheiten; ∼**aũs prekýba** Ínnenhandel *m* -s; ∼**aũs reikalų̃ ministèrija** Ínnenministerium *n* -s, -ri:en, Ministérium des Ínnern; **į̃ vìdų** nach ínnen; **ìš** ∼**aũs** von ínnen

vidutinýbė Míttelmäßigkeit *f* -, -en

vidutìnis míttelmäßig; dúrchschnittlich

vielà Draht *m* -(e)s, ⁻e

víen: ∼ **tìk** alléin, áusschließlich

vien(a)‖ãkis éinäugig; ∼**aūkštis** éingeschossig; ∼**diēnis** éintägig; ∼**kaĨbis** éinsprachig

vienąkart éinmal

vienareĩkšmis éindeutig

vien‖as ein; eins; **vienà valandà** es ist eins [ein Uhr]; ∼**as ìš daũgelio** éiner von víelen; **neĩ** ∼**as, neĩ kìtas** wéder der éine, noch der ándere; ∼**u laikù** gléichzeitig, zur gléichen Zeit; **visì lìgi** ∼**o** álle bis auf éinen

vienãskaita Síngular *m* -s, -e, Éinzahl *f* -

viena‖spalvis éinfarbig; ∼**šãliškas** éinseitig; ∼**šãliška núomonė** eine éinseitige Beúrteilung; ∼**tòmis** éinbändig

vienãtvė Éinsamkeit *f* -, Alléinsein *n* -s

víenbalsiai éinstimmig

víenet‖as 1 (*pažymys Vokietijoje*) Eins *f* -, -en; **išlaikýti egzãminą** ∼**u** die Prüfung mit (der Nóte) Eins bestéhen **2** Stück *n* -(e)s, -; ∼**as kainúoja 2 márkes** das Stück kóstet 2 Mark

vienguñg‖is Júnggeselle *m* -n, -n; ∼**iškas:** ∼**iškas gyvénimas** Júnggesellendasein *n* -s

vien‖ýbė Éinheit *f* -, -en, Éinigkeit *f* -; ∼**ìngai** éinmütig, überéinstimmend; ∼**ìngas** éinmütig; ∼**ìnga núomonė** eine éinmütige Áuffassung

vieniñtelis éinzig; **jõ** ∼ (*vienturtis*) **sūnùs** sein éinziger Sohn

víenišas éinsam; verlássen

vien‖ýti éinigen *vt*; ∼**ytis** (*su kuo*) sich éinigen (*mit j-m*)

vienkartìnis éinmalig; ∼ **bìlietas** Éinzelfahrschein *m* -(e)s, -e; ∼ **švir̃kštas** Éinwegspritze *f* -, -n

vienkiemis Éinzelgehöft *n* -(e)s, -e

víenlinkas éinfach

vien‖mar̃škinis hémdsärmelig; ∼**miñtis, -ė** Gléichgesinnte *sub m, f*

vienódas gleich, gléichartig; éinförmig

vienódinti veréinheitlichen *vt*

vien‖plaũkis bárhäuptig; ∼**pùsis, ∼pùsiškas** éinseitig; ∼**tur̃tis** (*apie vaiką*) éinzig

vienuõlė Nónne *f* -, -n

vienúolik‖a elf; ∼**tas** élfte

vienuolýnas Klóster *n* -s, ⸚
vienuõlis Mönch *m* -(e)s, -e
víesulas Wírbelsturm *m* -(e)s, ⸚e, Wíndhose *f* -, -n
viẽšas öffentlich
viẽšbut‖is Hotél *n* -s, -s; *apsigyvénti ~yje* im Hotél ábsteigen
viešéti (*pas ką*) zu Besúch sein (*bei j-m*)
viẽškelis Lándstraße *f* -, -n
viešnãgė Besúch *m* -(e)s, -e
viešnià Gast *m* -es, ⸚e
viešpatáuti (*kur*) hérrschen *vi*; (*über A, in D*)
viešum‖à Öffentlichkeit *f* -; *iškìlti ~õn* ans Tágeslicht kómmen; *kélti ką̃ ~õn* etw. an [vor] die Öffentlichkeit bríngen
vietà 1 Platz *m* -es, ⸚e; Stélle *f* -, -n; *susitikìmo ~* Tréffpunkt *m* -(e)s, -e; *silpnóji ~* ein wúnder Punkt; *užléisti kám viẽtą* j-m [für j-n] éinen Platz frei máchen; *kalbéti iš viẽtos* vom Platz aus spréchen; *užim̃ti pìrmą viẽtą* den érsten Platz belégen; *įdomì ~ knỹgoje* éine spánnende Stélle im Buch; *tãvo viẽtoje bū́čiau kitaĩp padãręs* an déiner Stélle hätte ich ánders gemácht 2 (*tarnyba*) Stélle *f* -, -n, Stéllung *f* -, -en; *geraĩ apmokamà ~* éine gut bezáhlte Stélle 3 (*vietovė*) Ort *m* -(e)s, -e / ⸚er; *gimìmo ~* Gebúrtsort; *gyvẽnamoji ~* Wóhnort; *bū́ti viẽtoje* (*atvykus*) an Ort und Stélle sein
vietãženklis Plátzkarte *f* -, -n
viẽtin‖is 1 örtlich; *~ė prãmonė* örtliche Industríe 2 ánsässig; *ar̃ Jū̃s ~is* (*gyvéntojas*)? sind Sie hier ánsässig?
viẽtoj(e) *prp* (an)státt (*G*)
viẽtom(is) stéllenweise
vietó‖vardis Órtsname *m* -ns, -n; *~vė* Órtschaft *f* -, -en; Gégend *f* -, -en
vieversỹs Lérche *f* -, -n; *~ gíeda* die Lérche tríllert [jubilíert]
výkd‖yti (*pvz., įsakymą, nutarimą*) áusführen *vt*; *~yti plãną* den Plan erfüllen; *~ytojas: darbų ~ytojas* Báuleiter *m* -s, -; *~omasis* exekutív; *~omoji valdžià* die exekutíve Gewált

vỹkęs (*nusisekęs*) gelúngen
vikr‖ùmas Flínkheit *f* -, Gewándheit *f* -; *~ùs* flink, gewándt
viksvà *bot.* Ríedgras *n* -es, ⸚er
vỹk‖ti 1 sich begében*; *~ti į̃ namùs* sich auf den Héimweg begében 2 (*pvz., apie posėdį, susirinkimą*) státtfinden* *vi* 3 láufen* *vi*, im Gánge sein; *~sta* (*teĩsmo*) procèsas ein Prozéss ist im Gánge 4: *veĩksmas ~sta devynióliktame šim̃tmetyje* die Hándlung spielt im 19. Jahrhúndert; *dárbas ~sta greĩtai* die Árbeit geht rasch vonstátten; *kàs čià ~sta?* was geht hier vor sich?
viktorinà Quiz [kvis] *n* -, -
vilà Vílla *f* -, -len, Lándhaus *n* -es, ⸚er
vìlgyti féuchten *vt*, beféuchten *vt*
vylìngas lístig
viliójamas verlóckend; éinladend
viliõnė Verlóckung *f* -, -en
vilióti lócken *vt*, verlócken *vt*, *vi*
vil̃k‖as Wolf *m* -(e)s, ⸚e; *~ė* Wölfin *f* -, -nen
vilkéti ánhaben* *vt*, trágen* *vt*; *jì vil̃ki naujà suknelè* sie hat ein néues Kleid an
vìlkinti áufschieben* *vt*, verzögern *vt*
vil̃k‖ti 1 schléppen *vt*; schléifen *vt*; *~ti tinklùs žūkláujant* beim Físchen Nétze schléppen 2 (*drabužiais*) ánziehen* *vt*; *~tis* 1 sich schléppen 2 sich ánziehen*; *šiltaĩ ~tis* sich warm ánziehen
vìlna Wólle *f* -, -n
viln‖ìs Wélle *f* -, -n, Wóge *f* -, -n; *~ýti* wógen *vi*
vilnõnis wóllen, Woll-; *~ megztùkas* Wóllpullover *m* -s, -
vilt‖ìngas hóffnungsvoll; *~is* Hóffnung *f* -, -en; *~ìs pasveĩkti* Hóffnung auf Genésung; *déti į̃ ką̃ vìltis* Hóffnungen auf j-n, etw. (*A*) sétzen
viltis (*ko*) hóffen *vi* (*auf A*)
vỹnas Wein *m* -(e)s, -e; *obuolių̃ ~* Ápfelwein
vìngis (*pvz., kelio, upės*) Kúrve *f* -, -n, Krümmung *f* -, -en
ving‖iúotas kúrvig; gewúnden; *~iúoti* sich wínden*, sich schlängeln

vỹninė (*parduotuvė*) Wéinstube *f* -, -n
vynió‖jamasis: ~*jamasis põpierius* Éinwickelpapier *n* -s; ~**ti** wíckeln *vt*; wínden* *vt*; ~**tinis** *kul.* Rouláde [ru-] *f* -, -n; ~**tis** (*apie augalus*) sich ránken
vinìs Nágel *m* -s, ⸗
vỹnuogės *pl* Wein *m* -(e)s, -e, Wéintrauben *pl*
vynuogýnas Wéinberg *m* -(e)s, -e
vynuogininkỹstė Wéinbau *m* -(e)s
violètinis violétt [vio-]
výras 1 Mann *m* -(e)s, ⸗er; *valstýbės* ~ Stáatsmann *m* -(e)s, ⸗er 2 (*sutuoktinis*) Éhemann *m* -(e)s, ⸗er
výrauti vórherrschen *vi*, überwíegen* *vi*
viŕbalas Stricknadel *f* -, -n
viŕbas Gérte *f* -, -n, Reis *n* -es, -er
viréj‖a Köchin *f* -, -nen; ~**as** Koch *m* -(e)s, ⸗e
vyriausýb‖ė Regíerung *f* -, -en; ~*ės sudārymas* Regíerungsbildung; ~*ė atsistatýdino* die Regíerung ist zurückgetreten; ~**inis** Regíerungs-; ~*inė delegācija* Regíerungsdelegation *f* -, -en
virỹklė Herd *m* -(e)s, -e, Kóchstelle *f* -, -n; *dùjinė* ~ Gásherd; *elektrìnė* ~ Eléktroherd
vìrinti kóchen *vt*; ~*tas vanduõ* gekóchtes Wásser
výrišk‖as männlich; Hérren -; ~*i darbaĩ* männliche Árbeiten; ~*oji giminė̃* männliches Geschlécht; ~*as kostiùmas* Hérrenanzug *m* -(e)s, ⸗e
vyrìškis Mann *m* -(e)s, ⸗er
vyriškùmas Männlichkeit *f* -
virpesỹs Schwíngung *f* -, -en
virpéti zíttern *vi*, bében *vi*; ~ *nuõ šalčio* vor Kälte zíttern [bében]
viŕsti 1 fallen* *vi* (*s*); kíppen *vi* (*s*); ~ * añt šóno* zur Séite kíppen; ~ *į̃ lóvą* ins Bett fállen 2 (*kuo*) wérden* *vi* (*s*) (*zu D*); ~ *ledù* zu Eis wérden
viŕš *prp* 1 über (*D*) (*žymi vietą*); *lémpa kãbo* ~ *stãlo* die Lámpe hängt über dem Tisch 2 über (*A*) (*žymi kryptį̃*); *pakabìnti*

pavéikslą ~ *sòfos* ein Bild über das Sófa hängen
viršẽlis (*knygos*) Úmschlag *m* -(e)s, ⸗e
viršininkas Vórgesetzte *sub m*, Chef [ʃɛf] *m* -s, -s, Vórsteher *m* -s, -
viŕšyti 1 (*pvz., planą*) überbíeten* *vt* 2 (*ką kuo*) übertréffen* *vt* (*an D*); ~ *ką̃ jėgà* j-n an Körperkraft übertréffen
viŕškin‖amas: *lengvaĩ* (*suñkiai*) ~*amas maĩstas* éine leicht (schwer) verdáuliche Kost; ~**ti** verdáuen *vt*
viršplanìnis überplanmäßig
viršùgalvis Schéitel *m* -s, -
viršùj, viršujè *prp* über (*D*)
viršùkalnė Bérggipfel *m* -s, -
viršum̃ *prp* óberhalb (*G*); ~ *dùrų* óberhalb der Tür
viršū̃n‖ė 1 (*kalno*) Gípfel *m* -s, - 2 (*medžio*) Wípfel *m* -s, -
virš‖ùs 1 Óberteil *m, n* -(e)s, -e; *į̃ viŕšų* nach óben; *iš* ~*aũs* von óben
viršutìn‖is óber, Óber-; ~*is nãmo aũkštas* das óbere Stóckwerk, Óberstock *m* -(e)s, ⸗e; ~*iai drabùžiai* Óberbekleidung *f* -, -en
vìr‖ti 1 kóchen *vi*; síeden (sott / síedete, gesótten) *vi*; *jám kraũjas* ~*ė* sein Blut síedete 2 kóchen *vt*; síeden (sott / síedete, gesótten) *vt*
vìrtinė Kétte *f* -, -n; Zug *m* -(e)s, ⸗e; *kalnų̃* ~ Bérgkette
vìrtinis *kul.* Käulchen *n* -s, -
virtùvas Kócher *m* -s, -; *elektrìnis* ~ ein eléktrischer Kócher
virtùvė Küche *f* -, -n
virtuvìnis Küchen-; ~ *stãlas* Küchentisch *m* -es, -e
viŕvė Strick *m* -(e)s, -e, Seil *n* -(e)s, -e
virv‖ẽlė, ~**ùtė** Léine *f* -, -n; Schnur *f* -, -en
vìs ímmer, ímmerzu; *mán* ~ *tíek* mir ist álles gleich, es ist mir éinerlei; ~ *dėlto* ímmerhin; ~ *dár* ímmer noch
visagãlis allmächtig
visái ganz, gar; ~ *nè* gar nicht
visaĩp auf verschíedene Wéise
visapùs‖is, ~**iškas** állseitig
vìs‖as 1 ganz; gesámt; ~*as Berlýnas* ganz Berlín; ~*ą diẽną* den gánzen Tag; *tai dár*

ne ~*a* es ist noch nicht álles 2: *visų̃ pirmà* vor állem, vor állen Díngen; *iš* ~*o* insgesámt, álles in állem; ~*o gẽro* [*lãbo*]*!* álles Gúte!

visatà All *n* -s, Wéltall *n* -s

vìs dėlto *cj* fréilich, állerdings

vìsgi ímmerhin

visì álle, sämtliche

vìsiškai dúrchaus, ganz und gar; völlig

vìskas all, álles

výskupas Bíschof *m* -s, ⁻e

vyskup‖ijà, ~**ỹstė** Bístum *n* -s, ⁻er

visokerlóp‖ai auf verschiedene Weise, ⁻**as** jéglich; *teĩkti kám* ~*ą pagálbą* j-m jégliche Hílfe gewähren

visóks allerléi, víelerlei

vìsraktis Díetrich *m* -s, -e

výsti wélken *vi* (*s*)

výstyklas Wíndel *f* -, -n

výst‖ymas, ~**ymasis** Entwícklung *f* -, -en; ~**yti 1** entwíckeln *vt* **2** (*vaiką*) wíndeln *vt*; ~**ytis** sich entwíckeln

visumà Gesámtheit *f* -

visúomen‖ė Geséllschaft *f* -, Öffentlichkeit *f* -; *pasáulio* ~*ė* Wéltöffentlichkeit

visuomenìn‖is geséllschaftlich; ~*ė sántvarka* Geséllschaftsordnung *f* -, -en; ~*ė nuosavýbė* Geméineigentum *n* -(e)s

visuomèt ímmer, stets

visúotin‖ai állgemein; ~*ai žìnomas* állgemein bekánnt; ~**is** állgemein

visur̃ überall, állerorts

vìščiukas Küken *n* -s, -

vyšnià 1 (*uoga*) Kírsche *f* -, -n **2** (*medis*) Kírsche *f* -, -n, Kírschbaum *m* -(e)s, ⁻e

višt‖à Huhn *n* -(e)s, ⁻er; ~*à dedėklė* Hénne *f* -, -n; ~**ìdė** Hühnerstall *m* -(e)s, ⁻e; ~**íena** Hühnerfleisch *n* -es

vitam‖ìnas Vitamín [v-] *n* -s, -e; ~**inìngas** vitamínreich [v-]

výti 1 jágen *vt*; ~ *ką̃ iš namų̃* j-n aus dem Haus jágen **2** wíckeln *vt*; ~ *siū́lus į̃ kãmuolį* Fáden zu éinem Knäuel wíckeln

výtis (*ką*) náchjagen *vi* (*s*) (*j-m*)

vitrinà Scháufenster *n* -s, -, Vitríne [v-] *f* -, -n

vizà Vísum [v-] *n* -s, -sa / -sen

vizìtas 1 Besúch *m* -(e)s, -e; *atsisvéikinimo* ~ Ábschiedsbesuch **2** (*gydytojo*) Visíte *f* -, -n

vizitúoti (*apie gydytoją*) Visíte máchen

vogčià, vogčiõm(**is**) héimlich

võgti stéhlen* *vt*, kláuen *vt*

vókas 1 (*akies*) Lid *n* -(e)s, -er **2** (*laiško*) Briefumschlag *m* -(e)s, ⁻e

Vokiet‖ijà Déutschland *n* -s; ~**ijos** *Federãcinė Respùblika* Búndesrepublik Déutschland

vókie‖tis, -**ė** Déutsche *sub m, f*; ~*čių kalbà* die déutsche Spráche, Déutsche *sub n*, Deutsch *n* - / -s

vókišk‖ai deutsch; *kalbėtis* ~*ai* sich deutsch [auf Deutsch] unterhálten; ~**as** deutsch

voliótis sich wälzen

von‖ià Wánne *f* -, -n, Bádewanne *f* -, -n; *sáulės võnios* Sónnenbäder *pl*; *máudytis* ~*iojè* ein Bad néhmen

vóras Spínne *f* -, -n

vorãtinklis Spínngewebe *n* -s, -

võs kaum; ~ *nepargriuvaũ* fast wäre ich gefállen; *võs ne võs* mit Müh und Not

votìs Geschwür *n* -s, -e

vover‖áitė 1 *zool.* Éichhörnchen *n* -s, - **2** *bot.* Pfífferling *m* -s, -e; ~**ė̃** Éichhorn *n* -(e)s, ⁻er

vulgar‖ýbė Vulgarität [v-] *f* -; ~**izúoti** vulgarisíeren [v-] *vt*; ~**ùs** vulgär [v-]

Z

zèbras Zébra *n* -s, -s

zenìtas Zenít *m* -(e)s; *sáulė zenitè* die Sónne steht im Zenít

zigzãg‖as Zíckzack *m* -(e)s, -e; *bėgti* ~*ais* im Zíckzack láufen

zýlė Méise *f* -, -n

zir̃zti (*apie vabzdžius*) súmmen *vi*

zòmš‖a Wíldleder *n* -s, -; ~**inis** : ~*iniai bãtai* Wíldlederschuhe *pl*
zonà Zóne *f* -, -n; *pasíenio* ~ Grénzzone
zoològ‖as Zoológe *m* -n, -n; ~**ija** Zoologíe *f* -; ~*ijos sõdas* Zoo *m* -s, -s; ein zoológischer Gárten
zootèchnik‖a Zootéchnik *f* -; ~**as** Zootéch-

niker *m* -s, -
zuĩkis Háse *m* -n, -n
zuikùtis Häsịchen *n* -s, -
zur̃gti knúrren *vi*, múrren *vi*
zvim̃bti (*pvz.*, *apie kulką*) sáusen *vi* (*s*, *h*), schwírren *vi* (*s*, *h*)

Ž

žabáng‖ai *pl* , ~**os** *pl* Fálle *f* -, -n; *įkliúti į̃* ~*us* in die Fálle géhen [geráten]
žabóti zäunen *vt*
žãd‖as: *netèkti* ~*o* die Spráche verlíeren, spráchlos sein; *bè* ~*o* spráchlos; *atgáuti* ~*ą* die Spráche wíeder fínden
žadéti verspréchen* *vt*
žãdinti wécken *vt*
žadintùvas Wécker *m* -s, -, Wéckuhr *f* -, -en
žãgrė Pflug *m* -(e)s, ⸚e
žagsé‖jimas Schluckáuf *m* -s; ~**ti** (den, éinen) Schluckáuf háben
žaĩb‖as Blitz *m* -es, -e; ~**iškas** blítzschnell, blítzartig
žaib‖ólaidis Blítzableiter *m* -s, -; ~**úoti** blítzen *vimp*
žaid‖éjas Spíeler *m* -s, -; ~**ìmas** Spiel *n* -(e)s, -e; ~**ȳnės**: *olìmpinės* ~**ȳnės** die Olýmpischen Spíele
žaĩslas Spíelzeug *n* -(e)s, -e
žaĩsti spíelen *vi*, *vt*; ~ *fùtbolą* (*tènisą*) Fúßball (Ténnis) spíelen
žaizd‖à Wúnde *f* -, -n; *durtìnė* ~*à* Stíchwunde; *kraujúojanti* (*mirtinà*) ~*à* éine blútende (tödliche) Wúnde; ~**ótas** mit Wúnden bedéckt
žal‖à Scháden *m* -s, ⸚; ~**os atlýginimas** Schádenersatz *m* -es; *materiālinė* ~*à* Sáchschaden; *darýti žãlą* Scháden ánrichten
žãl‖ias 1 grün **2** (*nevirtas, neišvirę̃s*) roh; *úogos dár* ~*ios* (*neišsirpusios*) die Béeren sind noch nicht reif
žãliava Róhstoff *m* -(e)s, -e; *mìško* ~ Róhholz *n* -es
žalìngas schädlich, náchteilig

žaliuõkė (*grybas*) Grünling *m* -s, -e
žaliúoti grünen *vi*
žaló‖jimas Schädigung *f* -, -en; ~**ti** schädigen *vt*; verkrüppeln *vt*
žaĩsvas grünlich
žaltȳs Nátter *f* -, -n
žalum‖à Grün *n* -s; ~**ýnai** (*vaisiai, daržovės*) Grün *sub n*, Grünzeug *n* -(e)s; *válgyti daũg* ~*ýnų* viel Grün éssen
žalvarìnis méssingen
žálvaris Méssing *n* -s, -e
žánd‖as Bácke *f* -, -n; ~**enos** *pl* Báckenbart *m* -(e)s, ⸚e
žandìkaulis Kíefer *m* -s, -, Kíeferknochen *m* -s, -; *apatìnis* ~ Únterkiefer; *viršutìnis* ~ Óberkiefer
žánras Genre [ˈʒãŋr(ə)] *n* -s, -s
žarnà Darm *m* -(e)s, ⸚e
žąsiéna Gänsefleisch *n* -es
žąsìs Gans *f* -, ⸚e; *laukìnė* ~ Wíldgans
žavė̃jimasis Entzücken *n* -s, Bewúnderung *f* -
žavesȳs Charme [ʃarm] *m* -s, Líebreiz *m* -es
žavé‖ti bezáubern *vt*, entzücken *vt*; ~**ti** *ką grožiù* j-n durch Schönheit bezáubern; ~**tis** (*kuo*) bewúndern *vt*, entzückt sein (*von D*)
žav‖ùmas Ánmut *f* -, Reiz *m* -es; ~**ùs** ánmutig, réizend, réizvoll
žegnó‖ti bekréuzen *vt*; ~**tis** sich bekréuzen, sich bekréuzigen
želdinȳs Ánpflanzung *f* -, -en, Grünanlage *f* -, -n
želė̃ Gelée [ʒe-] *n* -s, -s
želmuõ die júnge Saat
žélti sprießen* *vi* (*s*)

žėm‖as níedrig; ∼*os káinos* níedrige Préise
žemdirb‖ỹs Lándmann *m* -(e)s, -leute,
Lándwirt *m* -(e)s, -e; ∼**ỹstė** Áckerbau *m* -(e)s
žėm‖ė 1 Érde *f* -; *Žėmės rutulỹs* Érdkugel *f* -; ∼*ės drebėjimas* Érdbeben *n* -s, - 2 Bóden *m* -s, ˟; Land *n* -(e)s, ˟er; *gimtóji* ∼*ė* Héimatland *n* -(e)s, ˟er; ∼*ės ūkis* Lándwirtschaft *f* -; *dìrbti* ∼*ę* den Bóden [das Land] bestéllen [beárbeiten]
žemėlapis Lándkarte *f* -, -n
žemiẽtis Lándsmann *m* -(e)s, -leute
žemỹn nach únten, hináb
žemýn‖as Féstland *n* -es, Kontinént *m* -(e)s, -e; ∼**inis:** ∼*inis klìmatas* ein kontinentáles Klíma
žėmin‖ti (*niekinti*) erníedrigen *vt*, entwürdigen *vt*; *taĩ* ∼*a màno orùmą* das ist únter méiner Würde; ∼**tis** sich erníedrigen
žėmiškas írdisch
žėmkasė Bágger *m* -s, -
žemumà Níederung *f* -, -en
žėmuogė Wálderdbeere *f* -, -n
žemupỹs Únterlauf *m* -(e)s, ˟e
žeñgti schréiten* *vi(s)*, tréten* *vi(s)*; ∼ *į priẽkį* vórwärts schréiten; ∼ *peř sleñkstį* über die Schwélle schréiten [tréten]; ∼ *priẽ kõ* zu j-m tréten
žénklas Zéichen *n* -s, -; *fãbriko* ∼ Fabríkmarke *f* -, -n; *kẽlio* ∼ Verkéhrszeichen; *pãšto* ∼ Bríefmarke
žénklinti zéichnen *vt*, kénnzeichnen (kénnzeichnete, gekénnzeichnet) *vt*
ženkliùkas Ábzeichen *n* -s, -
ženklùs bemérkbar, mérklich
žéntas Schwíegersohn *m* -(e)s, ˟e
žėrėti fúnkeln *vi*, glühen *vi*
žėrúoti fúnkeln *vi*, glühen *vi*
žiauberė̃ Brótkanten *m* -s, -
žiáuna Kíeme *f* -, -n
žiaur‖ùmas Gráusamkeit *f* -, -en; ∼**ùs** gráusam
žìbalas Petróleum *n* -s
žibėti blínken *vi*; blítzen *vi*
žibiñtas Latérne *f* -, -n
žìbinti léuchten *vi*

žibint‖ùvas Lámpe *f* -, -n; ∼**uvẽlis** Táschenlampe *f* -, -n
žibuõklė Léberblümchen *n* -s, -
žỹdas Júde *m* -n, -n
žydė‖jimas Blüte *f* -, Blütezeit *f* -; *vaĩsmedžių* ∼*jimas* die Blüte [Blütezeit] der Óbstbäume; ∼**ti** blühen *vi*, in Blüte stéhen [sein]
židinỹs 1 Herd *m* -(e)s, -e; *namū* ∼ Heim *n* -(e)s, -e; *ligõs* ∼ Kránkheitsherd; *kultūros* ∼ Kultúrstätte *f* -, -n 2 (*ugniakuras*) Kamín *m* -s, -e
žỹdiškas jüdisch
žýdras hímmelblau, azúrblau
žiẽbti zünden *vt*; ∼ *šviẽsą* Licht máchen
žiebtuvẽlis Féuerzeug *n* -(e)s, -e
žiedas¹ Blüte *f* -, -n; *líepų žiedaĩ* Líndenblüten *pl*
žiedas² Ring *m* -(e)s, -e; *áukso* ∼ Góldring; *sutuoktùvių* ∼ Éhering, Tráuring
žiem‖à Winter *m* -s, -; *žiẽmą* im Winter; *peř žiẽmą* den Winter über; ∼**ìnis** Winter -; ∼**ìniai javaĩ** Wíntergetreide *n* -s; ∼**ỹs** (*vėjas*) Nórdwind *m* -(e)s, -e
žiẽmiškas wínterlich
žiemóti wíntern *vi*
žievė̃ Rínde *f* -, -n
žíežirba Fúnken *m* -s, -
žỹgdarbis Héldentat *f* -, -en
žỹgis Marsch *m* -es, ˟e; *dienõs* ∼ Tágesmarsch; *kãro* ∼ Féldzug *m* -(e)s, ˟e
žygiúoti marschíeren *vi* (*s*), zíehen* *vi* (*s*)
žila‖galvis Gráukopf *m* -(e)s, ˟e; ∼**plaũkis** gráuhaarig
žìlas grau
žym‖ė̃ 1 Spur *f* -, -en; Zéichen *n* -s, - 2 (*požymis*) Mérkmal *n* -(e)s, -e; ∼**enýbė** (*miesto*) Séhenswürdigkeit *f* -, -en; ∼**ėti** zéichnen *vt*; bezéichnen *vt*
žỹmiai viel, bedéutend
žymùs 1 beträchtlich, mérkbar, mérklich 2 ángesehen; bekánnt; hervórragend
žìndyti säugen *vt*, stíllen *vt*
žind‖ỹvė Ámme *f* -, -n; ∼**ùkas** Lútscher *m* -s, -, Núckel *m* -s, -; ∼**uõlis** Säugetier *n* -(e)s, -e, Säuger *m* -s, -

žiñgsn‖is Schritt *m* -(e)s, -e; *eĩti žingsniù* im Schritt géhen; *kiekvienamè* ~*yje* auf Schritt und Tritt

žingsniúoti schréiten* *vi* (*s*)

žin‖ià 1 Náchricht *f* -, -en; Kúnde *f* -, -n; Bótschaft *f* -, -en; *paskutìniosios žìnios* die létzten Náchrichten; *dúoti kám apiẽ ką̃ žìnią* j-m Náchricht [Kúnde] von etw. (*D*), j-m gében; *atė̃jo* ~*ià* die Náchricht ist (án)gekómmen 2: *taĩ į̃vyko bè màno* ~*iõs* das gescháh óhne mein Wíssen; *diñgęs bè* ~*iõs* vermísst, verschóllen

žinýba Amt *n* -(e)s, ⁀er, Behörde *f* -, -n

žinýnas Náchschlagewerk *n* -(e)s, -e

žìnios Kénntnisse *pl*, Wíssen *n* -s; *žìnių troškìmas* Wíssensdurst *m* -es; *gìlinti sàvo žiniàs* séine Kénntnisse vertíefen

žìnom‖a natürlich, fréilich; ~*as* bekánnt

žinóti (*apie ką*) wíssen* *vi* (*von D, über A*); kénnen* *vt*; *Diẽvas žìno!* weiß Gott! ~ *kẽlią* den Weg wíssen; *iš kur̃ tù taĩ žinaĩ?* wohér weißt du das?

žinõvas Kénner *m* -s, -

žinùtė: *laĩkraščio* ~ Zéitungsnotiz *f* -, -en

žiógas Gráshüpfer *m* -s, -, Héuschrecke *f* -, -n

žiõplas dümmlich

žiopl‖ỹs Dümmling *m* -s, -e; ~*ỹstė* Dúmmheit *f* -, -en

žiopsóti gáffen *vi*

žiótys 1 (*pvz., žvėries*) Ráchen *m* -s, - 2 (*upės*) Mündung *f* -, -en

žióvauti gähnen *vi*

žiovulỹs Gähnen *n* -s

žirafà Giráffe *f* -, -n

žìrgas 1 Ross *n* -es, -e / ⁀er; *žirgų̃ lenktỹnės* Pférderennen *n* -s 2 *šachm.* Läufer *m* -s, -

žirgýnas Gestüt *n* -(e)s, -e

žìrklės Schére *f* -, -n

žìrnis Érbse *f* -, -n

žiùpsnis Príse *f* -, -n

žiūrė́‖ti 1 (*į ką*) zúsehen* *vi* (*j-m*); séhen* *vi* (*auf A*), scháuen *vi* (*auf A*), ánsehen* *vt*; ~*ti į̃ tõlį* in die Férne séhen; ~*ti prõ lángą* aus dem Fénster [durch das Fénster] séhen 2 betráchten *vt*; ~*ti į̃ ką̃ kaĩp į̃ príešą* j-n als

séinen Feind betráchten 3 (*rūpintis*) (*ko*) áufpassen *vi* (*auf A*); ~*kit savę̃s !* pássen Sie auf sich auf!

žiūrinė́ti bescháuen *vt*, besíchtigen *vt*

žiùrkė Rátte *f* -, -n

žiūrõnas Férnglas *n* -es, ⁀er

žlègtaĩnis *kul.* Beefsteak ['bi:fste:k] *n* -s, -s

žliaũg‖ti: *lietùs* ~*ia* es gießt in Strömen

žlugdýti zu Fall bríngen, zum Schéitern bríngen

žlugìmas Schéitern *n* -s; Zusámmenbruch *m* -(e)s, ⁀e

žlùgti (*pvz., apie planą, bandymą*) schéitern *vi* (*s*), féhlschlagen* *vi* (*s*); zusámmenbrechen* *vi* (*s*)

žmõgiškas menschlich, humán; ~ *veĩksmas* éine humáne Tat

žmogiškùmas Ménschlichkeit *f* -

žmogùs Mensch *m* -en, -en; *pàprastas* ~ ein éinfacher Mensch; *dõras* (*geraĩ išáuklėtas*) ~ ein éhrlicher (gut erzógener) Mensch

žmogžud‖ỹs Mörder *m* -s, -; ~*ỹstė* Mord *m* -(e)s, -e; *įvykdýti* ~*ỹstę* éinen Mord begéhen [verüben]

žmonà Frau *f* -, -en; Gáttin *f* -, -nen

žmónės Ménschen *pl*, Léute *pl*; *gerõs vãlios* ~ Ménschen gúten Wíllens

žmonijà Ménschheit *f* -; *žmonìjos geróvei* für das Wohl [zum Wohl] der Ménschheit

žmóniškas menschenwürdig, ménschlich

žmoniškùmas Humanität *f* -, Ménschlichkeit *f* -

žnỹplės Zánge *f* -, -n

žodýnas Wörterbuch *n* -(e)s, ⁀er; *dvikalbis* ~ ein zwéisprachiges Wörterbuch; *tarptautìnių žõdžių* ~ Frémdwörterbuch

žõdinis mündlich

žõd‖is Wort *n* -(e)s, ⁀er; Vokábel *f* -, -n; *tuštì* ~*žiai* léere Wórte; *tar̃ti baĩgiamąjį* ~*į̃* das Schlússwort spréchen [hálten]; *prašýti* ~*žio* (*susirinkime*) sich zum Wort mélden; *tikrája* ~*žio prasmè* im währsten Sínne des Wórtes; *dúoti kám garbė̃s* ~*į̃* j-m sein Éhrenwort gében; *laikýtis* ~*žio* sein Wort hálten

žol‖**ė** Gras *n* -es, ⁼er; Kraut *n* -es, ⁼er; *váistinė* ∼*ė* Héilkraut; ∼**ýnas** Rásen *m* -s, -

žud‖**ìkas** Mörder *m* -s, -; ∼**ȳnės** *pl* Mórdtaten *pl*; ∼**ýti** mórden *vt*; töten *vt*

žurnãlas Zéitschrift *f* -, -en; Magazín *n* -s, -e; *klãsės* ∼ Klássenbuch *n* -(e)s, ⁼er

žurnalìst‖**as** Journalíst [ʒur-] *m* -en, -en; ∼**ika** Journalístik [ʒur-] *f* -; ∼**inis** journalístisch [ʒur-]

žū́tbū́t um jéden Preis, kóste es, was es wólle

žū́ti 1 úmkommen* *vi* (*s*), ums Lében kómmen 2 (*dingti*) verlóren géhen

žū́tis Verdérb *m* -(e)s; Únfalltod *m* -(e)s

žuv‖**áuti** físchen *vt*, *vi*; ∼**áutojas** Físcher *m* -s, -

žuvédra Möwe *f* -, -n

žuv‖**ìngas** físchreich; ∼**ininkýstė** Físchzucht *f* -; ∼**ìs** Fisch *m* -es, -e

žvaigžd‖**ė̃** Stern *m* -es, -e; *kìno* ∼*ė̃* Fílmstar *m* -s, -s; ∼**ė́tas** stérnbesät; ∼**ýnas** Gestírn *n* -(e)s, -e

žvãkė 1 Kérze *f* -, -n 2 (*ledo varveklis*) Éiszapfen *m* -s, - 3 *tech.* Kérze *f* -, -n, Zündkerze *f* -, -n

žvakìdė Kérzenhalter *m* -s, -, Léuchter *m* -s, -

žvalė́ti múnter wérden

žvalùs múnter, lébhaft

žvarbùs rau; schnéidend; ∼ *óras* ein ráues Wétter; ∼*vėjas* ein schnéidender Wind

žvej‖**ỹs** Físcher *m* -s, -; ∼**óti** físchen *vt*, *vi*

žvel̃gti (*į̃ ką̃*) blícken *vi* (*auf A, nach D*)

žvėr‖**ýnas** Tíergarten *m* -s, ⁼; ∼**ìs** Tier *n* -(e)s, -e

žvìlgčioti blícken *vi*

žvilgéti glänzen *vi*

žvil̃gsnis Blick *m* -(e)s, -e

žvìlgtelėti (*į̃ ką̃*) blícken *vi* (*auf A*)

žvìrblis Spérling *m* -s, -e, Spatz *m* -en / -es, -en

žvitrùs flink, gewándt

Geografiniai vardai

Adis Abebà *mst.* Ádis Abéba *n* -s
Ãdrijos jūra das Adriátische Meer, Ádria
f -
Ãfrika Áfrika *n* -s
Aleksándrija *mst.* Alexándria *n* -s, Ale-
xándri:en *n* -s
Aliaskà Aláska *n* -s
Alma Atà *mst.* Almá-Atá *n* -s
Álpės *pl* Álpen *pl*
Altãjus *kl.* Altái *m* -s
Alžỹras *mst.* Algier [ˈalʒiːr] *n* -s
Amazònė *u.* Amazónas *m* -, Amazónen-
strom *m* -(e)s
Amu Darjà *u.* Amudarjá *m* - / -s
Amūras *u.* Amúr *m* - / -s
Ándai *pl kl.* Ánden *pl*
Angarà *u.* Angará *f* -
Ankarà *mst.* Ánkara *n* -s
Antìlų sãlos Antíllen *pl*
Apenìnai *pl kl.* Apennínen *pl*
Apenìnų pùsiasalis Apennínenhalbinsel *f* -
Arãlo jūra Áralsee *m* -s
Árktika, Árktis Árktis *f* -
Átėnai *pl mst.* Athén *n* -s
Atlánto vandenýnas Atlántik *m* -s, der
Atlántische Ózean
Azòrų sãlos Azóren *pl*
Azòvo jūra das Asówsche Meer

Bagdãdas *mst.* Bágdad *n* -s
Baikãlas *ež.* Báikalsee *m* -s
Bakù *mst.* Báku *n* -s
Balkãnai *pl* Bálkan *m* -s
Balkãnų kalnaī Bálkan *m* -s
Balkãnų pùsiasalis Bálkanhalbinsel *f* -
Báltijos jūra Óstsee *f* -
Bãrenco jūra Bárentssee *f* -
Barselonà Barcelóna *n* -s
Bavãrija Báyern *n* -s
Belgrãdas *mst.* Bélgrad *n* -s
Bèringo jūra Béringmeer *n* -(e)s
Bèringo sąsiauris Béringstraße *f* -
Berlýnas *mst.* Berlín *n* -s

Bermùdų sãlos Bermúdas *pl*, Bermúdainseln
pl
Bèrnas Bern *n* -s
Biskãjos įlanka der Golf von Biskáya
Bonà Bonn *n* -s
Bratislavà *mst.* Brátislava *n* -s
Brìtų sãlos die Brítischen Ínseln
Budapèštas *mst.* Búdapest *n* -s
Buènos Aīres *pl* Buénos Áires *n* -
Bukarèštas *mst.* Búkarest *n* -s

Ceilònas *s.* Céylon *n* -s
Ciùrichas *mst.* Zürich *n* -s

Čikagà *mst.* Chicágo [ʃi-] *n* -s

Damãskas *mst.* Damáskus *n* -
Dardanèlai *pl* Dardanéllen *pl*
Dèlis *mst.* Délhi *n* -s
Didžióji Britãnija Gróßbritani:en *n* -s
Dnèpras *u.* Dnepr *m* - / -s
Dònas *u.* Don *m* - / -s
Dùblinas *mst.* Dublin [ˈda-] *n* -s
Dunõjus *u.* Dónau *f* -
Džakárta *mst.* Djakárta [dʒa-] *n* -s

Èdinburgas *mst.* Édinburgh *n* -s
Egējaus jūra das Ägäische Meer
Èlbė *u.* Élbe *f* -
Elbrùsas *kl.* Élbrus *m* -
Európa Európa *n* -s

Filadèlfija Philadélphia *n* -s
Filipìnai *pl* (*salos*) Philippínen *pl*
Florèñcija *mst.* Florénz *n* -
Fránkfurtas priē Máino *mst.* Fránkfurt am
Main

Gángas *u.* Gánges *m* -
Geltonóji jūra das Gélbe Meer
Gibraltãras *mst.* Gibráltar *n* -s
Gòbis (*dykuma*) Góbi *f* -
Grenlándija Grönland *n* -s

Haìtis Haíti *n* -s
Hámburgas *mst.* Hámburg *n* -s
Hanòveris Hannóver [-f-] *n* -s
Hárco kalnaĩ Harz *m* -es
Havãjų sãlos Hawái⫶i-Inseln *pl*
Havanà *mst.* Havánna *n* -s, Habana [-'va-] *n* -s
Hèlsinkis *mst.* Hélsinki *n* -s
Himalãjai *pl kl.* Himalája *m* -s
Honkòngas Hóngkong *n* -s

Irtýšius *u.* Irtýsch *m* -

Japònų jũra das Japánische Meer
Javà *s.* Djava ['dʒa:-] *n* -s, Jáva *n* -s
Jenisèjus *u.* Jcnisséj *m* -
Jerevãnas *mst.* Jerewán *n* -s
Jerùzalė *mst.* Jerúsalem *n* -s
Juodóji jũra das Schwárze Meer

Kabùlas *mst.* Kabúl *n* -s
Kaìras *mst.* Káiro *n* -s
Kalkutà *mst.* Kalkútta *n* -s
Kanãrų sãlos die Kanárischen Ínseln
Kãpris *s.* Cápri *n* -s
Karãčis *mst.* Karátschi *n* -s
Karìbų jũra das Karíbische Meer
Karpãtai *pl* Karpáten *pl*
Kãspijos jũra das Káspische Meer, Káspisee *m* -s
Kaukãzas Káukasus *m* -
Kèlnas Köln *n* -s
Keȉbridžas *mst.* Cambridge ['ke:mbritʃ] *n* -s
Kìjevas Kí⫶ew *n* -s
Kìpras *s.* Zýpern *n* -s
Kišiniòvas *mst.* Kischinjów *n* -s
Kòlos pùsiasalis Hálbinsel Kóla
Konãkris *mst.* Conakry [-'kri] *n* -s
Kordiljèrai *pl kl.* Kordilleren [-dil'je:-] *pl*
Kòrsika *s.* Kórsika *n* -s
Kubà *s.* Kúba *n* -s
Kurìlų sãlos Kuríllen *pl*
Kurŝių mãrios das Kúrische Haff

Lãdogos ȇžeras Ládogasee *m* -s
Lamánšas (*sąsiauris*) Ärmelkanal *m* -s
Lenà *u.* Léna *f* -
Lisabonà *mst.* Líssabon *n* -s
Lòndonas *mst.* Lóndon *n* -s
Los Ándželas *mst.* Los Angeles [lɔs'ɛn-dʒələs] *n* -

Madagaskãras *s.* Madagáskar *n* -s
Madrìdas *mst.* Madríd *n* -s
Málta *s.* Málta *n* -s
Mančèsteris *mst.* Manchester ['mɛn-tʃester] *n* -s
Maskvà *mst.* Móskau *n* -s
Mèksikas *mst.* Méxiko *n* -s
Mèlburnas Melbourne [-'bɔrn] *n* -s
Milãnas *mst.* Máiland *n* s
Mìnskas Minsk *n* -
Misisìpė *u.* Mississíppi *m* - / -s
Miùnchenas *mst.* München *n* -s
Monãkas *mst.* Monáco *n* -s
Monreãlis *mst.* Montreál *n* -s

Neãpolis *mst.* Neápel *n* -s
Nìlas *u.* Nil *m* - / -s
Niujòrkas New York [nju:'jo:rk] *n* -s

Òderis *u.* Óder *f* -
Okeãnija Ozeáni⫶en *n* -s
Òslas *mst.* Óslo *n* -s
Otavà *mst.* Óttawa *n* -s

Pabaltijỹs Báltikum *n* -s
Parỹžius París *n* -
Pchenjānas *mst.* Pjöngjáng *n* -s
Pekìnas Péking *n* -s
Pèrsijos įlanka der Pèrsische Golf
Pietų Amèrika Südamerika *n* -s
Pirénai *pl kl.* Pyrenäen *pl*
Polinèzija Polynési⫶en *n* -s
Prahà Prag *n* -s

Ramùsis [Didỹsis] vandenýnas Pazífik *m* -s, der Stílle Ózean
Raudonóji jũra das Róte Meer
Reìnas Rhein *m* -s
Rygà Ríga *n* -s

Rio de Žaneĩras *mst.* Rio de Janeiro
[ri:o de ʒaˈne:ro] *n* -s
Riùgenas *s.* Rügen *n* -s
Romà Rom *n* -s
Ròstokas *mst.* Róstock *n* -s
Rùsija Rússland *n* -s

Sachalĩnas *s.* Sachalín *n* -s
Sacharà (*dykuma*) Sahára *f* -
Saksònija Sáchsen *n* -s
Sanfrancìskas *mst.* San Francisco [sɛn
frənˈsisko] *n* - / -s
Santjãgas Santiágo *n* -
Senà *u.* Seine [sɛ:n] *f* -
Seùlas *mst.* Seoul [seˈu:l] *n* -s
Sìbiras Sibíri:en *n* -s
Sicìlija *s.* Sizíli:en *n* -s
Skandinãvijos pùsiasalis Skandinávi:en
[-v-] *n* -s
Sòfija *mst.* Sofia [ˈzo:-] *n* -s
Stambùlas *mst.* Ístanbul *n* -s
Stokhòlmas *mst.* Stóckholm *n* -s
Suèco kanãlas Súezkanal *m* -s
Súomių ĩlanka der Fínnische Méerbusen

Šanchãjus *mst.* Shanghai / Schanghai
[ʃanˈhai] *n* -s

Šiáurės Amèrika Nórdamerika *n* -s
Šiáurės jũra Nórdsee *f* -
Šiáurės Ledinúotasis vandenýnas der Árk-
tische Ózean, das Nördliche Éismeer
Šprẽ *u.* Spree *f* -

Taìtis *s.* Tahíti *n* -s
Tãlinas Tállinn *n* -s
Tãtrai *pl kl.* Tátra *f* -
Tbilìsis *mst.* Tbilíssi *n* -s
Teherãnas *mst.* Téheran *n* -s
Tel Avìvas *mst.* Tel Avív *n* - / -s
Teĩnzė *u.* Thémse *f* -
Tiurìngija Thüringen *n* -s
Tòkijas *mst.* Tókio *n* -s

Urãlas *kl.* Urál *m* -s

Váršuva *mst.* Wárschau *n* -s
Vãšingtonas *mst.* Washington [ˈvɔʃ-] *n* -s
Venècija *mst.* Venédig [v-] *n* -s
Vidùržemio jũra Míttelmeer *n* -(e)s, das
Míttelländische Meer
Víena *mst.* Wien *n* -s
Vòlga *u.* Wólga *f* -

Ženevà *mst.* Genf *n* -s

Dažniau vartojamos lietuviškos santrumpos

a. – *ámžius* Jahrhúndert (Jh., Jhdt.)
a. a., aa – *ámžiai* Jahrhúnderte
A.B., a.b., AB – *ākcinė bendróvė* Áktienge-
sellschaft (AG)
adv. – *advokātas* Réchtsanwalt
AE – *atòminė elektrìnė* Atómkraftwerk
(AKW)
AG – *árklio galià* Pférdestärke (PS)
agr. – *agronòmas* Agronóm
akc. – *ākcinis* Áktien-
akt. – *āktorius* Scháuspieler
amž. žr. a.
asist. – *asisteñtas* Assistént (Ass., Asst.)
AT – *Aukščiáusiasis teĩsmas* das Óberste
Gerícht (OG, ObG)
atsak. – *atsakìngasis* verántwortliche(r)
(verantw.)
aut. – *áutorius* Áutor, Verfásser (Verf.)

b. – *bùtas* Wóhnung (Whg.)
bendr. – *bendradar̃bis* Mítarbeiter
BNS – *Báltijos naujíenų agentūrà* (angl.
Baltic News Service) Báltische Náchrich-
tenagentur
bt. žr. b.

ct – *centas* Cent

dail. – *dailininkas* Künstler
dek. – *dekānas* Dekán
dėst. – *dėstytojas* Hóchschullehrer, Léktor
dir. – *dirèktorius* Diréktor (Dir.)
dirig. – *dirigeñtas* Dirigént (Dir., Dirg.)
d-ja – *draugijà* Geséllschaft (Ges.)
doc. – *doceñtas* Dozént (Doz., Dz.)
dr. – *dāktaras* Arzt, Dóktor (Dr.)
d-vė – *dirbtùvė* Wérkstatt (Werkst.)
džn. – *dažniáusiai* meist, méistens

egz. – *egzāminas* Prüfung (Pr.), Exámen
egz. – *egzempliõrius* Exemplár (Expl., Ex.)
ĖLTA – *Lietuvõs telegrāmų agentūrà* Lítaui-
sche Náchrichtenagentur

ET – *Európos Tarýba* Europäischer Rat
ES – *Európos Sájunga* Europäische Unión
(EU)
ež. – *ẽžeras* See

fak. – *fakultètas* Fakultät (Fak.)

g. – *gātvė* Stráße (Str., St.)
g. – *žr.* **gim.**
g – *grāmas* Gramm (g)
gyd. – *gýdytojas* Arzt, Dóktor
gim. – *gìmęs, -usi* gebóren (geb., gb.)
gyv. – *gyvénantis* wóhnhaft
gyv. – *gyvéntojas* Éinwohner (Einw., Ew.)
glžk. – *geležìnkelis* Bahn, Éisenbahn
glžk. st. – *geležìnkelio stotìs* Báhnhof (Bhf,
Bf)

ha – *hektāras* Hektár (ha)
HE – *hidroelektrìnė* Wásserkraftwerk
(WKW)

inž. – *inžiniẽrius* Ingeníeur (Ing.)
ir pan. – *ir̃ panašiaĩ* und dergléichen mehr
(u. dgl. m.)
ir t. t. – *ir̃ taĩp toliaũ* und so wéiter (usw., u.
s. w.)

JAV – *Jungtìnės Amèrikos Valstìjos* Veréi-
nigten Stáaten von América (USA)
JT, JTO – *Jungtìnės Taũtos, Jungtìnių
Tautų̃ Organizācija* Veréinte Natiónen
(UN, UNO)

k. – *káimas* Dorf
k. a. – *kaĩp antaĩ* wie (zum Béispiel)
kab. – *kabinètas* Kabinétt
kar. – *kariniñkas* Offizíer (Offz.)
kat. – *katalìkas* Katholík
kb. – *kambarỹs* Zímmer (Zi.)
kg – *kilogrāmas* Kílo, Kilográmm (kg)
kl. – *klāsė* Klásse (Kl.)
kln. – *kálnas* Berg
km – *kilomètras* Kilométer (km)

kpt. – *kapitõnas* Kapitän (Kpt.)
kt. – *kìtas* ándere(r)
k-tas – *komitètas* Komitée

l – *lìtras* Líter (l, lit.)
LB – *Lietuvõs bánkas* Lítauische Bank
LCS – *Lietuvõs ceñtro sájunga* Lítauische Zéntrumunion
LDDP – *Lietuvõs demokrãtinė dárbo pártija* Lítauische Demokrátische Árbeitspartei
LDP – *Lietuvõs demokrãtų pártija* Demokrátische Partéi Lítauens
lit. – *literatūrà* Literatúr (Lit.)
LKDP – *Lietuvõs krikščiónių-demokrãtų pártija* Lítauische Chrístlich-Demokrátische Partéi
LKDS – *Lietuvõs krikščiónių demokrãtų sájunga* Lítauische Chrístlich-Demokrátische Unión
l-kla – *leidyklà* Verlág (Verl.)
LLL – *Lietuvõs láisvės lýga* Lítauische Fréiheitsliga
LR – *Lietuvõs Respùblika* Republík Lítauen
LSDP – *Lietuvõs socialdemokrãtų pártija* Sozialdemokrátische Partéi Lítauens
Lt – *lìtas* Lítas
LT – *Lietuvõs televìzija* Lítauisches Férnsehen
LTN – *Lietuvõs televìzijos naujíenos* Náchrichten des lítauischen Férnsehens
ltn. – *leitenántas* Léutnant (Lt., Ltn.)
LTS – *Lietuvõs tautiniñkų sájunga* Lítauische Nationále Unión

m. – *mẽtai* Jahr (J.)
m. *žr.* **mst.**
m – *mètras* Méter (m)
m. e. – *mū́sų èros* únserer Zéitrechnung (u. Z.)
min. – *minùtė* Minúte (m, min.)
m-ja – *ministèrija* Ministérium (M, Min.)
mjr. – *majõras* Majór (Maj.)
m-kla – *mokyklà* Schúle
mln. – *milijõnas* Millión (Mio. Mill.)
mlrd. – *milijárdas* Milliárde (Mrd., Md.)

mm – *milimètras* Milliméter (mm)
m. m. – *mókslo mẽtai* Schúljahr (Schlj.)
mok. – *mokinỹs* Schüler
mokyt. – *mókytojas* Léhrer
mst. – *miẽstas* Stadt

NVS – *Nepriklaũsomų Valstýbių Sándrauga* Geméinschaft Únabhängiger Stáaten (GUS)

p. – *põnas* Herr
p. *žr.* **psl.**
pav. – *pavéikslas* Bild, Gemälde
pav., pavad. – *pavadúotojas* Stéllvertreter (Stellv., Str.)
PB – *Pasáulio bánkas* Wéltbank
pieš. – *piešinỹs* Ábbildung (Abb.)
plg. – *palýgink* vergléiche (vgl., vergl.)
plk. – *pul̃kininkas* Óberst
p. m. e. – *priẽš mū́sų èrą* vor únserer Zéitrechnung (v. u. Z.)
proc. – *pròcentas* Prozént (Proz.)
prof. – *profèsorius* Proféssor (Prof.)
prok. – *prokuròras* Stáatsanwalt (StA)
prž. – *príežodis* Spríchwort
psl. – *pùslapis* Séite (S)

rad. – *rãdijas* Rúndfunk (R, Rf, Rdf)
rankr. – *rañkraštis* Manuskrípt (Ms., Mskr.)
red. – *redãktorius* Redaktéur (Red.)

s *žr.* **sek.**
s. – *stotẽlė* Háltestelle (H, Hst.)
sąs. – *sąsiuvinis* Heft (H.)
sek. – *sekretõrius* Sekretär (Sekr.)
sek. – *sekùndė* Sekúnde (s, Sek.)
sem. – *semèstras* Seméster
sk. – *skaitýk* lies (1.)
skg. – *skeřsgatvis* Quérstraße
spec. – *specialýbė* Fach; Fáchrichtung
stud. – *studeñtas* Studént (stud.)
sv. – *svõris* Gewícht (G, Gew.)

t – *tonà* Tónne (t)
tel. – *telefònas* Telefón (Tel.)
tir. – *tirãžas* Áuflage (Aufl.)

t. p. – *taip pàt* ébenso

tr. – *traukinỹs* Zug

TS (LK) – *Tėvỹnės sájunga (Lietuvõs konservãtoriai)* Héimatunion (Lítauische Konservatíve)

tub. – *tuberkuliòzė* Tuberkulóse (Tb, Tbc, Tbk)

TVF – *Tarptautìnis valiùtos fòndas* Internationáler Währungsfond

UAB – *uždarõji ãkcinė bendróvė* geschlóssene Áktiengesellschaft

URM – *Ùžsienio reikalų̃ ministèrija* Áußenministerium

val. – *valandà* Stúnde (Std., h)

ved. – *vedėjas* Léiter (Ltr.)

VFR – *Vokietìjos Federãcinė Respùblika* Búndesrepublik Déutschland (BRD)

vid. m. – *vidurìnė mokyklà* Míttelschule (MS)

vyr. – *vyriáusiasis, -ioji* Chef-

vnt. – *víenetas* Stück (St., Stck.)

vok. – *vókiečių, vókiškas* deutsch (d., dt.)

VRM – *Vidaũs reikalų̃ ministèrija* Ínnenministerium

ž. žr. žr.

žod. – *žodýnas* Wörterbuch (Wb.)

žr. – *žiūrék* sieh(e) (s.)

STIPRIŲJŲ IR NETAISYKLINGŲJŲ VEIKSMAŽODŽIŲ FORMOS

Infinitiv Bendratis	Indikativ Präsens Tiesioginė nuosaka Esamasis laikas	Indikativ Imperfekt Tiesioginė nuosaka Būtasis laikas	Konjunktiv Imperfekt Tariamoji nuosaka Būtasis laikas	Imperativ Liepiamoji nuosaka	Partizip II Būtojo laiko dalyvis
1	2	3	4	5	6
backen	backe, bäckst, bäckt	buk, ~(e)st / backte	büke	back(e)	gebacken
bedingen	beding||e, ~st, ~t	bedang / bedingte	bedänge / bedingte	beding(e)	bedungen / bedingt
befehlen	befehle, befiehlst, befiehlt	befahl	beföhle / befähle	befiehl	befohlen
beginnen	beginn||e, ~st, ~t	begann	begönne / begänne	beginn(e)	begonnen
beißen	beiß||e, ~(es)t, ~t	biss, ~est	bisse	beiß(e)	gebissen
bergen	berge, birgst, birgt	barg	bärge / bürge	birg	geborgen
bersten	berste, birst, birst / berstest, berstet	barst / borst, ~est	bärste / börste	birst	geborsten
bewegen	beweg||e, ~st, ~t	bewog	bewöge	beweg(e)	bewogen
biegen	bieg||e, ~st, ~t	bog	böge	bieg(e)	gebogen
bieten	biet||e, ~(e)st, ~et	bot, ~(e)st	böte	biet(e)	geboten
binden	bind||e, ~est, ~et	band, ~(e)st	bände	bind(e)	gebunden
bitten	bitt||e, ~est, ~et	bat, ~(e)st	bäte	bitt(e)	gebeten
blasen	blase, bläs(es)t, bläst	blies, ~est	bliese	blas(e)	geblasen
bleiben	bleib||e, ~st, ~t	blieb, ~(e)st	bliebe	bleib(e)	geblieben
bleichen	bleich||e, ~st, ~t	blich	bliche	bleich(e)	geblichen
braten	brate, brätst, brät	briet, ~(e)st	briete	brat(e)	gebraten
brechen	breche, brichst, bricht	brach	bräche	brich	gebrochen
brennen	brenn||e, ~st, ~t	brannte	brennte	brenne	gebrannt

1	2	3	4	5	6
bringen	bring‖e, ~st, ~t	brachte	brächte	bring(e)	gebracht
denken	denk‖e, ~st, ~t	dachte	dächte	denk(e)	gedacht
dreschen	dresche, drisch(e)st, drischt	drosch / drasch, ~(e)st	drösche / dräsche	drisch	gedroschen
dringen	dring‖e, ~st, ~t	drang, ~(e)st	dränge	dring(e)	gedrungen
dürfen	darf, ~st, ~; dürfen	durfte	dürfte	—	gedurft
empfehlen	empfehle, empfiehlst, empfiehlt	empfahl	empföhle / empfähle	empfiehl	empfohlen
erlöschen	erlösche, erlisch(e)st, erlischt	erlosch, ~est	erlösche	erlisch	erloschen
erschrecken	erschrecke, erschrickst, erschrickt	erschrak, ~(e)st	erschräke	erschrick	erschrocken
erwägen	erwäg‖e, ~st, ~t	erwog, ~(e)st	erwöge	erwäg(e)	erwogen
essen	esse, iss(es)t, isst	aß, ~est	äße	iss	gegessen
fahren	fahre, fährst, fährt	fuhr, ~(e)st	führe	fahr(e)	gefahren
fallen	falle, fällst, fällt	fiel	fiele	fall(e)	gefallen
fangen	fange, fängst, fängt	fing	finge	fang(e)	gefangen
fechten	fechte, fichtst, ficht	focht, ~(e)st	föchte	ficht	gefochten
finden	find‖e, ~est, ~et	fand, ~(e)st	fände	find(e)	gefunden
flechten	flechte, flichtst, flicht	flocht, ~est	flöchte	flicht	geflochten
fliegen	flieg‖e, ~st, ~t	flog, ~(e)st	flöge	flieg(e)	geflogen
fliehen	flieh‖e, ~st, ~t	floh, ~(e)st	flöhe	flieh(e)	geflohen
fließen	fließ‖e, ~(e)st, ~t	floss, ~est	flösse	fließ(e)	geflossen
fressen	fresse, friss(es)t, frisst	fraß, ~est	fräße	friss	gefressen
frieren	frier‖e, ~st, ~t	fror	fröre	frier(e)	gefroren
gären	gär‖e, ~st, ~t	gor / gärte	göre / gärte	gär(e)	gegoren / gegärt

1	2	3	4	5	6
gebären	gebär‖e, ~st, ~t / gebierst, gebiert	gebar	gebäre	gebär(e) / gebier	geboren
geben	gebe, gibst, gibt	gab	gäbe	gib	gegeben
gedeihen	gedeih‖e, ~st, ~t	gedieh	gediehe	gedeih(e)	gediehen
gehen	geh‖e, ~st, ~t	ging	ginge	geh(e)	gegangen
gelingen	es gelingt	es gelang	es gelänge	geling(e)	gelungen
gelten	gelte, giltst, gilt	galt, ~est	gölte / gälte	gilt	gegolten
genesen	genes‖e, ~(es)t, ~t	genas, ~est	genäse	genese	genesen
genießen	genieß‖e, ~(es)t, ~t	genoss, ~est	genösse	genieß(e)	genossen
geschehen	es geschieht	es geschah	es geschähe	—	geschehen
gewinnen	gewinn‖e, ~st, ~t	gewann, ~(e)st	gewönne / gewänne	gewinn(e)	gewonnen
gießen	gieß‖e, ~(es)t, ~t	goss, ~est	gösse	gieß(e)	gegossen
gleichen	gleich‖e, ~(e)st, ~t	glich, ~(e)st	gliche	gleich(e)	geglichen
gleiten	gleit‖e, ~est, ~et	glitt, ~(e)st	glitte	gleit(e)	geglitten
glimmen	glimm‖e, ~st, ~t	glimmte / glomm	glömme	glimm(e)	geglimmt / geglommen
graben	grabe, gräbst, gräbt	grub, ~(e)st	grübe	grab(e)	gegraben
greifen	greif‖e, ~st, ~t	griff, ~(e)st	griffe	greif(e)	gegriffen
haben	habe, hast, hat	hatte	hätte	hab(e)	gehabt
halten	halte, hältst, hält	hielt, ~(e)st	hielte	halt(e)	gehalten
hängen, hangen *vi*	häng‖e / hang‖e, ~st, ~t	hing, ~(e)st	hinge	häng(e)	gehangen
hängen *vt*	häng‖e, ~st, ~t	hängte	hängte	häng(e)	gehängt
hauen	hau‖e, ~st, ~t	hieb / haute	hiebe / haute	hau(e)	gehauen
heben	heb‖e, ~st, ~t	hob / hub, ~(e)st	höbe / hübe	heb(e)	gehoben
heißen	heiß‖e, ~(es)t, ~t	hieß, ~est	hieße	heiß(e)	geheißen

1	2	3	4	5	6
helfen	helfe, hilfst, hilft	half, ~(e)st	hülfe / hälfe	hilf	geholfen
kennen	kenn‖e, ~st, ~t	kannte	kennte	kenn(e)	gekannt
klimmen	klimm‖e, ~st, ~t	klomm, ~(e)st	klömme	klimm(e)	geklommen
klingen	kling‖e, ~st, ~t	klang, ~(e)st	klänge	kling(e)	geklungen
kneifen	kneif(e), ~st, ~t	kniff, ~(e)st	kniffe	kneif(e)	gekniffen
kommen	komm‖e, ~st, ~t	kam	käme	komm(e)	gekommen
können	kann, ~st, ~; können	konnte	könnte	könne	gekonnt
kriechen	kriech(e), ~st, ~t	kroch	kröche	kriech(e)	gekrochen
laden (*krauti*)	lade, lädst, lädt	lud, ~(e)st	lüde	lad(e)	geladen
laden (*kviesti*)	lad‖e, ~est, ~et / lädst, lädt	lud, ~(e)st	lüde / ladete	lad(e)	geladen
lassen	lasse, läss(es)t, lässt	ließ, ~est	ließe	lass(e)	gelassen
laufen	laufe, läufst, läuft	lief, ~(e)st	liefe	lauf(e)	gelaufen
leiden	leid‖e, ~est, ~et	litt, ~(e)st	litte	leid(e)	gelitten
leihen	leih‖e, ~st, ~t	lieh, ~(e)st	liehe	leih(e)	geliehen
lesen	lese, lies(es)t, liest	las, ~est	läse	lies	gelesen
liegen	lieg‖e, ~st, ~t	lag	läge	lieg(e)	gelegen
löschen	lösche, lisch(e)st, lischt	losch, ~(e)st	lösche	lisch	geloschen
lügen	lüg‖e, ~st, ~t	log	löge	lüg(e)	gelogen
mahlen	mahl‖e, ~st, ~t	mahlte	mahlte	mahl(e)	gemahlen
meiden	meid‖e, ~est, ~et	mied, ~(e)st	miede	meid(e)	gemieden
melken	melk‖e, ~st, ~t / milkst, milkt	melkte / molk	mölke	melk(e)	gemelkt / gemolken
messen	messe, miss(es)t, misst	maß, ~est	mäße	miss	gemessen
misslingen	es misslingt	es misslang	es misslänge	—	misslungen
mögen	mag, ~st, ~; mögen	mochte	möchte	—	gemocht

1	2	3	4	5	6
müssen	muss, ~t, ~; müssen, müss(e)t, müssen	musste	müsste	—	gemusst
nehmen	nehme, nimmst, nimmt	nahm, ~(e)st	nähme	nimm	genommen
nennen	nenn‖e, ~st, ~t	nannte	nennte	nenn(e)	genannt
pfeifen	pfeif‖e, ~st, ~t	pfiff, ~(e)st	pfiffe	pfeif(e)	gepfiffen
pflegen	pfleg‖e, ~st, ~t	pflegte / pflog, ~st	pflegte / pflöge	pfleg(e)	gepflegt / gepflogen
preisen	preis‖e, ~(es)t, ~t	pries, ~est	priese	preis(e)	gepriesen
quellen	quell‖e, ~st, ~t / quillst, quillt	quoll / quellte	quölle	quill / quelle	gequollen / gequellt
raten	rate, rätst, rät	riet, ~(e)st	riete	rat(e)	geraten
reiben	reib‖e, ~st, ~t	rieb, ~(e)st	riebe	reib(e)	gerieben
reißen	reiß‖e, ~(es)t, ~t	riss, ~est	risse	reiß(e)	gerissen
reiten	reit‖e, ~est, ~et	ritt, ~(e)st	ritte	reit(e)	geritten
rennen	renn‖e, ~st, ~t	rannte	rennte	renn(e)	gerannt
riechen	riech‖e, ~st, ~t	roch	röche	riech(e)	gerochen
ringen	ring‖e, ~st, ~t	rang	ränge	ring(e)	gerungen
rinnen	rinn‖e, ~st, ~t	rann, ~(e)st	ränne / rönne	rinn(e)	geronnen
rufen	ruf‖e, ~st, ~t	rief, ~(e)st	riefe	ruf(e)	gerufen
salzen	salz‖e, ~(e)st, ~t	salzte	salzte	salz(e)	gesalzen / gesalzt
saufen	saufe, säufst, säuft	soff, ~(e)st	söffe	sauf(e)	gesoffen
saugen	saug‖e, ~st, ~t	sog, ~(e)st / saugte	söge	saug(e)	gesogen / gesaugt
schaffen	schaff‖e, ~st, ~t	schuf, ~(e)st	schüfe	schaff(e)	geschaffen
schallen	schall‖e, ~st, ~t	schallte / scholl	schallte / schölle	schall(e)	geschallt
scheiden	scheid‖e, ~est, ~et	schied, ~(e)st	schiede	scheid(e)	geschieden

1	2	3	4	5	6
scheinen	schein‖e, ~st, ~t	schien, ~(e)st	schiene	schein(e)	geschienen
schelten	schelte, schiltst, schilt	schalt, ~(e)st	schölte	schilt	gescholten
scheren (*kirpti*)	scher‖e, ~st, ~t / schierst, schiert	schor / scherte	schöre	schier / scher(e)	geschoren / geschert
scheren (sich) (*nerimauti*)	scher‖e, ~st, ~t / schierst, schiert	scherte	scherte	scher(e)	geschert
schieben	schieb‖e, ~st, ~t	schob, ~(e)st	schöbe	schieb(e)	geschoben
schießen	schieß‖e, ~(es)t, ~t	schoss, ~est	schösse	schieß(e)	geschossen
schinden	schind‖e, ~est, ~et	schund, ~(e)st	schünde	schind(e)	geschunden
schlafen	schlafe, schläfst, schläft	schlief, ~(e)st	schliefe	schlaf(e)	geschlafen
schlagen	schlage, schlägst, schlägt	schlug, ~(e)st	schlüge	schlag(e)	geschlagen
schleichen	schleich‖e, ~st, ~t	schlich, ~(e)st	schliche	schleich(e)	geschlichen
schleifen	schleif‖e, ~st, ~t	schliff, ~(e)st	schliffe	schleif(e)	geschliffen
schleißen	schleiß‖e, ~(es)t, ~t	schliss, ~est, / schleißte	schlisse / schleißte	schleiß(e)	geschlissen / geschleißt
schließen	schließ‖e, ~(es)t, ~t	schloss, ~est	schlösse	schließ(e)	geschlossen
schlingen	schling‖e, ~st, ~t	schlang, ~(e)st	schlänge	schling(e)	geschlungen
schmelzen *vi*	schmelze, schmilz(es)t, schmilzt	schmolz, ~(es)t	schmölze	schmilz	geschmolzen
schmelzen *vt*	schmelz‖e, ~(es)t, ~t / schmilz(es)t, schmilzt	schmelzte / schmolz, ~(es)t	schmelzte / schmölze	schmelz(e) / schmilz	geschmelzt / geschmolzen
schnauben	schnaub‖e, ~st, ~t	schnaubte / schnob	schnaubte / schnöbe	schnaub(e)	geschnaubt / geschnoben
schneiden	schneid‖e, ~est, ~et	schnitt, ~(e)st	schnitte	schneid(e)	geschnitten
schrecken	schrecke, schrickst, schrickt	schrak, ~(e)st	schräke	schrick	geschreckt
schreiben	schreib‖e, ~st, ~t	schrieb, ~(e)st	schriebe	schreib(e)	geschrieben

1	2	3	4	5	6
schreien	schrei||e, ~st, ~t	schrie	schriee	schrei(e)	geschrien
schreiten	schreit||e, ~est, ~et	schritt, ~(e)st	schritte	schreit(e)	geschritten
schweigen	schweig||e, ~st, ~t	schwieg, ~(e)st	schwiege	schweig(e)	geschwiegen
schwellen	schwelle, schwillst, schwillt	schwoll, ~(e)st	schwölle	schwill	geschwollen
schwimmen	schwimm||e, ~st, ~t	schwamm, ~(e)st	schwömme / schwämme	schwimm(e)	geschwommen
schwinden	schwind||e, ~est, ~et	schwand, ~(e)st	schwände	schwind(e)	geschwunden
schwingen	schwing||e, ~st, ~t	schwang, ~(e)st	schwänge	schwing(e)	geschwungen
schwören	schwör||e, ~st, ~t	schwur / schwor, ~(e)st	schwüre / schwöre	schwör(e)	geschworen
sehen	sehe, siehst, sieht	sah	sähe	sieh(e)	gesehen
sein	bin, bist, ist; sind, seid, sind	war, ~st; ihr war(e)t	wäre; *Präsens* sei, sei(e)st, sei; seien, seiet, seien	sei; seid	gewesen
senden	send||e, ~est, ~et	sandte / sendete	sendete	send(e)	gesandt / gesendet
sieden	sied||e, ~est, ~et	sott, ~est / siedete	sötte / siedete	sied(e)	gesotten / gesiedet
singen	sing||e, ~st, ~t	sang, ~(e)st	sänge	sing(e)	gesungen
sinken	sink||e, ~st, ~t	sank, ~(e)st	sänke	sink(e)	gesunken
sinnen	sinn||e, ~st, ~t	sann, ~(e)st	sänne / sönne	sinn(e)	gesonnen
sitzen	sitz||e, ~(es)t, ~t	saß, ~est	säße	sitz(e)	gesessen
sollen	soll, ~st, ~	sollte	sollte	—	gesollt
spalten	spalt||e, ~est, ~et	spaltete	spaltete	spalte	gespalten / gespalten
speien	spei||e, ~st, ~t	spie	spiee	spei(e)	gespien
spinnen	spinn||e, ~st, ~t	spann, ~(e)st	spönne / spänne	spinn(e)	gesponnen
sprechen	spreche, sprichst, spricht	sprach, ~(e)st	spräche	sprich	gesprochen

1	2	3	4	5	6
sprießen	sprießlle, ~(es)t, ~t	spross, ~est	sprösse	sprieß(e)	gesprossen
springen	springlle, ~st, ~t	sprang, ~(e)st	spränge	spring(e)	gesprungen
stechen	steche, stichst, sticht	stach, ~(e)st	stäche	stich	gestochen
stecken	stecklle, ~st, ~t	stak, ~(e)st / steckte	stäke	steck(e)	gesteckt
stehen	stehlle, ~st, ~t	stand, ~(e)st	stände / stünde	steh(e)	gestanden
stehlen	stehle, stiehlst, stiehlt	stahl	stähle / stöhle	stiehl	gestohlen
steigen	steiglle, ~st, ~t	stieg, ~(e)st	stiege	steig(e)	gestiegen
sterben	sterbe, stirbst, stirbt	starb	stürbe	stirb	gestorben
stieben	stieblle, ~st, ~t	stob, ~(e)st / stiebte	stöbe / stiebte	stieb(e)	gestoben / gestiebt
stinken	stinklle, ~st, ~t	stank, ~(e)st	stänke	stink(e)	gestunken
stoßen	stoße, stöß(es)t, stößt	stieß, ~est	stieße	stoß(e)	gestoßen
streichen	streichlle, ~st, ~t	strich, ~(e)st	striche	streich(e)	gestrichen
streiten	streitlle, ~est, ~et	stritt, ~(e)st	stritte	streit(e)	gestritten
tragen	trage, trägst, trägt	trug	trüge	trag(e)	getragen
treffen	treffe, triffst, trifft	traf, ~(e)st	träfe	triff	getroffen
treiben	treiblle, ~st, ~t	trieb	triebe	treib(e)	getrieben
treten	trete, trittst, tritt	trat, ~(e)st	träte	tritt	getreten
triefen	trieflle, ~st, ~t	triefte / troff, ~(e)st	triefte / tröfe	trief(e)	getrieft / getroffen
trinken	trinklle, ~st, ~t	trank, ~(e)st	tränke	trink(e)	getrunken
trügen	trüglle, ~st, ~t	trog, ~(e)st	tröge	trüg(e)	getrogen
tun	tue, tust, tut; tun	tat, ~(e)st	täte	tu(e)	getan
verderben	verderbe, verdirbst, verdirbt	verdarb	verdürbe	verdirb	verdorben

479

1	2	3	4	5	6
vergessen	vergesse, vergiss(es)t, vergisst	vergaß, ~est	vergäße	vergiss	vergessen
verlieren	verlier‖e, ~st, ~t	verlor	verlöre	verlier(e)	verloren
verschallen	verschall‖e, ~st, ~t	verscholl	verschölle	verschall(e)	verschollen
verzeihen	verzeih‖e, ~st, ~t	verzieh, ~(e)st	verziehe	verzeih(e)	verziehen
wachsen	wachse, wächs(es)t, wächst	wuchs, ~est	wüchse	wachs(e)	gewachsen
weben	web‖e, ~st, ~t	webte / wob, ~est	webte / wöbe	web(e)	gewebt / gewoben
weichen	weich‖e, ~st, ~t	wich, ~est	wiche	weich(e)	gewichen
weisen	weis‖e, ~(es)t, ~t	wies, ~est	wiese	weis(e)	gewiesen
wenden	wend‖e, ~est, ~et	wandte / wendete	wendete	wende	gewandt / gewendet
werben	werbe, wirbst, wirbt	warb	würbe	wirb	geworben
werden	werde, wirst, wird	wurde / ward	würde	werd(e)	geworden / worden
werfen	werfe, wirfst, wirft	warf, ~(e)st	würfe	wirf	geworfen
wiegen	wieg‖e, ~st, ~t	wog	wöge	wieg(e)	gewogen
winden	wind‖e, ~est, ~et	wand, ~(e)st	wände	wind(e)	gewunden
wissen	weiß, ~t, ~; wissen, wisst, wissen	wusste	wüsste	wisse	gewusst
wollen	will, ~st, ~; wollen	wollte	wollte	wolle	gewollt
wringen	wring‖e, ~st, ~t	wrang, ~(e)st	wränge	wring(e)	gewrungen
ziehen	zieh‖e, ~st, ~t	zog, ~(e)st	zöge	zieh(e)	gezogen
zwingen	zwing‖e, ~st, ~t	zwang, ~(e)st	zwänge	zwing(e)	gezwungen

Juozas Algirdas Križinauskas
Vokiečių–lietuvių / lietuvių–vokiečių kalbų žodynas
Pagal naujas rašybos taisykles

Redaktorė: Diana Gustienė

2000 09 15. 30 sp. l. Užs. Nr. 819
Leidykla TEV, Akademijos g. 4, LT-2600 Vilnius
Spausdino AB „Vilspa" spaustuvė,
Viršuliškių skg. 80, LT-2056 Vilnius